清儒學案

第二册

徐世昌等 編纂
沈芝盈 梁運華 點校

中華書局

清儒學案卷二十五

西河學案上

西河經説，阮文達極偁之，謂學者不可不亟讀。蓋自明以來，申明漢儒之學，使人不敢以空言説經，實自西河始。而辨正圖書，排擊異學，尤有功於經義。傳之恕谷，而其學益昌。至學案小識於經學不録西河，而目恕谷爲放言無忌，隘矣！述西河學案。

毛先生奇齡

毛奇齡字大可，又名甡，蕭山人。四歲，母口授大學，即成誦。總角，陳子龍爲推官，拔之冠童子軍，遂補諸生。康熙十八年，應試博學宏詞科，列二等，授翰林院檢討，充明史纂修官。後以假歸，得痹疾，不復出。初著毛詩續傳三十八卷，既以避讐，流寓江、淮間，失其稿，乃就所記憶，著國風省篇、詩札、毛詩寫官記。復在江西參議道施閏章所，與湖廣楊洪才説詩，作白鷺洲主客説詩一卷。明嘉靖中，鄞人豐坊僞造子貢詩傳、申培詩説行世，先生作詩傳詩説駁議五卷，引證諸書，多所糾正。洎通籍，進所著古今通韻十二卷，聖祖善之，詔付史館。歸田後，僦居杭州，著仲氏易，一日著一卦，凡六十四日而書成，託於其兄錫齡之緒言，故曰「仲氏」。又著推易始末四卷、春秋占筮書三卷、易小帖五卷、易韻四卷、河圖洛書原舛編一卷、太極圖說遺議一卷。其言易，發明荀、虞、干、侯諸家，旁及卦變、卦綜之法。先生分校會闈時，閱春秋房卷，心非胡傳之偏，有意撰述，至是乃就經文起義，著春秋毛氏傳三十六卷、春秋簡書刊誤二卷、春秋屬辭比事記四卷，條例明晰，考據精核。又欲全著禮經，以衰病不能，乃次第著昏、喪、祭禮、宗法、廟制，及郊、社、禘、祫、明堂、學校諸問答，多發先儒所未及。至於論語、大學、中庸、孟子各有考證，而大學證文及孝經問援據古今，辨後儒改經之非，持論甚正。先生淹貫羣書，所自負者在經學，然好爲駮辯。他人所已言者，必力反其詞。古文尚書，自宋吴棫後多疑其僞，及閻若璩作疏證，先生力辯爲真，遂作古文尚書冤詞。又删舊所作尚書廣聽録爲五卷，以求勝於若璩。而周禮、儀禮，先生又以爲戰國之書，所作經問，指名攻駮者，惟顧炎武、閻若璩、胡渭三人，以三人博學重望，足以攻擊，而餘子以下，不足齒録，其傲睨如此。素曉音律，家有明代宗藩所傳唐樂笛色譜，直史館，據以作竟山樂録四卷。及在籍，聞聖祖論樂，諭羣臣以徑一圍三隔八相生之法，因推闡考證，撰聖諭樂本解說二卷、皇言定聲録八卷。三十八年，聖祖南巡，先生迎駕於嘉興，以樂本解說二卷進，温諭獎勞。聖祖三巡至浙，先生復謁行在，賜御書一幅。五十五年，卒於家，年九十四。門人蔣樞編輯遺集，分經集、文集二部，經集自仲氏易以下凡五十種，文集合詩賦序記及他雜著凡二百三十四卷。四庫全書收先生所著書目多至四十餘部。參史傳、漢學師承記、先正事略、西河合集。

大學知本圖説

自陽明先生講學於鄉，所在立講堂，而蕺山先生繼之。少嘗與同志者赴講，必齋宿以往，歸而廢然者累日。夫聖學不行久矣！能行聖學，曾何藉於講！而乃不能行，而因而講之，則必講所以行之之法，使學者就坐言之，起坐即可行。而顧譊譊訟辨，動輒以德性問學區别爭勝，且必究極此兩家同異以樹門帨，而至於反躬自問，則茫無歸著。私臆以爲，此必都講有流弊，多所惑溺，其在師儒所指示，必不出此。而歷繙講録，則自北宋至於今，前後一轍，於是屢詢之仲兄，仲兄曰：「爲學次第，先儒亦嘗言之矣，大抵以立志爲始，而主靜立極次之，窮理盡性又次之。」既又以主靜未安，易之以涵養用敬，而擬議雜出，全不如二氏之畫一，與百工小技之各有一定之式。而至於大學一出，則格物二字，至今未解，尚何入聖之功之與有！是以出游十年，道路倀倀，自傷年長大而學不得立。嗟乎，已矣！嘗坐嵩山土室中，夜半涕泣，忽有告之者曰：「何不向廟市買書觀之！」予時辨僞詩傳、詩説未成，思有所考校，而兼念尚書蔡傳不無可疑，欲覓孔傳參稽之，而遍觀廟市，並無一書，惟見一高笠先生，髠其首，持大學一本，即陽明先生所授名「古本」者。見予語，悦之，必强予讀。予向嘗讀之，無所異也。至是讀訖，覺有異，乃再讀之，請受書。高笠先生曰：「此非予書也，必欲受之，請閒。」翼日，招予於嵩陽院南旅舍中，避人曰：「此書非他，關東賀淩臺先生所謚授也。予嘗爲先生都講，而先生以非命死，予又全家死於兵，是書將絶傳矣。吾子而無志於聖功也已矣，吾子有志於聖功，則是書可不讀與？」曰：「向亦讀是書，以求聖功，而不可得也。夫聖功在格物，而格物莫解，則聖功亡矣。今日聖功在是書，得毋窮致事物之理即聖功耶？」曰：「是何言與！聖功有本，其一曰，此謂知本，謂修身爲本也，則本在修身矣；其一曰，此謂知本，謂誠意爲本也，則本又在誠意矣！大學以修身爲本，修身以誠意爲本，而謂聖功在格物，可乎？」予乃嗒然若失，又憬然若有所得，曰：「格物如何？」曰：「物有本末，格物也；知所先後，致知也。」曰：「在大學何文？」曰：「『自天子以至於庶人，壹是皆以修身爲本。其本亂而末治者，否矣！其所厚者薄，而其所薄者厚，未之有也。』『此謂知本，此謂知之至也。』此大學文也，此即格物致知也。言大學始事，則但知本身而學已定也。」曰：「誠意如何？」曰：「誠意毋自欺，知至善也，知也；誠意必自慊，得至善也，行也。」曰：「在大學何文？」曰：「『所謂誠其意者，毋自欺也。如惡惡臭，如好好色，此之謂自慊。故君子必慎其獨也。小人閒居爲不善，無所不至，見君子而後厭然，揜其不善而著其善。人之視己，如見其肺肝然，則何益矣？』故曰誠意止至善也。言大學首功，則惟在於此而已也。」予乃再拜，請受業。約住三日去，第此日已逾午，請曰：「可當下用功乎？」曰：「何不可！」乃相對坐曰：「此時知爾心乎？」曰：「知心。」曰：「何以知之？」曰：「吾反觀於心，而未嘗有意，寂然無所動，此必心也。」曰：「然。」少頃，曰：「亦知意乎？」曰：「知意。」曰：「何以知之？」曰：「吾忽念曰，吾思學聖三十年，而不意當下可學，第不知果能學之，否也？此必意也。」曰：「然，然。此即意之善也，即儒者之所謂理也。假意發而善也，當乎理也，則必實其意以使之必行；假意發而不善也，即儒者之所謂欲也，則必實意以去之，而使之必不行。如是之久，則欲漸亡。欲漸亡，則理漸長。久之而『日月至』，又久之而『三月不違』，又久之而『從心所欲不踰矩』，皆是功也，則皆從此當下之一念始也。」少頃，旅主人至，相對坐語去。曰：「方語時，知心意乎？」曰：「不知。」曰：「何以知之？」曰：「吾心方在語，而無他及也，即其時意發而亦不覺也。」曰：「心在語而無他及，是也。此所謂存心之法，存乎中則不馳於外，存乎此事則不存乎彼事，説甚善也。若曰即其時意發而亦不覺，則不可。何也？身有心、意、知，未發爲心，發之爲意，而知則統乎心意之閒，即心之靈也，明也，經之所云旦明，先儒之所云照心者也。大學格物致知之知，即此知；『知止能得，知所先後』之知，亦即此知也。第此知在身，無位無體，隨心、意與事物而皆見之，而在心、意之出入則見當倍清。假使意有所發而忽不及見，則在獨處時謂之坐馳，而在應物時即謂之顯騖，此非知之患，心、意之患也。誠意首用功，豈宜有此！」予憮然下拜曰：「吾師乎！吾師乎！然何以『心、意、知』三字一若知爲首，意次之，心又次之？而以之内觀，則心常在前，以未發時多也；知常在後，以必發與未發而然後覺也。其次第相反，何也？」曰：「『心、意、知』三字何有先後！當其未發即謂之心，及既發而即謂之意；乃發之之後而復見心，及其又發而又見意。時而心，即時而意，而知則無時不見於其閒。其所以先誠意而後正心者，亦謂用功從誠意始耳，非心、意有次第也。是以用功者，當其既發也而即誠意，及發已而即正心。時心時意，即時正時誠，不加强勉，亦不事遏抑，任其自然。而由誠而正，循環焉，以至於盡，而於是盡性至命之學亦俱見焉。然且大經大法所係於家、國、天下者，又時時學之。人有數日不讀六經者乎？日讀六經，即日講治平之學，而亦即日行其誠、正之功。是内聖外王一時可行，亦時時可行，自今兹以至後，日日無窮，作聖亦無窮也。」予怏然有得。凡三日，而大學全功無不昭揭如日星，曠朗若河海，灼然洞然，目可睹而手可循，始悟從前之講學皆夢夢也，於是自畫一大學知本圖以質之。當是時，力行數月，復從嵩山還禹州。州守使君，吾邑人，前時州署親串有大不慊於心者，至是渾忘若太虛然，且從而相親焉。迄於今，作輟者二十年，鄙悋復生，隱慝横踞，德不加修，而學亦日廢。先生曰：「時心與時意不爲閒斷，一不察而閒斷生焉。」今且閒斷之至矣，然而木本水源則何可忘也？往者，豎閭先生賀黄門受白沙之學，歸關東設教，而其學入手猶未明著。今其孫淩臺先生實倡斯學，立學人用功之準，而不幸身死，幾於絶傳。而予既傳之，而不著所自，則忘恩負教自今日始也，因爲述其事而志之如此。特予登朝後無所建明，而歸田以來，備舉六經之晦蝕者而剖析之，此亦經世大業一領要也。予嘗謂講堂之設，不宜講誠正之學，而宜講治平之學，詩、書、禮、樂即治平所有事也。每思搆一室授生徒講之，而年及崦嵫，不可待矣。後有興者，當守其説，曰誠正在力行，治平在講論，而特是講論親切仍資力行。少時觀羣經，每多疑義，而自受高笠先生教後，則觀經若琉璃屏，表裏皆徹，凡儒説是非，纖微必見，此非本末相助之皦然者乎？若夫兵農刑禮，治亂得失，與夫人倫行習之見諸行事，其有關於大學者，則六經具在，其於以講之，何難焉！

大學知本圖

大學有本

「大學之道」至「在止於至善」。

「知止而後有定」至「慮而後能得」。

「物有本末」至「則近道矣」。

大學之道，在治己治人兩端，而總在於止至善。其止善之功，則必以知始，以得終，知行合而聖功備矣。定、靜、安者，知善所在，則心意不憧擾也。慮即意也，即後文誠意是也。第其中有本焉。

格物知本

誠意

正心

物　本　末
知　先　後
明德　新民
修身　齊家
致知　先　後
格物　本　末

治國

平天下

「古之欲明明德於天下者」至「國治而後天下平」。

是以學者用功從格物始，但就物之本末而量度之，知明德先於新民，修身、正心、誠意先於齊家、治國、平天下，而知先之學全在知本，所謂格物也。格者，知也，量度也。

此大學初下手處，第約略簡點，毫不用力，祇求大學之本在何所而已。

格物以修身爲本

格物　知　修身爲本厚　末薄
知本　此謂知本　知至

「自天子以至於庶人，壹是皆以修身爲本。其本亂而末治者，否矣。其所厚者薄，而其所薄者厚，未之有也。此謂知本，此謂知之至也。」

乃格之而始知其本在修身也，知本在修身則知本也，知本則知至，所謂格物而知至也夫。然而大學之功有下手處矣，然而仍不自修身始也。

修身以誠意爲本

毋自欺：如惡臭（知不善）；如好色（知善）

修身

誠意（慎獨）：自慊：如惡惡臭（不爲不善）；如好好色（得善）

至善

知本（此謂知本）

「所謂誠其意者」至「故君子必誠其意」。

格物以修身爲本，而修身則又以誠意爲本，雖身有心意，不分先後，而誠意之功則先於正心。何則？以意之所發，始知有善不善，亦意有所發，始能誠於爲善與誠於不爲不善，正心時無是事也，是以「誠意」二字爲聖門下手第一工夫。假使意發而不善，則必知其不善，一如惡臭之在前，而惡而去之。其知不善者，知也，不欺也；惡而去之，則行也，得也，自慊也。意發而善，則必知其善，一如好色之在前，而好而求得之。其知善者，知也，不欺也；好而求得之，則行也，得也，自慊也。如是則與小人之爲不善，揜其不善而著其善，有大異矣。此所謂慎獨也，此工夫也，此即盛德至善也，此本也。

「詩曰瞻彼淇奥」至「此以没世不忘也」。

是必誠意之功，切磋以爲學，琢磨以修身，而後爲盛德至善，所謂明德於此，新民亦於此也。

「康誥曰克明德」至「與國人交止於信」。

即明德、新民之止於至善無不由此。

「子曰聽訟吾猶人也」至「此謂知本」。

此非本乎？然則修身者明德之本，誠意者又修身之本也，此聖功也。

正心　修身

齊家　治國　平天下

此後文與朱氏改本並同。

乃自誠意工夫，一分善、不善，而知而行之，以求得於善，而心已正，身已修矣。由是而家、國、天下皆以此推之，如忿懥、憂患、親愛、傲惰、好好、惡惡，與反好、反惡、民好、民惡，無非誠意中善、不善兩端，與知善知不善、行善不行不善兩途，而本末一致，先後一轍。治道雖繁，一矩可絜，大學學此而已。若夫家、國、天下大經大法，則盡在六經之中，而於是從而講求之，則夫子所云「學之不講」者，此正須講學也，而他何求焉！

附録

心意最要認得分明，認得分明即知也。如存時爲心，發即爲意，全於存發見心意，然要是自然，不假勉强。必如孟子所云「操則存，舍則亡」，則亡非意也，必操而後存，亦究非心之本體。心體至虚，原是不動，然必廓然廣大，湛然而光明，如圜鏡之貯於胸，無可捉摸。若祇嗒然若喪，罔罔然虚住，而無所依倚，此在常時或有此境，然究與心之本體相遠，況一加把捉，則天機俱絶矣。學者於此體驗，時時觀察此心此意，本體或存或發，但令知覺，則心自不易動，意自不易發，即發亦易於爲善，而不爲不善，知之時用大矣哉！大學首功雖在誠意，然誠意在知止，信不誣也。

無事時，意常多而心常少，以心無所事，則意易憧擾，心反不能自主也。然而少者必使之有主，多者必使之不亂，則憧擾去矣。有事時，則心可見而意反不可見，以心著於事，則意雖雜出，不及覺也。然用意時不必見心，用心時常使見意，則雜出者息矣。

意之所起，必有不能即行者，而時起時滅，即謂之妄，妄即非誠矣。凡此皆謂之雜念可也，非意也。若夫意雖可行，而此時未能，則且抱虚願以俟異日。此非妄念，然究是願也，亦非意也。

意有兼氣以行者，早時氣平每意少，孟子所謂「平旦之氣」是也。至酬酢之後，氣盛用事，則意之出入，將不及察，此時須少定以平氣，孟子所謂「無暴其氣」是也。總要使氣隨意，勿使意隨氣，始得之。

用功時，志氣須清明，即氣也；精神須抖擻，即力也。氣與力，人人有之，此不必照顧者。然自誠意、正心以至齊家、治國、平天下，皆用此氣，用此力，但不必別立名色，以滋支離。人苟誠意，則知善行善，氣力自到，不必問也，且亦無大艱難事，量己所能爲爲之，否即置之，氣力自有限也。

事親、敬長、信朋友，當下用意，當下即可行。至事君，則虛意矣。此虛意豈是妄念？是必於此時深思所以事之之道，度時所得爲，己所能爲，預備於心，雖虛願亦不是妄。何則？以其理實理也，論語「顏淵問爲邦」是也。此則意之成爲願者，與徒抱虛願稍不同。他意視此。

學者意所發多在經籍，以終日意念舍此定無他也。但意在經籍，則知、行皆在經籍，察其當乎理者而尋求，而得其理，便是知得。然此又謂之思，不純是意，中庸所云「愼思」是也。思與意，名同而實異，不可不察也。

未事而用心謂之意，既事而用心即謂之思。予避人後，歷念前事，夜起作書與故人，匄補救之，此皆思也，非意也。又嘗在道路之間，臨事體驗。如在潁川聞家三兄死，野哭甚哀，至三日而哭不已。此又情也，非意也，此中庸之所云「喜怒哀樂」者也。在淮、蔡，值蔡使君下屯田令，爲之籌之，徹晝夜不寐。此又謀也，非意也，此論語之所云「臨事好謀」者也。至在禹州，逢邑人有非禮者，爲之不平；又州署多南歸客，恐從此有壺漿不掩之事，私作憂慮。此又心之用也，非意也，此即大學正心之所云「忿懥、憂患、好樂、恐懼」者也。然則祇此心意，而有願、有思、有情、有謀、有心之用，如是不一，而總以心意概之，統以善不善兩端驗存發知得，而誠之，而正之，則簡易直捷。其不自欺而自慊爲何如者，此真大學從實下手一全功也，此畫一法也，此一定之式也。

旦晝心意易簡點，至夢寐時，則出入變幻，真有非意量所能到者，然此在血氣乍平時翻有之，如寒極逮春，暑極逮秋，多有此境。又或筋骨勞瘁後，肢體稍閒，不著機事時，亦或現此，然要是心意不照攝之。故嘗在道路，旦晝辨經，則夜亦辨經，旦晝論學，則夜亦論學。及至湖西，朝夕簡點，心意略不紛擾，如是多日，便覺夜卧泰然，意境俱廓然矣。前人所云「至人無夢」，要是體驗便知得，豈門面語與！

欲知意動，則意反不能自動，到底動時，必有一瞬離知處，方能起念，蓋知近乎察，既察即近乎把捉，一經把捉，意何能起！故此時但當略作照顧，如前人所云「常惺惺」，朱子所云「虛靈不昧」，始得之。惺惺不惛忘，不昧則不至罔然，任其出入，如是而已。必若章句云「慎獨是動察」，意之方動，便加照察，則攔頭把捉，此時尚復有生意乎？

慎獨，「慎」字不是「敬」字，心意中用不著敬。敬雖發於心，成於德，如堯之欽明，舜之恭己，然祇是治事之要，故曰敬事，曰執事。敬一加之心意，便桎梏矣！故主靜偏於內，而主敬則又偏於外。慎獨者，誠意之謂也，但實其意之所發而不之忽，此便是慎，何主敬之有！

但簡點心意，則意不動時，氣先自平。孟子志至氣次之說，雖爲外氏所竊用，然用力之久，亦現此境，特不宜以此爲事。有意調氣，則意之所至，反爲氣役，此處主客，正須有分別耳。

意發祇多私利，並無大惡；祇多自爲，並無忮人害物處。要知大利大患及忮人害物等意，皆是臨事相形處一時成之，非有積漸也。然平時不積漸照攝，則臨事大潰，不可復收拾矣。向在湖西，與楚人楊氏之徒劇辨淫詩、笙詩，雖予説屢勝，然心甚薄之，以爲此虛妄無學，但爭樹門幟者。及聞其論孟子求放心不當在事物上求，予幡然下拜。時湖西使君及諸坐上客皆相顧眙愕，且微言曰：「此非辨淫詩者耶？」予曰：「向予所爭者辨淫詩，今予所拜者求放心也。」使君乃大服。蓋學問有一邊明昧，原不當以一邊定是非。況學問貴大公，非其理未嘗非其人，辨及此理並未嘗辨及彼理，隨辨隨化，隨爭隨釋，自不致有相形相上以激成忮害之事，然非平時用心稍有積漸，何能有此！易曰：「臣弑君，子弑父，其所由來者漸矣。」此非精於言意者與？

心不使不在，然不使不動，不動則二氏之學，桎梏所由生矣。蓋心不在則不正，正心即存心，別無正法。觀其疏，不正但曰「心不在焉」，可驗也。若孟子生平以存心爲主，而其言得力則又曰不動心，似有兩事，實則存心是工夫，不動心只是效驗。在心之本體不能不動，在學人之工夫則不使不動。其所云不動，不過卿相王霸不攖於心，則直是得失不讋、寵辱不驚一境，在達心者皆能之。況明曰「集義所生」，則工夫在集義，不在不動心。集義即誠意爲善工夫，正存心之本；不動心則存心後一效驗也，故惟孟子可言不動心。若學人，則祇言誠意存心，即不言養氣，不言不動心，亦無不可。必言不動，則直流二氏，不止告子矣。總之，大學是孔門弟子七十子之徒所作，與孟子時相去不遠，其理無不同，要其說則不必强使同耳。

大學知本後圖説

知本圖者，予受賀先生遺教而爲圖以質之者也。時予寓少室，又寓湖西，轉而寓崇仁，亦既守其教，而行之有年矣。既而寓淮西，夜坐聽官廨子弟有誦論語者：「顔淵喟然歎曰：『仰之彌高，鑽之彌堅，瞻之在前，忽焉在後。』」則大驚；又聽之：「既竭吾才，如有所立卓爾。雖欲從之，末由也已。」則更驚。此是何説？其所説何事？因急舉平日所從事者勘之，體驗之，則並無此境。豈其中有物耶？外氏立教，有王婆，有主人公，有拈探捉摸，吾學無是也。且心意坦實，未嘗兀突，如外氏所云「相見固是，指著即非」者，安得有如立末從之境在學事閒？因四顧倀倀，無所適從者約七八日，於是就循循善誘之説博約文禮。夫博約文禮，即吾向所云：「下學之功，無日不慎獨，無日不存心，亦無日不研經説禮，未嘗於文禮有所廢弛。」而子必以此爲教，一似舍乎此而即無他者，此乃所謂誘也。然而既誘之矣，吾亦第聽其誘之已耳。既而念孟子云：「文王望道，如未之見。」夫道可見耶？猶顔子也。又念孟子云：「道則高矣，美矣！宜若登天然，似不可及也。」道豈能登陟耶？亦猶顔子也。然而顔子仰瞻，並無所指，而此則所瞻在道，所仰亦在道，得毋顔子所歎者，即道耶？第道是何物？定非有一形一器可以容吾捉摸者。而以觀論語有云：「吾道一以貫之。」則道在人身。然而聖人有之，不能人人有之也。乃又云：「夫子之道，忠恕而已矣。」則道雖在聖人，而亦人人得有之；道在夫子，忠恕仍在人心也。於是展轉思惟，以爲大學、中庸相爲表裏，豈有大學一道，中庸又一道者！乃復諦觀中庸，然後恍然曰：「道也者，即意之達天德而成王道者也。」蓋中庸言性道，大學祇言心意矣，然而性即心也。謂心之得乎天而生於人，而性於以名，生心之謂性是也。意即道也，謂意之得乎善而當乎誠，即謂之道，誠者天之道，思誠者人之道是也。是以未發爲本，而既發爲道。夫性之既發，亦猶之心之既發，而未發爲大本者，既發而即謂之達道，則意非道哉！以故性與天道仍在誠意，位天地而育萬物仍在慎獨，而特其誠意之功未經精進，則不能有卓爾末從之境。何則？學者一生只誠意，而誠意之久，進乎至誠，則其境大異。蓋誠當至處，既盡己性，復能盡人物之性，於以贊化育而參天地，則人我兩忘，理欲齊冥，天德渾然，一若有「於穆不已」，離心意而獨存者，即謂之道。此豈易至哉！然亦豈外吾心意，而别有所爲望之、登之、仰之、鑽之者哉！是以就始功言，大學以修身爲本，而中庸曰「本諸身」，其本身同也。大學「修身在誠意」，而中庸曰「反諸身不誠」，曰「誠身有道」，其本身於意又同也。大學「誠意在知止善」，而中庸曰「不明乎善，則不誠其身」，其以誠意知本歸於知善又無不同也。而至於進境，則大學重王道，惟在齊家、治國、平天下，而中庸達天德，必極之高明博厚，天地位而萬物育，而實則天德、王道無勿同者。故顏淵初學只是「三月不違」，第從誠意加功「克己復禮」，斯已耳。而誠意既久則心存，心存則性盡，而於是由盡性以至於命，此中若有天人之隔，一間未達，本實境，非兀突也。是以夫子功候有與大學、中庸相併發者，「吾十有五而志於學」，可與共學，此大學誠正之始事也；可與適道，則誠身而可爲天道，可爲人道。總之，爲天下之達道，此大學誠正之進事也，而於是曰「可與立」，曰「三十而立」，則身修矣。大學曰「修身爲本」，中庸曰「立天下之大本」，而修身之事於此終焉。由是而「不惑」、「知天命」，則易之「窮理盡性以至於命」，孟子之「知天、事天、修身以立命」，皆是此境，而究之曰「從心所欲不踰矩」，則舍心意有他功乎？是以大學「絜矩」，夫子「不踰矩」，無二學，並無二本也。大抵聖功易入，誠意是也。聖功若難盡，至誠是也。由誠意而進至誠，似乎成己成物，萬物一體，使此身渾然，造化儼然，有可望而不可即之一境，而實則皆從誠意馴致之。吾終身誠意而已，吾終身誠意且研經辨理而已。孟子曰：「殀壽不貳，修身以俟之。」此非本乎？故曰：「有本焉。」此知本後圖說也。

知本後圖

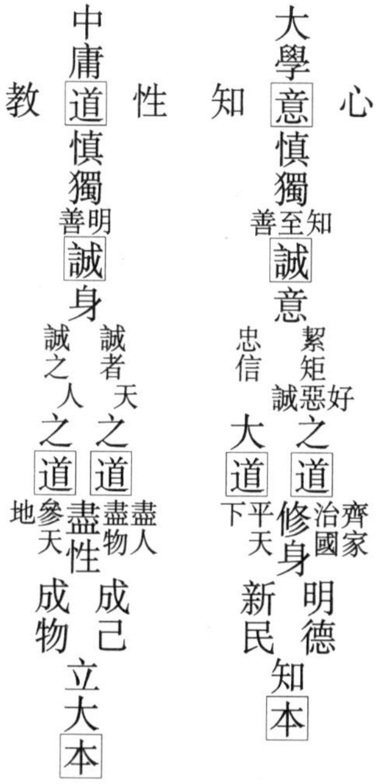

附録

大學修身爲本，又云修身以誠意爲本，似有二本，然誠意即修身也。大學分誠意、修身爲二，而中庸合之曰誠身，孟子合之曰反身而誠，以誠意而修身之事已盡也。此其説説命有之：「惟學遜志，務時敏，厥修乃來。」遜志者，順意也。順意之所發而勤慎之，則身已修矣。又曰：「允懷於茲，道積於厥躬。」言信念及此，則意雖道也，而積於身。誰謂誠意非修身乎？

知止一節，是大學切緊工夫，即誠意中事也，而儒者妄認作致知，則與誠意有歧頭矣。大學誠意本文，止以小人爲不善而著善爲知止善之證，其曰「道盛德至善」，則引經以證知止耳。中庸則直曰：「不明乎善，不誠乎身矣。」則誠意非明善乎？嘗讀孟子論樂正子，首曰「善人」，曰：「『可欲之謂善。』」正指誠意、止善爲學人作聖一始事也。然而入聖之終事亦在乎此。觀其進境，則止此一善而信有之，而充實之，而充實而光輝之，而於是大而化、化而至於聖神，有一從善外他求之乎？孟子論聖神只是善人，中庸言參天贊化只是誠身，何則？無二本也。然則夫子之循循不必誘也，祇下學而上達之矣。不然，顔子一歎，在先儒俱未能窺見，而下學偶誤，則從此失足，何止尋丈！嗟乎！此爲學工夫一大關會，不可不察也。

作聖全功，只誠意到底，亦即爲善到底。説命曰「慮善以動」，慮善即誠意爲善也。

大學曰心意，中庸曰性道，心性雖異名，而其實則一。性者天所與，心者人所生，無二物也。

故孟子存心養性、盡心知性皆無兩事，但存心而性已盡，第盡心而性已知，無二事也。若道之與意，似乎不一，然而道從性出，意從心出，心性既同，則其所出者無容二矣。故道有異名，如論語「志於道，據於德」，周禮「至德以道爲本」，不必皆意，而性道之道，則惟意足以當之。夫大學慎獨，以意爲己意，人不知也。道若大路，何有乎閟密？而曰微，曰隱，曰不睹不聞，此非意莫屬矣！是以大學誠意曰慎獨，中庸修道亦曰慎獨，獨即意也，慎獨即誠也，善也。心之所發，欲其當乎善；性之所發，欲其當乎道，惟道故善，惟善故誠，故曰「率性謂道」，又曰「誠者天之道，誠之者人之道」。

鄭玄註「戒慎乎其所不睹」二句曰：「小人閒居爲不善，無所不至；君子則不然。」此即以大學誠意註修道也。

賀瑒云：「性之與情，猶波之於水，靜時是水，動則是波，靜時是性，動則是情。心與意亦然。」孔穎達云：「性之與情，似金與鐶印，鐶印之用非金，亦因金而有鐶印；情之所用非性，亦因性而有情，則性靜情動，其實一也。」然予謂性無差殊，情則有差殊矣；性無遷變，情則有遷變矣，故樂記曰：「人生而靜，天之性也。感於物而動，性之欲也。」夫性之欲即情也，性無理欲，而情有理欲，然則情非意乎！

意無他不善，只自私自利之意時時有之，此所謂欲也。初時只是去欲，未能存理，久則稍能存理矣，然究與顏子一歎不甚相浹。後讀中庸，深見得聖賢道理，只是要合人己，公物我，成己成物，盡人盡物，以至於參天配天，無非欲身主造化，使萬物各得其所。此正與自私自利之意的的相反，故學者下手工夫，先去己私，既存天理，又既則天人俱化。是聖學全功，始終一串，未到不遷怒地位，則不必知復禮、不違仁一境，未到復禮、不違仁地位，則不必知卓立、末從一境。吾第去私利之意，以幾於不違、克復亦已矣，他何求焉！

初一意去欲，久而知聖人之道不止於此，當擴其明善之量，渾然是善，且合天下之善以爲善，方是性，方是天道。因於存心時，亦往往微拓其意，不令卑隘。如是久之，亦漸有高明、廣大之象，見於當前俯仰之閒，祇覺天空地闊，儼然與人物相通融矣。是聖道雖未易到，然如射的然，不可不先端趨嚮如此。

佛氏與老大不同。老自私自利，爲我而已，雖其説異於佛氏，然其流弊如是矣。若佛氏，則意量廣大，亦思容民物以爲胞與，亦忘人我，亦冥理欲，一若與聖道不甚相遠，而究其歸趣，則過於浮夸，便涉汎濫。如其云：「到處風光，須彌只一芥；眉閒見山河大地，世上無一物非我佛性。」竟於萬物皆備之我，一反之爲我皆備於萬物，而背馳見矣。故凡用功時，只是去欲存善，不可過爲夸大，以墮流弊，即有物我一體之懷，亦須在心意中體認明白，不可有即物即我、無物無我諸混説籠統闌入，斯得之。

必去其自私自利之意，而後可進於位天地、育萬物，是存理先去欲也。然有意於位天地、育萬物，而私利之意不覺頓滅，是去欲未嘗不先在存理。此學事次第原可互相爲用者，此又非刻舟求劒者可藉口耳。

論語稽求篇

少讀論語皦皦然，至再讀而反疑之，迄於今，凡再三讀而猶豫頓生，似宣尼所言，與七十子之所編記，其意旨本不如是，而解者以己意强行之。漢初立論語學官，其時去古未遠，尚有魯論、齊論、古論三家本，每家立學，亦尚有師授十餘人。其在魯論，則常山都尉龔奮、長信少府夏侯勝，以及丞相韋賢父子、前將軍蕭望之等，各名其家。而至於齊論、古論，則王吉、貢禹、膠東庸生以及馬融、鄭玄，各有解說。然且安昌侯張禹能統古、齊、魯三家，合爲之論，以授成帝，而惜其後之俱無傳也。西晉何晏本老氏之學，不習衆說，專與侍中荀顗輩，略取孔安國、包咸及司空陳羣、太常王肅、博士周生烈餘論，而參以己見，雜採成篇，名其書曰集解，正始中上之。而宋朱氏註則又僅見何氏一書，別無他據，旁彙以同時學人之言，似與聖門之所記稍有齟齬。先仲氏嘗曰：「此宋儒之書，非夫子之書也。而乃有明取士，勒爲功令，家呻户嗶，習矣不察。閒嘗欲取其義理，探其旨趣，剖析討論，務爲可安。而義理廣大，就仁智所見，皆可以各爲爭執。而至於旨趨精微，隱顯毫末，離朱不能視，子野不能聽，是者既不敢自直而相安於非者，即欲驟爲刊之，而無所於證定。然而言論旁及，多見事物。凡夫禮儀器制，方名象數，文體詞例，皆事物也。如人身然，義理者府藏也，事物者耳目也，府藏人所不見，我以爲府，而人必爭以爲藏，何從質辨？惟耳目昭昭在人，人有指耳而稱目，指眉頰而稱頤頷者乎？義理難明，則吾以事物明之；府藏難辨，則吾以耳目辨之。雖曰「顯見既差，安問微隱」，然而事貴類推，蓋即耳目閒而已有如是其可疑者，是以無據之言必不以置喙，無證之事必不以炫聽。偶有所見，則必使聖賢形模明明可按。

古文尚書冤詞

或曰：「古文雖冤，然亦既解之矣，曷不以釋冤爲名，而猶然冤之？」曰：「吾敢釋乎哉！且人孰肯以我之所釋者而直爲釋之？吾欲釋，他人勿釋也，則不如仍冤之，以待夫人之能釋之者也。蓋攻者之意深矣！當夫朱氏之攻古文，以其僞耳，今亦知不僞，而說有不勝，則必作僞以攻其不僞，其事則猶是朱氏事也，而意實相反。嘗避人湖西，客有陳上善者，能言古文事，云其鄉人在前朝，曾以二十八篇篆書之，賂客達海外，名爲古文，以爲孔壁本原止於此。其客受其書而投之於海。據此，則歐陽日本刀歌世必有借此以成其僞者，而幸其說之久敗漏也。朱氏經義考載周顯德中新羅國獻別本孝經，即鄭玄註者，其他經與中國同。崇文總目云：「咸平中，日本僧奝然以鄭康成所註孝經來獻。」並不言有尚書古文。又鄭麟趾高麗史云：「宣宗八年，即宋之元祐六年，李資義使宋還，奏云：『帝聞吾國書籍多好本，館伴寫所求書目録授之，首開百篇尚書。』答云：『無有也。』」是高麗尚未有，何況日本！然則海外之必無是書，決矣。趙宋真書亡而僞書興；入明尤甚，易緯九宫，陳摶先天，皆擧而升之羲、文之首，以致關朗易傳、劉牧鉤隱爭相造僞；而在明則石經大學、端木詩傳公然琢石鏤板，以雜之羣經之中，經之偪促僅存者不過一綫，況書尤易於爲僞！自伏壁有僞泰誓，而中閒河内女子、東萊張霸三篇、百篇相繼而起，至東京杜林則直造爲漆書一本，命名古文。諸如漢初之僞武成、僞畢命，見於漢志者，所在都有，則自今伊始，料必有海外尚書顯行中國，欺當宁以黜聖經者，吾故於羅氏僞書之後闢其邪繆，並誌此以示憂患焉。

文集

經義考序

經義考者，諸儒説經之書目也。古經定於六，春秋以前，惟有易、書、詩、禮、樂、春秋六名見於經解。而其時夫子傳易，子夏序詩，虞卿論春秋，各有經説行乎其閒。即至燔書以後，尚有古五子十八篇、周官傳四篇列漢志中，而嗣此諸儒之説經者遂紛紛焉。自宋人倡爲論曰：「秦人焚經而經存，漢人窮經而經亡。」而後之僞爲文中子者，直伸其語曰：「九師興而易道微，三傳作而春秋衰。」於是談經之徒各大掃儒説，而經學不可問矣。考漢武倡制科，以經義爲對策之首，而漢後説經之文皆稱經義，今貢舉家猶以經義名舉文可驗也。獨是予之爲經，必以經解經，而不自爲説。苟説經而坐與經忤，則雖合漢、唐、宋諸儒並爲其説，而予所不許。是必以此經質彼經而兩無可解，夫然後旁及儒説，然且儒説之中，漢取十三，而宋取十一。此非右漢而左宋也，漢儒信經，必以經爲義，凡所立説，惟恐其義之稍違乎經；而宋人不然。孟子曰：「盡信書，則不如無書。」書可信乎？吾所信者，義而已！第先立一義，而使諸經之爲説者悉以就義，合則是，不合即非，是雖名爲經義，而不以經爲義。有疑文言非十翼文者，有疑顧命非周公所制禮者，有疑春秋非夫子作者，有疑春秋傳非左丘氏書者，有疑孝經爲六代後增改，非七十子所舊傳者。而至於士禮則廢之，周官經則明斥之，王制、月令、明堂位諸篇則直祛之詘之。然且有誤讀隋書經籍志，而謂尚書爲僞書；誤讀劉歆讓博士書，而謂今所傳國風爲僞詩者，是無經也。無經焉得有義！予大聲疾呼以救經，並救經義，而不諒者遂謂予遵漢而惡宋，豈不甚冤！然而儒不説經，不知書之有經也；經説不備，則并不知説之以經爲義、不以經爲義也。朱子竹垞知其然，先定其爲經，從前人所增七經、十經、十三經外，而更廣一大戴禮，曰「此皆經也」。定其爲經，而凡以經爲義、不以經爲義者而既已有説，則并從而共臚之，曰「此亦義也」。有説而義明，有非其義者而其義倍明。予方慮世之埽儒説者駕言窮經，而故蔑其義以圖自便，而又何暇乎左右而取舍之？於是竭搜討之力，出家所藏書八萬餘卷，輯其儒説之可據者，署其經名而分繫其下，有存佚而無是非，使窮經之士一覽而知所考焉。洋洋乎大觀哉！嘗按周禮春官以外史掌五帝、三皇之書而志其書名，此列代史志所自昉也。乃漢武藏書，名之曰策；而成帝求書天下，命總其羣籍而合爲縱略，其在經義，則所云六藝略者是也。至後漢以四部立名，而以經部爲甲部，歷魏、晉、六朝，或稱新簿，或稱舊簿，而要之皆部記之名，此趙宋三館所以直稱爲書目而無有他也。然而在官輯者，如劉歆奏經略，班固著經部，王儉撰經典志，唐儒鄭覃輩之修經書四庫；而自爲輯者，則如謝康樂之編經目，阮孝緒之分經典録，各有機軸。竹垞曾館内庭，爲天子典祕書，會其時方用兵滇、黔，再闢，固未暇檢校而籤帙之也。其後下徵書之詔，敕天下經義之在學官外者，皆得盡入祕府，而説經之書於斯爲盛，然而未經甲乙也。今竹垞於歸田之餘，乃始據疇昔所見聞，合古今部記，而著爲斯編，曰經義考。此真所謂古文舊書外内相應者。乃其所分部，則敕撰一卷，尊王也；十四經爲經義者共二百六十三卷，廣經學也；逸經三卷，惟恐經之稍有遺，而一字一句必收之也；毖緯五卷，緯雖闕，説經者也。夫緯尚不廢，而何況於經？擬經十二卷，此則不惟自爲義，并自爲經者。然而見似可瞿也，其與經合耶？是象人而用之也，否則罔也。又有師承三卷，則録其經義之各有自者；廣譽一卷；立學一卷；刊石五卷；書壁、鏤板、著録各一卷；通説四卷，此皆與經學有微繫者，然而非博極羣籍，不能有此。家學一卷，自序一卷，補遺一卷。共三百五卷。書成示予，予曰：「嗟乎！少研經學，老未能就，不及見諸書而年已七十九矣。孟子曰：『觀於海者難爲水，游於聖人之門者難爲言。』荀子有云：『不登高山，不知天之高；不聞聖人之言，將不知學問之大。』今經學大著，聖人之言，畢見於斯世，而生其後者，復從此而有所考鑒，則既寶其書爲盛朝慶，而又喜天下後世之知有經并知有義也。」

折客辨學文

客縱論不已，予曰：「徐之。子第提一主語，使我可解。」曰：「知行不偏廢，纔説致良知，則便無行一邊了。」予曰：「此非陽明之言，孟子之言也。孟子曰：『人之所不學而能者，其良能也；所不慮而知者，其良知也。』良知有良能，何謂無行？」曰：「正爲良知有良能，而專言良知，可乎？」曰：「然則子不讀孟子矣！孟子又曰：『孩提之童無不知愛其親也，及其長也，無不知敬其兄也。』孟子何嘗言良能乎？孟子不言能，而能在其中，何也？知愛敬，知也；愛敬，即能也。陽明不言能，而能在其中，何也？良知，知也；致良知，即能也。然則陽明之言，孟子之言矣！予嘗謂『致良知』三字，聖學首功，祇不宜爲大學致知作解註耳。大學格物者，格其物有本末之物；致知者，致其知所先後之知。此在宋儒元中子已明明言之，陽明但以生平所得力認作首功。此如春秋賦采蘩，意在薦享，而聞者認作大國恤小之義。各言所得，非訓詁也。此皆不足爲言者病也。」

客忽作心性事物之辨，時平湖陸義山在坐，顧而問予，予曰：「予充耳久矣。無已，試再理前說，可乎？」曰：「君臣父子，物也；以孝、以忠，事也。陽明答顧東橋書云：『事父，不成在父上求，只在事父之心上求；事君，不成在君上求，只在事君之心上求。』殊不知事父明有個父在，明明有個事父之事在；事君明有個君在，明明有個事君之事在。若教人在心上求，則舍事事物物，將這心求在何處？」曰：「此但知主說，而全不知有客說者也。夫陽明何嘗謂無事物但有心乎？事父不在父上求，非無父也，只在事父之心上求，謂只以此事父之事求之於心，非舍事父之事而但求心也。客明明曰事父之心，而主但曰心，可乎？且心不能在事物上求也。陽明謂事物在心上求，則有事物；而子必謂心當在事物上求，則不惟無心，并無事物。何則？心能有事物，事物不能有心也。請觀之天。夫天，一物也，四時錯行，日月代明者，物之事也，然而目不見碧落，耳不辨氣候，日星不知何所綴，風雷不識何所發，其物與其事幾乎冥絕。然而即心求之，而千歲日至可坐而致。向使必求之事物，則夸父逐日，有渴死已耳。故閉門造車，不見九道也，而動合軌轍；陋巷簞瓢，未嘗服周冕、乘殷輅也，但其心不違，而用即可行。

若謂事父必在父上求，事君必在君上求，則此心未通，而天倫已絶。何則？人不能皆事君也。向亦謂君在心上求，故人人有君；今必在君上求，則君門九重，求在何處？即子亦曾上公車受職，然並不曾立君朝，踐君陛，任君事也，事君之心不可求，而求之事君之物，與事君之事，則又皆非子所有，是即子一身，而君臣大倫早已廢絶，尚何暇曉曉講事物乎！」

嘗讀徐仲山傳是齋日記，其中作事物心性之辨有云：「紫陽説知行俱向外求，故知則格物，行則求事，物未免馳騖向外，若與聖賢存心知性之學有所不合，所以陽明以事物在心上求，對照挽之。然俗儒猶曉曉者，以爲反求心性，即禪學也。」吾謂陽明多事，尚周旋俗學，故有事物在心性上求一語。孔、孟即不然，孔、孟絶去事物，專求心性。大學不云乎：「心不在焉，視而不見，聽而不聞，食而不知其味。」心逐事物，便是不在，故聖賢爲學，專求此心。孔子曰「操則存」，非操此心乎？「舍則亡」，非言此心不可舍乎？孟子曰「求放心」，則惟恐其舍之，而專求此已舍之心。此一聖一賢，斬斬截截，千秋萬世，又誰敢以禪學非之！惟性亦然。中庸「不睹不聞」，此中並無事物也。孟子平旦之好惡，此中並無事物可參求也。故大學言心，衹曰慎獨；中庸言性，亦衹曰慎獨。獨者，獨也，謂一物不交，一事不接，獨有此而無有他也。慎者，謂即此而加之功也。然則聖賢之爲學，其專求心性，必不容有一毫事物參擾其間，亦已明矣。往者施愚山作湖西道時，講學於廬陵書院，楚人楊恥菴與其徒來，正作事物心性之辨，恥菴咨嗟曰：「事物在心上求，則有心有事物，萬物皆備，即反身而已得之，孟子之言也。若在事物上求，則天下事物必不能求，而此心已先失矣。千文曰『逐物意移』，此在兒豎能誦之，況學人乎！」時聞者嘈嘈而起，目之爲姚江之學，且有昌言孔、顏學徒，定無心上求事物者。愚山亦不省，唯唯而别。次日，愚山自言曰：「講學甚難，只一顏子不遷怒，必不能到。昨會中多人盤飧闕具，吾已取官庖責之。今晨治魚不去乙，吾又取責，則未免遷怒矣。且昨所責者，誤公也；今以口腹而責人，公私謂何？如此者，將何以治之？」恥菴曰：「治之以心而已。」衆方愕然，恥菴復徐徐舉手肅四坐云：「如此者，請列坐各道一言，可能在事物上求乎？」四坐數百人，皆俯首無一言，耳可察蠮螉。半晌，愚山皤然折膝曰：「先生言是也。吾講學二十年，憒憒久矣。今知所歸矣！」時廬陵學徒有羅姓者，自言先輩有從姚江舊講會中，學得歌法，請試之，乃歌孟子「牛山之木」篇。衆皆悚然，歌者亦慷慨悲哀，涕泗被面。歌畢，衆各起，揖謝乃罷。然則儒者求心，有必不能在事物上求者如此。

或疑心在事物上求，他無可見，然夫子與仲弓言仁，曰出門使民，則曷嘗僅求之心？不知此正求心之極功也。向謂周子主静，尚非聖學，以但求之静邊耳。聖人静固求心，動亦求心，無時無刻而不求此心，所謂無終食之閒，造次必是，顛沛必是，況出門使民乎？是以出門不在門上求，曰如見大賓，則并不在賓上求。何也？以並無賓也，心也。使民不在民上求，曰如承大祭，則並不在祭上求。何也？如祭非祭也，心也。夫出門自有事物，況使民則更有使民之事，與使民之物！於此而不求事物，則無處求事物矣。立與在輿亦然。世幾見事物之來，可以影響倏忽，一如飄風之當前，鬼佷之掩至者，乃曰參前，曰倚衡，此則非事物之求，而心之求矣！曰惟心之求，豈不是佛？曰聖與佛不同，而人則同；人與人不同，而此心則同，此非佛法入中國而後裁生此心，亦非佛法入中國而後裁言此心、求此心也。正心盡性，大中言之；存心養性，孟子言之。今以佛家有明心見性之説，遂使聖賢正心盡性、存心養性之正學反不敢道，裁言心性，便類佛氏，坐使上天所生，吾身所有，千聖千賢所共講共求之心性，而一旦委而歸之佛氏，可乎？夫佛氏不患其相類也，人之不類於佛氏者，何限自此心性而外？即此身已自不類，而況由身而家而國而天下而萬物，有何一可相類者！吾儒求心，有體有用；佛氏求心，有體無用，其體同，其用不同也。吾儒求心，有功有效；佛氏求心，有功無效，其功同，其效不同也。今陽明以有體有用有功有效之學，專求之心，毋論陽明所求之學與佛不類，即使有類於心，而由身而家而國而天下而萬物，全體大用，弘功極效，仍與佛氏毫不相類，則即此求心，其亦吾儒之心，聖人之心矣！況佛家求心，單拈句子，原是空求；陽明求心，存理去欲，實是誠意，即其體其功，亦原有截然不同者乎！張南士嘗曰：「吾儒用心，不同於釋，然而同此心。人與蟲獸，則絶無一同者。然而虎狼父子，蜂蟻君臣，其心亦尚有偶相類處。」今舍物求心，惟恐類禪學而棄而勿求，則君臣父子將必恐其類蟲獸而盡棄之，是蟲獸不若也！

客曰：「陽明致知，是個做不得的，但言以之事父自然大孝，以之事君自然大忠，以之應萬事萬物無不中節，其效驗廣大如此，便把聖人教人學問思辨、勉强積成的工夫一切埽盡。且自説此旨埋没了數百年，不知未埋没之先，那一個聖人賢人曾説過曾做過？無論見效不見效，請陽明説出來，好做個榜樣，那知是斷斷没有的？是斷斷做不得的？」曰：「如此，則喪心病狂極矣！夫知貴乎行，儒者空講理學，有知無行，陽明真有知有行者，事君則忠，事父則孝，臨事接物無不汎應而曲當，如此做不得，則將誰做得乎？且陽明未嘗言致知是生知，必迸去學問思辨、勉强積漸工夫而獨致此一知也。子徒以一己之腹，强坐君子，固已奇矣！且知之有行，以行此事物也；求心在事物，謂當求此心於事物之閒也。今陽明力行已有明效，陽明於事物又得大驗，而反謂無論見效不見效，千古聖賢，無此榜樣，詰使陽明自說。則假使陽明自説，必曰堯、舜、周、孔其榜樣也；使吾輩代陽明説，必曰陽明即榜樣也。萬一陽明使詰者自説，恐肺腸面目大有不堪爲榜樣者！況近日攻陽明全屬門户，子欲傍其門户，彼門户多，人未必肯受。且至尊大聖，最惡門户，視蔭之年，何苦爲此？若謂陽明逼摎門弟子，苦苦勸人將聖賢大路從此阻絶，故欲以此救之，則又杞人之憂矣。予嘗作土司傳，方陽明在龍場時，土司安貴榮暴横無禮，自恃從征功，欲并諸官驛作土司地。陽明貽一書示之，彼即歸罪恐後。夫陽明何嘗苦勸人？而所至嚮化，此即躬行有效之一證矣。嘗見貴鄉道學有在敝鄉開講肆者，適敝邑有道學門徒，兄弟爭繼，其人立作數千言判之，陰陽反覆，實不知其中有私與否？乃自此判出，而兄弟各執，反挑釁成隙，兩相搆訟，以至於死。然則勸人之效，誰得誰失？聖賢大路，誰通誰塞？請平心易氣，爲一省之。」

客又曰：「陽明有存理去欲之説，不知欲是去不得的。耳目口體，與生俱來，無去之理也。書曰：『惟天生民有欲。』記曰：『感物而動，性之欲也。』此豈可去乎？若作虚字，説欲仁得仁，是好一邊；生亦我所欲，是不好一邊，然未有説去欲者。惟佛家以六欲爲六賊，不可不去。儒者無是也。」曰：「存天理去人欲，此舊儒常談，未嘗始陽明也。子第拾書、記一語，謂欲不可去，而於書、記之全文仍未嘗讀。書曰『惟天生民有欲』，不又曰『無主乃亂乎』？記曰『感於物而動，性之欲也』，不又曰『滅天理而窮人欲，此大亂之道乎』？夫使無主以乂欲則必亂，不窮天理而滅人欲則必大亂，此正言欲所必去，而子盡反之，此非書、記語也。夫欲者，惡之别名也，存理去欲，猶言爲善去惡也，惡可不去乎？即朱子亦云好善惡惡，皆務決去，而求必得之，故易曰『閑邪存誠』。干寶謂去其陰，非也。論語曰『克己復禮』，朱子謂克去己私也，蓋邪惡與私，無論所生非所生，而必有以去之。克己私，則克在私，而不在己；去人欲，則去在欲，而不在人，此皆於身與己並無礙者。若謂耳目口體即是欲，去欲即是去耳目口體，則朱子謂己是身之私欲，得毋克己是克身乎？且欲不可在去留之間也，學者用功，貴在斬截，吾儒言理，最忌鶻突，左捶而右挪，則百事骫裂。既謂之欲，則斷無在去不去之閒者。夫好善不用，惡惡不去，郭所以亡，況在用功之際乎？上蔡張仲誠讀蔡沈尚書註『有道，心嘗爲之主，而人心聽命焉』語，歎曰：『此害道語也。既曰人心，人欲也，欲可聽命乎？』推蔡沈之意，必謂欲即心，心不可去耳。昔者孟子三見齊王而不言事，門人疑之，孟子曰：『我將攻其邪心。』朱子孟子註亦引此。夫心尚可攻，豈不可去？有賊於此，律當迸逐，乃不幸而引經折獄者曰：『此民賊也。』不通者遂爭之曰：『然則此賊不可去。何也？以賊是民也，則將逐賊乎？抑留民乎？』引經之不通，何以異是！」

克伐怨欲不行焉，不行欲即是去欲，未有禁絶之而尚留中者。朱註猶曰「克去己私」，則私欲不留，而天理之本然得矣。若但制而不行，則是未有拔去病根之意，而令其潛藏隱伏於胸中也，豈克己求仁之謂哉！則是去欲之説，起於朱子，欲尊朱斥王，而不識所尊爲何等，子欲附朱子，朱子不屑也。且儒佛不同，然不礙有同者，以佛有六欲而不言欲，則佛有六道可不言道矣。且佛祇薙髮，猶尚有耳目口鼻，子何不截鼻滅口，以自異於佛，嘵嘵何爲！

客又曰：「知行兩事，並無説合一者。經書所説，無一不以知行分作兩件，如『言之不出，恥躬不逮』，『其言不怍，爲之也難』之類，於知處説得緩，於行處更説得急，從未有能知自然能行，不行只是不知的説話。惟佛家教外别傳，纔有此等言語。」予曰：「子欲辨知行合一，歷引言行相對者言之，則以言屬知，以爲屬行，此是書理未通之故，不足辨也。只『知行合一』四字，予前已明言之矣。孟子曰：『孩提之童，無不知愛其親也。』孩提知愛親，無所謂行也，然而行矣。且孩提只愛親，無所謂知也，然而知矣，故孟子前説知能，此只説知，以知能合一也。此其義，紫陽亦言之。紫陽註中庸曰：『由不明，故不行，此非不行，只是不知乎？』又曰：『顏子惟真知之，故能擇能守如此，非能知自然能行乎？』然則陽明之言，即紫陽之言，而子妄謂教外别傳，何與？往在史館時，同官尤悔菴闔題得王文成傳，總裁惡傳中多講學語，駁令删去。同官張武承遂希意極詆陽明。予曰：『何言之？』曰：『知行合一，聖人之學乎？』予曰：『知行合一有二説，皆紫陽之言，然紫陽不自踐其言，而文成踐之。其一説，即予前所言者是也。其又一説，謂知是理，必行是理，知是事，必行是事，此即紫陽註中庸所云：「知，所以知此也；仁，所以體此也。」知在此，行即在此。凡所知所行當在一處，亦謂之合一。乃其註大學，於格物則所知在物，於誠意則所行又在意。在物少一行，而在意少一知，何也？有人於此曰：「吾格禮，節文登降所當習也；吾格樂，鐘鼓考擊所當事也。」知禮樂當行禮樂，乃曰「吾知在禮樂，而所行在意」，可乎？且知禮樂，只知禮樂，乃曰「吾已知禮樂，而凡吾心之所行，更不必再知」，可乎？是此知非此行，此行非此知，一知一行，斷港絶流矣！此非合一之病，不合一之病也；此非陽明之言不合紫陽，紫陽之言不自合也。』武承大怒，愬之總裁。歸即作訐陽明一書，將進之，乃連具三劄，一曰孝宗非令主，二曰東林非君子，三曰陽明非道學。三劄齊進，同館官並起而譁之。會徐健菴庶子方入都，總裁咨之，健菴大驚曰：『陽明已耳，孝宗、東林豈可令史館是非顛倒至此！儻在明代，京朝内外共得以逐之矣！』總裁遽毁劄而罷。其後武承不甘，復與湯潛菴侍讀爭辨格物，上書潛菴，潛菴但致書於予，竟不之答，而武承已死。既而文成一傳，館中紛紛有言宜道學者，有言宜儒林者，有言宜勳臣者，總裁斷曰：『勳臣而已。』又曰：『前史無道學傳，惟宋有之，今何必然！請無立「道學」名，但立「儒林」，而屏陽明之徒於其中，何如？』衆皆唯唯，獨予不謂然，然而不能挽也。總裁嘗召予曰：『聞子説知行，右陽明而左紫陽，有之乎？』曰：『無之。從來論文成者，皆謂其不合紫陽，而予獨曰否，請試言之。鄭端簡作今言云：「人但知陽明大學不合紫陽，然平情以觀，恐不可便以宋儒改本爲是，以漢儒舊本爲非。」王弇州題正學元勳卷云：「陽明直指心訣以上合周、程之説，所未合者，朱子耳。」嘉靖中，曾以新建從祀。策山西鄉試，其議有云：「朱子訓詁章句，爲不失聖人之統而已，未必盡得聖人之心。新建致良知，簡切痛快，實有接乎孟子性善之説。即其他訓詁章句，小不盡合朱子耳，非不盡合聖人也。」』

辨聖學非道學文

聖學不明久矣。聖以道爲學，而學進於道，然不名道學。凡「道學」兩字，六經皆分見之，即或併見，亦祇稱學道，而不稱「道學」。如所云「君子學道」、「小人學道」，蓋以學該道，而不以道該學。其在論語則曰「君子學以致其道」，而在學記則曰「人不學不知道」，如是而已。

惟道家者流，自鬻子、老子而下，凡書七十八部，合三百二十五卷，雖傳布在世，而官不立學，不能羣萃州處，朝夕肄業，以成其學事，祇私相授受，以陰行其教，謂之道學。道學者，雖曰以道爲學，實道家之學也。

故隋書經籍志明云黄帝大道，但傳之其人，而不立師說。惟漢時曹參薦蓋公能言黄、老，而文帝師之，於是有道學一派倡始兩漢。而魏、晉以降，六季最盛，如陳書儒林傳載梁簡文嘗置宴殿堂，集玄儒兩家之士，先命道學互相質難。此正清言肆出，道學盛行之際，然猶玄儒兩判無溷雜者。

是以道書有道學傳專載道學，人分居道觀名爲道士。士者，學人之稱。而琅書經曰：「士者何？理也。身心順理，惟道之從，是名道學，又謂之理學。」宋儒言理如此。

逮至北宋，而陳摶以華山道士自號希夷，與种放、李溉輩張大其學，竟搜道書無極尊經，及張角九宫，倡太極、河、洛諸教，作道學綱宗，而周敦頤、邵雍與程顥兄弟師之，遂篡道教於儒書之閒。其說詳見予河洛原舛及太極遺議諸文。又佛書禪源詮集亦載太極圖，名阿棃耶識，相傳周濂溪亦受之了元禪師者，今遺議不載。至南宋朱熹，直勾史官洪邁，爲陳摶特立一名臣大傳，而周、程諸子則又倡道學總傳於宋史中，使道學變作儒學。凡南宋儒人，皆以得附希夷道學爲幸。如朱氏寄陸子靜書云：「熹衰病益深，幸叨祠禄，遂爲希夷直下孫，良以自慶。」又答吕子約書云：「熹再叨祠禄，遂爲希夷法眷，冒忝之多，不勝慚懼。」是道學本道家學，兩漢始之，歷代因之，至華山而張大之，而宋人則又死心塌地以依歸之，其爲非聖學，斷斷如也。

向在史館，同館官張烈倡言陽明非道學，而予頗爭之，謂道學異學，不宜有陽明，然陽明故儒也。時徐司寇聞予言，問道學是異學，何耶？予告之，徐大驚，急語其弟監脩公暨史館總裁削道學名，敕明史不立道學傳祇立儒林傳，而以陽明隸勳爵，出儒林外，於是道學之名則從此削去，爲之一快。當是時，予辨陽明學，總裁啟奏，賴皇上聖明，直諭守仁之學過高有之，未嘗與聖學有異同也，於是衆論始定。即史官尤侗作陽明傳，其後史斷亦敢坦坦以共學適道，取「學道」二字歸之陽明，特聖學何在，則終無實指之者。

予謂聖學之中原該「道」字，初學聖人祇謂之學，學聖既成即謂之道。學者道之始，道者學之終，既非兩途，又非兩事，且並無兩功夫，第從事於此而學在是，道即在是焉。是以聖學聖道只在忠恕，雖子告子貢多學一貫祇是「學」字，惟告曾子吾道一貫則全現「道」字，然而道在忠恕，學亦在忠恕。忠者，中也，執道心以去人心。恕者，推也，去人心以推道心。此本堯、舜、禹、湯相傳之道，當時所稱道經者，而聖門諸徒則皆受之以爲學，是「忠恕」二字合之道經十六字，舉千聖百王、賢愚治亂、古今一貫者，而祇以精一、允執成學者之事，則聖學之該聖道，概可見矣。

然且允執之忠，全在去人心，盡屏其自私自利之心，以推其道心。是道全藉學，而忠又全藉乎恕，道學忠恕總是一貫。是以曾子忠恕曰「吾道」，曰「夫子之道」，一何鄭重！而子貢以學該之，祇一「恕」字。如子貢曰「一言而終身行」，一貫也，道也；曰「其恕乎」，則祇恕也。且以「不欲」「勿施」八字示之，曰「學恕已也」；又曰「我不欲人之加諸我也，吾亦欲無加諸人」，恕也，而進乎道也；曰「非爾所及也」。恕固可進道，而時則未也，須學也，乃終以博施濟衆爲聖仁。堯、舜推忠行恕，立聖道之極，而夫子終以能近取譬，歸之强恕。謂忠之必藉乎恕，道之必藉乎學，有如此！

道學則不然，並一道家，而各立名目。其在北宋曰「主靜」，清靜教也；曰「立極」，無極之宗也；曰「涵養用敬」，則養以毓其氣，敬以定其神，葆祕之事也。世無審動靜、探主宰、且葆祕神氣而可云行聖學、入聖道者。至南宋云「格物窮理」，則又竊儒書名目，以陰抒其萬物之奥，聖人至賾之道教，其並非儒學，早已顯著。乃一聞聖道、夫子之道，而相顧茫然，徒以萬殊一本當之。夫萬殊一本，佛家之萬法歸一也，且亦籠統，何著落？及聞「忠恕」二字，宜憬然矣，乃猶疑借端，曰此不過借學者盡己推己之目以著明之。夫明指本心明明，以學道一貫，直本之堯、舜以來共推共執之道心，而猶曰借端，是於當身且不知，而欲其知道、知學，得乎！

況博施濟衆，正推己之極，爲子貢終身行恕之終事，並不高遠。大學明德必至新民，中庸成己必至成物，論語修己必至安人安百姓，孟子獨善其身必至兼善天下，即學記記學，自九年大成後，忽接曰：「夫然後足以化民易俗，近者悦服，而遠者懷之。」是博施濟衆正聖道之成，爲聖學中所有事，而乃以子貢徒事高遠斥之，則毫釐不知學道者。故曰道學非聖學，大須辨也。

然且以能近取譬，亦作借端，謂如釋氏説，如標月指月，雖不在指上，亦欲隨指見月，須恁地始得。夫推心取譬，求近聖仁，亦甚平易切實，何至如指月恍惚，盡付借境？況忠恕既借取譬，又借一身所有，並無著落。七尺男子，直等之鄰人之醯，已屬怪事，又且指月之解，出自圓覺經脩多羅教，不惟道學兼唱佛説，及其唱畢久之，又云：「二三子以我爲隱乎？吾無隱乎爾！」翻然出席。如此行逕，直是佛氏舉動，以宗門而行道教，聖學埽地盡矣！

若聖道聖學，諸書一貫，論語一部，無非忠恕之道，且無非恕學，其在前文已明白可見矣。乃以大學言誠意忠也，其止善去不善，而無自私自利之心，則恕也，此即學也。乃即以其學爲絜矩，推心度物，極盡忠恕，而明德新民，由身心意知以推之家國天下，道皆一貫，然而只一「恕」字，曰「所藏乎身不恕」，曰「所惡乎下，毋以事上，無非恕也」。中庸亦然，至誠忠也，由明善致曲，以推之動變，即恕也，亦即學也。於是成己成物，盡己性以盡物性，天地位，萬物育，何者非一貫之道？乃其學則始於忠恕，曰忠恕違道不遠；又只是恕，曰施諸己而不願，亦勿施於人。且隨以所求，未能鋪排「恕」字。至於孟子，則萬物皆備，一貫也，道也，反身而誠則忠恕也。然而强恕而行，只是恕字，蓋學也，而道在其中焉。自孔、孟不作，道學專行，聖道聖學其不明於世者，越七百年於茲矣。今一旦指出，上自堯、舜，下及孔、孟，始終本末，到處一貫，時時可見，人人可行，無借無雜，不疑不惑，學以致道，庶幾無媿。後有學者，其亦從此而進求焉，可耳！

復沈耿巖編修論大學證文書

某復：某不量，作大學證文一書，非謂於古學有所窺見，祇以本文同異，不無擬議，因並列其文，以俟後人之取擇。而書辨通博，多所發揮，且未嘗以尺寸見示，但於講學之日，密鏤其文，以爲與某論證文書，遍布同學，遲之遲之，然後以鏤文下寄，則似乎有意暴某過矣！但從來主客相難，必先通彼我之意，使客指瞭然，而後徐折以主說。今足下所難，似乎不通客意者。客意且未通，何有於辨？如某論朱子補傳，正謂即事物可觀心性，而朱子二之，故某原文云：「使格物所補，或如程子云『格物者，莫若察之於身』，如朱子平日云『格物者，以反身窮理爲主』，而必求其本末是非之極致，則反身即修身爲本，求本末即知本知先，求是非即明理別欲，又何一非聖學要功，而以曰正事，曰去欲，一啟後儒之紛紛也哉！乃曰『天下之物』，曰『即凡天下之物』，不無稍汎，故曰世有即事物必觀心性，別無講事物以明心性者。」此正是鄙意。而足下乃以事物心性不分兩截，曉曉致辨，則先昧客意矣！且某列原文，極言格致正以爲修齊治平之事，原裕於格致誠正之時，故此時格物，必如宋儒黎立武、明儒王心齋、劉念臺輩，確言格物即格此心身家國天下之物，致知即致此誠正修齊治平先後之知，則直捷了當，並鮮疑義。惟其不然，所以咨嗟也。而足下仍以事物心性籠統說去，既不會大學原本與朱子改本之殊，並不審朱子格物與諸儒格物毫釐千里之謬，但云事物心性不分兩截。問其所以不分者，則曰欽明文思，堯之心性有然，而心性之實曰九族，曰百姓，曰萬邦；濬哲文明，舜之心性有然，而心性之實曰五典，曰百揆，曰封山濬川，命官考績。夫以事物爲心性之實，則心性根荄反在事物，固屬未合。然其云事物而及九族五典諸條，則九族即家，百姓即國，萬邦即天下，慎徽即齊，時敍即治，昭明時雍與封濬命考即天下平，是仍以家國天下爲物，以修齊治平爲事。此正某所引元中子及心齋、蕺山諸說，而以此爲朱子致抵，則試問朱子格物是格本末之物，致知是致先後之知否？夫析理如擘肌，如櫛鬣毫，如割原蠶之絲，貿者分之，蔓者理之，蒙昧者檃揃之，使言之有要，聞之有會，行之有捉搦，是所貴乎論也。如籠統，如鶻突，如不了當，如半明半暗，如似是而非，則彼我之情，原未了徹，諸家意指，全失審量，而欲以一言之下，涣然冰釋，難矣！且夫持守涵養，先儒原示爲大學首功，其不能責之小子者，非私言也。足下謂二童灑埽，其恪恭者即爲持守，亦即爲涵養，而浮動者則否。則試問此持守者爲持守灑埽乎？抑别有持守乎？如持守灑埽，則恪恭與浮動者但以勤惰分優劣耳，未嘗曰恪恭者灑埽，而浮動者即卻而去之也。至於涵養，則未聞習慣灑埽謂之涵養，灑埽者儻以爲灑埽習慣，則此中涵養自然可加，則又另一事矣。蓋論有頭緒，朱子謂小學中涵養純熟，則於大學格物時自能分别理欲，則竟以涵養用敬之功，責之灑埽應對之際，未免於學者功力有所難循，故以爲言。若仍如足下所云，則灑埽習慣便欲其分别理欲，則仍是孩提神聖，囫圇鶻突之詞，而足下乃遍引胎教始生與稍長成童諸學，刺刺不休，則少儀幼學，自古有之，何嘗謂孩提不可教耶？凡論有鋒穎，必須相當，今人所謂對針也。夫孩提必須教，足下知之，某亦知之。某但曰孩提必須教，特非涵養耳，而足下仍曰孩提必須教，則驢頭馬嘴矣！至於僕謂小學者書計之學，非小子之學，亦歷考兩漢以後所記小學諸蹤蹟而後言之，非謂三代以上原無幼學。夫伏氏書傳所云「致仕之臣，朝夕坐塾門而教出入之子弟」，非幼學耶？特不名小學耳！蓋小學者，本天子、諸侯世子之學，故大戴禮記以小學爲太子所學之宫，而王制所云小學在公宫南之左，則諸侯世子之學，而士庶小子不得與焉。有謂天子之學，小學在外；諸侯之學，小學在内，固已非義。而至於八歲入小學，亦惟天子之子有然，降而諸侯則已十有三歲矣。伏氏書傳所謂「十有三年而入小學，二十而入大學」是也。則毋論諸侯而降，士庶之子並無小學，即有他學，如所稱里舍塾門者，亦未知其年齒何等，而概曰古者八歲而入小學，此是何說？且未聞天子之世子，與諸侯大夫之元子，猶然執灑埽、習應對者也。必曰小學之節，灑埽應對，至歷引經傳，以至於陳仲弓、陶元亮門生兒子將車舁籃諸事非不該博，然而認朱作墨，指雄爲雌，未免失據，然且繙引悤忽，以譌亂真。夫文王世子未嘗以小學名也，疏義所引，特以東序爲大學而旁及之，而足下謂小學之名見於王制與文王世子，此必見註疏鏤本誤以小樂正舞干爲小學正，馬氏通考坊本誤以小樂正詔之東序爲小學正而又誤之者也。夫鄉縣鄙酇里社黨塾皆有幼學，足下謂載籍所傳，除小學外，並無其地與其名，此由未深考。而至於漢明建四姓小侯之學，正諸侯之學；唐高祖建小學，與宋寧宗置諸王宮學，則皆使皇族子姓與功臣子弟就學其中，此正天子諸侯之學，而漢、唐以後，或因或革，不可蹤蹟。惟就戴記、白虎通與漢書藝文、食貨二志考之，則小藝小節端有定指，故食貨所志，尚曰五方、六甲、書計之事，而藝文則專指習字，蓋以三倉、爾雅、方言、枝甲皆屬字詁。而宋立書學，則專習篆草三體文字，而兼及説文、字説及爾雅、博雅、方言五書，則爾雅、博雅、五方、六甲所謂書數方名者，皆統之以字學。蓋小學所用，本爲天子諸侯之學，而小學所習，則爲字學，故後魏江式所云「太子八歲始入小學，而保氏教以六書」者，此真截然之言，無所歧指，而世誦其文，而不之察也。至謂後魏孝文曾立四門小學，引以爲抵，則亦知後魏立學始於平城，爾時以書籍未備，專立之爲蓄書之地，故嘗改國學爲中書學，則正與字學、書學相表裏。故孝文於遷洛陽後立四門小學，以大索天下遺書，而其後置小學博士員四十人，此正小學即書學之證。而足下漫引及之，則亦思當時博選天下儒士以實其中者，學士耶？抑兒童也？

復與朱鹿田孝廉論論孟書

接札驚躍，所訊甫一昔，而論、孟六條，捷應如響，此在名下有學者每遲遲未復，復亦不必得而一昔了然。少年既夙悟，又且多學，此天生異才，使千聖絶學於斯大顯。北有李恕谷，南有朱鹿田，德不孤矣。昨貽札後，客有投予考文者，其中有兩考題不能解。一是縣季考題「冉有與之粟五秉」。以爲夫子之粟與？則夫子設教闕門，並無公廩，安得有宰財用之人可强請支給，且可任意出入者？以爲冉子私粟與？則夫子止與十六斗，而冉子竟五十倍之，與之八百斗，是冉子未仕，已自富於周公，無是理矣！且冉子不得私與粟也，欲私與則不必請，既請而再請，則雖欲私與，亦不得多。衒富耶？市惠耶？抑矯夫子之吝耶？此其所失，將不止周急繼富一節爲可議也，此非夫子之書也。一是新學使考題「秋陽以暴之」。夫道德無言潔白者，惟行誼分清濁，别有是名，故夫子稱丈人欲潔其身，孟子稱西子蒙不潔，又稱狷者爲不屑不潔之士，司馬遷稱屈原其志潔。大抵獨行自好者，始有高潔之目，此非聖德也。況白則從來無擬及者，惟夫子自云「不曰白乎，涅而不緇」，祇以不爲物污，與屈原傳之「皭然泥而不滓」正同，仍是高潔意。曾子擬夫子，反不若子貢之如天如日，宰我之超堯越舜，而僅云潔白，非其旨矣。況「潔白」二字，曾見之詩序，白華「孝子之潔白」，此但以物言，並不以德言也。予因大爲憤懣，更從架上別覓時所投考文，則更有可駭歎者，如「有父兄在」題，據問聞斯行諸，則必是義理矣。何則？子路有聞，未之能行，皆從義理解也。且必是可行，不待審別者矣。何則？以下文聞斯行諸，可以聞斯行之也。若然，則天下有聞義理，而必禀父兄而後行者乎？曾子聞一貫必請曾皙，仲弓聞不欲勿施必請之騂剛之所生，此是笑話，乃講師不通，謂父兄長老之稱，則諺云要好問三老，以作事言學問無是也。縱曰欲抑其勇行，則但告之以徐徐已耳，安得以長老壓之！學問非長老所得主也。又有「夫子爲衛君乎」？豈有聖人助拒父者？解者曰衛人助公輒，故疑夫子亦助之。夫君民相助，理所應有，夫子非是也。且衛人助君，與夫子助衛君，當必有實跡，有實據，非可泛然讀過，便撇卻也。至於「雖周亦助」與「盍徹乎」諸題，則在僕亦踟躕不得決。集註初以通力合作計畝均分爲徹法，既又以鄉遂用貢、都鄙用助爲徹法，此於徹法原不曾有定說，乃又加之以雨公及私，一時在通力計畝並無公私，而在都鄙用助則助在徹中，此正是徹法，安得又有雖周亦助之解？此非夢書乎？若年饑盍徹，是以庶士而受國君之下詢，此老實經濟，足則真足，與則真與，反覆急決，本明白救饑之法，而解者以君民一體混塞之，則儒者真廢物矣！凡此皆藉，即爲剖發，無所隱晦。即冬日飲湯，夏日飲水，耆秦炙，耆吾炙，凡兩可仁義，兩可內外者，亦須一爲斷定。蓋八比遵功令必須照集註敷衍，此大不得已之事，故偶以考文訊及，謂八比有礙經學，經學並不礙八比，今且解經而已。又別有訊者，論語兩子畏於匡，從不知在何地。即漢、宋儒者，皆不能註。閒嘗與學者論及，亦一閧而散。或謂是宋地，孔安國據莊子謂孔子如宋游匡，遇匡人之難；或謂是衛地，史記夫子去衛，將適陳，然尚未出境，故使從者爲甯氏臣於衛，以解此難，以匡，衛邑也；或謂是魯地，魯原有匡邑，舊稱句須爲匡宰者，家語陽貨曾暴匡，而子貌類虎，故見圍，則魯地矣，不然虎與衛風馬不及，何由得暴？然則在衛固可疑，而在魯則又與去衛過匡、去匡過蒲蹤跡不合，若在宋，則直以桓魋之難誤匡人矣。是夫子一遘難，所在尚不能曉，何可併及！

與馮山公論論孟書

每發椷示，必益我未備。老年終日向暗處行，何幸有道不惜借四壁餘光時相照映，衹恨彼此異處，良對少耳。昨有客過寄亭，劇言海內無讀書人，幸研攻八比，惟論、孟未荒落，餘茫然矣。予謂論、孟亦何易明白，客俯首咄咄，似有不肯其語者，然亦不送難竟去。因憶往冬大病時，通夜不寐，雞唱後，呼兄孫論孟子「禹之聲」章：「曷云以追蠡？」曰：「以用之者多也。」「然則曷云『城門之軌，非兩馬之力』？」曰：「以用之者久也。」予謂：「以城門一軌，而當經涂衆軌之用，正用之者多，而日久，何也？」遂不能答。今年春，陳緘菴編修家以母喪請予作題主陪事，坐客有問公行子有子之喪，喪子耶？抑喪親耶？衆俱未應。予曰：「僕亦有一問，滕文以然友反命，始定爲三年之喪，豈三年喪制定自孟子耶？」少頃孝廉馬素菴曰：「以戰國久不行而今行之，似更定也。」予曰：「不然。據父兄百官皆不欲曰吾宗國，魯先君莫行，是周公、伯禽不行也。吾先君亦莫行，是滕叔繡亦不行也。此明指周初，非戰國也。然且嗜嗜曰至於子之身，而反之曰喪祭從先祖，一似乎叛朝典、亂祖制者，豈狂言乎？」一堂十二席五十餘人，各嘿然如喑者。既而過倪魯玉中翰，觀其所著神州古史考，載泰山明堂甚析，予曰：「泰山明堂可解乎？以爲巡狩耶？則東巡燔柴，不事五室，且他岳無有也。以爲王者聽政之所，則鎬京共主，必每月東幸，以聽政於十二堂。謬矣！謬矣！」魯玉亦唯唯。後又至其所，説孟子述孔子見陽貨事，謂大夫有賜於士。孟子直稱陽貨爲大夫，孔子爲士，而集註又從之，不置一辨。時張叔明在坐，但曰權臣以大夫自居，而此第因之以重其罪，則世無稱新莽、桓温爲帝而謂之罪者。且貨在當時，並未敢以非禮自居，彼方納改玉之請，正僖、閔之逆，往往借禮法以助跋扈，況大夫士相見，承摯餽問，自有定禮。若果非大夫，則夫子何難以非禮拒之！觀記稱陽貨欲見孔子，孔子不見，則亦非苟爲依違，肯無端而拜其門者。乃夫子亦竟以大夫禮事貨，而孟子則直據其禮而明稱之，此在孔安國、馬融、包咸註論語，趙岐註孟子，皆若視爲固然事，而並不註及此是何説。最後有問予「三家之堂」者，予第出大小宗通繹示之，便點首去。然註疏、集註亦全不能解。據論語一稱季氏，一稱三家之堂，似分似合，原不可訓。夫三家者，仲、叔、季也。三家同僭，不得獨坐季氏。若僭在季氏，則季僭已耳，兩家又安得並受惡名？且三家之祖非他，爲仲慶父，爲叔牙，爲季友也。兩祖以弑逆不得其死，此在祭典不得立昭穆之尸，食昭穆之牲，而公然用天子禮樂，世無此理。且兩祖之死，皆季友一人所爲，季文、季武何人肯以成季與共仲、僖叔並坐而擬三？天子亦必無之事，又且大夫兄弟皆各有廟，孟、叔、季三孫俱魯國正卿，豈有三祖三大夫共一廟者？然則三家之堂，究竟何解？若其餘無解之語，櫛比皆是，予第就其已質者重質左右。嘗在道南書院説論語大旨，有以「子貢問士」、「子路問成人」兩章送難者，謂夫子重才而輕德，重有爲而輕有守，使不辱命與小才節文，似不得與孝弟言行、斷義利、死患難、忠臣信友同類並稱，而乃反超而上之，斯已過矣！然且以言行信果爲小人，以正誼明道節概赫然六行五品無少闕者爲今之成人，不惟降之，又從而鄙夷之，若是者何也？學者不體會聖人立教精意，妄執臆見，甚至以行己有恥與節文禮樂鋪張盛大以壓勝之。夫行己不過躬行耳，有恥不過四端之一，禮樂不過六藝之兩耳，夫子本舉春秋極猥瑣者爲人士榜樣，而學者必欲張大而壓勝之，則亦小人之腹矣。且此中自有一定意旨，試以是兩章合之兩論二十篇，與孟子、與大學、中庸一一比觀，其爲學輕重，定有明證。不於此之求而聖賢意旨，但以「不求甚解」四字置之，可乎？

與朱鹿田孝廉論論孟書

向以論、孟數條，索馮山公解去，遲久未答。即以其説，閒語所識，亦多不能了，故僕解六經，謂自漢迄今，從來誤解者十居其九，自漢迄今，從來不解者十居其一，但彼亦不自知其不解也。及偶一提醒，輒目釘口塞，數日不能答。即一論、孟，而治八比者仍在夢夢，則八比何用矣！昨座客謂三家之堂不是一個廟，是各一個廟。說見前篇。此不特無據，抑且無理。諸書未有言異廟者，此無據也。同廟，則成季一家尚可行僭；若異廟，則慶父弑君時，哀姜與聞，尚殺之於齊，主不祔廟。至僖公八年，已歷三禘，而始有致廟之文見於春秋，豈有仲慶、叔牙得專廟僭天子禮者？不惟魯人不肯，季氏亦不肯也。若慶父之子公孫敖者，則又得罪奔莒，請歸請葬尚不許，豈許專廟？儻又降此，則將以天子禮祀孟獻子、莊子，誣同極矣！若謂魯先君不行三年喪，是近代先君，不是周公、伯禽，說見前篇。此本高頭講章之言。

魯自春秋至戰國，無不行三年喪者。僖公三十三年薨，文公二年納幣，相距再期，猶然以喪娶譏之。成公三年，喪畢然後朝晉，晉叔向譏昭公有三年之喪，而無一日之慼，何嘗不行？且本文明曰喪祭從先祖，先祖者，始祖，非近代祖也。若樊遲請學稼，即禾中孫肖夫、菰城江岷源輩亦驚顧無一言。此實不可解者。遲既非，沮、溺甘於石隱亦定非。真欲需體塗足作農人者，若以爲粗鄙，則應告之以詩、書、禮、樂之文；以爲瑣屑，則當啟之以大經大法、治己治人之道，乃徒以君民相感爲言，已難通矣。且其申言疊喚，一似遲欲招徠天下之民而不可得者，豈聖人之言而全然如大霧？至於如是，試問「焉用稼」用字何解？至子使漆雕開仕，則但云「可以仕」。夫可以仕，則必如「雍也，可使南面」，明下「可」字，豈有可仕，而記者妄云子使仕者？是使求仕也，求仕不可也。至若孟懿子問孝，子曰「無違」，則無違正對「孝」字，即論語「幾諫」章所云不違，中庸「哀公」章所云順乎親者。此下原不得增加一字，乃以恐涉從親之令必增數字，則無違於理。理不是禮，然字音相同，又不得曰前所言是條理之理，今所言是禮樂之禮，究竟「無違」二字，在爾時作何口語？作何解說？至於宗國魯先君謂宗聖人之國，聖人指誰？誰宗之？宗周公耶？抑宗孔子耶？若城門之軌，兩馬之力，則車多四馬，所云乘馬也，乃欲張大其力，而反減二馬，何解？凡此數條，請一一告我。

答施愚山侍講問公山弗擾書

接問佛肸、公山二事，不得確據。佛肸雖見史記，然亦只就論語申言之。若公山弗擾，則與春秋傳全不合，即家語、史記俱多牴牾。此原是一疑案，故前儒亦有謂此是瑯琊、膠東所受齊論而雜入之魯論中者，然宋洪氏又祇以季氏十四章作齊論，而陽貨篇不之及。僕嘗與先仲兄校論，深歎孔安國舊註極其斟酌，而朱氏襲其文，祇改得一句，便是不妥。今足下欲依史記，而又疑朱註「共執陽虎」四字，謂從史記致誤，則兩失之矣。朱註此四字不襲史記者。孔註弗擾爲季氏宰，與陽虎共執桓子而召孔子，朱氏全襲其文，而改「而召孔子」四字爲據邑以畔。不知「共執桓子」四字，雖可疑而尚有解，至據邑以畔，則無可解者。考虎執桓子在定五年傳，但曰陽虎囚季桓子及公父文伯，而逐仲梁懷，並無公山不狃共事。然尚可解者，以虎之囚桓子爲逐仲梁氏，而仲梁之見逐，實公山氏使之，則囚桓逐懷皆公山氏所爲。左氏作傳，全得晉、楚二策書，而於魯策書反失全册，故一往多混詞，此混詞也。若據邑以畔，則在定十二年墮費時。經書「季孫斯、仲孫何忌帥師墮費」，然後費宰公山不狃據費以畔。是時夫子已爲司寇，親命魯大夫申句須、樂頎伐不狃，逐之，奔齊。而仲由則又身在帥師墮費中，焉得有召夫子與子路不悦之事？此真夢語也。故孔安國但據定五年執桓子事在夫子未仕以前，其於以費畔，則不過以費宰畔，而不必據邑，蓋既執桓子，則共事亦畔，共謀亦畔，不必據邑始是畔也。惟不據邑，故一釋桓子，便可挾公，同盟陽虎、公山皆得仍居故位，以俟再舉。若是據邑，則一敗而即當出奔，焉有五年至十二年相距七載，尚得安然在費者？是改此四字，不惟經乖，抑且事舛，論語與春秋傳諸書皆棼然也。至若謂史記可據，則更不然。史記以定八年蒲圃謀弑，誤作定五年囚季之役，云執桓子，而桓子詐之得脱，已是悖謬，乃竟造一畔費事在陽虎奔齊歸寶玉大弓之後，則與五年之囚季、八年之順祀、十二年之墮費並相牴牾。且此時爲定九年，而十年之夏，夫子已作司寇，即有會夾谷之事，然且十年以前，先爲中都宰一年，而後由司空而進司寇，則在定九年，夫子已仕魯，而猶召夫子，謬又謬矣！

答柴陛升論子貢弟子書

前論陳子禽，集註謂陳亢，孔子弟子，或曰子貢弟子，其或曰一說無據。王草堂作集註補，直謂二千餘年，並無言陳子禽在端木門者，此朱子臆說也。時閩中張孝廉在坐，便云：「朱子未必是造說，特引據稍鹵莽耳。」予曰：「何？」曰：「嘗考註疏引鄭康成註：『子禽，弟子陳亢也；子貢，弟子姓端木名賜。』朱子纔一見去，恰似『陳亢也子貢弟子』七字連屬，而遺卻『姓端木名賜』五字，故如此。」予深服孝廉善讀書有識。而坐客不然，謂：「從來讀書人，豈有此讀法？」予曰：「漢書地理志云：『錢唐，西部都尉治。武林山，武林水所出，東入海。』而晉劉道真作錢唐志誤云：『西部都尉治武林山。』亦是纔一見去，似『武林山』三字與『西部都尉治』五字連屬，而遺卻『武林水所出』以下八字，至今顧夷吾、酈道元輩皆謂錢唐舊治在武林山，即今所稱靈隱寺山者。此千古笑話，客未聞耶？」各眙鄂而罷。今來訊及此，且以淮安閻氏作毛朱詩説爲疑，此正可與前説鹵莽相發明者。朱子稱國風爲淫風，亦是誤讀論語鄭聲淫爲鄭詩淫，詩實不淫也；亦誤放鄭聲爲放鄭詩，夫子三百篇並不曾放鄭詩也。而後儒王柏曰：「不然。鄭詩實淫，夫子實放鄭詩。夫子三百篇已燬於秦火久矣，今行世三百篇是漢儒所僞造者，實是閭巷浮薄之詩，是淫詩，而世不曉也。」其說已載於宋史儒林傳，而究竟無據。明儒程敏政乃改漢書劉歆傳以附會其說。劉歆傳云：「孝文帝時，詩始萌芽。凡諸家傳説，皆立學官。在漢朝之儒，唯賈生而已。至孝武皇帝，然後鄒、魯、梁、趙頗有詩、禮、春秋先師，皆起於建元之閒。當此之時，或爲雅，或爲頌，相合而成。」而敏政云：「孝文時，詩始萌芽。至孝武時頗有詩，或爲雅，或爲頌，相合而成。」則三百篇明明是漢儒僞造，而淮安閻氏則又引敏政此語，著爲毛朱詩説一卷，公然雕刻以行世。實不知程、閻二君於「頗有詩、禮、春秋先師皆起於建元之閒」十五字，果頑鈍失心，祇讀得三字，而不見十二字耶？抑亦效前儒鹵莽剽裂竄取，但割此三字，而他文可不顧也？況爲雅爲頌，是高叟爲詩、伯魚爲周南、召南之爲，本説詩，非作詩也。且朱子亦不敢稱淫雅、頌也。儒者强解格物爲格致事物之理，而實不能格，反毀斥六經，改竄典籍，其鹵莽習氣，亦有駴人聽聞者。朱子闢大禹謨以後五十九篇爲僞尚書，未有據也。今文尚書二十九篇者，出伏生屋壁，而先上之者也。至孝武時，魯恭王壞孔子宅，以擴其居，然後古文尚書百篇出孔子壁中。其時孝武皇帝敕孔子之孫安國作尚書傳，而巫蠱事發，其傳不曾上而罷。至東晉時，經永嘉之亂，前此伏生之徒歐陽、夏侯凡爲傳註者其書皆亡，而古、今尚書經文獨存於東晉祕府閒，故豫章内史梅賾，得安國之註而上之。此上孔傳，非上尚書也。乃隋書經籍志明云：「晉世祕府所存，有古文尚書經文，今無有傳者。」「至豫章内史梅賾，得安國之傳，奏之。」而朱子又鹵莽讀去，謂東晉梅賾始得上古文尚書，必是僞作，竟忘卻「安國之傳」四字，以致吴澄、趙孟頫輩竟斥爲僞尚書，將五帝三王舊文删之廢之凡六七百年，其禍烈至今未已。然且附會之徒，各相沿以改襲舊文爲故事。吴澄遵朱説，直廢古文尚書，但録今文二十九篇，名曰尚書纂言。據其説，謂漢書藝文志云尚書經二十九篇是今文，古經十六卷是古文，是班固原斥古文爲經，而以今文爲尚書，古文不曾名尚書也。歸有光作尚書考異序，亦引志文詆古文爲晚近雜亂之書。而萬曆己丑會試，主考許國、王弘誨以僞尚書策舉人，而焦竑對策，遂陽陽引據志文，請删去僞尚書一十六卷，而主者快之，竟以此冠會試本房，薦殿試第一，勒其文以爲法式。今考藝文志，則稱古文是尚書，今文是經，與吴、歸、焦三君所引據正相顛倒。此則三君者亦各具心腑，各有面目，豈一齊俱喪心瞎眼，一樣顛倒！即欲附會朱子，或不憚毁斥先聖先賢之書，以自坐誕罔，然保無一人讀漢書者！而乃一誤再誤，致六七百年間，衹曉儒説極溥天之下，朝野官民並無一讀書人，設科取士，録文布式，皆天昏地黑，彼我顛狂，致於如此。此非細故也。此下缺二十三字。故來訊據草堂所論，謂集註於浩生不害認作告子，此緣誤讀趙岐註告子名不害語。然趙註於浩生不害明云：「浩生，複姓，名不害。則顯屬兩人。澹臺子羽，非顔子羽也。若謂前人名氏原有成註，雖鹵莽不當有誤，則約略計之，亦殊有不可解者。如曾西是曾子之子，非曾子之孫。子西是鄭公孫夏，不是楚令尹子申。虞仲是仲雍曾孫周章之弟仲，不是仲雍。孟之反是春秋孟之側，不是莊子孟子反。蘧伯玉不對放弑之謀，是甯殖之子甯喜，不是甯殖。公子糾是兄不是弟，小白是弟不是兄。左丘明是魯太史，不是古之聞人。公叔文子是公叔發，不是公孫枝。接輿與孔子下爲文，不是人名。孟施舍姓孟施不姓孟。太宰或吴或陳，不是或宋。政逮四世，是文、武、平、桓，不是武、悼、平、桓。曹交姓曹名交，不是曹君之弟。太師摯即太師疵，不是師摯。南宫敬叔是孟懿子之弟，故稱叔，不是懿子之兄。南容是南宫适，即南宫縚，不是仲孫閲南宫敬叔。是即人名一項，各有明據，然亦鹵莽多誤如此，真不可解。

清儒學案卷二十六

西河學案下

文集

與閻潛丘論尚書疏證書

昨承示尚書疏證一書，此不過惑前人之說，誤以尚書爲僞書耳。其於朱、陸異同，則風馬不及，而忽詬金谿，並及姚江，則又借端作横枝矣。尚書本聖經，前人妄有遺議者，亦但以出書早晚、立學先後爲疑，未嘗於經文有不足也。且人心道心，雖荀子有之，然亦荀子引經文，不是經文引荀子。況荀子明稱道經，則直前古遺文，即易通卦驗所云「燧人在伏羲以前，寘刻道經，以開三皇五帝之書」者是也。又且正心誠意本於大學，存心養性見之孟子，並非金谿、姚江過信僞經，始倡爲心學，斷可知矣。今人於聖門忠恕，毫釐不講，而沾沾於德性問學，硬樹門户。此在孩提稚子，亦皆有一詆陸闢王之見存於胸中。以尊兄卓識，而拾人牙慧，原不爲武，然且趨附之徒，借爲捷徑，今見有以此而覬進取者。尊兄雖處士，然猶出入於時賢時貴之門，萬一此説外聞，而不諒之徒藉爲口實，則以此而貽累於尊兄之生平者不少。吾願左右之闕之也。至若學宮從祀，則從來荒謬，向與尊兄言廟學合一之陋，孔子先聖稱名之謬，極蒙許可。至從祀進退，則大不足憑。漢世大儒，如康成、子政輩，皆以神仙圖讖，紛紛罷祀，乃有受華山之書，闡參同之祕，指太乙九宮爲洛書九類，而公然與聖經並傳者，是以王草堂作聖賢儒史一書，頗有訂證。而足下偏執程敏政無學之說，以爲金科，陋矣！鄙意謂尚書疏證總屬難言，恐於堯、舜、孔子千聖相傳之學不無有損。

寄閻潛丘古文尚書冤詞書

昨著喪禮一書，見堯峰文鈔內頗多論辨，然無一不誤，不止如前時所示數則。急欲奉質不可得，因歎當世果無一善讀書者。近蠡吾李塨，字恕谷，康熙庚午舉人。爲李孝慤先生之子。其人學有根柢，曾游博陵顏習齋門，胸不安有疑義，越三千里來證所學，固已度越儕輩矣。乃以寓居桐鄉之故，與桐之錢氏作古文尚書真僞之辨，列主客來問。某向亦不愜僞古文一說，宋人誕妄，最叵信。及惠教所著古文尚書疏證後，始怏怏謂此事經讀書人道過，或不應謬，遂置不復理。今就兩家說重爲考訂，知古文尚書自漢武年出孔壁後，凡內府藏弆，與民閒授受，相繼不絕。且歷新都篡殺，永嘉變亂，亦並無有遺失散亡之事。而梅賾在晉所上者，又但是孔傳，並非古文經文。其在隋書經籍志開載甚明，外此則又無他書可爲藉口，則其裏其底瞭然於人，何得有假？因就彼所辨，而斷以平日所考證，作古文尚書定論四卷。其中微及潛丘，並敝鄉姚立方所著攻古文者，兼相質難。以爲學無兩可，祇有一是，苟或所見不謬，即當力持其説，以爲可定，雖自揣生平所學，百不如潛丘，且相於數十年，誠不忍以言論牴牾，啟參差之端。祇謂聖經是非，所繫極大，非可以人情嫌畏，繆爲遜讓。況潛丘之學，萬萬勝予，亦必不敢謂能勝六經。大凡有學識人，定無我見，一聞真是，便當自舍其所非。曩者，先仲氏觀陳宗伯所藏商彝，心疑其贋，而闕不敢言。及撤去，客有以千金請值者，始自悔其誤，而再請觀之，然不得矣。故先仲氏嘗曰：「觀古有所失，即悔且不及，何況不悔！」今六經之重，不止一鼎古文，爲二帝三王之書，又不止毛詩、左氏、公、穀、周禮、儀禮、禮記諸經之比。向亦惟衛經心切，誠恐僞之足果以亂真，故任此無何之言，而姑且耐之，一經指正，即悛除不暇。此如清君側之奸者，其稱兵直前，以爲君側有奸耳。君側無奸，則此兵向君矣，而可乎！夫聖經無可非而非之，詖士也；君側無奸而忽指之爲有奸者，讒人也，爾乃辨之愈明，來攻者愈急，寧以兵向君，而必不敢向讒人，寧得罪聖經，而必不敢得罪此宋、元閒非聖毀經之詖士，此則何解？然且研經好學如立方者，亦復墨守不下，曰：「各行所知，則生薑真樹生矣。」某因削去定論名色，而改名冤詞，且增四卷爲八卷，而再加考訂。如孔疏之誣指鄭註二十三篇爲孔書二十三篇，漆書二十四篇爲張霸二十四篇，則當更校其篇數。明儒謂安國之卒先於太初，孔氏獻書不及巫蠱，則當更考其年月。賈逵、馬融援僞學以冒孔學，則授受當更清。衛宏、許慎據僞古文以亂真古文，則字畫當更核。然不曰「釋冤」，而曰冤詞，以不敢釋也。吾第列其冤而世釋之，釋不在我也。世不肯釋冤，而必欲冤之，冤亦不在我也。如此，則可以告無罪矣！拙著並喪禮十卷統呈掌記外，定論原敘數葉，一併奉覽。竊謂潛丘所學，何處不見。原不藉毀經以爲能事，且胸藏該博，必有論辨所未及，考據所未備，以廣我庫隘。

與黄梨洲論僞尚書書

前接來札，有議禮數則，草草復過，雖稍有商量，終以未能面請爲憾。若僕所著喪、祭二禮，因急於成書，而又畏紙費，不能自盡所欲言，此非知禮如足下，不敢向之爭得失也。近保定李恕谷以問樂南來，寓桐鄉郭明府署中，因與桐之錢生曉城辨古文尚書真僞，並來取證。僕向雖蓄疑，然全不考。及今略按之，似朱文公與吴棫、吴澄、趙孟頫、歸有光、梅鷟、羅喻義輩，其指爲僞者，皆自坐失據，誤讀前人書，處處訛錯。誠不料諸公豪傑，且欲詆毁先聖先王之書，而竟出於此！聞足下向亦曾指之爲僞，不知別有考據？抑止此數也？昨有老友謂尚書大序稱武帝敕孔安國作傳，及傳成，而安國遭巫蠱事，因不果上。此大可疑者。史遷自序謂史記成於太初之年，而安國之卒則在孔子世家末已記及之，巫蠱起於征和年，距太初以後尚越天漢、太始兩號，而謂安國能遭之，非僞耶？僕謂此則大序僞，非尚書僞也，且此仍自坐失據之言也。大凡讀一書，當辨其書之得失在於何所。史記之失，全在年月，往往有一時而紀、傳與年表各異書，有一人一事而紀、傳與年表又各異時者。毋論安國遭巫蠱事非大序亂言，在漢志、漢傳、荀紀、隋書皆有之，不必深辨。即以史記論，謂其書終於太初，並不當及征和後巫蠱事，則史記酈商傳、匈奴傳及衛將軍傳後公孫賀、公孫敖等，凡以巫蠱族滅者，皆征和後事，而皆載及之，何也？且自序既云「述黄帝以來訖於太初」，乃又云「述陶唐以來至於麟止」，夫「麟止」則元狩之號，又先於太初約二十年矣，此時安國不知死否？且此足據否？人苦不讀書，及予其書，而又不善讀。足下聞此，定不以僕言爲可怪。且此頗關係僕，將確求實據，以一雪此案。

與李恕谷論周禮書

尚書冤詞序説中林覲疑周禮，來札欲易此語，似以周禮非聖經有礙耳。夫三禮名經，固自無辭，若謂聖經，則自不可。今天下攻周禮者衆，總只「周公之書」四字害之。周、秦以前，並無「周公作周禮、儀禮」一語見於羣書，亦並無周、秦以前羣書。若孔、孟、老、荀、列、墨、管、韓諸百家及禮記大學、中庸、坊記、表記、孝經所引經，有儀禮、周禮一字一句，則周公不作此書，明矣。周禮非周公作，何害大學、中庸？不知何人作，其爲經自在也。必欲爭周禮爲周公作，大學孔子作，則無據之言，人將無據以爭之，事大壞矣。天下是非，原有一定，周禮惟非周公作，非聖經，然周人所言周禮，即周之禮也。其中雖有與春秋諸禮不甚相合，然亦周禮也。如公羊言禮，全與左氏策書不相合，然亦周人之書也。況周禮全亡，所藉此一書稍爲周備，可爲言禮考據，若又排擊之，則無書矣。如此説周禮，方是妥當。若謂周公作，則雖始於鄭氏，而祖之而表章之者，王安石也，人將以安石目之矣。近姚立方作僞周禮論註四本，桐鄉錢君館於其家多日。及來謁，言語疎率，瞠目者久之，囁囁嚅嚅而退。然立方所著，亦不示我，但索其卷首總論觀之，直紹述宋儒所言，以爲劉歆作。予稍就其卷首及宋儒所言者略辨之，惜其書不全見，不能全辨，然亦見大槩矣。若儀禮非周公作，且於三禮中倍加訛謬，則予喪禮中所駁士禮者甚夥，皆無理不足道，此更非周禮比也。凡辨必有據，方爲無弊。僕所辨，亦無他人可語可商量，然幼時尚有父兄師友偶相闡發，今已絶矣。僕記先仲兄嘗言，先王典禮，俱無成書，韓宣子見易象、春秋便目爲周禮，此果周禮乎？國家班禮法，祇於象魏懸條件，使里閭讀之已耳。刑法亦然。子產作刑書，反謂非法。即曆書一項，關係民用，先王所謂「敬授人時，與世共見」者，然亦只逐月頒布，並無成書，如近代曆本，則他可知矣。是以夏禮、殷禮，夫子謂文獻不足，不特杞、宋原無文，即舊來傳書，亦祇得夏時坤乾，一如韓宣子之以易象、春秋當禮書者！如是，則周禮五卷不必周公作，又是一證。且此所言，亦見讀書法。思之！思之！

答章宗之問東西房書

接問，知於東西房有蓄疑處。僕病後全無記憶，居平所識書，欲舉似一句不得，又必不能就所按繙閱。據禮註，鄭氏謂天子諸侯有東西房，大夫、士則有東房無西房。此不見經文，原是謬註，而黄梨洲主其説，謂士冠禮冠者於牖西拜賓，而賓即於西序答拜。惟無西房，故西序與牖西近；有西房，則西序在西房之盡，相距遠，難交拜矣。又昏禮醴婦，贊者於西階上北面拜送，而婦於牖間席西東面拜受。惟無西房，故階得與牖西相當，不礙授受；有西房，則西階在西房之下，婦與贊背面，難禮接矣。推其説，則竟以牖間之西、西序之東爲西房，將廟寢三間而以楹西之右一間當之。此非無西房，直無西廟寢，謬之謬矣。顧廟制無明文可據，但就其所云冠禮推之，似東西房在廟寢三間之外，別附一間，即爾雅所云有東西廂曰廟者，其近北一半名曰夾室，近南一半即謂之房。如冠禮將冠先陳服於房中西墉下，此東房也。何也？以冠子於阼，在東階上也。然而曰西墉，則房西有牆矣。此一牆與寢堂閒隔，即爾雅所云東西牆。謂之序者，其在牆西謂之東序，在牆東謂之西墉。是東序在户東，而東房則又在東序之東；西序在牖西，而西房則又在西序之西，與梨洲所言正反也。故尚書顧命位次有在牖閒南面者，此王朝位也；在東序西面，則養老燕饗之位也；西序東面，則聽政位也；乃別有一坐，在西夾南面，爲親屬私宴之位，則正是西房，以其夾一牆，故謂之夾，以其有夾，故親屬私宴得以掩蔽。向使如梨洲所言，在西序東，則與牖閒南面一位兩坐並抗，既非儀法，且殿堂何地，其可以親昵燕私之乎？是以下文有「胤之舞衣、大貝、鼖鼓在西房」語。孔氏謂西坐夾東，蓋只此一閒，而北夾之坐，居於正中，則南房所列，當在東牖，此猶之冠者居東房之中，而冠服所陳，當在西牖，可對證也。但予謂大夫、士亦有西房，與梨洲所言又反者。以喪禮推之，按初喪襲斂奉尸俠於堂，則男位尸東，女位尸西。至殯於西階，則大夫緆地，士埋土，皆依西牆爲柩，堂西無地矣，故男主位在殯東，而女主則不得不入於西房南面拜客，所謂不下堂者。惟君夫人與女賓之尊行者至，夫然後下堂而拜於階下。此則大夫、士廟制明有西房之經證也，況所證必不止此也。

又答章宗之問吉祭未配書

據問士喪禮「吉祭猶未配」語，按此是禫月易纖服時，儻遇烝嘗禘，吉祭則但以新主入祖廟附食，而不以妣配，此極明了。甬東萬季野謂未配者，不以新主配食祖廟，非妣不配考也。此是臆說，故嘗以問黄梨洲，不謂梨洲竟是之，且云：「新主雖在廟，不以配食。」是主客言禮，皆以配妣作配食解，恐太疏矣。從來禮文「配」字祇訓陪對，並無訓作附食者。家語「郊祀其祖以配天」，孝經「宗祀文王以配上帝」，喪小記「王者禘其祖之所自出，以其祖配之」，皆陪對之義，故祖妣稱配，以配與妃通。周語註所云配者，配先君也，此與雜記「男子附王父則配，女子附王母則不配」，釋義俱同。若附食，名祔，所云合食於祖者，並不稱配。故此當吉祭尚未配妣，若是配食，則卒哭而祔，在三月之後即已附祭，豈有二十七月而禫而猶未祔者？若云新主雖在廟，仍未配食，則葬後祔廟，正爲此廟食耳。在廟三年而曾不得食，餒也，若何！

復何毅菴論本生祖母不承重書

月日書到，兼蒙下質貴戚朱氏如贈君王夫人死，有疑於其孫承重之服，可否取决。某適對客，不能裁報。且生平最諱論禮，稍或轇轕，恐蹈三家叔孫之誚，故在館聚草，偶諮禮制，輒口噤不應，以爲禮無一定，且卑末何敢議也。乃明問殷切，必欲剖晰，以爲鄉市一鬨之解，無已，則有説於此。某嘗謂漢、晉言禮，彼我樹訐，祭則七廟五廟，喪則三月二月，角立門户，累世莫解。而今人不然，第挾宋儒禮一册，奉爲金科，前不必稽典籍，後不必問令甲，可謂安閒自得，大省謑詬。而不意閭門近事，復有此齟齬之舉，則請束緼爲一商之。據來云，王夫人爲已故運副朱君如君，曾生子孟君，而孟已早卒，今其孫則孟之子也。孟既卒，則孟不能爲母服，而其孫承之，孫當代其父爲所生母服，則因而承重。夫亦何疑難之者？曰：「朱元晦著家禮云：『齊衰三年，嫡孫爲祖母承重，而不及庶祖母。』其不宜服一。又云：『齊衰不杖期，庶子之子爲父之母服，若承祖後則不服。』今運副無嫡，孟以庶長而爲嫡，則其孫當承祖後，而不承父後。其不宜服二。又朱家禮作妾爲家長族服圖，第爲子報服，而不爲孫服，無報則無承。其不宜服三。」凡爲此説，其於嚴嫡庶之分，奠爲後之制，可謂極矣，獨不思嫡庶之嚴，爲後之重。凡以爲襲替地也，商、周世爵禄，自天子代嬗以下，内而君卿大夫士，外而公侯伯子男，無一非世爵世禄。世爵世禄則傳嫡不傳庶，立長不立幼，於是兢兢慎慎，審重於爲後不爲後之閒，以爲襲替從此基也。今則天子而下，父卿子庶，父民子公，即有累世仕宦，祖孫父子並在朝宁，皆各爲進取，非關嫡長，何嘗謂爲後者官之，不爲後者民之，而斤斤鑿鑿，守爲牢不可破之成例！試思彼爲後者，何所後於祖若父？不爲後者，何所不後於祖若父？且亦安所爲後也？古禮而難通矣。庶人廟祭，不限五七，聚族而饗，不辨支庶，而獨於此喪服，刻爲限制，必使之從短而不從長，從薄而不從厚，真不可解！且朱子家禮，朱氏爲之，不能使他人之不改之也。今本朝之制與明制同，而與朱氏禮則絶不同。朱氏斬衰三年，但服父而不服母，今則父服斬衰，母服亦斬衰也，即庶子爲生母服亦斬衰也。朱氏承重斬衰，但及祖父，而不及祖母，今則祖父承重然，祖母承重亦然也，即庶孫之爲庶祖母承重亦無不然也。特是「承重」二字，禮文無有，吾但以爲父後、爲祖後者言之。夫子之後父，孫之後祖，孰有過於天子諸侯者耶？然而天子諸侯之爲祖後者，皆爲父所生母服三年喪。嘗考春秋十二公，惟莊公嫡子，其餘皆媵娣子也。母以子貴，其薨與其葬，無不稱夫人，稱小君，而其後父之子無不服三年喪者，然猶曰非爲祖後也。若文公爲僖公之子，而僖之生母成風，則庶祖母也，成風適薨於文公之世，與朱孟之母卒於其孫之世者亦適相合，乃成風之薨，書曰夫人，成風之葬，書曰小君，成風之訃，直告於天子與列國，而天王賵之葬之，列國如秦人亦弔且襚之。故晉祠部郎中徐廣議禮，謂父所生母，魯文爲之服三年之喪，體尊義重，非祖所得而厭也。是以漢文所生母爲薄太后，亦以景帝二年始崩，而景帝以後祖之孫服三年喪，天子朝臣並居重服。即東晉安帝崇安四年，亦以太皇太后李氏之崩，尚書僕射何澄等議，謂既稱太后，禮宜從重，安帝服齊衰三年，百僚悉服期，於西堂設菰廬，於神武門則又設凶門，而施柏歷焉。則是孫爲祖後者，其於父之所生母皆三年也。故予謂挾朱氏禮一本，不如考春秋、三禮並列代儒臣之所議，直服三年，似於情於理庶幾允愜。而予則終有未安者，以爲承重爲後，皆封建時禮，而非今之所爲禮也。古封建之時，則天子諸侯各以其爵而傳之子孫，謂之傳重，而子孫從而受之，即謂之受重。承重者，以傳重、受重而誤稱者也，故禮無父没爲祖三年之文。惟喪服傳則專爲天子諸侯言之，以爲天子諸侯之祖父皆君也，君喪，敢不三年乎？今世非封建，家無傳爵，祖父非天子諸侯，而公然曰承重，曰爲後，曰服三年，是爲僭逆。獨不有祖父母應服之期乎？祖父母應服期，而爲繼祖母、爲父所生母皆應服期，則服期，禮也。乃朱氏禮云：「庶子爲祖後則無服。」夫無服者，不惟三年，謂並其期服而亦無之也。夫並無期服，則孟不幸爲庶長，既已降三年之服而爲杖期，然已不服而死矣。今其孫又承祖後，並其所爲不杖期之服而亦無之。是子既未服，孫又無服，視其仲庶季庶各有生母者，皆各有三年之服，而獨此一母之子，不幸爲人後，而遂至爲子爲孫不得有苴麻一片加之於身，其爲蔑恩害理，畔倫傷化，莫此爲甚！而不特此也，夫制以情通禮，貴體驗，在朱子當日，斟酌輕重，豈盡荒忽？而特未嘗身爲體驗，而通之於情。夫治喪所重，莫如喪主，喪大記所謂「喪可無後，而必不可以無主」。此其説，夫人而知之也。乃其所爲主者，則一以子若孫爲之，訃之所稱哀子哀孫，祭之所稱孝子孝孫者，亦夫人而知之也。今孫爲喪主既已無服，而喪主之禮則又一一而責之於身，假如喪主視含，視含者必號咷；喪主設幎，設幎者必擗踊；喪主奉饋奉奠，奉饋奉奠者必號咷哭泣，手擗足踊。夫以緦麻俱絶之人，而號咷擗踊，藉藁據苫，已爲怪誕，而至於書訃，此非他人訃，而主是訃也；聞有爲遷就之説者，使他衆子之有服者書名於先，而帶書孫名於後，曰率孫。以既不稱哀，且又無服可稱，則不得不止稱曰孫。然以從父率從子而曰率孫，豈有此理！而至於書主，此非他人祀，而主是祀也。書哀孫乎？不書哀孫乎？曰不書哀孫。如所謂率孫者。書孝孫乎？不書孝孫乎？曰必書孝孫。主仍署孝孫名，以他不得奉祀也。則是以無服之人而主訃，以無服之人而奉主，乃以主訃之人而不稱哀孫，且即此不書哀孫之人而又書孝孫，周章繆盭，跋左疐後，無一而可者也。且未聞開喪之家，喪主無服，而欲使弔人唁客披疏衣、盡偯噫者。朱子當日或亦未嘗通驗焉，而不知其不可，故至此。中庸曰：「非天子不議禮。」今一王之制，赫然可考，儒説沿誤，不止此數，但就明問所及，而瑣瑣如是。若謂妾於其孫無報服，而遂謂無服，則嫡祖母亦未嘗於庶孫有報服也。若謂嫡母爲子服三年，妾不然，則彼原云嫡子當爲後，庶子不當爲後也。此皆後儒之私禮也。後儒私禮，何足爲訓！

答李恕谷問笙詩并樂節書

閲歲不達問，日濱於死，接書彊視，雖瞠目亦爲目汁所掩，一則自悲老去，一則何易接此口語，因隨所來訊，略盡欲答。據問笙詩有詩，則鄉飲酒禮「笙入三終」，將以笙笙詩耶？抑亦别有歌詩者，而僅以笙應之耶？此問最善，從來辨笙詩，未有辨笙其詩者。夫所謂笙詩，謂笙必有詩，非謂笙詩之必有歌也。凡詩可以歌，亦可以笙，所以笙詩有詩。謂笙詩之必可歌，非謂笙詩之必不可以笙也，蓋笙與箾、與籥、與管四器皆主聲詩，皆應歌之器，皆在堂下，原無徒器者，但有歌而器，有不歌而器，總必有詩。其歌而器，如鄉射禮之工歌於上，而堂上堂下之笙瑟皆應之，即鄉飲酒禮之合樂是也，此有歌之笙也。不歌而器，如大射禮之管新宫，始奏禮之管象，堂下俱不歌，而俱以管笙聲其詩，即鄉飲酒禮之笙入閒歌是也，此不歌之笙也。是以春秋傳有歌鐘，即頌鐘頌磬所以應歌，尚書有笙鏞，周禮有笙鐘，即笙鐘笙磬所以應笙。夫笙又有應，則笙即歌矣。此如漢横吹東西，晉大角，皆用之軍中，並無歌工，而曲中有詞，如上之回、思悲翁等，則豈有笙管而反無詞者？故往以不徒器折其無詞，謂不如步瑟調笙之憑虚作聲無字音耳，非謂其有字而不歌也。若又問歌工上下多寡，經無明文，則漢後歌工多而授器少，古則授器多而歌工少，即如飲射一禮，或四工則兩歌兩瑟，六工則兩歌四瑟，而聲管之數不與焉。然而歌工必在上，即笙管鐘磬皆列堂下，而皆可以應其歌。是以合樂之法，工歌關雎，則堂上之瑟，堂下之笙管，皆羣起而應之。其歌葛覃、卷耳、鵲巢、采蘩、采蘋皆然。舊註所謂合樂者，合金石絲竹以歌之。金石者，鐘磬；絲竹者，瑟與笙管也。乃孔仲達誤註鄉飲酒義，謂上歌關雎，下笙鵲巢以應之，則世無有以張家之聲，合李家響者。來問所云，各詩各章，長短不齊。此明了之語。註經之儒，於此不曉，宜乎六樂一經，歷萬古如長夜也。但世有過爲分别者，謂歌工必堂上，堂上之瑟，必不如堂下之以器器詩，則又不然。射禮至命射時，歌工皆遷堂下，而樂正命絃者曰：「奏騶虞。」則瑟工亦不歌，而但瑟騶虞之詩，以主鼓節。所云魯鼓薛鼓者，是歌工亦居下，琴瑟亦器詩，上下有尊卑八音，無貴賤也。至又問歌必在前，舞必在後，特不知舞曲與歌曲同終。抑舞曲之餘，又有歌曲，則有以舞曲終者。春秋傳季札觀樂，見四代之舞，而即觀止是也。有以歌曲終者，仲尼燕居序大饗之九節，以獻賓樂作爲一節；賓酢樂作爲二節；升堂歌清廟詩爲三節；下管象、武，即舞也，爲四節；至籥序興，謂以籥吹，又以籥舞也，爲五節；薦俎而樂又作，爲六節；將行，歌采齊，七節；賓出以雍徹，以振鷺，八節；九節是歌後有舞，舞後又有歌。況燕禮有無算樂，將歌舞迭更而無算數，即燕饗一禮且然。至於祭祀之徹饌送尸，其歌雍歌夏，皆在舞後，更無論也。若琴色七絃分正清，向未即答，以病不及也。嗣後即有答書，而又不能寄。今見來書所録，備正清之説於七條十三扐之中，雖與僕説稍未合，然故不礙聲律。所謂汎濫言之，而五六皆見斯已耳。

辯毛稚黄韻學通指書

鄉示韻學通指一書，以行橐褊小，十年途路，未經擕討。昨語次諧及，歸渡繙簡，義覈而博，舉例通約，留世書也。特其中有未能安者，思面受審定，而舉足榛棘，積鬫成滯，又其義未敢以終隱，因假咫尺，一發冒昧。據作唐韻四聲表，謂韻在收尾，而其所爲收尾者，則專在穿鼻、展輔、斂脣、抵齶、直喉、閉口六條。夫此六條，本周德清中原音韻，括一百七韻爲一十九韻，而後人探之爲歌訣者。毋論歌訣與韻義本不相屬，而即以是訣求之，亦惟穿鼻、抵齶、閉口三條，有合於宮、商、羽三聲之訣，喉、齶、舌、齒、脣，爲宮、商、角、徵、羽。穿鼻在喉，閉口在脣，故尚相合。其他展輔、直喉、斂脣，則皆從前所未有者。毋論一百七韻中，其爲展輔諸條，全不必合。而即以東、冬、真、文數部核之，既攝以穿鼻，而仍無當於東分於冬，庚分於青之數；攝以抵齶，而究無解於真不爲文，寒不爲删之説，則是通汎無紀，聽諸自然，而不可爲領要者。況隋韻甚繁，冬尚有鍾，陽尚有唐，庚尚有耕有清，蒸尚有登。則即一穿鼻，而宋韻有七，謂東、冬、江、陽、庚、青、蒸皆穿鼻。隋韻且有十二也。加鍾、唐、耕、清、登。且夫韻之分限，亦甚寬矣。蒸通東、冬，而反謂不通於庚、青；江通庚、青，而反謂不通於陽、唐，則穿鼻之説，既已不驗，而至於支、微本通，則反以支爲詘舌，微爲噫尾，而判然二部，則是六條儻行，但利於三聲一十九韻之分合，而大不便於四聲一百七韻之通轉者，而以作四聲韻表，是以盗爲守也。且四聲有入，此通音也，中原音韻派入聲於三聲，原爲偏音，偏不可爲據，而穿鼻、抵齶諸條，仍無入聲，則仍是中原音韻三聲之偏音，而欲以領之四聲，得乎？且穿鼻、抵齶諸條，吴江沈氏爲度曲而設，非韻本也。即或韻尾所有，亦任之歌人，而無事考索。猶之古之爲詩者，但審商調、羽調、清平、善平之出入，而不求之遍序簇拍、契注、送聲之當否。何則？非所務也。故韻學要務，祗有喉、齶、舌、齒、脣五條，而並無穿鼻、斂脣、展輔等六條。喉、齶、舌、齒、脣者，正聲也；穿鼻、斂脣、展輔等者，聲之響也。聲不同而聲之響同，猶形不同而影同；薪與膏之火不同，而光同也。求影者必於形，求光者必於火，求韻者必於聲，故三聲通響，可設六條，而四聲正聲則必在喉、舌之閒。東，宮也，喉音也，故宮入東韻，而四聲等韻亦即以公爲宮音。若冬、江，則猶之東也，推而至於陽、而庚、而青、而蒸，猶之東也，皆通喉而入於鼻也。真、文、元、寒、删、先皆商音也，則皆抵齶者也。抵齶者，讀字畢而舌抵於齶。蓋作樂者以此爲歌音，作詩者亦以此爲字音。如樂苑思歸樂，商調曲也，次章多舌音，而謂之犯角。如意娘本角調，而誤入商調，則爲變角是也。魚、虞、蕭、肴、豪、歌、麻尤以懸舌而爲舌音，讀字畢則舌懸於中。即角音也；支、微、齊、佳、灰以就齒而爲齒音，讀字畢則舌齒相就。即徵音也；至侵、覃、鹽、咸之閤脣，讀字畢一合脣。而羽聲終焉。聲祇五音，韻祇五部，其爲反喉、抵齶諸條不過如此。信如通指東、冬之辨，以東韻爲開口；魚、虞之辨，以魚韻爲縱脣，吾不知開口、縱脣之說，古有是否？即以陳暘樂書核之，暘本荒唐，然有曰：「聲出於脾，而合口以通之，爲宮聲。出於腎，而齒開吻聚，爲羽。」則是開口、縱脣正於合口、聚吻相南北而不之知也。且中原音韻三聲無入，而今以穿鼻六條攝之，猶無入也。至無入而强以入韻參屬之斂脣、展輔之條，藥既不可爲斂脣，物與月又不當爲展輔，而即其所分屬者，悉周章兀臲而不可爲據。夫四聲之轉，宮、鞏、貢、穀本秩秩也；四聲之序，東、冬、江、真，屋、沃、覺、質，又甚次第也，以質爲支入，誤。故真之爲質，而文之爲物，元之爲月，寒、曷、删、黠，先、屑、陽、藥，與夫庚、青、蒸之在平，陌、錫、職之在入，其繩貫之序，又未嘗稍變也。至侵後四韻爲閉口，緝後四韻亦爲閉口，更無論已。故四聲等韻，在入無居、驕、交、巾、皆、乖、嘉、鳩、戈、歌諸韻，而四聲所譜，亦無支、微、魚、虞、佳、灰、蕭、肴、豪、歌、麻、尤一十三韻之入。故屋、沃之轉角，猶東、冬之轉江也，古韻原有通轉，因韻書誤載宋吳棫韻補以爲金科，遂至大謬。今由東、冬、江推之支、微、齊、佳、灰、魚、虞、尤、蕭、肴、豪、歌、麻十三韻，通轉處從來不曉。窗轉讀蔥，角轉讀六是也。漢劉熙云：「窗，聰也。」魏張揖廣雅竈窗謂之堗。隋曹憲音釋以窗音蔥，則煙蔥非俗音也。通指謂禮失求野，誤矣。若漢書角里先生原不作角，不音六，亦非叶音。物、月之相通也，則文之轉通元也。大雅詩「是絶是忽，四方以無拂」；楚詞「山曲拂，心淹留兮洞荒忽」，忽、拂稍轉耳，非叶也。其又通七曷、八黠、九屑，則文、元之轉通於寒、刪、先也，碩人、長發皆是也。且物與迄有二部矣，廣韻獨用，而劉氏併爲一者，以平併文與殷，上併吻與隱，去併問與焮，皆獨用而皆併之故。然則明以物爲文之入，迄爲殷之入也，若蘗之於陌，則陽之於庚也。大學「人莫知其子之惡，莫知其苗之碩」，碩之讀若，轉而即得也。且蘗轉陌而仍轉錫、職，猶之陽轉庚而仍轉青、蒸，此尤較然者。上、去通轉，準平而得之，惟入稍異，故略指其概。其屋、沃、覺通於陌、錫、職、質，物、月通於曷、黠、屑，則又在四聲相承之外者耳。若以屋韻有宿，宿又音秀，而遂謂屋承宥韻；陌韻有昜，昜又音異，而遂謂陌承寘韻，則沃韻有蓐，蓐亦音耨，沃何以不承宥？質韻有戍，戍亦音絮，質何以不承遇？且屋之暴猶之號之暴，陌之莫猶之遇之莫，而屋與陌不兼承號、遇，何也？夫昜音異，而陌不得爲寘，猶虹音降，而東不得爲絳，蜆音臬，而齊不得爲屑也。如曰沃字從夭，故沃韻承嘯，則質字從貝，質韻可承泰乎？如曰北人呼六爲溜，故屋爲宥之入，則北人呼屋爲烏，屋又爲虞之入乎？且古多通音，原非聲類，使以中谷詩「嘆其修矣，遇人之不淑矣」，修、淑相叶，爲宥、屋相承之證，則陸機賦云：「妍媸混而爲一兮，孰云識其所修。必眇世以遠覽兮，夫何殉以區區。」修、區相叶虞之證又承宥矣。假以廉、范，謠云：「不禁火，民安作。」作與火叶，爲遇、蘗相承之據，則陳琳客難云：「太王築室，百堵皆作。西伯營臺，功不浹日。」作與日叶蘗之據又承寘矣。且其以今所行一百七韻爲唐韻，爲禮部韻，爲陳州司馬孫愐韻，而以舊所傳二百六韻者爲沈約韻，且又以一百十四韻者亦爲愐韻，則俱不然。牲家無藏書，沈、孫二韻書實未能有，然憶在潁上，曾窺北平辛氏行笈得古今韻書數卷，大約沈約原韻，倣齊周顒四聲韻略而著爲四聲譜，祇一卷，今已亡矣。若二百六部之廣韻，則本隋時陸法言所撰切韻，而唐天寶中孫愐復爲刊正，更曰唐韻，然其書亦亡。宋祥符中，仍得法言舊本，參以他書，因被以廣韻之名，且仍稱唐韻，而實非唐韻，故晁无咎亦祇云廣韻爲法言所作，而愐加輯者。廣韻目上平多三鍾、六脂、七之、十一模等一十三韻，下平多二仙、四宵、八戈、十一唐等一十四韻，上多旨、止等二十五韻，去多用、至等三十韻，入多獨、術等十七韻，即切韻分部也。宋禮部韻亦同。今韻冬、鍾併爲一部，冬韻内「鍾」字後即舊鍾韻也。其冬韻有與鍾同用四字，係唐人律韻作標識者。餘倣此。若以是爲約所傳韻，則全乖也。至若今所行一百七韻，則宋理宗朝平水劉淵合併廣韻，名壬子新刊禮部韻略，而今遵用之。此宋韻非唐韻，劉韻非孫韻，亦宋禮部韻非唐禮部韻也。夫唐無所爲禮部韻也。若夫一百十四韻者，則明代江夏郭正域所爲韻經，而繆以歸之楊慎。千訢萬詈，則諸所引據，無非桃僵李代者，亦可怪矣。且夫二百六韻者，猶之一百七韻也。其云冬、鍾、灰、咍，則仍止冬與灰也。韻有分標，而用同一部，故律詩有同用而無同韻，猶之古詩無通韻而有通用，劉氏祇就其同者併之已耳。故一百七韻非今通之部，而二百六韻亦非舊分之書。如據劉孝標「行行且游獵」篇陽、唐合用，王昚七夕詩歌、戈合用，爲不用沈韻，則李白「蘭陵美酒」詩陽、唐合用，賈至汎洞庭詩歌、戈合用，亦爲不用唐韻也。且中原音韻惟三聲，故參屬緝、葉諸閉口於他韻，以掩其穿鼻、抵齶俱無入聲之弊，而通指張之反謂元曲有曼聲故無閉口，古曲無曼聲故有閉口，則書曰「歌永言」，禮記曰「嘽緩慢易之音作而民康樂」，樂志有緩歌，列子韓娥曼聲長歌，唐郊壇聽雅樂詩「韻長飄更遠」，白樂天試樂詩「慢拽歌詞唱渭城」，皆慢聲也。予謂古曲詞簡則歌必長，今曲詞繁則歌必促，此正古有曼聲、今無曼聲之辨，而通指誤以宋詞慢調爲慢聲，輒謂慢聲實始於宋，則是以詞之短長爲聲之短長矣。且古歌之曼有明據者，清廟登歌，一唱三歎，四字作一闋；而維清十八字爲象武之樂；晉清樂倚歌有女兒子僅十四字；唐霓裳羽衣曲即婆羅門也，一絶句耳，有散序，有中序，有拍有破；桂華曲「試問嫦娥更要無」裁七字，而一字數轉。故白樂天聽都子歌有云：「一聲格轉已堪聽，更聽唱到嫦娥字。」則其詞短而歌長，亦可驗矣。且歌促於北而緩於南，南曲有閉口入聲而反緩，中原音韻無閉口入聲而反促，則是古曲曼聲實亡於北聲之有變，實不繫於入聲之無閉口，而通指欲以是爲德清解嘲，豈可耶？且歌字有聲，未聞字甫出而詘然止爲閉口也。

附　録

明亡，先生哭於學宫三日。山賊起，竄身城南山，築土室，讀書其中。盛唐撰傳。

順治三年，明保定伯毛有倫以寧波兵至西陵，號「西陵軍」，先生入其軍中。是時，馬士英、方國安號「方、馬軍」，與有倫犄角，先生曰：「方、馬，國賊也。明公爲東南建義旗，何可與二賊共事？」國安聞之，大恨，欲殺之。遂脱去，祝髮披緇，匿坑中。後怨家屢陷之，乃變姓名爲王士方，亡命浪游。雖云匿跡，在淮賦明河篇，復之江南作續哀江南賦，之禹州作白雲樓歌，才情四溢，人未嘗不耳目之。史傳。

李恕谷曰：「先生博極羣籍，以諸經爲宗，而合周、秦子家及漢、魏、晉、唐之言禮者，而並爲貫串，討求參辨，必刊正謬誤，以求其一是，於是雜爲論説。在昏禮，則有告廟、謁廟、婦見、廟見、主聘、主昏諸大節；在祭禮，則有祭室、祭時、祭儀、祭器、内祭、外祭諸大節；在喪禮，則有養疾、禱復、斂殯、葬祔以及喪奠、喪服、弔喪、奔喪諸大節，皆千年晦閟而發於一旦，然且鍼纖縷細銖眇錙忽無不達孔穴而剖塵坱。以致三代廟制，列朝宗法，宋、明之大禮，郊壇之配位，凡所論及，動成創典。至於明堂禮、學校禮、郊社禘嘗禮、經禮、曲禮，其見於經問者，漢、唐以來，未有能道之者也。予少從先孝慤學禮，暨長而習聞顔習齋先生之説，因亦擬輯諸禮，以便家用，而既見先生諸禮書，輒望洋若失，然後起而更定之。」禮經諸集序目。

又曰：「古文尚書冤詞，塨所親受，其始末有可記者。初，先生作尚書釋疑數十條，蓋慮世之疑古文者而釋之，然未嘗示人也。及塨南游時，客有攻辨中庸、大學、易繫以及三禮、三傳者，塨見之，大怖，以爲苟如是則經盡亡矣。急求其故，則自攻古文尚書爲僞書始。因啟之先生，先生乃取釋疑本增損成帙，改名曰定論，凡四卷，已行世矣。會漳浦學生有以徵海外古文請者，雖其書不得上，而説行人間。先生聞之，曰：『事急矣！漢以經學爲門户，諸家辨訟，往有行金易中書以實己説者。明崇禎末，國子助教請斥古文，勿立學，而未有報也。江介大家隨僞造古文，以多貲賂海估，使流播蠻國，而傳之中邦。

幸估者心動，碎其書而投之於海。今復有是請，縱堯、舜在上，不惑其説，然保無狡獪之徒，踵故智而陰行之，則大事去矣。』遽毀前所作，仰告之先聖之神，齋宿而更爲之詞，名曰冤詞，蓋危之也。夫事之被冤，實始于疑，惟疑之不釋，則一隙未衂，漸至臭敗而不可復救。昔者林碩疑周禮，啖助、趙匡疑左氏，彼猶非聖經耳；若王克疑論語，劉子玄疑春秋，李覯疑孟子，歐陽修疑説卦大衍，則疑經矣，然未敢斥爲僞也。向使宋人始疑，而元後儒者稍能起而辨正之，則不致以投杼之嫌，頓成怨獄，而乃一吠百吠，互相煽亂，一曰僞，衆人皆曰僞，即至無何之人，亦得竊人敗屨，輒自矜善步，居然翹足於先聖之前，然且大肆詬詈，賤惡蹴蹋，勢不至滅一經以及羣經不止。此其爲世道人心之患害，當何如者！然則是詞可少哉？挽落日而障狂瀾，衛聖匡經，先生功不在禹下矣！」古文尚書冤詞序。

又曰：「先生立説，不好詭異，不以武斷勝。每所考校，必與門部相依分，而乃一袪雜例。若所稱三禮五情、七缺、九旨者，而以四例該之。昔者韓宣子觀魯春秋，曰周禮在魯，則禮者，固春秋要領也。孟子曰：『其事則齊桓、晉文，其文則史，其義則丘竊取之矣。』則事與文與義又春秋之所自備也。以春秋大夫如韓起，以善讀春秋如孟氏子，其爲説必有當於春秋，而先生取以爲例，未嘗拗曲揉直，强求其合。而以四例而比之三傳與諸家，則三傳諸家不異焉；以四例而比之二百四十二年之文與事，而二百四十二年之文事不能外焉，此非夫子之春秋乎？於是又立一例，曰『以經釋經，不以傳釋經』。任取經文一條，而初觀其禮，繼審其事，繼核其文，又繼定其義，而經之予奪進退無出此者。始以春秋爲經不傳事，而傳事固如此；以爲無緒、無條理並無穿貫，而其緒與條理、穿貫又如此。如此而猶謂春秋之亡，非藉是書以存之不得矣。」春秋毛氏傳序目。

又曰：「先生少於樂有神解，著樂録四卷。會聖諭樂本指生聲之法，開周、秦以後既亡之緒，因之著樂本解説二卷，皇言定聲録八卷。塨讀而感之，越三千里請受樂。」聖諭樂本解説序。

又曰：「塨學樂河右先生一年餘矣，雖窺涯岸，未盡精微也。其明年春，卜旋里，乃將五聲歌訣及旋宫相生諸義修札求剖，而忽忽拜别，受言未悉，鬱壹於心。端月念七日，拏舟北上，一路沈吟，似有所得。若相生圖，則四易稿而乃成焉，因具録如左，以備就正。或天地元音從此大明，雖在愚沕鬼神亦通也。」李氏學樂録。

又曰：「先生自言，學聖之功宜行不宜説，惟經義是非極須論辨。每思建講堂，集諸生有學者，朔望議羣經得失，而歷求其人不可得，遂爾中止。此祇就及門所問，偶然入記者，登之於録。塨初謁先生時，質難頗多，以左右無都講，皆未嘗入記，祇桐鄉錢丙有僞周禮八條之問，則塨引其説，而先生之嗣子記之，今經問二卷中所載是也。」孝經諸問序目。

全謝山曰：「西河所著過富，經後儒審正，有造爲典故以欺者，如謂大學、中庸在唐時已與論、孟並列之小經。有造爲師承以示人有本者，如所引釋文舊本，考之宋槧釋文，亦並無有，蓋捏造也。有前人之誤已經辯正而尚襲其誤而不知者，如邯鄲淳寫魏石經，洪盤洲、胡梅磵已辨之，而反造爲陳壽魏志原有邯鄲寫經之文。有不攷古而妄者，如熹平石經春秋並無左傳，而以爲有左傳。有信口臆説者，如謂後唐曾立石經之類。有前人之言本有出而妄斥爲無稽者，如「伯牛有疾」章，集註出於晉欒肇論語駁，而謂朱子自造，則並或問、語類亦似未見者，此等甚多。有因一言之誤而誣其終身者，如胡文定公曾稱秦檜，而遂謂其父子俱附和議，則藉豁、致堂、五峯之大節，俱遭含沙之射矣。有貿然引證而不知其非者，如引周公朝讀書百篇，而以爲書百篇之證，周公豈及見冏命、甫刑、畢命等書耶？有改古書以就己者。如漢書地理志回浦縣乃今台州以東，而謂在蕭山之江口，且本非縣名，其謬如此。」全撰别傳。

李越縵曰：「閲毛西河四書正事括略凡七卷，又附録一卷，前有西河自序，言『時已八十五歲，門人、兒子輩輯其所論四書諸説爲之』。西河之學，千載自有定論，無庸贅言。淩次仲氏則謂『西河之於經，如藥中之大黄，以之攻去積穢固不可少，而誤用之亦中其毒』，顧獨稱其四書改錯一書爲有功聖學。予謂淩氏之言是也。西河經説，若以示聰俊子弟，或性稍浮薄，則未得其穿穴貫串之勤，而先入其矜躁傲佷之氣，動輒詬詈侮蔑前賢，其患匪細。此書成於晚年，頗於其前説有所訂補，其醇粹者十而七八。」越縵堂日記。

西河弟子

李先生塨　別爲恕谷學案。

邵先生廷采　別見南雷學案。

陸先生邦烈

陸邦烈字又超，平湖人。受學於西河，謂「集註痛抑聖門弟子，初不過私存其說，以稍寓微意，實不料後此之奉爲章程也。」因取西河經説所載，裒爲聖門釋非録五卷，謂「聖門口語，未可盡非」云。參史傳，聖門釋非録。

章先生大來

章大來字泰占，會稽人。嘗與西河子文輝、遠宗及張文彬、文楚、文驇兄弟，捘香西河所著大學證文、中庸説、論語稽求篇、四書賸言、四書索解等二十種，摘其正事物之誤者，合爲五卷，一曰正名，二曰正文，三曰正禮制，四曰正故實，五曰雜正，凡一百六十七條。後補續二卷，凡五十四條，共爲二百二十一條，中間附三張之説。其附録一卷，則遠宗當日答難之詞，録之爲一十五條。參西河合集、越縵堂日記。

章先生世法

章世法字宗之，會稽人。其識逸講箋云：「往從杭州肄業師門，第聽無問。乃忽避席去，西游咸陽者如千年。暨還，而先生已東歸草堂。會田子易堂返自嶺表，道遇於西陵渡口，遂偕之同謁草堂。一宿遽别，越數月再過，值先生卧病，流連榻前，夜檢桉左，因得先生日前所講孟子『不動心』章散紙，讀之憬然，急思次第之，而中有闕漏，且似『必有事焉』以後有所脱落，不敢輯也。既而詢述齋世兄，謂『先生所講，原止於此』，且亦以不曾究竟，故棄置勿録。予思聖學難明，善喻易失，千載長疑，一言得雪，涪漚雖微，抑亦學海一駭渤也，因手録一過，重加編摘，題曰逸箋，以箋者，減書之名耳。」參西河合集。

方先生楘如

方楘如字若文，一字文輈，號樸山，又號藥房，淳安人。康熙丙戌進士，官直隸豐潤縣知縣，坐事罷。乾隆丙辰，薦應鴻博，以格於部議，不與試。後復以經學薦。晚主講敷文書院，卒年八十餘。少受業西河之門，博聞强識，於漢儒箋注，能指其訛舛，與同社及門析疑問難，能發前人所未發。著有周易通義十四卷、尚書通義十四卷、毛詩通義十四卷、鄭注拾瀋一卷、離騷經解一卷、集虚齋學古文十二卷，及十三經集解、四書口義、四書考典、讀禮記、樸山存稿、續稿等書。子粹然字心醇，克承家學，著有十一經注疏類鈔一百卷、禮服古制二十卷。參鶴徵後録、程瑶田撰河西寓公叙略。

文集

笙詩

南陔也，白華也，華黍也，由庚也，崇丘也，由儀也，謂六篇笙詩者，劉敞説也。敞曰：「小敍云：『有其義而亡其辭。』亡謂本無，非亡逸之亡也。」其説巧矣！而朱子取之，顧亦無他左驗，不過謂鄉飲酒禮用之，則曰樂曰笙，燕禮用之，則曰笙曰奏，而並不言歌，因以爲無其辭。愚謂此非所以證也。大抵樂中用詩之例各有科，若者工歌，若者金奏，若者笙，若者管，部署已定，各止不移。是故有以笙與歌對者，若此鄉飲酒禮、燕禮之工歌、笙奏是也。有以金奏與歌對者，若左傳襄四年，晉享穆叔，金奏肆夏，工歌文王、鹿鳴是也。有以管與歌對者，若燕禮升歌鹿鳴，下管新宮；大射禮歌鹿鳴三終，管新宮三終是也。今謂不言歌者本無辭，則肆夏言奏不言歌，不獨左氏傳云，而如燕禮之賓及廷奏肆夏，公拜受爵奏肆夏；周禮大司樂之尸出入奏肆夏，鍾師以鍾鼓奏肆夏皆是也，則肆夏亦可云無辭。而呂叔玉云：「肆夏，時邁也。」朱子亦依違其説而存之，是金奏者有辭也。謂不言歌者本無辭，則新宮言管不言歌，新宮亦得云無辭！而左傳昭二十五年，宋公享昭子賦新宮，朱子詩傳載或人説，謂即斯干詩，是下管者有辭也。夫六詩之不言歌，一也，而安得獨無辭？必以辭決之歌，而歌者不必即其辭。大司樂所云歌大呂，歌應鐘，歌南呂，歌函鐘，歌小呂，歌夾鐘，此復其篇辭耶？故曰非所以證也。且既云無辭矣，而又命之曰笙詩，發言爲詩，未有無辭而可爲詩者！劉會孟謂如今之琴譜，然琴譜不可云琴詩。意者如琴操乎？夫操則固有辭矣。而不曰歌，而曰笙，曰樂，曰奏，則瞽矇職有云：「諷誦詩，鼓琴瑟。」鄭注：「諷誦詩，謂闇讀之不依詠也。」不歌而鼓琴瑟以播其音也。六詩之用，幾是乎？然在康、成以前，似蚤有疑爲無其辭者，故鄭于燕禮「笙入，奏南陔」一經下注云：「昔周之興，周公采時世之詩以爲樂歌，所以通情相風切也。其有此篇明矣。」夫必有疑爲無是篇者，而後爲説以著明之，則劉氏之見，所從來久，獨其泥笙歌以定有無，若不可孤據者，敢獻其疑，以請之先生君子。

校大戴禮

今本大戴禮第七十九篇目爲公符，大抵所言皆冠禮，而發首云「公符自爲主」，初不知「公符」何解也。既讀儀禮士冠禮，賈疏引大戴禮公冠篇者三，求之今本目次，顧無之，舉其詞，即今公符篇所云，然後知「符」字蓋「冠」字之三豕以草筆涉誤耳。嘗試改「符」爲「冠」，則篇首「公冠自爲主」，與後文「太子與庶子，其冠皆自爲主」之句一一珠穿矣。然高安朱文端公撫浙時，嘗開此書，自謂得宋刻善本于滿制府案頭，其篇目亦爲公符，而潛丘閻氏、義門何氏各有校正。困學紀聞一書，今方流布，中所引者，仍作公符，則州鐵鑄錯，所從來久。世嘗寶宋板本書，謂可是正文字，即如此，豈不疑誤後生也？是書譌謬弘多，其他無本參讎，姑仍舊貫。至左驗明白如此條者，豈當泥于紀帛郭公之例，墨守疑城，使後人復襲長夜？而既博且精如潛丘、義門兩先生，亦重改作，何也？爲正之而著其説如此。

與靈皋二兄書

經解應已脱稾，何時賜讀，以當擊蒙？弟讀禮之暇，羣疑滿腹，即如禘之爲祭，自漢以下，言人人殊，然終未有如趙伯循説者。趙云：「推始祖所自出之帝，祀之於始祖之廟。」究其所以祀于始祖廟者，則東陽許氏闡之，以謂世數既遠，不可以立廟故也。果爾，則魯之奉爲所自出之帝者，文王也，文王即不宜立廟，而左傳襄公十二年「秋，吴子壽夢卒，臨于周廟」。杜注以爲文王廟，且云：「周公出文王，故魯立其廟。」則文王儼然有廟矣，此又何解？且如東陽許氏所云：「于始祖廟中，特設所自出之主于東面。」祭時則如是矣，既祭之後，此主置于何所？瘞之邪？抑毁之邪？禮經既無正文，他書又乏旁證，按之事理，則左右支詘，進退狼狽，名爲窮經，豈宜雷同相從，不一置喙？私念經中如此等類非一，想二兄作解時，必一一剖析，使無昔壅，而闊在數千里外，無由徧叩，一豁胸中膏肓之疾，如之何！

又

來示大著三篇，朴茂介曾、王之閒，私心擬議，以謂楚詞篇最上，封禪次之，震川集又次之。但封禪篇内有「五寬舒之祠」句，似未確然，此索隱解誤也。按史記文當連「官」字爲句，而與「以歲時致禮」相屬，對上條「親郊祠」句爲義，蓋謂諸祠則寬舒之五祠官歲時致禮，不親祠也。前文屢言祠官寬舒等，明非一人，其以「五」字冠句，蓋倒文法，索隱所謂因寬舒建五壇而云者，曲説也。又按漢書郊祀志五下有

「帇」字。五帇，山名，漢書後文疊見，在近京師之鄠縣諸祠下。則此史記或係脱文，蓋如漢書，則于下「凡六祠」句尤爲脗合也。至史談建議，亦不止汾陰后土。如因皇帝始郊，有美光黄氣，而立太畤壇以明應，固與寬舒等同議矣，而后土之祠，寬舒亦在議中，又不得專屬之史談也。吾兄所作，必傳之其人，故當不厭精討，爰獻其疑。其他則豪髮無憾矣！熱河還車，尚可數面，諸不一一。

與全紹衣書

先生碩學大才，眼空四海，乃反不棄蕉萃。尚憶七年前，逆旅款語，但有感荷。至下索荒言，厠之珠玉，則恐少悮也。無論僕以前過千議駁放，不得濫吹周班，且聞一政復知幾，玉屑滿篋，不名爲寶，況僅于紙裹中見錢者乎？又念昔人年三十而五經立，今年垂七十，且就木焉，而于一經，尚影響昧昧，同此藝眉樹須，豈不戴毛匝汗？是用捐棄他伎，白首山中，仍理小生章句。然又不敢察察言者，私謂治經以應舉，則學官有功令，諸生有家法，是故讓師立異，賈逵被放，棻竹背古，安度幾黜，其卷舌固聲也宜。若乃號爲窮經，何嫌何疑？法當如荀子之辨以公心，如朱子之斷以己意，如漢主之博存衆家，如河閒之實事求是，一先生之言，非所云也。是故讀易也，謂取象不必泥，謂互卦不必論，即不敢與言易矣。讀書也，謂篇序僞，謂多錯簡，謂文王不受命稱王，謂武王封康叔，謂命公後非封伯禽，謂遷頑民而後作洛，即不敢與言書矣。讀詩也，謂序説可廢，謂鄭風即鄭聲，謂笙詩本無詞，謂楚茨以下十四篇非變雅，即不敢與言詩矣。讀禮也，謂周公不踐天子位，謂成王賜魯重祭爲非，謂賜魯重祭者非成王，謂禘禮當如趙匡説，謂周禮冬官非缺誤散入五官中，謂儀禮爲本，即不敢與言禮矣。讀春秋也，謂三傳可高閣，謂春王正月即夏時，即不敢與言春秋矣。讀論語也，謂主皮爲貫革，謂山節藻棁即居蔡，謂左丘明非傳春秋者，謂師摯適齊爲孔子正樂之功，即不敢與言論語矣。凡其大者略如此，其小小者乃不足曲説也。而人域是域，合喙以鳴，微有反脣，即欲鉗我于市，以是不敢察察言。雖然，天子之策宏博不云乎：「多士或各抒所見，言有條理，亦足以備擇採。」大哉王言！蓋猶是往古網羅漏逸之遺。而承學之士，乃仍作闗中舊意，惟其儒書不敢嘰。噫！遂得爲儒先功臣乎？微獨非功臣而已，將得爲佞臣乎？夫佞者亦善傅會，如荀子所云「持之有故，言之成理」，乃足當之。今口柔面柔，但應諾諾，此人有十等之下者耳，經生中安用多許厮養之卒爲？僕舊有諸經碎義百十條，近又作經説、經疑。無敢疑也，所疑者，諸儒經説耳。此經説之可疑，于漢十之一，于唐十之二，于宋十之七。蓋前儒説經，解説而已。至宋，而説之不足，則論而議，議而辨，往往于無可疑者而疑。既疑之，則遂以身質疑，事小則改張前説，大則顛倒經文，儼若有聖人復起，言提其耳而命之更定者。然而偶參伍之驗，以攷陳言之實，政恐有范家奴出家中端不肯仞，則奈何？故獻其疑。書成，思録以就正，得毋先生亦將鉗我于市也？餘不宣。

案：西河弟子見於集中者，如盛唐、蔣樞、金敬致、姜之璜、姜之琦、江煜、楊卧、徐東、王國陞、沈元慶、查昇、盧軒、胡紹安、李鳳雛、江發、郭鍾機、郭光第、沈宗熹、李成輅、王錫、張希良、田得名、李日焜、李日曜、胡紹寧、孫眉光、何倬炎、何任炎、楊源芳、淩紹頤、姜紹熊、姜希轲、田易、章標、倪宗烈、沈鳳起、李庚星、陳元龍、陶賓、姚淙、吴珩、邵匡時、項登、吴鼎、周崧、張燧、周韓、袁益、何琮、章元愷、蔡文、朱世昌、單之倫、胡德邁、邵國麟、高怡、傅光遇、郁雲、徐喆、王壇、邵瓆、丁澍、徐頎、陸霱、姜公銓、鮑同賢、彭斻、胡紹簡、朱樟、王培生、張文蠡、陶文岳、邵熿鵠、昂天翶、王珊、來洵佳、張學新，皆與編校之役，附識其名。

西河交游

顧先生炎武 别爲亭林學案。

閻先生若璩 别爲潛丘學案。

胡先生渭 别爲東樵學案。

朱先生彝尊 别爲竹垞學案。

湯先生斌 别爲潛庵學案。

李先生因篤　別見亭林學案。

汪先生琬　別見亭林學案。

施先生閏章　別爲愚山學案。

毛先生騤

毛騤，初名先舒，改名騤，字稚黄，錢塘人。後爲仁和諸生。六歲能辨四聲，八歲能詩，十歲能屬文，十八歲著白榆堂詩。華亭陳子龍爲紹興推官，見而咨嗟，於其赴行省，特詣先生。先生感其知己，師之。山陰劉中丞講學於蕺山之麓，先生執贄，問性命之學。當是時，先生方棄舉義，與諸子賦詩談道，而專於力行。事父母色養。遇父母有疾，告廟請代。居喪盡禮，一切凶功，皆身自歷之。臨饗祀以誠。禁日，雖遠，歲必衣幍。其於從父、昆弟及族黨親里，雖葭莩，皆以厚遇之。嘗賣所居屋償責，忽念女兄與其夫未葬，出所賣屋金營葬事。或難之，先生曰：「假使女兄爲兄者，則此賣屋金固均有也。區區營葬事，而又何有？」康熙癸亥，浙撫王君修通志，請召諸名士，匄以屬筆，次及先生。先生所登載，必擇忠孝節義事。及乙丑，繼撫趙君每月朔望講學明倫堂，令三學司教咨請德望素聞者，司教以先生應。先生力辭之，不獲，曰：「昔子夏設教於西河，使人疑其似夫子，而曾子責之。今東皋張先生，吾師也，吾敢背吾師以膺此任？」卒不就。其慎如此。自執贄蕺山後，即有志聖學。始嘗旁覽二氏書，久之，以其說濫漫，棄去。究觀有宋諸儒習語，取其有裨實行者，題曰鍼心慎鈔，蓋以自爲鍼砭也。其論學以宋學爲歸，獨大學格物則專主去欲，謂「欲去則理存，所謂閑邪而存誠，克己則復禮也。大學首功，莫大乎是。且朱子註首節亦曰：『物欲所蔽。』又曰：『無一毫人欲之私。』是亦未嘗不以去欲爲首功，人顧不察耳」。嘗以斯旨與學者往復辨難，約數十萬言，觀者歎服。生平好談韻學，著韻學指歸，以爲字有聲、有音、有韻，而韻爲尤要。歿年六十有九。參西河合集毛稚黃墓志銘。

毛先生際可

毛際可字會侯，號鶴舫，遂安人。順治戊戌進士，官彰德府推官。與西河、稚黃齊名，時有浙中三毛之目。其學不及西河之博，而亦無其强辯。著有松皋全集。參史傳。

張先生杉

張杉字南士，山陰人。性孝友，事兄若父，撫兄弟之子過於己子。講學務躬行，砥礪刻苦。其於人倫間細大必周，無毫髮敢疏忽，而尤篤於朋友。其讀書則博篤而辨，於載籍無所不窺。嘗講學留軒，座中論禮不能決，先生引禮註及漢、晉儒之言禮者，數言決之。參西河合集張南士墓誌銘。

劉先生漢中

劉漢中字勃安，一字拙安，山陰人。貢生。西河避讐之吴江，顧有孝謂曰：「張元節出門，其所投止，皆名士，得不敗？儻至淮，勃安可寄也。」及渡淮，而山陽令朱君，西河故友也，舍於天寧寺而飲食之，因得匿姓名，與淮人士相往來。湖西施少參以入覲還，見西河所賦詩而驚曰：「此非吾友耶？何以至此？」遍覓不得，而淮城漸有刊章布府門者，先生亟藏西河於家。先生貌莊而氣和，於物無競，而每當大事則嶽嶽不可動。家如黔婁，而舍養親故且過於薛公所爲。有子五，以身爲教孝弟忠信，而諸子能繼之，以父爲師，以兄弟爲友朋，其意旨諧合，一若陶土之依模，而冶金之就范者。西河子每隨計過淮，必進謁先生於牀下，與諸子齒序如一家人。歿於康熙三十九年，年八十有一。參家傳、西河合集劉勃安先生墓志銘。

來先生蕃

來蕃字成夫，蕭山人。幼精六書，嘗作故明二畿賦，其文雄博頡鶩，抵轢前古。事父孝，鄙軒冕，好立名節，每道東漢人物。人有以東漢人物擬之者，輒喜。少游於劉蕺山先生之門，蕺山曰：「子，袁夏甫也，吾初以子爲狂者，今知狷者也，子有所不爲。」卒時，西河方游豫州，述其行略，與徐伯調爲二友銘。參西河合集二友銘。

徐先生緘

徐緘字伯調，山陰人。著讀書説，九經：周易程傳、本義，尚書蔡傳，詩集註，春秋左氏、公羊、穀梁、胡傳，禮記纂註，論語、孟子集註，大學、中庸章句，共二千八百四十七葉；史：資治通鑑胡三省註，葉氏前編，續宋元通鑑，合國語韋註，戰國策正文，史記小司馬註，漢書顔師古註，甲子會記，共一萬七千七百九十八葉。以一歲日力計之，除吉凶慶弔祭祠伏臘外，可得三百日，每日以半治經，限三葉，以半治史，限二十葉，閲三年訖功，其勤如此。尤富聞見，雖口吃，不善辨，而旁通曲引，歷歷穿貫，叩之無不鳴。與人語，纖屑不略，語過輒記憶，每見之行文，以滋辨論，然要歸於正。與來成夫善，來鄙軒冕，每見輒引去，先生思以抑之，使重己，故反激昂軒冕，閒與來異。參西河合集二友銘。

方先生邁

方邁字子向，一字日斯，閩縣人。康熙癸酉進士，官浙江蕭山、蘭溪知縣，不善事長官，罷歸。博洽能古文辭。在蕭山，與毛西河往復問難於經，善破析疑滯，所駁摘咸有依據。獨不信儀禮、周禮，以爲互校三禮，彼此舛異，先後矛盾，蓋戰國人倚附七十子之徒以傳於世。其持論類吕坤之四禮疑問，通人以是病之。嘗取中庸自「修身」至「懷諸侯」，修纂以配大學衍義，爲九經衍義一百卷，又經義考異七卷，四書講義六卷，春秋補傳十二卷，呂晚村駁義一卷，五鐙摘謬一卷，文集二卷，詩集一卷，考證資治通鑑前編十八卷，古今通韻輯要六卷。參東越儒林後傳。

説　易　疑出經義考異，據東越後傳録，下同。

大衍之數五十，以河圖中宫天五乘地十而得之，則實數止有十五矣。若云以五乘十，故爲五十，則不宜用乘數。且乘數亦虚數也，虚數豈可以爲數？大衍之數固與河圖無與，五十者大衍之數，五十有五者天地之數，謂大衍法天地，則何以去五不用？謂虚其六以當六爻，則大衍止是五十，而用四十九，所虚者一耳。以天地之五，合大衍之一，以當六爻，恐無此事外牽連之法也。天地之數五十有五，而大衍之數五十者，參天兩地而倚數留其五，以還天地爲數之本也。其用四十有九者，天地無全功，聖人無全能，物不可以盈也。聖人因大衍之數，而推及天地之數，乾、坤之策，期之曰萬物之數，所謂引而伸之，觸類而長之，而天下之能事畢者也。必强欲配合，反於聖人之大意失之矣。

孔子云：「河出圖，聖人則之。」又云：「河不出圖。」戴記禮運曰：「河出馬圖。」孔安國云：「伏羲王天下，龍馬出河。」則言河圖者，當歸之伏羲。而淮南子乃以爲黄帝夢兩龍以白圖授帝，此漢家崇尚黄、老，故神異其説，不足據也。尚書顧命曰：「天球、河圖在東序。」春秋緯云：「河圖有九篇。」則必實有簡册之物，負之而出，自庖犧至周，相傳世守以爲國寶，而不知何時亡之。宋陳摶竊大衍之數以爲河圖，後人奉爲祕旨，及蔡元定遇隱者援圖作爲龍馬旋毛圈而成文，而近代楊時喬推而廣之，增加順逆往來、陰陽回互之形，此皆影響杜撰，終無當於河圖之實也。

易自陳摶、邵雍先、後天之圖出，錙銖較量於南北東西、子午寅申之位，而易之理蒙雜舛錯，幾於不可思議。然而聖人作易之旨，不如是之佻巧也。邵子以天地定位，爲伏羲八卦之位，先天之學；以帝出乎震，爲文王所定卦位，後天之學。然乾鑿度以乾、坤、巽、艮四隅卦爲四門，坎、離、震、兑四方卦爲四正，皆伏羲所定。又云：「庖犧畫四象立四隅，以定羣物發生門而後立四正。」則在漢時皆以帝出乎震八卦次序爲羲畫原文，固非文王所改。即如先天圖所謂乾南、坤北、離東、坎西者，以爲伏羲八卦，然經明云「水火不相射」，而圖則水火相射矣，圖與經反，恐伏羲不如是之悖，孔子贊易不如是之疎也！夫説卦、序卦篇目甚明，繫辭天地定位諸節，乃孔子反覆推明八卦妙用，顛倒錯綜，通天入地，近取諸身，遠取諸物，而無不可，不必指其孰爲羲卦，孰爲文卦也。蓋伏羲之畫卦也，觀法天地，則必先畫乾、坤，而後以乾、坤之一陰一陽互相交易，於是有一索、再索、三索而六子之卦成焉。其因而重之以爲六十四卦也，亦以乾、坤、六子互相乘重，而六十四卦也已備。是伏羲之畫卦，明白簡易，止有八與六十四而已耳，有三畫與六畫而已耳，並無所謂一畫、二畫、四畫、五畫及十六卦、三十二卦之紛紜舛錯以示謬巧也。其卦象則祇以父母六子相生爲次序，亦並無東西南北方隅位數之殊也。然則所謂先天卦位方圖圓圖諸法，皆宋儒之易，非庖犧氏之易也。伏羲之卦，有象無文，文王於是取而演之，先定六十四卦之序，由是繫之以辭，繫辭之義，皆因本卦之義，與象及六位之時，剛柔相推之變化，而斷其吉凶。是故孔子贊之，以爲當文王與紂之事，其詞危，其道甚大，百物不廢，初無所爲圖者，以爲文王之易也。

書言：「禹乃嗣興，天乃錫禹洪範九疇。」後人以洛出書即此。此據孔安國之說，然禹所得者洪範九疇，非洛書也。易大傳云：「河出圖，洛出書，聖人則之。」似洛書亦出伏羲時，則之以畫卦者，于禹無預。且春秋緯云：「河圖九篇用乾數，洛書九篇用六數。」未聞洛書以九數也。至宋陳摶所作戴九履一之圖，乃始于大戴禮明堂九室制二九四七五三六一〔一〕八之文。後漢書張衡傳所載太乙下九宮法，而陳摶竊之，後人遵之，錮習不改，深可歎也。

周元公，兩宋道學之宗也，第其所作太極圖說雖傳之二程，而自二程以及北宋諸儒講理學、著易說者未嘗論及。至南宋紹興間，朱内翰震始進其圖，表稱陳摶以太極圖傳种放，放傳穆修，修傳周敦頤。而胡五峯作通書序亦云：「敦頤得太極圖於穆修，修得於种放，放得於陳摶，要非其至者。」則是圖出於陳摶，而非周子自作，明矣。然圖出於摶，亦非摶所自作，又本之參同契水火匡郭、三五至精二圖而增益之，爲太極先天合一之圖。蓋道家升降陰陽、抽添水火之術，故在摶止稱先天圖。朱内翰表則稱太極圖，實一圖也。其本之參同，則朱子與蔡季通屢言之。濂溪以其「陰陽五行化生萬物」之說，可與易理「乾道變化，各正性命」語相發明，故取而爲之說。自「太極本無極也」以上說圖也，自「惟人也得其秀而最靈」以下，乃周子自發議，要歸于「至靜立人極」一言，此周子圖說之大意。張南軒所謂「假圖立義」，深得濂溪微旨。朱子之註參同契，猶此意也。然朱内翰進圖不言圖說，國史始載圖說於本傳，故

〔一〕「一」，原作「二」，據大戴禮記改。

陸梭山謂圖説與通書不類。朱子編次周子文集，書後有自註云：「武當祁寬字居之，又謂圖象乃先生指畫以語二程，而未嘗有所爲書。」則似并疑圖説亦非周子作者。然陳摶作圖，自有陳摶之説，周子説圖，即成周子之圖。但周子原文首句乃是「自無極而爲太極」，見宋史本傳，此發端之詞，猶之自無而有也。其後改以「太極本無極」一言，猶言有本於無也，故結之曰「原始返終」。故知死生之説，自無極而爲太極，原始也；太極本無極，返終也。又曰：「大哉，易也！斯其至矣。」此正以易有太極，故爲至，易未嘗言無極也。自朱子刻其文，於乾道閒去「自」、「爲」二字，遂失立言本意。蓋有「自」、「爲」二字，則是流行語，無極字輕而歸重於太極；去「自」、「爲」二字，則是對待語，無極與太極更無賓主，異同之見，由此釁生，成聚訟矣！

説尚書

泰誓「惟十有三年春」，十三者連文王九年言之。武王在位止四年，蔡傳以爲武王之十三年。夫武王安得有十三年乎？武王自諸侯爲天子，前後不過十年而殂。大戴禮云：「文王十五而生武王。」則文王殂時，武王已八十三歲矣。又明年，八十四歲而即位。若又十三年而後伐紂，合武王九十三之年計之，已死四年矣。然而文王受命改元稱王之説，宋儒力闢其謬。夫受命之説，本出後人推原，或未必然。惟改元，則於事理皆未嘗繆。蓋文王自幽囚羑里以來，死生存亡皆未可，必失國再復後改元年。三代以下，天子諸侯多有之，何獨疑於文王？若武王宜改元反不改元者，正唯文王已改，故武王不必復改，非獨孝子之道不忍忘親，亦以歷年未久，無容屢更也。觀後有天下尚不改元，則改元非古人所重，可知矣。多方曰：「天唯五年，須暇之子孫，誕作民主。」則武王立五年而即伐紂，其所謂十三年者，果武合文年無疑也。若稱王之説，則夫子之言有之，「周公成文、武之德，追王太王、王季」，上不及文王，非武王之追尊獨遺其父，夫子之援古不及於文也，已稱王故也。至于春則建子之月，非建寅也。商、周改朔，併改時月，然以周史記周事，則必從周正，而不從商正也。

衛康叔之封，出於成王，而非武王，書傳往往有之。左氏祝駝曰：「武王克商，成王定之，周公相王室以尹天下，分殷民七族，命以康誥，而封於殷虚。」甯武子曰：「不可以閒成王、周公之命祀。」此以衛人言衛事，最近而不誣者，史記于周本紀、魯世家、衛世家屢言之，然則康叔爲成王封，康誥爲成王作，無疑也。蔡傳乃以康誥篇首四十八字爲洛誥脱簡，遂謂成王告叔不當稱弟，若謂周公，尤爲非義，且康叔不當至此時始封。言似近理。不知康叔在武王時已封於康，爲畿内諸侯，作周司寇，至是欲營洛邑，遷殷頑，乃以其餘地餘民封爲衛侯，出就外藩，非前此武王猶有未封之幼弟也。康誥之稱弟者，非成王弟之，亦非武王弟之也。周公攝政，實假王命，然亦有周公自言者，則篇首先繫以周公。此篇與多士同一例，多士篇首曰：「周公初于新邑洛，用告商王士。」則周公告之也。其曰「王若曰」者，假王命也，而實周公自言，成王此時未踐奄也。三監之叛，實周公征之。其曰：「昔朕來自奄，予大降爾四國民命。」朕者，周公自朕也。康誥之篇亦然，曰「周公咸勤，乃洪大誥治」者，周公誥之也；曰「王若曰」者，雖假王命，而實周公自言；曰「朕其弟」者，周公弟之也；「寡兄勖」者，周公自勖也。其曰「乃服惟宏王」，

「助王宅天命，作新民」者，望其輔寡兄以共勖也。使以爲武王言，則此數語俱難通矣。

説詩

朱子言：「周南、召南，文王徙都于豐，分岐周故地以爲周公、召公采邑，召公宣布於諸侯，而南方諸侯莫不從化，故得之南國者謂之召南。」夫二公分陜，當在成王之世，而謂出自文王，此未可信。且文王亦西伯耳，召公爲文王臣而復稱伯，是甸侯而建國也，文王不自爲政，而以巡行之權委之其臣，是文王爲廢職，召伯爲侵官也。況南國諸侯與文王同事紂者，奈何遵召伯教哉？韓詩外傳紀召伯在朝，有司請營召以居，召伯曰：「以吾一身而勞民，此非吾先君文王之志也。」然則召伯之封召，信在文王後也。謂之召南者，屬召伯封内召之南也。

朱子云：「黍離降爲國風而雅亡。」孰降之？范甯敍穀梁以爲孔子降之也。夫季札觀樂時，王已有風矣，安在其孔子降之也？然則王何以有風？曰：詩有體，風、雅、頌，詩之三體也。王既有雅有頌，獨奈何不容其有風也？顧王風何以始于平王？前乎此者有之矣。周南、召南多文王之事，何以不與旱麓、清廟同列於雅、頌？則其以體風也。豳風皆周公之事，七月不異於文王，東山、破斧不異於泮水，何以不列於雅頌，而特別之爲豳風？則以爲其體亦風也。王之爲風，亦猶是耳。今必曰降爲國風，則必黍離諸詩本列於雅，而特降之，然試取黍離諸詩入之於雅，而淫液咏歎之，識者必有以辨其不得爲雅也。以爲平王之後而雅亡，則泮水〔一〕、閟宮非皆魯僖之詩乎？王後無雅、頌，顧魯特有頌，何耶？且即雅中如「褒姒滅之」，周宗既滅，諸詩其在東遷後作者，未嘗乏也。夫孟子所謂「王者之迹熄而詩亡」者，蓋謂天子不省方，太史不採風，而列國所陳之詩亡也，故聖人作春秋以紀列國之事焉。若以雅亡即詩亡，則是詩惟當有雅耳，彼所謂風者，將皆不得爲詩乎哉！

魯何以無風？或曰：「成王褒周公之後，比于先代巡守，不陳其詩，是以宋、魯無風。」然陳、杞皆先代之後，陳何以有風？杞何以并無詩也？王肅舊説云：「魯文公時，季孫行父請於周，而令史克作頌四篇。」然魯頌四篇皆臣子頌禱之詞也，豈必假寵於王靈哉！則魯何以無風？曰：「魯未嘗無風也，特其所傳者頌耳。周公，魯之祖也，周南、豳風皆周公之事，或周公所作，而皆列于風，則魯風之美可知也。猗嗟〔二〕、敝笱、南山、載驅〔三〕皆言魯事，而附於齊以見，則魯風之惡亦可知也。夫風、雅、頌者，詩之體也。緇衣美卿士而不得列於雅，賓筵抑戒衛君自儆而不得列於風，韓亦有國，而韓侯取妻不必再立韓風，召伯封燕，而甘棠作詠不必自名燕國，故國之或有或無，不必遍天下而陳之太史，而爲風、爲雅、爲頌，則各因其體而列之，不必其有所諱，亦不必有所褒也。又有以魯頌爲僭天子之制者，不思風、雅、

〔一〕「水」，原作「宫」，據詩經改。
〔二〕「嗟」，原作「昌」，據毛詩改。
〔三〕「驅」，原作「馳」，據毛詩改。

頌者，詩調與樂調之辨也。七月一詩，而可以爲風，可以爲雅，可以爲頌，則調之異也。魯頌之駉篇似風而不風，有駜、泮水〔一〕似雅而不雅，則以其調者頌也。且比、興、賦、風、雅、頌者，詩之六義也，以東遷爲雅亡，諸侯爲僭頌者，將比、興、賦之中，又孰爲亡，而孰爲僭乎？

説春秋

許世子止之惡，經文書法甚明，後之論者必曰：「止不行弑，但不嘗藥。」夫不嘗藥而即加以弑逆，聖人不如是之刻也。不讀左氏之傳乎：「許悼公瘧，飲太子止之藥，卒。」瘧非必死之疾也，世子又非習於醫者，而自以藥進，是以君父爲試藥之具也，藥不中疾，與酖毒等，其責不可辭矣。胡氏以爲，止不擇醫，而輕用其藥。歐陽氏以爲，操刃而殺，與不躬進藥，及進藥而不嘗，三者罪當殊科。金仁山以爲，止無弑逆之心，不幸而進藥以卒，此皆在夢夢之中。止實自用藥以殺其父，無異於操刃，蓋以君父之生死爲戲，故敢以其未達之藥輕于嘗試也，而乃責其不擇醫而輕用藥，憐止之不幸也，不亦慎乎！由是推之，趙盾、陳乞、公子歸生皆實成弑逆之謀，故列國以實告，聖人以實書焉。惟楚公子比則非罪比也，所以見弑者之爲公子棄疾，而比特代受其名者也。

宋人説春秋不下數十家，惟程氏最著。及胡氏傳一出，而自漢以來春秋之家皆廢不用，然春秋自

〔一〕「水」，原作「宫」，據詩經改。

是亡矣。王安石欲廢春秋而春秋存，以其不知春秋也。胡安國傳春秋而春秋反亡，以其知春秋而實不知春秋，則春秋之經，名存而實亡也。孔子之作春秋，其妙義固不可測識，而胡氏以私意解之，欲以書人、書字、書爵、名、號、時、地之閒，爲聖人用意之所存，則聖人之用意不如是之淺也。或又以爲，春秋，聖人之寓意，非聖人之用意，則是直以春秋爲莊、列之放言，而非復聖人之大法，其於春秋之旨，愈求而愈遠矣。夫春秋之書，聖人自言之。經解曰：「比事屬詞，春秋教也。」春秋鉤命訣曰：「欲觀我褒貶諸侯之志，在春秋。」讀春秋者，比事屬詞以求聖人之志，其於春秋則幾矣！

屈先生復

屈復字見心，號悔翁，蒲城人。乾隆丙辰舉博學鴻詞，不就試。先生本楚系而家於秦，足迹半天下，豪宕感慨一寓之詩，著有弱水集及南華通七卷。參詩集、清史稿藝文志。

清儒學案卷二十七

宛溪學案

宛溪學術萃於方輿紀要一編，尤重山川形勢，古今戰守攻取之宜，得失瞭如指掌，爲兵家不可不讀之書。欽定通鑑輯覽，及胡文忠讀史兵略，於考注地理者，皆取資焉。述宛溪學案。

顧先生祖禹

顧祖禹字景范，無錫人，世居宛溪，學者稱宛溪先生。父柔謙，字剛中，精於史，著有山居贅論一書。明末僑居常熟之釣渚。先生承家學，博極羣書，尤精輿地，沈敏有大略，貧而廉介，不求名於時。好遠游，歸而閉户著書。崑山徐尚書乾學領修一統志，所延致者皆海内碩儒。先生與太原閻百詩、德清胡朏明、常熟黄子鴻同爲輿地專家，先生齒望，推爲祭酒。諸人各有地誌之書，而先生所著讀史方輿紀要尤爲鉅帙。年二十九，奉父遺命爲之。旁搜紀載，規之正史，成一家之言。游歷所至，借書鈔纂，覩記所及，更獲新勝，即改竄增益之，十易草所不憚，經二十年而後成。首通論歷代州域形勢，次分紀封域山川險要郡縣及邊塞地，次川瀆，次天文分野，凡一百三十卷，附輿圖要覽四卷。嘗自言曰：「歷代之書，世遠言湮，難窮其藴，惟覽者能自得其指歸。吾之爲是書也，以史爲主，以志證之；形勢爲主，以理通之；河渠溝洫，足備式遏，關隘尤重，則增入之；朝貢四夷諸蠻嚴别内外，風土嗜好則詳載之；山川設險，所以守國，游觀詩賦，何與人事，則汰去之。」此書之立體者也。其論之最精者，謂：「天下之形勢，視乎建都，故邊與腹無定所，有在此爲要害而彼爲散地，在彼爲散地而此爲要害者。」又謂：「有根本之地，有起事之地，立本者必審天下之勢，而起事者常不擇地。」甯都魏叔子推爲數千百年絶無僅有之書。有宛溪集，久佚不傳。參先正事略、常昭合志、徐秉義禹貢錐指序、讀史方輿紀要魏禧序、彭見望序。

讀史方輿紀要

總叙一

昔在神禹，克平洪水之災，作爲禹貢，孔子删書，列於六經。其竝傳者，又有山海經，其詞迂誕。太史公曰「言山川者斷自禹貢」，允矣！自禹以神聖平成天下，傳之子孫，其支庶列爲侯伯。其在商頌曰：「韋、顧既伐。」説詩者曰：「顧亦桀黨也。」嗚呼！桀之暴虐，天下皆知棄之，顧爲同姓國，葛藟相庇，宗社無隕，義也。湯欲傾夏，則不得不先翦顧，顧亡，而夏隨之矣。然則顧非黨於桀也，後有棄其宗祀，獻符瑞於仇讎之庭者，是顧之罪人也已。自湯伐顧，而顧遂微於商、周之世。及漢興，始得姓於江、淮之南。蓋少康封少子於會稽，以奉禹祀，至春秋時，越子允常而始大，其子句踐遂以其國霸，滅吴而有其地，通盟於上國。又數傳，爲楚所滅，子孫竄處於江南，各保城邑，自爲君長，而海陽侯以滅秦誅項功，分符漢室。五傳侯絶，侯之子孫皆以顧爲姓，保氏族於江南。及吴丞相雍以功名顯，累傳以降，皆有功德文章載在史册。至黄門侍郎野王，則以著述顯於梁、陳之際，所著書數百卷，而輿地志尤見重於世，至今學者猶宗師而俎豆之。由隋、唐以迄兩宋，子孫代有名人，而徵君原九，於宋端平元年，由臨安避地梁谿，耕讀於宛溪之上。子孫奉遺命，歷元世皆隱居不仕。明成化中，徵侍郎允敬始官於朝。曾孫光禄丞大棟當嘉靖間，好談邊徼利病，躍馬游塞上，與大司馬靈寶許公論善，撰次九邊圖説，梓行於世。子奉訓大夫文耀，萬曆中，以光禄大官正奉使九邊，還對，條奏甚悉，天子稱善。文耀生郡諸生龍章，早卒。龍章生柔謙，九歲而孤，好讀書，補邑弟子員，深慨科舉之學不足裨益當世，慨然欲舉一朝之典故討論成書。年及强仕而遘流寇之變，遂遯入山，焚筆瘞硯，率子祖禹躬耕於虞山之野。久之，益窮困，憤懣無聊，得奇疾，將卒，呼小子命之曰：「吾家自兩漢以來，稱爲吴中文獻，先代所著述，小子可攷而知也。士君子遭時不幸，無可表見於世，亦惟有掇拾遺言，網羅舊典，發舒志意，昭示來兹耳。嘗怪我明一統志，先達推爲善本，然於古今戰守攻取之要，類皆不詳；於山川條列，又復割裂失倫，源流不備。夫以一代之全力，聚諸名臣爲之討論，而所存僅僅若此，何怪今之學者，語以封疆形勢，惘惘莫知！一旦出而從政，舉關河天險，委而去之，曾不若藩籬之限，門庭之阻哉！先光禄在世廟時，傍徨京邑，岌岌乎有肩背之慮，圖論九邊，以風示謀國者先奉訓。當神廟中，四方無虞，以邊備漸弛，伏戎可慮，先事而憂，卒中忌諱，仕不獲振。先文學請纓有志，攬轡無年。及余之身，而四海陸沈，九州騰沸，僅獲保首領，具衣冠，以從祖父於地下耳。嗟乎！園陵宫闕，城郭山河，儼然在望，而十五國之幅員，三百年之圖籍，泯焉淪没，文獻莫徵，能無悼歎乎？余死，汝其志之矣！」小子匍伏嗚咽而對曰：「小子雖不敏，敢放棄今日之所聞？」卒一年而祖禹以疾廢，又三年疾愈，不揣愚陋，思欲遠追禹貢職方之紀，近考春秋歷代之文，旁及稗官野乘之説，參訂百家之志，續成昭代之書，垂之後世，俾覽者有所攷鏡。而貧賤憂戚雜亂其中，上之不能涉江，逾河，登五岳，浮沅、湘，探禹穴，窮天下之形勢；次之不能訪求故老，參稽博識，因以盡知天下險易扼塞之處；下之不能備圖志，列史乘，不出户而周知山川城郭里道之詳，惟是守殘抱缺，竊歎窮廬，吮筆含毫，消磨歲月，庶幾無負先人提命之意。若以語於著作之林，余小子夫何敢！

總叙二

客謂顧子曰：「子所著方輿紀要一書，集百代之成言，考諸家之緒論，窮年累月，矻矻不休，至於舟車所經，亦必覽城郭，按山川，稽里道，問關津，以及商旅之子，征戍之夫，或與從容談論，考核異同，子於是書，可謂好之勤，思之篤矣！後有起者，考求險要，辨別攻守，遠而周知天下之故，近而都邑之間，非子之書，何所適從焉？」余曰：「否，否，不然。古人有言，尺有所短，寸有所長，明於匠石之任者，或昧於雕鏤之細。予也未嘗泝江、河，登恒、岱，南窮嶺、海，北上燕、冀，間有涉歷，或拘於往返之程，或困於羈旅之次，不獲放曠優游，博觀廣詢。間嘗按之圖畫，索之典籍，亦舉一而廢百耳。又或了了於胸中，而身至其地，反若瞶瞶焉，所謂所見異辭，所聞異辭，所傳聞又異辭者，不可勝數也。予之書，其足據乎？且孫子有言：『不知山林險阻沮澤之形者，不能行軍；不用鄉導者，不能得地利。』夫論兵之妙，莫如孫子，而論地利之妙，亦莫如孫子，使信余之書，而不取信於鄉導，譬之掩耳而求聞，閉目而求見，所誤必多矣。且夫地利亦何常之有哉！函關、劍閣，天下之險也，秦人用函關卻六國而有餘，迨其末也，拒羣盜而不足。諸葛武侯出劍閣，震秦、隴，規三輔，劉禪有劍閣而成都不能保也。故金城湯池，不得其人以守之，曾不及培塿之丘，汎濫之水；得其人，即枯木朽株，皆可以爲敵難。是故九折之阪，羊腸之徑，不在邛崍之道，太行之山；無景之溪，千尋之壑，不在岷江之峽，洞庭之津。及肩之牆，有時百仞之城不能過也；漸車之澮，有時天塹之險不能及也。知求地利於崇山深谷，名城大都，而不知地利即在指掌之際，烏足與言地利哉！善乎，孫子之言曰：『我不欲戰，雖畫地而守之，敵不能與我戰。我欲戰，敵雖高壘深溝，不得不與我戰。』然則變化無窮者，地利也。地利之微，圖不能載，論不能詳，而變化於神明不測之心，所謂可以意會，不可以言傳者乎？故曰方圓奇偶，千秋不易也，伏羲以之畫八卦，大禹以之演九疇；伍兩卒旅，千秋不易也，武侯以之列八陣，李靖以之變六花；城郭山川，千秋不易也，起於西北者可以并東南，而起於東南者又未嘗不可以并西北。故曰不變之體而爲至變之用，一定之形而爲無定之準，陰陽無常位，寒暑無常時，險易無常處，知此義者，而後可與論方輿。使銖銖而度之，寸寸而比之，所失必多矣！吾嘗考蒙古之用兵，奇變恍惚，其所出之道，皆師心獨往，所向無前，故其武略比往古爲最高。彼豈嘗求之於山海之圖，里道之志哉！然則求地利於吾書，無乃猶是刻舟之見乎？吾慮舉足動步或將有礙焉者也。客其益廣所聞，無過恃吾之書也已。」

總叙三

或曰：「審如子言，則鄉導之于地利重矣。然則子之書，其可廢乎？」曰：「何可廢也？孫子言『不用鄉導者，不能得地利』，然不得吾書，亦不可以用鄉導。夫南行之不可以北轅也，東泛之不可以西檝也，此易知也。西北多山而未嘗無沮洳之地，東南多水而未嘗無險仄之鄉，此易知而不易知者也。且夫一指蔽前，則泰山不見，十步易轍，則日景不分，使其惘惘焉，左陷大澤而不知，前入深谷而不悟，乃欲執途之人而求其爲鄉導，鄉導其可恃乎哉！何也？鄉導用之于臨時者也，地利知之于平日者也。平日未嘗于九州之形勝，四方之險易，一一辨其大綱，識其條貫，而欲取信于臨時之鄉導，安在不爲敵所愚也？是故先知馬陵之險，而後可以定入魏之謀；先知井陘之陿，而後可以決勝趙之計。不然，曹瞞之智，猶惕息于陽平；武侯之明，尚遲回于子午，乃謂求地利于臨時，而不求地利于平日，豈通論哉！是故途有所必由，城有所必攻，此知之于平日者也。欲出此途而不徑出此途者，乃善於出此途者也；欲攻此城而不即攻此城者，乃善于攻此城者也，此知之于平日，而不得不資于臨時者也。攻則攻敵之所不能守，守則守敵之所不能攻，辨要害之處，審緩急之機，奇正斷于胸中，死生變于掌上，因地利之所在而爲權衡焉，此固大將之任，而非可問之于鄉導者也。凡吾所以用多用少，用分用合，用實用虛之處，既已灼然知之，而後博求之于鄉導，從其可信，缺其可疑，以善吾地利之用，豈徒寄耳目于僕夫云爾哉！此吾書所以必不可廢也。且不獨行軍之一端也，天子内撫萬國，外莅四夷，枝幹强弱之分，邊腹重輕之勢，不可以不知也。宰相佐天子以經邦，凡邊方利病之處，兵戎措置之宜，皆不可以不知也。百司庶府爲天子綜理民物，則財賦之所出，軍國之所資，皆不可以不知也。監司守令受天子民社之寄，則疆域之盤錯，山澤之藪慝，與夫耕桑水泉之利，民情風俗之理，皆不可以不知也。四民行役往來，凡水陸之所經，險夷趨避之實，皆不可以不知也。世亂則由此而佐折衝，鋤强暴；時平則以此而經邦國，理人民，皆將於吾書有取焉耳。』『然則孫子之説固未當乎？』曰：『非也。孫子之言，固以地利者行軍之本，而鄉導者地利之助也。先知地利，而後可以行軍，以地利行軍，而復取資於鄉導，夫然後可以動無不勝。凡吾所以爲此書者，亦重望夫世之先知之也。不先知之，而以惘然無所適從者任天下之事，舉宗廟社稷之重，一旦束手而畀之他人，此先君子所爲憤痛呼號，扼腕以至於死也。予小子既已奉遺命，採舊聞，旁搜記載，規之正史，稍成一家之言，合爲一十八部，分爲百三十卷，藏之家塾，以俟來者。』

凡例

天下之形勢視乎山川，山川之絶絡關乎都邑，然不考古今，無以見因革之變，不綜原委，無以識形勢之全。是書首以列代州域形勢，先考鏡也；次之以北直，尊王畿也；次以山東、山西，爲京室之夾輔也；次以河南、陝西，重形勝也；次之以四川、湖廣，急上游也；次以江西、浙江，東南財賦所聚也；次以福建、廣東、廣西、雲南、貴州，自北而南，聲教所爲遠暨也；又次以川瀆異同，昭九州之脈絡也；終之以分野，庶幾俯察仰觀之義歟！

地道靜而有恒，故曰方；博而職載，故曰輿，然其高下、險夷、剛柔、燥濕之繁變不勝書也，人事之廢興、損益、圮築、穿塞之不齊不勝書也，名號屢更，新舊錯出，事會滋多，昨無今有，故詳不勝詳者，莫過於方輿。是書以古今之方輿衷之於史，即以古今之史質之於方輿。史其方輿之鄉導乎？方輿其史之圖籍乎？苟無當於史，史之所載不盡合於方輿者，不敢濫登也，故曰讀史方輿紀要。

天地位而山川奠，山川奠而州域分，形勢出於其間矣。是書以一代之方輿，發四千餘年之形勢，治亂興亡，於此判焉。其間大經大猷，創守之規，再造之績，孰合孰分，誰强誰弱，帝王卿相之謨謀，奸雄權術之擬議，以迄師儒韋布之所論列，無不備載。或決於幾先，或斷於當局，或戒於事後，皆可以拓心胸，益神智。書曰：「與治同道罔不興，與亂同事罔不亡。」俯仰古今，亦可以深長思矣。

禹平水土，主名山川，職方辨州，惟表山藪川浸。司馬遷作史記，昔人謂其能言山川條列，得禹貢之意，班、范諸家所不逮。唐太宗因山川形便，分天下爲十道，六典所載，犁然可觀。是書亦師其意，兩京十三司之首，皆列疆域名山大川重險，俾一方之形勢燦列在前，而後分端别緒，各歸條理，亦以詳前人之所略也。王者體國經野，于是乎有城邑。城邑定而方位列焉，緩急分焉，于是乎有山藪川浸。山川布而相其陰陽，察其險易，于是乎有關梁阻阨爲城邑之衛。自古及今，經理方輿者不能異也。是書于兩京十三司各郡邑中，皆以此爲次第，從同者則以例附焉，所以便于考索也。

城邑山川關隘之屬，有特見者，如專言某城某山是也；有附見者，如言某山而附以某山，言某川而復及某水是也;有互見者,如言某山而旁及于某川某關,言某關而旁及于某城某山是也。

地理始于班固,最爲雅馴。劉昭補後漢郡國,參入古今地名,爲功不少,所惜微有繆誤耳。晉志僅存郛郭,齊志略標形似。沈約州郡詳而未精,魏收墜形穢而不備。隋志兼及梁、陳、齊、周,裨益頗多,而經緯未盡。劉昫唐志略于天寶以後,歐陽氏略于天寶以前,功過不相掩也。五代史薛志曾見數條,較歐志頗勝,歐志無乃過略,與宋志詳略失倫。遼、金二志,金志差勝。國初,元志缺漏,又在宋志之下也。是書參考沿革,大約本之正史,而他書所見,亦節取焉。雖然,秦、漢城邑,其不可見于今者,蓋什之二三;六朝以降,廢置紛更,其不可見於今者,乃什之四五也;隋、唐以來,邊荒蠻落,時有興革,其不可考者,亦什之一二矣。

從來沿革,有竟不入是書者。王莽篡漢,盡易天下郡縣名號;侯景陷臺城,契丹入汴,皆妄有改易之類是也。若夫晉棄中原,南北淆亂,州郡縣邑紛紜僑置,河南有廣陵、丹陽之名,江渚有晉陽、太原之號。又疆埸戰爭,得失屢變,荒左依附,有無頓歧,循名責實,大都湮廢。余力爲考訂,其引據不誣,義類可據者,悉爲採入。至傳聞互異,史氏浮靡,史臣撰述,往往地屬前朝,而諱從當代,如晉書、隋書皆諱「虎」爲「武」,諱「淵」爲「泉」之類。或地名相同而方域絶異,地名本異而里道正同,千里毫釐,未嘗敢忽也。

古人著述,類皆慎重。左氏傳「析,實白羽」;「夷,實城父」,慎之也。杜氏釋傳,或但曰魯地、齊地，或竟曰地闕〔一〕，不敢强爲之辭也。蓋寡陋之過小，繆戾之罪大。近世言方輿者，依據失倫，是非莫主，或一事而彼此相懸，一説而前後互異，稱名偶同，漫爲附會，傳習不察，竟昧繇來，欲矜博洽之名，轉滋繆戾之罪，余不敢妄爲附和也。

方輿之書，自經史而外，彬彬成家者，魏、晉以降，代有其人。余輯方輿書目凡二卷，千有餘家。然自唐以前，傳者絶少。由唐以迄宋、元，可見者亦不過數家耳。括地志序于唐，太宗稱其度越前載，然在宋時已不可多得。宋崇文目云：「坤元録一本，即括地志。」按杜氏通典，坤元與簡地志並列，則非一書也。「括」，唐大曆中諱曰「簡」。其聞于世者，有江融、鄭虔及賈躭之書，亦不可復見也。余嘗讀元和志，善其敷陳時事，條列兵戎，然考古無乃太疎。寰宇記自謂遠軼賈、李之上，賈耽、李吉甫。而引據不經，指陳多誤。紀勝山川稍備，求其攻守利害則已迂；廣記考核有餘，而於形勢險夷則未盡晰也。勝覽以下，皆偏于詞章之學，於民物遠猶無當焉。國家著作之材，雖接踵而出，大都取裁于樂史、祝穆之閒，求其越而上之者，蓋鮮也。

近代一統、寰宇、名勝諸志，及十三司通志，余皆得見之，其天下郡縣志，得見者十未六七也。蹋踏田野，無從搜集，閒有已得其書，而時會杻牾，未及採録，旋復失之者，故雖耳目流傳之書，而闕略正不能免。雖然，形勢詳而名勝略，如録衡山而不載七十二峯之號，志太湖而不及百瀆七十二漊之名之類。中國詳而四裔略，亦有邊陲詳而中土反略者，覽者當得其大意，毋遽以聞見淺陋斥之，則幾矣。

〔一〕「闕」，原作「關」，形近而誤，今改。

地利有錯見於他條，而不載於郡邑之下者，有兩説互異，而並存之者，疑以從疑也。

宋葛文康公曰：「記問之博，當如陶隱居，恥一事不知；記問之審，又當如謝安，不誤一事。」世皆稱胡氏注通鑑，見聞博而取舍精，然除口見於水經注而誤引蘧除水，萬歲縣見於晉志而誤改爲延壽，他如永世未辨其在溧陽，定陵不知其近洺水，甚哉，著作之難也！要亦耳目偶遺，無關大故。余生而椎魯，困窮失學，讀書無多，自省多誤，偶有所見，誤則正之，甚者削之，不致妄爲爭辨求勝於古人也。

高都、丹城一城也，而誤以爲二；昭信、濟陰、睢陵一城也，而誤以爲三；雲中、雲州，勝州、東勝，夏州、靈夏，皆兩地也，而誤以爲一。至於宛唐、死虎，慮虒、驢夷，字之譌也；居庸、翳嵡，土軍、吐京，聲之變也。舉一例，餘類難悉數。每見近代諸志，一水一山，方位偶移，輒列爲數處；千里百里，聲稱相似，則牽爲一端，見聞日荒，義理日繆，安能與古人相上下乎？

六經而外，左、國、史、漢皆有詮釋，古人散逸之書，見於古人援引者爲多，是書悉爲搜討。至杜、鄭、馬三家之書，其言方輿，皆資採取，而杜氏尤長。王厚齋玉海一書中所稱引，類多精確，而通釋一種爲功於通鑑甚巨，胡身之從而益暢其説，搜剔幾無餘藴，余尤所服膺，故採輯尤備。

水道遷流，最難辨晰，河渠、溝洫，班、馬僅記大端，而餘史或缺焉。其詳爲之辭者，惟酈氏水經注，而杜佑甚病其荒繆。蓋河源紆遠，尚依史、漢舊文，而江、漢以南，又皆意爲揣測，宜其未盡審也。若其掇拾遺聞，參稽往蹟，良爲考古之助。余嘗謂，酈氏之病，在立意修辭，因端起類，牽連附合，百曲千回，文采有餘，本旨轉晦。使其據事直書，從原竟委，恐未可多求也。後世河防水利之書，作者相繼，至於晚近，記載尤多，浮雜相仍，鮮裨實用。余所見河防、海防、江防、水利、泉河、籌海諸書不下十餘種，惟潘氏河防、張氏三吴水利兩書差有可採。川瀆一書，略仿水經之文，仰追禹貢之義，務期明確，無取辭費。

名山支山，山之大端也，其間有特峙者焉，有並峙者焉，連峙疊峙者焉。山主分而脈本同，其間或起或伏，有突然獨起者；有判然並峙者；有連接千百里，雖異名而實一山；又或一山而中包數山，一山而上起數山，詭異不可名狀。經川支流，水之大端也，其間有滙流者焉，分流者焉，並流絶流者焉。水主合而源各異，其間或合或離，有數流而滙爲一川者，一川而散爲數川者；有兩川勢敵，既合而並流數里仍分二川者；有水性勁弱不同，清濁互異，絶流各出，竟不相通者，詭異亦不可名狀也。蔡氏曰：「山本同而末異，水本異而末同。」丘氏曰：「山體陽而用陰，用陰故靜，而能深天下之幽奇險奥，莫過於山也。水體陰而用陽，用陽故動，而多變天下之縱横恣肆，莫甚於水也。」此可以語山川之性情矣。

水之至濁者莫如河，故河最善決。北紀大川，漳水最濁；南條大川，漢水最濁，故漳、漢之水亦多潰溢。水道既變小，而城郭關津大，而古今形勢，皆爲一易矣。余嘗謂，天至動，而言天者不可不守其常；地至靜，而言地者不可不通其變，此亦一驗也。

管子曰：「不知地利者不能行軍。」孫子曰：「地形者，兵之助。」鼂錯曰：「用兵臨戰，合刃之急者三，一曰得地形。」何承天曰：「山陵水泉，地陣也。」蓋地利之於兵，如養生者必藉於飲食，遠行者必資於舟車也。孫子十三篇，大都推明地利，不特火〔一〕攻、九地之文而已。李吉甫序元和志曰：「今言地利者凡數十家，尚古遠者或搜古而略今，採謠俗者或傳疑而失實，至於丘壤山川，攻守利害，皆略而不書。此微臣所以精研，聖后所宜周覽也。」自宋寰宇記以後，凡兵戎戰守之事，皆略而不書，豈欲公之天下？如漢人所云：「史記載山川險易遠近，不當在諸侯王者乎？」

正方位、辨里道二者，方輿之眉目也，而或則略之。嘗謂，言東則東南、東北皆可謂之東，審求之，則方同而里道參差，里同而山川回互，圖繪可憑也而未可憑，記載可信也而未可信，惟神明其中者，始能通其意耳。若并方隅里道而去之，與面牆何異乎？前代之史易讀，近代之史難讀。司馬公作通鑑，於史、漢、三國採取最多；晉、宋而降，則旁稽博考，參取成書，其正史所存，什或未能三四也。十七史以後，宋、元二史最爲蕪繆。通鑑續編引蔓延流，開卷欲臥；續綱目因襲義例，稍成體裁，然而疎漏不少矣。近時史學益荒，方輿一家，尤非所屬意。余嘗謂，五代以前，尚可據史以繩志，五代以後，又當據志以律史，蓋志猶憑實，而史全蹈虛也。是書於宋、元諸史不能盡存，而近時聞見，尤用闕如，蓋不欲以可據之方輿，亂以無稽之記載也。

儲氏瓘曰：「知古非難，知今爲難。」夫古不參之以今，則古實難用；今不考之於古，則今且安恃！自世廟以來，黃河決塞，朝暮不常，邊塞震驚，出入無候，至於倭夷突犯，流毒縱橫，盜賊乘釁，播惡未

〔一〕「火」，原作「九」，據孫子改。

已。其間城堡之覆敗，亭障之消亡，村落之塗炭，留心民社者，不忍委於不知也。知之亦必考前人之方略，審從來之要害，因時而發，擇利而行，弭災消患，不虞無術耳。然則真能知古，而知今正不難矣。

編户多寡不同，大約以嘉、隆間爲斷；水陸道里遠近不同，大約以水道爲主，其後先迂直之數，可折衷而得之也。

九邊阨口，盤互紆回，西南洞寨，紛歧錯雜，累舉難詳，繁稱未盡，苟非事實可稽，圖籍可據者，無庸漫存其名，徒眩耳目爲也。

說者曰：「風后受圖，九州始布，此輿圖之始也。山海有經，爲篇十三，此地志之始也。」周禮大司徒而下，職方、司書、司險之官，俱以地圖周知險阻，辨正名物。戰國時，蘇秦、甘茂之徒，皆據圖而言天下險易。蕭何入關，先收圖籍。鄧禹、馬援，亦以此事光武成功。名儒者，自鄭玄、孔安國而下，皆得見圖籍。驗周、漢山川，蓋圖以察其象，書以昭其數，左圖右書，真學者事也。余初事方輿，即採集諸家圖說，手爲模寫。舊藏朱思本畫方圖，及羅洪先廣輿圖，尋得宋人南北對境圖，及近時長江海防及九邊圖，凡數種。既成，病其疎略，乃殫力於書。蘇氏曰：「圖者，所以輔書之成也。」書以立圖之根柢，圖以顯書之脈絡，以圖從書，圖舉其要可也，不患其略也。

洪武初有天下，即編列天下地理形勢爲書，藏之太府。既又詔天下各獻圖籍，以求山川險易之實。英廟時，詔大臣撰一統志，所成乃僅如此。惜當時爭其事者不詔之以祖訓，而遽格於陳循之詖說也。倘有任修明之責者，明示體裁，使郡邑各上圖志，正封域，稽里道，驗山川、城池、關塞之大，郵亭、烽堠之細，無不具載，而古今政事、貢賦、風俗以次詳焉，散而爲百國之車書，合而爲一朝之典故，此亦度越古今之一端與！

方輿所該，郡邑、河渠、食貨、屯田、馬政、鹽鐵、職貢、分野之屬是也。禹貢記九州，亦敘田賦、貢物、貢道及島夷、西戎，職方則兼詳人民、六畜、土宜、地利。唐六典亦載貢賦、外夷。余初撰次歷代鹽鐵、馬政、職貢及分野共四種，尋皆散軼，惟分野僅存。病侵事擾，未遑補綴，其大略僅錯見於篇中，以俟他時之審定，要未敢自信爲已成之書也。

歷代州域形勢紀要序

天下不能有治而無亂也，繇亂而之治，則州域奠定，而形勢操於一人；繇治而之亂，則州域紛更，而形勢散於天下。蓋有都會焉，有藩服焉，有疆索焉，此州域也，而即一人之形勢也。封域不可恃爲强，城郭不可恃爲固，山谿不可恃爲險。一夫荷戈，羣雄角逐，天下各有其形勢，而州域於是乎不可問矣。有大力者出焉，提衡握機，取天下之形勢，而獨決於指掌之中，於以芟除僭僞，削平禍亂，而形勢復定。嗚呼！自生民以來，亂則必歸於治也。其治也，必有所以致之者也，治則必趣於亂也；其亂也，亦必有所以致之者也。時代之因革，視乎州域；州域之乘除，關乎形勢，州域之建置有定，而形勢之變動無方。譬之奕焉，州域其畫方之道也，形勢其布子之法也；譬之治田者焉，州域其疆理之迹也，形勢其墾闢之宜也。布子同而勝負不同，則存乎奕者之心思而已矣；墾闢同而穫否不同，則存乎田者之材力而已矣。禹跡茫茫，其得失成敗之故，不越於此也，覽者盍亦知其大指焉！

附録

先生早年隨父僑居釣渚渡，釣渚人范鼎九賀工古文，乙酉國變，聞野哭聲，跡之蘆葦中，小舟二人，一爲先生，一爲黄守中，遂訂交焉。先生父殁，依范鼎九，後居膠山黄守中家。常昭合志引釣渚小志。

先生晚佐崑山徐司寇修一統志，自著讀史方輿紀要，亦於志局成之。司寇欲疏薦，力辭，蓋自甘爲遺民也。開朗誠摯，善與人交，魏叔子客死真州，奔哭甚哀，爲文以悼之，其篤友誼如此。梁溪詩鈔海虞詩話。

魏叔子曰：「古今豪傑暴起草昧，往往迫而應天人之會，初未嘗遷地而謀形勝也，用其地之人，因其地之勢，以驅策天下，而天下無以難之；蓋其故可思矣。失其術，則據十二百二之雄而可以亡；得其術，則雖近狹瘠弱而無不可，批郤導窾，以中天下之要。祖禹貫穿諸史，出以己所獨見，其深思遠識，有在言語文字之外，非方輿可得紀者。非其人，誰與知之！」魏禧讀史方輿紀要序。

錢警石曰：「四川龍氏新刻方輿紀要，序文不著年月，此州域形勢説五卷，續編一卷，明代。與新刻詳略不同。凡例八，則自署康熙丙午，與新刻亦不同。末言方輿紀要凡七十二卷，今本則一百三十卷。輿圖要覽四卷，蓋康熙丙午後續有增益，而海防、海運、鹽漕、屯牧，則終未别纂成書也。有志讀史者，當先熟此數卷，於歷代沿革，了然胸中，然後研究全書，證之諸史，則輿地之學，庶幾希蹤杜京兆、王浚儀耳。」錢泰吉甘泉鄉人稿跋舊刻方輿紀要州域形勢記。

宛溪交游

魏先生禧　別爲寧都三魏學案。

彭先生士〔一〕望　別見寧都三魏學案。

閻先生若璩　別爲潛丘學案。

胡先生渭　別爲東樵學案。

黄先生儀

黄儀字子鴻，常熟人。精輿地之學，謂班書地理志所載諸川，第言其所出所入，而中間經歷之地不

〔一〕「士」，原作「見」，據寧都三魏學案改。

可得，惟水經注備著之，然非繪圖不能了然於心目。乃反覆尋究，每水各爲一圖，凡郡邑建置沿革，山川險易，皆縷悉而條分之。徐尚書乾學聘修一統志，蒐討之力爲多。有一統志殘稿，又有紉蘭集二卷。參先正事略、常昭合志。

案：舊刻方輿紀要州域形勢説單行本凡例言：助稽采者，有李滁庵譚、趙月琴駿烈、鄧丹丘大臨、范鼎九賀、秦湘侯沅、華商原長發諸人。與宛溪爲友，學行必不苟，撰著不概見，附其名以俟訪求。

清儒學案卷二十八

婁山學案

三晉理學，最稱敬軒，復元辛氏實衍其緒，婁山祖、父皆游辛門，淵源既有所自，復能顓精壹意，講學不倦，巍然爲清代山右儒宗。理學備考一書，亦夏峯宗傳之亞也。述婁山學案。

范先生鄗鼎

范鄗鼎字漢銘，號彪西，學者稱婁山先生，洪洞人。康熙丁未進士。祖宏嗣，字竹溪，父芸茂，字丹虹，俱及絳州辛復元之門。丹虹天性孝友，能力行復元所講執敬之學。明亡，不出，卒於家。先生少時，父授以復元所著養心録，曰：「此辛先生第一書也。」初以五經應試，嗜左、國、秦、漢之文，務爲奇奥。既而曰：「人不爲理學，將爲何如人？文不爲理學，將爲何如文？」自是益究心濂、洛、關、閩諸書。及通籍，養母不仕，閉户讀書。立希賢書院，置學田贍學者，河、汾人士多從受經。十八年，太常寺卿朱裴薦舉博學鴻儒，以母老辭。四十二年，聖祖西巡，先生進所輯理學書，御書「山林雲鶴」四字賜之。先生爲學，不開講堂，不事著作，不主一家言，惟彙輯古今嘉言懿行，以教學者。初輯理學備考，劉取辛復元、孫鍾元書十卷，續補己説六卷。後復劉取熊敬修、張秋紹、黄太沖書，合三十四卷。嘗以寄陸稼書、李中孚，稼書謂「薛、胡、王、陳不當並列」，中孚則謂「姚江一變至道，孫鍾元明目張膽主張姚江，可謂卓見」。然先生復王貽上書云：「馮恭定有言：『除卻氣節事功，文章將於何處見道學？』近人指文成爲異端，狎侮前哲，訕謗學官，先生謂其無羞惡之心，僕更謂其失爲下不倍之道也。至於黄梨洲學案，屬意專在文成，亦屬偏見。僕取其收羅宏富，自敍處不諱淺深，各有醇疵互見之意耳。」毛大可序其書，謂「先生無偏陂之見存於中」云。他著有五經堂文集五卷，語録一卷。又以其祖著有晉垂棘編，作續編十九卷。四十四年卒，年八十。參史傳。

理學備考序

學何以云理？又云道也？慈谿黄氏曰：「道即理也。道者，大路之名，謂理爲道者，正以人所常行，曉然易見也。」愚謂對欲曰理，對俗曰道，世之學者，或流於人欲俗情之閒，故以理與道別之也。流於人欲俗情之閒，尚可謂之學乎？不可謂之學，而猶曰學，故以理與道別之也。理與道，本體也；學，功夫也，學本於理與道，其功夫始正。然則學之功夫果何如？六經言學不一，求其三尺之童共曉者，莫如「學而時習之」一語。朱註曰：「學之爲言效也，效先覺之所爲也。」然則先覺果何如？古之聖賢皆先覺也。請言其近者，近如薛文清公果何如？文清去古未遠，而又近在吾鄉，故言文清也。言文清足矣，而何以及文清以後數十人也？數十人皆效文清者也。即不盡效文清之迹，而實效文清之心之理者也。效之斯已而已矣，而何以「備考」也？從來理學不一人，學亦不一類，他不具論，如從祀四人中，薛、胡之學爲一類，王、陳之學爲一類，細分之，薛與胡各爲一類，王與陳各爲一類。鼎素偏遵薛、胡，但取薛、胡焉足矣，取與薛、胡爲類焉者足矣，而何以兼取王、陳，而何以兼取與王、陳爲類焉者？蓋薛、胡之學參以王、陳而薛、胡明，而王、陳之學亦因薛、胡而益明也。余先生祐曰：「前聖後賢之論互有發明，小有異者不害其爲大同，而非背馳不相入焉。」來先生知德曰：「理者，天下之公理，人人皆能言之，不反覆辨論，豈得爲儒？且議者，議其理也，非議其人也。」吕先生柟論陽明先生曰：「講其學而行非，勿信可也；不講其學而行是，信之可也。」論朱、陸曰：「入門路逕微有不同，而究竟本源，其致一也。」陳先生龍正曰：「顏、曾、木、卜同在聖門，其用功得力處何嘗不小異！使當時必欲相同，亦成聚訟矣。大抵學問只怕差，不怕異。」馮先生從吾傳谿田先生曰「時與諸儒異同，蓋自有獨得之見」云。鼎故備列其人，以俟大君子考之也。備之考之，斯效之矣，而鼎果何以效之也？鼎既備列其人，備列其人之事行，以俟人人效之。鼎雖不能效之，而猶鼎之效之也。然則鼎何以知人人之能效之也？薛、胡雖理學，雖聖賢，而亦人也；人人雖不盡理學，不盡聖賢，而亦人也，人與人一也。請看薛、胡諸人有雙身乎？有疊面乎？有十手十足乎？能無翼而飛，不脛而走乎？亦猶是飲食男女者耳，猶是耳目口鼻者耳，猶是穿衣喫飯者耳，猶是君臣、父子、兄弟、朋友所與所處者耳。我能效他一言，便是一言之薛、胡；我能效他一事，便是一事之薛、胡；我能效他一時一刻之所爲，便是一時一刻之薛、胡；我能效他百年畢世之所爲，便是百年畢世之薛、胡。陽明先生曰：「个个人心有仲尼。」惟其有之，是以效之。非效薛、胡諸人也，效自己固有之心耳。謂我不能效薛、胡，我不敢辭；謂我不能自效其心，我敢不辭乎！

又序

讀書録曰：「身在堂上，方能辨堂下人曲直。故有知言之明，乃可折衷羣言，不然，去取必失其當。」甚矣，讀書論世之難也，況乎理學淵源，尤非可以尋行窺高下，數墨測淺深者。近人彙輯理學，必曰孰爲甲，孰爲乙，孰爲宗派，孰爲支流，孰爲正統，孰爲閏位。平心自揣，果能去取皆當乎？多見其不知量也已！理學諸君子，有標天理者，有標本心者，有標主敬窮理者，有標復性者，有標致良知者；進而上之，有標仁者，有標仁義者，有標慎獨者，有標未發者，此馮少墟先生之言也。三代以降，學術分裂，夫子出而提仁，孟子出而增義，宋儒出而主敬窮理，文成出而致良知，此耿天台先生之言也。合而觀之，其不能不標立門户，提掇宗旨，既有然矣，鼎豈謂理學諸君子果無甲乙，果無宗派支流，果無正統閏位？但鼎自揣，委不敢甲之乙之。鼎即甲之乙之，當世未必以鼎之甲乙爲甲乙也。鼎聞理學不始於宋儒，而申明自宋儒始；宋儒之理學不盡於朱子，而集大成則自朱子始。朱子輯宋名臣言行録，但曰「以其散出而無統，掇取其要，以便記覽而已」，輯近思録但曰「懼初學不知所入，取其關於大體而切於日用者，以爲此編而已」，亦未聞其甲之乙之云云焉爾也。世有如朱子者出，取鼎備考，删其繁宂，正其訛謬，補其缺略，序其時代，是鼎之師也，鼎所願也。世有如朱子者出，心朱子之心，而不襲朱子之迹，取鼎備考，分其甲乙，定其宗派支流，辨其正統閏位，而使應甲者甲，應乙者乙，是鼎之師也，是理學諸君子之友也，鼎所願也。

廣理學備考序

理學一途，辨危微，分醇疵，考真僞，嚴矣！余刻理學備考，若樵者，若陶者，若行伍者，若冶銀、煮鹽者，皆得與於理學，而今又廣之，何居？馮少墟曰：「以孔子自期，則可；以孔子自任，則不可；以孔子望人，則可；以孔子責人，則不可。」嚴理學者，所以自治也；廣理學者，所以與人也。且廣之之説，不自余始也。中庸曰：「愚夫愚婦與知與能。」孟子曰：「有爲者亦若是。」又曰：「人皆可爲堯、舜。」後人擴其爲之之功，充其知能之量者，學而已。學於事功而得其理，事功即理學矣；學於節義而得其理，節義即理學矣；學於詩詞歌賦而得其理，詩詞歌賦即理學矣。極之，學於飲食、男女、動靜、語默、出入、起居之閒而得其理，無往而非理學矣。理散見於事物，非有形迹可以把捉，聖賢不得已，借此名色，以形容人性固有之善耳。善學者隨處體認，無物不有，無時不然，在在皆理，在在皆學也。王陽明曰：「个个人心有仲尼，自將聞見苦遮迷。」陳白沙曰：「莫歎老慵無著述，真儒不是鄭康成。」識得此義，理學備考又多乎哉！而何庸余廣爲不然？而徒拾幾句周、程、張、朱唾餘，説幾句薛、胡、王、陳套話，穿幾件章甫縫掖衣服，記幾節太極、通書文章，而詡詡然自足曰：「我理學也。」又何怪理學之名，古今好事者作話柄，資戲謔哉！

文集

讀書録序

古今之最公而不容私者莫如書，最樂而不容已者莫如讀書。人人可讀，人人能讀，人人未必善讀。顯而呻其佔畢，采其芹藻，謂之讀書人，固已；微而瞽師、瞍矇、百工、庶人，與夫耄耋、老羸、幼子、童孫，皆可謂之讀書者。請以諺語徵之。諺語，相公、學生，讀書者之總名也。人臣入内閣，位元老，稱之曰相公；凡民具衣冠，習禮儀，亦僭稱之曰相公。秀才食廩餼，薦賢書，稱之曰學生；孺子入社塾，識之無，亦僭稱之曰學生。余故曰「人人可讀，人人能讀」。書契而後，讀者不一，有五日而輒記漢書者；有旬日而徧閱三史者；有過目誦千言，以萬言試之，亦無不熟者；有盡卷不差一字，亂抽他卷試之，竟無少差者。他如爛掌黑舌，墜坑陷岸，護雞漂麥，穿壁引光之類，指不勝屈，然不能免程子「玩物喪志」之譏。余故曰「人人未必善讀」。陳剩夫，銀匠孺子也；周廷芳，蘭州軍卒也；王汝止，泰州鹽丁也，而俱爲理學名儒。泰和楊茂，一聾啞耳，受學於陽明先生，先生贊其快活自在。上黨張提，一梓匠耳，受學於涇野先生，先生喜其山村過化。朱恕，一樵夫；韓貞，一陶人耳，聞格物勉仁諸説，便似尋著孔、顔樂處，一號樂齋，一號樂吾，迄今讀耿天臺先生傳，可考而知也。此不名讀書而善讀書者也。將書讀到專靜處，足下兩磚可穿；將書讀到收斂身心處，小樓二年可不下；將書見到真工夫，行到無間處，乃曰第一怕見不真，第二怕工夫間斷；將書讀到靜坐善養處，乃曰詩文輩末習、著述等路頭一齊塞斷；將書讀到爲己處，乃曰此非欲坐禪入定，蓋欲補小學收放心一段工夫，而且不以貴賤而不讀也。初報進士第一人，是日猶䄂米講學於蕭寺中，不以貧富而不讀也；既賜進士第一人，窮年猶貸飯卒老於金牛山，此名爲讀書而善讀書者也。宜乎！薛夫子取畢世精神命脈所注之録，而總名之以讀書也。甚矣！讀書之難也。或曰本朝理學一人，或曰今之真儒，或曰定當從祀，或曰可祀孔廟，或曰有功名教，侑食廟庭無忝，或曰我朝真儒，惟瑄一人到此地位，始完讀書分量。甚矣！讀書之易也。雖爲真儒，爲理學，爲從祀孔廟，究竟不過完讀書分量而止。或疑夫子會試録之序曰「正學者，復其固有之性而已。即如茲録所載，千萬言大抵不離復性者」近是。不曰復性録，而曰讀書録者何？從古無生成聖賢。好古敏求，不厭不倦，生民以來未有之聖且如此，讀書即所以復性也。知讀書之爲復性，讀書者可與讀書矣，不讀書者可與讀書矣！

辛復元四書説序

聖賢，人也；聖賢書，聖賢話也。吾人亦人，吾人亦説話，其不同於聖賢者何？或曰：「吾人在日用、起居、飲食、男女閒爲人，只説得日用、起居、飲食、男女等話；聖賢人爲開天闢地之人，話爲出經入史之話，此其所以不同乎？」不知開天闢地之人，出經入史之話，亦只完得日用、起居、飲食、男女之分量而止，但吾人於此，或過或不及；聖賢於此，做得工夫到處，得情理恰當耳。人不於此處尋聖賢，而於書本上尋聖賢，無怪乎視聖賢爲高遠深微而難及，書爲奥異苦難而莫入。予謂聖賢書不惟不奥異，且極明顯，不惟不苦難，且極快活。即如大學講誠意，竟帶著「好色」二字；講平天下，竟帶著「生財」二字。此在迂道學不敢掛口者，聖賢明言不諱，可見聖賢原在日用、起居、飲食、男女閒，未嘗如異端遠離以鳴高也。知此可以觀先生之説書矣。先生不以書説書，而以我説書，以我説書，而以聖賢之我説聖賢之書，故能使開天闢地之人，出經入史之話，皆作日用、起居、飲食、男女觀。讀先生説者，謂爲四書主意可，爲三晉語録亦可，爲八股題旨可，爲四民小説亦可，謹重訂以傳，使人知先生説書有如此。若先生爲人，詳予侍側紀略中，不贅。

雒閩源流録序

明儒理學之有特録，自楊月湖始也。吾晉辛復元參訂其書，分爲四卷，立傳三十有二，列名三十有一，合之得六十三人。周海門聖學宗傳、趙梅峯道學正宗、孫鍾元理學宗傳，兼收漢、唐、宋、元，屈指亦數十人。黄梨洲明儒學案，稿成未刻，咨之史館，予借觀，大略凡一百九十六人，又附見七人。今讀張秋紹先生雒閩源流録，特録明儒，洋洋乎集大成矣。列傳三百八十一篇，及傳内附見，統計四百餘人，可不謂博乎！雖然，博非難，博而有要爲難。他不具論，即予明儒理學備考、廣備考兩種，爲卷五十有奇，得人二百有奇，自揆下愚，不敢高下前哲，孰正孰閏，孰宗孰支，若涉大水，其無津涯。問世既久，日望隻眼分正閏，辨宗支，而未逮也。兹録有正宗，有羽翼，有儒林，有頂格者，有下一格者，有格同而詞異者，挾輕重之權衡，寓曲直之繩墨，尚論之法，想當如是。雖然，尚論難，尚論而人如其人尤難。元次山曰：「撼樹蚍蜉自覺狂，書生技癢好論量。」近日書生論量爲甚。一二鉅公，每謂陳、王講學亞於薛、胡，固矣。夫何八股時手，羣然耳食，而詆爲異端也？陳、王異端與否，我不敢知，稽勝國，越本朝，厥惟四人，從祀兩代，豈其學宮中容此異端，分吾夫子半豆之榮乎？兹録於江門姚江置諸卷末，別分兩門，兩門之中，亦有羽翼，亦有儒林。春秋立法甚嚴，而待人以恕，殆謂是與！爰觀卷首，間有總論，載讀傳末，時附小註，或推五教之敷，讓善於君，或掩一眚之瑕，爲賢者諱，較之平列一十七案者，恐難同日而語也，此真得尚論之法者也。予又聞先生論學以躬行爲主，躬行以身先爲兆。數年前，應撫憲睢陽湯公之聘，開講吴門，風動四方，一時士大夫服先生躬行之實，自任之勇。而予則謂，躬行之實，存心之虚也；自任之勇，望道之謙也。何以知之？吾晉辛復元，晚年專宗程、朱，幼而訂交賀陽亨、尤西川，初學近於陽明，宜乎先生收入姚江門内。暨予走字求正，先生慨然改刻，可知凡例所云「補遺訂誤，俟諸當世」者，非徒託諸空言，蓋實見諸行事矣。學能無我，方可尚論古人，此雒閩源流録之所以爲傳書也。貴邑顧端文公曰：「學爲聖賢，必自無我始，無我而後能虚，虚而後能日新，日新而後能大。」予於先生亦云。

師善録序

夫善，人之性也，性命於天，人人有之，君子固爲其實，小人亦慕其名，歷觀經書所載，聖賢垂訓，曰彰善，曰舉善，曰揚善，曰取善，未有不以善爲孜孜者。予無彰之、舉之之權，而有揚之、取之之心，凡耳之所聞，目之所見，上而公卿大夫，中而士農工商，下而倡優隸卒，或有一言一行，一念一事，合天理，順人情，既真且確者，即登於册，存之案頭，時時觸目警心，乃顔其篇曰師善録。不曰揚，曰取，而曰師者，何？蓋予雖有揚之、取之之心，愧無揚之、取之之力，故止曰師。師之説，亦非予昉也，吕新吾先生曰：「師無往而不在，三人行，則不善者亦師也。」而不止此，鶴之父母，蟻之君臣，鴛鴦之夫婦，果然之朋友，烏之孝，騶虞之仁，雉之耿介，鳩之守拙，則觀禽獸而得師矣；松柏之孤直，蘭芷之清芬，蘋藻之潔，蓮之不染，菊之晚節，梅之真白，竹之虚空，則觀草木而得師矣；山之静，水之動，石之堅，土之厚，火之明，金之剛，則觀五行而得師矣；衡之直，權之變，度之長短，箠之卷舒，網之綱紀，機之經綸，則觀雜物而得師矣，夫何況於人！雖然，師古人易，師今人難；師貴人易，師賤人難。薛文清，明代第一人，見小童燒栗，而悟雷霆之理，是師小童也；見伶人數層卓上頂童子戲，而無邪心，是師伶人也。曹真予先生，繼文清而起者，讀仰節堂集，有詩曰：「嗟爾良良是吾師。」予按，良良乃先生老僕曹寧之子，摇箕爲生，得毫釐爲父母具美味。摇箕即今街頭乞兒事，是師乞兒也。兩先生能自得師，故無常師，初不知其師賤人，師今人，止知其師善而已。此予於兩先生低回思之不能已云。

語録

五經堂自箴

五經道理如五穀，任人領取，皆能益人。即如一稻也，或作粥，或作蒸飯，或爲米作餅，但要精美成熟。苟稻糠不去，或去而不淨，或淘洗未足，芥帶砂泥，刺舌硬牙，有何益哉！如大學一格物也，朱註作窮究事物之理，王陽明、來瞿唐作格去物欲，余謂兩説皆可入〔一〕聖賢之地位，顧力行何如耳。得其意者，不止朱、陸無異同也，漢、唐、宋諸儒聚訟，俱可作如是觀。

理學即是經濟，經濟即是文章，外經濟而言文章，則文章無用，外理學而言經濟，則經濟無本。

附録

先生訂希賢書院學規，刻五經堂二十戒，弁略曰：「夫子與顔子論爲仁之目，不過四勿，詳好學之實，止有二事，可見欲循天理，須去人欲，人欲淨盡，天理流行。」又曰「凡從我游者，必先力洗罪過，然後漸講性理」云云。范翻先子類記。

陸稼書贈先生詩云：「聞道汾水濱，大儒又篤生。弓旌不能屈，遠追先民程。發憤尋絶學，非爲求名聲。卓卓辛與薛，時時在牆羹。家學有淵源，丕承愈益精。著書滿篋笥，吾道賴干城。愧我風塵中，未獲隨景行。河津既已遠，誰人開我盲？願言去世網，竊附在嚶鳴。勿嗤下里音，如何辱韶音。」觀此，可以知先生矣。學案小識。

聖祖西巡，先生進所著書，上命留覽。時陳文貞公廷敬扈從，賦詩有曰：「歸來屬車上，猶指少微

〔一〕「入」，原作「人」，形近而誤，今改。

星。」謂先生也。先正事略。

婁山家學

范先生翼

范翼字孝前，號平水，婁山長子。十四歲爲諸生。康熙壬子，鄉試下第，歸讀薛文清讀書二録，篤志理學，有「重聖賢，薄功名」之言。見辛復元四子心傳，喜曰「此四子得力處即入手處」，悉闡其義。以病攻醫，施藥餌，日不暇給。著有敬天齋詩文稿，卒年三十一。

四子心傳序

人非甚不肖，未有不欲學聖賢者，究之成聖賢者寥寥，無他，學焉而不專，猶弗學也；專焉而不得其門，猶弗專也。翼不肖，過庭之餘，聞家夫子述先聘君云：「絳陽辛先生善學聖賢，每于聖賢得力處，推勘詳明，舉以告人。」一日，家夫子授以四子心傳，曰：「此辛先生未傳之書，得之太平廉範宇諱有聲。手録者，惜歲久蠹蝕，舄寫莫辨。」翼受而卒業，竊歎顔子克己，曾子誠意，子思之中和，孟子之性善，皆四子得力處，被先生數言道破，先生真善學聖賢哉！學者誠能由先生而見四子，由四子而見堯、舜、周、孔，謂是書爲「四子心傳」可，謂是書爲「千百聖賢心傳」亦可。翼不揣下愚，參攷錯訛，附以箋註，復命于家夫子，請廣其傳云。

婁山弟子

閻先生擢

閻擢，絳州人。康熙丁酉鄉試副榜。一日，讀婁山侍側紀略序，奮曰：「擢向讀辛丑房稿，意先生爲江南名宿，今始知爲洪洞人。」遂執贄門下，佔畢不輟，模範理學諸名公，至忘寢食，蓋有得于呂涇野、馮少墟安貧甘淡之説者。參五經堂文集及門起予記。

謹案：閻氏外，尚有河津陳大美，長婁山十三歲；翼城呂元音，長婁山十二歲，並來受業。又有垣曲石雲根，亦婁山高第弟子，並見及門起予記。

婁山交游

傅先生山

別見亭林學案。

李先生顒 別爲二曲學案。

冉先生覲祖 別見敬庵學案。

魏先生象樞 別爲環溪學案。

熊先生賜履 別爲孝感學案。

高先生世泰 別爲梁溪二高學案。

張先生夏 別見梁溪二高學案。

陸先生隴其 別爲三魚學案。

陳先生廷敬 別見環溪學案。

竇先生克勤 别見潛庵學案。

韓先生菼 别見望溪學案。

王先生士禎 别見愚山學案。

李先生生光

李生光字闇章，絳州人。明諸生，受學於辛復元之門。崇禎甲申，焚其青衿，自號汾曲逸民，構草堂燕處其中，諸弟子羅列，訓以二南大義，程、朱微言。著有儒教辨正、崇正黜邪彙編二書，衛道甚力。又有正氣猶存、西山閣筆、友于集。參國朝學案小識。

党先生成

党成字憲公，號冰壑，絳州人。布衣。學以朱子爲宗，用力之要曰明理，曰去私，曰小心照察。手四子書反覆玩味，於學、庸尤精。生平不求人知，州守前後表其宅里，舉純孝，舉實學，復其租庸，皆若罔聞。知魏敏果公象樞，貽書商學。太守袁公禮幣式閭，敦請開講，先生終曲爲善辭，婁山稱爲古之狷者。著有大學澹言、中庸澹言、中庸學思録、日知録、致知階略、仰思記、冰壑文集。參國朝學案小識。

辨朱陸異同 文二篇，見國朝學案小識。

本心、物理，原非二道，朱子之意，謂夫物理之即我心也，惟氣拘物蔽，本心之量多有未盡，故務精究物理，以存養充廣之，久焉，則物理明而心量全矣。陸氏之學，亦謂本心之理無不具也，乃專事本心而脱略典籍，遂使本心不充，而學流於曲。此二家之大略也。今人類有兩可其説，以爲陸是尊德性，而朱是道問學者。此言殊未然，蓋朱子之道問學，而實尊德性者也，陸氏則自錮其德性矣，尚何尊之可云乎？此是則彼非，此正則彼邪，有不容兩可於其閒者也。陸氏嘗曰：「不求本根，馳心外物，理豈在於物外乎？此告子義外之學也。」朱子曰：「本心物理，原無内外，以外物爲外者，是告子義外之學也。」即此數語，可以見二家之異同矣。若粗論其同，二家皆爲君子，皆欲持世教，皆欲崇天德，皆欲無私欲，其秉心似無大異者。而實究其學宗，則博文約禮者，孔、顔之家法，屢見於論語，朱子得乎其正矣。陸氏乃言「六經皆我注脚」，又言「不識一字，管取堂堂作大丈夫」，蓋倚「吾心即宇宙，宇宙即吾心」之見而偏焉者也。本宗杲、德光之緒，亂鄒、魯、濂、洛之傳，稽其流弊，較孟子之言楊、墨，其害有甚焉者也。

答師清寰書

象山議論猶其近理者，至陽明則其大亂真者也。論象山外迹，則誠如陽明之序，若探其原本，人倫、物理、天下、國家，象山果無害乎？此義自可向知者道也。不尊德性，不可謂道問學；不道問學，不可謂尊德性。若曰用力居多，此學便屬偏曲，項平父書雖出朱子，亦陽明定論中所櫽括者，何可據以爲的實也？朱子之學，居敬窮理也，存心致知也，存養省察也，的是博文約禮家法。台教摘出「格物窮理」四字，而謂其務節目而遺原本，似乎於朱子面目尚未肖也。若就原本言之，陸氏之學，自是著力原本者，第恐彼之所謂原本者，非吾之所謂原本者耳。教中所指先儒經書之語，何語非該貫動静而敦篤夫原本者？昔朱子幼時，亦曾好禪，比見延平先生，每有論説，先生只言不是，朱子再三叩請，先生曰：「只讀聖賢書便見。」今存養主敬許多話頭，皆聖賢精旨所在，人苟虚其心，平其氣，去其好惡之念，忘其先主之言，只於四書、五經、性理大全中將此等話頭一一領會，而不敢誣爲我心註脚，此道正義，可指日而了然矣。倘不屑務此，而醉心於傳習、定論諸書，則彼家立論，將此等字眼解註一齊换過，如論語博文，中庸博學，皆不肯解作讀書；大學格物，只解爲「爲善去惡」，令人一見，即爲所惑，不知曾於此等處看破否也。象山之徒，有病狂喪心者，有飲酒罵人者。其病狂喪心者，即異教中所謂著魔者也。其飲酒罵人者，即異教所謂訶佛罵祖者也。以爲我既了道，便一了百當，任我棒焉，任我喝焉，無所不可也。凡此等者，固其人之不才，實師學之誤人也。堯、舜之道，譬則日月也；陸氏之道，譬則燭炬也。堯、舜之靜，淵淵其淵也；陸氏之靜，池沼之澄也。神聖而至堯、舜，其間儘有等級，若謂屏去私欲，心不外放，即是絶頂踞巔，遂將堯、舜、孔、孟併歸於守心地位，高下實覺不倫，此事當更作商量也。正道一路也，邪蹊百千也，凡百異學，誰不高言原本？但正之與邪，所差别處，只在原本上豪釐之間。總之，彼家皆是養神，吾儒獨是盡性；彼家話頭亦有間似吾儒者，吾儒話頭亦有間似彼家者，世之學人，始欲以非而混其似，久將以是而斥爲非矣。是在精義，君子虚其心，平其氣，只細心於聖賢書籍，久當有以見之，非一時筆舌所能取辨也。

曹先生續祖

曹續祖字子成，號陶庵，大寧人。順治甲午舉人。養母不仕，從實事實理推勘精細，一言一動皆可端風俗。著有四書遵註綱領、卧雲洞草。參國朝學案小識。

清儒學案卷二十九

二曲學案

二曲以悔過自新爲入德之基，反身求己，言言歸於實踐，爲高談性命、標榜門户者痛下鍼砭。論學雖兼取程、朱，實以陸、王爲主體。述二曲學案。

李先生顒

李顒字中孚，盩厔人，學者稱二曲先生。父可從，明季爲材官，從勦流賊張獻忠於襄陽，兵敗死之。母彭欲以身殉，先生年甫十六，哭曰：「母殉父，固當，兒亦必殉母，是父且絶也。」母乃止。以父瀕行，抉留齒葬之，曰齒塚。日以忠孝節義爲教。先生事母孝，饑寒清苦，自拔流俗。家貧，不能具脩脯從師，自讀經書。既解文字，從人借書，博覽子史，旁及九流二氏之籍。得其會通，由博返約，身體力行，以昌明關學爲己任。年未四十，學已大成，關中人士多從講學。先以父戰殁，欲往求遺骸，母老不能離。母喪，廬墓三年不釋服。徒步至襄陽，覓遺骸不得，晝夜哭。縣令張允中感其孝，爲其父立祠，以同戰死事者附焉，造塚於戰場，名曰義林。常州守駱鍾麟，初爲盩厔令，造廬請業，事之如師，至是迎至常州講學，以慰學者之望。無錫、江陰、靖江爭來迎，所至聽講者雲集，執贄門下甚衆，爲建延陵書院，肖像奉之。歸主關中書院，總督鄂善以隱逸薦，被徵，辭以疾，詔俟病愈入京。禮部又以海内真儒薦，得旨召對。有司敦促，遂稱疾篤。舁至行省，大吏詣榻前勸行，絶粒六日，大吏猶欲强起之，拔刀自刺，乃予假治疾。自是閉門不與人接。聖祖西巡，欲見之，傳旨復召。先生曰：「吾其死矣！」大吏爲陳廢疾狀，乃止。賜御書「操志高潔」扁額，徵其著述。令子慎言呈進四書反身録、二曲集二書，上親諭慎言曰：「爾父讀書守志，可謂完節。」康熙四十四年卒。

生平安貧樂道，屢空不受餽遺。或曰：「交道接禮，孟子不卻，先生得無已甚？」答曰：「我輩百不能學孟子，此一事稍立異，正自無害。」當事慕名踵門，辭不得則見之，終不報謁，曰：「庶人不可入公府也。」然於利害在民者，未嘗不爲當事力言。論學以悔過自新爲宗旨，以靜坐觀心爲入手，謂「學者當先觀象山、慈湖、陽明、白沙之書，闡明心性，直指本初，然後取二程、朱子及康齋、敬軒、涇野、整庵之書玩索，以盡踐履之功，下學上達，一以貫之。至諸儒之說，醇駁相間，當善讀之。不然，醇厚者乏通慧，穎悟者雜竺乾，不問是朱是陸，皆未能於道有得也」。論治道以正人心爲根本，集中條議救荒事宜，剴切詳盡，實可施行。四十以前，嘗著十三經注疏糾謬、二十一史糾謬、易說象數蠡測，既而以爲近於口耳之學，無當於身心，不復示人。門人録其講學之語，告曰：「授受精微，不在於書，要在自得。」故巾箱所藏，惟以反身録示學者。道光初，御史牛鑑請從祀文廟，格於議，特祀鄉賢。宣統三年，總督長庚復申前請，未及議行。參國史儒林傳、全祖望撰窆石文、吴懷清撰年譜。

四書反身録

格物乃聖學入門第一義，入門一差，則無所不差，毫釐千里，不可不慎。物，即身、心、意、知、家、國、天下之物；格者，格其誠、正、修、齊、治、平之則。大學本文，分明説「物有本末，事有終始」，其用功先後之序，層次原自井然，古之欲明明德於天下，與物有本末是一滚説，後儒不察，遂昧卻物有本末之物，將格物「物」字另認另解，紛若射覆，爭若聚訟，竟成古今未了公案。今只遵聖經，依本文，認定爲身、心、意、知、家、國、天下之物，從而格之，循序漸進，方獲近道。「格物」二字，即中庸之擇善，論語之博文，虞廷之惟精。博文原以約禮，惟精原以執中，格物原以明善。大人之學，原在止至善，故先格物以明善，善非他，乃天之所以與我者，即身、心、意、知之則，而家、國、天下之所以待理者也，本純粹中正，本廣大高明，涵而爲四德，發而爲四端，達而爲五常，見之於日用則忠、信、篤、敬，九思九容，以至三千三百，莫非則也。如此則是善，不如此即是惡，明乎此便是知至，知至則本心之明皎如白日，善惡所在，自不能掩，爲善去惡，自然不肯姑息，便是意誠。以此正心則心正，以此修身則身修，以此齊家則家齊，以此治國則國治，以此平天下則天下平，即此便是止至善，便是明明德於天下。若舍卻至善之物不格，身、心、意、知、家、國、天下之理不窮，而冒昧從事欲物物而究之，入門之初，紛紜轇轕，墮於支離，此是博物，非是格物。即以身、心、意、知、家、國、天下言之，亦自有序，不先究其身、心、意、知，而驟及於家、國、天下之理，猶是緩本急末，昧其先後，尚不能近道，況外此乎？今須反其所習，舍去舊見，除四書、五經之外，再勿泛涉，惟取近思録、讀書録、高景逸節要、王門宗旨、近溪語要，沈潛涵泳，久自有得，方悟天之所以與我者，止此一知；知之所以爲則者，止此至善，虛靈不昧。日用云爲之際，逐事精察，研是非之幾，晰義利之介，在在處處，體認天理，則誠正之本立矣，夫然後由内而外，遞及於修、齊之法，治、平之畧。如衍義、衍義補、文獻通考、經濟類書、吕氏實政録及會典、律令，凡經世大猷，時務要著，一一深究細考，酌古準今，務盡機宜，可措諸行，庶有體有用，天德王道，一以貫之矣，夫是之謂大人之學，夫是之謂格物。否則誤以博物爲格物，縱極博盡羲皇以來所有之書，格盡宇宙以内所有之物，總之是騖外逐末。昔人謂：「自笑從前顛倒見，枝枝葉葉外頭尋。」喪志愈甚，去道愈遠，亦祇見其可哀也矣。

問：「紀綱制度，禮樂兵刑，皆治平所關，乃平天下傳略不之及，何也？」曰：「有了本不愁末，平天下傳言先慎乎德，言理財用人，以義爲利，以端出治之本，本立則紀綱制度、禮樂兵刑因事自見。若本之不立，縱紀綱制度、禮樂兵刑一一詳備，徒粉飾太平耳。宇文泰之於周，唐太宗之於唐，治具非不粲然可觀，而治化果何如哉！貞觀之政，雖幾致刑措，然本源不正，既無天德，又安有王道？此正所謂五霸假之，乃有識者之所羞道也。」

問：「中庸以慎獨爲要，請示慎之之功。」曰：「子且勿求知慎，先要知獨，獨明而後慎可得而言。」曰：「注言：『獨者，人所不知，而己獨知之地也。』」曰：「不要引訓詁，須反己實實體認。凡有對便非獨，獨則無對，即各人一念之靈明是也。天之所以與我者，與之以此也。此爲仁義之根，萬善之源，徹始徹終，徹内徹外，更無他作主，惟此作主。愼之云者，朝乾夕惕，時時畏敬，不使一毫牽於情感，滯於名義，以至人事之得失，境遇之順逆，造次顛沛，生死患難，咸湛湛澄澄，内外罔間，而不爲所轉，夫是之謂愼。」

問「致曲」。曰：「曲是委曲。吾人良知良能之發，豈無一言一事之善？只是隨發隨已，不能委曲推致，與不學何異？所貴乎學者，止當在此處察識，此處著力。如一念而善，即推而致之，以擴其念；一言之善，即推而致之，以踐其言；一事之善，即推而致之，令事事皆然，纖悉委曲，無一不致，猶水之必東，雖灣曲轉折，不能爲之障礙，纔得達海。」

問「尊德性」。曰：「尊對卑而言，天之所以與我，而我得之爲一身之主者，惟是此性。耳目口鼻四肢百骸，皆其所屬，以供役使者也。本是尊的，本廣大、精微、高明、中庸而有德，故謂之德性。只因主不做主，不能鈐束所屬，以致隨其所好，反以役主靈臺，僭擾天君。勿㤗尊遂失其爲尊，不容不問學以尊此尊。問是問此德性，學是學此德性，若問學而不以德性爲事，縱向博雅人問盡古今疑義，學盡古今典籍，制作可侔姬公，删述不讓孔子，總是爲耳目所役，不惟於德性毫無干涉，適以累其德性。須一掃支離蔽錮之習，逐日逐時，逐念逐事，在德性上參究體驗，克去有我之私，而析義於毫芒，以復其廣大精微，愈精微，愈廣大。不溺於聲色貨利之污，而一循乎中庸，以復其高明中庸，愈中庸，愈高明。德性本吾故物，一意涵養德性，而濬其靈源，悟門既闢，見地自新，謹節文，矜細行，不眈空守寂，斯造詣平實。

夫如是，德豈有不至？道豈有不凝乎？」

古者道德一而風俗同，師無異指，學無異術，無希闊、遼絶、玄妙、可喜之論滑汩其間，咸有以全乎知能之良，而循夫綱常彝紀之分，民協於中，世登上理。三代之衰，道術不一，學始多歧，賊德敗義，漸以成俗。孔子惕然有感，故曰：「攻乎異端，斯害也已。」其所以爲世道人心之防者至矣！雖未明指其開端之人，然而惡鄉愿之亂德，三致意焉，是孔子同時異端蓋即鄉愿也。戰國異端則告子、許行、莊周、鄒衍、鄧析、公孫龍子之屬，紛紛藉藉，所在爭鳴，而楊朱、墨翟爲我、兼愛之説，尤爲世所宗尚。孟子目擊其弊，以爲生心害政，烈於洪水，辭而闢之，其説始熄。漢、唐以來，異端託老氏以行世，如魏伯陽之仙術，張道陵之符籙，皆足以蠱人心志。而釋氏五宗雲布，禪風盛興，卑者惑於禍福，高者醉於機鋒，率天下之人，棄實崇虚，波靡失中，其爲害何可勝言！程、朱從而闢之，人始曉然於是非邪正之歸。今其説雖未盡熄，要之不至生心害政。其生心害政，惟吾儒中之異端爲然。蓋吾儒之學，其端肇自孔子，思、孟賡續，程、朱表章，載之四書備矣，無非欲人全其固有之良，成己成物，濟世而安民也。吾人讀之，果是體是遵，全其固有之良乎？果人己兼成，康濟民生乎？否則，止以榮肥爲計，其發端起念迥異乎此，與四書所載，判然不同，非吾儒之異端而何？生於其心，害於其事，發於其事，害於其政，吾不知其於洪水猛獸何如也！程子以佛、老之害甚於楊、墨，其言有云：「昔之害近而易知，今之害深而難辨。」余亦云：「儒外異端之害淺而易闢，儒中異端之害深而難距。噫，吾末如之何也已矣！」

問：「馳心於詞章名利，明悖四書，固自異於吾儒之實。間有覺其非，而志恥同乎流俗，反經興行，究心理學者，所在亦不乏人。」曰：「理者，人心固有之天理，即愚夫愚婦同然之良而已，此中庸平常之道也。乃世之究心理學者，多舍日用平常，而窮玄極賾，索之無何有之鄉，謂之反經，而實異於經；謂之興行，而實不同於日用平常之行。其發端起念，固卓出流俗詞章之上，而流蕩失中，究異於四書平實之言，是亦理學中之異端也。故學焉而與愚夫愚婦同者，是謂同德；與愚夫愚婦異者，是謂異端。」

問：「夫子以生民以來未有之至聖，何不立法創制，自我作古，而乃信古述舊，何也？」曰：「惟其不師心自用而信古，不立法創制而述舊，此夫子所以爲至聖也。後世紛紛多事，正坐在上者自恃聰明，不率由舊章，而輕改祖宗法度；在下者自逞己見，不則古稱先，而弁髦聖賢遺訓，立異好奇，雄視百代，高擡其心，不在本位，此天下所以不治，而真儒所以不多見也。」

書稱：「學于古訓，乃有獲；事不師古，以克永世，非説攸聞。」今學者敝精神於無用之虛文，其於當代章程，尚多茫然，況古之典則乎？譬猶正牆面而立，一無所見。匪見胡獲，匪獲胡成，學無實用，世乏良材，蓋有由矣。

問「克復之旨」。曰：「解者已無賸義，只要實克實復，不可再涉言詮。人千病萬病，只爲有己，是以天理之公，卒不能勝夫人欲之私。須是將心上種種嗜好，種種繫戀，及名心、勝心、人我心、自利心一一省察克治，如猛將克敵，誓不兩立，必滅此而後朝食，不勝不休。上蔡謂：『克己須從性偏難克者克將去。』而薛文清亦云：『萬起萬滅之私，亂吾心久矣，當一切決去，以全吾湛然之體。』此皆前輩折肱之言，可爲克己之證。」

人心易放，天理難純，不有以隄防之，則人欲肆而天理滅。禮儀三百，威儀三千，莫非隄防之實。若憚其煩苦，而樂於自便，是自決其隄防也，隄防一決，何所不至！

天之生物，有物則有禮，即吾人生來自有之則也。以其自有而自循之，故曰復。心無意、必、固、我，動靜悉協天則，即心即矩，即心即仁。

士生於今日，勿先言才，且先言守，蓋有恥方有守也。論士於今日，不專在窮深極微，高談性命，只要全其羞惡之良，不失此一點恥心耳。不失此恥心，斯心爲真心，人爲真人，學爲真學，道德經濟，咸本於心，一真自無不真，猶水有源，木有根。恥心若失，則心非真心，心一不真，則人爲假人，學爲假學，道德經濟，不本於心，一假自無所不假，猶水無源，木無根。

問：「博學篤志，切問近思，何以仁在其中？」曰：「亦看各人所學所志若何耳。若爲明道存心而學，篤志不變，自然所問所思莫非明道存心之實，如是則道明而心存，仁在其中矣。若止爲博物宏通而學，志在問無不知，自然所問所思惟以博物宏通爲事，問既浮泛不切，思又間雜憧憧，如是則道晦而心放，雖欲仁，焉得仁！昔上蔡別程子一年，程子問：『近日作何工夫？』對曰：『惟去得一矜字。』程子謂人曰：『此子爲切問近思之學者也。』今吾曹非不學，非無志，亦常問，亦常思，但恐所學、所志、所問、所思，非爲明道，非爲存心耳。果實實落落省察克治，如上蔡之消磨氣習，實去其疵乎！此處須切己自勘，慎勿徒作一番講説已也。」

設爲庠序學校以教之，今庠序未嘗不設，學校各處皆有，而教安在哉！不但立身行己之道，濟世安民之務，夢想所不及，即章句文藝之末習，登堂畫卯之故事，亦寥寥無聞。士不皆才，豈士之罪？興焉及此，可爲太息！

政治由於人才，人才出於學校，學校本於師儒，是師儒爲人才盛衰、生民安危、世道治亂之關，故師道立則善人多，善人多則天下治，此探本至論。

心之所同然者，理也，義也。東海西海，南海北海，千百世之上，千百世之下，無勿同者，理義同也。若舍理義而言心，則心爲無矩之心，不是狂率恣肆，便是昏冥虛無。故聖、狂之分，吾儒、異端之分，全在於此。必也循理蹈義，而不爲欲所蔽，斯俯仰無怍，而中心悦無涯。

「學問之道無他，求其放心而已矣。」此千古學問斷案，千古學問指南也，故學問而不如此，學問之謂何？放心不一，放於名，放於利，放於聲色，放於詩酒，放於博奕，放於閒談，放於驕矜，固是放；即數者無一焉，而内多游思，外多惰氣，虛明寂定之體，一有昏昧滲漏，亦是放，故雖清濁不一，其爲放則一。

問「求之之要」。曰：「要在識得真心，能識真心，自然不放，即放亦易覺。」曰：「如何方是真心？」曰：「惺惺不昧，天然一念是也。」

良知人所固有，而人多不知其固有，孟子爲點破，陽明先生不過從而申明之耳。若以良知爲偏爲非，是以孟子爲偏爲非，自己性靈爲偏爲非矣。自己不認自己，惑也甚矣！

問：「學須主敬窮理，存養省察，方中正無弊，單致良知，恐有滲漏？」曰：「識得良知，則主敬窮理，存養省察，方有著落。調理脈息，保養元氣，其於治病於標者，自不可同日而語。否則，主敬是誰主敬？窮理是誰窮理？存甚養甚？誰省誰察？」

民有恒産，然後可望其有恒心，故明君將欲興學校以教民，必先有以制民之産。所以然者，衣食足然後可望其知禮義也。後世言治者，動曰興學校，卻全不講爲民制恒産，不知恒産不制，而責民以恒心，是猶役餒夫負重，驅羸馬致遠，縱勉强一時，究之半途而廢耳。此即以古先聖王教民之法教之，尚不可望其一道德、同風俗，況以後世苟且具文嘗試，而可望其治禮義哉！王道既湮，不特後世無行先王之道者，即求一知治本者，與之言先王之道，亦不可得，可歎也夫！

井田之行，古今紛如聚訟，有一輩人謂必可復，有一輩人謂必不可復。夫大冬之可爲大夏，萌芽之可爲合抱，安在井田之必不可復於後世？然大冬之不能遽爲大夏，萌芽之不能遽爲合抱，又安在井田之能遽行於今日？兩家各執一偏，而不能相通，宜其牴牾而不合也。即如三代而後，授田之制，唐爲近古，然實緣周、隋遺制，而緣飾之以成其制。今謂井田之必不可復，何以於王制久湮之後，而唐獨能行之？今謂井田之可以遽復，何以留心均田之周世宗而終未能行？大率古法無必可復，亦無必不可復，亦視乎其時與人耳。學者論古，不時之思，而區區執可不可以爲説者，是游談無根之説，非定論也。

悔過自新説

古今名儒，倡道救世者非一，或以主敬窮理標宗，或以先立乎大標宗，或以心之精神爲聖標宗，或以自然標宗，或以復性標宗，或以致良知標宗，或以隨處體認標宗，或以止修標宗，或以知止標宗，或以明德標宗，雖各家宗旨不同，要之，總不出「悔過自新」四字，總是開人以悔過自新的門路，但不曾揭出此四字，所以當時講學費許多辭說。愚謂不若直提「悔過自新」四字爲說，庶當下便有依據，所謂心不妄用，功不雜施，丹府一粒，點鐵成金也。

或曰：「從上諸宗，皆辭旨精深，直趨聖域，且是以聖賢望人。今吾子此宗，辭旨粗淺，去道迂遠，且似以有過待人，何不類之甚也？」愚曰：「不然。皎日所以失其照者，浮雲蔽之也，雲開則日瑩矣。吾人所以不得至於聖者，有過累之也，過滅則德醇矣。以此優入聖域，不更直捷簡易耶？」

吾之德性，欲圖有以新之，此際機權，一毫不容旁貸。新與不新，自心自見，譬如飲水，冷暖自知。久之德充於內，光輝發於外，自有不可得而掩者矣。厥初用功，全在自己策勵。

性，吾自性也；德，吾自德也，我固有之也，曷言乎新！新者，復其故之謂也，辟如日之在天，夕而沉，朝而升，光體不增不損，今無異昨，故能常新。若於本體之外，欲有所加，謂以爲新，是喜新好異者之爲，而非聖人之所謂新矣。

同志者，苟留心此學，必須於起心動念處潛體密驗，苟有一念未純於理，即是過，即當悔而去之；苟有一息稍涉於懈，即非新，即當振而起之。若在未嘗學問之人，亦必且先檢身過，次檢心過，悔其前非，斷其後續，亦期至於無一念之不純，無一息之稍懈而後已。蓋人之所造，淺深不同，故其爲過，亦巨細各異，揫而剔之，存乎其人，於以誕登聖域，斯無難矣！

衆見之過，猶易懲艾；獨處之過，最足障道，何者？過在潛伏，潛而未彰，人於此時，最所易忽，且多容養愛護之意，以爲鬼神不我覺也。豈知「莫見乎隱，莫顯乎微」，舜、跖人禽於是乎別，故慎獨要焉。幾者，事之微，而吉凶之所由肇端也。易曰：「知幾其神乎？」又曰：「君子見幾而作，不俟終日。」子曰：「顏氏之子，其殆庶幾乎！有不善未嘗不知，知之未嘗復行也。」夫有不善未嘗不知，故可與幾也；知之未嘗復行，故無祇悔也。吾儕欲悔過自新，當以顏氏爲法。

吾儕既留意此學，悠悠忽忽，日復一日，與未學者同爲馳逐，終不得力，故須靜坐。靜坐一著，乃古人下工之始基，是故程子見人靜坐，便以爲善學。何者？天地之理，不翕聚則不能發散；吾人之學，不靜極則不能超悟，況過與善，界在幾微，非至精不能剖析，豈平日一向紛營者所可辨也？

悔過自新，此爲中材言之也，而即爲上根言之也。上根之人，悟一切諸過皆起於一心，直下便剷卻根源，故其爲力也易；中材之人，用功積久，靜極明生，亦成了手，但其爲力也難。蓋上根之人，頓悟頓修，名爲解悟；中材之人，漸修漸悟，名爲證悟。吾人但期於悟，無期於頓，可矣！

學髓

人生本源，無聲無臭，廓然無對，寂而能照，應而恒寂，有意爲善，雖善亦私，隨境遷轉，自歧本真，此天之所以與我者也。生時一物不曾帶來，惟是此來；死時一物不能帶去，惟是此去，故學人終日孜孜，惟此爲人生第一要務。動作食息，造次顛沛，一注乎此，而深造之以求自得，居安資深，左右逢源，安此謂之安身，立此謂之立命。

人人具有此靈，良知良能，隨感而應。日用不知，遂失其正，騎驢覓驢，是以謂之百姓。學之如何？亦惟求日用之所不知者而知之耳。曰知後如何？曰知後則返於無知未達，曰「不識不知，順帝之則」。

知體本全，不全不足以爲知。仁者見之以爲仁，知者見之以爲知，見相一立，執著未化，終屬半鏡。一内外，融微顯，已應非後，未應非先，活潑潑地，本自周圓，有所起伏，自窒大全。

無聲無臭，不睹不聞，虚而靈，寂而神，量無不包，明無不燭，順應無不咸宜。若無故起念，便是無風興波。即所起皆善，發而爲言，見而爲行，可則可法，事業烜卓，百世尸祝，究非行所無事，有爲之爲，君子不與也。

無念之念，乃爲正念，至一無二，不與物對，此之謂止，此之爲至。善念起，而後有理欲之分，善與惡對，是與非對，正與邪對，人禽之關，於是乎判。所貴乎學者在慎幾微之發，嚴理欲之辨，存理克欲。克而又克，以至於無欲之可克；存而又存，以至於無理之可存，欲理兩忘，纖念不起，猶鏡之照，不迎不隨，夫是之謂絶學，夫是之謂大德敦化。

哀莫大於心死，而形死次之，順此生機，方是活人。日充月著，完其分量，方是人中之人。立人達人，轉相覺導，由一人以至於千萬人，由一方以至於千萬方，使生機在在依貫，便是爲天地立心，爲生民立命。

問「得力之要」。曰：「其静乎？」曰：「學須該動静，偏静恐流於禪。」曰：「學固該動静，而動則必本於靜。動之無妄，由於靜之能純，靜而不純，安保動而不妄？昔羅盱江揭萬物一體之旨，門人謂：『如此恐流於兼愛。』羅曰：『子恐乎？吾亦恐也。心尚殘忍，恐無愛之可流。』今吾輩思慮紛拏，亦恐無靜之可流。」

新建論動靜合一，此蓋就已成言。方學之始，便欲動靜合一，猶未馴之鷹，輒欲其去來如意，鮮不颺矣。即新建之盛德大業，亦得力於龍場之三載靜坐，靜何可忽也？

富平答問

君子爲學，貴博不貴雜，洞修己治人之機，達開物成務之畧，如古之伊、傅、周、召，宋之韓、范、富、馬，推其有，足以輔世而澤民，而其流風餘韻，猶師範來哲於無窮，此博學也。名物象數，無賾不探，典故源流，纖微必察，如晉之張華、陸澄，明之升庵、弇州，扣之而不竭，測之而益深，見聞雖富，致遠則乖，此雜學也。自博雜之辨不明，士之緖故紙、泛窮索者，便侈然以博學自命，人亦翕然以博學歸之，殊不知役有用之精神，親無用之瑣務，內不足以明道存心，外不足以經世宰物，祇見其徒勞而已矣。

窮理而不居敬，則聞見雖多，而究無以成性存心，便是俗學。居敬而不窮理，則空疏無用，而究不足以經世宰物，便是腐儒。故必主敬以窮理，使心常惺惺，方能精義入神，隨博隨約，庶當下收歛，不至支離外馳，德業與學業並進，知行合一，其在斯乎！故內外本末，必一齊俱到，庶用功著力，始爲喫緊。

姚江當學術支離蔽錮之餘，倡致良知，直指人心一念獨知之微，以爲是王霸、義利、人鬼關也。當幾覿體直下，令人洞悟本性，簡易痛快，大有功於世教，而末流多玩，實致者鮮，往往舍下學而希上達，其弊不失之空疏、杜撰、鮮實用，則失之恍惚、虛寂、雜於禪，故須救之以考亭。然世之從考亭者多闢姚江，而竟至諱言上達，惟以聞見淵博、辯訂精密爲學問之極則，又矯枉失直，勞罔一生，而究無關於性靈，亦非所以善學考亭也。即有稍知向裏者，又祇以克伐怨欲不行爲究竟，大本大原類多茫然。必也以致良知爲本體，以主敬、窮理、存養、省察爲工夫，由一念之微致慎，從視、聽、言、動加修，庶内外兼盡姚江、考亭之旨，不至偏廢，下學上達，一以貫之。故學問兩相資則兩相成，兩相闢則兩相病。

文集

答張敦庵書

曩謬竭愚衷，吐人不敢吐之隱，洩人不敢洩之秘，無非欲高明直下敦大原，識本體耳。誠識本體，循下學之規，由階級而進，則收攝保任，好做工夫，做得工夫，纔算本體。來諭謂帶來帶去等語未免涉禪，慚悚慚悚，然荊川、龍溪亦曾有是言可覈也。夫學必徹性地而後爲真學，證必徹性地而後爲實證，若不求箇安頓著落處，縱闡盡理道，總是門外輥；做盡工夫，總是煮空鐺，究將何成耶？學蔀通辯，陳清瀾氏有爲爲之也。是時政府與陽明有隙，目其學爲禪，南宮策士，每以尊陸背朱爲口實，至欲人其人，火其書，榜諭中外，通行禁抑，渠遂曲爲此書，逢迎當路。中間牽强傅會，一則曰禪陸，再則曰禪陸，借陸掊王，不勝詞費，學無心得，何可據爲定論！來諭謂：「陽明之學，天資高明者得力易；晦庵之學，質性鈍者易持循。」誠然，誠然。然晦庵教不躐等，固深得洙、泗家法，而其末流之弊，高者徇迹執象，比擬摹倣，畔援歆羨之私，已不勝其憧憧；卑者桎梏於文義，糾畫於句讀，疲精役慮，茫昧一生而已。陽明出而横發直指，一洗相沿之陋，士始知鞭辟著裏，日用之間，炯然涣然，如静中雷霆，冥外朗日，無不爽然自以爲得。向也求之於千萬里之遠，至是反之己而裕如矣。昔鳳麓姚公遇友以陽明爲詬病，公曰：「何病？」曰：「惡其良知之説也。」公曰：「世以聖人爲天授，不可學，久矣。自良知之説出，乃知人人固有之，即庸夫小童，皆可反求以入道。此萬世功也，子曷病？」其人豁然有醒。由斯以觀陽明之學，徹上徹下，上中下根，俱有所入，得力蓋尤易，豈必天資高明者始稱易耶？然此本辯乎其所不必辯。目前緊要在切己自審，如欲做箇德業名儒，醇正好人，則程氏遺書、朱子録要、薛氏讀書録、胡氏居業録，言純師，行純法，於下學繩墨，無毫髮走作，精研力踐，儘足自樹。若欲究極性命大事，一徹盡徹，一了百了，不容不以龍溪集爲點雪紅爐，嵐霧指南，輔以象山、陽明、近溪語録，及聖學宗傳，日日寓目，食寢與俱，可也。

答顧甯人書

「體、用」二字，相連並稱，不但六經之所未有，即十三經注疏亦未有也。以之解經作傳，始於朱子，一見於「未發」節，再見於「費隱」暨「一貫」、「忠恕」章，其文集、語類二編所載，尤不一而足。「活潑潑地」，乃純公偶舉禪語，形容道體；「鞭辟近裏」，亦藉以導人斂華就實，似無甚害。若以語不雅馴，則

「活潑潑地」可諱，而「鞭辟近裏」一言，實吾人頂門鍼，對症藥，此則必不可諱。不惟不可諱，且宜揭之座右，出入觀省；書之於紳，觸目警心。「内典」二字，出於蕭梁之世，是時武帝崇佛，一時士大夫從風而靡，以儒書爲外盡人事，佛書則内了心性，「内典」之目，遂昉於此。歷隋、唐、宋、元以至於明，凡言佛書，多以是呼之。視漢人以元命苞、援神契等七緯爲内，尤不啻内之内矣。然亦彼自内其内，非吾儒之所謂内也。彼之所謂内，可内而不可外；吾儒之所謂内，内焉而聖，外焉而王，綱常賴以維持，乾坤恃以不毁，又豈可同年而語！故「内典」之呼，出於士君子之口，誠非所宜，當以爲戒。莊子外物、外生、外天地，良亦忘形脱累之謂，似非虚寂之謂也。老子言「致虚極，守靜篤」；莊子齊物論，「成心」有見而不虚之謂，「未成心」則真性虚圓，天地同量，此後談虚之始，然與佛氏之虚寂又自不同。蓋老、莊之虚，是虚其心，而猶未虚其理；佛氏之虚寂，則虚其心，並欲虚其理，舍其昭昭而返其冥冥，雖則寂然不動，而究不足以開物成務，以通天下之故，此佛氏所以敗常亂倫，而有心世道者，不得不爲之辨正也。

答顧甯人書

不讀佛書固善，然吾人祇爲一己之進修，則六經、四子及濂、洛、關、閩遺編儘足受用，若欲研學術同異，折衷二氏之是非，以一道德而砥狂瀾，釋典、玄藏亦不可不一寓目。辟如鞫盜者，苟不得其贜之所在，何以定罪？參同契，道家修仙之書也，禪家之所不肯閲，兼惠能生平絶不識字，亦不能閲，其所從入，不繇語言文字，解經演法，直抒胸臆，而謂用之參同，竊所未安。朱子弱冠，未受學延平時，嘗從僧開謙之游，以故早聞其說。參同之注，乃訓定四書多年之後，六十八歲，黨禁正熾之時，蔡西山起解道州，朱子率及門百餘人餞於蕭寺，瀕別，猶以參同疑義相質。事在慶元二年冬，非少時注也。況伯陽本納甲作參同，所云「二用無爻位，周流游六虚」，及「春夏秋冬，内體外用」之言，皆修鍊工夫次第，非若惠能之專明心性，朱子之專爲全體大用而發也。然此本無大關，辯乎其所不必辯。假令辯盡古今疑誤字句，究與自己身心有何干涉？程子有言：「學也者，使人求於本也。不求於本而求於末，非聖人之學也。」何謂求於末？考詳畧，採異同也。淮南子亦謂「精神越於外，而事復反之，是失之於本，而索之於末，蔽其玄光，而求之於耳目」也。區區年逾知命，所急實不在此，因長者賜教，誼不容默，悚甚愧甚。

答王心敬書

學須剥皮見骨，剥骨見髓，洞徹本原，直透性靈，脱脱洒洒，作世間大自在人，方一了百了。若不窺性靈，自成自證，徒摹倣成迹，依樣畫葫蘆，飾聖賢皮膚，爲名教優孟，後世有述焉，吾勿爲之矣。

答王天如書

來書疑體用之有二致，恐徒求諸文，爲之末，而不本諸誠明之體，蓋以有天德，自然有王道，而唐、虞之際，無書可讀，皋、夔、稷、契不害其爲王佐，齊治均平之效卓乎，非後世章句書生所能及也。顧今時非同古時，今人不比古人，以孔子生知之聖，猶韋編三絶，問禮於柱下，問官名於郯子，垂老不廢研討。朱子謂：「盈天地間，千條萬緒，是多少人事！聖人大成之地，千節萬目，是多少工夫！惟當開拓心胸，大作基址，須萬理明徹於胸中，將此心放在天地間一例看，然後可以語孔、孟之樂；須明古今法度，通之於當今而無不宜，然後爲全儒，而可以語治平事業；須運用酬酢，如探囊中而不匱，然後爲資之深，取之左右逢其源，而真爲己物。若懼蹈誦詩三百之失，而謂至誠自能動物，體立自然用行，則空疏杜撰，猶無星之戥，無寸之尺，臨時應物，又安能中窾中會，動協機宜乎？此不學無術，寇忠愍之所以見惜於張忠定也。」故體非書無以明，用非書無以適，欲爲明體適用之學，須讀明體適用之書，否則，縱誠篤虛明，終不濟事。茲吕新吾先生諭士說一篇寄覽，亦足知空論軀殼餓肚腸，究無補於實用分毫也。

前者所論知覺、存養、省察等說，乃一時有爲而言，原非定論。來諭得之。人爭一箇覺，能覺則虛明，融徹洞識；真我不覺，則昏惑迷昧，痺麻一生。能覺則爲賢爲聖，不能覺則爲愚爲狂。若夫行矣而不著，習矣而不察，終身由之而不知其道者，皆不能覺也。即仁者見之謂之仁，知者見之謂之知，意見一偏，滯而不化，皆不足以語覺之大全。存養於未發之前，省察於已發之後，勿忘勿助，日新又新，則主人惺惺，此即兢業本體，又何虛無矯制之有！或出或處，咸宜善養。靜養之餘，日用功課，當以萬物一體爲心，明學術、正人心爲念，隨機開導，使人知畏天檢身，悔過自新，即此便是爲天地立心，爲生民立命。世有自私自利之徒，竊養晦之名，闔其身而并闔其言，無補於世道人心，便與天心不屬，是自絶於天矣，願以爲戒！

附録

先生二十歲後，借讀大學衍義、通考、通志、文獻通考、二十一史，謂：「函史下編與治平畧、文獻通考相表裏，有補治道；函史上編、文纂左編，不過分門別類，重叠可厭，然猶不失爲史學要册。若夫卓吾藏書，反經横議，害教不淺，其焚書可焚，斯書尤可焚也。」閱道藏，玄科三洞四輔三十六類，每類一一寓目，覈其真贋，駁其荒唐。閱釋藏，辯經論律三藏中之謬悠。他若西洋教典，外域異書，亦皆究其幻妄，隨説糾正。惠龗嗣撰歷年紀畧。

先生嘗著帝學宏綱、經筵僭擬、經世蠡測、時務急著，其中天德王道，悲天憫人，凡政體所關，靡不規畫。既而雅志林泉，無復世念，原稿悉焚去。駱鍾麟撰匡時要務序。

先生見王省庵爲人醫病，教服消積保中丸，因言：「凡積易療，惟骨董積非藥石可攻。詩文蓋世，無關身心；聲聞遠播，甚妨静坐，二者廓清未淨，即此便是積。廣見聞，博記誦，淹貫古今，物而不化，即此便是積。塵情客氣，意見識神，一毫銷融未盡，即此便是積。功業冠絶一世，而胸中功業之見，一毫銷融未盡，即此便是積。道德冠絶一世，而胸中道德之見，一毫銷融未盡，即此便是積。以上諸積，淺深不同，其爲心害則一。總之，皆骨董積也。誠知吾性體原無一物，自爾忘其所長，忘而又忘，并忘亦忘，始謂之返本還原，始謂之安身立命。」歷年紀畧。

顧甯人博物宏通，來訪先生，與之從容盤桓，上下古今，靡不辯訂。既而歎曰：「堯、舜之知，而不偏物，急先務也。吾人當務之急，原自有在，若舍而不務，惟騖精神於上下古今之間，正昔人所謂『抛卻自家無盡藏，沿門持鉢效貧兒』也。」顧爲之憮然。歷年紀畧。

先生艱難一生，垂老尤甚阨憊，無以自存。先生自謂：「陽九百六之阨，偏萃於己，亦惟順受其正而已。」大書困卦「致命遂志」於壁以自堅。歷年紀異。

全謝山曰：「當時北方則孫先生夏峰，南方則黄先生梨洲，西方則先生，時論以爲三大儒。先生起自孤根，上接關學六百年之統，寒饑清苦之中，守道愈嚴，而耿光四出，無所憑藉，拔地倚天，尤爲莫及。」窆石文。

王豐川曰：「先生崛起道敝學湮之後，不由師傳，獨契聖真。居恒所以自治與所以教人，一洗從前執方拘曲之陋，而獨以大學明新止善之旨爲標準。其言曰：『真知乃有實行，實行乃爲真知。有真本體乃有真工夫，有真工夫乃有真本體，體用一源，天人無二，信斯言也。』博文約禮，天德王道，一以貫之。不惟世儒門户之獄片言可折，即朱、陸、薛、王之家，殊途同歸，百慮一致，不惟不悖，而反相爲用，並異同之形亦可以不存。蓋自是而聖學始會極，歸極於孔、孟矣。」二曲集序。

唐鏡海曰：「先生處處從身上驗真修，事事從約中求實踐，而猶謂『踐履勿篤，躬實未逮，口頭聖賢，紙上道學，張浮駕虛，自欺欺人，墮於小人禽獸之歸』。自反之嚴，至矣！曾子十目十手，何以異乎？夫先生之嚴如此，篤守程、朱諸録，及康齋、敬軒等集，可以盡下學之功，或者自反之初，亦有取於陸、王之本體乎？觀其謂『六經皆我注脚』爲象山之失，『滿街都是聖人』爲陽明之失，則其確示程、朱家法，亦大可知矣。」學案小識。

案：四書反身録，大旨以陽明良知之説爲宗。先生平日教人，雖於程、朱、陸、王取其相資而成，而仍以陽明爲主體。唐氏於陸、王之説屏之甚嚴，故所論如是。

二曲弟子

王先生心敬

王心敬字爾緝，鄠縣人。諸生。年二十五，謁二曲受業，相從十年。二曲每論學，喜其英靈，謂「傳道，舍之莫屬」。著述多出編訂。雍正初，舉孝廉方正，不赴徵。年羹堯欲招致幕府，見所爲驕縱不法，避而不見，亦不往謝。世宗聞而重之。居平不苟言笑，終日默坐。有問學者，曰：「反求諸己而已矣。」學識淹通，有康濟之志。著有豐川集、關學編、易説，又有尚書質疑、詩經説、禮記纂、春秋原經、江漢書院講義、文獻攬要、家禮甯儉篇、歷年洗冤録，學者稱豐川先生。參國史儒林傳、二曲集、宋學淵源記。

易　説

學易可以無大過，是孔子明易之切於人事，即是可知聖人繫易之本旨，並可以識學易之要領。

易是道人事之書，陰陽消長只是借來作影子耳，故曰：「易也者，象也；象也者，像也。」於陰陽消長處看得不明，是影子不真，亦屬捕風捉影。

置象言易是謂懸空，執象含義是謂泥迹，象義雙顯，則體用一源，顯微無間。

中庸一書是子思爲，當日之言道者視爲高深玄遠，故兩引中庸之説以明道。易翼十篇是孔子爲，當日之言易者視爲高深玄遠，故重申簡易之説以明易。後儒往往索諸隱深，欲以張皇易妙，而不知反失其本旨。

若易不關象，不知義於何取；不屬卜筮，不知設蓍何爲。學者讀易不知求設教之本旨，讀書不知洪範經世之宏猷，每於河圖、洛書穿鑿附會，何切於實事？

義言象占，同體共貫，廢一不得，泥一不得。後儒紛紛主象、主數、主理、主卜筮、主錯綜之處，是舍大道而入旁蹊。

附録

江鄭堂曰：「豐川集中論選舉、兵餉、馬政、區田法、圃田法、井利説諸篇，皆可起行，較之空談性命，置天下蒼生於不顧者，豈可同日而語乎！」宋學淵源記。

唐鏡海曰：「關中之學，二曲倡之，豐川繼起而振之，與東南學者相應相求，不失切近篤實之旨焉。」學案小識。

惠先生霦嗣

惠霦嗣字玉虹，富平人。順治辛丑進士，官通海知縣。二曲寓富平時從學，常侍左右，録所聞爲富平答問。二曲歸盩厔，欲移家從之。通籍後，二曲貽書舉吕涇野故事相勉，戒其斂而又斂，勿狥貨利。後居官有惠政，歿祀名宦。參二曲集、富平縣志。

張先生珥

張珥字敦庵，大荔人。順治丁亥進士，官襄陵知縣，篤學敦品。二曲初至同州，先生年長於二曲，北面請業，執弟子禮，授以讀儒先諸書之法，分明體、達用二類。别後，二曲答書論學，謂「陽明横發直指，一洗相沿之陋，士始知鞭辟近裏」，勉以切己自審，蓋以原書有側重考亭之意也。參二曲集、東行述、大荔縣志。

李先生士璸

李士璸字文伯，大荔人。歲貢生。事親孝，善屬文，殫心著述，自號玉山逸史。年亦長於二曲，讀學〔一〕髓直指本體，悟平日筆記爲義襲，遂執弟子禮。録口授之語曰讀書次第，杜門纂録先儒語録以自警。年垂九旬，無異少壯。著有文學正譜、羣書舉要、孝經要義、四書要諦、小學約言、理學宗言、王陳宗言、詩餘小譜、問疑録、玉山集。參二曲集、大荔縣志。

馬先生棫

馬棫字相九，大荔人。父嗣煜，講洛、閩之學，時稱二岑先生。先生承家學，與黨子澄、王思若、張敦庵、王山史、李天生等相切劘。二曲所著反身録、學髓皆序而刊之。二曲嘉之曰：「大道無窮，吾子能竟；聖學忌雜，吾子能純。」著有卷石齋語録、白樓存草。參同州志、二曲集。

〔一〕「學」，原作「書」，今改。

李先生修

李修字汝欽，寶雞人。諸生。二曲講學關中書院，來謁，自此棄舉業，有志正學。請受業，二曲卻之。後復從於盩厔，乃許列門下。録二曲語曰授受紀要。其歸也，二曲贈言一篇。博考儒先書，著有心心精一二録、補薛存齋四書説藴。參二曲集、寶雞縣志。

王先生吉相

王吉相字天如，邠州人。康熙丙辰進士，翰林院檢討。潛心性命之學，登第後來受學，二曲嘉其純篤，曰：「真能爲己者也。」參二曲紀畧、邠州志。

甯先生維垣

甯維垣，蒲城人。偕張敦庵、李文伯從二曲講學，服膺學髓，得知行合一之旨。參國史儒林傳。

徐先生超

徐超字斗一，武進人。二曲南游，講學於常州，執贄門下。二曲歸陜時，貽書論學，稱其所著易説修暢妥確。二曲集。

張先生濬生

張濬生字子邃，武進人。偕張斗一從二曲歷無錫、江陰、靖江講學，同録錫山語要、東林彙語。二曲集。

陸先生士楷

陸士楷字介夫，武進人。二曲誨以「爲學大要，歸於治心」。記所聞曰傳心録。著有尚書彙纂必讀，二曲稱其簡潔明暢。二曲集。

吴先生發祥

吴發祥字濬長，武進人。諸生。績學好善，於鄉邑利弊，勇於任事。興水利，振饑饉，皆以私財補助。斥産建延陵書院。執贄於二曲稱弟子。弟位生、子英武、姪丕武、甥邵公甫，同列門下。二曲欽其行義，爲作吴義士傳。參二曲集、武陽縣志。

王先生所錫

劉先生鑛

王所錫、劉鑛並嵩陽人，來謁二曲於里塾，録其答語爲盩厔答問。二曲集。

案：二曲門下，最衆執贄，著籍號以千計。其成就較大，卓稱繼起者，以王豐川爲最，列爲附案，擇其著述。有稱事實可紀者，並列焉。凡見於二曲集，確有及門顯據者，尚有趙之俊，字貫未詳。見東行述。楊堯階，字元升，雒南人；孟子緝，字貫未詳。二人見歷年紀畧。馬7棫、馬逢年並同州人；見字未詳。二人見學髓校刊題名。吴發育、張允復、尤霞、朱士蛟、鄒隆祚字錫簋、羊球並常州人；見靖江語要。馬仲章，武功人；見張志垣傳。傅良辰字潛齋，漢陽人；張子達字君明，江陵人。二人並業商，見與張伯欽書。諸人並附姓名，待考。黨克材、承祖、張志垣、吴位生、英武、丕武、邵公甫等，各附見其父兄後，不複載。

二曲交游

白先生焕彩

白焕彩字含貞，號泊如，同州人。明諸生。私淑長安馮少墟，玩易洗心，詩、禮、春秋多所自得。蓄書之富，關中稱最。讐校精詳，學能淹貫。鄉先達張太乙、武陸海集同志論學，每會必至。後聞二曲名，偕黨子澄、王省庵迎欵於家，折節問道。二曲因其年長以倍，仍推爲先輩。序次大意曰學髓，授之。先生恪守其說，率同志結社砥勵，不入城市，手不釋卷。天性孝友恭謹，聞人過，未嘗出諸口，遇物如恐傷之，時稱「關中文獻」。參國史儒林傳、二曲集。

黨先生湛

黨湛字子澄，同州人。嘗言「人生須作天地間第一等事，爲天地間第一等人」，故自號兩一。不事帖括，根究理道。鈔宋、明以來諸儒論學語，反心澄觀，恍然有契，自是動靜云爲，卓有柄持。父有癲疾，掖侍晝夜不離，及殁，廬墓三年，人稱曰孝子。有田數畝，躬耕自給。聞二曲倡道，冒冰雪訪質所疑，終日無惰容，二曲稱其「志篤養邃爲不可及」。子克材、孫承祖，皆命從二曲受學。承祖弱冠慕道，日記言動，自考得失，早卒，二曲惜之。二曲集。

王先生化泰

王化泰字省庵，蒲城人。隱於醫，篤志理學。與同邑單元洲結社講學，又與黨子澄相砥勵。繼從二曲游，間歲至必久留，欲執贄爲弟子，二曲以其年長二十餘歲，卻之。性方嚴，面斥人過，人有一長，推遜自以爲不及。拯困扶危，樂導人爲善。二曲稱爲高士，其殁後，爲請於郡守表其墓。二曲集。

王先生四服

王四服字思若，大荔人。明拔貢生。績學善文，尚氣節，不求仕進，治園種花。集友講學，二曲至同州，時過其園。著有卧園集。參大荔縣志、二曲集。

張先生承烈

張承烈字爾晉，號澹庵，武功人。諸生。少尚任俠，後折節讀書，潛心周、程儒先之説，與白含貞、王爾緝諸人相切劘。二曲稱其「學凡三變，愈變愈正」。引朱子贊横渠語曰：「勇徹皋比，一變至道。」謂澹庵真有徹皋比之勇。子志垣，從二曲受業。二曲集。

惠先生思誠

惠思誠字含貞，盩厔人。諸生。二曲少與共學，稱其「孝友忠信，静默寡言，尠所尤悔」。自初交至垂白，未見有疾言遽色。二曲晚杜門謝客，惟先生及顧亭林至，即啟鑰，語言無間。歿爲作傳，稱曰：「粹德高士，平生心交也。」二曲集。

李先生柏

李柏字雪木，郿人。少孤貧，事母至孝。稍長，讀小學，曰：「道在是矣。」盡棄帖括，日誦古書。母强之就試，爲諸生。母歿，棄衣巾。避荒，居洋縣太白山中，屏迹讀書，嘗一日兩粥，或半月食無鹽。時忍饑默坐，自誦曰：「貧賤在我，實有其門，出我門死，入我門生。」又曰：「牛被繡，鸞刀就。」又曰：「古之人有七日不食者，有三旬九餐者，有食木子橡栗者，有屑榆者，有一日長坐者，有餐氈齧雪十九年者，蓋有主於中，不動於外，抱節死義，不忘溝壑也。」昕夕謳吟，拾山中槲葉書之，門人都其集曰槲葉集。二曲少與訂交，中年約同入山未果，後爲姻家。參國史儒林傳、雪木年譜。

李先生因篤

別見亭林學案。

王先生宏撰

別見亭林學案。

顧先生炎武

別爲亭林學案。

高先生世泰

別爲梁溪二高學案。

吴先生光

吴光字與成，號野翁，武進人。明諸生，入太學。少從伯父鍾巒講學東林，究心經濟。甲申後，絶意人事。二曲講學常州，互相商證。著有大學格致辨、論孟合參、中庸臆説、讀書録鈔、詩文集。於易尤粹，有易粕十箋。參二曲集、武陽縣志。

陸先生卿穀

陸卿穀字儁公，武進人。明崇禎壬午副貢，蔭中書舍人。篤學不求仕進。二曲至常州，先生年已八旬，相與論學。命子士楷受業門下。殁，二曲爲作傳。二曲集。

秦先生松岱

秦松岱字燈巖，無錫人。潛心陽明之學，搆願學齋，肖像事之。二曲講學無錫，特邀於淮海宗祠，聚族人聽講。二曲稱其「學敦大原，身體力踐」，深相契合。别後屢與書，爲訂正道南祠從祀者，須論出處，不可因推尊東林一概增入。二曲集。

范先生鄗鼎

別爲婁山學案。

楊先生甲仁

楊甲仁二曲集作甲仍。字愧庵，射洪人。貢生。康熙乙亥，考授中書。通六經之旨，旁及諸子百家、釋、道之書。師事湖南劉麗虚，有悟。歸而講學，發明性命之旨。過長安，見二曲，留十餘日，互相參證。著有易學驗來録、北游芙城諸録。射洪縣志。

駱先生鍾麟

駱鍾麟字挺生，臨安人。順治丁亥進士副榜，官盩厔知縣。爲政先教化，春秋大會於明倫堂，進諸生，迪以仁義忠信之道。增删吕氏鄉約，頒學舍，朔望詣里社講演。立學社，擇民間子弟，授以小學、孝經。訪耆年有德、孝弟著聞者，見與鈞禮，歲時勞以粟肉。以師禮事二曲，數造其廬。二曲以孤行忤俗，賴其調護。後擢常州知府，迎至講學。創建延陵書院，率僚屬及薦紳學士北面聽講。手録二曲論治之語曰匡時要務。其屬縣無錫、江陰、靖江諸有司爭禮致二曲，二曲爲發明性善之旨、格物致知之説，士林蒸蒸向風，吏治亦和。連遭親喪，以毁卒，二曲感其誠摯，於其喪執緦服。參先正事略、二曲集。

蔡先生啟胤

蔡啟胤字紹元，秦安人。明諸生。治五經，從游甚衆。先德業而後文藝，言動繩以古禮。甲申後，杜門奉親，罕與世接。嗜儒先諸書，潛體默驗，多所自得。著有四書解、鑑觀録、文集。弟啟賢，官盩厔學官，先生令代肅贄於二曲，貽書往復，以質所疑。歿後，二曲爲作傳，又致書提學，請表章之。二曲集。

案：二曲講學，名盛關中，人士樸厚景從者衆，往往年長幾倍，折節敬禮，如白含貞、黨子澄諸人，且有傳爲列門下者。然學髓爲含貞所手録，卷首題「教下生白某」，後乃列「門人某某同校」，二曲文中亦仍以先輩相推，當時相處在師友之間，不得竟目爲弟子也。駱挺生雖稱師事，於匡時要務卷首序文自署「晉陵守駱某」，則亦非竟執弟子禮者，今仍列諸交游，以從其實。

二曲私淑

王先生承烈

王承烈字遜功，號復庵，涇陽人。康熙己丑進士，官翰林院檢討，遷御史，巡城執法方嚴，不逞之徒皆畏避。嘗召對講大學「明明德」章，反覆敷陳格致誠正之義，上嘉之。出爲湖北糧道，歷官至刑部侍郎。雍正七年卒，年六十四。先生自少勤學，博涉羣書，年四十始兄事豐川王先生心敬，講明心性、修己治人之學，以第一等人可學而至。及成進士，出安溪李文貞門下，益研究宋儒書。著日省録，切己内考，志在力行。又著有復庵詩説六卷，復爲尚書解，病中草竟今文二十八篇云。參朱軾撰墓誌、方苞撰墓表、蔡世遠撰神道碑。

孫先生景烈

別見諸儒學案十二。〔一〕

〔一〕此處原有孫景烈傳，與諸儒學案十二重，今删。

清儒學案卷三十

起庵學案

起庵衍陽明之緒，而以孟子求放心爲入手功夫，兼重居敬窮理，謂「釋氏以存心爲了局，吾儒以存心爲起手」，辨析甚明，體驗切實，與夏峯宗旨大同，途轍互有出入。鏡海唐氏概以心宗屏之，隘矣！述起庵學案。

張先生沐

張沐字仲誠，號起庵，上蔡人。順治戊戌進士。康熙初授直隸內黄知縣，縣苦賦役不均，令田主自首，不丈而清；行十家牌法，奸宄斂迹。大旱，自八月不雨，至明年九月，民饑，力籌賑濟，捐資爲倡，勸富民貸粟，官爲書其數，俟秋穫取償，人爭應之，民免流徙。爲政務德化，令民各書「爲善最樂」四字於門以自警。著六諭敷言，俾人各誦習，反覆譬喻，雖婦孺聞之，莫不欣欣嚮善。在任五年，坐事免。左都御史魏公象樞疏薦，起授四川資縣。途出内黄，民遮道慰問。至官，值吴三桂據瀘州，羽檄如織，城中户不滿二百，入山招撫，量爲調發供軍，民不擾累。滇事平，以老乞休，歸。先後主講登封、禹州、汝南、開封書院。晚闢白龜圃，四方學者從之，卒年八十三。先生自幼勵志爲聖賢，官内黄時，講學明倫堂，學者興起。湯潛庵過境，與語大悦，貽書孫夏峯，稱其「任道甚勇，求道甚切」。因以禮幣迎夏峯至縣講學，夏峯以所輯理學宗傳相與商訂刊行。先生之學，與夏峯同出陽明，亦兼取程、朱。初宗陽明朱子晚年定論之説，作道一録以闡明之。作學道六書以教門人，發揮心學，以「一念常在」四字爲主。後乃取程、朱居敬窮理之説，自謂道一録及六書中有未當，復加删正，標立志、存養、窮理、力行、盡性、至命六者爲學者致力之次第，其言視夏峯愈爲切實。所著又有五經疏略，圖書祕典一隅解，溯流史學鈔行於世。子燗、煓並從夏峯學。參史傳、先正事略、夏峯年譜、洛學編、溯流史學鈔。

游梁書院講語

立志

志者，至上之氣也，此天命於人之性，自生此一段志氣出來，願善不願惡，願爲君子不願爲小人，所謂「民之秉彝，好是懿德」也。今謂人曰「爾惡，爾小人」，必憤怒不受。此本來一念，最强最卓，又最真慤，無一毫假僞。學者爲學，亦必從此處學起，要立住這箇志，不使走作，便是人生一箇本源。如木之有根，自然滋長，漸成棟梁之材；如水之有源，自流去，漸成渠川，達乎大海。雖以孔子之聖，亦必十五志，三十而立，後方有進。其教人，先在志於道。顔子必仰鑽瞻忽，有此志了，方教以博文約禮。學記曰「士先志」。大學古人爲學次第，而明德親民入手，功夫在止至善，亦是立志如此，志定了，而後能靜、安、慮、得。中庸「未發之中」，亦是闇然中先立箇志，以爲天下之大本，故篇末結言「可與入德矣」，即引「内省不疚，無惡於志」以釋之，則立志爲第一層功夫，豈不信哉！而今學者未有立志功夫，如何想有善無惡、爲君子而不爲小人乎？言之甚可懼。然又有說志是天命率性的物，似宜聽他自會立，緣何又要我去立他？所以異端家反說聖人多事。這正是異學不明心性處。性不是一物，「性」字從心從生，乃心生生之機耳，至虚至靈，有感即生，如乍見之惻隱怵惕，初感必生善念，即志之端。未幾別感又生不善，初志自是難立，然此虚靈之性，層層會生，於是又生出良知來，以察識吾志，又生出良能來，以持守吾志，是因不立乃又生立也。是這立的工夫，亦性之自生，天所命也，故易大有曰：「君子以遏惡揚善，順天休命。」天本命人以知能功夫，乃其休美之命，而君子奉順之，故異端家不識性也。問：「立之功何如？」曰：「在親前生孝的志，便每日將此孝志立，一立教定；在君前生忠的志，便每日將此忠志立，一立教定；在民物上生仁愛的志，便每日將此志立，一立教定，如此自不走作。不用立的工夫，偶發一志，不算志也。此天命人性，本是箇如此理路，用功方成，不用不成，聽志自立，萬無是理。近世學者不達此，所以終身講志氣，終身無志氣也。爾等試看，亞聖在上，是何等人品？别無奇處，只是立志。嘗曰：『待文王而後興者，凡民也。若夫豪傑之士，雖無文王猶興。』我們如何安於凡民？又曰：『士何事？尚志。』我們爲士，明明有志，卻說吾身不能居仁由義，是自有而自棄之，可惜！至於反說理義不好而誹議之，是自家暴棄自家，更可惜！無以對此公。」

存養

存謂存心，養謂養性，便是存養那志。志乃心之所生，而性之端也，心猶根，志猶苗，培灌其根，苗自長，心不存不養，志亦必餒，故立志即次以存養，原非兩項。學者疑曰：「心自腔子裏，何待存？」此正學者之大誤，以肉心爲心，便鹵莽了。孔子曰：「操則存，舍則亡，出入無時，莫知其鄉，惟心之謂與？」可見心是神明之物，不存那有心來。學者終日悶悶忽忽，得過都是舍亡不在之心。心不在則不正，故大學釋正心曰：「心不在焉，視而不見，聽而不聞，食而不知其味。」視聽食且然，還可濟得甚事？豈非皆罔生幸免之人？學者又不知操存如何下手也。在大學上，止至善是立志，定、靜、安是存養，將此至善的心存之，又存自定；既定，又存自靜；既靜，又存自安，存心到靜、安處，則志深厚牢固，而生氣盛矣，即養性也。中庸更是存養本源之書，從不睹不聞時用戒慎恐懼功夫，便是存心實註；如此養得箇未發之中，以爲天下之大本，又是養性實註；末後還結重「闇然日章」，而戒「的然日亡」，存養功夫全不稍涉於襲取，故曰「知微之顯，可與入德矣」。舜曰「道心惟微」，此之謂也。舍此隱微，更別無入德門路，故又曰：「君子之所不可及者，其惟人之所不見乎！」操則自操，存則自存，人如何得見？子思說得如此明白，今人還要從顯處求入路，豈不落小人的然套裏去？孟子受學於子思，「不動心」章曰「持志」，曰「養氣」，又曰「心勿忘，勿助長」。「持志」、「心勿忘」是箇「存」字，「養氣」、「勿助長」是箇「養」字。「牛山」一章說得存養尤爲親切悚動，夜氣不足以存，便近禽獸。苟得其養，無物不長，苟失其養，無物不消，而況人心？不存而養之，如何求長進？是以「盡心」章功夫歸於「存心養性，所以事天也」。存養雖是人事，實天命之，然庶民去之，君子存之，亦是這些子。又曰：「君子之所以異於人者，以其存心也。」只是這一些子，遂判人禽之關，分聖凡之界，何也？這心是箇仁義禮智胎子，存養之久，神盈氣足，自有迸出時節，焉得不異！故又曰：「學問之道無他，求其放心而已矣。」仁即人心，義即人路，仁義收藏養得充盛，大人之事備矣，還愁有不足否？人只是放心未收，遂不見他本事耳。至於大體小體之辨，教人先立大體，大體立了，小者自不能奪。若夫深造自得之說，教人逢源，源頭逢了，資取自不可竭。孟子累累篇牘，那有不是涵養本源之語！皆由內學向外，由近學向遠。今世反欲從外面學進來，叛之遠矣！孔子告哀公，中才之君，亦曰五達道，所以行之者三，三達德，所以行之者一。由一而三，由三而五，學之序固然，雖中材必由是路。今之學者，反卑視五道而高三德，至於一，則茫不敢知矣。將欲由五而三，由三而一，以倒施之，由外求內，坐假求真，所以後世五道、三德中無真人品也。豈天不生才，人不好德乎？學之誤也。一即乾之一畫，心存之專之象也，故此心存則明，不存則昏；存則仁，不存則忍；存則勇，不存則怯。一而三，三而五，自無不行，本三故也。自孔、孟没，心學壞，而人品卑。至秦、漢，遂視聖人愈高。佛、老出，而以心學勝之，專內置外，至枯寂無用，自此，道學遂爲二氏所溷。有宋二程傑起，乃以真心學勝之，以存養論敬，曰涵養吾一，直內方外，直接孔、孟之傳。及朱文公又發揮其說，白鹿洞學規曰：「虞廷之危微精一，孔門之操存舍亡，此是心學正傳。」又曰：「日用間，空閒時，將此心存在這裏，截然此便是未發之中，此便是渾然天理，事物之來，自見得分曉，猶執權衡以度物，由此方去窮理。」又曰：「日用間，將心存住在這裏，如日之升，他本自光明廣大，我只用些子力去提掇，甚覺省便。」又曰：「靜中涵養本源，轉時雖不能不放去，待收回來，亦有著落。」此話豈不似高遠空幻？然人之靈貴於萬物正在此處，故經曰「人者，天地之心也，陰陽之端也，鬼神之會，而五行之秀氣也」，「可以參贊天地，發育萬物」，皆是實語，只是聖人存養，人不曾存養，故不知心學之大。今有言存養本源者，必且訾之爲禪，不但不知心學，並不知禪。禪家亦人耳，亦心耳，這地釋氏亦不能求異於吾儒，吾儒亦不能不同於釋氏，但打此遂爲歧路。釋氏以存心爲了局，吾儒以存心爲起手，斯大異矣！倍蓰而無算矣！安得以一二相近遂目儒爲禪？若避此嫌，將必舍本求末，反自墮諸深淵。程子云：「釋學本心。」此語亦自偶誤，彼只鶻突耳，儒學方是本心，下了種，生了根，於是心正身修而生大業矣，豈可以先儒一言之誤看壞「心」字？只緣未明功夫爲心耳。這裏關竅，豈是鹵莽可以識得！你們須於日用間靜坐，尋討此心，認識此心，覺得明明亮亮一念在這裏，莫令放失。然極難存，忽而又必放去，又即警省收回。或日月至焉，或三月不違，各人自有資質高下，得則以爲悅樂，失則以爲憤悔，得得失失之間，漸可由生而熟。由此窮理而行，庶可望於高明廣大矣！聖賢豈是可以欲速而得？若一求即得，聖賢之學亦賤矣！

窮理

窮理特存養中一事耳，非存心無以窮理，窮得理來，又以滋養此心，故曰：「學問之道無他，求其放心而已矣。」然必别作一條目者，恐學者不達此中次第，先窮理而後存養，則誤也。不立本而求末，以舍亡不存之心去窮理，窮出什麽理來！即於理偶有所得，亦無處頓放，都濫散了，故必存養而後窮理。窮了理，以理養心，使此心理充盛飽滿，竝非二項，故大學次第，必定、靜、安而後能慮，慮而後能得也。夫子三十而立是存養，四十不惑、五十知天命是窮理。曰不惑，曰知天命，總屬知一邊。知存於心，自屬未發之中，爲天下之大本，大本立了，不愁發不中節。可見窮理只完存養一事，存養窮理功夫，乃徹始徹終一大要領。程子云：「纔思便是已發。」此語未免模糊仄隘不得力。中庸學、問、思、辨是窮理實註，學得一理存諸心以爲我之理，問得一理存諸心以爲我之理，思得一理，辨得一理，皆存諸心，以爲我之理，此時尚未及篤行，豈非未發之中乎？待篤行，方纔是將此理把出，豈非天下之大本乎？戒慎不覩，恐懼不聞，存養已兼窮理。惟其戒懼，自不容不學、問、思、辨，學、問、思、辨正是戒懼之實。學者視爲二般，則失之。窮理第一在讀聖人經書，内外本末，精微廣大，有體有用，静聖動王，一切之理，無不俱備。及千古來，人情變態，物理瑣細，或善或惡，疑似真僞，亦皆各有原委，須竭盡心力，以身體會而窮究之，久久皆爲我得，自成一大聰明人。若非聖之書，似是之言，不可誤也，誤了便入駁雜，摇亂我之胸中，雖欲剗去，不得矣。又須於日閒遇事遇物，隨在體察，未來須預慮得失，過去須省察得失，現在須斟酌得失，善則思其遷，過則思其改，遷遷改改之中，而理愈出，道愈精矣。孟子曰：「心之官則思，思則得之，不思則不得。」可知他本是箇專管窮理的，又是箇極會窮理的，故人心纔定、靜、安時，便思慮自生，卻不可説他不該生。閒雜思慮，要按伏絶滅他，此二氏之大誤也。思慮乃天與人之本性，生生之機也，豈可令滅？凡生一念，是好念，便將那處好窮究箇來歷，再窮究箇結果，真見其好處有吉無凶，此好的理，方實爲我有矣。生一念，是不好念，便將那不好處，窮究箇來歷，再窮究箇結果，真見其不好處有凶無吉，此不好的理，方實爲我無矣。此又是窮理真切功夫，又是存養實際。程子曰：「不是止窮一理衆理皆通，亦不是窮盡天下之理而理始通，但於日用間循序積累窮上去，自漸通悟，不必拘定也。」即如忠孝的理，焉能即把事君事父的理盡都窮了，方去行忠行孝？只是隨日用間或得或失，漸漸日去遷善改過，必有日進之理，到我胸中，以爲我忠孝之本也。人有終身窮不盡之理，即有終身立不盡之本。如今尤有最要緊當窮的理，人之一身，五官、四肢皆何曾窮究，耳那有箇聲在上面，目那有箇色在上面，只是會視聽而已；口齒那有一碗飯在上面，只是會喫嚼而已；手那有物在上面，足那有路在上面，只是會持物、行路而已。窮究其理，五官、四肢皆是天與了些功夫，令人自做，自無所不有。若聽之一無所有，豈皆罔生乎？由此推之，心更是箇空的物，何曾有若干理在內？只是會學、問、思、辨而已，亦是一片功夫，學之、問之、思之、辨之而理生焉，不學、不問、不思辨，亦遂無理。二氏不知心性是功夫，故以仁義禮智爲多事，爲强作，於是都不做功夫，惰慢放肆於倫常之外，以至虛寂無用而死也。舉業家亦不知心性是功夫，又溺信性善，有死板子許多理在其中，而日聽其理之自生，亦不作功夫；及生不出，又曰生質不美，讓道德於生安聖人，相率而爲惰怠，安逸漸生，放肆邪辟，自暴自棄，而不知悔，惟以聖人經書爲作文應試之備，學、問、思、辨爲弋取科名之業，習而不察，聖人學習之旨，悦樂之趣，君子之成就，總不及見，可慨也夫！

力行

立志時非無行，但粗率耳；存養非無行，雖校細密，亦非盡當，皆不得不行，非真行也。至窮理，則博學、審問、慎思、明辨之後，理誠於中，自形於外，則行爲真行，乃不可不力耳，所謂篤行之也。虞廷之精一，亦此次第用窮理之功，理既精矣，内邊此理，行出外邊亦即此理，内外總只一箇，故曰一。一即乾畫，剛而健行，外内無間，非有斷裂之謂。又惟大學説得次第更是妙絶，致知在格物，格物而后知至。格，至也。不言力行，而言知至，所謂一也，只是一箇極明理的心，遇物而至之，只完了知的一件事，故曰物格而後知至。若此，明白心到不了物上，到了物上的又不是這明白心，此知只算得半截，未完也，自難罷手。此古大學中，設法教人力行，而止言知至，最爲得力，隨所致之知，便即知到頭，知至而行已至矣，雖欲空留一知於胸中，不能也。若將知行判作二件，先知了然後行，則窮理功夫本無窮盡，可待幾時知完？幾時行也？未免容人姑將等待，而惰慢頽廢之漸生矣！即知行合一之説，欲合兩件爲一，中閒終有歧隔，恍惚無把握也。今舉業家執訓詁講章之説，並以格物爲窮理，與致知同一目，是大學之法，止教知不教行，則明知而不能行者多矣，又將何法以教之？是古大學之法有不備也，豈然乎？此近今口耳虚囂之病中，人最深不可救者，職是故也。總而言之，心自存養窮理後，將義與道飽滿慊壯於中，自形於外，行者形也，又自生出力來，力者强也，慊心而行，力自不餒。然力行雖天性所自生，亦須我自己下力去行，難道我不行自行，不力自力乎？故曰力行近乎仁。仁者天之理，性之德，力行方是性與天道出頭日子，不然，天性亦虚而烏有乎？故强恕而行，求仁莫近焉。我方欲行，必有外物來阻撓，我切不可遂已，必設法强行之。若説將就罷了，是天理良心已死，縱先有存養窮理功夫，皆罔然矣！天下之達道五，所以行之者三。人於君臣、父子、夫婦、兄弟、朋友之間的道理，孰有智不足以知之，仁不足以行之，勇不足以恥之者？況學士有存養窮理功夫！但怕偶感於物，而忽起私心以閒之，須要打起本來乾健的意思，默默自反自訟，自悔自改，以致其一，則知仁勇自爲奮振，而他無所顧忌矣！則所以行之者，仍是那一也。此又强恕之方也。如此，可見世之冒冒然以力行爲賢，而實非以知至物，以精一物，其爲冥行，又待言哉！將以不忠爲忠，不孝爲孝，不友信爲友信，而仁假義襲，帝王齊、治、平之業不得見矣！

盡性

盡性非别有功夫，即立志、存養、窮理、力行層層功夫即性也，即盡性也。性者生也，以心生得名，非有形可指，有象可求。若煞認性爲一物，則惑矣。志，心之生也，立亦心之生也，存之養之則生氣厚，又窮理焉則益生，至力行則生理盡矣，故曰盡性。性本虚而能生，盡其虚而能生者，不使枯槁絶滅也，孔子所謂「成性存存，道義之門」是也。若不存存，則亦烏有道義哉！吾故曰性善是功夫也。樂記曰：「凡民有血氣心知之性，而無哀樂喜怒之常，應感起物而動，然後心術形焉。」心是血氣之物，含有知覺在内，便是性，那裏面竝無喜怒哀樂常法，又何有善？只是感於外物，當惻隱者生惻隱，當羞惡者生羞惡，當辭讓、是非者生辭讓、是非耳。然此亦不過曰端而已。天之所能與人，不過此端，令人接續此端，擴充將去，則爲仁義禮智，此所謂天之休命也。不擴充，則亦不過端焉而已，那有仁義禮智乎？乃知性，天與人以功夫也，不盡功夫，已非性矣。孔子曰：「性相近也，習相遠也。」相遠之處，即相近之物，端則相近，習則相遠，乃知論語開口說「學而時習之」，便是言性也。學之習之，則生理日出，性也；纔說不學不習，生理已斷，即非性也。可見時習不厭，續人心之生氣於不死者也。孟子曰：「仁義忠信，樂善不倦，此天爵也。」樂善，人功，而列於天爵者，學習即天之所命也。我樂仁義忠信，便有仁義忠信，若不樂仁義忠信，那有仁義忠信！若先樂而後倦，則亦先有仁義忠信，而後無仁義忠信矣，正與孔子學習悦樂之旨相發明。「十室之邑，必有忠信如丘，不如丘之好學」，人而不好忠信，忠信將已；不學忠信，忠信將枯，可見不好學不能恒其忠信也。荀卿不知，以爲性惡學善，儻知學即性，則安敢冒冒然謂性惡哉！可知性是功夫，可以爲善之物也，故孟子曰：「乃若其情，則可以爲善矣，乃所謂善也。」可以爲者，才也，故孟子每每以情驗性，以才言性，最爲明白。才，性之爲也，可以爲而未爲，故似無善、無不善也；爲則善，不爲則不善，故似可以爲善，可以爲不善也；有肯爲者，有不肯爲者，故似有性善、有性不善也，是豈功夫之罪哉！故至有相倍蓰而無算者，不能盡其功夫者也。說至此，告子更無辨矣。孟子與滕世子言性善而稱堯、舜者，堯、舜開闢盡性之人也。觀二典之文，歷歷之語，乃憂勤惕厲，用功之極者也，故爲性之也。舜百年倦於勤，乃避位，生安只是勤，又可見矣。此正性之之盛，生安之資，本來面目也，可知用功之極者。聖有閒者，賢半作半輟者，中人全不用功，民斯下矣。或者疑之曰：「性是功夫，人何爲多將功夫用之不善乎？」曰：「此物之感也。記曰：『人生而靜，天之性也；感於物而動，性之欲也。』感善則善生，感惡則惡生，既感又感，順逆相生，於是又生知善知惡，於是又生遷善改惡，層層會生，順而能逆，皆功夫也。世人不用功，能順感，不能逆感，故多不善，自槁其生理也，然而不滅之生意、功夫之根株終在也。子思作中庸，言性之書也。性者，生生不已者也。率所生生不已者而出，謂之道。道者，通也。遇有難通，則又不已，而生修焉。率固性也，修亦性也，故不學而能，不慮而知者，性也。學焉而能愈出，慮焉而知愈精者，獨非性乎？不勉而中，不思而得者，性也。勉之而愈中，思之而愈得者，獨非性乎？學者若不信性善是功夫之説，則性善終無下落，告子三説，終居其勝，雖强言性善，只在鏡花水月之中，乍明乍滅之際，孔、孟之道，能不息乎！」

至命

性、命一也，在天與之謂命，在人受之謂性。命如詔敕，性如職事，所詔敕者即職事，所職事者即詔敕，一也。但命職在君，而盡職在臣，君不得而代爲，故天命人以性，不能强人盡性，有能盡性，斯命至矣。至之云者，天之所以命我者，我無一之不至，故曰至命，非盡性外又有至命功夫也。學者往往疑有義理之命，有氣數之命，亦非兩樣。天命之性，命人以立志、存養、窮理、力行。義理之命也，其中有盡義理而昌者、栽者、培之也，有不盡義理而亡者、傾者、覆之也，此爲氣數之命，亦義理也。有盡義理而不皆昌，天將厚之以子孫也；不盡義理而不皆亡，天將厚其凶以殲之也，此爲氣數之命，亦義理也。氣數有正，無憾之天，乃命之常也；氣數有變，有憾之天，命之偶然也，自宜順受其正而聽其變。小人不知正命，立巖牆之下以俟命，可乎？紂曰「我生不有命在天」，以至身死國亡，可乎？君子總齊之以義理，庶幾無差謬也。學者若信不及命之理，子思作中庸固已闡發極明曰。詩云：「維天之命，於穆不已。」蓋曰此天之所以爲天也。天是箇虛空的，卻把何理命於人？只命人箇不已。這不已乃天之所以爲天也，即以所以爲天者命之人而已。試看天何有乎？日往則月來，月往則日來，寒往則暑來，暑往則寒來，運行不已便是。天若有一時停住，便不成天。可見不已即天之真精神健行者也，以此健行之真精神降生於人，人得之爲性，性亦健行不已者也，故曰：「文王之德之純，純亦不已。」是文王盡性者也，即至命矣。能盡不已之性，便到了不已之命地位。今人多舍中庸之解，別講所命之理，恐或妄矣。中庸於「成己成物，時措咸宜」之後，接言「至誠無息」一章，可見盡性不是盡了遂罷手也。惟有盡而命不已，此後志還照常立，心還照常存，理還照常窮，行還照常力，天無已時，萬古一般運行也，方是至命之學。雖到天下至聖地位，盡己性、人性、物性了，參天地、贊化育了，設使一旦忽然將志敗了，心不存，性不養，即理悖而行乖矣，人物當下失所矣，參贊成局亦自崩壞矣。即使天一旦日月不行，寒暑不運，還可有世界否？這性命功夫，一日當不得兩日，今年替不得明年，最是無休歇的。天人一理也，所以堯、舜其猶病諸。文王望道未見，一日不死，而有一日之事，尚有一日之萬幾，而能不兢兢業業，恐失墜乎？溯其初，由性命學性命是本源；要其終，方完全了性命，性命又是末梢。今之學者，多以性命爲高遠，別尋下學，然後至於性命地位，誤矣，誤矣！

嵩談録

寬夫問：「昨言『一念常在，如抱日月』之説，得毋有禪的意思？」仲誠曰：「不可看得太高，此語只如常惺惺，心要在腔子裏一般，只是各人説來覺别。」問：「還得許多功夫方到此？」仲誠曰：「不然。此是開手，不是了手，此後方有事幹。若用許多功夫方了此局，此周海門、王龍溪之説便蹺欹不著實。所謂一念常在者，即收放心，操則存的功夫。心放不操存在這裏，把甚麼去做功夫？故屬第一層最初功夫。但學者往往苦於認心不真，故操存亦只影響。須尋箇心之真體是如何，方能實有所操，實有所存，而心之真體明而已，須要常常明，便是常常存，此一點明常在，豈不如抱日月乎？夫今日看得高，只是乍聞，做來自平。」問：「此後事如何幹？」曰：「公昨所謂要除雜思慮，此後正不怕他思慮雜，我此明體正有用處，任他聲色貨利，來一件便將一件徹底思索一番，窮得骨露筋出，件件如此，結果一切邪惡皆被我看得透，堪厭堪憎，則永不來矣。此趁水和泥法，何用除他！」曰：「雖是第一層功夫，先生可是待幾多時能如此？」曰：「也有數年，但數年只謂之尋門路，及尋得門路在此，方向此行，豈不是初入門，此後方有事幹耶？今學者正坐終日尋路，便説有功夫，其實未入門。」

寬夫問：「邵子曰：『一念未起，鬼神莫知，不由乎我，更由乎誰？』此際如何下一『我』字？程子曰：『喜怒哀樂之未發謂之中。』此時下不得箇『静』字，卻又不肯下箇『動』字，何也？且『一念未起，鬼神莫知』，與『未發』是同是别？」對曰：「邵子此語不可看得高，只是説，此時起善念也由我，起惡念也由我，雖鬼神不能測我，我起念更可由誰也？未發之中，當時程子亦未看得倒，然語意則是未發之中純是功夫，故云下不得『靜』字。然只是未發，亦下『動』字不得。看來，雖有功夫，只可説靜，若動，則已發也。邵子未起念之説，無功夫，非未發之中，明矣。當時邵之學以因物付物爲至妙，不作主意，與中庸豫立之説別。豫即中也。」

先儒令人求未發氣象，尋孔、顔之樂，此語只如和尚參禪，標一模糊之語，令人參悟，所以繩鎖人細，約其動擾而引之耑靜可也。其實未發處最有實體，最有實功，徒以氣象言，已非中庸本意。孔、顔之樂，乃治心之味，所謂時習之説，而朋來之樂也，用此功方知其樂，不可以預擬也。

先儒生絶學之日，道已無傳，崛然而起，欲爲聖人，過人遠矣。但當時學絶則道高，傳聞歲久，如天如神，聖人已成訛言故事，非人類所能矣。被先儒看得來爲我自己身心事，絶學已得傳矣，道已不高矣。然於古聖經書之言，推詳有不到處，又遂不敢，輒視聖人僅與我身心之事等齊也，得毋或有高焉者？遂乃姑從便文解釋，於是至今道猶留一半高處，學猶留一半絶處。此先儒急欲向平易體貼，以合自己身心平易之理，還欲守先儒不得意處的語録，終日嚼蠟，何爲也？舍自己身心，無憑體聖人經書之理；離聖人經書，無由驗自己身心之是非，若語録，只是這中閒牽綫，牽到便不用矣。

學道六書删抹一册授德公克從曰：「此書是昔年學問得力處，亦不可不看，但有一半恍惚語，删去殊不亂人。若道一録，又是初學陽明所見，評論多妄，不看可也。」

逸庵謂仲誠曰：「觀道一録言窮理爲誤，及次第書極言窮理得力，可知先生無一時不用功，隨所進以明其實，不固成一說以掩前失。」仲誠謝曰：「先生誠知己也。」

友錢仲誠于山中，臨別，曰：「先生之學美矣，未免太高，願此後少抑之，以接後學。」仲誠唯唯謝教，默省終路，而歎道學之難言也，作學高辨曰：「世之學者同口言者皆高也，故久而不知其高，反以爲平；吾指以登高自卑之路，則駭聞乍見，反疑爲高矣。由於少躬行，失體驗，惟尚言語文字，無怪乎其反也。如君臣也，父子也，夫婦也，昆弟也，朋友之交也，學者莫不曰道在是耳，舍此言道則太高，談中庸，修身以道則足矣。修道又必以仁，何也？止言已發之達道足矣，又必言未發之大本，何也？則五常正非唾手舉足之事，所以古今盡倫之人少，何學者易易視之乎？天下之達道五，所以行之者三，三德乃入五道之門户也，卑達道而高三德，亦異於孔子矣，而況天下之達德三，所以行之者一，則一又微於三矣！由一而三，由三而五，舍一言三，三之僞可知也；舍三言五，五之僞又可知也。予不敢以自僞見世之學者，雷同勦說，稱綱常名教如指掌弄丸，而實昧於所由入之路，共蹈襲取的然之弊而猶不知也，故特於達道之先，補達德一層功夫。本與人同道也而特迂其途，本與人同學也而復多其功，方且自以爲迂下拙鈍，而反有視爲高者，故深歎人之躬行少而體驗失也。吾今以此爲辨，人又必曰：『以一行達德，以三行達道，誰不知之？正不如子言之深也。』吾不知知、仁、勇果淺焉？否耶？行之二字，學者果能識得否耶？然則大學在『止於至善』之下，直接格、致、誠、正言之，何等明淺，而必入定、靜、安、慮深微之語於先，豈無說乎？中庸直說『戒慎恐懼』，何等明淺，又必雜『不覩不聞』以爲言，又必言『未發』，言『大本』，及末章又丁寧於『闇然』，又言『遠之近』、『風之自』、『微之顯』，乃可『入德』，其不類於隱怪，亦幾希矣！蓋道原於性命，來頭本自隱微，不由隱微入門，不得至顯見之處，此從來大道不責小人而歸君子，能勝此道得爲君子以教小人者，千古有數之人而已。今世學者，輕慢聖學，妄承大道，動言日用常行，飾其荒莽，而無深微之功；借口春風沂水，飾其疏惰，而無敬慎之心。又以逐事體認爲細密，而不知已失之。臨時旋辨去，的然不遠，絶非聖門深造以道之序。此皆由於中不虚，識不廣，力不鋭，學不勤，故守成見而有止心。嗚呼！欲知吾學之高與不高，亦於吾學學之耳，不然，吾之自辯，與人之辯我，又焉有定論也？即如友人常舉廬墓一節爲言，予以爲非禮，賤神而貴鬼也，孝自此失其實矣。舉世知名，而吾責其實，其能辭於高乎？如友人喜稱節烈奇行以爲扶綱常，予以爲無學，不可爲訓，不如守德教，循禮讓，使天下不輕生捐命，而身納於軌物也，則孰高遠，孰卑邇，又自有辨。奈世無存養之學，相率爲粗莽苟同之説，則亦難與言耳。然而實高也，人以將容苟且偶感適中待天下，吾欲以聖人蕩平之道待天下，則人之期望者常炫灼於目前，吾之期望者終不可一二見聞。嗚呼！吾亦何辭矣乎？此譬如覩樹木者拾花葉爲平常，而以生氣爲怪誕，吾不知無生氣得有花葉否耶？今惟談綱常，説仁義，而存心養性之功置之不論，亦何異於殘木之生氣而求其花葉乎？則所謂綱常仁義者，非僞則怪而已矣！」

天中録

儒學本天，釋學本心，此語大有病，與聖人五經、四書之語不合。凡不據經書而自爲之言，雖出先儒，亦不敢從也。聖人言道，何嘗本天不本心？「人心惟危，道心惟微」，本心而言也。「惟皇降衷於下民」，衷者，心也。「天生烝民，有物有則。民之秉彝，好是懿德」，秉彝，心也。離心，天在何處？降生於何所？衷也、好也從何處發端施用？天杳冥虚空而寄寓於人心，則杳冥者乃真，虚空者乃實，離心言天，則幻而怪矣。離天言心，則蠢而不靈矣。大學修身必先正心，明是本心。人同此天，即同此心，故一人之心不出户而絜天下之矩。矩者，心也。故曰：「心誠求之，雖不中，不遠矣。」難道此語是本天不本心？難道釋學是絜矩誠求之學，而吾儒反非乎？程子平日所言，無非此理。或皆後人訛傳所誤，或程子一時誤分，未按經傳，後學遂因而大除心學，吾爲此懼！

陽明主良知是病，何也？良知是憑天的，不賴學功，此譬之生米不中食，生金不中用。天生粟而欲人燔煮之，天生金而欲人煅煉之，天生人以良知能而欲人操存擴充之，此天之休命也。命人以物，不命人用，非美命也；并與之用，方爲至美之命也，故孔子曰十室之忠信不如好學。陽明直取足於良知，不信窮理，故曰病也。今吕氏大闢心學，若謂心無學，是一空物也，則又不及良知之説矣；若謂心不待學，卻是良知剩義耳，心猶知，不待學良也。吕氏亦良知之實，何復駁良知也？陽明主良知，上面還有「致」字，與先生主良知不同，但説「致」字偏在存養，而遺窮理，少卻梢頭半邊。吕氏闢心學，心中不許加學，則學在心外，是「致」字偏在窮理，而遺存養，少卻根頭半邊。少根與少梢，孰勝孰負？

問先生云：「心是爲學之物，已是學了，何也？」曰：「吕氏看心如繩墨斧斤，以繩墨斧斤爲作器皿之物，待器皿既成，則繩墨斧斤置而無用，以心爲學，待學成，而心亦遂無用，是分體用爲二。若我則不謂然也，心如繩墨斧斤，以繩墨斧斤爲學工匠之物，迨成巧工能匠，亦不過精繩墨，善運斧斤，學正在繩墨斧斤上學耳。若曰工匠成而棄繩墨斧斤，不得也。以心爲學之物，正在心上學，迨成賢成聖，亦不過精於操存此心，擴充此心。雖孔子七十從心不踰矩，亦離心不得也。是本體即功夫，功夫即本體也。」

釋氏不本心，并不本天，何以知之？今人乍見孺子將入於井，皆有怵惕惻隱之心，推之羞惡、辭讓、是非之心，莫不皆然。釋氏獨非人乎？獨非心乎？但吾儒培此以爲根本，使一一發生出來，君臣有義，父子有恩，夫婦有别，長幼有序，朋友有信，這些都生出來，乃知裏面有箇根在，是本心也。釋氏將這些都教死了，不令生出。死不盡處，必加力死之，務令死盡。故知他裏面亦有箇根在勃勃要生，卻硬斬斷絶滅其根，是不本心也。試思人何以便有此心？此心何以勃勃常生，斬滅不斷？天與之也。天是生生之物，以生生者命之人，人亦是生生之物，心亦是生生之心。釋氏既死其心，即死其天，不知後世何以信之？不學之故。

附録

先生曰：「鍾元先生昔日見予之行，嘗規之曰：『力行太猛。』予曰：『初學力微，不如此不勝也。』又規之曰：『賢智之過。』予曰：『自己所履路徑，不敢忘也。』予見當世而念念在是，行行在是者，惟鍾元先生而已。」先生亦謂：「予念念在是，行行在是也，是吾兩人之至契也，天下古今之大同也，又奚異？」鈎談録。

又曰：「鍾元先生謂予之學似多一層功夫，予看先生之學似少一層功夫，只得各明其説，豈肯以阿同爲賢!」同上。

先生自言於經義往往與古人有異,同時人謂其好高,故作學高辨。又於顔習齋學説有諍義,謂許西山好論經世,亦未盡可行。天中録。

先生編日記,名之曰溯流史,窮爲學功夫之源流,分敦臨堂録、關中録、嵩談録、鈞談録、燕邸録、蜀中録、天中録,附論昏喪葬祭雜文及游梁書院講語,書以史名,實合語録文集而一之也。溯流史學鈔序。

起庵弟子

李先生經世

李經世字函子,號靜庵,禹州人。諸生。明季,州人有煽亂者肆掠,父果珍與有舊恩,諭賊未擾鄉里,以通賊嫌陷獄,先生方弱冠,詣州庭剖白得解。父母相繼殁,避亂至大冶,遇流寇,被虜得脱。亂定歸里,入郡庠,試輒冠軍,意不自得,乃求性命之學,晝夜默坐,忘寢食者數月。已而曰:「得無近於禪乎?」及從起庵游,讀其經書疏略、學道六書,沈思潛玩,上契濂、洛、關、閩,於釋、道二氏能抉其病源。學以仁孝爲本,而主於敬。或問:「敬與靜孰要?」曰:「方吾流離倉皇,安所得靜?吾自持吾敬,志定氣亦定,斯即所謂靜也。」起庵因爲顔其室曰靜庵。晚年師事登封耿逸庵、中牟冉蟫庵,友事襄城李禮山、同邑趙哲淵、馮克從，皆從起庵同傳夏峯之學者。著有尋樂集、一得録。參黎庶昌中州文徵。

黄先生本訥

黄本訥，字□□，内黄人。諸生。從起庵學，以知恥自勵。既聞識本體之説，獨能有悟。又率其從子之錫、勤二人同受學。起庵謂：「自得本訥，信從者日衆焉。」參起庵撰黄氏家譜序。

案：起庵門下甚衆，溯流史學鈔所載問答論學諸人，於籍貫仕履行事多未著，不能辨其孰爲弟子。國朝學案小識載從學諸子，自三黄外，有楊得秀、王章、閻良弼、馬昌、郭九齡、史贊明、劉承業、馬騆、李殿禎、張右栻、周丕顯、馬德進、馬德迪、馬德達、師懋學、王志旦諸人，姑録其名，列諸待訪。

起庵交游

孫先生奇逢 別爲夏峯學案。

李先生顒 別爲二曲學案。

湯先生斌　別爲潛庵學案。

耿先生介　別見潛庵學案。

竇先生克勤　別見潛庵學案。

田先生蘭芳　別見潛庵學案。

崔先生蔚林　別見夏峯學案。

耿先生極　別見夏峯學案。

馬先生爾楹　別見夏峯學案。

趙先生御衆　別見夏峯學案。

錢先生佳選

別見夏峯學案。

顔先生元

别爲習齋學案。

李先生來章

李來章初名灼然，以字行，號禮山，襄城人。康熙乙卯舉人，官廣東連山知縣，會猺亂，初就撫，革無藝之征，招流勤墾，親入猺山宣講感化，創建連山書院，親爲訓教。以上考行，取擢兵部主事，監督倉場，辭職歸。大臣以留心正學薦，被徵不出。先生爲明尚書敏之裔，家世忠孝講學，少通經史，潛心性命之學。李二曲至襄城尋父遺骸，與襄其事，遂與訂交，益以正學相砥礪。謁孫夏峯於蘇門。鄉舉出蔚州魏公之門，魏公語以「欲除妄念，莫如立志」，作書紳語以識之，與起庵及竇靜庵往來講貫。又謁湯潛庵於京邸，與耿逸庵、冉蟫庵同講學於嵩陽書院凡二年。應聘主講南陽書院，立學規，著達天録，評輯二程、朱子之文以訓士，學風大振。尋謝歸襄城，葺紫雲書院，讀書其中。内行醇篤，爲母舐目，目昏復明；讓産與弟，窮困怨悔不形。嘗曰：「爲聖賢須從慎獨起。」著衾影録，一言一動，逐日備書，以省愆計過。所著書凡四十餘種，惟禮山園文集、連陽八排風土記行於世。參學案小識、黎庶昌中州文徵。

劉先生宗泗

劉宗泗字恭叔，襄城人。康熙庚午舉人。伯兄宗洙，仲兄恩廣，一門孝友。母喪，兩兄皆以毁卒，世稱劉氏二孝子。先生修其遺訓，以撫教諸孤，皆學成，立名於世。先生耽學如嗜慾，不務華飾。研究儒先之説，所交多海内名德鉅人。其談道論文，則起庵及李二曲、冉蟫庵、田簣山相往復云。著有中州道學存真録、恕齋語録、抱膝文集、襄城文獻録。子青蓮，字藕船，歲貢生，有七一軒集。青芝字芳草，雍正丁未進士，翰林院庶吉士，有江村山人未定稿、續稿、閏餘稿。從子青霞字嘯林，諸生，有慎獨軒文集。青藜字太乙，康熙丙戌進士，翰林院庶吉士，有高陽山人集。襄城劉氏世傳文學，爲中州望族焉。

參黎庶昌中州文徵。

清儒學案卷三十一

曉庵學案

自利瑪竇入中國，而天算之學奧窔益開。曉庵研討密微，以爲猶有所遺闕，所立新法，卓然自成一家言。志節之士，通天人之故，固不肯屑屑傍門户也。述曉庵學案。

王先生錫闡

王錫闡字寅旭，號曉庵，吴江人。堅苦力學，治詩、易、春秋，學無師授，自通大義。講學宗濂、洛，孤介寡合，以志節自勵。生於明末，徐光啟、李之藻輩用新法治曆，朝野齗齗聚訟。先生閉户覃求，潛心測算，遇晴霽夜，輒登屋卧鴟吻閒，仰觀天象，往往達曙，遂兼通中西之術，撰曆説五篇。一曰：曆理一也，曆數則有中西之異，西人能言數中之理，不能言理之所以同，儒者每稱理外之數，不能明數之所以異，略舉數事以明理數之本。二曰：漢造乾象曆，覺冬至後天，始減歲餘，後世屢差屢改，亦屢損歲實。大統術歲餘因舊，冬至反先天，故有議增歲實者，但冬至雖合，而夏至又後天，損益兩窮。西人論平歲，則消實之説近；論定歲，則加實之説近，然西曆以歲實求平歲，以均數求定歲，則所主者，消實之説也。所消小餘，視郭曆又減，億萬年後，將漸消至盡，抑消極復長耶？經星東行，故節歲之外，別有星歲。星歲有定，而歲實漸消，兩行之較，將來愈多，豈得以五十一秒永爲定法？識者欲以黄、赤極相距遠近求歲差朓朒，與歲星相較爲積歲消長終始循環之法，然必有平行之歲差，而後有朓朒之歲差，有一定之歲實，而後有消長之歲實。以有定者紀其常，以無定者通其變，乃可垂久而無戾。三曰：中曆主日，日均則度有長短；西曆主度，度平則日有多寡。今以西之宫度爲中之中氣，折半爲節氣，因議舊法平氣至二分則先後二日，不思二分與二正原不同日，二日之差，乃分正之異，非立法疏也。四時寒燠，因日行之南北，不因日行之東西。西法惟主經度，經度者，東西度也。主天度須兼論距緯，今以距至四十五度爲立春定氣，此時日距赤道尚十六度有奇，則所謂中者，經度之中，非距緯之中，于日行南北未有當也。新法定以冬至起丑，從天周分宫，則冬至今當在寅，即從節氣分宫，則冬至今當起子。新法以無中氣之月置閏，仍與舊同，其不同者，舊用平氣，新用定氣。平氣兩策必三十日有奇，無一月三氣之法。定氣兩策多且三十餘日，少至二十九日有奇。冬月大盡者，一月可容三氣，設兩中氣在晦朔之間，節氣在望，必前後有二月俱無中氣，此歲之閏，將安置乎？四曰：推步之難，莫過交食。新法如此加詳，乃所推戊戌仲夏朔食，浙西見食，差天半分；復明，先天一刻。己亥季春望食，帶食分秒，所失尤多。致差之故，豈宜不講！太陰唯定朔、定望在小輪最近，外此即有次均加減。月食食甚，實在定望，止用入轉，可得密合。初虧復明，距望久者不下數刻，參差宜所不免。若日食，不唯虧復二限不在定朔，即食甚亦非真會。今皆置不復論，不可謂非法之疏也。西法食分，隨引數爲多少，食既之數，多至十九分强，足先從前之謬。惟其説曰：「月在最卑，視徑大，故食分小；月在最高，視徑小，故食分大。」余以爲，視徑大小，僅從人目，食分大小，當據實徑，實徑不因高卑有殊。最卑之地景大，月入景深，食分不得反小；最高之地景小，月入景淺，食分不得反大，此與幾何公論矛盾，倘亦致差之一端乎？五曰：星天以太陽爲心，乃復設本天，仍以地心爲心。余考木、火、土三星之行，與金、水二星不同，金、水二星于本圜右旋，木、火、土三星于本圜左旋，皆爲日天所挈而東。近見湯氏所推五星，唯金、水有順逆二合。順合者，星在日後而追及于日；逆合者，星在日前而退與日遇。所推戊戌歲四月戊辰、七月丙午、十一月丁巳，水星皆先過日，歷數時而後順合；五月己丑，水星先在日後，歷數時而後逆合。夫星在日前，順行益遠；星在日後，退行益離，安得再合？天行有漸差，無僭差，豈容一日之内，驟進驟退，無定率如是乎？晚乃兼採中西，創立新法，謂西法之於中法，有不知法意者五事，當辨者十事，取其精粹，去其疵纇，求諸實測，以折其中。其法度法百分日法百刻，周天三百六十五度二十五分六十五秒五十八微三十二纖，以崇禎元年著雍執徐爲曆元，南京應天府爲里差之元，曰躔氣應曆應、月離閏應轉應交應分秒，五星周轉朓朒分秒，合應轉應交應日數、列宿經緯分秒，皆在應天實測，法數備具，可用以造曆。别爲曆法表二十四篇，述推算之法，與其書相輔。釋大統曆法爲氣朔、日躔、月離、五星、交會五篇，曰大統曆法啟蒙。解句股割圜之法，繪圖立説，詳言其所以然，曰圜解。康熙二十年八月朔日食，以中西法及己所定新法預測時刻分秒，與其友徐發等以諸法同測，新法較崇禎曆書爲密，撰推食交朔測日小記。製晷兼測日月星，自爲之説，自爲之解，文仿考工記，曰三辰略志。別有日月左右旋答問、五星行度解與論曆諸文，合爲雜著。二十一年卒，年五十五。參史傳、疇人傳、杭世駿撰傳、梅文鼎傳。

曉庵新法自序

炎帝八節，曆之始也，而其書不傳。黄帝、顓頊、虞、夏、殷、周、魯七曆，先儒謂其僞作。今七曆具存，大指與漢曆相似，而章蔀氣朔，未睹其真，其爲漢人所託無疑。太初三統法雖疏遠，而創始之功不可泯也。劉洪、姜岌次第闡明，何、祖專力表圭，益稱精切，自此南北曆家率能好學深思，多所推論，皆非淺近可及。唐曆大衍稍親，然開元甲子當食不食，一行乃爲諛辭以自解，何如因差以求合乎？至宋而曆分兩塗，有儒家之曆，有曆家之曆。儒者不知曆數，而援虚理以立説；術士不知曆理，而爲立法以驗天，天經地緯，躔離違合之原，概未有得也。國初，元統造大統曆，因郭守敬遺法，增損不及百一，豈以守敬之術果能度越前人乎？守敬治曆，首重測日，余嘗取其表景，反覆布算，前後牴牾。餘所創改，多非密率，在當日已有失食失推之咎，況乎遺籍散亡，法意無徵，兼之年違數盈，違天漸遠，安可因循不變耶？元氏藝不逮郭，在廷諸臣，又不逮元，卒使昭代大典，踵陋襲譌。雖有李德芳爭之，然德芳不能推理，而株守陳言，無以相勝，誠可歎也！近代端清世子、鄭善夫、邢雲鷺、魏文魁皆有論述，要亦不越守敬範圍。至如陳壤摭拾九執之餘津，冷逢震墨守元會〔一〕之拘見，又何足以言曆乎？萬曆季年，西人利氏來歸，頗工曆算。崇禎初，威宗命禮臣徐光啟譯其書，有曆指爲法原，曆表爲法數，書百餘卷，數年而成，遂盛行於世，言曆者莫不奉爲俎豆。吾謂西曆善矣，然以爲測候精詳可也，以爲深知法意未可也；循其理而求通可也，安其誤而不辨未可也。姑舉其概。二分者，春秋平氣之中；二正者，日道南北之中也。大統以平氣授人時，以盈縮定日躔，法非謬也。西人既用定氣，則分、正爲一，因譏中曆節氣差至二日。夫中曆歲差數强，盈縮過多，惡得無差？然二日之異，乃分、正殊科，非不知日行之朓朒而致誤也。曆指直以怫己而譏之，不知法意一也。諸家造曆，必有積年日法，多寡任意，牽合由人。守敬去積年而起自辛巳，屏日法而斷以萬分，識誠卓也。西曆命日之時以二十四，命時之分以六十，通計一日爲分一千四百四十，是復用日法矣。至于刻法，彼所無也。近始每時四分，爲一日之刻九十有六。彼先求度而後日，尚未覺其繁，施之中曆則窒矣，反謂中曆百刻不適於用，何也？且日食時差法之九十六，與日刻之九十六何與乎？而援以爲據，不知法意二也。天體渾淪，初無度分可指，昔人因一日日躔命爲一度，日有疾徐，斷以平行數，本順天，不可損益。西人去周天五度有奇，斂爲三百六十，不過取便割圜，豈真天道固然？而黨同伐異，必曰日度爲非，詎知三百六十尚非弦弧之捷徑乎？不知法意三也。上古寘閏，恒于歲終，蓋曆術疏闊，計歲以寘閏也。中古法日趨密，始計月以寘閏，而閏于積終，故舉中

〔一〕「元會」似爲「會元」之誤。

氣以定月，而月無中氣者即爲閏。大統專用平氣寘閏，必得其月。新法改用定氣，致一月有兩中氣之時，一歲有兩可閏之月，若辛丑西曆者不亦盩乎？夫月無平中氣者，乃爲積餘之終；無定中氣者，非其月也，不能虛衷深考，而以鹵莽之習，侈支離之學，是以歸餘之後，氣尚在晦，季冬中氣已入仲冬，首春中氣將歸臘杪，不得已而退朔一日以塞人望，亦見其技之窮矣。不知法意四也。天正日躔本起子半，後因歲差自丑及寅。若夫合神之説，乃星命家猥言，明理者所不道。西人自命曆宗，何至反爲所惑？而天正日躔定起丑初乎？況十二次舍命名悉依星象，如隨節歲遞遷，雖子午不妨易地，而玄枵、鳥味亦無定位耶？不知法意五也。歲實消長，昉於統天，郭氏用之，而未知所以當用；元氏去之，而未知所以當去。西人知以日行高卑求之，而未知以二道遠近求之，得其一而遺其一，當辨者一也。歲差不齊，必緣天運緩促，今欲歸之偶差，豈前此諸家皆妄作乎？黄、白異距，生交行之進退；黄、赤異距，生歲差之屈伸，其理一也。曆指已明于月，何蔽于日？當辨者二也。日躔盈縮，最高斡運，古今不同，揆之臆見，必有定數。不惟日纏，月星亦應同理，但行遲差微，非畢生歲月所可測度。西人每詡數千百年傳人不乏，何以亦無定論？當辨者三也。日月去人時分遠近，視徑因分大小，則遠近大小宜爲相似之比例。西法日則遠近差多，而視徑差少；月則遠近差少，而視徑差多，因數求理，難可相通，當辨者四也。日食變差，機在交分，西曆名交角。日軌交分，與月高交分不同；月高交於本道，與交於黄道者又不同。曆指不詳其理，曆表不著其數，豈黄道一術，足窮日食之變乎？當辨者五也。中限左右，日月視差時或一東一西；交廣以南，日月視差時或一南一北，此爲視差異向，與視差同向者加減迥別。曆指豈以非所常遇，故寘不講耶？萬一遇之，則學者何從立算？當辨者六也。日光射物，必有虛景。虛景者，光徑與實徑之所生也，闇虛恒縮，理不出此。西人不知日有光徑，僅以實徑求闇虛，及至步推不符天驗，復酌損徑分以希偶合，當辨者七也。月食定望，惟食甚爲然。虧復四限，距望有差，日食稍離中限，即食甚已非定朔。至於虧復，相去尤遠。西曆乃言交食必在朔望，不用朓朒次差，西曆名次均加減。過矣！當辨者八也。歲、填、熒惑以本天爲全數，日行規西曆名日天。爲歲輪；太白、辰星以日行規爲全數，本天爲歲輪，曆指又名伏見輪。故測其遲疾留退，而知其去地遠近。考於曆指，數不盡合，當辨者九也。熒惑用日行高卑變歲輪大小，理未悖也；用自行高卑變歲輪大小，則悖矣。太白交周不過二百餘日，辰星交周不過八十餘日，曆指皆與歲周相近，法雖巧，非也。當辨者十也。語云「步曆甚難，辨曆甚易」，蓋言象緯森羅，失得無所遁也。據彼所述，亦未嘗自信無差。五星經度，或失二十餘分，西法一十二分。躔離表驗，或失數分，交食值此，當失以刻計，淩犯值此，當失以日計矣。故立法不久，違錯頗多，余于曆說，已辨一二。乃癸卯七月望食當既不既，與失食失推者何異乎？且譯書之初，本言取西曆之材質，歸大統之型範，不謂盡墮成憲，而專用西法如今日者也。余故兼採中西，去其疵纇，參以己意，著曆法六篇，會通若干事，考正若干事，表明若干事，增葺若干事，立法若干事。舊法雖舛，而未可遽廢者，兩存之。理雖可知，而非上下千年不得其數者，闕之。雖得其數，而遠引古測，未經目信者，別見補遺，而正文仍襲其故。爲目百幾十有幾，爲文萬有千言，非敢妄云窺其堂奧，庶幾初學之津梁也。或曰：「子雲稱洛下爲聖人，識者非之。嗣是名曆代興，業愈精而差愈見，徒供人之彈射。子今法成，而彈射者至矣。」

曰：「培岡阜者易爲高，浚谿谷者易爲深。夫曆二千年來差愈見而法愈密，非後人知勝於古也，增修易善耳。或者以吾法爲標的，則吾學明矣，庸何傷？」

測日小記自序

說者曰：「推步而得之，不如仰觀之易也。」此殆有爲言之，而耳食者以爲信然，幾何不爲陳言所誤耶？余謂步曆固難，驗曆亦不易。何也？天學一家有理而後有數，有數而後有法，然惟創法之人，必通乎數之變，而窮乎理之奧。至於法成數具，而理藴于中，似乎三尺童子可以運籌而得，然達人穎士猶或畏之，則以專術之賾糾繆千端，不可以一髮躁心浮氣乘於其閒，所以塗本坦夷，而卻步者嘗多也。若夫驗曆，則垂象昭然，有目所共覩，密者不可誣以爲疏，疏者不可諛以爲密，雖謂之易也可。然語其大概，則亦或得之矣，其如薄食之分秒、加時之刻分之不可決之于目，斷之于意乎？本論專爲交食，故不及躔離、陵犯。故非其人不能知也，無其器不能測也。人明于理，而不習于測，猶未之明也；器精于製，而不善于用，猶未之精也。人習矣，器精矣，一器而使兩人測之，所見必殊，則其心目不能一也。一人而用兩器測之，所見必殊，則其工巧不能齊也。心目一矣，工巧齊矣，而所見猶必殊，則以所測之時，瞬息必有遲早也。數者之難，誠莫能免其一也。即不然，而食分分餘之秒，果可以尺度量乎？辰刻刻餘之分，果可以儀晷計乎？古人之課食時也，較疏密于數刻之閒，而余之課食分也，較疏密于半分之內。夫差以刻計，以分計，何難知之？而半刻、半分之差，要非躁率之人、粗疏之器所可得也。倘惟仰觀是信，何時不自矜？何時不自欺？以爲密合乎？故曰：「驗曆亦不易也。」重光作噩，仲秋辛巳朔食，法具五種，算宗三家，或行于前代，或用于當今，或修于朝宁，或潛于草澤，莫不自謂脗合天行。及至實測，雖疏近不同，而求其纖微無爽者，卒未之覩也。于此見天運淵微，人智淺末，學之愈久，而愈知其不及；入之彌深，而彌知其難窮。縱使確能度越前人，猶未足以言知天也，况乎智出前人之下，因前人之法，而附益者乎？平情而論，創法爲難，測天次之，步曆又次之。若僅能操觚，而即以創法自命，師心任目，撰爲鹵莽之術以測天，約略一合，而傲然自足，胸無古人，其庸妄不學，未嘗艱苦，可知矣！謹記。辛巳朔，測日始末如左。

大統曆法啟蒙

凡例

一、日躔五星所注度分，皆從晨前夜半爲斷，惟月離日出入時度分，以「晨」「昏」二字別之。

一、推步皆依舊法，無毫釐增損。

一、監曆舊不注分，但七政一日有一日之行，時刻有時刻之行，或一度界在兩日，歲、填、熒惑以及太白、辰星遲行留退日數更多。或二度、三度同在一日之内，辰星多至四度，月離多至十五、六度。若止據子正注度，其餘時刻所躔宿度每每誤用。今度下備録餘分，即得一日所行若干度分，并知某時某刻換度换宿矣。

假如本年正月甲申日躔虚八度八十三分，乙卯日躔危初度八十四分，若止據虚八度之文，雖至甲中夜子，猶未覺其爲危度也。今備録兩日度下餘分，得本日日行一度零二分，用乘除法，得寅正初刻日躔虚九度，寅正一刻日躔危初度。一刻下餘分似屬可緩，然於升降度所關不細，今備録之。

一、定兩弦，監曆不注時刻，若在日出分以下者，皆退一日。今按弦望時刻亦不可缺，其退日，注曆者皆增「夜」字以别之。

一、四餘皆緣日月躔離而生，實無星象可指。或言氣爲月華，孛爲彗孛者，妄也。近世有論天無紫氣者，支分縷析，反覆十有餘條。辨則辨矣，然氣失於閏，本非無因，但年遠數盈，苟不探本窮源，未易修改。況合氣與朔而成閏，是以有氣不可無朔。術家棄朔而存氣，端緒已失，故糾紛而不可理。余向推陽朔一行爲修改紫氣之根，而草野無制作之權，未敢輕以問世。

一、監曆所注四餘交宿過度之日，皆以本日晨前子正爲主，余添以刻分，似先一日，然實與舊同，無所更張也。

一、監曆本於郭守敬，昭代元監正劉中丞略加增損，至今三四百年，氣朔躔離，未免有先後之差。余推候二十餘年，成曆法六篇，與舊法頗有異同，而驗諸乾象，庶幾不致疏遠。然草野無制作之權，未敢輕以問世。

曉庵雜箸

曆策

古之善言曆者有二：易大傳曰：「革，君子以治曆明時。」子輿氏曰：「苟求其故，千歲之日至，可坐而致。」曆之道主革，故無數百年不改之曆。然不明其故，則亦無以爲改憲之端。太初以來，治曆者七十餘家，莫不有所修明。當時亦各自謂度越前人，而行之未久，差天已遠，往往廢不復用。何也？是在創法之人，不能深推理數，而附合於蓍卦、鍾律以爲奇；增損於積年、日法以爲定。或陰用前法而稍易其名，或偶悟一事而自足其知，欲其永久無弊，豈可得哉！執事以新法既非，舊法未必無誤，而博訪於草澤也，此正愚所樂得而縷陳者也。欲知新法之誠非，須核其非之實；欲使舊法之無誤，宜釐其誤之蹤，然後天官家言，在今可以盡革其弊，將來可以益明其故矣。舊法之屈於西學也，非法之不若也，以甄明法意者之無其人也。今考西曆所爭勝者不過數端，疇人子弟駭於刱聞，學士大夫喜其瑰異，互相夸耀，以爲古所未有。孰知此數端者，悉具舊法之中，而非彼所獨得乎？一曰平氣定氣以步中節也。舊法不有分、至以授人時，四正以定日躔乎？一曰最高最卑以步朓朒也。舊法不有盈縮遲疾乎？一曰真會、視會以步交日也。舊法不有朔、望加減食甚定時乎？一曰小輪、歲輪以步五星也。舊法不有平合、定合、晨夕伏見、疾遲留退乎？一曰南北地度以步北極之高下，東西地度以步加時之先後也。舊法不有里差之術乎？大約古人立一法必有一理，詳於法而不著其理，理具法中，好學深思者，自能力索而得之也。西人竊取其意，詎能越其範圍？就彼所命，創始者事不過如此，此其大略可覩矣。至於日刻之改，天度之殊，則習於師説，而不能變通，反以伐能爭勝，齮齕異己，不知果何關於疏密乎？且新法布算，悉用曆表，日行惟一，而日躔表與五緯表差至五十五秒；月轉惟一，而月離表與交日表差至二十三分；日差惟一，而日躔與月離各具一表，則躔離安得合天？加時安得畫一乎？是以辛丑臘月晦辰，新法非朔而謂朔，癸卯七月望食，新法當既而不既，其爲譌謬，昭然共見，不可掩也。夫新法之戾於舊法者，其不善如此，其稍善者，又悉本於舊法如彼，然則當專用舊法乎？而又非也。元氏之後，載祀三百，未經修改，法雖盡善，安能無弊？故年遠數盈則曆元四應或弗密也，朓朒過强則朔望加時或弗協也，交限失真則薄食分秒未可定也，緯度不紀則淩犯有無難預期也。至如五星段目，昔人止録舊章；黄道辰宿，迄今獨用辛巳，何可以爲定法乎？若是則何從而可？從乎天而已。古人有言，當順天以求合，不當爲合以驗天。法所已差，固必有致差之故；法所吻合，猶恐有偶合之緣，測愈久則數愈密，思愈精則理愈出。以古法爲型範，而取才於天行，考晷漏，審圭表，慎擇人，詳著法，則異同之見，漸可盡泯，成憲一定，不難媲美羲、和，高出近代矣！

附録

先生乙酉以後，忍飢杜門，歷二十餘年如一日。中年得末疾，兩手幾廢，疾病纏綿，年五十五遂卒。嘗作天同一生傳以自託，略曰：「天同一生者，帝休氏之民也，治詩、易、春秋，明律曆象數。家貧，不能多得書，得亦不盡讀，讀亦不盡憶。閒有會意，即大喜雀躍往往爾汝，古人所謂詩文不必求工，率意而出，盡意而止。帝休氏衰，乃隱處海濱，冬絺夏褐，日中不爨，意泊如也。惟好適野，悵然南望，輒至悲欷，人皆目爲狂生。生曰：『我所病者，未能狂耳。』因自命希狂，號天同一生。『天同一』云者，不知其所指，愚聞諸故老，東望若水，西望虞淵，有天同一之區，蓋生之所居云。」丁子復撰傳。

先生治曆，務求精符天象，不屑屑於門户之分。卒後，潘次耕從其家求得遺書，始見稱於世。梅勿庵初從徐圃臣鈔得圜解，爲訂其缺誤，而爲之序。既又從張簡庵得曆法，並所定大統法，及三辰儀晷，加以評論，合名爲王寅旭書補註。勿庵撰交食管見，所論測所虧邊數以定食甚方位，亦取先生説也。杭世駿撰梅文鼎傳、勿庵曆算書目。

梅定九曰：「鼎嘗評近代曆學，以吴江爲最，識解在青州以上。」勿庵曆算書目。

又曰：「從來言交食，只有食甚，未及其邊，惟王寅旭則以日月圓體分爲三百六十度，而論其食甚時所虧之邊凡幾何度。今爲推演，其法最爲精確。」梅文鼎與潘耒書。

又曰：「王書用法精簡，能深入西法之堂奥，而規其缺漏。如所謂恒星定而歲實消，則歲差不宜爲定率，日食當用月次均諸説，皆直抉其微。以視徒守古率，輒攻西説者，大有逕庭。」圜解序。

丁小鶴曰：「先生以不世出之姿，際明末造，韜晦而無所試，所與游皆一時遺老，桐鄉張楊園、崑山顧亭林交最篤。亭林云：『學究天人，確乎不拔，我不如王寅旭』。其傾倒至矣。嘗讀先生詩，有云：『我固冰雪心，炎燎不能炙。』又云：『蟬抱高枝鳴，喝死聲不哀。』繹其志意，皜皜乎雖與寒冰比潔可也。」丁子復撰傳。

曉庵交游

張先生履祥

別爲楊園學案。

顧先生炎武

別爲亭林學案。

潘先生檉章

別見亭林學案。

徐先生發

徐發字圃臣，嘉興人。以諸生入國子監，授詹事府録事，改運判。父世淯，精天算之學。先生承其緒，考驗十餘年，撰天元曆理十一卷。首曰原理。論天道日月五星所以運行之故，博引羣書，證以己説。次曰考古。據竹書紀年甲子，證班固曆法之非。又謂漢人所謂三正，非古之三正；行夏之時，宋人誤註行夏之建，其言甚辨。三曰定法。取大統法，稍變歲實，以上合天元四甲子朔旦冬至爲曆元。復以經傳註疏言天者半多承謬，别撰註疏辨證。他著又有清引亭稿、嘉禾續古百詠。參疇人傳、嘉興府志。

清儒學案卷三十二

竹垞學案

顧亭林嘗曰:「文章爾雅,吾不如朱錫鬯。」四庫著録經義考,謂其「博識多聞,學有根柢,復與顧炎武、閻若璩頡頏上下。凡所撰述,具有本原」。蓋其學派亦略與顧、閻相近,以博通矯弇陋之習,開考證之先,不僅以詞章著也。述竹垞學案。

朱先生彝尊

朱彝尊字錫鬯,號竹垞,秀水人,明大學士國祚曾孫。生有異稟,書過目能覆誦。雖世相,家清貧特甚。見世亂,舍舉業,肆力古學。長而出游,橐載經史自隨。南踰嶺,北出雲、朔,學益博,名益高。康熙己未,以布衣舉博學鴻詞,召試一等,授翰林院檢討,與修明史,充日講起居注官,典江南鄉試。入直南書房,坐私攜鈔胥入内録四方經進書,爲掌院學士所劾,降一級。逾數年,復原官。未久即乞歸家,居數年卒,年八十一。先生博洽多聞,通諸經。其論書,謂書百篇皆掌之外史,諭之行人,孔子非有損益於其間。又辨古文孔傳之僞,而謂書序先出,漢孝武時即有之。其論詩,謂孔子未嘗删。又謂毛詩序本乎子夏門弟子授受，閒有補師説之未及，毛公因而存之不廢。其論春秋，謂魯史舊文不過述一國之事，周官邦國之志小史掌之，四方之志外史掌之，合之自孔子始，故述也而謂之作。具詳所撰諸論中，皆實事求是，不輕附會。晚著經義考，博採晚周、先秦以來，下迄有明諸説經之書，舉其綱要，録其序跋，及諸家平騭，分爲存、佚、闕、未見四類，使二千年傳經原委一一可稽，號稱詳贍。在明史館七上總裁書，論定凡例，訪遺書，請寬其期，毋如元史之迫於時日，多所乖謬。又辨明革除時事野史不足信，舉十二證。又謂「東林多君子而不皆君子，異乎東林者亦不皆小人，作史者不可先存門户之見」。又謂「崇禎朝無實録，朝中朋黨將帥，愛憎賢否不分，家録野紀不足憑，宜用太宗、世祖兩朝實録互證」。世皆以爲有識。考證之學，雖非如同時閻潛丘、毛西河之專家，而網羅宏富，持論和平，集中序跋，諸作論者謂在黄伯思、樓鑰之上。爲文雅潔淵懿，根柢盤深。詩與王漁洋並峙，爲南北兩大宗。所著有經義考三百卷，日下舊聞考四十二卷，明詩綜一百卷，詞綜三十八卷，曝書亭集八十卷，並行於世。五代史注、瀛洲道古録則草創未成者也。參史傳、先正事略、四庫提要、曝書亭集。

文集

書論一

書何以終費誓、秦誓也？説經者曰：「周之衰，孔子有望于魯矣。魯之衰，孔子有望于秦矣。聖人念焚書之酷，雖知不免，猶不能廢人事焉。」噫！是非儒者之言也。周官「外史掌三皇五帝之書，達書名于四方」，鄭氏謂：「若堯典、禹貢，達此名使知之。」「蓋書之名既達矣，又慮其久而昧其義也，乃命大行人九歲則諭書名。然則百篇之書皆掌之外史，而諭之行人，非孔子所得而芟夷翦截黜除之也。謂芟夷翦截黜除之者，孔安國之序之文之僞也。司馬遷稱「孔子序書傳，上紀唐、虞之際，下至秦繆，編次其事」，而班固亦云「序書則斷堯典書也」者，孔子非有損益于其閒，特序之而已。夏之書終以胤征，周之書終以費誓、秦誓，無以異也。周公作多士載于周書，魯公作費誓亦得載于周書，無以異也。且夫平淮、徐一也，召穆公、程伯休父江漢、常武之篇録于詩，安在費誓之不可録于書？悔過一也，衛武公賓之初筵列于小雅，安在秦誓之不可列于周書？以無足異之事，而必謂聖人有心于望周、望魯，毋乃類于讖緯之説乎？秦師之襲鄭也，過周北門，左右免胄而下，超乘者三百人。王孫滿譏其輕而無禮，繆公蓋聞之矣，其作誓曰：「仡仡勇夫，射御不違，我尚不欲。」則悔之之深，匪徒以違蹇叔爲憾也。意其封殽尸而還，必告捷于天子，而陳其誓辭，遂得掌于史而達之四方，雖末由得其詳，而要非孔子有意以秦誓終周書則可信已。

書論二

説書序者不一，謂作自孔子者，劉歆、班固、馬融、鄭康成、王肅、魏徵、程顥、董銖諸儒是也；謂歷代史官轉相授受者，林光朝、馬廷鸞也；謂齊、魯諸儒次第附會而作者，金履祥也。至朱子持論謂非夫子之言、孔門之舊，由是九峯蔡氏作書傳從而去之。按古者書序自爲一篇，列于全書之後，故陸德明稱馬、鄭之徒百篇之序總爲一卷。至孔安國之傳出，始引小序分冠各篇之首，後人習而不察，遂謂伏生今文無序。序與孔氏傳並出，不知漢孝武時即有之，此史遷據以作夏、殷、周本紀，而馬氏于書小序有注，見于陸氏釋文。又鄭氏注周官引書序文以證保傅，故許謙云：「鄭氏不見古文，而見百篇之序。」攷馬、鄭傳、注本漆書古文，是孔傳未上之時，百篇之序先著于漢代初，不與安國之書同時而出也。自愚論之，周官外史之職，掌達書名于四方，此書必有序，而今百篇之序，即外史所以達四方者，其由來也古矣。

詩論一

孔子刪詩之說，倡自司馬子長，歷代儒生莫敢異議。惟朱子謂經孔子重新整理，未見得刪與不刪；又謂孔子不曾刪去，只是刊定而已；水心葉氏亦謂詩不因孔子而刪，誠千古卓見也。竊以詩者掌之王朝，班之侯服，小學大學之所諷誦，冬夏之所教，莫之有異，故盟會、聘問、燕享，列國之大夫賦詩見志，不盡操其土風。使孔子以一人之見，取而刪之，王朝列國之臣，其孰信而從之者？且如行以肆夏，趨以采齊，樂師所教之樂儀也，何不可施于禮義，而孔子必刪之，俾堂上有儀，而門外無儀，何也？凡射，王以騶虞爲節，諸侯以貍首爲節，大夫以采蘩爲節，士以采蘋爲節，今大、小戴記載有貍首之辭，未嘗與禮義悖，而孔子于騶虞、采蘩、采蘋則存之，于貍首獨去之，俾王與大夫、士有節，而諸侯無節，又何也？燕禮「升歌鹿鳴，下管新宫」，大射儀「乃歌鹿鳴三終，乃管新宫三終」，而孔子於鹿鳴則存之，於新宮則去之，俾歌有詩而管無詩，又何也？肆夏、繁遏、渠，天子所以享元侯者，故九夏掌於鐘師，而大司樂「王出入奏王夏，尸出入奏肆夏，牲出入奏昭夏」，鄉飲酒之禮賓出奏陔，鄉射之禮賓興奏陔，大射之儀公升即席奏陔，賓醉奏陔，公入驁，此又何不可施於禮義，而孔子必删之，俾禮廢而樂缺，又何也？正考父校商之名頌十二篇於周太師，歸以祀其先王，孔子，殷人，乃反以先世之所校歸祀其祖者，删其七篇，而止存其五，又何也？穆王欲肆其心，周行天下，祭公謀父作祈招之詩以止王心，詩之合乎禮義者莫此若矣，孔子既善其義，而又删之，又何也？且詩至於三千篇，則輶軒之所采，定不止於十三國矣，而季札觀樂於魯，所歌風詩，無出十三國之外者。又子所雅言，一則曰詩三百，再則曰誦詩三百，未必定屬删後之言，況多至三千，樂師蒙叟安能徧爲諷誦？竊疑當日掌之王朝，班之侯服者，亦止於三百餘篇而已。至歐陽子謂「删詩云者，非止全篇删去，或篇删其章，或章删其句，或句删其字」，此又不然。詩云：「唐棣之華，偏其反而。豈不爾思，室是遠而。」惟其詩孔子未嘗删，故爲弟子雅言之也。詩曰：「衣錦尚絅，文之著也。」惟其詩孔子亦未嘗删，故子思子舉而述之也。詩云「誰能秉國成」，今本無「能」字，猶夫「殷鑒不遠，在于夏后之世」，今本無「于」字，非孔子去之也，流傳既久，偶脱去爾。昔者，子夏親受詩於孔子矣，其稱詩曰：「巧笑倩兮，美目盼兮，素以爲絢兮。」惟其句孔子亦未嘗删，故子夏所受之詩存其辭以相質，而孔子亟許其可與言詩，初未以素絢之語有害於義而斥之也。由是觀之，詩之逸也，非孔子删之，可信已。然則詩何以逸也？曰：一則秦火之後，竹帛無存，而日誦者偶遺忘也；一則作者章句長短不齊，而後之爲章句之學者，必比而齊之，于句之從出者去之故也；一則樂師蒙叟止記其音節而亡其辭，竇公之于樂，惟記周官大司樂一篇，而其餘不知，制氏則僅記其鏗鏘鼓舞，而不能言其義，此樂章之所闕獨多也。且夫六詩之序自周官，魯之次周，商之次魯，不自孔子始也，而後之論者，若似乎私其宗國、存其先祖而然，尤刺繆之甚矣。王制：「變禮易樂者爲不從，不從者君流。」今以太師之所陳，大司樂之所教，瞽矇之所諷誦，輒取篇章句字而删去之，是變禮易樂也。若移秦于魏、唐之後，檜後于陳，豳後于檜，其亦何所取義，而孔子必更之？噫！衰周之際，禮不期于壞而壞，樂不期于崩而崩，孔子方憂其放失，考求之不暇，而豈其删之，以自取不從之罪哉？

詩論二

詩之有序，不特毛傳爲然，説韓詩、魯詩者亦莫不有序，如關雎刺時也，芣苢傷夫有惡疾也，漢廣悦人也，汝墳辭家也，蝃蝀刺奔女也，黍離伯封作也，鷄鳴讒一作悦。人也，雨無正大夫刺幽王也，賓之初筵衛武公飲酒悔過也，此韓詩之序也。楚元王受詩于浮丘伯，劉向，元王之孫，實爲魯詩，其所撰新序以二子乘舟爲伋之傅母作，黍離爲壽閔其兄作，列女傳以芣苢爲蔡人妻作，汝墳爲周南大夫妻作，行露爲申人女作，邶柏舟爲衛宣夫人作，燕燕爲定姜送婦作，式微爲黎莊公夫人及其傅母作，大車爲息夫人作，此皆本於魯詩之序也。齊詩雖亡，度當日經師亦必有序。惟毛詩之序本乎子夏，子夏習詩而明其義，又能推原國史，明乎得失之故，試稽之尚書、儀禮、左氏内外傳、孟子，其説無不合。毛詩出學者，舍齊、魯、韓三家而從之，以其有子夏之序不同乎三家也。惟其序作于子夏，子夏授詩于高行子，此緜衣序有高子之言，又子夏授曾申，申授李克，克授孟仲子，此維天之命注有孟仲子之言，皆以補師説之未及，毛公因而存之不廢。若夫南陔，六詩有其義而亡其辭，則出自毛公足成之。所謂有其義者，據子夏之序也，而論者多謂序作於衛宏。夫毛詩雖後出，亦在漢武時，詩必有序而後可授受，韓、魯皆有序，毛詩豈獨無序，直至東漢之世，俟宏之序以爲序乎？

春秋論一

春秋之義，莫大乎正名。何以正之？正之以天子之命而已。列爵有五，公、侯、伯、子、男，天子所命也。其進也，惟天子得進之；其黜也，惟天子得黜之。孔子特據之以大書于策，以明天子之命，故郳，附庸也，而進爲子；滕、薛來朝，侯也，其後滕降爲子，薛降爲伯；州、虞、郭，小國也，而稱公；杞本公也，而或降爲侯，或降爲伯，或降爲子，或復爲伯。他若于葵丘，宋以公而稱子；于温、于召陵，陳以侯而稱子。傳者見稱名之有異，因之據例發義，于宋、于陳則云在喪未葬也；于州、于虞、于郭則云非爵也；于杞則云用夷禮也。夫曰未葬稱子，則桓公十有三年，衛之宣公未葬而書衛侯；成公三年，宋之文公、衛之穆公皆未葬而書宋公、衛侯；僖公二十五年，衛文公既葬矣，而盟于洮，書衛子，是稱子不係乎葬不葬也。夫謂舍國、滅國、被執，雖生齊之于死，故稱公，則紀侯大去其國不當復書侯；譚子、弦子、温子、夔子、沈子、胡子不當復書子；小郳子執于宋，徐子執于楚，衛侯、鄭伯、曹伯、莒子、郳子執于晉，皆不得復書爵也。其曰杞成公之卒，賤之，終其身也。文公之來盟，既已賤之矣，其卒，復書伯，其義何也？成公、文公之書子也，以其用夷禮，雖大，曰子也。其先，公降而侯，侯降而伯，其義何也？之衆説者，皆由尊聖人之過，謂聖人可以意予奪之，進以示褒，黜以示貶，測之愈深，而離之益遠矣。方周未衰，諸侯不享覲者，一貶其爵，再削其地；至于不朝者三，則六師移之。迨後戰于繻葛，敗績于貿戎，而成周之禾，温之麥，可芟而踐，六師既不能移，土地又不能削，惟爵號之存，猶可操其柄，則因其罪貶之。當日之諸侯，未肯降心以從天子之命，其盟會、慶弔來告于宗國，必仍其舊而莫之改。孔子則因其時而考其事，書其爵以正其名，凡王之未嘗黜者，雖州、虞之細，猶得稱公；其既黜者，杞雖二王之後，迭降爲子，俾知王命之不可犯，僭稱之不足恃，以取信後世，而當時之亂臣、强國知所懼焉，故曰：「春秋，天子之事也。」曰：「然則宋、陳稱子，不以在喪未葬歟？」曰：「諸侯即位，必命之天子。既葬而稱子，未受命于王也；受命矣，則雖未葬可以書爵，宋公、衛侯是也。子言之矣，惟器與名，不可以假人，君之所司也。夫以君之所司，而在下之權得以進退予奪之，則孔子先自處于無王，何以使亂臣、强國知懼而示信于後世乎？顧羣儒之説，猶紛紛附會之不一，此乃孔子所云『罪我者』也。」

春秋論二

春秋隱公元年，「天王使宰咺來歸惠公、仲子之賵」。三年三月，「天王崩。秋，武氏子來求賻」。僖公三十三年十有二月，「公薨于小寢」。文公元年春，「天王使叔服來會葬」。夏，「天王使毛伯來錫公命」。四年「冬十有一月，夫人風氏薨」。「五年春王正月，王使榮叔歸含，且〔一〕賵」。三月，「葬我小君成風。王使召伯來會葬」。八年秋八月，「天王崩」。「九年春，毛伯來求金」。傳者曰：「非禮也。喪事無求，求之非正也。魯雖不歸，周不可以求之。」曰：「此失孔子之意矣。周自東遷以後，其君非有幽、厲之行，其臣非有榮、暴之殘，其號令政教，以晉、楚之彊，請隧問鼎，折以王章，天命之不可犯，未嘗墜文、武、成、康之訓，而于同姓異姓之國，結好諭志，交福贊喜，致襘其禮，未之有廢，顧諸侯之事天子，禮反闕焉，孔子從而書之。苟失禮于王室，魯雖父母之國，不少爲尊者諱，俾後之覽者，因年以考事，則是非自見焉耳。夫平王之與隱公，既賵及其先公矣，又推及其先公之母；襄王之與文公，既使叔服會葬其先公矣，又使召伯會葬其先公之母，其生者被錫命之榮，其死者復有含賵之贈，周之于魯，其禮不爲不備矣。禮，諸侯五月而葬。僖公之薨在十二月，而榮叔以正月至；其葬也在三月，而召伯即以是月至，未嘗後期也。魯之于周則不然，平王之崩，三月來告，至秋而未之賻；襄王之崩，八月來告，至改歲及春而貨未之歸。夫人有德于己猶不可忘，況施及其親，又其事在數歲之內？朋友之義，無施不報，況出天子之賜，而一旦忘之？是魯之無禮爲已甚矣！周之嗣王若置不問，以宗國不共弔葬，四方諸侯將從而效之，何以號令于上而奔走天下？故其初以武氏子來求，及襄王之喪，魯使非其人，弔又不至，於是毛伯以上大夫即前錫命之使臨之。書曰『來求』云者，猶夫齊桓之責包茅不入于楚也。昔孔子從祭

〔一〕「且」，原作「及」，據春秋改。

于魯，膰肉不至而行，孟子曰：『不知者，以爲爲肉也；其知者，以爲爲無禮也。』周雖貧，豈藉魯之金以襄大事哉！孔子之作春秋，志在尊王而已。尊王，故于王室之文，有美而無刺。羣儒未究其義，于宰咺譏其緩，于榮叔譏其兼之非禮，于召伯譏其不及事，至謂來聘、錫命皆非禮之正，是周之備禮無一而是也。石尚之來歸脤也，曰：『久矣，周之不行禮于魯也。』夫不以久不行禮致譏，而反責備禮之非，是信羣儒之説，則春秋徒周之謗史爾，安在其爲聖人尊王而作乎？」曰：「求金與賻，非譏，子言則然矣。求車何爲者？」曰：「古者，諸侯以其國之所有，時獻于天子，義也。桓公八年，天王嘗使家父來聘矣，至十五年求車，仍以家父爲使。魯或前此者許而未之獻，故即以奉使之人責其失信，史蓋諱之而没其文也。」

春秋論三

所以定天下之疑，而彰信百世，莫善乎春秋。昔者，魯之文姜通乎齊襄，遂啟彭生之禍，而且孫于齊，享于祝丘，會于禚、于防、于穀，甚至如京師，其游敖也無節。當時國人傳聞桓公有「同非吾子」之言，罔不疑莊公爲齊侯之子，將使主魯祀者，莫信爲周公之後。國惡孰大于是？孔子有憂之，從而辯焉不可也，諱之則疑者益甚，乃爲著其事于春秋，桓公六年九月書曰「子同生」是已。先是，桓三年，文姜歸魯，齊侯出疆送其女，桓會于讙而親受之，昏禮之始，不爲不重矣。逾三年而生莊公。莊公生十二年，而桓公始會齊侯于濼，爲之特書曰：「公與夫人姜氏遂如齊。」足信會濼以前，文姜未嘗一至齊，而莊公之生，在文姜來歸後三歲，其爲魯君之子，不待辭説而顯，可以彰諸百世無惑。此世子之生，前乎此者不書，後乎此者不書，惟于「子同生」書之。噫！易芊以黄，易嬴以吕，易司馬以牛，其事或未足深信，惟無聖人之書法可以袪惑，史没其文，斯人之疑者益甚，然後知春秋之爲功世道者大也。

春秋論四

以春秋爲春秋，述也，而謂之作，何與？古者列國各立之史，魯之克也，衛之魚也，虢之囂也，晉之蘇也、黯也、趙也、狐也、墨也；咸書國中之事，以達于天子，晉之乘也，宋、鄭之志也，楚之書也、檮杌也，燕、齊、魯之春秋也。孔子既得百二十國寶書，非不欲成東周一代之史，有柱下之老耼在，不敢專也。蓋嘗讀春秋於老耼之前矣，耼也踞竈觚而聽之，又得丘明爲之傳，于是作春秋之志乃定。原魯史舊文，不過所述者一國之事爾，周官邦國之志小史掌之，四方之志外史掌之，莫有删裁會粹而合于一者，合之自孔子始，前乎此者無之，故言作也。譬諸後世紀輿地者，一縣之志有焉，一州、一郡、一路之志有焉，其分十三布政司，撰者謂之通志，是與百二十國寶書同也。十道、九域、大一統之志，則竊取孔子春秋之例者也。合百國之春秋以奉君，天下一人之垂法，禮樂征伐雖出自諸侯大夫，而書「天王」以正其名，書「王正月」以謹其始，無異出自天子，斯則天子之事矣。乃或者以書爵、書人、書名、書字、書月、書時，進退予奪之權，孔子悉得而主之。凡此亦何預重輕？不過就舊史之文仍之已爾。或又以爲，春秋，孔氏之刑書。不知王迹熄，詩亡，然後春秋作，孔子特存其温柔敦厚之遺意，非過爲刻深之文也。

噫！之人也，之説也，豈深于春秋者哉！

史館上總裁第一書

彝尊來自田間，學無師法，一旦入著作之庭，備員纂史，受命以來，憢憢惴惴。伏念史尚三長，而不有其一，何以克副厥任？猶幸有閣下總率之，可以無恐。今開局逾月矣，顧未見體例頒示，竊有所陳，造門者再，未值歸沐之暇，敢奏記於左右。歷代之史，時事不齊，體例因之有異。班固書無世家而有后戚傳，已不同於司馬氏矣。范蔚宗書無表、志，後人因取司馬彪續漢書志以爲志，又不同於班氏矣。蓋體例本乎時宜，不相沿襲，故漢之光武、唐之孝明、宋之真宗，皆嘗行封禪之禮，作史者不必效史遷而述封禪之書也；德星慶雲，醴泉甘露，器車龍馬，嘉禾瑞麥，一角之獸，連理之木，九莖之芝，不絶於世，作史者不必效北魏、南齊而述符瑞之志也，此志之不相沿襲也。班史第古今人表，上及於皇初；歐陽子紀宰相世系，下逮於子姓；遼之游幸，金之交聘，他史無同焉者，此表之不相沿襲也。史記列傳有滑稽，日者，五代有家人、義兒、伶官，宋有道學，他史無之，此傳之不相沿襲也。至若皇后，一也，尊之則附於帝紀，抑之則冠於臣傳；公主，一也，或爲之傳，或爲之表；釋、老，一也，或爲之志，或爲之傳，餘如天文、五行或分爲二，職官、氏族或合爲一，然則史蓋因時而變其例矣。明三百年，事有創見者，建文之遜國，革除長陵之靖難，裕陵之奪門，宜何以書？躋興獻王於廟，存之則爲無統，去之則没其實，宜何以書？志河渠者，前史第載通塞利害而已，明則必兼漕運言之，而又有江防、海防、禦倭之術，宜何以書？志刑法者，前史第陳律令格式而已，明則必兼廠衛、詔獄、廷杖，晰之宜何以書？若夫志地理，則安南之郡縣、朵顔之三衛曾入圖版，旋復棄之，又藩封之建置，衛所之參錯，宜何以書？至於土司之承襲，順者有勤王之舉，反側者興征討之師，入之地志則不能詳其事，入之官制則不能著其人，宜何以書？凡此皆體例之當先定者也。

又魏、定、黔、成、英、臨淮諸國，衍聖一公，咸與明相終始，則世家不可不立，惟是張道陵之後，靦顔受世禄，奉朝請，於義何居？然竟置不録，難乎免於闕漏，宜何以書？此亦體例之宜審量者也。蓋作史者必先定其例，發其凡，而後一代之事可無紕謬。彝尊不敏，麤舉大綱，伏希閣下不遺葑菲之末而垂采焉。示之體例，俾秉筆者有典式，譬諸大匠作室，必先誨以規矩，然後引繩運斤，經營揆度，崇庳修廣，始可無失尺寸也矣。惟閣下垂察，幸甚！幸甚！

史館上總裁第三書

采書之議，閣下既信鄙言行之，將來史館不患無書考證矣。獨是體例，猶未見頒，而同館諸君，紛紛呈列傳稿於掌記，館中供事遂相促迫。且將閣下之命，謂元史纂修不過六七月告成，具稿宜速。此則彝尊之所不識也。昔干寶勒晉紀，先立凡例，凡例既立，然後紀、傳、表、志相符。貞觀撰晉書，體例出於敬播，於是李淳風、于志寧等則授之以志，孔穎達等則授之以紀、傳。治平撰通鑑，先編叢目草卷，草卷責之范夢得，積至四丈，截爲一卷，於是兩漢則授之劉攽，三國、六朝、隋則授之劉恕，唐、五代、十國則授之范祖禹，以故事無闕漏，而文不繁複，是史家之遺法也。司馬遷續其父談之書以爲史記，班固續其父彪之傳以爲漢書，李百藥續其父德林之紀傳以爲北齊書，皆再世而就。至姚思廉梁、陳書，曾鞏謂其「歷三世，傳父子，數十歲而乃成」。隋書始於王劭，次以顏師古，次以魏徵等，其十志成於高宗時，歲月更久。蓋史之難成如此。若夫元史，其先開局纂修一十六人，其後續纂一十三人，合計其成僅十三月爾，其文蕪，其體散，其人重複。既有速不台矣，而又別出雪不台；既有完者都矣，而又別出完者拔都；既有石抹也先矣，而又別出石抹阿辛。以及阿塔赤、忽剌出兩人，既附書於杭忽思、直脱兒之傳矣，而又爲立傳。至於作佛事則本紀必書，游皇城入之禮樂志，皆乖謬之甚者。以宋濂、王褘一代之名儒，佐以汪克寬、趙汸、陳基、胡翰、貝瓊、高啟、王彝諸君子之文學經術，宜其陵軼前人，顧反居諸史之下，無他，迫於時日故也。伏惟閣下幸勿萌欲速之念，當以五年爲期，亟止同館諸君勿遽呈稿，先就館中所有羣書，俾纂修官條分而縷析，瓜區而芋疇，事各一門，人各一册，俟四方書至，以類相從續之，少者扶寸，多者盈丈，立爲草卷，而後妙選館中之才，運以文筆删削，卷成一篇，呈之閣下，擇其善者用之。或事有未信，文有未工，則閣下點定，斯可以無憾矣。不然，朝呈一稿焉夕當更，此呈一稿焉彼或異，若築室於道，聚訟於庭，糠籺雜揉，嵌罅分裂，記述失序，編次不倫，閣下且不勝其勞，雖欲速，而汗青反無日也。新唐書之成，歷十有七年，而紀、表、志、傳書出兩手，吴縝猶起而糾其繆，況體例莫定，草卷未編，而以六十人之稿，錯陳於左右，其何以詮擇而會於一？劉知幾曰：「書彼竹帛，事非容易。」閣下勿易視之，幸少寬其期，毋或如元史之牽率。必改圖焉，倣貞觀、治平之遺法，而後可爾。

史館上總裁第五書

昨過高齋，值閣下他出，閽者延客坐案，有閣下手疏史目，蓋體例初稿，取而誦之，有儒林傳，又有道學傳。閣下講明正學，探洛、閩之淵源，欲爲道學立傳，固宜。然彝尊竊以爲不必也。傳儒林者，自司馬氏、班氏以來，史家循而不改。逮宋王偁撰東都事略更名儒學，而以周、張、二程子入之。元修宋史，始以儒林、道學析而爲兩，言經術者入之儒林，言性理者别之爲道學；又以同乎洛、閩者進之道學，異者寘之儒林。其意若以經術爲麤，而性理爲密，朱子爲正學，而楊、陸爲歧塗，默寓軒輊進退予奪之權，比於春秋之義。然六經者，治世之大法，致君堯、舜之術不外是焉，學者從而修明之，傳心之要，會極之理，範圍曲成之道，未嘗不備，故儒林足以包道學，道學不可以統儒林。夫多文之謂儒，特立之謂儒，以道得民之謂儒，區别古今之謂儒，通天地人之謂儒，儒之爲義大矣，非有遜讓於道學也！且明之諸儒，講洛、閩之學者，河東薛文清公而外，寥寥數人。薛公立傳，當在宰輔之列，今取餘子標爲道學，上不足擬周、程、張、朱，下不敵儒林之盛，則莫若合而爲一，於篇中詳敍源流所自，覽者可以意得，此彝尊前書所云「體例不必沿襲」者也。狂簡之言，不知所裁，惟閣下審擇之。

附録

先生議孔廟禮樂，謂太學天子主之，天子之學宜行天子之禮，奏天子之樂。又議曲阜設官，當用東野氏，以周公之子孫治孔子之里。議孺悲當從祀，謂悲親傳禮於孔子，學者毋泥論語之文，疑悲不在弟子之列。議鄭康成不當罷從祀，謂康成注經引緯，皆取其醇者，朱子注楚辭，九峯蔡氏注書亦皆引緯，不當以此議康成。其後升孔廟爲大祀，而康成復從祀，蓋先生之説已有行之者。文集。

經義考初名經義存亡考，後以菉竹、聚樂、淡生、一齋諸目所藏，及同人所見世有其本者，列「未見」一門，又有雜見於諸書，或一卷，或數條，列「闕書」一門，乃定名曰經義考，先刻一百六十七卷。至乾隆中，盧雅雨爲補刻一百三十卷。其書首御注、勑撰，次十四經經義，次逸經，次毖緯，次擬經，次師承，次宣講、立學，次刊石，次書壁，次鏤板，次著録，次家學，而以自序終焉。宣講、立學、家學、自序四門已闕。十四經者，十三經廣一大戴禮也。康熙四十四年，聖祖南巡，先生迎駕，召見於行殿，進呈所著經義考，温諭褒奬，賜御書「研經博物」扁額，時年已七十七矣。經義考序跋。

先生修明史，數上書總裁，多見採用。後直南書房，尋罷職。其所編輯可考者，有文皇本紀、見上總裁書。文苑諸傳。見文集中。清末有手稿流傳，大致相出入。

先生序徐章仲五代史記注云：「予年三十，即有志注是書，引同里鍾廣漢爲助，廣漢力任鈔撮羣書，凡六載，攷證十得四五。俄而廣漢卒於都城逆旅，檢其巾箱，遺稿不復有。後從雲中轉客汾、晉，歷燕、齊，所經荒山廢縣，殘碑破冢，必摩挲其文，響拓之，考其與史同異。又薛氏舊史雖佚，其文多采入册府元龜、太平御覽諸書，兼之十國分裂，識大識小有人，自分編脊成書，可與劉、裴鼎足。通籍以後，討論明史，是編置之笥中。歸田視之，則大半爲壁魚穴鼠所齧，無完紙矣！撫躬自悼，五十年心力，付之永歎。文集。

先生謫官後，居京師，撰日下舊聞，捃拾載籍，及金石遺文，會稡之，分十三〔一〕門，曰星土，曰世紀，曰形勝，曰宮室，曰城市，曰郊坰，曰京畿，曰僑治，曰邊障，曰户版，曰風俗，曰物産，曰雜綴，而以石鼓考終焉。所抄羣書，凡千四百餘種。自撰日下舊聞序。

先生慨明詩自萬曆後作者散而無統，輯明詩綜百卷，於公安、竟陵之前，詮次稍詳，若啟、禎死事諸臣，復社文章之盛，亦力爲表揚之。其自序云：「或因詩而存其人，或因人而存其詩，閒綴以詩話本事，期不失風人之旨。」國史文苑舊傳。

先生富於藏書，得項氏萬卷樓殘帙，又借鈔於史館及宛平孫氏、無錫秦氏、崑山徐氏、晉江黄氏、錢塘龔氏，積至八萬卷，皆觀其大略。子昆田亦能讀之，自編曝書亭著録八卷，分八門，曰經，曰藝，曰史，曰志，曰子，曰集，曰類，曰說。自撰曝書亭著録序。

〔一〕「三」，原作「一」，今改。

竹垞家學

朱先生彝鑒

朱彝鑒字千里，竹垞弟。精篆法，善畫，工藝事，嘗聽經師講詩小戎章，誚其昧於車制，乃削木爲小戎，市絹人馬御輪執轡，欲觀者示之。有笏在堂遺稿。參曝書亭集周篔墓表。

朱先生昆田

朱昆田字文盎，號西畯，竹垞子。承家學，從至京師，以才名，時稱爲小朱十。助父撰日下舊聞，補其闕遺。工詩，有笛魚小稿十卷，附曝書亭集後。參竹垞日下舊聞序、高層雲撰笛魚小稿序。

朱先生稻孫

朱稻孫字稼翁，文盎次子。以文學世其家。康熙季年，客太倉王相國掞邸中，相國爲春秋傳説彙纂總裁，引稼翁爲助，稼翁出家藏書二百七十餘家以資考訂。乾隆丙辰，薦舉博學鴻詞。著有六峯閣集。參嘉興府志。

竹垞弟子

盛先生楓

盛楓字黼宸，嘉興人，竹垞之甥，著嘉禾徵獻録，述嘉興有明一代人文。竹垞撰禾録，述鄉里風土，謂其書足以相輔。又姚東明字竹友，秀水人；徐懷仁字元仲，王浤字上濤，鄭邁字序周，戴錡字坤釜，並嘉興人；朱丕戭字愷仲，竹垞從孫。東明、懷仁、浤、錡、丕戭皆有集。參嘉興府志、縣志。

竹垞交游

顧先生炎武

別爲亭林學案。

閻先生若璩

別爲潛丘學案。

毛先生奇齡別爲西河學案。

曹先生溶

曹溶字潔躬，號倦圃，平湖人。居秀水。明崇禎丁丑進士。入清，歷官户部侍郎，左遷山西按察副使，裁缺歸。康熙己未，薦舉博學鴻詞，又薦修明史，皆未就。家多藏書，愛才若渴，四方之士倚爲風雅宗主。著有續獻徵録、五十輔臣傳、靜惕堂詩文集。參國史本傳、檇李詩繫。

徐先生善

徐善字敬可，嘉興人。父世淳，明季官隨州知州，死難。先生棄科舉，研經學，撰徐氏四易，一曰天易，闡圖、書也；二曰羲易，敍八卦也；三曰商易，辨十辟也；四曰周易，明四正八交之旨也。書成，竹垞爲之序。又撰春秋地名考，就正於竹垞，亦爲之序。其書中從帝王世紀，以召公爲文王庶子，竹垞不以爲然，貽書諍之。後其書爲高江村士奇刻行，改題士奇名。又有蘁谷集、周髀密法會通、弧矢六宗疏、容圓寶珠綱、璇室洞詮諸書。卒，門人私謚孝靖先生。參嘉興府志、縣志、曝書亭集。

李先生良年

李良年初名法遠，字武曾，嘉興人。與竹垞交最親，同治古文，於詩持律甚嚴，取中、晚唐及宋、元諸集，别出機杼。同至京師，才名益著，一時稱爲朱、李。同舉博學鴻詞，未與選。晚佐徐尚書乾學修一統志。於洞庭山著有秋錦山房集。兄繩遠字斯年，弟符字分虎，皆工於文辭，時稱三李。繩遠有尋壑外言，符有香草居集。時同里閈以文學稱者，又有譚吉璁字舟石，竹垞之姑子，舉博學鴻詞，未與試，官至山東登州知府，著有爾雅綱目、嘉樹堂集、肅松録、延綏鎮志；吉璁弟瑄字左羽，康熙己酉舉人，官禮科給事中，有涵萬樓疏稿；周篔字青士，布衣，以詩名，著有采山堂集、詞緯、今詞綜、析津日記、投壺譜；篔弟篁字林於，有鷗堂集；王翃字介人，布衣，有秋槐堂集；沈進字山子，著有藍村集、文言會粹、行國録；張雍敬字簡庵，明曆算，著有定曆玉衡，竹垞頗稱許之，從宣城梅勿庵文鼎講論，有宣城游記，又有蓋天算法恒星考、春秋長曆考、西術推步法、弦矢立成諸書。參曝書亭集、嘉興府志、縣志。

鄭先生元慶

鄭元慶字子餘，號芷畦，歸安人。廩貢生。從父駿孫邃於易、禮，自幼即傳其業，并通史傳及金石文字，覃思著述，期有用於世。毛西河、胡東樵及竹垞先生皆折行輩與之交。家貧，出游四方，混跡幕府，張清恪嘗欲薦之而不得。其後詔開博學鴻詞科及三禮館，李穆堂輒謂全謝山曰：「如芷畦之治經博物，真其選也，惜死矣。」其生卒不可攷。雍正己酉，追作西河竹垞合像記，自云不能握筆，令子代録，蓋已病風矣。著述甚富，曰禮記集説七十卷，意在續衛正叔之書，糾陳雲莊之誤者也；石柱記箋釋五卷；唐設五縣記遺其二，竹垞先生摭補德清、武康二縣事，而先生考證之，號爲博贍者也。又有詩序傳同異、周禮集説、家禮經典參同、官禮經典參同、喪服古今異同攷、春王正月攷，卷數未詳，大都散佚。其湖録一百二十卷，爲重修府志張本，徧游七屬，博訪故家，補訂舊缺，駁難辨正，時歷八年，稿凡六易，生平精力，殫於是書，後之爲府志者，大半宗之，而原稿零落，惟存經籍一門。行水金鑑一百七十五卷，代傅澤洪作者也，故所撰小谷口薈蕞、今水經學、兩河薛鏡、七省漕程皆附見其中，其書體大思精，凡從事治河者，莫不奉爲圭臬。少時有廿一史約編之作，後頗悔之，然亦盛行於世。參盛百二撰傳、全祖望撰窆石志、劉承幹禮記集説跋。

禮記集説

王制

天子諸侯宗廟之祭，春曰礿，夏曰禘，秋曰嘗，冬曰烝。

愚按：孔疏礿、禘、烝、嘗皆指時物而言之，竊意時祭不備物，凡鼎俎籩豆各有限制，四時不異，唯豆籩庶羞爲籩人、醢人所掌，則每及他物，如膴鱐胖腊麷蕡蔆芡之類，各得以時物實之，如春薦韭，夏薦麥，秋冬薦黍稻，與夫月令薦鮪、薦含桃之類，皆非時祭所辦。孔疏所謂祭品鮮薄云云，殆指庶羞言之與？然而礿、禘、烝、嘗之名，恐未必定因物之成與不成也。公羊傳、爾雅並云：春祭曰祠，夏祭曰礿。說文、玉篇因之。說文無「禴」字，玉篇云：「禴同礿。」據此，則此記春礿之「礿」當爲「祠」字，傳寫之誤也。詩之「禴」，即公羊、爾雅之「礿」，古字通用也。然夏祭既謂之礿矣，而此記又謂之禘，何也？爾雅：「禘，大祭也。」說文：「祫，大合祭先祖親疏遠近也。」祫即禘也，故此記下文云，天子祫禘，諸侯禘一，犆一祫，遂又以禘爲夏祭云。且「祫」與「礿」聲相似也，「祫」與「禘」義相同也，故詩以爲「禴」，公羊、爾雅以爲「礿」，而此以爲「禘」，無非指夏祭而言之也。禴、祠、烝、嘗見於小雅，小雅叶韻，故以夏先春。祭統春礿夏禘與小雅不同，郊特牲、祭義皆云春禘，又與祭統不同，而與祭統之夏祭又同，先儒或以爲三代之祭異名，或以爲字之誤，言人人殊，蓋諸經所言四時之祭，秋冬皆無異辭，惟春夏互有不同。吾得約言以斷之曰：春祭曰祠，不得言礿也；夏祭言礿，亦可言禴，亦可言祫，亦可言禘也。惟郊特牲、祭義言春禘則不可解耳。至於字義，祠，說文：「春祭曰祠，品物少，文詞多也。」「礿，夏祭也。」玉篇亦曰：「春祭曰祠，祠猶食也。」公羊傳：「夏祭曰礿也。」嘗，說文：「口味之也。」玉篇亦曰：「口味之，與嘗同。」烝，說文：「火氣上行也。」玉篇亦曰：「火氣上行。又進也，冬祭也。」而鄭注「礿，薄也」；「禘，次弟也」；「嘗者，新穀熟而嘗之」；「烝，衆也」，又「進也，進品物也」。此王制之春礿、夏禘、秋嘗、冬烝，漢文帝時博士之文也。或據先代之名，或自爲之名，以定爲制，固不必求合於諸經，亦不必求合於漢末之周禮，而多爲考異之辭矣。西河先生謂：「時祭定月，經無明文。」竊以禮記考之，明堂位：「季夏六月，以禘禮祀周公於太廟。」祭統：「衞孔悝之鼎銘曰：『六月丁亥，公假於太廟。』」據此，則禘祭之在季月明矣。非但禮記爲證，春秋宣公八年，六月，「辛巳，有事於太廟」，胡傳曰：「有事言時祭。時祭者，夏祭之禘也，諸侯禘，一犆一祫，是年祫祭，故於太廟也。春秋常事不書，此不因有事書，因襄仲卒而繹，故書之。」宣公之禘，禘於六月，與明堂位、祭統並同，此又季夏禘祭之一大證據。若周正建子，改月改時，六月建巳，時維季夏。魯禘如此，則周禘可知。禘如此，則三時之祭，皆在季月，可知。而況春秋所書，歷有明徵！禘祭既在六月，則嘗祭應在九月，烝祭應在十二月。桓公十四年八月乙亥嘗，其先時者也，故胡傳曰：「志不時也。」八年正月己卯烝，其後時者也，故穀梁傳亦曰：「志不時也。」唯左傳昭元年十二月甲辰朔烝，其及時者也。據此，則四時之祭，皆在季月，此又鑿鑿可據者，焉得謂經無明文耶？唯桓八年正月烝，五月又烝，與夫左傳襄二十八年十一月嘗、定八年十月禘，春夏兩烝，禘嘗在冬月，是皆不可解耳。

祭法

燔柴於泰壇，祭天也；瘞埋於泰折，祭地也，用騂犢。

愚按：泰壇以祭天，即郊也；泰折以祭地，即太社也，泰折疑即太社之音訛。郊特牲曰：「牲用騂，尚赤也；用犢，貴誠也。」與此用騂犢正同，然止言郊也。周禮陽祀用騂犢，陰祀用黝牲，鄭

注：「陽祀祭天南郊，陰祀祭地北郊及社稷也。」此祭天祭地之下云「用騂犢」，何歟？蓋騂犢者，是周家尚赤、貴誠之義，豈祭地亦用騂犢乎？然郊特牲明著之。曰郊特牲，而社稷皆太牢，是祭太社不用騂犢也。陸農師因謂「此合祭天地」；又謂「用騂犢」當連下讀，亦因周禮之文而致疑之。新說曰：「『用騂犢』三字當在『祭天也』之下，錯簡也。」此說亦通。

天下有王，分地建國，置都立邑，設廟祧壇墠而祭之，乃爲親疏多少之數。是故王立七廟，一壇一墠，曰考廟，曰王考廟，曰皇考廟，曰顯考廟，曰祖考廟，皆月祭之；遠廟爲祧，有二祧，享嘗乃止，去祧爲壇，去壇爲墠，壇、墠有禱焉，祭之，無禱乃止，去墠曰鬼。諸侯立五廟，一壇一墠，曰考廟，曰王考廟，曰皇考廟，皆月祭之；顯考廟、祖考廟享嘗乃止，去祖爲壇，去壇爲墠，壇、墠有禱焉，祭之，無禱乃止，去墠爲鬼。大夫立三廟，二壇，曰考廟，曰王考廟，曰皇考廟，享嘗乃止；顯考、祖考無廟，有禱焉，爲壇祭之，去壇爲鬼。適士二廟一壇，曰考廟，曰王考廟，享嘗乃止；顯考無廟，有禱焉，爲壇祭之，去壇爲鬼。官師一廟，曰考廟；王考無廟而祭之，去，王考爲鬼。庶士、庶人無廟，死曰鬼。

愚按：天子七廟，諸侯五廟，與王制同；獨大夫之廟，有三親而無太祖，與王制異，疑「皇考」之「皇」當爲「祖」字，「顯考祖考無廟」當作「皇考顯考無廟」，然後與王制盡同也。古經傳寫，訛字頗多，鄭氏既知下適士「顯考」之「顯」爲誤，而於皇字、祖字獨仍其舊，多方回護，以爲周大夫之制，恐未得爲通解矣。天子諸侯之太祖，百世不遷者也。此「去祖爲壇」者，去高祖之父耳。孔疏乃云「去祖謂去太祖」也，謬甚。

喬先生萊

喬萊字子靜，號石林，寶應人。父可聘，明末御史，以伉直著聲。先生康熙丁未進士，授中書。十八年，召試博學鴻詞，列一等，授編修，與修明史。二十四年，大考一等，尋擢中允，遷侍講，轉侍讀。會御史奏濬海口瀉積水，河道總督靳輔上言「濬海口不便，請於邵伯、高郵閘置閘洩水，復築長隄抵海口，以束所洩之水，使水勢高於海口，則趨海自速」。下廷臣議，多是河臣言。先生疏陳河臣之議有四不可行，聖祖是之，議乃寢。二十六年，罷歸。三十三年，召來京，旋卒，年五十三。著有易俟二十卷，雜采宋、元諸家易說，推求人事，參以古今治亂得失，蓋誠齋易傳之支流。詩文有應制集、使粤集、歸田集。子崇修字介夫，貢生，以學行聞。雍正元年，與蔡世遠、王懋竑同召見，授銅陵縣教諭。著有樂玩齋集、陶園集。參史傳、揚州府志。

清儒學案卷三十三

健庵學案

康熙朝文治昌明，儒臣承流宣化。其最著者，提倡理學則有熊孝感，薈纂羣經則有李安溪。而健庵博識，多通史學輿地禮制掌故，延納衆長，規模閎大，乾、嘉學派之先聲於此肇焉。述健庵學案。

徐先生乾學

徐乾學字原一，號健庵，崑山人。康熙庚戌一甲三名進士，授内弘文院編修，遷贊善，充明史總裁，累遷侍講、侍講學士、詹事、内閣學士、直南書房，從容文墨，屢有獻納。受聖祖之知，特諭吏部，遇外任巡撫，與桐城張公英俱勿推，以寘左右備顧問也。擢禮部侍郎，在部一切禮制，酌古準今，有不便者，多所釐正。皇太子出閣講學，諸大禮儀及北海祀典，俱所手定。兼充一統志、會典、明史三館總裁，又被命纂輯鑒古輯覽、古文淵鑑二書。二十六年，擢左都御史。逾年，授刑部尚書，因湖廣巡撫張汧之獄牽連被搆，事白，疏請放歸田里，上許解部事，仍領各館總裁，三日一直内廷。會因子樹穀等考選科道，爲副都御史許三禮所劾，詔原之。再上疏乞歸，上允所請，命攜書局即家編輯，疏言：「明一統志疏漏舛錯，難以盡舉，臣今博訪舊聞遺獻，務期精核。」又言：「宋元通鑑明臣薛應旂、王宗沐諸本，或詳略失宜，或考據牴牾，或名姓互殊，或日月闕謬，臣請改修。」博採正史雜史及諸家文集，參考同異，辨正是非，仍仿司馬光通鑑例，作目録考異，彙爲一書，俱依議行。次年，辭闕歸里，設書局於洞庭東山，延聘通儒耆碩從事編摩，忌者搆陷不已。江督傅臘塔劾先生兄弟子姪，上寢其疏。山東巡撫佛倫又劾先生致書囑託前撫錢珏徇庇濰縣知縣朱敦厚，坐落職。尋又以嘉定知縣聞在上私派事，牽連公子樹敏受餽論罪。聖祖特諭内外臣工，「私怨相尋，牽連報復，逮於子弟，殊非朝廷保全體恤之意」。諸相齮齕者始稍稍解。書局既撤，奉命續進所定草。上久復思先生，三十六年，有旨召用，已先一月卒。遺疏入，復原官，年六十有九。

先生學博才贍，當聖祖右文之朝，凡大典禮、大著作多出其手。又宏奬士類，衆流歸仰，著述皆集衆長。明史初以先生弟相國元文爲監修，而先生分任總裁，發凡起例之力爲多。歸田後，專主一統志，告成進呈。資治通鑑後編一百八十四卷，成而未進，後亦採其稿入四庫全書。讀禮通考一百二十卷，爲古今言喪禮者最備之書。欲并修五禮，未成。集刊通志堂經解，爲唐以後經說淵藪。詩文合爲憺園集三十六卷。參史傳、韓菼撰行略。

讀禮通考凡例

一、是書之作，大綱有八：一曰喪期。則以儀禮喪服篇爲主，而凡古今之論服制者，皆附見焉。先倣國史之例，撰表三篇，自斬衰三年，至緦麻三月，以及殤服，而國恤亦備載。爲卷者二十有九。一曰喪服。古今五服制度，及變除次第，有圖有表。爲卷者八。一曰喪儀節。則以儀禮之士喪禮、既夕、士虞禮三篇爲主，而唐之開元禮、宋之政和禮、司馬氏之書儀、朱子之家禮、明之會典五書，自疾病以至挽歌，凡言喪之儀節者，皆附見焉。其歷代國恤之儀，以類而從。爲卷者四十有四。一曰葬考。凡葬次、葬法以及祭墓，而歷代山陵之制，亦以類而從。爲卷者十有三。一曰喪具。凡附於身、附於棺、周於椁者，皆具載焉，參考歷代品式，一之以本朝制度。爲卷者六。一曰變禮。本黄勉齋舊説六篇，今并聞喪、奔喪爲一篇，又有緩葬、渴葬、改葬，暨後世父母乖離，不知存亡，親柩被焚，墓毁制服諸事，各自爲類，亦附於末。爲卷者七。一曰喪制。本之古制，以及今日通行之制。有變古、復古、守禮過於禮、不及禮、違禮者，并爲論次，而二氏禮、異俗禮亦及焉。爲卷者十有一。一曰廟制。孝子報本追遠，莫重於祭，自王侯以迨士庶，有圖有説，悉爲詳考其制度。爲卷者二。總得百有二十卷，而古今之喪禮略備矣。

一、儀禮十七篇，其全言喪禮者凡四篇，喪服、士喪禮、既夕、士虞禮；其不言喪禮而可爲喪祭之用者一篇，特牲饋食禮；其言它禮而閒有及於喪禮者一篇，聘禮也。禮記四十九篇，其全言喪禮者十三篇，檀弓上下、曾子問、喪服小記、雜記上下、喪大記、奔喪、問喪、服問、閒傳、三年問、喪服四制也；其它曲禮、王制、禮器、玉藻、大傳、少儀諸篇，有言及喪禮者，復採之，得數十百條。大要儀禮一書載喪禮者十之三，禮記一書載喪禮者十之四，今於二禮之傳注，凡諸家説有可採者，莫不蒐入，非但有資於喪禮，并於二書之精義，頗有所發揮，亦可爲經學之一助云。

一、先王之禮，至後世而廢失殆盡，其猶存什一於千百者，喪禮而已。即古儒先之論説，亦於喪禮頗詳，蓋送死，人之大事，爲人子者自有同心也。今是編之中，不論禮之沿革，説之同異，莫不盡載，蓋禮非一家之禮，則説當備諸家之説。若必專主其一，而概棄其餘，何以折衷至理，厭服羣心？故匪獨先王之巨典不敢少遺，即末俗之陋習亦不敢或漏，凡以資人之採擇，庶幾送死之禮得以考鏡焉。

一、是編之中，上自王朝，下迄民俗，前自三古，後迄於今，凡簡籍中所載有及於喪禮者，無不採入。自知繁而鮮要，然意主備考，則其説不可不博云。

一、是編之作，始於康熙十六年之春，時居先太夫人之喪，因有事於此書，苫次先爲蒐輯，又數年而輟簡，以爲讀禮時所定也，遂名之爲讀禮通考云。

一、是編之中，有一事而兩見者，如士喪禮小斂後易括髮免髽，説一見於免髽篇，一見於小斂篇，前則欲考喪服之制度，不可得而略也，後則欲考行禮之次第，不可得而删也，觀者審之。

一、是編之中，有一條而經本同文，今分見於兩處者，如喪大記居倚廬數節，其言居處則載廬室篇，其言應對則載言語篇，以事既分門，不容混載而無别也。有一語而幾處可載，今止載一處者，如雜記言喪，小功以上，非虞祔練祥無沐浴」，勉齋經傳通解分載虞祔練祥四處，玆則但載於虞祭篇，以義可總貫，不必分析而始明也，觀者審之。

一、是編之中，採列諸家之説，本以歷代前後爲次第，而説取類從，義貴條貫，不無前後錯置者。程子、張子、朱子之説，例用大字以别之，或其説有未盡合者，或義止訓詁者，亦用小字。諸家之説，例用小字，閒有事關典制者，亦用大字。至於膚見臆説，敢用大字，意取標顯，極知僭妄，故低四格，以示貶抑，觀者原之。

一、古今議禮之家，莫詳於晉，亦莫善於晉。其時廟堂之上，學士大夫各執經以立論，咸粲然可觀，實後代所不及。如後母之子爲前母制服，及父母不知存亡，子行喪制服之議，事出創見，禮所不及者，亦皆辨之成理，可爲後世遭變禮者之凖。如此之類，咸爲採入，以繼於禮經之後，庶幾處禮之常者既有所考見，而處禮之變者亦得以折衷云。

一、國恤儀注，隋以前皆有之，而書軼不傳，唯後漢書頗載其説。至許敬宗輩脩顯慶禮，惑於孔志約、蕭楚材之言，削去國恤不載，而蕭嵩輩脩開元禮因之，故唐之國恤無可考。猶幸杜氏通典載大唐元陵儀注，其閒始末頗備，於今可考，節目之詳者，唯此而已。迨宋之政和禮，明之集禮，亦復不載國恤。今於宋則採宋史及文獻通考，於明則採會典及歷朝實録，雖禮文未備，其規模次第，亦約略可覩矣。玆編自國恤之外，有山陵考，與夫即位、奠殯、喪畢、吉祭、大喪、廢樂、國忌、上陵、神御，皆國恤之類，其它若神主、廟制、名諱之屬，亦皆有天子喪制，合而觀之，而古今國恤之禮，亦盡萃於斯矣。

一、議禮之家，古稱聚訟，宜一以經爲斷。然作者謂聖而有經，述者謂明而有傳，厥後師傳曹習，注疏論辨，各家雜然並興，所聞異辭，所傳聞又異辭。經可信不敢舍經而從傳，傳可信不敢舍傳而從各家；然亦有經不足而不得不取之於傳，傳不足而取之注疏論辨者。輯書之法，宜補偏救弊者，此也。經傳而下，家是一說，言人人殊，其閒質之於理之所是，反之於心之所安，權之於時勢之升降迭變，必有可行者焉，有不可行者焉，則劑量其曲直輕重，從其可而不從其所不可。輯書之法，宜財成斷制者，此也。乃又有先後異宜，堅白兩可，從一說而未備，執兩端以互形，有若言六義則商、賜分鑣，贊一辭則游、夏咋舌，是不得不考詳臚數，以俟秉禮之儒，提衡異同，折衷今古。輯書之法，宜有案而無斷者，此也。覽者詳之。

一、禮以義起，亦與時宜，方今内寧外謐之朝，際此制度考文之盛，律令既著，其科條典禮，復布於方策，吉凶咸備，葬祭有經，文質彬彬，曠越前古矣。然而政殊沿革，學辨源流，行禮則崇尚本朝，窮經則考詳百代，是以孔子從周，夏、殷是監，子輿言徹貢助均宜，况乎以三禮爲經，史志爲緯！故專門之業，注疏兼收，歷代相承，典章遞舉而歸極於國朝之掌故，品物度數悉準現行定制，譬夫一簣爲山，亦若先河後海，庶俾稽古者信而有徵，居今者動而無過，蓋尊所聞則嫺升降之端，行所知則懍一王之制云爾。

文集

脩史條議

太祖之興，其官爵皆受之於宋，如乙未四月授左副元帥，丙申七月授平章政事，己亥八月授中書左丞相，辛丑正月加太尉封吴國公，甲辰正月進吴王，皆歷歷可考，而實録盡諱之，今當悉爲改正，不宜仍前謬謬。

太祖實録凡三脩，一在建文之世，一在永樂之初，今所傳者，永樂十五年重脩者也。前二書不可得見，大要據實直書，中多過舉，成祖爲親隱諱，故於重脩時盡去之，其實太祖御製誥令文集未嘗諱也。今觀此書疎漏舛誤不可枚舉，當一一據他書駁正，不得執爲定論。

太祖自受職於宋，即用龍鳳年號，並不遵至正之朔，今爲高帝本紀，當以甲子紀年，而至正及龍鳳之年數，明疏於下可也。

元末羣雄，如韓林、徐壽輝、張士誠、陳友諒、明玉珍、陳友定、方國珍輩，元史既不爲立傳，今所作諸人傳，當詳列其事蹟，不得過於簡略。

後漢書公孫述、隗囂諸傳，即繼於后妃諸王之後；三國志袁紹、劉表諸傳，新唐書竇建德、王世充諸傳，其例亦然。今作徐壽輝諸人傳，亦當列於親王之後，開國將相之前。

元之遺臣，如也速、王保保，雖元史已爲立傳，然自遯荒之後，闕而不書，因元史即成於是時也。今當載其後事，以備前史之遺。

胡惟庸之獄，人盡疑之，然太祖刑戮大臣，幾無虚月，鋌而走險，遂萌異圖，亦情之所有，豈謂盡無非干天命以救死也？李善長、陸仲亨輩謂其同逆則非，責以知情不舉，彼亦無辭。不然，昭示姦黨，録所列獄詞數十萬言，罪實難貸，事豈盡虚？尚究當年之情實，毋滋疑信之兩端。

胡、藍之黨，公侯伯坐誅者四十餘人，都督坐誅者二十餘人，前有昭示姦黨録，後有逆臣録，皆當據實直書。

宋、穎兩公，無罪而就誅夷，千古所同慨，今當直書其事，不必爲隱諱之詞。至開國公常昇，本以藍玉之甥，與玉同時伏法，逆臣録内，姓名炳然，而吾學編諸書謂「與魏國徐輝祖同禦靖難師於江上」，不亦謬乎！舉此一端，前人之成書，豈可盡信？願共細心考之。

太祖雖治尚嚴酷，其殺人皆顯指其罪，未嘗掩護，乃實録則隱諱太過，而野史又誣謗失真。其最不可信者，祝允明九朝野記、張合臺閣名言、趙可與孤樹裒談或云李默譔。是也。今當詳加考覈，以爲信史，既不可虚美失實，又不可偏聽亂真，願以虚心覈其實蹟，庶免佞史、謗史之譏。

明初之尚書，責之至重，視之實至輕，如一部而官設數人，一人而歲更數任，致史不勝書。今就洪武一朝考之，大僚三品以上者，共得三百餘人，遍搜諸書，其人得立傳者，不過三四十人，又率寂寥數語，本末不具。豈其人皆無可紀述？大率爲太祖所殺，故國史不爲立傳，而其子孫亦不敢以誌狀請人，遂爾湮没不傳。今當廣搜各郡志書，及各郡志名宦傳，以補其闕略，不得但採獻徵録、開國臣傳、分省人物考諸書，致有疎漏。

太祖所殺大臣，有罪狀可指者，實録皆直書其事，如張昶、楊憲、李善長、胡惟庸、陳寧、開濟、郭桓、詹徽、余熂輩是也。其非罪見殺者，則諱之，如程徐、陶凱、薛祥、滕德懋、陳敬、趙瑁、王惠迪、麥至德、徐鐸輩，皆死於非命，前人所作傳，多不得其實，今當據實改正。

公侯伯既爲立傳，子孫或襲爵，或爲勳衛，而有行事可紀者，當即附於祖父之後，不必别爲立傳。諸王之襲封者，其事蹟當附於始封者之後，略仿世家之體。若將軍中尉有賢而當立傳，如睦㮮、謀㙉輩，即附於周王傳内。劉向傳附楚元王後，漢書有例也。

諸王之生卒，既具於諸王列傳，又見於諸王世表，似不必復入本紀，致有重複之病。

史之有志，所以紀一代之大制度也。如郡縣之沿革，官職之廢置，刑罰之輕重，户籍之登耗，以及於兵衛脩廢，河漕通塞，日食星變之類，既詳列於志，不得復入本紀。

本紀之體，貴乎簡要，新唐書文求其省固失之略，宋、元史事求其備亦失之繁，斟酌乎二者之閒，務使詳略適宜，始爲盡善。今惟大典大政登諸本紀，其他宜入志者歸之於志，宜入表者歸之於表，宜入傳者歸之於傳，則事簡而文省矣。前史具在，尚其折衷。

前人之成書，其久行於世者，如吾學編、皇明書史概、開國功臣録、續藏書、明良録、名山藏、泳化類編等書。但可用以參觀，未可據爲篤論，蓋昔人之著作，多書美而不書惡。今兹之筆削，既有褒而更有譏，體自不同，義當兼載，毋執已成之書，遂爲一定之見。

史材之最博者，無如獻徵録、人物考兩書，然皆取之墓志、行狀、家傳、郡乘，率多溢美之詞，未便據以立傳，毋憚旁搜，庶成信史。

或曰：「作史之體，原在採掇衆家，其前人之書，果事覈而文贍者，即仍用舊文，可乎？」曰：「可也。遷、固、曄、壽皆如是也。更有文家愛奇，鑿空附會，易助波瀾，終乖事實，如晉書所載，煩猥頗多，願懲其失，務從雅馴。」

有卓然名世，而閒有微疵者，既有行事之可議，何妨瑕瑜之並存。若爲賢者諱過，亦當諱之於本傳，而見之於他傳；儻止有褒無貶，何以取信將來！

賞罰在一時，褒貶在萬世，故史之有作，前賢比之衮鉞。然使鉤稽宂瑣，苛摘細微，高下在心，愛憎由己，殊非忠厚之道，則又劉知幾輩所深誡者也。

諸書有同異者，證之以實録；實録有疎漏紕繆者，又參考諸書，集衆家以成一，是所謂博而知要也。凡作名卿一傳，必徧閱記載之書，及同時諸公文集，然後可以知人論世。

史傳之敍事也，當辨而不華，質而不俚，其文直，其事核，古人嘗言之矣。

有一事而數人分功者，如順義之封，內則閣部，內閣李春芳、高拱、張居正、趙貞吉，中樞郭乾。外則督撫，督臣王崇古，撫臣方逢時。皆有決策之勞者也；如寧夏之征，文則督撫，前總督魏學曾，後總督葉應熊，巡撫朱正色，監軍御史梅國楨。武則總兵，李如松，蕭如薰，麻貴。皆有戡定之績者也，不得專屬一人，以掩他人之美，當使彼此互見，詳略得宜。

建文出亡之事，野史有之，恐未足據。其尤誕妄者，史氏奇忠志、忠賢奇祕録二書是也。史貴闕疑，姑著其説，而盡削從亡姓名，不以稗官混入正史可耳。

成祖刑戮忠臣，其妻女發教坊者，諸書所傳，至不忍讀。今亦不必盡汙簡册，付之稗史，已足遺譏。

野史流傳，不可盡信。其最挾私害正者，無如尹直之瑣綴録，王瓊之雙溪雜志，支大綸之永昭陵編年史，此皆小人之尤，其言豈足憑據。若夫伍袁萃彈園雜志、吴元之吾徵録等類，心雖無他，語實悖道。尚其鑒別，無惑浮言。

有身居臺閣，而著書乃甚紕繆者，王守溪之震澤紀聞、震澤長語，陸貞山之庚巳編是也。有名託國典，而其實乃甚顛倒者，陳東莞之皇明通紀，黄司寇之昭代典則是也。通紀一書，實梁文康弟名億。所作，故多譽兄之辭。毋以一家之私言，致蔑萬世之公論。

王司馬破蠻之功，豈足贖罪；張中丞楷。假印之罪，豈得掩功？項襄毅之平荆、襄，或譏其濫殺；余襄敏之城邊塞，或議其罔功。是非當以並存，功罪不妨互見。

奪門之事，當以爲罪，而不當以爲功。如以徐石爲是，則景帝之勤死何辜？挺擊之獄，當以爲功，而不當以爲罪。如以王、之寀。何士晉。爲非，則姦黨之口供難滅。諒有定論，毋俟多言。

張、桂之議禮，祇以獻諛，何曾知禮！惟富貴之是圖，遂名教之不顧，誠小人之魁，士林之賊。他若議主繼統，而意非逢君，如王新建、潘司馬，希曾。仍不失爲正人；初雖藉爲顯榮，後不因之附麗，如熊冢宰、浹。黄宗伯，宗明。猶不失爲佳士。若乃咆哮狂吠，恣睢横行，如席、張、方、桂、黄、綰。霍輩，難逃乎萬世之清議矣。

前史之載文章者，兩漢書爲多，三國以至隋、唐則已少矣。至宋、元而載者絶少。今列傳中除奏疏而外，雖有佳文，不宜多載，惟儒林、文苑或當間録一二，亦舊史例也。

諫官之設，明世最多，故奏疏亦最多。今列傳所載，惟擇其糾正君身、指陳時弊、論劾大臣之最剴切者，方可節略入傳。其餘條陳諸疏，不得概入，以滋緐冗之弊。

廷臣以建言而獲顯罪者，其人多入列傳，然亦須核其生平，若止一疏可傳，而無他事表見者，當仿漢書嚴安、徐樂例，止載其疏，而不必泛及其餘。

史以昭萬世之公，不得徇情而曲筆。先人有善，而後人不爲表章；先人無善，而他人代爲諛語，均不可也。今日仕宦諸君，先世多有顯達，若私濫立傳，能無穢史之譏？願秉公心，共成直道。

史有一傳而包羅數十百人者，如蜀志楊戲傳後，附以季漢輔臣讚五十餘人；魏書高允傳後，附以徵士頌三十四人；唐書李憕傳後，附以武、德以來宰相功臣一百八十七人。今亦當仿其例，如胡、藍之傳，不妨附以姦黨之姓名；崔、魏之傳，不妨盡入逆案之姓氏，庶文省而事核，且免挂漏之譏。

明之戰功，大約文武數人共之，如麓川之役，王驥與蔣貴共事；大藤峽之役，韓雍與趙輔共事；播州之役，李化龍與劉綎共事。決機發策，當歸於文；衝鋒陷陣，必歸於武，不得重文輕武，以血戰之功，歸諸文墨之士。必使數人之傳，出於一人之手，庶無牴牾，且免重複。

萬曆中葉，我太祖龍興東土遼左封疆之事，本朝國史記載詳確，宜恭請繙閲，藉以考鏡得失，不致茫忽無據，傳聞異辭。忠義之士，莫多於明，一盛於建文之朝，再盛於崇禎之季，此固當大書特書，用光史籍。若乃國亡之後，吴、越、閩、廣多有其人。此雖洛邑之頑民，固即商家之義士，考之前典，陸、秀夫。張、世傑。文、天祥。謝，枋得。並列於趙宋之書；福壽、宜孫，亦入於有元之史。此皆前例之可據，何獨今史爲不然？尚搜軼事於遐陬，用備一朝之巨典。

莊烈愍皇帝紀後，宜照宋史瀛國公紀後二王附見之例，以福、唐、魯、桂四王附入，以不泯一時事蹟，且見本朝創業之隆也。

明之武功，最爲不振，洪、永勿論，宣、正以後，遂漸衰微，總由武職日輕，因致軍功鮮紀。然而疆場之上，凡有斬馘微功，盡見屢朝實録，因而廣搜猶可作傳。

明之内官，實執國命，外而封疆之守，内而兵食之司，何一不由乎内竪？雖嘉靖以還，此輩盡汰，嘉靖以前，京營設宦官七八十人，倉場三四十人，各邊各省鎮守、協守、分守共一二百人，皆世宗革去。而司禮東廠，其權如故。今所作宦官列傳，不但王、振。曹、吉祥。劉、瑾。魏忠賢。之元兇當盡列其罪狀，即其他蠹政亂國之輩，亦當備載於簡編，以垂萬世之炯戒。

錦衣衛與兩廠相連，中涓之爪牙，前代所未有也，故采弇州志，特立錦衣列傳，與宦官參觀，一代之弊政瞭然矣。

明之實録，洪、永兩朝最爲率略。莫詳於弘治，而焦芳之筆，褒貶殊多顛倒；莫疎於萬曆，而顧秉謙之脩纂敘述一無足採。其敘事精明而詳略適中者，嘉靖一朝而已。仁、宣、英、憲勝於文皇，正德、隆慶劣於世朝。此歷朝實録之大概也。家乘野史未可盡信，必本之實録，而參以他書，庶幾無失。願加博訪之力，無據一家之言。

李選侍未移宫之前，舉朝震驚。諸君子目擊其事，速請移宫，防變慮危，忠臣至計，原未居以爲功，何得指以爲罪？乃竟以是案實諸君子於死地，孰是孰非，何煩置喙！儻執羣小之言，謂爲衆正之過，人心已滅，史筆豈宜！

紅丸之案，李可灼雖無行弑之心，亦當伏妄投之罪。稽諸故事，孝宗、世宗之崩，諸醫皆繫獄論死，彼豈有弑逆之謀？國典當然，不可宥也。至崔文昇之罪，實在可灼之上，乃竟置之不問，國典謂何？諸君子抗疏力爭，自不可少，而乃翻以爲罪，奚以服人？事有公評，毋徇邪説。

明之文學，蔚然稱盛。洪、永則人務實學；宣、正之際，未免少衰；成、弘克追先正；正、嘉而後，流派判然，然爾時稱爲極盛；隆、萬以還，殊無足道。今之文苑，當溯其源流，判厥涇、渭，毋使魚目亂我珠璣。

明世課吏之法，視前代更爲嚴密，故三百年間之吏治，實有可觀。然必衆論稱賢，確有實績可紀者，方可入循吏傳；若無實績，但以虚詞稱美，及雖有實績，而其人本末無足道者，自有郡縣志載之，不得概入正史。至於治行足傳，而其人致位公卿，别有他事表見，自當登之列傳，不必入於循吏。

史有諫疏當傳，而其人不必立傳者，如楊集之諫立儲，席臣之諫棕棚之類，當廣爲搜採，附見他人之傳，不可遺漏。他如高原侃陳京師昏喪之弊，其人既不立傳，其事又無所附麗，則當載之禮志中。諸如此類，各宜搜之實録，查其人無傳可載，則當因類附見，以存其言，不得忽而不録。

有其人不足傳，而其事必當傳者，郭希彦之諫立儲，陳啟新之陳時弊是也，仍當因其事而著其人。有其言不可存，而又不可不存者，陳洸之攻擊名賢，曹嘉之歷詆大臣是也，還當因其言而存其人。總期斟酌盡善，無漏無偏。

明朝講學者最多，成、弘以後，指歸各别。今宜如宋史例，以程、朱一派，另立理學傳，如薛敬軒、瑄。曹月川、端。吴康齋、與弼。陳剩夫、真晟。胡敬齋、居仁。周小泉、蕙。章楓山、懋。吕涇野、柟。羅整庵、欽順。魏莊渠、校。顧涇陽、憲成。高景逸、攀龍。馬少墟從吾。凡十餘人。外如陳克菴、選。張東白、元禎。羅一峰、倫。周翠渠、瑛。張甬川、邦奇。楊止菴、時喬。其學亦宗程、朱，而論説不傳，且别有建竪，亦不必入。

白沙、陽明、甘泉宗旨不同，其後王、湛弟子又各立門户，要皆未合於程、朱者也，宜如宋史象山、慈湖例入儒林傳。白沙門人，湛甘泉、若水。賀醫閭、欽。陳孝廉茂烈。其表表者。莊定山昶。爲白沙友人，學亦相似。鄒汝愚智，以謫宦後從學，宜與諫諍諸臣合傳。王門弟子，江右爲盛，如鄒東廓、守益。歐陽南野、德。安福四劉、文敏、邦采。二魏，良器、良政。在他省則有二孟，化鯉、秋。皆卓越一時。聶雙江雖宦蹟平平，而學多自得。羅念菴洪先。本非陽明弟子，其學術頗似白沙，與王甚别。許敬菴孚遠。雖淵源王、湛，而體驗切實，再傳至劉念臺，益歸平正，殆與高、顧符合矣。陽明、念臺功名既盛，宜入名卿列傳，其餘總歸儒林。陽明主於浙東，而浙東學派最多流弊。王龍谿畿。輩，皆信心自得，不加防檢。至泰州王心齋，艮。

隱怪尤甚。並不必立傳，附見於江西諸儒之後可也。諸子中錢緒山稍切近。

凡載理學傳中者，豈必皆勝儒林？宋史程、朱門人，亦多有不如象山者，特學術源流宜歸一是，學程、朱者爲切實平正，不至流弊耳。陽明之說，善學則爲江西諸儒，不善學則爲龍谿、心齋之徒，一再傳而後若羅近溪、周海門之狂禪，顏山農、何心隱之邪僻，固由弟子寖失師傳，然使程、朱門人，必不至此。國初名儒，皆元遺民，如二趙、汸、撝謙。梁、寅。汪、克寬。范、祖幹。葉、儀。胡、翰。蘇伯衡。諸公，操履篤實，兼有文藝，其爲理學，爲儒林、文苑，多合而爲一，今當爲儒林之冠，而後代經學名家，悉附於後。

聖裔有表有傳，重聖統也。魏書、元史立釋老傳，甚屬贅疣，今悉删之。土官事蹟最多，故特爲立傳。

明人論樂者，如冷謙、韓邦奇、李文利、李文察、張鶚、王廷相、鄭世子載堉等，其議論不一，皆有裨於一代之制作。樂志中雖以聲容歌奏爲重，而諸公之衆説，亦宜斟酌採入。

凡書官制、地名，例從本代，勿用前史字樣，以致混淆。傳首書某人某縣，不必著府。其有縣稱同名，如山陰、華亭之類，則冠以某省。若同省同名，如江西吉安有永豐，廣信亦有永豐，則加府以别之。

洪熙元年，仁宗欲還都南京，故於北京衙門皆加行在二字。自正統六年，定統於北，始去行在，逕稱某官。今遇此七年以内之事，凡京官銜有行在字者，不得刊落。

别號非古也，自明士大夫出仕以後，即以號行，朝野稱謂，遂成風俗。今於本傳中必須見號者，若易之以字，便爲失真。閒於某人字某下復著别號，較於行文尤便。例宜特起者，似不必泥古爲是矣。

凡官階升轉，曰晉，曰陞，俗字未爲近古。其量升者，應稱遷某官。其不次用者，則曰超遷，曰擢。其資品相同者，曰改，曰轉。一切書法，總須考之前史，庶爲無弊。

禹貢山水説

天下名山大川不可勝數，其見於禹貢者四十有五而已。一一而考之，宜若易易也，而朱子一則曰「最難理會」，一則曰「不甚可曉」，又曰「隨文解義，姑爲誦説」。若以山川形勢之實考之，吾知其説有所不通，而不能無疑也。何以故哉？疆地有分并，名號有古今，高深有遷貿，更歷數千百年以來，傳譌傳會，家異人殊，欲一一而考之，誠有如朱子所云也。且不特朱子言之也，裴秀作禹貢地域圖，則云：「山川地名，從來久遠，多有變易，後世説者，或强牽引，漸以暗昧也。」酈道元之注水經，則謂東南地卑，萬水所湊，觸地成川，故川舊瀆，難以爲憑，禹蹟不可考者多也。且夫九州，其來已久，而古書之存於今者少，後儒之論日多，而愈以不決。禹治水功成，作禹貢，距舜居攝未久，而舜乃分爲十二州。至夏而稱九牧，至商而稱九圍，則又并爲九矣。爾雅九州有幽、營，而無青、梁，職方九州有幽、并，而無徐、梁、營，則禹貢之九州，豈必黄帝受命，風后受圖割地之九州耶？其即共工氏、伯有之九州耶？然而禹畫之而舜分之，舜分之而禹又合之，何其紛紛也？舜典肇十有二州，不載州名，孔安國以爾雅齊曰營州，而謂舜時亦有營州；以職方幽、并山川在禹冀州之域，而謂舜時分置幽、并也，無他證據也。封十有二山，不載山名，孔安國但言封每州之名山殊大者以爲鎮，孔疏、蔡傳皆引職方爲解，則舜時以何爲徐、梁、營之山鎮耶？夫禹貢所書山水，皆治水所施功之處，故既以此表疆界，而又特書汧、壺口、砥柱、大行、西傾、熊耳、嶓冢、内方、汶之九山，黑、弱、河、瀁、江、沇、淮、渭、洛之九川，其閒亦有雖大必略者，以其非大概記山水之書也，而其所記者，又未盡合於今日之形勢也。今試即漢、唐、宋諸儒異同之解，約略言之。傳、疏以梁、岐二山在雍州，而集傳以爲在冀州；孔穎達以孔安國身爲博士，必當具見圖籍，實驗當時疆界，而蔡沈援引春秋三傳、爾雅、吕不韋、桑欽、酈道元諸書，皆在冀不在雍也，則當以誰爲正也？孔傳但以岳陽之岳爲大岳，而孔疏、蔡傳實以職方霍山、地志霍太山，然何以稱岳而不列於岳也？堯典有四岳，而無中岳。崧高，禹貢無其名。此云太岳者，其亦在帝都而尊之，或者當日以爲中岳也。孔安國、鄭康成皆以「衡漳」爲一水，而王肅以爲二水，此非在絶遠之域，而爲一爲二，皆遥度之辭也。九河之名，見於爾雅，而蔡傳合「簡絜」爲一河，以爲其一即河之經流。夫九河、碣石既苞淪於海，則「簡絜」之爲二爲一，竟未知其孰是也。漯水之出東武陽，至樂安、千乘入海，差有遺跡，而蔡傳以爲河之枝流，斯不然矣。職方青州「其浸沂」，而禹貢在徐州；兖州「其澤藪大野」，而禹貢在徐州，知周之并徐於青、兖矣。是未并之前，青無可稱浸，兖無可稱澤藪也。三江之説，孔安國、孔穎達、顔師古、韋昭、郭璞、王安石、蘇軾諸人各據所見，要當以集傳所引吴都賦注婁江、東江并松江爲三江者爲是。且職方言其川曰三江，則既入云者，亦當以入海爲是也。震澤，爾雅謂之具區也，傳、疏、集傳皆以爲太湖。太湖即五湖，而職方揚州澤藪曰具區，浸曰五湖，不當澤藪、浸合而爲一也。孔傳以江於荆州界中分爲九道，疏以爲即今尋陽九江，本漢地理志廬江郡尋陽注云「禹貢九江在南，皆東合爲大江」，而朱、蔡以爲即今之洞庭，故九者之名，亦各不同也。若尋陽九江，乃禹貢揚州之境，且其名起近代也，雖或强爲之名，而何由知其必然也？疏以「滎波」爲波濤之波，史記夏本紀作播，索隱以爲播溢之義。而蔡傳以爲二水，據職方「其川滎、雒，其浸波、溠」之文也。然而川取流行，浸則豬畜，禹貢「滎波既豬」，「波」爲浸可言豬，「滎」爲川何以言豬也？禹貢孟豬，左傳、爾雅作孟諸，周禮作望都，夏本紀作明都，何其聲字之俱異也？禹貢言「導河積石」，異於漾之源嶓冢，江之源岷山。不言自者，又異於淮之桐柏、渭之鳥鼠、洛之熊耳矣。積石已上，四載所不到。自至元十七年，始命都實窮河源。蓋踰崑崙，行更一月，始窮星宿，則郭璞之注爾雅固爲胸臆，張騫之使大宛竟不得其要領也。集傳據括地志以鳥鼠爲同穴之枝山，而譏孔氏爲怪誕不經，然李巡、郭璞所説鳥鼠之名狀甚悉，豈其一無所據也？「東匯澤爲彭蠡，東爲北江〔一〕，入於海」十三字，鄭樵以爲衍文，而朱子取之，謂南方山水有全與禹貢不合者，致疑要荒之地，但令官屬相視，未得其真，故多闕遺。然而北方山水，則又南宋諸儒所未得親履其地者，其亦無由而辨其合與否也。又爾雅釋山霍山爲南岳，先儒言霍山在江北，而與江南之衡爲一者，漢武帝以衡山遼曠，故移其神於此，而朱子疑其在嵩山之南，又言唐、虞時恐亦有霍山。又職方山鎮有嶽山，無嵩高，鄭康成司樂注則以吴嶽當五岳之數，并四鎮爲九，與職方相配，而於宗伯注則仍以岱、華、恒、衡、嵩爲五。大儒之説，亦未有定見也。職方注恒山在上曲陽，今之曲陽既非古之曲陽，別之曰上，則

〔一〕「江」下原有「以」字，據禹貢删。「北江」，原作「中江」，據禹貢改。

古亦非一曲陽也。遼東、朝鮮既爲舜所分置幽、營二州之地，則職方之醫無閭，亦當在禹貢之青、冀，而未之及也。故夫禹貢之山水四十有五，皆治水之所有事也，欲一一考之，則漢、唐、宋之諸儒有不能以無疑者矣。孔安國曰：「孔子述職方而除九丘。九丘者，九州之志也，而除之，存禹貢以著夏后治水之功，而所述者，職方也。」然則時王之制，輿圖所載，斯可考矣，何必多爲之説，以求合于古乎？以今之山川，表今之郡邑，斯又善法禹貢之書也，亦孔子述職方之遺意也。

周禮詳於治内説

修身、齊家之義，備於大宰之職矣，而後司徒施其教典焉，所謂「欲明明德於天下者，先治其國」也。此其制度之不得而不詳，職守之不得而不嚴者矣。按王畿四面五百里，而以近郊五十里、遠郊五十里制六鄉焉，其民七萬五千家，其餘地爲廛里、場圃、宅田、士田、賈田、官田、牛田、賞田、牧田，惟九等所任地，而無公邑。遠郊之外百里置六遂焉，其民七萬五千家，其餘地爲公邑，天子使大夫治之。距王城三百里曰稍，三百以外至四百里曰縣，四百里以外至五百里曰都。都之地，王之母弟，王之庶子，與公同食采地百里在焉。縣之地，王子弟之稍疏者，與卿同食采地五十里在焉。稍之地，王子弟之又疏者，與大夫同食采地二十五里在焉。其餘地亦爲公邑，天子使大夫治之。鄉之屬，别有比長，有閭胥，有族師，有黨正，有州長。遂之屬，别有鄰長，有里宰，有酇長，有鄙師，有縣正。鄉有鄉師四人，遂有遂師四人，各以二人分治。三鄉、三遂，有鄉士以掌六鄉之獄，有遂士以掌六遂之獄，此其所同者也。其不同者，司徒主六鄉，而又有鄉老二，鄉則公一人；遂人主六遂，但中大夫二人而已。每鄉卿一人，每遂中大夫一人而已。遂之官卑於鄉，命數皆減一等。差次至鄰長，以不命之士爲之也。遂人雖尊主六遂，自遠郊以達於畿，有公邑、私邑、小都、大都在焉。公邑之大夫，甸、稍如州長，縣、都如縣正。其六遂之中，公邑之獄，遂士兼掌之矣，而又有縣士以掌稍、縣、都三等公邑之獄；既有王之子弟、公卿、大夫治其采地，而又宗伯之屬則有都宗人、家宗人，司馬之屬則有都司馬、家司馬，家司馬以家臣而聽政於公司馬焉，司寇之屬則有都士、家士，又有方士以主四方都家之獄，都士、家士，都家所自置，主治都家吏民之獄以告方士者，而亦屬司寇焉。蓋其設官分職，詳於治王畿以內，有如是也。古之天子，既以九州萬國之地與外諸侯分治之，其餘公邑又使大夫治之。其六鄉、六遂，則天子所自治也，而六遂之餘地亦爲公邑，則又有分治之者矣。惟近郊遠郊四面百里六鄉之外，其餘爲九等之田，其地彌近，而無都邑在其閒，則其地反曠衍，而易以容奸，故以公卿司其教事，而所以屬民讀法、賓禮、賢能者，於鄉言之爲詳。司徒主六鄉，則曰令五家爲比，使之相保；五比爲閭，使之相受；四閭爲族，使之相葬；五族爲黨，使之相救；五黨爲州，使之相賙；五州爲鄉，使之相賓。遂人主六遂，則但論其田野之形體，曰五家爲鄰，五鄰爲里，四里爲酇，五酇爲鄙，五鄙爲縣，五縣爲遂而已。雖其文有彼此互换之可推，亦足以見夫彌近者之彌詳矣。其曰：「比長各掌其比之治，五家相受，相和親。有辠奇衺，則相及。徙於國中及郊，則從而受之，若徙於他，則爲之〔一〕旌節而行之。」蓋自一比之中，而嚴密如此，則夫由少而衆，自邇而遠，無所可以容其奸，可知也。夫如是，而以六鄉之治爲六遂之則，以六遂之治爲公邑、私邑、小都、大都之則，而以京師之治爲九州萬國之則，所謂國治而後天下平者也。吾故曰：「此其制度之不得而不詳，職守之不得而不嚴者也。」戰國兼并，而鄉遂授田建學之制度淪胥以亡，鄉官之職守亦廢，重以四君者招致天下傾危之士、不逞之徒，聚於其國，以迄於漢，五陵、三輔遂爲游俠之窟，逋逃之藪，白晝劫奪人於都市，而莫敢誰何。至有「不如是，何以爲京師」之說。其後，京兆尹乃更以武健嚴酷爲能勝其任，其所由來者，非一日之故也。西漢周禮之學，抑而未章，逮鄭、賈二君，雖申其解，而先王體國經野詳於治內之義，後世卒未有舉而措之者，爲可慨也！

新刊經解序

往秀水朱竹垞諗予：「書策莫繇芿於今日，而古籍漸替，若經解廑有存者，彌當珍惜矣。」予喟曰：「經者，聖人之心精，義理之奧府，歷紀相循，治世典則，其可見於今，多收拾煨燼之餘，率殘闕亡次。又世嬗三古，音文訛易，彼此是非，必資裁訂，其微言眇旨，未易窺殫。漢、唐來，諸儒攄其所見，發揮底蘊，各自成家，然而傳世久遠，散佚者衆。嘗考史志所載經解諸家，自漢迄隋暨唐，業失去過半。自隋、

〔一〕「之」，原無，據周禮比長補。

唐迄宋、元、明，彌多闕廢，其時苟得祕本，上之朝廷，輒加重賞，或優與官爵，如連城之璧，視爲重寶。嗚呼，難矣！然五代以前，縑帛竹簡，固不易傳。自雕版盛行，流布宜廣，又有宋興起，洛、閩大儒，弘聖學，下及元代，流風未殄，凡及門私淑之彦，各有著述，發明淵旨，當時經解最盛。而予觀明時文淵閣及葉文莊、商文毅、朱灌甫所藏書目，宋、元諸儒之書，存者亦復寥寥可數。即以萬曆中東閣書目較之文淵閣書目，百餘年閒，歷世承平，而内府清祕之藏，已非其舊，欲其久傳無失，詎可得哉！蓋古時明經，各守師説，黨枯護朽，互爲廢興。如漢初傳易，立學官者四家，未立者又有費、高二氏。費氏學興，高氏遂衰，四家之學亡。費氏有鄭康成、王輔嗣二注，陳、梁之世，立於國學。齊代惟傳鄭義。至隋，王注行，鄭學遂廢。書有歐陽、大小夏侯尚書，並亡。詩惟傳毛氏，於時賈、馬、鄭並爲箋、傳，而鄭箋尚存，賈、馬詩傳俱廢。春秋左氏後出，有賈逵、服虔、杜預訓解，惟服虔訓傳。迨隋，杜氏盛行，而服義又廢。三禮義疏，南有賀循、賀瑒、庾蔚之、崔靈恩、沈重、皇甫侃，北有徐道明、李業興、李寶鼎、侯聰、熊安生諸家，比孔穎達作正義時，止存皇、熊二家。魏時，王肅不好鄭氏，采合異同，爲尚書、詩、論語、三禮、左氏解。迨後，鄭學傳，而王肅書又亡。正義之作，唐太宗患諸經箋傳淆雜，詔諸儒撰注，定論畫一，自後同異稍泯，不復聚訟如前時。然舉天下而宗一説，雖云薈粹諸家，而唐以前諸儒之論疏，因是益以廢矣。李鼎祚作易集解，多正義所未采。正義宗輔嗣，鼎祚則宗鄭學，凡摭集孟喜、虞翻、荀爽而下三十家諸儒論説，藉此稍得流傳。蓋隋、唐以前之書，閒雜讖緯，或踳駁不醇，然古時制度文物多賴以傳，其譚理亦有精詣，洊被喪亂，得存於兵火者蓋鮮。明興，敕天下學校皆宗程、朱之學。永樂時，詔輯四書、五經、性理大全，徵海内名士，開館東華門，御府給筆札，冀成鉅典。是時胡廣諸大臣虚糜廩餼，叨冒遷賚，四書大全則本倪士毅通義大成，詩則襲劉瑾通釋，春秋則襲汪克寬纂疏，剿竊抄撮，苟以塞責而已。詔旨頒行，末學後生奉爲寶書，並貞觀義疏不復寓目，遑及其他！即更有名賢纂述，流布人閒，誰復蒐訪珍藏？益歎先儒經解至可貴重，其得傳於後，如是之難！」予感竹垞之言，深懼今時所存十百之一又復淪斁，責在後死，其可他諉。因悉予兄弟家所藏本覆加校勘，更假秀水曹秋嶽、無錫秦對巖、常熟錢遵、王毛斧、季温陵、黄俞邰及竹垞家藏舊版書若鈔本，釐擇是正，總若干種，謀雕版行世。門人納蘭容若尤慫恿是舉，捐金倡始，次第開雕。經始於康熙癸丑，踰二年訖工。藉以表章先哲，嘉惠來學。功在發予，其敢掠美！因敍其緣起，志之首簡。

文治四事疏

臣等躬際熙朝，職居禁近，自愧譾陋，無能仰裨休明，謹以管蠡窺測所及，敷陳四事，惟聖慈垂擇焉。一、宫詹之設，由來尚矣。古者六傅之官，詹事居一，由漢迄明，代有沿置，我朝因之，未之改也。順治十五年内，世祖章皇帝以無職掌，暫行裁革。然暫也，非永也。故事，院府坊局，體屬班聯，大僚領其事，詞垣兼其職，分秩不分署，增職不增員，制誠善也。年來銓憲諸臣，疏請議復，未蒙俞旨。伏覩國家聯常綦備，端尹率更之司，豈宜獨闕？幸降德音，復舊制，官常以全，國體以重矣。一、詞臣以文學侍從爲職，代言待問，固其事也。唐太宗置弘文館于正殿之左，精選文儒，更日值宿，聽朝之隙，引入内殿，討論商略，或至夜分乃罷。宋臣司馬光言于其君曰：「陛下英睿天縱，然於當世士大夫未甚相接，宜詔侍從近臣，輪直資善堂，備非時宣召，廣裨聰明。」明臣張居正請如唐、宋故事，令翰林官分番入直，奉侍清燕，陳説治理。至我世祖章皇帝斷自宸衷，特命于景運門内，蓋造直房，令翰林官分班直宿。以備顧問。皇上誠踵而行之，匪獨親儒之盛事，亦覲揚光烈之大端也。一、載籍者，天壤之精華，而邦國之文憲也。周禮太史掌建邦之六典，外史掌四方之志、三皇五帝書。三代而降，修文好古之主亦雅務訪輯。漢武帝建藏書之策後，天禄七略凡三萬三千九十卷。唐貞觀中，魏徵等請購天下書，迄開元，經史子集四庫爲卷五萬三千九百一十有五。宋三館併玉宸四門殿各有書卷萬餘。仁宗作崇文院，一倣開元庫貯，編列四部而最其目。高、寧之閒，卷幾六萬，視崇文總目有加。明初，下求遺書之令。永樂中，益廣搜採，祕閣所藏，不下十萬卷有奇。吁！盛矣。國朝人文蔚興，幾於彬郁，然而蘭臺石室，墳牒蕩然，一旦朝廷有事于述作，詔稽古儒林，載筆石渠，蒐討掌乘，以潤色皇猷，其亦何以資繙翻、備參訂乎？乞敕直省學臣，照中祕書多方募購，解送禮部，自内府文淵、尊經等閣，及翰林院、國子監等衙門，皆如法充貯。設典掌、校讎諸司，散落脱亂有罰，焚蕩浥爛者罪。仍懸獻書之賞，置寫書之官，以羅致遺逸，鴻都、虎觀之盛，奚難再覩于今茲耶？一、勝國之史，成於昭代，以監隆汙，以垂法戒，所關至鉅。世祖時，有詔開局纂修，而發凡起例，尚未之講。近者，天啟、崇禎二朝，邸報及稗乘可備采録者，亦既漸集闕下矣。恐久之卷軸磨滅，文獻凋零，世遠蹟湮，無從考究，請敕館閣儒臣，發金匱之藏，分科簪筆，仍旁稽軼籍，廣辟宿耆，詳慎編摹，勒成信史，斯一代之盛典，光千秋之金鏡備矣。之四者，頗鄰於迂闊尠當。然方今聖學日新，文運正泰，經生之言，不無涓滴之補。易曰：「文明以止〔一〕，人文也。」然則化成天下，此其時矣。皇上留神省覽，立賜施行，臣等幸甚！斯文幸甚！

附録

先生爲顧亭林之甥，與弟元文、秉義並掇巍科，躋高位。亭林晚年，先生昆季欲爲營産，迎養歸吴，亭林未許。其學術博通，蓋淵源於舅氏云。亭林年譜。

先生在翰林，以文字受知。後在内閣，凡代言諸作，皆出其手。既轉禮部，上特命，凡内閣制誥文章，仍令管理。太皇太后之喪，凡喪禮批答，諭旨命同閣臣票擬，及送喪山陵，行幄適有表啟不當上旨，乃屬先生於途次伏地草奏，上善之。時已有張汧之獄，上曰：「文字乃仍須徐某撰耶？」行略。

先生負海内望，勤於造進，篤於人物，一時庶幾之流，山林遺逸之老，皆樂從之，俾至如歸。聞後生才儁，延譽薦引無虚日。京師邸第，客至恒滿。同上。

先生自少至老，書無日不與手目偕，一過不忘。喜讀未見書，坐擁萬卷，傳是樓中，晨夕讐比。其於經學，凡唐、宋以來，先儒經解，世所不常見者，靡不搜攬參考，雕板行世。有所獨得，著爲論辨。又以諸經大全一書最舛陋，欲薈萃古今經説，採其正義，别其當否，各爲一書，以正羣訛，未就也。同上。

〔一〕「止」，原作「正」，據易賁改。

康熙二十六年，奉命纂修大清一統志，先生爲總裁。歸里後，設書局於五湖之濱，洞庭之山，題請以翰林姜、黄二公相隨，復延訪耆宿，共襄厥成。與其事者，德清胡渭，無錫顧祖禹、子士行、秦𥨏、晉江黄虞稷，山右閻若璩，太倉唐孫華、吴璟，常熟黄儀、陶元淳，錢塘沈佳，仁和吕澄，慈谿姜宸英、裘璉，凡十四人。裘璉纂修書局同人題名私記。

資治通鑑後編亦歸里後所撰，與鄞縣萬斯同、太原閻若璩、德清胡渭等排比正史，參考諸書，作爲是編。草創甫畢，欲進於朝，未果而殁。原稿僅存，惟闕第十一卷。其書起宋太祖建隆，至元順帝至正二十七年。凡事蹟之詳略先後有應參訂者，皆依司馬光例，作考異以折衷。其諸家議論足資闡發者，並採系各條之下。閒附己意，亦依光書之例，標「臣乾學曰」以别之。是時方領一統志局，多見宋、元以來郡縣舊志，而若璩諸人復長於地理之學，故所載輿地，尤爲精核，視陳涇、王宗沭、薛應旂三書過之遠矣。四庫提要。

讀禮通考乃家居讀禮時所輯，歸田以後，又加訂定，積十餘年，三易稿而後成。於儀禮喪服、士喪、既夕、士虞等篇，及大、小戴記，則倣朱子經傳通解，兼採衆説，剖析其義。於歷代典制，則一本正史，參以通典及開元禮、政和五禮新儀諸書，立綱統目。蓋傳是樓藏書甲於當代，而一時通經學古之士，如閻若璩等，亦多集其門，合衆力以爲之，故博而有要，獨過諸儒。又欲并修吉、軍、賓、嘉四禮，方事排纂而殁。是書蒐羅富有，秦蕙田五禮通考即因其義例而成之。同上。

案：全謝山撰萬季野墓誌云：「徐侍郎乾學請先生纂讀禮通考，又以其餘爲喪禮辨疑四卷、廟制折衷二卷，又請徧成五禮之書二百餘卷。」與四庫提要所言「合衆力以爲之」等語稍異。是書三經易稿，當非一人所擅美也。

健庵交游

胡先生渭 別爲東樵學案。

顧先生祖禹 別爲宛溪學案。

萬先生斯同 別爲鄞縣二萬學案。

閻先生若璩 別爲潛丘學案。

黄先生儀 別見宛溪學案。

朱先生彝尊 別爲竹垞學案。

姜先生宸英 別見望溪學案。

黄先生虞稷

黄虞稷字俞邰，上元人，本籍晉江，父居中，明季爲南京國子監丞，因家焉。先生七歲能詩，號神童，尋補諸生。康熙十八年，舉博學鴻詞，遭母喪，不與試。薦修明史，召入史館，食七品俸，分纂列傳及藝文志。健庵開書局於洞庭山，修一統志，請以偕行。力疾從事，以勞卒，年六十三。先生家世藏書，凡八萬卷，與江左諸名士約爲經史會，以資流覽。著千頃堂書目三十二卷，所録有明一代之書最爲詳備，即明史藝文志所本。又有楮園雜志、我貴軒、朝爽閣、蟬窠諸集。參史傳。

顧先生湄

顧湄字伊人，太倉人。事母以孝聞。父夢麟，長於毛、鄭之學，先生能承其業。吴偉業集其詩，爲「婁東十子」之一。又從陳瑚游、講學。健庵刻通志堂經解，延主校正之役。有水鄉集。參史傳。

清儒學案卷二百十四

鄞縣二萬學案上

悔菴諸子,咸以顯學知名於世。南雷恒歎浙東門風之雄,莫過萬氏充宗,壹意治經,長於春秋、三禮。其治春秋,多以禮釋,猶高密之用禮注易箋詩,不失漢儒家法。季野入京,人重其史學,洎爲傳是纂禮經通考,又以其餘爲喪禮疑辨、廟制折衷,迺知其故深於經。蓋庭聞師説,昆季同之,羣從衍之,仍世相傳,屹然爲萬氏學焉。述鄞縣二萬學案。

萬先生斯大

萬斯大字充宗,晚號跛翁,學者稱褐夫先生,鄞縣人,爲悔菴先生第六子。少有高才,志操介特。悔菴以經史分授諸子,使從南雷先生游,各名一家。先生早經喪亂,不爲科舉之學,湛思諸經,以爲非通諸經不能通一經,非悟傳注之失則不能通經,非以經釋經則亦無由悟傳注之失。其爲學,尤精春秋、三禮。於春秋則有專傳、論世、屬詞、比事、原情、定罪諸義;於三禮則有論郊、論社、論禘、論祖宗、論明堂泰壇、論喪服諸義。其辯正商、周改月改時,周詩周正及兄弟同昭穆,皆極確實。與仁和應撝謙書,辨「治朝無堂,內朝方有堂」,往復千言,撝謙服其多通。撰喪服宗法十餘篇,尤見制禮本意。又以呂氏春秋十二篇首皆從夏正,疑呂不韋爲相時已改從夏正,至始皇三十六年乃改建亥。又謂秦首以十月,而不首以正月,改年始而不改時月,說者皆以謂疑。其論郊禘,論祖宗,俱主王肅、趙匡,而非康成。其根柢三禮以釋三傳,與宋、元以後空談書法者異,然其說經,以新見長,亦以鑿見短,置其非,存其是,未始非一家之學也。著有學春秋隨筆十卷、學禮質疑二卷、儀禮商三卷、禮記偶箋三卷、周官辨非二卷,並行於世。其禮記集解、春秋明辨稿草未刻,燬於火。康熙二十二年卒,年五十一。參黃宗羲撰墓誌銘、史傳、錢林撰文獻徵存録。

學禮質疑序

學禮質疑者何?大自丁未學禮以來,心有所疑,取其大者,條而說之,而質之吾師梨洲先生者也。始大請於先生曰:「學禮有疑,求之注、疏而不得,求之唐、宋以來諸儒而又不得,以經說禮,其可乎?」先生曰:「然。」又請於先生曰:「易、書、詩、春秋而下,左、國、公、穀去古爲近,可擇而取也。外此,如汲冢竹書之類,非古而託之於古,附會多而確據少,置而不道,其可乎?」先生曰:「然。」大於是首取戴記諸篇相對,次取儀禮與戴記對,次取易、書、詩、春秋及左、國、公、穀與二禮對,見其血脈貫通,帝王制度約略可考,用因所得,竊著於篇。因歎禮之爲禮,發爲恭敬辭讓之心,而將之以俎豆玉帛,行之以登降拜跪。在淳古之世，人皆學禮，毋或自外，然猶恐其徒習乎末，而不得其原，故又戒之曰：「禮之所尊，尊其義也，其數可陳也，其義難知也。」於乎！先王之禮教如此。三代而降，聖人不作，禮制廢闕，義固不明，數亦難考，賴儀禮、禮記稍存一二大槩，而諸經諸傳有可以旁通而互見者。先儒立說，不能通貫，往往拘文牽義，雜以讖緯。又其陋者，於周說窮，即推爲殷、夏，就其所見，知其一而不知其二，得乎此而不可通乎彼。嗟乎！禮數之未知，何足以明禮義？大不自揣，私謂禮教宏深，學者務使禮經與諸經傳逐節關通，如大海之潮，百川支港，周流灌注，從是而求之，庶有以得乎恭敬辭讓之原，而因以見先王制禮之意焉。

禮記偶箋

曲禮

七十曰老而傳。

「傳」，即儀禮所謂「傳重」也。七十筋力已衰，主祭之重，不能勝任，故傳之於子。觀王制云「七十不與賓客之事」，又云「七十致政，唯衰麻爲喪」，則其不能主祭，可以類推矣。禮器記季孫之祭，質明行事，晏朝而退；儀禮少牢、特牲祭禮最爲繁委，七十者豈能勝乎？或疑傳重主宗子言，老而傳者不唯宗子。予曰：「固也。彼五十服官政，大夫也，如子言，將人人必爲大夫乎？」

夫爲人子者，三賜不及車馬。

賜者，上與下之稱，諸家解爲錫命，非也。錫命典禮，賜物隨意。三賜，至再至三也。玉藻云：「親在，行禮於人稱父。」內則云：「不敢私與。」爲人子而有車馬，既貴顯矣，其以父命賜物與人，雖至再三，亦不可及於車馬，蓋車馬至重，非他物比。坊記云「父母在，饋獻不及車馬」，與此同。

故州閭鄉黨稱其孝也，兄弟親戚稱其慈也，僚友稱其弟也，執友稱其仁也，交遊稱其信也。五句之首，當有闕文。

此必其平日有孝慈仁弟信五者之實，然後能有是稱，若止是三賜不及車馬，未可即爲純孝人，亦未必遂稱之，故愚謂五句之首當有闕文。蓋此篇集他書要語成篇，朱子謂「大意相似，而文多不屬」是也。

毋踖席摳衣趨隅。

此羣居升席之儀也。玉藻云：「登席不由前，句。爲去聲。躐席。」是不問禮席羣席，升者皆不由前。所以然者，爲恐躐席也。下文云：「席南鄉北鄉以西方爲上，東鄉西鄉以南方爲上。」上指席端，下指席末。禮席升降，皆正由上下。鄉飲酒禮「主人介，升席自北方，降自南方」，賓升降皆自西方，是也。燕禮、大射、鄉射升降皆然。羣席升既不由前，亦不正由上下，而由席隅，蓋禮席一席一人，羣居則一席四人，以長幼爲次，升由上下，則踐他人位，是爲踖席，必從席隅升坐，乃爲得禮，故戒之曰：「毋踖席。」復著其禮曰：「摳衣趨隅。」

席南鄉北鄉以西方爲上，東鄉西鄉以南方爲上。

孔疏因此文連「請席何鄉」，遂謂「平常布席如此，禮席不然」，非也。鄉飲酒禮「介坐西南方而鄉東，主人坐東南方而鄉西」，記云：「主人介，升席自北方，降自南方。」注謂「升由下，降由上」，是東鄉西鄉以南爲上也。賓坐西北而南鄉，其升降皆自西方，以東西鄉者推之，則西方爲上可知矣。又室中以奥爲尊，祭時，太祖位奥東鄉，昭穆之位自西而東，則南鄉北鄉非以西爲上乎？

冠毋免。

「免」，如字，謂常時不得免冠也。舊説讀音問，此喪冠矣，人縱不循禮，豈有無喪而肯服喪冠者乎？

毋絮羹，毋歠醢。客絮羹，主人辭不能享；客歠醢，主人辭以寠。

「客絮羹」四句，正明所以不可絮羹、歠醢之故。言爲客而絮羹、歠醢，主人即以此辭，客將何以爲情乎？故不可也。

若使人於君所，則必朝服而命之，使者反，則必下堂而受命。

朝服而命，必拜而命；下堂而受，必拜而受。孔子問人於他邦，且再拜而送，況君乎。

孫可以爲王父尸，子不可以爲父尸。

孫爲祖尸，昭穆同也。或問：「太廟合祭始祖羣祖，皆有尸，宜如何？」曰：「據祭統，尸爲祭者子行，然合祭必取子行，則昭穆有不應者。祖尸必以孫，然始祖又何從得孫？唯取王族最尊行爲始祖尸。羣廟有孫取孫，無孫取孫之孫行可矣。指高祖之祖父二廟，世遠未必有孫，即取孫之孫，昭穆同也。大牴諸經言尸，皆主祭父言，不必泥也。」

二名不偏諱。

謂二字爲名者，不偏主一字諱之也，若主定一字諱，一字不諱，是爲偏諱。

執玉，其有藉者則裼，無藉者則襲。

儀禮聘禮記曰：「凡執玉無藉者襲。」此條蓋即是語而申之有藉，謂既聘而享束帛加璧，璧在帛上，如物有承藉然。無藉謂執圭行聘，特達無所藉。按聘禮，聘之日，賈人取圭授上介，上介授賓，賓襲執圭入門左，揖讓升西楹西，東面致命，公側襲受玉，賓出，公側授宰玉，所謂無藉者襲也。賓既出，公裼而降，賓乃裼，奉束帛加璧享，賓〔一〕入門左，揖讓如初，升致命，公受幣，賓出，所謂有藉者裼也。古人冬月衣裘，行禮有當裼時，有當襲時，不得相因，大抵禮盛則襲，禮殺則裼。故玉藻曰：「禮不盛，服不充〔二〕。」又曰：「服之襲也，充美也；裘之裼也，見美也。」聘禮盛故襲享，禮殺故裼。按：裼有與袒連言者，見於詩，見於孟子，大都皆傲慢不恭之狀；有與襲對言者，見於聘禮之賓主，見於曾子、子游之弔，而最詳於玉藻之篇，大都皆行禮時文質相變之宜，二者不得相混。鄭氏註聘禮云：「裼者，免上衣見裼衣。凡禮裼者左。」註玉藻云：「裼衣之上服有衣，袒而有衣曰裼。」賈疏云：「冬時褻身襌衫，又有襦袴，襦袴上有裘，裘上有裼衣，裼衣上又有上服、皮弁、祭服之等。裼者，袒衿前上服見裼衣也；襲

〔一〕「賓」，原作「君」，據儀禮聘禮改。
〔二〕「充」，原作「克」，形近而誤，據玉藻改。

者，掩之。」孔疏云：「近體有袍襗之屬，其外有裘，裘上有裼衣，裼衣上有襲衣，襲衣上有常著之服，則皮弁之屬也，掩而不開謂之襲，開皮弁及中衣左袒出其裼衣謂之裼。」說微不同，皆不免與袒裼混。愚考玉藻，言諸裘皆言衣以裼之，知裘外之衣謂之裼衣也。又言「裘之裼也，見美也」，「君在則裼，盡飾也」。夫臣之見君必朝服，則裼衣即朝服矣。即如既聘而享，賓主必裼以將事，則裼衣非禮服乎？推此，則凡裘外之裼衣皆禮服矣。其謂之裼者何？說文「裼」字从衣从易，裘因事變，衣因裘易也。又裼有袒義，古人禮服皆直領無衿，裘上衣裼衣，胸前裘色自然微露如袒者然，是之謂見美，是之謂盡飾，故曰裼。其襲奈何？玉藻云：「服之襲也，克美也。」夫其於裼曰裘之裼，裼在裘外也；於襲曰服之襲，襲在裼外也。裼衣見美盡飾，而加衣以掩之，使美充於內而不外見，故曰襲，然經不詳襲衣之制。據說文釋襲爲左衽袍，古唯大、小斂之衣皆左衽，生人左衽非聖人所許，反復思之，疑即深衣也。古人禮服無衽中衣袍襗之屬，有右衽未必有左衽，唯深衣右衽在外，當右旁，左衽在內，當左旁，且衣裳相連，全體深邃，服之以掩蓋裼衣，則美不外著。又深衣篇曰「可以爲文，可以爲武，可以治擯相，可以治軍旅」，其用至廣。聘禮，文事也，擯相類也，禮盛而服之以襲，不亦可乎？吾爲約而言曰：「冬時服裘，裘上有裼衣，加深衣則曰襲，不加深衣則曰裼。」裼、襲之解如是而已矣。又裼、襲專就裘說，不兼葛說。

大夫士見於國君，君若勞之，則還辟再拜稽首。

諸侯之上大夫卿聘禮，卿爲使者至彼國曰賓，大夫爲上介，士爲衆介。此「勞之」，是行聘享私覿之後，主君送賓及大門內，公問君問大夫訖，公勞賓，賓再拜稽首，公答拜；公勞介，介皆再拜稽首，公答拜。儀禮不言還辟，此文補之。

君若迎拜，則還辟不敢答拜。

按聘禮，聘之日，「公皮弁，迎賓於大門内，大夫納賓，賓入門左，公再拜，賓辟不答拜」。「辟」即還辟也。

天子當依而立，諸侯北面而見天子曰覲。天子當宁而立，諸公東面、諸侯西面曰朝。

儀禮有覲禮無朝禮，第就儀禮考之，知朝覲只一事，無二禮，朝先而覲後耳。何以言之？覲禮於覲之日云：「侯氏裨冕，乘墨車，載龍旂，弧韣乃朝。」以曲禮此經參之，此時應有朝禮，蓋覲禮行於廟，廟在路寢東。竊意，是日天子將入廟受覲，從路寢乘車而出，諸公侯先俟於門外，天子至宁下車而立，諸公侯於是分班朝見，以通姓名，即所謂「天子當宁而立，諸公東面，諸侯西面，曰朝」也。儀禮不具，文之略也。已而天子入廟，負斧依南面而立，侯氏入門右，坐奠〔一〕圭，再拜稽首，擯者謁，侯氏坐取圭，升致命，王受玉，侯氏降階，東北面再拜稽首，擯者延之曰升，升成拜，乃出，即所謂「天子當依而立，諸侯北面而見天子曰覲」也。朝先覲後，通言之皆曰朝。但臣之見君，以北面爲正，故儀禮獨以「覲」名。先儒信周官，謂春見曰朝，受摯於朝，受享於廟，秋見曰覲，一受之於廟。夏宗依春，冬遇依秋。孔疏更以爲六服，諸侯每服別分爲四：一分朝春，一分宗夏，一分覲秋，一分遇冬。按郊特牲云：「君之南鄉，答

〔一〕「奠」，原作「尊」，形近而誤，據覲禮改。

陽之義也；臣之北面，答君也。」記曰：「唯詔於天子無北面。」如先儒說，唯秋冬覲遇者行北面再拜，春夏朝宗者止東西一立而退，永無北面而朝之禮，何以明君臣之義乎？愚故以覲禮及此經爲正，周官宗遇辨見本條。

諸侯未及期相見曰遇。

按：此文即左傳所云「不期而會曰遇」也，言兩君未及相期，忽然道塗相見，故曰遇，非謂有期日而先期相見也。舊說非。

問士之富以車數對。

士已食禄公朝，不與齊民伍，縱未有命，車亦得自爲之，故問其富則以車數對，見其家富者，得多爲車，數未有定也。若如舊說，上士三命得賜車馬，則命車唯一而已，數豈無定？且又何以見其富乎？

天子祭天地。

周制子月祭天於郊，午月祭地於社。中庸云：「郊社之禮，所以事上帝是也。」郊在南郊，祭法謂之太壇，周官謂之圜丘；社在北郊，祭法謂之太折，亦曰太社，周官謂之方丘。北郊他經不見，覲禮所謂「禮月於北門外」是也。詳見質疑。

支子不祭。

大傳云：「庶子不祭，明其宗也。」推此而言，唯大宗得祭始祖，族人無遠近皆宗之，繼高曾祖禰之小宗亦不得祭也；高曾正適之宗得祭，高曾庶祖禰正適之宗亦不得祭也。鄭注「庶子不祭祖」云「凡正體在乎上者，視下正猶爲庶也」，得之矣。

大饗不問卜，不饒富。

方氏謂禮言大饗有别，月令季秋「大饗帝」，禮器、郊特牲「大饗腥」，祀帝也；禮器又言「大饗其王事」，大饗之禮不足，以大旅祫祭先王也；郊特牲又言「大饗君三重席而酢」，仲尼燕居言「大饗有四」，坊記言「大饗廢夫人之禮」，兩君相見之禮也；雜記言「大饗卷三牲之俎」，凡饗賓客之禮也。先儒以此大饗爲冬至祀天，夏至祭地。愚考禮經，祀帝祀先，牲日皆卜，此言「不問卜」，乃指兩君相見及凡賓客之禮也。賓客既行朝聘，當饗即饗，牲日皆不卜。其言「不饒富」，即左傳所云「饗以訓恭儉」之謂也。舊説非。

凡摯，天子鬯，諸侯圭。

按：雜記「贊大行曰：『圭，公九寸，侯伯七寸，子男五寸。』」合之此經，知五等諸侯皆以圭爲摯，特有長短之差，不得泥周官「子執穀璧，男執蒲璧」之文，反疑此經爲略，贊詞爲失也。説詳周官辨非。

檀弓

孔子既得合葬於防，曰：「吾聞之，古也墓而不墳，今丘也東西南北之人也，不可以弗識也。」於是封之，崇四尺。孔子先反，門人後，雨甚至，孔子問焉曰：「爾來何遲也？」曰：「防墓崩。」孔子不應，三，孔子泫然流涕曰：「吾聞之，古不修墓。」

按：此則墳與墓有別，封土曰墳，實土不封曰墓。然既葬之後，雖封土爲墳，通謂之墓，可也。防墓崩者，所封之四尺，因雨甚而崩，非崩及兆域，至見尸柩也。考士喪禮，「筮宅，冢人營之〔一〕，掘四隅，外其壤，掘中，南其壤。」是掘地爲壙也。壙深，故其下棺也，君用四綍二碑，大夫二綍二碑，士二綍無碑。綍亦曰引，葬時屬引懸棺而窆，故墓無崩。道其或有水潦沖齧，直當改葬，而不止於修，故禮有改葬緦之服。豈有孔子於親墓崩及兆域，第虛援古不修墓之言而置之者乎？故知其所崩者，四尺之封也。

魯婦人之髽而弔也，自敗於臺鮐始也。

左傳襄公四年，「邾人、莒人伐鄫，臧孫紇救鄫，侵邾，敗於狐駘，國人逆喪者皆髽。魯於是乎始髽。」據此，是敗後髽以逆喪，非敗後相弔以髽也，特自此之後，遂以髽行弔耳，故此本其始而言之。若謂敗後相弔以髽，則夫死之婦自哀不暇，遑及弔人，夫存又不必婦人行弔，故當通左傳解方不泥。

孔子既祥，五日彈琴而不成聲，十日而成笙歌。

祥禫之説，鄭玄主異月，王肅主同月。今按此條，及前朝祥暮歌，孔子謂踰月則善，喪服四制「祥之日，鼓素琴」，正合是篇所云「祥而縞，是月禫，徙月樂」，及三年問所云「三年之喪，二十五月而畢」，王肅之言爲可據。士虞禮、閒傳皆言中月而禫，謂禫在祥月中也。即令喪事先遠日祥，或在下旬，然祥後即

〔一〕「之」，原作「人」，據士喪禮改。

禫，亦不害爲中月。鄭乃據喪服小記「中一以上」、學記「中年考校」兩文，釋中爲閒，遂定爲二十七月，而後世因之，不思三年問一篇出於荀子。荀子，周人也，二十五月之言，必非無據，奈何與之相背乎？然先儒多知二十七月之不合於經，而不敢昌言正之者，親喪寧厚，且相沿已久，不能卒變也。

孔子之喪，公西赤爲志焉，飾棺牆，置翣，設披，周也；設崇，殷也；綢練設旐，夏也。子張之喪，公明儀爲志焉，褚幕丹質，蟻結於四隅，殷士也。

志，記也，若今墓志。然飾棺之物，孔氏、顓孫氏主之，非公西赤、公明儀爲之也。按喪大記，大夫之喪，畫帷，黻翣、畫翣各二，披前纁後玄。士布帷，畫翣二，二披用纁。孔子爲大夫，子張爲士，循周制，可也。況從周，固夫子之志，乃用夏、殷之飾，胡爲乎？意當時之人，疑聖賢之喪必有異，遂訛傳以爲然，記者因而志之耳。

經也者，實也。

此明經之義，「也者」，誠信之謂也。人子於親喪，附身附棺，必誠必信，故因經著義，欲人之顧名而自盡也。

及葬，毁宗躐行，出於大門，殷道也。

穀梁傳曰：「作主壞廟，有時日於練焉。壞廟，壞廟之道，易檐可也，改塗可也。」按：此文毁宗即壞廟也。下篇云「殷朝而殯於祖」，又云「殷練而祔」，即祔於此祖。殷之葬期，不見於經，或即在練時。毁宗以出者，示將遷祔也，其出必從廟門。舊説謂殷牆而出，非也。前此朝祖業從廟門入，今日仍從廟門出，何害於禮？

子思之母死於衛。

舊說伯魚死，其妻改適於衛，此妄說也。伯魚之死，年幾五十，其妻亦既衰，況上有聖舅，下有賢子，豈比窮民無告者，而至有改適之事乎？故知妄也。謂孔子、子思皆出妻，亦然。

曾子曰：「尸未設飾，故帷堂小斂而徹帷。」仲梁子曰：「夫婦方亂，故帷堂小斂而徹帷。」

設飾，以明衣裳衣尸也。始死，身上無衣，唯覆斂衾，至此乃有飾，故曰設飾。按士喪禮，始死，即復楔齒、綴足，設奠於尸東，遂帷堂，以未沐浴尸身，未加明衣也。既帷堂，主人命赴入坐於牀東，衆主人在其後西面，婦人俠牀東面，親者在室，衆婦人户外北面，衆兄弟堂下北面，即是始死時之位，夫婦未嘗亂也，仲梁之言何據？

宋襄公葬其夫人，醯醢百甕。曾子曰：「既曰明器矣，而又實之！」

夏后氏用明器，殷人用祭器。明器，鬼器也，當虛；祭器，人器也，當實。宋，殷之後，當用祭器。此「醯醢百甕」，曾子謂爲明器，要知襄公非不用祭器，必其侈張過制，於祭器常數之外，又用明器，而實以醯醢，是不知明器、祭器之有别也，故曾子譏之。其侈不合禮，即此可見。

孔子之喪，有自燕來觀者，舍於子夏氏。子夏曰：「聖人之葬人，與人之葬聖人也，子何觀焉？昔者，夫子言之曰：『吾見封之若堂者矣，見若坊者矣，見若覆夏屋者矣，見若斧者矣。』從若斧者焉，馬鬣封之謂也。今一日而三斬板，而已封，尚行夫子之志乎哉！」

註疏云：「封高四尺。」此因防墓封崇四尺，謂葬孔子亦高四尺也。竊恐未然。板廣二尺，三板凡六尺，周禮大夫制也。孔子爲大夫，正當六尺。若斧者，南北壁立，東西陵遲，上狹下舒，若斧形，板施於南北。

復楔齒、綴足、飯、設飾、帷堂並作。

按士喪禮，復與楔齒、綴足，絶氣即行之。設飾，指沐浴後設明衣裳一事，設飾後乃飯。以士喪禮序言之，復楔齒、綴足最先，帷堂次之，設飾次之，飯又次之。言「並作」者，謂並作於一日也。

既殯，旬而布材與明器。

按士喪禮，將葬，既井椁，工獻材於殯門外。此云既殯旬而布之者，先布而乾之，至葬方可用也。

父母之喪，哭無時，使必知其反也。

此極形容孝子思慕迫切之情，言其哭無時者，其心若使父母必知之，庶幾其反而還也。其，疑辭。

天子之棺四重，水兕革棺被之，其厚三寸，杝棺一，梓棺二，四者皆周。

水兕革棺并厚三寸。孔疏云「各厚三寸」，非也。此天子親身之棺，外加椑四寸，椑即杝棺也。又加屬棺六寸，大棺八寸，二棺即梓棺也。見喪大記。凡四重，共厚二尺一寸。諸侯無革棺。觀上章云「君即位而爲椑」，又曾子問云「君出疆，以三年之戒，以椑從」，皆不言有革棺，可見。

柏棺以端長六尺。

此天子之椁也。據上文，天子之棺四重，厚二尺一寸，是上下左右皆合得四尺二寸。又據喪大記，小斂君衣十九稱，大斂君衣百稱，則天子當益多，棺中容尸須寬廣得四五尺，是棺之上下左右高廣且八九尺矣。而又人身長短，中人不下七尺，就周尺言。衣服包裹當又加長，棺之前後兩和合得四尺二寸，并容尸身八九尺，當共長一丈三四尺。夫以長一丈三四尺，高廣八九尺之棺，而柏椁止長六尺，不知如何用之，不可考也。

君之適長殤車三乘，公之庶長殤車一乘，大夫之適長殤車一乘。

此送葬之車，即士喪禮所謂「乘車載皮弁服，纓轡貝勒，懸於衡；道車載朝服；稿車載簑笠」之車也。以其爲送葬之車，故亦曰遣車。雜記曰「遣車視牢具」，言爲多寡之數，視朝聘時主國相待之牢具。禮器云「諸侯七介七牢，大夫五介五牢」，故此下文云：「國君七个，遣車七乘，大夫五个，遣車五乘。」个、介通。書「一介臣」，中庸作「一个臣」，可見。凡禮儀降殺以兩，大夫五，則士當三，故士喪禮車三乘也。按士喪禮，將葬，柩朝於祖，薦車薦馬遣奠後，馬出自道，車各從其馬，駕於門外。及行茵苞，明器先，車從於後。苞者何？柩行時，取遣奠牲下體，包之以葦，記云「葦苞長三尺一編」是也。棺既下壙，贈畢，藏器於旁加見，藏苞筲於旁。舊說謂遣車以載遣奠苞牲體得名，且泥雜記「遣車視牢具，置於四隅」之文，謂遣車之制甚小，載苞置於椁之四隅。夫甚小之車，豈能容三尺之苞？而苞之不以車載，喪禮業有明文，且藏於椁旁，並不於四隅，蓋不知下文孔子所謂塗車乃從葬之車，而謬以遣車當之也。餘詳下文及雜記篇。

季武子寢疾云云。及其喪也，曾點倚其門而歌。

按春秋書季武子之卒在魯昭公七年，孔子生於襄公二十二年，至此方十七歲。曾點之年，史記不著。論語四子侍坐，以齒爲序，點居子路下，子路少孔子九歲，時方八歲，點當益幼矣，倚門而歌，必無此事。即有之，亦是兒戲，乃欲據以言狂，何邪？

大夫弔，當事而至，則辭焉。

辭，謂告以有殯斂之事，非辭之使去，弔者亦不因辭而去也，畢事乃出拜之。按士喪禮，小斂於户內，奉尸俠於堂，主人降西階拜賓；大斂時，有大夫則告既斂，主人降拜大夫之後至者。後至者，即當事而至者也。

喪，公弔之，必有拜者，雖朋友州里舍人可也。

按士喪禮：「三日，成服，杖，拜君命及衆賓。」謂往拜謝弔也。既夕記云：「主人乘惡車。」註云「拜君命及衆賓所乘」是也。此言「公弔之，必有拜者」，正指往拜。然衆賓亦往拜，而獨言公者，喪家有主後，君與衆賓之弔，皆當往拜，若無主後，則攝主但往拜君弔，而衆賓不往拜也。喪大記曰：「喪有無後，無無主。」雜記曰：「無族人，則前後家、東西家或里尹主之。」故此言朋友州里舍人可也。檀弓孔子哭伯高，子貢爲主，且曰：「爲爾哭也，來者拜之。」則來弔而有拜者，自不必言。但攝主於來弔者，君與衆賓皆拜；往拜，則不及衆賓耳。

有若之喪，悼公弔焉，子游擯由左。

按禮，君臨臣喪，必升自阼階，君自爲主，臣不敢有其室也。子游擯，請事也。士喪禮「公賵，擯者出請事」，故知弔亦請事。「由左」，尊君也，不敢以賓禮待君也。然觀雜記云：「泄柳之母死，相者由左。泄柳死，其徒由右相。由右相，泄柳之徒爲之也。」似凡喪，擯皆由左，而由右，始於泄柳之徒，然則子游之由左，何以特誌之乎？蓋君弔則擯當由左，賓弔則擯當由右，當時君弱臣强，君弔，擯亦由右，而子游獨由左，故美而誌之。泄柳之由左，殆因當時美子游之由左，遂以爲賓弔亦當然，相沿而失之耳。

帷殯，非古也，自敬姜之哭穆伯始也。

按士喪禮，既殯，朝夕哭，「婦人即位於堂南上哭」，無「帷殯」之文。敬姜，賢婦，以遠嫌帷殯，無乖禮意，故不曰非禮，而曰非古。

有所袒，有所襲，哀之節也。

按士喪禮，主人親含尸，左袒，含畢襲。小斂訖袒，奉尸俠於堂襲。將大斂袒，斂於棺，卒塗襲。將葬啓殯袒，朝於祖襲。載柩袒，卒束襲。將祖袒，既祖襲。柩行袒，出宫襲。將窆屬引袒，窆訖襲。又君視斂，君賵，皆袒，畢事襲。此言「有所袒，有所襲，哀之節」者，蓋喪中有事則哀加甚，事過則哀少殺，而袒襲因之。然其所以袒者，以便於行事，遂因以爲節耳。此與裼襲不同，亦與袒裼不同。裼襲指裘外之衣，說見前。袒裼則袒去裘外之裼衣，而全露其裘，故裼襲爲行禮質文之變，而袒裼爲傲慢無禮之容也。此喪中之袒，則捲起衣袂而露其臂，襲則掩之，蓋孝子未成服衣深衣，成服衣衰袂，皆二尺二寸，不袒則妨於治事。射儀之袒襲，祭及養老割牲之袒皆然。覲禮之右肉袒，乃自右袒去朝服也；士虞禮之鉤袒，乃以手指鉤其袂而起之也，此二者與諸袒有異，亦不可混袒裼說。

弁絰葛而葬，與神交之道也，有敬心焉，周人弁而葬，殷人冔而葬。

按王制云，周人弁而祭，殷人冔而祭。祭，交神之事，吉禮也。今葬亦首加弁，嫌過近於吉，故仍加麻絰於首，而要葛帶，不純凶，亦不純吉。曰「與神交之道」，何也？親始死有尸，既殯有柩，葬則尸柩俱歸於無，迎精而反，祭之宗廟，以鬼享之，親而神之，自此而始服祭服之弁，而以神道事其親，故曰「與神交之道也」。舊說解爲山川之神者非。

葬於北方北首，三代之達禮也，之幽之故也。

古者井田制行，民皆族葬，故孟子云：「死徙無出鄉。」王制云：「墓地不請。」所謂「北方北首」，亦就其鄉之北耳。下文趙文子觀於九京，豈九京亦在晉國之北，諸大夫皆於此葬乎？

葬日虞，弗忍一日離也。是月〔一〕也，以虞易奠，卒哭曰成事。是日也，以吉祭易喪祭，明日祔於祖父。其變而之吉祭也，比至於祔，必於是日也接，不忍一日未有所歸也。

按雜記，唯士葬與卒哭同月，天子至大夫卒哭皆後葬二月。先儒謂虞祭閒日舉，唯可言於士禮。考之春秋，葬必柔日，葬日虞，故士虞禮云虞用柔日也。閒一日再虞，又閒一日三虞，皆柔日。三虞之次日，剛日也，乃卒哭。卒哭之明日，乃祔。三虞、卒哭、附祭三日接續行事，故曰「其變而之吉祭也，比至於祔，必於是日也接」。變謂喪祭變爲吉祭也。先儒釋變爲變禮，固非；謂三虞與卒哭皆用剛日，唯

〔一〕「月」，原作「日」，據檀弓改。

卒哭與祔祭連接，亦非。士虞記曰「始虞，用柔日，曰哀薦祫事」。又曰「再虞皆如初，曰哀薦虞事。三虞，卒哭，他用剛日，亦如初，曰哀薦成事」。夫言「再虞皆如初」，則「皆」字包三虞立文，以上文未及三虞，故下復言三虞以足之。「三虞」二字，不連卒哭，讀「卒哭他用剛日」，謂卒哭別用剛日也。且卒哭祝辭曰「哀薦成事」，正與此經「卒哭曰成事」合。先儒連「三虞卒哭」爲句，謂同用剛日，則虞祭亦可曰成事矣，不疑與此經戾乎？「祔於祖父」，祔主于祖廟也。上文云：「重，主道也。」足知天子至大夫士，始死必有重，重徹必有主。先儒因士喪、士虞及特牲、少牢諸禮皆不言主，遂謂天子諸侯有主，大夫士無之。彼孔悝去國，猶載祏以行，無主何以有祏？祏以藏主。諸禮之不言主，特文不具耳，因此而謂大夫士無主，然則大戴禮諸侯遷廟第言奉衣服者皆奉以從祝，不言奉主，將謂諸侯亦無主乎？主既祔，則主藏於廟。三年喪畢，諸侯則遷死者之高祖於祧，遷死者之祖於高祖之廟，而死者之主正位於祖廟，不拘昭穆皆然。大夫士則祖與高祖同廟異室，喪畢遷高祖之主，而祖主遷於高祖之室，死者之主正位於祖室，不拘昭穆皆然。先儒謂，祔後，主反於寢。上篇云：「喪事有進而無退。」坊記亦云：「喪禮每加以遠。」考士虞禮「將旦而祔則薦」，薦，餞也，既餞而祔於祖矣，復反於寢，既進而退，自遠而近，有是理乎？

塗車芻靈，自古有之，明器之道也。孔子謂爲芻靈者善，謂爲俑者不仁，不殆於用人乎哉！

芻靈略似人形，塗車略似車形，故可從葬。觀此，則知以遣車爲從葬者，皆妄也。古用芻靈，後易爲俑，孔子善芻靈而不仁俑，知後世非皆用俑也，蓋有之耳。

國君七个，遣車七乘；大夫五个，遣車五乘。

个、介通。介者，諸侯相朝、大夫出聘從行之介也。雜記「遣車視牢具」，而禮器云「諸侯七介七牢，大夫五介五牢」，是牢具之數，又視乎其介，故此言介不言牢，該之也。士不言其數，以大夫差之，三乘可知。孔疏謂天子之士三乘，諸侯之士無遣車，蓋泥於以遣車爲載苞從葬之車，而士喪禮無之，故爲此說。不知禮之降殺以兩，止就天子諸侯大夫士大段差之，不屑屑也。

人喜則斯陶，陶斯詠，詠斯猶，猶斯舞，舞斯愠，愠斯戚，戚斯歎，歎斯辟，辟斯踊矣。品節斯，斯之謂禮。

據本文，是哀樂相生之序，但此章是論喪禮之踊，上文云「辟踊，哀之至也」，哀親之死，豈因樂極而生乎？諸家紛紛，其說未悟斯旨。孔疏云「鄭康成諸本亦有無『舞斯愠』一句」者，而劉氏欲於「猶斯舞」之下增「矣」字，而删「舞斯愠」三字，即孔疏意。此爲可從，蓋上文固言愠哀之變也，此言辟踊始於愠，方與哀死意合。

子卯不樂。

註疏取桀、紂死日爲說，漢書張晏曰：「子刑卯，卯刑子，相刑之日，故以爲忌。而云夏、殷亡日，不推湯、武以興乎？」愚謂二說當相備十二支相刑，不但子卯。獨忌子卯者，更值夏、殷亡日也。若專指夏、殷亡日，不應因甲子、乙卯兩日，盡子卯而忌之也。

衛柳莊死，獻公與之邑裘氏與縣潘氏。

縣，如字，不音玄。蓋裘氏邑名，潘氏縣名也。

季康子之母死，般請以機封，公肩假曰：「般，爾以人之母嘗巧，則豈不得以其母以嘗巧者乎？則病者乎？噫！」

公肩假謂般，爾欲以人母試己之巧，則豈不得以人之母試己之巧，即有病於爾乎？諸說未合。

戰於郎，公叔禺人遇負杖入保者，息曰云云。

「入保者」句斷，「息曰」二字連，蓋禺人太息而言也。「負杖入保者」，老人避兵入保城邑者也，禺人見之，長嘘鼻息而言，如今人胸中忿恨，嘘氣爲聲，聲從鼻出，故曰息。

卒哭而諱，生事畢而鬼事始已。既卒哭，宰夫執木鐸以命於宫曰：「舍故而諱新。」

京山郝氏曰：「故謂名，新謂謚，『舍故諱新』，謂舍舊日之名，而稱新謚以諱之也。」愚按：晉語范獻子聘於魯，問具山、敖山，魯人以其鄉對。獻子曰：「不爲具、敖乎？」對曰：「先君獻、武之諱也。」考史記，獻公，隱公之高祖；武公，隱公之曾祖。范獻子聘魯，在昭公二十二年，獻公至昭公已十二世，武公已十一世，時猶諱「具」、「敖」，京山説是也。舊説以「故」爲高祖之父當遷者，非。

虞人致百祀之木，可以爲棺椁者斬之，不至者，廢其祀，刎其人。

「百祀」，百年也，木過百年，堅老可爲椁材。廢祀，廢山澤之祀也。廢祀刎人，姑爲之令而已，究屬可疑。

叔仲皮學子柳，叔仲皮死，其妻魯人也，衣衰而繆絰。叔仲衍以告，請繐衰而環絰，曰：「昔者，吾喪姑姊妹亦如之，未吾禁也。」退，使其妻繐衰而環絰。

按：繐衰，四升有半，布細而疏，喪服傳列小功之首，唯諸侯之大夫爲天子服之，五服親族無用此者。叔仲皮從學於泄柳，叔仲皮死，其妻魯人，素知禮，爲之服斬衰絞絰。時俗尚輕微，妻爲夫有服繐衰環絰者，皮之弟衍拘於俗見，請於子柳，欲令皮妻易服繐衰環絰，且云「昔吾喪姑姊妹亦如此，無我禁者」，是不知繐衰非姑姊妹之服，并不知妻之爲夫更不同於姑姊妹也，失禮已甚，故子柳不答。衍不悟其非，退使皮妻改服繐衰而環絰。舊解非。

孔子曰：「衛人之祔也離之，魯人之祔也合之，善夫！」

此言卒哭明日祔主於廟之異。「離之」者，孫雖祔祖，新主在祖主祏中，以物隔之也。「合之」者，無物隔之也，祖孫一本之親，合之爲是，故孔子善魯。舊說以祔爲祔葬者，非。

王制

制三公一命卷，若有加則賜也，不過九命。

「卷」、「袞」通。袞以龍得名，天子冕服十二章，自日月星辰以下而名曰卷者，衣有龍章，龍形袞然，尤昭著也。上公，王者之後，得用天子禮樂，故亦服袞冕，然自龍而下，無日月星辰，蓋與天子同袞之名，而不同其實。天子之三公加一命，得與上公同，然此異賜，非常法也。鄭康成據左傳「三辰旂旗」之言，謂周以日月星辰畫於旂，而天子冕服止於九章。考郊特牲云：「郊之日，王建旂，龍章而設日月。」明堂位亦云：「旂十有二旒，日月之章。」是旂未常有星辰也。左傳言「三辰」，約略之詞耳。且龍亦畫於旂，如鄭言，亦當不列於衣矣，何以獨名衮乎？愚於周官司服詳辨之矣。

天子七廟，三昭三穆與大祖之廟而七；諸侯五廟，二昭二穆與大祖之廟而五；大夫三廟，一昭一穆與大祖之廟而三；士一廟；庶人祭於寢。

周制，天子七廟，加文、武二世室爲九廟，昭常爲昭，穆常爲穆，父子異昭穆故異廟，兄弟同昭穆故同廟異室，如此，則無論父死子繼，兄終弟及，皆定以三昭三穆，而無多少不齊、對偶偏枯之慮。諸侯五廟者亦然。大夫三廟者，其一昭一穆，高與祖同一廟，曾與禰同一廟，皆異室以爲常適。士一廟者亦然。官師一廟者，則高曾祖禰異室祀之。庶人於寢，亦祭高曾祖禰。大祖，始祖也，其廟百世不遷。大夫有大祖，故其子孫適長世世爲大宗。士無大祖，親盡即遷，故其子孫適長亦祇爲小宗。諸侯別子及異姓臣皆然。詳見質疑。註疏載天子廟制，王、鄭不同，余從王說。蓋七廟者，天子之常數，三代所同也；世室之有無多寡不可定，此非常數也，三代所異也。據祭法，夏后氏祖顓頊而宗禹，則七廟之外，更有禹廟，又鯀列於郊，亦當有廟，是夏有九廟也。殷人祖契而宗湯，則七廟之外，更有湯廟，又冥列於郊，與書稱大戊爲中宗，武丁爲高宗，皆當有廟，是殷有十一廟也。周則初以后稷爲始祖，合文、武世室而爲九；東遷之後，祖文王，合武世室而爲八。說詳質疑。要之，宗無定數，而七廟之有常者，三代曷有變哉！或疑殷之三宗并數祖甲，而茲獨不及，何也？曰：「書於祖甲不稱宗也。」「不稱宗，何以言殷有三宗？」曰：「并湯而數之也。史記於太甲不稱太宗乎？」曰：「不見於經，吾未敢信也。」

天子諸侯宗廟之祭，春曰礿，夏曰禘，秋曰嘗，冬曰烝。

按祭統亦云天子四時之祭，春祭曰礿，夏祭曰禘，秋祭曰嘗，冬祭曰烝，與此文同，蓋三代通禮也，行於子午卯酉月。鄭康成謂爲夏、殷之祭，周則春曰祠，夏曰禴。以禘爲殷祭，蓋泥於天保詩「禴祠烝嘗」一語，不知此詩作於武王時，而「禴祠烝嘗」是諸侯之祭，武王未受命，未遑制作，尚以侯禮祀先，故「禴祀烝嘗」遂見於詩。迨周公相成王，始祀先公以天子之禮，定爲春礿、夏禘、秋嘗、冬烝，而「禴祀烝嘗」爲諸侯之制也。時祭中夏禘最大，每歲舉行，先儒信緯書，或謂三年，或謂五年者，皆不可信。「禮不王不禘」，此連諸侯並言者，蓋春秋時，若魯若晉俱僭行禘，記者從僭，後爲文誤信以爲固然，遂與天子連言之耳。詳見質疑。

天子犆礿、祫禘、祫嘗、祫烝。

凡合祭曰祫，禘、嘗、烝皆合祭，故皆言祫。據此，則知天子别無祫祭，凡諸經傳所言祫，皆指禘、嘗、烝之祭也。但烝、嘗二祭止大祖及羣廟，而禘則上追大祖之所自出，下及於毁廟之主，其祫較烝、嘗爲大。凡祭皆曰有事，而禘之事較凡祭爲大，故春秋于文二年八月之禘書爲大事，而公羊釋之曰「大祫」也。詳見質疑。

諸侯礿犆，禘一犆一祫。

諸侯固不得行禘，即就僭禘者言，亦無犆祭之禮，蓋禘必於大廟，必合羣祖。此言一犆一祫者，記者見閔二年春秋書禘於莊公，遂以爲犆祭而云然也。當時魯禘周公，以魯公而下諸祖配祭。至閔公時，遂用禘禮祀莊公。莊公分卑周公，至隱、桓諸祖，無下就莊公之理，必是犆祭，故記者誤指爲禮也。

司空執度度〔一〕地居民。

按考工記玉人職云：「土圭尺有五寸，以土地。」土地者，度地也。此「司空執度」，當準土圭以爲廣狹，然不必拘拘一圭爲一度也。

凡使民，任老者之事，食壯者之食。

此篇後章云：「五十不從力政。」則此使民自不及老者，任事、食食俱就壯者言。任老之事，寬其力也；食壯之食，厚其養也。大戴千乘篇云「太古食壯之食，攻老之事」，與此同。舊説非。

赦從重。

此所謂「赦」，即下文「衆疑赦之」者也。書云「罪疑唯輕」，則所謂赦者，特赦其重罪，減從輕罪，非竟赦而不問也。從重者，減二等若三等也。罪減從輕，而曰從重者，減等之罪則輕，而赦之之意則重也。

凡制五刑，必即天論郵，罰麗於事。

郵傳行書不留滯，論罪者，事至即決，如郵之行書，不使留獄，故曰「論郵」。

道路，男子由右，婦人由左，車從中央。

註云「道中三塗」是已，然必左右皆一定，往來悉由之，男女方不離。竊意塗之從者，以西爲右，以

〔一〕「度度」，原脱一「度」字，據禮記王制補。

東爲左；塗之横者，以南爲右，以北爲左，如舊説，則往之男與來之婦遇，來之男與往之婦遇，不病雜乎？

古者以周尺八尺爲步，今以周尺六尺四寸爲步。古者百畝，當今東田百四十六畝三十步。

按：孟子云：「夏后氏五十而貢，殷人七十而助，周人百畝而徹。」非授田實有多寡，由尺步有廣狹也。觀此文，可見古者指殷時，今指周時。殷、周之步皆六尺四寸，但殷尺大於周尺五之一，故殷之一步，以周尺計之，則爲八尺；殷之百畝，以周步計之，爲百五十六畝二十五步也。然則殷之七十畝，周之百畝有奇矣。殷、周如此，夏從可知。按：鄭註所算田畝數與經文不同，經文有誤，鄭註爲是。註又曰：「按禮制，周猶以十寸爲尺，戰國時變亂法度，或言周尺八寸。」是鄭亦不定周尺爲八寸也。孔疏乃更以八寸尺爲數，是確信周尺爲八寸矣。按：説文釋咫字云：「八寸爲咫，周尺也。」許君之意，謂古以八寸爲咫。周尺短于古尺五之一，古八寸之咫，已爲周十寸之尺，故云爾也。其釋尺字云：「十寸爲尺。」尺既爲十寸，則知周尺雖即古之咫，然亦自分爲十寸，故謂周尺止于古之八寸則可，謂周尺止分八寸則不可。且尺之長短，虞、夏以前則生於律，故書云「同律度量衡」。殷、周有天下，其立權度量與改正朔諸事，皆與民變革，見大傳。故其時律尺自爲律尺，僅守於樂官，而民用之尺，則因璧以爲之準，考工記玉人職云「璧羨度尺，好三寸以爲度」是也。就觀玉人所制桓圭、琬、琰、璧琮、大璋、中璋皆九寸，其于瑑圭璋、瑑琮則直言八寸，使周尺止分八寸，則凡八寸者何以不言尺？九寸者何以不言尺有一寸乎？范景仁不明尺皆十寸，而曰王制古步八尺，八寸之尺也；今步六尺四寸，十寸之尺也，然則古步、今步同矣，何以古者百畝，爲今之百五十六畝有奇乎？陳用之據玉人、典瑞鄭註，謂周時八寸、十寸皆爲尺，而以此文六尺四寸爲八尺，取爲八寸尺之證，此與范景仁之失同，皆泥于舊聞，而不考之經傳者也。愚有辨尺、度書二首詳言之，附載周官辨非後。

月令

孟春之月日在營室，仲春之月日在奎，季春之月日在胃，孟夏之月日在畢，仲夏之月日在東井，季夏之月日在柳，孟秋之月日在翼，仲秋之月日在角，季秋之月日在房，孟冬之月日在尾，仲冬之月日在斗，季冬之月日在婺女。

按：月令每月首言日在，此指日躔言，俗所謂過宮也。鄭註以日月會言之，誤矣。夫日月之會，必在朔日，而日躔必隨中氣，故日月之會多在前宮。如孟春以娵訾爲本宮，而日躔未至，十月之會，尚在玄枵。餘月類推。至日躔本宮，月與日相去有遠至數宮者，一晝夜，日行一度，月行十三度十九分度之七。一宮凡三十度有奇，約二日有奇，而月過一宮。唯閏月後月之朔，日月之行同宮，然其相會之時刻，亦未必與日躔之時刻脗合，有先一二時或三四時者。夫月之行速，一日差日十二度有奇，唯會在躔後則在本宮，若會先一時，則至躔時已約差一度，先二時或三四時，已差二度若三四度，是則日躔在朔，雖行同宮，而其會尚非本宮，況日躔之去朔遠者哉！且周天三百六十五度四分度之一，分爲十二宮，日躔一月一宮，有閏月之歲，日月多一會，而躔次止十二宮也。如以日月會言日在，何以處閏月之一會乎？又況記文止言日，原不必牽月爲言也。

春，其帝太皞，其神句芒，其祀户。夏，其帝炎帝，其神祝融，其祀竈。中央，其帝黄帝，其神后土，其祀中霤。秋，其帝少皞，其神蓐收，其祀門。冬，其帝顓頊，其神玄冥，其祀行。

按：太皞、炎帝、黄帝、少皞、顓頊，此五人帝配五行者也，五時迎氣，祭五行，而人帝配焉。句芒、祝融、后土、蓐收、玄冥，則五行之官，是爲五正，從祀於五人帝，左傳、家語謂之五祀者也。此唯天子得祀之。至户、竈、中霤、門、行之五祀，則上自天子，下至大夫、士，皆得行之。祭法天子七祀云云，皆不可信。説者謂夏祀竈，冬當祀井，月令冬祀行，是記之誤。白虎通云：「月令其祀井，夫井水日用所資，不輕于竈，行非水類，何獨祀於冬？」其理頗長，故後世多因之。

鴻雁來。

吕氏春秋作「候雁北」，當從之。蓋仲秋之「鴻雁來」，季秋之「鴻雁來賓」，自北而來南也，孟春則自南而北矣。月令一篇，原從吕氏春秋簡出，凡篇中字句不同者，皆當閲原本求解爲是，特爲拈出：「迎春於東郊還反」，原本「反」作「乃」，屬下句讀。「宿離不貸」，原本作「不忒」。「措之于參保介之御閒」，原本「參」在「于」上。「仲春命樂正習舞釋菜」，原本作「入舞舍采」。「季春命國儺」，原本作「國人儺」。「孟夏迎夏於南郊還反」，原本作「乃」，與孟春同。「仲夏毋燒灰」，原本作「毋燒炭」。「季夏無或差貸」，原本「貸」作「忒」。「以摇養氣」作「摇蕩于氣」，「毋發令而待」作「發令而干時」，「神農將持功」句首有「命」字。「可以美土疆」，原本「美」作「化」。「孟秋迎秋還反」，亦作「乃」。「季秋師興不居」，原本作「師旅必興」。「仲冬飭死事」，原本無此句。「季冬雉雊乳」，原本作「乳雉雉」。

春居青陽，夏居明堂，中央居太廟太室，秋居總章，冬居玄堂。

此等名號，唯明堂自古有之，其餘不見于他經，必呂不韋以意定之，欲施之平一天下之後者也。然自古唯天子之始祖廟得稱太廟，今以生人所居于其中堂俱稱太廟，此何義乎？不韋自成不韋之書，吾還其爲不韋之制而已，必欲多爲之説，奚爲乎？

毋殺孩蟲胎夭飛鳥。

按：魯語「澤不伐夭」韋昭註云：「草木未成曰夭。」此文已及孩蟲胎飛鳥，下又言「毋麛毋卵」，則恩及飛潛動矣。「夭」字從國語解，則植物亦皆得所，益見周至。上文「禁止伐木」，則成材者也。

孟春，「行夏令」，「行秋令」，「行冬令」。

按：諸家於行令俱云：「君于孟春行孟夏、孟秋、孟冬之令，仲春行仲夏、仲秋、仲冬之令，餘倣此。」又曰：「孟月失令則三時孟月之氣乘之，仲月失令則仲月之氣乘之，季月失令則季月之氣乘之。」愚謂人君行令或失於怠，或失於忘，必無擇時而失者也。必若諸解，是孟月必擇孟月而失，仲季必擇仲季而失矣。且孟春行孟夏、孟秋、孟冬爲失令，將孟春行仲夏、仲秋、仲冬之令及季夏、季秋、季冬之令爲非失乎？孟春行孟夏、孟秋、孟冬之令則感召咎證，如此，設人君於孟月有行仲、季令者，即無所感召乎？記文言此，戒人君行令不容差忒，解者當渾融以會其意，若過爲分析，反失之矣。或曰：「如此，則寅申巳亥子午卯酉辰戌丑未其類不相應，奈何？」曰：「咎證之應，或以其類，人君之行令，不能保其孟月必不行仲、季之令，仲、季必不行孟令也。」再按：每月之令，有因時而行，不可通於他月者；有可以常行者；有是月不可行，即他月亦不可行者。即以孟春言之，如迎春、祈穀、耕藉、布農諸事，此因時而行，不可通於他月者也；如布德和令、行慶施惠、守典奉法、掩骼埋胔諸事，此可以常行者，即行之他月，必不召災也。至如變天道、絕地理、亂人紀、兵戎從我起諸事，此是月不可行，即他月亦不可行，行之不但如記所言咎證之應已也。然則所謂行某令行某令者，豈犯其所禁如伐木、覆巢諸事乎？然此瑣瑣之事，必非天子自行，而謂君於某時行某令則咎應如此，其說終未可通。反覆思之，蓋天時之失令也。其咎應，則如今之田家占驗也。曰：「若是，則人君失令可弗恤乎？」曰：「吾非謂人君可以失令也，特就所應咎證，驗諸所行之令，有以知其爲天時之失。若夫人君之令，已詳於每月，從之則得，違之則失，不既昭昭哉！」

仲春，命樂正習舞、釋菜。

呂氏春秋作「入舞舍采」，註云：「入學宮也。舍，置也，置采帛於先師之前以贊神也。」按：夏小正云：「二月，萬用入學。丁亥者，吉日也；萬也者，干戚之舞也；入學也者，太學也，謂今時大舍采也。」據此相參，益知當從呂紀原文。

季春，薦鮪于寢廟，乃爲麥祈實。

按：夏小正：「二月祭鮪，鮪者，美物也，魚之先至者也，其至有時，謹記其時。三月祈麥實，麥實者，五穀之先見者，故急祈而記之也。」據此，則薦鮪、祈麥是二事，不相因。

仲夏，養壯佼。

佼、獢通，强也。

季秋，合諸侯，制百縣，爲來歲受朔日。

舊説因秦建亥，以此月爲歲終，非也。考史記，秦之以十月爲年始，在始皇二十六年，一天下之後。月令成於不韋，主用夏時，意其時東周既滅，不韋擅政，已改周正之建子而爲建寅。至始皇一天下之後，即因建寅，而改十月爲年始，是謂建亥，然非不韋著此書之本意也。因始皇後日建亥，遂取建亥以釋是書，可乎？然此季秋，而曰「爲來歲受朔日」，何也？頒明年正朔也。諸侯國有遠近，故於季秋頒之，而正朔則是建寅。此時秦雖未一天下，而有天下已過半，必有頒朔之事。若據此「來歲受朔日」之文，謂此書即主建亥，則孟冬有云「祈來年於天宗」，季冬有云「論〔一〕時令以待來歲之宜」者，來年、來歲又將何指乎？不韋改建寅，説見質疑。

孟冬，大飲，烝。

大飲者，天子養國老、庶老，鄉國則徧行鄉飲酒之禮也。烝，冬祭也。是二事。

天子乃祈來年于天宗，大割祠於公社及門閭。

此秦國所行之禮，不韋即著之以爲天子之禮耳。孔疏謂天宗、公社、門閭謂之蜡。按：郊特牲言

〔一〕「論」，原作「順」，據禮記月令改。

天子大蜡八，不及此數者，豈數者之祀反小，而不得謂之大蜡乎？必不然也。所以於此月祈來年者，秦初奉周正朔，此月之次月即是來年，故祈於此月。此改建寅，尚因之而未變耳。

臘先祖五祀，勞農以休息之。

臘祭在周爲蜡祭，但郊特牲載八蜡不及先祖五祀，而此言「臘先祖五祀」，亦是秦國所行之禮。且是月既烝，則已祭先祖五祀，已分祀於四時，此復臘之，不病數乎？臘爲秦祭，而左傳云虞不臘者，周以亥月爲臘月，是月索饗萬物，即名蜡祭，秦則直名之曰臘，其祭之神亦異，獨勞農休息則同於周耳。

仲冬，命之曰暢月。

是月陽生，故曰暢月。陽方生而曰暢者，扶陽之義，喜之之詞也，不與上文連。

曾子問

曾子問曰：「昏禮既納幣，有吉日，女之父母死，則如之何？」孔子曰：「壻使人弔，如壻之父母死，則女之家亦使人弔，父喪稱父，母喪稱母，父母不在，則稱伯父世母。壻已葬，壻之伯父致命女氏曰：『某之子有父母之喪，不得嗣爲兄弟，使某致命。』女氏許諾而弗敢嫁，禮也。壻免喪，女之父母使人請，壻弗取，而后嫁之，禮也。女之父母死，壻亦如之。」

先儒於此章不得其解，謹爲辨之。其葬而致命，謂雖已葬，而喪未除，不可行昏禮，需除喪卜吉之意，原非使之别嫁他人也。其弗敢嫁，蓋曉致命之意，弗敢從前吉遣嫁，以俟其除喪，原非欲嫁他人而不敢也。今乃以致命爲恐失嘉禮之時使之他嫁，以弗敢嫁爲弗嫁他人，固已謬甚。至壻弗取而后嫁之，謂壻守前説，不取，其請而后此女嫁於他族。噫！此豈聖人之言乎？夫既云納幣有吉日，則六禮已行其五，特未親迎耳，免喪之後，何不可娶，而必令嫁他族邪？考士昏禮，宗子父母没，則己命人迎而不親往，故有不親迎之禮。此云「壻弗取」者，不親迎也；「而后嫁之」，即嫁此壻也。内則篇云：「女子二十而嫁，有故二十三年而嫁。」所謂「有故」，即有父母之喪也。二十三而嫁，即嫁十五許嫁之夫也，曲禮云：「女子許嫁笄。」内則云：「女子十五而笄。」豈適他人乎？要知免喪之後，男必娶，女必嫁，舍已定之婚配而別求他偶，即六禮豈能遽行，歲月更須有待，所謂嘉禮之時，恐因之而更失矣。且前此納采、問名、納吉、納徵、請期，皆其父主之，媒氏通之，告於禰廟而行之，亦既慎重其事矣，一旦無故而絶之，此豈近於人情乎？或疑魯文公娶在三年之外，君子尚譏其喪娶。免喪而娶，志不忘婚，君子惡其忘親也。指喪中。夫春秋所以譏喪娶者，以爲三年之内不圖婚，僖公之薨，未二十五月，而遽行納幣諸禮，故雖娶在三年之外，而圖婚則在三年之内，是以譏之也。此既納幣有吉日而後居喪，喪畢而成禮，豈有圖婚之志乎？若因其終娶而遽誅其志，聖人不若是已甚也。

孔子曰：「取婦之家，三月而廟見，稱來婦也。擇日而祭於禰，成婦之義也。」曾子問曰：「女未廟見而死，則如之何？」孔子曰：「不遷於祖，不祔於皇姑，壻不杖，不菲，不次，歸葬於女氏之黨，示未成婦也。」

「三月廟見」，即士昏禮所謂「婦入三月然後祭行」也，謂行祭於高曾祖廟。此指舅姑在者言。「擇日而祭於禰」，即士昏禮所謂「舅姑既没，則婦入三月乃奠菜」也。鄭氏註昏禮，「三月祭行爲助祭，而不指爲廟見。孔氏又因昏禮無見祖廟正文，遂於此條疏謂廟見、祭禰只是一事。然則舅姑在者，高曾祖之廟，婦可以不見乎？按：下文云：「女未廟見而死，不遷於祖，不祔於皇姑。」可見廟見非指祭禰。何則？祔必以昭穆，孫婦必祔祖姑。皇姑，祖姑也，生時未廟見，故死不遷不祔。昏禮記所謂「三月然後祭行」者，乃行祭於高曾諸廟。而以「婦見」與此記「三月廟見」之文相發，此謂士也。若大夫，有始祖廟者，則并見始祖廟也。其或支子之小宗，止有禰廟若祖廟；或未有廟者，則已見於己所得祭之廟，而餘廟則統於宗子以見之也。三月而見者，歲有四時之祭，率三月一舉，婦之廟見，必依於時祭，然婦入而遇時祭，或一月而遇，或二月、三月而遇，遠不過三月，舉遠以包近，故曰三月，非必定於三月也。廟見必依於時祭者，時祭必有主婦薦豆，且亞獻有諸婦助祭。所取而爲冢婦也，舅存則從姑，舅没則姑老，而婦即爲主婦；所娶而爲衆婦也，亦必從姑若宗婦，故必於時祭之先，擇日行之，而後可以與於祭。其不即於時祭見者，祭禮煩，廟見禮簡，且祝辭難兼，故於祭禰言擇日，明不與時祭同日也。廟見之禮若何？即儀禮三月奠菜之禮通之可也。廟見亦擇日，祭禰亦三月，互見也。廟見亦成婦義，祭禰亦稱來婦，亦互見也。

「當七廟五廟無虚主。虚主者，唯天子崩，諸侯薨，與去其國，與祫祭於祖，爲無主耳。」祫祭於祖，則祝迎四廟之主。

「祫祭」，即王制所謂祫禘、祫嘗、祫烝之三祫也。合祭於太祖之廟，故曰「祫祭於祖」。謂别有祫祭者，非。

曾子問曰：「當祭而日食，大廟火，其祭也如之何？」孔子曰：「接祭而已矣。」「當祭而日食」，可承上章，謂是「嘗禘郊社五祀之祭」。至「大廟火」，止宜言是「郊社五祀之祭」，不可及「嘗禘」，蓋嘗禘行於太廟。如當嘗禘而大廟火，則救火不暇，安能接祭乎？

曾子問曰：「君出疆，以三年之戒，以椑從。君薨，其入如之何？」孔子曰：「共殯服，則子麻弁絰，疏衰，菲，杖，入自闕〔一〕，升自西階。如小斂，則子免而從柩，入自門，升自阼階。君、大夫、士一節也。」

檀弓云：「君即位而爲椑，歲一漆之。」故出疆即以椑從，備急變也。喪大記「椑之外有屬與大棺」，此云「以椑從」，則在外大斂，止於椑、屬與大棺，殯時備用。「共殯服」，供殯事之物也。闕，觀。闕非毀墻之謂。此言闕，不言門，下言門，不言闕，相互也。「升自西階」，周人殯於西階上也。時已大斂，尸既在椑，入即可殯，故於西階。舊説謂柩從外來，有似賓客，故就客階，非也。小斂，尸未入椑。入時，尸在前，椑在尸後，子在椑後，故曰「子免而從柩，升自阼階」。周人大斂於阼，時方小斂，升阼階，就大斂也。舊説謂親未在棺，猶以事生之禮事之，亦非也。

宗子有罪，居於他國，庶子爲大夫，其祭也，祝曰：「孝子某，使介子某，執其常事，攝主不厭祭。」

〔一〕「闕」，原作「闞」，據禮記曾子問改。

按：此篇云「祭殤必厭」，大戴禮天圓篇云「無尸者厭也」，知此「不厭祭」當從吴幼清解，謂「但祭正統之親，不及宗子殤之陰厭，不及凡殤與無後者之陽厭」爲是。蓋祭成喪必有尸，有尸則非厭。先儒因特牲、少牢二禮未迎尸之前，祝酌奠於鉶南以祝神，此時無尸，遂謂之陰厭。尸出之後，餕畢，佐食徹尸俎設於西北隅，此時無尸，遂謂之陽厭，非也。夫祭之初，祝酌奠祝神者，此降神也。天子諸侯之祭，用鬱鬯之酒灌地降神，大夫士不得用，故於尸未入之前，祝酌奠於鉶南，祝饗佐食取黍稷膚祭於苴茅上，祝取奠觶祭於茅，主人再拜稽首，乃出迎尸。此非降神而何？奈何以爲陰厭也？此禮詳見士虞禮，蓋士虞、特牲、少牢本互見也。若夫餕畢西北隅之設，正如士喪禮大、小斂之奠，既徹，必設於序西南當西榮處，不褻神餘也。禮器云：「設祭於堂，爲祊於外，于彼乎？于此乎？」此君祭然也。特牲、少牢之改設於西北隅，亦即于彼、于此之意，奈何以爲陽厭乎？且厭之爲言，飽飫之義也，祭方始而奠祝，安得遽飽？下章言陽厭「當室之白」，以其在屋漏受牖之明處，故曰陽也。今考二禮之改設，則厞用筵，厞，蔽之也。筵，席也。且闔户牖，俾之幽闇，于「當室之白」謂何？吾所不取也。

殤不祔祭。

殤，孫雖祔祖，然祭祖時孫不得與，故曰不祔祭。蓋陰厭以祭宗子之殤，陽厭以祭凡殤，殤别有祭，下文自明。先儒因喪服小記云「殤與無後者從祖祔食」，遂改此文爲「殤不備祭」，殊可怪也！

文王世子

食上，必在視寒煖之節。

「在」字當「如」字解，後同。

凡學，世子及學士必時，春夏學干戈，秋冬學羽籥，皆於東序。小樂正學干，大胥贊之。籥師學戈，籥師丞贊之，胥鼓南。春誦，夏弦，大師詔之。瞽宗秋學禮，執禮者詔之。冬讀書，典書者詔之。禮在瞽宗，書在上庠。凡祭與養老、乞言、合語之禮，皆小樂正詔之於東序。大樂正學舞干戚，語說命乞言，皆大樂正授數，大司成論說，在東序。

先王立學造士，其教非一端，其居非一處，蓋「學」其統名，而「瞽宗」、「上庠」、「東序」即一學中之別名也。其官則大司成爲之長，主論說，大樂正次之，主授數。其屬有小樂正，教干及詔祭與養老、乞言、合語之禮，而大胥贊之。學干有籥師教戈，而丞與胥贊之。大師主詔絃、誦，執禮主詔禮，典書主詔書。因其人，因其時，而教行焉，三代盛時，所以無不成之材也。

公族在宗廟之中，其登餕獻受爵，則以上嗣。

「宗廟」，君之宗廟也。「上嗣」，公族之適長子也。此言天子諸侯宗廟之祭，公族助祭者，有此登餕獻受爵之禮，唯上嗣得與，重適也。其禮亡，無可考。舊說引特牲禮爲據，特牲，士禮也，豈可語于天子諸侯之祭乎？愚於特牲禮「嗣舉奠」及祭畢「宗人遣舉奠」食餕甚以爲疑，求其說而未安，斷不敢以其近似，而據爲此節之解也。按：祭統云：「尸謖，君及卿四人餕。君起，大夫六人餕。大夫起，士八人餕。士起，具陳於堂下，百官餕。」是則餕有登堂不登堂之異矣。又曰：「尸飲五，君洗玉爵獻卿。尸飲七，以瑶爵獻大夫。尸飲九，以散爵獻士及羣有司。」有獻則有受，是獻與受爵只是一事，特未知上嗣之於此二禮如何耳。

其公大事則以喪服之精麤爲序，雖於公族之喪亦如之，以次主人。

公族之於天子諸侯，以親則父兄子弟也，以分則君臣也。喪服，臣爲君服斬衰三年，衰三升有半，此不分同異姓、親疏族屬皆然。而其位次序列則依其本服之精麤，如君之諸父兄子弟，齊衰，其本服也，是爲麤；其從父兄子弟及再從三從者，大、小功緦麻其本服也，是爲精。麤者親而在前，精者疏而在後。陳可大謂：「臣爲君服斬衰，衰制雖同，而升數多寡各依本親。」若是，則本親在大功者服八升九升布之斬衰，本親在小功者服十一升十二升布之斬衰矣，抑何不考之喪服乎？

始之養也，適東序，釋奠於先老，遂設三老、五更、羣老之席位焉。適饌省醴，養老之珍具，遂發詠焉。退修之，以孝養也。

按：王制云：「凡養老，有虞氏以燕禮，夏后氏以饗禮，殷人以食禮，周人修而兼用之。」詳味此章，乃是以燕禮養老，而其升降獻酬，與其席次，當如鄭註，準鄉飲酒禮推之。何則？燕禮，膳宰爲獻主，此則天子親獻；燕禮，大夫爲賓，賓唯一人，此則有三老、五更、羣老，故鄭謂三老如賓，五更如介，羣老如衆賓，其言良是。「發詠」，謂醴珍既具，天子遂迎老、更入門，此時樂工奏樂，故云發詠。入門之後，揖讓升拜，至拜洗拜送爵，三老受爵，卒飲，而樂止。三老酢於天子，樂又作。天子卒爵，樂又止。郊特牲所謂「賓入大門而奏肆夏」，又云「卒爵而樂闋」，即此也。然燕禮賓至庭乃奏肆夏，賓受爵樂止，與郊特牲所言不同者，燕禮是君燕其臣，郊特牲是賓主相燕，故禮稍異。養老事大，天子親獻，宜從賓主相燕之禮，而五更、羣老之獻，亦必皆有樂。退謂天子獻三老，三老酢天子，天子酬三老畢，三老乃降立西階下當序東面，一如鄉飲酒主賓獻酬畢賓降立之儀，而五更、羣老之獻，一如鄉飲酒之介與衆賓，其降立之儀亦同。蓋自省醴以至獻酬，天子必躬親之，所謂修之以孝養也。祭義及樂記所謂食三老、五更於大學，是以食禮養老也。說見樂記。

正君臣之位、貴賤之等焉，而上下之義行矣。

正君臣之位，是言席次，當考鄉飲酒禮、燕禮、大射儀諸禮始明。鄉飲酒主人席阼階上西面，燕禮、大射儀公席亦在阼階上西面。今養老略同鄉飲酒禮，則天子主席當在阼階上西面，與燕禮、大射儀公席同。燕與大射宰夫爲主人，公席于阼，乃是君位。今天子踐阼行事，雖主位，實君位也。三老之席，如鄉飲酒之賓，當在户牖閒南向，與燕禮、大射之賓席同。五更之席，如飲酒之介，當在西階上東面，與燕禮、大射樂工之席略同。羣老之席，當如飲酒之衆賓，在賓席之西，與燕禮、大射儀小卿及大夫之席略同。燕與大射之賓、工及小卿、大夫之席，乃是臣位，今老、更雖居賓、介之位，實則臣位也，故曰「正君臣之位」。天子居君位是貴，老、更居臣位是賤；老居賓位是貴，更居介位是賤，故曰「貴賤之等」。等位既正，而上下之義行矣。

禮器

先王之立禮也，有本有文。忠信，禮之本也；義理，禮之文也。無本不立，無文不行。

按：義理爲文，此意最精。本固爲内，文亦非外，禮以義爲質，安得爲外？謂之文者，亦就忠信對言耳。有忠信之實心以爲主而裁度吾心，必合於義理之安而後行之，行之得其條理，即謂之文。由内心有義理之裁制，斯外自得其條理，故曰：「義理，禮之文也。」「無文不行」，禮以義起也。

禮有以少爲貴者，大路繁纓一就。有以素爲貴者，大路素而越席。

「大路」，祭天所乘之木路也，殷、周皆然。先儒信周官，謂周祭天乘玉路。玉路就多而文飾，則是以所賤事天已，豈其然乎！大戴禮朝事篇曰：「天子樊纓十有再就，上公九就，侯伯七就，子男五就。」要知周常時所乘，未嘗不以多爲貴，文爲貴，而此獨貴乎少與素者，尊祭天之車也。郊特牲言周郊而曰乘素車。素車非即此大路乎？愚於周官巾車詳辨之矣。

禮有以文爲貴者，天子龍衮，諸侯黼，大夫黻，士玄衣纁裳。天子之冕，朱緑藻十有二旒，諸侯九，上大夫七，下大夫五。

此周冕服之制，龍衮繢於衣，黼黻繡于裳。天子至尊，故取衣之龍以名；諸侯大夫卑，故取裳之黼黻以名，衣尊而裳卑也。又諸侯有國，主斷國事，黼之言斷也；大夫輔國，主辨國是，黻之言辨也。冕以朱緑爲藻，亦周制，先儒疑爲前代之制，非也。餘見周官司服條。

魯人將有事於上帝，必先有事於頖宮。「頖宮」，魯學名。古人立學，必有先聖先師，魯立頖宮，以后稷爲先聖，文王爲先師。說見郊特牲。將郊而先有事告后稷也。季秋大饗明堂，亦先有事以告文王。

郊特牲

郊特牲而社稷大牢。

郊祭天用特牛，配以后稷亦特牛，故召誥「用牲於郊，牛二」。社稷主祭畿内土穀之神，祭法所謂王社也，配以句龍、后稷，皆用大牢。召誥「社於新邑，牛一，羊一，豕一」，止一大牢者，祭率土地祇，無稷無配故也。說見下文。

諸侯不敢祖天子。

說者據左傳魯襄十二年吳子壽夢卒，臨於周廟，謂魯以周公，故得祀其所出之祖，故立文王廟，非也。又有謂成王賜周公以天子禮樂，得行郊禘，故立文王廟，亦非也。左傳雖言周廟，不明言是文王廟，而魯之郊禘始于僖公，其謂成王賜之者，後人假託之辭也，魯安得有文王廟？左傳所云周廟，蓋即頖宮也。魯立頖宮之學，以后稷爲先聖，文王爲先師，後人見后稷、文王爲周天子之祖，而魯得祀之於學，遂謂爲周廟。是則魯之祀后稷、文王於頖宮者，以之爲先聖先師，而非以爲祖也。謂之周廟，已非其義；謂之文王廟，不幾於祖天子乎？使魯果祖天子而立文王廟，此記何以不明言之也？或曰：「諱之也。」夫記禮之文，與春秋不書内惡異，何爲而諱之乎？曰：「子何以知頖宫祀后稷、文王？」曰：「禮器云：『魯人將有事於上帝，必先有事於頖宫。』先有事者，告后稷也。周公之言曰：『文王，我師也。』然則魯學以后稷爲先聖，文王爲先師，何疑哉？」

諸侯不臣寓公，故古者寓公不繼世。

按：喪服傳寄公爲所寓齊衰三月，言與民同也。蓋不臣者，主之所以厚；賓服之者，賓之所以報主，各盡其道而已。

社，祭土而主陰氣也，君南鄉於北墉下，答陰之義也。日用甲，用日之始也。天子太社，必受霜露風雨，以達天地之氣也。社，所以神地之道也，地載萬物，天垂象，取財於地，取法於天，是以尊天而親地，故教民美報焉。

此天子於夏日至祭率土地示於北郊之社也，即大折，即方丘，無稷。説詳質疑。

郊之祭也，迎長日之至也，大報天而主日也。兆於南郊，就陽位也。埽地而祭，於其質也。於郊，故謂之郊。郊之用辛也，周之始郊，日以至。祭之日，王被衮以象天，載冕璪十有二旒，則天數也，乘素車，貴其質也，旂十有二旒，龍章而設日月，以象天也。

郊即太壇，即圜丘。此文言周郊事最詳，車旂冕服一以此文爲正。辨見學禮質疑及周官辨非。

天子大蜡八，伊耆氏始爲蜡。蜡也者，索也，歲十二月，合聚萬物而索饗之也。蜡之祭也，主先嗇而祭司嗇也。祭百種，以報嗇也。饗農及郵表畷、禽獸，仁之至，義之盡也。古之君子，使之必報之。迎猫，爲其食田鼠也；迎虎，爲其食田豕也，迎而祭之也。祭坊與水庸，事也，曰：「土反其宅，水歸其壑，昆蟲毋作，草木歸其澤。」

八蜡：司嗇一，百種二，農三，郵表畷四，猫五，虎六，坊七，水庸八。蓋司嗇即先穡，不可分爲二，猫、虎二物，不可合爲一，經文自明。諸説未了「主先嗇而祭司嗇」，謂八蜡以先代始嗇之人爲主，而司嗇即始嗇之神，故以爲首。「報嗇」二字，蒙上司嗇、百種二者而言，言祭二者皆所以報先嗇也。「合聚萬物而索饗之」，但以此八神爲主。

皮弁素服而祭，素服，以送終也；葛帶榛杖，喪殺也。黄衣黄冠而祭，息田夫也。野夫黄冠，黄冠，草服也。

京山郝氏云：「皮弁素服，天子諸侯蜡祭之服。黄衣黄冠，民閒蜡祭之服。」此説是也。先儒謂蜡用皮弁素服，臘用黄衣黄冠。玩此記，上下文俱詳言蜡事，並不及臘，奈何意爲牽合乎？按周以亥月爲臘月，故宫之奇有「虞不臘」之言，謂不及臘月，非謂不及臘祭也。秦則臘月即名臘祭，而所祭者及先祖五祀，與此篇所言蜡祭不同。説見月令臘先祖五祀條。雜記「子貢觀蜡，孔子曰『百日之蜡，一日之澤』」，即「息田夫」也。

内　則

適子庶子，祇事宗子宗婦，雖貴富，不敢以貴富入宗子之家；雖衆車徒，舍於外，以寡約入；子弟猶歸器、衣服、裘衾、車馬，則必獻其上，而后敢服用其次也。

族人於大宗，不定是兄弟，或尊而爲祖父行，或卑而爲子孫行，彼爲宗子，即當宗之，故雖宗子爲吾之子行或從弟，猶當歸器物以奉之，不敢以卑幼而忽之也。子弟且然，況父兄乎！「必獻其上」，就尊行爲宗子者也，子弟不可言獻，故曰歸。

子能食食，教以右手；能言，男唯，女俞；男鞶革，女鞶絲。六年，教之數與方名。七年，男女不同席，不共食。八年，出入門户及即席飲食必後長者，始教之讓。九年，教之數日。十年，出就外傅，居宿於外，學書計，衣不帛襦袴，禮帥初，朝夕學幼儀，請肄簡諒。十有三年，學樂，誦詩，舞勺。成童，舞象，學射御。二十而冠，始學禮，可以衣裘帛，舞大夏，惇行孝弟，博學不教，内而不出。

教，教者之事；學，學者之事。十年之前，知慮未開，故須教者爲主，而使之學。十年以後，知識漸通，故須學者爲主，而予以教。古人六藝皆於幼時習之。八年教讓，即禮也，故十年曰「禮帥初」。十年「學書計」，是書與數也。十三年，學樂舞，學射御，則六藝全矣。讀者慎毋泥「二十始學禮」之文，謂禮非幼時事也。

玉藻

天子玉藻，十有二旒，前後邃延，龍衮以祭。

此天子祭服之正也，冕十二旒，衮十二章，貫玉之藻用朱緑。舊説此服唯施於祭宗廟，非也。凡祭皆然。辨見周官司服。或曰：「祭有大小，章服豈得無别？」曰：「祭之大小，以神有尊卑也，然祭之者爲天子，豈因是而異其尊卑乎？天子十二章，上公九章，侯伯七章，子男五章，一定之制。天子而服臣下之服，斷無是理也。」

聽朔於南門之外。閏月，則闔門左扉，立于其中。

天子聽朔於南門外，説者謂是明堂。明堂在國之陽，于理或然。至謂告朔亦於明堂，必以特牲，告其帝及神，非也。每月告朔用特牲，祭法謂之月祭。天子諸侯宗廟皆有月祭，則天子告朔於廟可知。閏月告朔同，而聽朔異。觀魯文不告閏朔，左氏以爲棄時政，則閏月同告于廟可知。而聽朔之異，則此文「闔門左扉，立於其中」是也。門即明堂之門，南鄉。皇氏謂明堂有四門，閏月各居其時當方之門，恐未然。

諸侯皮弁以聽朔於大廟。

聽朔於大廟，則告朔亦於大廟矣。穀梁子云：「天子告朔於諸侯，諸侯受於禰廟。」此言聽於大廟，是受于禰廟而藏于大廟也，故於大廟告朔竟，即於大廟聽朔，而後徧告於高曾祖考之廟，皆以特羊。祭法謂始祖高祖廟無月祭，非也。

登席不由前，句。爲躐席。爲去聲。

禮席升降正由上下，羣居升席則趨隅，皆不由前，所以然者，爲躐席也。説詳曲禮。

深衣。參用師説，總録深衣篇，便考也。

君衣狐白裘，錦衣以裼之。君子狐青裘豹褎，玄綃衣以裼之。麛裘青豻褎，絞衣以裼之。羔裘豹飾，緇衣以裼之。狐裘，黄衣以裼之。裘之裼也，見美也；服之襲也，充美也。

觀此則知裘外有裼衣，裼衣外有襲衣。去襲衣曰裼，加襲衣曰襲。裼衣直領，故見裘之美；襲衣即深衣，深衣衣裳相連，全體掩蓋，美不外見，故曰充美。

尸襲。

後章云「禮不盛，服不充」，即充美之謂也。尸襲者，以孫之身象祖之身，禮盛充美，故襲也。

古之君子必佩玉，右徵角，左宫羽，趨以采齊，行以肆夏，周還中規，折還中矩，進則揖之，退則揚之，然後玉鏘鳴也。

徵角宫羽，言佩玉之制，有厚薄之分，故其聲有清濁之異。五音宫最濁，角清濁之間，徵次清，羽最清。玉厚則聲濁爲宫，玉厚薄中則聲清濁中爲角，玉次薄則聲次清爲徵，玉最薄則聲至清爲羽。五音宫爲首，故左；次生徵，故右；次生商，居五之中，故不列；次生羽，故左；次生角，故右。左先右後，故佩玉之制，亦以相生之序一先一後也。玉既合乎宫徵，而君子之趨行進退復皆有節，故衝牙觸佩，自然鏘鳴中律。

禮不盛，服不充，故大裘不裼，乘路車不式。

此謂郊時也，王衣大裘，衮衣以裼之，郊特牲云「王被衮以象天」是也。衮外更襲以衣，是之謂充美。「路車」，郊特牲所謂「素車」，即木路也。蓋大路也，素車也，路車也，木路也，一而已矣。

賓入不中門，不履閾。公事自闑西，私事自闑東。

按：聘禮行聘享時，賓介皆入門左，此「公事自闑西」也。及行私覿，賓入門右，擯者辭，乃入門左。上介亦然。士介初入門右，擯辭，士介不敢入門左，即於門外拜送，是私事不皆自闑東也，禮特言其初耳。

明堂位

朝諸侯於明堂。

此篇所言朝諸侯之位，及所謂明堂明諸侯之尊卑，説皆不經。至謂「朝諸侯於明堂」，則實然也。古者天子巡守，朝諸侯於方岳之下，皆於明堂受朝，故孟子時，齊宣欲毀明堂，此則東嶽之明堂也。東嶽有明堂，則西、南、北嶽亦有明堂可知。四嶽皆有明堂，則畿内亦有明堂，又可知。孝經云「宗祀文王於明堂」，非畿内之明堂乎？考工記云：「周明堂，東西九筵，筵九尺。南北七筵，崇一筵，五室，凡室二筵。」此則明堂之制也。獨其處所，經傳無文。從來之説明堂在國之陽，而玉藻云「天子聽朔於南門之外」。夫聽朔必於明堂，則謂在國之陽者是也。然而「朝諸侯於明堂」，經未實有所指，考之覲禮有云：「諸侯覲於天子，爲宫方三百步，四門壇十有二尋，深四尺，加方明於其上。方明者，木也。上介皆奉其君之旂，置于宫，公侯伯子男皆就其旂而立。天子出拜日於東門之外，反祀方明。」此載在覲禮既終之後，蓋指天子巡狩，諸侯朝於方嶽之下，有明堂以受朝。此宫即方嶽之明堂也。畿内則天子受覲於廟，既覲之後，當亦就明堂以布政。其壇在方嶽者，以祀方明，在畿内者，即子月日至郊天之大壇。明堂、大壇同在三百步内。古者步百爲里，方三百步，方三里也。大饗明堂，則以文王配，説者緣此，謂明堂即文王廟，豈有當乎？大戴禮明堂篇載明堂之制與考工不同，而茅屋蒿宮殊近怪妄，獨所云其宮方三百步與覲禮合，則覲禮之宮即明堂，益可知矣。明乎此制，則淮南子淳于登、公玉帶諸家可以盡廢，先儒紛紛其説，奚爲哉！

成王以周公爲有勳勞於天下，命魯公世世祀周公以天子之禮樂，是以魯君孟春乘大路，載弧韣，旂十有二旒，日月之章，祀帝於郊，配以后稷，天子之禮也。

孟春，建子之月也，周天子一歲祭天凡四：郊也，祈穀也，大雩也，大饗明堂也。四者之中，唯郊大報天，禮爲盛大。據此文，魯直僭行日至郊禮，而祈穀、大雩更不必言，故孟獻子曰「正月日至可以有事於上帝」與此合。唯左傳有云「啟蟄而郊」，又云「郊祀后稷以祈農事」，先儒信之，遂謂魯雖僭郊，止行祈穀禮，不行日至禮。豈知左傳所云者，固皆魯僭郊之後，諱言日至之郊，而託言祈穀以輕其事，猶其自僭王禮，而托於成王之賜，如此文之説也。餘詳質疑。

季夏六月，以禘禮祀周公於大廟。

按：此文言禘周公於大廟，而不言祭文王，合之公羊文二年「大事於太廟」，傳言「毁廟，未毁廟之主，皆升」，而不及所自出之帝觀之，知魯但僭用天子之禮樂，如此篇所云者，以祀周公，非必祭文王爲所自出之帝，以周公配也。上文云「祀帝於郊，配以后稷」，若果祀文王，以周公配，亦當如郊例明言之矣。又孟獻子云「七月日至可以有事於祖」，魯遂以七月行禘。此言六月，殆初行禘時如此，後乃因獻子之言，而定于七月耳。説詳質疑。

有虞氏服韍，夏后氏山，殷火，周龍章。

「服」，冕服也，四代皆十二章，虞以韍名，故曰韍冕。禹之致美乎韍冕，猶仍虞名也，後更以山名。殷則以火名。周以龍章名，龍形衮然，故曰衮冕。先儒謂爲韍制，四代增加，豈一韍而備諸采乎？且山、龍皆衣之章，而下移於韍，聖人不若是無別也！

讀明堂位

予嘗讀左氏傳，齊桓公問仲孫湫曰：「魯可取乎？」對曰：「不可，猶秉周禮。」晉韓宣子聘魯，見易、象與魯春秋曰：「周禮盡在魯矣！」吴季札聘魯，觀樂歌則風、雅、頌畢陳，舞則異代咸備。竊疑魯雖周公之後，亦諸侯之國耳，奚以獨備禮樂？豈制作出自周公，故魯獨守之乎？王朝侯國，制各不同，當時侯國禮樂，諒必同時班布，魯不得獨異也。謂周公制作，魯獨守之，是周公自私其子孫矣，有是理乎？然則魯何以獨備禮樂？曰：「因郊禘而有之也。」魯何以得有郊禘？曰：「僭也。」成王之賜，伯禽之受，非乎？曰：「重耳請隧，襄王猶知卻之。成王，賢主也，必不以非禮加人。周公抗世子法於伯禽，伯禽固知禮者，必不以非禮受。其謂成王賜而伯禽受者，蓋魯後人既僭用之，恐遺譏後世，假先王先公以自文耳。」然則仲孫湫、韓宣子何以稱之？曰：「僭既久矣，即魯之子孫亦且相忘，況他國之卿乎？」久假而不歸，惡知其非有也？曰：「是則然矣。孔子嘗言：『魯一變至於道。』又曰：『我觀周道，幽、厲傷之，吾舍魯何適矣！』非與其禮樂之獨存乎？蓋孔子之時，周衰已甚，禮樂淪亡，猶幸魯僭竊之，餘尚存十一于千百。孔子此言，殆因敗以爲功之意也。東周可爲，即公山叛人，無不可往。孔子救時之苦心，大不得已也。」然則魯之守禮樂非乎？曰：「非謂守之非也，冒而行之不可也。歌雍八佾，大夫儼然天子，君實啟之，其又奚尤？故人知周禮賴魯而存，予謂周禮由魯而亡，因讀明堂位，爰誌於後。」

喪服小記

庶子不祭祖者，明其宗也。

惟適孫得祭祖，外此，雖支子之適子，亦與庶孫同，不得祭也。

爲慈母後者，爲庶母可也，爲祖庶母可也。

按：禮云：「喪有無後，無無主。」此言「爲庶母」，爲「祖庶母」，蓋爲之喪主也。若云爲後，則此子業爲慈母後矣，何得又爲庶母、祖庶母後乎？況以孫爲祖庶母後，昭穆更不合邪？

大傳

禮，不王不禘。王者禘其祖之所自出，以其祖配之。諸侯及其太祖。大夫、士有大事，省於其君，干祫及其高祖。

禘，即王制、祭統所謂時祭之禘也，行於每歲午月，上追自出之帝，下及毀廟、未毀廟之主，爲合祭之人，故又曰大祫。或曰：「經言以其祖配之，恐止以始祖配，諸祖不及也。」曰：「詳玩下文諸侯、大夫、士之文，即知天子之禘當爲祫矣，况確有王制祫禘之文可據乎？辨見質疑。」

牧之野，武王之大事也，既事而退，柴於上帝，祈於社，設奠於牧室，遂率天子諸侯，執豆籩，逡奔走，追王大王亶父、王季歷、文王昌，不以卑臨尊也。

按：武成云：「丁未，祀於周廟，邦甸侯衛，駿奔走，執豆籩。越三日庚戌，柴，望，大告武成。」與此不同。以書爲正，追王之説，與中庸不同；以此爲正，先儒泥中庸追王大王、王季之文，及緯書之説，謂文王早已稱王，且謂文王已追王大王、王季，號謚未定，至武王時定之，而周公之追王大王、王季，乃以王禮改葬，而其不改葬文王，以其先以王禮葬故也。凡此，皆誣妄之詞也。緯書之言，固不可信，即中庸所云，亦當善會。章内言文王屢矣，此復言周公成文、武之德，故於追王，止言大王、王季，而不及文王。文勢如此，實包追王文王在内也。不然，豈小心服事如文王，而及身稱王也哉！

宗法詳見質疑。

少儀

受立，授立，不坐，性之直者，則有之矣。

此言本坐之人，有受於立者，有授於立者，則起而不坐。若坐而不起，是直情徑行矣。舊解非。

贊幣自左，詔辭自右。

按：聘禮「賓介私覿，宰於公左受幣」，是「贊幣自左」也。覲禮「既覲，天子使諸公賜服，太史致命，公在左，太史在右」，是「詔辭自右」也。

凡羞，有湆者不以齊。

湆，汁也。少宰儐尸，有羊肉湆，羊匕湆，豕匕湆。羊肉湆，湆中有肉者。羊匕湆，豕匕湆，純湆無肉者。此言羞有湆者，蓋羊肉湆之類，已有鹽梅之和，故不以齊。若大羹，直是清汁，不齊，不必言也。

尊壺者面其鼻。

此專就人君說。「尊壺」，非謂尊與壺，尊猶設也，壺，酒尊也。儀禮「尊兩壺於房戶閒」。「面其鼻」，言設君之酒尊者，必以鼻鄉君，玉藻云「唯君面尊」是也。

學記

比年入學，中年考校。一年視離經辨志，三年視敬業樂羣，五年視博習親師，七年視論學取友，謂之小成。九年知類通達，强立而不反，謂之大成。夫然後足以化民易俗，近者說服，而遠者懷之，此大學之道也。

「比年入學」，專言升入國學者，蓋十五入大學，後乃中年考校，如是五次，乃爲大成，而足以化民易俗也，故曰此大學之道也。考校是主教者之事，而中年考校，則就學者言，蓋入學者既比年皆有，則考校亦必比年舉行，特就其中分別其一年、三年、五年、七年、九年者而異視之，其未三年、七年者，則去年已考，今年姑舍之可也。如此，則雖比年考校，在入學者是二年一受考，故曰中年考校。考校在禘後。

未卜禘，不視學，游其志也。

禘行于每歲午月，必卜禘後乃視學，使學者得以優游其志，而精其業也，視學何爲考校也？先儒信五年一禘之説，謂不當禘之年亦待時祭之後，然則何必言卜禘乎？

樂記

食三老五更於大學，天子袒而割牲，執醬而饋，執爵而酳，冕而總干，所以教諸侯之弟也。

按：周人養老兼用燕禮、饗禮、食禮，故文王世子篇所云養老是燕禮也，此記所謂養老是食禮也。其禮無可考見，略準公食大夫禮言之。謂之食者，但食飯而不用酒獻酬也。鼎俎七牲用大牢，割牲食禮不見，養老則天子袒而親割也。公與賓升之後，宰夫自東房授醯醬，公設之。蓋醬爲饌之本，故公親設。養老，天子亦親設也。既陳饌，宰夫實飲酒于觶，加于豐，設于豆東，三飯之後，宰夫進漿飲于稻西，是即酳爵也。庭實既設，賓遂飲漱奠於豐以降，受幣，乃復入，卒食三飲。食禮公不親酳，養老則天子親酳也；食禮不樂舞，養老則天子親舞，凡所以敬老也。

雜記

遣車視牢具，疏布輤，四面有章，置于四隅，載粻，有子曰：「非禮也。喪奠，脯醢而已。」

「遣車視牢具」，説具檀弓。「疏布輤，四面有章」，車之飾也。「置于四隅，載粻」，謂載粻于車之四隅，倒文耳。所以置于車之四隅者，以乘車已載旃皮弁服，道車已載朝服，稾車已載簑笠等物于中，故置粻于四隅也。

泄柳之母死，相者由左。泄柳死，其徒由右相。由右相，泄柳之徒爲之也。

悼公弔有若之喪，子游擯，由左，尊君也。當時緣此，賓弔亦由左，則非矣。泄柳因循未改，其徒能復之，故志之。

士三月而葬，是月也卒哭。大夫三月而葬，五月而卒哭。諸侯五月而葬，七月而卒哭。士三虞，大夫五，諸侯七。

虞祭皆以葬日爲始。士葬月卒哭，閒日行祭。大夫以上，閒月卒哭。若亦閒日虞，則終虞與卒哭相去日遠，于檀弓所言「必於是日也接」不合。竊意，大夫以上，初虞皆是葬日，自後或閒五日，或七日，若九日，以虞之多寡與日之遠近爲差。唯終虞與卒哭、祔祭、三祭接續行事。詳見檀弓。

孟獻子曰：「正月日至，可以有事於上帝；七月日至，可以有事於祖。」七月而禘，獻子爲之也。

日至在正月、七月，可以爲周正改月改時之證。郊禘對言，可以爲禘祭每歲舉行之證。

贊大行曰：「圭，公九寸，侯、伯七寸，子、男五寸。博三寸，厚半寸，剡上左右各寸半，玉也。」

曲禮言：「凡摯，諸侯圭。」而此文更詳其長短、廣狹、厚薄之度，且降殺以兩，形制昭然。先儒信周官，而謂子男執璧，何也？

祭法

有虞氏禘黄帝而郊嚳，祖顓頊而宗堯。夏后氏亦禘黄帝而郊鯀，祖顓頊而宗禹。殷人禘嚳而郊冥，祖契而宗湯。周人禘嚳而郊稷，祖文王而宗武王。

禘，即王制、祭統所云時祭之禘，行于每歲午月，追祭太祖之所自出之帝於太廟，而以太祖及毁廟、未毁廟之祖配之也。郊，子月日至祭天於南郊之太壇，而以祖配之也。祖，始祖，百世不遷之廟也。宗，後世有功德之祖，尊之爲宗，與大祖同爲百世不遷之廟也。周初始祖〔一〕后稷，郊亦配稷，而文、武並爲不遷之宗。東遷之後，乃以文王爲始祖，武王爲宗。説詳質疑。按：孝經云：「宗祀文王於明堂，以配上帝。」此周公所制特典，蓋於季秋大饗上帝於明堂，而尊文王以配之。明堂，即覲禮見諸侯之宫，其方三百步，爲壇而四門者也。將祀明堂，亦告頖宫。鄭氏牽孝經宗祀以釋此文，殊不合。

燔柴於太壇，祭天也；瘞埋於太折，祭地也，用騂犢。

太壇即南郊之圜丘，太折即北郊之方丘，下文太社亦即此也。蓋以其至尊而言則曰太壇，曰太社，曰太折；以其形而言則曰圜丘，曰方丘，名雖殊，其實一也。祭天地皆用騂犢，第郊唯特牛，社則加羊豕而爲大牢耳。

〔一〕「祖」，原作「初」，形近而誤，今改。

王爲羣姓立社曰太社，王自爲立社曰王社，諸侯爲百姓立社曰國社，諸侯自爲立社曰侯社。太社，天子祭率土之地示者也，與郊對舉，無稷。王社，天子祭畿内之土穀者也，不與郊對舉，有稷，祭以句龍、后稷配。國社，祭竟内地示。侯社，祭一國土穀。説詳質疑。

祭義

建國之神位，右社稷而左宗廟。左右，路寢之左右也。社稷，王社、侯社也，考工記匠人營之。

祭統

凡祭有四時，春祭曰礿，夏祭曰禘，秋祭曰嘗，冬祭曰烝。礿、禘，陽義也；嘗、烝，陰義也。禘者陽之盛也，嘗者陰之盛也，故曰莫重於禘嘗。古者於禘也，發爵賜服，順陽義也；於嘗也，出田邑，發秋政，順陰義也。

此言礿、禘、嘗、烝與王制同，而不兼諸侯，且極言禘、嘗之義，尤見正大。發爵、賜服，歲歲舉行，則禘之歲行益可見。世儒以王制、祭統出漢儒，不可信，或且推爲夏、殷之禮，不思漢初諸儒去古猶近，所言必非無本。此不可信，而必緯書曲説乃可從乎？「曲説」指三年一祫、五年一禘之説。

深衣

深衣三袪，縫齊倍要，衽當旁，袂可以回肘，長中繼揜尺，袷二寸，袪尺二寸，緣廣寸半。玉藻。

「袪」，袖口也。「三袪」者，要尺寸之數三倍于袖口也。袪尺二寸，圍之爲二尺四寸，三其袪爲七尺二寸，齊又倍之，則丈四尺四寸也。「衽」，襟也，在左右，故曰「當旁」。「袂可以回肘」，指腋下運肘處，不言尺寸者，人身長短大小不等，不可一定，當相體裁削，無過寬，無過窄，可以回肘則已。深衣篇曰「袼之高下，可以運肘」，即此也。「長中繼揜尺」，言袂之長也，中猶當也，言袂之長與手相當，更餘一尺揜覆及肘，而衣一幅，袂一幅，其長不足揜，須别以布一幅中解之，繼續于左右袂，方足此數，故曰「繼揜尺」。深衣篇曰「袂之長短，反屈之及肘」，即此也。「袷」，領也，以交而合，故名「袷」。「二寸」，言其廣。「袪尺二寸」，黄先生云「此言其不縫者。統縫不縫，則袂末二尺二寸」是也。「緣」即純也。從來言深衣者，布幅廣二尺二寸，度用指尺。予因即予左手中指中節爲度，以度予身，脊至中指端，凡長三尺八寸。深衣衣一幅，袂一幅，合得四尺四寸，去殺縫二寸，四尺二寸，在〔一〕除身脊至指端三尺八寸，止餘四寸，反屈之不能及肘，故知須布一幅分解繼續之也。

古者深衣，蓋有制度，以應規矩繩權衡，短毋見膚，長無被土，續衽鉤邊，要縫半下。

〔一〕「在」，似當作「再」。

「續」，連屬也。「衽」，衣襟也。他禮服上衣下裳不相連，唯深衣則衣之下際與裳之上際相連屬，故曰續衽。衣裳相續，獨言衽者，衽綴于衣之左右，舉衽則全衣皆舉。且裳十二片，四片屬于左右衽，既屬於衽，則并此屬衽之裳亦可爲衽，而全裳亦舉矣，故言續衽可以括衣裳相屬之義也。「鉤」，謂鉤針密縫之也。「邊」，前後裳相合，當腋下直垂處也。他禮服之裳，前三幅後四幅不相合，唯深衣之裳用布六幅，解爲十二片，四片屬于後衣，四片屬于前衣，四片屬于兩衽，皆縫合之，但裳布半是正裁，半是斜裁，三幅正裁，每片兩頭，並闊一尺一寸，去殺縫二寸，淨得九寸。三幅斜裁，每片一頭狹得五寸，一頭闊得一尺七寸，去殺縫二寸，淨得狹頭三寸，闊頭一尺五寸。取斜裁之一片，合正裁之一片，狹頭在要爲一尺二寸，闊頭在齊爲二尺四寸，正裁屬向中，斜裁屬向邊，左右合之，要得二尺四寸，齊得四尺八寸，三之要總得七尺二寸，齊總得一丈四尺四寸，是謂齊倍要。一旁是織幅，一旁是翦口，唯前後中縫皆值織幅，旁屬者一是織幅，一是翦口，此須反復縫之，然不必鉤也。唯腋下前後裳邊縫合處皆是翦口，必反復縫之，更密針鉤之，乃得牢固，故曰鉤邊。黄先生曰：「續衽，衣與裳相連屬之也。鉤邊，縫合其前後也。深衣之所以得名由此。」

袼之高下可以運肘，袂之長短反詘之及肘。帶，下毋厭髀，上無厭脇，當無骨者。制十有二幅，以應十有二月，袂圜以應規，曲袷如矩以應方，負〔一〕繩及踝以應直，下齊如權衡以應平。

「袼」當腋下縫合處，黄先生曰「從此而員之爲袂，從此而削之爲要，故須量度肘之出入以爲高下」

〔一〕「負」，原作「員」，形近而誤，據深衣改。

是也。「制十有二幅」者，衣六幅，裳六幅也。衣之六幅，則以二幅爲衣身，長二尺二寸；當腋處裁入，下爲要，旁屬袂。二幅爲袂，長與衣同；一幅交解爲左右衽；又以一幅中分，繼續袂口爲揜覆。裳見上。「袂圜應規」者，袂屬于衣，從腋下量肘之出入，裁入而漸還之，至於袂末，仍得二尺二寸，服時左右袂相合而員。玉藻「祛尺二寸」，乃袂口之不縫者也。「曲袷如矩」者，衣開脰孔，以袷二寸加之，其兩端斜綴於兩衽，兩衽交掩，其袷自方。

冠義

見於母，母拜之。

按：儀禮冠者三加，或醴或醮，既畢，取脯，「見於母，母拜，受子拜，送母，又拜」。先儒疑之，有謂脯自廟中來，故拜受，非拜子者；有謂母有從子之義，故屈其庸敬，以伸斯須之敬者；有謂此爲適長子，代父承祖，與祖爲正體，故拜之，異于衆子者。考禮，婦人之拜有二，一肅拜，一手拜。肅拜者，端肅立，微俯躬，非跪拜也。手拜者，手至地，首至手，跪拜也。少儀云：「婦人吉事，雖有君賜，肅拜。」則此之拜受，肅拜也，母拜子亦何嫌？

鄉飲酒義

四面之坐，象四時也。

按：下文云：「坐賓于西北，坐介於西南，主人坐於東南，坐僎於東北。」言其方也。又云：「賓必南鄉，介必東鄉，主人必居東方。」言其鄉也。考儀禮鄉飲禮第云「乃席賓主人介，衆賓之位，皆不屬焉」，不明言方與鄉，故此義特詳之。然射義有曰：「卿大夫士之射也，必先行鄉飲酒之禮。」故鄉射未射之先，其飲酒與鄉飲酒禮同。其布席也，賓南面，主人阼階上西面，皆正鄉也。二禮相通，原可互見。鄭註鄉飲酒禮曰：「賓席牖前南面，主人阼階上西面，介西階上東面。」亦是正鄉。俗儒方氏不通經義，乃創爲賓面東南，介面東北，主人面西北，僎面西南，易正鄉爲偏鄉。天下後世奉而行之，莫有覺其非者，是可歎也！詳見質疑。

鄉飲酒之禮，六十者坐，五十者立侍，以聽政役，所以明尊長也。

按：儀禮第云「主人就先生而謀賓介」，不及齒序，故此義詳之。言「六十者坐」，知唯六十以上者得與飲酒坐列。言「五十者立侍」，知五十以下者不得坐也。故儀禮記云「立者東面北上，若有北面者則東上」，即指五十者也。註疏不察，謂儀禮爲賓賢能，此爲正齒位，不思戴記冠昏射鄉諸義皆就儀禮爲之發明，間補其闕略，不能互明其義，而强爲分析，多見其支離也。又孔疏謂儀禮之賓介，皆以年少者爲之，不更誣乎？

六十者三豆，七十者四豆，八十者五豆，九十者六豆，所以明養老也。

賓介豆數有常，此專指衆賓言。儀禮未詳，故義明之於此，見鄉飲酒禮賓介之外，衆賓皆以齒序，不得相踰。故儀禮獻衆賓，升拜受者唯賓長，蓋鄉黨莫如齒，理宜然也。

其節，天子以騶虞爲節，諸侯以貍首爲節，卿大夫以采蘋爲節，士以采蘩爲節。騶虞者，樂官備也；貍首者，樂會時也；采蘋者，樂循法也；采蘩者，樂不失職也。

按：儀禮大射，諸侯與其臣燕而射也，其終奏貍首以射，而衆耦之大夫士不以采蘋、采蘩。鄉射，卿大夫士飲酒于鄉而射也，其終奏騶虞以射。而記又言：「歌騶虞若采蘋皆五終。」若以此義文爲正，則鄉射用騶虞爲僭矣，豈儀禮亦不可信乎？此不可解，闕之可也。

孔子射於矍相之圃，蓋觀者如堵墻。射至於司馬，使子路執弓矢出延射，曰：「賁軍之將，亡國之大夫，與爲人後者，不入。其餘皆入。」蓋去者半，入者半。又使公罔之裘、序點揚觶而語。公罔之裘揚觶而語曰：「幼壯孝弟，耆耋好禮，不從流俗，修身以俟死者，句。不，句。在此位也。」蓋去者半，處者半。序點又揚觶而語曰：「好學不倦，好禮不變，旄期稱道不亂者，句。不，句。在此位也。」蓋廑有存者。

鄭註曰：「射畢又使二人舉觶者，古者於旅也語。」語，謂説義理也。不言有此行否，可以在此賓位也，此於儀禮有據。而或有謂舉觶是罰爵者。夫罰爵乃勝飲不勝，勝不勝射時已定，飲酒時何煩致問？若謂預揚未罰之爵，益無據矣。其兩言「在此位」，非謂于此時始定賓位也，蓋因旅酬時，鄉人觀禮者尚多，故因舉觶于賓，而語此以儆動之見，唯如此者，得居賓位也，使之勉進于德耳。

聘義

上公七介，侯伯五介，子男三介，所以明貴賤也。介紹而傳命，君子於其所尊弗敢質，敬之至也。

按：儀禮聘賓一人，介五人。大夫爲上介，士四人爲衆介，亦曰士介儀禮舉侯伯言之也。然則七介者，上介一人，士介六人也。三介者，上介一人，士介二人也。「介紹而傳命」，就行聘時賓升堂致君命而言。紹，繼也，繼賓而進也。方行聘于廟也，賓立廟門西，主君立於中庭，擯者出請命，賓執圭入門左，介皆入門左北面西上。賓與主君揖攘升堂致命，升堂唯賓一人，而上介、衆介亦必繼賓進立於門左。蓋主君尊，並己君不敢質，略其禮也，故禮器亦曰「七介以相見」也。不然，則已蹙舊説，謂上介、次介、末介與上擯、承擯、末擯相繼而傳命。此本大行人交擯、旅擯爲言。詳考儀禮，聘之日，厥明，訝賓于館。訝，迎也。賓至于朝，入于次。在大門外之西。卿爲上擯，大夫爲承擯，士爲紹擯。主國出接賓者。擯者出請事，主君即出迎，請賓行事。公迎賓於大門内，大夫納賓。大夫，上擯。賓入門左，衆介隨入。公再拜，賓辟，不答拜。公揖，入每門，每曲揖。擯、介隨入。及廟門，公揖入，立于中庭，賓立接西塾。門側之堂。几筵既設，擯者出請命。請賓致命。賓執圭，擯者納賓。賓入門左，介皆入門左，北面西上，介止于此。三揖。主君與賓。至於階，三讓，公升二等，賓升西楹西東面，致命。其行禮節次如此，何嘗有擯、介相繼傳命之事乎？鄭氏亦知其無此事，而註「擯者出請事」，則又援此「介紹而傳命」之文，設爲旅擯之説，乃曰「此但旅擯不傳命」，又曰「天子諸侯朝覲，乃命介紹傳命耳」。然則記何以言於聘義也哉？此牽合周禮之過也。覲禮亦無交擯傳命之事。

周官辨非序

世稱周官周公所作，吾考魯史克有言：「先君周公制周禮曰：『則以觀德，德以處事，事以度功，功以食民。』」今觀周禮無此言，則知周公之周禮已亡，而今之所傳者，後人假託之書也。先儒信之者什七，疑之者什三，祇緣「周禮」二字當頭。且知就周禮言周禮，儱侗讀過，不加精析，遂驚歎其學貫天人，經緯萬事，推與儀禮、禮記並立爲三。愚則謂此書所載，止詳諸官職掌，其法制典章，取校於五經、論、孟殊多不合。夫不合於五經、論、孟，則是非有在矣。天下是非有一定，無兩可，以周禮爲是，將以五經、論、孟爲非乎？使其不合於五經、論、孟，而所措施者無傷於國體，無害於民生，即不置是非焉亦可也。乃其猥瑣不經，掊克無藝，一由其道，喪亡之至，如影隨形，迂儒猶曰：「此周禮也，無可議。」或且曰：「此不善用周禮之過，非周禮之過。」嗚呼！震於虛名，而忘其實禍，直謂之無是非之心可也。不特此也，吾就其本文詳析，多自相謬戾，弊害叢生，不可一日行於天下。周公之書，決不如此，故斷然還其名曰周官。諸不合於五經、論、孟者，取而辨之，得若干條。雖然，置其非而存其是，典章法制乃有可觀，即謂予非周官爲是周官也可。

附録

先生偕同學十數子，執贄南雷之門，因爲講經之會，質疑逆難，號稱極盛。而先生肄業尤勤，取諸經及先儒注疏熟玩精思，較其毫釐分寸之得失，窮日夜、忘寢食者累十餘年。久之，融會貫通，豁然有得，六經自箋、疏以下皆有排纂。鄭梁撰跛翁傳、鄞縣志、全祖望撰禮記集注序。

先生與仁和應撝謙、沈佳書辨難往復，務伸己説而後已。仁和縣志。

先生爲人，剛毅有守，不可屈撓。朋友勸善規過，不少假貸。其嗜義若飢渴。張蒼水死國難，棄骨荒郊，先生葬之南屏，乞南雷誌之，春秋夜祭。父執陸文虎，甬上所稱陸、萬是也，殁，無後，先生爲葬其兩世六棺。凡所爲皆類此。鄭梁撰跛翁傳、鄞縣志。

先生嘗游杭州玉龍山，入勳賢祠謁陽明像。見有張縉彦神主，擊碎之。廟主驚怖。語之曰：「此故明兵部尚書，降流賊，後爲浙中方伯者也。如有問者，但言我實爲之。」同上。

黄南雷曰：「五經之學，以余之固陋，所見傳註，詩、書、春秋皆數十家，三禮頗少，儀禮、周禮十餘家，禮記自衛湜以外亦十餘家，周易百餘家，可謂多矣。其聞而未見者，尚千家有餘。如是，則後儒於經學，可無容復議矣。然詩之小序，書之今古文，三傳之義例，至今尚無定説。易以象數、讖緯晦之於後漢，至王弼而稍霽，又以老氏之浮誕、魏伯陽、陳摶之卦氣晦之。至伊川而欲明，又復以康節之圖、書先後天晦之。禮經之大者爲郊、社、禘、祫、喪服、宗法、官制，言人人殊，莫知適從，士生千載之下，不能會衆以合一，由谷而之川，川以達於海，猶可謂之窮經乎？自科舉之學興，以一先生之言爲標準，毫杪摘抉，於其所不必疑者而疑之，而大經大法反置之而不道，童習自守，等於面牆。聖經興廢，上關天運，然由今之道，不可不謂之廢也。此吾於萬充宗之死，能不慟乎！」黄宗羲撰墓志銘。

李杲堂曰：「事古而信，篤志不分，吾不如斯大。」史傳。

鄭禹梅曰：「翁虚心博學，以經解經，不立異，不苟同，不爲先入之言所主，不爲過高之説所摇，故能推倒一世，親見古人如此。」鄭梁撰跋翁傳。

清儒學案卷三十五

鄞縣二萬學案下

萬先生斯同

萬斯同字季野，學者稱石園先生。悔菴先生八子，先生其季也。生而異敏，讀書過目不忘。八歲，在客坐中背誦揚子法言，終篇不失一字。年十四五，取家所藏書遍讀之，皆得其大意。聞蕺山劉氏之學，以愼獨爲主，以聖賢爲必可及，與同志相劘切，月有會講，博通諸史，尤熟明代掌故。康熙十七年，薦鴻博，辭不就。初，順治二年，詔修明史，未幾罷。康熙四年，又詔修之，亦止。十八年，命大學士徐元文爲監修，取彭孫遹等五十人官翰林，與右庶子盧君琦等十六人同爲纂修。先生嘗病唐以後史設局分修之失，以謂專家之書，才雖不逮，猶未至如官修者之雜亂，故辭不膺選。至三十二年，再召王尚書鴻緒於家，偕陳文貞、張文和爲總裁，陳任本紀，張任志，而王延先生於家，委以史事，而錢氏名世佐之。每覆審一傳，曰某書某事當參校顧小史，取其書第幾卷，至無或爽者。士大夫到門諮詢，了辯如響。嘗書抵友人，自言少館某所，其家有列朝實録，吾默識暗誦，未敢有一言一事之遺也。長游四方，輒就故家耆老求遺書，考問往事，旁及郡志邑乘，私家撰述，靡不搜討，而要以實録爲指歸，蓋實録者，直載其事與言，而無可增飾者也。因其世以考其事，覈其言而平心察之，則其人本末可八九得矣。然言之發或有所由，事之端或有所起，而其流或有所激，則非他書不能具也。凡實録之難詳者，吾以他書證之；他書之誣且濫者，吾以所得於實録者裁之，雖不敢具謂可信，而是非之枉於人者蓋鮮矣。昔人於宋史已病其繁蕪，而吾所述將倍焉，非不知簡之爲貴也，吾恐後之人務博而不知所裁，故先爲之極，使知吾所取者有所捐，而所不取必非其事與言之真，而不可溢也。又以馬、班史皆有表，而後漢、三國以下無之，劉知幾謂「得之不爲益，失之不爲損」，不知史之有表，所以通紀傳之窮者，有其人已入紀傳而表之者，有未入紀傳而牽連以表之者，表立而後紀傳之文可省，故表不可廢。讀史而不讀表，非深於史者也。嘗作明開國訖唐、桂功臣將相年表以備采擇，其後明史至乾隆初張文和等奉詔刊定，即取王氏史稿爲本而增損之，王稿大半出先生手也。嘗補歷代史表五十四卷，凡六十篇，益以明史表十三篇，東漢有宦官侯表，三國仿大事記作三國大事年表，則前代所闕，而自造體制者也。又著紀元彙考四卷，廟制圖考一卷，儒林宗派十六卷，石經考一卷，周正彙考八卷，歷代宰輔彙考八卷，宋季忠義録十六卷，南宋六陵遺事一卷，庚申君遺事一卷，羣書疑辨十二卷，書學彙編二十二卷，崑崙河源考二卷，河渠考十二卷，石園詩文集二十卷。卒於京師，年六十四，門人私謚曰貞文。參史傳、全祖望撰傳、錢大昕撰傳、方苞撰墓志、錢林文獻徵存録。

羣書疑辨

五服皆用衰 以下喪禮雜論。

古之五服，未有不用衰者，不但齊、斬用衰，即功服亦曰功衰，緦服亦曰緦衰，其他弔服亦曰錫衰、疑衰，是可徵喪服之必用衰矣。故開元、政和二禮，及明之集禮，猶仍其制而不變。乃温公書儀則惟三年用之，朱子家禮則惟期服以上用之，雖失古人之制，猶曰己所著書，原非盡依古禮也。勉齋、信齋素稱達于禮者，其於儀禮一書，析之極其精矣，乃謂禮惟父母用衰，旁親皆不用，是何敢于背禮，爲此無稽之論也？家禮功緦不用衰，或其未及改定之故，正賴後人補之，信齋反以期服用衰爲過，此豈可謂達禮者乎？至於書儀之失，尤不可言。夫齊衰也，而可用寬袖襴衫乎？夫小功也，而可用白絹襴衫乎？齊衰有三年，母服亦將不用衰乎？在公之意，謂習俗如此，無可奈何而爲此説。夫所貴乎君子者，謂其能秉禮以正俗也，今既不能正俗則已矣，又以此筆之于書，是非惟無以正之，反若有以導之矣。夫我不能强天下以由禮，豈不能使吾身之由禮？吾盡吾禮，而世之從不從，聽之而已。今觀公之書，則是公于喪服未必能一一如禮矣。人望如公，而爲此非禮之服，世人論者，不謂公之徇俗，而以公爲樹之標，必曰：「公猶如此，吾儕何爲不然！」是因公之書，而先王喪服之制將從此盡廢。其始也，人猶以爲陋製，其繼也，人竟以爲禮服矣，不意賢達如公而有是也。況喪服禮之重者而可徇，將何者不可徇？又何以著書垂後哉？彼開元、政和諸禮，亦豈能强世之必從？但制禮者不可不如是耳。書儀、家禮二書，無事不折衷至善，實萬世不刊之典也，獨于喪服猶稍有遺憾，吾故不能以無辨。

括髮免髽之制

括髮、免、髽之制，註疏謂皆以麻自頂而前交于額，卻繞于髻，惟免用布爲異。是三物而一製也，愚嘗竊有疑焉。括髮之式，自注疏而外，諸家從無别解。愚謂玩此二字之義，則必其制足以括盡其髮而無餘也，若止用麻一條，果足以括盡其髮〔一〕乎？蓋古者有纚以韜髮，纚用繒爲之，廣幅長六尺。親始死，冠去而纚猶存，至小斂并纚去之，而易以括髮。其制必與纚相似，蓋纚用繒，而括髮用麻布，此時不可以服繒，故易之以麻布也。不然，括髮既用麻繩矣，又以麻繩爲絰，而加於括髮之上，豈人之首所能容乎？此括髮之可疑者一也。免之式，鄭氏固謂未聞，又引舊説，以爲如冠狀。夫曰如冠狀，則非以一寸之布自頂而繞于額矣，得毋自解而自背之乎？善乎，呂與叔之言曰：「免以布爲卷幘，以約四垂短髮，而露其髻于冠。禮謂之缺頂冠者，必先著此缺頂而後加冠，故古者有罪免冠而缺頂存，因謂之免。」是説也，不勝于布廣一寸之説乎？此免之可疑者二也。髽之説，鄭司農謂麻與髮相半結之，馬季長謂屈布爲巾，高四寸，惟鄭氏謂如幓頭耳。昔夫子誨兄子以髽，戒曰：「毋縱縱，毋扈扈。」釋者謂：「縱縱，太高也；扈扈，太廣也。」儻如注疏亦以麻自頂而交于額，則本無高廣之形，何必戒之以縱縱、扈扈

〔一〕「髮」，原作「法」，據上文「括盡其髮」改。

乎？鄭司農之說，杜元凱用之，雖若勝于康成，終不若馬氏高四寸之說與孔子之言有合也。此鑿之可疑者三也。凡此三說，非敢故違乎注疏，但以昔賢原有別解，何必鄭氏之是，而他說之非也？愚故聊書臆見，以質正于知禮者焉。余既爲此說，或者謂經言括髮以麻，而子謂用麻布，則與免而以布何別乎？不知括髮以麻者，蓋未成之布，故謂之麻。免而以布者，乃已成之布，故謂之布也。若果如注疏之說，自頂而前交于額，將交于額上乎，則束髮不能固，將交于額下乎，則于髮不能括，無一而可也，故愚以爲，其制必當如纚也。

杖

按：削杖之制，孔穎達、陳可大輩謂削之使方以象地，書儀、家禮則謂上員下方，乃開元禮獨謂削杖員之，而敖繼公引杜元凱說，證削杖爲員。諸說紛紜如此，然則當何從？愚謂小記言杖大如絰，絰之形既員，則杖形亦員可知。況桐之言同，謂其制同之于父也，何必取天員地方之說乎？書儀上員下方，亦以其意爲之耳，校之孔疏無所取象矣。

弔賓入拜靈座

按：古禮行弔，未襲之前，主人不出，既襲之後，主人始出拜賓。然但主人拜賓，賓不答拜，其意蓋爲執事而來，不敢自居于賓也。至于死者之前，雖每日設奠，從無拜禮，不但弔賓不拜，即孝子亦未嘗拜，蓋事之如生，不欲以死禮待之也。後世如開元、政和諸禮皆然，猶有古人之意。至温公書儀，則有賓主交拜之禮，且有入拜靈座之禮，而文公家禮悉遵之，與古禮始大異矣。夫古人之于尸柩，雖子孫猶且不拜，奈何賓客而使之拜哉！今世之弔賓，無有不拜靈座者。甚有高年尊長之人，而僕僕下拜于卑幼，此豈情之所安乎！雖世俗通行，難以猝變，惟於平日之可受拜者則受其拜，而其未嘗受拜者則固辭而力卻之，庶幾協于人情也。

謝孝

按：後世有謝孝之禮，多謂輓近之陋習，不知古禮已先有之。然注謂尊者加惠，必往拜謝，則是所謝者，耑指曾來賵賻之人，非盡弔客而徧謝之也。又古之仕者，不出本國，則其所拜謝，近在一城之中，豈若後世之過都歷邑，越在數百里之遠，而亦往謝之哉！況古之所重者君賜，君有賜不可以不拜謝，故因拜君而即拜衆賓。後世大臣之歿，及大臣之父母歿，例得蒙君之惠，初未嘗有凶服往拜之禮，獨奈何于遠客之弔，而僕僕拜謝之哉！守禮之孝子，方當處苫塊之中，以奉朝夕之饋奠，乃遠離喪次，而奔走於道途，此何禮也？欲徇流俗，而大違於正禮，諒亦秉禮者之所不爲。況吾誠能守禮，吾即不往謝人，亦安得而責之？慎毋錯會經旨，而藉口于古人，庶不貽知禮者之誚乎！

受服

按：喪禮自成服之後，莫要于卒哭受服一節，蓋斬衰之布以三升，齊衰之布以四升，其服至粗而易壞，勢必不能久，故既虞卒哭，三升者受以六升，四升者受以七升也。豈惟三年者有受，即期年九月者，亦莫不有受。自唐開元禮，迄于明之集禮，練服、禫服則有之，而卒哭受服之制皆廢，是必既葬以後，竟不服齊斬之服而後可也。如猶將服之，則初喪至粗之服，其能歷三歲之久而不壞乎？蓋由唐世以降，士大夫惑於地理，既不克三月而葬，則無所憑依，以爲變除之節，而又篤信釋氏七七、百日之邪說，如開元、政和禮諸書，陰用其實，而陽諱其名，大抵七七之期，或百日之期，則釋去衰麻，而易以平常之素服，至小祥後之原無衰服可易，故諸議禮之家，亦因之而不載也。嗟夫！古者喪服之變除，絰則有除，而衰但有變，故可謂斬衰三年、齊衰三年也。後世未嘗以齊、斬終其期，則於古人名服之義，果有合焉？否耶？今茲篇所載，大抵先王之禮詳，而後代之禮略，非故略之也，欲詳之而不可得也。至于練、禫之服，開元諸書所載者，則已分見于衰、絰諸篇，故不重載云。

神主

按：主以依神，廟以藏主，有廟則有主，豈有大夫士許其立廟，而不許其立主者乎？若因儀禮大夫士之祭言尸不言主，遂謂不得立主，則儀禮初未嘗有王侯之祭禮也，何從見其言主而大夫之無主乎？

至束帛依神、結茅爲菆之說，實妄誕不經，乃因許、鄭之言。自晉以後，士大夫多不立主，或爲祠版，或爲神帛，曰「吾不敢僭上也」，致使廟中無主，而鬼神無所憑依，則皆許、鄭二子之過也。

神帛

按：古禮無神帛之說，自許、鄭誤以大夫士無木主，遂謂大夫束帛依神，士結茅爲菆。自魏、晉迄唐、宋，士大夫守許、鄭之說，皆不敢立主，又以神之不可無所依也，不得已而易之以祠版，究未嘗純用神帛之制，亦可知神帛之非正禮矣。但據許、鄭之意，原以神帛代木主，非木主之外又有神帛也。自程子定爲木主式，而朱子家禮因之，則士大夫俱得用木主矣。既用木主，可以不用神帛。今家禮初喪之時，設爲魂帛以代重，則分魂帛與木主爲二矣。然神帛設于既虞之後，魂帛設于未葬之前，則朱子之魂帛，非即許、鄭之所謂神帛也。愚謂今士大夫之家，既有木主，則祠版可廢，既有畫像，則魂帛亦可廢。儻謂魂帛所以代重而不可廢，則古禮之廢于後世者亦多矣，何獨重之一事，必須設一物以代之乎？今世俗相沿，未有不用畫像者，既用畫像，而復用魂帛，將使祖宗之神依于畫像乎？依于神帛乎？兩者皆後世之俗禮，擇其一而用之，毋寧畫像之爲愈也。

神像

按：神像之設，或以爲可，或以爲不可，然則宜何從？愚以爲當揆之於人情而已。度今之世，無有不用像者，衆皆用之，而吾獨矯情焉，于我心慊乎？否也？況圖形之說，其來舊矣。文翁之講堂，爲土偶以像聖賢，人不以爲非也。土偶猶可，而畫像獨不可乎？先聖賢猶可，而吾人獨不可乎？人子當親没之後，亡矣，喪矣，不可復見已矣，歲時享祀，一展像而儀容如在，若親其笑語焉，若聆其咳唾焉，悽愴悲懷之意益于是而深，雖歲月已久，而吾親固猶然在目也，獨非人子之至情哉！奈何其欲去之也？愚故曰：「當揆之于人情而已。」

墓祭

世謂墓祭之禮始于東漢明帝，余嘗攷之於古，竊以爲不然，如武王行軍祭畢，則周初有行之者矣；東郭墦間設祭，則周末有行之者矣；張良上先冢必先祭黄石，則西漢初有行之者矣；光武德李通必祠其父冢，則東漢初有行之者矣，夫豈始於明帝哉！特天子率百官上陵，則自明帝倡之，後世遂沿之爲制耳。然古雖有墓祭，而未必舉以寒食，則與後代之拜掃亦自不同。其定以寒食爲節，不知始于何代？觀開元之詔，謂寒食上墓，禮經無文，近代相傳以成俗，意者起于陳、隋之際乎？然開元禮所載，拜掃之外，别有上墓之禮，則拜掃與上墓實分爲二，拜掃無祭，而上墓有祭，又不知何時始合而爲一也。大抵禮由情起，人情之所不能已者，先王勿禁，則祭掃之禮又烏可以已哉！即使上世無之，亦可以情起，況乎古書所載，又歷歷可攷也！則夫以墓祭爲非，而盡言以排之者，亦可以不必矣。

喪遇閏月

喪遇閏月，如簡文帝、湘東妃、鄱陽王之類，辨之甚易，王彪之、庾蔚之諸儒所言，可謂得其衷矣。至于齊穆妃之小祥，依十一月而練之期，則宜數閏月，依十三月而祥之期，則又不宜數閏月，此王儉、褚淵輩所以反覆不已也。愚謂，練既取十一月爲正，自當并數月而以四月練，祥必取周忌爲正，自當滿夫周歲而以七月祥，雖練、祥相去三月，亦何害禮之有？王儉之言，名爲禮疑從重，而其實未盡乎禮也。當時盈廷之議，始雖相難，而後卒相從者，豈盡屈于其禮哉！亦由儉權重而辨博，屈於其勢而不敢爭也。且夫月數者數閏，歲數者没閏，斯禮也誰不知之？如淵輩之説，練則數閏，祥則没閏，於禮原不相背也，何必于月數者而亦没閏乎？期之練、祥，原爲父在爲母及妻喪而設，後世母服既增爲三年，妻喪又廢夫練、祥，則前此紛紛之辨論，舉無所用之矣。予特惡夫儉之强詞好勝也，故爲折之如此。

短喪

短喪之説，不知起於何時，觀宰我欲短喪，而孔子責之；齊宣王欲短喪，而孟子譏之，是春秋、戰國時猶未廢三年之制也。乃滕文公欲終喪，而父兄百官謂「宗國魯先君莫之行」，意者文公之前，魯先已短喪耶？魯猶如此，他邦可知。然其短喪也，或既葬而除，或期歲而除，均無可攷。要之，定爲三十六日，則自漢文帝始。杜預言「秦亢上抑下，率天下皆行重服，經罹寒暑」，彼秦皇豈肯行三年之制乎？天下不行，而强天下行之，無是禮也。至漢高、吕后之喪，不可其制云何，然是時諸事率略，禮文殆絶，豈能獨行三年之禮？文帝遺詔，所謂「使重服久臨，以罹寒暑之數」云云，殆亦臆度之詞，未必秦世及漢初果行三年之喪也。且古禮天子喪制，王朝之公卿大夫則三年，諸侯之大夫則七月，按儀禮，諸侯之大夫緦衰，既葬而釋，故云然。畿内之庶人則三月，畿外之庶人則無服，原未嘗盡天下之人皆責以三年也。秦縱無道，然始皇即位幼少，其服莊襄，必不能如禮，又不孝于母，幾絶母子之親，知其必不爲重服。若言始皇自爲身後之制，則胡亥即位七月而天下即大亂，未始終三年之期也，何自而有率天下皆行重服之説乎？然則三年之制，自春秋至漢，久已盡廢，特前此無定制，至是始定爲制耳。但文帝止爲天子言，而翟方進輩遂緣此以爲宰相之制，則豈文帝之本意哉！

七七百日

古之喪禮，無所謂七七、百日之説也。降及後世，自天家以迄民俗，靡不用之。愚嘗欲究其所始而不可得，迨觀漢明帝營壽陵之詔有云「過百日惟四時設奠」，百日之説，始見于史。意者爾時佛法初入，明帝即用其教耶？不然，何以有百日之説也？或者謂古禮三月而葬，三月而卒哭，百日正合三月之期。不知三月乃大夫士之禮，明帝，天子也，而用大夫士之禮乎？則非三月之期，明矣。其他若魏胡后之追報其父，孫靈暉之追報其王，皆用七七、百日之説，則在漢明六七百禩之後，其時釋教已大行，固不足爲怪矣。但玩其文，亦止于此時設齋行道，則知魏、齊之世，初非竟用其説以爲治喪之節也。至楊垂七七齋説，但以其日送卒者衣服於佛寺，而李習之猶闢之，則知中唐之世，猶未盡用其説以爲治喪之節也。其率天下而用爲治喪之節，不知起于何時。嗚呼！正禮不行，而羣然以邪説爲正禮，庸非司世教者之責哉！

故吏爲舊君服

按：漢、魏以來，守令卒官者，掾史皆制斬衰之服，蓋本儀禮臣服君斬之義也。但後之守令遷轉甚速，而爲掾史者亦去來無常，情義之相接，可與古諸侯之世君其地者同類語乎？名爲敦勵風教，而其實不情之甚，故其時好名者多以此邀譽，而率情不服者致紛紛起糾訐之訟，是徒長虚僞之風，實無益于君臣之大義也。何準奏易齊衰三月，當矣。但自漢文以後，君臣皆不爲先皇服，而獨責掾史爲舊官服，不已過乎？愚謂齊衰三月亦已重，參酌乎情文之閒，不可以重服，而又不可以無服，則爲弔服加麻以臨之，俟其喪出境而除之，亦庶乎其可也。

開元禮政和禮不言槨

按：葬必有槨，今古皆然，未有公卿大夫而直埋棺于土中者。古禮不惟有槨，槨之下有茵，茵之上有折，而折之上復有抗木與抗席，所以衛其棺者，若是乎周詳而慎重也。今開元、政和二禮並不言治槨，其將窆也，但言下棺于壙内席上，豈唐、宋公卿大夫之葬，皆有棺而無槨耶？如其無之，則孝子之葬親，胡爲若是之薄？如其有之，則作者之記禮，胡爲若是之疎？兩者皆所不可解也。及攷杜氏通典，言大唐制，凡葬不得以石爲棺槨，其棺槨皆不得雕鏤彩畫。宋史凶禮志亦云。然則自唐、宋固皆有槨矣。有槨，而記禮者何故不言？今觀其書，始而陳器，繼而載器，終而下器，无不一一詳列其次第，何獨于槨而遺之？儀禮筮宅之後，即有井槨之文，則人自知其有槨矣。今此兩書，始終不一，及將無之而不言耶？抑有之而不言耶？不特此也，彼陳器之中，有所謂大棺車者，此棺下壙之時，亦當一語言及，而亦竟無之，是何疎略之甚也？要之，開元制禮，名爲依倣古制，而其實多所牴牾，故不覺遺脱若此。至政和禮，則又沿襲開元而失之者也，愚於此更無譏焉。

書儀葬不用槨

古今之葬禮，未有有棺而無槨者。有棺而無槨，必至貧者之所爲也。書儀所載，實士大夫之禮，乃其所言旁穿土室之法，初不聞其有槨，何哉？古者貴人之葬，不但有槨而已，其槨井内不止一棺。天子之棺四重，則五棺也；上公三重，則四棺也；侯伯子男二重，則三棺也；大夫一重，則兩棺也。温公之禮，豈不上通于公卿乎？縱無棺外之棺，奈何并槨而亦無之？如以爲埋久必壞，故廢而不用，不知有槨則棺之壞遲，無槨則棺之壞速，無槨而速其壞，何如有槨而緩其壞也？禮曰三月而葬，凡附于棺者，必誠必信，勿之有悔耳矣。附棺之物，不止一槨，而槨爲至要，其他明器之類皆可省也。今温公于明器茵帳苞筲之屬無不設，而獨于槨闕之，是何暗于大而詳于細耶？愚以爲，刻木爲侍女，其褻已甚，裂帛爲茵帳，其義安施？黍稷非死人所食，置之何爲？醯醢實諸蟲所聚，貯之何用？凡此皆可以不設，而槨則斷斷不可不設。以温公之明，豈其見不及此耶？胡爲其缺之也？或曰：「公，秦人也，秦地水深土厚，故可以無槨。」若是，則昔之制周禮者獨非産於秦地哉？彼何以有槨也？温公之制，行于北方尚不可，儻行于南方卑濕之地，則是置棺於水中矣，而可乎？厥後朱子家禮雖不爲木槨，而易以灰隔之制，則堅與鐵石無異，實勝於木槨，此後人所當法也。且家禮所以無槨者，以南土卑濕，故不用槨，而代之以灰隔，非謂木槨之不當用也。不然，而孝子之厚其親者，庸可以廢槨哉？

家禮無受服

按：古之喪服，自三年至九月皆有受服，以初喪之衰，疏而易壞，故至卒哭即易其衰，而受之以成布。書儀之不言受服者，以有居喪常服也。家禮既不言居喪之常服，又不言葬後之受服，將齊斬之服，可服至三年、期年之久乎？抑葬後即除衰服，但存齊衰期年、斬衰三年之名乎？凡此，皆朱子之偶失，而後人之所當補也。乃秦溪、瓊山亦竟未有補之者，于此書寧無遺憾哉！

書家禮儀節祔祭後

考温公書儀，其所載祔祭之禮，但于參神時再拜，及辭神時再拜而已。即朱子家禮，祔祭儀同虞祭，亦不過降神時再拜，酹酒時再拜，讀祝時再拜，辭神時再拜而已，其亞獻、終獻皆易人爲之，故亦有拜，總不若丘氏儀節四拜者二，再拜者八，若是之多也。夫拜以成禮，非以多爲恭。禮可以止，而顧僕僕爾亟拜也，是可謂之禮乎？古之祭考妣者，獻考則不復獻妣，蓋禮統于尊，猶之燕饗之禮，與席者雖多，而其獻賓，止一人而已。此古禮也，亦即温公、文公之禮也，豈有既獻祖考，復獻祖妣，既拜于祖考之前，復拜于祖妣之前者乎？今丘氏乃竟分行之，復于亡者之前亦謂之獻，則是尊卑無序，而上下無統矣。名爲致敬，而其實不敬之甚矣，不將爲知禮者所誚哉！世有刻行家禮、儀節者，多删去朱子之本文，但詳存丘氏之儀節，于是家禮一書，非復朱子之書，而止爲丘氏之書矣。欲復朱子之舊者，可不重爲釐正乎？

漢文帝遺詔附。

按：文帝此詔，其所謂令到三日釋服者，耑指在外吏民而言也；其所謂大紅十五日、大紅十四日、纖七日者，耑指在朝羣臣而言也，初非爲嗣君創短喪之制也。乃景帝以此爲嗣君之服，而後世之嗣君，遂緣此爲子服父之永制，於是乎先王之禮遂一變而不可復矣。然詳詔中已下棺之語，是謂既葬之後，服三十六日也，乃後世竟從初喪服三十六日，則是失而又失也矣。

擇地

古之葬地，必決之於蓍龜，自堪輿之術興，而卜筮之道廢矣。然開元禮卜宅諏日猶用蓍龜，則唐世尚知守古禮也。豈惟開元禮爲然，即温公之書儀亦莫不然。至政和禮則始不用卜筮矣。至家禮則竟從世俗擇地之術矣。蓋緣朱子平日深信風水，故其著書垂訓，即以是説行之。夫堪輿家禍福之説，既已深中于人心，則欲矯世厲俗，而一旦驟廢之，其勢固有所甚難。然此言而出于庸人也則可，此言而出於朱子也，不益爲鼓邪説者樹之的哉！今人之謀風水者，未始不曰「吾求安先人體魄而已，非藉以求福利也」，然業已用其實，而猶欲避其名，此所謂掩耳而盜鈴也，誰其信之！不意大賢如朱子，而乃惑于堪輿之邪説也。不意朱子秉禮以正俗，而乃一徇流俗之陋習也。當温公之時，人豈不溺于風水？乃公不以是爲訓者，正以君子立教，當確守夫正禮耳。儻因世人用之，而吾亦因之，何所貴于秉禮之君子乎？是不惟無以遏天下之流，反有以助天下之瀾矣！嘗攷家禮一編大要皆本于書儀，獨于此不用其説，豈以古禮終不可信耶？嗚呼！文公之書，萬世所奉以爲法程也，乃猶曲徇于流俗，又何以責天下之靡靡者哉！

居喪釋服

按：釋服從吉，律文載於十惡之條。即期喪釋服，亦有杖六十之律。國家之立制，不綦嚴哉！此非特脱衰易吉爲不終喪制者言，即偶然而易之，亦律之所禁也。乃今世之人，其以衰絰終喪，而一日未嘗脱體者，有幾人乎？或行慶賀而釋，或赴宴會而釋，或干有司而釋，甚者尋常出行道上而不一置懷焉。噫，不亦大可異也哉！夫今人之居喪，其于古人居處、飲食、言語之節，所謂居喪之實者，一切無之，獨其外之素服存耳。今且并其素服而易之，則是竟未嘗有居喪之文也。重服且然，又何論乎輕服？人心之日漓，國典之不振也，一至此乎！彼庶人之無知者，固不足責矣。章逢之子，縉紳之徒，亦且內不顧乎名教，而外不畏乎王章，滔滔之世，夫安從而捄之？是在有世道之責者，舉律文之所載而實行之，有不率者罪無赦，庶乎人心稍知警覺，而風俗可以漸回。不然，國典具在，猶且不能防制，吾獨奈之何哉！

居喪作樂

按：衰麻哭泣，哀之至者也；鐘鼓管笙，樂之至者也，天下豈有當至哀之時，而爲此至樂之事者？在禮里，人有殯猶不巷歌，而況身遭大變乎？大功將至，猶辟琴瑟，而況身親作樂乎？此非惟禮之所無，亦情之所必不忍也。居喪之禮，雖古今不無隆殺，而人子之情，則古今宜無異同，奈何忘中心之至痛，而徇流俗之惡習也？將以爲娱其先人乎？則死者已無所知，即有知，而先人亦不願聞也。將以爲耀人耳目乎？則死者人之所共哀，人即不哀，而我亦何暇假之以取悦也？況忘哀作樂，律有明禁，而人猶冒然行之，是不特蔑先王之禮，抑且蔑國家之制矣。惟在賢士大夫相與力維風化于上，而人之有不率者，一舉律例以繩之，將末俗之流失，庶其有所底止哉！

停喪不葬

按：親死不葬，此人子莫大之罪，況律有明禁，而世人往往犯之，何哉？以爲無其財耶？則斂手足形還葬而無槨，固聖人之所許也。以爲無其地耶？則暴棺于中野，而風水是求，又君子之所不爲也。然則世人之停喪不葬者，果何意哉？彼閭閻之小人，吾又何責！獨怪爲士大夫者，于一身之居處服食，無不窮其財力以爲之，獨父母之遺骸，反不獲一抔之土而掩蔽焉，即旁觀者尚且爲之唏噓太息，而彼乃安焉不顧，何人心之澌滅一至于斯也？然則欲振捄此弊者，將何術而可？曰：有國典在。一舉律文以治之，而勿失于寬縱，彼人之不畏禮者，獨不畏刑罰乎？其或仕宦之家，有司不敢行罰，則必依周廣順之詔書，親喪未葬，已仕者不許榮進，未仕者不許應舉，且必于保狀内明書；依禮葬畢，方許復官赴試；失于覺察者並罪。則欲求利達者，無不圖速葬其親，而停喪不葬之風，庶幾可以少挽。即先儒丘文莊之議亦然。昭代之章程，前王之法制，昭昭具在，何不可舉而行之哉！

服内生子

按：服内生子，不孝之大，世之稍有人心者，莫不以爲不可，而明太祖乃獨去之，何哉？論者謂商之帝辛、宋之元凶劭、明之武宗，皆服内所生，故終至背戾而傾覆。是則縱情背禮之事，古固有之，要所生必不肖之子，非但得罪于名教，并且遺禍于邦家，亦可爲世之殷鑒矣。高皇因己之多欲，反詆古禮爲不情，於是律文亦删去之，而世之蕩軼禮教者，益放縱而不可禁。夫律嚴其防，雖不足遏人情之流，然人心猶知有儆惕，今并此律文而去之，將更何所禁制哉！明祖固一偏之論，小儒輩又從而揚厲之，是尚爲有人心者乎？世風宜于此焉變矣，愚於服内生子亦云。

昭聖太后崩上齊衰舉哀

按：世宗之服孝后，自宜斬衰，今世宗雖自禰其考妣，而以孝后爲伯母，然前王之后有母道焉，斷無不服斬之理。乃禮官之定儀注，於臣下則言斬衰，于世宗則但言齊衰，臣下之斬衰則言二十七日，世宗之齊衰則不言日數，是但于成服日服之，并不終十三日之期矣。嗚呼！母也，而可服齊衰之服乎？若言伯母之服，止于期年，則天子絶期，何不并期年而亦已之？既不能廢期年之服，則其心固知不可以無服矣。不可以無服，獨可以期服乎？天子既以蔑禮，而朝臣但知順從，亦可慨矣！

昭聖皇太后崩上服齊衰百官俱斬衰二十七日

孝后之喪，百官皆制斬衰，是已不知百官之服，從服也，非正服也。從服者，從君而服也。今世宗已不服斬，而使臣下服斬，所謂從之義安在乎？攷儀禮，凡臣從君服，例降一等，君服齊而臣服斬，則是加一等矣，而可乎？前此武宗夏后之喪，帝以從嫂不制服，而臣下亦制斬衰，雖曰服母之義，究竟于從服之義安在也？自古豈有母后之喪，君不制服，而但使臣下服之者哉？世宗既私其所親，背經反古，猶自以爲知禮，遂以制禮作樂自任，而于孝、武兩宫之喪，輕褻至此，是從來之蔑禮亂常者，莫如世宗之甚！從來之阿意順旨者，毋如世宗之臣之甚矣！讀史至斯，寧不令人裂眦哉！

莊肅皇后夏氏崩上以從嫂不制服

按：夏后于世宗，從嫂也，依明制，從兄弟之妻有緦麻之服，以爲天子絶期，則從嫂固應無服。然世宗親受國於武宗，不有父道乎？武宗有父道，則武宗之后，不有母道乎？前既服武宗以二十七日，固行子爲父之服矣，今之服夏后，獨不當依子爲母之服乎？何乃竟從無服之例也？總之，帝天姿刻薄，事事皆然，而于待孝、武兩宫爲尤甚。乃主既愆禮，而羣臣爭爲阿順，絶不敢據理以爭，帝固有慙于晉孝武，夏言輩得不爲徐藻之罪人哉！

周正辨一

學者生二千載之後，遥斷二千載以上之事，自當以傳記爲據，傳記多異詞，更當以出於本朝者爲據。周正之改月改時，一斷以周人之言而自定，乃宋人顧力排之，以己之臆見，而欲盡廢前人之議論，不亦深可怪異哉！如「正月日至可以有事於上帝，七月日至可以有事於祖」，此孟獻子之言也；「僖公五年，春，王正月，癸亥，朔，日南至」，此左丘明之言也；「七八月之閒旱，則苗槁矣」，「歲十一月，徒杠成；十二月，輿梁成」，此孟子之言也。凡此皆改月改時之章明較著者。他如昭公十七年六月，朔，日食，於夏爲建巳正陽之月，昭子請用幣，而季平子不從，太史曰：「在此月也，日過分而未至。」是歲冬，有星孛於大辰，梓慎曰：「火出，於夏爲三月，於商爲四月，於周爲五月。」此豈非改月改時之明徵乎？夫以周之人，述周之事，豈有謬誤？而宋人悉不之省，創爲「周正月非春，夏時冠周月」之説，謂周人改月不改時，甚者謂時月皆不改，四時之序，以冬爲首，力排古人，以爚亂後世，全不顧傳記之文，而反引秦政之謬爲據，是生二千載之後，而與當時之人爭勝也，將使誰信之哉！今無論傳記之言班班可據，即以聖經言之，如桓公八年「冬，十月，雨雪」，此非夏之八月乎？不然，而雨雪何足異？十四年「春，正月，無冰」，此非夏之十一月乎？不然，而無冰何足異？僖公十年「冬，大雨雪」，此非夏之秋乎？不然，而大雨雪何足異？定公元年「冬，十月，隕霜殺菽」，此非夏之八月乎？不然，而殺菽何足異？凡此皆聖經之明白可據者，乃盡置不信，而執一己之謬見，敢於侮聖言而排前哲，至謂春秋天子之事，誣聖人帝制自爲，擅改正朔，此即庸妄豎子猶不敢出諸口，曾謂二三儒者，乃不顧理義而肆言無忌至此哉！夫儒者泛言理義，與實考制度不同，義理可斷之於己，制度則當質之於古。彼以周人之言周制者交詆爲非，則宋人之憑臆而論者，果可謂之是乎？學者但信周人之言，而無惑乎宋人，斯得之矣。

周正辨二

自伊川程子創爲「周正月非春，聖人假天時以立義」之説，而劉質夫、胡康侯因之，謂周雖以建子爲正月，其時則仍稱冬，至孔子作春秋始改爲春。嗚呼！聖人作經，以垂萬世，顧若是其顛倒與？夫時以紀事，周室冬月之事，聖人悉易之以春；春月之事，聖人悉易之以夏；秋、冬亦然，是十二公二百四十二年之事無一不錯亂矣！是尚可垂法後世乎？或曰：「聖人欲行夏時，故以夏時冠周月，何不可。」嗚呼！爲是言者，不惟不善釋春秋，并不善讀論語矣。夫諸儒之妄立異說，不過謂冬不可謂春爾，正惟冬不可爲春，故聖人欲行夏之時。使商、周之時而皆得其正也，聖人何必爲是言哉！聖人折衷三代之禮，無不欲從周，而爲邦獨取夏時者，正以建子爲春，於四時不順，故特發此論，爲後世法，豈敢身自立制，以臣子而擅易王朝之正朔哉！諸儒因冬不可爲春，謂周之正月實惟仲冬，是一歲之序既以冬始，仍以冬終，一歲而有二冬，恐武王、周公之創制不如是也。自古四時之序，必曰春夏秋冬，今則易之冬春夏秋冬矣，帝王之治曆明時，可以冬爲首乎？此惟秦政一行之貽萬世笑，而武王、周公乃先行之乎？一歲之内，歲首曰冬，歲終亦曰冬，反謂之順乎？蔡沈氏知其不通，謂周時月皆不改，仍以建寅爲正月爲春，其建子則稱十一月，特以爲歲首，行朝會頒朔之事。夫人止有一首，則歲亦止應一首，今寅月既爲歲首，子月又曰歲首，是有二首矣，一歲而可有二首哉！蔡氏但據詩、書二經及秦本紀，力辟先儒之說，而於春秋經傳及漢、唐、宋諸家全不尋究，其經學之疏略，亦已甚矣，尚敢詆排前哲哉！蓋宋自慶曆、皇祐以後，真儒繼出，經術大明，後學實賴之；而私智自是，違經背傳者，亦復不少。其於他經皆然，而春秋爲尤甚。即「春王正月」二語，聖人曰春，而宋人曰非春也，乃冬也；聖人曰正月，而宋人曰非正月也，乃十一月也，不但不信傳，并不信經，此非侮聖人之言乎？而謂漢、唐諸儒之解經有是謬妄乎？此其説總由於程子，而蔡氏復變之，劉絢、胡安國、陳傅良、項安世、魏了翁皆繼程氏而附和者也，葉時、戴溪、陳則通、黄震、家鉉翁、陳深、陽恪、程端學、周洪謨則繼蔡氏而附和者也。辨雖詳而理不足，吾安敢信之哉！

周正辨三

自論語有行夏時之説，後之儒者，謂孔子欲見之行事，爲萬世法，故其作春秋以夏時冠周月。嗚呼！是謂孔子擅改正朔矣。夫孔子之作春秋，首在尊王，而自改時王之正朔，是無王也；意在誅亂臣賊子，而自改時王之正朔，是躬爲亂賊也。孟子言春秋天子之事，豈謂其帝制自爲哉！夫夏正建寅，商正建丑，周正建子，此千古不易之定論。建子即正月，正月即孟春，此漢、唐諸儒不易之正論。既曰建子，而謂非正月；既曰正月，而謂非孟春，又何言周正建子哉！夫正必與朔合，周以夜半爲朔，夜半乃子時，故以建子爲正月；商以雞鳴爲朔，雞鳴乃丑時，故以建丑爲正月；夏以平旦爲朔，平旦乃寅時，故以建寅爲正月。與朔合，而天地人三統乃正。三王之各建一統，原非無義，特以氣候言之，子丑不若寅之爲尤善，故孔子欲行夏時爾。奈何執此一言，謂聖人欲見諸行事，遂改周之正朔哉！夫所謂見諸行事，必有帝王之位乃可，若但筆之於書，仍屬空言，何見諸行事之有？以「春王正月」一言，謂聖人借以行己之志，則所謂「乘殷之輅，服周之冕」「樂則韶、舞」者，更於何處行其志乎？夫春秋雖出聖人之筆削，實因其舊文爲多，所謂其文則史也。魯史之文，即周史之文也，聖人惡天下諸侯大夫之僭亂，故作春秋，且自言「非天子不議禮，不制度，不考文」，而躬自背之，其何以服天下？聖人著書，決不如是也。

當胡氏之爲此傳也，其友楊中立即遺書規之，而胡氏不從。夫中立，程氏之徒也，爲程氏之徒而不守其師訓，其於假天時以立義之説，必有不安於心者矣。無如人情厭故喜新，又當諸人掊擊漢儒之際，一聞異論，則羣起而附會之，絶不顧義理之當否。嗚呼！釋經如此，奚若不釋之爲愈哉！其最謬妄而可笑者，無如項安世，其解「春王正月」，謂春非春，正月非正月。嗚呼！是何言與？聖人一言爲萬世法，非春而可書爲春，非正月而可書爲正月與？抑何誣聖人之甚也！學者欲讀書論古，要當以守經傳爲主，經傳已有明訓，而必欲反之，即邪詞曲説之類也，吾烏乎敢從！

周正辨四

周正建子，辨者紛然，一人而二三其説。維考亭朱子，其釋詩經，主不改月之説；其釋孟子，則主改月之説；其答張敬夫，謂加春於建子之月，其行夏時之意亦在其中，是從胡氏之説也；其答吴晦叔，謂孟子所稱十一月十二月，確是今之九月十月，而四時之序，則孔子之微意，亦從胡氏之説也；其答一門人，謂孔子，周之臣子，決不改周之正朔；其再答吴晦叔，謂春秋既是國史，必奉時王之正朔；其答潘平一，謂如胡氏之説，則春秋所書之月，遂與月下之事常差兩月，恐聖人作經，不若是之紛紜多事；其答一友人，謂文定春秋，説孔子以夏時冠月，以周正統事，如公即位本是十一月，只聖人改作春正月，某便不敢信，夫子所謂行夏之時，只因爲他不順，故欲改從夏時，是皆不從胡氏之説也。夫大儒設教，貴有定論，若一人而二三其説，學者何所取信？惟爲師者先後不一其詞，故其弟子之著書，亦彼此不通其旨，彼曰吾先師之定論也，他人未嘗聞，此亦曰吾先師之定論也，他人不及知，各持一說而不相通，而道術益爲天下裂。如張洽之春秋集傳力主改月改時，蔡沈之書經集傳、項安世之春秋家語力主不改月改時。後陽恪撰夏時考正，洋洋萬餘言，亦力主不改時月之說，謂其父枋從學於曼淵，淵從學於朱子，親受其晚年之論，故恪爲是篇。夫同出一先生，而議論不齊如此，又何怪他說之紛紜？總由朱子始終無定論，而門人則各就其所聞以立言，是以若此牴牾也。其最可異者，劉砥問六經無建子月，止禮記有「正月日至可以有事於上帝，七月日至可以有事於祖」，其他不見於經。朱子答曰：「惟是孟子出來作鬧，其言十一月徒杠成，十二月輿梁成，分明是九月十月，再無他解。」夫孟子，周人也，以周人而說周之事，自無可疑，何作鬧之有？豈程、胡之言可信，而孟子之言反不可信乎？更有可異者，其答潘時舉，謂周歷夏、商，其未有天下之先，固奉夏、殷之正朔，然其國僻遠，無純臣之義，又自有私記，故三正皆曾用也。嗚呼！此爲何語？朱子竟以周之先公，比後世之土酋峒蠻乎？論古而至於斯，亦大駭人聽聞矣！其徒知其不可，謂其語誤，曷若不載之爲愈！尤有可異者，晦叔一人爾，三問而三答各異，令彼安所適從？今人但謂言出朱子，便可據信，豈知其先後無定論如此！且答門弟子或可稍異，爲經書傳注則當歸一，乃釋詩經如此，釋孟子又如彼，究以何者爲是哉！

晉行夏時說

周正建子，以建子月爲春爲正月，此萬國之所同也。說者謂晉行夏時，予初不以爲然，及考之經傳，而始信其說。如晉獻之殺世子申生，春秋在僖五年之春，而左傳則在四年之十二月；里克弑其君卓子，春秋在十年之正月，而左傳則在九年之十一月；晉殺其大夫丕鄭父，春秋在十一年之春，而左傳則在十年之冬；晉侯及秦伯戰於韓，獲晉侯，春秋在十五年之十一月，而左傳則在九月，皆用夏時之證也。再攷晉之滅虢，卜偃預剋期在十月朔，而春秋僖五年乃書十有二月朔。晉師滅虢，是春秋用周正，而晉用夏正，此一證也。絳縣老人之對「臣生之歲，正月甲子朔」，杜預以長曆推之，謂在魯文公十一年三月甲子朔，是長曆用周正，而晉用夏正，又一證也。此外更有足據者，莫如竹書紀年謂曲沃莊伯之十一年十一月，魯隱公之元年正月也。夫曲沃，晉之旁支，是時猶未簒國，而紀年已如此，非行夏時而何？獨怪周先王既改正朔，自必頒諸天下，俾之共遵，何以晉獨抗命？況晉爲武王之子，尤所當遵，何敢獨違王制，而王室亦置不問？顧炎武常疑之，而終不得其故。愚謂唐叔之封國，實夏后之故都，商既放桀，自必封桀子於其地，使奉先王之正朔。逮武王滅殷，封夏之後於杞，其支庶必有仍封於其故都，居曲沃、蒲、絳之地，以奉夏之正朔者。後晉日强大，并其地而有之，遂因其舊俗而不革，所以獨行夏時也。不然，晉與周爲懿親，且近在鎬京千里之内，安敢驁然衡命，不奉王朝之正朔哉！顧氏日知録曰：「微子之命謂『統承先王，修其禮物』，則知杞用夏正，宋用殷正。若朝覲會同，則用周正。」斯言得之。而晉之所以用夏正，則正其地固夏之舊都也。

禹貢崑崙辨

禹貢有崑崙之文，孔安國以爲國，鄭康成以爲山，馬融、王肅皆言在臨羌西，而無所指實。或問：「孰爲是？」余曰：「孔説是。古書之言崑崙者，此書爲首，外此則有禹本紀、山海經。然本紀言崑崙去嵩高五萬里，必非禹貢之所指；山海經兩言崑崙，一在大荒，一在西域，亦必非禹貢之所指。蓋禹貢列雍州之末，其去雍必不甚遠，若越在數千萬里之外，豈古帝不勤遠略之意哉！況下文析支、渠搜皆近中國，崑崙寧獨遼遠？孔氏謂在流沙之内，而此篇之末言『西被於流沙』，正聲教所及之地，故以織皮來貢，非眞窮荒絶島，如禹本紀、山海經所云也。馬、王二氏謂在臨羌西，則尤太近，惟孔氏荒服之外、流沙之内爲得其中，蓋實國名，而非山名也。漢武帝所名之崑崙去此亦遠；凉馬岌謂酒泉之南山即崑崙之體，亦覺太近；若唐劉元鼎、元都實所窮之崑崙亦太遠；明僧宗泐之所探，鄧愈、沐英、李英之所踰，未必即是，故愚斷以孔氏之言爲正。若夏彝仲之注，竟以山海經西域之崑崙爲解，益大謬不然，吾安敢妄信之哉！」

讀禹貢合注一 辨弱水。

雲間夏彝仲爲禹貢合注一書，合古今水道而釋之，其採之也博，其攷之也詳矣。然尚有謬戾者，亦不可以不辨。其釋「雍州」、「弱水既西」，謂西海之南，流沙之濱，赤水之後，黑水之前，有大山名曰崑崙之丘，其下有弱水之淵環之。夫此乃大荒經之文，其水去中國不知幾萬里，於雍州何預，而乃引此爲解？凡山海經之言固多妄誕，而大荒經爲尤甚。此水既在大荒，即不治何害於中國，而汲汲治之？況經文「黑水、西河惟雍州」之下，首曰「弱水既西」，然後及於涇、渭、漆、沮諸水，是此水固在雍州境内也，豈有舍境内之水不治，而反從事於數萬里者乎？此誠説之謬戾者也。至其釋「道弱水」一節，則曰弱水在甘州衛西，若條支弱水去長安四萬里，又一弱水也。不知此文「導弱水，至於合黎，餘波入於流沙」數語，即上文「既西」之事，安得歧而二之？既知條支弱水去長安四萬里，何故引之以解雍州之弱水？一篇之中，而自相牴牾如此，亦可見其擇之不精矣。意者以崑崙之弱水非即條支之弱水乎？山海經言崑崙有二，其一見西次三經，不言下有弱水，惟大荒經之崑崙有之。而禹本紀謂崑崙去嵩高五萬里，即大荒之崑崙，其下即有弱水，禹跡安能至此？其不足援以爲證，明矣。若條支之弱水，則漢書西域傳言安息長老傳聞條支有弱水，西王母亦未嘗見，其説益荒謬。此固非雍州之弱水，并非即大荒之弱水，且止言傳聞，漢書亦未以爲實事，何故定爲又一弱水，即去長安四萬里之説？班、范二史皆無之，不知夏氏何所據？是不惟誤解禹貢，亦不善讀史傳矣。觀是書者其尚深辨之哉！

讀禹貢合注二 辨崑崙。

禹貢雍州之末有「織皮崑崙、析支、渠搜，西戎即敍」之文，夏氏注曰：「有此四國，在荒服之外，流沙之内，羌、髳之屬，皆就次序，明禹之功及戎狄也。」此用孔安國之傳，明以崑崙爲國名矣。即繼之曰：「崑崙之丘，是惟帝王之下都。」乃用山海經之文，又以崑崙爲山名矣。復繼之曰：「在吐蕃界。」是用元史河源考之說，并異於前此二書矣。夫孔氏謂流沙之内，則其地在今沙州，去肅州嘉峪關不甚遠，去山海經之崑崙則甚遠，安得混而一之？山海經之崑崙在西域于闐國内，不言在吐蕃，吐蕃則在于闐南山之東南，中國滇、蜀之西，去孔氏傳、山海經所言之崑崙皆甚遠，又安得混而一之？數言之内，而錯謬如此，曉人固當如是乎？或者曰崑崙既非山海經之所稱，然則在何地？惟鄭玄解爲山名，而不言其所在。後之辨析支、渠搜者，莫不以爲地名，或縣名，則崑崙安得獨指爲山名乎？若欲以此之崑崙，與山海經、河源考之崑崙紐而一之，實有不可。蓋山海經之所云，已不合於河源考，更與禹貢之所稱合而爲一，將使誰信之哉！此崑崙之說，吾斷以孔氏爲信，而其他皆不敢信也。

讀禹貢合注三 辨積石。

禹貢之敍積石也，初曰「浮於積石，至於龍門西河」，繼曰「導河積石，至於龍門」。郭璞山海經注，山在金城郡河關縣西南羌中，酈道元水經注則謂在隴西郡河關縣。隴西即金城也，唐於其地置積石軍，在今爲臨洮府河州之境。禹之導河始於此，過此即爲西戎，不必導，且河不爲患也。其他書言積石者，山海經亦有二。一言又西三百里曰積石之山，其下有石門，河水冒以西流云。又西三百里者，蓋自崑崙而西，歷樂游、嬴母、王峰、軒轅四山二千一百里而後至，乃西域之極境，非河州之積石也。其一言海内崑崙之墟在西北，河水出東北隅以行其地，西南又入渤海，又出海外，即西而北，入禹所導積石山。

此則在今河州之境，中國黄河之所始出。其在後漢書，言段熲追燒當羌，且鬭且行，割肉飡雪四十餘日，至河首積石山，出塞二千餘里。其在新唐書，言侯君集、李道宗追土谷渾，行空荒之地二千里，乃至星宿川，達柏海上，望積石山，覽觀河源。此二書所云，道里相近，當只是一山，雖一言河首，一言覽觀河源，似乎河水之所出，然去山海經迤西之積石不啻數千里，不可混而爲一。乃唐張守節史記正義謂河州有小積石山，河源出大昆崙，入鹽澤，東南潛行入吐谷渾界大積石山，又東北流至小積石山，而夏氏合注因之。夫古之言河源者二家，張騫則爲河入鹽澤，潛行地下，其南則河源出焉，而不言經大積石；都實則謂河源在朵甘思西鄙，有泉百餘泓，登高山下瞰，粲若列星，名星宿海，迤邐之積石州，而亦不言經大積石，不知張氏之正義何所據而云然乎？且諸書言積石者多，從無大小之名。若以山海經迤西之積石爲大積石，則其水西流，與中國河無預；以後漢書、新唐書所云爲大積石，則其書亦未嘗言安得有大小之名？且此二書之積石，並非河源之所出，河但經河州之積石，無所謂大積石也。張氏既失之於前，夏氏復仍之於後，何哉？

山海經渤海記

經言海内崑崙之墟在西北，河水出東北隅以行其地，西南又入渤海，又出海外，即西而北，入禹所導積石山。夫河出崑崙，入積石，其水皆東流，茲不言東，而多言西、南、北，何也？閲世久遠，傳寫失真也。其所言渤海，何海也？即蒲昌海也。蒲昌乃河水所瀦，廣袤三百里，在玉門以西，水無大於此者，故名之曰海也。然不曰蒲昌，而曰渤海者，何也？意虞、夏時名渤海，漢時名蒲昌，猶蒲昌又名蒲類，又名鹽澤也。其言「又出海外」，何也？蒲昌之水東流入於積石，即所謂「出海外」也。下文言「即西而北，入禹所導積石山」，可知入積石者，即出海外之水也。此經所言，與漢書所載河源本相合，特不知渤海之即蒲昌爾。此言渤海即入積石，而漢書言「潛行地下，南出於積石，爲中國河」，何也？意虞、夏時，此水本通流，久而堙塞，故謂其潛行地下，而其源流脈絡固分明也。後世之河，無百年不變者，況二千年之久乎？然則河源去積石若是近乎？考河有二源，一出葱嶺，一出于闐。于闐河北流，與葱嶺河合，東注蒲昌海。蒲昌去玉門關三百里，去積石不過千里，固不甚遥也。通於此說，則後世劉元鼎、都實所窮之河源，俱不足信矣。

水經河源辨

桑欽水經首敍崑崙以河源所從出也，其言曰：「崑崙墟在西北，去嵩高五萬里，地之中也，其高萬一千里，河水出東北陬，屈從其東南，流入於渤海。」是數言者，吾嘗疑之。山海經言崑崙有三，其一見西次三經之内，曰「崑崙之丘，實惟帝之下都，河水出焉」，而不言其道里；其一見海内西經之内，曰「海内崑崙之墟，在西北方八百里，高萬仞，河水出東北隅」，此即西次三經之山，但言有詳略，非二山也；其一見大荒經，曰「西海之南，流沙之濱，赤水之後，黑水之前，有大山名曰崑崙之墟，下有弱水之淵環之」，而亦不言道里。惟禹本紀言崑崙高二千五百餘里，去嵩高五萬里，爲地之中；而淮南子則言高萬一千里，去三書所言，其高下不一。欽書既據山海經，則當言高萬仞，若據禹本紀則當言高二千五百餘里，乃河水所出則從山海經，去嵩高五萬里則從禹本紀，而高萬一千里又從淮南子，數言之中，自相謬戾，曉人固當如是乎？夫河水所出之崑崙，山海經所云者，在西域于闐國，去長安九千六百七十里，長安去嵩高不過千里，今言去嵩高五萬里，則是大荒之崑崙，非于闐之崑崙也。大荒經明言下有弱水環之，其非河源所出可知，何得言河水出其東北陬？河之源則引海内之崑崙，山之高則引大荒之崑崙，何胸中憒憒如是？豈後人可欺，而事在絶域者，可憑臆而妄道耶？夫欽仕於王莽時，及其於武帝之窮河源，及史記之大宛傳，必聞且見矣，何故不從其説，而妄引大荒之崑崙？今大荒經具在，河水何曾出其下哉！此爲水經之第一篇，而謬妄已如是，其他又從可知矣！

水經積石辨

山海經之言積石有二：一曰又西三百里曰積石之山，其下有石門，河水冒以西流。又西者，自崑崙西行二千一百里，方至積石，其水西流，史記所謂「于闐之西，水皆西流，注西海」是也。一曰海内崑崙墟在西北，河水出其東北隅以行其地，西南入於渤海，又出海外，即西而北，入禹所導積石山，史記所謂「于闐之東，西水皆東流，注鹽澤」是也。二山東西相距不知幾千里，不可合而爲一，明矣。乃桑欽水經謂崑崙墟在西北，河水出其東北陬，屈從其東南，流入於渤海，又出海外，南至積石山，下有石門，河水冒以西南流，是合二山而爲一矣。夫河水冒以西流，本指西方之積石也，禹所導之積石，山海經曷嘗有是言？欽乃移置於其下，固已大謬，更於西流改爲西南流，不知河自鹽澤而下，實皆東流，而非西流，加一南字，於水道終不合，其可以是曲解乎？故河水冒以西流之文，言於西方之積石則可，言於東方之積石必不可，況東方之積石，乃兩山夾峙，河流其閒，非冒也。欽欲移襲其文，乃殊昧其義，是用山海經而反背乎經矣！酈道元之注最善，於此亦不能辨，孰謂此書爲不刊之定論哉！

書漢書西域傳後

案：于闐東去長安九千六百七十里，東北至都護治所三千九百四十七里，都護治烏壘城，去陽關二千七百三十里，而河源在于闐東境，其去陽關不甚遠，當漢使窮河源時，未置河西四郡，則視于闐爲遥迫。四郡既開，自燉煌列亭障直至鹽澤，而輪臺、渠犂皆置田卒，設官吏，後又命都護盡護南北道諸國，則于闐亦在節制中，其去河源不遠矣。漢使歲時往來，皆所目擊，其説豈盡誣？乃自都實之説出，而人皆厭舊喜新，羣然起而附和之，反詆漢人語爲妄，何其謬哉！況東漢時班超父子鎮西域歷數十年，彼於萬里之外，如條支、安息諸國，猶使命往返不絶，豈于闐在三千里之内者，反不經涉其地乎？觀漢書所載河源較史記爲詳，此必孟堅得之於仲升，故能瞭如指掌。厥後班勇代父撰西域記以獻，范曄即用爲西域傳，所言河源，與前二書無異，則其言益可信。豈有司馬、班、范三氏之史皆不足據，獨都實一人之言爲足據乎？或曰：「史記言張騫使大夏之後窮河源，烏覩所謂崑崙，則禹本紀、山海經之言不足信矣。」曰：「河所出之山，本不名崑崙，乃漢武按古圖書錫以此名，故子長言無崑崙，未嘗言無河源也。

且漢武所按圖書，疑即山海經。何以知之？經所言崑崙去鹽澤不遠，此亦去鹽澤不遠，故疑其非二。況此地之山，惟崑崙最高，寧更有一山與之相匹者？漢武之錫名崑崙，亦必審覈而後定，夫豈漫然率意加之哉！唐書載李靖追吐谷渾窮寇，次星宿川，觀河源，此頗與都實之言相類，要不若史、漢所志詳覈而有信也。

書新唐書吐谷渾傳後

案：河源之出星宿海，衆謂始於都實之所窮，不知新唐書已明載之。當唐師之征吐谷渾，追亡逐北，其時至倥偬也，乃望積石山覽觀河源。此必前人原有是説，故因經行而一觀之，不然，何知其爲河源，而從容駐師以眺望之哉！李道宗曰：「柏〔一〕海近河源，古未有至者。」則唐人之知河源久矣。師經其地，既數萬大軍所目見，則内地之人無不知河源在星宿海矣，特當時以追窮寇，未暇由源竟委爾。元都實之入朶甘思，必番人相傳爲河源在其地，故直由吐蕃以入，而於漢世舊傳之鹽澤竟不一問。迨既見星宿海，遂謂河源在是，自矜爲千古所獨見，而不知唐書已載之，固不待元世而始得其迹也。然都實無足怪，獨怪朱思本、潘昂霄、柯九思輩，號爲通人，乃亦動色相驚，謂發千古之祕，豈新唐書亦未之見耶？觀元史河源考，謂朱思本得帝師所藏梵字圖書爲之志。夫帝師者，烏斯藏僧也。元重西僧，其

〔一〕「柏」，原作「相」，形近而誤，據新唐書改。

人輻輳於都邑，則前所云番人相傳有是説者，當不誣矣！豈都實始發其祕哉？

書新唐書吐蕃傳後

新唐書吐谷渾傳言「大軍次星宿川，達柏海上，望積石山，覽觀河源」，是河源在星宿川矣。其吐蕃傳言「大理卿劉元鼎爲吐蕃盟會使，既盟，西觀河源，其地有三山，中高而四下，曰紫山，古所謂崑崙也，番曰悶磨黎山，東距長安五千里，河發源其閒」。是有兩河源也。元都實往窮，亦謂源出星宿海，與吐谷渾傳合矣。又謂東北去九股河八九日程，九股河去崑崙二十日程，是河源之去崑崙凡三千里，與元鼎所言迥不符，非吐蕃之紫山，明矣！乃又謂朵甘思東北有大雪山，名亦耳麻不莫剌，其山最高，譯言騰乞里塔，即崑崙也。夫一山而有三名，番人亦不稱爲崑崙，都實安知其爲崑崙而稱之？此其爲附會之言無疑矣。及明洪武初，僧宗泐使西域，云河出抹必列山。夫一河源而元鼎謂出紫山，又曰悶磨黎山，宗泐則曰抹必列山，都實則曰大雪山，曰亦耳麻不莫剌，曰騰乞里塔，一山而有數名，吾將安從？總而論之，不特都實之言爲附會，即元鼎之言，未始非附會也。惟元鼎謂崑崙去長安五千里，以都實所經道里計之，約略相似。但山名終古不易，中國之稱崑崙，自漢至今無異也，則番語亦應然，況元鼎所使者土蕃，都實所探者亦土蕃，何以唐曰紫山，而元曰大雪山？唐之番語曰悶磨黎，而元之番語曰亦耳麻不莫剌乎？知其不一處，明矣。夫同一窮河源也，漢不同於唐，唐又不同於元，究安所取信？吾謂河出崑崙，古書盡然，山海經及漢人所窮得之矣。後人既知河出崑崙之語，乃不求之于闐，而反求之於吐蕃，偶見衆流會聚之區，即指爲河源，而强名其旁近之山曰崑崙，以牽合乎古書，不知欲求真而愈失其真也。論古者尚深辨之哉！

崑崙辨一

古之論河源者，皆謂出於崑崙，而傳記所載不一，其地古人亦未有定論，或不諳道里之遠近而紐爲一説，或就其耳目之聞見而倡爲異詞，總由山川不能自名，又越在窮荒絶域，無地志可憑，里人可質，且語言不通，稱名亦異，以故歷數千百年而終不得其實也。吾爲博攷古書，其言崑崙者約有十餘家，其在禹貢則言「織皮崑崙、析支、渠搜，西戎即敘」，孔安國釋爲四國，馬融、王肅因之，皆謂崑崙在臨羌西，獨鄭玄釋之爲山，而又不言其所在。此一崑崙也，其在禹本紀則言崑崙高二千五百里，去嵩高五萬里，居天地之中，司馬遷史記述之，而頗譏其非，此又一崑崙也。山海經志崑崙凡三：其在西次三經則曰崑崙之丘，實惟帝之下都，河水出而南流，東至於無達；其在海内西經則曰海内崑崙之墟，在西北方八百里，高萬仞，河水出東北隅。本止一山，而兩言之者，蓋此經非出於一人，故所載有詳略，而實非二山也。此又一崑崙也。其在大荒經則曰西海之南，流沙之濱，赤水之後，黑水之前，有大山名曰崑崙之墟，其下有弱水環之。此又一崑崙也。爾雅謂河出崑崙墟色白，并干七百川色黄。淮南子記崑崙之墟，河水出其東北陬，此即襲山海經之説，無二山也。其在史記則謂「于闐之西，水皆西流，注西海；東則東流，注鹽澤。由此潛行地下，其南則河源出焉。鹽澤去長安可五千里，天子乃案古圖書名河所出山曰崑崙」云，則是山本無名，特漢武加以此名爾。此又一崑崙也。班固、范曄二書同史記，其在晉書則謂涼張駿時，酒泉大守馬岌言酒泉南山即崑崙之體，漢武帝宴西王母於此，請建祠以祀西王母，駿從之。此又一崑崙也。在新唐書則爲河之上流由洪濟梁西南行二千里，水益狹，春可涉，秋、夏乃勝舟，其南三百里有三山，中高而四下，曰紫山，古所謂崑崙也，番曰悶磨黎山，東距長安五千里，河源其閒。此又一崑崙也。其在元史則謂河源在吐蕃，朶甘思西鄙，有泉百餘泓，名火敦腦耳，華言星宿海也，行幾一月。朶甘思東北有大雪山，名亦耳麻不莫剌，其山最高，譯言騰乞里塔，即崑崙。此又一崑崙也。明太祖實録則謂鄧愈、沐英討土蕃，追至崑崙山；宣宗實録則謂李英追安定、曲先賊，踰崑崙山，西行數百里，至雅令闊之地。此又一崑崙也。夫崑崙一也，而有十數家之異，將安所適從哉？愚細考之，禹貢之崑崙，近在漢、唐邊塞之内，晉馬岌之所指，明鄧愈、沐英、李英之所踰即肅鎮志之所載，即此山也。此非河源之所出，可不必辨。禹本紀之崑崙，遠在數萬里之外，華人從無至者，郭璞注大荒經即引此爲說，是二書所指本同一山，況明言弱水環之，則非河源所出，可知亦不辨。山海經之崑崙，不言在西域何國，以上文考之，其東北四百里曰槐江之山，丘時之水出焉，北流注於泑水。泑水即泑澤也，泑澤即鹽澤也。鹽澤去陽關止三百里，則崑崙當亦不遠。漢武之所名，與山海經所云，地實相近，漢武所案圖書，當即用此經之文。不然，崑崙既巍峙於鹽澤西矣，豈更有一大山與之並峙乎？知兩書之所指，非二崑崙也。若夫唐書之崑崙，漢語既曰紫山，番語又曰悶磨黎，何以知其爲崑崙而稱之？元鼎雖身履其地，不過因古書河出崑崙之言，從而附會之，非其實也。元史之崑崙，謂去河源三千里。夫天下之水未有不發源於山者，黄河爲天下大川之首，豈有不源於山，而原於星宿海之理？且華、夷之語皆不名崑崙，而都實獨意之曰「此崑崙也」，其誰信之？夫欲窮其源，自當溯流而上，乃不由水道，反從山巔西行，此何意乎？自漢以來，皆言河出于闐，爲都實者，當先求漢之河源，審知其非是，然後求之他方，庶幾無憾，今不問兩漢之故迹，舍于闐而問之土蕃，自以爲河源在是，又誰信之？夫河源不出於崑崙，已背乎古人之説，而其所謂崑崙，又去于闐之崑崙數千里，其不可渾而爲一也，明矣。然則究安從？惟山海經、漢武帝之説，吾有取焉，餘則無取也。竊怪昔人之論崑崙者，不考諸書之異同，而并爲一説，致東西背馳，南北瞀亂，説愈多而愈不明，余故盡集諸書之言崑崙、言河源者爲一編，而辨其異同如此。

崑崙辨二

余既爲崑崙辨，或詰之曰：「山海經所言多怪妄，子獨有取焉，何也？」曰：「此經載人物形貌，世所不經見，詆爲怪妄，固宜，然皆在荒服之外，其於中夏，固未嘗有是也。至所載山川，不可謂盡謬。其所言崑崙去鹽澤不遠，東距今肅州之嘉峪關不過二三千里，其方謂止八百里，高止萬仞，今中國之山多有若是者，可謂之荒誕乎？世之稱西王母者，謂其居瓊室、瑶臺，非人間可望，乃經謂其狀如人，虎齒豹尾，蓬髮戴勝，穴居。世謂崑崙多寶玉，而經一無所言，惟槐江之山多琅玕金寶，可盡謂之荒誕乎？至漢武所名之崑崙，始則張騫言之，已特命使者窮之，其言無異，故武帝案古圖書名之曰崑崙。其後設戊己校尉、西域都尉護，于闐亦在所轄中，則鹽澤、蒲昌之間，乃漢使歲歲往來之地，非人跡不到者。比班、范二史，豈有不核其實，而漫然載之者乎？況范氏之西域傳，即班勇之西域志，班氏父子鎮西域者數十年，而後爲此志，其書詎不可信乎？若星宿海之說，唐書吐谷渾傳載之，原不始於都實，但唐書止言「星宿海，達〔一〕柏海上，望積石山，覽觀河源」，而不言崑崙，則其所謂河源者，未必真河源也。都實則直云河出星宿海，距崑崙二三千里，其下流赤賓河始名黄河，然水猶清，人可涉，則知其上流非黄河，而强名之爲河源，蓋因唐書有星宿川之說，遂附會之以欺其主爾。夫若輩既不學無識，而學士大夫如潘昂霄、柯九思、朱思本輩，爭相稱重，駭爲異聞，獨不知新唐書已載之於前乎？余之於山海經、史記特取其近理而可信者耳，豈故詆排都實之說哉！

書徐霞客傳後

錢謙益作徐霞客傳，謂「霞客好游，嘗步武窮河源，由雞足而西，出玉門關數千里，至崑崙山，窮星宿海，去中夏三萬四千三百里」。又曰：「禹貢岷山導江，乃泛濫中國之始，非江源。河發崑崙之北，江發崑崙之南，非河源長而江源短也。」觀者駭其說，以爲信然，予細考之，而知其言之謬也。元都實之說，謂河源在朵甘思之星宿海。夫朵甘思雖番地，去雲南麗江西北止一千五百里，去四川馬湖正西亦止三千里。霞客豈不知河源出星宿海？既至雞足山，自當由麗江而往，不半月即可達其地，乃舍此不

〔一〕「達」，原作「連」，形近而誤，據新唐書改。

由，反遠走玉門關，何也？玉門東距肅州之嘉峪關約九百里，嘉峪關南至麗江約五千里，朵甘思去玉門關則六七千里矣，不走千五百里之近，而走六七千里之遥，必非人情。意者以漢武所名之崑崙，即都實所指之崑崙乎？夫漢之崑崙在于闐，東去玉門不過千里，去肅州不過二千里；元之崑崙在朵甘思東北，去星宿海三千里，去漢崑崙可四五千里，其相距如是之遥，而霞客乃混而一之，其不學無識一至此乎？若霞客有是言，則霞客爲無知；若霞客無是言，而謙益言之，則謙益胸中亦大不辨涇、渭矣！蓋漢崑崙之旁，絶無星宿海，元崑崙之旁，去星宿海又遠甚，其語無一合，謙益不能駁正，反爲作傳以張大之，一何愚也？且自玉門至漢崑崙，安得有數千里？自星宿海至中夏，安得有三萬四千里？此庸人能辨之，而謙益乃爲所愚，吾不能解也。其言江、河之源並出於崑崙，亦非也。若漢之崑崙，止有河源，而無江源；若元之崑崙，並非河源之所出，安得有江源？且中國之大川，江、河爲最，河在北，江在南，劃然分流。河既在北，其源必發於北，故謂河源在于闐之崑崙者是也。江既在南，其源必出於南，謂發於漢之崑崙，則偏于北而非南，謂發於元之崑崙，則元之黄河在其南而不在其北，其説怪妄不經。或者未睹前史，不識崑崙有二，故縱口言之，謂世人無能覆按也。詎知前史昭然，有不可得而掩匿者哉？余懼謙益之傳惑人也，故爲之辨。

書庚申君遺事後

或問曰：「世言元順帝即宋恭帝子，其説可信乎？」曰：「奚爲不可！恭帝以元世祖至元十三年丙子亡國，時方六歲，至仁宗延祐七年庚申四月生順帝，年已五十，其時固相接也。恭帝以至元十九年二月徙上都，其日即殺文丞相，蓋因奸民薛保住告變，謂有興復宋室之謀也。以二十五年十月學佛法於土蕃，年方一十八，則侍臣獻謀將見除之時矣。袁尚寶符臺外集名忠徹。謂大師往西天受佛法，過朔北札顔之地，謁周王，即元明帝。王見瀛國后罕禄魯氏，名邁來迪，郡王阿爾斯蘭之裔。愛而納之，生妥懽帖木耳，即順帝。其歲月不符矣。瀛國初尚公主，後娶罕禄魯氏，必在公主既亡之後。權衡庚申君大事記，謂瀛國奉詔居甘州山寺，有趙王者，憐公老且孤，贈以回回女子。延祐七年四月十六日夜，生一男子。是順帝既生，而後周王乞之，非先納其母而后生子也。以余應詩合之，則權説爲信，而袁説不足據矣。瀛國既往土蕃，距其生庚申帝閲三十有二年，此三十二年之内，不知以何時反上都，以何時徙甘州。度公主尚在，必去而後返。其生庚申帝爲周王所乞也，王時年二十二，而瀛國則已半百矣。既已披緇三十年，既無室家亦可，故并妻子悉予之。説者謂周王悦罕禄魯氏美而奪之，因并奪其子，意在其母，不在其子也，此亦情理所有。考順帝本紀，謂母罕禄魯氏名邁來迪，郡王阿爾斯蘭之裔，此正瀛國之妻與諸家所載悉符，則順帝之爲恭帝子，可無疑矣。然趙氏之復有天下者也，豈意計之所及哉！夫明宗爲武宗嫡長，固當有天下者也，乃武宗不傳子，而傳弟仁宗，約以次傳己子，後仁宗背約，以延祐三年，封明宗爲周王，出鎮臺雲南，而立己之子英宗爲嗣，是明宗已無天下之望矣。行次關中，與其臣下舉兵反，事敗，乃西奔金山，西北諸王悉來會，與定約束，每歲冬居札顔，夏居斡羅斡察山，隱然自爲一國，是明宗益無天下之望矣。其後仁宗傳英宗，泰定享國不永，文宗獲返正宸極，而且遜位於兄，即明宗。此豈意計之所及哉！迨明宗即位於漠〔一〕北，自謂我有天下矣，乃還至半途而爲文宗所弑，又豈意計之所及？文宗既弑兄而奪之位，孰不謂他日有天下者非明宗之子也？豈知文宗甫四歲而傳之寧宗，寧宗甫四月而即傳之順帝哉！方文宗之追悔弑兄而欲傳其子也，胡不竟立順帝，而乃立其弟寧宗夫？固知順帝非蒙古種也。及寧宗甫立而即殤也，燕帖木耳胡不肯迎立順帝，而必欲立燕帖古思夫？亦謂順帝非蒙古種也。況明帝存日，自言妥懽非我子，文宗業已昭告天下哉！後帝雖出文宗主，殺文帝后，母子罪官，虞集之草詔，而天下已莫不聞此，所謂欲蓋彌章，可以箝一時廷臣之口，而不可以欺天下後世也。然則順帝之爲恭帝子，而趙氏之復有天下也，章章明矣，又何疑！」

再書庚申君遺事後

宋太祖以庚申年受周禪，因陳希夷怕聽五更頭之説，命宫中於四更末即轉六更，而不轉五更，後遂循爲定制，不知五更之暗寓五庚也。自建隆元年庚申，太祖始踐祚，歷六十年，至真宗天禧四年爲一庚；再歷六十年，至神宗元豐三年爲二庚；再歷六十年，至高宗紹興十年爲三庚；再歷六十年，至寧宗慶元六年爲四庚；又歷六十年，至理宗景定元年爲五庚，而元世祖即於是年即位。希夷所謂怕聽五更頭者，於斯驗矣。乃宋之君臣但知怕五更，而不知五庚之當怕，僅閲十七年遂以亡國，豈非前定之數

〔一〕「漠」，原作「漢」，形近而誤，據元史改。

哉！厥後順帝之生，亦在庚申，去景定初元適六十年，是又宫中六更之説也。方順帝在位時，天下皆稱爲庚申帝，其爲趙氏之遺胤，人皆知之，特有所畏而不敢顯言。逮明師北征，庚申帝以洪武元年八月北遁，而其次年即得太行隱士權衡所著庚申君遺事記。其書明言順帝爲宋恭帝子，則其事明元時已盛傳，故閩中余隱賦詩紀其事，而袁忠徹、黄潤玉並有是言。黄浦閩中今古録稱先大父南山先生，即潤玉也。諸公皆明初人，聞見相接，所言必不誣，豈好爲不根之語，以惑世而駭衆哉！縱諸公之紀載不足信，元文宗之詔書亦不足信乎？順帝雖深惡此言，而其實即帝亦有所不知也。天下乞養之子，固有旁人盡知，而己反不知者。帝之踐祚，方十三齡，其先則遠徙高麗之海島，不與人接，後復移東西之靜江，與罪人流竄者無異，誰復以此事相告？及既爲天子，中外自不敢言，帝安從知之？此所以忍於絶文宗之後也。然帝不自知，而天下俱知之，此權、余諸公之記載所由作也。夫元之混一天下止八十九年，而順帝乃反得三十六年，天之所以報趙氏者，豈不厚哉！

讀太祖實録

高皇帝以神聖開基，其功烈固卓絶千古矣。乃天下既定之後，其殺戮之慘，一何甚也？當時功臣百職，鮮得保其首領者。迨不爲君用之法行，而士子畏仕途甚於穽坎，蓋自暴秦以後，所絶無而僅有者。此非人之所敢謗，亦非人之所能掩也。乃我觀洪武實録，則此事一無所見焉，縱曰爲國諱惡，顧得爲信史乎？至於三十年間，藎臣碩士豈無嘉謨嘉猷足以垂之萬祀者？乃一無所紀載。而其他瑣屑之事，如千百夫長之祭文，番增土酋之方物，反累累不絶焉，是何暗於大而明於小，詳於細而略於鉅也？洪武之史凡三修，其一在建文之世，其一在永樂之初，此則永樂中年湖廣楊榮、金幼孜所定也。吾意前此二書必有可觀，而惜乎不及見也。若此書者，疏漏已甚，何足徵新朝之事實哉！君子即不觀可也。

讀孝宗實録　二則。

有明之實録，未有若弘治之顛倒者也，蓋總裁于焦芳，而撰述于段炅輩，宜其如此。吾竊怪當時諸公，如李文正、王文恪、楊文忠、梁文康，皆有總裁之責，何乃一無糾正，而任其顛倒若是耶？中書之堂既已伴食蘭臺之内，又欲隨人曲筆耶？甚哉，諸公之靡也！一焦芳以附瑾之故，筆削之際，猶且不敢逆之，則當瑾之横行，而曰吾將有所補救，吾不知所補救者何事也！即畏芳之肆螫，獨不畏萬世之公議乎？與之同官，而猶若此，將古之筆枋頭之敗而詳張説之事者，獨何人也？吾是以益歎古人之不可及，而知有明實録之未可盡信也。

孝宗爲一代守成令主，而實録所紀當時之弊政何其多也！蓋帝務通下情，人人得以盡言，故有過舉，盡形之於奏牘，人之見之者，以爲帝德之有失也，而不知正其能納諫之美也。向非帝能納諫，羣臣安敢盡言，後人亦何由知其詳哉！至如嘉靖之世，其治亂視此不啻什佰，今讀其史，其弊之大者固已章著，而其小者反不若此之數數。然彼豈無失之可指乎？亦羣工百職箝口而不敢言，故後人無由知其詳耳。且孝宗十八年之閒，國家最爲無事，而實録卷帙之多，反有過於諸帝，亦由奏疏之多耳。余恐讀者不察，徒見其疵，而不見其美也，於是乎言。讀是書者，其尚以是求之。

附録

先生論建文一朝無實録，野史因有遜國出亡之説，斷之曰紫禁城無水關，無可出之理，鬼門亦無其地。成祖實録稱建文闔宫自焚，上望見宫中煙起，急遣中使往救，至已不及。中使出其屍於火中，還白上。所謂中使者，乃成祖之内監也，安肯以后屍誑其主？而清宫之日，中涓嬪御爲建文所屬意者，逐一刑訊，苟無實據，豈肯不行大索之令耶？且建文登極二三年，削奪親藩，曾無寬假，以至燕王稱兵犯闕，逼迫自殞。即出亡，亦是勢窮力盡，謂之遜國，可乎？由是建文之書法遂定。史傳。

先生在都門十餘年，士大夫就問無虚日。或夜半飛騎到門，問某人某事，則答以片紙，使者馳去。已而復來，率以爲常。錢大昕撰傳、楊无咎撰墓志。

先生自言，生平學凡三變，弱冠時爲古文辭、詩歌，欲與諸名士角逐；已乃攻經國有用之學，古今制度無弗考索；自己未以來，聘入史局，願成一代之史，藉手以報先朝。劉坊撰行狀、墓志。

史局中徵士，許以七品俸，稱翰林院纂修官，先生獨以布衣參史局，不署銜，不受俸。諸纂修官以稿至，皆送先生覆審。先生閲畢，謂侍者曰，取某書某卷某葉有某事，當補入；取某書某卷某葉某事，當參校。侍者如言而至，無爽者。全祖望撰傳。

先生性不慕榮利，最闇淡，然自王公以至下士，無不呼曰萬先生，而先生與人往還，其自署祗曰「布衣萬斯同」，未嘗有他稱也。同上。

李榕村曰：「吾生平所見，不過數子，顧寧人、萬季野、閻百詩，斯真足以備石渠顧問之選者也。」同上。

李杲堂曰：「學通古今，無所不辨，吾不如斯同。」史傳。

李越縵曰：「閱萬季野羣書疑辨共十二卷，自一至三皆攷論經傳，卷四雜論古今喪禮，卷五論周正及春秋、孟子，卷六爲禘説及居室祔廟遷廟攷，卷七爲歷代廟制攷，卷八辨石鼓石經及古文隸書，卷九雜論字學書學，卷十辨崑崙、河源，十一、十二雜論宋、元、明史傳記。萬氏兄弟之學，頗喜自出新意。充宗所著儀禮商、周官辨非諸書，多立異説，而精悍自不可廢。季野較爲篤實，其經學尤深於禮，其史學尤詳於明。所作歷代史表，已成絶詣。此書得失，山陽汪文端一序已盡之。大氏以第四及十一二三卷爲最精。論喪禮一卷，酌古禮以正時俗凶禮之失，皆切實可行，不爲迂論。論史兩卷，具有卓識，惟深譏元之劉因，痛詆明之張居正，則尚攷之未審。其論禮好違鄭注，論春秋好闢左傳，皆與充宗相似。至於極言古文尚書之真，而詆盤庚、周誥爲不足存；力駁毛詩小序之謬，而謂二南、國風皆未删定，則近於猖狂無忌憚矣。汪序謂其閒有攷之未詳者，有勇於自信者，蓋謂是也。越縵堂日記。

二萬家學

萬先生言

萬言字貞一，充宗兄，斯年子，康熙乙卯副貢，江南五河知縣。少與諸父同學於南雷，善古文，後入京師，徐立齋薦修明史，兼修一統志，在館五年，多所撰著。南雷序其詩云：「貞一牢騷歷落之士，其學主於經術，博覽强記，未嘗刻意繕性。字櫛句比，以詩人自命。召入翰林，荏苒十年，史館詩之所自出也，庶幾可以專心致志矣。顧一時同召者，皆借途以去，而貞一獨任其勞，成崇禎長編百餘卷，列傳若干卷，短檠木榻，筆退成冢，豈暇爲詩？既而晨炊欲絶，自請外補，斗大一城，鵠面蒼生，旱蝗孑遺，撫循委曲，繼之涕泣，又不忍爲詩。嗟乎！貞一風塵困頓，鍛鍊既久，觸景感物，無一而非詩，則以其不暇爲、不忍爲者，溢而成之。此性情之昭著，天地之元聲也，豈世人心量手追，如何而漢、魏，如何而三唐，所可比擬者哉！」參南雷文定萬貞一詩序、寧波府志。

萬先生經

萬經字授一，號九沙，充宗子。康熙癸未進士，官編修。南雷移證人書院於鄞，申明蕺山之學，先生侍席末，與聞其教。晚年增補充宗禮記集解數萬言；春秋定、哀二公未畢，又續纂數萬言；又重修季野列代紀年；又續纂兄言尚書說、明史舉要，皆先代未成之書。乾隆初，舉博學鴻詞科，不就。年八十二，家遭大火，遺書悉焚，終日涕洟，自以爲負罪先人。踰年卒。著有分隸偶存二卷。參史傳。

萬先生承勳

萬承勳字開遠，貞一子。貞一以修明史，出令五河，罷官論死，獄急，先生前往救父。時陝中開贖例，貞一之故人哀金五千，以與先生，得贖免死。先生年少，胥吏欺之，侵蝕其半，未之上也。貞一歸，而陝撫移咨浙撫，追贖金之未足者，先生無以爲計，將自承匿金罪，代父死。其友陳坊奮然挾之行望門求援，崑山徐健菴尚書素重貞一，爲代輸其半，諸父友復醵金輸其半，事得寢，時稱孝子。雍正五年，舉賢良方正，入京，授磁州知州，有惠政。後以隄潰督修，勞瘁感疾，暴卒。參史傳、全祖望撰墓志。

二萬交游

陳先生赤衷 别見南雷學案。

李先生鄴嗣 别見南雷學案。

邵先生廷采 别見南雷學案。

陳先生錫嘏 别見南雷學案。

鄭先生梁 别見南雷學案。

應先生撝謙 别爲潛齋學案。

陳先生紫芝

陳紫芝字非園，鄞縣人。從南雷講學。康熙己未進士。官御史時，嘗上疏謂朝章國典宜歸畫一，民間冠婚喪祭尤未有定制，請編纂禮書頒行。擢四品卿，轉奉天府丞兼督學政，力絶請謁，專拔孤寒。任大理丞，凡稍涉矜疑者，即爲駁正，多所平反。年六十一暴卒。參樗菴存稿、縣志。

張先生汝翼

張汝翼字旦復，一字學菴，鄞縣人。少善讀書，母葉氏授以大學衍義，由是有志於聖賢之學，孝友益著，稱名諸生。南雷之甬上，遂請業焉。講經之會，諸人談鋒起，徐以一言折之，聞者皆意愜。南雷每稱之曰：「張旦復，篤行君子也。」參李鄞嗣雍睦堂記、胡文學撰文稿序。

仇先生兆鼇

仇兆鼇字滄柱，鄞縣人。康熙乙丑進士，廷試策問官方及海禁，先生言「官方有保舉徇私之弊，開海宜捐利以與民」，讀卷官楊雍建大稱賞之。改庶吉士，授編修，預修一統志，復預修明史，直南書房。

後乞假歸。參年譜、縣志。

范先生光陽

范光陽字國雯，號筆山，鄞縣人。十歲操筆爲文，有奇語。從南雷講學，名曰重。康熙戊辰進士，改庶吉士。館閣會課平俄羅斯表、瀛臺賦，皆第一。以不習滿書，散館改户部主事，出知延平府，爲政雅持大體。郡故有延平四賢祠，捐俸葺之。嘗大書廳事曰「澹泊明志，平易近民」，郡人以爲實録。感疾乞休。先生自言文體凡三變，少年驅策六朝爲應世之文，壯時考辨典故爲用世之文，及從南雷先生游，始知撥華存實，然學人自期有在，不徒語言文字間，則所造可知矣。卒年七十六。參子廷謂撰行述、縣志。

吴先生任臣

別見亭林學案。

朱先生彝尊

別爲竹垞學案。

李先生塨

別爲恕谷學案。

方先生苞

別爲望溪學案。

温先生睿臨

温睿臨字鄰翼，一字哂園，烏程人。康熙乙酉舉人，詩古文雄於時。性伉直，好面折人過。與季野先生交最善。以赴禮闈，游京師，當道欽其名，咸致敬禮。會開明史局，季野主任編纂，因常相過從，多所參論，季野謂之曰：「鼎革之際，事變繁多，金陵、粵、閩播遷支拄歷年二十，遺事零落，及今時故老猶存，遺文尚在，可網羅也，子曷輯而志之成一書乎？」哂園遂哀聚野史綏寇紀略等四十餘種，排比纂次，三帝魯王爲紀略者四，諸臣爲列傳者二十四，總成四十卷，題曰南疆逸史。觀其序萬氏紀元彙攷，稱「余來京師，與之游者十餘年，見則問看何書，有何著述，勤勤以年老時邁、毋荒歲月爲戒」，是逸史雖成於先生，猶季野志也。所著尚有吾徵録、均役全書、游西山吟稿，均不傳。參縣志。

劉先生獻廷

劉獻廷字君賢，一字繼莊，自號廣陽子，大興人。先世本吴人，以官太醫，遂家順天。先生年十九，親歿，乃攜家南游，僑居吴江三十年。志在經世，博通百家，浩無涯涘。嘗欲徧歷九州，覽其山川形勢，訪遺佚，交其豪傑，采軼事，以廣見聞，而質證其所學。晚至湖南，登衡嶽，與王船山游。北歸京師，崑山徐健庵尚書、立齋相國皆引重，參預纂修明史及一統志。復返吴而卒，年四十有八。或言年不止此。先生之學，自象緯、律曆以及邊塞、關要、財賦、軍器之屬，旁而岐、黄者流，以及釋、道之言，無不留心，深惡雕蟲之技。其生平自謂，於聲音之道，别有所窺，足窮造化之奥，百世而不惑。嘗作新韻譜，又欲譜四方土音，以窮宇宙元音之變。其論向來方輿之書，詳於人事，而天地之故，槩未有聞，當於疆域之前，别增數條，考天度，驗節候，山水向背分合，風土剛柔，陰陽燥溼，次第可求，以及土音土産，可徵五行氣運、諸方人民性情風俗之不同。其論西北水利，莫詳於水經酈注，欲取諸史關於水利農田戰守者，各詳其所以，附以諸家之説，以爲之疏，爲異日施行之考證。又言：「朱子綱目非親筆，當别爲紀年一書，凡所撰著，其運量皆非一人一時所能成。」又謂：「聖王之治天下，自宗法始，無宗法，天下不可治，宜特爲一書發明之。」是則儒者之至言，而惜其書亦未就。子燮能承學，早卒。以吴江沈氏子爲嗣，亦亡。無後，僅傳廣陽雜記五卷，爲門人所輯，行於世。參王源撰墓表、全祖望撰傳。

廣陽雜記

于途中思得譜土音之法，宇宙音韻之變遷，無不可紀，其法即用余新韻譜，以諸方土音填之，各郡自爲一本，逢人即可印證。以此法授諸門人子弟，隨地可譜，不三四年，九州之音畢矣。思得之，不覺狂喜。由此而思方輿之書，所紀者惟疆域、建置沿革、山川古跡、城池形勢、風俗、職官、名宦人物諸條耳，此皆人事，于天地之故，概乎未之有聞也。余意于疆域之前，別添數條，先以諸方之北極出地爲主，定簡平儀之度，製爲正切線表，而節氣之後，先日食之分杪，五星之淩犯占驗，皆可推求。以簡平儀、正切線表爲一，則諸方之七十二候各各不同。如嶺南之梅十月已開，湖南桃李十二月已爛漫，無論梅矣。若吴下，梅則開于驚蟄，桃李放于清明，相去若此之殊也。今曆本亦載七十二候，本之月令，乃七國時中原之氣候也。今之中原，已與月令不合，則古今曆差爲之。今於南北諸方，細攷其氣候，取其確者，一候中不妨多存幾句，傳之後世，則天地相應之變遷，可以求其微矣。余在衡久，見北風起，地即潮溼，變而爲雨，百不失一。詢之土人，云：「自來如此。」始悟風水相逆而成雨。燕京、吴下，水皆東南流，故必東南風而後雨。衡、湘水北流，故須北風也。然則諸方山之背向，水之分合，支流何向，川流何向，皆當案志而求，彙爲一則，則風土之背正剛柔，暨陰晴燥溼之徵，又可次第而求之矣。諸土產，此方所有，他方所無者，別爲一則，而土音譜合俚音譜共爲一則，而其人性風俗之微，皆可案律而求之矣。然此非余一人所能成，余發其凡，觀厥成者，望之後起之英耳。

酈道元博極羣書，識周天壤。其注水經也，于四瀆百川之原委，支派出入分合，莫不定其方向，紀其道里，數千年之往跡故瀆，如觀掌紋而數家寶，更有餘力，鋪寫景物，片語隻字，妙絶古今，誠宇宙未有之奇書也。時經千載，讀之者少，錯簡脱字，往往有之，然古玉血班，愈增聲價。但其書詳于北而略于南，世人以此少之，不知水道之宜詳，正在北而不在南也。余在都門爲崑山定河南一統志稿，遇古今之沿革遷徙盤錯處，每得善長一語，涣然冰釋，非此無從問津矣。北方爲二帝三王之舊都，二千餘年，未聞仰給于東南。何則？溝洫通而水利修也。自五胡雲擾，以迄金、元，淪于夷狄者千有餘年，人皆草草偷生，不暇遠慮，相習成風，不知水利爲何事，故西北非無水也，有水而不能用也。不爲民利，乃爲民害，旱則赤地千里，潦則漂没民居，無地可瀦，而無道可行，人固無如水何，水亦無如人何矣。元虞奎章奮然言之，郭太史毅然修之，未幾亦廢。有明三百年，更無過而問之者矣。予謂有聖人出，經理天下，必自西北水利始。水利興，而後天下可平，外患可息，而教化可興矣。西北水道，莫詳備於此書，水利之興，此其粉本也，雖時移世易，遷徙無常，而十猶得其六七。不熟此書，則胸無成竹，雖有其志，何從措手？有斯民之志者，不可不熟讀而急講也。水經注千年以來，無人能讀，縱有讀之而歎其佳者，亦只賞其詞句，爲游記詩賦中用耳，然亦千萬中之一二也。吾友虞山黄子鴻獨能沈酣此書，參伍錯綜，各得其理，好學深思，心知其事，吾于子鴻見之矣。千世之後，復有子雲、善長，抑何幸與！更得宋人善本，正其錯簡脱訛，支分縷析，各作一圖，其用心亦云勤矣。惜其專于攷訂，而不切實用。尺有所短，無可如何。予東歸後，思以此本照宋板割裂改正，裝褫成書，命門人鈔録其圖，并二十一史輿地志攷，而顧景范有讀史方輿紀要、傳是樓有一統志稿，皆輯録之，以爲疏水經注之資云。

古書有注復有疏，疏以補注之不逮，而通其壅滯也。酈道元水經注無有疏之者，蓋亦難言之矣。予不自揣，蚊思負山，欲取酈注從而疏之，魏以後之沿革事蹟一一補之，有關於水利農田攻守者，必攷訂其所以而論之，以二十一史爲主，而附以諸家之説，以至于今日，後有人興西北水利者，使有所攷正焉。予既得景范、子鴻以爲友，而天下之山經地志又皆聚于東海，此書不成，予之罪也，當與宗夏勉之。

歷代史册浩繁極矣，苟不提挈其綱領，便如一屋散錢，無從著手。如春秋、通鑑目録、大事紀，皆苦其太略，而朱子之綱目，又多書迂闊不切之事，關係重大者反多遺漏。前人之書，縱極盡善，不經我手，如觀它家寶，與予無益也。予最愛竹書紀年，有絶人之識，春秋而外，别爲一家。久思取竹書以後迄于有明，照例勒成一書，以備遺忘，年來奔走四方，無一日之寧，更有十倍于此者，亦皆置之高閣，況此考訂編輯之末乎？兩日兀坐僧房，看倪、黄二子閲通鑑大全，此等書不知出于何傖之手，乃託文章巨公之名，以誑世之聾瞽，人家子弟輒奉以爲聖經賢傳，不敢别置一喙，聞人出一議，輒摇手閉目以爲侮聖人之言。嗟乎！學者識古今之成敗是非，以開拓其心胸，爲他日經濟天下之具也，乃以此等糞穢瓦礫填塞心胸，牢不可破，求其磊落軒天地者，又胡可得邪？哀哉！可爲痛哭流涕長太息者也。然取之以攷年月，紀姓名，亦胡不可，乃其中謬訛亦復不少。予令宗夏置簡二册，上横書甲子，每簡二十二行，後一册每簡十行，自堯甲辰始，每年紀其年號并大事。上一册紀唐、虞、三代，其事簡；後一册則入通鑑，事煩矣，故止十行。寓中無他書，惟據此耳，聊以此爲續竹書紀年之草稿，經營一過，諸事皆有頭緒，他日可以讀史矣。倪、黄二子學史實自此日始。

通鑑託始于周威烈王戊辰初命三晉爲諸侯，其距春秋獲麟尚七十年，所以避續春秋之嫌也。通鑑以前事，則宋京兆劉恕有通鑑外紀，起三皇本紀至周共和。又一蘭溪金仁山履祥有通鑑前編，起陶唐至威烈，所以補通鑑之未載，令學者知古今之全也。乃外紀則取諸子書暨讖緯之説，以圖畫虛空于洪荒之世，今之小部，率取此二書合爲一册，牛鬼蛇神紛然滿紙，不復可以寓目矣。言不雅馴，薦紳先生難言之。

自堯甲辰，至舜南巡狩崩于蒼梧之野，共一百二十六年，是爲乙酉，而夏禹即位，則在丁巳，中間相去七年。此七年者，當何所屬？抑果如孟子之言，辟之于陽城耶？抑别有故邪？今亦不記。皇極經世書以此七年歸之于誰，而竹書紀年有異同否邪？

外紀記商王紂三十二年，以長曆通之，是爲戊子，而武王即位則書乙卯，若是則紂之二十三紀也。夫武王即位于己卯，而謂紂亡于戊子邪？無書可檢，故提綱仍以己卯推之。

吴修齡先生論聲音之道頗爲有見，深以守温字母、劉鑑門法爲非，以二合、翻切收盡諸法，立二十四條以盡諧聲之變，亦可謂振古人豪矣。然以二合爲局狹門，乃實不知二合之奥理；以諧聲通翻切，而立法太多，實無異于劉鑑。若取其書删之，附予音韻書後，亦可備中華翻切之一法。其言曰：「聖人言治平之道必本之身，審聲之士，顧可外其身以求用乎？作聲有鼻、腭、喉、舌、齒、脣之六體，竭耳目以自審六體所作之聲，可以纖微不混。其法有二，曰二合，曰翻切。二合，乃佛法祕密中事，字聲之晦昧者，合兩字之聲爲一聲以顯之，最爲親切，如多翁合成『東』字也。翻切，大同而小異，翻之多者有二十餘聲，切聲有二百之外，以摩盪之法行之，可得翻切千數，如多翻『宗切登』，翻『翁切都』，翻『風切東』字。二合如以父母求其人，必無第二；翻切如以兄弟求其人，或妻妾求其人，不能不多也。與二合同條而稍異者，又有切身之法，乃譯場中所立。有『東』字，乃可合『多』、『翁』二字以顯之，并無『東』字，將何以顯？于是切身之法生焉。合二字之聲以爲聲，即合二字之形以爲字也，如丁也爲『地』，丁可爲

『何』是也。翻切爲震旦之法，顔之推以爲三國時孫炎所作，見王肅傳中。近日顧炎武以爲左傳之鞠窮爲『弓』、句瀆爲『穀』已是翻切，皆未窮源。説文萬言，諧聲者八千，其中自成聲者十之一，餘九皆以翻切得聲者也。苟無翻切，字内但有二千字，何以周用？八千字中，諧本聲、諧四聲、諧翻聲、諧切聲輩凡有二十四條，朗然可據，此豈先有字後立聲乎？翻切必出于始制文字者形聲一時所就耳。東漢爲殤帝諱，改『隆慮』爲『林慮』，隆、林一翻故也。周易兼義及洛誥釋文皆言馬、鄭已有翻切，而未盛行，其曰孫炎，就所見者言之耳。炎書不傳，而所立翻切之名最爲精當，昔人之丁顛、寅言雖未成書，翻法甚密。六朝人能通翻語，史册載之。唐高宗有通乾天窮之避；李陽冰云『臯不從自得聲，從皋省也』；德宗時有任饒、調甜、珍張、藥鑑之翻，皆灼然不謬。守温作字母三十有六，翻法遂壞。後人著述如林，皆醉以狂泉者也。又有言翻即切、切即翻者。夫既即一，多翁、翁多皆可得東邪？天地即一，陰陽即一，人物皆廢失矣。梓人作博子，先作長條，乃爲方塊。長條翻也，切則截之爲方塊也，此豈有難解者，而憒憒至此乎？二合立體爲本，翻切旁通爲用，無二合則無以質翻切之錯誤，然二合本能生一切諸聲，而不能自生其聲，藉翻切以樛出之。又二合雖得一字之真聲，而不旁通諸字，得翻切乃可旁通也。二合、翻切二法，猶有不能顯之聲，不得已而用四聲、四呼、陰陽、切聲四法以助之，十得八九。不知昔之居然自任者何？故二合切身，佛家綱要，絶非僻書也，儒生不知神珙、守温、清泉佛弟子而茫然，誠不可解。平論昔人著述，孫愐翻切雖不縝密，猶能傳近似之聲，有功斯道。四呼束于字母，破碎汩亂，而能顯撮口字聲。門法爲字母四呼所夾束，進而愈窮，然其局狹音和闔合于二合、翻切。惟守温蠢爾一物，所立字母，一母兼三四翻之聲，誤殺後人，直當投溷者也。夫聲發于形，不關心事，心有智愚，形無凡聖，列子云『聖人廢心而用形』，知此則牧豎之審聲與孔、孟等矣。」又曰：「孫叔然翻切之書失傳，唐有孫愐之唐韻，守温之三十六字母，何人之四呼，劉鑑之門法，餘如司馬君實、清泉、韓孝彦著述紛然，要不出于四家。孫愐不知翻經切緯之意，廣收雜物金矢一囊。四呼如盲人摸象，僅得一肢，以爲全體，而所得者是真非贋。門法如唐肅、代之朝，行間非無李、郭，不能專任，使與七節度爲等夷，令出多門，終至相州之敗。至于守温，直是無知妄作，貽毒後人而已。」予謂先生之論局狹音和、二門、二合〔一〕、翻切之説，暨評論昔人，皆精微確當，有功聲韻。先生亦嘗自負誇予曰：「諧聲之道，蒼帝而後，直至小生，獨是于二合之説，猶未能心知其事也。」先生雖發悟于華嚴字母，而金剛頂大海陀羅尼暨涅盤十四首未嘗寓目，于五天梵音、半滿字學茫如也，二合之中已不辨其多含，況三合以上乎！蓋先生于天竺陀羅尼、太西蠟頂話、小西天梵書暨天方、蒙古、女直諸書皆未究心，其所爲聲韻者，特震旦一隅之學耳。若其合翻切于諧聲，實發前人所未發，而列門過多，失同劉鑑，使蒼帝本意如此，亦可云漫無紀綱者矣。」

壬申之夏，于衡州署中，初定韻譜。先立鼻音二，鼻音爲聲韻之元，有開有合，各轉陰陽上去入之五音，共十音，而不歷喉腭舌脣齒之七位，故有横轉而無直送。横轉爲平上去入，而平聲則有陰陽，故五等韻惟不達此，故多重疊。次定喉音四，爲諸韻之宗。太西蠟等話以〇阿咿嗚午之五音爲韻父，然

〔一〕「合」，原作「和」，據廣陽雜記改。

午即嗚之横轉上聲；女直國書則有六音，而第六字實即第五字也，蓋外國皆不知有横轉之五音，故有此惑。惟梵音十二字恰合此式，然喉鼻不分，則父子無別矣。今定○爲喉之喉、開之開，阿爲喉之腭、開之合，呻爲喉之齒、合之開，嗚爲喉之脣、合之合，四音定，而萬有一千五百二十之聲，舉不出其範圍矣，是之謂正喉音。又從「○」字追出「○」字，爲○之半音；從「阿」字轉出「而」字，爲阿之轉音。從「呻」字想出「○」音，而見之于齒之○思茲雌，故○之伏音從「烏」字究至「于」字，于爲烏之送音，○而○于「田」字爲變喉音。又以開口鼻音爲韻，分配○阿呻烏，則爲鶯鞥英翁。此四音爲東北韻宗。又以開口鼻音爲韻，配以○阿呻烏，則爲西南韻宗。此八韻立，而四海之音可齊矣。次以喉自互交合，凡得音一十有七；喉鼻相互交合，得音一十；又哀爊二音有餘不盡三，合而成五音，共三十二音，爲韻父。韻歷二十二位，則韻母也。横轉各有五子，子凡若干，萬有不齊之聲，無不可資，母以及父，隨父而歸宗，因宗以歸祖，由祖而歸元，天地之祕藏，一朝啟之。歸山後，次第成書也。

林益長著有聲位左編一册，益長名本裕，遼左人，滇撫林天擎第四子也。向與龍友、時可輩爲友，龍友札予言其人。後同湯建五過吴門訪予，不值，留此書於宗夏處。益長之學，蓋本之馬盤什。馬盤什，馬三寶第二子，少年形豐偉過人，乳下垂長尺許，以巨碗藏乳下，不假絛縛，行數武不脱落。聰慧絶人，不假師授，自悟等韻字母之非，更爲新韻。雄視宇宙，嘗謂人曰：「假我數年，以盡聲音之變，雖鴉鳴鵲噪，吾有以通其語言矣。」滇、黔平，盤什亦就僇，廣陵散于今絶矣。其書已經版行，予求之數年，僞周降將皆武人，不知書，無有藏弆者，竟不可得。家忠嗣云：「其父成璧亦異人，少爲羣盗，未嘗讀書，識之。無乃古今之世代治亂，是非成敗，爛如指掌。所著見聞録若干册，明末清初雜事，皆口授小史書之，文亦可觀。」其籍，忠嗣有之，余尚未之見也。益長之學，得之盤什爲多，以開承轉縱合，配宫商角徵羽，即陰陽上去入也。竪照華嚴字母十二位，别立閏位一，共十三攝。横開二十五聲，華嚴字母之二合、三合皆具一焉。别有有音無字一位，爲號識之，有字音者亦止二十二位耳。以一入聲收六平三上去入，如公〇鞏貢穀，孤〇古故穀，句〇狗彀穀是也。餘不異人意，惟六平收一入聲爲創獲耳。予向以平聲倍于仄聲，上去多于入聲，以一收三，尚未確見也。義理無盡，心思亦無盡，人苟能格致，不患其窮也。兒子阿燮，因林本著音譜一册，不分五音，以入聲爲門，每門收三韻，如「穀」字一門收公句孤，三餘倣此。界畫精工，字亦端楷。宗夏在秦中與之深論此事，互有發明，然二子皆以五聲爲非，謂上去皆有陰陽，則大愚也。普天之下皆不知有四聲，而此竅發之于沈約。沈氏四聲，平聲獨二，已伏五聲之根矣，但未確分陰陽耳。周德清、蕭尺木等確知有五聲矣，而世之言音韻者尚多未悟。予幼未見諸家韻書，已確見此理，所定韻譜，悉五聲。馬盤什、林益長之説，後聖復起，不異同也，而阿燮毅然著書，宗夏作書與龍友辨論，宿聞習見，封錮聰明如此哉！舊冬，宗夏初歸，始爲之倡明此事，阿燮正不知何日方有出頭之會。嗟乎！物理幽玄，人知淺眇，安得一切智人出興于世，作大歸依，爲啟蒙發覆耶？

計數之學，不能獨恃明悟，必假器以爲加減乘除之具焉，若古之六觚之籌，今之七珠之盤，皆所記繁多之數，補記載所不及者也。余以爲，凡物之有數者，皆可用以爲計數之器。物之大者，莫如蒼天，然彼蒼者，特寰宇中一大算器也。何以言之？渾天之形，兩極不動，赤道中分界而爲二，是計數之一大盤也。宮次十二，縣象昭然。三百六十五度井然不紊，是盤中之三百六十五位也。二曜五緯，參伍錯綜，或入北陸，或出南陸，少者二十七日一周于天，多者二十八年一周于天，則位位皆具算珠，而二曜所以紀緫，五緯所以紀零也，于是章蔀氣朔定，而百千萬世之歲月時分杪莫不可紀矣。彼聖人者，敬授民時，俟百世而不惑，豈有異能哉，不過以蒼天爲一大算子耳！

子師言，諸省志書多有紀其地之時事者，皆當采出以備參攷。今廣東通志後一卷已經割出，余取而觀之，果皆諸書之所未載者。年來郡縣諸志汗牛充棟，聚于東海，乃無一人能發此竅，偏爲搜出，今已不及，可惜也。

元朗言，其尊人欲著春秋八考，一天文，二輿地，三職官，四世族，五禮，六樂，七兵，八刑，惟輿地、世族已經成書，後世之沿革皆備載。春秋八考主意絶佳，若分類而求，尚不止此也。

陳青來執贄于予，問爲學之方。予言，爲學先須開拓其心胸，務令識見廣闊，爲第一義；次則于古今興廢沿革，禮樂兵農之故，一一淹貫，心知其事，庶不愧于讀書。若夫尋章摘句，一技一能，所謂雕蟲之技，壯夫恥爲者也。

因讀史，謂宗夏曰：「古之諸侯，即今之土司也。後之儒者，以漢、唐、宋之眼目，看夏、商、周之人情，宜其言之愈多而愈不合也。」

破封建而爲郡縣，固時勢之不得不然，孟子已先言之矣：「『天下烏乎定？』曰：『定于一。』」李斯之説，必受之于荀卿者也。

史記載堯、舜皆黄帝後，今試考其相傳世系，則堯之二女乃舜高祖輩矣，以之作配，瀆倫甚矣！案黄帝二十五子，得姓者十四人，爲十二姓：姬、祁、酉、己、滕、箴、任、荀、僖、姞、嬛、依是也。然堯姓伊祁，而舜之姚氏不在十二姓之列，非同姓可知矣。且年命修短不甚相遠也，黄帝至堯止四世，至舜已八世，蓋皆緣秦人焚書，太史公得書不多，故有此等謬誤耳。

禹貢曰「既修太原」，修者，因其功而修之也，後世功禹而忘鯀，是執于成敗之見耳。案北方尚有鯀隄城郭，亦始于鯀，當時備水而作，至今因之。鯀之功德信遠，然後知舜不宗瞽瞍，而禹獨宗鯀，鯀誠有可郊之理也。

余觀世之小人，未有不好唱歌看戲者，此性天中之詩與樂也；未有不看小説聽説書者，此性天中之書與春秋也；未有不信占卜祀鬼神者，此性天中之易與禮也。聖人六經之教，原本人情，而後之儒者，乃不能因其勢而利導之，百計禁止遏抑，務以成周之芻狗茅塞人心，是何異壅川使之不流，無怪其決裂潰敗也。夫今之儒者之心，爲芻狗之所塞也久矣，而以天下大器使之爲之，爰以圖治，不亦難乎！

余嘗與韓圖麟論今世之戲文小説，圖老以爲，敗壞人心，莫此爲甚，最宜嚴禁者。余曰：「先生莫作此説，戲文小説，乃明王轉移世界之大樞機，聖人復起，不能舍此而爲治也。」圖麟大駭。余爲之痛言其故，反覆數千言，圖麟拊掌掀髯，歎未曾有。彼時只及戲文小説耳，今更悟得卜筮祠祀爲易、禮之原，則六經之作，果非徒爾已也。

附録

先生隱於吴，有高僧説法，士人從之。講法華，先生與焉，伏几而鼾。明日，復如故。僧詫曰：「客何爲者乎？」與語，則大驚，曰：「公，神人。」掖登座，暢衍厥旨，衆大悦。僧率衆蒲伏，願爲弟子。笑曰：「吾正若誤耳，豈爲浮屠學哉！」由是從游者日衆。王源撰墓表。

先生嘗爲學者曰：「聖人謂人爲天地之心，人渺焉耳，且衆，胡爲天地之心？嘗學易而得其説。乾也坤也，初交而生風雷，無形也；水火次之，形而虚；山澤又次之，實矣。由是草木生焉，鳥獸育焉，草木鳥獸不已章乎？未竟也，草木不實，則草木之生不竟而草木熄。天不生人，則天之生未竟，而天地之生熄矣。人者，天地之實也，故曰人爲天地之心。身豈心哉！心，心爾，所謂仁也，天地不能爲者，人爲之，剥復否泰存乎運，而轉移之者心。人苟不能斡旋氣運，徒以其知能爲一身家之謀，則不得謂之人，何足爲天地之心哉！」故先生生平，志在利濟天下後世，造就人才，而身家非所計。同上。

先生與萬先生季野共在徐尚書邸中，萬先生終朝危坐觀書，或瞑目静坐，先生好游，每日必出，或兼旬不返，歸而以所歷告之，萬先生亦以其所讀書證之，故都下求見此二人者，得侍萬先生爲多，而先生以游，罕所接。各以脩脯所入，鈔史館祕書，連甍接架。尚書去官，先生亦返吴，而萬先生爲明史館所留，先生謂曰：「不如與我歸，共成所欲著書。」萬諾之，不果。先生返吴下，不久而卒，其書星散。及萬先生卒，其書亦無存者。全祖望書所撰傳後。

先生平生講學之友，嚴事者曰梁谿顧畇滋、衡山王船山，而尤心服者曰彭躬庵。躬庵尚平實，先生之恢張殆有過之。同上。

全謝山曰：「崑山徐尚書善下士，又多藏書，大江南北宿老爭赴之。繼莊游其間，别有心得，不與人同。萬隱君季野於書無所不讀，乃最心折於繼莊，引參明史館事。顧隱君景范、黄隱君子鴻長於輿地，亦引繼莊參一統志事。繼莊謂諸公考古有餘，而未切實用。及其歸也，萬先生尤惜之。予獨疑繼莊出於改步之後，遭遇崑山兄弟，而卒老死於布衣，又其栖栖吴頭楚尾間，漠不爲枌榆之念，將無近於避人亡命之所爲，是不可以無稽也，而竟莫之能稽。且諸公著述皆流布海内，而繼莊之書獨不甚傳。求之幾二十年，始得見其廣陽雜記於杭之趙氏，蓋薛季宣、王道甫一流。嗚呼！如此人才，而姓氏將淪於狐貉之口，可不悲哉！」

清儒學案卷二十六

東樵學案

東樵之學，上下古今，窮源究委，以求其是，析其疑，故於自來説經傅會、變亂之弊，埽除幾盡。治禹貢，辨易圖，有功於經學最鉅，與閻潛丘之證僞古文尚書，同稱絶作。此其異乎專崇古義而不觀其通者歟？述東樵學案。

胡先生渭

胡渭原名渭生，字朏明，號東樵，德清人。諸生。篤志經義，尤精輿地之學。嘗游京師，館益都馮相國溥邸中。洎徐尚書乾學奉詔修一統志，開局洞庭山，延聘先生爲分纂，縱觀天下郡國之書。先生素習禹貢，謂漢、唐二孔氏、宋蔡氏於地理多疏舛，乃博稽載籍及古今經解，考其異同而折衷之，山川形勢，郡國分合同異，道里遠近，一一討論詳明。又漢、唐以來，河道遷徙，爲民生國計所繫，故於「導河」一章，備考決溢改流之迹。留心經濟，異於迂儒不通時務。著禹貢錐指二十卷，圖四十七篇，論者謂

「自宋以來，注禹貢者數十家，精核典贍，此爲之冠。間有千慮一失，則不屑闕疑之過耳」。又著易圖明辨十卷，專爲辨定圖、書而作，於河圖、洛書、五行、九宮、參同、先天太極、龍圖、易數鉤隱圖、啟蒙、圖書、先天、後天、卦變、象數流弊，皆引據舊文，互相參證，以箝依託之口，使學者知圖、書之説，乃修鍊術數二家旁分易學之支派，非作易之根柢，視禹貢錐指尤爲有功經學。又著洪範正論五卷，謂「漢人專取災祥，推衍五行，穿鑿傅會，事同讖緯，亂彝倫攸敘之經，其害一。洛書本文具在，洪範非龜文，宋儒創爲黑白之點，方圓之體，九十之位，變書爲圖，以至九數十數，劉牧、蔡季通紛紛更定，其害二。洪範元無錯簡，王柏、胡一中等任意改竄，其害三」。又著大學翼真七卷，大旨以朱子爲主，僅謂「格致」一章不必補傳，立闢王學改本之誤。先生經術湛深，學有根柢，所論一軌於正。漢儒傅會之談，宋儒變亂之論，埽而除焉。禹貢錐指奏進御覽，聖祖嘉之，御書「耆年篤學」四字以賜，儒者以爲榮。康熙五十三年卒，年八十有二。參史傳、杭世駿撰墓志、錢大昕撰傳、四庫全書提要。

禹貢錐指例略

昔大司寇崑山徐公奉敕纂修大清一統志，館閣之英，山林之彦，咸給筆札以從事。己巳冬，公請假歸里，上許之，且令以書局自隨，公於是僦舍洞庭，肆志蒐討，湖山閒曠，風景宜人。時則有無錫顧祖禹景范、常熟黄儀子鴻、太原閻若璩百詩皆精於地理之學，以渭之固陋，相去什佰，公亦命繙閲圖史，參訂異同，二三素心，晨夕羣處，所謂奇文共欣賞，疑義相與析者，受益宏多，不可勝道。渭因悟禹貢一書，先儒所錯解者，今猶可得而是正；其以爲舊跡湮沒，無從考究者，今猶得補其罅漏，而牽率應酬，未遑排纂。歲甲戌家居，嬰子春之疾，偃息在牀，一切人事謝絶，因取向所手記者，循環展玩，撮其機要，依經立解，章别句從，歷三朞乃成，釐爲二十卷，名曰禹貢錐指，案莊子秋水云「用管闚天，用錐指地」，言所見者小也。禹身歷九州，目營四海，地平天成，府修事和之烈，具載於此篇。彼方跐黄泉而登太皇，始於玄冥，反於大通，而吾乃規規然求之以察，索之以辯，是以井鼃之見也。夫其不曰管闚，而曰錐指者，禹貢爲地理之書，其義較切故也。

經下集解，亞經一字。首列孔傳、孔疏，次宋、元、明諸家之説。鄭康成書注間見義疏及他籍，三江一條，足稱祕寶。司馬貞注夏本紀，顔師古注地理志，其説與穎達相似，故不多取。蔡傳較劣，其本師文集、語録所言禹貢山水如龍門、太行、九江、彭蠡等説，亦不能善會其意而有所發明，況其他乎！採擷寥寥，備數而已。至若語涉禹貢，而實非經解，如通典之類，亦或節取一二句，雖係經解，却不成章，並以己意融貫，綴於其末，用「渭案」二字别之。

集解後發揮未盡之義，又亞一字。二孔、蔡氏並立於學官，入人已深，其中有差謬者，既不採入集解，於此仍舉其辭，而爲之駁正。諸家之説，得失參半者，亦必細加剖析，使瑕瑜不相揜。至於地志、水經，覼縷本末，附以夾注，其文似繁，其旨似緩，而實有裨於經術，所以使人優柔厭飫，將自得之，千蹊萬徑，總歸一轍也。是書出，幸而不爲覆瓿之物，異時必有厭其委曲繁重而芟取十之二三，以資儉腹者，首尾衡決，不精不詳，此則與科舉之業，帖括之編，亦復無異，真吾書之不幸也已！

衛櫟齋湜撰禮記集説，其自敘曰：「人之著書，唯恐其言不出於己。吾之著書，唯恐其言不出於人。」此語可爲天下法。莊子有寓言，非必果出其人，亦假之以增重，况真出其人者乎！近世纂述，或將前人所言，改頭换面，私爲己有，掠美貪功，傷廉害義，予深恥之，故每立一義，必繫以書名，標其姓字，而以己説附於後，死者可作，吾無媿焉。

先儒專釋禹貢者，有易祓禹貢疆理廣記、程大昌禹貢論、傅寅禹貢集解廣記，今不傳，僅見於它書所引，崑山片玉，彌覺貴重。程氏鋭志稽古，而紕繆實多；傅氏綴輯舊聞，附以新意，頗有發明，惜多散逸。近世鄉先生茅公瑞徵，著禹貢匯疏，捃拾最博，但總雜無紀，斷制尚少。然三書之淹雅，亦可謂卓爾不羣者矣。鄭端簡曉、焦文端竑竝有禹貢解，頗爲疎略。其釋全經者，有蘇軾、曾旼、葉夢得、張九成、林之奇、夏僎、薛季宣、黄度、吕祖謙、王炎、吴澄、金履祥、王充耘、王樵、邵寶諸家，於禹貢尤爲精覈，發前人所未發，故稱引特多。其餘棄短録長，即有一二語之善者，槩不敢遺。

諸家書解及河渠書、地理志、溝洫志、水經注之外，凡古今載籍之言，無論經史子集，苟有當於禹貢，必備録之。千金之裘，非一狐所成；五侯之鯖，非一臠可辦，愚旁搜遠紹，於經不無小補云。山海經、越絶、吕氏春秋、淮南子、尚書中候、河圖括地象、吴越春秋等書，所言禹治水之事多涉怪誕，今説禹貢，竊附太史公，不敢言之義，一切擯落，勿汙聖經。

國朝名公著述，如宛平孫侍郎承澤九州山水考、新城王尚書士禛蜀道驛程記、崑山顧處士炎武日知録、吴江朱處士鶴齡禹貢長箋，凡有裨於經義者，悉爲採入。同事顧景范、黄子鴻、閻百詩，則余所覿面講習者。景范著方輿紀要、川瀆異同，子鴻有志館初稿，皆史學之淵藪，可以陵古轢今，唯百詩與余，銳意通禹貢，故錐指稱引較多。景范、子鴻後先下世，郢人之逝，恫乎有餘悲焉。百詩撰四書釋地，今已版行，膾炙人口，四方諸君子諒有同心，知余不阿所好。

山海經十三篇，劉歆以爲出於唐、虞之際。列子曰：「大禹行而見之，伯益知而名之，夷堅聞而志之。」王充論衡曰：「禹主治水，益主記異物，以所聞見作山海經。」審爾，則是書與禹貢相爲經緯矣。然其間可疑者甚多，顏之推曰：「山海經，禹、益所記，而有長沙、零陵、桂陽、諸暨，後人所羼，非本文也。」尤袤曰：「此先秦之書，非禹及伯翳所作。」二說允當。其所有怪物，固不足道，即所紀之山川方鄉，里至雖存，卻不知在何郡縣，遠近虛實，無從測驗，何可據以說經？唯「澧、沅、瀟、湘在九江之間」一語大有造於禹貢，餘即有可採，與他地記無異，或後人取以附益，亦未可知。欲證禹貢，舍班志其何以哉！

釋禹貢者，莫先於漢孔安國之書傳。安國，武帝時人，孔穎達所謂「身爲博士，具見圖籍」者也。今觀其注禹貢山水地名，竝不言在何郡縣間，有繫郡縣者，如太原，今以爲郡名；震澤，吳南太湖名；洛水，出上洛山；太岳，在上黨西；沇水，在溫西北平地；桐柏，在南陽之東；熊耳，在宜陽之西；敷淺原，在豫章界，亦皆顢頇鶻突，不甚分明。其他無注者尚多。豈漢初圖籍，不如班固所見之備邪？至若菏澤在定陶，而云在湖陵；伊水出盧氏，而云出陸渾；澗水出新安，而云出澠池；橫尾山北去淮二百餘里，而云淮水經陪尾；江水南去衡山五六百里，而云衡山江所經，「身爲博士，具見圖籍」者，當如是乎？又若穀城爲瀍水所出，魏始省穀城入河南縣，而傳云瀍出河南北山；金城郡乃昭帝置，而傳云積石山在金城西南；孟津在河陽之孟地，東漢始移其名於河南，而傳云在洛北，明非西漢人手筆。朱子語録謂「安國尚書大序不類西漢文字，解經最亂道，是孔叢子一輩人所假託」，良有以也。世以其在班固前而尊之，過矣！

漢書地理志郡縣下舉山水之名，凡言禹貢者三十有五，如夏陽之梁山、龍門山，褒德之北條荆山，美陽之岐山，新安之澗水，上雒之洛水，濩澤之析城山，垣縣之王屋山及沇水與滎陽地中軼出之水，北屈之壺口山，穀城之瀍水，平氏之桐柏山及淮水，臨沮之南條荆山，定陶之菏澤、陶丘，鉅鹿之大陸，靈壽之衛水，上曲陽之恒山、恒水，萊蕪之汶水，蒙陰之蒙山，箕縣之濰水，祝其之羽山，彭澤之彭蠡澤，郫縣之江、沱，青衣之蒙山，湔氐徼外之岷山及江水，首陽之鳥鼠同穴山及渭水，臨洮之西傾山，冀縣之朱圉山，涇陽之涇水，睢陽之孟豬澤，湘南之衡山，此真禹貢之山水，絶無可疑者也。它如氐道之養水非嶓冢之所導，西縣之嶓冢非漾水之所出，湖陵之菏水非東至之菏澤，信都之絳水非北過之降水，安豐之大别非江、漢之所會，蜀郡之桓水非西傾之所因，而皆繫之以禹貢，此蓋沿襲舊聞，不可盡信者也。亦有實禹貢之山水，而不繫之以禹貢者，如華陰之太華山，鄠縣之灃水，上雒之熊耳山，蒲坂之雷首山，彘縣之霍太山，即太岳。長子之濁漳水，即衡漳。屯留之絳水，即降水。壄王之太行山，華容、西陵、編縣之雲夢澤，鉅壄之大野澤，鄴縣之故大河，即禹厮二渠之一。博縣之岱山，蓋縣之沂水，萊蕪之淄水，毘陵之北江水，即三江。充縣之澧水，河關西南羌中之積石山及河水，删丹之弱水，直路之沮水，卞縣之泗水，成平之徒駭，東光之胡蘇，鬲縣之鬲津，即許商所舉九河之三。皆禹貢之山水也，而獨不繫之禹貢。此又義例參差，貽惑後人者也。其東武陽之漯水，雖不言禹貢，而云禹治漯水，東北至千乘入海，則亦是禹貢之漯矣。驪成之揭石山，冠之以大絫縣有揭石水，而不言山，宜乎不繫禹貢也。凡此類，揆之經旨，準之地望，參之水經，驗之方志，一取一舍，必有據依，不敢苟同，亦不敢好異，唯期有裨於聖籍，無媿於先儒云爾。

地理志於禹貢之山水稱古文者十一：扶風汧縣吴山古文以爲汧山，武功太壹山古文以爲終南，垂山古文以爲惇物，潁川崈高太室山古文以爲外方山，江夏竟陵章山古文以爲内方山，安陸横尾山古文以爲陪尾山，東海下邳葛嶧山古文以爲嶧陽，會稽吴縣具區澤古文以爲震澤，豫章歷陵傅易山古文以爲敷淺原，武威武威之休屠澤古文以爲猪野澤，張掖居延之居延澤古文以爲流沙。其所謂古文，蓋即棘下生安國所説壁中古文之義，傅〔一〕之都尉朝，而司馬遷亦從安國問者也。唯終南、流沙、陪尾不可從，餘皆致確。

地理志引桑欽者七：上黨屯留下云，桑欽言絳水出西南東入海；平原高唐下云，桑欽言漯水所出；泰山萊蕪下云，禹貢汶水出西南入泲，桑欽所言；丹陽陵陽下云，桑欽言淮水出東南，北入大江；張掖删丹下云，桑欽以爲，道弱水，自此西至酒泉合黎；敦煌效穀下云，本魚澤障也，桑欽説，孝武元封六年，濟南崔不意爲魚澤尉，教力田以勤效得穀，因立爲縣名；今漢書本有「師古曰」三字，蓋後人所妄加，此言非

〔一〕「傅」，漢書儒林傳作「授」。

師古所能引也。中山北新成下云，桑欽言易水出西北，東入滱。今按儒林傳言塗惲授河南桑欽君長古文尚書。欽，成帝時人，班氏與劉歆皆崇古學，故有取焉。隋經籍志有兩水經，一三卷，郭璞注；一四十卷，酈善長注，皆不著撰人名氏。舊唐志始云郭璞作，閻百詩云：「璞注山海經，引水經者入此，豈經出璞手哉！」新唐志遂謂漢桑欽作水經，一云郭璞作。今人云桑欽者，本此也。先儒以其所稱多東漢、三國時地名，疑非欽作。而愚更有一切證，酈注於漯水引桑欽，地理志又於易水、濁漳水竝引桑欽，其説與漢書無異，乃知固所引即其地理志，初無水經之名，水經不知何人所作。注中每舉本文，必尊之曰「經」。使此經果出於欽，無直斥其名之理。唐人義疏，例稱孔君、鄭君。或曰欽作於前，郭、酈附益於後；或曰漢後地名，乃注混於經，竝非。蓋欽所撰，名地理志，不名水經，水經創自東漢，而魏、晉人續成之，非一時一手作，故往往有漢後地名，而首尾或不相應，不盡由經、注混淆也。

酈道元博覽奇書，掇其菁華，以注水經，得從來所未有。唐初名不甚著，逮其中葉，杜佑摭河源、濟瀆二事以詆之，李吉甫則有删水經十卷，不知取舍如何。是書傳習者少，錯簡闕文訛字不可勝計。宋初猶未散逸，而崇文總目云「酈注四十卷，亡其五」，則仁宗之世已非完書。南渡後，程大昌撰禹貢論，頗舉以相證，而終不能得其要領。金蔡正甫撰補正水經三卷，元歐陽原功爲之序，謂可以正蜀版遷就之失，今其書亦不傳。近世文人，則徒獵其雋句僻事，以供詞章之用，而山川古跡，一槩不問，孰知爲禹貢之忠臣，班志之畏友哉！唯子鴻深信而篤好之，反覆尋味，每水各寫爲一圖，兩岸翼帶諸小水無一不具，精細絶倫，余玩之不忍釋手。百詩有同嗜焉。昔善長述宜都山水之美，沾沾自喜曰：「山水有靈，亦當驚知己於千古。」至今讀之，勃勃有生氣。吾三人表章酈注不遺餘力，亦自謂「作者有靈，當驚知己於千古也」。

班氏所載諸川，第言其所出所入，而中間沿歷之地，不可得聞。唯水經備著之，出某縣，向某方，流逕某縣某方，至某縣合某水，某縣入某水，一一明確。間有相去疏闊者，酈注又從而補之。其説加密，直可據以繪圖。余釋九州之文，每水必按水經以爲證，而於導水尤詳，更摘取注中要語，夾行附提綱之下，亦或有借注作提綱者。凡歷代史志、元和郡縣志、太平寰宇記及古今羣書之要語，皆薈蕞於其下，目之了了，使學者不出户牖而知天下山川之形勢，亦一奇也。大抵著書援古最忌渾淆割裂，獨此處有不得不然者，蓋水經所敘沿歷之地間有疏闊，道元依經注補，今所引必經自經，注自注，劃然分爲二段，則前後不相貫穿，讀者反多眩惑。事有變通，不可膠柱，子鴻與余籌之甚悉，海内諸賢幸不以此相譏。

南人得水皆謂之江，北人得水皆謂之河，因目岷江曰大江，黄河曰大河，此後世土俗之稱，非古制也。富順熊過曰：「黄帝正名百物，未嘗假借，後世乃通之耳。」愚謂禹主名山川，亦未嘗假借，江、河自是定名，與淮、濟等一例，非他水所得而冒。唯漢水、彭蠡水與江水會，始稱三江，沅、湘等水入洞庭與江水會，始稱九江，蓋皆以岷江爲主，而總其來會之數以目之，其未合時，不得名江也。後世漢江、章江、湘江、沅江等稱，殊乖經義。九河亦然，徒駭至鬲津舊有此水道，及禹自大伾引河北行，過降水至于大陸，乃疏爲九道，以殺其勢，因謂之九河。入海處復合爲一，與海潮相迎受，故謂之逆河，河未由此入海，亦不名河也。水經篇題槩曰某水，絶不相假借，深得禹貢之意，予愛之重之。

地志、水經之後，郡縣廢置不常，或名同而實異，或始合而終離，若不一一證明，將有日讀其書，而東西南北茫然莫辨，不知今在何處；亦有身履其地，目覩其形，而不知即古之某郡某縣某山某水者。愚故於引古之下，必曰某縣今某縣，其故城在今某縣某方，中間沿革頗多，雖不能徧舉，其切要者亦不敢遺。鄭康成云：「學者既知古，又知今。」此窮經之要訣，著書之定法也。不然，則亦有體無用之學而已矣。

禹所名之山，苞舉宏遠，非一峯一巒之目也。如云云、亭亭、梁父、社首、高里、石閭、徂徠、新甫，皆泰山之支峯，禹總謂之岱。自藍田以至盩厔，總謂之終南；自河内以至井陘，總謂之太行；自上洛以至盧氏，總謂之熊耳。後人遞相分析，而各爲之名，愈久愈多。釋禹貢者不明斯義，遂謂洛出冢領，不出熊耳；渭出南谷，不出鳥鼠；淮出胎簪，不出桐柏，種種謬説，皆由此生。然其言太行、終南，則又失之汗漫。太行越恒山而北，終南跨惇物而西，有乖經旨，吾不敢從。至若底柱、碣石、朱圉、大伾之類，則又狹小孤露，與一峯一巒無異。蓋山陵之當路者，不得不舉爲表識，未可執前例以相繩，以爲必廣袤數十百里之大山，而疑古記所言之非也。

凡山名不一而足，二名如西傾亦名强臺，外方亦名嵩高；三名如岱亦名岱宗，又名泰山；四名如岍亦名吴，又名嶽，又名吴嶽；五名如大伾亦名黎山，又名黎陽山，又名黎陽東山，又名青壇山；多至雷首一山而有九名，斯極矣。今備載以廣異聞。又有山所在之縣各别，而實非異山者，如碣石在漢之絫縣，而水經云在臨渝；後魏志云在肥如，隋志云在盧龍，地名四變，而山則一，要皆在今昌黎縣東，絫縣故城之南也。嶓冢在漢之沔陽，而後魏志云在嶓冢縣，隋志云在西縣，括地志云在金牛，寰宇記云在三泉，元大一統志云在大安，明一統志云在甯羌，地名六變，而山則一，要皆在今甯羌州北，與沔縣接界處也。至若嶓冢在漢中，而班固謂在隴西之西縣；積石在羌中，而杜佑謂在西平之龍支，此又謬誤之大者，辨之不厭其詳。諸如此類，不可勝道，聊舉一隅，以資三反。

導水九章，唯黑水原委杳無蹤跡。弱水自合黎以北，流沙以西，亦難窮究，紛紛推測，終無確據，不如闕疑之爲得也。江、漢、淮、渭、洛，禹跡尚存，無大可疑者。河自周定王五年東徙之後，大伾以下，禹河故道不可復問，先儒皆以王莽河爲禹河，故降水、大陸、九河、逆河無一不差。然因王莽河之所在，而求之於其西，則鄴東故大河之道，猶可案圖而得也。濟爲河亂久矣，至東漢而河南之濟盡亡，賴水經悉載其故瀆，後世猶得因此而略知古濟之所行。杜佑輒詆之，非篤論也。善哉！金吉甫之言曰：「凡禹貢地理間有於今不同者，或古今名號之殊，或人力開塞之異，或陵谷海陸土石消長之變。蓋如熊耳爲讙舉，大別爲翼際，恒水爲嘔夷，衛水爲虖池，此所謂古今名號之殊也；滎澤導爲滎川，河水引爲鴻溝，徐偃通舟陳、蔡，夫差溝通江、淮，此所謂人力開塞之異也；滎播塞成平地，濰、沮二源壅絶，逆河化爲渤海，碣石淪於洪波，此所謂陵谷海陸土石消長之變也。然傳記尚有明徵，禹功未盡湮没，正可據今之不然，以求昔之所然。苟因此而遂疑聖經之有誤，古志之非真，其爲愚且悖也孰甚焉！」

水經注凡二水合流自下互受通稱，其在禹貢則漾與沔合亦稱沔，漳與絳合亦稱降水是也。又有隨地異名，非由合他水而然者，沇東流爲濟；漾東流爲漢，又東爲滄浪之水是也。有大水分爲支流而異其名者，江別爲沱，漢別爲潛，河別爲漯是也。有伏流顯發而異其名者，濟溢爲滎是也。小水合大水謂之入，大水合小水謂之過，二水勢均相入謂之會，此又正名辨分之義，高出地志、水經者矣。山體不動，其盤基廣大者，亦不過占數郡縣，若水，則源遠流長，往往灌注於千里之外，伏見離合，曲直向背，變化無方，名稱不一。故撰山經易，撰水經難。

孔傳言禹之治水，或鑿山或穿地以通流，此不必到處皆然。緜亘千百里之遠，然當時實有其地，不得不用此法者。尸子、吕覽、淮南子、水經注衆口一辭，豈欺我哉！賈讓曰：「昔大禹治水，山陵當路者毁之，故鑿龍門，辟伊闕，析底柱，破碣石。」此鑿山之事也。孟子曰：「禹掘地而注之海。」太史公曰：「禹厮二渠，以引其河。北載之高地，過降水，至于大陸。」此穿地之事也。儒者蔽於一己之意見，凡耳目之所不及，皆以爲妄。開章壺口、梁山第一功，便說得全無精彩，亦由過泥孟子「行所無事」之說，謂禹絶無所穿鑿。殊不知堯之水災，非尋常之水災，禹之行水，非尋常之行水，審如蔡氏所言，則後世築隄置埽，開渠減水之人，皆得與禹功並垂天壤矣！緜何以「績用弗成」，禹何以「配天無極」哉？

中國之水，莫大於河，禹功之美，亦莫著於河，釋禹貢而大伾以下不能得禹河之故道，猶弗釋也。導河一章，余博攷精思，久乃得之解，成口占二首曰：「三年僵卧疾，一卷導河書。禹蹟分明在，周移失故渠。自知吾道拙，敢笑古人疎。冀有君山賞，中心鬱少舒。班固曾先覺，王横實啟之。九峯多舛錯，二孔亦迷離。墨守終難破，輸攻諒莫施。秖應千載後，復有子雲知。」時丁丑二月朔也。河自禹告成之後，下迄元、明，凡五大變，而暫決復塞者不與焉。一、周定王五年，河徙，自宿胥口東行漯川，至長壽津，與漯別行，而東北合漳水，至章武入海，水經所稱「大河故瀆」者是也。二、王莽始建國三年，河決魏郡，泛清河、平原、濟南，至千乘入海，後漢永平中，王景修之，遂爲大河之經流，水經所稱河水者是也。三、宋仁宗時，商胡決河，分爲二派，北流合永濟渠至乾甯軍今青縣。入海；東流合馬頰河至無棣縣今海豐。入海，二流迭爲開閉，宋史河渠志所載是也。四、金章宗明昌五年，實宋光宗之紹熙五年。河決陽武故隄，灌封丘，而東注梁山濼，分爲二派，一由北清河即大清河。入海，一由南清河即泗水。入淮是也。五、元世祖至元中，河徙出陽武縣南，新鄉之流絶，二十六年，會通河成，北派漸微，及明弘治中，築斷黄陵岡支渠，遂以一淮受全河之水是也。蓋自大伾以東，古兗、青、徐、揚四州之域，皆爲其縱横糜爛之區。宋、金以來，爲害彌甚。愚故於導河解後，附歷代徙流之論，而又各爲之圖，以著其通塞之跡，使天下知吾書非無用之學，於康成「知古知今」之訓不敢違也。事訖於明，故時務缺焉。

九州之疆界，爾雅、職方不同於禹貢，蓋殷、周之所損益也，故必備舉以相參；次列古帝王所都及諸侯之封在州域者；又次列春秋時國土之可考者，略見先王封建之制；又次列戰國之所屬，然後分配秦、漢以降之郡國，而要以杜氏通典爲準。蓋前此地理諸書，未有以禹貢九州分配郡國者，有之自通典始。宋承唐制，以迄元、明，雖有沿革，不甚相遠，故通典之後，直接當今輿地。杜氏博洽絶倫，然間有分配未當者，如冀之信都當屬兗、荆，黔中以下七郡，及雍伊吾以下四郡，皆不在禹九州之限是也。又有一郡一縣而當分屬二州者，則以有名山大川爲標識不容蒙混，如汲郡有黄河，河南之胙城當屬兗，不當屬冀；黎陽縣有宿胥故瀆，瀆西屬冀，瀆東當屬兗是也。凡此類，悉爲之舉正。經所言州界多二至，唯徐三至，冀雖不言界，而三面距河，亦三至，其未備者，必博考而審别之，如冀北抵沙漠，徐西抵濟水，梁東荆西界巫山，豫東兖西界菏澤是也。至於分野主占候，以十二次分配十二國，不足以盡九州之土，與禹貢無涉，唯一行山河兩戒之説，於導山導水有默契焉，故時引以證經。

鄭漁仲曰：「禹貢以地命州，不以州命地，故兖州可移，而濟河之兖州不可移；梁州可改，而華陽之黑水梁州不可改，是以爲萬世不易之書。史家作志，以郡縣爲主，郡縣一更，則其書廢矣。」此至言也。然後世河日徙而南，則兖之西北界不可得詳；河南之濟亡，則兖之東南界亦苦難辨；華陽專主商洛，則梁之西北界茫無畔岸；黑水與雍通波，則梁之西南界何所止極，禹貢之書雖存，徒虚器耳。郡縣能亂其疆域，山川亦能變其疆域，向之不可移者，今或移之矣，非研精覃思，博稽圖籍，其何以正之！

王者以一人養天下，不以天下奉一人，禹任土作貢，皆祭祀燕饗之需，車服器械之飾，吉凶禮樂之用，國家之所必不可缺者，夫子「無間然」三語，深得其心，非但季世徵求之濫，不可與同日而論，即伊尹之獻令，周公之王會，恐亦屬後人依託，借曰有之，則殷、周之志荒矣。今釋厥貢，必一一明其所用，如金銀、珠玉、琅玕、怪石、竹木、橘柚、菁茅之類，則尤必詳致其辨，使知聖人無一徇欲之事，庶不敢厲民以自養耳。

帝都三面距河，舟楫環通，諸侯之朝貢，商賈之懋遷，行旅之往來，外國之享王，皆以達河爲至。其水道曲折，經悉志之於州末。兖、青、徐、揚皆由濟、漯以達河，荆、豫皆由洛以達河，梁、雍皆由渭以達河，濟之島夷由碣石以達河，揚之島夷由淮、泗以達河，崑崙、析支、渠搜由積石以達河，下文所謂「四海會同」者，具見於此矣。然當時粟米取之於甸服，無仰給四方之事，所運者唯貢物，故輕舟可載，山谿可浮，「逾于洛，逾于沔」是也。要其間陸行亦不過數十里，聖人之重民力也如此。後世牛羊用人，若張湯通褒斜之道，以致漢中之穀，陸運百餘里，亦不以爲難，其於聖人之心，相去何啻霄壤！

古者九夷八狄七戎六蠻謂之四海，四海之内分爲九州，九州之内制爲五服，以别其遠近。甸侯綏爲中國，要荒爲四夷，所謂「弼成五服，至于五千」者是也。五服之外，尚有餘地，亦在九州之域，所謂「外薄四海，咸建五長」者是也。九州之外，夷狄戎蠻之地，不登版圖，不奉正朔，王者以不治治之，是爲四海。此禹貢五服、九州、四海之名義也。宋儒見它書所稱四海有以水言者，遂一切撥棄古訓，以四海爲海水，四夷爲外國，殊不知禹貢九州之内，自有中國蠻夷之别，甸侯綏三服則壤成賦之區，名曰中邦，要荒二服爲夷爲蠻。沈尹戌曰：「天子有道，守在四夷。」仲尼曰：「天子失官，學在四夷。」即其地也。不然，郯子豈外國之君長，而大荒絶域，亦安能爲天子守邪？

禹錫圭告成，唯據十三年中已然之事，録之以成書，其後非必一一盡同也。如舜紹堯，「肇十有二州」，則州境之山川已有所更改；「封十有二山，濬川」，則山川之秩祀必有所增益。而命禹以百揆兼司空，「汝平水土，惟時懋哉」，不僅如此篇所紀而已也。至於土田之肥瘠，貢賦之多寡，聲教之遠近，它時亦必有小異，説經者但當就禹貢以釋禹貢，若牽合前後，則反多窒礙矣。

地域之分，以高山大川爲限，後世犬牙相制之形無有也。水土之功，以決川距海爲則，後世曲防逆防之事無有也。考工記「凡溝逆地防謂之不行」，注云：「防謂脈理。」疆理之政，以濬畎距川爲利，後世穿渠灌溉之智無有也。稅斂之法，以土田物産爲賦，後世口率音律。出錢之令無有也。九州之貢，所以給邦用，後世奇技淫巧之供無有也。四海之貢，所以表嚮化，後世珍禽瓌寶之獻無有也。達河之口，所以通貢篚，後世飛芻輓粟之役無有也。山川之奠，所以秩命祀，後世設險守國之計無有也。六府之脩，所以養民生，後世山林川澤之禁無有也。土姓之錫，所以褒有德，後世彊幹弱枝之慮無有也。武衛之奮，所以戒不虞，後世拓土開邊之舉無有也。聲教之訖，所以大無外，後世招來誘致之術無有也。想其時，民安物阜，别有一天地，其君若臣，亦皆心天地之心。覺三代以降，號稱善治者，猶未免爲小康之事，衰世之意。禮運首述孔子之言，先儒疑爲老、莊之緒餘，由今思之，殆不然也，學者熟讀禹貢而有得焉，非惟知識日進於高明，抑且心術漸登於淳古。

易圖明辨題辭

古者有書必有圖，圖以佐書之所不能盡也。凡天文地理，鳥獸草木，宫室車旗，服飾器用，世系位著之類，非圖則無以示隱賾之形，明古今之制，故詩、書、禮、樂、春秋皆不可以無圖。唯易則無所用圖，六十四卦，二體六爻之畫，即其圖矣。白黑之點，九十之數，方圓之體，復、姤之變，何爲哉？其卦之次序方位，則乾、坤三索，「出震」、「齊巽」二章盡之矣。圖可也，安得有先天後天之别？河圖之象，自古無傳，從何擬議？洛書之文，見於洪範，奚關卦爻？五行九宫，初不爲易而設；參同契先天太極，特借易以明丹道，而後人或指爲河圖，或指爲洛書，妄矣！妄之中又有妄焉，則劉牧所宗之龍圖，蔡元定所宗之闕子明易是也。此皆僞書，九十之是非又何足校乎？故凡爲易圖以附益經之所無者，皆可廢也。就邵子四圖論之，則横圖義不可通，而圓圖别有至理。何則？以其爲丹道之所寓也。俞琰曰：「先天圖雖易道之緒餘，亦君之養生之切務。」又曰：「丹家之説，雖出於易，不過依倣而託之者，初非易之本義。」因作易外别傳以明之。故吾謂先天之圖與聖人之易，離之則雙美，合之則兩傷。伊川不列於經首，固所以尊聖人，亦所以全陳、邵也。觀吾書者，如以爲西山之戎首，紫陽之罪人，則五百年來，有先我而當之者矣，吾其可末減也夫！

河圖洛書

渭按：易之爲書，八卦焉而已。卦各具三畫，上畫爲天，下畫爲地，中畫爲人，三才之道也。羲皇仰觀而得天道，俯觀而得地道，中觀於兩間之萬物而得人道，三才之道默成於心，故立八卦以象之，因而重之，遂爲六十四，所謂兼三才而兩之也。言八卦，則六十四卦在其中矣。觀下文所舉離、益、噬嗑等，皆因重之卦可知也。夫子言羲皇作易之由，莫備於此。河圖、洛書，乃仰觀俯察中之一事，後世專以圖、書爲作易之由，非也。河圖之象不傳，故周易古經及注、疏未有列圖、書於其前者。有之，自朱子本義始。易學啟蒙屬蔡季通起稿，見宋史儒林傳。則又首本圖、書，次原卦畫，遂覺易之作全由圖、書，而舍圖、書無以見易矣。學者溺於所聞，不務觀象玩辭，而唯汲汲於圖、書，豈非易道之一厄乎！右論伏羲作易之本，不專在圖、書。

渭按：卦者，易之體所以立；蓍者，易之用所以行。韓康伯云：「卦，象也；蓍，數也。蓍極數以定象，卦備象以盡數。」四語劃然分曉。蓋象中雖有數，而中以象爲主；數中亦有象，而終以數爲主，故夫子言數皆主蓍，曰「極數知來之爲占」，曰「參伍以變，錯綜其數」，曰「極其數，遂定天下之象」，曰「幽贊於神明而生蓍，參天兩地而倚數」，曰「數往者順，知來者逆，是故易逆數也」，凡此類，無一不以蓍言。而此章尤爲明白，舉天地之數，正爲大衍之數張本。其曰五位者，即五奇五偶，非指天數之中五。一三五七九同爲奇，二四六八十同爲偶，是謂五位相得。一與二，三與四，五與六，七與八，九與十，一奇一偶，兩兩爲配，是謂各有合，於五行五方曷與焉？於天地生成曷與焉？於河圖、洛書又曷與焉？

又按：章中言數者三，一曰天地之數，二曰大衍之數，三曰萬物之數。蓋天地之數爲大衍之法所自出，而萬物之數乃二篇之策，適相當耳，於畫卦全無交涉。使五位相得而各有合，果爲伏羲所畫，則河圖之象，夫子何難一言以明之？曰：「此河圖也，而顧廋辭隱語，使天下後世之人百端推測邪？至其後章雖言河圖，而與洛書並舉，且與神物變化、垂象比類而陳，文勢語脈遥遥隔絶，又安見此河圖者即前五十有五之數邪？」

或問：「五位以蓍法言之，其相得有合之實，亦有可見者乎？」曰：「有一變所餘之策，左一則右必三，左二則右亦二，左三則右必一，左四則右亦四，非奇與奇相得，偶與偶相得乎？二變三變所餘之策，左一則右必二，左二則右必一，左三則右必四，左四則右必三，非一奇一偶，兩兩爲配，而各有合乎？若夫一六、二七、三八、四九、五十之相合，而爲天地生成之數，水火木金之象，此後世五行家言，豈易之所有哉！」右論天地之數不得爲河圖。

按：大衍之解，康節云：「五者，蓍之小衍也，故五十爲大衍。」漢上云：「小衍之五，參兩也；大衍之五十，則小衍在其中矣。」此說近是。五十非以河圖中宮天五乘地十而得之，蓋古之立數者，凡畸零不用，故於五十五數去其五，亦猶期三百六十五日四分日之一而去其畸零，以爲三百有六十也。且蓍草之生，一本百莖，中分之得五十。彼此參會，皆由自然，及其用也，則又止四十有九。王弼云：「一不用，以象太極。」妄也。諸家穿鑿附會，尤無理。唯鄭康成云：「以五十之數不可以爲七八九六，卜筮之占更減其一，故四十有九。」是爲正義，而李泰伯、郭子和宗之。子和曰：「世俗皆以三多三少定卦象，如是則不必四十九數，以四十五、四十一皆初揲非五則九，再揲三揲非四則八矣。豈獨四十五、四十一爲然哉！自三十以上論之，則三十三、三十七、五十三、五十七、六十一、六十五、六十九、七十三、七十七、八十一、八十五、八十九、九十三、九十七皆可得五九四八多少之象，與四十九數爲母者无以異，獨不可得三十六、二十四、二十八、三十二之策數，故蓍數四十九爲不可易之道。可易者，非聖人之法也。」此正所謂出於理勢之自然，而非人之智力所能損益者，又何必以河圖太極之五一爲蓍法之所自出乎？

原舛云：「數不得爲圖，衍不得爲畫。」二句真千古格言。顧其說猶有不盡然者，余不可以無辨。

謹案：大衍者，揲蓍求卦之法也。大衍之數，出於天地之數，而非即天地之數。蓋天地之數，易與範共之，凡天下之言數者，未有外於此者也。大衍之數，則爲易有之，範不得而有之也。康成註大衍與四象，皆本漢書五行志。志據劉向父子洪範五行傳以推災異，其所引左氏陳災傳說，蓋劉歆取大傳之六七八九十，以續洪範之一二三四五，而爲生成妃牡之數，意主洪範初不爲易而設，即其末舉坎、離二卦，亦以證水爲火牡，火爲水妃云耳，終於大衍無涉也。惟律曆志言備數則引易「大衍之數五十」，言鐘律則引「參天兩地而倚數」，言曆法則引大衍之數、四營之象，而以天地之數終焉。大抵五行主洪範則附以春秋，而不及大衍；律曆主大衍則附以春秋，而不及洪範。攷厥源流，區以別矣。故劉説雖未嘗有圖，而圖實在其中。藉令繪以爲圖，亦但可名天地生成圖，或五行生成圖，而斷斷不得名之曰大衍圖。何也？蓍無五行，無方位，無生成，無配耦也。今試就筮法而按之，自四營成易，以至十八變而成卦，格中之所陳，版上之所畫，孰爲天生而地成，地生而天成邪？孰居北而爲水，居南而爲火邪？方者、圓者、單者、複者皆安在邪？而原舛云：「大衍之數，其形其象原自如此。」吾所不解。若乃竊之爲河圖，則固有其形其象矣；生成、南北、方圓、單複一一不爽，如宋人之所説矣。幸彼不見鄭注，苟見之，則援以相證，更增一重金湯之固矣。然而天地之數終不得爲河圖者，則以大傳無明文，而五十有五但可以生蓍，不可以畫卦也。毛公唯知數不得爲圖，而不知大衍之數與天地之數不可混而爲一；唯知衍不得爲畫，而不知鄭注乃劉氏洪範五行之數，非伏羲大衍四營之數也。長夜始旦，明尚未融，此余之所以不能無辨也。總之，康成以九篇爲河圖，久已認賊作子，而復據生成配耦之數以注易，遂爲僞闢易之嚆矢。此所謂藉寇兵而齎盜糧者也，於摶乎何尤？毛公惡宋太過，故其立言往往刻於宋而寬於漢，夫豈平心之論與？右論五行生成之數，非河圖，并非大衍。

四象，余舊主東坡、漢上之説，乾坤爲老陽老陰，三男三女爲少陽少陰，蓋以四象即八卦，八卦即六十四卦也。歲庚辰，客京師，因金素公得交於李君，晨夕過從，間以此説就正，李君曰：「八卦原該六十四卦，但經明曰四象生八卦，今乃以四象即八卦，是八卦生八卦矣，似難通也。」因出訊易書并仲氏易以示余，余參酌其説而爲之解。謹按：「天一地二」至「存乎德行」四章，大抵言揲蓍求卦之事。此節上文曰「蓍之德圓而神」，而繼之曰「卦之德方以知，六爻之義易以貢」，是卦爻即揲蓍之所得，非易書已然之畫也，故又曰「神以知來」，曰「是興神物，以前民用」，曰「利用出入，民咸用之謂之神」，皆指蓍言也，故唐一行以三變皆剛爲太陽，三變皆柔爲太陰，而朱子釋此節亦兼主揲蓍，訊易之解良是。但以分而爲二爲兩儀，揲之以四爲四象，則其義猶未愜當，蓋分而爲二，不過分四十九策爲左右，即不舍一爲太極，其將不可分乎？安見此兩爲一之所生乎？揲之以四，不過以左右手四四而數其策，即不分而爲二，其將不可數乎？安見此四爲兩之所生乎？且太極，形而上者也；兩儀、四象、八卦皆形而下者也，八卦粲然成列，則兩儀、四象亦必粲然成列，當分二揲四時，正在手中般運，其所謂天地、三才、四時、再閏者，特取譬之假象耳。若夫兩儀、四象，則參伍錯綜之餘，通變而成文者也，四營未畢，格中無奇偶之數；三變未終，版上無老少之爻，又安見爲兩儀、四象哉！展轉尋釋，終未豁然。竊意所謂太極者，一而已矣。命筮之初，奇偶未形，即是太極。迨夫四營而成易，合掛扐之策，置之於格，或五或四則爲奇，或九或八則爲偶，是謂太極生兩儀。至於三變而成爻，畫之於版，三奇爲□曰老陽，三偶爲乂曰老陰，一奇二偶爲⚊曰少陽，一偶二奇爲⚋曰少陰，是謂兩儀生四象。至於九變而爲三畫之小成，十八變而得二體之貞悔，是謂四象生八卦。由是各占其所值之卦爻，是謂八卦定吉凶；由是吉者趨而凶者避，是謂吉凶生大業，故下文結言之曰「定天下之吉凶，成天下之亹亹者」，莫大乎蓍龜。脈絡分明，辭旨融徹，其爲揲蓍之序也何疑！總之，四象二字，苦無定説，今既主一行之剛、柔、太、少，而更推得其所以然，始知四象與單稱象者不同。單稱象者，即易書已然之畫，「八卦成列，象在其中」是也。四象則蓍策過揲之數，爻所用之九六及不用之七八是也，故下文又曰「易有四象，所以示」，謂示人以所值之卦爻也。章中兩言四象，朱子以前四象爲聖人畫卦自然之次第，以後四象爲揲蓍所得陰陽老少之爻，夫均此四象，且同在一章之中，豈容有二解哉！太極、兩儀、四象之遞生，其爲揲蓍之序，益洞然而無疑矣。解成以復於李君，李君答書曰：「拙解雖成，然清夜思之，尚未自信，以舍一、分二、揲四是相連之事，非相生之物也。今得妙解豁然，真是相生之序矣，生生之易矣，何快如之！」右論太極、兩儀、四象非圖、書之所有。

按：禹受洛書，不可謂無其事，然不自禹始也。據河圖玉版，挺輔佐黃帝，堯、舜時，洛已出龜書矣。亦不自禹止也，據沈約宋書符瑞志，成王、周公時，洛又出龜書矣。河圖不止羲受，洛書亦不止禹受，故夫子並舉以贊易。

吴草廬云：「大抵周後漢初，儒家專門之學，率是口耳授受，故凡有文辭可記誦者有傳，無文辭不可記誦者無傳。五經皆存，而獨樂之一經亡；三百五篇詩皆存，而獨笙詩六篇亡，蓋以無文辭可記誦故也。若先天古易止有卦畫，河圖、洛書止有圖象，則儒家亦不傳，是以魏、晉、唐、宋初之儒不見圖書。」渭按：自秦禁學，口説流行。漢初挾書之律未除，凡無文字可記誦者，儒家或逸而不傳，亦未可知。然易又與它經不同，秦以爲卜筮之書，獨不在禁中，使果有先天古易、河圖、洛書，不妨公行於世，何竟無一人知之？且草廬謂儒家無傳，其意以爲獨養生家傳之耳。漢藝文志，道家之外，又有房中、神仙、方技諸家，皆不以記誦爲事，能傳河圖、洛書者也。彼縱私爲養生之術，豈遂不知爲包羲作易之由也者！孝文好黄、老而創置博士，孝武慕神仙而表章六經，儒道二流，皆其所尚，真千載一時也，苟出所藏，以爲人主長生久視之助，且明指爲河圖、洛書，以附四聖人之易而立於學官，其道將由是大光，奚爲終祕而不出乎？宋世之所傳，其非古之河圖、洛書也，明矣！昔張平子言緯候虚妄，譬猶畫工惡圖犬馬而好作鬼魅。彼謂龍銜一片之甲，龜負一卷之書者，固不足信。而宋以後圖、書之説，亦復與畫鬼魅無異，蓋東序之河圖，天錫之洛書，世無其器，任意寫之，無所不可。故或云九圖而十書，或云十圖而九書，或刓方而使之圓，或引圓而使之方，或作陰陽相含之象，羅願以一圈爲河圖，陰陽相含，言出於青城山隱者。見宋文憲集。蔣公順云「當以先天圖爲河圖」即此。或爲白黑相間之形，郝經盡廢先儒之説，自畫一圖，爲白圈黑圈與五相間而爲十，以白爲天奇，以黑爲地偶，取三奇爲乾，三偶爲坤，其餘卦取之亦然。見劉因河圖辨。或言蜀隱者之祕授，趙撝謙六書本義云：「天地自然之圖，世傳蔡元定得於蜀之隱者，祕而不傳。」毛氏原舛編云：「蜀山隱者、青城隱者及篋叟、醬翁之徒，總暗昧不可考。從來無名氏皆是寓言，不必有人者。君平、季主皆蜀隱君子，亦皆言易，何必無名也？」或稱武夷君之真傳。謝枋得有一圖，髣髴八卦，作坎離中畫交流，謂之真河圖。袁清容曰：「謝先生遯於建安，得圖、書於彭翁，彭得之武夷君。」原舛編云：「此即魏伯陽諸家抽坎填離之術。」而其所載之以出者，則曰「馬之旋毛如星點，龜之甲坼如字畫」；或又云「馬毛似連錢之文，龜甲有瑇瑁之點」。至近世豐坊謂「龍駟之革燼於武庫，其象傳於石經」；坊僞撰石經正音，有一圈爲河圖，其説云：「包羲之世，龍駟出於滎河，背上旋毛有此圖象，歷世相傳。至晉元康五年，武庫火，駟革燼焉，其象傳於石經，宋藏之祕府，而清敏公手摹之。」清敏，坊遠祖稷也。晉書五行志「元康五年，武庫火，王莽頭、孔子履、漢高祖斷白蛇劍一時蕩盡」，坊因而附會，以爲駟革之燼，亦在此年也。朱謀㙔謂「河圖世藏祕府，宋徽宗始出示中外傳寫」，謀㙔著易象通，有衍河圖，一太極，二兩儀，三四象，四八卦，俱作圓圈，蓋解剥希夷古太極體而爲之。其説曰：「三代以來，厥圖世藏祕府，學者莫得而窺。逮宋徽宗考古搜奇，始出示中外傳寫，迄今寖失其舊，以故學舍河圖而造太極，昧四象而贅五行，位置顛冥，方物舛謬。」而誕謾斯極矣！夫畫工之寫鬼神，雖天容道貌，吾猶不敢信以爲真，而況夔魖罔象變相迭出者乎？易道至此，亦陽九之阸，百六之會也。迂談僻論，愈出愈奇，矯誣上天，蕪穢聖經，何怪乎歐陽永叔、司馬君實、姚小彭、項平甫、袁機仲、林德久、趙汝楳、王子充、歸熙甫、郝仲輿諸人之欲屏絶圖、書也哉！雖然，河圖、洛書古實有其事，後之君子不信河、洛五九之篇、方圓九十之數可也，并夫子所謂「河出圖，洛出書」者而疑之，則過矣。右論圖、書不過爲易興先至之祥。

渭按：洪範者，尚書之篇名也。書序云：「武王勝殷，以箕子歸，作洪範。」是洪範乃箕子之所命，以其爲治天下之大法，故謂之洪範。其九疇，則大禹所命，亦猶包羲之八卦耳。羲皇受河圖而始作八卦，文王演之，其書名易，不名河圖。大禹第洛書爲九疇，箕子演之，其書名洪範，不名洛書，其義一也。蓋河圖、洛書乃易、洪範所由作，非即易、洪範也。以象爻無河圖之文，而疑八卦非感河圖而作；以洪範無洛書之文，而疑九疇非法洛書而陳，然則夫子所謂「聖人則之」者，果何所則，而何所作邪？至於天不畀鯀洪範九疇，而錫禹洪範，此箕子追序之辭，謂鯀失治水之道，天不錫之以洛書，禹得治水之道，天乃錫之以洛書耳。而顧以辭害意，謂禹所更定之名，而天反豫竊之也，不已戲乎！總之，河圖、洛書特推原當時易、範所由作，今欲明易，八卦具在，焉用河圖？欲明範，九章具在，焉用洛書？宋人崇尚圖、書，自以爲補苴罅漏，張皇幽渺，若非此則無以明易、範，遂成千古笑柄。然河圖、洛書三語實出於夫子，又不可如歐公輩斥之以妖妄，故不得不一覈其源流。侏儒問天高於修人，修人曰不知，侏儒曰：「子雖不知，猶近於我。」孔安國、劉歆，修人也；陳搏、劉牧，侏儒也。天高幾許，豈修人所能知？然必無修人不知而侏儒反知之理。況修人所言，略有端倪，而侏儒所言，無非夢囈，又安得不舍侏儒而從修人邪？右論古洛書之文。

先天古易

按：康節先天八卦次序，伊川不用，以爲聖人始畫八卦，每卦便是三畫。其後精通邵學者莫如漢上，而集傳釋兩儀、四象、八卦亦不從康節，意可知矣。朱子初亦疑之，謂伏羲至淳厚，未必如此巧推排，而蔡季通堅執不移，故本義屈伊川而伸康節，蓋牧堂季通父，名發，字神與。嘗以皇極經世授季通，曰「此孔、孟正脈」，故季通篤信邵學不啻如孔、孟，朱子方以爲老友，不在弟子之列，往往曲從其言。至啟蒙，則屬季通起稿，其原卦畫篇敷暢邵學尤爲詳備，而其説遂牢不可破矣。朱子又疑伊川不知康節之意。愚謂程、邵在洛中晨夕往來，豈有邵不言而程亦不問者？此必伊川灼見其非，故易傳不從耳。又疑八卦不知先畫何卦。萬季野云：「讀大傳『成象之謂乾，效法之謂坤』，便見是先畫乾，次畫坤，然後以乾、坤相索成六子，有何難曉？」李剛主亦云。

按：太玄方、州、部、家、表、贊皆自三數推之，全從三生萬物得來，不待清靜寂寞等語而始知其爲老氏之學也。易之爲書，廣大悉備，天象曆數之理皆包括其中，然伏羲作易之本，夫子仰觀俯察數語盡之，天象曆數非其本也。雄因覃思渾天，而作太玄以擬之，與太初曆相應。易太極生兩，兩生四，四生八；玄太極函三爲一，一生二，二生三，三生萬物，其所據者，固老氏之易，而非聖人之易矣。列子言太易自一而七而九，亦皆奇數，却不言三。夫子所言，自一而兩而四而八，皆偶數，故康節用加一倍法。子雲之乘法以參，康節之倍數以兩，故蔡季通云：「使康節爲之，定是四公、八辟、十六侯、三十二卿、六十四大夫，都是加倍法也。」子雲草玄，自丑至午得七百二十九而止，玄其所自造，任意可也。康節著先天圖，自兩至八，易之所有也；自八而爲十六、三十二、六十四，以至於百千萬億而無窮，又豈易之所有乎？是亦邵子之數學，而非古聖人之易矣。朱子嘗云：「康節之學似楊子雲。」又云：「康節數學源流於陳希夷。」希夷，老氏之徒也，不啻若子雲之小疵。朱子斥太玄學本老氏，而顧以出自希夷者爲聖人之易，獨何與？嗟乎！仲尼没而微言絶，七十子喪而大義乖，漢世崇尚黄、老，至謂老子兩篇過於五經，子雲擬易，所以墮其玄中也。魏、晉諸人，皆以老、易混稱，歷唐、宋而未艾。伊川始闢異端，專宗十翼，易道昌明，如日月之中天矣，而希夷之徒，以象數自鳴，復從而亂之，蓋自孔子贊易之後二千年間，其不以老氏之易爲聖人之易者無幾。迨宋末元初，啟蒙之説盛行，以至於今，則反謂文王、周公、孔子之易非伏羲之易，而老、列、希夷、康節之易乃真伏羲之易矣，晦盲否塞五百餘年，非屏絶先天諸圖，而專宗程氏易，不可得而明也。

按：横圖逐爻漸生之法，惟揲蓍三變而成爻，十八變而成卦，自初而二而三而四而五而上，六爻次第得之，誠有然者。然兩儀主一變言，但分奇偶，而初畫則兼三變，三變之餘，或老或少，各視其所得之九六七八以爲名，則初畫便當爲四象，不可謂兩儀。四象三畫皆有，獨以中畫爲四象，尤不可也。然則就揲蓍言之，其義亦有難通者矣。若夫畫卦之法，三才一時俱備，豈有先畫一奇一偶，其上復爲一奇一偶之理？康節以揲蓍之序爲畫卦之序，又何怪乎世儒謂「凡卦之畫，必由蓍而後得也」哉？儀禮注云：「卦者，主畫地識音「志」。爻，爻備，以方寫之，方即牘也。伏羲時，書契未興，其始作八卦，不知畫在何處，然亦必有一物焉，以載此八卦之象可知也。」信如康節所圖，則初畫最長，中畫半之，終畫又半之。吾不知伏羲既作此象，將截爲八段以示人乎？將連者仍連，而聽人之自爲識別乎？抑亦殫其智力以爲之，初如今人之起稿，繼乃更定劃然分列爲八乎？揆諸事情，決無是理。鯤溟之辯，良足解頤，吾不知季通何以極贊其妙，而朱子舍己從之也？林黄中栗。與朱子論易，以一卦之全體爲太極，内外爲兩儀，内外及互體爲四象，又顛倒取爲八卦。朱子曰：「如此則不是生，却是包也。」林曰：「惟其包之，所以生之。」朱子曰：「包如母之懷子，子在母中；生如母之産子，子在母外。」此特據康節之圖以爲言耳。若希夷太極圖作白黑回互之狀，函兩儀、四象、八卦，皆子在母中。譬諸歲時，一歲本一氣耳，析之而爲寒暑，則二氣矣，又析之而爲春夏秋冬，則四氣矣，又析之而爲分至啟閉，則八節矣，皆一分爲二，子在母中者也。至康節變爲横圖，則兩儀、四象、八卦皆子在母外，初畫爲儀，中畫爲象，終畫爲卦，而太極一畫更居其先，是猶一歲之外别有寒暑，寒暑之外别有四時，四時之外别有八節也，其謬不已甚乎！雖名爲先天，而實失希夷之意矣。按「天地定位」、「雷以動之」二章，皆以對待之體言，一首乾坤，明六子所自出；一先六子，而歸功於乾坤，未見其爲先天之方位也。「帝出乎震」章，以流行之用言，故順四時以爲序，而各著其方位。「神也者」章，兼流行對待言之，動、撓、燥、説、潤、盛，流行之用也；水火、雷風、山澤，對待之體也，雖不言乾坤，而六子之功用莫非乾坤之所爲。神與變化，正指乾坤而言，與「雷以動之」章略同，亦無以見上六句爲後天之位，而下三句爲先天之位也。横圖方圖從中起者爲震巽，人皆謂根柢於此，自余觀之，「三索」章先父母而後六子，此兩章先六子而後父母，要皆歸重於乾坤，豈有六子居母前之理？此天地之大經，古今之通義，而邵圖紊亂如此，尚可信乎！右論邵子伏羲八卦次序。

乾南、坤北、離東、坎西之圖，朱子雖知其出於參同契，而不欲盡言，至熊與可始發其隱。崑山吴先輩喬著他石録，其外篇儒辨曰：「六經多被混亂，尤甚者易；易中尤甚者，先天八卦。夫卦之方位，『帝出乎震』章八方有明文，『天地定位』章不言八方，蓋謂有天上地下之否，而亦有地上天下之泰，八卦相盪而成六十四卦也。逆數者，卜筮而前知吉凶也。『先天』之文，見於乾卦，『先』讀去聲，非邵子之所謂也。愚嘗得張平叔悟真篇之傳於方外士，宋天台張伯端，字平叔，一名用成，撰通元祕要悟真篇一卷。其意與邵子之圖適合。離東者，移火於木位，東三南二，同成五也；坎西者，移水於金位，北一西三，將四共之也；乾南坤北者，移坎之中實，以填離之中虚，而成金丹，三家相見，結嬰兒也；巽居西南坤位，以長女合老陰，黄婆也；艮居西北乾位，以少男合老陽，築基也；兑居東南巽位，以少女合長女，隱寓三七於其中，藥物也。其於數往知來，遥寓順則成人，逆則仙也。易道無所不包，何獨丹法！凡醫藥、相地、三命等，無不倚之以立言，而離於文王處憂患，孔子無大過，即非吾儒之易。希夷，仙也，不妨以外道説易。邵子交於二程，何可出此！考亭於丹道有所見，是以手注魏伯陽之參同契，見邵子之圖，欣然會心，入之本義，而不計丹道可以倚易，易不爲丹道作也。本義之混濫者多矣，以『天地定位』章爲第一。」渭按：「丹道可以倚易，易不爲丹道作」，又云「易道無所不包，而離於文王處憂患，孔子無大過，即非吾儒之易」，此真千古格言。方技家既借「天地定位」四句撰爲此圖，下文順逆亦自有其説，邵子已生未生之解，大非；「順則成人，逆則仙」，脩齡義亦有所未盡。説在參同契「坎、離之爲易也」。

或問：「子以希夷先天圖爲康節之學所自出，其詳可得聞乎？」曰：「康節受易於李之才，以先天古易衍其旨，著書十餘萬言，謂皇極經世、觀物內外篇、漁樵問對。以發希夷之藴，史稱『探賾索隱，妙語神契，洞徹蘊奥，汪洋浩博，多其所自得』者，此實録也。今以八卦次序方位圖攷之，太極即希夷先天圖之環中也；初畫爲兩儀，即圈之白黑各半，左右回互者；中畫爲四象，即白中之黑，黑中之白，與半白半黑而爲四也；終畫爲八卦，即一圈界分爲八，而八卦奇偶之畫，與白黑之質相應者也；從中折取，則乾南，坤北，離東，坎西，震東北，兑東南，巽西南，艮西北，八卦有方位，而九宫具焉也。圓者引之使長，合者擗之使分，而圖遂化爲畫矣。然兩儀、四象、八卦皆子在母外，既失希夷之本意，而又以白代單，以黑代拆，則乾之三連☰變爲三白昌，坤之六斷☷變爲三黑☰，六子皆然。坎離即水火匡郭之形。表畫以色，有奇無偶，大非三代以來相傳之卦象，瀆經侮聖，與劉牧無異，何爲其從之也！」右論邵子伏羲八卦方位。

按：夫子曰重曰兼明，是倍三爲六，非逐爻漸生之謂。本義猶從舊解云：「因而重之，謂各因一卦，而以八卦次第加之爲六十四。」又云：「三畫已具三才，重之故六。」至圖説則與邵義並存，而以邵爲善。及蔡氏草啟蒙，則專主觀物外篇，而顯背經文，亦有所不顧矣。

大傳但云包羲氏始作八卦，其因而重之以爲六十四者，不言其人，先儒或以爲神農，或以爲大禹，或以爲文王，總無確證。然吾觀夫子所陳十三卦制器尚象之事，唯網罟創自包羲，取諸離之純卦，而耒耨之利取諸益，日中爲市取諸噬嗑，皆神農之所爲也，則爲神農重卦者庶幾得之。蓋伏羲雖有因重之意，而八卦成列之後，未嘗復加之畫，至神農則始一一演之，以爲六十四卦三百八十四爻。而重卦之名，至黄帝乃備耳。子曰：「聖人立象以盡意，設卦以盡情僞。」蓋立象即八卦成列，設卦即因而重之，伏羲略而神農詳也。若夫重卦之次序，絶無可考。連山首艮，歸藏首坤，先儒雖有是説，而其書已亡，自艮、坤以後六十三卦，其次序不知如何。今可言者，獨文王所演之易象耳。或云烈山氏之易，文王因之。烈山氏即神農也。首乾、坤，終二濟，兩兩反對，皆有至理，安得於此外更造一圖，以爲伏羲六十四卦之次序哉！智者之鑿，孟子之所惡也。

康節先天之學，其病根全在小横圖，蓋八卦之次序既乖，則其論方位亦誤，六十四卦之次序方位更不待言矣。而吾竊有怪於啟蒙之説也，數用加一倍法，可以推之百千萬億而無窮，若易卦則六畫而止，其變而之他，亦不過六畫。即如焦氏易林，每一卦變爲六十四，至四千九十六，其本卦仍自爲本卦，之卦别自爲之卦，曷嘗屋上架屋，於六畫之上，復自七畫遞加至十二畫乎？而且云：「自十二畫上，又累至二十四畫，引而伸之，未知其所終極，足以見易道之無窮也。」夫易道無窮，而卦畫則有窮，季通之稿荒謬至此，朱子則不一是正，何歟？右論邵子伏羲六十四卦次序。

按：書洪範：「五，皇極。」傳云：「極，中也。」漢律曆志：「太極元氣，函三爲一。極，中也。」極皆訓中。不從此訓，自朱子始。邵子曰：「先天學，心法也，故圖皆從中起。」又曰：「心爲太極。」可見極即中，中即心。「從中起」謂從太極起也。觀物詩云「天向一中分造化，人於心上起經綸」，亦即此意。天地萬物之理，有一不本於太極者乎？有一不具於人心者乎？故曰：「吾終日言，而未嘗離乎是。」先儒以圖皆從中起，兼方、圓圖言之，當矣，然其義猶有所未盡也。蓋先天方圓之圖，皆由一四之積數來也，天圓而地方，其在易則圓主蓍，方主卦。圓之數起一而積六，一在中，六在外也。蓍德圓，象之六，并一爲七，六者常以六變，六七四十二，并初七爲四十九。大衍之數五十，而其一爲太極不用，故曰五十者存一而言之。此蓍策也，與卦圖無涉。方之數起一而積八，一在中，八在外也。卦德方，象之小圓圖是也。八并一爲九，中爲太極，故一不用也。八者常以八變，積爲八八六十四，太圓圖是也。乾、坤、坎、離四正卦不用，故曰六十者去四而言之也。乾、坤當南北之中，坎、離當東西之中，圖從中起，中爲太極，故不用，而止於六十，猶小圓圖之虛其一也。方之數，變之則起四而積十二，四在中，十二在外也。十二者，亦以八變，故四之外，累加之，第一圍必十二，第二圍必二十，第三圍必二十八，并爲六十四，方圖是也。圖從中起，中爲太極，故震、巽、恒、益四卦亦不用，而止於六十，猶大圓圖之去其四也。卦德本方，象地之體，而其中又有方圓之别。天變方爲圓，而常存其一者，謂大小圓圖也。地中之天，方中之圓也，地分一爲四，而常執其方者，謂方圖也。地中之地，方中之方也。邵子取渾天之象，天周地外，地在天中，故作方圓合一之圖。推之於大小横圖，兩儀、四

朱子謂：「圓圖中間虛者便是太極，不合方圖在中間塞，却待挑出放外。」如此，恐失作者之意也。

象、八卦皆由太極而生，亦所謂從中起也。此邵子之數學，即邵子之心法，終日言而不離乎是，故托易以著爲圖，不必與聖人之易盡同也。楊子太玄，其圖亦由中而起，中爲一元，自一元衍而爲三方，自三方衍而爲九州，自九州衍而爲二十七部，自二十七部衍而爲八十一家，故知先天與太玄均爲老氏之學也。邵子之心，與太極爲體，嘗作無名公傳以自寓。無名者，太極之謂也，贊曰：「借爾面貌，假爾形骸，弄丸餘暇，丸謂太極。閒往閒來。」則其所謂心法者，可知矣。彼以圓圖爲合乎天地定位之象，方圖〔一〕爲合乎雷動風散之次者，皆知其一而不知其他，得其皮毛而不得其骨髓者也。

邵子大小横圖皆數學也，知來之神寓焉。大小圓圖者，丹道也，養生之法備焉。其説自成一家言，於聖人之易無涉也。右論邵子伏羲六十四卦方位。

後天之學

按：陰陽合德，謂一再三索；剛柔有體，謂六子成列也，因而重之爲六十四，變化無窮，皆出於乾、坤二卦，故曰易之門。自康節有伏羲先畫一奇一偶之説，世皆指乾、坤爲一畫，經旨鬱而不宣，兹特爲正之。

按：伏羲胷羅造化，全體太極，仰觀俯察，近取遠取，三才之道，了了於心目之間，使一連埽出三

〔一〕「圖」，原作「圓」，形近而誤，據易圖明辨改。

畫，有何不可，而必一生二，二生四，四生八，作巧推排計邪？一連埽出者爲私意杜撰補接，然則逐爻生出者豈反非杜撰補接邪？孔子之傳，無一語推本伏羲者則已，既有推本伏羲者，則何以知兩儀、四象爲伏羲之所畫，而乾、坤三索爲文王之所演邪？先天後天，强生分别，前第六卷中辨之已詳，知彼逐爻生出之爲謬，則知一連埽出三畫，而交易以成六子者，真伏羲之易，而非文王之易矣！曉人自解，無庸辭費也。右論邵子文王八卦次序。

按：文王八卦次序、方位二圖，非古所傳，亦邵子作也。乾、坤三索之次序，出震齊巽之方位，伏羲之易本是如此，而邵子獨以爲文王之易，名之曰後天，以尊先天之學，序位皆是，而其名則非，九圖之中，無一可存者也。

魏志管輅傳注引輅别傳謂劉邠曰：「輅不解古之聖人，何以處乾位於西北，坤位於西南。」夫乾、坤者，天地之象，然天地至大，爲神明君父覆載萬物，生長撫育，何以安處二位，與六卦同列？今按：説卦之方位，秦、漢諸儒未有疑之者，疑之自管輅始。蓋其時魏伯陽之學已行，乾南坤北之位略有端倪，輅心善之。朱子酷愛參同契，八卦之方位斷從先天，遂覺出震齊巽等無一不可疑。入者主之，出者奴之，勢所必至也。至謂此章與卦變俱是成卦後用意推説，則又儗非其倫矣。林德久深斥劉牧之鉤隱，可謂卓識，而獨於先天方位，則附會其意而爲之辭，亦以康節非牧流輩耳。然二人品格雖相去懸絶，而圖學之無當於經則一也，德久豈未之思乎？右論邵子文王八卦方位。

附録

先生曾祖友信，明進士，有文名，世所謂思泉先生也。父公角，天啟中舉人。先生年十二而孤，母沈攜之，避寇山中。十五爲縣學生，屢試行省不售，乃入太學，館益都馮相國邸。會開博學鴻詞科，相國欲以先生應詔，堅辭不肯就。羣公以相國子師，莫敢先發，及見薦牘無先生名，皆驚。先生自是謝科舉，專窮經義。杭世駿撰墓志。

聖祖嘗於内廷燕閒，問當世有潛心經學，著述可傳者否，侍講學士查昇以禹貢錐指進，上覽而嘉之。及南巡，先生感特達之知，獻平成頌一篇，上賞其文，宣至行在南書房，賜饌，賜御書詩扇，又特賜御書扁額，諭曰：「朕優奬此老書生，爲天下士子讀書者勸。」從子會恩恭紀文。

徐果亭曰：「余伯兄尚書總修一統志，一時博學洽聞之士招集邸舍，若無錫顧景范、常熟黄子鴻、太原閻百詩、德清胡朏明，皆海内碩儒傑士，卓乎不羣。諸君子各有地誌之書，而朏明禹貢錐指獨晚出。其書考正孔傳、孔疏、宋、元、明諸家之説，主以班固地理志，參以山海經、水經注及郡縣志，摘其謬誤，辨其疑似，使後世讀經者瞭然心目之間，其有功於禹貢不細。至發明夏道，所陳大義十餘，尤足證明孔子『無間』之旨，非但區區稽考沿革，鉤覈異同，資滕口説而已。」禹貢錐指序。

李維饒曰：「自禹治水至今，四千餘年，地理之書無慮數百家，莫有越禹貢之範圍者，亦莫有能疏通證明，匯其源流，而析其異同者。莫要於班固之地理志，而史家但以爲記載之書，不知其條綱正目，州次部居，約而不失之疏也；莫詳於酈道元之水經注，而文士但以爲薈萃之書，不知其沿波討瀾，窮端竟委，瑣而不失之雜也。是書摘孔、蔡之謬不少，而採班、酈之善爲多，至於百家之説，折衷紛紜，要於一是，譬則大川細流，分派别疏，而引之使歸墟赴壑而後已。」禹貢錐指序。

萬季野曰：「予初讀易，惟知朱子本義而已。年垂三十，始集漢、魏以來諸家傳注，講習頗涉津涯，因歎朱子篤信邵子之過。朏明先生示以易圖明辨，則本義之九圖咸爲駁正，採集之博，論難之正，即令予再讀書十年，必不能到。何先生之學，大而能精如此？以此播於人間，易首之九圖，即從此永廢可也。」易圖明辨序。

東樵家學

胡先生彦昇

胡彦昇字國賢，東樵之孫。雍正庚戌進士，刑部主事，改山東定陶縣知縣。著春秋説、四書近是、叢書要録。又於樂律尤有心得，著樂律表微〔一〕八卷。參杭世駿撰東樵墓志、德清縣志。

〔一〕「微」，原脱，今補。

東樵交游

徐先生乾學 別爲健庵學案。

顧先生祖禹 別爲宛溪學案。

黄先生儀 別見宛溪學案。

閻先生若璩 別爲潛丘學案。

李先生塨 別爲恕谷學案。

徐先生善 別見竹垞學案。

清儒學案卷三十七

勿菴學案

天算之學，測量推步，事事皆可指實，特非篤志嗜古之儒，好學深思，心知其意，無以發其精微。勿菴所述作，皆足以通中西之旨，而折古今之中，積學參微，遂成絶詣。述勿菴學案。

梅先生文鼎

梅文鼎字定九，號勿菴，宣城人。家世學易。父士昌，號鐵明，明諸生，嘗以六十四卦爻與春秋二百四十年行事相比附成書，爲周易麟解。先生自少侍父及師羅王賓仰觀星象，即能知次舍運旋大意。年二十七，爲順治十八年，從同里倪竹冠先生觀湖游，授以麻孟璇所藏交食通軌，歸與弟文鼐、文鼏共習之，發明其所以立法之故，爲訂誤補遺，以質於觀湖，觀湖亟稱之。自是遂壹意治曆算之學，博覽深思，往往至廢寢食。殘編散帙，手自鈔集，一字異同，不敢忽聞。有通是學者，雖遠道不憚相從。疇人子弟，及西域官生，皆折節造訪。人有問者，亦詳告之無隱。中年喪偶，不再娶。謝絶人事，閉户覃思，以爲授時曆集古法之大成，自改正七事，創法五端外，大率多因古術，故不讀庚午元曆，不知授時之五星；不讀統天曆，不知授時之歲實消長；不考王朴欽天曆，不知斜升正降之理；不考宣明曆，不知氣、刻、時三差〔一〕；非一行之大衍曆，無以知歲自爲歲，天自爲天；非李淳風之麟德曆，不能用定朔；非何承天、祖沖之、劉焯諸家，無以知歲差；非張子信，無以知交道表裏，日行盈縮；非姜岌，不知以月蝕檢日躔；非劉洪，不知月行遲疾；然非洛下閎、謝姓輩肇啟其端，雖有善悟之人，無自而生其智。西曆亦非一種，在唐有九執曆，實爲權輿；其後有婆羅門十一曜經及都聿利斯經；在元則有札馬魯丁西域萬年曆；在明則有馬沙亦黑、馬哈麻之回回曆以算陵犯，與大統同用者三百年；修回曆者又有陳壤增天地人三元，袁黄本之爲曆法新書；唐順之加以論説，周述學爲曆宗通議、曆宗中經；雷宗又有合璧連珠曆法，皆會通回曆，以入授時。自利瑪竇入中國，著天學初函，徐光啟因之，與湯若望撰崇禎曆書，本朝時憲曆用之，曰西洋新法，而湯若望所譯，與利瑪竇亦多不同。復有穆尼閣撰天步真原，規模又異，薛鳳祚本之，爲天學會通，又新法中之新法矣。通曆書之理，而自闢門庭，則有王錫闡立議精到，後來居上。又揭暄著寫天新語，方中通與相質難，著揭方問答，並多西書所未發。而南懷仁儀象志、康熙永年曆，與曆書亦微有出入。西之舊法即回回曆，西之新法即歐羅巴曆。總而計之，約有九家，析而言之，利瑪竇、湯若望、南懷仁亦各不同。乃通考古今曆法，兼采旁蒐，詳探淺説，直言其立法之所以然，

〔一〕「差」，原作「曆」，據四庫總目和曆學源流論改。

自謂「馬氏文獻通考獨無曆法，作此以補其缺也」。復補注周髀算經，明里差之説所自出。考春秋以來冬至，各依本率步算，明統天曆古大今小之算合前代所用。考庚午元曆，正曆志之訛。補注元史曆經，因元史缺載立成，爲圖注以發其意。補注郭太史曆草，訂傳寫之誤，標示精義，俾學者知其所以然。謂「授時測渾員之法，從二至算至二分，與西術起二分至二至者不同，要其剖析渾體，於無句股中求句股，無二理也」。撰大統曆立成注，謂「有布立成之法，有考立成之法，不得其説，不能施之步算」。補注回回曆，謂其「布立成以太陰年，而取距算以太陽年，巧藏根數」。補注西域天文書，以明泰西天文實用本此書而加新意。他若言交食則有授時步交食式、交食蒙求訂補、交食蒙求附説、交食作圖法訂誤、交食管見；言七政則有七政細草補注、七政前均簡法；言五星則有步五星式、火緯本法圖説、上三星軌跡考；言黄赤道則有求赤道宿度法、黄赤距緯圖辨。其通言曆學者，又有曆學疑問、曆學駢枝諸書。皆會通中西，考其同異，而求端於天，折衷以歸於一是。其治算術，闡中法者，有九數存古、方田通法、少廣拾遺、句股測量方程；論用西法者，有幾何摘要、幾何補編、幾何增解、比例數解、三角法舉要、弧三角舉要、環中黍尺、塹堵測量、西鏡録舉要、權度通幾、奇器補詮。大指謂西法用三角，猶古法用句股，三角能通句股之窮，其理不出於句股，故鋭角形分之則二句股也，鈍角形以虚補實亦句股也。至於弧三角，則於無句股中尋出句股。以正弧三角爲綱，用渾儀解之，而正弧三角之理盡歸句股。參伍其變，斜弧三角之算亦歸句股矣。斜剖立方成兩塹堵，塹堵又剖爲三成立三角，今以渾儀兼赤道之割切二綫成立三角形，四面皆句股，即弧度可相求，不須用角，西法通於古法矣。又於餘弧取赤道及大距弧之割切綫成句股方錐形，亦四面皆句股，即弧度可相求，亦不言角，古法通於西法矣。此言句股，西謂之直角三邊形，幾何不言句股，然其理並句股也。用句股解幾何原本之根，其最難通者，以句股釋之則明，惟理分中末綫似與句股異源，今爲游心於立法之初，而仍出於句股，信古九章之義包舉無方也。嘗曰：「吾爲此學，與年俱進，皆歷最艱苦之途，而後得簡易。有從吾游者，坐進此道，而吾一生勤苦，皆爲若用矣。吾惟求此理大顯，使古人絶學不至無傳，死且無憾，不必身擅其名也。」康熙二十年，侍讀湯斌充明史總裁，以曆法屬，爲具草。二十八年，北游京師，李榕村與言曆法，勸先生倣趙友欽革象新書例，爲簡要之書，俾人人得其門户。曆學疑問作於此時。四十年，榕村爲直隸巡撫，扈蹕行在，以此書進呈。四十四年，南巡，召對御舟中，從容垂問凡三日，書「績學參微」字賜之。五十一年，命其孫瑴成以諸生直蒙養齋，彙編天文、樂律、算法諸書。五十三年，律呂正義成，諭瑴成寄先生參校。六十年卒，年八十有九。所著天算諸書外，有績學堂詩文鈔。參史傳、疇人傳、杭世駿撰傳。

曆學疑問

曆學源流論

梅子殫心曆學數十年，而歎心之神明無有窮盡，雖以天之高，星辰之遠，有遲之數千百年始見端緒，而人輒知之，輒有新法以追其變，故世愈降，曆愈以密，而要其大法，則定於唐、虞之時。今夫曆所步有四，曰恒星，曰日，曰月，曰五星。治曆之具有三，曰算數，曰圖象，曰測驗之器。由是三者以得前四者，躔離朓朒，盈縮交蝕，遲留伏逆，掩犯之度，古今作曆者七十餘家，疎密代殊，制作各異，其法具在，可考而知，然大約三者盡之矣。堯命羲、和曆象日月星辰，舜在璿璣玉衡以齊七政。曆者，算數也；象者，圖也，渾象也；璿璣玉衡，測驗之器也，故曰定於唐、虞之世也。然曆之最難知者有二，其一里差，其一歲差。是二差者，有微有著，非積差而至於著，雖聖人不能知，而非其距之甚遠，則所差甚微，非目力可至，不能入算，故古未有知歲差者。自晉虞喜、宋何承天、祖沖之、隋劉焯、唐一行始覺之。或以百年差一度，或以五十年，或以七十五年，或以八十三年，未有定説。元郭守敬定爲六十六年有八月，回回、泰西差法略似，而守敬又有上考下求增減歲餘天週之法，則古之差遲，而今之差速，是謂歲差之差，可謂精到。若夫日月星辰之行度不變，而人所居有東西南北，正視側視之殊，則所見各異，謂之里差，亦曰視差，自漢及晉，未有知之者也。北齊張子信始測交道有表裏，此方不見食者，人在月外必反見食。宣明曆本之爲氣、刻、時三差，而大衍曆有九服測食定晷漏法，元人四海測驗二十七所，而近世歐羅巴航海數萬里，以身所經山海之程，測北海爲南北差，測月食爲東西差，里差之説，至是而確是。蓋合數千年之積測以定歲差，合數萬里之實驗以定里差，距數逾遠，差積逾多，而曉然易辨。且其爲法，既推之數千年、數萬里而準，則施之近用，可以無惑。曆至今日，屢變益精，以此。然余亦謂定於唐、虞之時，何也？不能預知者，差之數萬世不易者。求差之法，古之聖人以日之所在不可以目視而器窺也，故爲之中星以紀之鳥火虚昴，此萬世求歲差之根數也；又以日之出入發斂不可以一方之所見爲定也，故爲之嵎夷、昧谷、南郊、朔方之宅以分候之，此萬世求里差之定法也。嗚呼，至矣！學者知合數千年數萬里之心思耳目以治曆而後能精密，又知合數千年數萬里之心思耳目以爲之精密者，適以成古聖人未竟之緒，則當思羲、和以後，凡有能出一新智，立一捷法，要之至今者，皆有其所以立法之故。及其久而必變也，又皆有所以變之説於是焉。反覆推論，必使理解冰釋，無纖毫疑似於吾之心，則吾之心即古聖人之心，亦即天之心，而古今中外之見可以不設，而要於至是。夫如是，則古人之精意可使常存，不致湮没於耑己守殘之士，而過此以往，或有差變之微，出於今法之外，亦可本其常然，以深求其變，而徐爲之修改，以衷於無弊，則是善於治曆者也。

學曆説

或有問於梅子曰：「曆學固儒者事乎？」曰：「然。吾聞之，通天地人斯曰儒，而戴焉不知其高，可乎？」曰：「儒者知天，知其理而已矣，安用曆？」曰：「曆也者，數也，數外無理，理外無數。數也者，理之分限節次也。數不可以臆説，理或可以影談，於是有牽合傅會，以惑民聽而亂天常，皆以不得理數之真，蔑由徵實耳。且夫能知其理，莫堯、舜若矣。堯典一書，命羲、和居半，舜格文祖，首在璿璣玉衡，以齊七政，豈非以敬天授時固帝王之大經大法，而精一之理即於此寓哉！」曰：「然則律何以禁私習？」曰：「律所禁者，天文也，非曆也。」曰：「二者異乎？」曰：「以日月暈、抱珥、虹蜺、彗孛、飛流、芒角、動摇預斷未來之吉凶者，天文家也；本纏離之行，度中星之次，以察發斂進退，敬授民事者，曆家也。漢藝文志天文廿一家四百四十五卷，曆譜十八家六百六卷，固判然二矣。且夫私習之禁，亦禁夫妄言禍福，惑世誣民耳。若夫日月星辰，有目者所共睹，古者率作興事，皆用爲候，又何禁焉？是故有一候則有一候之星，有一候之星則有一候之政，令田夫紅女皆知之矣，又何禁焉？自梓慎、裨竈之徒以星氣言事應，乃始有災祥之占，而其説亦有驗有不驗，是故惟子産、昭子深明乎理數之實，乃有以折服矯誣之論，雖挾術如慎、竈而不爲所動。故曆學大著，則禨祥小數無所依託，而自不得行，其於政教不無小補，與律禁私習之指，固殊途而同歸矣。」曰：「世皆謂天文曆數能前事而知，以豫爲趨避，而子謂曆學明則占家無所容其欺，妄言之徒不待禁而戢，其説可得聞乎？」曰：「有説也。蓋古之爲曆也疏，久而漸密，其勢然也。唯其疏也，曆所步或多不效，於是乎求其説焉不得，而占家得以附會於其間。是故日月之遇，交則食，以實會視會爲斷，有常度也，而古曆未精，於是有當食不食，不當食而食之。占日之食，必於朔也，而古用平朔，於是有食在晦二之占。月之行有遲疾，日之行有盈縮，皆有一定之數，故可以小輪爲法也，而古唯平度，於是占家曰：『晦而月見西方，謂之朓，朓則侯王其舒；朔而月見東方，謂之仄慝，仄慝則侯王其肅。』月行，陰陽曆以不足廿年而周，其交也則於黄道，其交之半也則出入於黄道之南北五度有奇，皆有常也，而古曆未知，於是占家曰：『天有三門，猶房四表，房中央曰天街，南閒曰陽環，北閒曰陰環，月由天街則天下和平，由陽道則主喪，由陰道則主水。』夫黄道且有歲差，而況月道出入於黄道，時時不同，而欲定之於房中央，不已謬乎！月出入黄道既有南北，而其與黄道同升也，又有正升、斜降、斜升、正降之不同，唯其然也，故月之始生有平有偃，而古曆未知也，則爲之占曰：『月始生正西仰，天下有兵。』又曰：『月初生而偃，有兵兵罷，無兵兵起。』月於黄道有南北，一因也；正升斜降，二因也；盈縮遲疾，三因也；人所居南北有里差，則見月有蚤晚，四因也，是故月之初見，有初二日、初三日之殊，極其變，則有在朔日，初四日之異，而古曆未知，則爲之占曰：『當見不見。』又曰：『不當見而見，魄質成蚤也。』食日者，月也，不關雲氣，而占者之説曰：『未食之前數日，日已有謫。』日大月小，日高月卑，卑則近，高則遠，遠者見小，近者見大，故人所見之日月大小略等者，乃其遠近爲之，而非其本形也。然日月之行，各有最高卑，而影徑爲之異，故有時月正掩日，而四面露光，如金環也。此皆有可考之數，而占者則以金環食爲陽德盛。五星有遲疾留逆，而古法惟知順行，於是占者以逆行爲災，而又爲之例，曰未當居而居，當去不去。當居不居，未當去而去，皆變行也，以占其國之災福。五星之出入黄道，亦如日月，故所犯星座可以預求也，而古法無緯度，於是占者以爲失行，而爲之例，曰淩，曰犯，曰鬭，曰食，曰掩，曰合，曰句己，曰圍繞。夫句己淩犯，占可也，以爲失行，非也。五星離黄道不過八度，則中宫紫微及外宫距遠之星必無犯理，而占書皆有之。近世有著賢相通占者，删去古占黄道極遠之星，亦既知其非是矣。至於恒星，有定數亦有定距，終古不變，而世之占者，既無儀器以知其度，又不知星座之出入地平有濛氣之差，或以横斜之勢而目視偶乖，遂妄謂其移動，於是爲占曰：『王良策馬，車騎滿野。』『天鉤直，則地維拆。』『泰階平，人主有福。』中州以北，去北極度近，則老人星遠，而近濁不常見也，於是古占曰：『老人星見，王者多壽。』以二分日候之，若江以南，則老人星甚高，三時盡見，而疇人子弟猶歲以二分占老人星疏密貢諛，此其仍訛習欺，尤大彰明者矣。故曆學不明，而徒爲之禁以嚴之，終不能禁也。或以禁之故而私相傳習，矜爲祕授以售其詐。若曆學既明，則人人曉然於其故，雖有異説，而自無所容。余所以數十年從事於斯，而且欲與天下共明之也。且子不徵之功令乎？經史語、孟，士之本業也，而魯論言辰居星拱夏之時；孟子言千歲日至可坐而致；易言治曆明時；大傳言五歲再閏，三百有六十，當期之日；堯典中星分測驗之地，璣衡之製爲萬世法；辰弗集房，載於夏書；詩稱十月之交，朔日辛卯；春秋紀日食三十六；禮載月令；大戴禮述夏小正，皆詳日所在宿，及恒星伏見昏旦之中，與其方向低昂之狀，用爲月節，以布政教而成百事。又自漢太初以來，造曆者數十家，皆具其説於史。若是者，既刊布其書，使學者誦習之矣，三年而試之，程式發策往往有及律曆者，其於律之禁，寧相背乎？是故律禁私習妄言，而未嘗禁士之習經史也，而顧委之爲星翁卜師之事，而漫不加察，反令術士者流，得挾其不經之説，以相炫誘，而不能斷其惑，是亦儒者之過也。故人之言天，以占驗爲奇；吾之言天，以能辨惑爲正。」曰：「然則占驗可廢乎？將天變不足畏邪？」曰：「惡是何言也！吾所謂辨惑者，辨其誣也。若夫王者遇災而懼，側身修省以答天戒，固欽若之精意也，又可廢乎？古者日食修德，月食修刑。夫德與刑，固不以日月之食而始修也，遇其變加警惕焉。此則理之當然，未敢以數之有常而或懈也。此又學曆者所當知也。」

中西經星同異考序

經星同異考一卷，發凡九則，吾季弟爾素之所手輯也。歲在戊辰，余歸自武林，友人張慎碩忱能製西器，手鋟銅字如書法之迅疾，余乃依歲差考定平議所用大星，屬碩忱施之渾蓋，而屬吾弟爲作恒星黄赤二星圖，因於星之經緯，逐一詳校，乃知湯氏算書圖表與南氏儀象志互有得失，自其本法，固多違異，不第與古傳殊也，因取其星名之同，而數有多寡，異於古人者，別識之，以成此書。至其所爲辯正經緯之度者，尚存別卷，不盡于是。而吾弟之爲此則已勤矣，蓋其時方有稿本，次年己巳，余去京師五載，至癸酉始歸山中，吾弟乃出其繕寫重校之本示余，視其年，固已巳也。甲戌中秋，余乃爲之序曰：「自堯典有四仲之星，而斗、牽牛、織女、參、昴、龍尾、鳥帑、天駟、天黿之屬，雜見于易、書、春秋左傳、國語，至禮記月令、大戴之夏小正稍具諸星伏見之節，蓋星之有名，其來遠矣。古者觀天文以察時變，敬授民時，有儀有象，圖書儀器，宜莫不備。遭秦燔書，棄先王之典，羲、和舊術，無復可稽。所僅遺者，巫咸、甘德、石申之殘編，而三家之傳各別。司馬子長世爲史官，而天官、曆書殊爲闕略。迄于後漢，有張衡靈憲，而器與書並亡。自唐以後，言觀象率祖淳風，晉、隋兩志，及丹元子步天歌。今考其說，又與天官書不無參錯，不待西學之興而始多同異也。西法黄道十二象與中土異，而回回術與歐羅巴復自不同，故雙女或以爲室女，陰陽或以爲雙兄；至黄道外之星，或以爲六十象，或以爲六十二象；而貫索一星，回回術以爲缺椀，歐羅巴以爲冕旒。其餘星名，亦多互異，豈非以占測之家非一，而所傳異辭，安得謂彼中曆學，自上世以來，永遵一術，而初無更變哉！今所傳經天該之圖與其歌，皆因西象所列，而變從中術之星座星名，即見界圖之分形。其出似在算書未成之前，圖星以圓空，去中法猶近，然與步天歌仍有不同者。或以西星合古圖，而有疑似，不敢輒定，遂並收之，而有增附之星；或以古星求西圖，而弗得其處，不能强合，遂芟去之，而成古有今無之星。要之，皆徐、李諸公譯西星而酌爲之，非西傳之舊。

余嘗見元趙緣督友欽石刻圖，閣道六星在河中作磬折層階之象。自天官書于營室言離宮閣道，步天歌及晉、隋、宋三史並言六星，而今圖表割其半爲王良星，别取河中雜小星聯綴附益之，其星十餘，而形直絶異舊圖，又去營室更遠，正抵奎、婁，而西象固原無所謂閣道也。由是以推，其意爲更置者良已多矣。且西法言恒星有經度東行歲差，而緯度終古不變，然又言二至距緯，古遠今近，是黄道且有微移。既言恒星之形略無改易，然又言王良之側有萬曆癸酉年新出星，其説亦未能歸一也。竊嘗譬之地志，陵谷豈無小易，而嶽瀆之大致自如，然其名之所起，亦人則爲之而已矣。禹治水惟九州，舜受終時，肇十有二州。肇之爲言，始也。又況後世秦分爲三十六郡，唐分十道，宋分十五路，疆域代更，圖志因之而改，或者遂欲本桑欽之水經而駁禹貢，亦見其惑矣。然則宜何如？君子於其所可知，不厭求詳；其所不知，闕之而已。義所可求，當歸畫一；其所難斷，兩存之而已。無泥古以疑今，無執一而廢百，謹守舊聞，而無參意解，此爲學之方，即著撰之法，自古之學者，莫不盡然，而況天之高，星辰之遠哉！是則吾弟爲考之意也，蓋其義例已具發凡中矣。而余于是重有歎也，蓋自束髮受經于先君子、塾師羅王賓，先生往往于課餘晚步時，指示以三垣列舍之狀，余小子自是知星之可識。而天爲動物，尋以從事制義，未遑精究，然心竊好之。不幸先君子見背，營求葬地，不暇以他爲。無何，余小子忽忽年近三十，始從倪觀湖先生受臺官，通軌算交食法，稍稍推廣，求之元史、宋志，溯唐及晉，至於兩漢。是時余及仲弟和仲與季爾素三人而已，夜則披圖仰觀，晝則運籌推步，考訂前史，三人者未嘗不共也。如是者凡數年。及余得中西之書圖稍多，友朋之益漸廣，而仲弟不幸已前卒久矣。爾素于余所有之書，手鈔略備，多所撰定。然食指益衆，家日益貧，余兩人頻年授徒，歲時相見，不過數四。頃余且爲東西南北之人，經年累月，羈棲于數百里、數千里外，欲如向者之相聚探討，何可得哉！何可得哉！而余又善病且老矣，雖嘗輯有古今曆法通考諸書，妄自以爲窺古人之意，集諸家之長，而性懶楷書，又好增改，稿與年積，迄尠定本。其在京師，感于李少司馬之言，努力作爲曆論六七十篇，頗舒獨見。其他算學新稿，亦且盈尺，而未能出以問世。虚名之負，累謬爲四方學者所知，而欲傳之其人，復求之不可得也。竊不自揆，欲略做蘇、湖遺軌，設爲義塾，約鄉黨同學爲讀書之事。此志果就，即當息影，卻埽于山村，庶幾收拾累年雜稿，次第成帙，稍存一得之愚，以待來學，則數十年癖嗜苦思，亦將有所歸著。而凡事有天焉主之，終不敢必其如何也。且夫星曆之學，非小道也，其事淩雜米鹽，近於卜祝之爲，而探厥源流，乃根于天人理數之極，雷同俚近之言，既不足以行遠，而義類稍深，索解人正復寥寥。天下之大，敢謂無人？然亦有同志，數年遠在天涯，合并匪易，助余成此者，不吾弟之望，更誰望乎！因弟此書，俯仰今昔，而兼有冀倖于將來，不覺其言之長也。

附録

先生於順、康閒治曆算諸家不及見者，莫不求其書而讀之，爲之參訂。薛鳳祚譯穆尼閣天步真原，專推日月交食，先生稱「其法與崇禎新法曆書有同有異。其似異而同者，布算之圖，對數之表，與曆書迥別，惟得數無二。但黄道春分二差，則根數大異，非測候無以斷其是非也」。鳳祚又撰天學會通，推算交食，其法用立成表，按年月日時度數，逐次檢取角度加減，而得食分時刻方位〔一〕，先生稱「其以西法六十分通爲百分，從授時立法，實爲便用。惟仍以對數立算，不如直用乘除爲正法也」。王錫闡撰曉庵新法，述句股割圜諸法，實施於推步七政交食淩犯之術，貫通中西，自成一家言。先生先得其所著圜解，讀而善之。既乃盡見其書，嘗曰：「從來言交食，只有食甚分數，未及其邊，惟王氏則以日月圓體分爲三百六十度，而論其食甚時，所虧之邊，凡幾何度。今爲推演，其法頗精確。」又稱「近代曆學以吳江爲最，識解在青州之上」。吳江謂錫闡，青州爲鳳祚也。又有柘城杜知耕，字端伯，號伯瞿，舉人，嘗刪節幾何原本爲七卷，題曰論約，先生亦著幾何摘要，稱其書足以相證。知耕又撰數學鑰，列古九章，取今綫、面、體三部隸之，摘要語爲之注，先生以爲頗中肯綮，可爲算家程式云。梅氏叢書、勿庵曆算書目、四庫全書提要。

康熙四十年，李光地以先生所著曆學疑問進呈，上曰：「朕留心曆學多年，此事朕能決其是非。」數日後召對，上曰：「昨所呈書，甚細心，且議論亦公平，此人用力深矣，朕當攜還宮中細閱。」光地因求上親加御筆批駁改定，上許之。明年，復南巡，以原書發回，諭「朕已細閱竟」。中間圈點、塗抹及簽貼批語，皆上筆也。光地請此書疵謬所在，上云：「無疵謬，但算法未備耳。」四十四年，上復南巡，光地從。上問：「宣城處士梅文鼎今安在？」光地對：「在臣署。」上曰：「朕歸時，汝與偕來，朕將面見之。」上還

〔一〕「位」，原作「法」，據四庫提要改。

蹕，光地乃與文鼎謁河干，召入御舟，垂問至移時。上謂光地曰：「曆象算法，朕最留心，此學今鮮知者。如文鼎，真僅見也，其人亦佳士，惜乎老矣！」賜御書扇幅，賚珍饌，擢其孫瑴成，以諸生入詞林，至通顯。李光地進呈曆學疑問記、杭世駿撰傳。

杭大宗曰：「從來言治曆者有三：一以爲必疇人之裔。梅氏兒時即侍父及塾師仰觀星氣，雖世非臺官，而自有家學。一以爲必通經之儒。梅氏於學，無所不窺，辨先後天八卦位次，不合者證其合；讀等子韻，而定爲以代而變，以地而變，以代與地交而變；中西之術，紛綸旁魄，而必歸之於堯、舜精一之傳，實能貫天地人而通之，謂之儒，誠無愧也。一以爲必精算之士。梅氏生有異稟，而又佐之以深思，辨析幾微，窮極杪忽，非精算者能若是乎！」杭世駿撰傳。

阮伯元曰：「徵君年二十七即有志步算之學，距其卒且六十年，積畢生之精力，既專且久，究極精微。其學由授時以溯三統、四分以來諸家之術，博考九執、回回而歸于新法，一一洞見本原，深澈底蘊，而又神明變化于三角、八綫、句股、方程諸算事，故著書滿家，皆獨抒心得。如創爲三角方直等儀，求弧度而不言角；以上下左右論交食方向，而不云東西南北，尤足以見中西之會通，而補古今之缺略者也。其論算之文，務在顯明，不辭勞拙，往往以平易之語解極難之法，淺近之言達至深之理，使讀其書者，不待詳求，而義可曉然，誠以絶業難傳，冀欲與斯世共明之，故不憚反覆再三，以導學者先路，此其用心之善也。疇人傳。

先生手訂勿庵曆算書目，自序曰：「余之從事曆學四十餘年，著撰遂多，將欲悉出其書，就正當世，而未能也。稍爲臚列書名，各繫數語，發揮撰述本旨，庶以質諸同好，共明茲事云爾。曆學駢枝二卷，已刻。順治中，從倪先生游所作，爲先生著書之始。元史曆經補註二卷，古今曆法通考五十八卷，春秋以來冬至考一卷，已刻。寧國府志分野稿一卷，已刻志中。施愚山先生纂修郡乘，以此屬先生，具録歷代宿度分宫之同異，及各種分野之法。宣城縣志分野稿一卷，已刻志中。曆志贅言一卷，康熙十七年，愚山入明史館，屬先生撰曆志，因作此寄之。大意言「明用大統，實即授時，宜於元史闕載之事詳之，以補其未備。回回曆承用三百年，法宜備書。西洋曆亦宜備載緣起，不没崇禎朝徐、李諸公測驗改憲之功」。江南通志分野擬稿一卷，康熙二十三年撰。明史曆法擬稿二卷，總目凡三：曰法原，曰立成，曰推步。法原之目七：曰句股測望，曰弧矢割員，曰黄赤道差，曰黄赤道内外度，曰白道交周，曰日月五星平立定三差，曰里差漏刻。立成之目四：曰太陽盈縮，曰太陰遲注，曰晝夜刻，曰五星盈縮。推步之目六：曰氣朔，曰日躔，曰月離，曰中星，曰交食，曰五星。郭太史曆草補註二卷，庚午元曆考一卷，大統曆立成註二卷，寫算步曆式一卷，潘天成錫疇從先生學曆，作此授之。授時步交食式一卷，步五星式六卷，答李祠部問曆一卷，已刻。李焕斗古愚從先生問皇極經世遂及曆法，録存其稿。回回曆補註三卷，西域天文星補註二卷，三十雜星考一卷，已刻。西域天文中有雜星三十之占，然未譯中土星名，先生以歲差度考之，得其二十餘。四省表景立成一卷，已刻。四省者，陝西、河南、直隸、江南也。本回回曆所有，爲之訂定，並附用法，以補其缺。周髀算經補註一卷，答劉文學問天象一卷，劉介錫從先生問象數，據曆法正理告之。分天度里一卷，圖注各省直及蒙古各地南北東西之差。七政細草補註三卷，已刻。曆學疑問三卷已刻。進呈。交食蒙求訂補二卷，内已刻日食一卷。交食蒙求附説二卷，已刻一卷。交食作圖法訂誤一卷，求赤道宿度法一卷，古法以赤求黄，新法以黄求赤，交食細草用儀象志八卷九卷表求之，不如弧三角之爲親切，因特著之。原自爲一卷，後收入蒙求訂補。交食管見一卷，已刻。日差原理一卷，太陽有日差加減，日躔表説謂有二根，一黄赤之斜直，一高卑之盈縮，其説尤支蔓，據正理糾其誤。火緯本法圖説一卷，已刻。解地谷立法之根，以正曆書之誤。七政前均簡法一卷，上三星軌跡成繞日圓象一卷，黄赤距緯圖辨一卷，太陰表影辨一卷，月能掩日，日遠月近，其理易見，不在表影。西人謂太陽太陰各高五十度時，太陽表影必短，太陰表影必長，以是爲月近於日之故。先生以爲，表影既有長短，何以明其同高五十度乎？故爲之辨。渾蓋通憲圖説訂補一卷，渾蓋之器，以蓋天之法代渾天之器，其製見於元史。札馬魯丁所用儀器中，先生以爲周髀遺術流入西方，惟本書中黄道分星之法尚缺其半，爲之補正，可以依法成器，施於實用。西國月日考一卷，已刻。曆書中七政算例多有言西某月某日者。先生考之，以爲所用並以太陽會恒星爲主，即恒星歲。恒星東行，有歲差度分，則太陽會之以成月者亦漸不同，故諸卷中所載互異，而以年代徵之，亦可見也。七十二候太陽緯度一卷，緯度以測日高，古用二至、二分，今則逐日可測。此書以七十二候約之。陸海鍼經一卷，已刻。是書又名里差捷法。地爲渾圓，經度離赤道遠則里數漸狹，其路正行，與距等圈，合自有定算；路或斜行，其法不可用。先生爲立法，若兩地各有北極高度，又有相距之經度，而無相距里數，是爲有兩邊一角而求餘一邊，即可以知斜距之里。若先有斜距之里數而求經度，是爲三邊求角，亦可以知相距之經度。其法並用斜弧三角形立算。帝星句陳經緯考異一卷，星晷真度一卷，測星定時，用句陳大星及帝座爲最簡。二星亦隨黄道東移，作星晷者，必知現在二星之真度分，而後其用不忒。兩星相爲表裏。測器考二卷，自渾天儀至西法象限儀、紀限儀一一備考之。自鳴鐘説一卷，壺漏考一卷，古用壺漏，西法入，乃有自鳴鐘，先生爲之博考，以通其製作之理。日晷備考三卷，先生論揆日諸書之一。赤道提晷説一卷，先生論揆日諸書之二。思問編一卷，先生於難讀之書，手疏而攜諸篋衍，待明者問之，其致力之勤如是。勿庵揆日器一卷，先生論揆日諸書之三。諸方節氣加時日軌高度表一卷，已刻。先生論揆日諸書之四。揆日淺説一卷，先生論揆日諸書之五。測景捷法一卷，先生謂精於測景，惟切綫一法。切綫者，句股相求也。表如半徑，直表之景如餘切，横表之景如正切，是以極高度取之。璇璣尺解一卷，尺有二：其一具周歲節氣，所以測日。其一載大星十數，所以測星。以北極爲樞，並以赤道緯度定之。測星定時簡法一卷，有日之時，有星之時，法以星之緯度，查其星距子午規若干時刻，距太陽若干時刻，以相加減，即得真時。勿庵側望儀式一卷，先生自定儀器之一。勿庵仰觀儀式一卷先生自定儀器之二。勿庵渾蓋新式一卷，先生自定儀器之三。勿庵月道儀式一卷，先生自定儀器之四。天步真原訂注，天學會通訂注，王寅旭書補注，平立定三差詳説一卷，已刻。曆草以盈縮日數離爲六段，各以段日除其段之積度，得數乃相減爲一差，一差又相減爲二差，緣此以生定差及平差、立差。其布立成法，則直以立差六，因之以爲每日平、立合差之差。此兩法若不相蒙，先生深思而得其原委，以作是書。寫天新語抄存一卷，古曆列星距度考一卷，西法言普天星宿依黄道東行，先生於書肆中得刻本，有普天星宿入宿去極度分，而中缺二宿。康熙三十八年，至福建，從林侗同人得寫本補完，謂足與西測恒星互相參考。以上曆學。中西算學通序例一卷，已刻。先生算學初編九種之序例。勿庵籌算九卷，已刻。本直籌横寫，先生易爲横籌直寫，爲初編第一書。勿庵筆算五卷，已刻。筆算亦用直寫，爲初編第二書。勿庵度算二卷，西人尺算，即比例規解所述，先生弟文鼏爾素補算例，先生又別創矩算，用一尺一方版合兩術，爲初編第三書。比例數解四卷，比例數表爲西算之別傳，假對數以知本數，不用乘除，惟憑加減，先生爲之詮次，爲初編第四書。三角法舉要五卷，已刻。進呈。其目曰測算名義，曰算例，曰内容外切，曰或問，曰測量，爲初編第五書。方程論六卷，已刻。爲初編第六書。幾何摘要三卷，爲初編第七書。句股測量二卷，爲初編第八書。九數存古十卷，爲初編第九書。少廣拾遺一卷，已刻。自此以後，竝爲續編。方田通法一卷，已刻。幾何補編四卷，已刻。西鏡録訂注一卷，權度通幾一卷，此爲先生言重學之書。奇器補詮一卷，正弦簡法補一卷，先生用矢綫求度法得兩法，在六宗率三要法之外，一曰正弦方冪倍而退位得倍弧之矢，一曰正矢進位折半得半弧正弦上方冪。弧三角舉要法五卷，已刻。其目曰弧三角體式，曰正弧句股，曰求餘角法，曰弧角比例，曰垂弧，曰次形，曰垂弧捷法，曰八綫相當。環中黍尺五卷，已刻。其目曰總論，曰先數後數，曰平儀論，曰三極通幾，曰初數次數，曰加減法，曰甲數乙數，曰加減捷法，曰加減又法，曰加減通法。塹堵測量二卷，已刻。其目曰總論，曰立三角摘録，曰渾圓内容立三角，曰句股錐，曰句股方錐，曰方塹堵容圓塹堵，曰圓容方直儀簡法，曰郭太史本法，曰角即弧解。用句股解幾何原本之根一卷，已刻。幾何增解一卷，其目曰以方斜較求斜方，曰切綫角與圓内角交互相應，曰量無法四邊形捷法，曰取平行綫簡法。仰觀覆矩一卷，一查地平經度爲日出入方位，一查赤道經度爲日出入時刻，並依里差，用弧三角立算。方圓冪積一卷，已刻。曆書周徑率至二十位，然其入算仍用古率。先生以表列之，爲之約法，徑與周之比例，即方圓二冪之比例，亦即爲立方立圓之比例，殊爲簡易直捷。麗澤珠璣一卷，先生取益於友朋，一言之惠必録，久乃成帙。古算器考一卷，已刻。數學星槎一卷。此爲先生教初學之書。以上算學書。

案：目中「已刻」字，皆先生自注也。先生卒後，魏荔彤刻楊作枚校本凡二十九種，名曰曆算全書，定四目曰法原，曰法數，曰曆學，曰算學，而法數無書，以二十九種分隸三類。先生孫瑴成重編，改題叢書。乾隆間收入四庫，又爲重編次，以言曆者居前，言算者列後，曰曆學疑問，曰曆學疑問補，曰曆學問答，曰弧三角舉要，曰環中黍尺，曰歲周地度合考，曰平立定三差説，曰冬至考，曰諸方日軌，曰五星紀要，曰火星本法，曰七政細草，曰揆日候星紀要，曰二銘補注，曰曆學駢枝，曰交會管見，曰交食蒙求，曰古算衍略，曰籌算，曰筆算，曰度算釋例，曰方程論，曰句股闡微，曰三角法舉要，曰解割圜之根，曰方圓冪積，曰幾何補編，曰少廣拾遺，曰塹堵測量。各書名有爲先生自定，目中所未列者，如二銘補注是也；有合數書爲一書者，如歲周地度合考、揆日候星紀要是也。又有大統曆志書目改題書紀，四庫皆別爲著録。

勿庵家學

梅先生文鼏

梅文鼏字和仲，勿庵先生仲弟也。初學曆時，未有五星通軌，無從入算，先生與取元史曆經，以三差法布爲五星盈縮立成，方得推算，共成步五星式六卷。早卒。參疇人傳、杭世駿撰傳。

梅先生文鼐

梅文鼐字爾素，勿庵先生季弟也。與兩兄夜則披圖仰觀，晝則運籌推步，考訂前史，輯中西經星同異考，以三垣二十八宿星名，依步天歌次第臚列其目，而以中西有無多寡分注其下，載古歌西歌于後。古歌即步天歌，西歌則利瑪竇所撰經天該也。其南極諸星，則據湯若望算書及南懷仁儀象志爲考證補歌附之於末。書成，先生爲之序。文鼐又有累年算稿，先生爲録存，名曰授時步交食式一卷。又有幾何類求新法。算書中比例規解本無算例，勿庵先生作度算，先生爲之補，又參用陳藎謨尺算，而用法始備。參疇人傳、杭世駿撰傳、勿庵天算書目。

梅先生以燕

梅以燕字正謀，勿庵先生子也。康熙三十二年舉人。治算有心得，讀恒星曆指，有所舉正，先生謂「能助余之思」。早卒，未竟其學。參疇人傳。

梅先生瑴成

梅先生瑴成字玉汝，號循齋，勿庵先生孫。幼慧，勿庵先生治交食表有所疑，先生能明其理，勿庵先生喜之，比於童烏之與太玄。聖祖召見勿庵先生，深知其學行，惜其既老。聞先生能承家學，五十一年，以諸生召入内廷，供奉蒙養齋。時方敕修天文、樂律、算法諸書，命先生預編訂。五十三年，賜舉人。五十四年，試禮部，未第，命與殿試，成進士，改庶吉士，授編修。雍正七年，改江南道御史，轉工科給事中，再遷通政司參議。以母憂歸。乾隆元年，擢順天府府丞，充增修時憲、算書館總裁官。坐事左遷光禄寺少卿，管算學。五遷至刑部侍郎。十五年，擢左都御史。十七年，以誤薦給事中特呑岱休致。

二十二年，高宗南巡，命視原秩食俸。二十七年，復賜其子鈁舉人。明年，卒，謚文穆。先生侍蒙養齋，聖祖示以西人借根方法，且諭之曰：「西人名此書爲阿爾八達，譯言東來法也。」先生讀之，以爲授時、曆草求弦矢之法，先立天元一爲矢，元學士李冶著測圓海鏡，亦用天元一立算，至明而失其傳，流入泰西。復得故物，爲作赤水遺珍，著其術焉。與修明史，議曆與天文當循司馬舊例分爲二書，時憲志當用圖，論特精。又增删算法統宗，别撰操縵卮言傳世。其論句股積與句弦和，較前人所未及言，乃立用帶縱立方求句股二法，阮伯元謂王孝通輯古算經已嘗言之，特立法未盡爾。子鈖字敬名，鈁字導和，皆治算。先生輯勿庵諸書，及删訂統宗，圖多出鈁手。孫沖字抱村，亦能世其學。參史傳、疇人傳、續疇人傳。

時憲志用圖論

客問於梅子曰：「史以紀事，因而不創。聞子之志時憲也用圖，此固廿一史所無，而子創爲之，宜執事以爲非體而欲去之也，而子固執己見，復呶呶上言，獨不記昌黎之自訟乎？吾竊爲子危之。」梅子曰：「吾聞史之道貴信，而其職貴直，余不爲史官久矣。史館總裁謂『時憲、天文兩志，非專家不能辨』，不以余爲固陋而委任之。余既不獲辭，不得不盡其職。今客謂舊史無圖，而疑余之創。竊謂史之紀事，亦視其信否耳，因創非所計也。夫後史之增於前者多矣。漢書十志已不侔于八書，而後漢皇后本紀與魏書之志釋、老，唐書之傳公主，宋史之傳道學，並前史所無，又何疑於國史用圖之爲創哉！且客未讀明史耶？明史於割圓弧矢、月道距差諸圖備載曆志，何明史不嫌爲創，而顧疑余爲創乎？」客曰：

「後史增于前者必非無因，若明史之用圖，亦有説歟？」梅子曰：「疑以傳疑，信以傳信，春秋法也，作史者詎能易之？古之治曆者數十家，大率不過增損日法、益天周、減歲餘以求合一時而已。即太初之起數鍾律，大衍之造端蓍策，亦皆牽合，並未能深探天行之故，而發明其所以然之理。本未嘗有圖，史臣何從取圖而載之？至元郭太史之修授時，不用積年日法，全憑實測，用句股割圓以求弦矢，于是有割圓諸圖載於曆草。作元史時不知採摭，則宋、王諸公之疎也。明之大統，實即授時，本朝纂修明史諸公，謂其義非圖不明，舊史雖無圖，而表亦圖之類也，遂採諸曆草而入於志，其識見實超凡俗。復經聖君賢相爲之鑒定，不以爲非體而去之，俾精義傳於無窮，洵足開萬古作史者之心胸矣。至於時憲之法，更不同於授時，其立法之奇妙，義藴之奥衍，悉具于圖，何可去之？如必以去圖爲合體，豈以明史爲非體，而本朝之制不足法歟？且客亦知時憲之圖所自來乎？我聖祖仁皇帝憫絶學之失傳，留心探索四十餘年，見極底藴，始親授儒臣作圖立説，以闡明千古不傳之祕，所謂御製曆象考成者也。余固親承聖訓，實與彙編之列。彼前輩纂修明史，尚不忍没古人之善，不惜創例以傳之，而余以承學之臣，恭紀御製，顧恐失執事之意，而遷就迎合，以致聖學不彰，使後之學者不得普沾嘉惠，尚得謂之信史乎？不信之史，人可塞責，而何用余越俎而代之？余之呶呶，非沽直也，不得已也。然則韓子之自訟，亦謂其言之可已者耳。使韓子果務爲容悦以求倖免，則諍臣之論，佛骨之表，又何爲若是其侃侃哉！」客唯唯而退。

勿庵弟子

李先生鼎徵

別見安溪學案。

李先生鍾倫

別見安溪學案。

劉先生湘煃

劉湘煃字允恭，湖廣江夏人。聞勿庵先生以曆算名當世，贏産走數千里請受業焉。湛思積悟，多所創獲，先生得之甚喜，曰：「劉生好學精進，啟予不逮。」其與人書曰：「金水二星，曆指所説未徹，得劉生説而知二星之有歲輪，其理確不可易。」因以所著曆學疑問屬之討論，先生爲著訂補三卷。又謂「曆法自漢、唐以來，五星最疏，故其遲留伏逆皆入于占。至元郭守敬出，而五星始有推步經度之法，而緯度則猶未備。至于西法，舊亦有緯度，至地谷而後知有推步五星緯度，然亦在守敬後矣。曆書有法原、法數，並爲曆法統宗。法原者，七政與交食之曆指也；法數者，七政與交食經緯之表也，故曆指實爲造表之根。今曆所載金水曆指，如其法造表，則與所步之表不合；如其表以推算測天，則又與天密合，是曆官雖有表數，而猶未知立表之根也」，乃作五星法象編五卷。勿庵先生深契其説，摘其要自爲五星紀要。先生又欲爲渾蓋通憲天盤安星之用，以戊食曆元加歲差，用弧三角法，作恒星紀緯表根、月離交均表根、黄白距度表根各一卷，皆補新法所未及也。又著曆學古疏今密論、日月食算稿、各省北極出地圖說、答全椒吴荀淑曆算十問各一卷。先生之學，於輿地、河漕、食貨、兵防無不通貫，大將軍年羹堯禮致幕下，甚見親重。知其必敗，辭去，卒。無子，遺書多散佚。參疇人傳。

陳先生萬策

陳萬策字對初，號謙季，晉江人。父遷鶴，字聲士，康熙乙丑進士，授編修官，至左庶子，致仕歸，五十三年卒。平生邃於經學，不墨守前人成説，所著有易說、尚書私記、毛詩國風繹、春秋紀疑、小學疏意大全諸書。先生康熙戊戌成進士，改翰林院庶吉士，散館授編修，歷詹事府詹事，以事降檢討，復累遷侍講學士。嘗受算法於勿庵先生，作中西算法異同論。又從李文貞游，講求經學，分修周易折中，創爲啟蒙諸圖。又修性理精義、欽定詩經傳說彙纂。其自著有近道齋文集六卷。雍正十二年卒，年六十八。參史傳、疇人傳。

中西算法異同論

古今之爲算學者，自隸首、商高而後，若劉徽、祖冲之、趙友欽、郭守敬之徒，皆精詣其術。及西法至，而其説又出中法之外者，其異同可得而論也。夫中法言異乘同除，而西法總之四率，可謂異矣，而爲比例之理則同也。九章之内，大要多同借衰疊借之法，蓋差分盈朒之變其名爾，至中法謂之句股也用邊，而西法謂之三角也用角，三邊三角可以互求。中法有不逮于西法者，則八綫立成表是也，剖全圓而爲半周，又剖爲象限，立切割弦矢之綫以成正方角，何嘗非句股與弦哉！其所以妙於中法者，用邊之術可以高深廣遠而已，用角之術則本於天度，所以在璿璣而齊七政，亦無不具乎此，蓋用邊者斜剖之方，而用角者剖心之圓，方者測地，而圓者並可以窺天也。方程之用，西法所無，而借根方之算，中法絶未有聞也。又比例數之表不用乘除，而用併減，於平方、立方、三乘方以上之算尤捷焉，皆中法之所未有也。至於古法之爲祘子者，今不復有，所用者，珠算而已。西法則有籌算，有筆算，有矩算，有比例規算，其雜見錯出，而均合於度數之自法，視中法爲備矣。蓋三代而後，六藝往往不逮於古，何止數學而已。專門之緒，鮮克尋究，而西士以爲六學之一焉。業於是者，終其身，竭精殫慮以相尚也。觀幾何原本一書，自丁先生以來，若六經之尊貴，可以考其用心，宜其爭衡於中法也。雖然，異者法也，而同者理也。若劉徽、祖冲之、趙友欽以四角起數，所算圓周之率，與西法無毫釐之差，而西人以六宗率作剖圓八綫者，其術亦不外乎此。可見理同而法不異，兼中西之法，神而明之，則藝也而進乎道矣。切問齋文鈔。

按：借根方之爲立天元一，至文穆而始明，故文中猶云「中法絶未有聞也」。

陳先生厚耀

陳厚耀字泗源，泰州人。康熙四十五年進士。大學士李光地薦其通天文算法，召見，試以三角形令求中綫，又問弧背尺寸，先生具劄進稱旨。四十八年，扈行熱河，聖祖問北極出地高下，及地周、地徑、地圜，先生具舉以對。旋以母老，就蘇州教授。未踰年，召入南書房，授中書科中書，尋命與梅瑴成修書蒙養齋，賜算法諸書及西洋儀器。書成，授翰林院編修。五十三年，丁母艱，賜帑銀，命江南織造經紀其喪。服闋，晉國子監司業，轉左諭德。五十七年，充會試同考官。次年，以老乞致仕。六十一年，卒，年七十五。先生以天算之法治春秋，嘗補杜預，爲春秋長曆十卷，其凡有四：一曰曆證。備引漢書、續漢書、晉書、隋書、唐書、宋史、元史、左傳注疏、春秋屬辭、天元曆理諸説，以證推步之異。其引春秋屬辭載杜預論日月差謬一條，爲注疏所無。又引大衍曆義春秋曆考一條，亦唐志所未録。二曰古曆。以古法十九年爲一章，一章之首，推合周曆正月朔日冬至，前列算法，後以春秋十二公紀年，横列爲四章，縱列十二公，積而成表，以求曆元。三曰曆編。舉春秋二百四十二年，推其朔閏及月之大小，而以經傳干支爲證佐，述杜説而考辯之。四曰曆存。以古曆推隱公元年正月庚戌朔。杜氏長曆則爲辛巳朔，乃古曆所推之上年十二月朔，謂元年以前失一閏，蓋以經傳干支排次知之。如預之説，元年至七年中，書日者雖多不失，而與二年八月之庚辰，四年二月之戊申，又不能合。且隱公三年二月己巳朔日食，桓公三年七月壬辰朔日食，亦皆失之。蓋隱公元年以前非失一閏，乃多一閏。因定隱公元年正月爲庚辰朔，較長曆退兩月，推至僖公五年止，以下朔閏，一一與杜曆相符，故不復續推。先生明於曆，所推較預爲密。又撰春秋戰國異辭五十四卷，通表二卷，摭遺一卷，春秋世族譜一卷。馬氏爲繹史，兼採三傳、國語、國策，先生則皆摭於五書之外，獨爲其難。氏族一書，與顧震滄大事表互證，春秋氏族之學幾乎備矣。又著禮記分類、孔子家語注，十七史正譌諸書。參史傳、疇人傳。

勿庵交游

黄先生百家

別見南雷學案。〔一〕

潘先生耒

別見亭林學案。

湯先生斌

別爲潛庵學案。

〔一〕「南雷學案」，原作「黎洲學案」，據目録及正文改。

魏先生荔彤

別見柏鄉學案。

施先生閏章

別爲愚山學案。

李先生光地

別爲安溪學案。

揭先生暄

揭暄字子宣，廣昌人。著璇璣遺述七卷，一名寫天新語，言天地大象，七曜運旋，採西法而雜以理氣之説。康熙二十八年，以其稿質於勿庵，先生録其精語爲一卷，稱其「深明西術，而又別有悟入」。又稱其「謂『七政小輪皆出自然，如盤水之運旋，而周遭以行疾而生漩渦，遂成留逆』一條，爲古今之所未發」。其書如考曆變，考潮汐，辨分野，辨天氣地氣所發育，方密之謂「與易道有所發明」。又謂「日月東行，如槽之滚丸，而月質不變」；又謂「天堅地虚，喻爲餅中有餅」，四庫提要指爲矛盾。至「五星有西行之時，日月有盈縮之度」，雖設譬多方，而於實占不相應，皆先生所未稱及也。與先生同時治曆者，有游藝字子六，建寧人，撰天經或問前集四卷，後集無卷數，皆設爲問答，以推闡天地之象，大旨以西法爲宗，先生集中多取其説。參疇人傳、杭世駿撰傳、四庫提要、勿庵曆算書目。

方先生中通

方中通字位伯，桐城人。父以智，博極羣書，兼通算學。先生承其家學，著數度衍二十四卷，有數原律衍、幾何約、珠算、筆算、籌算、尺算諸法。復條列古九章名目，推闡其義，大略言九章皆出于句股，環矩以爲圓，合矩以爲方，以方出圓，句股之所生也。少廣，方圓所出也，方田商功，皆少廣所出。一方一圓，其閒不齊，始出差分，而均輸對差分之數，盈朒借差求均，又差分均輸所出，而以方程濟其窮。度量衡原出黄鐘，粟布出焉，黄鐘出於方圓者也。又言：「乘莫善于籌，除莫善於筆，加減莫善于珠，比例莫善于尺。」勿菴先生見其書，謂「其尺算之術，以三尺交加取數，故衹能用平分一綫，惜未得與深論」。先生與子宣問難往復，别爲揭方問答，亦嘗質于勿菴先生。參疇人傳、杭世駿撰傳、四庫全書提要。

湯先生濩

湯濩字聖宏，六合人。時有穆尼閣者，泰西人，久居江寧，先生與之友善。穆尼閣以步天之術及推算交食之法授薛儀甫，勿菴先生訂其書。先生嘗與勿菴先生游，言「穆尼閣喜與人言曆，而不强人入教，蓋彼教之君子」云。參杭世駿撰傳。

袁先生士龍

袁士龍一名士鵬，字惠子，一字爲之，號覺庵，仁和人。受星學於黄宏憲。西域有三十雜星之占，先生爲補譯中土星名，多與先生〔一〕合。又著測量全義新書二卷，凡二十六篇。曰七政經天圖説，曰測天儀象，曰次輪定位，曰經天要旨，曰列宿距度，曰新定步天歌訣，曰太陽測，曰太陰附羅計孛炁，曰土木火金水星測，曰七政躔次位置測法不同，曰測景候氣，曰象限測法，十二篇言推步。曰方程神算新法圖説，曰比例尺九式，曰測量用例查法，曰因乘用例查法，曰歸除用例查法，曰用乘捷法五式，曰用除捷法五式，曰句股開方捷法三式，曰指明圓周徑弦真率，曰測高用法，曰測遠用法，曰高置人目測量高遠，曰移象换影測量高遠，曰望竿定測，凡十四篇言算術。阮伯元從許周生見其書，謂「所定内圓求外方積三十二因二十五歸，與諸家定率不合，其言方程亦非九章古義」。參疇人傳、杭世駿撰傳。

〔一〕「先生」上疑脱「勿庵」二字。疇人傳作：「西域天文有三十雜星之占，未譯中土星名，士龍有考，與梅文鼎所考不謀而合。」

孔先生興泰

孔興泰字林宗，睢州人。舉人。通西術，著大測精義，求半弧正弦法，與勿庵先生所著正弦簡注補不謀而合。參疇人傳、杭世駿撰傳。

毛先生乾乾

毛乾乾字心易，南康人。隱居匡山。與勿庵先生論周徑之理，因推論及方圓相容相變諸率，勿庵先生亟稱之。謝廷逸字野臣，河南人，先生壻也，於數學甚有精思，晚偕隱宜興，自相師友，著述甚富，多前人所未發。參疇人傳、杭世駿撰傳。

張先生雍敬

張雍敬字簡庵，秀水人。治曆主中法，著定曆玉衡，博綜曆法五十六家，正曆法之謬。康熙四十四年，爲書十八卷，裹糧走千里，以其書示勿庵先生，假館授餐，逾年，相論辨者數百條，去異就同，歸于不疑之地。惟西人地圓如球之説，則始終不合。既歸，録與勿庵先生兄弟輩往復問難之語爲宣城游學記。參杭世駿撰傳、朱彝尊曝書亭集。

勿庵私淑

江先生永

別爲慎修學案。

楊先生作枚

楊作枚字學山，無錫人。魏念庭刻勿庵先生曆算諸書，先生爲之校勘。又自撰解割圓之根一卷，釋割圓八綫表立法之根，附勿庵先生書後。又有句股正義一卷。參疇人傳、梅氏曆算全書。

循齋弟子

丁先生維烈

丁維烈，長洲人。受業於循齋先生，循齋以句股積及股弦和較或句弦和較求句股，向無其法，苦思力索，知其須用帶縱立方，因令先生別立御之之法，遂造減縱翻積開三乘方法以應，循齋稱其頗能深入，載入赤水遺珍。又述西人三率比例法一卷。參疇人傳、赤水遺珍。

清儒學案卷三十八

孝感學案

康熙一朝宰輔中，以理學名者，前有柏鄉，後有安溪。孝感則由詞臣致位樞衡，侍講筵獨久，本朱子正心誠意之説，竭誠啟沃，默契宸衷。聖祖之崇宋學，自孝感發之也。述孝感學案。

熊先生賜履

熊賜履字敬修，號青岳，晚號愚齋，孝感人。順治戊戌進士，改庶吉士，授檢討，累遷翰林院掌院學士，兼禮部侍郎，超拜武英殿大學士，以票擬錯誤罷職。寄居江寧，築下學堂以藏書，講學不輟。聖祖南巡，召對行在，御書「經義齋」匾額以賜。後起爲禮部尚書，復官至東閣大學士，因老乞歸。康熙四十八年卒，年七十有五，謚文端。先生官翰林時，值内大臣鼇拜輔政，威福自專，會奉詔陳政事得失，因疏言「内臣者，外臣之表，京師者，四方之倡，本原之地在乎朝廷。今朝廷之可議者不止一端，其至重且大者，一政事極其紛更而國體傷，一職業極其墮窳而士氣靡，一學校極其廢弛而文教衰，一風俗極其僭濫而禮制壞。至於根本切要，端在聖躬，宜選擇左右，朝夕獻納，切劘治體」。論事侃侃累萬言，一時直聲震天下。繼復上言「朝政積習未除，國計隱憂可慮，請時御便殿，接見儒臣，講論政事，庶可轉咎徵爲休徵」。鼇拜惡其侵己，下部議處，上特原之。鼇拜既敗，先生再疏，請舉經筵舊典，並設起居注官，備記言記動之職。詔嘉其忠直，嘗召入内廷，命作楷書。先生大書「敬天法祖，知人安民」八字以進。隨命講大學、中庸，兩首節竟，上歎曰：「真講官也。」

生平論學，尊紫陽，闢陽明，以默識爲真修，以篤行爲至教。由程、朱之塗，而上溯乎孔、孟。其言曰：「聖賢之道不外乎庸，庸乃所以爲神也。」又曰：「洙、泗之統，惟朱子得其正；濂、洛之學，惟朱子匯其全。」又曰：「列聖諸賢，授受惟一，而守先待後，閑聖距邪之功，則戰國之孟子，宋之朱子，明之羅子，尤其昭日月而垂天壤者也。夫羅子豈可與朱子比哉！特以良知肆行之時，而能謹守朱子，砥柱狂流，則亦朱子已矣。」著有學統五十六卷，閑道録三卷，下學堂劄記三卷，經義齋集十八卷，澡修堂集十六卷，及樸園邇語、學辨、學規、學餘等書。參史傳、彭紹升撰事狀、學案小識、先正事略。

閑道録

性即理也，無不善之理，安有不善之性？

氣稟有清濁偏正之殊，物欲有厚薄淺深之異，及其成功，一也，故曰性善。

善即本體也，在天曰命，在人曰性，在物曰理，處物曰義。孔子曰繼善，顔子曰一善，曾子曰至善，孟子曰性善，皆是也。知此者爲知天，見此者爲見易，窮此者爲窮理，達此者爲達德。

善即明德，明善即明明德，格致誠正齊治均平，明明德事，即明善事。學問思辨，行明善事，即明明德事。善者，性也，有諸己之謂德；德者，善也，賦於天之謂性。明其本明之德曰明明德，明其本明之善曰明善，大學、中庸無異旨也。

明善，誠身之功；主敬，明善之要。

知至至之，敬之始事；知終終之，敬之終事。廓然大公，敬之理一；物來順應，敬之分殊。

善只是天理，明善只是復還天理。凡聖經賢傳，無非發揮此二字，註疏此二字，使人知所從入之路，與所以用力之方而已。要之，喫緊關要，一言蔽之曰「敬」。然則聖人之學，「明善」二字盡之；明善之道，敬之一言盡之。此千古聖賢之公言，非予一人之私言也。

孟子以情證性，以情善證性善，蓋情即性之發，性即情之存，因情之無不善，則知性之無不善也。世人不能見性，正緣不能見情，錯認「情」字，所以錯認「性」字，若識得這情，便識得這性矣。

孩提不學，而能不慮而知。聖人不勉而中，不思而得，論其本體，誠如是也。然能即能其所學者，知即知其所慮者，中即中其所勉者，得即得其所思者，學即學其所能者，慮即慮其所知者，勉即勉其所中者，思即思其所得者。且不學而能，是不學之學；不慮而知，是不慮之慮；不勉而中，是不勉之勉；不思而得，是不思之思；不能而學，是學其不學；不知而慮，是慮其不慮；不中而勉，是勉其不勉；不得而思，是思其不思。若徒騖於不學、不慮、不思、不勉之虚名，坐棄其與知、與能、自得、自中之實理，廢置有本體的真工夫，冒認無工夫的假本體，希圖自在，厭棄修爲，而不知其與禽獸同歸也，亦甚非聖賢教人之本意矣！

不學而能是良能，學而能亦是良能；不慮而知是良知，慮而知亦是良知；能而不學是良能，不能而學亦是良能；知而不慮是良知，不知而慮亦是良知。人但知不學、不慮之爲良知、良能，不知不學而學、不慮而慮之乃所以爲良知、良能；但知不能而學、不知而慮之非良知、良能，不知不能而不學、不知而不慮之尤非良知、良能也。孟子此言，正爲不善學、不善慮者指出不學、不慮之本體，又爲泥煞不學、泥煞不慮者指出不學而學、不慮而慮之功夫。使人知不學而能者，竟以廢學而成不能；不慮而知者，竟以廢慮而成不知；不學而能者，必以學而後無不能；不慮而知者，必以慮而後無不知，其所謂不學、所謂不慮者究不足恃，而所謂學、所謂慮者乃終不可廢也。是所望於善讀孟子者。

或問心。曰：「性情之主。」問性。曰：「仁義禮智。」問情。曰：「惻隱、羞惡、辭讓、是非。」問道。曰：「父子有親，君臣有義，夫婦有別，長幼有序，朋友有信。」問學。曰：「明善。」問其目。曰：「博學之，審問之，慎思之，明辨之，篤行之。」問五者之要。曰：「主敬。」問主敬之目。曰：「非禮勿視，非禮勿聽，非禮勿言，非禮勿動。凡履所舉，皆古今常理，聖賢成法。既爲常理，便是千古不易的；既爲成法，便是萬世無弊的。舍此而言，便是異端，便是邪説，終爲名教之罪人也！」

告子以食色爲性，以欲爲性也，只教人縱欲。孟子以仁義爲性，以理爲性也，只教人循理。甘食，性也。紾兄之臂而奪之食，亦得爲之性乎？悦色，性也。踰東家牆而摟其處子，亦得爲之性乎？大抵戰國時，人欲横流，天理滅没，皆以縱欲爲率真，循理爲作僞，一時淫詞邪説，只要抹煞天理，回護人欲。如告子芻狗仁義，任人弁髦禮法，向非子輿氏極力論辨，綱常名教，竟不知飄泊何極矣！孟子之功，不在禹下，豈虚語哉！

不忍觳觫，仁之端也，擴而充之，而仁不可勝用也。不屑呼蹴，義之端也，擴而充之，而義不可勝用也。孟子千言萬語，只是發明性善，「仁義」二字是直指本體，「擴充」二字是直指工夫，七篇大意皆是如此。

論語曰毋意，大學曰誠意，蓋毋意之意，只是不誠之意。不誠之意，不可不無；誠其意者，正是要無這不誠之意耳。意者，心之發，所謂念頭是也。這念頭有善有惡，善念頭不可無，惡念頭不可有。一槩有也不得，一槩無也不得，一槩有，勢必至於只有惡而不有善；一槩無，勢必至於只無善而不無惡。此論語所以紀無意，而大學所以貴誠意也。

老氏要無，到底無他不得；佛氏要空，到底空他不得；吾儒有還他有，實還他實，是曰率性，是曰循理，是曰盡性至命。

韓子在用上闢佛、老，謂其既無用怎見有體？程、朱在體上闢佛、老，謂其原無體安得有用？程、朱三夫子皆拔本塞源之論，而昌黎原道亦大中至正之理也。

天下之可知者，即其不可不知者也，吾道是也；天下之不可知者，即其不必知者也，佛、老是也。

吾儒曰：「易有太極，是生兩儀，兩儀生四象，四象生八卦。」又曰：「無極而太極，太極生二五，二五流行，化生萬物。」老氏曰：「谷神不死，是曰玄牝，玄牝之門，是謂天地根。」佛氏曰：「有物先天地，無形本寂寥，能爲萬象主，不逐四時彫。」宗旨迥然不同，不可不辨。

吾儒言心便是言理，言理便是言心，言理便不離氣，言氣便不離理，故心爲理義之心，而非佛氏空靈之心；氣爲道義之氣，而非老氏精神之氣。蓋吾儒之心，有理之心；佛氏之心，無理之心。吾儒之氣，有理之氣；老氏之氣，無理之氣。吾儒之心、之氣不得在天理之外，二氏之心、之氣不曾在天理之中。吾儒心即理也，氣即理也，與理爲一；二氏心自心也，氣自氣也，判理爲二。二氏不知天理爲何物，吾儒不知天理之外爲何物。

天理者，天然自有之條理，天敍、天秩、天命、天討是也。天理本有善而無惡，唯有善無惡，故好善惡惡。好惡，情也；好善惡惡，性也。聖人代天理物，經世宜民，是是非非，善善惡惡，辨之井然而不淆，處之秩然而各當，賞罰以持一時之平，褒貶以維萬世之公，皆由此道也。釋氏以無善無惡爲本體，以好善惡惡爲情識，夷是非善惡，而一之爲平等，爲圓妙，纔有辨别揀擇於其閒，則曰分别心，曰人我相，儱侗混淆，顛倒錯謬。操斯術也，雖接一物，處一事，亦有所不能，況可以宰世經物，而冀其區置咸當乎！每見世之自命爲豪傑者，其身三綱五常之身也，其位致君澤民之位也，負家國天下之責，而復窮年肆力於若曹之説，而恬不之返，是果無所分别之説，竟可以治萬有不齊之天下而無弊耶？吾不知其所見安在也！

高者入於釋、老，卑者流于申、韓，皆是不知循理之故。理者，大中至正、一定不易之天，則若能循理，焉有二者之病！

告子曰「生之謂性」，朱子曰「生之理之謂性」，儒、釋之辨在此。

精的就在粗的上，微的就在顯的上。若無粗的，那精的無處湊泊；無顯的，那微的無處掛搭。佛氏每遺粗言精，離顯語微。夫既無粗矣，又安有精？既無顯矣，又安有微？乃猶侈然自命曰：「我但用力于精深微妙之處，而不屑屑于形器之末，沾沾于耳目之前。」噫！抑未知微顯之無閒，精粗之一致，形而上、形而下者之一以貫之也。

吾儒謂天之所與我者，爲降衷之恒性，本來純粹至善，無有夾雜，即所謂天理也。然或拘於氣稟，蔽於物欲，則不能有善而無惡。聖賢教人以復性之方，存理遏欲，去惡爲善，在在持養，時時省察，以復其賦畀之初衷，使靜焉體全，動焉用著，無非至善之妙而後已。聖賢之明物察倫，盡性至命，無不在此。乃禪家則目之爲麄行，爲外道，爲業識，爲無明，爲生滅心，爲輪迴劫，必要此中頑然一念不起，不著色，不著空，不思善，不思惡，如槁木，如冷灰，而後爲言思路絶之上乘，爲非想非非想之正果。故其立教也，只要虛空，只要超脱，謂當下便是這箇，一切皆是這箇，不假一毫功力，不須一毫防閑，不必分别是非，不必揀擇善惡，一任靈明圓覺，便是最上法門，慾熾情流都是道妙，放僻邪淫都是作用，壞理滅倫，亂常禍道，其爲世道人心害，可勝言哉！此從古有道仁人，每有所大不忍於中，而無能已於爭辨也。

儒者曰：「有理有欲，有善有惡，有陽有陰，有君子有小人，要十分分别，要十分揀擇。分别知至至之，揀擇知終終之，存理遏欲，去惡爲善，扶陽抑陰，進君子退小人，是之謂大中，是之謂至正，是之謂盡人合天。」範圍不過，曲成不遺，皆此道也。佛者曰：「無理無欲，無善無惡，無陽無陰，無君子無小人，無容於分別，無容於揀擇。分別是幻思，揀擇是妄念，無分別心，亦無無分別心，無揀擇心，亦無無揀擇心，何存何遏，何去何爲，何扶何抑，何進何退，是之謂兩忘，是之謂平等，是之謂一切圓妙。」滅絶倫理，掃除紀法，職此故也。明乎其爲聖爲凡，爲人爲獸，而後知可聖不可凡，可人不可獸。凡知趨於聖人，恐墮於獸，是率天下而聖賢之也。忘乎其爲聖爲凡，爲人爲獸，則將可聖可凡，可人可獸，聖不嫌夷於凡，人不妨侔於獸，是率天下而禽獸之也。儒者之道，井然天秩，燦然天敍，可以治天下，可以垂萬世；佛者之説，一切都幻，一槩都空，不可以行一時，不可以了一身，然則儒、佛二者，正自不難辨也。

吾儒謂天理在人事中，理事合而爲一；異端謂天理在人事外，理事析而爲二。

夫子之四毋，毋其私者也；陽明之二無，并其公者而掃除之矣。顔子之四勿，勿其非者也；告子之二勿，并其是者而禁遏之矣。

朱子釋格物曰：「因其已知之理而益窮之，以求至乎其極。蓋極者，天理之極，致即至善也；格物者，窮至事物之理，即止於至善也，故格物即是窮理，即是盡性，即是至命。」陽明謂「朱子所謂格物云者，是以吾心而求理於事事物物之中，未免析心與理而爲二」，斥之爲「玩物喪志」，爲「徇外遺内」。噫！是誠朱子所謂「理有未明，而不能盡乎人言」之意者也。高子忠憲辨之詳矣。

子興單提「性善」二字，景逸、涇陽痛闢「無善」二字，皆功在萬世。

告子只要打破孟子「善」字，東坡只要打破程子「敬」字，迨陽明之説行，「善」字、「敬」字一齊破碎矣。

致知在格物，猶云盡心在窮理也。理未窮，其所謂心，只是習念，非真心也。物未格，其所謂知，乃是妄見，非真知也。儒者之流入釋氏，病根在此。

學莫要於存心，是己但恐所存者未必是心，正使真能存得，𣲆足爲累。蓋自世微道喪，學鮮真傳，詖淫邪遁之言，充滿宇内，溺於其説者，毒入膏肓，牢不可解，終日努目張眉，撐拳揮棒，以情慾爲天真，以幻思爲本體，其所謂心者，或光景之滉漾，或意見之迷沈，或懸空想像而胸臆偶開，或緣境揣摹而靈明乍露，妄生妄滅，倏起倏消，用力愈多，去心愈遠。故學者先論其是不是，然後論其存不存。若未免認賊作子，指石爲玉，將日顛月狂，無復有轉頭日子矣。

世儒遏絶思慮以爲操存，捉住念頭以爲持守，分明墮入異學而不知也。這物事本合内外，通寂感，包體用，統性情，渾然一太極之妙，惟一主於敬，則該本末，徹表裏，渾精粗，兼巨細，無非太極本然之妙也。試思這物事何等神妙，何等虚靈，如何遏絶，如何捉住得！聖賢教人，只一主敬是箇指訣，是箇要法，何嘗要遏絶他，何嘗要捉住他！學者特未之思耳。

自姚江提宗以來，學者以不檢飭爲自然，以無忌憚爲圓妙，以恣情縱慾、同流合汙爲神化，以滅理敗常、毀經棄法爲超脱，道術人心，敝久壞極，若非東林諸子迴狂瀾於横流汎濫之中，燃死灰於燼盡煙寒之後，茫茫宇宙，竟不知天理人倫爲何物矣！然積習難除，幾微易汩，守先待後，吾黨之責也，願與同志共勉之。

今人言學在學問思辨行之外，言性在仁義禮智信之外，言道在君臣父子夫婦兄弟朋友之外，雖孔子復生，亦末如之何也已！

昔之辨，辨其畔儒者；今之辨，辨其溷儒者。昔之辨，辨其佞禪者；今之辨，辨其諱禪者。昔之辨，辨其似禪之儒；今之辨，辨其似儒之禪。昔之辨，辨其歸禪之假儒；今之辨，辨其歸儒之真禪。昔之辨，正其儒禪之名，使彼不得淆其實；今之辨，剖其禪儒之實，使彼不得竊其名。

俗學只是要加，異學只是要減，不知這物事完完足足停停當當，加也没處加得一些，減也没處減得一些。

俗學論性失之低，異學論性失之高。俗學滯於有，和人欲也有了；異學淪於無，連天理也無了，皆不知明善之故也。

學統自序

斯道之在天壤，終古如是也，而率而由之，則存乎其人。人之至者，繼天立極以充其量，斯道統攸屬焉。統者，即正宗之謂，亦猶所爲真諦之説也，要之不過天理二字而已矣。斯理本塞上下，亘古今，而實體備於聖賢之一身，聖賢心心相印，先後一揆，亦安有毫釐之或謬！然而代遠人徂，薪傳寖蝕，異端曲説，往往起而淆亂之，日浸月淫，有不至大壞極敝不已者夫！道也者，理也。理具於心，存而復之，學也。學有淺深，有得失，而道之顯晦屈伸，遂從而出於其閒，有志者，是烏可不爲之致辨乎？辨其學所以晰其理，而道以明，而統以尊。嗚呼！此固吾儒事功之決不容已者也。三代以前，尚矣！魯、鄒而降，歷乎洛、閩，以逮近今，二千餘年，其閒道術正邪，與學脉絶續之故，衆議紛拏，迄無定論。以至標揭門户，滅裂宗傳，波靡沈淪，莫知所底。予不揣猥，起而任之，佔畢鑽研，罔閒宵晝，務期要歸於一是。爰斷自洙、泗，暨於有明，爲之究其淵源，分其支派，審是非之介，别同異之端，位置論列，寧嚴毋濫，庶幾吾道之正宗，斯文之真諦，開卷瞭然，洞若觀火。計凡十閲寒暑，三易草稿而後成。嗚呼！余，鄙儒也，粗通章句，輒搦管爲此，則夫譾陋之誚，僭踰之辜，極知在所不免，然而生平衛道之苦衷，自謂可以對越往哲，昭示來兹而無愧，故敢梓以問世，因敍言簡端，以識區區之鄙志云。

文集

太極圖論

上下古今，一理而已，一氣而已。離理無從見氣，離氣無從見理，此主其合者言之也。有理方有是氣，有氣斯有是理，此主其分者言之也。理外無氣，氣外無理，不可謂理此而氣彼，而特不可不謂理先而氣後，亦不可不謂理精而氣粗，此又主其分而合、合而分者言之也。易曰：「一陰一陽之謂道。」又曰：「形而上者謂之道，形而下者謂之器。」陰陽，器也，即氣也；所以陰陽，道也，即理也，斯固二而一，一而二，不可以分合言，而亦不可不以分合言者也。天高地下，萬物散殊，何莫非此氣之充周，此氣之運行？而此之所爲充周而不遺，運行而不息者，蓋莫不有是理焉爲之主宰往復於其閒，而縱横上下，過續往來，無不如是，而初無一隙之或缺，一息之或停也。然則求道者亦務明夫理而已矣！自伏羲一畫洩兩閒之機，孔子十翼闡千古之祕，斯道昭揭如日中天。無何，聖徂神伏，異端蠭起，微言大義委之草莽，以董江都、韓昌黎後先相望於千百歲之閒，而曾未能力窮其奧，而正是其統。軻之死，不得其傳焉，寧虛語哉！濂溪周子，神契妙解，不由師授，爲之建圖立說，俾造物極至之理，庶幾昭示於來茲。其曰「無極而太極」也，言本無是形而實有是理，即「易有太極」之謂也。曰「太極動而生陽，靜而生陰」也，言是理之動靜成形，陰陽成象，猶太極之生兩儀，而一動一靜互爲其根，一陰一陽互藏其宅也。曰「五氣布，四時行」也，言是理之由一而二，即猶二而五，猶兩儀之生四象，而二老二少自成其變，四方四隅各得其位也。曰「乾道成男，坤道成女，二五流行，化生萬物」也，言是理之行生發育，無際無量，氣化形化，形生氣生，無往而非乾坤之摩盪，六子之結撰，六十四卦三百八十四爻之瀰漫而亭毒也。合而言之，萬物一太極也。「維天之命，於穆不已」，大德敦化，爲物不二是也。分而言之，一物一太極也。「乾道變化，各正性命」，小德川流，生物不測是也。究之萬物一五行也，五行一陰陽也，陰陽一太極也，太極本無極也，所謂上天之載，無聲無臭，不可以形跡求，不可以方所拘，無乎然而無乎不然，無乎不然而無乎然者也。則試仰觀俯察，原始要終，凡有形有象皆氣也，二五萬物是也；凡所以形所以象皆理也，太極是也。所以形者無形，所以象者無象，無形者形形，無象者象象。形形者，無形而無不形；象象者，無象而無不象，則無極而太極，太極本無極之説也。理無欠缺，氣安有欠缺？理無歇息，氣安有歇息？至微至顯，即顯即微；至顯至微，即微即顯。無精無粗，亦即粗即精；無鉅無細，亦即細即鉅。其奥其妙，不可以言詮，不可以意解，而實則凝目舉趾，觸處皆是，而正非有幽遠杳渺之難爲測識者也。而或者疑無極之説近於二氏，以爲出於陳希夷、穆伯長、李挺之輩之所傳。嘻！抑誣矣！蓋太極乃至無而至有，亦至有而至無者也。至無而至有，非佛氏之所謂無；至有而至無，非老氏之所謂有也。佛氏之所謂無，非吾之所謂無；老氏之所謂有，非吾之所謂有也。先天圖由一而二，而四，而八，而六十四；太極圖由一而二，而五，而萬；洪範圖由一而三，而九，而八十一，數有多寡，而理無同異，又何疑於周子繪圖、朱子立解之指乎？總而論之，太極非他，不過天地間極至之理而已。天得之爲天，地得之爲地，人物得之爲人物，無有二也。而就其最切於人心者言之，蓋是太極之理，存之爲五常之性，發之爲四端之情，得之於心爲德，行之於身爲道，推而廣之，舉而措之天下之爲事業，放之六合，用中有體，卷之寸靈，體中有用，時時在在，焉往而非是理之包涵條貫於其中哉！邵子曰：「道爲太極，心爲太極。」朱子曰：「心之動靜是陰陽，所以動靜是太極。」此體道之君子，存養省察，明體達用，其功不可須臾之或離。而周子特爲諄諄致謹於君子小人、修吉悖凶之戒，而端有賴於聖人之主靜立極，定之以中正仁義也。況人主膺圖涖宇，函三在宥，卷舒協四氣之和，動靜彙百昌之祉，惟是得一以貞，乘六而御，清宫齋穆之中，明堂敷布之際，體乾行健，作則建中，務使宥密單心，無爲至正，綏猷錫福，協應庶徵，則體全用備，登三咸五，求之心極，而無餘事矣！書曰：「皇建其有極，斂時五福，用敷錫厥庶民。」亦此意也夫！

答楊同年論學書

來教云云，弟非敢妄行訾詆，得罪於先達不顧也，況文成文章功業，有明三百年來，指不多屈，又豈後學之所敢輕議！但論人不可不恕而辨學則不可不嚴。文清曰：「學者論人宜取其長處。」此固長者之言也。然讀書録中，於二氏百家似是而非、疑同而異之辨，並無一毫遷就。豈文清顧自食其所言耶？墨子之德至矣，漢儒至或與仲尼並稱，豈漫無所長者？止以兼愛一篇，昧于理一分殊之義，孟氏推極流弊，至比之于禽獸而不以爲過。豈孟氏之論人，較刻於文清耶？誠以學問是非之介，道理同異之關，有斷然不可假借，不可游移者！雖以鄰于持論過刻，而不遑恤也。文章功業，聖賢所不廢也，而欲耑執此以優劣古今之人，則大不可。顔、曾有何事功？有何文采？而洙、泗正傳必歸之。孟子〔一〕曰：「行一不義，殺一不辜，而得天下，不爲。」又曰：「仲尼之徒，無道桓、文之事者。」文成之功業，亦止在管、晏之閒耳，孟氏無一匡九合之功，而顧薄管仲不爲，天下後世未聞有疑其妄、議其僭者。顔子，亦布衣也，史氏稱其有王佐才，或謂與禹、稷同道，或謂與伊尹同志，當時後世亦鮮不信之。豈儒者顧爲是空談臆説以欺萬世哉！亦信以必然之理，而論其不易之道也。然則學術事功輕重分合之説，亦可以覩矣。文成之學術，雜乎禪者也；文成之事功，純乎霸者也，惟其禪也故霸，惟其霸也故禪，二者一以

〔一〕「子」下原衍一「子」字，今删。

貫之也。無善無惡，分明祖述告子，百餘年來，斯文波靡，世道灰燼，實文成提宗，誤人之咎，更復何辭！來教謂「文成即悟即修」，恐文成之悟，只是無善無惡之悟，而非吾之所謂悟；文成之修，只是無善無惡之修，而非吾之所謂修也。來教又云：「可以自稱得手，而不可以接引後學。此亦不過委曲調停之説，而非大中至正之理也。」夫上下一原也，精粗一致也，工夫雖有先後，道理實無彼此，豈有可以自稱得手，而不可以接引後學者？豈有不可以接引後學，而可以自稱得手者？是又不辨而自明者矣。弟近來兀守遺經，唯從事于寡過之學，堅白同異，不復向人嘵嘵，空騰辯口。茲既承下問，則又不敢爲苟同之論，以欺知己，年兄得無訝其狂悖不可解耶？幸終教之！月川集呈覽。居業録止有寫本，適爲滿洲一門人借去，俟彼卒業後，索回馳上。不宣。

答劉藜先論學書

鐙下靜讀手教，娓娓數千言，光芒萬丈，不可逼視。就中辨晰道脉之源流，學術之同異，如剥蕉葵，層層刻入，而又獨具手眼，不屑拾人殘唾。足下之於學，可謂勇矣！愉快愉快！斯道徹上徹下，亘古亘今，本無疑議，學者各執意見，分别門户，終日騰口角舌，聚訟紛挐，徒長虚憍，無補實際，言之可爲於邑。即如金谿、永康之學，學者類能言之，而亦罕有真能洞見其失者，請爲略述之。大都聖賢之道，本至平實，略無神奇，表裏精粗，非有二致。經書傳注，千言萬語，論本體不過一「善」字，論工夫不過一「敬」字。明善者誠身之功，主敬者明善之要，顯微一原，初終無閒，大而天地古今，小而一塵一息，皆是物也。晦菴教人，日月持循，勿淩勿怠，居敬以立其體，窮理以致其用，不越知能飲食之常，直造神聖功化之極，灑掃應對，精義入神，下學上達，同條共貫，虞廷之精一，孔門之博約，先後一揆，誠所謂萬世而無弊者也。若金谿之説，並不從日用常行處著工夫，終日閉眉合眼，播弄精魂，小怪大驚，變態百出，其宗旨只要質任自然，不假修爲，以道德仁義爲粗迹，以作聖希賢爲私意，一切掃除，一切斷滅，猖狂怪誕，淪於異類，此正如張子韶持德山寶藏，改頭换面，説向儒門，同一魑魅伎倆而已。晦菴謂子靜實從葱嶺帶來，斥爲禪學，比之告子，而勉齋西山以及敬齋整菴諸子闢之不遺餘力。豈好辯哉，誠有所不得已也！至陳同甫，才情氣魄，當時已共推之，何待葉氏之一誌！但此老生平粗心浮氣，大話欺人，勿論其他，只此氣象，已絶不與聖賢相類矣！亦緣他從未講學，絶少涵養，矜勝自負，莫能把持。嗚呼！天下事亦不易矣，豈可以區區口舌爭哉！且如高、孝之世，宋事已大費收拾，非有李、郭、韓、范之才，未易撑拄。同甫雖自許，尚非其人也。假使同甫身都將相，遺大投艱，恐其鹵莽滅裂，誤國辱君，亦不在浚、檜輩之下。但是事體未到頭來，旁觀侈口，落得大言不慙而已。孔子教人，一則曰恥言過行，再則曰訥言敏行。即論語一書，拳拳於言行輕重之閒者，不一而足。回愚參魯，言道統者必歸之。子路之兼人，子張之務外，大爲聖門所不取。然則同甫之爲同甫，其亦可知矣。況其詆毁洛、閩，顯然樹幟，亦何得謂非吾道之障也？無極而太極，與易有太極等説，自晦菴而後，諸儒論辨甚詳，今只將五經、四書、性理大全等書，及宋、元、明諸儒語録，從頭細看，自一一了然，更不必又去起爐作竈，架屋疊牀，生出無限枝節。如「若稽古」三字，幾萬言也！無極只是無形，太極只是有理，晦菴此解，畢竟顛撲不破，所謂「上天之載，無聲無臭」是也。今以無極爲不可紀極，太極爲至極無以復加，恐此□□字不宜又作兩解。況太極者極至之謂，既曰極至無以復加，又曰無極者太極之根柢，不幾於頭上安頭耶？至謂易有太極，是從易中推出太極來，此亦何待再說，本義諸書皆如此解也。張遐曰：「太者，至大之謂；極者，至要之稱。」吁，謬矣！以要訓極，已爲欠渾；以大訓太，亦覺未安。蓋極之一言，無所不包，非僅要約之義；大則與小對，猶廣大則與精微對，皆是主一偏而言。遐以大要訓太極，終涉粗淺。漢儒解經多如此類，使其可取，晦菴當時亦必旁引相發，豈待今日！遐而謂之通易，吾不信也！形而上者謂之道，理也，則也；形而下者謂之器，氣也，物也。有物必有則，有氣必有理，一而二，二而一者也。今以形而上者爲理，形而下者爲欲，不成下學、上達爲下學人欲、上達天理耶？此又說之難通者也。學者貴力行，不貴空譚，是矣。然義理至微，學問無際，顢頇囫圇，何異聾瞶！況聖徂神伏，正學不明，二氏之荒唐，百家之猥陋，人心陷溺，烈於洪水，幾希一綫，或幾於熄。苟非講究精詳，鮮不冥行妄舉，惑於他歧，矇引瞽牽，日竄荆棘，成何世界！此孔子亦鰓鰓然以不講爲憂也。即劉元城、趙清獻、王孝先、范希文諸君子，考其生平，自窮約以至仕宦，好學深思，無時少輟，亦非從不講求而貿貿從事者，但擇焉不精，未能到濂、洛諸子地步，正坐講之猶未盡爾。講者，身心體認之謂，隨時隨在，無有間缺，方是工夫。惟一，講也；惟精，亦講也；約禮，講也；博文，亦講也；誠正，講也；格致，亦講也；篤行，講也；博學、審問、慎思、明辨，亦講也。如今若必上座開堂，號召徒衆，自可不必，而古處今稽，互相切劘，亦曰難廢。如曰只是行，不必講，勢必至面壁合掌，胥化爲癡呆麻木而後已。嗚乎！此猶達摩、宗杲之見，而陳賈、韓侂胄輩之餘論也，奈何此言自足下發之！連日抱痾，胸次昏塞，不能暢所欲言，姑就大教所及，略舉其槩，他日賤體平復，尚當從容細論。記庚子歲在京邸，曾有小著曰閑道録，雖不成語，内中講前項數段甚悉。板在楚中，此間無存本，俟取到奉覽，以畢管見。大約聖賢傳心論學，尚有根本切要之處，所宜喫緊體認，不宜耑在字句枝葉上尋討，恐至膠擾轇轕，反爲心累，其失將與異學等，足下以爲何如？

又

前者悤悤奉答，未必有當，衹以管見所及，不敢不稍竭於左右，非求勝也。頃接來教，似猶有不能嘿然者。聖賢學問，只「體用」二字盡之，未有有體而無用者，未有有用而無體者。本末一源，即欲離之而不可得也。子静之「體非其體，何有於用」，同甫之「用非其用，何有於體」，今曰子静偏於體，同甫偏於用，不知足下以何者爲體？以何者爲用？又以何者爲子静之體，何者爲同甫之用，而病其有所偏重耶？僕則曰：子静患不偏於體耳，若果偏於體，何患其無用？同甫患不偏於用爾，若果偏於用，何患其無體？蓋子静體其所體，非本體也；同甫用其所用，非本用也，其弊與二氏百家等。二子之書具在，可考而知之也。故凡足下之病其偏重者，正僕之所病其全無者也。然則足下果不知二子爲何等人矣。此其可商者一也。聖學步步皆實，虚亦實也；異端步步皆虚，實亦虚也；聖學字字皆有，無亦有也；異端字字皆無，有亦無也。吾儒何嘗不言虚無？異端何嘗不言實有？但吾儒以有無虚實爲一，而異端以有無虚實爲二也。周子曰「無極而太極」，是至無而至有也；朱子曰「太極本無極」，是至有而至無也。太極圖解有曰：「太極生二五，二五流行化生萬物，萬物一五行也，五行一陰陽也，陰陽一太極也。」太極本無極也，非二五之外有太極也，亦非太極之外有無極也，所謂合有無而一之者也。詩曰「上天之載，無聲無臭」；中庸曰「費而隱」；繫詞曰「易無方，神無體」，皆是物也。朱子「無形有理」之詮，極渾全，卻極分晰，第子靜自不察爾。今欲以不可紀極訓無極，以申晦菴之旨，以折金谿之辨，求之經傳，證之義理，皆未有合。不獨晦菴不受，即金谿亦更不服也。此其可商者二也。來教云「無極是不可紀極意，太極是至極無以復加意」，舉天之發生萬類，人之酬酢萬變以明之。此自下文流行化生方發明無極而太極之妙，若先以之訓無極，則上下語意通不去矣。況無極是甚物事？如何推盪得太極動？且又比之於人之太祖，與太祖所自出！嗚乎，抑過矣！太極是極至之理，物物皆有之，但自其無形象、無方所而言，故曰無極云爾，非若所爲太祖，不過後人追崇先世之名。即推而遡之，亦不過祖上之祖，淵源相續，第世遠人湮，名字莫可得詳，亦非若造化於穆茫無紀極者也。以是證明無極而太極，則可爲矙然一笑矣。且「無極爲太極之體段」，尤不成話。此其可商者三也。此處「極」字，斷斷不宜作兩解。就如所引善善惡惡，與賢賢明明、德德庸庸、祗祗威威、人其人、道其道、祖祖下下之類，或一就己邊，一就人邊，或一屬現成，一屬用功，仍非截然作兩解也。朱子所謂「無形有理」，總是說這箇物事，亦何嘗截然作兩解耶？若如來教，以不可紀極訓無極，以至極無以復加訓太極，其意不屬，其理難通，則誠截然作兩解矣。此其可商者四也。太極從易推出，故曰「易有太極」，蓋太極無從見，於易見之。本義諸書皆如是解，本義曰：「易者，陰陽之變；太極者，其理也。」是從陰陽變化中，指出太極之理以示人。晦菴並無他說，僕之所據者，此也。南軒張氏亦謂「易者，生生之妙；而太極所以生生者也」，正與朱說相發明。如兩儀、四象、八卦，易也；所以兩儀、四象、八卦者，太極也。若無太極，何從有易？若無易，何處見太極？易有太極，正所謂一而二，二而一者也。朱、張諸子，何嘗謂太極在前，易在後？將「有」字與「生」字例看，如來教之荒唐耶？來教謂「太極從易中推出來底」，此意與本義之指有合，至謂「易是心，太極是性，心所以載性，易所以統太極」，則又差之遠矣！性只是心理，如何說載？太極只是易之所以然，如何說統？學者考理不細，到立言，如何得穩貼！此其可商者五也。形而上者謂之道，理也，此不可見者也；形而下者謂之器，氣也，此可見者也。薛文清曰：「大而天地萬物，小而一塵一髮，其可見者，皆形而下之器，其不可見者，皆形而上之道也。」人得二五之氣以成形，此形而下者也；即得二五之理以成性，此形而上者也。有氣即有理，有物必有則，論其厥初本體，惟渾然天理，粹然至善而已。所謂繼之者善，成之者性也。然而賦畀之後，氣拘物蔽，不無純駁偏全之異，所存所發，遂不能皆天理而無人欲，聖賢立教，於是有存理遏欲之方焉。如孟子「口之於味」一章，亦是教人變化氣質之性，復還本然之性，所謂踐形盡性者在此，所謂下學上達者在此。此與大易形上、形下之旨不相違悖。但聖賢立說，理固相通，而意各有指，淺深分合之閒，皆有毫釐千里之别。後生不實加體認，鹵莽看過，以至顛倒謬戾，胡說亂道，揆之微言妙義，殆不啻千萬重山矣。即如來教，初則誤認「器」字，不知器對道而言也，所謂精粗微顯是也。繼則回互「欲」字，不知欲對理而言也，所謂邪正是非是也。合其所不可合，分其所不可分，操斯術以讀書，衹見其紛擾膠轕而已。此其可商者六也。且所謂「理」、「欲」二字，不過是非邪正而已。如一事也，是則爲理，非則爲欲；如一念也，正則爲理，邪則爲欲，較然如南北蒼素之不同。張南軒曰：「凡無所爲而爲之謂之天理，有所爲而爲之謂之人欲。」二語辨之尤精，最爲考亭所取。如舜「從欲以治」，孔子「從心所欲」，孟子「可欲之謂善」，皆天理也。書所謂「有其善喪厥善」，老氏所謂「知善之爲善，斯不善」，皆人欲也。理則惟恐其不存，而欲則惟恐其不去，此等去處，先儒早已說明，何待於今日！況足下既謂「當從下學工夫分辨理欲何在」，是亦知二者不可並立矣。又曰：「欲到盡頭處，雖形而上不難，何有於形下？」嗚乎！此何語耶？且如蹻、蹠、莽、操，皆欲到盡頭人也，足下將置之何等耶？先儒曰：「無人欲陷溺之危，有天理自然之安。」又曰：「遏人欲於橫流，存天理於將絕。」古人於此，蓋拳拳乎三致意焉。無他，理欲之關，乃聖狂之分，而人情之界也，辨之不可以不嚴，而持之不可以不力。今若所云，率天下之人，縱欲滅理而不顧者，必足下之言矣！此其可商者七也。下學上達，本無層次，下學人事，即上達天理，所謂「灑掃應對，即精義入神」也。俗學失之支，異學失之誕，坐不知此爾。今曰「形而下之器，原可以造形而上之道」，是猶二之也，二之則不是。此其可商者八也。大都足下於所謂上下、道器、體用、理欲等項，尚未看明，即經傳訓解，並未詳閱，祇憑自己臆度，輕率立言，無怪其愈思而愈惑，轉辨而轉誤也。言之多戇知，高明亦必有取焉。

與杜于皇

近見某輩重刻朱子語類，以救坊閒講章之弊，使操觚家知宗朱說，似矣。但斯道自姚江提唱以來，聖賢經傳悉變而爲西竺教典，詖淫邪遁，充塞宇宙，奚講章之足云。如今思所救正，須是徹底整頓，拔本塞源，方有頭緒。不此之計，而區區講章之是問，抑亦末矣。況文公著述雖富，其微言奥指，端在四書集註與文集中往復論學之書，學者誠能虚心玩繹，得其要領，亦自可豁然貫通。若語類，實出於門人一時雜記，未必盡得朱氏之意。且就中自相矛盾者甚多，有識者早已束之高閣矣。今惡講章而取語類，是棄二五而用十也。重刊語類以救正講章，是同浴而譏裸體也。前此者姑勿論，自金華四子而後，善學朱子者，莫如薛文清、胡文敬、羅文莊，之三子者，亦惟是真知實踐，存兹正脈，其所著讀書、居業二録，困知一記，何等切實，何等簡要。嗚乎！此誠考亭弟子也，何嘗今日刻遺集，明日刻語録，將聖賢傳心論學之書，把來做時文選本，一例刊布，苟圖一時之利，不顧熒惑後進，陷溺人心，以遺患於無窮？名士家習氣，往往爲害如此。且講章自大全外，如蒙引、存疑、淺説、説約，雖近粗支，猶不詭於正。惟正、嘉後，狐白、燃犀、九經、湖南等解，及近日心印、舌存等書，則真狂病喪心，野狐譚禪矣。以顔子爲圓頓超悟，以曾子爲苦行漸修，以「大德敦化」爲毘盧性海，以「明明德」爲明心見性，以「止至善」爲菩提正覺，以「朝聞道夕死可矣」爲涅槃了生死大解脱，以「十目所視，十手所指」爲千手千眼觀世音菩薩，百餘年來，論學講書大率如此。嗚乎！此可爲痛哭者也。如今初學且宜專看集註，參以大全、或問，庶幾由洛、閩而遡魯、鄒，不至貿貿然昏迷於所往。若復教之以駁雜汗漶之語類，是揚湯以止沸，未見其有益也。某輩全未讀書窮理，只隨聲尊奉一朱子以爲名高，鹵莽顢頇，居然自命，以瞽引瞽，莫識其非，看來於朱子之學全未夢見。以某輩而表章朱學，祇足爲朱學之一大厄而已矣，倒不如王龍溪、錢緒山、李卓吾、林兆恩輩，顯然詆毁，其爲害猶明白而易見者也，先生其亦以爲然否？

附録

先生父祁公先生，明末受知於無錫高彙旃提學，服膺高忠憲學説。先生學派，淵源東林，著述中屢申其説。晚居江寧，作重修東林書院記。殁後，附祀道南祠。經義齋集、高氏東林書院記。

康熙十年，始舉經筵之典於保和殿，以公爲講官知經筵事。頃之，聖祖以春秋兩講爲期闊疏，遂命公日進講於弘德殿，每詰旦進講，有疑必問。公上陳道德，下道民隱，引伸觸類，竭盡表裏，蓋自應詔上書，即力言聖學第一要務。其後屢以爲言，會聖祖日益勤學，既開經筵，益盡心於堯、舜、羲、孔之道。周、程、張、朱五子之書，其端緒實自公發之。彭紹升撰事狀。

閑道録，先生在館職時所著，意在羽翼先聖，以待來學。名曰「閑道」，以希孟也。聖祖召同直講官試太極圖論，先生所作最稱旨，拔置第一。詢平時所著明道之書，進呈是録，嘉其崇正闢邪，有功聖道，常置御案，以備省覽。經義齋集重刊閑道録序。

學統一書，以孔子、顔子、曾子、子思、孟子、周子、二程子、張子、朱子九人爲正統，以閔子以下至明羅欽順二十三人爲翼統，以冉伯牛以下至明高攀龍一百七十八人爲附統，以荀卿以下至明王守仁七人爲雜統，以老、莊、楊、墨、告子及二氏之流爲異統。學統。

下學堂劄記成於年五十時，多與閑道録相發明，大旨仍以辨難攻擊爲本旨。有曰：「是陸而非朱者不可不辨，是朱而竝是陸者不可不爲之深辨。」又曰：「孟子本靜重簡默之人，今日距楊、墨，明日闢告、許，辨論侃侃，迄無寧日，時爲之也。朱子之在淳熙也亦然，闢五宗之狂禪，訂百家之譌舛，殫力竭精，舌敝穎秃，豈得已哉，亦時爲之也。當今日而有衛道其人者，孟、朱之徒也。」四庫全書提要。

孝感弟子

劉先生然

劉然字藜先，江寧人。家貧，文端時資助，爲之游揚。數與書論學，剖析是非，勉其於根本切要處喫緊體認，不可臆度，輕率立言。又嘉其近功精進。刊經義齋集，預校讎，爲之序。參經義齋集諸論學書。

洪先生名

洪名，初名嘉植，字秋士，休寧人。年二十餘，謁文端，見閑道録，執弟子禮。有重刻閑道録後序、經義齋集書後。參序文。

高先生菖生

高菖生字節培，無錫人，忠憲之從孫。從文端學。重修東林書院，乞文端爲作記。有閑道録後序。參經義齋集、閑道録。

羅先生麗

羅麗，吉水人。舉人。文端貽書論學曰：「自姚江開壇章貢，標榜象山，江右才智之士，羣起而和，舉世若狂，斯文的派不絶如髮。君家文莊公卓然特立，極力護持，與陽明之徒旗鼓鼎立，以爭此生民命脈之一綫，雖精神力量未或相當，而苦衷卓議，昭揭日月。延及東林諸君子，痛闢無善之説，以返於正，實困知記有以啟之。嗚呼！其可謂考亭之大功臣矣。賢家學淵源，心心相印，當必有紹前業而光大之者，生於賢有厚望焉。」參經義齋集。

蔣先生伊

蔣伊字渭公，號莘田，常熟人。康熙癸丑進士，改庶吉士。散館，特授御史巡中城。數上疏論事，切中時弊，彈劾大吏，風力甚著，出爲廣東布政司參議。調河南提學副使，崇正學，端士習，爲時論所推。先生會試出文端之門，甫登第，以所著玉衡、臣鑒二録進呈御覽。玉衡者，取司馬遷天官書之説，以玉衡爲北斗杓也。其書分六十四類，每類又分法、戒二類，所採自唐、虞下迄明季。文端於所得士中最契之，殁後爲志墓，稱其「風裁獨峻」。所著又有文集若干卷。參墓誌、四庫全書提要。

案：文端刊行諸書，卷中閒列校訂門人之名，其著者李光地、韓菼、徐乾學諸人，類皆典試所得士，未必盡親傳學。且安溪榕村語録未刻稿中，於文端頗有詆毁之詞，足徵非志同道合也。韓、徐並見別案，惟莘田沆瀣相契，墓誌可據，故附列焉。

孝感交游

曹先生本榮

曹本榮字欣木，號厚庵，黄岡人。順治己丑進士，改庶吉士，授祕書院編修。應詔上聖學疏，略云：「今皇上得二帝三王之統，則當以二帝三王之學爲學，誠宜開張聖聽，修德勤學，舉四書、五經及通鑑中有裨身心要務治平大業者，内則深宮燕閒，朝夕討論，外則經筵進講，敷對詳明，從此設誠致行，君德既修，自能祈天永命。」有詔嘉納。遷司業，刊白鹿洞學規以教諸生。充日講官，累遷左庶子兼侍讀，與大學士傅以漸同奉敕撰易經通注九卷。十四年，典順天鄉試，失察同考官不法事，坐鐫五級。逾年，詔以久侍講幄，復之，授翰林院侍講學士。康熙四年，以疾請回籍，卒於揚州，年四十四。先生學初從陽明入直悟心原，繼加以踐履篤實之功。所著有五大儒語要及周張精義、王羅擇編、居要録、一作居學録。格物致知説、古文輯略、奏議稽詢諸書，又詩二卷。其論次五大儒，以程、朱、薛與陸、王並行。門下士計甫草東嘗問：「前有朱子，後有王陽明，使心性之學大明，儻二子不能先後生，則誰爲天地，必不可無者。」先生曰：「寧無王陽明，不可無朱子。」臨殁，諄諄語甫草以窮理盡性之學曰：「當知此道極簡易，勿過求之，苦且難。」參學案小識、先正事略、黄嗣東撰濂學編、計東撰行狀。

附録

先生初入翰林，布袍蔬食，以清節自勵，與武陵胡此庵、孝感熊敬修、蔚州魏環極相友善。濂學編。胡此庵爲先生館師，講明善之旨，相與往復討論。此庵曰：「子所言，皆先儒之言，非心悟獨得者，於子何益？」先生由是益究心深思。閲一年，趨質此庵，此庵曰：「子今大有得矣。」先正事略。

先生之教門弟子也，一以程、朱及陽明説，因人天資所近而誘進之。然有從事禪學者，欲以異端虚無寂滅之學曉曉於前者，先生不答。同上。

魏貞庵曰：「昔余與厚庵長安朝夕，號爲良友。其居學録一帙，余嘗取之，彙於雅説集中。甲辰歲，厚庵逝世，余曾有詩弔之，痛斯道之失人，而余有離羣索居之歎也。丁未春，爾唱盧子持書紳録以告曰：『此傳所聞見於吾師者也。』余惟『理學』二字，世所不樂聞，譬如魚在水中而不知爲水，鳥在空中而不知爲空也。今厚庵見道真切，言性善，言格物，皆有合於先賢之的指。論太公望、散宜生與余知統録合；而謂『顔子不改其樂，從戒慎恐懼中來』；謂『明德與仁皆心之妙用，性原不睹不聞，見此之謂見道，聞此之謂聞道，龜山三先生指訣在喜怒哀樂未發一語。』非其見地親切，能一一道出乎。」魏裔介兼濟堂文集書紳録序。

黄子壽曰：「國朝黄州講學之家，最著者，曹學士厚庵。予見其八世從孫仲惺茂才，問學士遺書，出居學録，蓋當時與及門析疑辨難之語。其弟子高發崙、孫光昜稱述中載爲學説日用淺言之屬，則學士所自著，藏家塾，未刻。按改亭所撰行狀作居要録。行狀稱『學士生平撰著，自五大儒語要、周張精義、王羅擇編諸書外，有居要録一卷，乃初有得於道之言』。後盧傳附雜著爲書紳録十卷。門人胡兆鳳輩謂非學士志，因別編切問録一卷，載學士論學語，未行世。按：此編大旨，言講學不外窮理盡性，多采姚江、白沙之語，與朱子並論，蓋其生平得力，本於致良知，繼乃體物隨分。至末年言曰：「當知道甚簡易，勿過求之，苦難。」又曰：「可無陽明，不可無朱子。」則學日進而有定論，故論者謂此編非學士志也。然言簡而不支，事切而易行，不合於道者鮮矣。予惟楚北自二程居黄陂後，傳其道者，元則趙仁夫，國朝則熊文端，爲得其宗。而明之耿恭簡兄弟、郝仲輿、李承箕、瞿九思、李之泌輩，雖所入之門徑不同，所造之淺深不一，其馴致於大道，則所謂殊途同歸也。學士卒時，年甫四十餘，已得指歸。使竟厥緒，何患不優入聖域！此編雖未極其至，已足徵志道之堅。切問録不傳，全集又佚，因亟刊之，以存梗概。原本作居學，義亦可通，不復改題。至其語有出入，學者自知，亦無煩爲之糾正。」黄彭年陶樓文鈔居業録序。

蕭先生企昭

蕭企昭字文超，漢陽人。順治丁酉副榜貢生。好講性理之學，其大旨主於申程、朱而闢陸、王。文端與之同年友善，每遺書論學，於近裏切實工夫，深致規勉，後稱其「邁往虛受，勤學衛道，十年來求所謂志同道合者，僅於先生見之」。康熙九年卒，年甫三十有三。著有客窗隨筆一卷，再筆二卷，闇修齋日記一卷、雜筆一卷。卒後，其兄廣昭裒爲一編，總名曰性理譜，一曰蕭季子語録。文端書中嘗引其説。參經義齋集論學書及祭文、四庫全書提要。

王先生綱

王綱字思齡，號燕友，合肥人。順治壬辰進士，刑部主事，歷官至通政司左參議。康熙八年卒，年五十有七。志行端潔，厚自刻勵，每以名儒純臣自期許。公退之暇，坐卧一編，無間寒暑。晚年尤篤志理學，嘗云：「心如明鏡止水，纔著一外誘之跡，便是點汙，便是風波。」又云：「主靜容有不敬處，主敬決無不靜處，只體貼動容周旋中禮一語便知。」文端推爲忘年交，同朝五載餘，時與論學，嘗稱其工夫之嚴密云。參經義齋集家傳。

施先生璜

別見梁溪二高學案。

汪先生璲

別見梁溪二高學案。

魏先生象樞 別爲環溪學案。

陳先生廷敬 別爲澤州學案〔一〕。

范先生鄗鼎 別爲婁山學案。

厚庵弟子

盧先生傳

盧傳字爾唱，福建人。從學於厚庵。厚庵初究心理學，著有居學録，先生復輯其雜著附載之，爲書紳録十卷，刊以行世。柏鄉魏相國序之，稱爲閩之學者。又云：「厚庵倡之，爾唱述之，考亭在望，庶幾

〔一〕陳廷敬是澤洲人，本書未給他立專案。澤洲學案可能是原編者的一種考慮，定稿時亦未删改。陳廷敬事迹見環溪交游中。

升堂入室焉。」參魏裔介書紳録序、濂學編。

胡先生兆鳳

胡兆鳳字□□，□□人。從厚庵學。以盧爾唱輯書紳録不盡得厚庵之意，別爲切問録一書以正之。厚庵弟子，又有高發崙、孫光昺，見居學録；孫光祀爲詩序，籍貫竝未詳。參濂學編。

計先生東

計東字甫草，號改亭，吳江人。少工爲文。順治丁酉舉人，爲厚庵所得士，遂從問心性之學，聲譽日起。江南奏銷案被黜，悒鬱十餘年。大學士王熙器重，屢欲薦之，未果。康熙中，詔舉鴻博，而已前一年卒，世咸惜之。先生負經世才，意氣勃發，自比王猛、馬周。始遭世變，著籌南五論，持謁史公可法，史公奇之，不能用也。既貧無以養，縱游四方，覽山川之形勝，所至交其賢士大夫，外若不羈，內行修謹。事母至孝。嘗從睢州湯文正公講學，寓書柏鄉魏文毅公論聖學知統録，歷指程、朱見知聞知諸子之當補入者。又以統有正必有閏，陸氏之徒，亦當擇其行誼及論説近正者存之，以大著其防，若舉而去之，其學終不可泯，宗之者反得藉爲口實。又從長洲汪琬受歐、曾義法，故作文有本原，而一出於醇正和雅。著有改亭文集十六卷，詩六卷。參史傳。

厚庵交游

劉先生醇驥

劉醇驥字千里，號廓庵，廣濟人。少以辭章自喜，年過壯，始悔之，究心儒先書。以歲貢入都，與厚庵及魏石生、魏環溪講業極懽。或勸之仕，曰：「吾固不任是也。」遂歸。李呈祥分巡興國，率博士弟子數十人迎至赤庵，師事之。所著詩、賦、傳記、通書、五經諸解，大易論，語孟解，學庸古本解共百卷。已刊行者，古本大學解二卷。是書遵用古本，不分經傳，首大學考，次戴記中古本，又次爲大學解，力辨二程子、朱子及董槐、王柏諸人改本之非。又芝在堂集十五卷。參史傳、四庫全書提要。

清儒學案卷三十九

潛丘學案

潛丘於諸經注疏背誦如流，於史綜覈貫穿，尤精地理，撰録繁富，獨自重其尚書古文疏證。蓋梅氏所上古文，至宋始有疑義，自朱子以來，於其依託之處，遞有辯論，而未暢厥説，潛丘與惠、丁諸家相繼成書，盡發其覆，凡所抉摘，能得塙證，皆不易之論也。然自僞古文之説行，後來風氣，動輒疑經，極其流失，有專主今文，而槩以他經古文爲僞者。學術之偏，何所底止？此豈昔人所及料哉！述潛丘學案。

閻先生若璩

閻若璩字百詩，太原人。世業鹽，莢寓淮安。父修齡，以詩名家。母丁，亦工詩。先生幼受書，即好深思，質甚魯，百遍始略上口，又善病，母每禁其誦讀，遂闇記不復出聲，如是者十年。一日，自覺豁然，再觀舊所習本，了無疑滯，以爲積苦精力之應也。年十五，以商籍補山陽縣學生，精究經史，深造自得，海内名流過淮必主其家。年二十，讀尚書至古文二十五篇，即疑其僞。沈潛三十餘年，乃盡得其癥結所在，作古文疏證八卷，引經据古，一一陳其矛盾之故，古文之僞大明。毛西河古文尚書寃詞，終不能以强辭奪。其説之最精者，謂「漢書藝文志言魯共王壞孔子宅，得古文尚書，孔安國以攷二十九篇，得多十六篇。楚元王傳亦云逸書十六篇。天漢之後，孔安國獻之。古文篇數之見於西漢者如此。而梅賾所上，乃增多二十五篇，此篇數不合也。杜林、馬、鄭皆傳古文者，據鄭氏説，則增多者舜典、汩作、九共、大禹謨、益稷、五子之歌、胤征、典寶、湯誥、咸有一德、伊訓、肆命、原命、武成、旅獒、冏命十六篇，而九共有九篇，故亦稱二十四篇。今晚出書無汩作、九共、典寶等篇，此篇名之不合也。鄭康成注書序，於仲虺之誥、太甲、説命、微子之命、蔡仲之命、周官、君陳、畢命、君牙皆注曰『亡』，而於汩作、九共、典寶、肆命諸篇皆注曰『逸』。逸者，即孔壁書也。今晚出書與鄭名目互異，其果安國之舊耶」？又云：「班孟堅言『司馬遷從安國問故，故堯典、禹貢、洪範、微子、金縢諸篇多古文説』。許慎説文解字亦云『其稱書孔氏』。今以史記、説文與晚出書相校，又甚不合。安國注論語『予小子履』云云，非真古文湯誥，蓋斷斷也。『墨子引湯誓，其辭若此』，不云此出湯誥，亦不云與湯誥小異，然則『予小子履』云云，以爲『墨子引湯誓，其辭若此』，不云此出湯誥，亦不云與湯誥小異，然則『予小子履』云云，以爲湯誓之辭，無疑也。其注『雖有周親，不如仁人』句，於論語則云：『親而不賢不忠則誅之，管、蔡是也。仁人謂微子、箕子，來則用之。』於尚書則云：『周，至也，言紂至親雖多，不如周家之多仁人。』其詮釋相懸絶如此，豈一人之手筆乎？」又云：「古未有夷族之刑，即苗民之虐，亦祇肉刑止爾。有之，自秦文公始。僞作古文者，偶見荀子有『亂世以族論罪，以世舉賢』之語，遂竄之泰誓篇中。無論紂惡不如是甚，而輕加三代以上以慘酷不德之刑，何其不仁也！荀卿曰：『誥誓不及五帝。』司馬法言：『有虞氏戒於國中，夏后氏誓於軍中，殷誓於軍門之外，周將交刃而誓之。』當虞舜在上，禹縱征有苗，安得有會后誓師之事？此亦不足信也。司馬法曰：『入罪人之地，見其老弱，奉歸無傷。雖遇壯者，不校勿敵。敵若傷之，藥醫歸之。』三代之用兵，以仁爲本如此，安得有『火炎崑岡，玉石俱焚』之事。既讀陳琳檄吴文云：『大兵一放，玉石俱碎。』鍾會檄蜀文云：『大兵一發，玉石俱碎。』乃知其時自有此等語，則此書之出魏、晉閒，又一佐也。」又云：「武成篇先書一月壬辰，次癸巳，又次戊午，是月之二十八日。後繼以癸亥、甲子，已是爲二月之四、五日，而不冠以二月，非今文書法也。洛誥稱乙卯，費誓兩稱甲戌，此周公、伯禽口中之詞，指此日有此事云爾，豈史家紀事之例乎？」又云：「書序『益稷』本名『棄稷』，馬、鄭、王三家本皆然，蓋別是一篇，中多載后稷與契之言。揚子雲法言孝至篇『言合稷契之謂忠，謨合臯陶之謂嘉。』子雲親見古文，故有此言。晚出書析臯陶謨之半爲益稷，則稷與契初無一言，子雲豈鑿空者耶？」其辨孔傳之僞云：「『三江入海，未嘗入震澤。孔謂『江自彭蠡分而爲三，共入震澤』者，謬也。金城郡，昭帝所置，安國卒於武帝時，而傳稱積石山在金城西南，豈非後人作僞之證乎？傳義多與王肅注同，乃孔竊王，非先有孔說而王取之也。漢儒說六宗者，人人各異。王肅對魏明帝，乃取家語『孔子曰，所宗者六』之語，肅以前未聞也。而僞傳已有之，非孔竊王而何！」其論可謂信而有徵矣。先生又以朱子以來，已疑孔傳之依託，遞有論辨，復爲朱子尚書古文疑以申其說。先生於地理尤精審，山川形勢，州郡沿革，瞭如指掌。撰四書釋地一卷，續編兼及人名、物類、訓詁、典制，又解釋經義諸條，共爲五卷。事必求其根柢，言必求其依據，旁參互證，多所貫通。又據孟子七篇，參以史記諸書，作孟子生卒年月考一卷。又著孔廟從祀末議十一事，一曰孔廟祀典宜復八佾十二籩豆於太學；二曰十哲之外，宜進有若、公西華於廟庭，廣爲十二哲；三曰秦冉、顏何宜從祀縣亶，宜補入；四曰公明儀宜從祀，樂正克宜進入兩廡；五曰曾申、申詳均宜從祀；六曰河閒獻王劉德宜入從祀；七曰諸葛孔明宜入從祀；八曰范仲淹宜入從祀；九曰蔡元定宜進於兩廡；十曰黄幹請援蔡、沈之例以進；十一曰兩廡先賢先儒位次多淩躐，宜請釐正。其後，康熙五十四年，增祀范仲淹於西廡；雍正二年，復祀秦冉於東廡，顏何於西廡，增祀諸葛亮於東廡，縣亶、樂正克、黄幹於西廡；乾隆三年，以有子升配東序。先生私議，已上見於列朝施行矣。又著潛丘劄記六卷，毛朱詩説一卷。手校困學紀聞二十卷，因浚儀之舊，而駁正箋説推廣之。又有日知録補正、喪服翼注，宋劉攽、李燾、馬端臨、王應麟四家逸事，博湖掌録諸書。詩有眷西堂、許劍亭、秋山紅樹閣、窈窕居諸集。參史傳、杭世駿撰傳、江藩國朝漢學師承記。

尚書古文疏證

梅氏所上之孔傳，凡傳記所引書語、諸儒並指爲逸書者，此書皆采輯掇拾，以爲證驗，而其言率依於理，世無劉向、劉歆、賈逵、馬融輩之鉅識，安得不翕然信之，以爲真孔壁復出哉！

鄭所注古文篇數，上與馬融合，又上與賈逵合，又上與劉歆合。歆嘗典校祕書，得古文十六篇。傳聞民閒則有安國之再傳弟子膠東庸生者，學與此同。逵父徽，實爲安國之六傳弟子。逵受父業，數爲帝言古文尚書與經傳爾雅詁訓相應，故古文遂行。此皆載在史册，確然可信者也。孔穎達不信漢儒授受之古文，而信晚晉突出之古文，且以舜典、汨作、九共二十四篇爲張霸之徒所僞造，不知張霸所僞造乃百兩篇，在當時固未嘗售其欺也。儒林傳云：「文義淺陋，篇或數簡。帝以中書校之，非是。」曾謂馬融、鄭康成諸大儒而信此等僞書哉！大氐孔穎達纂經翼傳不爲無功，而第曲徇一說，莫敢他從，如毛傳、戴記則唯鄭義之是從，至于尚書，則又黜鄭而從孔。是皆唐人粹章句爲義疏，欲定爲一是者之弊也。

張霸書，見于王充論衡所引者，尚有數語，曰：「伊尹死，大霧三日。」此何等語，而可令馬、鄭諸儒見耶？張霸之書，甫出即敗，王充淺識，亦知其未可信，而馬、鄭諸儒，識顧出王充下耶？然則汨作、九共二十四篇，必得之於孔壁，而非采左傳、案書敍者之所能作也。

唐貞觀中，詔諸臣僎五經義訓，而一時諸臣不加詳攷，猥以晚晉梅氏之書爲正。凡漢儒專門講授的有原委之學，皆斥之曰妄。少不合於梅氏之書者，即以爲是不見古文。夫史傳之所載如此，先儒之所述如此，猶以爲是不見古文，將兩漢諸儒書鑿空瞽說，而直至梅氏始了了耶？烏呼！其亦不思而已矣。世之君子，由予言而求之，平其心，易其氣，而不以唐人義疏之說爲可安，則古學之復也，其庶幾乎！

愚嘗謂，僞作古文者，正當據安國所傳篇數爲之補綴，不當别立名目，自爲矛盾。然揣其意，不能張空弮，冒白刃，與直自吐其中之所有，故必張往籍以爲之主，摹擬聲口以爲之役，而後足以售吾之欺也。不然，此書出于魏、晉之閒，去康成未遠，而康成所注百篇書序，明云某篇亡，某篇逸，彼豈無目者，而乃故與之牴牾哉！蓋必據安國所傳篇目，一一補綴，則九共九篇將何所措手耶？此其避難趣易，雖自出于矛盾，而有所不恤也。

案：近代鄭曉亦疑古文泰誓，謂「僞泰誓無孟子諸書所引用者，人遂不之信。安知好事者不又取孟子諸書所引者以竄入之，以圖取信于人乎」？其見與余合。从來後人引前，無前人引後，獨此乃前人引後，非後人引前。惠氏棟曰：「閻氏云僞大誓無孟子諸書所引用，是指謂西漢之大誓也。案：西漢之大誓，博士習之，孔壁所出與之符，同是孔子所定之舊文也。自東晉别有僞大誓三篇，唐、宋以來諸人，反以西漢之大誓爲僞。閻氏既知東晉之大誓是僞作，何并疑西漢之大誓亦僞耶？此其謬也。」

凡晚出之古文，所謂精詣之語，皆無一字無來處，獨惜後人讀書少，遂謂其自作此語耳。

左氏春秋内傳引詩者一百五十六，引逸詩者十，引書者二十一，引逸書者三十三；外傳引詩者二十三，引逸詩者一，引書者四，引逸書者十，蓋三百篇見存，故詩之逸者少。古書放闕既多，而書之逸自倍于前也，何梅氏二十五篇出，向韋、杜二氏所謂逸書者，皆歷歷具在，其終爲逸書，僅昭十四年「夏書曰『昏墨賊殺，皋陶之刑也』」一則而已？夫書未經孔子所删，不知凡幾，及删成百篇，未爲伏生所傳誦，尚六十九篇，其逸多至如此，豈左氏於數百載前，逆知後有二十五篇，而所引不出于此耶？此必不然之事也。

安國古文之學，一傳于都尉朝，朝傳膠東庸生，生傳胡常，常傳徐敖，敖傳王璜、塗惲，惲傳桑欽，惲又傳賈徽，徽傳子逵，逵爲之作訓，馬融作傳，康成注解。古文之説，大備康成，雖云受之張恭祖，然其書贊曰：「我先師棘下生子安國亦好此學。」則其淵原于安國明矣。東晉元帝時，汝南梅賾奏上古文尚書，其篇章之離合，名目之存亡，絶與兩漢不合。賾自以得之臧曹，曹得之梁柳。皇甫謐亦从柳得之，而載於帝王世紀。愚嘗以梅氏晚出之書，自東晉迄今一千三百餘年，而屹與聖經賢傳並立學官，家傳人誦，莫能以易焉者，其故有三焉。皇甫謐高名宿學，左思三都，經其片語，競相讚述，況得孔書載於世紀，有不因之而重者乎？是使此書首信於世者，皇甫謐之過也。賾雖奏上，得立於學官，然南、北兩朝，猶遞相盛衰，或孔行而鄭微，或鄭行而孔微，或孔、鄭並行。至唐初貞觀，始依孔爲之疏，而兩漢專門之學，頓以廢絶，是使此書更信於世者，孔穎達之過也。朱子分經與序爲二，以存古制，一則曰安國僞書，再則曰安國僞書，而爲之弟子者，正當信以傳信，疑以傳疑，乃明背師承，仍遵舊説，是使此書終信于世者，蔡沈之過也。經此三信，雖有卓識定力不拘牽世俗趣舍之大儒，如臨川吴文正公之尚書敍録，實有以成朱子未成之志者，而世亦莫能崇信矣，蓋可歎也夫！可歎也夫！惠氏棟曰：「吴文正謂舜典、汩作、九共等篇爲張霸僞作，不知此乃孔穎達之妄説也。」

孟子「帝使其子九男二女」，趙岐注曰：「堯典釐降二女，不見九男。孟子時，尚書凡百二十篇，逸書有舜典之敍，亡失其文。孟子諸所言舜事，皆堯典及逸書所載。」則可證其未嘗見古文舜典矣。蓋古文舜典別自有一篇，與今之尚書析堯典而爲二者不同，故孟子引「二十有八載，放勳乃徂落」爲堯典，不爲舜典；史記載「慎徽五典」至「四罪而天下咸服」于堯本紀，不于舜本紀。孟子時，典、謨完具，篇次未亂，固的然可信。馬遷亦親从安國問古文，其言亦未爲謬也。余嘗妄意「舜往于田」、「祗載見瞽瞍」與「不及貢、以政接于有庳」等語，安知非舜典之文乎？又父母使舜完廩一段，文辭古崛，不類孟子本文，史記舜本紀亦載其事，其爲舜典之文無疑。然要可爲心知其意者道耳。

孔壁逸禮三十九篇，鄭康成注三禮曾引用之。愚謂，禮與尚書，同一古文，同爲鄭氏學，同見引于經注中，而在禮者，雖篇目僅存，單辭斷語，奕世猶知寶之，欲輯爲經；而在尚書者，雖卷篇次第確有原委，甚至明指某句出某篇，如「載孚在亳，征是三朡」，「厥篚玄黄，昭我周王」，皆以爲是僞書，蓋以禮未爲諸儒所亂，而書則爲晚出之孔傳所詘厭也，豈不重爲此經之不幸哉！

古文傳自孔氏，後唯鄭康成所注者得其真。今文傳自伏生，後唯蔡邕石經所勒者得其正。今晚出之書，不古不今，非伏非孔。朱子於古文嘗竊疑之，至安國傳則直斥其僞，不知經與傳固同出一手也。

許慎説文解字序云：「其偁易孟氏、書孔氏、詩毛氏、禮周官、春秋左氏、論語、孝經皆古文也。」慎子沖上書安帝云：「臣父故太尉南閤祭酒慎，本從賈逵受古學。考之於逵，作説文解字。」是説文解字所引書，正東漢時盛行之古文，而非今古文可比。

按：尚書古文疏證一百二十八目，閒有缺佚。其攷辨地理者，與潛丘劄記多重，蓋體例未定之稿，故阮文達不收於經解中。惠松崖爲古文尚書考嘗采其説，有删節，無改竄，可謂此書之提要，因據以著録焉。

潛丘劄記

近代儒者有言：「雖使游、夏復生，不能盡學、庸、語、孟之藴奧。」諒哉斯言，況他人哉！雖然，猶幸有朱子註在焉。愚童而習之，長而遵之，莫敢異説。但中不無未逮，不無錯誤處。朱子尚存，安知不更補焉，正焉，以告無憾於聖賢。如改「誠意」章已事哉，愚年滿四十，甫敢出臆見。集衆聞用纂一帙以示兒輩，或謂愚輕議先儒。愚曰：「輕議先儒，其罪小；曲循先儒，而使聖賢之旨不明於天下後世，其罪大。愚固居罪之小者而已。」

古以車戰，春秋時鄭、晉有徒兵，而騎兵蓋始於戰國之初。曲禮前有車騎，六韜言騎戰，其書當出於周末。然左氏傳「左師展將以昭公乘馬而歸」，公羊傳「齊、魯相遇，以鞍爲几」，已有騎之漸。

周素犧罍，考犧之字，至漢鄭玄釋犧爲莎，又或作「獻」、「戲」，其字不同，其爲義一也。後世用莎之語，遂飾以鳳皇婆娑之狀，曾不知止以犧爲飾耳。因其字畫形聲舛謬，故器亦失其制度。考是器耳鼻皆以犧爲飾，狀若牛首，大槩與周犧首罍相類，但兩耳連。

分野之説，古人每詳言之，周禮保章之職既難考論，而見於左氏内、外傳者，猶可類推也。武王克商，歲在鶉火，故伶州鳩曰：「歲之所在，我周之分野也。」則鶉火爲周分矣。晉文即位，歲受實沈，故董因曰：「晉人是居。」則實沈爲晉分矣。襄二十八年，歲淫玄枵，禍衝於鳥尾，周、楚惡之，則鶉尾爲楚分矣。昭十七年，星見大辰，梓慎知宋、鄭之災，曰：「宋，大辰之虚也。」則大火爲宋分矣。獨其説有可疑者，星紀北而吴、越南；井鬼南而秦居西；虚危在北，齊表東海；降婁屬西，魯宅曲阜。或又以受封之始，歲星所在爲説，然有絶而復續者，封日既異前星，又豈可據乎？夫春秋、戰國，地域變遷，三晉未分，晉當何區？秦拔西河，魏當何屬？周未東遷，何故已直鶉火？陳滅於楚，何自而入韓分？且中國幾何，蠻夷戎狄豈日星所不臨哉！天道在西北而晉不害，越得歲而吴受其凶，皆以所在言之也。然豕韋實衛，晉何以吉？吴、越同野，吴何以凶？衛既水屬，何故與宋、鄭同火，裨竈先知之？顓頊之虚，姜氏、任氏實守其祀，是又齊、薛之分矣。此皆不可曉者，前哲要自有見也。

春秋：「隱公九年冬，公會齊侯於防。」杜注：「防，魯地，在琅邪華縣東南。」「十年六月辛巳取防。」注：「高平昌邑縣西南有西防城，宋邑，鄭取以歸於我。」「莊公七年春，夫人姜氏會齊侯於防。」注：「防，魯地。」「二十有九年冬十有二月，城諸及防。」注：「諸，防皆魯邑。諸，今城陽縣。」「僖公十有四年夏六月，季姬及鄫子遇於防，使鄫子來朝。」注：「鄫國，今琅邪鄫縣。」

春秋日食合者十八：莊二十六年，僖五年，文十五年，宣十年，成十六年，襄十四年，襄二十年，襄二十一年九月，襄二十三年，襄二十四年七月，昭七年，昭二十一年，昭二十二年，昭二十四年，昭三十一年，定五年，定十五年，哀十四年是也。

或問：「季友有大功於魯，受費以爲上卿，自此以往，季氏將世世執魯國之柄乎？」余曰：「未也。僖十六年，季友卒，而臧文仲執政。文十年，臧孫辰卒，而東門襄仲執政。宣八年，仲遂卒，而季文子執政。故成之世，文子曰相二君；襄之世，文子曰相三君，文子始見文六年，是文子初立，猶未相也，況前此乎？」

愚案：鄭樵有言，氏不同而姓同，不可爲婚姻。若僅氏同，如孔子之孔出於子孔，文子之孔出於姞，鄭有二孔氏出於姬，此三孔固可相爲婚。何者？姓不同故。説是已，余謂亦有姓同如黄帝之子十二姓，有己姓，傳至春秋爲莒子、爲郯子；祝融之後八姓，亦有己姓，傳至商末爲有蘇氏，周初爲蘇忿生，此二己何妨爲婚姻！何者？以各有其所得之姓不同德故。此亦從來論氏族者所未及也。

案：孔穎達堯典疏曰：「百官謂之百姓者，左傳隱八年，『天子建德，因生以賜姓』，謂建立有德以爲公卿，因其所生之地，而賜之以爲其姓，令其收斂族親，自爲宗主。」此即後代宗法之所由起乎？嘗思齊孝公名昭，而其後有昭公；宋平公名成，而其先有成公。爲二國之臣子者，稱昭公、成公之謚，則觸孝公、平公之名；諱孝公、平公之名，則廢昭公、成公之謚，此將若之何？曰：「鄭康成之論諱，禮曰於下則諱上，不聞於上則諱下也，猶之於後則諱前，不聞於前則諱後也。此自謚昭公與名平公者之失考耳，於二公何與哉？」然則禮既失於前矣，而爲二國之臣子者，終將若之何？曰：「周人以諱事神名，終將諱之，諱之故謚之。謚者，所以易名之典也，烏得而廢諸？但爲齊之臣子，於昭公則稱昭，而餘則否；爲宋之臣子，於成公則稱成，而餘則否，此固諱之變體也。吾於是而知名子者不以國，不以日月，不以隱疾，不以山川，爲其易及而難避也。今獨不可增一例，曰名子者不以謚乎？以謚則將廢此謚矣！明臣如陳文、王文皆例應謚『文』，以名『文』，遂不得謚『文』，此亦可見矣。」

或問：「傳記九月壬戌戰韓原，經書十一月壬戌戰於韓，杜氏以九月壬戌爲月之十三日，十一月壬戌爲月之十四日，事在前而書於後者，從赴也。經之從赴而書者衆矣，何獨此而疑其爲夏正邪？」余曰：「蓋從前後之文而決其爲夏正也。當秦伯伐晉，卜徒父筮之吉，曰：『歲云秋矣，我落其實而取其材，所以克也。』案禮，季秋之月，草木黄落，草木零落然後入山林，則所謂落實取材，正夏之季秋之事，豈孟秋乎？已而果九月獲晉侯於韓，則占者之言驗矣。晉獻公嫁伯姬於秦，史蘇占之曰：『不吉。姪其從姑，六年其逋，逃歸其國，而棄其家。明年其死於高梁之虚。』夫曰六年逋，明年死，則是逃歸之明年而死。乃圉以二十二年秋逃歸，二十四年二月始殺於高梁，則其言似不驗。不知晉用夏正，圉歸於二十二年秋者，實歸於晉惠十三年之夏也。懷殺於二十四年二月者，實殺於晉惠十四年之十二月也。其事之相去，正隔一歲，則占者之言又合矣。此俱傳文用夏正之明驗也。大抵春秋之經爲聖人所筆削，純用周正，傳則旁采諸國之史而爲之，故其閒有雜以夏正而不能盡革者，讀者猶可以其意得之也。」或曰：「子以傳之九月，爲即經之十一月，爲即經之明年正月，可知矣，其甲子可得而合乎？」余曰：「何不合之有！自九月十四日壬戌，數至明年正月朔爲戊申，隕石於宋五，此即晉侯歸之月也。自戊申朔，數至正月晦爲丁丑，六鷁退飛過宋都，此即殺慶鄭而後入之日也。」或曰：「晉侯之歸，既應在明春，而經不見其事，何與？」余曰：「經從告，告則書。晉侯之歸不告，亦猶晉重耳之入不告，經固不得而書也。」或曰：「經既不書，而傳記之亦應列其事於明春，而傳繫之於去年之末者，何與？」余曰：「此傳之例也。傳固有或先經以始事者，或後經以終義者。如此傳本記韓原之戰，而必追敘晉侯之入，是先經以始事也。此傳本記晉侯之獲，並敘及晉侯之歸，是後經以終義也。只此一傳，而春秋之例亦可類推矣。」

案：傅山先生少耽左傳，著左錦一書，祕不示人。余初訪之松莊，年將六十矣。問余：「古人命名應有義，但如文六年，續鞠居乃狐射姑之族，『鞠居』二字何義？」余曰：「案成二年，『齊師乃止，次於鞠居』。杜氏止注鞠居衛地。惟劉昭引陳留志於兖州封丘縣下注云：『有鞠亭，古鞠居。』則知此蓋以地命名者。」因難：「何以晉人遠取衛地而名其子耶？」余曰：「則有風俗通義在。俗説縣令問主簿：『靈星〔一〕在城東南，何法？』主簿仰答曰：『唯靈星所以在東南者，亦不知也。』」案：胡朏明注韓文，問「古之所謂鄉先生没而可祭於社者事何出」，余檢孔融傳「爲北海相，郡人甄子然、臨孝存知名，早卒，融恨不及之，乃命配食縣社」以對。又鄉先生見儀禮鄭注：「鄉先生，鄉大夫致仕者。」

大清一統志：大清河在歷城縣北，自齊河縣流入，又東北入濟陽縣界，其上流即古濟水也。小清河在歷城縣北，即古濼水也。臣案：自漢至隋、唐惟有濟水，杜佑始有清河之名，宋南渡後，始有大、小清河之分。于欽齊乘以大清爲古濟水，而以小清爲劉豫所導，後人皆沿其説，其實非也。以水經注、元和志、寰宇記諸書考之，濟水最南，漯水在中，河水最北。今者，小清所經，自歷城以東如章丘、鄒平、長山、新城、高苑、博興、樂安諸縣，皆古濟水所行。而大清所經，自歷城以上，至東阿，固皆濟水故道；而自歷城東北如濟陽、齊東、青城諸縣，則皆古漯水所行；蒲臺以北，則古河水所經。蓋唐、宋時，河行漯

〔一〕「星」，原作「屋」，據風俗通義改。

川，其後大清兼行河、漯二川，其小清所行，則斷爲濟水故道也。

岐山在岐山縣東北十里，一名天柱山，其峯高峻，狀若柱然。六典關内道名山曰岐山，俗名鳳皇堆，山之南，周原在焉，即太王所居，詩「周原膴膴」是也。志云：「原東西横亘，肥美寬平，在今縣東北四十里。」

析支在河州西南徼外。禹貢雍州有崑崙、析支。應劭曰：「析支在河關西南千餘里，羌人所居，謂之河曲羌。」後漢西羌傳：自河關之西，濱於賜支，至於河首，緜地千里，皆羌地。賜支即禹貢析支也。水經注引司馬彪曰：「自賜支以西，濱於河首，羌居其右。河水東流，屈而東北，經賜支之地，是爲河曲。」

案：地理之説，襲謬踵譌，固不勝數，而一欲鑿空出新，反不如舊説之安者，顧寧人論幽、并、營三州在禹貢九州之外是也。寧人曰：「幽，在今桑乾河以北，至山後諸州；并，在今石嶺關以北，至豐、勝二州；營，在今遼東大寧，並有塞外之地，舜蓋至此始有。先儒謂以冀、青地廣而分者，殆非。」余時同客太原，面質正曰：「此不過從『肇者始也』臆度耳。其實周禮職方氏并州，其澤藪曰昭餘祁。昭餘祁在今介休縣東北三十二里，俗名鄔城，洎吾與君所共游歷者，非石嶺關以南乎？且亦知先儒之苦心釋經處乎？知分冀東恒山之地爲并州，則以周并州鎮曰恒山；故知分冀東北醫無閭之地爲幽州，則以周幽州鎮曰醫無閭；故又知分青東北遼東等處爲營州，則以爾雅釋地齊曰營州故也。不然，微周禮、爾雅二書，欲於禹九州外，枚舉舜三州之名，且不可得，況疆理所至哉！舜本紀稱其地北發、息慎。息慎即肅慎，爲今寧古塔，去京師三千二百四十二里。宋許亢宗奉使行程録，自雄州起，直至金所都會寧府，二千七百五十里。除卻燕山府以南二百四十里，止二千五百一十里，與此不合。然亢宗言直至，又言彼中行程無里堠，但以行轍一日輒記爲里數，故與今不同。下訖三代，武王通之，來貢楛矢。成王伐之，遂來賀。況在有虞盛世，其爲營州之地無疑，尚得謂非以境界太遠始別置之哉！」

又案：鄭康成云：「舜以青州越海，分置營州。」晉地理志並同。此足補注、疏之闕。冀之分而并也，幽也，既以地廣，而帝都所寓民物，號稱阜繁，亦以人衆。説者又謂，外厚藩屏，而内尊王畿，尤其深遠之意。青之分而營也，則不獨以地廣，實以吏民有涉海之險，故別置爲州，可以從陸。

案：通典以歷代郡縣析於禹九州之中，甚善。獨謂自嶺而南，當唐、虞、三代爲蠻夷之國，謂之南越，於是特立南越一目，以與上九州別，併譏晉書、隋書皆謂交、廣二州之地爲禹貢揚州之域，非是。余請得而折之曰：「南越尉佗傳：『秦以并天下，略定揚越。』張晏曰：『揚州之南越也。』顔師古注漢書：『本揚州之分，故曰揚粵。』『置桂林、南海、象郡。』此三郡盡有今廣東、廣西、交趾之境。漢武帝平爲七郡，名交州。三國吴分交州置廣州。晉滅吴，因之。下逮隋。二史並以交州、廣州爲禹揚州。新唐史亦然。豈無所根據者哉！至謂九州封域皆以鄰接相屬，五嶺之南果禹迹，則屬荆，不應捨荆而別屬揚。斯又不然，塞上嶺又名大庾嶺者，在南安府城西南。無論今入粵正道，漢樓船將軍出豫章，下橫浦，即此，豈是鑿空？余嘗謂『東漸於海，西被于流沙』，東西皆有地名，而『朔南暨』，南北卻無，欲以舜本紀北發、息慎，南撫交趾二地補注之，正太史公所謂『書缺有閒矣，其軼乃時時見於他説』是也。息慎即爲營州，如是其遠，則揚州之有交趾，亦復何疑！且不獨舜撫，顓頊已南至於交趾矣。」或曰：「子於上世幅員，若是其侈言之，何與？」余曰：「後代儒生，止緣見秦、漢之君務勤遠略，開地斥境，快其心志，以爲聖人必不爾。不知聖人乃自然德化所感，人盡來王，非有心者。觀顓頊本紀，動靜之物，大小之神，日月所照，莫不砥屬。嚳本紀，日月所照，風雨所至，莫不從服。豈後世德不及遠，乃紀於近者，所可髣髴其萬一與？」

又案：皇華紀聞曰：「韶州府城東北八十里有韶石，相傳帝舜南巡奏樂此山，因有雙闕、毬門、鳳閣等名。今遂稱韶州爲虞城，究其始，不見於傳記。」余謂特不見水經注耳。吾友胡朏明既主通典，兼持此說，作禹貢錐指，因謂嶺南虞舜聲跡所不及。余曾面質正曰：「韶州之更名也，始自唐貞觀元年。計其時，圖經應有舜嘗奏樂於此之說，不然，昌黎酬張韶州端公詩云：『暫欲繫船韶石下，上賓虞舜整冠裾。』豈鑿空附會者？子所據，僧一行『山河之象，存乎兩戒』，云至于衡陽，乃東循嶺徼達東甌、閩中，是謂南紀，以限蠻夷，故星傳謂『南戒爲越門，東甌，今温州及台；閩中，今福建，明不及嶺之南』。余謂下文一行不云『自江源循嶺徼南東及海爲蠻越』乎？又云『逾嶺徼而南爲東甌』，『東』似當作『西』，謂駱越别種者。又云『南逾嶺徼爲越分』，故歷斥漢之郡若鬱林、合浦、蒼梧、南海、珠崖，唐之州若富、昭、象、龔、繡、容、白、廉等，所包甚廣，不得執一説以相難也。復據昌黎送廖道士序『中州清淑之氣，於嶺焉窮，最高而横紀南北者嶺』，此即酈注引古語『五嶺者，天地以隔内外』意也。余謂昌黎在潮州，不又云『禹跡所揜揚州之近地』乎？猶且不謂之遠。蔡澤傳『吴起爲楚南收揚越』，吴起傳作百越，貨殖傳

『江南大同俗，而揚越多焉』，下即云『番禺一都會』，皆足證。不史遷、昌黎是信，而徒據杜君卿，何也？且堯典云『宅南交』，證以舜本紀『南撫交趾』，顓頊本紀『南至於交趾』，則交爲交趾，洵有如小司馬所注者，不復疑。子讀堯典如是之闊，而讀禹貢乃頓爾隘耶？」朏明不覺歎曰：「吾書刊矣，不及追改，奈何！」

又案：楚在春秋，地雖廣，不瀕於海。屈完曰：「寡人處南海。」解者曰：「對上北海之文，以所近者言也。」而子囊謂共王：「赫赫楚國，而君臨之，撫有蠻夷，奄征南海，以屬諸夏。」南海，今廣州府治，爲當日百越地，雖未屬楚，要爲楚兵力之所及。鄭伯謂莊王：「其俘諸江南，以實海濱，亦唯命。」此句俱有兩層義，人多未析，如楚文王滅羅，徙羅子於長沙，故長沙有汨羅；鄭若滅，得徙於楚之南徼爲江南，此一義也。「實海濱」，楚世家作「賓之南海」，古「以」、「與」字通用，言不得徙楚境內，即填實於百越之地，爲海濱之民，此又一義也。亦見楚號令及於南海。逮後始皇二十五年，王翦悉定荆江南地，因南征百越之君，猶前志也夫！

又案：通典謂禹貢物産貢賦、職方山藪川浸，皆不及五嶺之外，以知嶺南地非九州之境。説尤不然。今嶺南多金銀，非揚所貢之金乎？多孔翠犀象，非揚所貢之齒革及羽乎？多蕉多木緜，非所貢之卉服織貝乎？君卿曾官節度於嶺南，寧不見之耶？至職方川浸，原不及海，而宣王時，江漢之詩詠召穆公虎之成功曰：「于疆于理，至于南海。」豈得舍今祠祀之南海，而他有所屬哉！

案：堯典「宅西曰昧谷」，康成古文作「柳谷」，虞翻所見鄭氏本是「卯」字，曰「古大篆卯、柳同字，此柳谷也」。王伯厚謂「魏明帝時，張掖柳谷口水溢涌，寶石負圖」，即其地。余案：隋地理志於張掖縣注云：「有大柳谷。」張掖爲今甘州衛。

案：通鑑地理通釋曰：「碣石凡有三：騶衍如燕，昭王築碣石宮，身親往師之。此碣石特宮名耳，在幽州薊縣西三十里，寧臺之東，非山也。秦築長城，所起自碣石。此碣石在高麗界中，當名爲左碣石。其在平州南三十餘里者，即古大河入海處，爲禹貢之碣石，亦曰右碣石。」其説可謂精矣。或獻疑曰：「後漢書常山國九門縣，劉昭補注曰：『碣石山，戰國策云在縣界。』史記蘇秦列傳索隱曰：『戰國策碣石山在常山九門縣。不又一碣石乎？王氏説尚有未盡。」余曰：「九門縣自西漢、五代猶沿，宋開寶六年始省入藁城。今藁城縣西北二十五里有九門城，四面五百餘里，皆平地，求一部婁塊阜以當所謂碣石之山亦不可得，故康成云：『今驗九門無此山也。』康成戒子書『吾嘗游學，往來幽、并、兖、豫之域』，蓋亦以目驗知之。王伯厚生長晚宋，足不曾至中原，即以信康成者削國策不數，古人譔著，屹如堅壘，豈易攻與？」

案：黄子鴻篤信水經注者，憶初語碧山堂問曰：「後漢志『温縣濟水出，王莽時大旱，遂枯絶』。是河南無濟，今且千六百七十餘年矣，何酈道元言之詳且析也？」子鴻曰：「新莽時雖枯，後復見，酈氏所謂『其後水流，逕通津渠，勢改尋梁，脈水不與昔同』是也。祇緣杜君卿不信水經，專憑司馬彪志。竊以彪不過紀一時之災變耳，非謂永不截河南過也。君卿云云，遂真覺河南無濟，疑誤到今，今尚有宗主其説者。」余曰：「枯而復通，既聞命矣。敢問除酈注外，抑別有徵乎？」子鴻曰：「未聞。」余退而考杜預釋例云：「濟水自滎陽、卷縣，東經陳留，至濟陰，北經高平、東平，至濟北，東北經濟南，至樂安、博昌縣入海。」郭璞山海經注云：「今濟水自滎陽、卷縣，東經陳留，至濟陰北，東北至高平，東北經濟南，至樂安、博昌縣入海。」張湛列子注云：「濟水出王屋山爲沇水，東經温爲濟水，下入黄河十餘里，南渡河爲滎澤。又經濟陰等九郡而入海。」稡此三説，以覆子鴻曰：「酈注經，余更注酈，吾與子同爲善長之忠臣，何如？」子鴻喜獲所未聞，復難余：「今不見河南有濟，畢竟復枯於何代？」余曰：「諾。」復考得後漢書王景傳濟渠下章懷太子賢注云：「濟水出今洛州濟源縣西北，東流經温縣入河，度河東南入鄭州，又東入滑、曹、鄆、濟、齊、青等州入海，即此渠也。王莽末，旱，因枯涸，但入河内而已。」似不知中有復通之事。合以許敬宗對高宗「濟潛流屢絶」，是自唐以前，濟已復枯，直至今矣。

或問：「北嶽祀典，畢竟該在貴省渾源州，抑仍曲陽耶？」余曰：「曲陽是也。舜典『十有一月朔，巡守，至於北岳』，傳曰：『北岳，恒山。』禹貢『太行、恒山』，疏曰：『恒山在上曲陽西北。』爾雅兼殷制，釋山曰：『河北恒。』周禮職方氏『正北曰并州，山鎮曰恒山』，註曰：『恒山，在上曲陽。』是虞、夏、殷、周異代同揆，則舜當日蚤覲北諸侯于今曲陽大茂山之下，非山經所稱今渾源之北嶽，水經所稱之玄嶽，歷歷可知，豈容議之！」議者以定鼎於燕曲陽，在南渾源少北，改而祠之，於方位宜。余謂則有孔穎達毛詩崧高之疏在，曰：「若必據己所都，以定方位，則五嶽之名，無代不改。何則？軒居上谷，處恒山之西，舜居蒲坂，在華陰之北，豈當據己所在改岳祀乎？余嘗愛王導云『古之帝王，不必以豐儉移都』，此名相之言也。孔穎達云『天子不據己所都以定方岳』，此名儒之言也。金世宗大定閒，或言今既都燕，當別議五岳名，不得仍前代。太常卿范拱輒援崧高疏數語以對，後不復改。明以來之人，獨未讀金史乎？因思『崧高維嶽』，非當時以太室山爲嶽，乃詩人借嶽來贊美之曰：有崧然而高者，維是四岳之山，其山高大，上至于天。維是至天之大嶽，降其神靈和氣，以生甫國之侯，及申國之伯。爾雅撰於三百篇後，緣此遂實指嵩高爲中嶽。太史公又出於爾雅後，并補註堯典曰：『中岳，嵩高也。』是殆忘卻禹貢之太岳矣。將堯有二中岳耶？漢武登禮太室，易曰崈高，中嶽名益顯，皆爲爾雅所誤者。」或曰：「然則周竟無中嶽乎？」余曰：「周仍以唐、虞時霍山爲中嶽矣。觀職方『河内曰冀州，山鎮曰霍山』可知。蓋自有宇宙，便有此山。黃帝正名，百物蚤已定。五嶽之稱，禹主名山川，又從而奠之。下訖周、秦，悉不敢移。豈有如武帝以衡山遠移南嶽之祀於灊霍山者乎？」或曰：「如子言，周不曾以岍爲西嶽，岍何得有嶽名？」余曰：「職方『河西曰雍州，山鎮曰嶽山』，蚤已得嶽之名，豈待周移嶽於此，而後云爾乎？漢既移南嶽，唐肅宗在鳳翔，亦曾改汧陽吳山爲西嶽，以祈靈助，要皆後王事。余最愛康成註大司樂，四鎮、五嶽取諸職方九州之山而偏足，少嫌其以嶽爲西嶽，不以霍山爲中，又嫌其宗伯註仍襲爾雅，雜以嵩高，自忘卻大司樂註，殆由未善於讀崧高之詩也哉！」

按：秀水徐善敬可爲人撰左傳地名訖，問余：「成二年鞌之戰，杜註止云齊地，穀梁傳則云『鞌，去國五百里』，恐非。以下文有華不注山，山下有華泉證之，鞌似去此不遠，當屬今歷城縣地。」余曰：「通典濟州平陰縣，註云：『左傳齊、晉戰鞌，故城在縣東。』括地志、寰宇記同。蓋唐世鞌故城尚存，故杜以爲據。余意，鞌在今平陰東北四五十里，其去華不注山亦一百三四十里。朝而戰於鞌，勝而逐之一百三四十里之山下，且三周焉，晉人之餘勇，真可賈哉！齊奚足云！蓋古駟駕一車，車僅三人，御復得其法，故取道致遠，而氣力有餘。今人不明乎此，徒以平陰屬兖州，歷城屬濟南，中隔長清縣境，如是其遠，豈能一日通作戰場？茲所以見通典亦未知信與！」

按：專門明經，於地理有不若人君之言者，「浮於濟、漯，達於河」是也。穎達疏云：「從漯入濟，自濟入河。」上句真亂道。惟唐高宗問許敬宗曰：「書稱浮于濟、漯，今濟與漯斷，不相屬。」敬宗對曰：「沇、濟自温入河，伏地南出爲滎澤，又伏而出曹、濮之閒，汶水從入之故。書又言浮汶達濟，不言合漯者，漯自東武陽至千乘入海也。」新唐書亦不通地理，沇、濟自温入河，作今自漯至温而入河。夫高宗灼知濟與漯斷，則此至温入河乃濟水，非漯水，明矣。敬宗雖姦，敢面欺以必不然之水道乎？且其學素號博矣，明屬宋景文亂竄，不及其原對之文。然敬宗之所可議者有二：一是不正解禹貢經文以告君，一是言伏地南出爲滎澤，不深明乎濟水之故。余嘗案漢地理志河東郡垣縣：「沇水所出，東南至武德入河，軼出滎陽北地中，又東至琅槐入海。」東郡東武陽縣，禹貢漯水出東北，至千乘入海。

又按：水經注河水自滎陽、黎陽、濮陽、鄄城，又東至東武陽，漯水出焉。又東北至臨邑，有四瀆津，東分濟，亦曰泲水受河也。又東北至高唐，漯水注之。又有南北二濟水，皆自滎陽分河，東北流至臨邑，有四瀆津通于河。合此二説，補註於下曰：「大河水自滎陽分流爲濟，又東北至武陽分流爲漯，又東至臨邑，復與濟通。二水源流雖皆與大河相通，然濟在河南，漯在河北，二水不能自通。唐高宗云『濟與漯斷』是也。禹貢所云，蓋謂兖州之貢，或浮於濟，則自滎陽達河；或浮于漯，則自武陽達河，二道皆達於河耳。至既東爲濟入於河，非是濳伏地中，乃穿河腹中行，不至如蔡傳『入河，穴地伏流絶河』之説。曾有人伏水底，見渾河中有清流一道直貫之者，此濟也，故古文每言如河、濟之不相亂。余親見渭水至清，以涇而濁，濟水至清，卻不以河而濁，蓋水各有性，濟之性則獨勁也，故語云勁莫如濟，曲莫如漢。溢出南岸爲滎，仍然至清。自滎澤至定陶約四百四十里，中有濟陽城，今在長垣縣界者，須行過此地而伏，伏而旋出於陶丘之北。禹貢九敍導水，皆無出字，獨至此下一出字，豈無故？明係伏而復見，斷而復續。」或曰：「濟陽至陶丘百四十里而近，此百四十里之間，便有伏而復見之事與？」余曰：「括地志沇水出王屋山頂崖下，石泉渟而不流，深而不測，既見而伏，至濟源西北二里平地，其源重發而東南流，此不過八十里耳。見而伏，伏而又見，況將倍此之地乎？後代祇緣王莽末濟瀆曾枯，不見有溢爲滎，又烏知陶丘北有濟復出之事哉！紀載闕如，惟許敬宗知之，曰：『洑而至曹、濮，散出於地，合而東。』殆善會經旨。新書又載其對高宗曰：『伏而出曹、濮之閒。』新書亦不失職，則能辨味與色，潛而出，合而更分，皆能識之。』余謂，濳而出，即東出於陶丘北之註脚也；合而分，即入於河，溢爲滎之註脚也。」

又按：胡朏明問：「『滎』字，説文曰：『絶小水也。』何義？」余曰：「爾雅：『正絶流曰亂。』邢昺疏：『正，直也。』孫炎所謂橫渡是也。濟水截河南過爲滎，故以『絶』字解『滎』。至『小水』二字，則有唐高宗、許敬宗問答在。高宗曰：『天下洪流巨谷不載祀典，濟甚細，而在四瀆，何哉？』敬宗曰：『瀆之言獨也，不因餘水，獨能赴海者也。濟濳流屢絶，狀雖微細，獨而尊也。』此可以爲其註脚矣！」

又按：顧景范川瀆異同力詆三伏三見之説出近代俗儒，漢、唐迄宋諸儒無主是説者。余謂：「至温入河，自不得言一伏，特再伏再見耳。」又謂曰：「出者，折旋之間，因丘爲隱見耳。濟初發源，或有伏見之分，至截河而南之後，未曾伏而復出，經文固已明言之，曰『浮於汶，達於濟』，又曰『浮於濟、漯，達於河』，豈有伏見不常，而可爲轉輸之道者哉！」殊可稱偉論。然以愚斷之，兖州貢道浮濟，必經陶丘，即青州貢浮汶者，亦由壽張縣安民亭入濟一百五六十里至陶丘北。向所云「浮於淮、泗」，當作「達於菏」。浮菏者亦由乘氏縣入濟五十里至陶丘北。皆至此而止，然後舍舟登陸，至濟陽城西，復登舟以至滎陽入於河。此當日貢道也。或曰：「果如是，則兖州貢道，當如荆、梁二州用『逾』字，曰『浮於濟，復逾於濟，達於河』，不得直接以因水入水之『達』字矣。」余曰：「固有説荆之漢也、洛也，二水而異名者也，本不相通，貢道須此，故曰逾於洛。梁之沔也、渭也，亦二水而異名者也，本不相通，貢道須此，故曰逾於渭。若兖州之濟，本屬一水，雖中少間阻，無復異名，故經文亦不屑屑分疏之。且不有浮於漯在連類而及之，因從而省文者乎？且陶丘不過兩丘相重累耳，形甚微，非比高山巨嶺，足以蔽虧濟水，致忽隱而忽見，如顧氏解。余謂，縱能障蔽濟流，經文當作『東出於陶丘南』，不當曰『東出於陶丘北』，蓋出者，明係伏地至此復見之名也。余是以篤信經文，參諸古今之變，一水直達者少，著其論如此。」

按：顧氏肇域記：「左傳桓二年，『其弟以千畝之戰生』，杜註以爲『西河介休縣南有地名千畝』，非也。穆侯時，晉境不得至介休，當以趙世家註引括地志『岳陽縣北九十里有千畝原』爲是。」余謂，當日千畝之戰，或在岳陽，或在介休，誠不敢定，但謂晉境不得至介休則有辨。晉世家叔虞封於唐，方百里。

其子燮改曰晉。曾孫成侯徙曲沃，八世孫穆侯徙絳，不言何代徙都翼。昭侯元年，封叔父成師於曲沃。曲沃邑大於所都翼，則徙翼當在昭侯前，穆侯徙絳之後，中閒可知。入春秋六年，晉逆翼侯納諸鄂，謂之鄂侯。鄂，索隱曰：「今在大夏。」大夏者，吾鄉太原縣也。又後十三年，曲沃滅，翼王立哀侯之弟緡于晉，晉亦太原縣。太原至翼城六百五十里，中道必由介休，當日盡屬晉，方得兩侯分立。肇域記非是。余於是獨歎晉啟封百里，逮成侯時，何啻五倍！王綱不振，兼國侵小，不待入春秋而已然矣，可不懼哉！

又按：周語「宣王即位，不藉千畝，虢文公諫，王弗聽」。此千畝乃周之藉田，離鎬京應不甚遠。末云：「三十九年，戰於千畝，王師敗績於姜氏之戎。」左傳繫此事絕有深意，蓋自元年至今將四十載，天子既不躬耕，百姓又不敢耕，竟久成舄鹵不毛之地，惟堪作戰場，故王及戎戰于此。因悟趙世家周宣王時伐戎，及千畝戰，奄父脱王，正此地。括地志以晉州岳陽縣北千畝原當之，不應去鎬京如是其遠，殆非也。噫！安得盡舉經傳子史註地理誤者一一釐正之哉！

按：寇有來路，亦有去路，其逐而出之也，即從其來路，可必不引入我門庭之內，别從一路以出者。玁狁侵鎬及方至於涇陽，鎬等三地名皆在雍州，則太原地名亦即在雍州。近代説詩者指原州言，然原州乃今固原州，舊高平鎮。後魏孝明帝正光五年置原州，蓋取「高平曰原」爲名。古此地未必以此名，惟鄭註禹貢「原隰底績」云「詩度其隰原，即此原隰，其地在豳」，近是。要之，高平曰原，秦中地面以原名者至不可勝數，今亦不能定指何地也。「來歸自鎬」，劉向曰千里之鎬，顔師古注非豐、鎬之鎬。至於太原，余亦謂雍州之太原，必非周并州之太原也。更有證者，宣王既喪南國之師，料民於太原，太原與詩同一地，若是晉陽，周已封唐叔虞爲侯國，天子豈得料其民乎？仲山父諫不謂其少而大料之，是示以寡少，諸侯避之，其非屬甸侯之地可知。既知國語，益知詩矣。

按：春秋正義曰：「堯治平陽，舜治蒲坂，禹治安邑，在今夏縣西北十五里。三都相去各二百餘里，皆在冀州。」余亦謂晉入春秋前後，四都相去亦只在平陽府百五十里之内。晉孝侯號翼侯，翼故城在翼城縣東南三十五里。曲沃武公滅翼，以一軍爲晉侯，史記云：「始都晉國。」晉國即其始封之曲沃。他日號稱宗邑者，在今聞喜縣東北，去翼都約一百五十里。子獻公九年城絳，史記云，獻公「始都絳」。絳即今太平縣南二十五里故晉城是。余親歷其地，遺址宛然，方悟從前説盡錯。東去翼都約一百里也。越七世，至景公，十五年遷於新田，在曲沃縣南二里，正有汾水、澮水，西北去故晉城僅五十里耳。此四都者，至今人民繁庶，資産富饒，西北諸州邑莫有過焉，豈非霸國之餘烈哉！

按：鄭康成言周時齊桓公塞之同爲一河，今河間、弓高以東，至平原、鬲津，往往有其遺處，蓋據尚書中候、春秋寶乾圖之文云爾。于欽齊乘曰：「河至大陸趨海，勢大土平，自播爲九，禹因而疏之，非禹鑿之而爲九也。禹後歷商、周，至齊桓時，千五百餘年，支流漸絶，經流獨行，其勢必然，非齊桓塞八流以自廣也。」論最確。余因思齊桓卒於襄王九年戊寅，至定王五年己未，甫四十二年，而周譜云：「定王五年，河徙。」水經注：「周定王五年，河徙故瀆。」蓋下流既壅，水行不快，上流乃決，理所宜然，河之患始此矣。善乎！朱子有言：「禹治水，只是從低處下手，下面之水盡殺，則上面之水漸平。」得之矣。

按：上謂鑿空出新不若舊説之安者，尤莫甚近日碣石入海之説。陽信有劉世偉者，註論曰：「海豐縣北六十里有馬谷山，一名大山，高三里，周六七里，疑即古之碣石，爲河入海處。」夫事無所證，當求之跡，跡有不明，當度之理。以跡而論，九河故道，咸屬齊鬲津等三縣之界，而碣石不當復在他境。以理而論，禹之治水，行所無事，齊地洿下濱海，以禹之智，不從此入，而反轉遶千里之外，乃自平州而入海耶？況平州地形高，此山既在九河之下，又巍然獨出于勃海之上，爲碣石，似無疑。顧寧人賞其新東海公載入一統志中，余曾正告之曰：「九河見兖州，碣石則在冀州，皆禹貢明文，未易可移。果如世偉言，當移碣石爲兖州之山矣。古九河闊二百餘里，長約四百里，其爲逆河之地者，亦須長闊相等，方外受海水之朝夕入，内容河水之九派注。今馬谷山之旁與上，何處著此一片地耶？果爾，當删禹貢『同爲逆河』四字，以『入于海』接上『又北播爲九河』然後可。」東海公不覺，笑余曰：「無論經，聊以史證之。蘇秦説燕曰：『南有碣石之饒。』秦始皇三十二年，『之碣石，使燕人盧生求羡門、高誓，刻碣石門』。二世元年春，『東行郡縣，李斯從，到碣石，刻始皇所立刻石』。封禪書『並海上，北至碣石，巡遼西』。貨殖傳『夫燕、勃、碣之閒一都會也』。尚得謂碣石不在昔平州、今昌黎等縣處邪？」永平府志已進呈，未及正之云。

按：有碣石叢談郭造卿著。者，疏碣石山所在，既小誤，復未盡，余爲補正之曰：「前漢志右北平郡驪成縣有大揭石山，後漢志遼西郡臨渝縣有碣石山。文穎漢書注碣石山在遼西絫縣。魏收地形志肥如縣有碣石山。隋志盧龍縣有碣石山。唐志平州石城縣有碣石山。明一統志碣石山在昌黎縣西北二十里。諸縣或省或改，則今之盧龍、撫寧、昌黎及灤州界耳。此山縣跨四地，故班固曰大揭石山。今人第因天橋柱屬諸昌黎，隘矣。又唐志營州柳城縣有東北鎮醫巫閭山祠，又東有碣石山碣石，凡有四。海謂永平府之渤海也。封禪書：「四曰陰主，祠三山。五曰陽主，祠之罘。六曰月主，祠之萊山。皆在齊北，並渤海。」謂登、萊兩府之渤海也。蘇秦列傳説齊宣王「未嘗倍泰山，絶清河，涉渤海」，張守節正義曰：「渤海，滄州也。」則指天津衛之海言。朝鮮列傳：「遣樓船將軍楊僕，從齊浮渤海，至王險。」王險，城名，非海之在遼東而何？皆渤海也，奈何有臣瓚者，徒知漢以渤海名郡，遂狹視渤海，謂禹貢河入海乃在碣石。武帝元光三年，河移徙東郡，更注渤海，禹時不注也。若以太史公增禹貢原文一「渤」字爲誤，不知非誤也，正謂碣石邊之渤海也。或曰：「亦别有證乎？」余曰：「莫妙于太史公天官書『中國山川東北流，其維，首在隴、蜀〔一〕，尾没於渤、碣。』班固增其文曰：『尾没於渤海碣石。』益復明顯。是禹貢自碣石入海，遷與固同出一口者也。」

又按：一誤於臣瓚，再誤於穎達，三則余尚書古文疏證第二卷所論。是亦不復削去，惟就穎達疏有云：「安國傳同合爲一大河，入于渤海。」渤海之郡，當以此海爲名。計渤海北距碣石五百餘里，河入海處，遠在碣石之南，禹行碣石，不得入于河，蓋遠行通水之處，北盡冀州之境，然後南迴於河而逆上也，亦是誤認河從章武入海，不得復至碣石，謹據經文正之。「夾右碣石入於河」，安國傳「禹夾行此山

〔一〕「蜀」，原作「屬」，據史記天官書改。

之右，而入於河逆上也」，則河入海順流而下，亦即在此處可知。證一。禹導山，固以相視其源委脈絡，實以治山旁諸水，使皆入海，而諸水河爲大，河果至直沽入海，則「至于碣石」四字爲衍文。證二。導河北播爲九，尾合爲一，不加「至碣石」字入於海者，蒙上文也，省文也。安國傳所謂互相備也。遽以無是三字，而謂河入海不在碣石，何異癡人説夢。證三。且碣石不能入河，是海島之夷以皮服來貢者，僅夾碣石山畔，須西上數百里而後達河，經文何不見有「西」字，以合荆州南河、雍州西河之例乎？蓋河口碣石，斷無疑也。後代言水道之可信者，莫過酈道元，一則曰：「河之入海，舊在碣石，今川流可導，非禹瀆也。」再則曰：「碣石山在臨渝縣南，大禹鑿其石右夾而納河。」余謂賈讓治河策「昔大禹治水，山陵當路者毁之，析底柱，破碣石」，鑿即破也。酈注有本如此。今人不能取徵乎此，復舍神聖經文，而弟指晚近流派之分合，水道之通塞，地名之同異以立説，别解可也，吾未見其可與論禹迹矣！

按：宋史河渠志元祐三年，王存奏：「自古惟有導河塞河。導河者順水勢，自高導令就下。塞河者爲河堤決溢〔一〕，修塞令入河身。不聞斡〔二〕引大河令就高行流也。」於是收回回河詔書。然亦不盡然者。太史公不於禹貢「北」字下，「過降水」之上，增其文曰「載之高地」乎？蓋過降水，至於大陸，播爲九河耳。王横曰：「禹之行河水，本隨西山下東北去。」又曰：「使緣西山，足乘高地，而東北入海，迺無

〔一〕「溢」，原無，據宋史河渠志補。
〔二〕「斡」，原作「幹」，據宋史河渠志。

水災。」杜佑曰：「西山則太行原文有「恒山」二字，宜衍。也。」余因悟河行平地易散慢無力，惟一邊就西山踵趾以爲岸，又一邊築土爲隄高數丈許，載河以行，方建瓴而下。但折而向東北，以至大陸，復播爲九，以趨于勃、碣。賈讓策「河西薄大山，東薄金隄」，正指此，誰謂金隄非禹作乎？又誰謂河北有緜隄而無禹隄乎？宋李垂導河形勝書推禹故道，其水勢出大伾、上陽、太行之間。上陽，樂史謂即枉入山要，東則大伾、上陽，西則太行，與賈讓所奏無異。治河者當識此變處。

按：禹貢「沿于江海，達于淮、泗」，揚州貢道，由江順流入海，由海逆流入淮、入泗，是禹時江、淮決不相通，明矣。其通之者，在哀九年「吴城邗溝通江、淮」，杜注：「於邗江築城穿溝，東北通射陽湖，西北至末口入淮，以通糧道。」然亦是引江入淮，與孟子排淮入江水道尚相反。隋開皇七年，將伐陳，韓擒虎於揚州開山陽瀆，以通漕。大業元年，以邗溝水道屈曲，發民濬治，自山陽至揚子入江，渠廣四十步。孟子之言，蓋至是始驗。

按：愚向謂，有當請於朝，早加刊正，無疑誤後人者，莫過「王子有其母死者」之註。註引陳氏耆卿，字壽老，臨海人，著孟子紀蒙。曰：「王子所生之母死，厭於嫡母，而不敢終喪。」誤亦有自來。趙岐註孟子：「王之庶夫人死，迫於適夫人，不得行其喪親之數。」當岐同時，康成亦註孟子，未知其解云何。要喪服記：「公子爲其母練冠麻，麻衣縓緣，既葬除之。」康成註曰：「諸侯之妾子，厭於父，爲母不得伸，權爲制此服，不奪其恩也。」傳曰：「何以不在五服之中？君之所不服，子亦不敢服也。」蓋諸侯尊，絕旁期已下，何有於妾？公子被厭，不敢私服其母，父卒，猶有先君餘尊所厭，亦不過服大功。其嚴如此。晉胡澹所生母喪，嫡母尚存，疑不得三年，以問范宣。宣答曰：「嫡母雖貴，然厭降之制，父所不及，婦人無專制之事，豈得引父爲比，而屈降支子也？」說與鄭註合，不知何緣。孔穎達疏戴記多有厭適母之說，流傳至宋，闌入集註，朱子亦有取，此遂成不刊之典。明初大明令載庶子爲其所生母齊衰期，注謂嫡母在室者。後孝慈録成，益定制：子爲母，雖父在；庶子爲其母，雖母在，皆斬衰三年。於序文中特言之，何其甚也！夫母在，爲所生斬，猶可言也；父在，爲所生並同，不可言也。始焉，非所厭而云厭，猶知有母也。既焉，竟無復有所厭，是不知有父也。冠履倒置至此，極矣！推其失，集註實不能辭。且公子爲其母，練冠之下，麻衣之上，仍有一「麻」字，蓋以麻爲經帶，何竟遺去？是不獨請早加刊正，且加補正云爾。

又按：余既緣孟子而斷曰「母不厭子」，因徧檢儀禮、禮記註、疏，又得五言曰：「祖不厭孫，舅不厭婦，姑不厭婦，夫不厭妻，女君不厭妾。」若此者，亦可作經讀。

又按：鄭康成言服之降有四：君大夫以尊降，公子大夫之子以厭降，公之昆弟以旁尊降，爲人後者女子子嫁者以出降。余謂仍有以餘尊降。如父卒，服未降，而遭母喪，仍服期。公之庶昆弟，爲母妻昆弟止大功。蓋一爲父之餘尊所厭，一爲先君之餘尊耳。又殤以年降。是服之降有六也。若此者，亦可補入註、疏。

或問：「母不厭子，姑不厭婦，則吾既聞命矣。乃若宗子母在，爲妻禫，似仍有相厭之意，特爲宗子妻尊，夫爲妻伸禫耳。」余曰：「否。此自爲同宗男女，宗子之母在，則不爲宗子之妻服，補明一筆，夫仍禫耳，故朱子言喪服小記是解喪服傳。孔穎達疏「嫌畏宗子尊厭其妻」，果爾當云「雖宗子爲妻禫，不得有母在」字面。陳澔集説「然則非宗子而母在者不禫矣」，説益非。

又按：期之喪，有禫者二，父在爲母、爲妻是也。三年之喪，亦有不禫者二，臣爲君三年而后葬者，但有練祥而無禫是也。或曰：「臣爲君，僅二十五月輒除，無復禫，見通典。鄭學之徒所云，渠何從而知之乎？」余曰：「以喪服小記列當禫之喪有四，曰爲父，爲母，爲妻，爲長子。孔疏復補出二禫，曰妻爲夫，爲慈母。終不曰臣爲君。故知之。」

或又問：「父在，爲母期，期之喪莫有重焉，爲妻服與此同，得毋甚與？」曰：「非甚也。段成式酉陽雜俎解得致精，一切傳註未及。曰：『今之士大夫喪妻往往杖者，據禮，彼以父服我，我以母服報之，杖同削杖也。』使子夏復生，聞之亦應首肯。且不特削杖，一也；拜用稽顙，二也；十一月而練，十三月而祥，十五月而禫，三也。爲母期雖除，猶申心喪三年，爲妻禫已過，夫必三年然後娶，以達子之志。種種皆同，豈他旁親之期所敢並與？」

又按：禮有六不厭，而有二厭：一曰君厭臣。公卿大夫厭於天子，諸侯降，其衆臣布帶繩屨是。一曰父厭子。父在，爲母降至期；父卒，直伸三年之衰不伸斬是。或問：「何不云夫厭妻？」余曰：「妻之言齊也，體與夫敵，不得厭之。使無服，或服爲之降，當又得一言曰，夫不厭妻，以補註、疏。然則妻之不厭也，貴也；妾之不厭也，賤也。貴貴賤賤，門内之治定矣。」

又按：女子子爲曾祖父母、祖父母是正尊，雖出嫁亦不降；爲世父母、叔父母、姑姊妹是旁親，雖未嫁，苟十五已後即逆降。父爲嫡子三年斬縗而不去職者，蓋崇禮殺情也。父在，爲母縗周卻罷職居心喪三年，則情伸而禮殺。

按：范甯言：「子夏傳既云『以支子繼大宗』，則義以暢矣，不應復云『適子不得繼大宗』，此乃小宗不可絶之明文矣。」余謂：「絶有二，有天然而絶者，有以後人而絶者。苟天然而絶，在大宗則爲之置後，俾適適相承，統領百世之族人，若小宗則聽之，不必復取他支子以後之，蓋彼不過五世則遷耳。此大宗、小宗之別也。何休曰『小宗無後當絶』，斯言得之。賈公彦曰『適子不得後人無後，亦當有立後之義』，斯言失之。」

按：汪氏琬與予論禮服京師，不合，頗聞其盛氣；既而歸，近且合；刊正續、類稿，悉改而從我。其中儀禮説二條有可喜者，亟録于此。一曰：先王之制禮也，在父黨則父之昆弟重，而於父之姊妹恩殺矣。故服諸父期服，姑姊妹大功。在母黨則母之姊妹重，而於母之昆弟恩殺矣。故服從母小功，服舅緦。先王所以嚴内外，别男女，而遠嫌疑者也。唐太宗謂「加舅服使與姨母同」，太宗知禮，孰不知禮。二曰：凡父黨之尊者，由父推之，皆父之屬也，世父、叔父、從祖、祖父是也。至父之姊妹，則不可謂之父。不可謂之父，其可謂之母乎？二者皆不可以名，故聖人更名曰姑。爾雅「謂我姑者，吾謂之姪」，蓋姑亦不敢以昆弟之子爲子也。凡母黨之尊者，由母推之，則皆母之屬也，從母是也。至母之昆弟，則不可謂之母，不可謂之母，其可謂之父乎？二者皆不可以名，故聖人更名曰舅。爾雅「謂我舅者，吾謂之甥」，蓋舅亦不敢以姊妹之子爲子也。此先王制名之微意也。予謂爾雅僅有「謂我舅者，吾謂之甥」一語，若二語並列，即出子夏傳文，汪氏小誤。

按：章子留書曰：「母之兄弟曰舅，父之姊妹曰姑。舅，母之次也；姑，父之次也。婦人謂夫之父曰舅，母曰姑。舅，父之次也；姑，母之次也。」白虎通亦云：「尊如父而非父者，舅也。親如母而非母者，姑也。」余亦曰：「男子謂妻之父曰外舅，母曰外姑，蓋彼以我之父爲舅，我亦從而舅之，懼其同於母黨也，故別曰外舅。彼以我之母爲姑，我亦從而姑之，懼其同於父黨也，故別曰外姑。女子謂母之兄弟曰舅，謂夫之父亦曰舅，謂父之姊妹曰姑，謂夫之母亦曰姑，蓋女子居然以父母視其夫矣。女子以父母視其夫，可以在室服父母之服，服舅姑似猶不可。」

按：三年之喪又有無禫者二：一心喪，一追服。三年心喪以二十五月爲限，見宋元嘉制。追服三年無禫，見梁天監二年何佟議。按：古者男子有五斬，女子止一斬，在室爲父，出嫁爲夫。當其爲夫，且降父之服而爲期矣，何有於舅！失禮自唐貞元中始也。今也，男子除無爲長子之服，臣爲君之服，斬反有八，蓋母加服斬，自明孝慈録始也。母既然，於是承重之祖母，所後之母皆然，繼母、慈母亦皆然，合數之，男子有八斬。女子服母、繼母與父同，是在室有三斬；嫁服舅、姑，并及承重之祖舅、祖姑，所後之舅姑、繼姑、慈姑亦皆斬，合數之，女子有九斬焉。何斬之多也！蓋服制之變，於是爲已極。

按：汪氏琬堯峯文鈔答或人論祥禫第二書曰：「昔漢儒有主二十七月者，此據服問『中月而禫』之說也。魏儒有主二十五月者，此據三年問『二十五月而畢』。檀弓『祥而縞』，是月禫之說也。唐儒又有主三十六月者，此據喪服四制『喪不過三年，三年而祥』之說也。」譌尤不可勝言。三年之喪，天經地義所在，古今來凡數大折衷，爲鄭學之徒者一説，王學之徒者一説，杜君卿通典出復又一説，直至宋英宗治平二年，禮院奏曰：「謹按：禮學王肅以二十五月爲畢喪，而鄭康成以二十七月，通典用其説，又加至二十七月終，則是二十八月畢喪，而二十九月始吉，蓋失之也。祖宗朝據通典爲正而未經講求，故天聖中更定五服年月，勑斷以二十七月。今士庶所同望，仍遵用。」大哉斯奏，眞所謂羣言淆亂，折諸聖者矣。今漢儒主二十七月，自指康成，然服問無中月而禫之文，閒傳有之，當改作閒傳。唐儒主三十六月，當改作二十八月方合。且所據乃閒傳「又期而大祥，素縞麻衣，中月而禫，禫而纖，無所不佩」之文，並非喪服四制。汪氏云云，唐無是人，人無是説者也。東海公聞而特過我曰：「唐實有主三十六月者，子知之乎？」余曰：「知之。新唐書王元感傳載，元感初著論三年之喪以三十有六月，鳳閣舍人張東之歷破其説曰云云。當世謂柬之言不詭聖人，而元感論遂廢。此最作史者紗處。蓋世遠言湮，邪説易以誣民，故不載元感原文者，不足載也，卻載他人之文於元感傳中，以正元感也。」東海公曰：「善。」余復有感宋英宗治平二年乙巳，至孝宗乾道五年己丑，凡一百五年，朱文公居母祝令人憂，輯家禮，小祥用初忌，大祥用第二忌，日各短卻一月，與二十五月而畢相乖。中月而禫，乃中空一月，今空至二月，方成二十七月。重服減之，輕服增之，進退兩無所據。不知世儒何緣獨譏王肅、杜預以短喪黜其從祀也？

或問：「律文：夫凡承重，妻並從夫服。但爾時姑尚存，自應服其舅或姑斬，妻從之，是一時而有二斬矣，抑不從耶？」余曰：「禮有之：有適子者無適孫。則有適子婦者無適孫婦可知也，仍服大功。」或曰：「婦人既嫁從夫，夫，天也，妻其敢二於天乎？」余曰：「夫服祖父母期，妻則大功；夫服本生父母期，妻亦大功，不從夫而服者多矣，奚有於是！」

或問：「祖卒，孫既承重，訖矣。久之，祖母卒，孫又應承重。但祖母其所生者也，承則無重之可言，不承則已已名爲適孫，將若何？」余曰：「喪服小記『祖父卒，而后爲祖母後者三年』，疏曰：『此一經論適孫也。』律文：適孫祖在，爲祖母承重止齊衰。杖期亦指適孫，非庶孫也。竊以庶孫可立而爲適孫，妾必不可以升爲妻，仍服期。汪氏琬有妾宜無服一篇。或難：「妾之子而既貴矣，天子且許之貤封，而家長獨不可援古而服緦乎？」琬曰：「天子自貴其卿大夫之母，家長自賤其妾。律文之與勅也、誥也，是皆出於天子，並行不悖者也。」或又難：「律文得毋有闕與？」曰：「國家辯妻妾之分，嚴適庶之閑，其防微杜漸也，可謂深切著明矣，而又何闕文之有？」

按：里中劉氏之喪，兄既不拜弟，有以嫂可拜其叔爲疑者。余曰：「鄭康成有言正言嫂，叔尊嫂也，若兄公於弟之妻則不能也。兄公，今之大伯之稱，大伯之尊於弟之妻，猶嫂之尊於夫之弟，雖在流俗，大伯猶於弟妻弗拜，則嫂不宜拜夫之弟何疑，故曰夫妻牉合也。」又曰：「夫尊於朝，妻貴於室矣。」

按：喪服傳曰：「父在爲母期，屈也，至尊在不敢伸其私尊也。」又曰：「禽獸知母而不知父，野人曰父母何算焉，都邑之士則知尊禰矣。」喪服四制曰：「資於事父以事母而愛同，天無二日，土無二王，國無二君，家無二尊，以一治之也。故父在爲母齊衰期者，見無二尊也。」此三條者，能日百徧誦之，則緒無量所歎俗情膚淺，不知聖人之心者，庶其有悟乎！

按：杜元凱謂「漢氏承秦，率天下爲天子終服三年」，是三年之喪在暴秦猶不廢也。平帝崩，王莽令吏六百石以上皆服喪三年，是三年之喪在賊莽猶能復也。由前言之，則漢文之罪大矣；由後言之，則晉武亦未盡善也。

按：「古者喪期无數」，孔穎達疏云：「哀除則止，无日月限數也。」說頗非。不若其疏三年問引此句云「謂無葬練祥之數。其喪父母之哀猶三年也，故堯崩云，如喪考妣三載」，則知堯以前已三年。」余謂：「豈惟堯以前，蓋自有天地即有人類，有人類即有恩愛，而喪紀緣之而興。善乎！荀卿言三年之喪，人道之至文者也，是百王之所同，古今之所壹也，未有知其所由來者也。此九字見前，小戴綴于此。小戴輯入經，又言殺人者死，傷人者刑，是百王之所同，未有知其所由來者也。班固採入史，兩未有知其所由來者也，語致精。」

按：「百姓如喪考妣三載」，孔安國傳雖晚出，然多本於王肅。解百姓爲百官，蓋有爵土者爲天子服斬衰三年禮也。內如舜及四岳九官等，外如十二牧及十二州之諸侯。孟子所謂舜率天下諸侯以爲堯三年喪，是蓋「百姓」二字，孟子原知有舜在內，方作此辯證。不然，果圻內之民，孟子生千載下，何從而知舜同諸侯爲堯持服也耶？此即以經解經。

按：後漢書李固傳：「昔堯殂之後，舜仰慕三年，坐則見堯於牆，食則覩堯於羹。」此即舜居堯喪之實事，註、疏皆未之及。

寧老云：「詩『儀』字凡十見，皆音牛何反。」按相鼠詩「儀」與「皮」爲叶，東山詩「儀」與「縭」叶，湛露詩「儀」與「椅」、「離」叶，斯干詩「儀」與「議」、「罹」叶，若讀爲延知切，似亦未爲不可。

堯、舜、禹皆名也，古未有號，故帝王皆以名紀，臨文不諱。按曲禮「詩、書不諱，臨文不諱」，盧植註曰：「臨文，謂禮文也。禮執文行事，故言文也。」鄭康成註曰：「爲其失事正也。」從來解「文」字皆如此，而從來引此句多誤，豈寧老亦未之免邪？要當用詩、書不諱耳。

武王伐紂第二則云，武王克商，不以其故都封周之臣，而仍以封武庚。及武庚既畔，乃命微子啟代殷而必於宋焉，蓋不以畔逆疑其子孫，而明告萬世以取天下者無滅國之義也，故宋公朝周則曰臣也，周人待之則曰客也。自天下言之，則侯服于周也；自其國人言之，則以商之臣事商之君，無變於其初也。曰平王以下，去微子之世遠矣，而曰「孝、惠娶於商」，左傳哀二十四年傳。曰「天之棄商久矣」，僖二十二年傳。曰「利以伐姜，不利子〔一〕商」，哀九年傳。吾是以知宋之得爲商也。按：左傳哀二十四年，「孝、惠娶於商」，此宗人釁夏對魯哀公之言，宋林氏註曰：「稱商不稱宋者，避定公諱也。」此解絶妙，寧老獨未見耶？僖二十二年，「楚人伐宋以救鄭，宋公將戰，大司馬固諫曰：『天之棄商久矣，君將興之，弗可赦也已。』」不曰棄宋，而曰棄商者，此即下文「寡人雖亡國之餘」之意，亦即一姓不再興之説也。今取以證宋得爲商，竊恐寧老未識當時立言之意。因思僖二十一年，「宋人爲鹿上之盟，以求諸侯於楚。公子目夷曰：『小國爭盟，禍也，宋其亡乎？』」此處斷宜稱宋，則彼處稱商，正可意會。哀九年，「晉趙鞅卜救鄭，遇水適火，史龜曰：『是謂沈陽，可以興兵，利以伐姜，不利子商。』」不曰伐齊與宋，而變文言姜言商者，

〔一〕「子」，原作「于」，據左傳改。下同。

取與上文陽兵協韻，毛詩古音考「可以興兵」，兵音邦。此固古人文字之常，只觀下文「伐齊則可，敵宋不吉」二語不用韻協，便直稱齊、宋本號，則可見矣。第三則遷頑民於洛邑。按：寧老云：「頑民，皆叛逆之徒也。其與乎畔而遷者，皆商世臣大族；不與乎畔而留於殷者，如祝鮀所謂分康叔以殷民七族，是以陶氏、施氏、繁氏、錡氏、樊氏、饑氏、終葵氏爲殷之庶民矣。」請問：上文分魯公以「殷民六族，條氏、徐氏、蕭氏、索氏、長勺氏、尾勺氏，使帥其宗氏，輯其分族，將其類醜，以法則周公，用即命於周。是使之職事於魯」。一則曰宗氏，再則曰分族，尚得謂非商之世臣大族乎？豈同一氏族，而分於康叔者獨爲民乎？此不可解。

日知録豐熙僞尚書云：「其曰『附後洪範一篇』，則所云『惟十有三祀，王訪於箕子』者，必冠之以周書文義乃通。」按：左傳屢引洪範，皆目爲商書，不曰周書，説者謂爲此夫子未删前之書名也。今云「必冠之以周書文義乃通」，亦不必然。

寧人謂：「春秋蓋必起自伯禽之封，以洎于中世，當周之盛，朝覲會同征伐之事皆在焉，故曰周禮，而成之者，古之良史也。」按杜元凱春秋經傳集解序，便知春秋一書，其發凡以言例，皆周公之垂法，仲尼從而修之，何必言起自伯禽，與成之古良史哉！又左傳隱七年謂之禮經，杜註曰：「此言凡例，乃周公所制禮經也。」寧老謂桓十七年五月無夏，按桓十七年五月有夏。

春秋自僖公以前，大夫並以長幼之字爲稱。按春秋自莊十二年，衛大夫已稱子，石祁子是也。大夫稱子，莫先於此。或曰：「何以見祁爲謚？」案：鄧祁侯，杜註：「祁，謚也。」是也。次則甯莊子，見閔二年。論語有卞莊子，爲魯卞邑大夫。又云：「孟孫氏之稱子也，自蔑也。」文十五年。按：國語有孟文子，即左傳文伯也，又先蔑之稱子，亦當附見。又云：「叔孫氏之稱子也，自豹也。」襄七年。按：國語定王八年有叔孫宣子，即左傳叔孫宣伯，又先於豹稱子，亦當附及。又按：叔孫豹於襄二年稱穆叔，於襄七年稱穆子，亦稱穆叔。至此後，則或稱穆叔，或稱穆子，不一。又於襄七年稱昭伯，於昭四年稱昭子，一人之身，倏字而倏子，豈一人之身，倏貴而倏賤乎？竊以爲通稱。又云：「季孫氏之稱子也，自行父也。」文十三年及閔元年書季子，二年書高子，皆春秋之特筆。按：季孫氏之稱子也，自行父也，見文六年，不待十三年。又云：「欒氏之稱子也，自枝。」僖二十八年。按：左傳桓三年有欒共叔，然國語稱爲欒共子，又先於欒氏之有貞子，亦當附見。又云：「范氏之稱子也，自會也。」宣十二年。按：范氏之稱子也，亦自渥濁也，並見十二年。又云：「魯之三家稱子，他如臧氏、子服氏、叔仲氏，皆以伯叔字焉，不敢與三家並也。」按：子叔氏有齊子，即叔老；有敬子，即叔弓，一見襄十四年，一見昭三年，誰謂不敢與三家並乎？又昭四年，「豎牛賂叔仲昭子與南遺」，杜註：「昭子，叔仲帶也。」昭十二年，「南蒯語叔仲穆子，且告之故」，杜註：「穆子，叔仲帶之子，叔仲小也。」第二則又云：「君前不敢子也。」按：文六年亦稱趙衰爲成季，非對君言也，何解？」陽子，成季之屬也，故黨於趙氏。君前臣名，禮也。孟子稱莊暴於齊宣王前曰莊子，誠所未解。又云：「論語之稱子者，皆弟子之於師。」如云「非不說子之道」、「衛君待子而爲政」之類。按：「陳子禽謂子貢曰」，凡兩稱子，猶曰亢，子貢弟子也，若夫子之於季子然一稱子，於季康子四稱子；陳亢問於伯魚亦稱子，桀溺問於子路亦稱子，子路問於丈人亦稱子，豈皆弟子之於師乎？其說不可通矣。或曰：「然則若何？」愚曰：「改『皆』字爲『多』字，庶乎其尚可耳。」又云：「孟子之稱子者，皆師之於弟子，然孟子於平陸大夫、蚳鼃、沈同、留行之客、畢戰、陳相、景春、戴不勝、淳于髡、告子、慎子、白圭、宋句踐、滕之或人俱稱之爲子，豈皆弟子乎？至曹交者集註，明謂『不容其受業亦稱之爲子』，其說尤不可得而通矣。

寧老云：「外大夫若宋、若鄭、若陳、若蔡、若楚、若秦，無謚也，而後字之。」按：外大夫無謚者而後書字，請問齊隰朋謚成子見國語註，是隰朋固有謚矣，何左傳止稱爲隰朋？猶可解曰：「注也。」注本世本。再請問鄭子産謚成子見國語，是子産亦有謚矣，何左傳止稱爲子産、公孫僑與子美？猶可解曰：「此外傳也。」再請問鄭子産之子參字子思，謚桓子，是亦有謚矣，何左傳不稱爲國桓子，而必連其字曰桓子思？問至此當無辭矣。

古所謂河内者，在冀州，三面距河之内。史記正義曰：「古帝王之都，多在河東、河北，故呼河北爲河内，河南爲河外。」又云：「河從龍門，南至華陰，東至衛州，東北入海，曲繞冀州，故言河内。」蓋自大河以北，總謂之河内，而非若今之但以懷州爲河内也。按：左傳僖十五年，「賂秦伯以河外列城五」，杜註曰：「河外，河南也。」亦一證也。戰國策蘇子爲趙合從，説魏王曰：「大王之地，北有河外。」註曰：「河外即河南地。」不又一證邪？史記廉頗藺相如傳秦王欲與趙王會於西河外澠池，註曰：「在西河之南，故云外。」則又一證矣。又按：戰國策黄歇説秦昭王曰：「王又舉甲兵而攻魏，杜大梁之門，舉河内。」註曰：「屬司隸。」正義云：「即懷州也，在河南之北，西河之東，東河之西。」是古未嘗不專以懷州爲河内也。漢書地理志河内郡有懷縣，下註曰：「莽曰河内。」是莽已以懷爲河内，不自今始。

與徐勝力

政逮於大夫四世：文子、武子、平子、桓子。魯文公薨，君於是失國，政在季氏。季氏者，文子也。宣十八年，「欲去三桓，以張公室」；成十六年，「魯之有季、孟，猶晉之有欒、范，政令於是乎成」，皆謂文子。若武子始專國，武子立襄五年耳，上溯宣元年，凡四十有一年，政將誰歸乎？豈論語妄語耶？而左氏忠於公室之言，果足據邪？蓋朱註之誤，原於孔氏，孔註之誤，則以無處位置悼子，故自桓子上數四世至武子止矣。若知季氏中少一世，種種皆合此註、疏之言也。

與宋既庭

承示詩論八篇，内及魯申公詩說，此出近代僞書之尤者也。漢書杜欽傳關雎爲歎康王之后，臣瓚曰：「此魯詩。」谷永傳閻妻驕扇，註以爲魯詩，言厲王無道，内寵熾盛也。「先君之思，以畜寡人」，鄭康成註，記時尚未得毛傳，故用魯詩，曰：「此衛夫人定姜之詩也。」劉向列女傳正同。蓋向家世魯詩，故今詩說關雎仍屬太姒，燕燕仍莊姜，十月之交仍幽王，皆與毛詩合，安在毛與三家絶異哉！顯誤如此，不待細攷。

與陶紫司

承示鈍翁古今五服考異，酌古佐今，信爲不刊之典。但序疑及儀禮處，謂丈夫三十而娶，爲之妻者，乃有夫之姊之長殤之服，不亦異乎？疑「姊」字誤，不知非誤也。左氏傳國君十五而生子，冠而生子，禮也。然則古之冠昏，固有不盡二十、三十者矣。以十五之前之人而有妻，而適遭姊喪，姊尚可爲中殤，且不必至長也。或曰：「諸侯絶旁期，此降在緦麻，已無服，而謂諸侯之夫人服之乎？」弟曰：「夫人雖無服，而卻有服之理。古五十命爲大夫，不特無冠禮，亦當無其昏禮。今乃有大夫昏禮，豈非世愈變而期已不若前乎？臣不殤君，子不殤父，殤者亦聞有子也。且年十六至十九方爲長殤，女子十五許嫁，字而笄之，笄即不爲殤，是女子無長殤。何儀禮言長殤者不一？傳記紛如，吾欲一以儀禮爲斷。」

序又疑大夫絶緦，於其旁親皆然，何獨爲貴臣貴妾緦？不知此義服也。周禮王爲諸侯緦衰，天子且然，而況大夫乎？他若王一歲而有三年之喪二，只以儀禮「父必三年然後娶，達子之志」解之，故妻喪亦可稱三年期之喪，達乎大夫，其實大夫已降期，不待大功。今云云者，殆又誤會中庸之文也。案：王爲諸侯緦衰，鄭註爲弔服，然既葬而除，亦已服五月矣。

又與陶紫司

適考得喪服傳大夫爲昆弟姑姊妹之長殤小功，果五十始爵命，安得有兄若姊之尚在十九以下與？鄭註：「以此知爲大夫無殤服也。」此既以見世有奇才盛德，不必要至五十，而即有幼爲大夫者。又以見已爲大夫，則用士禮冠矣，冠即不爲殤，不爲殤，而後可以服他人之殤。鄭註又云：「昆弟殤死。」或謂爲士者古四十强而仕，則四十始爲士。今士在殤中，亦有未二十得爲士者。冠也，仕也，服官政也，皆不依常法，周公固已爲變禮制此服矣。若國語趙武冠見范文子，冠時年十六七；家語孔子年十九，娶於宋亓官氏，特衰季之事。以此難鈍翁，鈍翁必不服，固不若以周公所制者還折之也。

四與陶紫司

承問：「宗子爲其妻服，果有異乎？」弟曰：「有異。喪服小記宗子母在，爲妻禫而已。禫乃十五月而禫，非二十七月而禫也。宗婦死，有爲之齊衰三月者，未聞三年也。凡喪稱三年，皆再期之謂，及二十五月之謂，非真有三年也。」

又與徐勝力

近始從人假得註、疏，借書之難如此。昭十二年傳「季悼子之卒也」，疏謂「悼子卒不書經，其卒當在武子之前。平子以孫繼祖，武子卒後，即平子立也」。昭二十五年傳「政在季氏三世矣」，註謂「文子、武子、平子」。又孔子世家「年十七，是歲季武子卒，平子代立」。皆足證鄙說之不誣。誣不誣亦何足深計，獨怪季孫行父，身爲權姦，流毒累葉，而享有忠公室、無私積之僞名，甚至明著聖經，歷二千年，爲傳註者莫能指以實之。嗚呼！何以誅姦諛於既死哉？

與江辰六

承面問：「鈍翁以長子筠卒，以幼子穀詒爲之後，名之曰權，是説也，於禮安乎？否乎？」弟以鈍翁長於禮學，而又身爲士夫，不應當哀悼荒惑之餘，任情黷禮，若世俗人所爲者。其亦必有所恃乎？曷恃爾？殆恃宋文鑑劉原父爲兄後一議乎？及歸，取其稿讀之，果有與從弟論立後書，載劉原父之議曰：「春秋之義，有常有變，取後者，不得取兄弟，常也；既已取兄弟矣，則正其禮，使從子例，變也。僖公以兄繼弟，春秋謂之子；嬰齊以弟繼兄，春秋亦謂之子，所謂常用於常，變用於變也。」春秋唯公羊家多異説，姑勿論。即以其僖公元年傳，此非子也。其稱子何？臣子一例也。蓋僖公於閔雖庶兄，實北面爲臣。禮，諸侯臣諸父兄弟，以臣之繼君，猶子之繼父，其服皆斬，故傳稱臣子一例。今鈍翁非諸侯也，然猶可諉者曰，有嬰齊大夫之例在。然今之大夫，非古之大夫也，古天子諸侯及卿大夫有地者皆曰君，喪服傳「君，至尊也」，爲之斬，故大夫尊，得以降其親，兄弟之服止大功。後世此禮不行。而劉炫駁牛弘降服之議曰：「古之仕者，唯宗子一人，由是先王重適。今之仕者，位以才升，不限適庶，與古既異，何降之有？」旨哉！其由此推言之，縱鈍翁無子，猶不得以弟爲之後，而況鈍翁之子筠，不過一士庶人耳，而敢援古大夫之例乎？或又爲之解曰：「鈍翁固云權爾。」權爾！竊以天下何事不可權，而唯倫關父子，事涉宗祧，天經地義之所在，有必不可以權爲辭者！且公羊不嘗以權許祭仲之廢君乎？君子深非之。漢儁不疑亦嘗以衛輒拒父，春秋是之，斷衛太子之獄，雖一時君臣相顧嘉歎，以爲經術之效，而後世則罪其說之非善乎？鈍翁嘗引蘇氏之言曰：「執聖人之一端，以藉其口，夫何說而不可！」然則斯議也，其亦聖人之一端也已矣。

又與傅青主

向在太原日，先生曾以「褚師聲子韤而登席，公怒」下問，云：「古人既脱屨，復脱韤乎？雖杜註『古者見君解韤』，然書傳中僅此一見，無别證，何也？」按：陳詳道禮書謂「漢、魏以後，朝祭皆跣韤」；又謂「梁天監閒，尚書參議，案禮跣韤，事由燕坐，今極恭之所，莫不皆跣，清廟崇嚴，既絶常禮，凡有履行者，應皆跣韤」。蓋方是時，有不跣韤者，故議者及之，可見六朝時猶然。而尤妙者，在「案禮跣韤，事由燕坐」二語。古祭不跣，所以主敬；朝不脱履，以非坐故。唯登坐於燕飲，始有跣，爲歡後則以跣示敬。此亦古今各不同處。因怪杜註「見君解韤」「見君」字不確，要須易爲「古者燕飲解韤」耳。

又考得漢哀帝紀〔一〕中山王「賜食於前，後飽；起下，韈係解」。此賜食也，非燕飲比，故韈尚存。

七與陶紫司

又考得范甯穀梁傳註云：「禮，爲夫之姊妹服長殤，年十九至十六。」如此，則男不必三十而娶，女不必二十而嫁，明矣。」妙在據禮經以正他書，不似鈍翁據他書以疑禮經，此古今人學術迴別處。又引譙周云：「三十而娶，二十嫁者，蓋嫁娶之限，不得復過此云爾。故舜年三十無室，書已稱曰鰥。女子二十未有嫁者，周官即許其於仲春月奔不爲止。」尤看得活潑。孔子曰：「夫禮言其極耳，豈必定以是期哉！」蓋十九而娶亓官也。

與徐電發

令宗兄勝力先生來談，因及元儒黃澤、趙汸之學。黃曰：「經在致思而已。」趙曰：「何謂？」黃曰：「如禮有五不娶，一爲喪父長子。註曰『無所受命』。近代説者曰：『蓋喪父而無兄者也。』女之喪父無兄者衆矣，何罪而見絶於人？其非先王意已。姑以此思之。」趙退而精思，久之，得其説曰：「此蓋

〔一〕「紀」，原作「祀」，形近而誤，今改。

宋桓夫人、許穆夫人之類爾。註謂『無所受命』，猶未失。若喪父而無兄，則期功之親，皆得爲之主矣。」以復於黄，黄曰：「甚善。」以弟論之，果屬宋桓夫人、許穆夫人之類，不與上文「亂家子不娶」註曰「類不正」相重乎？禮止有四不娶耳，烏得五？先生曰：「然長子蓋女子長成者，而當嫁而適遭父喪，故曰喪父長子，故曰無所受命。此即曾子問『昏禮既納幣，有吉日，女之父母死，壻弗取』事耳。」弟不覺擊節遽起，揖曰：「千年幽室，爲子一燈照破，可不謂天啟其衷哉！」

九與陶紫司

甚矣，檀弓之多誣也！季武子之喪，曾點倚其門而歌，是爲魯昭公七年丙寅，孔子甫十七，點少孔子若干歲未可知，然論語敍其坐，次於子路，則必少九歲以上也可知，計此時尚孩幼，安得有倚門而歌之事？即此以推，則世傳孔子三世出妻以爲實本檀弓者，非唯不足信，抑且無所庸其辯焉矣！

答萬公擇

前承下問：「古止再拜，今四拜之禮起自何代？」弟學淺識劣，茫然莫知一對。退而竊思，此實古今禮制之大者，不可不考。近少微得梗概，先就古禮以對，可乎？按：古再拜，周官之褒讀爲報。拜，即「拜」字。今之兩揖是也。折腰而已，非頭至地。今四拜，則頭叩地者四。是兩「拜」字雖同，而義各别。即唐杜甫詩「老病人扶再拜難」，韓愈釋言「見今相國鄭公，愈再拜謝」，亦止如今兩揖耳，非連叩頭也。

或曰：「拜之數既可得知矣，稽首之數亦可得詳乎？」曰：「稽首止頭一至地而已，無今所謂四拜八拜者。覲禮『侯氏降兩階之閒，北面再拜稽首，升成拜』。燕禮同。再拜稽首，頭一至地也。升成拜，升而至堂上復再拜稽首，亦頭一至地。惟左傳定四年，『秦哀公爲之賦無衣，九頓首而坐』，「九頓首而坐」，坐即跪也，所以下文云秦師乃出。杜註：『無衣三章，章三頓首。』據每章闋祗宜一頓首，今遂三頓首，蓋申包胥故重其禮以謝秦君。若禮之正，如襄四年，『歌鹿鳴之三，三拜』。三拜，乃三揖耳，豈得至頓首，而又凡九頓首者乎？故曰，此禮之至變也。又按燕禮有公答拜，有公答再拜。答拜，周官之奇音羈。捧，鄭氏註『一拜』是也。因思論語『拜而受之』，今之一揖也；『再拜而送之』，今之兩揖也。」或曰：「論語之所謂拜，止指揖而言乎？」曰：「否。拜下，今拜乎上，皆指再拜稽首言，豈止揖？故曰：『夫言豈一端而已，夫各有所當也。』至論語『揖所與立』，『上如揖』，則皆今之拱手，周官肅捧是也。」又按：舜典「禹拜稽首，讓于稷、契暨皋陶」，詩大雅「虎拜稽首，天子萬年」，止言拜，不言再者，省文也。何以徵之？郊特牲「拜，服也。稽首，服之甚也」。豈有至服之甚，而不先再拜者乎？尤當會於言外。又按：孟子「北面稽首再拜而不受」，先言稽首，後再拜。「再拜稽首而受」，先言再拜，後稽首。此何以別焉？曰：「此從未經拈出者也。拜而後稽首，周官之吉拜是也。稽首而後拜，周官之凶拜是也。吉拜，拜之常，故主於受；凶拜，拜之異，故主不受。」又按：朱子有跪坐拜說一篇，其略曰，儀禮、禮記、老子所言坐，皆謂跪也，然記有授立不跪，授坐不立，則跪與坐又不同。疑跪有危義，兩膝著地，伸腰及股而勢危者爲跪；兩膝著地，以尻著蹠而少安者爲坐。小雅「不遑啟居」，傳「傳」當作「箋」。云：「啟，跪也。」爾雅「妥爲安坐」，疏云：「安定之坐也。」夫以啟對居而訓啟爲跪，則居之爲坐可見；以妥爲安定之坐，則跪之爲危坐亦可知，蓋兩事相似，一危一安，爲小不同耳。因最賞趙岐孟子註，於「坐而言」曰「危坐」，於「坐，我明語子」，單曰「坐」。蓋危坐者，客跪而言留孟子之言，迨不聽，然後變色而起，孟子於是命之以安坐，以聽我語。此兩「坐」字煞不同，而孟子文字止於前後著兩「坐」字，中間絕不敘客起立之狀，而起立自見。此文章家草蛇灰線之法。趙岐註則於「勿敢見」下先補一筆曰「言而遂起，退欲去，請絕也」，爲下文「坐」字張本。漢註精妙至此，宋儒不能及也。案：郝仲輿亦云：「請勿復敢見者，起而告退之辭。」

與石企齋

漆園有云在曹縣者，在曹州者，二曹皆春秋之曹國。宋景公滅曹於魯哀公八年，地故爲宋有，故莊周亦宋之官也。竊以史記周嘗爲蒙漆園吏，蒙當作宋，則玅不可言。註史記以漆園本屬蒙邑，不知一在歸德，一在兗州，相距頗遠也。弟嘗要改古人原文，此等是也。

又

監板十三經中，儀禮脱誤尤多，士昏禮脱「壻授綏，姆辭曰，未教，不足與爲禮也」一節十四字；賴有長安石經，據以補此一節，而其註、疏遂亡。鄉射禮脱「士鹿中，翿旌以獲」七字；士虞禮脱「哭止，告事畢，賓出」七字；特牲饋食禮脱「舉觶者，祭卒觶拜，長皆答拜」十一字；少牢饋食禮脱「以授尸，坐取簞興」七字，此則秦火之所未亡，而亡於監刻矣！上見日知録。因讀宋楊復儀禮圖末〔一〕刻儀禮十七篇白文，今監板脱者皆全，唯「哭止，告事畢，賓出」七字，作「哭者止賓出」五字，亦不是寧多毋删，此尤可笑者。尊札「竝」當作「并」，雖有「竝」、「并」通用，俗字書不如廣韻古，「并」與「竝」音義俱異。

又

岐山既容不得七十里文王囿，而漢、唐靈囿、靈臺現在今鄠縣東，所以王伯厚詩地理攷以文王之囿細註於「三輔黄圖靈、囿在長安縣西四十二里」之下，歎爲千確萬確者也。「想像」二字，弟不甘受，於傳有之，兩見孟子，皆實事，不然孟子答以「好事者爲之也」，何如！何如！來札云：「惠王三十一年辛巳，秦虜公子卬，東地至河。」即弟所引商君列傳「魏日以削，乃使使割河西之地獻於秦以和」者也。但弟素堅持辛巳徙大梁。三十五年乙酉，孟子至梁。三十六年丙戌，惠王死，襄王立矣。襄王五年，與秦河西地少梁。此自襄王事，於惠王無涉，不得如通鑑以襄五年作惠四十一年也。可查孟子生卒年月考一看，更與弟辯，願聞！願聞！至魏地今年入於秦，如兄所引蒲陽即其一，明年又屬魏，後年又屬秦，此等事多不可言。吾兩人一爲輸攻，一爲墨守，皆以孔、孟爲主，朱子次之。

〔一〕「末」，原作「未」，形近而誤，今改。

又與秋谷

爾雅「母之晜弟爲舅」，舅之名亦古，但「先舅」二字不見古人有，不如用秦風「我送舅氏，曰至渭陽」稱曰舅氏，顧寧人先生爲千確萬當。因攷國語「公父文伯之母曰，吾聞之先姑」註，「夫之母曰姑，没曰先姑」；「又曰，吾聞之先子」註，「先子，先舅，季悼子也」，恰恰有「先舅」二字，是稱夫之父，無加之母之晜弟者。又爾雅「姑舅在則曰君舅、君姑，没則曰先舅、先姑」，愈加不得於母黨矣。此等講貫，實實快絶，然非吾兄難我，亦不及窮析至此也。

與劉紫函

前承下問昏禮用雁，悤悤對，未悉。今考之，不獨親迎爲然。曰納采，曰問名，曰納吉，曰請期，曰親迎，凡五禮皆用雁。解者曰，昏禮無問尊卑，皆以雁爲摯者，鄭康成云：「取其順陰陽往來者，雁木落南翔，冰泮北徂。夫爲陽，婦爲陰，今用雁者，亦取婦人從夫之義，是以昏禮用焉。」無取不再偶之説。

與劉超宗

今日清晨，方敢取「達于菏」長稿讀之，首辯長箋三誤，益信□老爲不刊之典。不特此也，泗受沭水東入淮，長箋謁爲沛。沛出遼東塞外，西南入海，于淮曷與哉！他可知矣。但云「古以江、淮、河、濟爲四瀆，後易濟爲漢」。竊意「江、淮、河、漢是也」，乃孟子偶舉此四水爲行地證，非謂爲瀆。唐人止言漳水能獨達于海，請以爲瀆，以河至漢日徙而東者也。不聞濟爲河奪，漢遂稱尊之說。干祈詳示此何書？唐高宗問許敬宗：「天下洪流巨谷不載祀典，濟甚細而在四瀆，何哉？」對曰：「瀆之言獨也，不因餘水獨能注海者也。濟雖細，獨而尊。」邵文莊公曰：「江、淮、河、濟四水，獨源而專達于海，故謂之瀆，而他水不與焉，非獨以其大也。不然，淮小且近，亦瀆之，何哉！濟雖入河，尋復出而之焉，故亦瀆之。然則三吴諸粤水亦有達海者焉，曷爲不瀆？不經中國，不得列於川也。」

又

偶思「左手執籥，右手秉翟」，籥如笛而六孔，豈徒執焉而無聲乎？質諸家大人，家大人曰：「汝當博極羣書，以釋斯惑。」因考周禮「籥師掌教國子舞羽龡籥」，註云：「文舞有持羽吹籥者，所謂籥舞也。詩曰：『左手執籥，右手秉翟。』」春秋宣八年「壬午，猶繹，萬入，去籥」，註云：「内舞去籥，惡其聲聞。」疏云：「吹籥而舞，謂之文舞。」公羊傳：「籥者何？籥舞也。」註云：「籥所吹以節舞也。吹籥而舞，文樂之長。」小雅「以籥不僭」，疏云：「以爲籥舞，謂吹籥而舞也。」又「籥舞笙鼓」，傳云：「秉籥而舞，與笙鼓相應。」則所爲文舞、小舞者，有聲明矣。書以爲助，所關似非小也。

又

連日百忙中，又細讀虞書數過，見舜典本爲堯典，而一典兼敘堯、舜事，舜則分登庸在位兩截，判然不亂。承教云：「禹作司空，往平水土，豈待格文祖後耶？」愚謂：「何待言，蔡傳自明。平水土者，録其舊績，兼百揆者，勉其新功，即稷播穀，契敷教，皋陶明刑，亦申命其舊職而已，亦合孟子「舜敷治」一段。非至此始爲是官也。蔡傳精確者已萬不可易，況聖經乎？死罪！死罪！記稱『朱干玉戚，以舞大夏』，『夏』字自誤。若公羊昭二十五年傳『朱干玉戚，以舞大夏，八佾以舞大武，此皆天子之禮也』，又竟是大夏亦不誤。此愚之所以欲博極羣書也。既思干戚是武舞，豈容揖遜而得天下者有之？公羊說不可信。不特公羊也，鄭康成注禮記内則二十舞大夏曰：『大夏，樂之文武備者也。』其說亦不可從，晚好自破其說如此。『舞是樂之終，則是辭之決』，玅！玅！敬受教矣。」

又

昨札去，尚有考之未盡處，今補上。左傳「見舞象箾南籥者」，疏曰：「樂之爲樂，有歌有舞，歌則詠其辭而以聲播之，舞則動其容而以曲隨之。」又曰：「周禮舞雲門以祀天神云云，凡六樂者，文之以五聲，播之以八音。鄭氏注：『播之言被也。』是以舞爲主，而被以音聲。」又曰：「禮法，歌在堂而舞在庭，其實舞時堂上歌其舞曲也。」則所云「舞止有容」當進一解矣。又疏言「象箾武舞，南籥文舞」，皆文王之樂，然則文王其獨兼文武乎？此亦禮書未詳者，當補之。又龜山猶知回護干舞，即孔疏亦然，獨孔傳不知，蓋傳與經同出一手也，知則不復犯矣。近考得微仲乃敞之次子，亦奇。

又

細閲漢地理志，泗水有二，一出乘氏入淮，一出卞縣入泲，各自分路揚鑣，未可混而爲一。或班氏不能如水經分爲西東流，誤合而爲一乎？願先生更加詳核，勿爲古人所眩，此亦大關係也。班氏自註，頗晝然不糊塗，必是誤認，何如？如汶水亦有二，見水經，見漢註，泗得毋類是？仁山謂泗上可以通菏，下可以入淮，非通淮也。晚已撰一段辯之，亦據水經云爾。漢志泗入泲似誤，乃泲入泗，説文所謂「泗受泲水東入淮」是也。蔡傳「泗之上源自泲，亦可以達河」，「上源」字確否？恐誤與仁山同。

又

前偶以僭禮一則奉詢，未及詳語，今敢不避狂瞽之罪而縷陳焉。一、尊札謂「用牲於社，常禮也；用幣於社，變禮也」。竊以爲，用牲于社，亦未必盡爲常禮。何以言之？周宣王當大旱之時，作雲漢之詩曰：「靡神不舉，靡愛斯牲。」又曰：「自郊徂宫，上下奠瘞，靡神不宗。」又曰：「祈年孔夙，方社不莫。」集傳曰：「社，祭土神也。」是宣王固嘗因旱災而用牲于社矣，豈得盡謂爲常禮耶？謂爲常禮者，可通於王制，而不可通於毛詩也。一、尊札謂「唯康侯從千載之後斷爲鼓社」。竊以爲，公羊傳及何休註公羊傳皆以「鼓」字屬社，是連讀者不始於康侯也。一、尊札謂「伐鼓也，用牲也，于社也，于朝也，一時竝舉，兩地偕作，有不可以先後分者」。竊以爲，以杜預爲不足信，則已如以杜預爲足信。杜預明云：「諸侯用幣於社，請救于上；公伐鼓于朝，退而自責。」所謂退而自責者，正指諸侯親身而言。若一時竝舉，諸侯將置其身於社乎？抑置其身於朝乎？豈能化一身而爲二人乎？若止置其身於社，而朝廷之上，雖鼓聲淵淵，乃虛無諸侯之跡焉，吾不知所謂自責者何等也！此三則者，實所不安于心。若其他，屬辭之精，比事之切，晚雖欲辯之，亦烏從而辯之？且唯有歎服，唯有仰慕而已。日來讀尚書至今文古文之别，頗覺紫陽、草廬諸大儒所疑的不可易，安得階前一尺地，跪而進其所得乎？

又與劉超宗

所諭變禮有二：一、昔無而今有者，謂之變禮，如用牲于日食是也。一、對四時常祭而言者，亦謂之變禮，如日食之災異是也。此雖變亦常。剖析精微，真堪羽翼經傳，敢不心折心折！但愚謂「鼓」字連讀，不始于康侯，公羊何休已先康侯爲之，其語意原輕，非敢謂公羊何休真勝于穀梁范甯也。若以春秋大義論，公羊之所得，自不如穀梁，穀梁又不如左氏，左氏又不如本文。程子所謂以經别傳之真僞，此固晚之素心也，豈待今日而始曉然哉！又諭：「鼓以助陽，非以聲罪。」竊謂鼓以助陽者，其一說也；以聲罪者，又一說也。若謂非以聲罪，則「小子鳴鼓而攻之」謂何？且向來第二札謂「天子以鼓責句龍」，以鼓責句龍，非聲其罪乎？不與其說自相背馳乎？大抵著一書，立一說，必處處圓通，不至有一毫隔礙而後可。

附録

先生生於明崇禎九年，祖龍門參議酷愛之，常抱置膝上，摩頂熟視曰：「汝貌甚文，其爲一代文人，以光吾宗乎？」杭世駿撰傳。

先生好學不倦，博通經傳，嘗集陶貞白、皇甫士安語題其柱曰：「一物不知以爲深恥，遭人而問少有寧日。」其立志如此。遭母喪，疏食三年。服既闋，哀其母，不忍其父之獨處也，不入内而卧起於父者又一年。父諭之十百，不肯去。其性惇篤如此。史傳、錢林文獻徵存録。

世宗在潛邸，聞先生名，延至賜坐。索觀所著書，每進一篇，必稱善。疾革，請移就外，以大牀爲輿，上施青紗帳，二十人舁之出，安穩如牀簀。康熙四十三年卒，年六十九。世宗遣使經紀其喪，親製輓詩四章，有「三千里路爲余來」之句。復爲文祭之，有云：「讀書等身，一字無假，孔思周情，旨深言大。」以諸生而受特達之知，可謂得稽古之榮矣。江藩漢學師承記。

康熙元年，始游京師，合肥龔尚書鼎孳爲之延譽，由是知名。旋改歸太原故籍，補廩膳生。十八年，應博學鴻儒科試，報罷。顧亭林以所撰日知録相質，即爲改定數條，亭林虚心從之。三十一年，客閩歸，健菴延至京師爲上客，每詩文成，必屬裁定，曰：「閻先生學有師法，非吴志伊輩所及也。」合肥李相國天馥亦云：「詩文不經百詩勘定，未可輕易示人。」後從健菴修一統志，局中人輯其緒論一編，曰閻氏碎金。杭世駿撰傳。

陽曲傅青主博攷金石遺文，問先生：「正經史之訛而補其亡闕，始自何代何人？」先生曰：「魏太和中，魯郡於地中得齊大夫子尾送女器，有犧尊純爲牛形，王肅以證『其羽娑娑然』說非是。晉永嘉賊曹嶷，於青州發齊景公冢，得犧象二尊，形爲牛象，傳至梁劉杳，以證『象骨飾尊』說之非。漢章帝時，零陵文學奚景於泠道舜祠下得白玉琯，古以玉作，傳至魏孟康，以證律曆志『竹曰琯』說不盡然。儒林傳：『伏生，濟南人也。』魏張晏注曰：『名勝。伏生碑云。』地理志魏郡黎陽，黎山在縣之陽，縣當名『黎陰』，乃云『陽』者，兼取河水在其陽以名。晉灼注曰：『其山上碑實云。』水經注：『青州刺史傅弘仁說，臨淄水發古冢，得桐棺前和，外隱起爲隸字，言齊太公六世孫胡公之棺也。惟三字是古，餘同今書，證知隸自古出，非始於秦。』顏氏家訓：『開皇二年，長安民掘地，得秦始皇二十六年銕，稱權上有乃詔丞相狀、綰之銘，之推與李德林對讀，則知本紀丞相隗林爲俗書，林當作狀。』凡是數說，似未有先之者。」青主歎服。同上。

汪堯峯五服考異，先生既糾其謬，汪雖改正，然護前輶，謂人曰：「豫凶事，非禮也。百詩有親在，奈何喋喋言喪禮乎？」先生應之曰：「宋王伯厚嘗云：『夏侯勝善說禮服，謂禮之喪服也。』蕭望之以禮服授皇太子，則漢世不以喪服爲諱也。唐之奸臣以凶事非臣子所宜言，去國卹一篇，而凶禮居五禮之末，識者非之。」而汪齗齗未肯屈也。徐健菴問曰：「於史有徵矣。於經亦有徵乎？」先生應之曰：「按雜記：『曾申問於曾子，曰：哭父母有常聲乎？申，曾子次子也。檀弓：『子張死，曾子有母之喪，齊衰而往哭之。』夫孔子歿，子張尚存，見於孟子。子張死，而曾子方喪母，則孔子時，曾子母在可知。記所載曾子問一篇，正其親在時也。」汪無以應。都下盛傳之，汪望爲之頓減。同上。

臧玉林氏鏈户著述，世無知者，先生序其經義雜記云：「周禮八歲入小學，保氏教國子先以六書。一曰指事。指事者，視而可識，察而見意，上、下是也。二曰象形。象形者，畫成其物，隨體詰詘，日、月是也。三曰形聲。形聲者，以事爲名，取譬相成，江、河是也。四曰會意。會意者，比類合誼，以見指撝，武、信是也。五曰轉注。轉注者，建類一首，同意相受，考、老是也。六曰假借。假借者，本無其字，依聲託事，令、長是也。禮記哀公問政，子曰：『仁者人也，義者宜也。』論語季康子問政，子曰：『政者正也。』樊遲問仁，子曰：『愛人。』問知，子曰：『知人。』說文引孔子曰：『一貫三爲王。』又曰：『推十合一爲士。』又曰：『牛羊之字，以形舉也。』又曰：『烏，盱呼也。取其助氣，故以爲烏呼。』又曰：『粟之爲言續也。』又曰：『黍可爲酒，禾入水也。』又曰：『貉之爲言惡也。』又曰：『視犬之字，如畫狗也。』孟子曰：『徹者徹也，助者藉也。』又曰：『庠者養也，校者教也，序者射也。』又曰：『洚水者，洪水也。』又曰：『人者仁也。』聖賢之訓詁聲音之學何如哉！呂氏春秋察傳篇，子夏過衛，有讀史記者曰：『晉師三豕涉河。』子夏曰：『非也，是己亥也。』至晉問之，則曰晉師己亥涉河也。聖門之校訂之學何如哉！秦、漢大儒，精專斯業，如毛公、伏生、董仲舒、韓嬰、司馬遷、孔安國、司馬相如、揚雄、劉向、劉歆、賈逵、許慎、馬融、蔡邕、鄭康成、盧植、服虔、應劭等，學有純駁，行有邪正，然並先儒之領袖，後儒之模範也。魏、晉以來，頗改師法，易有王弼，書有僞孔，杜預之春秋，范甯之穀梁，論語何晏集解，爾雅郭璞注，皆昧於聲音詁訓，疏於校讐者也。疏於校讐，則多脱文譌字，而失聖人手定之本經；昧於聲音詁訓，則不識古人之語言文字，而無以得聖人之真意。若是，則學者之大患也。隋、唐以來，如劉焯、劉炫、陸德明、孔穎達等，皆好尚後儒，不知古學，於是爲義、疏，爲釋文，皆不能全用漢人章句，而經學有不明矣。宋儒出，而以心得者爲貴，漢、唐之説，視之蔑如。宋、元以來，言北海則爲俗學，言新安則爲聖學，習尚久矣。毘陵臧玉林先生，隱德君子也，深明兩漢之學，既通聲音詁訓，又雅擅二劉、揚子雲之長，撰經義雜記三十卷，皆有關經學大事。餘則推性善，戒惰逸，辨譌謬，補遺脱，一字一句，非不精確，洵可爲首出之士矣。」臧琳經義雜記。

先生著尚書古文疏證既成，黄梨洲爲之序。游淮南，馮氏景見其書，遂亦撰淮南子洪保，攻古文尚書。自敍云「閻子倡之，馮子和之，其義大安，故曰洪保。閻子，晉產也；馮子，吴產也，一西一南，地之相去幾千里，而作合於淮南，以卒其業，豈非大哉！故亦號淮南子」云。最後錢塘孫氏志祖讀先生書，又因疑孔傳即王肅所僞作，立論證之。皆自先生發其端也。錢林文獻徵存録。

先生曰：「淮南子洪保，馮子山公所著書名，與閻子尚書古文疏證辯論而作也。其勢如傾山倒海而出，卻可惜所憑據在逸周書、穆天子傳；又可惜在家語、孔叢子、僞本竹書紀年；尤可惜則在魯詩世學、世本、毛詩古義耳，真繆種流傳，不可救藥，吾末如之何也已矣！向來以春秋純用周正，毛詩純用夏正，今考之，殊不爾。『曰爲改歲』，非周之歲乎，『十月之交，朔日辛卯』，非周之月乎？『維莫之春』，非周之時乎？但不如不改者之多耳！」潛丘劄記。

趙秋谷曰：「先生非今之人，蓋古之學者也。其於書無所不讀，又皆精晰而默識之。其篤嗜，若當盛暑者之慕清涼也；其細密，若織紉者之絲縷纖縞也；其區別，若老農之辨黍稷菽粟也；其用力，雖壯夫駿馬，日馳數百里，不足以喻其勤；其持論，雖法吏引囚決獄，具兩造，當五刑，不足以喻其嚴也。」趙執信撰墓志銘。

杭大宗曰：「若璩學長於考證，辨覈一書，至檢數書相證，侍側者頭目皆眩，而精神湧溢，眼爛如電。一義未晰，反覆窮思，饑不食，渴不飲，寒不衣，熱不解，必得其解而後止。自言『有志之士，務在盡己所受於天之分，而力學以盡其才，固自有可傳之道，與可以比儗之人，而無取乎過高之學』。先後輩名流，咸以文學相質，詳細條答，雖熟記之書，必檢示出處。或閱他書可以印證者，輒復手録示之。或數年後，猶時時劄記，馳書告之。一日，在徐邸夜飲，公云：『今日直起居注，上問「古人有言，使功不如使過」。此語自有出處，思之不可得。』若璩言：『宋陳良時論有「使功不如使過」題，通篇俱就秦穆公用孟明發揮，應是昔人論此事者作此語，第不知出何書耳。』越十五年，讀唐書李靖傳，高祖謂靖逗留，詔斬之，許紹爲請而免，後率兵八百，破開州蠻冉肇則〔一〕，俘禽五千，帝謂左右曰：『使功不如使過，靖果然。』謂即出此。又越五年，讀後漢書獨行傳，索盧放諫更始使者勿斬太守，曰：『夫使功者不如使過。』章懷太子注：『若秦穆赦孟明而用之，霸西戎。』乃知全出於此處。甚矣！學問之無窮，而人尤不可以

〔一〕「則」，原作「州」，據新唐書改。

無年也。天性好駡，詞科五十人中，獨許吴志伊之博覽，徐勝力之彊記，李天生謂其杜撰故事，汪鈍翁謂其私造典禮，堯峯文鈔掊擊不遺餘力，則有夙嫌也。生平所服膺者三，曰錢受之，曰黄太沖，曰顧寧人。然於錢猶曰：『此老春秋不足作準。』於黄則曰：『太沖之徒讕，待訪録指其訛繆者，不一而足也。』於顧之日知録有補有正，猶在未定交時，可謂極學士之精能，非鴻儒之雅度也。」杭世駿撰傳。

全謝山曰：「閻徵君所著書，最得意者，古文尚書疏證也，其次則四書釋地。徵君稽古甚勤，何義門學士推之，然未能洗去學究氣爲可惜，使人不能無陋儒之歎，蓋限於天也。」鮚埼亭集。

戴東原曰：「百詩讀書，讀一句書，能識其正面背面。」段玉裁戴氏年譜。

李越縵曰：「潛丘札記爲百詩之孫學林所編，四庫書目所謂『雜糅無法』者，然搜眘較備。百詩窮力於古，論辨精實，而識力未高，壓於宋、元俗儒之説，甚至以詩序爲不足信，以爾雅爲不必讀，故全謝山以陋儒目之。其所著書，自當以四書釋地爲最，故此書所論地理亦多确覈。」越縵堂日記。

潛丘家學

閻先生詠

閻詠，初名詒樸，字梓勤，一字元木，號復申，潛丘長子。康熙己丑進士，官中書舍人。潛丘作孟子生卒年月攷，先生十歲，前對曰：「衹云近聖人之居，未嘗云生聖人之鄉。」潛丘謂爲又一切證。嘗有人自謂精通小學，問先生曰：「少陵詩『賓客減應劉』，『應』爲人姓，當讀作平聲，何新城公作仄聲用？」先生不能對。歸質潛丘，潛丘曰：「皆可用也。此字正爲左傳、國語應爲武王之子所封之國，陸氏、宋氏無音，故黄公紹韻會於蒸部『應』字曰『人姓』，陰時夫韻府於徑部『應』字曰『人姓』，非平仄兩用之證乎？亦猶吾鄉之枚乘，漢書無音，故子美作仄聲，『枚乘文章古』是也。伍子胥之員，讀作運，亦讀作云，故陸魯望詩『賴得伍員騷思少』，未聞以令公四俊之謡，而病其不識字也。」徐自笑曰：「吾作新城公桓譚，得否？」先生有與阮亭書曰：「詠髮未燥時，讀昌黎復上宰相書，惴惴焉，惟不得出大賢之門下是懼。」又論薦侯喜狀云：「身在貧賤，爲天下所不知，獨見遇於大賢，乃可貴耳。論者以爲，昌黎一生之根器如此。然人雖負一能一技，莫不有翹然自異之心，自異而人不異之，則廢然沮，苟以異見賞，有不躍躍欲動者乎？況文章心術所寓，場屋進取之關，而適出當代大賢之門下，雖不遇猶遇也，且或有榮於遇者！暇與家父述之，家父亦有盧公知汝，汝可不恨之喜。」先生蓋出王阮亭之門，有學行，爲賢豪引重。所著有左汾近稿。參史傳、帶經堂詩話、左汾近稿。

潛丘弟子

丘先生回

丘回字邇求，江蘇山陽人。年少好學，從潛丘游，講求經義。應宏博之徵，年近七旬，試卷塗抹過多，置劣等。歸以詩自娛，爲潛丘刻釋地續。潛丘題珠巖吟卷詩其二起句云：「從兄年長七，腹笥富便便。」自註謂邇求。參宋犖序詞科掌録、潛丘劄記。

萬先生經

別見鄞縣二萬學案。

潛丘交游

顧先生炎武

別爲亭林學案。

黄先生宗羲

別爲南雷學案。

李先生因篤 別見亭林學案。

傅先生山 別見亭林學案。

毛先生奇齡 別爲西河學案。

張先生弨 別見亭林學案。

姜先生宸英 別見望溪學案。

汪先生琬 別見亭林學案。

李先生塨 別爲恕谷學案。

臧先生琳 別爲玉林學案。

朱先生彝尊 別爲竹垞學案。

惠先生周惕 別爲研谿學案。

吴先生任臣 別見亭林學案。

顧先生祖禹 別爲宛溪學案。

胡先生渭 別爲東樵學案。

黄先生儀 別見宛溪學案。

萬先生斯選 別見南雷學案。

何先生焯 別見安溪學案。

徐先生嘉炎

徐嘉炎字勝力，秀水人。康熙十八年，召試博學鴻儒，授檢討，歷官内閣學士。先生强記絶人，九經諸史均能成誦，潛丘善爭，見先生每折服之。先生在史館中，著作迥異恒人。二十年，王師收滇、黔，羣臣皆獻頌，先生亦仿鐃歌鼓吹曲，自聖人出，至文德舞，因事立名，凡二十四章；二十四年元夕，聖祖於南海大放燈火，使臣民縱觀，又作紅門花火記，皆稱旨。嘗侍直，上命背誦咸有一德，全篇不失一字。至「厥德靡常」數語，則斂容奏曰：「臣不敢誦。」上爲嗟異。又問宋元祐三黨諸人是非，先生數諸人姓名始末，及先儒論斷優劣，語甚詳，特賜御書臨蘇軾詩一卷。後以疾告歸，著有抱經齋集二十卷。參史傳。

李先生鎧

李鎧字公凱，江蘇山陽人。順治辛丑進士，官奉天蓋平知縣。康熙己未，召試博學鴻儒，授編修，累官内閣學士。先生少孤力學，於書無不窺，至老益勤。著有史斷、讀書雜述，王貽上稱其爲有本之學。又有恪素堂集。參史傳。

馮先生景

馮景字山公，一字少渠，錢塘人。國子監生。於學無所不窺，而説經之文，尤邃其言，曰：「歐陽子曰：『學者當師經師，經必先求其意，意得則心定，心定則道純，純則充，充則實，充實則發於文輝光，施於事果毅。』」曾駁潛丘四書釋地中十事，論漢如淳解三族之繆，吴徵士農祥稱爲有益世道之言。康熙間游京師，項侍郎景襄、金侍郎鼐皆遣子弟從受學。會營宫室求枬木，有請以他木易國子監彝倫堂梁者，先生上書魏尚書象樞，極陳不可，事得寢，由是京師咸知有馮太學生。歸館淮安丘洗馬象隨家垂十年，復北游一試京兆，報罷，遂絶意仕進。歿年六十有四。著述頗富，多散失，有幸草十二卷，樊中集十卷，解春集十四卷。今存者解春集。參史傳、杭世駿撰傳。

姚先生際恒

姚際恒字立方，號首源，休寧人。仁和諸生。少折節讀書，泛濫百氏，既而盡棄詞章之學，專事於經。年五十曰：「向平婚嫁畢而游五嶽，余婚嫁畢而注九經。」遂屏絶人事，閲十四年而書成，名曰九經通論。時潛丘力辨晚出古文之僞，先生持論多不謀而合。潛丘撰尚書古文疏證，屢引其説以自堅。而毛西河篤信古文，作冤詞與潛丘詰難。西河故善先生，以其同於潛丘也，則又數與爭論。先生守所見，迄不爲下。先生又著庸言録，雜論經史理學諸子，末附古今僞書考，持論雖過嚴，而足以破惑，學者稱之。參張穆撰閻潛丘年譜。

潛丘從游

劉先生永禎

劉永禎字紫涵，江蘇山陽人。康熙丁卯，拔貢候選，學正趙秋谷至山陽多主其家。飴山集劉君墓表云：「從其婦翁閻若璩共考據，遂周知古今。」潛丘與先生詩凡四首，有句云：「古文疏證畢，端望作宏巡。」方望溪作王崑繩傳云：「以余所見，居兄弟之喪，顏色稱其情者，獨源與山陽劉永禎而已。」望溪又爲先生作墓志。參張穆撰閻潛丘年譜。

戴先生晟

戴晟字西洮，又字晦夫，江蘇山陽人。潛丘爲易其字曰唐器，易其齋曰寤硯。康熙中諸生，師事黄梨洲。歸而廣購異書，研窮經史，有異義輒就質於潛丘，辨難往復，多得其指歸。參潛丘劄記、淮安府志。

潛丘私淑

宋先生鑒

宋鑒字元衡，號半塘，安邑人。乾隆戊辰進士，選授浙江常山縣知縣，調補鄞縣。在任七年，以廉能擢廣東南雄府通判，歷署連州知州、澳門同知及潮陽縣事，所至有政聲，士民爲立生祠，頌遺愛焉。以親老乞養歸，囊無長物，惟攜書數千卷而已。先生生而穎悟，善讀書，湛深經術。嘗以潛丘所著古文尚書疏證文詞曼衍而文不爾雅，因重輯爲尚書考辨四卷。尤精小學，謂「經義不明，由小學不講也，小學不講，則形聲莫辨，而訓詁無據矣！說文解字乃小學之祖也，取而疏之，治經者其有所津逮乎！」迺採經史、方言、釋名、玉篇、廣韻、水經注諸書，爲說文解字疏，而以附借備三門增益之，詳瞻博辨，甚有條理。他所著有易見、尚書彙鈔、漢書地理考及詩文集。子葆淳，字帥初，號芝山。乾隆癸卯舉人，官隰州學正，後改國子監助教。學問淹通，究心金石，於隸書行楷山水皆入能品，能傳其家學。參史傳、漢學師承記。

清儒學案卷四十

安溪學案上

安溪學博而精，以朱子爲依歸，而不拘門户之見。康熙朝，儒學大興，左右聖祖者，孝感、安溪後先相繼，皆恪奉程、朱，而深究天人，研求經義性理，旁及曆算樂律音韻。聖祖所契許而資贊助者，安溪爲獨多。述安溪學案。

李先生光地

李光地字晉卿，號厚庵，安溪人。康熙庚戌進士，改庶吉士，授編修，乞假歸。十三年，耿精忠叛，鄭錦亦由臺灣入踞泉州，先生奉親避亂山谷。精忠與錦並遣招致，皆力拒。十四年，密疏陳破賊機宜，略謂「民力已盡，賊勢亦窮。賊方悉兵外拒，内地空虚，大軍果從小路横貫其腹，則三路之賊不戰自潰」。置疏蠟丸中，遣家僕出閒道赴京，因内閣學士富鴻基上之。聖祖嘉其忠，下其疏軍中。會康親王克仙霞關，復建寧、延平，精忠降。都統拉哈達賚塔進勦鄭錦，復泉州，宣諭召先生，擢授侍讀學士。行至福州，遭父喪歸。十七年，同安賊蔡寅掠，安溪先生募鄉兵拒守。鄭錦遣將劉國軒等犯泉州，斷萬安、江東二橋，南北援絶。先生遣使告急，以鄉兵導兩路援軍達泉州，大破賊，遁入海，論功遷翰林院學士。十九年，召至京，授内閣學士。面對，言鄭克塽幼弱，部下爭權，宜急取之。薦降將施琅，習海上形勢，知兵，可大用。聖祖用其言，卒平臺灣。乞假奉母回籍。二十五年，還京，授翰林院掌院學士，充日講起居注官、經筵講官、教習庶吉士。二十六年，復乞假省母病，命懸缺以待。二十七年，還京，值太皇太后喪，禮部劾遷延勿及叩謁梓宫，議鐫五級，詔原之。會侍讀學士德格勒因祈雨奉命占筮，面論時相過失，尋以誹議朝政、私抹起居注獲罪，先生曾薦之，牽連被詰，引罪自請嚴譴，詔復原之。尋改授通政使，擢兵部右侍郎。三十年，出督順天學政。丁母憂，在任守制。請假回籍治喪，不許。給事中彭鵬疏劾解任。服闋，仍督順天學政，遷工部左侍郎，留學政任。三十七年，授直隸巡撫，清勤卹民，尤盡心於農田水利。漳水合滹沱爲患，詔分治之。疏言「漳河見分爲三，以合滹沱，入子牙河一支最易汎濫，請分別疏濬，築隄壩以束之」。次年，聖祖臨視，命於獻縣、河間東西兩岸築長隄亘二百餘里。又請開諸州縣水田，引漳、滏、滹沱、大陸諸水資灌溉。四十二年，擢吏部尚書，巡撫如故。四十四年，授文淵閣大學士，召還京。聖祖深究天人，學賅象數，旁及曆算音律，先生奏進文字，未嘗不稱善。每有御定諸書，多委參訂。聖祖嘗曰：「知光地莫若朕，知朕亦莫若光地。」初以在籍密疏論兵事荷特知，爲同列所忌，後位高，忌者益衆，多見排擠，晚益慎密。五十年，以疾乞休，不許。乞假葬母，詔促之出。五十六年，復屢乞休，未得請，卒於官，年七十有七，謚文貞。雍正元年，贈太子太傅，祀賢良祠。

先生學以濂、洛、關、閩爲門徑，以六經、四子爲依歸。尤深於易，奉敕纂周易折中，融貫漢、宋，兼收並採，不病異同，一切支離幻渺之説，咸斥不録。自著周易通論四卷，綜論易理，各自爲篇。首明易本易教，次及卦爻象、彖，時位德應，河圖、洛書，以及占筮挂扐，正變環互，條析其義，而推明所以然，卓然成一家之説。周易觀彖十二卷，其解繫辭傳「觀其彖辭，則思過半矣」曰：「彖辭所取，或有直用其爻義者，或有通時宜而爻義吉凶準以爲決者，以是觀之，不中不遠，惟其合始終以爲質，故時物不能外。」全書取義，蓋本於此，於程、朱之説頗有出入，而理足相明，有異同而無背觸。尚書解義一卷，僅成堯典、舜典、大禹謨、皋陶謨、益稷、禹貢、洪範七篇，多有考證，非講學家之據理懸揣。詩所八卷，不主訓詁名物，主於涵泳文句，得其美刺之旨而止。以爲西周篇什，不應寥寥，二南之中，亦有文、武以後詩，風、雅之中，亦多東遷以前詩。故於小序所述姓名，多廢不用。古樂經傳五卷，取周禮大司樂以下二十官爲經，以樂記爲之傳。又有附經、附記。其樂教、樂用二篇，則其孫清植輯遺稿所成。大學古本説一卷、中庸章段一卷、中庸餘論一卷、論語劄記二卷、孟子劄記二卷、朱子禮纂五卷、榕村語録三十卷、榕村文集四十卷、別集五卷，並著録四庫。榕村語録續編十二卷，稿藏於家，清末始出。他又有禮記纂編、禮學四際約言、曆象要書、卜書備義、離騷新説、九歌新説、參同契注、參同契章句、握奇經注、陰符經注、韓子粹言、太極圖通書正蒙二程遺書纂、朱子語類四纂、古文精藻、韻箋諸書。參史傳、彭紹升撰行狀、四庫全書提要、榕村遺書。

周易通論

易本

易之興也最古，其源流不可悉知。三易之名，及畫卦、重卦、名卦之人，諸儒之論，亦復不一。約之，則三易之説，可通者有二：一曰夏連山，殷歸藏，周周易也；一曰連山炎帝，歸藏黄帝，周易文王也。畫卦、重卦、名卦之人，則有三説：一曰伏羲畫八卦，因自重之，而自名之也；一曰伏羲畫八卦，至文王乃重而名之也；一曰伏羲畫八卦而重之，文王始名之也。今按：以三易爲夏、殷、周者，据記有夏時坤乾之文也。謂爲炎帝、黄帝、文王者，連山，炎帝之號，歸藏，黄帝之號，而周，文王之國號也。鄭康成斷從後説，今姑沿之可也。周禮云：「三易之經卦皆八，其别皆六十有四。」則非文王始重卦可知。然伏羲雖已重卦，名則未備，蓋其時僅有八卦之名而已，故繫辭傳曰：「其稱名也雜而不越，於稽其類，其衰世之意邪？」言卦之稱名，錯雜事物，周於人用，以其類考之，非中古以後更歷世變者不能及也。況「履虎尾」、「否之匪人」、「同人于野」、「艮其背」、「中孚豚魚」之類，皆辭與名連爲義，則是一手所繫，非仍舊名而增加之也。朱子於乾、坤下本義云：「三奇之卦，名之曰乾，是以八卦之名爲伏羲所命。」至屯卦下則無説，而於繫傳稱名，則以爲卦名也。是以六十四卦之名爲文王所命也，於理近是，今亦從之。

彖辭、爻辭何人所繫，夫子未嘗分别。先儒直以「箕子明夷」、「王享岐山」之類，事出文王之後，斷爻辭爲周公所作。然考夫子贊易，如所謂「易之序也」，「爻之辭也」，「是故謂之象」，「是故謂之爻」，每以爻與象對，而反不及彖，似爻之起，亦非在彖後者。意者繫爻固文王之意，而周公成之與？惟曰「彖者言乎象者也，爻者言乎變者也」，「彖者材也，爻者效天下之動者也」，「智者觀其彖辭，則思過半矣」，分别卦爻辭先後，其理甚明，先儒之説，可循用也。

夫子贊易曰十翼者，彖上傳、彖下傳、象上傳、象下傳、乾、坤文言、繫辭上傳、繫辭下傳、説卦、序卦、雜卦也。所謂象傳者，兼二體大象及六爻之小象也。按：漢書本爲經二卷，傳十卷，經、傳離異，不相附屬。自費直始以彖、象傳綴於每卦經後，如乾、坤之例。王弼又自坤卦以下，以彖傳、大象傳附彖，小象傳附爻，則今現行之易是也。朱子及東萊吕氏復古經、傳之舊，本義之作，實据漢書，故凡「彖曰」、「象曰」、「文言曰」之類爲王弼所加者悉已删去，而别有卷首標題，即彖傳、象傳、文言傳等目。其彖傳題下則注云：「彖，即文王所繫之辭；傳者，夫子釋經之辭也。」象傳題下則注云：「象者，卦之上下兩象及兩象之六爻，周公所繫之辭也。」十二卷，古易於是乎各得其所矣。明初律令兼用程、朱傳、義，及永樂中脩大全書，離析本義，以從程傳之序，故後雖本義孤行，而其序遂不復。學者讀乾卦、彖、象傳標題下注，茫然不省所指，故有以大象爲周公作者，誤由兹起也。謂宜别刻本義原本，以悟初學。

本義卷首諸圖，朱子所作也。秦、漢以來，伏羲畫卦根本次第，無言及者。邵康節先天之學，源出希夷，程子不信，而朱子始表章之，此諸圖所由作也。然惟八卦方位圓圖及六十四卦圓圖方圖爲邵氏之舊，其首之以横圖，則朱子用邵子之意，而摹畫以示人者，見於答袁機仲諸書可見也。閒嘗論易之源流。四聖之後，四賢之功爲不可掩。蓋自周子標太極之指，邵子定兩儀以下之次，而伏羲之意明。程子歸之於性命道德之要，其學以尚辭爲先，而文、周之理得。朱子收而兼用之，又特揭卜筮，以存易之本教；分别象占，以盡易之變通，於是乎由孔聖以追羲、文，而易之道粲然備矣。自漢以還，非無傳者，然揚雄以玄爲宗，則純乎老氏矣，其與周子太極，可若是班乎？其法以三三起，雖與易卦相近，而非自然之理。八十一首之序，猶仍卦氣之謬也。其與邵氏先天之法，亦未可同日語。王弼生於魏、晉，祖尚玄虚，即復之一卦，而宗指與程傳迥别。蓋王氏所謂復者，虚静之室；程傳所謂復者，仁義之心。其餘義準是矣。然當朱子時，太極抑於陸氏兄弟，先天毁於袁樞、林栗，程學訾者亦衆，苟非朱子一一極辯，則三家之學且熄。而卜筮象占之説，又所以佐三家之未逮也，自時厥後，好議論者猶將反之，故黄震攻康節之圖，王禕申河、雒之辯，羅欽順滅太極之書。至於以卜筮爲朱子詬厲者，又紛然而未已。夫學欲博而不欲雜，衆言淆亂則折諸聖。易之爲書，立説者最多，其雜且亂，甚矣！夫苟不折以列聖羣賢，而惟博之好，則易之賊也！航於斷港絶潢，而望至於海，不亦難乎！

易　教

三代學校之教，詩、書、禮、樂四術而已。易掌於太卜，國史掌於史官，乃專官之學，未嘗施於學校也。故韓宣子至魯，乃見易象、春秋，則知詩、書、禮、樂列國有傳。而二書者，獨閟，自夫子贊修之後，稍見於世矣。故記禮者名爲六經，而莊周之徒，頗知其意者，亦往往並述焉。然自秦政燔經，獨存卜筮、醫藥、種樹之書，而易幸不燬，則知其時猶未直目之經，學士先生猶未流行誦習，以故卜筮家專司而世守之，是則易之本教然也。漢人雖稱六藝，然田何、施、孟、梁丘之學皆不傳，不知其說云何。焦贛、京房衍爲生尅休咎之占，其敝以星日氣候推配，雖曰流，蕩然可知。卜筮之教，展轉相沿，久則難變也。揚雄作玄儗易，雖襲京、焦之緒，而頗推道德性命之指。至王弼，始純以理言易，而後之談經者宗焉。是書著述，莫盛於宋，惟邵康節之學有傳，而猶以象數見譏。其餘儒者所得，有淺有深，然大要承輔嗣之意，皆以易爲言理之書而已。夫孔子嘗言易矣，曰：「和順於道德而理於義，窮理盡性以至於命。」則謂易言理是也。然本畫卦繫辭之初，則主於卜筮以明民，非如他書，直闡其理，直述其事者也。朱子深探其本，作本義一編，專歸卜筮，然而至今以爲呰謷，蓋恐狹易之用，小易之道，而使經爲技術者流也。殊不知易之用以卜筮而益，周易之道以卜筮觀之而後可通，初非小技末術之比也。今日作易者，言理以教人爾，則施於學士，而阻於愚氓，其用不周矣。偏言一理，而不足以該於無窮，其道不妙矣。卦象之汎取，蓍數之旁通，其於理也，雜而不切矣。「大有元亨」、「初六无咎」，其於理也，略而難明矣。避其爲小技末術，而反入於枝離晦昧之歸，乃不虞其重爲易病也乎？是故朱子之大有功於易卜筮之說也。有得於此，然後可以言潔靜精微之要，而凡散殊清通，無所推而不達，道德性命，亦無所求而不得矣。

論經傳次序仍王本

朱子既復經、傳次序，今不遵之，而從王弼舊本，何也？曰：朱子之復古經、傳也，慮四聖之書之混而爲一也。今之仍舊本也，慮四聖之意之離而爲二也。蓋後世之註經也，文義訓詁而已，而又未必其得。故善讀經者，且涵泳乎經文，使之浹洽，然後參以注解，未失也。若四聖之書，先後如一人之所爲，互發相備，必合之而後識化工之神，則未可以離異觀也。故以文、周彖爻言之，彖於坤言牝馬，可謂盡坤之情矣。乾未有象也，六爻則於乾言龍，以盡乾之道。坤彖言君子牝馬之貞，有東北、西南以應地之方也。乾爻則言聖人之龍德，有潛見、飛躍以應天之時。此則彖、爻之自相補備者也。以夫子之傳言之，乾彖曰元亨利貞，未有四時之義也，彖傳釋之，而曰資始、流形，曰各正、保合，則知四德之即四時矣。坤彖曰西南、東北，未有四德之義也，文言釋之，於西南曰含物化光，於東北曰順天時行，則知四方之即四德矣。乾爻之總辭曰「見羣龍无首」，著乾之居首而不爲首也。象傳則於坤曰「以大終」，著坤之居終而不爲終焉。坤爻之總辭曰「用六永貞」，明用六之義所重在貞也。象傳則於乾曰「乾元用九」，明用九之義所重在元焉。此又經、傳之相爲補備者，所謂先後如一人之所爲也。若乃屯、蒙以下諸卦，則皆有不可相離者。蓋如彖言建侯，爻亦曰建侯，則知侯之爲初矣；彖言童蒙，爻亦言童蒙，則知童之爲五矣。此彖、爻之互相發明者也。然如訟之彖曰「利見大人」，爻曰「訟元吉」，其意未明也，彖傳曰「尚中正」，則知大人之爲五矣。師之彖曰「丈人吉」，爻曰「在師中」，其意未明也，彖傳曰「剛中而應」，則知丈人之爲二矣。又如晉之康侯，而九四不足以當之，則未知其所指也，彖傳曰「柔進而上行」，則知卦之康侯不在四而在五矣。因之大人亦未知其所指也，彖傳曰「以剛中也」，則知卦之大人不在陰而在陽矣。蓋上以釋文王名辭之意，而下以得周公繫爻之心，故彖傳爲卦爻之樞要。至於大象，則卦之命名所取爲多，故夫子特表而出之。凡彖傳釋名，有兼取數義者，有直釋名辭者。其兼取數義者，命名之意廣有所取也。其直釋名辭者，命名之意專在大象也。易者象也，象也者像也，此大象所以尤爲一卦之要也。小象之傳，辭則簡矣，而義至精，或推言爻之德位，而本之於時；或旁及爻之與應，而參之以比；或廣其言外之意，而言中之指愈明；或略其言中之詞，而所言之理愈備。後之賢者，重言累釋而不能盡，聖人輒以單辭括之。此皆經、傳之相爲發明者，學者當作一意求之，則其文宜相附近，此今日仍王氏舊本之意也。

論卦名辭爻辭

伏羲之畫，無文而無所不包，文王命之以名，則既偏於一矣，然其審於象也精，而天道民故備焉。此所以爲雜而不越，因憂患而有作者也。其辭也，所以發名之意也。如是以開物成務，其亦足矣。其又析爲六爻之辭，何也？曰：卦者，原始終以爲質，錯上下以取象者也。然既有始終矣，則孰爲始？孰爲終？不可不極其變也。既有上下矣，則孰爲上？孰爲下？不可不辨其物也。有始終上下，則有消息當否矣，而孰爲息？孰爲消？孰爲當？孰爲否？不可不研其幾而撰其德也。以泰、否兩卦論之，其名卦，繫辭取於交不交及往來之義矣。然有交不交，則上下判焉；有往有來，則終始分焉。原其始，則自否而泰，自泰而否者也，拔茅而來所以吉，拔茅而去所以亨也。要其終，則泰而復否，否而復泰者也，「城復于隍」所以吝，「休否傾否」所以吉也。交而泰，其泰在上，故六五有「歸妹」之德，而後九二得盡

「中行」之義矣。不交而否，其否在下，故六二守「否亨」之節，而九五當「存其亡」之心矣。卦包乎爻而舉其綱，爻析乎卦而窮其分，爻不立，無以發卦之蘊，而冒天下之道，是故卦爻者相爲表裏，相爲經緯者也。此文、周之書所爲二而一者也。

論時

王仲淹曰：「趨時有六，動焉吉凶悔吝所以不同。」其說善矣，然趨時之義不可不辨也。近代說易，所謂時者，皆似有一時於此，而衆人趨之爾，故其象君臣者皆若同朝，象上下者皆若同事。其爲時也，既局於一，而不通，其趨時也又以互相牽合而說，義多不貫，此則講解之大患也。夫時也者，六位莫不有焉，各立其位，以指其時，非必如並生一世，並營一事者也。如言屯也，蹇也，莫不有屯焉，莫不有蹇焉，不必皆言濟時之艱難，平時之險阻也。大有也，豫也，莫不有所有焉，莫不有所豫焉，不必皆言際明盛之朝，值和樂之世也。如此，則何至局於一而不通乎？且莫不有屯矣，則初有初之屯，五有五之屯，非五因初而「屯膏」也。莫不有豫矣，則四有四之豫，五有五之豫，非五因四而「貞疾」也。如此，則何至互相牽合而說不貫乎？蓋必其所謂時者，廣設而周於事，所謂動而趨時者，隨所處而盡其理，然後有以得聖人貞一羣動之心，而於辭也幾矣！是故一時之治亂窮通，時也；一身之行止動靜，亦時也，因其人，因其事，各有時焉，而各趨之云爾。不然，則何以曰「冒天下之道」，而「百姓與能」乎？

論位

考象傳，凡言位當不當者，獨三四五三爻爾，初二皆無之。蓋所謂位者，雖以爻位言，然實借以明分位之義。初居卦下，上處卦外，無位者也。二雖有位，而未高者也。惟五居尊，而三四皆當高位，故言位當不當者，獨此三爻詳焉。凡言位當、位正當者，皆謂德與位稱也。不然，則謂時位有所適當，而必善所以處之也。凡言位不當、未當者，皆謂德不稱位也。不然，則謂時位有所未當，而必善所以處之也。大傳曰：「列貴賤者存乎位。」則知爻位有六，而貴者惟此三爻矣。以象傳之言位當、位不當者施於此三爻，而不及其他，故知借爻位以明分位之義也。或曰：「二雖未高，然亦有位焉，何以不言也？」曰：「据大傳『其柔危，其剛勝邪』。『柔之爲道，不利遠者』，則三五宜剛者也，四宜柔者也，二反宜剛者也。三四五以當爲善，不當爲不善，二則反以不當爲善。故當不當之義，不得而施於此爻也。然其於三也，有言不當者矣，未有言當者也。於四也，有言當者矣，未有言正當者也。惟五言正當，其言不當者，獨大壯五而已，而又反以不當爲善。蓋三，危位也，以柔居之固不當，以剛居之亦未必當也，此其所以多凶也。四，近位也，以剛居之固不當，以柔居之亦僅止於當而已，此其所以多懼也。五，尊位也，以剛居之爲正當，以柔居之，有柔之善焉，雖不當，猶當也，此其所以多功也。」

論德

何以謂之德也？有根於卦者焉，健順動止明説之類是也，有生於爻者焉，剛柔中正之類是也。德無常善，適時爲善，故健順動止明説之德失其節則悖矣，剛柔之道逆其施則拂矣。屯宜用動者也，蹇宜用止者也，豐宜用明者也，困宜用説者也，需宜用剛者也，訟宜用柔者也，賁宜用剛者也，噬嗑宜用柔者也，家人宜用剛者也，旅宜用柔者也，推此類之，則所謂德之善者可見矣。惟中也，正也，則無不宜也，而中爲尤善，何也？易之義莫重於貞，然亦有貞凶者矣，有貞吝、貞厲者矣。其事未必不是也，而逆其時而不知變，且以爲正而固守焉，則凶危之道也。中則義之精而用之妙，凡所謂健順動止，明説剛柔之施，於是取裁焉，先儒所謂「中則無不正」者，此也。或曰：「易之卦爻，於貞，蓋諄諄焉，其於中行，僅數四見而已，何也？」曰：「正理可識，而中體難明，非深於道者不能知，是故難以察察言也。存其義而没其名，則聖教之精也。自乾、坤二卦，固皆利於貞矣，然所謂二用者，則中之極而貞之源也。其餘卦之諸爻，居得其正者多矣，而亦鮮以正許之者。惟二與五得其正者，固曰以中正也。或不得其正者，亦曰中以行正也。是則中道之大，而易教之至也。」「然則存其義而没其名者，何也？」曰：「六十四卦三百八十四爻所繫皆中也，然必曰如是則得其正，則人皆知道義之是守矣。儻必曰如是乃得其中，則有誤於依違兩可混同無辨者，而不自知其非也。故舜之智，必問察乎善，而後執其中；顔子之賢，擇乎中庸而必得其善。正非中，則正之實未至；中非正，則中之名亦易差。聖人所以尊中之道而略其名，精求乎正之實，而必廣其教者，此也。」

論應

自王輔嗣說易多取應爻爲義，歷代因之考之夫子彖、象傳言應者蓋有之，然亦觀爻之一義爾，若逐爻必以應言，恐非周公之意，亦非孔子所以釋經之旨也。以經傳之例觀之，上下兩體，陰陽相求，固其正矣。然彖傳有以衆爻應一爻者，亦有以一爻應衆爻者，乃不拘於兩體二爻之對，比、小畜、同人、大有、豫之類皆是也。有時義所宜以陰應陰而吉，以陽應陽而吉者，又不拘於陰陽之偶，晉、小過之王母祖妣，睽、豐之元夫夷主之類皆是也。有以承乘之爻爲重者，則雖有應爻而不取，如觀之觀光，蹇之來碩，姤之包魚，鼎之金鉉，而隨則有失丈夫之失，觀則有闚觀之醜，姤則有无魚之凶，此類皆是也。其餘但就其爻之時位才德起義，而不繫於應者，不可勝數，而欲一一以應義傅會之，則鑿矣。況爻所謂應者，必隔二位而相應。例也不隔，則非應矣。今有相應而爲某爻閒隔之說，又有某爻起而爭應之說，豈非鑿之又鑿者乎？說經者因此而不通，所謂至今爲梗者矣。經傳又無此意，亦奚重而不更也？

凡應，惟二五之應最吉，蓋皆有中德，而又各居當時之位也。其次則初四，閒有取焉。三上取應義絕少，其善者又加少也。易之道，陰暗求於陽明，不以陽求陰也；上位求於下位，不以下位求上也。故凡六五九二之有取於應義則無不吉者，爲以陰求陽，德上而下交，則在上者有虛中之美，居下者有自重之實，蒙、師、泰、大有之類是也。如取應義者在於九五六二，則時義所當，亦有相助之善，然求陽者在於下位，則往往有戒辭焉，屯、比、同人、萃之類是也。初與四亦然。如六四初九取應義，是四求初也，則吉，屯、賁、頤、損是也。如九四初六取應義，是初求四也，則凶，大過、解、姤、鼎是也。然吉者在四，而在初者不可變，上雖下交，而下不可以失己也。凶者在初，而在四者與之凶，下既援上，則上未免爲失人矣。三上或取應義皆非吉者，若蒙、頤、睽、夬、豐、中孚之類。惟剥之三與陽應，損之三當益上，於時義有取焉，故二爻無凶辭爾。

承乘者謂之比。凡比爻，惟上體所取最多，蓋四承五則如人臣之得君，五承上則如人主之尊賢，主於五，故其近之者皆多所取也。然四之承五，惟六四九五當之；五之承上，惟六五上九當之。非然者，則亦無得君尊賢之義。惟隨之五上稍變斯例，以時義剛來下柔故爾。其餘九五比上六者，皆爲剛德之累；上六從九五者，則爲從貴之宜，非尊賢者比也。下體三爻，所取比義至少。初與二，二與三，閒有相從者，隨其時義，或吉或否。至三與四，則隔體，無相比之情矣。亦有因時變例取者，隨三、萃三是也。

論觀象過半

文王既名卦而繫之辭矣，然其繫辭也，必雜取夫卦義；其取夫卦義也，又取諸爻之剛柔、上下、内外比應善惡當否者爲多。故名之所以命也，閒用主爻之義，然以兩象二體爲括要之宗者也；辭之所以繫也，兼論二體之德，然以六爻剛柔爲取用之材者也。惟其如是，是以六爻未繫，而其粲然分列者，已具於渾然涵蓄之中。周公之繫爻也，蓋本此以爲權度者也。或彖辭所耑指之爻，則其意可以發明；或彖辭所未及之爻，則其意可以推廣。文、周一心者也，彖、爻一貫者也。故夫未觀爻辭者，擬議懸度可以預知其得失之所歸；已讀爻辭者，尋繹覆視可以確定其吉凶之有故。吁！此智者之事，學易之方也。以乾、坤兩卦言之，元亨利貞者，彖辭也。夫重乾重坤之象，天地無兩也，著其周復一周，氣化循環之義而已。元亨利貞，貞復啟元，此彖辭所以發卦象之藴也。然而大明終始者有六位，以時成於其中。故自下卦言之，初爲元，二爲亨，三則爲利貞矣。自上卦言之，四又爲元，五又爲亨，上又爲利貞矣。乾初下卦勿用而已，四上卦將用而疑，猶勿用也，此皆厚養待施元之意也。二下卦以德使天下文明，五上卦以位使天下治，所謂雲行雨施亨之意也。三下卦之極，以乾惕而无咎；上上卦之極，以亢而悔，蓋高則必危，而盈不可久，利貞之意也。坤初下卦故曰始凝，四上卦故曰天地閉，皆慎微養晦，亦元之意也。二下卦有直方之德，五上卦有黄裳之美，所謂含弘光大，亦亨之意也。三，下卦之極，故含章而无成；上，上卦之極，故疑陽而必戰，蓋讓陽則吉，抗陽則凶，利牝馬貞之意也。是則六爻發揮，乃所以旁通其情，而於彖辭之藴亦無加焉。六十四卦之義，以是推之，無不得者。觀彖而思過半者，豈不信哉！聖人教人讀易，莫深切於此章矣。

古樂經傳

樂經

漢書文帝時得文侯樂工年一百八十歲，出其本經一篇，即今周官大司樂章，則知此篇乃古樂經也。

凡樂職二十，自大司樂至小胥，皆以學校之教爲職，而掌樂之政令焉；自大師至眡瞭，則專乎聲樂之事，故次之；典同本律吕聲音以造樂器，故又次之；樂器之司，自磬師至鎛師備矣，故又次之；有聲必有舞，故韎師、旄人、籥師又次之；籥章、鞮鞻氏，或爲上古先世之樂，或爲外方遠裔之音，故又次之；典庸器，聲器也；司干，舞器也，皆藏器以待事而已，故又次之。凡散見書傳，如樂正、司業、父師、司成之類，乃異代之制而雜出。他官若鼓人、舞人、舄氏、韗人、磬人、梓人之屬，則各執藝事以役於此者也。

辨證

「圜鐘爲宫以下，説異於古，何也？」曰：「調與聲不同，從來説者皆未别明聲調，是以特就經上之律起意，而不復以前文參考爾。且以黄鐘之五調論，則所謂黄鐘宫調者，用黄鐘所生之七律，而以黄鐘起調，黄鐘畢曲也。所謂黄鐘商調，黄鐘角調，黄鐘徵調，黄鐘羽調者，則亦用黄鐘所生之七律，而或以太簇，或以姑洗，或以林鐘、南吕起調、畢曲也。所以然者，黄鐘以太簇爲商，以姑洗爲角，以林鐘爲徵，以南吕爲羽。如此節用黄鐘爲角調，則必以其所生之角聲起調、畢曲，自然之理也。故如黄鐘之爲角聲也，則必曰夷則角，而不曰黄鐘角；如太簇之爲徵聲也，則必曰林鐘徵，而不曰太簇徵；如姑洗之爲羽聲也，則必曰林鐘羽，而不曰姑洗羽。漢、魏以來，樂部未之有改，然則黄鐘爲角之爲角調而用姑洗，太簇爲徵之爲徵調而用南吕，姑洗爲羽之爲羽調而用大吕，無疑也。攷禮運雖有旋相爲宫之言，然並未著其例，然則六經中大樂聲調之理，惟周官此文爲可据爾，況其證之前文又相符合，則聖人之微辭奥義，殆未易以曲説通也。鄭氏而下，爲説頗多，其中亦有推論巧合如沈氏筆談之云者，然終於聲調之理無當，故不敢從。」

「其易圜鐘黄鐘也，何据？」曰：「案班氏律志，黄鐘爲天統，林鐘爲地統，太簇爲人統，則黄鐘當爲天宫，林鐘當爲地宫，明矣。故前文亦以黄鐘祀天，林鐘祭地也。太簇雖屬人統，然前文既與應鐘合而爲祭地之樂，則施之宗廟之宫，義有未允。而夾鐘者，前文所用以享於先祖者也。蓋天氣始於子，地氣始於午，人事始於卯者，陰陽晝夜之正也。地退一位而始於未，則避南方之正陽也。人進一位而始於寅，則重民事之蚤作也。然則宗廟之祭，以圜鐘爲宫，既合享祖之文，又著人事之始，比於援引星辰，捨經證緯，不亦善乎！漢書郊祀志蓋仍此誤。至唐祖孝孫以黄鐘祀天，林鐘祭地，乃爲能復古者。獨其以太簇享廟，則但據三統之義，而未知周官之有互文，爲少失爾。」

「商調之避，他書亦有足徵者與？」曰：「孔子謂賓牟賈曰：『聲淫及商，何也？』曰：『非武聲也，有司失其傳也。』孔子曰：『唯某之聞諸萇弘，亦若吾子之言是也。』鄭康成解說爲有『貪商天下之心』，揆之文義爲不類。按國語武王以夷則之上宮畢陣，以黄鐘之下宮布戎，以太簇之下宮布令於殷，以無射之上宮施舍百姓。史記亦云，武王伐紂，吹律聽聲，殺氣相并，而音尚宮。然則大武之樂蓋尚宮聲，而末流之失，其音節乃有濫入於商者，故曰聲淫及商，猶所謂歲在星紀，淫於元枵者云爾，非貪商天下之謂也。夫大武之樂以武功著，然於商聲猶不用，況此三祭所奏者，雲門、咸池、大韶之舞，則其去商調也何疑！」「其爲緣此之義，於太簇、無射二律，有應爲起調、畢曲者，則并去之，又何据也？」曰：「國語伶州鳩謂『太簇所以金奏』，注云：『正聲爲商，故爲金奏。』又景王將鑄無射之鐘，而州鳩以爲不可，是亦必有說矣。蓋黄鐘一律，爲諸聲之本，而太簇爲其商，則是太簇之正聲商也。吕令西方，其音商，而無射者，又窮秋之律。金氣之盛也，三祭之樂既去商調，故於此二律之起調、畢曲者而并去之，是亦求之聲音之理而可通者，即以本經之文爲据可矣。」

「前文奏太簇以祭地示，奏無射以享先祖，何也？」曰：「前文言歌奏，而不言其所爲之調，則知是共一調也。既兩律共爲一調，則陰陽相宣，高下相濟，可以無嫌矣。此三樂者，各自爲調者也。各自爲調，則其一聲之起調、畢曲者，必獨盛而孤行，是以避之也。且大祭與分祭不同，前者大武之樂用以享祖矣，而此宗廟之中乃舍武而用韶，聖人於此，必有精意存焉。其前後異同之間，正可參伍之以求其說爾。」

「合辰之說，謂氣候晷刻皆同，信乎？」曰：「此据入氣之一日言耳，故交子月之一日必與交丑月之一日同也，交寅月之一日必與交亥月之一日同也。其算合辰，無不皆然。古以斗建合逆爲説者，亦謂至此一日，則斗柄移宫，而日月遷次，故指此以爲標識焉爾。今既天與歲差，而此説不可用，則當明其意焉可也。」

「十二月之合氣候晷刻相似，十二律之合則分寸長短懸殊，何也？」曰：「十二月之合，其氣候晷刻則同矣，然而陰陽之消長進退豈可同乎哉！律也者，寫陽氣之消長者也，故亥則陽消於外，而寅則陽息於中。蓋相應而相反，雖相反而實相應者也，故比而合之，陰陽之道乃備，發斂之氣乃和。律之有合也，又豈與天地不相似哉！」

「十二聲之説，何如？」曰：「十二聲者，以聲論而形在其中也，故謂侈弇厚薄之類爲器之形則可以高下，陂險達微之類爲器之形則不可。惟但以聲言之，則其制器以合之者，自有小大，有長短厚薄侈弇之法。且其於諸器皆有以包之，而不獨鐘制爲然矣。考工磬人章云：『已上則摩其旁，已下則摩其端。』已上聲太高也，故摩旁以薄之；已下聲太下也，故摩端以厚之。此則不獨鐘器之證。而國語云：『鐘尚羽，琴瑟尚宫，磬尚角，匏竹尚制。』蓋鐘聲洪大，故其器不當過於大而尚羽，其擊撞之節，則亦不當過於大而尚羽也。琴瑟之聲細微，故其器不當過於細而尚宫，其搏拊之節，則亦不當過於細而尚宫也。磬聲和平，而角音爲清濁之中，故磬之制，與夫敲戛之節，貴得其平而尚角也。匏竹者，以人氣吹之者也，人聲之高下清濁本有裁制，故匏竹之制，與夫吹之之節，一唯以人聲爲之準則而已。此又不獨鐘器爲然，且不獨制器爲然之證矣。夫高下者，聲之所不能無者也，故高聲、正聲、下聲非聲之病也。

今專指其病，而絶無一聲之得其正者，則亦何所據以爲聲量之準乎？」

「磬師以下，官名次第如何？」曰：「典同以聲律造樂器，自磬師至鐘師所掌皆是也，故次於典同之後。除琴瑟爲升歌之用，大師小師之職。此外則金石，音之綱也，故首以磬師鐘師。竹匏，土音之用也，故次以笙師。鼓，音之節也，故終以鎛師也。磬師兼教編鐘編磬，而官以磬名者，蓋入音磬最難辨，亦惟磬音最中虞書夔之自言，惟曰『擊石拊石』，又曰『戛擊鳴球，搏拊琴瑟』，以詠那之詩曰『既和且平，依我磬聲』，故八音之次，金爲先者，其聲鏗訇而大，猶五聲之先宫也。審音之職，石爲重者，其聲清越而和，猶五聲之角也。前眡瞭專擊頌磬笙磬，亦此意也。鎛師雖以鐘名官，然所掌者大鐘，而非編鐘，則次於磬師，宜矣。金石既調，樂器從之。笙師所掌竹匏土三器，皆堂下之樂也，專以笙名官者，簫管雖重，而笙之用廣，自堂下之樂奏，而與歌相終始，故鐘磬繫之歌笙，非他音之不應，鐘磬以歌與笙爲主也。鎛師主鼓而已，而官以鎛名，蓋必知鐘鎛之節，而後可以命鼓人避鐘師之名，故但舉鎛也。就數者職掌先後，名義輕重之閒，而古樂之意可求，此其所以爲聖人之經也。」

樂記

樂記，蓋孔門之遺書，先儒以爲公孫尼子次撰，而曰通天地，貫人情，辨政治，其語精矣。然又謂河閒獻王與諸生等采周官及諸子言樂事者以爲樂記，則似此書爲漢儒編輯。蓋當時禮樂道微，傳説不同故也。又劉向校書時，得樂記二十三篇，與河閒所傳於王禹者不同。今樂記斷取纔十一篇，曰樂本，曰樂論，曰樂施，曰樂言，曰樂禮，曰樂情，曰樂化，曰樂象，曰賓牟賈，曰師乙，曰魏文侯。此外尚有十二篇，曰奏樂，曰樂器，曰樂作，曰意始，曰樂穆，曰説律，曰季札，曰樂道，曰樂義，曰昭本，曰昭頌，曰竇公。二十三篇之目，具於劉向别録，既與河間異傳，而前十一篇之文不異，益知記樂者在漢以前，非諸生采集之書矣。但十一篇之次，賓牟賈、師乙、魏文侯，今此記有魏文侯，乃次賓牟賈、師乙爲末，則是今之樂記十一篇之次，與别録不同。推此而言，其樂本以下亦雜亂矣。愚謂此書章段，正義以十一篇分屬，而條理甚疏，則皇氏、熊氏之疑是也。然戴氏集禮，司馬遷作史記，皆在劉向之前，自魏文侯以下，章句微有先後，而文義無甚差互，則凡正説樂理之處，仍是古人原文，未經後來變亂。其十一篇名目，或者劉向加增耳。皇氏以爲事不分明則可。熊氏謂古有十一篇之次，而今雜亂，則恐未然也。今定篇第以别録爲主，而删去十一篇之説，案其離合，别爲十章，大抵不離所謂通天地，貫人情，辨政治者，而其詞達理粹，前後互相發明，則非洙、泗之徒，斷不能及。抑此十一篇以魏文侯終，後十二篇又以竇公終。竇公即文侯樂工，漢文帝時獻其本經者也。文侯，戰國賢君，獨能留心禮樂之事，意此記即是子夏、竇公諸人之所論述，故以其篇退而居後者，讓也。

聲律篇餘論

天地之間，理也，氣也，聲也，形也，數也，顯微無間者也。蓋氣者理之用，形聲者氣之化，而數者形聲之紀也。樂律之道，其數相生，故其氣相生，其氣相生，故其聲亦相生，而無不應也。其必紀以九者何？數之所以衍而不窮，氣之所以運而不息也。其必成以六者何？數之衍所以節，而氣之運所以裁也。易卦尊陽而用九，樂律亦尊陽而用九，故窮則變，變則通者，用九之妙也。易卦居陰而用六，樂律亦居陰而用六，故先後有序，剛柔有偶者，用六之功也。黄鐘之律，長九寸，冪九分，積其長八十一分，積其冪八百一十分，莫非九九之用，故其道循環，而與元氣終始。成於六律，究於十二管，衍於六十調，行於三百六十聲，莫非六六之用，故其道有常，而與天地相似。然則數有阻格，則於氣有滯凝，數有差繆，則於氣有乖逆者，亦自然之理矣。

「律之以損益相生，何也？」曰：「凡象數皆起於陰陽，象者方圓相變者也，數者奇耦相生者也，故方之内圓必得外圓之半，皆以積實言。其外圓必得内圓之倍；圓之内方亦必得外方之半，其外方亦必得内方之倍。律之上生爲下生之倍，下生爲上生之半，其理一也。蓋方圓函蓋，奇耦乘負，陰陽變化，天地生生之道也。苟其象之所生同，數之所起同，則上下無不應也，外内無不合也，倍半無不和也，故司馬遷律書謂之同類，今西人算學謂之比例。孔子曰：『同聲相應，同氣相求。』此之謂也。夫金石之鏗訇，與絲絃之繁細，物性迥然殊矣，而各以其性爲聲律，則無不相應者，豈非同類、比例之説乎？」「其相生之以隔八，何也？」曰：「比位者，陰陽相合之情也。隔七者，陰陽相對之義也。隔八者，陰避陽位，偏正之分，尊卑之等也，夫然後理順情和而相應矣。」

「律有變律，聲有變聲，何也？」曰：「變猶閏也。十二月有十二閏日，故十二律有十二變律也。五歲有二閏月，故五聲有二變聲也。聲，陽也，主氣。律，陰也，主月。律備而聲餘，如月備而氣餘；聲備而律餘，如氣備而月餘也。五歲之中有再閏，則時定而歲成矣。五聲之中有二變，則聲和而氣應矣。蓋次三次五之歲，則節氣之相距，必隔越一月，而病於不相及；次三次五之聲，則律管之相遠，亦必隔越一月，而病於不相及也。故有閏月則氣朔均齊，有變聲則音律停調。宋房庶所謂閏宮閏羽，亦此意也。變律者，設以待用而已，如閏月之積，以待用也。」

「度量權衡皆起於律，何也？」曰：「先王制度，皆以天地之氣爲準。律者，寫天地之氣者也。一氣流行，而象數生焉。其長短紀於日，故律之外分以起度者陽也。其盈虛紀於月，故律之内積以起量者陰也。其低昂上下紀於斗柄，故律因度量以起權衡者，陰陽之合也。記曰：『大人作法，必以天地爲本，以日星爲紀，月以爲量，四時以爲柄。』此之謂也。」

「五音有聲有調，所謂調者，但以其一聲爲主，用以起調、畢曲而命之乎？抑別有以命之乎？」曰：「如但以其一聲爲主，用以起調、畢曲而命之也，則以哀管奏樂音，以急節歌慢調，俱無不可矣。然則調何始也？始於人心者也。宮調深厚，於人爲信之德，而其發則和也。角調明暢，於人爲仁之德，而其發則喜也。商調清厲，於人爲義之德，而其發則威也。徵調繁喧，於人爲禮之德，而其發則樂也。羽調叢聚，於人爲智之德，而其發則思也。是數者，生於心，故形於言，言之有發斂輕重長短疾徐，故又寓於歌。書曰『詩言志，歌永言』者，此也。聖人因是制爲五者之調以做之，是故聞宮音使人和厚而忠誠，聞角音使人歡喜而慈愛，聞商音使人奮發而好義，聞徵音使人樂業而興功，聞羽音使人節約而慮遠，五者之調成矣。又制六律，以爲其發斂輕重長短疾徐之節，則調中之五音具焉。書曰『聲依永，律和聲』者，此也。然則仁義禮智信者，五音之本也；喜怒哀樂者，五音之動也。調者，五音之體製；而聲者，五音之句字也。古者先定體製，而以句字從之，後世先設句字，而以體製從之。先設句字，而以體製從之者，性情之失也。是故調之變至於六十者，調隨聲而變也；聲之變至於八十有四者，聲隨調而變也。調隨聲而變者，音響高下之間；聲隨調而變，則全體之節族異矣。然則不知調者，不可與言聲；不知詩者，不可與言調；不知性情之德者，不可與言詩；可與言詩，而樂思過半矣。議音律而不先於此者，末也。」

「五聲定於句字，則今之韻部亦有足取者與？」曰：「奚爲其無取？凡人聲之發於喉者，宮也；其入於鼻者，商也；其轉於舌者，角也；其抵於齒者，徵也；其收於脣者，羽也。喉之聲深以厚，鼻之聲鏗以轟，舌之聲流以暢，齒之聲細以詳，脣之聲閉以藏。人之聲必自喉始，交於舌齒之間，上於鼻而下於脣，至脣之閉，則又息於喉而復生矣。是故古之知音者必辨韻部，未有韻部之不審，句字之不清，而可以言歌者也。然直以脣齒舌喉之聲，定爲宮商角徵羽，則又不可必也。因其調之抑揚高下而叶之，因其言之緩急輕重而命之，因其情之剛柔吐茹而形之，夫然後口與心相應，而響與籟相追。故韻部者，音樂之助，而猶非音樂之本也。」

「今之俗樂，亦有合於音律者與？」曰：「吾未之學也。然考之傳曰：『大不踰宮，細不過羽。』今俗樂之歌曲，皆踰宮而過羽者也，是故矜張而怪怒，淫昵而哀思。古人所爲以中聲節之者，蓋坊此也。惟朝廟所謂雅樂者，庶免此矣。然其聲有高下，而無疾徐，縱其應律，亦所謂知聲而不知調者也，知調而不知詩者也。夫不知詩，不知調，雖其得律，固已末矣，而況其未也！是故古之太師必先教詩，教詩者必先以六德爲之本，使其性情之發，無有不得其平而不由其誠者，則二者之患亡矣。然後以六律爲之音，蓋亦簡易而不難也。」

六律爲聲音之準，黄鐘又爲六律之本，此歷代議制作者所以紛紛於黍尺之多寡短長，律管之徑圍冪積，累千年而未有定論也。然以虞書攷之，則人聲者，尤音樂所自出，而律吕所取裁也。故國語言「古之神瞽考中聲而量之以制」，孟子又言「不以六律不能正五音」，此則心法相須，不可偏廢。聖人既因神而存之，又托器以傳之，蓋以此也。今欲持聰明不逮之資，而自師其心，滅裂古法，固爲不可。然當數千有餘年，制度殘闕，器數淪亡之日，而規規於比校分刌，以求必與古合，是猶尋周公之阡陌以制産，摹帝舜之繪畫以作衣也，何可得哉！宋程、張、朱、蔡諸儒，反之德性，而欲以上下聲攷之者，乃爲至論。然蔡氏謂「多截竹以求聲之和」者，則既盡之矣；又曰「列以候氣而必其應」，此則蔽於沿襲之説也。元人作曆，必曰「得明理之儒，專門之裔，精算之士」，愚謂不獨曆爾，律吕亦然。蓋儒者明其理必通於聲氣之元，樂工專其藝必審於聲音之節，算士密其術必極於制度之精，三者備矣，然後參論古法而取決於心，勿復偏据單詞而滯泥於迹，樂庶幾其有成乎！抑聞之後世治者，不井田亦足以養，然必倣其意而行之，則溝洫涂遂之遺，不可不講也；不鄉舉里選亦足以教，然必倣其意而行之，則庠序學校之典，不可不稽也；不必后夔、周公然後可以制作，然必倣其意而行之，則衣冠俎豆之文，律吕絃管之制，不可不攷也。近代之言樂者，至多各以其意爲説，而絶無所依據，又豈非所謂持不逮之資，滅裂古法者歟？殊不若漢、唐、宋之規規於比校分刌者，猶令後之人尋墜緒而有所折衷也。故此編自朱、蔡以後無述焉，蓋重春秋變古之戒，遵夫子愛羊之義也。

詩所序

古者學校四術及孔門之教皆以詩首，爲其近在性情，察於倫理，而及其至也，光四海，通神明，率由是也。言志之義，始於虞典。夏、商之間，詩不概見，豈其代遠篇殘，抑忠質之世，發於文者希與？周自文王有作，周公繼之，郁郁乎文哉，於斯爲盛矣！今攷三百之篇，出自文、武、成、康者百。二南風之自也，小雅治之經也，大雅德之本、命之符，周頌功之成、教之至也，其篇皆以文王冠。惟周公之詩自爲國風，篤世業，勤王家，蓋周室之所以安危，上配文王者也。邶、鄘以下之爲風，六月、民勞以下之爲雅，王德降焉，政俗衰焉，然下則有撫己言傷之音，上則有憂國陳善之作。蓋性情之不可遏，文、武之教在乎人心，故皆可以興，可以觀，可以羣，可以怨，邇之事父，遠之事君，而其究歸於思無邪者，此也。朱子鄭、衛之説，諸儒以爲不然。今獨信之者，謂非是不足以見亂之所生，爲二南之左契，抑雖其流，至此猶有秉禮知義，無文王而興者，夫然後可以極無邪之變矣。惟節南山以下爲東遷，楚茨以下爲豳雅，載芟以下爲豳頌，乃前儒所未定，而今創説者。夫子曰：「吾自衛反魯，然後雅、頌各得其所。」今觀大雅，時世明矣。小雅之亂而無緒，殆不可詰。如毛氏傳，三百年間，爲篇纔七十餘，而出於豳者將三之二，是豈足信乎？孟子言，頌其詩者，必論其世。今失其世，則又賴有詩存，而可以推而知，旁引而得也。既知得所之義，然後章求其次，句逆其情，稱名賾而不可厭也，疊文複而不可亂也，始於夫婦之細，而察乎天地之高，深發於人情之恒，而極乎天載之微妙，夫如是，則三百之繁言，四始之宏綱，小大兼舉矣。夫子教人學詩，近則在於牆面，遠則使於四方，要其指則曰「可以興」，責其效則曰「可以言」。嗚呼！反之於身而可哉！

大學古本私記序

大學古本，自二程兄弟所更，既不同朱子，考訂又異，學者尊用雖久，而元、明以來，諸儒謹守朱說者，皆不能允於心，而重有纂置爲異論者，又無足述也。愚思朱子所補，致知格物一傳耳，然而誠意致知，正心誠意，其闕自若也。其誠意傳文釋體，迥然與前後諸章別，來學者之疑，有由然已。餘姚王氏古本之復，其號則善，而説義乖異，曾不如守舊者之安。欲爲殘經徵信，不亦難乎！夫程、朱之學，得其大者，以爲孔、孟之傳，蓋定論也。程子之説格物，朱子之説誠意，聖者復起，不能易焉。而餘姚皆反之，編簡末事，又何足以云！文章制度，今古異裁，以晚近體讀古書，則往往多失。何則？其詳略輕重，離合整散，不可以行墨求，而必深探其本指者，古人之書也。大學之宗，歸於誠意格物明善者，其開端擇術事耳。朱子亦既言之，而不能無疑於離合整散之間，是以有所更緝。今但不區經傳，通貫讀之，則舊本完成，無所謂缺亂者。若大義一惟程、朱是據，汙不至阿其所好。或以爲習心入之先者，不知言者也。

中庸章段序

中庸之旨，朱子推本於唐、虞之相傳者，至矣。又攷之湯誥曰：「維皇上帝，降衷于下民，若有恒性。」衷者，中也。恒者，常也。中而有常，蓋上帝所降之命，而民順之以爲性者也。周詩曰：「天生蒸民，有物有則。民之秉彝，好是懿德。」則亦中也，彝亦常也。此詩言性命之理，與堯、湯同歸者也。惟受天地之中以生，而有常而不變，故其發見于事物，流行于日用者，莫不肖其本然之故。因性之中也，故道亦中，而無高遠難行之事也；因性之常也，故道亦常，而無新異可喜之迹也。聖人之教，所以建人極，而萬世不能易者，豈不本于是哉！子思子作書之意，蓋預知夫異端之説將起，而性道之正將離也，故一傳爲孟子，遂顯揭仁義之言，以與楊、墨、告子相觝，然猶不能遏其衝。迄于周衰，諸子藉亂。至漢、晉以後，而佛、老迭爲性命之宗，求道者舍是莫適矣。程、朱二子，生於千數百年之後，躪中庸之庭而入其室，於是二氏之道寖息，而孔子之道漸著。蓋孟子捄之未亡之前，而程、朱存之已壞之後，以三子之爲功大，益知子思子之爲慮深也。二程于中庸未成書，然朱子之道，即二程之道也。首章之義，是朱子所以繼絶學，承聖統者。學者于此，有以得其源流指趣，則列聖之傳可識，而於全篇之理，亦思過半矣。地讀章句五十年，然後能明首章之説。覆觀近代講解之所由誤，蓋自宋、元之間而已失之。是則七十子未終而大義乖，道之難明易晦也如此哉！是編也，於章段離合之間，雖頗有所連斷，然其義所自來，則皆竊取朱子平生之意。深於此者，或能諒焉。惟其學之不逮，行之不修，恐不足發明先哲之緒餘於萬一，此則私心之所愧懼也夫。

初夏録

大學篇

大學一書，古人之學的，至宋程、朱始表明尊行之。然因明道、伊川、紫陽三夫子各有更定，故羣議至今未息。方遜志采元儒之論，以知止兩節，合下聽訟一節，爲釋格物致知之義，而去朱子補傳，謂傳原未失而錯經文之中，不必補也。蔡虚齋、林次崖是之，而又升物有本末一節於知止之上。王姚江則俱非之，而有古本之復。姚江之言曰：「大學只是誠意，誠意之至，便是至善。中庸只是誠身，誠身之至，便是至誠。」愚謂王氏此言，雖曾、思復生，必有取焉。然他言説不能發明此指，而多爲溷亂。其言明德新民也，則以親民爲明德功夫；其言致知誠意也，則以格物爲誠意功夫。夫以格物爲誠意功夫，似乎未悖也，然以爲善去惡爲格物，則謬矣。其謬之謬者，曰「無惡無善心之體」。此則於聖門傳授全失，宜乎其學大弊而不可支也。愚謂大學初無經傳，乃一篇首尾文字，如中庸之比耳。明德三言者，古人爲學綱領也。知止一條者，古人功夫次第也。知止與下知至不同，蓋知所望慕歸向而已。所引孔子人不如鳥之歎，可知知止者，開端淺切之事也。知止則志有定向，所謂立志以端其本。至於能静，則心不爲物動；能安，則心不爲物危，此則又有以繼其志，而持乎其志也。能慮，即下之格物致知；能得，即下之誠意，而有以得乎明德、新民、止至善之實也。此兩節，自小學入大學之規模節次，一書之指要也。物有本末，至知之至也，自此以下，所援引皆古本次序。以能慮言也。繼小學有事，故知止定靜不詳。凡物則有本末矣，凡事則有終始矣，循其本末終始而先後之，此大學之道也。然必於本末終始而知所先後，乃可以近道。故古之欲明明德於天下者，當自國而遞，先之至於誠意，而尤在於究極事物以致其知，正以物格知至，然後能誠意以正心修身，而家國天下可得而治也。何謂知至？知本之謂也。蓋家國天下，末也；身者，本也。天子有天下，等而下之，雖庶人亦有家。本亂則末亂，厚者薄，則無所不薄也。能知乎此之謂知本，能知乎此之謂知之至也。所謂誠其意者，至此謂知本以能得言也。自曾子所受於夫子，而傳之子思、孟子者，一誠而已。大學自均、平、齊、治本之誠意，猶中庸、孟子自治民、獲上、順親、信友本之誠身也。誠則有以成己，有以成物，而明德、新民、止至善之道在我。所謂明善格物，蓋所以啟思誠之端，而非思誠以外事也。誠身者，統言之也，自此心之存之發，至一言一事，皆必致其實焉之謂也。誠意者，誠身之要也。意者，心之所主也。心主於爲善，然而存之不固，發之不果不確，是無實也。欲善者，本心之明，今而無實，非自欺而何！原其所以如此者，蓋以意藏於內，其實不實，己所獨知，非人之所及檢，是以每陷於自欺之域而不顧。惟君子慎獨以誠意，誠意以誠身，則心正身修，而明德明矣，故曰「德潤身，心廣體胖」也。夫誠則形，形則著，著則明，明則動。至誠而不動者，未之有也。故引淇澳以證其表裏之符，暉光之盛，感人之深，終之以盛德至善，民不能忘，則明德、新民、止至善三者皆總之矣。自明者，以誠明之也。新民者，以誠新之也。仁敬孝慈信，各止其所以誠。止之也，以其分有明德、新民之殊；而貫之者，一誠而已。無訟，民之新也；使民無訟，明明德於天下之極也。無情不盡其辭，蓋民不自欺；大畏厥志，則民自有指視之嚴。而謹其獨也，誠之效至於如此，故復結以知本，與上章相應。不曰務本，而曰知本者，蓋知本而後能務之。此欲誠其意，所以先致其知也。自釋正心、修身以至終篇，不過著其展轉相關之效，以見一誠之盡乎修己治人之要而已。喜怒哀樂之不得其正，與夫心不在者，不誠也。好惡之辟，亦不誠也。所令反其所好，以及好惡拂人之性，亦不誠也。語其功之不可闕，則自身家而國天下，蓋有言行坊表之著，紀綱法度之施，然非誠則無所以行之。故曰「誠者聖人之本」，又曰「王道本於誠意」也。或曰：「子之說，於經意似矣。然程、朱以窮理言格物致知，蓋其重也。今第以知本當之，可乎？」曰：「夫窮理而至於知本，然後其理窮；致知而至於知本，然後其知至。」曰：「朱子言知至者，全體大用無不明。今第曰近道而已，何也？」曰：「小知則已近，大知則彌近，知之至，則將與道爲一矣。朱子所言，極至之地；經文所言，入德之初也。」曰：「知性明善之云，與此合乎？」曰：「性者，善而已矣。物之性猶人之性，人之性猶我之性。知其性善之同，而盡之之本在我，此所以爲知性明善也，此所以爲知本也。」曰：「朱子謂正心修身自有功夫，而今但以誠意概之，可乎？」曰：「不獨身心，家國天下亦可以誠意概之矣。若其功之不可闕者，則前既言之也。大抵此篇誠意，如中庸之戒懼慎獨也；正心，如中庸之致中和也。戒懼慎獨，即所以致其中和。然朱子又有彌約彌精之云，移之以說此篇，則不以枝離爲朱子病矣。」曰：「中庸之慎獨，則大學之誠意事也，子於此又連戒懼說之，何與？」曰：「凡言誠者，皆兼乎存誠、立誠之兩端。夫學豈有無敬之義哉！朱子補言「敬」字，蓋以此也。」曰：「經文不言，而待朱子言之何也？」曰：「知止而定靜安即其事也，貫乎知行而無不在，奚謂其不言也？」曰：「異於朱子章次，奈何？」曰：「章次異矣，而義不異，而文同於古，疑朱子未之棄也。且使姚江之徒無所容其喙焉！」

中庸篇

中庸一書之旨，括於首章，以後申說其義而已。性、道、教三者，學之本也。戒懼慎獨，敬義夾持之事，學之要也。喜怒哀樂，中和之感，位育之應，明性之不能不乘于情，以見戒懼慎獨之不可已，而因極其效也。兩引中庸之云，見作書篇之指。「道之不行」至「問强」，申天命之性也。性殽於氣質，而有智愚賢不肖之分，必如大舜、顏淵，及夫子之告子路者，然後三德備而天命全矣。「素隱」至「鬼神」，申率性之道也。道薄於衰晚，而有素隱行怪者，有半塗而廢者，必知道之費而隱，而不離乎子臣弟友之間，且存於己，無與於人，而不害其反身修德之實，然後知循序以達於高遠之域，而確然無惑於幽隱之際矣。舜、文、武、周公申修道之教也，數聖人者，皆自爲人子，爲人臣，爲人弟，而充之至於誠神受命，事天饗帝，爲法當時，可傳後世，立教之極也。「問政」章，乃夫子告君之言，傳心之典，曾子、子思、孟子轉相付授，蓋中庸之書所緣以作者，故以繼舜、文、武、周公之後，而爲一書之樞要。達德者，天命之性也。達道者，率性之道也。九經者，修道之教也。誠明者，中和之德也。事於性者，誠則明矣，無體之非用也，所以貴於誠也。事於教者，明則誠矣，無用之非體也，所以貴於明也。「惟天下至誠」至「純亦不已」，言誠之極至，申致中也。「大哉聖人之道」至「有譽天下」，言明之極至，申致和也。體天地萬物之性於身者，誠之至也。致曲而能誠者，其次也。知幾如神，性之體也。一始終之運，不二不息，以盡其性，則文王之德之純也。體天地萬物之性，而能盡事理精微之極者，聖人也。尊德性而能道問學者，君子也。明哲保身，道之用也。通古今之宜，知天知人以善其道，則仲尼之教之盛也。「仲尼」以下，又總以夫子建中和之極，而由明以歸誠。小德明也和也，大德誠也中也。「至聖」，申前聖人也。溥博淵泉，而時出者，川流也，中節也，莫不敬信悦和之至也。聲名尊親，無斁無惡，而有譽於天下者也。「至誠」，申前至誠也。經綸、立本、知化而不倚者，敦化也，中也。肫肫、淵淵、浩浩，未發氣象也。達乎天德，純亦不已，於維天之命者也。申明首章之旨，至此盡矣！卒章自下學立心，推而及於上達之至，蓋與首章相發，而以一誠盡中庸之道也。立爲己之心，以知遠近微顯之幾者，誠明也。由知幾慎獨，而入敬信篤恭之域者，明誠也。闇然無色也，淡無位也，與無聲無臭之體，其原一也。誠者實也，在事之謂道，在心之謂性，在上天之載之謂命，實理自然，無聲色臭味之可翫，此所以爲中庸也。基之以務實之心，終之以篤敬之德，此誠所以爲聖人之本，而體合乎無極之真也，故曰至矣！

「中庸戒懼慎獨，自來通言之，雖程子猶然。朱子以爲涵養省察，而今又以敬義説之，何與？」曰：「涵養省察之要者，敬義也，敬義乃朱子文集中庸首章説之語，非吾之言也。敬生於耳目形神之交，故言覩聞者，知其爲説敬也。義存乎立心行事之實，故言隱微顯見者，知其爲説義也。朱子曰：『不覩聞，己所不覩聞也。隱微，人所不覩聞也。』則二義有感應之不同，固不可混而一。又敬之道通於無感，蹔焉息之，而天命不行矣，故以須臾言之，而極之於不覩聞之域。辨義者，始於幾微之動，苟焉恕之，則自欺矣，故以隱微言之，而慎之於獨知之際，察乎表裏動靜之分，則知朱子之言之審矣。況中庸自忠恕誠明，以及尊德性，道問學，川流敦化，體用互發，一篇之中，累反覆焉，而要之不離乎中和二者而已。中即直内之謂也，和即方外之謂也。敬立故内直，義形故外方。苟非二者夾持，則德孤而道小，又何以致於位育之盛乎？自及門如勉齋黄氏，乃謂首章功夫，止於持敬。及下智仁勇之德，方以知行之學言之。自時以來，宗此以爲説者多矣。至于言敬而無别，則以兩節分屬動靜。又或覺其非朱子之意，則以上節爲通動靜，而下節爲靜之終，動之始。不知知行之學，所謂慎獨者，皆已盡之，而持敬之功，蓋舉靜以該動，集義之要，亦以微而包顯也。文集既以敬義爲言，而語類又云『大本須涵養，中節則用窮理之功』，可見戒懼是敬，而慎獨則已兼乎知行。勉齋黄氏之説非也。章句云：『自戒懼而約之，以至於至靜之中。自慎獨而精之，以至於應物之際。』可見敬貫動靜，而義該顯微。虚齋、次崖説亦皆非也。但本文是言敬義之功之密，故皆自外而内。而曰不覩聞曰獨，章句將言其直内方外之效，以合於未發已發之意。故一則自外而内，一則自内而外。蓋至靜之中，即大本之所以立；而應物之際，即達道之所以行矣。此條注，史氏伯璿所疏，蔡虚齋所解，及王姚江所疑，俱錯。」

敬以直内，義以方外，非是兩時事。且如應酬一人，處置一事，以至一坐立言動之微，皆須心存在此，此直内也。其所以應之處之之宜，與夫動容周旋之則，務盡道理，是方外也。有以敬義分屬動靜及平日與臨事者，皆易於錯説。蓋平時日用食息起居之際，則敬德之容表著，而義爲之隱，及乎邪正是非之闢，利害成敗之頃，則又見其大義昭灼，而徒敬不足以言之。所謂平日、臨事者，各就敬義之盛言之，而二者初不可以孤行也。動靜之説，抑復不同，平日則已該動靜而言之，臨事又指動時事幾之大者言之。動無大小，皆有義焉。惟蹔焉無感，忘念之須臾，未有理義之迹，而心之主宰至此不墮，故又或以動靜言敬義，亦所謂指其盛者類爾。

朱子謂「致知不以敬，則昏昧紛擾，而無以察理義之歸；力行不以敬，則頽墮放肆，而無以踐理義之實」。然則敬與知行混而爲一，蓋可見矣。其曰昏昧，曰頽墮，以靜之時言也。曰紛擾，曰放肆，以動之時言也。則敬貫乎動靜，而知行亦通乎動靜，又可見矣。蓋方其靜之中，雖未有致知之事，而炯然常覺者，即知之體；雖未有力行之迹，而肅然就檢者，即行之基也。大抵敬義知行，如目視足履，一時並用，有此則有彼，初無獨任之時。敬雖稍先於義，知雖稍先於行，然正如目之於足，幾微毫髮之間耳。今執儒先之論，其在於所盛所主者，而割截疆界，玩愒日時，致有放神冥寂以爲敬，空言講論以爲知之失，則已誤矣！

孟子篇

孟子之不動心，與告子之不動心，所爭者，心之生與熄爾。告子之心，以熄而不動，以熄而不動，故雖根心而發之言，與志爲用之氣，皆以爲無與於心也。孟子之心，則以生而不動，以生而不動，則言，心之聲也；氣，志之用也，孰者而非心乎哉！所以然者，告子之於心，逆而制之也；孟子之於心，順而充之也。逆而制之者，以本有之義爲外而不事，且速其不動而助之長也。順而充之者，有事於本有之義，至於久而自然不動也。蓋義理者，心之所固有，而心能生之物也。心固生物，然不以其所固有者而充之長之，未有能生者也。告子、孟子之學，原於見性之殊，而究於事心之異。謂性無仁義，故外義，外義，則失其所以爲心，而何有於言與氣？惟知性者，則操存吾仁義之心，而言者，道之所寓也；氣者，理之所乘也，無非心也，故不得而棄之也。然告子之心，所以亦至於不動者，極其强制之效，而泊然無所思，寂然無所起，所謂以熄而不動者也，孟子之所謂助長也。彼自謂得心之本然，窮心之至妙，而聖賢視之，其心已枯絶灰滅而不足用，非復本然理義生生之心矣，豈不反以害乎心哉！聖賢之心，周流乎事物，其於不動，非意之也，理義充于心，而沛然其無所疑，浩然其無所畏，即欲以事物摇惑之而不能，故見爲不動焉耳。爲告子之心者，不得不外乎言與氣也，外義故也。爲孟子之心者，不得不兼乎言與氣也，集義故也。然則言亦氣也，何以别乎？曰載心而行者之謂氣，言之在氣，尤其精者也，精故不混於氣，而與氣並論。且特論之也，不得於言，勿求於心，於己之言然，於人之言亦然。如是則無以知人詖淫邪遁之言，而已且爲詖淫邪遁之言；無以知人蔽陷離窮之心，而已且爲蔽陷離窮之心。以蔽陷離窮之心，發而害政害事，無義可知矣。於是而責之，以養吾浩然之氣，以得其所謂心，豈不遠哉！是氣也，賁、育、黝、舍亦有之，何也？曰誠如賁、育、黝、舍之氣，則告子之賤之者是矣，而非所謂吾浩然之氣也。是故不動心一也，知氣而不知心者，黝、舍、賁、育是也；知心而不知氣者，告子是也。心與氣合，氣與心合者，曾子、孟子是也。所以然者，以本然之理義養之，無氣之非心也。夫志氣者，合之斯爲一，析之斯爲二，孟子志氣之辨，蓋爲告子言之也。象山、姚江之譏朱子，動曰義襲而取，想告子之於孟子亦然，故孟子説之曰：「吾浩然之氣，是集義所生者，非義襲而取者。」告子意謂義襲而取者，外義也，不知義者也。不知義，故不知言，而不能集義以養氣，皆一事之病耳。然告子意中疑儒者以義襲取氣，非謂襲取義也。告子意中如此，而孟子解之，非告子襲取，而孟子非之也。象山、姚江以孟子譏告子襲取，於本指既乖矣，又曰襲義，則文意復反，是兩失也。夫告子之外義，蓋外之而不求，非求而乃之於外。今以錯説，而因以朱子爲告子義外之學，是徒以自證其遺棄禮義之偏，而果域於告子之域也。然陸、王謂朱子襲義，告子疑孟子襲氣，意雖不同，而適相發。蓋告子謂氣爲襲取於外者，正其謂義爲襲取於外者，孟子直究根源，不復指其暴氣之非，而斥其外義之謬也。

心者，本體之妙也；氣者，所乘之機也。心之生理乘於氣，猶苗之生氣乘於土。告子守其虚寂之心，而猶以之自妙，正如宋人指其枯槁之苗，而猶以之自功。蓋其以滅爲生，以槁爲長，以無事爲必，以忘爲助，真後世釋氏之學之比。豈知心離於氣而生理絶，苗離於土而生氣熄矣。向來謂無事而忘者一病也，正而助者又一病也。

「七篇所言，如『學問之道無他，求其放心而已』，此操存涵養之要也，而以爲多於發用，畧於本體，何也？」曰：「凡此篇所謂心者，皆仁義之心爾，故曰放其良心，曰失其本心也。良心也，本心也，即仁義之心也。仁義之心放失之後，追求復之，是之謂求其放心，非體驗無以發其端，非充廣無以盡其實，非操存涵養亦無以爲體驗充廣之地也。操存涵養，體驗充廣，皆學問之道，皆所以求其已放仁義之心而已。夫豈以求放心者爲以操存涵養言，然後由此以進於學問之道哉！且孟子所謂操則存者，即求放心之說，其意皆兼乎敬義之兩端。存養亦孟子之言，其意亦猶是耳。」「朱門曰操存，曰存養者，往往借之以對省察、克治之目，殆斷章之取，而非孟氏之本意也。然則明道之言非歟？」曰：「明道之意，蓋謂學而能得其本心，然後日充月明，上達而不可禦，其與伊川之言，一而已矣。若援以合於尊德性、道問學之説，則於思、孟全書之指，殆弗深考者耳。」

清儒學案卷四十一

安溪學案下

尊朱要旨

理　氣

氣也者，何也？陰陽動靜，明晦出入，浮沈升降，清濁融結，盈乎天地之間，而殽以降命。曰離是而有理焉，孰從而證諸？夫陰陽動靜，振古而然也，至於今不異也。出入明晦，振古而然也，至於今不異也。浮沈升降，清濁融結，振古而然也，至於今不異也。不異之爲常，有常之爲當然，當然之爲自然，自然之爲其所以然。是故皋陶謂之天，伊尹謂之命，劉子謂之天地之中，孔子謂之道，謂之太極，程子、朱子謂之理。程子之論道器也，曰道上器下，然器亦道也，道亦器也。朱子之論理氣也，曰理先氣後，然理即氣也，氣即理也。是二説者，果同乎？異乎？今於程説則韙之，於朱説則疑之。其疑之何據？曰：「理氣一物也，而朱子二焉。一物竝有也，而朱子後先焉。」微獨疑之，且斥之曰：「是不明理者也。」且泝而上之曰：「是出於濂溪，蓋太極無極之誤實啟之者也。」爲此言者，蓋江右整菴羅氏。羅氏之學，自以爲宋氏之粹，與姚江異。夫朱子而於理不明，則餘奚取焉？濂溪之無極既非，則餘奚善焉？爲宋氏之學，而前無周，後無朱，則於姚江奚尤焉？虚齋蔡氏雖不敢訟言攻之，而疑與羅氏同。噫！彼謂理氣有定質也，先後有定時也，然則孔子所謂上下有定位也耶？彼以朱子所謂先後者介然有理，介然有氣，然則形而上下其亦道器相偶如天地陰陽之屬耶？其固甚矣！是故上下無位者也，先後無時者也。雖無位，不得不有上下；雖無時，不得不有後先，知此謂之知道，明此謂之明理。然則其躓程説，何也？曰：「以其爲夫子之言也。」夫徒以言出夫子而不敢疑之也。又烏能信？

心性

主於天曰理也，氣也；主於人曰性也，心也，一也。之二者之在天人，又一也。一則不離，一而二則不雜。詩言：「上天之載，無聲無臭。」書曰：「道心惟微。」夫曰天事，則陰陽化育具焉。曰道心，則是有心矣。是氣也，心也，而以爲無聲臭焉。微焉，則理與性之不離於斯與？不雜於斯與？是心也，又曰「人心惟危」，果心之即性，則何危之有與？即心即性，異氏之言也。後之君子或述焉，始於陸，盛於王。整菴羅氏既誹理氣之説，則與心性而混之，其於陸、王也，抱薪而救焉。愚乃以孔、孟之言折之。孔子所謂「仁者，人也」，心性之合也。孟子所謂「仁，人心也」，心性之合也。然且有不仁之人，有不仁之心，是心不與性合也。心不與性合，而曰即心即性，可與？不可與？是知孔子所謂人者，「立人之道，曰仁與義」，非謂人爲仁也。孟子所謂心者，「惻隱之心，仁之端也；羞惡之心。義之端也」，非謂心爲性也。或曰：「姚江之說，謂心自仁，心自義，心自惻隱、羞惡、辭讓、是非。其不然者，非本心也。以是謂即心即性，殆可與？」曰：「其言似，其意非。奚不曰仁義之心，道心也；其不然者，人心之流也，則心性之辨明矣。彼麗於孔、孟而爲是言也，其意則謂心之體如是妙也，故以覺爲道。以覺爲道，必以無爲宗。以無爲宗者，道亦無矣。故『無善無惡心之體』，姚江晚年之説也，其異於孔、孟之旨，又奚匿焉！

氣質一

「知心性之説，則知天命氣質之説。何以故？曰：知人則知天。夫性無不善，而及夫心焉，則過也，不及也，雜糅不齊，於是乎善惡生焉。天命無不善，而及夫氣焉，則過也，不及也，雜糅不齊，於是乎善惡生焉。」或曰：「無理則無氣。過也，不及也，雜糅不齊也，亦理也，舉歸之氣者何居？」曰：「理統其全，氣據其偏，全乎理者，中氣也。過乎中，不及乎中，則謂之偏氣，雜糅不齊之氣，而理不受焉。理者，當然也。過焉，不及焉，可謂之當然乎？否乎？當然者，常然也。過焉，不及焉，可謂之常然乎？否乎？喻諸五行焉，有火，有水，有金，有木，不相無之謂理。然且有偏火之氣，偏水之氣，偏金之氣，偏木之氣。氣之偏者，亦理也，而非理之全也，喻諸五常焉，有仁，有義，有信，有智，不相無之謂性。然且有偏義之心，偏仁之心，偏信之心，偏智之心。心之偏者，亦性也，而非性之正也。凡正理正性者，樂而不厭，久而無弊。今使天之五行偏，則萬物死矣；人之五性偏，則萬事隳矣。其使萬物死，萬事隳，非理性本然也，氣之偏者爲之也。理則全而不偏，惟中者近之，故論道者貴中。」

氣質二

過乎中，不及乎中，則謂之偏氣，謂之雜糅不齊之氣。然又有昏然而無類，泯然而俱失。偏於仁則無義，是物也，無義矣，且無仁。偏於信則無智，是物也，無智矣，且無信。若是者，何氣與？過、不及之説，不得而名之。豈又有無理之氣與？曰：「否。氣之推移有中偏，故有精粗，有粹駁。夫非無仁也，得仁之偏者也，仁之駁者也，則不知其爲仁也。夫非無義也，得義之偏者也，義之粗者也，則不知其爲義也。中則合仁與義，抑且粹然仁矣，粹然義矣。降而中人焉，偏於仁，不足於義，非仁之至也；偏於義，不足與仁，非義之至也。降而庸惡焉，豈無所謂愛，不得謂之仁，是無義也，并與仁而失之者也；豈無所謂果，不得謂之義，是無仁也，并與義而失之者也。降而禽獸焉，豈能無所貪，而去仁也遠矣；豈能無所決，而去義也遠矣。夫愚前者之説，舉中人而止者也，未及乎所謂庸惡禽獸也。庸惡禽獸，蓋氣之愈偏焉，愈粗焉，愈駁焉，故昏然而無類，泯然而俱失。比而觀之，皆所謂雜糅不齊之氣。夫以過不及名之，烏乎不可哉！」

氣質三

或曰：「氣則既偏矣，於性善乎何有？」曰：「人受天地之中以生，雖其偏之極矣，而理未始不全賦焉，而性未始不全具焉，特其掩於氣之偏，故微而不能自達。或感而動，或學而明，或困而覺，然後微渺之端緒可得而見焉。要皆其所本有，而非其所本無也。向者鬱抑蒙覆於勝負屈伸之勢，然昭之可以明，廓之可以大。何則？其根在焉，加以雨露糞壤，可以繁陰矣。其火宿焉，動之以薪草，可以燎原矣。故曰：『人者，天地之心，鬼神之交，陰陽之會，五行之秀氣也，中之謂也。』若物則不然，得氣之偏者甚矣。甚則缺於理，而蔽於性，間有不可殄滅者，千之一焉。雖然，其偏不能自反者，人則制之；其美不能自達者，人則遂之，收其利，遠其害，於以當理，而若性一也。是故孟子所謂性以其分之殊者言之其難。告子曰：『犬之性猶牛之性，牛之性猶人之性。』與中庸所謂『性以其理之一者』言之，故曰：『鳶飛戾天，魚躍于淵，言其上下察也。』又曰：『能盡人之性，則能盡物之性，贊化育而與天地參矣。』

智仁勇

陰陽之氣有中偏，故有虧全。陽有精粗，故有清濁。陰有粹駁，故有邪正。有精之精者，精之粗者。粹之粹者，粹之駁者。有多寡也，故又有厚薄。虧全者，全體之中偏也；清濁邪正，一體之中偏也；厚薄，中者之中偏也。其生人物也，得其清濁之爲明昏，得其邪正之爲美慝，得其厚薄之爲强弱，得其虧全之爲畸行完德。明之謂智，昏之謂愚，美之謂仁，慝之謂暴，强之謂勇，弱之謂柔，畸行之謂材，完德之謂聖。易曰：「一陰一陽之謂道，繼之者善也，成之者性也。仁者見之謂之仁，智者見之謂之智，百姓日用而不知，故君子之道鮮矣。」此言陰陽全體，目之曰道。流行者不偏，故言善也。賦予者雜糅，故言性也。仁得陰之粹，智得陽之精。凡民蠢蠢，粗而且駁，君子大中之道宜乎鮮也。中庸曰：「道之不行，我知之矣，智者過之，愚者不及也。道之不明，我知之矣，賢者過之，不肖者不及也。民莫不飲食也，鮮能知味也。」亦此意也。或曰：「中庸智仁勇，與性之仁禮信義智同與？否與？」曰：「言智則舉義，言仁則舉禮。得清之氣厚於智，薄於行，其於性也，智義多而仁禮少。得美之氣厚於行，薄於知，其於性也，仁禮多而智義少。理乘氣而運有陰陽，其與氣而淆亦有陰陽。得清之氣，體陽而用陰，靜而明之理多。得美之氣，體陰而用陽，動而正之理多。理合而成道，氣散而成質。合而成道故完，散而成質故離。心於性，氣於理，天命氣質，以是觀之。」

知行一

「朱子之學，曰知先行後，何據？」曰：「非知之艱，行之艱也；博於文，約之以禮也；格物致知，誠意正心修身也；智仁勇也；擇善固執也；知言養氣也；始條理，終條理也；知天事天也，皆其據也。易曰：『乾知大始，坤作成物；乾以易知，坤以簡能。易則易知，簡則易從。』蓋陽先陰後，陽知陰能，陽爲神，理爲心，陰爲轍，迹爲事。四時之氣，動於北，生於東，盛於南，止於西。然則人性之德，動於智，生於仁，盛於禮，止於義。然則君子之學，啟於智，存於仁，達於禮，成於義。知行之序，性命之理，不可易矣！姚江王氏曰『先行後知』，彼見聖賢之語志也，語敬也，皆在學問思辨之先矣。曰『行有餘力，則以學文』；又曰『君子不重則不威，學則不固』；又曰『食無求飽，居無求安，敏事慎言，然後就有道而正焉』，又曰『尊德性，道問學』，又曰『闇然日章，淡而不厭，簡而文，温而理，然後知遠之近，風之自，微之顯矣』，又曰『學問之道無他，先求其放心』，又曰『涵養在敬，進學在知』，之數者，其亦先行後知之説乎？夫無求安飽，志之屬也。弟子之職，重威之容，敬之屬也。闇然爲己之心，志之屬也。尊德性，收放心，涵養其心，敬之屬也。志與敬之爲知行先也，朱子言之矣。若夫行之不爲知先也，非朱子之説，羣聖賢之言也？非羣聖賢之言性之德、天地之理也？志與敬，其三德之勇乎？五常之信乎？四德之乾乎？故曰所以行之者一也，又曰主於一而行於四，又曰君子行此四德者，故曰乾元亨利貞也。」

知行二

「王氏之言致良知也，謂專務體察乎身心性情之德志，固無惡於天下，今之君子奚病諸？」曰：「王説之病，其源在心之即理，故其體察之也，體察夫心之妙也，不體察夫理之實也。心之妙在於虚，虚之極至於無，故謂無善無惡心之本，此其本旨也。其所謂心自仁義，心自惻隱、羞惡、辭讓、是非，是文之以孔、孟之言，非其本趣也。是故遺書史，略文字，掃除記誦見聞，以是爲非，心爾，非道爾。夫書史文字，記誦見聞，不可去也。書史文字，無非道也；記誦見聞，無非心也。古之人不曰觀理，曰博文；不曰求道，曰格物。博學然後篤志，切問然後近思，離經然後辨志，敬業然後樂羣，博習然後親師，論學然後取友，知類然後通達，操縵然後安絃，博依然後安詩，雜服然後安禮，内外無所擇，本末無所棄。荀曰徒爲博則遠，夫窮理求道，而又奚擇焉？奚棄焉？王氏曰：『樹之初生，删其繁枝；人之初學，除其雜好。』夫謂無益之文章技藝，豈直初學爾，終身除，可也，非讀書窮理之謂。吾聞種樹者刊其條，傷其根，其枝繁，其根大。學聞以養心，不聞以害道。孔子之學，一則曰多聞多見，再則曰多聞多見，又曰好古敏以求之者也。一以貫之，而何害於道！若種樹而必芟其枝者，小芟而幹不大，大芟而樹死，望其修喬，不可得也。」

立志

「立志，何也？」曰：「知行之總也。立志然後可與共學，致知然後可與適道，躬行然後可與立，知盡行至然後可與權，志道故志立。知深而德可據矣，行成而仁可依矣，知行皆化而藝可游矣。學未有不自志始者也。大學之教，必視離經辨志，然後敬業樂羣，然後至於知類通達，强立而不返。孔子之聖，自志學始，然後立，然後不惑、知命，然後耳順，而從心所欲不踰矩也。立志者，播種也。敬者，灌溉培壅之喻也。致知力行者，謹察焉，勤治焉，稂莠蕛稗無雜我種，螟螣蟊賊無害我稼。學不先於志，猶無種也；志立而不務知，若苗之有莠，恐其亂也；知而不行，若害吾苗者不能去也；不始終之以敬，若灌溉培壅之不加，或槁焉，或有苗而不碩也。」或曰：「子謂志於知行，如三德之勇，五常之信，奚當焉？」曰：「志立則果，志立則誠。不果不入，不誠不久，故言立志，不言立誠，可也。」

主敬一

朱子曰：「知者，學之始；行者，學之終；主敬者，學之所以成始成終。」或曰：「大學言格致，知也；誠正，行也。誠意正心，何莫非敬，而別敬於行，何居？」曰：「敬者，動容貌，謹威儀，正辭色，斂心志，必有事焉，而在乎用其力不用其力之間。行則遷善也，改過也，誠意之屬也。節欲也，懲忿也，正心之屬也。用力之事也，誠意、正心莫非敬者，以見敬之無乎不在，而爲知行主。若曰敬，直行之事爾，則是致知，無敬也，而可乎？」曰：「易曰敬以直內，義以方外，敬義皆行也，不及知也。中庸言戒懼慎獨，戒懼慎獨皆行也，不及知也。何也？」曰：「敬以直內，敬也。義以方外者，不精義而能方乎？知行兼之矣。戒慎恐懼，敬也。慎其獨者，不知幾而能慎乎？則知行又兼之矣。是故有敬與行對，而知在其中；有敬與知對，而行在其中。敬與行對，而知在其中，易之直內方外，中庸戒懼慎獨是也。敬與知對，而行在其中，中庸尊德性、道問學，程子之涵養進學是已。」曰：「敬者，合內外，貫動靜，是故動而覩聞，敬也；靜而不覩聞，敬也；動靜之間，所謂獨焉，亦敬也。子以慎獨爲行之事，何與？」曰：「思而無邪，敬之足矣。非然者，必察。聖人之心，敬之足矣。非然者，必治。不察不治，前此之敬，有所不能守；後此之敬，有所不能施。力行之功，誠意而已矣。誠意之要，慎獨而已矣。」曰：「言知，言行，言敬，聖賢之學，恐不枝離若是，奈何？」曰：「深耕而播之，糞沃穮衮，謂農好勞與？基而搆之，棟宇塗塈，謂不如穴處者易與？其名煩，其事異，至于良穫安居，一也。中庸以智仁勇修身，又曰『齊明盛服，非禮不動』，主敬之謂也。夫子曰：『君子不重則不威，學則不固。主忠信，毋友不如己者，過則勿憚改。』重威，敬也；固學，知也；存誠而擇友改過，行也。是故非朱子之説，孔子之説也。」曰：「中庸首章言戒懼後慎獨，末章言内省後敬信，何與？」曰：「此成始成終之説也。首言戒懼後慎獨，所謂敬以成始。末言立心知幾，内省以歸於敬，所謂敬以成終。中庸以敬舉兩端。居其中者，賢不肖智愚也；智仁勇也；擇善固執也；至聖至誠也，皆知也行也。反覆於知行，而始終之於敬，朱子之學，可不謂躪中庸之庭，而入其室者與？」

主敬二

「周子曰主靜，程子曰主敬，二賢之言，孰爲全？孰爲偏？」曰：「程子舉其全，周子目其要。乾之學也，敬也，故其象曰『終日乾乾，夕惕若』。艮之學也，靜也，故其彖曰『艮其背，不獲其身，行其庭，不見其人』。夫動靜者，時也；流行者，命也。夙寤丕顯，酬應羣物而無邪也；嚮晦安身，閉塞萬動而不息也。推之作止由是，推之語默由是，推之發慮息機由是，是之謂居敬。然陰陽相生，以靜爲本，故貞者事之幹，艮者萬物之所以成始成終也。寒沍之極，雨露之所施，日夜之息，云爲之所起。易大傳曰：『无思也，无爲也，寂然不動，感而遂通天下之故。』中庸曰：『喜怒哀樂未發謂中，發而中節謂和。』程子又曰：『不專一不能直遂，不翕聚不能發散。』察於此二者，可以明於乾、艮之説矣；察於此二者，可以通於敬靜之旨矣。雖然，學何以主靜？其必由敬乎？靜非息滅之謂，而虛明中正之謂。虛明中正，靜而覺也。靜而覺，故動而止。靜而覺，有動也；動而止，有靜也，動靜互爲其根。心之妙，敬之符也，不敬則昏，昏則擾，而無有乎理義之精；不敬則墮，墮則肆，而無有乎理義之實。昏且墮，熄滅者乎？無動者也。擾且肆，放逸者乎？無靜者也。神存則交，神去則不交。陰陽不測之謂神，存神之謂敬。故周子曰：『靜而無動，動而無靜，物也；動而無動，靜而無靜，神也。』又曰：『靜無而動有，至正而明達也。』又曰：『靜虚則明，明則通，動直則公，公則溥。』又曰：『無欲故靜。』吁！程門之言敬也，亦如斯而已矣。二子之學，其何異之有！」

象數拾遺

河、洛之出有先後，其理則不以先後而閒，故圖之道數具乎易焉，書之道數亦具乎易焉；書之道數具乎範焉，圖之道數亦具乎範焉。

圖之左方，陽内而陰外，猶先天之左方也。其右方，陰内而陽外，猶先天之右方也。陽爲主於東北，猶後天之東北也。陰爲主於西南，猶後天之西南也。

先天，陰陽也；後天，五行也。陰陽先乾坤，故書之上九者乾也，下一者坤也。自乾而次八爲震，次七爲坎，次六爲艮。自坤而次二爲巽，次三爲離，次四爲兑。此先天之卦位也。五行先水火，故書之上九爲離火，下一爲坎水。自離火而生艮八之剛土，自艮土而生兑七乾六之二金，自坎水而生坤二之柔土，自坤土而生震三巽四之二木。此後天之卦位也。其序則東北西南皆互其宅焉。

書者，參天兩地之數，中五爲人位。洪範之建皇極，而參天貳地者，理取諸此也。圖者，天奇地耦之數，中宮爲太極，太極之全體具於人矣。洪範之效天法地，而位乎其中者，理亦備諸此也。

書之五行，逆而相克，制而用之之法也。洪範之於五行，逆而制之者，理取諸此也。圖之五行，順而相生，因而敍之之道也。洪範之於五行，順而敍之者，理亦備諸此也。

圖之數以奇耦各相次爲始終，書之數以奇耦各相乘爲始終。故圖則陽數自北以終於西也，陰數自南以終於東也；書則陽數亦自北以終於西也，陰數則自西南以終於西北也。圖則有順而無逆，書則陽順而陰逆。圖之陰陽，其長也皆順，其消也皆逆。書之陽，其乘也順，其除也逆；陰其乘也逆，其除也順。

圖之一三七九也，二四六八也，皆順而數之也，故曰河圖左行。書之一六并而爲七也，二七并而爲九也，四九并而爲三也，三八并而爲一也；二九并而對一也，四三并而對七也，八一并而對九也，六七并而對三也，皆逆而數之也，故曰洛書右行。

河圖之本，一繼以二，三繼以四，六繼以七，八繼以九，互爲内外，迭爲賓主。然於陰必反易之者，陰陽同根而生，造化之體也；分方而治，造化之用也。

洛書之本，一三九七位於四正，二四八六位於四隅，以參相乘，以兩相加。然於東北西南必反易之者，陰順陽行，造化之體也；陽順陰逆，造化之用也。

先天之位，乾與坤對，坎與離對，震與巽對，艮與兑對，故洛書八方皆以合數相對也。先天之序，乾與兑同生於太陽，離與震同生於少陰，巽與坎同生於少陽，艮與坤同生於太陰，故洛書四面皆以合數相生也。

後天之位，水與火對，木與金對，土無對，而以剛柔自相對，故洛書八方皆以合數相對也。後天之序，木生火，金生水。惟水不能自生木，其間有土焉；火不能自生金，其間亦有土焉，是木金皆土所生，故洛書四面皆以合數相生也。

先天圖位，天上地下，日東月西，不可易已。山起西北，澤注東南，不獨九州爲然，今自西北度垣，山之綿亘，未知所止也；自東南浮海，茫洋相因，亦未知其所止也。雲興東北則雨，雷氣動而風從之也；雲起西南則不雨，風氣動而雷不應也，皆自然之位也。先天之震，巽其本位也；後天之巽，從震而動者也，故東南風亦雨。風非潤物者也，而曰潤之以風雨，蓋謂春風應乎陽氣者也。後天艮在東北，山脈所盡也；兑在西方，澤氣所鍾也，澤氣所鍾，故水源從此出。

先天後天，其乾坤南北交易，先天著其體之常，後天探其用之根也。後天之乾，不直居子而居亥者，進而當絶續之交；坤不直居午而居未者，退而避止陽之位。此不息之命所以流，而承天之義所以著也。乾坤既易，故以其位居離坎。天秉陽，垂日星；地秉陰，竅於山川。乾之用在離，坤之用在坎也。離坎既易，故以其位居震兑。火之鬱，雷則發之；水之流，澤則潴之。離之用在震，坎之用在兑也。震兑既易，故以其位居艮巽。雷動則山興雲，澤積則氣生風。震之用在艮，兑之用在巽也。艮巽以其位居乾坤者。山者，地之所以上交於天而蓄其氣；風者，天之所以下交於地而化其形，故所在有山則氣聚，萬物遇風而形化。

風本天氣也，天交於地，故一陰潛伏，而天氣嘘焉，則爲風。山本地質也，地交於天，故一陽隆起，而地氣升焉，則爲山。雷本火也，上有重陰壓之，則奮而爲雷。澤本水也，内有積陽驅之，則散而爲澤。觀卦畫，皆可見矣。天地水火四體也，雷風山澤四用也。後天卦震與離，兑與坎，相次於四正；乾與艮，巽與坤，相次於四維者，以此。

天主曰，地主水，猶人之主精神氣血也。天與火爲同，地與水爲比，雷電合而章澤中有水，故先後天四位者可以互换。若夫雷之應也以風，而艮居之；澤之感也以山，而巽居之；風實天氣，而坤居之；山實地質，而乾居之，此則至理，不可不察也。山含澤，故能蓄洩，而雷之氣自此應焉；風助雷，故能吹嘘，而澤之潤自此行焉，故近山者多雷，近海者多風。周官東則景夕多風，西則景朝多陰者，此也。天氣至剛，近地則柔，而物孚化焉，則風反爲地之橐籥；地質至柔，接天則剛，而氣升降焉，則山反爲天之鍵藏。洪範以風屬土，古人登山而升中者，此也。是以後天之卦，錯居先天之位，而各得其所。

水漬土則舒，其浮華所以生木也。火爍土則縮，其精實所以生金也。若木然而火發，金潤而水出，則皆未有以見夫土之功。又播五行於四時而觀之，木温火熱，陽勝陰也；金涼水寒，陰勝陽也；土爲和氣，陰陽之中也。一歲之序，陰長而已過於半，陽長而未及於半，是陰勝陽也，爲秋爲冬，以配金水。陽長而已過於半，陰長而未及於半，是陽勝陰也，爲春爲夏，以配木火。惟冬春秋夏之交，陰陽消長方平，易所謂泰、否之卦也，是陰陽之中，故以配土。呂氏之中央也，則缺其一焉；京氏之四季也，則多其二焉，故言五行之義者，亦莫精於後天也。

論後天自然之序，則震坎艮乾宜居北東者也，巽離兑坤宜居南西者也。長少既敍，而乾生坤成，不亦善乎！然而震必與乾易，兑必與坤易，則造化之妙也。乾居東方，始矣，而非大始也，以終爲始，如圜之無端，然後謂之大始。坤居西方，成矣，而非作成也，當一歲之中，致養之勞盡焉，然後謂之作成。且亥月則雷氣未動也，未月則澤氣未充也，何能使造化功用各得其所！

人知天心之動，爲化之初也，不知寂然不動，沖漠無朕，爲命之續也。聖人所以希天者，此爾；賢人所以希聖未達一息者，此爾。於乎不顯文王之德之純，吾於其圖位見之矣，然猶曰戰乎乾。是故聖人不廢克己之功，已盡無我，然後能與天地相似也。

艮德最近乾，以其靜而無我也。巽德最近坤，以能制其伏陰而皆順乎剛也。是故先天艮巽之位，後天乾坤居之。

艮德最近乾，然所以靜而無我者，震之動，坎之習險先之矣，故曰戰乎乾，又曰自强不息。巽德最近坤，然所以動而及物者，離之明，兑之説終之矣，故曰萬物皆致養焉，又曰含萬物而化光。震之次離兑，陽娶妻也；巽之次坎艮，陰生子也。娶妻則成乎父道，故受之乾焉；生子則成乎母道，故受之坤焉。是先天之序也。有長男則有長女之配，故震巽居先。諸娣從之，故受之離。有嫡有娣，母道具矣，故受之坤。餘則妾御之流也，故受之兑。由是則有繼嗣，而成乎父道，故受之乾。坎艮，子之未長者，長則又爲震，而當室矣。是後天之序也。

天尊地卑，君相之位也。日東月西，卿士師尹之職，綱紀朝政者也。雷風山澤，宣播號令，承導德施，以鎮奠方隅，岳牧之任也。是先天之位也。君居無爲，譬如北辰，居其所而衆星拱之。臣則致役，爲君養萬物焉。震巽者，承其命令於先；離兑者，竭其功施於繼；坎艮者，告其成事於終。是後天之位也。是故圖象設而彝倫敍矣。

乾爲首，五官之所宗也。坤爲腹，四體之所會也。震爲足，陽之所以動也。巽爲股，陰之所以伏也。坎爲耳，内光也，魄之所以載。離爲目，外光也，魂之所以營。艮爲手，次於震之陽，動而不離其處者也。兑爲口，次於巽之陰，欲而著見於外者也。養身者，導陽自震艮始，故手持足行，則欲其動也；坊陰自巽兑始，故男女飲食，則欲其静也。頭容直，體容端，端然後天地位焉。視思明，聽思聰，是以日月不過，而四時不忒。

圓者天體，方者地體。凡物有端，圓則無端，故曰不可爲首也。其義必用九者，圓之根在心，以坤之二而翕者取之也，故曰乾元用九。知乾元无首，則知所謂心之妙矣。凡物方則止，故曰有終。其義必用六者，方之根在角，以乾之一而直者取之也，故曰直以方也。知直方，則知所謂德之隅矣。凡圓者最大，方者次之，故曰大哉乾元，至哉坤元。然至於積方則亦大矣，故曰直方大。

一成點，二成線，三始成面，而推之形體，亦無所不通者矣。

一一爲一，不可分也，故其形圓而爲天。二二爲四，其分明矣，故其形方而爲地。又爲三角於圓中以參天，爲斜弦於方中以兩地。故一四者，天地之體；參兩者，天地之用也。

置百數於此，洛書之九與一對，八與二對，七與三對，六與四對，五無對，而自相對，蓋開方之原也。大衍之數五十，其用四十有九者，蓋自一至五，衍之爲五十五，除天一地二爲數之始不衍，衍三四五之數則五十也，三衍爲句，四衍爲股，五衍爲絃，三數之併，又不能成方，故其用四十有九。四十有九者，七之衍。七者，三四之合也。三四者，句股之率，故亦爲方圓之率。凡圓之內外生方，及方之內外生圓，其積常圓四而方三，故四十有九之積方也，內含圓積三十有八，半方得十四，圓得十一也。又內含方積二十有四，半圓得十一，方得七也。

三者圓，天數也。四者方，地數也。五者，參兩之合，人數也。七者，三四之合，亦人數也。以圖、書言之，五居中，五之中心一數，尤中之中也。以大衍言之，中心一數，亦中之中也。蓋圖、書、大衍皆有奇數，奇數必居中，故圖、書之中一，人位也，大衍之中一，亦人位也。易曰：「易簡而天下之理得，則成位乎其中矣。」書曰：「建用皇極。」易又曰：「卦一以象三。」皆此理也。

「卦一象三，而又與扐合以象閏，何也？」曰：「象兩，象三，一義也；象時，象閏，又一義也。以象兩象三而推其後，則揲四歸奇當爲萬物之變化。以象時象閏而原其始，則分二卦一當爲歲積之起端。故曰一生二，二生三，三生萬物。自此以往，巧曆不能窮。此一義也。又曰：『朞三百有六旬有六日，以閏月定四時成歲。』此又一義也。聖人各舉以包兩義耳。唐一行曰：『人處天地之中，以閱盈虛之變。』是欲參合二說，則非也。如其下文，既以策當期日，又以策當物數，豈亦可合爲一說乎？」

一行大衍曆與孔子之意頗異，大略蓋以分二象二氣也。卦一，象閏分也。揲四，象一月四弦也。

至於左右扐餘，則又不以象閏，此其所以異也。後人因之，謂特初變掛一象閏，而二三變有扐無卦，當無閏之歲，故曰五歲再閏，故再扐而後卦。細尋理法，亦甚疏闊。蓋其以一策當一月之實，弦則不及七日半，而卦一之閏分十一日有餘，則溢於策數之外矣。掛一之分十一日有餘，僅初歲之積耳，而遽以當有閏之歲，則又未成乎一月矣。閏數出於四時之餘，今言卦一於揲四之先，則又失曆法之序矣。是不惟非經意，而其言自不密，與劉歆三統律曆皆傅會之論也。今變一行之説而通之曰：分二者，分一歲爲二也；覺成數之有餘而先除之，則卦一者，象氣盈者也；以每月四平弦計之，每弦整七日半，則揲四者，象四時十二月者也。合氣盈與月朔之虚以積閏，歸卦一之奇於餘扐以求爻，故合卦與扐皆象閏者也。今曆日用九十六刻，蓋得易之真數，八卦六爻互相乘之數也。以十二辰爲節，晝之極無過七分，夜之極無過七分，天地之中，陰陽之正也，過此則爲天地之外域，陰陽之偏氣。故先天圖自復而反推其積數，陰七分，陽五分；自姤而反推其積數，陽七分，陰五分，二至晝夜之極也。自同人、臨之間，比、遯之間，而反推其積數，陰陽各六分，二分晝夜之平也。

文集

洪範説序

洪範之書，文雖少，而與四聖之易並傳。先儒釋洪範爲大法，意顧命所謂大訓與河圖俱陳者，即此是也。然則尚矣，聖人所言天道王事，豈有加于此哉！更越秦、漢，其義未章，故劉歆、班固但據以道災祥而已。近世稍覺其陋。自宋王荆國、曾子固、蘇明允皆有書。其後蔡氏以師門之學傳之，然猶未盡也。地自始讀而切疑之，中間嘗以意爲之説，而翫心未熟，信疑參半。繼讀西山真先生衍義，其解文意，乃與鄙説同，然後怡然理順，有實獲我心之歎。顧其於經意則既得矣，至推本於洛書之出，暨夫九疇生數，與易卦同異之根，則有先生所未發者。其他繁文細義，前輩亦多疏闊。自念用心之劬，既歷三紀，舊草在笥，不忍棄也。庚辰歲，曾付刻於保定署中，不敢多以示人，逢同志者，時出就正而已。既又覺其詞句漫漶，非解經之體。又九疇目中，分别禹、箕，亦未審。當閒以暇日，稍就增削，依文訓釋。蓋欲庶幾於平實簡質，而病未能也。帙成，仍并舊稿存之。嗚呼！先聖之所以咨嗟而訪，反覆而陳者，其微旨豈易窺哉！亦以寓吾鑽仰没身之志云爾。

禮記纂編序

禮有經有傳，儀禮，禮之經也；禮記，禮之傳也。凡文、武、周公之道，其未墜於地者在於斯，然儀禮缺而弗全，禮記冗而無序，學者病之久矣。是記之興，其於漢之中世，戴氏兄弟掇拾蒐補於煨燼之餘。戴聖所得凡八十餘篇，中閒雜以秦、漢之言，其弟損益之，又加粹焉，則駸駸乎孔門之咳唾珠璣矣，然皆不能以皆醇也。予嘗讀斯篇，病其繁且亂，記識之難熟，講貫之弗理也，爲之約而序之，温習之便云爾。夫古者小學之教，成人之始，故先之曲禮、少儀、内則三篇；人道莫首於冠昏，故冠義、昏義次之；慎終追遠，民行之大，故喪祭又次之。言喪者凡八篇，而檀弓、曾子問、雜記附焉。言祭者凡三篇，而郊特牲附焉。由是而達於鄉黨州閭，則鄉飲酒、投壺、射義次之。由是而達於朝廷邦國，則大傳、明堂位、燕義、聘義次之。由是而周於衣冠冕珮之制，與夫行禮之容儀，則深衣、玉藻又次之。自曲禮至此，爲禮記内篇。禮運、禮器以下，學記、樂記以上，或通論禮意，或泛設雜文，或言君子成德之方，或陳王者政教之務，要於修身及家平均天下之道，靡所不講，爲禮記外篇。嗚呼！三代以禮治天下，如此其盛也。雖當千百載之下，湮滅斷爛之簡編厘有存者，而宏經大要可考而知，以正聖功，以興太平，取諸此焉，足矣！抑予所易者，篇次耳。居嘗以戴氏之篇，既非周、魯之舊，當日採輯，其於章句文義，亦擇焉而弗精，苟爲之詳論，條理成一家言，抑猶作者未竟之緒與？予竊有志焉，而非其任也。

禮記考定篇目

曲禮　少儀　内則　冠義　昏義　喪大記
喪服小記　閒傳　問喪　服問　三年問
喪服四制　奔喪　檀弓　曾子問　雜記
祭法　祭義　祭統　郊特牲　鄉飲酒義
投壺　射義　大傳　明堂位　燕義　聘義
深衣　玉藻

右内篇目

禮運　禮器　經解　坊記　表記　儒行

緇衣　哀公問　仲尼燕居　孔子閒居

文王世子　王制　月令　學記　樂記

右外篇目

附大戴記四篇

武王踐阼　曾子大孝

曾子疾病　曾子天圓

禮學四際約言序

古禮湮廢，不可盡知，又多不行于今世，故其追而考之也難。蓋儀禮缺而不完，禮記亂而無序。自朱子欲以經傳相從，成爲禮書，然猶苦於體大，未究厥業。然則後之欲爲斯學者，不益難哉！余姑擇其大者要者，略依經傳之體，别爲四際八篇，以記禮之綱焉。其詳且小，則未暇也。又采小學儀節於首，附王政大法於後，而通爲之序曰：四際八編者何？冠昏也，喪祭也，鄉射也，朝聘也。易曰：「有天地萬物而後有男女夫婦，有男女夫婦而後有父子，有父子然後有上下君臣，而禮義有所措也。」三代之學，皆所以明人倫也，有冠昏而夫婦别矣，有喪祭而父子親矣，有鄉射而長幼序矣，有朝聘而君臣嚴矣。夫婦别而後父子親，父子親而後長幼序，長幼序而後君臣嚴。由閨門而鄉黨，由鄉黨而邦國朝廷，蓋不可以一日廢也。是故先王之制禮也，綱維五典，根極五性，通四時，合五行，本於陰陽，而順乎天命。有冠昏而夫婦別，夫婦別然後智可求也。有喪祭而父子親，父子親而後仁可守也。有鄉射而長幼序，長幼序而後禮可行也。有朝聘而君臣嚴，君臣嚴而後義可正也。先王之禮，哀樂之情無不中，慘舒之節無不得，故紀綱人道之始終，而天地和平，四靈畢至。學者，學此者也。灑掃進退而非粗也，盡性至命而非遠也，小學以始之，大學以終之，皆所以明人倫也。是書也，雖未能該先王之典，庶幾求禮之門户者得其端焉。

曆象要書序

曆象一書，自少小以好奇之心學之，蓋久而茫然。此學近無師授，又予未習爲方圓句曲乘除之算，故其通也甚難。七八年間，來往心懷弗釋也。乙巳之冬，以書卷餘暇，覆究斯學，搜極繁亂，摘厥窈微，三月在空山之中，遠有端序矣。緬自羲、軒迎策而此術興，三代之衰，機祥中廢，故自秦以前，如遡崑崙，然聊以知其源派而已。太初而降，卓卓顯者將十有餘家，中間枝蔓米鹽，人各自爲，深博無涯涘，此籌家之智數，然取合天行沿革異同之大致，又烏可以不考乎？予故纂諸家之要，附以他書論之合者，將以備一家言，而猶有待焉。茲編也，其未詳未信者爾。

卜書補義序

古者卜筮皆有書，卜書非易也。洪範曰：「卜五，占用二。」陰陽之在易，備矣。惟五行之説，則詳於卜書，而其籍已廢。昔者夫子贊易而八索祛，卜之亡也，其始於此與？下及漢、魏以來，京、焦、管、郭之流，猶能明五行之學，以推祥衍忒。今其遺術往往有存者，然體兆不傳，故强附之於爻卦，由是而蓍龜之法亂。予讀洪範、周禮而有感焉，博考諸書，心知其意，然而年世則已遼矣，莫吾徵也。發其序，陳其槩，遲好古者取裁焉。使蓍龜之用不相溷，則卜雖亡也猶存。

附録

先生初被擢官至京，聖祖命奏進家居所著文字，因彙其讀書筆録及論學文字爲一卷，敘而進之，略曰：「古之言學者，自説命始。其所謂多聞，學古，時敏，遜志，與夫教學相長，始終克念，皆後世聰明才智之士所不屑道。而彼以天縱之君，帝賚之佐，孳孳相勉若不及，是以君則繼成湯嘉靖於殷國，臣則與阿衡媲美於有商，學之切於治道如此。古今言學者，莫不曰帝王之學與儒生異。臣以爲不然。夫溺於技藝，滯於章句，以華藻爲美，以涉獵相高，豈獨帝王哉，雖儒生，非所尚也！若夫窮性命之原，研精微之歸，究六經之旨，所謂恭默以思者，性命之原，精微之歸也；其所謂學而有獲者，經訓之旨也；其所監而罔愆者，當世之務也。此古今言學之宗，亦古今爲學之準也。皇上生知，乃復好古，將聖而又多能，非堯、舜之道不陳於前，非天人性命之書不游於意。臣竊謂我皇上非漢、唐以後之學，唐、虞、三代之學也。臣窮海末儒，蔽於聰明，局於聞見，四十無聞，没身爲恥。今太陽之下，爝火益微，抱卷趦趄，隕越無地。然臣之學，則仰體皇上之學也，近不背於程、朱，遠不違於孔、孟，誦師説，守章句，佩服儒者，屏棄異端，則一卷之中，或可見區區之志焉。皇上承天之命，任斯道之統，以升於大猷。臣雖無知，或者依附末光，補聞大道之要。臣不勝拳拳。」彭紹升撰行狀。

先生入閣後，奉敕纂周易折衷，編訂朱子全書、性理精義，及發閲學易圖説、樂律、數表、韻書等，皆隨時討論，引申發揮精義。覆奏劄子，具存集中。榕村全集。

榕村全集冠以劄記諸種，曰觀瀾録，曰經書筆記，曰讀書筆録，曰春秋大義，曰春秋隨筆，曰尚書句讀，曰周官筆記，曰初夏録，曰尊朱要旨，曰象數拾遺，曰景行摘篇，蓋所長在理學經術，以學問勝，不以詞華勝也。四庫全書提要。

榕村語録爲門人徐用錫及其孫清植所輯，有自記者，有子弟門人所記者。冠以經書總論與論四書者爲八卷，論易書詩三禮春秋孝經者爲九卷，論六子諸儒諸子道統者爲三卷，論史者爲一卷，論歷代者爲一卷，論學者爲二卷，論性命理氣者爲二卷，論治道者爲二卷，論詩文者爲二卷，而韻學附焉。律吕算術，皆所究心，而是編一語不載。殆以别爲專門，爲儒者所當知，而非儒者之所急歟？抑或律吕惟授王蘭生，算術惟授魏廷珍，而清植等不及聞也。四庫全書提要。

語録續編二十卷，體例分類略仿前録，惟增本朝人物、本朝時事二門，居全書三分之一。編中多羼入弟姪門人論説，蓋非手定。稿藏於家。至光緒中，安溪令黄家鼎略爲校正，别録副本，始傳於世。黄家鼎序。

先生於當世人材，賢不肖往往直言無隱。江寧知府陳鵬年爲總督阿山所劾，爲言其冤，鵬年遂召入。兩江總督噶禮與巡撫張伯行互糾，遣大臣往訊，獄久不決，而詔罷噶禮，復張伯行官，先生有助焉。桐城方苞坐戴名世南山集序論死，聖祖一日言：「汪霦死，無能古文者。」先生曰：「惟戴名世案内方苞能。」已而苞得釋，召入南書房。護惜善類，啟迪聖聰，多此類也。行狀。

門下士楊名時、陳鵬年、冉覲祖、蔡世遠並以德望重於時，它如張碩、張瑗、惠士奇、秦道然、王蘭生、何焯、莊亨陽之徒類有清節，通經，能文章，故本朝諸名公稱善育材者，必以先生爲首焉。行狀。

安溪家學

李先生鼎徵

李鼎徵字安卿，文貞次弟。舉人。嘉魚令。爲梅勿庵刻方程論於泉州。幾何補編成，手爲謄寫。彼教人見先生方程論序，言西法不知有方程，憤然而爭，不知西術有借衰互徵，而無盈縮。方程同文算指中未嘗自諱，先生蓋有所本。參疇人傳。

李先生光坡

李光坡字耜卿，號茂叔，文貞之弟。諸生。少受家學，宗尚宋儒及鄉先正蒙引存疑諸書，次第治十三經、濂、洛、關、閩書，旁及子史。質不甚敏，以勤苦致熟。論學主程、朱，論易主邵子，兼取揚雄太玄，發明性理，以闡大義。壯歲專意三禮，以三禮之學至宋而微，至明幾絶，儀禮尤世所罕習，積四十年成周禮述注二十四卷，儀禮述注十七卷，禮記述注二十八卷，以鄭康成爲主，疏解簡明，不蹈支離，亦不侈奥博，自成一家言。家居不仕。康熙四十五年，入都省兄，與文貞講貫，著性論三篇，辨論理氣先後動静，以訂近儒之差。天性至孝，父病，炷香焚掌，叩天以祈延壽，病果愈。舉孝廉方正，有司將以應選，會病卒，年七十有三。所著又有皋軒文編。參史傳。

附録

周禮述注，取注疏之文，删繁舉要，以溯訓詁之源，旁采諸家，參以己意，以闡制作之義，於鄭、賈名物度數之文，多所刊削，析理明通，措詞簡要，足爲初學之津梁。榕村集中有周官筆記一卷，皆標舉要義，不以考證辨難爲長。此書體例相近，蓋家學如是。四庫全書提要。

儀禮述注，取鄭注、賈疏，總撮大義，而節取其辭，亦間取諸家異同之説，附於其後。如士冠禮「母拜受，子拜送」，謂「母拜受乃受脯，而非拜子」，其義最允。特牲饋食禮「主人洗角升，酌酳尸，拜受」，「乃拜角，非祖考先拜其子孫。」凡此之類，皆可取。喪服記「夫之所爲兄弟服妻降一等」，萬斯同據以爲嫂叔有服之證，不取其說，亦深有決擇。同上。

禮記述注，自序云：「始讀陳氏集說，疑其未盡。及讀注疏，又疑其未誠。如序内稱鄭氏祖讖，孔氏惟鄭之從，不載他說，以爲可恨。鄭氏祖讖，莫過於郊特牲之郊祀、祭法之禘祖宗，而孔氏正義皆取王、鄭二說，各爲臚列。其他自五禮大者，至零文單字，備載衆詁，在諸經注疏中，最爲詳核，何妄詆歟？又禮器篇斥後代封禪爲鄭祖緯啟之，秦皇、漢武前鄭數百年，亦鄭注啟之乎？又多約注疏而成，鮮有新意，而指注疏爲舊說。凡此之類，抵冒前人，即欺負後人，何以示誠乎？抑譏漢、唐儒者説理如夢，此程、朱進人以知本，吾儕非其分也。今於禮運則輕其出於老氏，樂記則少其言理而不及數，其他多指爲漢儒之附會，逐節不往復其文義，通章不鉤貫其脈絡。而訓禮運之本仁以聚，亦曰萬殊一本，一本萬殊；仲尼燕居之仁鬼神，仁昭穆，亦曰克去己私，以全心德。欲以方軌前人，恐未能使退舍也。」其論可謂持是非之公心，掃門户之私見，雖義取簡明，不及鄭、孔之賅博，至其精要，亦略備矣。同上

李先生光墺

李光墺字廣卿，文貞從弟。好讀書，嘗入高學山中結茅力學。康熙辛丑進士，改翰林院庶吉士，散

館授檢討，充一統志八旗人物志纂修官。乾隆元年進三年喪議，出奏山東學政，督言春秋四傳宜並習，不宜獨宗，胡傳四氏學宜偏習，不得專習毛詩，均得旨允行。刊宋儒學要語以教士。尋擢國子監司業，充纂修三禮官。卒年六十九。所著有考工發明、黄庭二景互注、濇餘詩文集。與弟光型齊名，時稱二李。著有二李經説。參史傳。

李先生光型

李光型字儀卿，事父母以孝稱。少與兄廣卿並受業於文貞先生，研究性理，尤得力於西銘。雍正丙午舉人。十一年，以理學薦，特賜進士，出爲彰德府同知，著農書輯要以教民。乾隆元年，舉博學鴻詞，尋擢刑部主事，充三禮館律吕纂修官。年七十九卒。所著有易通正、洪範解、詩六義説、文王世子解、天問解、趨庭録、臺灣私議、崇雅堂文集。參史傳。

李先生鍾倫

李鍾倫字世得，文貞子。康熙癸酉舉人。敏而好學，少受三禮於叔父。後從父京邸，與宣城梅文鼎、長洲何焯、宿遷徐用錫、河間王之鋭、同縣陳萬策等互相討論，其學具有本原。著周禮訓纂二十一卷。從梅氏曆算，準其以赤道求黄道法，作爲圖論，又製器以象之。未仕而卒。參史傳、杭世駿撰梅文鼎傳附録。

附録

周禮訓纂，自天官至秋官，詳纂注疏，加以訓義。惟闕考工記不釋，以河閒獻王所補，非周公之古經也。所釋得周官大義，於名物度數，不甚加意。惟辨禘祫、社稷、學校諸篇，皆考證詳核。又如司馬法謂革車一乘，甲士三人，步卒七十二人，據蔡氏説，謂一乘不止甲士三人，步卒七十二人，此是輕車用馬馳者，更有二十五人將重車在後。今考新書，攻車七十五人，前拒一隊，左右角二隊，守車一隊，炊子十人，守裝五人，廐養五人，樵汲五人，共二十五人。攻守二乘，共百人。又尉繚子伍制：「令軍中之制，五人爲伍，伍相保也；十人爲什，什相保也；五十人爲屬，屬相保也；百人爲閭，閭相保也。」起於五人，訖於百人，蓋軍中之制，自一乘起。此皆一乘百人之明驗，足徵其説之精核。又明於推步之術，訓大司徒土圭之法，謂百六十餘里，景已差一寸，亦得諸實測，非同講學家之空言也。四庫全書提要。

案：文貞家學最盛，次弟鼎徵字安卿，從子天寵、鍾僑、鍾旺，孫清植，並見語録中。遺書即清植所編刊也。

安溪弟子

冉先生覲祖 别見敬庵學案。

陳先生鵬年 别見敬庵學案。

惠先生士奇 别見研谿學案。

楊先生名時 别爲凝齋學案。

莊先生亨陽 别見凝齋學案。

蔡先生世遠 别爲梁村學案。

何先生焯

何焯字屺瞻，晚號茶仙，長洲人。先世曾以義門旌，取以名其書塾，學者稱義門先生。博學强識，敦氣節，善持論。康熙二十四年拔貢。時徐尚書乾學、翁祭酒叔元方收召後進，先生亦游其門，而慎自持，遇不韙，且相諍。因翁㓜湯文正公，上書與絶。復以事干徐之怒，潦倒場屋，而名益重，爲文貞所知。康熙四十一年，聖祖南巡，駐涿州，詢草澤遺才。文貞以先生對。召試，命直南書房。明年，賜舉人，會試不第，復賜進士，改庶吉士，仍直南書房。命侍讀皇八子允禩府邸，兼武英殿纂修。忌者滋多。散館，試下等，再留教習三年。連丁父母憂，家居教授，就舉業而引之儒術，從游甚衆。五十二年，再以文貞薦，召赴闕，仍直武英殿。尋授編修。逾年，駕幸熱河，有搆蜚語上聞。及還京，先生迎道左，即命收繫。悉簿録其舍中書籍，察勘無違悖語，且得辭吴縣令餽金札稿，上意解。簡數條，命内侍詣獄詰責，各據實奏辯。僅坐免官，還其書，仍直武英殿校書如故。六十一年卒，年六十有二。上憫惜之，復原官，超贈侍讀學士，賜金給符傳歸喪，命有司存恤其孤。先生蓄書數萬卷，凡經傳、子史、詩文集、雜説、小學多參稽互證，以得指歸；於其真僞、是非、疏密、隱顯、工拙、源流皆各有題識，如别黑白；及刊本之譌闕、同異，字體之正俗，亦分辨而補正之。所著語古齋識小録數册，多删取題識爲之。繫獄時，門人某妄意中有忌諱，悉投諸火，或傳其藏弆於家，後竟無傳。惟困學紀聞箋行於世。先生殁後，子弟門人搜求評校之書，輯爲義門讀書記十八種，共五十六卷。其文集十二卷，家書四卷，皆後所補輯者也。參沈彤撰行狀、方婺如撰墓志、全祖望撰墓志、義門讀書記、文集。

讀書記

詩經

詩譜小大雅。班固古今人表於懿王堅注云：「穆王子。詩作。」小顏釋之云：「政道既衰，怨刺之詩始作也。」是必魯詩相傳之語，蓋不始於厲王矣。

卷耳四章。「云何吁矣」，言此臣方自云，此何足煩君之憂念，故君尤當念之也。爾雅注吁作盱，爲勝。

式微。黎爲衛之屏蔽，今爲狄人迫逐，而衛不加存恤，此他日狄難所由及也。西伯戡黎而祖伊恐，詩人録之，其以是夫！中露泥中，自是無所覆庇，辱在泥塗之意。作二邑者無據。當從朱傳，君亦當指衛君。

桑中三章。庸與鄘同。孟姜、孟弋，猶他國之女，或係母族。曰孟庸，則吾國之世族。固若是焉，不亦甚乎！庸者，以國爲姓，不言孟姬，而言孟庸，則猶諱之也。

載馳。劉向新序曰：「齊桓公求婚於衛，衛不與，而嫁於許。衛爲狄所伐，桓公不救，至於國滅身死。」可爲説此詩者廣異聞。襄七云：「考其時，狄入衛在閔公二年冬，此詩之四章曰：『我行其野，芃芃其麥。』殆背冬涉春，麥秋將至矣。夫閱數月而救援不至，則與國之充耳可知。其與黎臣之言葛之誕節者何以異？左氏於許穆夫人賦載馳之下，即係以齊侯使公子無虧帥師戍漕云云，則是詩有以激之耳。」

采苓首章「采苓采苓」二句。古人「苓」與「蓮」通用。以澤草而求之山巔，豈可信哉！枚乘七發「蔓草芳苓」，曹植七啟「寒芳苓之巢龜」，李善注並云：「古蓮字。」史記龜策傳「龜千歲乃游蓮葉之上」，徐廣云：「蓮，一作領。」

七月七章「亟其乘屋」。箋云：「七月定星中。」「七」當作「十」。按：定星中，在小雪時。

十月之交「朔月辛卯」。「月」近刻作「日」，非。說見學齋佔畢及魏了翁正朔考。

四章「家伯冢宰」。「冢」作「維」，箋云：「冢宰掌邦之六典。」按：先鄭注周禮，以宰爲宰夫者得之。若冢宰，不應敘司徒下也。

大東序。譚在濟南平陵縣西南，去周京二千餘里，録東人之詩，則天下無不困於勞役可知也。箋謂言其政偏，蓋未盡得其意。

皇矣五章。楚辭惜誦：「駭遽以離心兮，又何以爲此伴也。同極而異路兮，又何以爲此援也。」「畔援」之義蓋如之。

江漢三章。曰「至于南海」，則五嶺之外，固嘗臣服，建置于周矣。東遷以後，南風日競，隔限不通，史失其傳。秦人夸詐，遂謂蜀與越地，皆至秦始開耳。

泮水序。明其爲頌魯公也。諸侯能究宣王化，則頌魯即所頌周焉耳。其辭也繁，與周頌之體異。或追作于僖公之時歟？若以爲頌僖公能修復泮宮，則詩中未嘗一言及修復也。

閟宮。魯不當立姜嫄之廟，僖公又不得攘服楚之功，如是而侈然頌之，孔子奚取焉？曰：「此頌之變也。風有變風，雅有變雅，頌獨無變乎？美盛德之形容，而不誠録其美，即寄其刺也。若小毖者，其亦周頌之變乎？」

八章「居常與許」。箋：「周公有常邑。許，許田，未聞也。」作「周公有嘗邑，所由未聞也。」按：此條廖本最善。

前漢書

高帝紀六年「西有濁河之限」。晉灼注：「孟津號黄河，故曰濁河也。」按：孟津不在齊界，字有誤，或是鬲津。地理志平原郡有鬲縣，平當以爲鬲津。

「韓王信等奏請以故東陽郡、鄣郡、吴郡五十三縣立劉賈爲荆王」。文穎注：「吴郡，本會稽也。」當以會稽治吴，故亦稱吴郡。當班氏作書時，亦未分也。此正與下鄣郡義同。

文帝紀〔一〕七年「以下，服大紅十五日，小紅十四日，纖七日，釋服」。史記索隱曰：「以下，謂柩以下於壙。」語尤分明。足明三十六日，自已葬之後矣。禮服不講，乃有易月之謬説。顏師古及劉貢父駁正者是。然大紅、小紅當如應氏之説。閻丈百詩云：「漢文此制，行之三百七十年，魏武帝始令葬畢便

〔一〕「文帝紀」，原無，今補。

除，無所爲三十六日之服者。後又不知何代，以三十六日爲除服期，而不論葬與否。唐玄、肅二宗之喪，又除三十六日爲二十七日，則所謂以日易月者，於是焉始。按：玄、肅二宗之喪爲二十七日，見常衮議中。

武帝紀元光元年「於是董仲舒、公孫弘等出焉」。按：仲舒傳謂「州郡舉茂材孝廉，自仲舒發之」，而是年十月已有郡國各舉孝廉之令，則仲舒對策，當在元光之前，此總舉得人之著者言之。

元封五年「初置刺史部十三州」。是時刺史不常厥居，至東漢始有治所，顔注微誤。劉昭續書郡國志注補謂「傳車周流，匪有定鎮」者得之。

元帝紀「貢、薛、韋、匡迭爲宰相」。顔師古以爲韋賢。按：韋賢爲相，在昭、宣之際，則此應謂其子玄成也。

哀帝紀「博士弟子父母死，予寧三年」。漢制之失，莫大于仕者不爲父母行服三年，達禮于是焉廢。其予寧者，不過自卒至葬後三十六日而已。哀帝既許博士弟子予寧三年，何不推之既仕者乎？至安帝元初三年，鄧太后臨朝，初聽大臣二千石刺史行三年喪。至建光三年，安帝親政，宦竪不便，復議斷之。桓帝永興二年，初聽刺史二千石行三年喪。延熹二年，復斷之。若公卿，則終漢之祚，不議行三年喪服也。

百官公卿表「奉常，秦官」。「又均官、都水兩長丞」。都水屬太常，治都以内之水，故其官曰長。山陵所在，尤以流水爲急，故太常有專責也。

「中尉，秦官，至更名執金吾」。崔豹古今注曰：「金吾，棒也，以銅爲之，黄金塗兩末。」近代言金吾者祖之。明人呼錦衣衛指揮使爲大金吾，以所領官校御仗中持此云。

「越騎校尉掌越騎」。如淳曰：「越人内附，以爲騎也。」晉灼曰：「取其材力超越也。」按：騎非越人所長，似晉説是，不當如師古以下文胡騎比例也。

食貨志「益廣開，置左右輔」。當從平準書作「益廣關」，開字誤也。「不敢言輕賦法〔一〕矣」。「輕」，史記作「擅」。謂常法正供外，擅取諸民，以訾給所過軍也。徐廣注云：「擅一作經。謂不顧經常法則。」此刻「輕」者，傳寫誤也，當改作「經」。

郊祀志「合七十年而伯王出焉」。師古曰：「七十當作十七，今史記舊本皆作十七字。」按：漢書中當據史記刊正者甚多，不止七十之爲十七。小顔當日多拘於俗師之傳，未及博求是正耳。

地理志「堯遭洪水，懷山襄陵，天下分絶，爲十二州」。言十二州者，此最爲得之。經師相承，以爲十二州在禹治水之後，不可通矣。

「浮於淮、泗，達於河」。「河」讀作「菏」。説文菏字下注云：「菏澤水，在山陽胡陵南〔二〕。禹貢：『浮於淮、泗，達於菏。』」兼引此志及禹貢之文，則作河者，乃寡學者因經文之訛而妄改也。

〔一〕「法」，原脱，據食貨志補。
〔二〕「南」，原脱，據説文補。

「滎、波既豬〔一〕」。「波」，史記作「播」是也。後云「泆爲滎」，非水名。

「東爲北江，入於海」。師古曰：「自彭蠡江分爲三，遂爲北江而入海。」史記注孔安國云：「自彭蠡江分爲三道，入震澤，遂爲北江，而入海。」按：「入震澤」之語最爲謬妄，顔氏削去，得之。

「平原郡阿陽」。按：外戚傳注作「陽阿」，傳寫誤也。宋本、監本亦誤「陽阿」。

「北海郡平壽」。應劭曰：「古斟尋，今斟城是。」按：斟尋當在河南，瓚説是也。既云太康居斟尋，桀亦居之，安得無豫夏國之都乎？應説因下斟縣而誤。

「玄菟郡。樂浪郡」。武紀云：「朝鮮降，以其地爲樂浪、玄菟、臨屯、真番四郡。」今志但有二郡。按：昭帝始元五年夏，罷儋耳、真番郡。臨屯之罷，不見於紀、志，但有郡，可以意推也。

「南海郡中宿，有洭浦官。」「官」字疑當作「關」。唐書地理志廣州湞陽縣西有洭浦故關。

藝文志〔二〕易「及秦燔書，而易爲筮卜之事，傳者不絶」。隋書經籍志云：「惟失説卦三篇，後河内女子得之。」

詩「而齊轅固、燕韓生皆爲之傳」。前敘六家齊詩，止有后氏、孫氏，不及轅固。按：儒林傳：「轅固傳夏侯始昌，始昌傳后蒼。」則后氏故、傳皆本諸轅固也。

〔一〕「豬」，原作「瀦」，據地理志改。
〔二〕「藝文志」，原無，今補。

禮「周官經六篇」。師古曰：「即今之周官禮也，亡其冬官，以考工記充之。」按：周禮天官淩人注引漢禮器制度，賈公彦疏云：「叔孫通，前漢時作漢禮器制度，多得古之周制。」惜乎不載七略，故此志無稱焉。

「蒼頡七章者，秦丞相李斯所作也」。梁庾元威云：「漢、晉正史，及古今字書，並云蒼頡九篇是李斯所作。今竊尋思，必不如是。其第九章論豨、信、京劉等，郭景純云：『豨、信是陳豨、韓信。京劉是大漢。西土是長安。』此非讖言，豈有秦時朝宰談漢家人物，先達何以安之？」今按：此志止言七篇，則自八篇以下，或後人所附益，元威、景純皆未覈論正此爾。

形法家「山海經十三篇」。山海經在形法家，今作十八篇，不知始於何時。

後漢書

光武帝紀「以前高密令卓茂爲太傅」。按：茂本傳注云：「今洛州密縣。」則是左傳所謂新密。此云高密者，誤衍高字，而注因以誤耳。亭林亦云。

「大破五校於羛陽」。注云：「羛陽，聚名，屬魏郡。」又引杜預注左傳「卒於戲陽」句云：「内黄縣北有戲陽城〔一〕。」戲與羛同。按：說文：「墨翟書義從弗。魏郡有羛陽鄉，讀若錡。」則「羛」與「戲」不

〔一〕「城」，原作「鄉」，據後漢書注及左傳注改。

同。

明帝紀八年「初置度遼將軍」。前書昭紀元鳳三年「以中郎將范明友爲度遼將軍」。此注與南匈奴傳注中皆誤作武帝。

安帝紀〔一〕元初二年「太尉司馬苞薨」。注：謝承書曰：「會司徒楊震爲樊豐等所譖，連及苞，苞乞骸骨，未見聽，以疾薨也。」按：永寧元年十二月，劉愷罷，楊震始爲司徒，苞之薨在其前六年。甚矣，謝書之失實也！

沖帝紀「永嘉元年」。永嘉，宋史慶長以邛州蒲江縣發地所得石刻作永憙，定爲永嘉之誤。按：左雄傳中有「迄于永憙，察選清平」之文，則永嘉者，永憙之誤也。

靈帝紀〔二〕「中平元年春二月，鉅鹿人張角自稱黄天，其部帥有三十六萬」。「三十六方」，見皇甫嵩傳，不知何日訛寫爲万。緣注引續漢書語，相沿不察也。

獻帝紀〔三〕「初平元年，三月乙巳，車駕入長安，幸未央宮」。宋本未央宮下有「是日晝晦，有翟雉飛入宮，獲之」十二字。

〔一〕「安帝紀」，原無，今補。
〔二〕「靈帝紀」，原無，今補。
〔三〕「獻帝紀」，原無，今補。

皇后紀。東宮皇后竇、鄧、閻、梁、竇、何，臨朝者六。其閒殤帝、北鄉侯、沖帝、質帝皆未嘗親政。鄧后既立安帝，復臨朝者十六年，遂終身稱制。作皇后紀，爲得其實，雖後人所不必效，然范氏自合史家之變，未可議也。史記索隱外戚世家注云：「王隱則謂之爲紀，而在列傳之首。」

皇女不足別載，故附于紀末。新唐書採此例。

謀立平原王得。平原王得當作翼，安紀及章八王傳可據。得又無子，子蕤，以翼爲嗣，安帝緣此貶翼爲都鄉侯也。注未考正，以扶樂侯劉隆爲副。注：「扶樂，縣名，屬九真郡。」按：通鑑注云：「九真未嘗有扶樂縣。隆初封亢父侯，以度田不實免。次年封扶樂鄉侯。」則扶樂乃鄉名，非縣名。水經注：「扶樂城在扶溝縣，砂水逕其北。」

趙典傳「會病卒至謚曰獻侯」。注引謝承書，謂「下獄自殺」，不言病卒。按：既有弔祠贈謚，則范得其實。

襄楷傳「太傅陳蕃舉方正，不就」。按：魏志注中引司馬彪九州春秋有「陳蕃子逸，與術士平原襄楷會于冀州刺史王芬坐。楷曰：『天文不利宦者，黄門、常侍真族滅矣。』逸喜。芬曰：『若然者，芬願驅除。』于是與許攸等結謀」云云，宜補注。

樊宏傳「南陽湖陽人也至爲鄉里著姓」。仲山甫食采之樊，非漢之南陽，此相仍之誤。前書以河内修武爲南陽也。

有弟封爲射陽侯。野客叢書「丹封謝陽侯」，正詩「申伯番番，既入于謝」之謝地也。樊毅碑曰「謝陽之孫」可驗。

光武十王傳「今天下爭欲刻賊王以求功」。宋本句下有「寧有量耶？若歸并二國之衆，可聚百萬，君王爲之主，鼓行無前，功」二十五字，「功」字接下文「易於太山破雞子」。

朱暉傳「南陽宛人也」。注：「東觀記曰：『其先宋微子之後也，以國爲氏姓。周衰，諸侯滅宋，犇碭，易姓爲朱，後徙於宛也。』」按：蔡邕朱公叔鼎銘云：「微子啟生公子朱，其孫氏焉。」與東觀記微異。

班超傳〔一〕「忠説康居王借兵，還據損中」。注：「損，本或作楨，未知孰是。」按：通鑑注：「按：西域傳靈帝建寧三年，涼州刺史孟陀，遣兵討疏勒，攻楨中城。」楨中是也。

明八王傳樂成靖王黨，「和帝立崇兄修侯巡爲樂成王」。注：「修縣及條縣，皆屬勃海郡。條字或作修。」按：修讀爲條，非有兩縣，注誤也。

橋玄傳「七世祖仁至成帝時爲大鴻臚」。前書百官公卿表無仁名。

楊震傳「弘農華陰人也。八世祖喜，高祖時有功，封赤泉侯。高祖敞，昭帝時爲丞相」。前書楊敞傳不云是楊喜之後，安得據附託之譜學，大書於史？功臣表赤泉之後居茂陵。

張晧傳「犍爲武陽人也。六世祖良，高帝時爲太子少傅，封留侯」。功臣表「元康四年，良玄孫之子陽陵公乘千秋詔復家」。是子孫居陽陵，無緣徙蜀也。千秋當宣帝時已爲良六世孫，不應自元康四年

〔一〕「班超傳」，原無，今補。

至世祖建武之元又八十七年，皓猶爲六世孫也。譜牒之學，淆于六朝，輕信無稽傳託之説，于是張魯子孫皆冒留侯之後。班氏不信馮商言張湯與留侯同祖，何其卓也！又蜀志張翼傳「皓」作「浩」，翼之高祖，亦不言其出于留侯，如孔明之于豐，鄧芝之于禹，來敏之于歙也。

杜根傳「時和熹鄧后臨朝至拜侍御史」。按：此皆採穎川先賢行狀。以「積十五年」之語觀之，則事有違反。和熹之崩，在永寧二年三月。至五月，而鄧騭等以譖自殺。詔下求根等，即在是年。考和熹既立安帝，久不歸政，至是凡十五年，遂稱制終身，誠過于持權。若永初初年，帝尚未加元服，不得謂之年長，根等何緣輒進諫哉？

張衡傳「自漢取秦，用兵力戰，至成、哀之後，乃始聞之」。按：賈誼鵩鳥賦已有讖言。其度之文，傳會五經，以高遠其所自來，則諸陋儒以漸潤飾。哀、平之際，如賀良輩，又妄造異説，私相竄改，彌益誣僞。其實自漢而上，非無讖也，燕人盧生奏録圖書，曰「亡秦者，胡也」，又在賈生之前矣。淮南説山訓云：「畜生多耳目者不祥，讖書著記之。」

「至于編年月，紀災祥，至建于光武之初」。少帝非劉氏子，不作吕后本紀，則事無所繫。若作元后本紀，則元始之時，不當反退平帝不著于紀。居攝之時，政出自莽，后不預焉，可謂進退無所據也。以更始之號，建于光武之初，今范氏用之。然班氏律曆志固未嘗没其實，張之説蓋出于班耳。

黨錮傳李膺「尋轉蜀郡太守，以母老乞不之官」。按：注所引謝承書則固之官矣。

張儉。「儉舉劾覽及其母罪惡，請誅之」。范康傳云：「殺常侍侯覽母。」以宦官傳參攷之，不過追論覽母生時罪惡，此云「及」者，得實。

袁紹傳「監軍之計在於將軍」。三國志注中載獻帝傳作「監軍之計在持牢」，將軍二字，傳寫之誤。「父嵩，乞匄〔一〕攜養」。注引曹瞞傳及郭頒世語並云嵩，夏侯氏子，惇之叔父。魏太祖於惇爲從父兄弟也。按：惇，淵之子，皆與魏室締姻，有以知曹瞞傳、郭頒世語之妄。

劉焉傳「焉遣叟兵五千助之」。注：「漢世謂蜀爲叟。孔安國注尚書即謂蜀爲叟也。」按：孔穎達疏云：「叟者，蜀夷之別名。」漢世不即謂蜀爲叟也。光武紀注中引常璩華陽國志云：「武帝元封二年，叟夷反，將軍郭昌討平之，因開爲益州郡。」是蜀人謂其西南勞深、靡莫諸夷爲叟，乃今雲南地也。

宦者傳「李巡以爲諸博士試甲乙科至爭者用息」。熹平石經之立，發于李巡，可爲歎息。經典序録爾雅李巡注三卷。

儒林傳衛宏。「初，九江謝曼卿善毛詩，爲其訓」。謝曼卿爲其訓，明毛詩雖傳，無序傳也。「後馬融作毛詩傳，鄭玄作毛詩箋」。范氏世有經學，其言多有根柢，後儒但據此傳言詩序之出於宏，而不悟毛傳之出於融，何也？或疑馬融別有詩傳，亦非，范氏明與鄭箋連類言之矣。注：「箋，薦也，薦成毛義也。」又引博物志「毛公嘗爲北海相，玄是郡人，故以爲敬」。按：康成親授經季長，以箋爲致敬亦得。

〔一〕「匄」，原作「匃」，形近而誤，據後漢書改。

禮，「前書魯高堂生」。注：「高堂生名隆。」按：前書注中亦無高堂生名，此言隆者，因三國志高堂隆而誤。

文苑傳〔一〕王隆。「沛國史岑子孝」。注：「岑一字孝山，著出師頌。」按：作出師頌及和熹鄧后頌者，又一史岑。李善文選注得之，此注誤也。傳已著明所著四篇。

禰衡。「臺牧者之所貪」。注：「諸本並作臺牧，未詳其義。融集作掌牧。」按：今文選作「掌伎」，近之。

列女傳「安定皇甫規妻者，不知何氏女也」。唐張懷瓘書斷云：「扶風馬夫人，大司農皇甫規之妻也。」

八志。同馬紹統之作，本漢末諸儒所傳，而述于晉初。劉昭注補，別有總敍，緣諸本或失刊劉敍，故孫北海藤陰雜記亦誤出蔚宗志律曆之文。

郡國志河內〔二〕郡「温蘇子所都」。濟水出，王莽時大旱，遂枯絶」。按：酈善長曰：「濟水，當王莽時，川瀆枯竭。其後水流，逕通津渠，勢改尋梁，水不與昔同。」然則枯絶者，河內濟源也。弘農郡「華陰」。注：「晉地道記曰：『潼關是也。』」按：水經注云：「河在關內，南流潼，激關山，

〔一〕「文苑傳」，原無，今補。

〔二〕「內」，原作「南」，據後漢書改。

因謂之潼關。歷北出東崤，通謂之函谷關也。邃岸天高，空谷幽深，澗道之狹，車不方軌，號曰天險。」是直以潼關、函谷爲一地二名也。

左馮翊。魏略李義傳：「建安初，關中始開，詔分馮翊西數縣爲左内史郡，治高陵；以東數縣爲本郡，治臨晉。」蓋一時權制，旋復故，故司馬氏不載，然劉注當補見也。

魯國「有牛首亭」。注：「左傳桓十四年，宋伐鄭，取牛首。」按：既取鄭地，則非此牛首，明矣。

「六國時曰俆州」。「俆」音舒，左傳正作「舒」。史記索隱齊世家下注云：「其字從人，説文作郐。」則今與九州之徐同一字者，乃傳寫誤也，特正之。

濟北國「有光里」。京相璠謂光里即左傳所謂廣里，與此書合。

琅琊國「西海」。疑前書海曲之誤。

齊國「臨菑齊刺史治」。注引皇覽曰：「吕尚冢在縣城南。」按：太公封齊，五世葬周，安得有冢在臨菑？

吴郡。吴郡圖經續記曰：「漢順帝永建四年，分會稽爲吴郡，以浙江中流爲界，故餘杭、富春皆屬吴郡。但前書有錢唐，靈帝時，朱儁封錢唐侯，而今志無之。戴就傳「揚州刺史歐陽參，收就于錢唐獄」。明當時未嘗并省，蓋闕文也。

犍爲郡「荷節」。前志符，莽曰符信。此荷節疑符節。

武都郡「下辨，武都道」。隸續據武都丞吕國十二人題名有「下辨道長任詩」，謂志闕一「道」字。

按：前志正作下辨道，洪説是。前志武都無「道」字，則上下誤寫耳。

鴈門郡「原平故屬太原」。注引古史考曰：「趙衰居原，今原平縣。」按：趙衰所居，當是温原。譙叟誤。

交趾郡。洪适隸續云：「漢武帝置交趾刺史，在十三州數中，東都因之。」杜佑通典云：「獻帝時，以交趾刺史張津、交趾太守士燮有請，改刺史爲州牧。至建安十八年，復禹九州，省交趾入荆、益。」帝紀自靈帝以前，屢書交趾刺史事迹，傳中載交趾事卻多作交州，蓋是要其終而言之。但郡國志自中興以來直云交州，不載廢置本末，可謂闕文。

百官志〔一〕「博士」。注：「本紀桓帝延熹二年，置祕書監。」典領中書之不列于學官及諸子百氏皆在焉，與博士傳經者異矣。注以無所附，故見于此。其官亦六百石，遂比諸博士。不知當屬少府，在御史中丞之後，如蘭臺令史，亦六百石，乃其比也。

文集

上安谿先生書

分違四月，曾未一奏記左右。顧兩辱教墨，猥欲舉編年一書，俾之讎較，且資遣即日上道。誤恩洊

〔一〕「百官志」，原無，今補。

至，撫己滋慚，此事實非所敢承也。昔者，司馬文正公編集通鑑，其參詳有劉、范諸賢，然焯嘗怪其於孔明隆中所對昭烈之語，裁截實爲失當。何者？天下三分，乃天不祚漢，若其君臣本謀，豈但欲跨有梁、益，閉門須老已哉！故其言云：「天下有變，則命一上將，將荆州之衆，以向宛、洛。將軍身率益州之衆，以出秦川。」蓋一搗其中，一擊其首，而結好孫權，又可向合淝以綴其尾。隆中之對，猶之乎固陵解鞍數語也。厥後關髯攻曹仁於樊，而操至欲遷都以避，此即所謂上將向宛、洛者。但昭烈不能乘奄有漢川之勢，急趨關中，權又敗盟於後，遂無成功。而異日之攻祁山，圍陳倉，上五丈原，猶欲出秦川，以爭天下也。諸賢承平，儒者不見兵勢，遂悉皆削去，坐使昔人雄才大略，抑没於其手。焯是以知編年與紀傳雖難易不同，要其人非胸中具有將相之材，殆未易以爲也，而謂焯克堪任乎？況紀傳之與志，得互爲詳略，編年必舉撮紀傳與志之要領。今明史之告成無期，諸志無從而見也。地理志不熟，不可以紀戰功；食貨志不熟，不可以料材用；溝洫志不熟，不可以稽水利。其他或猶可尋行數墨而爲之，若三者，豈區區實録所載，數句斷爛朝報，便足究利害，明勸戒哉！竊嘗論之，胸中非先有一代之志者，難爲一代之紀傳，其事變不悉故也。班孟堅之序傳以謂，於十有二世二百三十年之間，綜其行事，旁貫五經，上下洽通。敍致之工拙，固特其末務矣。夫編年亦何以異此！願老師更以屬之能者。他日苟有稍窺於斯文，或能效胡氏爲之音註，以報知己拳拳之雅意耳。至諭勿以道遠爲辭，則昔者朱子請召學徒，共修禮書，不過欲於臨安踏逐空閒官屋處之，然度此事果行，如季通、直卿諸賢，亦必輕千里而至也。況今者追隨邸第，有師友之樂，又極居食之安飽，皆素所求而不得者。獨內顧庸虚，不足以備述作者之給使，遂不得不冒昧以辭。其曲折略具於與紫司武曹牘中也。

附録

吴下多書估，公從之訪購宋、元舊槧，及故家鈔本，細讐正之，一卷或積數十過，丹黄稠疊，而後知近世之書脱漏譌謬，讀者沈迷於其中，而終身未曉也。全祖望撰墓志。

公少嘗選定坊社時文以行世，是以薄海之内，五尺童子皆道之，而不知其爲劉道原、洪景盧一輩。及其晚歲，益有見儒者之大原，嘗歎「王厚齋雖魁宿，尚未洗盡詞科習氣」爲可惜，而深自欲然，以爲特不賢識小之徒。同上。

時諸王皆右文，朱邸所聚册府，多資公校之。世宗憲皇帝在潛藩，亦以困學紀聞屬公箋疏。同上。

先生撰著，故有詩古文數百篇，散佚已久。翁覃谿録所得雜著爲義門小集，未成，英煦齋協揆益以所見手蹟爲一卷刊行。道光中，翁叔均大年、韓履卿崇、吴平齋雲增輯爲十二卷，宣統初，重刻，增附家書四卷。吴雲文集後跋、吴蔭培家書後跋。

王先生蘭生

王蘭生字振聲，一字信芳，號坦齋，交河人。少穎異。文貞督順天學政，補縣學生。及爲巡撫，録入保定書院肄業，教以治經，並通樂律曆算音韻之學。文貞入閣，薦直內廷，編纂律呂正義、音韻闡微諸書，賜舉人。康熙辛丑，應會試，未第。上以其內直久，學優，賜殿試二甲一名進士，改庶吉士，授編修。連督浙江、安徽、陝西學政，累遷內閣學士。雍正十三年，因前在浙江所拔嚴州吴茂育刊求志編之獄，部議奪職。改革職留任，左遷少詹事。高宗即位，召入京，復授內閣學士，遷刑部侍郎，兼署禮部侍郎。乾隆二年，世宗奉安典禮，扈行，暴卒於良鄉途次。賫金治喪，後祀鄉賢祠。先生學不爲泛濫，其於樂律，如有神契。朱子琴律圖説，字多譌謬，先生以意詳正，瞭然可曉。文貞用以進御，深被嘉賞。入直時，恒得聖祖指授。本明道之説，以人之中聲，定黃鐘之管，積黍以驗之，展轉生十二律，皆與古法合。又謂弦音祇爭長短，或用倍，或用半，其聲可以相應。管音則有長短巨細之差，故有黃鐘積八倍者，或四倍者。而匏笙之管，及有用黃鐘積八分之一者。至塤篪之類，亦皆以黃鐘積實加減，而得其應聲。蓋綫與綫、體與體之比例異故也。其説稍變朱、蔡，而實與管子、淮南之説合。嘗謂世所傳等韻書清濁未分，元聲不辨。邵子經世詳等而略韻，顧氏音學五書詳韻而略等，皆未極其至。及奉敕編纂，棄短取長，用國書五字類爲聲音之元以定韻，又用連音爲紐均之法以定等，其學綜貫諸儒，而要歸於文貞之旨。所著又有詩古文二十卷。參史傳、杭世駿撰行狀、劉紹攽撰傳。

附録

先生爲國子司業日，升堂召館生講中庸，以爲中之言始於堯、舜，而後世妄求高遠，故孔子益之以庸。如易有交易變易之説，而大傳歸於易簡。易與簡對，與險反，而陽足包陰，故以易名。易，平也，庸也。中庸而天下之理得矣。集其説二卷，曰國學講議。後與劉紹攽論學，於其中增五達道爲綱領、三達德爲體要二篇。劉紹攽撰傳。

在陝西按西安，於明倫堂講西銘「乾稱父，坤稱母」，略曰：「人受天地之氣以生，有呼無吸則死。呼者我氣，吸者豈能反我方出之氣復入乎？蓋天地之氣也，人無日不食氣於天地，猶赤子無日不待哺於父母，不猶生前稟受也。」或有以「出王」、「游衍」請者，曰：「天一積氣之爲，無處非氣，無處非天，故曰地以上皆天也，而有不及爾者乎？」時有樵叟聽之，自稱人中踴躍出拜堂下。其開示明切，能感人類此。同上。

先生三爲學政，清介絶俗，苞苴干謁，不戒自遠。愛士如子弟。頒示文貞遺書經説，使諸生知所誦法。凡奇才孤學，通知陰陽曆術者，必提掇獎成之。行狀。

王先生之鋭

王之鋭字仲穎，號退庵，河間人。幼志聖賢之學，深自淬勵，以中庸「齊明盛服」語，書揭卧次。李文貞公爲學使，課講受知，曰：「南方無此學質也。」選貢，使從游，居幕中凡七年，盡聞性命、河、洛、算數、音韻之學。文貞門下多才俊，先生澹然沖默其間，獨與江陰楊文定公壹以切劘身心、研究經義爲務。文貞嘗曰：「從吾游者，潛心學問，不求聞達，南楊、北王而已。」纂修周易折中，敘勞銓授廣東陽春縣知縣。以直道忤上官，改教職，授萬全縣教諭。乾隆四年，泰安趙相國士麟疏薦其學行，授國子監助教。居國學十二年，薦舉經學，謝病歸，卒於家，年七十有九。先生之學，主於躬行實踐。孝弟之氣，滿容充體，兄有暴行，事如嚴君，誠謹不渝。居恒莊肅，如對賓客。口不道人隱，有德於人，終身不使知之。廩稱所入，節縮以奉其兄，及親戚之乏者，未嘗蓄一錢。方侍郎苞嘗言「仲穎孝友本天性，學問法程、朱。其自命矯矯不羣，壁立萬仞，廉靜之操，殆無其匹」云。於易、詩、四書皆有論述，未傳。參北學編。

徐先生用錫

徐用錫字壇長，宿遷人。康熙己丑進士，改庶吉士，授編修。五十四年，分校會試，嚴絶請託。銜之者反嗾言官劾其把持闈事，聖祖原之，終以浮議罷歸。乾隆初，起授翰林院侍讀，年已八十。尋告歸，卒於家。先生受學於文貞，相從垂三十年，談道講藝無虚日。退而録所聞，積爲完帙，晚呈文貞，嘉爲可存之書。文貞孫清植，少從先生課經，後請以先生所記，增採遺書評語，及門下別記者，編爲榕村語録三十卷行世。自著有圭美堂文集。參清史稿藝術傳、榕村語録用錫及清植跋語。

安溪交游

顧先生炎武 別爲亭林學案。

梅先生文鼎 別爲勿庵學案。

張先生伯行 別爲敬庵學案。

方先生苞 別爲望溪學案。

陳先生夢雷

陳夢雷字則震，一字省齋，閩縣人。未冠，成康熙庚戌進士，授編修。假歸，會耿精忠叛，徧羅名士，先生及父被幽縶於僧寺，脅受僞官。不得已，尪瘠託疾以稽之。賊平，議罪，有陳昉者汚賊，京師譌傳爲先生，復爲逆黨徐宏弼誣告下獄，幾不測。朝旨減等，謫戍尚陽堡。初，先生與李文貞爲同年生，相善。及難，文貞亦在假，用蠟丸密疏致通顯，而先生方干嚴譴，無以自明，引文貞爲助。文貞密疏救之，而先生不知，故怨懟憤懣，往往詭激於文詞，志足悲也。先生通國書，閒關塞外十餘年，諸公卿子弟執經問字者踵接。聖祖東巡盛京，獻詩稱旨，召還。教習西苑，侍誠親王。奉命編輯圖書集成三千餘卷。雍正初，緣事謫戍，卒於戍所，子孫遂家遼陽。著有周易淺述八卷，松鶴山房集十六卷，天一道人集百卷。初刻者，閑止書堂集二卷。參陳壽祺撰傳。

附録

周易淺述成於康熙甲戌，乃初赴尚陽堡時所作。大旨以朱子本義爲主，而參以王弼、孔穎達、蘇軾、胡廣、大全、來知德注，諸家所未及，及所見與本義互異者，則別抒己意以明之。其説謂：「易之義蘊，不出理數象占，顧數不可顯，理不可窮，故但寄之於象。知象則理數在其中，而占亦可即象而玩。」故所解以明象爲主，持論多切於人事，無諸家言心、言天、幻窅支離之説。其詮理雖多尊朱子，而不取其卦變之説；取象雖兼采來氏，而不取其錯綜之論。四庫全書提要。

德先生格勒

德格勒字子鶚，滿洲旗人。康熙庚戌進士，授檢討，累遷至侍讀學士。聖祖問通易者於李文貞，文貞以先生對。後即命進講。會大旱，上命揲蓍，得夬卦曰：「澤在天上，有雨。決去小人，甘霖立沛矣。」上問：「人在何處？」對曰：「陰乘陽，逼近九五，乃得時得位者。」上曰：「何以去之？」曰：「揚於王庭，自然明正典刑。」上曰：「以予觀之，健而説，決而和，和而説，似可不動聲色，而隱然去之。」曰：

「健與決，終從斬絶也。」明珠知之，大恚。上嘗詢徐公元夢，所學視先生孰優，徐自陳不逮。繼復舉廷臣某與徐相衡，先生奏徐遠過之。忌者遂言其互相標榜。越日，召尚書陳廷敬以下十二人試於乾清宮，有旨責讓先生於試文後申辨，鐫五級留任。尋被劾以私抹起居注，誹謗時政，與徐公同逮訊。故事，起居注數易稿然後登籍。所删易乃未登籍之稿，讞，上諭大辟，改監候。後遇赦，釋歸本旗，卒。湯文正公曾問人物於文貞，文貞以先生對。文正曰：「聞此人無世俗氣。」文貞曰：「直是黄、農以上人。」文正汲汲見之，終日談而不舍，遂成莫逆。參實録、先正事略徐元夢傳、榕村語録續編。

徐先生元夢

徐元夢字善長，號蝶園，姓舒穆禄氏，滿洲旗人。舒與徐，滿洲音略同，字義亦近，世稱徐蝶園先生。康熙庚申進士，改庶吉士，年甫十九。散館，改主事，遷中允侍講，充日講起居注官。以學行受聖祖知。明珠初重先生與德公格勒之名，傾心結納。不與比，遂傾陷之。及德公獲譴，牽連同下獄。論罪免死，入辛者庫。尋起爲内務員外郎。再黜再起，爲内閣侍讀學士，遷内閣學士，出爲浙江巡撫。治浙兩年，召爲左都御史，兼翰林院掌院學士。聖祖久而察其忠誠，恩遇與文貞比並。世宗即位，以舊學有加禮，由工部尚書協辦大學士改户部尚書。坐繙譯有誤免，在内閣學士行走。又坐在浙失察吕留良私書事，再黜。尋命同繙譯中書行走。乾隆元年，復授内閣學士，遷禮部侍郎，直南書房。又直上書房，授皇子書。未幾，以老病乞休，解任，以尚書銜食俸，仍直内廷史館，加太子太保。六年，卒，年八十有七，贈太傅，祀賢良祠，謚文定。先生剛介，不爲威怵。中年研精理學，與方侍郎苞共事蒙養齋，考問經義不輟焉。參史傳、陳兆崙撰行狀、先正事略。

安溪從游

魏先生廷珍

魏廷珍字君璧，景州人。文貞督順天學政，招入幕閲卷，得與諸名宿游。於天文、地理、河渠、樂律、曆算靡不研討。以舉人薦入内廷，校對樂律諸書，並命從文貞參訂樂律韻學。康熙癸巳，成一甲三名進士，授編修，直南書房。累遷内閣學士，管兩淮鹽政。雍正閒，歷爲偏沅、安徽、湖北巡撫。召回京，授禮部尚書。又出爲漕運總督，尋召授兵部尚書，仍調禮部。高宗即位，命以尚書銜守護泰陵。乾隆三年，授左都御史，遷工部尚書。五年，以老病乞休，詔斥持禄保身，奪官放歸。十三年，東巡過景州，迎鑾復原銜。上賜詩有曰：「皇祖栽培士，於今賸幾人。」並書「林泉耆碩」榜額賜之。後復兩次迎鑾，皆賜詩。二十一年卒，年八十八，謚文簡。自著有課忠堂詩鈔。參史傳。

清儒學案卷四十二

南畇學案

南畇之學，出於梁溪高氏，左袒姚江，釋毁、密證二録，標明宗旨。傳至尺木與大紳、臺山，昌言内典，更非陽儒陰釋者比。風氣自此而開，可以觀學術之變。然尺木考求文獻，大紳兼談經世，臺山篤志訓詁，皆非專溺寂滅者，竝附詳焉。述南畇學案。

彭先生定求

彭定求字勤止，號南畇，長洲人。父瓏，號一庵，順治己亥進士，官廣東長寧知縣，有惠政。以廉直不爲上官所容，被誣劾歸，益力於學。晚得梁溪高、顧二子書，奉以爲宗。先生幼承家學，長師事睢州湯文正公，成康熙丙辰一甲一名進士，授修撰。性澹榮利，鯁直自遂。在官三年，乞假歸。侍父講學，研極性命，慨然以道自任。既而入都奉職，擢國子監司業，設條教，正文體，杜請託。以八旗子弟，人材所出，宜豫教，集孝經古訓，爲旁訓，譯以國書，頒諸教習，以訓官學生。擢侍講，復乞歸。父憂，服闋，補原官。逾年，引疾歸，遂不出。康熙五十八年卒，年七十有五。先生爲學，以不欺爲本，以踐行爲要。初好五子、近思録，徧讀先儒書，輯其要爲儒門法語。而服膺尤切者，在明七子。作高望吟七章，以見志。七子者，白沙陳子、陽明王子、東廓鄒子、念庵羅子、梁溪高子、念臺劉子、榕壇黄子也。時論學者，多詆陽明，甚謂「明之亡，不亡於朋黨，不亡於寇盜，而亡於學術」。先生悯之，言「誠使明季臣工，以致良知之説，互相警覺提撕，則必不敢招權納賄，則必不敢妨賢虐忠，則必不敢縱盜戕民。識者方恨陽明之道不行，不圖誣詆者顛倒黑白，𨕖戈矛，弄簧鼓，一至於斯」。因著陽明釋毁録。又以入德之方，莫先主静，濂溪之藴，發於延平，默坐澄心，乃其要領，東林復七，其遺矩也，著密證録。又以寡過之方，莫備於易，喜伊川易傳，兼採瞿塘來氏説，旁通諸家，著周易集注。又著有小學纂注、孝經纂注、明賢蒙正録，及南畇文集、詩鈔各若干卷。參曾孫紹升撰彭氏家傳、羅有高撰行狀、先正事略。

小學纂注序

朱子以古小學一書散軼無傳，乃重采輯經傳諸史以補之。分爲内外篇，凡四卷。舉立教、明倫、敬身爲三綱領，而實之以稽古一條。又推廣稽古爲嘉言、善行二條。此其用意，似專便童子科誦習。然極吾儒畢生德業之所造，其能越是立教、明倫、敬身之義哉！學固無大小别也，而特謂之小學者，亦以人性之近，而習之遠也。必從孩提稍長良知、良能中，自然愛敬一點真心，培養擴充，無有放逸，然後日引月長，融會貫徹。故是書必授於蒙養之時。及其行而著，習而察，則格致、誠正、修齊、治平之道，無不同條共貫。程子曰：「自灑掃應對，可以至聖人。」朱子亦曰：「小學者，學其事。大學者，學其小學之事之所以然。」亦可以見無小之非大，而下學上達，曷嘗歧而視之哉！濂、洛蔚興，薪傳嗣續，一時著述之盛，莫如朱子，而垂惠來學，加意養蒙，探本返始，苦心肫篤如此。所以元、明大儒，推重是書，先後如出一口，灼然龜鑑之不可爽也。定求今夏日侍家君側，與聞理學諸書，考證原委。伏見先儒表章小學，亹亹弗釋，整襟奉讀，如準繩規矩之當我前，可以不約而肅，不强而齊。乃深歎束髮受書以來，弗能蚤識講求，堅厥趨嚮，而徒徇詞章利禄之習，浸淫流俗，荏苒靡所振厲，良可悚懼。因謂是書之不可一日晦也。吾黨即日月既邁，仍當如童子初入小學時，觸目省心，收攝保聚，庶幾知非改過，不至終身溺惑而後已！又况於小子有造，天性未漓，循循誘以希賢希聖之域，斷無容舍是書而别立之門矣！遂不揣固陋，裒集諸家舊註，標其節旨，疏其字義，而倣五經旁訓之例，授諸家塾。適吾師桐城吴公視學河南，聞定求纂註是書而善之，欣然捐俸授梓，俾得流播，以廣其傳。然擇焉不精，語焉不詳之病，未之能免，譬夫陟泰、岱者基步於一岑，觀河海者溯流於近派云爾。

孝經纂註序

按孝經十八章，與尚書同出孔壁。孔子曰：「我志在春秋，行在孝經。」蓋明天性之根柢，遡人倫之原始，舉凡百行萬善，畢貫於其中。其義真，其詞約，其旨該，歷代表章，列諸學官。若東漢期門羽林之士，悉通孝經，辟雍教化，彬彬稱盛。洵乎！覺世牖民，端賴是書矣。國家興道致治，既命儒臣纂修孝經衍義，皇上躬行懋德，孝比虞、周，時復訓飭臣民，揭示忠孝大節。煌煌綸誥，激發人心。定求備員成均，懼不克報稱。竊見八旗子弟，英儁林林，橋門鼓篋，實儲卿士大夫之選，思所以育才成德，惟是敦天性、明人倫爲亟。因舉孝經諸家註疏，輯成旁訓，并翻譯善本，刊授官學，朝夕講求。縱云掛一漏萬，而循章晰義，開卷瞭然，稍爲初學之一助。多士誠能事親，則必能事君。守身以敬，服官以廉，臨民以惠，務盡移孝作忠之道，而後無忝乎所生。家有令子，國有良臣，庶幾副教養之至意云爾。

儒門法語題詞

一、余每見梵書道藏刻布流傳，層見疊出，固亦勸勉脩持之義。而吾儒家言，但以訓詁佔畢爲進取階梯，異學者流，遂曰儒門淡泊，收拾不住，良足慨矣！竊謂家珍俱在，無待乞鄰，因裒集先儒集中，擇其講學明道，及夫家訓里約，切實精嚴者，録諸坐隅，自備觀省，亦未敢以問世也。適同志見而善之，樂襄梨棗。或於夫子所云「法語之言」可參證云。

一、聖學真傳，鄒、魯以降，續自濂、洛，精蘊微言，周、程、張、邵，斯其至矣。而功殊博約，候分頓漸，則實自朱、陸立言始。要之，入門異而歸墟同，無容偏舉也。若徒沿襲聚訟，詆誣排擊，口説日熾，躬行日衰，又奚尚焉！故是編始自朱、陸，主於明義利之辨，決誠僞之幾。遞及元、明大儒，縱先後標指，不無因時補救，而均之登堂入室，蓋孔門顏、曾已然矣。

一、先儒語録，雖單辭片語，提撕警覺，炯若龜鑑，不可勝摘。是編特舉其垂世立訓之篇，琅琅可誦。吾生也晚，不能親躋講堂，與聞謦欬。對此箴規，如臨師保，能不悚然懼，惺然悔乎！至薛子讀書録、王子傳習録、劉子人譜，定當單行全帙，弗敢舉一漏十也。

一、是編斷章取義，於先儒道統源流，未之鱗次，故弗備其人也。亦不能仿近思録之體，依類分纂，猶屬吉光片羽，學者貴得其大意之所存云爾。有能益余固陋者，當爲續登剞劂。

明賢蒙正録序

羲皇畫卦，首乾坤，而屯蒙次之。屯者，天地氣交之始。蒙者，人物形生之始也。程子曰：「未發之謂蒙。以純一未發之蒙，而養其正，乃作聖之功也。所謂正者，實取諸山下出泉之象。」周子曰：「山下出泉，靜而清也。」今夫赤子初生，胚胎渾然，元氣融然，情識未鑿，何靜如之？嗜欲未攻，何清如之？愛親敬長，知爲良知，能爲良能，不由於學，不由於慮，蒙之本體，初無有不出於正者。特其靜者漸摇，清者漸汩，於是波流蕩激，而性始遂不可問。聖人岌岌乎思所以養之，終日學亦以致其不學之良知，終日慮亦以復其不慮之良能，而作聖之基在焉。故曰：「大人者，不失其赤子之心。」夫豈矯强而然哉！自昔端人碩士，道德可師，名節事功可表者，當其髫齔時，莫不岐嶷挺出，早露端倪，預留徵驗。得其至靜者，而無以摇之；得其至清者，而無以汩之，故曰正也。風會遞變，人才易消，試率諸蒙而語之曰：「爾無不正。」彼猶齟齬而不相信，瑟縮而不相勵，疑若取諸天性之外，而束縛之，琢削之，爾盍亦示以蒙之本無不正者，庶幾迎機善導之，爲近且易也歟？余養疴休暇，偶閲有明諸賢傳紀，竊見一代名哲接踵，炳炳麟麟，不勝殫述，乃自附於識小之義，輯其幼儀英特者，彙成一帙，名之曰明賢蒙正録。維諸賢之嘉言懿行，於此發軔。及出而際昌期，扶否運，或則羽翼宮牆，或則撐撐宗社，非異人任也，亦可以見蒙之本無不正。静者常静，清者常清，凡厥後生耳目猶是，心思猶是，誦習之業，進取之塗，無不猶是，又何忍自棄於不正，而静者摇之，清者汩之，以致古今人之不相及哉！於戲！東隅幾時，桑榆垂暮，圓顱方趾，慚負良多。若其父兄之所教，師長之所率，不復稱先則古，趨浮僞而棄篤誠，騖紛華而忘澹泊，則彼血氣未定，習慣自然，果行育德，又何賴焉！語云：「蓬生麻中，不扶自直。白沙在泥，不染而黑。」余願爲蒙者憬然覺，尤願養蒙者肫然誨，不揣固陋，而效此嚆矢之助。

文集

主敬工夫須變化説辨

「主敬」二字，聖學盡性之宗旨也。自中庸以戒慎不睹，恐懼不聞爲教，而復申之以慎獨，便是主敬工夫。兼動静而言，必以静存爲之主。静以宰動，不易之理也。自周子有主静立人極之説，程子恐人墮入虚寂一路，乃揭一「敬」字，入門方有把握，而即曰主一之謂敬，無適之謂一。一者，何也？即周子無欲故静之謂也。故朱子曰：「敬乃聖門第一義，徹頭徹尾，不可頃刻間斷。」舉夫整齊嚴肅，常惺惺，其心收斂不容一物，爲主敬立説，總無歧塗。蓋抉出「主敬」二字，不得更作轉手勢。唐、虞之言執中，孔子之言不踰矩，大學之言明明德，中庸之言尊德性，道問學，孟子之言求放心，皆發明主敬工夫也。

故曰敬者，德之聚也。今忽聞有「主敬工夫須變化」之言，是於主敬作轉手勢也，似欲屏棄宋儒，而别爲之説。愚因反覆思維，覺與千聖授受心法，大儒衛道條理脈絡，離而去之。終夜悚息，不忍默默，因就來説所及者以對。如堯之欽明，即貫到平章協和；舜之温恭，早辦得賓門納麓，敬之全體流行，無内外精粗之閒也。今曰直至平章協和而後可謂欽哉，直至賓門納麓而後可謂恭己，設堯不踐阼，舜不徵庸，將不得謂欽與恭乎？何以處夫聖人而不爲天子者也？借曰爲聖人而得位者言，則全從事功起見，是以有天下而不與。不識不知，順帝之則，此種氣象，下夷於桓、文、管、晏之流，而孟子王霸之辨，性之反之假之之解，俱屬贅辭矣！文之敬止是綱，仁敬孝慈信是目，緝熙工夫，自與君臣父子國人相際。今曰直言敬矣，然必合仁孝慈信而後全乎爲敬。愚不知敬止之止爲何止？仁孝慈信之止又何止也？强分次第畛域，固不可也。易曰「敬以直内」，即静存之謂。「義以方外」，乃遇事時加以省察克治，正是止敬工夫精密處。故程子曰：「内直則外自方。」方之爲言，警嚴切實，與「變化」二字，渺不相涉焉。洪範九疇，所以明治天下之大法，自然缺一不可。「敬用五事」，主誠身而言，非以此疇爲體，而諸疇爲用也。至如仲弓言「居敬而行簡」，全爲行簡而不居敬者下鍼砭耳。今反曰居敬亦兼行簡。輕重倒置矣。總之，全體皆敬，故隨時隨處之敬，皆全體之發見，何必曰事思敬，執事敬，行篤敬，皆德之一端，而非全體乎？不從全體做工夫，則一端之敬，幾何其不至於息也！主忠信與主敬，固相合矣！繼以從義，即易所謂方外，是改過遷善之謂。徙者，非從主敬爲徙也，其於「變化」二字何居？合證諸説，總難委曲回護。「變化」二字，見於經書者頗多，從無爲主敬工夫作注脚者。易云「擬議以成其變化」，「剛柔相推而生變化」,「化而裁之之謂變」,「知變化之道者,則知神之所爲」,此就觀象玩占而言也。中庸云「動則變,變則化」,「不動而變」,此就成功及物而言也。蓋自太極流形於二氣五行之中,凡品彙之分殊,經權常變之錯綜,吉凶消長之倚伏,至賾而不可窮紀。惟攝以一敬,則精神凝一,天理存,人欲絶,涣者斯萃,剥者斯復。是主敬者,所以爲千變萬化之樞紐,而聖學於是歸根也。今反加變化於主敬之後,以主敬歸根於變化,愚實未之前聞。且夫氣質之敝性甚矣!張子曰:「形而後有氣質之性,善反之,則天地之性存焉。」故又曰:「學者以變化氣質爲先。」所謂氣質者,非必凶暴貪淫,如説中所譬鷹與鼠之類而已。或私智小見之穿鑿,或浮詞曲學之陷溺忮求,或克而潛伏億逆,或戒而復萌。甚則無非無刺,而入於鄉愿之慝。次則日至月至,而遠於顏子之仁,皆氣質未能變化處。氣質變得盡,便是純乎天理之極,非主敬工夫而何?而主敬又何容變化乎?學之不講,岌岌乎如一髮之引千鈞。吾人惕然猛省,舍主敬無由入門,便須步步鞭辟近裏著己,使此心潔淨精明,自做主宰。從此日積月累,漸漸涵養純熟,庶幾視聽言動不蹈非禮,而無有矜持矯强之迹。若曰主必有輔,主必有客,以體爲主,以用爲輔與客,聖人主敬工夫,從無此體外之用也。主人公皇皇求輔求客,以爲變化,則所變所化,如木且離乎根,而奈何以歸根爲解乎?是必其所謂主敬者非真主敬,功利之術熾,詞章之累滋,人品僞,德行衰,皆由此導其流弊。莫知底止,斷難逭於放逸之譏也。且先儒所謂主敬者,非將此敬字别作一物,而又以一心守之。只是還得此心無欲之本體,則敬在是,主即在是。原要隨事專一,不稍放逸,不止是閉目靜坐。其必以靜坐爲先務者,良由物交淆亂,思慮紛營之後,非靜中略綽提撕,則氣且奪志,到臨事時,許多錯亂顛倒,故先儒每教學者靜坐。今不咎吾人之於動也，不能常如其靜，而反咎靜坐爲必入於執著。愚未見隨緣逐境之流，終日憧憧往來，而可以語主敬工夫者。此猶見人之仆跌，不急扶之使立，又從而趨之疾行。明明欲決大儒之統宗，以爲浮沈玩世之具，此非愚之敢肆其牴牾之見也。說終已，將何時打破「敬」字之句和盤托出矣？敬可打破乎？打破矣！猶謂非相反乎？夫聖人之申申夭夭，正從靜中涵養得來，全是天理爛熟，勿忘勿助之候，所謂恭而安也。周子之光風霽月，程子之傍花隨柳，俱作靜坐觀，可也。非於主敬工夫，別有所加也。吾人不能遽至於是，姑從靜坐，以爲涵養，庸何傷！愚又聞之矣，曰有主則實，蓋謂此心渾然，天理無少虧欠也。又曰有主則虛，蓋謂此心湛然，人欲不得攙入也。主敬之實際工夫，成始成終者此也。今曰以變化助主敬，是主敬猶有所未足，而乃待助邪？助之爲言，是爲無主乃亂，故不可以不辨。

湯潛庵先生文集節要序

潛庵先生，清修粹德，儀刑屹然，來撫三吴，風移俗易，比隆淳古，遺愛深長，耕夫牧豎，猶能頌説不衰。於是學士大夫，皆知先生之爲真儒，可以明體達用，謂其生居伊、洛，效法程、朱，儼在姚文獻、許文正伯仲閒也。雖然先生之表見於世者如此，而欲識其學所從入，與所得力處，非讀其書，究其指要之所存，則猶涉於循牆捫壁之見，而先生之精神面目，吐露幾何哉！定闇弱無能，早志於學，幸侍先生几席，稍聞謦咳。比先生殁，受其文集，迴環讀之。數年於兹，乃信先生之學，純明篤實，非襲前人之皮膜，樹一己之藩籬者，所可同日而語。所以表裏洞徹，足爲後生法程也。夫學之必宗程、朱，固家喻户曉也。而先生之宗程、朱，則能力踐乎程、朱之行，而會通乎程、朱之言。程、朱之言，居敬也，窮理也，未嘗不知行一貫，博約同歸，動静互攝也。相沿相習於帖括訓詁之徒，支分節解，脈絡壅閼，浸失程、朱之本意。至於姚江，喟然爲拔本塞源之論，揭致良知以爲宗，孜孜教人掃蕩人欲，擴充天理，則本體工夫，包羅統括，直截簡易。始知程、朱所謂居敬窮理者，初非區爲之途，繁爲之迹，正使程、朱復生，當必引爲同心之助。而議者好爲排擊，坐以新學異門。卒之意見沈痼，功利潛滋，則亦自託於程、朱，而實自絶之者矣。先生邃資夙禀，甫入承明，日與同志切劘正學，淡於仕進。壯歲抽簪，復從孫徵君先生於百泉之上，青燈白雪，講習亹亹，灼見性天，無少閒隔。一以躬行心得爲歸，絶不拘牽文義，競起戈矛。每曰：「姚江之學，返本歸原，正以救末流之弊，而特嚴其門，人虛見承襲，流爲洸洋恣肆，致疑於以儒入禪者。」此其善學姚江，正所以爲善學程、朱也與！程子曰：「百官萬務，金革百萬之衆，飲水曲肱，樂在其中，是即周子無欲故静之説也。」先生體認真切，灑然有吟風弄月以歸，吾與點也之意。故其視蘭臺石室也，細旃廣厦也；縣衙樹戟而兵刑錢穀之紛紜也，皆鳶之飛，魚之躍也。極諸毁譽利害當前不動，生我順而殁我寧，一逝川之不舍，浮雲之太虛也。嗚呼！非深於聖學者，能之哉！今其文集具在，特節其要而録之，非敢僭爲取舍。亦曰：「先生之言，實先生之行也。若第以語言文字觀之，雖多亦何取焉！用是振綱挈領，奉爲箴銘之在側，庶乎從入之途，得力之地，瞭然心目。由是知先聖先賢，異世同堂，又何事羣言之聚訟也與！」

與顧畇滋書

秋杪冬初，賤體頓覺衰憊。日惟掩關謝客，細思現前實地，舍卻靜之一字，更無從著脚。熟讀賢昆季東林晰疑諸篇，闡發正學，的是顛撲不破。前見某公議及忠憲復七之非，謂：「那得許多無事時冥目空坐？」愚應之曰：「聖學固是動靜合一，但初學必由靜而入。當忠憲閒居之日，則借七日中屏酬應斂精神，自是培養有益。至其出山當軸，方汲汲於振臺綱，持廷議，自不暇靜坐耳。」某公笑而頷之。然未便與之深辯，徒費氣力。想高明亦以爲然邪？三魚堂之不滿於忠憲、端文，乃因姚江而遷怒也。其意根總在帖括起見，故抵死爲天蓋樓束縛，真是含沙射影。愚謂今日果有實心好學者，則莫若姚江之近裏著己，敲骨吸髓，一步不肯放鬆。有起死回生之功，并不必以忠憲未脱姚江藩籬爲諱，庶乎浮雲撥而青天出矣！管見如此，亦因近日反覆於姚江之書，始知議以虛幻者真。反而言之，不曾看到「存天理，去人欲」六字耳。幸同加證明，斯講習之樂事也。

與林雲翥書

足下來自閩南，毅然志在聖道，而清苦刻勵，甚於方外行脚之徒。求諸今日士林，可謂希世獨立者。下問拳勤，僕竊自媿，無能追步昔賢，方且反躬自治之不暇，何敢妄當傳述之任？然願進於足下者，其説有二。一曰：無遽求高遠而略庸近，則從修己而言也。吾夫子以庸德庸言，自勉勉人，正爲子臣弟友閒，有許多不能盡分之處。孟子謂曹交曰：「堯、舜之道，孝弟而已矣。」又曰：「夫道若大路然，豈難知哉！子歸而求之，有餘師。」然則舍現前實地爲近裏著己工夫，而必馳情於鉤深索隱，以爲聖人之道有出於人心同然之外者，必反流入於異端堅僻之行，而與下學上達之旨失之千里矣。一曰：無輕徇聲聞而遺踐履，則從求友而言也。朱子之注「學而時習之」也，曰：「學之爲言效也。後覺者必效先覺之所爲。」便是能知必貴於能行。注「止於至善」也，曰：「全乎天理，而無一毫人欲之私。」工夫更何等精密。其與濂、洛脈絡，原是洞澈無閒，固非爲沿習舉業者，以訓詁爲階梯也。若象山陸子鵝湖之會，講「君子喻義，小人喻利」章，淋漓痛快，聞者爲之流涕。陽明王子著「拔本塞源」論，直接孟子正人心之義，未嘗不深切著明。白沙陳子亦曰：「名節者，道之藩籬。」固未有理學而不名節者也。若徒綴葺册子，紛論異同，便儗自附壇坫，以爲媚世諧俗之徑迹，其趨向正在鄉愿之巢窟，而自絕於狂狷之可以羽翼中行者矣。縱使著書等身，正蹈程子玩物喪志之戒。其可耳食焉，而墮其術中乎！僕賦質孱弱，雖自幼喜讀先儒理學書，而始則濡首於應舉，繼則混跡於從仕，幾至汩没性真。賴天之靈，困心衡慮，深知游宦之爲累，決策引退，乃得詳討先聖先賢遺書，而洗滌習染之舊。然恨不得屏跡深山，捐棄塵累也。初歸時，里中有一二奉佛友人，欲援僕爲同好。僕心格格不入，每聞其揚釋抑儒，不勝嗟歎。因有儒門法語及王少湖先生俟後編湯潛庵先生文集節要之刻，略爲定厥指歸，不敢歧途參互，以至狂瀾潰決云爾。若夫文星閣，建自前明萬曆年間，爲長洲學宫，巽方星峰，故下有書院，向供文昌像。士子志科名者，由之趨蹌，其來舊矣。僕爲諸生時，亦與其列。及登第後，南中遂以爲徵驗。而神明垂訓，則惟以誦述四子、六經及宋、明大儒諸書爲主，正欲痛絶祈禱，使學者以改過徙義爲務，迥非附會二氏者比。故爲羽翼宮牆之地，而能尊崇之者亦鮮。僕自歸田以後，鍵關謝客，縱未免孤陋寡聞，猶遠於「羣居終日，言不及義」之弊而已矣。竊謂當今日而有講學者乎？則不必曉曉於紫陽、姚江之辨也。世風淪喪，相率於寡廉鮮恥，恬不知怪；駸駸乎人禽之關，置之不講，尚何講學之有！謹按念臺劉子有人譜、證人，會二編當奉爲聖學入門之路。由是而後可以講靜坐，靜坐不淪於空寂；可以講讀書，讀書不涉於支離，而孔、孟相傳之道，一以貫之，有不火然泉達而不能自已邪？梁谿道南餘緒諸君子，猶有切實用功者，試以鄙言就正之。

與林雲翥書二

足下述友人語云：「昔人謂聖賢建立功業絶不費力，豪傑幹辦事務絶不犯手。」誠哉，是言也！夫從古功業，未有不經勤勞積累而後建立者，何云絶不費力？固非就簡趨易，一味要享現成之謂。蓋功業循理而成，不待矯揉造作。如大禹之疏瀹決排，胼手胝足，三過其門不入，而孟子謂之行所無事，則真絶不費力者矣！世閒事務，亦有一家非之不顧，一國非之不顧，而後幹辦者，何云絶不犯手？更非和光同塵，遠避嫌怨之謂。蓋事務循理而爲，不涉偏私回互，如周公之誅管、蔡，夫子之誅少正卯，墮三都，豈不最駭人耳目！而及其大害除，大奸戢，心事了然，無纖毫過當，則真絶不犯手者矣！若不從此處推勘聖賢豪傑之真心，而徒襲取成語，以爲模糊影響之談，未有不至於依違湈沉而後已者，尚何功業可建立，事務可幹辦邪？至於論理，正要從論事處打箇對同。若泛泛言性言心，則不難傾倒先哲之精蘊，而其論事也，又以世俗是非毀譽顛倒錯繆之見寓乎其閒，此惟目不覩理學之書者，則任之不校而已，豈可以津津講學而亦出此邪？此僕之所以不得不辨也。聖人之道，大抵善善長，而惡惡短。夫矜孤恤寡，扶弱拯枉，固善事也，然一出於貨賄營謀之私，則善事亦爲惡也。若惡在一人之身者，猶屬可恕。惡在一人之身，而害及一家之倫常，傷及一方之風化，直道在人鋤而去之。若養苗去莠，非得已也。事理之閒，固有不容假借，不容混同者，非敢尚氣爭論，正欲從此講求實學之歸爾。

寄林雲翥書三

前冬駕行時，瞻送弗及，種種抱歉。倏忽再更寒暑，山川迢遞，風雨飄零，伊人之思，時縈胸臆。今年初夏，始接足下去秋之札，極爲浣慰。抵家以後，鍵關靜坐，卻能勘破物情，獨尋真我。此入聖法門也。昨又見五月初旬手書，何其愛我深切之至！披緘瀹茗，清香滿頰，可謂同心如蘭矣。僕以衰鈍餘齡，兀居避俗，雅思與二三素侶，講習切磋，而能究此事者，絶無其人。形影孑然，因之日就頹唐。惟見足下超然名利之外，不恤身家，希蹤先哲。竊自媿薄殖，無能稍効啟發，有虚下問惆忱。别後年力益憊，家中雖安常無事，而撫時自警，補過弗遑，章句紛紜，徒歧門户，毫無益於歸根復命之地。鞭辟近裏工夫，舍姚江「致良知」三字，蔑由伐毛洗髓。當時親炙諸賢，固多卓立不朽，而邇來真儒得力於此者，惟夏峰孫鍾元先生、二曲李中孚先生，能使我深信不疑。大約聖學必要動靜合一，而下學之始，須由靜坐。延平先生觀未發以前氣象，的是師傳心法。今之講學者，徒以著書辨論爲長，一言静坐，便是二氏餘習。僕斷不敢附會其説。草堂枯坐，日若深山。如足下游興可鼓，秋冬閒擔簦至止，晨夕觀摩，彼此有益。青蔬白飯，猶易取給，書册亦不必多帶也。望之！望之！特託何孝廉寄此布復。

附録

先生父一庵被誣，落職即訊。先生提一襆，觸冒風雪，跋涉數千里至粤，號泣呼天，哀感行路。未幾，事得白。一庵固清白吏，不受蠅點，亦先生之誠孝有以格神人而孚上下也。楊瑄撰墓表。

先生會試第一。廷試，讀卷大臣置卷第三。聖祖問："會元卷何以列第三？"大臣奏言："書法不及前二卷。"聖祖曰："會元策末數行，有勸勉朕躬意。往時周、程、張、朱，豈俱工書者？"親擢第一。羅有高撰行狀。

聖祖南巡，賜御書開局揚州，命與諸臣共校全唐詩。時先生門人秉銓政，謂銷假即可按俸遷除。先生不應。畢事還，仍閉關謝客。獨宿涵真洞中。雞鳴起，焚香静坐；日出，謁先師及家廟，以爲常。觀花對酒，有得輒發之於詩，灑如也。先正事略。

先生扶植善類，獎勵名節，棘棘不阿。張清恪巡撫江蘇，爲總督噶禮所誣，獄久不決。代者至，先生率諸搢紳及諸生數百人，具章白張公誣，請以民情入告。事雖不行，天下猶知有清議。同上。

南畇家學

彭先生紹升

彭紹升字允初，號尺木，南畇曾孫。父啟豐，號芝庭。雍正丁未一甲一名進士，官至兵部尚書。晚歸林下，學兼禪悦，世稱清德。先生承累世家學，工於文，成乾隆己丑進士。家居不仕。初慕賈生之爲人，思樹功烈。讀儒先書，尤喜陸、王之學。後與同縣汪大紳縉、瑞金羅臺山有高，同縣薛家三起鳳游，大閱藏經，究出世法，絶慾素食，持戒甚嚴。嘗與同志集貲立近取堂，施衣施棺，恤嫠放生，鄉人多化之。又拓先世義田千餘畝，以周族。所著有二林居集、一行居集、測海集、觀河集。其文集多載本朝名臣事狀。又有儒行述、良吏述，皆裨掌故。論學則欲徹儒、釋之樊，而游大同之宇。休寧戴東原震嘗貽書辨之云。參先正事略、二林居集。

文集

讀古本大學

大學一書，古聖人傳心之學也。傳心之學，「明明德」一言盡之矣。親民者，明德中自然之用，非在外也。民吾同體，親之云者，還吾一體而已矣。故下文不曰親民，而曰「明明德于天下」。心量所周，蕩然無際。民視民聽，即吾視聽；民憂民樂，即吾憂樂。如大圓鏡，物無不鑒；如太虛空，物無不覆，是謂「明明德于天下」。故曰：「一日克己復禮，天下歸仁焉。」歸仁非在外也，亦還吾一體而已矣。至善者，明德中自然之矩，所謂天則也。見龍无首，乃見天則。聖人以此洗心，退藏於密，所謂至也。故道莫先于知止矣。知者，明德之所著察，止外無知，知外無止。止外無知，是謂知本；知外無止，是謂知至。知至云者，外觀其物，物無其物。物無其物，是謂物格。内觀其意，意無其意。意無其意，是謂意誠。進觀其心，心如其心。心如其心，是謂正心。由是以身還身，以家還家，以國還國，以天下還天下。不役其心，不動于意，不殽于物，是謂身修，家齊，國治，天下平，而其機莫切於知本。家、國、天下以身爲本，而身以知爲本，故反復于本末之辨，而終之曰：「此謂知本，此謂知之至也。」知本則知止，知止則知至，不其然乎！雖然，本末易知也。知本矣，而其功莫精于誠意，蓋亂吾知者，意也。意之動而好惡形焉，是不可得而遽泯也，慎之于獨而已矣。慎之于獨，無有作好，無有作惡而已矣。「如惡惡臭，如好好色」，言無作也，無作則無意矣。「心廣體胖」，此其徵也。淇澳、烈文，德之所被，民不能忘，一誠之所貫浹也。所謂「誠于中，形于外」也。何以誠之？反之于獨而已矣。反之于獨，不昧其知，謂之自明。「用其極」者，自明之極，本斯在是矣。「緝熙敬止」，其功也。仁敬孝慈信，一止也，極也。「大畏民志」，通天下之志也。意既誠矣，知斯至矣，知本之説也。然則學者宜知所以事心矣。心本無所，有所不可也；本無不在，有不在不可也。善事心者，納之于一矩而已矣。所謂正也，自身而家，自家而國，自國而天下，納之于一矩，而無不修且齊焉，治且平焉。矩也者，所謂極也，至善也。「絜矩」云者，即本以知末，止于至善，明明德於天下之實也。君子先慎乎德，反本而已矣。彼好惡拂人之性者，豈其性異人哉！舍本而逐末，卒爲天下僇，本其可勿務乎？故曰：「自天子以至於庶人，壹是皆以修身爲本。」

讀中庸

中庸，其盡性之書乎？何言乎？「天命之謂性」。「維天之命，於穆不已」。來無所從，去無所至，成一切性，離一切性。成一切性，故即性即命；離一切性，故即性非性。喜怒哀樂之未發，性也，一天也，寂然不動，而未嘗無也。發而皆中節，性也，一天也，感而遂通，而未嘗有也。知也者，所以明此也。仁也者，所以體此也。勇也者，所以恒此也。子臣、弟友、夫婦、兄弟，一性之所發育也。富貴、貧賤、夷狄、患難，一性之所影現也。惟知性者素位而行，無入而不自得。堯、舜、禹、湯、文、武、周公、孔子，其盡之矣。盡之者，非獨自盡其性，天地、鬼神、草木、禽獸一以貫之矣。何以貫之？曰：「誠而已矣。」誠之之功，曰慎獨而已矣。戒慎乎其所不睹，恐懼乎其所不聞而已矣。故終之曰：「上天之載，無聲無臭。」善學者，以闇然爲基，以不顯爲究竟，純亦不已，與天爲一，其斯爲中庸之德乎！

「戒慎乎其所不睹，恐懼乎其所不聞」，正心之功也。「慎其獨」者，誠意之功也。不言致知格物者，何也？「道也者，不可須臾離也，可離非道也。」致知格物莫切於此。且所謂不可離者，在心邪？在身邪？在物邪？而非物也，而非身也，而非心也，一命之不已而已矣。知此之謂明善，不違乎此是謂固執。語其至，不可以知知，不可以能能。故曰：「夫婦之愚，可以與知焉。及其至也，雖聖人亦有所不知焉。夫婦之不肖，可以能行焉。及其至也，雖聖人亦有所不能焉。」聖人所知所能，即夫婦所可知所可能；夫婦所不知所不能，亦聖人所不知所不能。道足以窮聖人之知，而不能窮聖人之所不知；道足以窮聖人之能，而不能窮聖人之所不能。其不知不能者，其莫載莫破者也。故曰：「『鳶飛戾天，魚躍于淵』，言其上下察也。」其可離也邪？其不可離也邪？

「誠則明矣，明則誠矣」，無二本也。學者由教而入，其必自明善始。善也者，其命之不已者也，其不可須臾離者也。博學、審問、慎思、明辨，明之之功也，明其不已者而已矣，明其不可須臾離者而已矣。篤行者，明之而不已其功也。故君子尊德性而道問學。不知德性，何以爲問學？不知問學，又安知德性之所以尊哉？同此德性，明其無外，則曰廣大；明其無內，則曰精微；明其無上，則曰高明；明其無所倚曰中，明其無所作曰庸，致之盡之，極之道之，皆問學之事，道之乃所以尊之也。自其善之本明者言之謂之故。温之者，勿忘而已矣。自其善之日出者言之謂之新。知之者，不懈而已矣。敦厚者，所以保之。崇禮者，所以執之也。「溥博淵泉，而時出之」，斯之謂矣。是故不達天道則不足以盡人道，不盡人道則不足以達天道。二之者，惑也！

與韓公復書

接手書，蒙誘進以斯道，反覆開喻，明辨以晳，感切感切！承諭存養、省察、致知三者交資，其説至當，顧願有進者。古之聖賢，因病立方，隨時補救，雖千途萬轍，然其要歸，一而已矣。天命之性，人所同具，不學而能，不慮而知。所爲學與慮者，不過去其所本無，還其所固有而已。格物致知，要于切己處用力，則知乃真知，物非外物，意誠心正，一以貫之矣。讀書講明義理，祇貴求其放心，期于自得，非外求附益也。兄謂「學未有不以知爲先」，固也。知豈可外求乎？聞見之知，德性之知，二者之辨甚微，學者往往依託附會，認賊爲子。非誠于爲己者，未有能斬然無惑於其際也！程子曰：「聞見之知，非德性之知。德性之知，不假見聞。」又曰：「只心便是天，盡之便知性，知性便知天。當處認取，更不可外求。」合之定性書識仁篇，諸説參之，可以審端致力矣。紛紜同異之説，且可一切置之！否則，析理益精，去道轉遠。近世講學諸老，可爲明鑒，區區所不敢出也。

答宋道原書

往歲在京師，與臺山相會，得聞足下行誼，輒傾心向往。頃辱手書，論朱、陸異同之説，竊有不能無疑者，敢誦其業，以復于左右。紹升年二十四始有志於學，以爲學者，求其在我者而已。于朱、陸兩家之書，惟取其切于身心者，反覯而默識之。至彼此異同之故，則不暇致辨。譬飢者之于食，求一飽焉，菽麥之辨，非所急也。自一二年來，反復于中庸之書，乃益信陸子之學，其爲聖人之學，無疑也。足下謂陸子遺棄問學，專重德性，以是爲陸子病。是未知聖人之學唯在復性，復性之功在明明德。外德性無所爲問學也，外德性而爲問學，謂之玩物喪志！故曰：「道也者，不可須臾離也。」博學審問，慎思明辨，所以明善，善非德性邪？篤行者，明之而不已其功也，此一貫之旨也。博我以文，約我以禮，即博即約，非二物也。其爲物不二，則其生物不測。此天地之道也，聖人之學也。知聖人之學，則知陸子之學矣。足下勇猛向道，近今所罕。顧自以矜持太過，每多所留滯，果何爲而然哉？毋乃所以尊德性者，或未得其方與？朱子云：「非全放下，終難凑泊。」願足下深體斯言也。紹升自分才力淺薄，雖稍知徑路，而實踐爲難。方將晦迹寬閒之地，優游猒飫，以期斯道之有成。足下教以隱居求志，愛我良厚，敢不拜嘉！獨念去聖遥遠，斯道榛塞。願足下獨觀于昭曠之原，無以一家之説自泥，紹孔氏之絶學，爲一世之宗師，以副區區願望之心，幸甚幸甚！

與戴東原書

承示原善及孟子字義疏證二書，其于烝民、物則、形色、天性之旨，一眼注定，傍推曲鬯，宣洩無餘。其文之深切奥衍確然。戴記之遺，漢、唐諸儒言義理者，未之或先也。紹升懵於學問，于從入之塗，不能無異，要其同然之理，即欲妄生分辨，安可得邪？顧亦有一二大端不安于心者，敢質其説于左右。竊謂學問之道，莫切于審善惡之幾，嚴誠僞之辨。善惡之幾審，則能日進于善，而終止于至善。至善者，一天道之日新而已矣。誠僞之辨嚴，則能日進于誠，而終于至誠無息。至誠者，一天命之不已而已矣。天命不外乎人心，天道不外乎人事，是故離人而言天，不可也。是二書之所極論也，其或外徇于形名，内錮于意見，分别追求，役役焉執筌蹏爲至道，而日遠乎無聲無臭之本。然不知天，其何以知人？是故外天而言人，不可也。程伯子云：「天人本無二，不必言合。」一語之下，全體洞然。殆二書所未及察也。原善之言天命也，引記云：「分于道謂之命。」解之曰：「限于所分曰命。」此恐不足盡中庸天命之義。中庸之言天命也，言上天之載而已，此上不容有加。若有加，何以云至？「維天之命，於穆不已」，天之所以爲天，無去來，亦無内外。人之性于命也亦然。昭昭之天，即無窮之天，孰得而分之？命有自分，即性有所限，其可率之以爲道邪？率有限之性以爲道，遂能位天地育萬物邪？此其可質者一也。虚寂之文，見于大易咸之象曰：「君子以虚受人。」大傳曰：「寂然不動，感而遂通天下之故。」不虚則不能受，不寂則不能通。清明在躬，氣志如神，虚寂之謂也。今謂「犬之性，牛之性，當其氣無乖亂，莫不沖虚自然」，則亦言之易矣。人于無事時，非有定力，不入于昏，則流于散，而況犬牛乎？又曰「老、莊尚無欲，君子尚無蔽」，似亦未盡。無欲則誠，誠則明；無蔽則明，明則誠。未有誠而不明，明而不誠者也。其謂「君子之欲也，使一于道義」。夫一于道義，則無欲矣。程伯子云：「天地之常心，普萬物而無心；聖人之常情，順萬事而無情。故君子之學，莫若廓然而大公，物來而順應。」無欲之旨，蓋在于是。固非必杜耳目，絶心慮，而後乃爲無欲也。此其可質者又一也。疏證以朱子「復其初」之云本莊周書，而訾之以爲德性資于學問，進而聖智非復其初明矣。是謂德性不足以盡道，必以學問加之，則德性亦不足尊矣。夫學問非有加于德性也，蘄有以盡乎其量而已。盡乎其量，則聖智矣。故曰堯、舜性之也，湯、武反之也。性之者，明其無所加也。反之者，復其初之謂也。又以老、莊、釋氏之自貴其神，而轉以訾夫張、朱二子。夫神之爲言，不始于老、莊、釋氏。易大傳曰：「神无方而易无體。」又曰：「神也者，妙萬物而爲言者也。」何謂邪？謂不當以神與形爲二本。二之，非也。將先形而後神，而不知神之無可先也。此其可質者又一也。合觀二書之旨，所痛攻力闢者，尤在以理爲如有物焉。得于天而具於心，謂涉于二氏，先儒語病，則不無然。外心以求理，陽明王子已明席其非矣。將欲避真宰真空之說，謂離物無則，離形色無天性，以之破執可也。據爲定論，則實有未盡。以鄙意言之，離則無物，離天性無形色。何也？物譬之方員，則譬之規矩，未有舍規矩而爲方員者也。舍規矩而爲方員，則無方員矣。形色譬之波，性譬之水，未有舍水而求波者也。舍水而求波，則無波矣。于此欠分明，則于易所謂神詩，所謂上天之載，皆將遷就以傅吾之說，而先聖之微言滋益晦。其究也，使人逐物而遺則，徇形色，薄天性，其害不細。更望精思而詳說之，幸甚不宣。

書汪子格物說後

物有本末，其本亂而末治者，否矣。此是格物第一義。家國天下以身爲本，身以心爲本。指其動於彼者言之曰意，指其覺于此者言之曰知，其實一心而已矣。心無方而寓于物，形而爲百體，分而爲五倫，皆物也。有物必有則，明乎不二本也。格者，量度之也。本文選運命論注引倉頡篇。即物以達其本，所謂致知也。知本則知至，所謂本立而道生也。故曰：「此謂知本，此謂知之至也。」若汪子之言格物也，吾惑焉。其引易繫仰觀俯察，近取諸身，遠取諸物，通神明之德，類萬物之情，以是爲格物之證。不知此乃聖人開物成務之功用，而非下學所有事也。下學之事，在反身而已矣。萬物皆備於我，明萬之不離乎一也。反身而誠，舉天下之物莫逃乎我矣。今日萬物之理散殊于天地者無窮，吾心所知者未盡，必窮盡萬物之理，而後可以反身而誠。夫堯、舜之知而不偏物，果何謂邪？吾道一以貫之，在反本而已矣。吾見今之爲格物者焉，上自天文，下至地理，旁及三代典章律算讖緯之術，無一不精研而力究之。彼固以此爲散殊之理也，及究其所謂一以貫之者，輒茫然自失。是果大學之教邪？汪子平生論著，其于本末之敍，亦既瞭然矣。獨是説狃於補傳，不免彼此牴牾，故不可以不辨。朱子語録云：「窮理且令有切己工夫，若只汎窮天下之理，不務切己，即程子所謂游騎無歸也。」又云：「若能于大處攻得破，見那許多零碎，只是這箇道理，方是快活。曾點、漆雕開已見大意，只緣它大處看得分曉，今且道它那大底是甚物事。」按：此二則較補傳更切古本，以知本爲知至，正是此意。

南昀交游

朱先生用純

朱用純字致一，崑山人。父集璜，死明季之難。先生因慕王裒攀柏之義，自號曰柏廬，遂棄諸生，授徒贍母。其學確守程、朱，知行並進，以主敬爲本。門弟子來學者，必授以小學、近思録，爲入門法程。舉業外，别設講約，闡發書義，商搉經史。仿白鹿洞規，每講書，進止肅恭，以身爲鵠。嘗示學者曰：「日用常行，雖曰道不外是，然古之所謂日用常行，大段不失倫常矩矱，今之日用常行，無非種種惡習。人心中只辨得『卑鄙』二字，倫理上只辨得『苟且』二字，以此爲日用常行，更無出頭日子。必須勘破從前魔障，跳出坑坎，直以聖賢之心爲心，聖賢之事爲事，把此日用常行，一一正其本位，更從上面探討精彩，以此進道不難。諸君各具一本來面目，各具一全副精神，猛力向前，將世道人倫，士品學術，一擔挑去，某亦願拜下風，何必區區之言是聽哉！」其居喪哀毁動人。設田贍族，葺祠修墓，友愛諸弟，白首無閒。僻居陋巷，布袍幅巾，裹足不出。自束脯外，絶不泛受人惠。有司將以博學鴻詞薦，固辭乃止。康熙三十七年卒，年七十二。所著書，精力最注者，刪補蔡虚齋易經蒙引。又自撰四書講義，多先儒所未發。又有愧訥集若干卷。其治家格言，尤膾炙人口云。參彭氏所撰墓志、先正事略。

文集

答徐昭法書

竊觀吾兄酬應人倫，微喜諧謔。諧謔雖無損大節，要非君子所宜爲。何者？書云：「德盛不狎侮。」身狎侮，其職不修；心狎侮，其體不立。孔子曰：「修己以敬。」己非外人物而爲孤孑之己，修亦非外人物而爲偏寂之修，故一修己而人安，百姓安矣。若視它人一分可忽，便是自己一分學力未到。蓋聖賢實見人之與我，此心同，此理同，吾無可驕於彼，彼無可爲吾所忽者。夫婦之愚不肖，可以與知與能，及其至也，雖聖人亦有所不知不能。夫又何可忽乎哉！狎侮之心，畢竟起於忽人；忽人之心，畢竟起於不自修。未見自修之至，而猶恐忽人者也。此温恭克讓所以爲堯之德，温恭允塞所以爲舜之德也。

又

聖賢之道，不離乎事事物物，即事事物物而道在，即事事物物而學在。苟欲先得乎道而後言學，則離道與事物而二之，亦析學與道而二之矣。朱子曰：「人須是博學、審問、慎思、明辨、篤行，然後可到易簡地位。若先以易簡存心，便入異端。惟即事物而達簡易之理，故應天下之事，接天下之物，不覺其煩難。若舍事物求簡易，則雖應一事，接一物，便覺煩難，不勝紛錯。聖賢之學，無過一敬。敬猶長隄巨防，滴水不漏，敬之至也。一敬而天下之理得，天下之能事畢，變通鼓舞，盡利盡神，希聖希天之學，俱在于是。

顧先生培

別見梁溪二高學案。

徐先生世沐

別見桴亭學案。

潘先生耒

別見亭林學案。

尺木交游

汪先生縉

汪縉字大紳，吴縣人。諸生。早自拔俗，一意治古文。嘉定王光禄鳴盛謂：「讀其文，十洲三島悉在藩溷閒。」生平相與，講學論文，往復不厭者，惟尺木及瑞金羅臺山二人而已。萊州韓公復，講程、朱之學，知來安縣，闢建陽書院，聘先生主之，以正學導諸生。已而歲荒輟講歸，教授里中，落落不偶。嘗一應浙江學使竇公聘校試文，歸而養痾家居，不復應舉。乾隆五十七年卒，年六十八。先生讀古人書，統同辨異。喜道程、朱、陸、王之學，通其隔閡。著二録、三録，以明經世之道。又有讀四十偈私記、讀易私記、讀老私記、染香别録、文録、詩録，共若干卷。

薛起鳳字家三，吴縣人。舉人。少依其舅。舅爲僧，退隱於卜，嘗語以明心見性之説，輒領解。與尺木、大紳游，相契。嘗言：「大學之言誠意也，學者須從此下工夫。其言正心也，學者須從此識本體。欲識本體，須知其本來，汙染不得。子在川上，舜居深山，無一毫汙染而已矣。」尺木稱其善論説，隨人分量。參彭紹升撰汪大紳薛家三述。

二　録

自敘

縉爲學，知尊孔子，而遊乎二氏者也。學于孔子之徒，知尊朱子，而出入于河、汾、金谿、餘姚諸儒者也。觀于二氏，益知道之大，孔子道之尊。觀于諸儒，益知孔子道之大，朱子道之尊。然二氏外也，不可引而納之于内，内之，懼其亂。孔子之學，諸儒内也。不可拒而絶之于外，外之，懼其孤。孔子之傳我，孔子之道，天地之道也。天地之性，人爲貴，人也者，天地之中也。天位乎上，地位乎下，人位乎中，各以成能者，三才之職也。乾以易知，坤以簡能，兼而體之，止于至善者，聖人之學也，孔子其盡之矣。語其學之要曰：「窮理盡性，以至于命，本末一貫也。」語其道之極曰：「先天而天弗違，後天而奉天時，天人無閒也。」記曰：「小德川流，大德敦化。」孔子其盡之矣。此其爲天地之道，可以範圍天地之化而不過，曲成萬物而不遺者與！彼二氏則已外之矣，其可引而内之乎？内之，懼其亂孔子之學者，此也。我孔子道統之傳，實在顔、曾、思、孟、周、程、張諸君子，諸君子皆能契聖真，發道奥。朱子繼之，知之真，乾以易知也；履之篤，坤以簡能也；敬以管之，乾坤合德也；知先行後，乾知大始，坤作成物也；窮盡天地萬物之理，至賾不可惡，至動不可亂也。其于小德川流，大德敦化，天地之所以爲大者，庶幾備焉。故能盡發孔子之道，及顔、曾、思、孟、周、程、張之藴，定道統之傳，其爲學勤矣，至矣！其爲功于孔子也，大矣！河汾之學，知變化不離乎中，知人事修，天地舉，蓋天地之性，河汾其知之矣！金谿先立乎其大者，敎化之功也。餘姚致良知，上達之要也。蓋己能契易簡之旨，自周、程未興，朱子以降，求其契聖真、發道奥，未有先於三君子者也，其可拒而外之乎？外之，懼其孤孔子之傳者，此也。縉遊乎二氏，知尊孔子；出入于河汾、金谿、餘姚，知尊朱子。非縉之能也，實以孔子之道，天地之道也，二氏所不能澌泯者也；朱子之學，實能發孔子之道，顔、曾以下之藴，定道統之傳，河汾所不能與，金谿、餘姚所不能奪者也。縉以二氏爲外，河汾、金谿、餘姚爲内，非縉之私也，觀于天地之道，乾坤之藴，昭昭然矣。烏乎！此予二録之所爲作也。二録明河汾、金谿、餘姚爲孔子徒，然有不合于朱子者，亦謹爲别白焉。其要歸則以尊朱子爲宗。金谿、餘姚，世儒以近于禪，近于二氏，斥之。縉知其非禪，非二氏，最篤于以發其覆焉。然其要則以尊孔子爲極。二録之作，要歸在是。永康陳氏，慕河汾之學而興焉者，又嘗與朱子爭王霸之學，以書往復，因附于河汾而爲之説。篇第先王、陳而後陸、王者，蓋以世次云。

上録

内王附陳

「亘古今，横四海，而無弗在焉者，中也。修之則吉，悖之則凶。」此文中子指要也。龍川有見于此，發之曰：「直上直下只是一箇，見則卓矣！」雖然，龍川知天理之在人心者，萬古不息；不知天理之在人心，萬古不息者，必以堯、舜爲至。知天理之在人心，萬古不息者，流行于事物；不知天理之在人心，流行於事物者，皆備於我。龍川之學，蓋得文中子之麤者而已。文中之學，至精中也者，亘古今，横四海，而無弗在焉。以故有取于兩漢，然無欣羡兩漢之心也。以故經綸乎事物，然未嘗滯心于事物也。龍川則已有欣羡漢、唐之心矣，則已滯心于事物矣，故曰得其麤。然以見之卓論之，已爲漢、唐諸儒所不到。何也？天理之在人心者，萬古不息，此即堯、舜之所以爲堯、舜也。龍川失在欣羡漢、唐之心未去耳。去其欣羡漢、唐之心，堯、舜之至者，即天理之在人心者而已。天理之在人心，萬古不息者，流行于事物，此即其備于我者也。龍川失在滯心于事物耳。去其滯心于事物，皆備于我者，即其流行于事物者也。龍川其卓矣乎！其卓矣乎！其可以一蹴而爲聖賢之學者乎！吾故附于河汾而内之。

尊朱

孔子祖述堯、舜，孟子言必稱堯、舜，此儒者規矩準繩也。孟子曰：「規矩，方員之至也。聖人，人倫之至也。欲爲君，盡君道，欲爲臣，盡臣道，二者皆法堯、舜而已矣。不以舜之所以事堯事君，不敬其君者也；不以堯之所以治民治民，賊其民者也。」引孔子之言明之，曰：「道二，仁與不仁而已矣。」言出乎堯、舜，即入于幽、厲，故以幽、厲之説終焉。由此觀之，堯非有加于君道，舜非有加于臣道也，亦仁而已矣。事君不以舜，治民不以堯，亦不仁而已矣。此孔、孟之家法也。其出處之道，即準諸此。孔子曰：「用之則行，舍之則藏。」行者，行此也。藏者，藏此也。孟子曰：「天下有道，以道殉身。天下無道，以身殉道。」殉者，殉此也。是則孔子之家法，孟子守之。當時諸侯，如齊宣王，中主也；滕文公，小國也，孟子不以中主、小國而爲卑近易行之説。其所陳者，必皆堯、舜之道。不如是，不足爲孔子徒也。孔、孟之家法，朱子守之。朱子生於南宋南渡之後。南渡之後，其勢浸弱，朱子不以弱勢而爲權宜之論。其所述者，必堯、舜之道。不如是，不足爲孔、孟徒也。其出也，其處也，其正君澤民也，其守先待後也，必曰堯、舜，必曰孔、孟者，何也？君心爲萬世之根柢，君心一正，而天下無不正矣。道必本諸堯、舜、孔、孟者，君子格君心之學也。有不本諸堯、舜、孔、孟，非儒者規矩準繩也矣。朱子以是不予龍川于河汾，亦有予奪焉者，何也？不以道統予河汾也。

内陸王 下 録

「佛氏言心，金谿亦言心；佛氏言知，餘姚亦言知，奚其内陸、王，外佛氏也？」曰：「金谿先立乎其大者，天之予我者也。立者，立此而已。餘姚致良知，天聰明也。致者，致此而已。以是經綸天地，主宰萬物，故曰内。佛氏以心爲幻，以寂滅爲真，以即物之知爲妄覺，以離物之知爲本覺，以是證無生出三界，故曰外。」「陽明子曰無善無惡心之體，禪也，奚其儒？」曰：「心本至虚，陽明之指，指其至虚者而已，奚其禪？」「陽明子曰良知一也，以其妙用而言謂之神，以其流行而言謂之氣，以其凝聚而言謂之精，老也，奚其儒？」曰：「是言也，爲陸原静而發也。原静將從事于養生，故以此告之，使知不外良知，反而求之聖賢之學耳。金谿之不爲禪，餘姚之不爲二氏，灼然無疑者，吾以是内陸、王也。」「雖然，陽明無善無惡之指，儒也，非禪也，固也。陽明既曰無善無惡心之體矣，又曰有善有惡意之動，知善知惡是良知，爲善去惡是格物，則何也？」曰：「此惟心齋王氏得其宗。心齋謂門人曰：『近日工夫何如？』對曰：『善念動則充之，惡念動則去之。』心齋曰：『善念不動，惡念不動，又何如？』不能對。心齋曰：『此是中，是性，戒慎恐懼，此而已矣。是謂顧諟天之明命，立則見其參于前，在輿則見其倚于衡。常是此中，則善念動自知，惡念動自知；善念自充，惡念自去。如此慎獨，便可知立大本。』可謂善發陽明之蘊矣！」

尊朱

聖，誠而已矣。作聖之功，閑邪存其誠而已矣。存之之要，敬而已矣。修己，以敬而已矣。誠者，天之道，聖人之本；敬者，聖人心法之妙，是爲道之統，聖之宗。朱子定其宗曰：「理而已矣。天之所以爲天，一實理之無妄。聖人之所以爲聖，一實理之具于心者無妄而已矣。」定其統曰：「得孔、孟之傳者，周子而已矣。二程子而已矣。」著其心法之妙曰：「敬而已矣。學者由此而求之，誠之之功也。階梯先儒，由窮理而入者，擇善也。一心妙乎動靜，敬以管之者，擇善而固執之也。真知實踐，自然上達，易所謂窮理盡性以至于命，詩所謂聖敬日躋，造乎渾化之域也。」誠也，此朱子爲學之指要，陸、王于此同歸而殊涂者，何也？曰：「聖人之心，渾然天理，誠也。誠也者，太極也。心爲太極，理爲太極，是爲道之統，聖之宗。程、朱見之甚明，一言以蔽之曰，『性即理』也。理也者，形而上者也；物也者，形而下者也。有物必有則，道器一貫也。即物窮理，程、朱入道之門也。陸、王見之甚明，一言以蔽之曰，『心即理』也。志也者，形而上者也；氣也者，形而下者也。志壹動氣，氣壹動志，道器一貫也。即視聽言動之靈，得其本心，陸、王入道之要也。是爲同歸而殊涂。其學皆出于孟子。孟子曰『性善』，指其天命之本然者也，至善也。程、朱發之曰『性即理』也，『性善』之旨洞然矣。孟子曰『仁，人心也』，指其赤子之本然者也，至良也。陸、王發之曰『心即理』也，『仁，人心』之旨洞然矣。其殊涂也，其同歸也，誠也，我固有之也。敬者，敬此也；立者，立此也；致者，致此也。不知此者，不足以尊朱。」

三 録

自叙

有天下者，將以正人心，扶道術，濟民生，必衷諸至聖。至聖之道，一天道也。吾孔子删書，斷自唐、虞，揭允執厥中之傳，立萬世治天下之大本。堯、舜、禹、湯、文、武、周公以是授受。至孔子集其大成，繼往聖，開來學，其道遂以昭明于萬世。孔子殁，曾、思繼之，作大學、中庸，定其宗，傳之孟子。孟子既得其傳，知孔子之道，一天道也，道必衷諸孔子。孟子下，智足以知尊孔子者，荀子而已。于是二子思以易天下，遊于世，皆無所遇。當是時，諸子各以其説馳騁，兵刑家差適于用。其術則出於陰符家，誣天非聖，扼天下而用之，遂以其説雄于諸子，時君靡然從焉。嗚呼！六國亂亡相繼，秦亦二世而絶，豈其不幸哉？其循違者非也。然則萬世之循違可知矣。孔子之道，一天道也，天道其可違乎？循之則治，反是則亂。以循違爲治亂，萬世不易者也。予三録之作，以循違告萬世也。上録曰準孟。準也者，立萬世準則也。孟子道，孔子之道，天道也。天道至公，公則達之至順。至順之徵人心，正道術，昌民生，樂循其道，唐、虞、三代之治，斷可復也。中録曰繩荀。繩也者，繩其出入也。荀子知尊孔子矣，于其本乎天者未明也；知放棄邪説矣，根株未斷也。循其説，以公制私，以順勝逆，爲漢、唐之治而有餘矣。下録曰案刑家，案兵家，案陰符家。案也者，案其得失也，案其小有得而不勝其失也。兵刑家既適于用，益以濟其私。其術有所出，私之藏于中者益深而固，發之益險，私以滅公，誣天非聖，徵爲至逆。秦以下治亂迭尋，論其治，皆不及三代，亂則兵刑之禍亟焉。閒嘗究其故，實以孔子之道未嘗一日得行于天下。彼邪説之中于人心，世遠而未有所止也，于是準繩孟、荀，案三家，本諸天，衷諸聖，辨公私，推其順逆，驗天下治亂，萬世之循違，蓋可知也。

準孟八

思曰睿，睿作聖，此古今學術所從出也。雖然，難言之矣。唯知性者可爲聖學。孟子于羣言殽亂之中，獨曰性善，此知性者也。于性善洞然無疑，致其良知焉，無餘事矣。幼而知愛其親，長而知敬其兄，此良知也。致其愛親之良知，親親也。親親，仁也。致其敬兄之良知，敬長也。敬長，義也。仁義豈有他道哉！即親親敬長之良知，而達之天下矣。故曰：「仁之實，事親是也。義之實，從兄是也。」故曰：「智之實，知斯二者弗去是也。樂之實，樂斯二者，樂則生矣，生則惡可已也。」故曰：「堯、舜之道，孝弟而已矣。」故曰：「入則孝，出則弟。」守先王之道以待後之學者，此孟子之所以爲聖學也。于此不察，但覩夫靈明空洞之體，即以號于人曰：「吾其聖學也。」聖學果如斯而已邪？荀子曰：「知之，聖人也。」又曰：「明之，謂聖人。」聖學哉！揚子曰：「由於獨知，入自聖門。」聖學哉！非獨荀、揚也。管氏曰：「流于天地之閒謂之鬼神，藏于胸中謂之聖人。」韓非曰：「空竅者，神明之户牖也。」聖學哉！然而管、韓固不可爲聖學，荀、揚亦不得爲聖學。蓋四家之所謂知者，耳目口鼻之榮華，孟子之所謂知者，仁義禮智之端倪也。以耳目口鼻之榮華爲知，故荀、揚必假于修爲，澂其滓濁，出其榮華；管、韓必假于道術，借其榮華，運其滓濁。其爲學術不同，其見一也。管氏曰：「淵之不涸，四體乃固；泉之不竭，九竅遂通。」其所見哉！韓非曰：「神不淫于外則身全，身全之謂德。」其所見哉！荀子曰：「思乃精，志之榮，好而一之神以成，精神相反，一而不二爲聖人。」又曰：「血，氣之精也。志，意之榮也。」揚子曰：「天以不見爲玄，地以不形爲玄，人以心腹爲玄。天奥西北，鬱化精也；地奥黄泉，隱魄榮也；人奥思慮，含至精也。」其所見哉！于此乎通其説，則知管、韓之所謂機智名法，荀子之所謂禮，揚子之所謂玄，皆是物也。然而管、韓局于偏家，荀、揚蔚爲儒術，何邪？蓋荀、揚能以仁義禮智易其耳目口鼻，管氏則以禮義廉恥爲籠世之銜橛，韓非則以慈惠廉愛爲病治之贅疣，此其相去闊絶也。荀、揚能以仁義禮智易其耳目口鼻，獨惜其以爭奪殘賊爲性，以倥侗顓蒙爲性，是内耳目口鼻也，是外仁義禮智也。以外易内，夫豈其質？其去孟子亦遠矣！孟子于良知之知，直達而已，惟其知性善故也。其粹然名聖學也，固也。後之以靈明空洞之體號聖學者，吾惑焉。其所爲知，管、韓之知邪？荀、揚之知邪？孟子之知邪？

必曰：「吾非管、韓之知也，吾非荀、揚之知也。吾之知，蓋無知之知，獨知之知也。」烏呼！以管、韓爲不知無知之知邪？則固知之。以管、韓爲不知獨知之知邪？則固知之。以荀、揚爲不知無知之知、獨知之知邪？則固知之。管氏曰：「恬愉無爲，去知與故。其應也非所設也，其動也，非所取也。」又曰：「聽于鈔，同杪。故能聞未極；視于新，故能見未形；思于濬，故能知未始。」非無知之知，獨知之知哉！韓非曰：「知治人者，其思慮靜；知事天者，其孔竅虛。」又曰：「四海既藏，道陰見陽，左右既立，開門而當。」非無知之知，獨知之知哉！荀子曰：「養一之微，榮矣，而未知。」又曰：「夫微者，至人也。」又曰：「不誠則不獨，不獨則不形。」揚子曰：「先知其幾于神乎？敢問先知。曰：『不知。』」前所述曰：「由于獨知，入自聖門。」非無知之知，獨知之知哉！然則管、韓、荀、揚遂可爲聖學邪？管、韓不待辨矣。吾于荀、揚辨之。聖學所謂獨知之知，誠之通也；無知之知，行所無事也。荀、揚所謂獨知之知，竅之闢也；無知之知，藏于無用也。此荀、揚之不得爲聖學也。後之以靈明空洞之體號聖學者，其可爲聖學哉！又必曰：「荀子主性惡者也。揚子言善惡混，然究其所存，亦主性惡者。以荀、揚之精于知，其不得爲聖學者，性惡之見累之也。孟子曰性善，吾亦曰性善；孟子直致其知，吾亦直致其知，將不得爲聖學乎？」應之曰：「孟子所謂性善，善其仁義禮智也，後之所謂性善，善其知覺運動也；孟子直致其知，直致其仁義禮智也，後之直致其知，直致其知覺運動也，將得爲聖學乎？將不得爲聖學乎？且聖學者，通乎上下者也。荀、揚以耳目口鼻之欲爲性，以耳目口鼻之精爲知，名之曰惡者，誠見夫惡之根在是焉。積學以奪其性，則錮蔽解矣，神明出矣。然其說通乎下，不通乎上。後之號聖學者，以知覺運動之精爲性，即以知覺運動之精爲知，誠見夫聖之舍在是焉。任天以率其性，則一靈卓矣，萬有含矣。然其説通乎上，不通乎下。通乎上下者，聖學也。上下有不能通聖學哉！且夫知之爲體也虚，神以之靈，聖以之凝，學以之成，業以之精。達者以形形色色沈埋至寶，乃從本原消其滓濁，因虚而應，體化無偶，天下人禽渾爲一物，此歸根復命之功也。充靈明空洞之説，殆可語于斯，吾豈敢薄之哉！然不可以爲聖學。蓋靈明空洞之體，百家之總紐也，入乎管、韓則爲管、韓，入乎荀、揚則爲荀、揚，入乎聖學則爲聖學，可以之彼，可以之此，若之何遽以是號爲聖學哉！聖學之所謂良知者，孝弟而已矣，仁義而已矣。此孟子之所以爲聖學也。自孟子發聖學之奥，後之述孟子者，皆能言性善，言孝弟仁義，皆可爲聖學邪？是有辨。蓋聖學之要，明誠而已。明乎善者，知性也；誠其身者，復性也。孟子曰：『人之所不學而能者，其良能也；所不慮而知者，其良知也。』良知良能，明也。不學而能，不慮而知，誠也。學而能，慮而知，非誠矣。誠者性之成，仁義之爲門；誠者一之神，兩仁義而化。孟子曰：『人之所以異於禽獸者幾希，庶民去之，君子存之。』此存誠之説也。首舉大舜而明之曰：『舜明于庶物，察于人倫。』此明善之功也，察邇言之謂也。邇言者，人人之所與知，人人之所與能者也。明善而後可以誠身。曰『由仁義行，非行仁義』者，存誠之功也。吾于是知陰陽綱紀天道，天由是而專直，而窺測。陰陽者，非天也。剛柔綱紀地道，地由是而翕闢，而規畫。剛柔者，非地也。仁義綱紀人道，聖人由是而措施，而依放。仁義者，非聖也。此聖學之辨也。」

繩荀一

昔者，先王深觀天人之際，有以得其樞三極、紐萬化之理，經經緯緯，制之爲禮，渾合天人，不可分判者也。然且判之，則是知禮者之有弗至也。夫天人合一，禮之大全也；天人解散，禮之一曲也。舉其大全，知之兼至者也；泥其一曲，知之偏至者也。荀子之于禮，偏至哉！何者？荀子之學，禮爲宗；荀子之學，禮人爲宗。禮固有天有人，以人爲宗，豈復禮之大全乎？且其時，知禮之大全，而渾合天人者，有之矣，孟子是也。其言曰：「形色，天性也，唯聖人然後可以踐形。」形色，人也；天性，天也。聖人踐形，天人一矣。且知禮之一曲者，其時又非獨荀子也，固有知天而不知人者矣。知天不知人，莊子是也。其言曰：「待鉤繩規矩而正者，是削其性也。待繩約膠漆而固者，是侵其德也。屈折禮樂，呴俞仁義，以慰天下之心者，此失其常然也。」此純任天說也。荀子曰：「枸木必將待檃栝烝矯然後直，鈍金必將待礱厲然後利。今人之性惡，必將待師法然後正，得禮義然後治。」是則純任人說也。純任天說，純任人說，說不同，知之偏至則一也，禮之一曲也。莊子之純任天說也，彼其意以謂，天無窮，人有窮。吾從其無窮者以無窮，吾有窮，而有窮者亦無窮。故一以自然者爲宗，是以純任天說也。荀子之純任人說也，彼其意以謂，人可據，天不可據。吾從其可據者，以據夫不可據，而不可據者亦可據。故一以勉然者爲宗，是以純任人說也。雖然，天之無窮固矣，然必體之人，而後無窮者能無窮。非然者，則無窮者立窮，有窮者益窮。人之可據固矣，必命之天，而後可據者安于據。非然者，則可據者不安于據，不可據者益不可據。莊、荀或未之察也。且莊、荀于此，固以謂，禮者，天之精，雜以人則弗精；勿雜以人，精之至焉爾。故曰：「不開人之天，而開天之天。」此其純任天説也。以謂，禮者，人之積，諉之天則弗積；勿諉之天，積之極焉爾。故曰：「大天而思之，孰與物畜而制之。從天而頌之，孰與制天命而用之。」此其純任人説也。由莊子之説，精之，天之至者，人亦且至，天固天也，人亦天也，故曰：「精而又精，反以相天。」由荀子之説，積之，人之至者，天亦且至，人固人也，天亦人也，故曰：「并一而不貳，所以成積也。并一而不貳，則通于神明，參于天地矣。」由此觀之，莊、荀之所知，不可謂不至，然卒歸于偏而不兼者，莊子以人爲小，荀子則以性爲惡也。以人爲小，以性爲惡，天人二矣，其去一也遠矣！其去大全也遠矣！所由與孟子之知各異也。

羅先生有高

羅有高字臺山，瑞金人。乾隆乙酉舉人。少而雋偉，寓雩都蕭氏，徧讀其藏書。慕古劍俠者流，習技勇，治兵家言。聞雩都宋道原治先儒書，躬孝弟之行，造訪。道原面折之，使反求之宋五子書。又見贛州鄧先生元昌，於是幡然棄所學。徧讀先儒書，尤喜明道、象山、陽明、念庵之論學。因之以上闚六經、孔、孟之文，旁推曲證，多創獲之旨。後與尺木及汪大紳訂交，謂儒、釋權實互用，惟自證者知之，非可以口舌爭。歸而率諸族子弟講學於鳳皇山。會試屢不第，家庭拂逆。屢游吴、越，病而歸，卒年四十六。居常治古文，最精審。嘗與尺木論之，謂文者道之迹，孟子以知言與養氣並重，而繫辭傳舉爲法戒。又言訓故不明，則文字根柢不立，支離杜撰，規矩蕩然。故於爾雅、説文治之加詳，一字之義，往往引端竟委，反覆千言。殁後，尺木爲録尊聞居士集八卷，刊行於世。參彭紹升撰羅臺山述。

文集

觀生

生也者，寓于物而湛其靈者也。形者，肖物之品殽而殊等焉，隨量器以效生者也。命也者，修短也，有期限符節也，貴賤有倫也，枯悪完好有制也。生就也之謂命，生去也之謂命，物所因以成毁也，不造而自然。有以之以然者，而不可質期也之謂命，大中之謂命。命也者，生之宰也。視其器，命降精凝之謂器，器章之謂物，生充之之謂性。器有汙潔焉，堅脆焉。器之㬪，有平危焉。器之服于人，有適器焉，有不適器焉。器習而有方，生域其方，變本而就器。萬器各分之謂性。決其畛，匯之于其原，其純粹至善也之謂性。性之成于人者，生之和也，生之和也視其器。是故物之爭也以我，其忘爭也以無我。我也者，器之景，昧性而妄有執者也。我則局，局則聰明之兑塞，聰明之兑塞則生不舍其宇，生不舍其宇則並老澮涸。人而並老澮涸，雖生也，謂之陳人。忘爭也者，釋我而晢大倫者也。其思止，其知同，其静也若海，其動也若火。至安也，至明也，不役知以鑿異也。是故立分以明本而不病私，家天下若及草木鳥獸魚鼈而不病濫。循合散之理，泯愛悪之情，涣然諄然，樂與萬物同暢而已矣。是故其于形之成也，體性以完形，不虧其形；于形之斃也，正形以順性，不縣其悔。夫誠知夫生之麗形以形，形麗生以生，不形之未嘗損生也，形非柄生也，形非故生也。其觀盥也，聖智也，非形生概也。形生也者，褻形忘形，說生罔生，以形形形，以偷生者也。以說生漁物養形，以奉形適形，謂養生，而損生損形。若曰是溺情，然非然也，是出入情，背情，背之久，乃以無情焉也，無辠情。何也？情者生之萌，達機也視其器。惻隱、羞惡、辭孫、是非、親親、長長六者，情也，性之華也。性闕而沖，不可見情，發揮之目得韡韡也。雖然，器窳則槁焉。器貿于所染，則莪化而爲蒿蔚，激而惡之，以謂其無情也。然而驟而睨其牙，又泛觀之于其我之所不接，滋見榮焉。不弟不可謂無也，我立情昏，我熾而情已悖矣。攻取、詐僞、貪盜、淫僻、驕憤、偷佚茀然而叢，以潰反其情也，豈情也？是故聖人無我。情之正邪，丘里之言外我，而公談則情大，以共昭然聖智之爲觀。斯故生之運行古今，不以古今而異，不以晝夜舍者與？如斯夫！則生之不緣堯、禹而盛，不緣桀、跖而息，信矣！彀與不彀而已矣。情之彀也恃才，才也者，與命俱降者也。天之降命也至普，其降才也亦至普。是故專能之謂才，割斷清釐之謂才，亂而秩修畸零羸朒以復于度之謂才。規于規，矩于矩，不隘于曲，不昏怍于旁午，能經能緯、能通能固、能廣能微之謂才。是故才也者，生之成能也。而先才而導之者，意也。定趨操于始事，期不貳于中，要之于末，意也。意所嚮，志也。其道迅而彊，能率志，能壹志，志定能遷之，志直能回之，志成能變之，能毀之，意也。意也者，生之魄也。性命也，情也，才也，意也兼管而樞之。樞無所，運旋無方，無留無象，其道內外周，一呼吸環宙，旁覽裨瀛海，無行無至，無出入門，無徑遂。職藏備萬物，形色體質性情才用載之無積。其官思，善鑑耑幾萌動，即甚微，無不立白，是之謂心。心也者，生之府也，畜持生之具而綦辨焉者也。仁義忠信禮樂，此其具也。性命也，情也，才也，意也，與具同柢，而致用具者也。其柢皇極也，陰陽之紐也。具渾焉，具壹焉，純粹至善也。器判之，而仁知分矣。器判之，而善不善别矣。知具習具，與具一會極，若是者，其生理，其生遂。知具習具，未具一至之不休，具一極，協其理，遂也不殊。中休者，其用知惑，其習也不緝，以頻復，故馴迷，其理不理，遂不遂，雜吉凶。沿類至瞀者，其生亂且敗，終凶。聖人惻焉，于時昭具焉，故曰：「易之興也，其于中古乎？作易者，其有憂患乎？」六具之用于易乎精之，于詩、書、春秋條之，于禮乎履之，是治觀之衢也。

答彭允初書

前日得讀手書，愛我之誠，謙沖之德，溢于豪楮，欣竦兼集，如何可言！有高自束髮受書，頗知以求友爲志。離家時，拜别老親，忍淚惘惘，有重違之色，老父輒誦蘇潁濱上韓太尉書以廣之。退而自念，久隱約窮山中，耳目見聞終無能自恢大善，量局隘過耑將日叢。别緒愴結，則援兹義以自解。居京師三年矣，徵逐殽雜，終無以發其意。乃今得見償于足下，足下又過侈與之厚，自下不顧納人于不安，非所望也。然其中心之所存，與其疑而未敢遂者，輒復謹白之，幸賜裁擇。一來諭云：「學者貴求其在我者，求其在我者而自得之，則動静語默皆文也。」其言確然至當，冒囷衆説，落華而擷英，未有能易之者也。至所云「文與道離，道與我離」，此自泥文緣道者之過，非文道之本如是也。夫文與道，一而已。修之于身，措之于事業者，道也。修之于身，而次第其功候節目之詳，明其甘苦得失之故，措之于事業，而條布其治蹟，敷悉其德産精微涵揉之極致，彰往察來，相協倫類，出于憂患同民不得已之誠，其言奇正不同，其氣之行止，節族之長短高下，抗隊疾徐，壹順發象之自然，而不與以私智，以其粲著，陳修能之矩，昭事爲之則，烜照心目，物察倫章，則文命焉，豈得歧于道而二之也？若夫泥文求道者，拘牽櫛比，滯愲而失歸，先不足概于文。緣道爲文者，其于道即遠居之不安，以道爲蘧廬，其我與道偭背馳，不僅于離，其施之于文也駁，淺礉而不裕，破碎而不周，盜據經訓，如狐馮城，如鼠穴社，用以藏身而輔名，與泥文者病異脈同候，皆逐末昧本，滑其天良，皃仁義之膚，貢鄙倍之實，忠信不立，天者遁其官，固非文道之本。如是也，于道既粗，而文亦僞焉者也。歐陽子曰：「道勝者，文不難而自至。」竊嘗味其言而論之，生百世下，上叓攷乎古人，古人遠矣，道之勝不勝，雖有神姿，難臆斷也。其獲施于事者，依其事以放焉，其道可知也。其不獲施于事者，不放諸其文，將闇汶而靡耑，醇疵黑白，迷瞀冥莫，臬未樹而晷景亂。聖人憂焉，故孳孳矻矻，删述不遑，卒不忍安無言之訓，以幽萬世知覺之倫。世儒以聖門顏、閔諸大賢不述文，遂于文與道有軒輊，都非事實。顏淵、冉伯牛先孔子卒，孟子記三年治任之文，無仲弓、閔子騫，或亦早卒，故希所纂述。其時孔子在，日月正明，概羣陰拱伏，大致安恭默而已。曾子、子思之時，聖言漸支，子張、游、夏諸賢互乖異，各護其所聞，故曾子、子思事述作，衷一紛錯，文大道以作表。至于孟子，大譁好辯之名，益自任空言閑距，竝厥烈于禹、周，不爲僭。未幾，道熄文裂，功利之焰熾，荀卿崛起，黜禨祥，明王道，崇禮矯性以摩世；董生闡春秋，文陰陽；揚子衍玄文、法言，皆命世豪傑，克顯道麗文。司馬子長友教董生，軌聖跡，其書得春秋之意。班固譏之，要未嘗深究其恉趣，治遷書未精，橫相訾謷。是時黃、老之學偏天下，自天子太后崇其術，父談亦治之至熟習。聖緒微茫，粗萌牙于武帝，而曲學阿諛之徒方秉政，轅固生、申公章句陋儒，不足該偏大道。遷獨奮興，正六經爲鵠，見于自敘之篇。其先黃、老，進游俠，傳貨殖，皆別具微恉，非躬清淳之稟，而于道有聞者，恐未易仿佛也。揚子之學，見許于程子，以爲非漢儒所可及。自後唐之韓、柳、李，宋之歐、王、劉、曾，明之王、歸諸君子，其行已各有本末，詣故未大醇，而確分仁智之見。來諭以謂，漢、唐諸子，概無與于斯道之傳。此世儒相祖繩過高之論，願足下平情稱量，衡之以中，無輕附和也。大抵古人入道淺深，不能掩于其文，以其文考之，則百不失一。要知聖人之道至大，技數小辯亦必有所緣襲以自立，況諸君子之卓卓者哉！抑平其情，虛以畜之而已矣。先儒嘗譏韓子因文見道爲倒置本末。夫去聖久遠，不因文以見道，師法蕩廢，當于何見之？賴斯文之昭垂，得以鏡悉先王治己治人之遺規，而荀氏、司馬氏以下，各本心得敘列，未發隱恉，因時察變，補扶其偏躓，原遠末分，無大聖人爲之依歸，操行未熟，向背離合，小小瑕釁，蓋所不免。學者誠負真竺之志，博采慎思，實效于踐履，不以訓詁汩天倪，不以丹鉛沒素樸，優游濡浸，研慮而說心，以崇知而廣業，實有助焉。其有不得已于身世之故，而抒之爲文，必郁然而不闇，沛然而無疑，釐然各當而不舛，清明坦夷，而無昏噎拂逆之氣目梗鬱之，與道爲體，以武往尾來，綿古今絕續之隙，是豈非可貴可樂，而有志者所以盡心者邪？嘗獨居深念，上下數千載間，戴文名者如牛毛，而得系正宗，可誦法，若前所列諸公，如晨星寥落，蓋其難也。南宋迄明，標理學，依據最尊，氣益矜，心益大，荀、揚、司馬、韓、歐諸老不足當一盼。所著書汗漫殽衍，率陳腐熟爛，實爲大道，所寓故文日敝，而道愈不明。閒取濂溪、明道、伊川、横渠遺書讀之，質亮通達，彬彬然爾雅之辭也。陸、王二先生，世儒號爲不讀書，守空寂，詆之爲禪，而二先生之文，包孕事理，有條而不紊。「道勝者，文不難而自至」，歐陽子之言其信已！其文偃陋，而自夸飾曰知道，其欺誕矣乎！孟子論不動心，推本知言與養氣竝，而繫辭傳備舉數等之辭，爲學者鑒擇，故君子甚慎乎其文。文不當，吉凶生，砭頑啟蒙，害政破道，皆文之爲。生于其心，眹兆于語默動靜，足下所謂「求其在我者而自得之」是也，幸卒竟之，無委爲異人任。足下方超然慕淵泊之行，高舉遠引，離俗氛而潔立，翔于寥廓，而愚者聒世諦不休，泥藪澤之見，得無爲足下所笑。然感切知愛，非足下之前，固無由傾倒也。惟足下鑒其悰，裁汰其不中，果其向時求友之願，幸甚！幸甚！

與法鏡野先生書

春明别後，瞻眷明德，懷永不忘。去歲莫冬，自粵東旋里，手教下頒，奉讀皀然，四千里外，如侍講席而被春風矣。春秋取義測、見事春秋閩已脱草，山川閒之未獲親承指授，頗用爲悵然。循復二敍，破經師之陋，發先聖昔賢之藴，使後世學者，即事爲之著，求性命之歸，微顯一致，内外同條，誠不必外民生日用，空談名理。至于雕鞶藻繪，虛飾輪轅，愈無譏焉。善學者苟得先生之緒言而講貫之，可以知所致力矣。雖然，本末先後之敍，亦有不可强合者。聖人作春秋，東規、西矩、南衡、北權、中繩，五則不爽，萬物就裁，其本在于學易。學易之本，在于謹彞倫，慎言行，納之于禮。人之彞倫、言行壹于禮，則性復仁全，措之正，施之行，變化生，而經緯天地之事起。此聖人所自盡，而願天下萬世同歸而無歧者也。南宋諸大儒所爲固，固持堯、舜、孔、孟之道于國事倥傯之會者，此春秋之義也，謂别無説以易之也，道不可有二故也。孟子曰：「不以舜之所以事堯者事君，不敬其君者也；不以堯之所以治民者治民，賊其民者也。」建三才，横六合，一道而已。二之則惑，反之則亂。禮大傳所云「不可變革」者也，亦即先生所云「滄海横流，經常大義確乎可知」者也。南宋之君不能勉强，信用不專，諸大儒之説，未嘗一日得施于行事，是以卒成爲南宋也。孟子述唐、虞、三代于戰國擾攘之時，朱、陸陳誠正義利之辨于南宋南北交訌之日，其揆一也。先生答懷庭書，謂「南宋儒先，不識時宜」，持方枘而内圜鑿乎？夫所云時宜者，立權度量，攷文章，改正朔，易服色，異器械，殊徽號，得與民變革者也。聖人鼓舞盡神，化裁盡利，既竭聰明焉，至于天之經，地之義，人之行，則無所謂時宜也。南宋諸大儒之所諍論，天經也，地義也，人行也，烏得而不斤斤也？先生其熟思之！懷庭云：「亡吾道益孤。」每過虎坊橋，輒有腹痛之感。近公復解組，其出處令人敬慕。去先生之居未遠，可以往復。尊著繕寫成，務令朋好盡意斟酌，歸于至善，勿留遺憾爲禱。有高近來漸爲衣食之累所困，向者請益之事，恐成虚語，慚負知己，言不能罄。伏唯先生髦期不亂，神明日彊，幸少節損，頤養天龢，充究盛業，無任馳慕依切之至！

清儒學案卷四十三

研谿學案

惠氏之學，以博聞彊記爲初基，以尊古守家法爲究竟。其治經要旨，純宗漢學，謂漢經師之説，當與經並行。樸菴肇路藍縷，研谿、半農繼之，益宏其業，至松崖而蔚爲大師。傳授淵源，自當以世爲序，以明一家之學。述研谿學案。

惠先生周惕

惠周惕原名恕，字元龍，一字研谿，吴縣人。父有聲，號樸菴，明歲貢生，以九經教授鄉里，尤精於詩，與同里徐昭法善。先生少傳家學，又從徐游，並受業於汪堯峯。工詩古文辭。既壯，遍游四方，與當代名士交，文名益著。康熙己未，舉博學鴻詞。丁憂，不與試。辛未，成進士，改庶吉士。因不習國書，散館，授密雲知縣，有善政，卒於官。先生邃於經學，著有易傳、春秋三禮問，及研谿詩文集。其詩説三卷，謂大、小雅以音別不以政別。謂正雅、變雅美刺錯陳，不必分六月以上爲正，六月以下爲變；

文王以下爲正，民勞以下爲變。謂二南二十六篇，皆房中之樂，不必泥其所指何人。謂天子諸侯均得有頌，魯頌非僭。其言並有依據。近代言漢學者，必以東吴惠氏爲首。樸菴未彰，以著作傳者，先生實開其先也。參史傳、江藩國朝漢學師承記、江藩惠吉士記、鄭方坤撰小傳。

詩說

風、雅、頌，以音別也。雅有小大，義不存乎小大也。自序之言曰：「雅者，王政所由廢興，政有小大，故詩有小雅，有大雅。」小大正變之名立，而辯難之端起矣。難之者曰：「常武、六月同一征伐也，卷阿、鹿鳴同一求賢也，大小何以分耶？」解之者曰：「常武王自親征，六月不過命將軍，容不同故也。卷阿爲成王，鹿鳴爲文王，天子諸侯尊卑有等故也。」難之者曰：「然則江漢宜在小雅，成、宣宜在大雅，今何以或反之，或錯陳之也？」其後朱晦翁則謂：「小雅燕饗之樂，大雅朝會之樂，受釐陳戒之辭。」嚴華谷則謂：「明白正大，直言其事者，雅之體。純乎雅之體者爲雅之大，雜乎風之體者爲雅之小。」章俊卿則謂：「風體語皆重複淺近，婦人女子能道之。雅則士君子爲之也。小雅非復風之體，然亦閒有重複，未至渾厚大醇。大雅則渾厚大醇矣。」三家之説，朱氏於理爲長，然猶未離乎序之所謂政也。序既以政爲言，則大小必有所指，此辯難之所以紛紛也。按：樂記師乙曰：「廣大而靜，疏達而信者，宜歌大雅。恭儉而好禮者，宜歌小雅。」季札觀樂，爲之歌小雅，曰：「美哉！思而不貳，怨而不言。」爲之歌大雅，曰：「廣哉！熙熙乎，曲而有直體。」據此則大、小二雅，當以音樂別之，不以政之大小論也。如律有大小吕，詩有大小，明義不存乎大小也。

公羊傳曰：「什一而税，頌聲作。」序曰：「美盛德之形容，以其成功告於神明者也。」然雅詩「家父作頌，以救王訩」，左傳「聽輿人之頌，原田每每，舍其舊而新是謀」，刺亦可言頌矣。國語「瞽獻典，史獻詩，師箴，瞍賦，矇誦諫」，亦可言頌矣。按：禮：「學樂、誦詩、舞勺。」文王世子：「春誦夏弦。」孟子：「誦其詩，讀其書。」左傳：「使太師歌巧言之卒章，太師辭，師曹請爲之，遂誦之。」漢武帝定郊祀之禮，乃立樂府采詩夜誦。師古注曰：「夜誦者，其言或祕，不可宣露。」以是觀之，比音曰歌，舉其詞曰頌也。豈宗廟之詩，既歌之，而復誦之歟？抑歌者工，而誦者又有工歟？既比其音，復誦其辭，俾在位者皆知其義，所以彰先王之盛德，故曰頌。至於所刺、所諫，欲聞其人之耳，故亦曰頌也。樂記曰：「清廟之瑟，朱弦而疏越，一唱而三歎。」又曰：「君子於是語，於是道古。」豈即頌之義也歟？

鄭氏頌譜頌訓爲容，蓋漢讀然也。漢書儒林傳「徐生善爲頌」，師古注「頌，讀與容同」是也。孔氏正義：「頌之言誦也，誦今之德，廣以美之。」是誦即頌也。

正變之説，出於大序，而文中子取以説豳風，其後諸儒皆從之。鄭漁仲始倡風雅無正變之論，而葉氏、見段氏、程氏集説。章氏因之，二者反覆，莫能相一。以余觀之，正變猶美刺也。詩有美不能無刺，故有正不能無變。以其略言之，始美衛武，美鄭武，美周公，美宣王；刺衛宣，刺鄭莊，刺時，刺亂，刺宣王，刺幽、厲，此顯言美刺者也。如莊姜傷己，閔無臣，思周道，大夫閔時，衛女思歸，思君子，南征，復古，此隱言美刺者也。美者可以爲勸，刺者可以爲懲，故正變俱録之。編詩先後，因乎時代，故正變錯陳之。若謂詩無正變，則作詩無美刺之分，不可也；謂周、召爲正，十三國風爲變，鹿鳴以下爲正，六月以下爲變，文王以下爲正，民勞以下爲變，則序所謂美與刺者，俱無以處之，亦不可也。

胡氏春秋集傳曰：「孟子曰：『王者之迹熄而詩亡，詩亡然後春秋作。』蓋自黍離降爲國風，天下無復有雅，而王者之詩亡矣。春秋作於隱公，適當雅亡之後，謂詩亡者，雅詩亡也。夫詩必雅而後爲詩，則周、召十三國風不得謂之詩歟？詩有美刺，而風亦有美刺，雅有諷諭，而風亦有諷諭，安在風不如雅，無與於詩亡之數也？即曰十三國風，朝會燕享不歌其詩，而二南則鄉飲用之，鄉射用之，房中用之，安在風不如雅，無與於詩亡之數也？苟風與雅同謂之詩，則風詩中多春秋時事，而孟子謂之詩亡然後春秋作，其合雅與風言之，無疑矣！」按：小雅六月序曰：「小雅盡廢則中國微。」則雅亡於幽、厲矣。列國之詩，終於株林、澤陂，則風亡於陳靈矣。陳氏曰：「檜亡，東周之始也；曹亡，春秋之終也。」於檜之卒章曰：「思周道也，傷天下之無王也。」於曹之卒章曰：「思治也，傷天下之無霸也。」合而觀之，雅之亡，亡於無王；風之亡，亡於無霸。雅亡而風存，人猶知是非美刺也。迨風雅俱亡，而詩遂掃地盡矣！此春秋所以不得不作也。孟子曰：「其事則齊桓、晉文。」齊、晉者，春秋之始終也。宣公十一年冬，楚子入陳，明年六月，遂有邲之戰。是時，楚莊始霸，而晉始衰。未及十年，成公會楚公子嬰齊於蜀，又及楚盟，天下政枋，自此盡失，不可復挽，故風所以終陳靈也。詩之所以亡，孟子固微言之，人特習而不察耳。

周禮大師「教六詩，曰風，曰賦，曰比，曰興，曰雅，曰頌」，大序引以爲說。蓋風雅頌者，詩之名也；

興比賦者，詩之體也。名不可亂，故雅頌各有其所；體不可偏舉，故興比賦合而後成詩。自三百篇以至漢、唐，其體猶是也。毛公傳詩，獨言興，不言比賦，以興兼比賦也。人之心思，必觸於物而後興，即所興以爲比而賦之，故言興而比賦在其中。毛氏之意，未始不然也，然三百篇惟狡童、褰裳、株林、清廟之類直指其事，不假比興，其餘篇篇有之。傳獨於詩之山川草木鳥獸起句者始謂之興，則幾於偏矣！詩或先興而後賦，或先賦而後興，如簡兮至卒章始云「山有榛，隰有苓」之類是也。見其篇法錯綜變化之妙。毛氏獨以首章發端者爲興，則又拘於法矣。文公傳詩，又以興比賦分而爲三，無乃失之愈遠乎！

文心雕龍曰：「毛公述傳，獨標興體，以比顯而興隱。」鶴林吴氏曰：「賦直而興微，比顯而興隱，故毛公不稱比賦。」朱氏又於其間增補十九篇，而摘其不合於興者四十八條，且曰：「關雎，興詩也，而兼於比；緑衣，比詩也，而兼於興；頍弁一詩，興比賦兼之。」則析義愈精，恐未然也。

二南二十二篇，皆述太姒之事，然一太姒也，何以爲后妃？何以爲夫人？一文王也，何以爲王者？何以爲諸侯？或曰：「文王於商爲諸侯，及受命追王，則爲王者。太姒亦然，時有先後故也。」然追王後於諸侯，則周南宜後於召南矣，有是理乎？昔者，歐陽公嘗疑之而不得其解，因取魯詩哀周之説以爲近之。而朱子謂子孫無故播其先祖之失，於理未安，然於后妃夫人，終仍舊説，而未有所發明也。按：小序曰「關雎，后妃之德也。葛覃，后妃之本也。卷耳，后妃之志也」云云，未嘗指言后妃夫人爲何如人，後之訓詁家推跡其自始以爲太姒耳。儀禮鄉飲酒、鄉射皆合樂周南關雎、葛覃、卷耳，鵲巢、采蘩、采蘋，燕禮弦歌周南、召南之詩，則周公作儀禮時已有周南、召南，豈召公作之而被之管弦歟？抑公采之而付之太師歟？既爲房中之樂，則必歌之宴寢之間，鄭氏所謂后夫人所諷誦以事其君子者也。今讀其詞，有勸勉教誡諷諭之意，蓋欲爲后妃夫人者，如詩言云爾，不必言后妃夫人何人也。小雅鹿鳴燕羣臣，四牡勞使臣，常棣燕兄弟，伐木燕朋友，何嘗謂如何羣臣，如何使臣、兄弟、朋友耶？古之燕享皆有樂，樂必有詩，歌詩必類二雅，如此者極多，何風獨不然也？難者曰：「然則周南、召南與文王、太姒無與耶？」曰：「不然也。作詩之意，或本於文王、太姒，而周公隸之爲房中樂，則又以是告後之爲后妃夫人者矣。周自姜嫄兆祥，至太王有姜女，王季有太任，文王有太姒，累世歸德，至太姒而始大，而文王又有刑于寡妻之詩，故説者據是爲文王耳。其實不可考矣。若泥是求之，則歐陽所謂鄭譜之説，左右皆不能合者也。」

或問曰：「鄭謂文王受命作邑於豐，乃分岐周地爲周公旦、召公奭之采邑，是爲周南、召南。其説然歟？」曰：「非也。二公之封，在武王克殷之後，樂記所謂『三成而南，四成而南國是疆，五成而分周公左、召公右』是也。史記魯、燕世家載封國始末，不言文王。惟江漢四章有文王受命，召公維翰之語，鄭或據是以爲文王。然以召南言之，甘棠三章三詠召伯，當是時，文王已爲西伯矣，而復命召奭，是一國而二伯也。且吾不知命之者爲商紂耶？爲文王耶？揆之二者，俱未安。是以知鄭説之非也。」「然則二南何以言文王？」曰：「此追詠其事而歸美焉，兼取當時國人之所作而繫之，所謂善則歸君，臣子之義也。且微獨二南而已。豳七月八章，舊謂詠后稷先公時事，未嘗以是爲后稷先公之詩，而二南獨謂之文王，何也？」

魯之無風也，鄭曰：「周尊魯，故巡狩述職不陳其詩。」其果然者耶？幽、厲以後，王者之不巡狩久矣，十三國風，誰采而誰録之耶？天子賞罰，視其詩之貞淫。天子尊魯，何妨采其詩之貞者，以示異於天下，乃併其美而掩蔽之，安在其尊魯耶？縱天子不采，魯亦不當自廢。何季札觀樂，偏及諸國，而魯乃寂無歌詩，又何耶？魯之有頌也，鄭曰：「孔子録之，同於王者之後，蓋言褒也。」朱子曰：「著之於篇，所以見其僭，蓋言貶也。」是皆泥風爲諸侯之詩，雅頌爲天子之詩，故致論説之紛紛也。余聞之師曰：類稿詩問。「十五國之中有二南，是天子之詩也。雅頌之中，小雅有賓之初筵，大雅有抑，頌有魯，是皆諸侯之詩也。不得以風詩專屬之諸侯，雅頌專屬之天子也。」足以破衆説之紛紛矣。

詩説附録

答薛孝穆書

前致詩説三卷，求正足下，足下閲未三日，已了大意，損惠手書，始有稱美，繼有辨正，蓋欲摘其瑕者，必先指其瑜，此足下委曲開誘之盛心也。僕於足下之諛我敢自喜，足下之規我者敢自是哉！然僕立説之旨，惟是以經解經，而反覆來書，似與經有相戾者，不敢舍我説而從足下也。足下謂僕之可删者，蓋「艷妻」、「鳶魚」二條，其説無大關係，從足下删之，可也。謂僕之可商者，一則桃夭、摽梅二章，此僕論詩之取興也。桃之花後于梅，宜興男女之後時；梅之花先於桃，宜興男女之及時，而詩言反是，故知不取花而取實也。詩之比興，猶易之取象，非如今人信口任臆漫取一物而謂之比興也。且僕之言，固有所本矣。足下乃謂，古人以二至之前後，或純陽，或純陰，不宜於男女之會，會則恐傷陰陽之和，男女有不永年者。不知足下據何經文也？以僕所聞，九月至正二月，月皆爲昏時。孫卿曰：「霜降逆女，冰泮殺止。」家語曰：「霜降婦功成，而嫁娶行焉。」冰泮農事起，昏禮殺於此。霜降者，九月也。冰泮者，正二月也。故詩曰：「士如歸妻，迨冰未泮。」則九月至正二月，皆爲古人昏時。而足下謂冬至純陰，不可會男女，得無悖於禮乎？不知足下所據何書，而僕何未之前聞也？足下又謂，適有此花，其色少好，其葉美盛，而且有實，故詩人以爲言。夫桃之始花，未有葉與實也，花實非一時事，足下比而合之，亦未之致思矣。其一則論生民之姜嫄，此僕闢鄭說之妄也。足下不然吾言，猶爲有據，不如前說之臆造矣。然足下所言，昔人已盡言之，僕向時不置辨者，以爲不足辨也，今不得不爲足下辨矣。足下謂，姜嫄配合生子，人道之常，何以名之曰棄？何以寘之隘巷、平林、寒冰？僕則謂，姜嫄之棄后稷，蓋以不坼不副之異，非以感上帝之異也。鄭莊寤生，姜氏惡之；芮司徒生女，赤而毛，弃之堤下，若此類者，亦將謂之有感而生耶？而司徒之女，何以亦名之曰弃耶？子文之賢，虎且乳之，則鳥之覆翼，牛羊之腓字，未足爲后稷怪也，烏得以鄭氏妄誕穢褻之論，誣上帝以及姜嫄哉！足下謂疑而未決者，則僕論歸寧非禮一條。此係僕之創見，宜足下之駭而未肯信也。然僕據孔子春秋以駁左氏、趙氏，不爲無據。足下欲反吾說，亦必證據於六經，而後可與僕合要。今但引僕所駁左氏一語，則僕之所據者經，足下之所據者傳，以傳駁經，已爲輕重失類，而又無他事可援，則足下爲不能舉其契矣！且足下亦知左氏之傳，有自相剌戾而不可從者乎？左氏曰：「諸侯之女歸寧曰來。」又曰：「夫人歸寧曰如某。」則文姜之如齊，得謂之歸寧，而文姜之如莒，亦得謂之歸寧耶？其言前後反覆剌謬如此，此僕所以據經以駁傳也。足下又謂，春秋之杞伯姬，或依列國之告文，如「夏五」傳疑之類。內女之來，何待於告？且諸侯之女行，惟王后書，傳固明言之矣。「郭公」、「夏五」之類，不過數事，若以此盡疑春秋，則六經無全書可信。足下言此尤誤。僕聞古人立説，彼此不妨異同，然其要歸，必折衷於六藝，未聞率臆任心，無所證據如前者云云也。足下規僕，僕藉是以規足下，蓋友朋之道應爾，非僕之不能商論下氣也，幸思之。

答吴超士書

詩説昨送覽，附一短札，求足下指抉疏謬，規我不及。頃果辱書，甚善。但言顧寧人先生日知録有辨朔方非晉陽，韓城非同州極精當，不知足下何以云爾也。昨請正者僕之書，今稱説者顧之語，無乃所對非所問耶？揣足下意，或以僕論宣王一條與顧不相合耶？此閒無日知録及廿一史可攷，然僕書具在，試一一爲足下分別之。僕謂周家防禦之失，一壞於穆王，再壞於宣王。穆王之北伐也，遷戎於太原，則朔方之險不足恃矣。宣王之北伐也，僅至太原，不修城隍，不設戍兵，其計固已疏矣云云。此以六月、采薇二詩參互爲説也。采薇曰，天子命我，城彼朔方，是文王之築城以禦戎也；曰「我戍未定，靡使歸聘」，是文王之設戍兵以守朔方也。六月六章，不聞有是，故曰計之疏。「侵鎬及方」，傳與箋俱不詳其地。然采薇〔一〕言「往城于方」下，即有「城彼朔方」之文，則戎所侵之方，即文所築之朔方可知矣。漢武帝元朔二年，衛青出雲中以西至隴西，擊白羊王於河南，遂取河南地，築朔方，因河以爲固。則知隴西形勢莫險於朔方，朔方既城，則河西北之戎，不得不遠徙而他之。大雅所謂「行道兑矣」者，城朔方之效也。穆王不察，遷之内地，則朔方自此被兵，而險不足恃矣，故曰一壞於穆王。宣王之北伐也，不驅之遠去，僅至遷戎之地而還，我出則歸，我歸則出，遂至不可扞禦，故曰再壞於宣王。蓋僕之意如此。若太原非晉陽，僕固以史證之，所謂穆王遷戎於太原是也。又其詩言焦穫，言朔方，言涇陽。涇陽在平涼，焦穫在涇陽北，朔方在隴西之河南，三者相去不遠，其非晉陽之太原，不辨而知矣。僕作書時，止於立論，不暇詳及地名。今覆意之，未嘗與顧説牴牾，不知足下何以云爾也！至大雅韓城云云，王肅、酈道元、王應麟輩攷之辨之詳矣，豈足下俱未之見，而詫顧説爲新奇耶？抑日知録更有所攷耶？僕不知足下何以云爾也。足下博學好古，又習聞前輩議論，必有以規我所不足者，幸詳示。不宣。

再與吴超士書

昨力疾作答，率其胸臆，語多失倫，且愧且懼，以爲足下必督過之，不謂又賜手書，反辱推重，是重僕之愧也。又云「胸無寸書，舌本木强，安敢當兄旗鼓」，是足下之謙言也。僕求援於足下，非與足下爲

〔一〕「采薇」，當爲「出車」。

敵，何旗鼓之有？且足下亦非不能軍者也。僕終望足下啟之導之，不願足下以虛文相羈縻也，故終竭其區區之疑，惟足下察焉。足下據顧寧人日知録論太原一條，云太原者，平涼也，後魏所立原州是也。其言固有所本，今俗所刻孫氏毛詩亦載之矣。然僕反覆思之，終不能無疑焉。郡縣志原州平涼縣本漢涇陽縣，若顧所謂太原即漢所謂涇陽也。涇陽始見於詩，漢取以名縣，屬安定郡，以涇水得名，故涇陽、臨涇爲鄰邑。地理志涇水出安定郡涇陽縣西開頭山，東南至京兆陽陵縣入渭。開頭山在百泉，大雅所謂「逝彼百泉」者是也。據雅言，當在豳之竟内。周自豳遷岐，自岐遷豐，自豐遷鎬，相去不過百餘里，則涇陽固畿輔近地，似非戎所錯居，而史何以言穆王遷畎戎於太原也？戎既居太原矣，則闌入竊邊，當由涇陽而深入，詩何以言「侵鎬及方，至於涇陽」也？若謂穆王所遷之太原，非宣王所伐之太原，則晉陽、太原乃姜氏之戎，非畎戎也。春秋外傳：「宣王即位，不藉千畝。三十九年，戰於千畝，王師敗績於姜氏之戎。」左傳亦云：「其弟以千畝之戰生。」杜預注謂千畝在介休縣南，即此。其不得混畎戎於姜戎亦明矣。若謂戎本不處太原，則宣王北伐不應及是而止，若詩所謂如鎬如方，聽其驛騷而已也，此僕之所以不能無疑也。竊嘗歷攷諸說，惟穀梁傳中國爲大原之説近之。大如字。以其説合之詩辭，宜在焦穫之外，故曰「玁狁匪茹，整居焦穫」，言中國之地，非戎所宜居也。朱子集傳引用其語，然以太原爲晉陽者，誤也。由焦穫而晉陽，綿歷道里，故曰侵曰及曰至，言自遠而近也。寰宇記謂焦穫藪在涇陽縣北十數里者，亦誤也。夫地不親歷，而臆斷其遠近，昔人所以多誤，而僕復云然，是又蹈昔人之誤者也。然不敢畜其疑，願與足下共證之，慎無謂僕跳盪好戰，而閉壘增壁，堅卧不出也。

附録

惠氏先世居扶風，後徙洛陽。靖康末，扈蹕如臨安，家湖州。後遷吴縣東渚邨。五傳至洪，年一百五歲，吴下所稱百歲翁是也。洪生萬方，萬方生有聲，世稱樸菴先生，爲先生之尊人。先生由東渚邨遷居郡城東南香溪之北。郡城東禪寺有紅豆一株，相傳白鴿禪師所種，老而枯矣，至是時復生新枝。先生移一枝植階前，生意郁然，有紅豆新居圖，自題五絶句，又賦紅豆詞十首，和者二百餘人。四方名士過吴門者，必停舟訪焉，因自號紅豆主人，海内學者稱爲紅豆先生，鄉人稱曰老紅豆先生。半農曰少紅豆先生，松崖曰小紅豆先生。江藩國朝漢學師承記。

先生爲密雲令，邑當出國孔道，值王師北征，軍需孔亟，馬瘏僕痡，艱苦萬狀，至侘傺憂懣以死。鄭方坤撰小傳。

先生説詩解頤，故餘事爲詩，皆導源三百，蓋其學問根柢，於一時輩流中，與同郡嚴思菴相驂駕，用能原原本本，卓然成一家之言，不徒鞶帨爲工，如明季詩人僅以五七言著已也。有北征、紅豆、峥嶸、囈語等集。同上。

汪堯峯曰：「吾友惠子元龍，好爲淹博之學，其於諸經也，潛思遠引，左右采獲，久之而怳若有悟，間出己意，爲之疏通證明，無不悉有依據，非如專門之家，守其師説而不變者也。其所著詩説先成，多所發明，雖未知於孔子删詩之意果合與否，然博而不蕪，質而不俚，善辨而不詭於正，亦可謂毛、鄭之功臣,夾漈、紫陽之諍子矣。」汪琬撰詩説序。

田紫綸曰:「詩家之廢久矣,惠子元龍嘗讀詩而病之,因著詩説三卷。其旨本於小序,其論采於六經,旁搜博取,疏通證據,雖一字一句,必求所自,而攷其義類,晰其是非,蓋有漢儒之博,而非附會,有宋儒之醇,而非膠執,庶幾得詩人之意,而爲孔子所深許者歟!」田雯撰詩説序。

研谿家學

惠先生士奇

惠士奇字天牧,一字仲儒,晚年自號半農人,研溪子。康熙辛卯進士,改庶吉士,授編修。庚子典試湖南,尋督學廣東。雍正癸卯,命留任,洊升侍讀學士。後罷官。乾隆丁巳,補侍讀。戊午,以病告歸。辛酉,卒,年七十有一。先生盛年兼治經史,晚尤邃於經學,撰易説六卷,禮説十四卷,春秋説十五卷。於易,雜釋卦爻,專宗漢學,以象爲主。於禮,古音古字皆爲分别疏通。於春秋,以禮爲綱,而緯以春秋之事,言必據典,論必持平。先生幼讀史,於天文、樂律二志未盡通曉。及官翰林,因新法究推步之原，著交食舉隅二卷。悟陽正陰倍之義法存於琴篴〔一〕，撰琴篴理數考四卷。又所著詩有紅豆齋小草、詠史樂府及南中諸集。參史傳、江藩國朝漢學師承記、又附見惠吉士記。

易說

易始於伏羲，盛於文王，大備於孔子，而其說猶存於漢。不明孔子之易，不足與言文王；不明文王之易，不足與言伏羲。舍文王、孔子之易而遠問庖犧，吾不知之矣。漢儒言易，如孟喜以卦氣，京房以通變，荀爽以升降，鄭康成以爻辰，虞翻以納甲，其說不同，而指歸則一，皆不可廢。今所傳之易，出自費直，費氏本古文，王弼盡改爲俗書，又創爲虛象之說，遂舉漢學而空之，而古學亡矣。易者，象也。聖人觀象而繫辭，君子觀象而玩辭，六十四卦皆實象，安得虛哉！

禮說

禮經出於屋壁，多古字古音。經之義存乎訓，識字審音，乃知其義，故古訓不可改也。康成注經，皆從古讀，蓋字有音義相近而譌者，故讀從之。後世不學，遂謂康成好改字，豈其然乎！康成三禮、何休公羊，多引漢法，以其去古未遠，故借以爲說。賈公彥於鄭注如「飛茅」、「扶蘇」、「薄借綦」之類，皆不

〔一〕「篴」，原空缺，據國朝漢學師承記補。下同。

能疏，所讀之字亦不能疏，輒曰從俗讀，甚違「不知蓋闕」之義。夫漢遠於周，而唐又遠於漢，宜其説之不能盡通也，況宋以後乎！周、秦諸子，其文雖不盡雅馴，然皆可引爲禮經之證，以其近古也。

春秋説

春秋三傳，事莫詳於左氏，論莫正於穀梁。韓宣子見魯春秋曰：「周禮盡在魯矣。」然則春秋本周禮以記事也。左氏褒貶，皆春秋諸儒之論，故紀事皆實，而論或未公。公羊不信國史，惟篤信其師説，師所未言，則以意逆之，故所失常多。要之，左氏得諸國史，公、穀得之師承，雖互有得失，不可偏廢。後世有王通者，好爲大言以欺人，乃曰「三傳作而春秋散」，於是啖助、趙匡之徒爭攻三傳，以伸其異説。夫春秋無左傳，則二百四十年盲然如坐闇室之中矣。公、穀二家，即七十子之徒所傳之大義也。後之學者，當信而好之，擇其善而從之。若徒據孟子「盡信書不如無書」之説，力排而痛斥之，吾恐三傳廢而春秋亦隨之而亡也。左氏最有功於春秋，公、穀有功兼有過，學者信其所必不可信，疑其所必無可疑，惑之甚者也。

附　録

研溪先生夢東里楊文貞公來謁，已而先生生，遂以文貞之名名之。年十二，即能詩，有「柳未成陰夕照多」之句，爲先輩所激賞。二十一爲諸生，不就省試。或問之，則曰：「胸中無書，焉用試爲！」奮志力學，晨夕不輟，遂博通六藝九經諸子及史、漢、三國志，皆能闇誦。嘗與名流宴集，坐中有難之者曰：「聞君熟於史、漢，試爲誦封禪書。」先生朗誦終篇，不遺一字，衆皆驚服。江藩國朝漢學師承記、又附見惠吉士記。

聖祖嘗問廷臣誰工作賦，蔣文肅時爲閣學，以華亭王頊齡、仁和湯右曾及先生三人對。其後己亥正月，太皇太后升祔禮成，奉命祭告炎帝陵、舜陵。故事，祭告使臣，學士以上乃得開列。先生以編修與，異數也。史傳、錢大昕撰傳、江藩國朝漢學師承記、又附見惠吉士記。

先生視學廣東，下車日，焚香設誓，不妄取一文，不妄徇一情。頒條教以通經爲先，士子能背誦五經，背寫三禮、左傳者，諸生食廩餼，童子青其衿。嘗言漢時蜀郡僻陋，有蠻夷風，文翁爲蜀守，選子弟就學，遣雋士張寬等東受七經，還以教授。其後司馬相如、王褒、嚴遵、揚雄相繼而起，文章冠天下。漢之蜀，猶今之粤也。於是毅然以經學倡。三年後，通經者漸多，文體爲之一變。同上。

先生謂今之校官，古博士也。博士明於古今，通達國體，今校官無博士之才，弟子何所效法！訪諸輿論，得海陽進士翁廷資者，即具疏題補韶州府教授，將以誘進多士。吏部以學臣向無題補官員之例，格不行。奉旨，惠士奇居官聲名好，所舉之人諒非徇私，著照所請補授，後不爲例。同上。

先生在粤，任滿還都，送行者如堵牆。既去，粤人尸祝之，設木主配食先賢：潮州於昌黎祠，惠州於東坡祠，廣州於三賢祠。每元旦及生辰，諸生咸肅衣冠入拜。江藩國朝漢學師承記、又附見惠吉士記。

先生於雍正丙午冬還朝，入對不稱旨，罰修鎮江城，以産盡停工，削籍。乾隆丙辰，復調取入京，免欠修城銀，令纂修三禮。史傳。

楊駿驤曰：「公一生學行爲海内宗仰，士君子知與不知，聞公名皆翕然推服無異詞。超曾親炙公二十餘年，聆公緒言餘論，見公行己立身，乃知公之學非一世之學，公之行實有高世之行也。」楊超曾撰墓志銘。

案：楊超曾字駿驤，武陵人，康熙乙未進士，官至吏部尚書，署江南、江西總督，謚文敏，國史有傳，爲先生高第弟子。先生視學粤東時，有高才生蘇珥、羅天尺、何夢瑶、陳海六，時稱惠門四子，坿識之。

惠先生棟

惠棟字定宇，一字松崖。半農七子，先生最著。初爲吴江學生員，復改歸元和籍。自幼篤志向學，家多藏書，日夜講誦，於經、史、諸子、稗官野乘，及七經毖緯之學，靡不肄業及之，小學本爾雅，六書本説文，餘及急就章、經典釋文、漢、魏碑碣，自玉篇、廣韻而下勿論也。年五十後，專心經術，尤邃於易，謂宣尼作十翼，其微言大義，七十子之徒相傳，至漢猶有存者。自王弼興而漢學亡，幸傳其略於李鼎祚集解中。精研三十年，引伸觸類，始得貫通其旨，乃撰周易述一編，專宗虞仲翔，參以荀、鄭諸家之義，約其旨爲注，演其説爲疏，漢學絶而復章。書垂成而疾革，遂闕鼎至未濟十五卦，及序卦、雜卦傳二篇。

孔氏正義據馬融、陸績說，以爻辭爲周公所作，與鄭學異。其所執者，明夷六五云「箕子」，升六四云「王用享于岐山」，皆文王後事也。先生獨能辨之。於明夷之五曰：「箕子當從古文作『其子』，『其』古音『亥』，亦作『其』。劉向云：『今易「其子」作「荄茲」。』荀爽據以爲說，讀『其子』爲『荄茲』。『其』與『亥』，『子』與『茲』，文異而音義同。三統術云『該閡于亥』，『孳萌于子』，該荄亦同物也。五本坤也，坤終於亥，乾出於子，用晦而明，明不可息，故云『其子之明夷』。馬融俗儒，不識七十子傳易之大義，讀『其』爲『箕』，蓋涉象傳而譌。五爲天位，箕子臣也，而當君位，乖於易例甚矣。謬種流傳，兆於西漢。博士施讐讀『其』爲『箕』，蜀人趙賓述孟氏之學，以爲箕子明夷，陰陽氣無箕子，箕子者，萬物方荄茲也。賓據古義以難諸儒，諸儒皆屈，於是施讐、梁丘賀皆嫉喜而並及於賓。班固作喜傳，亦用讐、賀之單詞，皆非實録。劉向別録猶循孟學，故馬融俗說，荀爽獨知其非，復用賓古義，而晉人鄒湛以漫衍无經譏之。蓋魏、晉以後，經師道喪，王肅詆鄭氏而禘郊之義乖，袁準毀蔡、服而明堂之制亡，鄒湛譏荀諝而周易之學晦，郢書燕說，一倡百和，何尤乎後世之紛紜也！」於升之四曰：「文王爻辭，皆據夏、商之制。春秋引夏書『惟彼陶唐，帥彼天常，有此冀方』，服虔云：『堯居冀州，虞、夏因之。』禹貢冀州『治梁及岐』，爾雅云：『梁山，晉望也。』諸侯三望，天子四望，梁山爲晉望，明梁、岐皆冀州之望。此王謂夏后氏受命祭告，非文王也。」其論占筮之法曰：「易稱天下之動貞夫一，故卦爻之動，一則正，兩則惑。京氏筮法，一爻變者爲九六，二爻以上變爲八。晉公子得貞屯悔豫皆八，乃三爻變，不稱屯之豫而稱八；穆姜遇艮之八，乃五爻變，不稱艮之隨而稱八，所謂貞夫一也。七者，蓍之數；八者，卦之數。蓍圓而神，卦方以知，神以知來，知以藏往。知來爲卦之未成者，藏往爲卦之已成者，故不曰七而曰八。春秋内外傳無筮得某卦之七者，以七爲蓍之數，未成卦也。」又因學易而悟明堂之法，撰明堂大道録八卷、禘説二卷。大略謂説卦「帝出乎震」，帝者，五帝也，在太微中，五德相次以成四時，聖人法之，立明堂爲治天下之大法。明堂有五室四堂，室以祭天，堂以布政。王者承天統物，各於其方以聽事，謂之明堂月令，今所傳月令是也。古之聖人，生有配天之德，没有配天之祭，故太皞以下，歷代所禘。太皞以木德，炎帝以火德，黄帝以土德，少皞以金德，顓頊以水德。王者行大享之禮於明堂，謂之禘、祖、宗，其郊則行之南郊。禘、郊、祖、宗四〔一〕大祭，而總謂之禘者，禘其祖之所自出故也。鄭注大傳「不王不禘」，及詩長發「大禘」箋，皆云「郊祀天」，是郊稱禘也。周頌雝序云「禘太祖也」，鄭箋云「太祖謂文王」，是祖稱禘也。劉歆云「大禘則終王」，是宗稱禘也。董子曰：「天地者，先祖之所自出也。」禘者，禘其祖之所自出，故四大祭皆蒙禘名。先儒皆以明堂上有靈臺，下有辟雍，四門有太學。頴容春秋釋例云：「太廟有八名：肅然清静，謂之清廟；行禘祫，序昭穆，謂之太廟；告朔行政，謂之明堂；行饗射〔二〕，養國老，謂之辟雍；占雲物，望氛祥，謂之靈臺；其四門之學，謂之太學；其中室〔三〕，謂之太室，總謂之宫。」盧植禮

〔一〕「四」，原作「曰」，據國朝漢學師承記改。
〔二〕「射」，原脱，據國朝漢學師承記補。
〔三〕「室」，原作「堂」，據國朝漢學師承記改。

記注亦云：「明堂即太廟，與靈臺、辟雍古法皆同一處，近世殊異，分爲三耳。」而晉時袁準著論非之，昧於古制矣。王者覲諸侯或巡狩四岳，則有方明。方明者，放乎明堂之制也。亦謂之明堂，荀子所謂「築明堂於塞外以朝諸侯」。戰國時，齊有泰山明堂，即方明也。周書「朝諸侯則於明堂，覲諸侯則設方明」，故虞禋六宗，而覲四岳羣牧，周禮方明，而覲公侯伯子男。六宗方明，即明堂六天之神，鄭氏謂天之司盟，非也。自明堂之制不詳，而禘禮亦廢。鄭氏知圜丘方丘之謂禘，而不知爲明堂六帝。王肅又誤據魯禘，改禘爲宗廟之祭，無配天之事，此魏明所以廢漢四百餘年廢無禘祀也。禘行於明堂，明堂之法本於易。中庸言至誠可以贊化育，與天地參，此明堂配天之義也。又有易漢學七卷，易例二卷，周易本義辨證五卷，古文尚書考二卷，左傳補注六卷。其注「秦穆姬屬賈君」，用唐尚書說，以賈君爲申生妃；「令尹蔿艾獵」，用世本〔一〕說，爲叔敖之兄；「同盟於亳城北」，用服虔本，證「亳」爲「京」之譌；「塹防門而守之廣里」，用續漢書及京相璠說，以防門、廣里爲地名；「吴句餘」用服虔說，以爲吴子餘祭；「萬者二人」，用吴仁傑說，「二人」當爲「二八」；「臧文仲廢六關」，訓「廢」爲「置」，讀如公羊「廢其有聲者」之「廢」，皆前人所未及道也。又撰九經古義十六卷，後漢書補注十五卷，惠氏讀說文記十五卷，山海經訓纂十八卷，漁洋山人精華録訓纂二十四卷，太上感應篇注二卷，九曜齋筆記二卷，松崖筆記二卷。又有諸史會最、竹南漫録，皆未成書。卒於乾隆戊寅，年六十有二。參史傳、江藩國朝漢學師承記、又

〔一〕「本」，原脱，據國朝漢學師承記補。

附見惠吉士記。

易漢學自序

六經定于孔子，燬于秦，傳于漢。漢學之亡久矣，獨詩、禮、公羊猶存毛、鄭、何三家。春秋爲杜氏所亂，尚書爲僞孔氏所亂，易經爲王氏所亂。杜氏雖有更定，大校同于賈、服；僞孔氏則雜采馬、王之説，漢學雖亡而未盡亡也。惟王輔嗣以假象説易，根本黄、老，而漢經師之義蕩然無復有存者矣。故宋人趙紫芝有詩云：「輔嗣易行無漢學，元暉詩變有唐風。」蓋實録也。棟曾王父樸菴先生，嘗閔漢學之不存也，取李氏易解所載者，參衆説而爲之傳，天、崇之際，遭亂散佚，以其説口授王父，王父授之先君子，先君子于是成易説六卷，又嘗欲别撰漢經師説易之源流而未暇也。棟趨庭之際，習聞餘論，左右采獲，成書七卷，自孟長卿以下，五家之易，異流同源，其説略備。嗚呼！先君子即世三年矣，以棟之不才，何敢輒議著述。然以四世之學，上承先漢，存什一于千百，庶後之思漢學者，猶知取證，且使吾子孫無忘舊業云。是爲序。

古文尚書考自序

孔安國古文五十八篇，漢世未嘗亡也，三十四篇與伏生同，二十四篇增多之數，篇名具在。劉歆造三統曆，班固作律曆志，鄭康成注尚書序，皆得引之，特以當日未立於學官，故賈逵、馬融等，雖傳孔學，不傳逸篇。融作書序，亦云逸十六篇，絶無師説。十六篇内，九共九篇，故二十四。蓋漢重家學，習尚書者皆以二十九篇爲備。伏生二十八篇，太誓後得，故二十九。劉歆移書太常曰：「抑此三學，以尚書爲備。」臣瓚曰：「當時學者，謂尚書唯有二十八篇，不知本有百篇也。」三學謂逸禮、尚書、左傳。于時雖有孔壁之文，亦止謂之逸書，無傳之者。服虔左傳解誼以毛詩都人士首章爲逸詩，以未立于學官故也。然其書已入中祕，是以劉向校古文得録其篇，箸于別録。至東京時，惟亡武成一篇，而藝文志所載五十七篇而已。劉向別録五十八篇。其所逸十六篇，當時學者咸能案其篇目，舉其遺文，雖無章句訓故之學，翕然皆知爲孔氏之逸書也。或曰：「古文出于晉世。若兩漢先嘗備具，何以書傳所引太甲、説命諸篇，漢儒羣目爲逸書歟？」曰：「今世所謂古文者，乃梅賾之書，非壁中之文也。賾采摭傳記，作爲古文，以紿後世。後世儒者，靡然信從，於是東晉之古文出，而西漢之古文亡矣。孔氏之書，不特文與梅氏絶異，而其篇次亦殊。愚既備著其目，復爲條其説於左方，以與識古君子共證焉。」

孔氏古文尚書五十八篇

堯典。梅氏分出舜典。舜典。汩作。九共一。九共二。九共三。九共四。九共五。九共六。九共七。九共八。九共九。大禹謨。臯陶謨。梅氏分出益稷。棄稷。即益稷。禹貢。甘誓。五子之歌。嗣征。湯誓。湯誥。咸有一德。梅氏次大甲。典寶。梅氏次湯誓。伊訓。梅氏次湯誥。肆命。原命。般庚上。般庚中。般庚下。高宗肜日。西伯戡黎。微子。大誓上。大誓中。大誓下。牧誓。武成。建武之際亡。洪範。旅獒。金縢。大誥。康誥。酒誥。梓材。召誥。雒誥。多士。毋逸。君奭。多方。立政。顧命。康王之誥。冏命。當作畢命。粊誓。梅氏次文侯之命。呂刑。文侯之命。秦誓。

桓譚新論云：「古文尚書舊有四十五卷，爲五十八篇。」蓋賈、馬尚書三十四篇，益以孔氏逸篇二十四篇，爲五十八。内般庚三篇同卷，大誓三篇同卷，顧命、康王之誥二篇同卷，實二十九篇。逸書九共九篇同卷，實十六篇。合四十五卷之數，篇即卷也。與桓君山説合。藝文志四十六卷，兼序言之。

鄭氏述古文逸書二十四篇

舜典。汨作。九共一。九共二。九共三。九共四。九共五。九共六。九共七。九共八。九共九。大禹謨。棄稷。五子之歌。胤征。湯誥。咸有一德。典寶。伊訓。肆命。名陳政教所當爲也。原命。武成。旅獒。冏命。當作畢命。

藝文志云：「古文尚書者，出孔氏壁中。孔安國者，孔子後也，悉得其書，以攷二十九篇，得多十六篇。安國獻之。遭巫蠱事，未列於學官。」所謂十六篇者，即鄭氏所述逸書二十四篇也。正義曰：「以九共九篇共卷，除八篇，故爲十六。」

孔沖遠以孔氏十六篇爲張霸僞書，其説之可疑者有四焉。漢書儒林傳云：「孔氏有古文尚書，孔安國以今文字讀之，因以起其家逸書，得十餘篇，蓋尚書茲多於是矣。世所傳百兩篇者，出東萊張霸，分析合二十九篇以爲數十，又采左氏傳、書敘爲作首尾，凡百二篇。篇或數簡，文意淺陋。成帝時，求其古文者，霸以能爲百兩徵，以中書校之，非是。」案：傳先述逸書，後稱百兩，明逸書非百兩，其疑一也。經典序録曰：「百二篇文意淺陋，成帝時，劉向校之，非是，後遂黜其書。」夫校古文者，向也，識百兩之非古文者，亦向也，豈有向撰別録，仍取張霸僞書者乎？其疑二也。成帝之時，百篇具在，向、歆父子領校祕書，皆得見之。歆撰三統曆，述伊訓、武成、畢命諸篇，悉孔氏逸書之文也。觀歆移太常書，知孔氏古文具在。其後，武成亡於建武之際。至東漢之末，嗣征、伊訓猶有存者，故鄭康成注書閒一引之。注禹貢引嗣征，注典寶引伊訓。若百兩之篇傳在民閒，王充論衡曰：「百二篇書傳在民閒。」與壁中古文真僞顯然，當時學者咸能辨之，論衡十八卷引百兩篇云：「伊尹死，大霧三日。」豈有識古如劉子駿，篤學如鄭康成，以民閒僞書，信爲壁中逸典者也？其疑三也。律曆志載伊訓篇曰：「惟元年十有一月乙丑朔，伊尹祀於先王。」武成篇曰：「惟一月壬辰，旁死霸，古文魄、霸通。若翌日癸巳，武王迺朝步自周，於征伐紂。」畢命曰：「惟十有二年六月庚午朏。」云云。案：其文與梅氏所載略同，後人庴之爲張霸僞書者也。愚考王充論衡曰：「霸造百二篇，成帝出祕尚書以校攷之，無一字相應者。」夫霸書不與百篇相應，何後出古文獨與之同？其疑四也。孔沖遠又言：「僞作者，傳聞舊語，得其年月，不得以下之辭。」此説謬耳。百二篇與祕尚書無一字相應，安得如沖遠所云？且律曆志所據逸書，皆本三統曆，子駿親見古文，豈可以僞書庴之？

辨正義四條

正義曰：「伏生本二十八篇，般庚出二篇，如舜典、益稷、康王之誥凡五篇，爲三十三篇，加所增二十五，爲五十八。」

案：漢元以來，尚書無所謂三十三篇者。二十八篇者，伏生也；三十一卷者，歐陽也；蓋般庚出二篇，加大誓一篇，故三十一。一説二十八篇之外，加大誓析爲三篇。二十九篇者，夏侯也；依伏生篇數，增大誓一篇。三十四篇者，馬、鄭也。般庚、大誓皆析爲三篇，分顧命「王若曰」以下爲康王之誥，故三十四。梅氏去大誓三篇，梅既去大誓，則止有三十一篇。而分堯典、皋陶謨爲舜典、益稷二篇，於是有三十三篇之文，是其謬耳。且五十八篇既因於别録，其中增多二十五篇，又不與班氏藝文志相應，藝文志止十六篇，出九共八篇，爲二十四，此鄭氏書也。進退皆無據也。

正義曰：「前漢諸儒知孔本有五十八篇，不見孔傳，遂有張霸之徒，於鄭注之外，僞造尚書凡二十四，以足鄭注三十四篇，爲五十八篇。」

案：霸所僎有百兩篇，無僞造二十四篇之説。二十四篇之文，九共同卷，實十六篇。劉歆、班固皆以爲孔安國所得逸書，非張霸書也。自東晉二十五篇之文出，於是始以二十四篇爲僞書。信所疑而疑所信，此後儒所以不能無辨也。梅氏僞書如吴才老、朱晦菴、陳直齋、吴草廬、趙子昂諸人皆能辨之，但不知鄭氏二十四篇爲孔氏真古文耳。

正義曰：「鄭氏於伏生二十九篇之内，分出般庚二篇、康王之誥、又大誓三篇，爲三十四篇，更增益僞書二十四篇，爲五十八。以此二十四篇爲十六卷，以九共九篇共卷，除八篇，故爲十六，首藝文志。劉向别録云五十八篇。藝文志又云：『孔安國者，孔子後也，悉得其書。』以古文又多十六篇，篇即卷也，即是僞書二十四篇也。劉向作別録，班固作藝文志，並云此言不見孔傳也。」

案：壁中尚書，安國家獻之，劉向從而校之，故知見行之書，文字異者七百有餘，增多之篇，舜典已下一十有六。康成撰次篇目，皆仍孔氏之舊。如以十六篇爲僞書，則當日祕府所藏，亦難深信，而梅氏五十八篇之文，又何所據以傳於後耶？

正義曰：「案：伏生所傳三十四篇者，謂之今文，則夏侯勝、夏侯建、歐陽和伯等三家所傳，及後漢末蔡邕所勒石經是也。孔所傳者，膠東庸生、劉歆、賈逵、馬融等所傳是也。鄭玄書贊云：『我先師棘下生子安國，亦好此學。自世祖興，後漢衛、賈、馬二三君子之業，則雅材好博，既宣之矣。』又云：『歐陽氏失其本義。今疾此蔽冒，猶復疑惑未悛。』是鄭意師祖孔學，傳授膠東庸生、劉歆、賈逵、馬融等學，而賤夏侯、歐陽等。何意鄭注尚書亡逸，並與孔異。」

案：漢世儒者，惟鄭氏篤信古文，故於易傳費氏，於書傳孔氏，於詩傳毛氏，皆古文也。許慎亦從賈逵授古學，其撰説文解字，稱書孔氏、詩毛氏。由是言之，鄭祖孔學，又何疑乎？蓋古文自膠東庸生已下，代有經師。扶風杜林又得西州桼書互相攷證，衛、賈、馬諸君皆傳其學，故有雅材好博之稱。平帝立古文，而十六篇不著於録，以故絶無師説。沿至建武，武成之篇閒有亡者。尹敏、孫期、丁鴻、張楷皆通古文，然闕幘傳講二十九篇而已。大誓後得，古文實二十八篇。由西漢俗儒夏侯勝、師丹輩。信今疑古，撥弃内學，抑而不宣，至康成注書，嗣征、伊訓僅有存焉。然猶能舉其篇章，辨其亡逸者，此炎漢四百年古文經師之力也。迄乎永嘉，師資道喪，二京逸典，咸就滅亡。具隋經籍志。於是梅賾之徒，僞書當作偁於王肅。

肅好造僞書以詆康成，家語其一也。奮其私智，造爲古文，傳記逸書，掎摭殆盡，詳下卷。若拾遺秉而作飯，集狐腋以爲裘，二語本朱錫鬯。雖於大義無乖，然合之鄭氏逸篇，不異百兩之與中書矣。蓋孔氏既有古文，而梅復造之，鄭自與梅異，非與孔異也。

證孔氏逸書九條

孔君、伏生傳書，雖有古今之異，皆信以傳信，疑以傳疑，默相契合。如伏生書有堯典無舜典，有咎繇謨無弃稷，以二篇本闕也。而孔氏逸書別有舜典、弃稷二篇，正可補伏生之闕。又書大傳虞傳有九共篇云：「予辨下土，使民平平，使民無傲。」薛宣曰：「伏生稱九共，以諸侯來朝，各述其土地所生美惡，人民好惡，爲之貢賦、政教，略能記其語云。」今逸書亦有是篇，伏生見之，孔氏傳之，此信而有徵者。

王氏應麟曰：「五子述大禹之戒以作歌，仁義之人，其言藹如，豈朱、均、管、蔡之比。」楚士娓以五觀比於朱、均、管、蔡。愚案：墨子非樂篇云：「於武觀曰：『啟乃淫溢康樂，「啟乃」當作「啟子」，「溢」與「泆」同。野於飲食，將將銘莧磬以力，湛濁於酒，「湛」與「耽」同。耽淫，濁亂也。渝食於野，萬舞翼翼，章聞於大，當作「天」。天用弗式，故上者天鬼弗戒，下者萬民弗利。』」此逸書敘武觀之事，即書序之五子也。周書嘗麥曰：「其在夏之五子，今本夏訛殷。忘伯禹之命，假國無正，用胥興作亂，遂凶厥國。皇天哀禹，賜以彭壽，思正夏略。」五子者，武觀也。彭壽者，彭伯也。汲郡古文云：「帝啟十一年，放王季子武觀於西河。十五年，武觀以西河畔。漢東郡有畔觀縣。彭伯壽帥師征西河，武觀來歸。」注云：「武觀，即五觀也。」楚語士娓曰：「啟有五觀。」春秋傳曰：「夏有觀扈。」五子之歌，墨子述其遺文，周書載其逸事，楚詞云：「啟九辨與九歌兮，夏康娛以自縱。」即墨子所云「淫溢康樂，萬舞翼翼」是也。又云：「不顧難以圖後兮，五子用失乎家巷。」即周書所云「忘伯禹之命，遂凶厥國」是也。與内外傳所稱無殊。且孔氏逸書本有是篇，漢儒習聞其事，故韋昭注國語，王符撰潛夫論，皆依以爲說。安有淫泆作亂之人，述戒作歌，以垂後世者乎？梅氏之誣，不待辨而明矣。

書正義云：「鄭氏注禹貢引胤征云：『厥篚玄黃，昭我周王。』」詩鹿鳴云：「承筐是將。」鄭箋曰：「承，猶奉也。書曰厥篚玄黃。」興國建安本作「篚厥玄黃」，譌。正義云：「今禹貢止有厥篚玄纁之文，而鄭注禹貢引胤征曰厥篚玄黃，則此所引亦爲胤征文。鄭誤也，當在古文武成篇矣。鄭不見古文，而引張霸尚書，故不同耳。」愚案：孔氏逸書有胤征篇，漢末猶存，故鄭氏引之。孔沖遠必欲黜鄭扶梅，使梅氏僞書得以行世，豈非弃周鼎而寶康瓠歟？

孔氏逸書有湯誥篇，司馬遷從安國問，采入殷本紀。今梅氏別僎一篇，如「敢用玄牡，敢昭告于上天神后」云云，此湯誓之文也，故孔安國注論語堯曰篇，亦言「墨子載湯誓，其辭若此」，明湯誥無此文也。湯誥之文，安國尚不得而知之，況馬、鄭乎？緇衣引尹吉曰：「惟尹躬及湯，咸有一德。」鄭注云：「吉當爲告，古文誥字之誤也。尹告，伊尹之告也。書序以爲，咸有一德，今亡。」逸書有此篇，當康成時已亡也。緇衣又引云：「惟尹躬天，見於西邑夏，自周有終，相亦惟終。」注云：「天當爲『先』字之誤。伊尹言，尹之先祖，見夏之先君臣皆忠信以自終，今天絶桀者，以其自作孽。伊尹始仕於夏，此時就湯矣。」鄭爲此言者，據孔氏逸書爲說，蓋古文書序咸有一德次湯誥後，書正義云：「孔以咸有一德次大甲後第四十，鄭以爲在湯誥後第三十二，殷本紀於湯誥之下即云：「伊尹作咸有一德，咎單作明居。」鄭傳賈逵之學，馬遷從孔安國問，皆得其實。今僞孔氏以咸有一德次大甲後者，妄也。故鄭以尹告爲伊尹告成湯，即書序之咸有一德也，又當克夏之後，故云「始仕於夏，此時就湯」。皆古文説也。今梅氏以尹吉一篇之文分屬大甲，又以咸有一德爲陳戒大甲之辭，失之遠矣。

劉歆三統曆載伊訓篇律曆志同。曰：「『惟大甲元年十有二月乙丑朔，伊尹祀於先王，誕資有牧方明。』言雖有成湯、大丁、外丙、仲壬之服，以冬至越茀祀先王於方明以配上帝。」歆以方明爲明堂，配天越茀者，祭上帝越茀行事也。方明見覲禮篇。汲郡古文曰：「大甲十年，大饗於大廟，初祀方明。」此商家一代禘祭大典，惜其書不與堯典並傳。周因殷禮，故覲禮有方明。康成注典寶，引伊訓云：「載孚在亳。」又云：「征是三朡。」則此篇漢末猶存也。崔實政論曰：「皋陶陳謨而唐、虞以興，伊、箕作訓而殷、周用隆。」則伊訓之篇，子真曾見之矣。

劉向別録云：「古文尚書經五十八篇。」藝文志作五十七篇。康成云：「後又亡其一篇，故五十七。」案：康成書序注云：「武成逸書，建武之際亡。」即謂所云之篇也。劉歆三統曆云：「周書武成篇：『惟一月壬辰，旁死霸，若翌日癸巳，武王乃朝步自周，于征伐紂。』『粤若來三月，既死霸，粤五日甲子，咸劉商王紂。』『惟四月既旁生霸，粤六日庚戌，武王燎於周廟。翌日辛亥，祀於天位。粤五日乙卯，乃以庶國祀馘於周廟。』」案：其文皆見周書世俘篇，蓋史官所記伐紂歲月略同，而其文則異也。

旅獒序云：「西旅獻獒，大保作旅獒。」獒，馬融作豪，酋豪也。康成曰：「獒，讀爲豪。西戎無君，名强大有政者爲酋豪。國人遣其酋豪來獻見於周。」此孔氏逸書之説，馬季長傳古文而得之，康成受學於馬，故述其説如此。孔沖遠據梅氏「旅獒爲犬，高四尺」之獒，斥馬君爲不見古文，妄爲此説，何言之悖歟！

逸書有冏命，愚謂冏當作畢字之誤也，劉歆三統曆云：「畢命豐刑曰：『惟十有二年六月庚午朏，王命作策豐刑。』」一云：「作策書豐刑。」康成畢命序注云：「今其逸篇有册命霍侯之事不同，與此序相應。」蓋亦據孔氏逸書爲説。

梅氏增多古文二十五篇

大禹謨。五子之歌。胤征。仲虺之誥。湯誥。伊訓。太甲上。太甲中。太甲下。咸有一德。説命上。説命中。説命下。泰誓上。泰誓中。泰誓下。武成。旅獒。微子之命。蔡仲之命。周官。君陳。畢命。君身。冏命。

案：藝文志古文尚書出孔壁中，孔安國悉得其書，以放二十九篇，得多十六篇。内九共九篇，故分之爲二十四，合之爲十六。今梅氏增多篇數，分之爲二十五，合之爲十九，與藝文志不合。又因劉向别録古文尚書有五十八篇，乃遂分堯典「慎徽」以下爲舜典，分臯陶謨「帝曰來禹」以下爲益稷，以合别録之數。於是見行之書爲三十三篇。漢、魏以前，未有此目。且如「征苗誓師」，禹誓文也；「往于田，號泣于旻天」，舜典文也，而皆以爲大禹謨。「葛伯仇餉」，湯征文也，而以爲仲虺之誥；「聿求元聖，與之戮力，萬方有罪，在予一人」，皆湯誓文也，而以爲湯誥。「惟尹躬先見於西邑夏」，咸有一德文也，而以爲大甲，皆與書傳不合。

辨梅氏增多古文之謬十五條

左傳引夏書曰：「戒之用休，董之用威，勸之以九歌，勿使壞。」離騷經云：「啟九辨與九歌。」天問云：「啟棘賓商，九辨、九歌。」則九歌乃啟樂，猶九鼎爲啟鑄也。伏氏尚書虞夏傳云：「惟十有四祀，還歸二年，而廟中苟有歌大化、大訓、六府、九原而夏道興。」康成注四章皆歌禹，獨無九歌，明九歌乃啟樂也。今後出古文以爲禹告舜之詞，則似虞時已有此歌，恐未然。

墨子兼愛篇載禹誓云：「禹曰：『濟濟有衆，咸聽朕言。非惟小子，惟一作台。敢行稱亂，蠢兹有苗，用天之罰，若子既率爾羣羣，羣，猶君也。周書王子晉云：「侯能成羣謂之君。」堯典言羣后。又作郡，古文通。淳于長夏承碑「兼覽郡藝」，義作羣。對諸羣，以征有苗。』」據此言之，夏書當有禹誓之篇。荀卿子曰：「誥誓不及五帝。」穀梁傳同。誓始於禹，則舜時未有也。皋陶謨言「苗頑弗即功」，則舜陟後，禹當復有征苗誓師之事。今梅氏采入大禹謨，屬之虞書，僞孔氏以益稷以上爲虞書。顯然與先儒相悖，其說非也。百篇文荀子猶及見之，說當有據。

荀子議兵篇曰「舜伐有苗」，此梅氏所據也。案上下文云「堯伐驩兜」，「禹伐共工」云云，此即堯、舜誅四凶事，國語所謂「大刑用甲兵」，故稱伐不必有誓師逆命之事也。

顧氏棟高尚書有苗論曰：「案經言有苗凡七，見舜典言『竄三苗於三危』，又曰『分北三苗』，皋陶謨言『何遷乎有苗』，禹貢言「三苗丕敍」，益稷言『苗頑弗即功』，此亦見皋陶謨，非益稷也。呂刑言『遏絶苗民，無世在下』與僞經禹徂征之事凡七。」元儒王耕野耘之言曰：「謂之分北則非止於一人，謂其丕敍則必非止於一君，又謂之遷有苗，謂之遏絶苗民，則不特遷徙其君長，必并其國人俱徙之，又何來徂征逆命之事耶？三苗既非在廟之臣，舜必將執其君而竄之，舜執其君而無所難，禹征以六師而反不服，迨至來格，既革心向化矣，又從而追其既往而分北之，豈叛則討之，服則舍之之義？」又曰：「舜以耄期倦勤而授禹，禹豈宜舍朝廷之事而親征有苗？舜又安能以倦勤之餘而誕敷文德？若果能之，則亦不必授禹矣。」案：耕野之言，深合事理。竊意僞經勦襲孟子之語，以聾瞶一世，益贊之言，尤多謬戾。瞽瞍爲舜之父，而禹、益皆其臣也，以瞍爲天子之父，而斥之爲有苗之不若，此在後世爲大逆不道，豈宜竄入經典？愚因耕野之言，類聚所書有苗之事，謹以一言斷之曰：若説竄與分北在徂征之後，則苗以逆命而班師，以來格而遭竄，則有苗當自悔其來；若説在徂征之前，則三苗已丕敍於三危流竄之地，即有不即功者，亦使皋陶施象刑威之足矣，不煩興師動衆也。

荀子君道篇引書曰：「先時者殺無赦，不逮時者殺無赦。」韓詩外傳云：「周制曰：『先時者死無赦，不及時者死無赦。』」若然，荀子所引乃周書也。梅氏載之胤征，又以爲先代政典之言，其後僞造三墳書者，遂以政典爲三皇時書矣。誰之作俑歟？

史記夏本紀云：「帝大康失國，兄弟五人，須于雒汭。」索隱曰：「皇甫謐云：號五觀也。」謐從梁柳得古文尚書，作帝王世紀，往往載孔氏二十五篇之文。至其稱五子爲五觀，且與梅氏相刺謬。然則謐所據之古文，又安可盡信乎？帝王世紀曰：「有苗氏負固不服，禹請征之。舜曰：『我德不厚，行武非道也。吾前教由未也。』乃修教三年，執干戚而舞之，有苗請服。」其說本韓非子，與大禹謨不合。謐既以五子爲五觀，其紀冀州引五子歌「惟彼陶唐」，蓋謐作世紀，雜引傳記，初無定見也。

唐太宗李衛公問對曰：「臣案孫子曰：『卒未親附而罰之，則不服；已親附而罰不行，則不用。』此言凡將先有愛結於士，然後可以嚴刑也。若愛未加而獨用峻法，鮮克濟焉。」太宗曰：「尚書言：『威克厥愛，允濟；愛克厥威，允罔功。』何謂也？」靖曰：「愛設於先，威設於後，不可反是也。若威加於前，愛救於後，無益於事矣。尚書所以慎戒其終，非所以作謀於始。故孫子之法，萬代不刊。」案：胤侯掌六師以討羲、和，不識兵法，安能制勝？且垂諸訓典，以誤後人，必不然矣。衛公不知書之爲僞，故不直斥其非，然則左傳「作事威克其愛」一語，乃臨戰制勝之語，非如僞尚書所云也。

湯誓非全書也，湯誥非古文也，何以知之？以湯誥多采湯誓之言，而古文別有湯誥之篇也。論語堯曰篇曰：「予小子履，敢用玄牡，敢昭告於皇皇后帝。有罪不敢赦，帝臣不蔽，簡在帝心，朕躬有罪，無以萬方，萬方有罪，罪在朕躬。」孔安國注云：「此伐桀告天之文，墨子引湯誓，其辭若此。」今在兼愛篇。周語内史過曰：「在湯誓曰：『余一人有辠，無以萬夫，萬夫有辠，在余一人。』」又墨子尚賢篇云：「湯誓曰：『聿求元聖，與之戮力。』」今湯誓皆無此言，而湯誥有之，以此知湯誓非全書也。史記殷本紀云：「既黜夏命，還亳，作湯誥：『維三月，王自至於東郊。告諸侯羣后：「毋不有功於民，勤力迺事。予乃大罰殛女，毋予怨。」曰：「古禹、皋陶久勞於外，其有功乎民，民乃有安。東爲江，北爲濟，西爲河，南爲淮，四瀆已修，萬民乃有居。后稷降播〔一〕，農殖百穀。三公咸有功於民，故后有立。一作士。昔〔二〕蚩尤與其大夫作亂百姓，帝乃弗予，音與。有狀。先王〔三〕言不可不勉。」曰：「不道，毋之在國，女毋我怨。」』」此孔氏所傳十六篇之文也。今湯誥之詞與史記絶不相類，以此知湯誥非古文也。

朱氏彝尊曰：「墨、劓、剕、宫、大辟，非舜之五刑也。舜以命皋陶者，流也，鞭也，扑也，贖也，賦也。『象以典刑』，五者是已。甫刑曰：『苗民勿用靈，制以刑，惟作五虐之刑曰法。』斯則劓、刵、椓、黥之謂，肉刑之始矣。荀卿云『治古無肉刑，而有象刑』，斯言是也。」愚攷肉刑，夏莫之用，商亦無明徵。伊訓「臣下不匡，其刑墨」，出梅氏尚書，未足深信。至周官分職，乃掌之司刑，則肉刑其昉於周歟？七廟之制，始於晚周，周公制禮以前，未之有也。喪服小記曰：「王者禘其祖之所自出，以其祖配之，而立四廟。」鄭注云：「高祖以下與始祖而五。」漢永始四年，詔議毁廟事，丞相韋玄成等四十四人皆主小記之説。蓋周公制禮時，文、武尚在四廟之中，穆其以下二廟當毁，以其爲受命之主而不毁。穀梁、王制、祭法、禮器並云七廟，荀卿、劉歆、班彪父子、王肅、孔鼂、虞喜、干寶之徒咸以爲嗛。穀梁、王制、祭法、禮器皆晚周之書，荀卿法後王，又穀梁之徒故主七廟，劉歆創三宗不毁之説，班氏父子從而和之，王肅又

〔一〕「播」，原作「種」，據史記殷本紀改。
〔二〕「昔」，原作「者」，據史記殷本紀改。
〔三〕「王」，原作「生」，據史記殷本紀改。

從其說以駁鄭，於是造僞古文者改呂氏春秋所引商書五世之廟爲七世，孔鼂、虞喜、干寶又皆在僞古文已出之後，故亦宗七廟之說，而不知其畔經而離道也。

朱氏彝尊曰：「武成『丁未，祀於周廟』之後，乃云『越三日庚戌』，律以召誥、顧命書法，則當云『越四日』矣。」史臣繫日，一代不應互異若此。吾不能不疑於武成也。

禮記中庸曰「壹戎衣」。壹讀爲殪；戎，大也；衣讀爲殷，言周殪滅大殷也。康成注云：「齊人言殷聲如衣，虞、夏、商、周氏者多矣。今姓有衣者，殷之胄歟？」高誘呂覽注云：「今兖州謂殷氏皆曰衣。」蓋古衣字作月，从反身；殷从殳，月聲，故讀爲衣。是則中庸之「壹戎衣」，即康誥之「殪戎殷也」。梅氏不知衣即殷字，而於武成篇仍用中庸之語，云「壹戎衣天下大定」，斯爲贅矣。國語引大誓曰：「戎商必克。」戎商即戎衣也。

朱氏彝尊曰：「成王之命蔡仲，王若曰：『胡無若爾考之違王命也。』」見於春秋左氏傳。而梅氏書增益其文云：「率乃祖文王之遺訓。」異哉，斯言也！般庚曰：「古我先王暨乃祖乃父。」又曰：「我先后綏乃祖乃父。」此誥臣民之辭則然，若成王命康叔則云：「惟乃丕顯考文王。」又曰：「乃穆考文王。」周公告成王則曰：「承保乃文祖受命民，越乃光烈考武王。」若是其莊重也！而成王命仲曰「率乃祖文王」，乃祖者，伊誰之祖與？吾不能不疑於蔡仲之命也。

杜氏預注左傳，凡引書在二十九篇之外者曰逸書，見逸周書者則云周書，惟襄二十五年傳云：「書云：『愼始而敬終，終以不困。』」此周書常訓篇文也，杜氏偶不照而云逸書，於是梅氏遂采入蔡仲之命云：「慎厥初，惟厥終，終以不困。」意自謂二十九篇之外逸書也。徐幹中論云：「書云：『慎始而敬終，終以不困。』」蓋逸周書漢人皆見之。

顧氏炎武謂：「相之名不見於經，而説命有『爰立作相』之文。」外傳止云「升以爲公」。墨子亦云：「傅説庸築乎傅巖，武丁得之，舉以爲三公。」無作相之事。劉氏勰謂：「論語以前，經無『論』字，而周官有『論道經邦』之語。」閻若璩注困學紀聞云：「若璩案：論道經邦，乃本攷工記或坐而論道來。」棟案：六經「論」字皆讀爲倫。易屯象「君子以經論」，詩大雅「於論鼓鐘」，王制「必即天論」，中庸「經論天下之大經」是也。公食大夫禮注云：「古文倫或作論。」皆梅氏之漏義也。鄭氏書序立政在周官後，梅氏置周官前，以立政官名與周官矛盾故耳。明邵氏寶謂：「立政圖任人而未定官制。」此未攷古文書序而妄爲之説也。

顧氏炎武曰：「詩云：『虡業惟樅。』傳曰：『業，大板也，所以飾栒爲縣，捷業如鋸齒，或白畫之。』爾雅『大板謂之業』，左氏『學人舍業』，禮記『大功廢業』，並謂此也。縣者常防其墜，故借爲敬謹之業。易書之『兢兢業業』，詩之『赫赫業業』，『有震且業』是也。凡人所執之事，亦當敬謹，故借爲事業之業。易傳『進德修業』，可大，則賢人之業，盛德大業，禮記之『敬業樂羣』是也。」然三代詩、書之文並無此義，而「業廣惟勤」一語，乃出於梅氏所上之古文尚書，其不可信也明矣。

蔡邕石經論語曰：「書云：『孝于惟孝，友于兄弟。』」何晏集解引包咸注云：「孝于惟孝，美大孝之辭。」華嶠後漢書〔一〕劉平、江革等傳序云：引見御覽。「此殆所謂孝于惟孝，友于兄弟，施于有政，是亦爲政也。」自晉世君陳出，始以「惟孝」二字屬下讀，後之傳論語者，改「孝于」爲「孝乎」，以書云「孝乎」絶句。陸氏釋文云：「孝于，一本作孝乎。」唐石經從定爲乎，蓋依君陳爲説，非論語本真也。朱氏彝尊云：「書正義謂，古文尚書，鄭沖所授。案：沖嘗與孔邕、曹羲、荀顗、何晏共集論語訓法，今論語雖列何晏之名，沖實主之。其時若孔書既得，則『或謂孔子』章引書，即應證以君陳之句，不當復用包咸之訓矣。竊疑沖亦未見古文尚書也。」

漢書谷永傳，永上疏引經云：「亦維先正克左右。」師古曰：「周書君牙〔二〕之辭也。」案：君牙出於晉世，永安得見之？唐石經及宋本尚書皆云「亦惟先王之臣，克左右亂四方」，無「先正」之字，蓋俗作之。鄭氏尚書文侯之命云：「亦維先正，克左右昭事厥辟。」永蓋據此篇之文，師古不攷，而引君牙以證之，詒誤後學，不可不辨。今世所傳馬融忠經一卷，宋藝文志著於録，其書閒引梅氏古文。案：馬季長東漢人，安知晉以後書？此皆不知而妄作者。

辨尚書分篇之謬

伏生尚書無舜典，自「粵若稽古帝堯」，至「陟方乃死」，皆堯典也。古文尚書原書亦如此，故司馬遷

〔一〕「後漢書」，原作「漢後書」，今改。
〔二〕「牙」，原作「身」，今改。下同。

僎史記，鄭康成、王子雍注尚書，皆以「慎徽五典」已下爲堯試舜之文。孟子稱「二十有八載，放勛乃殂落」，明言堯典。梅氏本於「慎徽五典」已下別爲舜典，此其省作舜典一篇，巧於藏拙也，不顯與孟子相刺謬乎！經典序録曰：「齊明帝建武中，吴興姚方興采馬、王之注，造孔傳舜典一篇云：『於大航頭買得。』上之。梁武時爲博士，議曰：『孔序稱伏生誤合五篇，皆文相承接，所以致誤。』舜典首有『曰若稽古』，伏生雖昏耄，何容合之？遂不行用。」咎繇謨：「帝曰：『來禹，女亦昌言。』與咎繇所陳，是一時之言，豈容分異？故伏生今文與馬、鄭、王本皆不分篇，直至後文賡歌颺拜，而後咎繇謨篇止。其外乃別有棄稷之篇，未有所謂益稷篇目者。梅氏乃以篇中有臯益、臯稷之文，遂斷自「帝曰來禹」以下，改棄稷之名爲益稷，亦其便於省造之私智也。伏生合康王之誥於顧命。馬、鄭本「高祖寡命」已上爲顧命之篇，「王若曰」已下爲康王之誥。尋經文「諸侯出廟門俟」，俟者，俟王出也，語勢不斷，不容於此斷章。顧氏炎武舉此三事以爲書序之妄。夫漢世百篇，書序別爲一卷，自梅氏上書，始以序分冠篇首。豈知舜典、棄稷別有成篇，康王之誥實斷自「王若曰」始，不始於「王出在應門之内」也。

春秋左傳補注自序

棟曾王父樸庵先生，幼通左氏春秋，至耄不衰。常因杜氏之未備者，作補注一卷。傳序相授，于今四世矣。竊謂春秋三傳，左氏先著竹帛，名爲古學，故所載古文爲多。晉、宋以來，鄭、賈之學漸微，而服、杜盛行。及孔穎達奉勅爲春秋正義，又專爲杜氏一家之學。值五代之亂，服氏遂亡。嘗見鄭康成之周禮，韋宏嗣之國語，純采先儒之說，末乃下以己意，令讀者可以考得失而審異同。自杜元凱爲春秋集解，雖根本前修，而不著其說，又其持論閒與諸儒相違，于是樂遜序義、劉炫規過之書出焉。棟少習是書，長聞庭訓，每謂杜氏解經，頗多違誤，因刺取經傳，附以先世遺聞，廣爲補注六卷，用以博異說，祛俗議。宗韋、鄭之遺，前修不揜；效樂、劉之意，有失必規。其中于古今文之同異者，尤悉焉。傳之子孫，俾知四世之業勿替引之云爾。

周易古義

自唐人爲五經正義，傳易者止王弼一家，不特篇次紊亂，又多俗字。如晉當爲𦤎，巽當爲顨，從說文。垢當爲遘。從古文。乾「確乎其不可拔」，繫辭「確然示人易」，皆當作隺。從說文。或作礭，見鄭烈碑。周伯琦曰：「隺，胡沃切，鶴字從此。俗用爲鶴字，非。」坤初六象「陰始凝也」，凝乃俗「冰」字，古「冰」字作仌。見說文。屯初九「磐桓」，漸六二「鴻漸于磐」，皆當作般。與盤同。六二「乘馬班如」，當作般。從鄭本。左傳「班馬之聲」、「役將班矣」，古皆作般。古文「班匪寇婚媾」，當作昏冓。從鄭本。上六「泣血漣如」，漣本瀾別字，當作連，或省文作連。師九二象「承天寵也」，當作龍，從王肅。古文寵，毛詩蓼蕭云「爲龍爲光」，左傳作寵。商頌「何天之龍」，鄭箋云：「龍當作寵。」與邦協韻。邦讀爲丰。比初六「終來有他吉」，當作它。釋文、宋本皆然。九五「王用三驅」，當作敺，古文驅。履上九「視履考祥」，本作詳，見釋文。古祥字。古文祥作詳，又見蔡邕尚書石經。泰初九「以其彙」，古文作𦾔。釋文。九二「包荒」，本作巟。說文同。六四「翩翩」，古文作偏偏。王弼本作篇篇，今本與子夏傳同。否九四「疇離祉」，當作𠷎，從鄭本。古文疇。見說文。豫六二「介于石」，古文作砎。釋文。晉孔坦書云：「砎石之易悟。」九四「朋盍簪」，古文作貳，或作戠。虞翻本。隨象「君子以嚮晦」，當作鄉，從王肅。古嚮字。說卦「嚮明而治」同。左傳皆以鄉爲嚮。无妄象「天命不祐」，當作右，從馬融。繫辭「可與祐神」同。古祐字。大畜六四「童牛之牿」，當作告，從說文、九家。或作梏。從鄭本。坎六三「險且枕」，古文枕作沈。六四「樽酒」，當作尊。離九三「日昃之離」，當作𣅒。從說文。今作昃，亦譌。豐象「日中則昃」同。睽六三「其牛掣」，當作觢，從說文。或作㸷。從鄭氏。上九「後說之弧」，當作壺。諸家皆然。明夷六二「用拯馬」，當作抍。從子夏、說文。渙初六同。解象「甲拆」，當作甲宅。從馬、鄭、陸諸家。損「二簋可用享」，當作軌，從蜀才。據此，則諸簋字皆當作軌。古文簋。見儀禮注。損象「懲忿窒欲」，當作徵，古懲字。夬九三「壯于頄」，當作頯。從鄭氏。說文無頄字。姤象「后以施命誥四方」，當作告，從說文、京房。古文誥。見鄭氏禮記注。初六「羸豕孚蹢躅」，古文作蹢𨂐。啻與商通，逐與蜀古今字。萃象「聚以正」，當作取，古聚字。困六三「據于蒺藜」，當作棃。從唐石經。上六「臲卼」，當作槷杌。槷，古文臲。杌，見薛、虞本。豐初九「遇其配主」，當作妃。從鄭、虞。既濟六四「繻有衣袽」，古文作襦。釋文。繫辭「八卦相盪」，當作蕩。從諸家。「藏諸用」、「退藏於密」、「知以藏往」，皆當作臧。從鄭、劉諸本。「聖人有以見天下之賾」，凡賾字皆當作嘖。「乾之策」，當作筴，從釋文。下同。「引而伸之」，當作信，見釋文。又詩正義亦引作信。士相見禮注云：「古文伸作信。」范甯穀梁解云：「信申字，古今所共用。」律曆志云：「引者，信也。」古伸字。見韋昭外傳注。「聖人以此洗心」，漢石經作先心。諸家皆同，唯韓伯作洗，非。「乾坤其易之緼耶」，當作韞。從虞翻。「象也者像也」，像當作象。從諸家。「以佃以漁」，佃當作田，從虞翻。漁當作魚。見釋文。何休公羊傳亦云：「田魚讀如論語之語。」「斲木爲耜」，當作相。從說文。「天地絪緼」，當作壹壺。從說文。朱龜碑作壹縕，或作氤氳，亦俗字。張有復古編云：「壹從壺吉，於悉切。壺從壺凶，於云切。吉凶在壺中，不得泄也。別作氤氳，又作絪緼，非也。」「因貳以濟民行」，當作弍，從鄭義，貳本副貳字。古文二。見說文。「爲道也屢遷」，當作婁。說文無屢字，漢書皆以婁爲屢。「噫亦要存亡吉凶」，當作意。毛萇曰：「意，歎也。」「兼三才」，當作材，石經文。宋本。下同。說卦「參天兩地」，當作网。從說文，兩本斤兩字。「妙萬物而爲言」，當作眇。從王肅、董遇。「震爲旉」，當作尃。從延篤。「爲的顙」，當作的。從說文。又作馰。「巽爲寡髮」，寡當作宣。「離爲乾卦」，乾當作幹。從鄭氏、董遇作幹。列子云：「木葉幹殼。」注云：「幹，音乾。」釋文所載古文，皆薛、虞、傅氏之說，必有據。依鄭康成傳，費直易多得古字。說文云：「其稱易，孟氏皆古文。」虞仲翔五世傳孟氏易，故所采三家說爲多。諸家異同，動盈數百，然此七十餘字，皆卓然無疑，當改正者。

或問曰：「子擅易經字數十餘條，不幾近于僭乎？」答曰：「某安敢塗改聖經，但據漢、魏以來數十家傳易字異者而折衷焉，思以還聖經之舊，存什一于千百耳。即如數十字之外，如噬嗑『明罰勑法』，釋文云：『勑，俗字，當作飭。』史記五帝紀云：『信飭百官。』徐廣曰：『古勑字。』繫辭『掘地爲臼』，掘當作闕。如此類者尚多，但漢易已亡，改之無據，是用闕疑，以竢來哲，某敢蹈僭妄之咎乎？因賦一詩云：『漢元窮易已多門，魏、晉諸儒又觸藩。若使當年傳漢易，王、韓俗字久無存。』用以袪守殘之陋。」

易經古文僅存者，今人皆未之省，或有失讀者。如屯六二象「以從禽也」，從，古縱字。蒙「再三瀆」，說文作黷，云「握持垢也」；崔憬曰「瀆，古黷字。」需象「位乎天位」，上位字讀曰涖，從鄭義。穀梁傳曰「涖者位也」。比九五「失前禽」，失讀如馬牛風佚之佚，古佚字皆作失。見尚書攷。小畜「有孚攣如」，攣，古戀字，中孚九五同。今音力專反。泰象「財成」，古裁字。荀爽作裁。隨初九「官有渝」，讀爲管，古館字。復六三「頻復厲」，古顰字，玉篇顰字下云「易本作頻」。上六「有災眚」，籀文烖。明夷「文王以之」，「箕子以之」，以讀爲似，從鄭氏。古似字作以。見詩攷。夬九四「其行次且」，讀爲趑趄，古文省。姤九二「包有魚」，包讀爲庖，古文省。包羲字從此。鄭氏周禮庖人注云：「庖之言包也。」是庖與包通。九五「以杞包瓜」，與匏同。升六四「王用亨于岐山」，亨讀爲享。困象「剛揜也」，古掩字。艮九四「其形渥」，形本古刑字。見楊震碑陰。渙九二「渙奔其机」，机古文簋，宗廟器。賁卦之賁讀爲奔。明夷象「用晦而明」，而讀曰如。從虞義。蹇六四「往蹇來連」，連讀曰輦。從虞氏。損「二簋可用享」，享，許庚反。從蜀才。繫辭「以佃以漁」，漁讀爲語。高誘説。「不封不樹」，封音彼驗反。從虞氏。説卦「參天兩地而倚數」，倚本奇耦字。「震爲龍」，讀曰駹。「其于稼也爲反生」，反讀曰阪。司馬温公曰：「凡觀書者，當先正其文，辨其音，然後可以求其義。」可謂知言。

凡經字誤者，當仍其舊，作某字讀若某，所以尊經也。漢時惟鄭康成不輕改經文，後儒無及之者。如易大有九四「象明辨遰也」，鄭注云：「遰讀如明星晢晢。」繫辭「言天下之至嘖而不可惡也，言天下之至嘖而不可亂也」，鄭于下句注云：「嘖當爲動。」「勞而不伐，有功而不置」，鄭云：「置當爲德。」晁氏曰：「案德古文類置字，因相亂。」「聖人之所以極深而研機也」，范式碑云「探嘖研機」，是古易皆作機。鄭云：「機當爲幾，幾，微也。」今王弼本直作鄭所訓字，失其本矣。後儒謂鄭氏好改字，吾未之敢信也。

孔穎達易正義多衍字、譌字及脱落字。如乾卦「不成乎名」，衍「乎」字；「文言曰坤至柔」，定本無「文言曰」三字；屯象「君子以經綸」，定本綸作論；蒙彖曰「匪我求童蒙，童蒙來求我」，脱「來」字；需初九象「利用恒无咎」，定本「无咎」二字衍；泰九三象曰「無往不復」，定本作「无平不陂」；謙上六「征邑國」，衍「邑」字；剥六三「剥之无咎」，衍「之」字；鼎彖「聖人亨以享上帝」，定本「上帝」二字衍；「莫大乎蓍龜」，定本作「莫善」；「鮮不及矣」，定本鮮作尟；上文「君子之道鮮矣」，鄭作尟。案汗簡尟本古文「鮮」字，見顔黄門説文。「刳木爲舟，剡木爲楫」，刳當作挎，剡當作掞；説卦「水火相逮」，定本「水火不相逮」；雜卦「豐多故也」，衍「也」字。

唐時有蘇州司户郭京撰周易舉正三卷，家無是書，據洪氏隨筆所載二十餘則，皆因王輔嗣、韓康伯之注謬加增損。今以李氏所録漢易攷之，乃知其妄。如云：「屯六二象曰『即鹿无虞，何以從禽也』，今本脱『何』字。」案：「從」本古「縱」字，故鄭康成、黄穎皆音于用反，古「蹤」字作縱，見隸釋。不容闌入「何」字，其妄一也。「師六五『田有禽，利執之，无咎』，元本『之』字行書向下引脚，稍類『言』字，轉寫相仍，故誤作言。觀注義，亦全不作『言』字釋。」案：虞翻曰：「田爲二陽稱禽，震爲言五失位，變之正艮爲執，故利執言，无咎。」荀爽曰：「田，獵也。謂二帥師禽五之利，度二之命，執行其言，故无咎。」以言爲之，信注而不信經，其妄二也。「比九五象曰『失前禽，舍逆取順也』，今本誤倒其句。」案：虞翻曰：「背上六故舍逆，據三陰故取順，不及初故失前禽。」二句各有取義，以失前禽爲舍逆取順，其妄三也。「賁『亨，不利有攸往』，今本『不』字誤作小。」案：鄭康成曰：「卦互體坎艮，艮止于上，坎險止于下，夾震在中，故不利大行，小有所之則可矣。」虞翻曰：「小謂五，五失正，動得位體離，以剛文柔，故小利有攸往。」改小利爲不利，其妄四也。『剛柔交錯，天文也；文明以止，人文也。』注云：『剛柔交錯而成文焉，天之文也。』今本脱『剛柔交錯』一句。」案：此四字是王氏釋「天文也」一句之義，非經文也。虞翻注：「謂五利變之正，成巽體離，艮爲星，離日坎月，巽爲高五天位，離爲文明，日月星辰高麗于上，故稱天之文。」玩虞義，全無以剛柔交錯爲天文之意，其妄五也。「蹇九三『往蹇來正』，今本作『來反』。」案：虞翻曰：「應正歷險故往蹇，反身據二故來反。二在下，故云反。」改反爲正，其妄六也。「困初六象曰『入于幽谷，不明也』，今本谷下多『幽』字。」案：荀爽曰：「爲陰所掩，故不明。」删去「幽」字，其妄七也。「鼎象『聖人亨以享上帝，以養聖賢』，注云：『聖人用之，上以享上帝，而下以養聖賢。』今本正文多『而大亨』三字，故注文亦誤增『而大亨』三字。」案：虞翻曰：「大亨謂天地養萬物，聖人養賢，以及萬民。」此正釋大亨之義，以爲誤增，其妄八也。「豐九四象『遇其夷主，吉志行也』，今文脱『志』字。」案：虞翻曰：「動體明夷，震爲行，故曰吉行。」若云志行，不容不注，其妄九也。「小過六五象曰『密雲不雨，已止也』，注『陽已止下故也』。今本正文作『已上』，故注亦誤作『陽已上故止也』。」案：虞翻曰：「謂三坎水已之上，上六故已上也。」鄭本作「尚」，尚與上通，上與長亢協，改爲止，其妄十也。「雜卦『蒙稚而著』，今本『稚』誤作『雜』。」案：虞翻曰：「蒙二陽在陰位故雜，初雜而交故著。」改雜爲稚，其妄十一也。京云：「曾得王輔嗣、韓康伯手寫注定傳授真本，今所舉正，皆謬悠荒唐若此，不待閱全書而知其贋矣。中惟「履霜陰始凝也」，「君子以居賢德善風俗」，一見魏文帝紀注，一見王肅易，前人固已言之。又姤九四「包失魚」，因王注，震彖「出可以守宗廟社稷」，上添「不喪匕鬯」四字；中孚彖「豚魚信及也」；小過彖「柔得中，是以可小事也」；既濟「亨，小小者亨也」，皆望文爲義，亦無足取。繫辭「二多譽，四多懼」注云：「懼，近也。」尤爲誕妄。京創爲是書，後儒晁昭德、鄭漁仲之輩多有信而從之者，不可以不辨。

隋經籍志有卜子夏周易傳二卷，殘缺，梁有六卷。七略云：「漢興，韓嬰傳。」中經簿録云：「丁寬所作。」張璠云：「或馯臂子弓所作。」薛虞記：「今所傳子夏易傳十一卷，以釋文及李氏集解校之，無一字相合者。」案：其文又淺近，或曰唐人張弧僞作，非也。此書與郭氏易舉正，皆宋人僞撰託之子夏、郭京者。唐時漢易尚存，子夏書雖殘缺，李鼎祚猶及采之。宋以來經典散亡，無可攷證，故今二僞書傳於世，遺誤至今，有志於經學者，急須辭而闢之。

尚書古義

案：儒林傳云：「孔氏有古文尚書，孔安國以今文讀之，因以起其家逸書，得十餘篇。司馬遷亦從安國問故。遷書載堯典、禹貢、洪範、微子、金縢諸篇多古文説。」如堯典「放勛」，古文勳，見説文。「辯于羣神」；辯，古文偏，見儀禮注。禹貢「九江入賜大龜」，入，古文内，見南宮中鼎。堯典「夙夜出内朕命」，内亦作入。賜，古文錫，見儀禮注，下賜土姓同。古文入亦作内，郱敦云：「毛伯内門立中庭。」内門，入門也。「嶓冢導瀁」；古文漾，見説文。洪範「曰涕」；悌字之誤，古文以悌爲圛。微子「我其發出往」；鄭本亦作往，今狂，非。金縢周公奔楚事，論衡以爲古文家説。皆卓然古文，無可疑者。第其述事，欲便于覽者，往往以訓詁之字竄易今文，後之學者無可攷證，反以史記爲今文耳。又殷本紀所載湯征、湯誥，皆逸書十篇中文也，今所傳古文湯誥，與史記所載絶不相類，其中如「敢用玄牡」等語，乃湯時大旱請禱之文，見墨子及吕覽。豈誠孔壁之舊哉！

毛詩古義

王伯厚云：「近世説詩者，以關雎爲畢公作，謂得之張超，或謂得之蔡邕，未詳所出。」棟案：藝文類聚三十五卷載張超誚青衣賦云：「周漸將衰，康王晏起。畢公喟然，深思古道。感彼關雎，德不雙侣。但願周公，妃以窈窕。防微消漸，諷諭君父。孔氏大之，列冠篇首。」案：其文云康王晏起與魯詩同，深思古道又同韓詩。超，漢末人，范書有傳。古文苑云：「蔡伯喈作青衣賦，志蕩詞淫，故張子並作此以規之。」邕賦亦載集中，無畢公作關雎語。

王伯厚謂鄭康成先通韓詩，故注三禮與箋詩異。案：鄭志答炅模云：「爲記注時，就盧君、先師亦然。後乃得毛公傳，記古書義又且然。記注已行，不復改之。」盧君謂盧子幹也，先師謂張恭祖也。續漢書「盧植與鄭玄俱事馬融，同門相友」。玄本傳云「玄又從東郡張恭祖受韓詩」，故記注多依韓説。六藝論云：「注詩宗毛，爲主毛義，若隱略則更表明，如有不同，即下己意。」案：鄭箋宗毛，然亦閒有從韓、魯説者。如唐風「素衣朱襮」，以繡黼爲綃黼；十月之交爲厲王時；皇矣「侵阮、徂、共」爲三國名，皆從魯詩。衡門「可以樂飢」，以樂爲療；十月之交「抑此皇父」，抑讀爲意；思齊「古之人無斁」，斁作擇；泮水「狄彼東南」，狄作鬄，皆韓詩説也。鄭漁仲以「素衣朱綃」爲齊詩，未詳。

鄭漁仲云：「漢氏文字未有引詩序者，惟魏黄初四年有曹共公遠君子近小人之語，蓋詩序至是而始行。」棟案：左傳襄二十九年，季札見歌秦曰：「美哉！此之謂夏聲。」服虔解誼云：「秦仲始有車馬禮樂之好，侍御之臣，戎車四牡，田守之事，與諸夏同風，故曰夏聲。」詩正義引之。又蔡邕獨斷載周頌三十一章，盡録詩序，自清廟至般詩，一字不異，何得云至黄初時始行於世耶？漁仲又謂詩序作於衛敬仲，亦臆説。

毛公傳詩，世謂趙人毛萇撰，而不知爲大毛公也。薛君爲韓詩章句，世謂淮陽薛漢撰，而不知爲薛夫子也。大毛公名亨，魯人，著故訓傳，見詩譜及初學記。薛夫子名方回，字夫子，廣德曾孫，漢之父也，見唐書宰相世系表。

公羊古義

公羊有嚴、顔二家。蔡邕石經所定者，嚴氏春秋也；何邵公所注者，顔氏春秋也。何以知之？以石經知之。石經載公羊云：桓公二年，顔氏有「所見異辭，所聞異辭」云云，是嚴氏春秋已見於隱元年，於此不復發傳也，今何本有之。又云：三十年，顔氏言「君出則己入」，此僖三十年傳也。又云：顔氏無「伐而不言圍者，非取邑之辭也」，今何氏本亦無。以此知何所注者，蓋顔氏春秋也。鄭康成注三禮，引隱五年傳云「登戾之」，又引桓十一年傳云「遷鄭焉，而鄙留」，又引隱二年傳「放於此乎」，與石經同，與何氏異，蓋所據者，嚴氏本也。藝文志云：「公羊顔氏記十一篇。」後漢張伯饒又減定爲二十萬言。

顏氏說經，以襄公二十一年之後，孔子生訖，即爲所見之世。又以爲「十四日日食，周王爲天囚」之類，倍經違戾，皆何邵公所不取。

康成六藝論云：「治公羊者，胡母生、董仲舒、董仲舒弟子嬴公、嬴公弟子眭孟、眭孟弟子莊彭祖及顏安樂、安樂弟子陰豐、儒林傳作泠豐。劉向、本傳不載。王彥。無攷。劉子政從顏公孫受公羊春秋，本傳不載，然封事多用公羊說。」

閔因敘云：「昔孔子受端門之命，制春秋之義，使子夏等十四人求周史記，得百二十國寶書。九月經立感精符、考異郵、說題辭具有其文。」沈文何云：「嚴氏春秋引觀周篇云：『孔子將修春秋，與左丘明乘如周，觀書於周史，歸而修春秋之經，丘明爲之傳，共爲表裏。』」周禮：「小史掌邦國之志。」先鄭云：「春秋傳所謂周志，國語，所謂鄭書之屬。」「外史掌四方之志。」後鄭云：「謂若魯之春秋，晉之乘，楚檮杌。」墨子明鬼篇有周春秋、韋昭注國語引之。燕春秋、宋春秋、齊春秋。何氏莊七年注云：「古者謂史記爲春秋。」其言百二十國寶書者，案唐、虞萬國，殷三千，見周書。周千七百七十有三。春秋以下，兼國多矣，故魯大夫對孟孫曰：「禹合諸侯，執玉帛者萬國，今其存者無數十焉。」公羊疏：「問曰：『今經止有五十餘國，通戎、夷、宿、潞之屬僅有六十。』」然當時外史之所掌，尚得百二十國，故墨子亦云「吾見百國春秋」是也。

六藝論云：「春秋者，國史所記人君動作之事，左史所記爲春秋，右史所記爲尚書。」是以玉藻云：「動則左史書之，言則右史書之。」鄭注云：「其書春秋、尚書具存者。」記文先言左史，鄭注先言春秋，明以左史爲春秋矣。周書史記篇云：「維正月，王在成周，昧爽，召三公。左史戎夫乃取遂事之要戒。俾戎夫言之。」汲郡古文亦云：「穆王二十四年，命左史戎夫作記。」古今人表云右史戎夫。然則左史所記爲尚書。是以荀悦申鑒云：「古者天子諸侯有事必告於廟，朝有二史，左史記言，右史書事，事爲春秋，言爲尚書。」禮記正義引六藝論云：「右史記事，左史記言。」先儒皆據玉藻之文，以春秋屬左史，尚書屬右史。熊安期禮記義疏云：按周禮大史之職云：「大師抱天時與太師同車。」又襄二十五年傳曰：「大史書曰：『崔杼弑其君。』」是大史記動作之事，在君左厢記事，則大史爲左史也。案周禮「内史掌王〔一〕之八枋」，其職云：「凡命諸侯及孤卿大夫則策命之。」僖二十八年傳曰：「内史叔興父策命晉侯爲侯伯。」是皆言誥之事。是内史所掌，在君之右，故爲右史。是以酒誥云：「矧大史友内史友。」鄭注：「大史、内史掌記言、記行。」是内史記言，大史記行也。此論正法，若其有闕，則得交相攝代，故洛誥史佚命周公、伯禽，服虔注文十五年傳云：「史佚，周成王大史。」襄二十年，鄭使大史命伯石爲卿。皆大史主爵命，以内史闕故也。以上皆熊説。

蔡邕公羊石經隱十年下云「此公子翬也」云云，又哀十有四年下云「何以書，記異也」云云，皆無經文。案：孔穎達詩正義云：「漢初爲傳訓者，皆與經别行。」三傳之文，不與經連，故石經書公羊皆無經文是也。

〔一〕「王」，原脱，據周禮補。

穀梁古義

孝經説云：「孔子曰：『吾志在春秋，行在孝經。』」以春秋屬商，孝經屬參。故應劭風俗通言「穀梁爲子夏門人」，楊士勛謂「受經於子夏」。余案：桓譚新論云：「左氏傳世，遭戰國寢藏。後百餘年，魯穀梁赤爲春秋，殘略多所違失。」然則穀梁子非親受經於子夏矣。古人親受業者稱弟子，轉相授者稱門人，則穀梁子於子夏，猶孟子之於子思，故魏麋信注穀梁，以爲與秦孝公同時也。楊士勛言「穀梁爲經作傳，傳孫卿，卿傳魯人申公，申公傳博士江翁」。案：孫卿，齊湣、襄時人，當秦之惠王，則在其後。又卿著書言天子廟數，僖十五年傳「天子七廟」云云，是以貴始，德之本也。荀卿禮論同。及賻賵襚含之義，隱元年「乘馬曰賵」云云，在大略篇。述春秋善胥命，而言盟詛不及三王；隱八年傳，亦在大略篇末。諸侯相見，仁者居守；二年傳：「知者慮，義者行，仁者守。」又以大上爲天子，隱三年傳：「大上故不名。」今在君子篇。皆本穀梁之説。其言傳孫卿，信矣！又隱元年傳云「成人之美，不成人之惡」；僖二十二年傳云「過而不改，是謂之過」；二十三年傳云「以不教民戰，則是弃其師」，今皆在論語中。鄭論語序云「仲弓、子夏等所撰」，論語讖亦言「子夏等七十二人共撰仲尼微言」，其諸聖人之徒私淑諸人者乎？又傳中所載，與儀禮、禮記諸經合者不可悉舉，故鄭康成六藝論云：「穀梁善於經。」

經典序録云：「穀梁有段肅注十二卷，不詳何人。」隋經籍志云：「春秋穀梁傳十四卷，段肅注，疑漢人。」棟案：後漢班固傳固奏記東平王云：「宏農功曹史〔一〕殷肅，達學洽聞，才能絕倫，誦詩三百，奉使專對。」章懷注云：「固集『殷』作『段』。」然則殷肅即段肅也。劉氏史通言「肅與京兆祭酒晉馮馮亦見奏記。嘗撰史記，以續史遷之書。」

論語古義

夫子言「述而不作」，信哉！鄉黨一書，半是禮經，堯曰數章，孔壁論語子張已下別爲一篇。全書訓典。論君臣雖人言不廢，言恒德則南國有人。於「善人爲邦」，則曰「誠哉是言」；於隱居行義，則曰「吾聞其語」。素絢、唐棣，逸詩可頌；百官冢宰，逸典可稽。「出門如見大賓，使民如承大祭」，此胥臣多聞之所述也。「視其所以，觀其所由，察其所安」，此文王官人之所記也。文王官人本載周書，大戴采之以爲記。「克己復禮爲仁」，左氏以爲古志。「己所不欲，勿施於人」，管子以爲古語。見小問篇。「參分天下而有其二」，周志之遺文也。今逸周書即周志也，在程典篇。「陳力就列，不能者止」，周任之遺言也。推此言之，聖人豈空作耶？但經傳散佚，不能一一舉之耳。

〔一〕「史」，原作「吏」，據後漢書改。

文集

庶殤不立後議

里人有庶子十九而夭，其父兄欲爲之立後，博士弟子惠棟議曰：案喪服傳，年十九至十六爲長殤，十五至十二爲中殤，十一至八歲爲下殤，不滿八歲以下爲無服之殤。庶子年十九，此長殤也。男子二十而冠，冠而成人。殤未成人，無立後之道。禮，臣不殤君，故魯閔公九歲而薨，文二年躋僖公，左氏譏之曰：「子雖齊聖，不先父食。」是雖下殤，而有父子之道，尊尊之義也，大夫亦然。鄭康成曰：「殤年爲大夫乃不爲殤，爲士猶殤之。」賈公彥謂：「身有德行，得爲大夫，不以二十始冠。」故喪服大夫爲昆弟之長殤，明殤年爲大夫不爲殤也，不爲殤則有立後之禮。士庶人之當有後者惟大宗，其次惟適子。古者重適，諸侯大夫不降適殤。祭法「王下祭殤五，諸侯下祭三，大夫下祭二，適子及庶人，祭子而止」，皆謂適殤也。然適殤雖重，獨無立後之禮。曾子問：「孔子曰：『宗子爲殤而死，庶子弗爲後也。』」鄭注曰：「族人以其倫代之，明不序昭穆，立之廟也。」正義曰：「倫謂輩也，謂與宗子昭穆同者則代之。」宗子殤死，無爲人父之道，故不序昭穆，不得與代之者爲父也。蓋爲後則立廟而祭，弗爲後則不立廟，故庶子不祭殤，喪服小記。祭于宗子之家。曾子問。適殤猶然，況庶殤乎！里人之庶子，年在四殤，位非三事，祭不祔廟，服之降等，何立後之有！

周官禄田考序

周禮之體大而難知者，莫甚於官禄，以司禄經亡，注家未得其法數，而後儒遂疑田與禄之不相當，且傅會者多也。吾友沈君果堂，博考精思，心通源委，乃著周官禄田考三卷，先列其法數，而復以義例左證闡明之。所謂法，官則員備而位定，田則去三之一而通二夫爲一夫，禄則以井田多寡之等，當官爵高下之等也。所謂數，官則近六萬人，公田則三十二萬夫，禄則二十萬夫有餘也。蓋自周禮既出，至今一千九百年，爲是學者無慮數百家，其在官禄，要未有能辨析整齊若是者。余少沈君九年，兄事之，自謂好古與沈君同，而才不逮，讀是書益信。或有疑其法數之列未該者。余以爲，凡古今之計數有大有小有中，而計數之法有常有變，是書所列，皆法之常，而數之中也。常雖未足該變，而變者可以常推；中雖未足該大小，而大小者可以中測。此其義例，即取法本經，而非臆造，知疑者之未及審也，故並著之。

學福齋集序

世所傳六候三白，乃易傳太一行九宫法，爲大道之本，故伏羲以之畫八卦，神農以之立明堂，黄帝以之創井田，周公以之作周髀。陰陽書有五行嫁娶之説，其義見鄭注鴻範及左傳鄭裨竈、魯申須之言；術家羅盤二十四載孝經援神契及淮南子者，鄭志取以解昭卅一年史墨言吴入郢必以庚辰之文，知並三代舊法。納甲之事，本易之「在天成象」。虞仲翔謂「陰陽消息大要，即夢中道士所云『易道在天，三爻足矣』是也」。斗建日躔，古之斗綱星紀左右行而相合爲合辰，合樂所用合辰者，乾坤十二爻，坤「東北喪朋」，以合于乾。鄭氏注易，專用是説。合樂者，大司樂所以致鬼神示，皆聖人贊化育之事。漢、晉明易，無如荀慈明、干令升，而火珠林六親世應游歸，備見荀、干之注。九家主荀，解隨「初九，官有渝」，以坤初爲官；小畜「九五，富以其鄰」，以巽四爲財，則無異今之三錢占矣。六甲孤虚，俗所謂旬空，而仲翔以繫辭「周流六虚」當之。京氏占法，一爻變爲九六，二爻以上變爲七八，故晉語重耳得貞屯悔豫皆八，乃屯之豫；左傳穆姜遇艮之八，乃艮之隨。此外所占九卦皆一爻變，或以疑左氏非知古法者。唐六典五行十二氣，俗謂長生法。而金生于巳，西漢桑大夫以問山東文學，六十人皆不能答，桑乃引月令「孟夏靡草死，決小罪」以爲證，蓋博物之難如此。

附録

先生世家學，遍通諸經，於漢、唐説經諸家熟洽貫弗，而易學尤邃。所著周易述一書，專宗漢説，歷三十年，四五易稿，猶未卒業，其專心孤詣類如此。少紅豆前以修城毁家，先生遷居城南，閉門讀易，聲徹户外。其世交多躋膴仕，義不一通書問，惟以授徒自給而已。兩淮盧運使館之官舍，居三年，後以疾辭歸。陳黄中撰墓誌銘。

先生爲人，通不隨波，介不絶俗，爲學廣博無涯涘。晚歲遇益蹇，名益高，四方士大夫過吴門者，咸以不識君爲恥。同上。

乾隆十五年，詔舉經明行修之士，陜甘總督尹文端、兩江總督黄文襄咸以先生名上，會大學士九卿索所著書，未及呈進，罷歸。史傳、王昶撰墓誌銘。

錢竹汀曰：「宋、元以來，説經之書盈屋充棟。高者蔑棄古訓，自誇心得；下者勦襲人言，以爲己有，儒林之名，徒爲空疏藏拙之地。獨惠氏世守古學，而先生所得尤深，擬諸漢儒，當在何邵公、服子慎之閒，馬融、趙岐輩不能及也。」錢大昕撰傳。

沈翠嶺曰：「先生所著周易述諸書，久已膾炙人口。余輯叢書壬癸兩集，以易漢學居首，蓋欲明古易，舍此末由也。今補甲乙等集，特以九經古義先之。先生謂經之義存乎訓，識字審音乃知其義。其説易也，謂堅冰之冰當作仌，陰始凝之凝當作冰，引爾雅、莊子爲證。即此開卷一條，學者已罕聞其義矣。」沈楙悳周易古義跋。

又曰：「先生古文尚書攷采入壬集，但其書專攷梅氏僞古文之失，而真古文之古音古訓則未之及焉。此卷旁徵遠引，搜羅極富。昔高貴鄉公説稽古同天之義至數萬言，未免多而無益，不及此書遠甚。」沈楙悳尚書古義跋。

又曰：「漢代言詩者四家，齊、魯、韓、毛各有師承。齊詩自漢書翼奉傳所述五際而外，流傳絶少；魯申培詩説又係俗儒僞造；韓詩内傳雖亡，然如薛夫子章句之類，時時見於載籍；惟毛詩則小毛公之傳、鄭康成之箋，家有其書，但其字義有與三家迥異者。今得先生是書，可以互相攷證矣。」沈楙悳毛詩古義跋。

又曰：「周禮本多奇字，然字異而其爲義則一也。若此卷所引，則字異而義亦因之以異。而余所尤服膺者，周人附庸之制，今人莫能知其大小，先生於大宗伯『五命賜則』一條，引漢書王莽傳云：『子男一則，土方五十里，附城大者食邑九成，土方三十里。自九以下，降殺以兩，至於一成。五差備具，合當一則。』觀於此，而五等附庸大小之制彰彰矣。此等制度，有關典則不小，自非通儒，其能見及此耶？」沈懋悳周禮古義跋。

又曰：「讀儀禮者，莫難於不明節次，而字義猶居其次。然如古文以『袗元』爲『均元』，以『眉壽』爲『麋壽』，以『儷皮』爲『離皮』，以『侑幣』爲『宥幣』，徒執今文求之，鮮有能通者矣。『管人』當爲『館人』，『竹笏』當爲『竹曶』，明有他書可證。字義不明，何論節次！然則此卷曷可少哉！」沈懋悳儀禮古義跋。

又曰：「儀禮，經也。禮記，傳也。韓昌黎患儀禮難讀，而歐陽永叔亦自言平生何嘗讀儀禮。至於禮記，則文從字順，人人以爲易讀矣。然而『拾』當爲『涉』，『遷』或爲『還』，讀者知之乎？『攘』古『讓』字，『貳』古『弍』字，讀者知之乎？邱本音區，居本音姬，讀者知之乎？借曰未知，請讀此書。」沈懋悳禮記古義跋。

又曰：「春秋書戰二十有三，而紀及齊之役不地。公羊家云：『桓公十三年，龍門之戰，死傷滿溝。』龍門者，魯之南門。然則公羊之紀載，比左氏、穀梁爲詳。洵乎，古義紛綸，豈獨『得來』作『登來』爲齊人語也哉！」沈懋悳公羊古義跋。

又曰：「應仲遠謂穀梁親受業於子夏，則其傳春秋也，當如左氏之原原本本，殫見洽聞。今觀其文，更簡於公羊，豈明知之而不言耶？則知其不及侍子夏矣。特傳中所陳，都與禮記、論語諸書相合，斯亦古義所由傳述。鄭氏稱其善於經，良不誣也。」沈懋悳穀梁古義跋。

又曰：「論語一書，今人童而習之。『有酒食先生饌』，先生正之曰：『饌當爲餕。』『揖巫馬期而進之』，先生又正之曰：『期當爲旗。』論語有齊、魯之異，『五十以學易』，齊論也，魯論『易』作『亦』，屬下句讀。『詠而饋』亦齊論也，魯論作『歸』，字義迥異。何去何從，安得先生一一舉正之。」沈懋悳論語古義跋。

翁覃谿曰：「惠氏周易本義辨證一書，爲讀本義者足資攷訂云爾。盛君柚堂并及於禘説明堂大道録，則似專舉其異乎朱子之説以爲誇博，愚竊懼焉。惠氏於諸經，硜硜守師法，其所著諸書具在也。至其禘説明堂大道録，則泥於鄭説而過甚者。祭法首段，楊信齋之説當矣，孔疏欲傅會鄭説，以禘爲祭天，不得其證，乃援爾雅釋天之文以佐之，不知爾雅此文自言祭耳，不言祭天也。但讀下文繹又祭也，其義自明矣，安得援爾雅以爲祭天耶？惠氏因讀易而及禘，又因禘而及明堂，不可爲據也。」復初齋文集。

臧拜經曰：「惠氏定宇，經學之巨師也。觀戴東原所爲毛鄭詩考，正好逞臆説以奪舊學，謬誤頗多，益覺惠氏之遵守古義而發明之，其功爲不可及。而好用古字，頓改前人面目，以致疑惑來者，亦非小失。」拜經日記。

研谿交游

毛先生奇齡 別爲西河學案。

朱先生彝尊 別爲竹垞學案。

閻先生若璩 別爲潛丘學案。

胡先生渭 別爲東樵學案。

半農交游

梅先生穀成 別見勿庵學案。

李先生紱 別爲穆堂學案。

何先生焯 別見安溪學案。

萬先生經

別見鄞縣二萬學案。

松崖弟子

江先生聲

別見艮庭學案。

余先生蕭客

余蕭客字仲林，一字古農，長洲人。少好學，刻苦自厲。家窶貧，而富於書卷，聞一異書，必假鈔寫，或得觀乃已，故其家多善本。嘗病郭璞注爾雅用舊注而掩其名，乃采注疏及太平御覽諸書中犍爲舍人、孫炎、李巡舊注而爲之釋。書未成，先成注雅別鈔八卷，專攻陸佃新義、埤雅及羅願爾雅翼之誤，兼及蔡卞毛詩名物解。就正於松崖，松崖曰：「陸佃、蔡卞，乃安石新學，人人知其非，不足辨。羅願非有宋大儒，亦不必辨。子讀書撰著，當務其大者遠者。」聞之瞿然，遂受業焉。生平著述甚多，自悔少作，不以示人。其古經解鉤沈三十卷，凡唐以前舊説，自諸家經解所引，旁及史傳類書，片語單辭，悉著於録。戴東原謂「是書有鉤而未沈者，有沈而未鉤者」，非篤論也。又撰文選紀聞三十卷、文選音義八卷、文選雜題三十卷、選音樓詩拾若干卷。集注蘇、黄滄海續、題襟集俱未就。晚歲失明，生徒求教，皆以口授。弟子朱氏敬輿、江氏藩最著名。殁於乾隆丁酉，年四十九。參史傳、任兆麟撰墓志銘、江藩國朝漢學師承記。

古經解鉤沈

前序

古之人耕且養，三年而通一藝，三十而五經立。故漢、晉古注入甲部者，唯毛萇、王弼、杜預不兼他經。孔安國、二何、郭璞則尚書、公羊、論語、爾雅外各兼一；范甯穀梁外兼二，鄭玄毛詩、三禮外兼五。其在一經之中，注外復有他書，及總羣經而有作。若鄭玄六藝論之類，皆不與本注悉數。獨以玉海九經舊目較元、明刊行注本，其幸者傳不傳參半，其不幸者傳其一不傳其二。然隋、唐三志，注者百數十家，今存者十家。爲書十有三，然則其一得傳，已非不幸。講疏、義疏盛於六朝，今則唐唯四人得傳，賈、孔爲盛。然公彦三禮疏中之禮記，穎達周易疏外之玄談，已不復見。其自宋明帝周易而下，劉炫書春秋以前，有録無書，復非注之可比。蓋毛詩箋傳，一經或有二家；南北舊疏，九經至無一種，當時得失，未可强同。遺事餘文，零落可憫。暇日因讀注疏，摘其所引，并李鼎祚周易集解二十七家舊説，益以史傳、稗官、百家雜注，及太平御覽、册府元龜諸巨編所載，凡涉經義，具有成書，今所不傳，盡玉海而止，罔不畢取，仍注所出；其不注者，周易則出李鼎祚集解，尚書以下，即出本經注疏，遠自周室，迄於唐代，凡得三十卷，其間多寡亦微有準繩，辭條豐蔚則撮其精英，一二僅存則隨條輒録，名曰古經解鉤沈。言「古」以别於現行刊本；言「經解」不言注疏，以并包異同；「鉤沈」則借晉楊方五經鉤沈之名，而義不必借。昔王應麟集鄭玄周易注兩有刊本，其集鄭玄古文尚書、古文論語，賈逵、服虔古文春秋，三書祕鈔，僅有存者。傳聞華亭一士大夫家獨有尚書，閒關求借，終莫得見。今既徧檢羣籍，知於厚齋所集，縱不悉全，或當得其七八。至於十之二三，訪求補入，亦無傷焉。羣經次第，略依經典釋文。超孟子於爾雅前者，唐、宋書目，孟子本入丙部，玉海始列在九經，而釋文本老子、莊子在爾雅前。今謂孟、莊同時，州次部居，理合相代。每條先後，則依先儒世次，不以所出之書爲斷。諸書屢見，則事從其朔；盈庭聚訟，則彼我兼通。窺豹則管亦一斑，集狐則裘非一腋，與夫存者雜而觀之，扶衰絶，攬體要，質當世，表微君子，匡不逮焉。

後序

己卯秒秋，蕭客從事鉤沈。載寒暑，易、尚書古注旁搜略徧，而周易五卷既削稿。其後得交朱太學文游，學博思精，所藏宋、元精本，率前日所未見及所求而不得，若王應麟集鄭玄尚書注之類，莫不畢具傳本，往還一瓻無費。越一歲辛巳，遂下榻滋蘭精舍，丹鉛朝夕，樂不爲疲，至於左目幾成青盲，而鉤沈得信而有徵於先儒，言匪面命之言，提其耳焉。壬午二月，目疾甚，百方自療。四月未盡，復轉入虚損，頭不得俯，不得回顧，行不得盤旋。回顧盤旋，眩暈耳鳴，輒通夕不止。人壽河清，半須藥物，尚可懼吴祐汗青之責，同子建論文之書，要之皓首非今日之論哉！昔蘭臺歷載二十，漢志弗成；西鄉受詔期月，注文精密。故知練三都者十年，研兩京以一紀，大率作輟用兼，旁雜人事。蕭客擯絶交游，五年專力，窮則腴代樵蘇，愁則娱同絲竹，上慙食時期月之敏，下非兩京、三都之精，然蜜蜂以兼采爲味，秋菊則落英可餐，繪事以衆色成文，睢、涣則餘波未絶。周易二十二家集解序、上三國志注表二書所言，有庶幾之合。壬午夏五，扶疾繕寫，八月書二十九卷畢。先以己卯十月作前序，是歲九月作後序及録，并前序爲序録第一卷。許慎説文目在卷末，京房注易，録入正卷，漢、魏舊章，宋、元儒者所弗屑，然司馬文正類篇一從許氏，目在卷之十五。至於録居一卷，則自陸元朗經典釋文以後無聞焉。今之所集先儒姓氏及所撰書名，僻者近半，缺而不論，則讀者茫如，隨條附見，則繁而寡要，不得不别爲一卷，略述源流。非敢自命古人造作同異，飾詩、書以驚愚，買名聲於天下者也。本名古注疏鉤沈，文游曰：「疏以命名，始吴陸璣，其作注下之注，始劉宋張該，不若經解之目，本后倉曲臺記，義雖不同，新、舊唐書已相承，分類遂定。」今名前序曰古經解鉤沈者，亦今所追改也。前序體例，今不盡同者，具出於例，欲見撰集本意，故復并存，不必隱括繩墨，盡與本書合也。

例

漢人、宋人説經殊旨，鴻講東西，大約在李唐限斷，然盧仝、啖、趙春秋開棄傳之宗，王弼、何宴易象有空文之注，遞相祖述，宋學要亦本自西京董仲舒、東京馬融。今集散失，盡取唐前，非欲獨宗漢學，實存稽古之思。

王伯厚處宋諸儒末，獨能好古易、尚書，論語則集鄭玄注，詩則集齊、魯、韓三家，春秋則集賈逵、服虔。今祖述其義，旁及諸經，下盡隋、唐舊注，質伯厚獨集漢注初心，不無牴牾，要亦孔門各言爾志之義。

趙宋初葉，注疏尊爲科律。渡江至元，半爲諸儒集矢。其閒所引，復是注疏唾餘，大率在不論不議之列，故蕭客初稿，以各經注疏、周易集解所載舊注爲主。後因何晏、孔穎達、李鼎祚徵引繁多，更以注疏、集解未載者爲主。其客主之辨，諸書則每見輒録，注疏、集解則但備一家，及精義要言什一二而已。舊注散見他經疏中，仍爲盡數分摘，蓋不在本經，便與諸書無異。至陸德明釋文，本爲經典作音，故其所載先儒諸音，今不傳者，亦每人在一二，則其涉舊注注疏所未及者，擇善而從，録其强半。陸淳春秋三書，專爲啖、趙之學，兩家之卷帙雖亡，三書之採摭略備，今録其折衷三傳理趣明者近數十條。唯此二陸不同諸書盡録之例。

舊注初見備載姓氏書名，再見以下獨載書名，此定法也。其或先儒著書，異人同名，如劉向、雷氏並有五經要義，及諸書援引，不稱作者姓氏，不能定其誰何，則雖初見，獨出書名。或一人數書，如賈逵於春秋有左氏長經章句、左氏解詁、左氏經傳朱墨列、三家經本訓詁，其可分屬者，或從諸書指實，或從文句排比。其疑不能決，則雖屢見，獨載人名。其不立書名，獨稱注解及音者，再見以下，配姓以相别。一經之内，復有姓同，則少見者稱名。如孝經注王肅多，王獻之一見，則獻之稱名，王肅稱姓。孟子注劉熙多，劉向一見，則劉向稱名，劉熙稱姓。其從諸書元引稱人稱書者，則又不以初見再見爲例。

每條下注所出書名，非獨則古稱先，兼欲讀者便於覆對。然一書卷帙多或盈千，若不注出某卷，幾與不注出所書同。今自諸書兩卷以上，便爲分别注出。其體自唐李匡義資暇集、遼僧行均龍龕手鑑已見。資暇中卷曰：「禮記第十八卷，開元禮第七十六。」龍龕注「鑇」字云：「在中阿舍經第五十五卷。」注「憻」字云：「出阿差末經第三卷。」故程大昌攷古編引通鑑，演繁露引通典，兩用其法。然則王應麟集鄭氏易引書注卷，蓋非獨創。

各經本文，一以注疏本爲正。其先儒舊本，字或異同，分注經文各字之下，參讀後注，便知某本作某，某本有某字無某字。至義門學士、紅豆侍讀以唐石經及宋槧本校補校改塗乙頗多。夫唐石、宋刊流傳既尠，其閒同異便屬沈淪？今摘其切於學者聞見，標以異字異句脱文諸目，直書經句，不作旁注，蓋據唐、宋舊刻，正有明兩雕本之誤。又此集摘句附注，初非全寫經文，老成典型，知無復改竄經字之嫌也。

九經注疏，其書尚存，於體不當入集，然缺文訛字，非得兩宋精本不可是正。如禮記疏，義門先生見南宋刊本已缺落數十處，故就傳是樓校北宋本，經月始出。其後吴門流傳一北宋本，朱太學楷，字孔林，比對精善。今擇疏中訛不可意校，缺不可文句，從朱校本補正百數十條，不敢謂識廬山真面，庶幾爲讀禮疏者一挹西山朝爽。

校補缺誤，率用宋槧，惟趙岐孟子章指，毛斧季扆曾見章丘李氏所藏北宋蜀大字章句本，趙氏篇敍從此校出，而斧季手校注疏，不言章指出自蜀本。惠松崖先生亦僅從盱郡重刊廖氏本校録，非世綵堂元本。然章指舊在各章章句之末，今本混入疏中，零落大半。前輩或疑孫宣公疏裏有疏，不知孫疏首述章指，末乃覆疏，初非自疏前疏。今若必俟宋本，則孫疏二十八卷之疑，終無可解。故從兩家所校，急爲補入。蕭客少無過人之性，中復貧病相兼，三十以後，居然濩落。此集雖麤立規條，然病中塗抹，易稿再三，其閒或舊注失收，或前後倒置，或本非散失，誤行採入，不能保無一二牴牾。然亦有明知其誤，如崔寔有四民月令，無禮記月令注，而白帖指爲注月令；穀梁有麋信注，無庾信注，而太平御覽兩三處並作庾注；司馬彪有續漢書郡國志，無禮記注，而太平寰宇記指爲注禮記，若此之類，憑臆改定，則恐實有其書，棄而不録，則恐貽譏掛漏。承訛襲謬，受教大方，雖非闕疑，抑亦慎言之體。

松崖交游

王先生鳴盛 別爲西莊學案。

錢先生大昕 別爲潛研學案。

戴先生震 別爲東原學案。

沈先生彤

別爲果堂學案。

褚先生寅亮

別見潛研學案。

陳先生黄中

別見果堂學案。

沈先生大成

沈大成號沃田，華亭人。幼穎悟，讀書目數行下，爲文才思横發。康熙己亥，學使科試松江，得卷驚異，取冠郷校。謁見時，進之曰：「吾試江蘇八府二州士，不乏取上第如拾芥者，然他日能讀書崇古學，惟子一人而已。」沃田益感奮，篤志經學，讀書晝夜不輟。自經史外，旁通天文地理六書九章算學，覃精研思，粹然成家。親殁，哀痛毁瘠。家中落，出應幕府徵，由粤而閩而浙而皖，前後四十年，未嘗一日廢丹鉛。舟車往來，以四部書自隨。晚游揚州，客盧運使見曾官舍，旋館江氏。沃田早承家訓，長師黄唐堂宫允，交惠松崖、戴東原、杭堇浦、王蘭泉，故其爲學，原本六經，凡古今典章之沿革，政事之得失，與夫一名一物流傳，考索研究，原委井然。藏書萬卷，手自校讐，鐫本譌闕，字體從俗，必標識而補正之。蠅頭蠶子，件繫條屬，非目力心細者，不能辨其點畫也。其校定十三經注疏、史記、前、後漢書、南北史、五代史、杜氏通典、文獻通考、昭明文選、説文、玉篇、廣韻、顧氏音學五書、梅氏曆算叢書尤爲一生精力所萃。著有學福齋文集二十卷，詩集三十八卷。著而未成者，讀經隨筆也。殁於乾隆辛卯，年七十有二。參汪大經撰行狀。

清儒學案卷四十四

玉林學案上

玉林爲學，與顧、惠諸氏之研覃經訓，由文字聲音訓詁，而得義理之真，殆相應求。而鍵户著述，世無識者。海内知己，獨一潛丘。遺書之存亡，不絶如縷。至五世，而克延厥緒，其書始傳。古今之皓首窮經湮没不彰者多矣，若玉林之發潛闡幽，賴有賢裔，業縣綿衮，史列儒林，非厚幸歟！述玉林學案。

臧先生琳

臧琳字玉林，武進人。父宇經。先生幼端敏，不好弄喜，博綜經史百氏之書，至釋道稗官野紀，皆所流覽，不當意者，時棄之，多不卒業。父訓以朱子讀書循序漸進之法，始大悔悟。弱冠，爲縣學生，文名盛著。父教之曰：「吾不以汝驟獲科名爲幸，能爲吾臧氏讀書種子則善矣。」先生色喜，拜受之。自有明三百年來，士人多限於制義，而不能自振。其爲詞章之學者無論矣，爲義理之學者，或貌襲程、朱，或言「不用六經，可以明心見性」。此聖人之意不明於天下後世，六經幾何不爲糟粕也。先生獨憂之，教門人後進以小學，必以爾雅、説文爲宗，曰：「不識字何以讀書？不通詁訓何以明經？」其論治經也，必以漢注唐疏爲主，曰：「此其本原也。本原未見，而遽授以後儒之傳注，非特理奥有不能驟領，亦懼爲其隘也。」父教既以讀書種子期先生，先生亦以此自任，遂絶意舉子業，一以研經考古爲務。撰述尚書集解一百二十四卷，凡自漢伏勝、孔安國、許慎、鄭康成、馬融、王肅及明丘濬、王樵之説，莫不搜輯薈萃，棄瑕取瑜，又時出己論補先儒之所闕，垂二十年而成。又著經義雜記三十卷，閻潛丘序之，稱其深明兩漢之學。嘗謂禮記中大學一篇，本無經傳可分，闕處當補。誠意闕頭，於學者最爲切要，所以成始而成終者，不當退移於後。以宋、元、明以來學者好爲改竄，因作大學考異二卷，而以漢注舊本爲得其真。先生之學，於六經無不通，而尤邃於尚書、春秋。於禮有輯録而未成。又有水經注纂三卷，知人編三卷，困學鈔十八卷，皆藏於家。康熙五十二年卒，年六十有四。參史傳、楊方達撰傳。

經義雜記

正名

論語：「子路曰：『衛君待子而爲政，子將奚先？』子曰：『必也正名乎！』」集解馬融曰：「正百事之名也。」儀禮聘禮疏引鄭注論語云：「古者曰名，今世曰字。」案：馬、鄭説不同，亦各有所本。學者喜馬説之平易，便斥鄭爲迂遠；爲鄭學者專主其説，又以馬解爲非，俱未嘗徧考也。史記孔子世家云：

「是時，衛君輒父不得立，在外，諸侯數以爲讓。而孔子弟子多仕於衛，衛君欲得孔子爲政。子路曰：『衛君待子而爲政，子將奚先？』」云云。又春秋繁露實性云：「孔子曰：『名不正則言不順。』春秋別物之理以正其名，名物必各因其真。真〔一〕其義也，真其情也，乃以爲名。名霣石則後其五，退飛則先其六，此皆其真也。聖人於言，無所苟而已矣。」又韓詩外傳卷五説魯君假馬于季孫云：「孔子正假馬之名，而君臣之義定矣。論語曰：『必也正名乎。』詩曰：『君子無易由言。』名正也。」此皆馬説所本也。周禮「外史掌達書名于四方」，注：「古曰名，今曰字，使四方知書之文字得能讀之。」又儀禮聘禮記「百名以上書於策，不及百名書於方」，注：「名，書文也，今謂之字。」又許氏説文解字序云：「今敘篆文，合以古籀，博采通人，至于小大，信而有證，稽譔其説，將以理羣類，解謬誤，曉學者，達神恉，分別部居，不相雜厠也。萬物咸覩，靡不兼載，厥誼不昭，爰明以諭。於其所不知，蓋闕如也。」觀許引君子「於其所不知」二句，是亦以正名爲正書字。文弨案：説文每部字下有不解者，多書闕字，即本論語闕如之意。此皆鄭説所本也，固不當專主一解以爲是矣。朱子集註本史記指衛輒拒父事言之，較馬説更切近。

古文尚書釋文

周顯德中二年二月，詔刻序録、易、書、周禮、儀禮、四經釋文，皆田敏、尹拙、聶崇義校勘，自是相繼

〔一〕「真」，原脱，據春秋繁露補。

校勘禮記、三傳、毛詩，音並拙等校勘。建隆三年，判監崔頌等上新校禮記釋文。開寶五年，判監陳鄂與姜融等四人校孝經、論語、爾雅釋文，上之。三月，李昉知制誥，李穆、扈蒙校定尚書釋文，德明釋文用古文尚書，命判監周惟簡與陳鄂重修定，詔並刻板頒行。咸平二年十月十六日，直講孫奭請摹印古文尚書音義與新定釋文並行，從之。是書周顯德六年田敏等校勘，郭忠恕覆定古文並書刻板。景德二年二月甲辰，命孫奭、杜鎬校定莊子釋文。上見玉海藝文。案：釋文敍録云：「枚賾奏上孔傳古文尚書。後范甯變爲今文集注。今以孔氏爲正。」其目載孔安國古文尚書傳十三卷。據此知尚書釋文本用古文，周顯德六年，田敏等校勘，郭忠恕覆定者是也。但世閒已有范氏所變今文尚書，釋文及隋、唐志皆十卷。故宋開寶命周惟簡等重修刻板頒行，則改古文爲今文，非陸氏原本矣。及咸平二年，孫奭復請摹印古文釋文，與新定釋文並行，猶今古並存。今所行尚書釋文，皆是今字，則爲周惟簡等改定之本，而非孫奭等復請摹印之本矣。夫兩本並行，而一存一没，非因人情喜新厭舊之故歟？是可慨也！

尚書泰誓有三

書序正義引馬融云：「太誓後得，案其文似若淺露。又云：『八百諸侯，不召自來，不期同時，不謀同辭。』及火復于上，至于王屋，流爲鵰。五至以穀俱來。舉火神怪，得無在子所不語中乎？」又春秋引泰誓曰：『民之所欲，天必從之。』國語引泰誓曰：『朕夢協朕卜，襲于休祥，戎商必克。』孟子引泰誓曰：『我武惟揚，侵于之疆，取彼凶殘，我伐用張，于湯有光。』孫卿引泰誓曰：『獨夫受。』禮記引泰誓曰：『予克受，非予武，惟朕文考無罪；受克予，非朕文考有罪，惟予小子無良。』今文泰誓皆無此語。吾見書傳多矣，所引泰誓而不在泰誓者甚多，弗復悉記，略舉五事以明之，亦可知矣。」又引鄭康成書論云：「民間得泰誓。」劉向别録曰：『武帝末，民有得泰誓於壁内者，獻之。與博士，使讀説之，數月皆起傳以教人。』」泰誓正義引王肅書序云：「泰誓近得，非其本經。」又孟子滕文公下引泰誓，趙注云：「泰誓，古尚書百二十篇之時泰誓也。今之尚書泰誓篇後得以充學，故不與古泰誓同。諸傳記引泰誓，皆古泰誓也。」據趙、馬之説，知記傳、孟、荀所引，皆未焚書前之尚書，所謂古泰誓，此一也。史記周本紀云：「武王上祭于畢。東觀兵，至于盟津。爲文王木主，載以車，中軍。武王自稱太子發，言奉文王以伐，不敢自專。乃告司馬、司徒、司空、諸節：『齊栗，信哉！予無知，以先祖有德臣，小子受先功，畢立賞罰，以定其功。』遂興師。師〔一〕尚父號曰：『總爾衆庶，與爾舟楫，後至者斬。』武王渡河，中流，白魚躍入王舟中，武王俯取以祭。既渡，有火自上復于下，至于王屋，流爲烏，其色赤，其聲魄云。」集解引馬、鄭之言，索隱曰：「皆見周書及今文泰誓。」齊世家亦載斯事，索隱引馬融説，以爲今文泰誓。漢書禮樂志：「書序『殷紂斷棄先祖之樂，迺作淫聲，用變亂正聲，以説婦人』。」師古曰：「今文周書泰誓之辭也。」郊祀志：「太誓曰：『正稽古立功立事，可以永年，丕天之大律。』師古曰：「今文泰誓，周書也。」「立功立事」二句，刑法志又引之。禮堂謹案：後漢書班彪傳下，「汪汪乎丕天之大律」，李注：「今文尚書泰誓篇曰『立功立事，可以永年，丕天之大律』。」鄭

〔一〕「師」，原脱，據史記補。

玄注云：「丕，大也。律，法也。」董仲舒傳「書〔一〕曰：『白魚入于王舟，有火復于王屋，流爲烏。』周公曰：『復哉復哉。』」師古曰：「今文泰誓之辭也。」平當傳「書云：『正稽古建功立事，可以永年，傳於亡窮。』」師古曰：「今文泰誓。」谷永傳「書曰：『迺用婦人之言，自絶于天。師古曰：「今文泰誓。」四方之逋逃多罪，是宗是長，是信是使。』」師古曰：「亦泰誓。」白虎通爵篇：「天子之子稱太子。尚書曰：『太子發升于舟。』」周禮大祝注：「書曰：『王動色變。』」賈疏：「泰誓云『周公曰「都，懋哉！予聞古先哲王之格言」』以下，『太子發拜手稽首。』」又：「今文泰誓得火烏之瑞，使上附以周公書，報誥於王，王動色變。」藝文類聚十六引尚書曰：「惟四月，太子發上祭于畢，下至于盟津之上，乃告司馬、司徒、司空。」又曰：「太子發升于舟，中流，白魚入于舟。王跪取，出俟以燎，羣公咸曰休哉。」鏞堂謹案：後漢書王霸傳：「雖武王白魚之應，無以加此。」李注：「今文尚書曰：『武王渡盟津，白魚躍入王舟。』」又文苑杜篤傳：「蓋夫燔魚剸蛇，莫之方斯。」注：「尚書今文泰誓篇曰：『太子發升舟，中流，白魚入於王舟。王跪取，出以燎。羣公咸曰休哉。』」鄭玄注云：「燔魚以祭，變禮也。」説文攴部：「孜，汲汲也。周書曰：『孜孜無怠。』」水部：「涘，水涯也。周書曰：『王出涘。』」手部：「搯，捾也。」周書曰：「師乃搯。」搯者，拔兵刃以習擊刺。此俱漢初壁內别出之泰誓，即馬氏所稱「其文似若淺露，神怪在子所不語」者，然兩漢大儒皆見之。馬、鄭、王肅爲古文學者，皆爲之注，此二也。至東晉臧彦始授梅賾古文尚書，內又有泰誓三篇，自唐以來，立於學官，即今日所誦讀者，此三也。

〔一〕「傳書」，原倒，據漢書乙。

論語古文今文

釋文序録云：「張禹受魯論於夏侯建，又從庸生、王吉受齊論，擇善而從，號曰張侯論，最後而行於漢世。禹以論授成帝。後漢包咸、周氏並爲章句，列於學官。鄭玄就魯論張、包、周之篇章，考之齊、古，爲之注焉。魏吏部尚書何晏集孔安國、包咸、周氏、馬融、鄭玄、陳羣、王肅、周生烈之説，並下己意，爲集解，正始中上之，盛行於世。」據此，則張侯論語已不全爲魯論。厥後包、周所注，列於學官，皆是本也。鄭康成就包、周之本以齊論、古論校正之，凡五十事，則鄭本論語又參合古、魯、齊三書定之，非張、包、周之舊矣。何晏所集七家内，孔安國、馬融蓋純乎古文，餘則三家並有。然鄭君校從古論，有注以識別，使後人可考。何晏就三家本以意爲之，自序稱「集諸家之美，有不安者，頗爲改易」，故采孔、馬之注則改包、周之本，用包、周之説又易孔、馬之經，自成一家，不今不古，甚可慨也。今據何氏以前書，略爲分別之。漢石經殘碑，此張侯魯論也。史記孔子世家、仲尼弟子列傳及許氏説文皆古論也。石經見洪氏隸釋，兹不贅列。古論語「傳不習乎」，魯論語「專不習乎」。釋文。下凡見釋文者，皆不注所本。古論語「未若貧而樂道」，仲尼弟子傳。魯論語「未若貧而樂」。古論語「而衆星共之」，魯論語「而衆星拱之」。古論語「有酒食先生饌」，魯論語「有酒食先生餕」。古論語「哀公問社於宰我」，魯論語「哀公問主於宰我」。古論語「縱之純如也」，孔子世家。魯論語「從之純如也」。古論語「無適也」，魯論語「無敵也」。古論語「可使治其賦也」，魯論語「可使治其傅也」。古論語「夫子之言天道與性命，弗可得聞也已」，孔子世家。魯論語「夫子之言性與天道，不可得而聞已矣。」漢書睦兩夏侯京翼李傳贊。古論語「未知焉得仁」，魯論語「未智焉得仁」。漢書古今人表、論衡問孔、中論智行下句同。古論語「崔子弒其君」，魯論語「高子弒其君」。古論語「吾不知所以裁之」，孔子世家。魯論語「不知所以裁之」。古論語「命也，夫斯人也而有斯疾，命也夫。」仲尼弟子傳。魯論語「命矣夫，斯人也而有斯疾也，斯人也而有斯疾也」。古論語「文質彬彬」，魯論語「文質份份」。說文人部。廣圻案：說文是古論語，當互易。古論語「夫子矢之曰，予所否者」，魯論語「夫子矢之曰，予所鄙者。」論衡問孔。古論語「子之燕居」，魯論語「子之宴居」。古論語「吾未嘗無誨焉」，魯論語「吾未嘗無悔焉」。古論語「假我數年」，孔子世家。魯論語「加我數年」。古論語「五十以學易，可以無大過矣」，魯論語「五十以學，亦可以無大過矣」。古論語「其爲人也，學道不倦，誨人不厭，發憤忘食，樂以忘憂」，孔子世家。魯論語「其爲人也，發憤忘食，樂以忘憂」。古論語「多見而識之，知之次也」，魯論語「多見而志之，知之次也」。白虎通禮樂。古論語「揖巫馬旗而進之」，仲尼弟子傳。魯論語「揖巫馬期而進之」。古論語「正唯弟子不能學也」，魯論語「誠唯弟子不能學也」。古論語「君子坦蕩蕩」，魯論語「君子坦湯湯」。古論語「民無得而稱焉」，魯論語「民無德而稱焉」。釋文、後漢書丁鴻傳論。古論語「巍巍乎，舜、禹之有天下也，而不與焉」。魯論語「巍巍乎，舜、禹之有天下也，而不預焉」。白虎通聖人。古論語「空空如也」，魯論語「悾悾如也」。古論語「弁衣裳者」，魯論語「絻衣裳者」。古論語「夫子循循然善誘人」，魯論語「夫子恂恂然善誘人」。後漢書張壹傳、趙岐孟子章指。古論語「沽之哉，我待賈者也」，魯論語「賈之哉，我待價者也。」白虎通商賈。古論語「孔子於鄉黨，恂恂如也」，魯論語「孔子於鄉黨，逡逡如也」。孔子世家索隱、隸釋山陽太守祝睦後碑。古論語「辯辯言唯謹爾」，魯論語「便便言唯謹爾」。古論語「朝與上大夫言，誾誾如也；與下大夫言，侃侃如也」，孔子世家。魯論語「朝與下大夫言，侃侃如也；與上大夫言，誾誾如也」。古論語「執圭鞠躬如也」，魯論語「執圭鞠窮如也」。儀禮聘禮注。古論語「上如揖，下如授」，魯論語「上如揖，趨如授」。古論語「不使勝食既」，說文「皀」。魯論語「不使勝食氣」。古論語「雖疏食菜羹瓜祭必齊如也」，魯論語「雖疏食菜羹必祭必齊如也」。古論語「鄉人儺」，魯論語「鄉人獻」。古論語「君賜生」，魯論語「君賜牲」。古論語「見弁者」，魯論語「見絻者」。古論語「朋友死，無所歸，曰於我殯」，魯論語「朋友無所歸，生於我乎館，死於我乎殯」。白虎通三綱六紀。古論語「車中不內顧」，魯論語「車中內顧」。古論語「德行顏淵、閔子騫、冉伯牛、仲弓，政事冉有、季路，言語宰我、子貢，文學子游、子夏」，仲尼弟子傳。魯論語「德行顏淵、閔子騫、冉伯牛、仲弓，言語宰我、子貢，政事冉有、季路，文學子游、子夏」。古論語「南容三復白珪」，仲尼弟子傳。魯論語「南容三復白圭」。古論語「仍舊貫」，魯論語「仁舊貫」。古論語「師也辟，參也魯，柴也愚，由也喭」，魯論語「柴也愚，參也魯，師也辟，由也喭。」古論語「無吾以也」，魯論語「無吾已也。」古論語「因之以饑饉」，魯論語「因之以飢饉」。古論語「詠而饋」，魯論語「詠而歸」。古論語「吾與黬也」，說文「黬，雖哲而黑也。从黑，箴聲。古人名黬字子哲。」仲尼弟子傳作「箴」字，是省文。魯論語「吾與點也」。古論語「仲弓問政」，仲尼弟子傳。魯論語「仲弓問仁」。古論語「片言可以折獄者」，魯論語「片言可以制獄者」。廣雅一釋詁：「制，折也。」古論語「子之迂也」，魯論語「子之于也」。古論語「夫君子爲之必可名，言之必可行」，孔子世家。魯論語「故君子名之必可言也，言之必可行也」。古論語「吾黨有直躬者」，魯論語「吾黨有直弓者」。古論語「硜硜然小人哉」，魯論語「悻悻然小人哉」。孟子公孫丑下注。古論語「朋友切切節節，兄弟熙熙」，毛詩伐木傳。魯論語「朋友切切偲偲，兄弟怡怡」。古論語「子貢方人」，魯論語「子貢謗人」。古論語「有荷臾而過孔氏之門者」，説文艸部。魯論語「有荷蕢而過孔氏之門者」。古論語「高宗諒陰三年」，魯論語「高宗諒闇三年」。鄭注本。又公羊傳文九年注。古論語「在陳絶糧」，魯論語「在陳絶粻」。古論語「小人窮斯㜮矣」，説文女部。魯論語「小人窮斯濫矣」。古論語「工欲善其事，必先利其器」，魯論語「工欲善其事，必先厲其器」。漢書梅福傳。古論語「好行小慧」，魯論語「好行小惠」。古論語「友諞佞」，説文言部。魯論語「友便佞」。古論語「言未及之而言謂之躁」，魯論語「言未及之而言謂之傲」。古論語「邦君之妻」，魯論語「國君之妻」。白虎通嫁娶兩引。古論語「邦人稱之曰君夫人」，魯論語「國人稱之曰君夫人」。白虎通爵，又嫁娶。古論語「饋孔子豚」，魯論語「歸孔子豚」。古論語「涅而不緇」，魯論語「泥而不滓」。史記屈原賈生傳：「皭然泥而不滓者也。」後漢書隗囂傳：「賢者泥而不滓。」又隸釋費鳳别碑：「湼而不滓。」隸續廷尉仲定碑：「泥而不宰。」禮堂謹案：文選東方朔畫贊云：「涅而無滓。」廣圻案：「泥而不宰」見婁機字源，今隸續有録無書。古論語「苟患失之無所不至矣」，魯論語「苟患失之亡所不至」。漢書朱雲傳。古論語「古之矜也廉」，魯論語「古之矜也貶」。古論語「天何言哉」，魯論語「夫何言哉，夫何言哉。」古論語「夫三年之喪，天下之通義也」，仲尼弟子傳。魯論語「夫三年之喪，天下之通喪也」。古論語「惡果敢而窒者」，魯論語「惡果敢而室者」。古論語「惡儌以爲知者」，魯論語「惡絞以爲知者」。古論語「齊人饋女樂」，魯論語「齊人歸女樂」。古論語「往者不可諫兮，來者猶可追也」，孔子世家。「也」亦當作「兮」。魯論語「往者不可諫也，來者猶可追也」。今本無二「也」，漢石經有。古論語「已而已而，今之從政者殆而」，魯論語「期斯已矣，今之從政者殆」。古論語「悠悠者，天下皆是也」，史記孔子世家、文選晉紀總論〔一〕注。魯論語「滔滔者，天下皆是也」。古論語「朱張」，魯論語「侏張」。古論語「行中清」，孔子世家。魯論語「身中清」。古論語「廢中權」，魯論語「發中權」。古論語「百工居肆以成其事」，魯論語「百工居肆以致其事」。白虎通辟雍。古論語「君子之道焉可誣也」，魯論語「君子之道焉可憮也」。漢書薛宣傳。古論語「陳子禽問子貢曰，仲尼焉學」，仲尼弟子傳。魯論語「衛公孫朝問於子貢曰，仲尼焉學」。古論語「敢昭告于皇皇后帝」，魯論語「敢昭告于皇天上帝」。白虎通三軍。古論語有「孔子曰，不知命無以爲君子也，不知禮無以立也，不知言無以知人也」，魯論語無此章。魯論語衛靈公有「子曰，父在觀其志，父没觀其行」，古論語無此章。凡六經古今文不可偏執，古文多假借，今文多正字，又往往古文得其真，今文或以形聲致誤，故必合考之，方兩通。漢儒今文家不知古義，古文家鄙棄今學，皆過也。能參合古今，擇善而從，可爲後學法守者，惟北海鄭君一人而已。

易逸象注

宋朱震子發撰周易集傳十一卷，今本題爲漢上易傳。其説卦傳有曰：「秦、漢之際，易亡説卦。孝宣帝

〔一〕「論」上原衍「選」字，據文選删。

時，河内女子發屋得說卦古文。至後漢荀爽集解，又得八卦逸象三十有一。集解『坎爲狐』，子夏傳曰：『坎稱小狐。』孟喜曰：『坎，穴也，狐穴居。』王肅曰：『坎爲水，爲險，爲隱伏。物之在險穴居隱伏，往來水間者，狐也。』子夏時坎爲狐，孟喜、王肅止隨傳解釋，不見全書，蓋秦、漢之際亡之矣。案：荀爽九家逸象具陸氏釋文，坎後有八六爲狐，兑後有二一爲常，陸氏引舊注云：『常，西方神也。餘不詳。』唐李氏集解於『未濟，小狐汔濟』，引虞翻曰：『艮爲小狐。』又曰：『艮爲尾。狐，獸之長尾者也。』引干寶曰：『坎爲狐。』又曰：『狐，野獸之妖者。』而無子夏、孟喜、王肅之言。」據朱氏此條，則宋時猶存古義也，然九家中有馬、鄭、虞翻，無子夏、孟喜、王肅。

春秋名季子辨

嘗讀宋儒胡安國春秋傳，至襄二十九年，吴子使札來聘，未嘗不歎胡氏之説經爲謬也。案杜注左氏云：「不稱公子，其禮未同於上國。」正義引釋例曰：「吴晚通上國，故其君臣朝會不同於例，亦猶楚之初始也。」又公羊傳：「春秋賢者不名，此何以名？許夷狄者，不壹而足也。季子者，所賢也，曷爲不足乎季子？許人臣者必使臣，許人子者必使子也。」何注云：「緣臣子尊榮莫不欲與君父共之，字季子則遠其君。夷狄常例，離君父辭故不足以隆父子之親，厚君臣之義。」穀梁傳：「其名，成尊於上也。」范注云：「札名者，成吴之尊稱，直稱吴，則不得有大夫。」是三傳皆無稱名爲貶之説。唐獨孤及曰：「以季子之閎達博物，慕義無窮，而使當壽夢之眷命，接餘昧之絶統，必能光啟周道，以霸荆蠻，則大業用康，多難不作，闔閭安得謀諸窟室？專諸何所施其匕首？乃全身不顧其業，專讓不奪其志，所去者忠，所存者節，善自牧矣，謂先君何！吳之覆亡，君實階禍。」獨孤氏之言，本非知季子者，然尚未傅會聖人之經。胡氏之論，豈因此加刻覈？惟明王氏世貞有言曰：「彼見乎吳之俗很戾而好戰，日尋楚之干戈，而僚以貪愎躁勇之性，光以狡悍忍詬之資左右焉，其人目睆而齒擊，蓋未嘗一日而忘乎王位也。札欲以禮息鬬，而不能以義割恩，而不忍其身之不恤，而何有於國！故熟計而舍之，非得已也。札聽樂而辨六國之興衰，獨不知吳之將亡，而嘿無一救乎？彼不欲以其身殉鴟夷也，可謂燭照當日之情勢矣。嗟乎，季子何人者！即以其聘於列國觀之，見叔孫穆子而慮其不得死，説晏平仲而告之以免難之法，與子產交而憂鄭之將敗，聞孫文子之鐘爲之懼禍而不敢止，説叔向而恐其好直以離難，是其於萍踪適合之人，尚爲之深思遠慮，惓惓不忘如是，而況於宗社乎？是故吳之興亡，季子必籌之熟，慮之深矣，特時勢流轉，有非人力所能挽者。與其以身徇之，躬受篡弒之禍，而不能有所濟，孰若見幾而去，全身潔己之爲愈哉！闔閭使專諸刺僚而致國乎季子，季子曰：『爾殺吾君，吾受爾國，是吾與爾爲篡也。爾殺吾兄，吾又殺爾，是父子兄弟相殺，終身無已也。』季子之志，至是而始白。然當其初讓之時，已見之明決矣，非固讓以全小節，而罔念國家之大禍也。」唐蕭定云：「易曰：『知幾其神。』季子之見，可謂知幾矣；季子之明，可謂知進退存亡，而不失其正矣。」嗚呼，其知季子者哉！

孝經閨門章

宋本古文孝經有閨門章，在「子曰君子之事親孝」章後。其文云：「子曰：『閨門之内，具禮矣乎！嚴父嚴兄，妻子臣妾猶百姓徒役也。』」共二十四字。元氏正義載司馬貞議曰：「近儒欲崇古學，僞作閨門一章，劉炫詭隨，妄稱其善。且閨門之義，近俗之語，必非宣尼正說。案其文云：『閨門之内，具禮矣！嚴親嚴兄，妻子臣妾猶百姓徒役也。』是比妻子於徒役，文句凡鄙，不合經典。」案：古文雖出劉光伯，或恐以私意竄改，但閨門一章，文簡意足，理致精嚴，似非後儒所能僞作，不當以文句疑之。蓋閨門之内，人君燕寢之地也。人君於大廷之上，百官執事，前後左右，罔非正人，即欲不具禮而不可。即退朝之後，與父兄相處，爲我素所嚴敬者，雖欲不具禮而亦不能。惟閨門之内，所對者，妻子耳，所侍者，臣妾耳，人君而與妻子臣妾相處，燕昵之私，情欲之感，日有所不容已，則起居之際，必有不能具禮，而或至於失禮者。能若嚴父嚴兄在前，則閨門之内，一如大廷，自不敢不具禮矣。蓋治家者不敢失於臣妾，而况於妻子乎！故得人之懽心以事其親，而自一家視之爲妻子臣妾，自天下視之爲百姓徒役，故云妻子臣妾猶百姓徒役也。欲得萬國之懽心以事其先王，必不敢遺於天下之百姓徒役。欲得一家之懽心以事其親，必不敢侮於閨門内之妻子臣妾。此先王之孝也，此聖人之誠也。司馬氏以爲凡鄙，誤矣！

文帝始置博士

漢書武帝紀「建元五年春，置五經博士」。文帝紀無立博士事。余考兩漢人所言，則文帝已立博士矣。楚元王傳：「文帝時，聞申公爲詩最精，以爲博士。」又劉歆移書太常博士曰：「孝文皇帝始使掌故朝錯從伏生受尚書。尚書初出于屋壁，朽折散絶，今其書見在，時師傳讀而已。詩始萌牙。天下衆書往往頗〔一〕出，皆諸子傳説，猶廣立於學官，爲置博士。」翟酺傳上言：「孝文皇帝始置五經博士，武帝大合天下之書。」又趙氏孟子題辭：「孝文帝欲廣遊學之路，論語、孝經、孟子、爾雅皆置博士。後罷傳記博士，獨立五經而已。」王氏玉海藝文云：「爾雅，文帝立博士。」本之孟子、漢書也。李賢注翟酺傳云：「武帝建元五年始置五經博士，文帝時未遑庠序之事，酺之言，不知何據。」蓋未詳考也。劉歆書「諸子傳説」，「説」字誤，當從孟子題辭作「傳記」。諸子謂孟子也，傳謂論語、孝經也，記謂爾雅也。書序正義曰：「漢武帝謂東方朔云：『傳曰時然後言，人不厭其言。』又漢東平王劉雲與其太師策書云：『傳曰陳力就列，不能者止。』又成帝賜翟方進策書云：『傳曰高而不危，所以長守貴也。』是漢世通謂論語、孝經爲傳也。以論語、孝經非先王之書，是孔子所傳説，故謂之傳。」

〔一〕「頗」，原作「願」，據漢書楚元王傳改。

古文均爲袗

儀禮士冠禮：「兄弟畢袗玄，立于洗東。」注：「畢，猶盡也。袗，同也。玄者，玄衣玄裳也。緇帶韠。古文袗爲均也。」案：此經蓋古文作「兄弟畢袗玄」，今文作「兄弟畢均玄」，鄭從今文作「均玄」，疊古文不用，注當云：「均，同也。古文均爲袗也。」今本是後人倒易之。左傳僖五年：「均服振振，取虢之旂。」杜注：「戎事上下同服。」釋文：「均，如字，同也。字書作袀，音同。」正義曰：「均服者，謂兵戎之事，貴賤上下均同此服也。」又周禮司几筵：「設莞筵紛純。」鄭司農云：「純讀爲均服之均。」釋曰：「僖五年左傳云：『均服振振。』賈、服、杜君等皆爲均。均，同也。」又國語晉語二：「均服振振。」韋注：「均，同也。戎服君臣同。」又吕氏春秋悔過云：「過天子之城，宜橐甲束兵，左右皆下，以爲天子禮。今袀服四建，左不軾，而右之超乘者五百乘。」高注：「袀，同也。兵服上下無別，故曰袀服。」鄭注既以玄衣玄裳爲同服，則必從今文作均矣。賈、高、韋、杜並云：「均，同也。」與此注義正合。又禮記月令：「孟冬之月，乘玄路。」注：「今月令曰乘軫路，似當爲袗字之誤也。」正義曰：「軫是車之後材，路皆有軫，何得云乘軫路？此軫字當衣旁著㐱，袗是玄色，故以今月令軫字似當爲袗字錯誤。以此經云乘玄路，玄、袗義同，故昏禮云『女從者畢袗玄』。鄭雖以袗爲同，要袗是玄之類。」是鄭以袗義爲玄。經已云玄，不必更言袗矣。古文袗、玄義複，鄭所不從。據月令正義，知孔氏所見儀禮，已誤同今本。士昏禮「女從者畢袗玄」，注：「袗，同也。同玄者，上下皆玄也。」釋曰：「此袗讀從左氏均服振振一也，故云同玄上下皆玄也。同者，即婦人之服不殊裳。」案士昏禮亦當作均玄。據疏云「此袗讀從左氏均服振振」，疑賈氏作疏時，禮經尚作均玄，而未誤爲袗玄也。續漢輿服志下云：「秦以戰國即天子位，滅去禮學，郊祀之服，皆以袀玄。」又：「五嶽、四瀆、山川、宗廟、社稷諸沾秩祠，皆袀玄長冠，五郊各如方色云。百官不執事，各服常冠袀玄以從。」又：「祀宗廟諸祀皆服袀玄。」梁劉昭注云：「獨斷曰：『袀，紺繒也。』吴都賦曰：『袀，皁服也。』」又蔡邕獨斷下：「祠宗廟則長冠袀玄。」又淮南子齊俗：「譬若芻狗土龍之始成，尸祝袀袨、大夫端冕以送迎之。」高注：「袀，純服。袨，墨齋衣也。」此並袀玄連文，與冠、昏禮今文「均玄」二字正同，雖皆秦、漢之事，不足爲禮經之證，然左傳均服既本作袀服，知儀禮均玄亦本作袀玄矣。說文新附：「袨，盛服也。从衣，玄聲，黄絢切。」玉篇：「袨，胡絢切，黑衣也。」

袀服振振

文選吴都賦：「六軍袀服。」劉淵林注：「左氏傳曰：『袀服振振。』袀，同也。」閒居賦：「服振振以齊玄。」李善注：「左氏傳曰：『袀服振振。』服虔曰：『袀服，黑服也。』說文曰：『袀，玄服也。』音均。」又漢書五行志中之上：「左氏傳袀服振振。」師古曰：「袀服，黑衣。振振，袀服之貌也。」然則左傳本作袀服，其義爲黑衣。均，同也。蓋賈景伯義。而杜氏之用服注，當云：「均，讀爲袀。袀服，黑服也。」今說文衣部云：「袗，玄服。从衣，㐱聲。裖，袗或从辰。」而無袀字。據閒居賦注所引，知唐初說文本有袀字，蓋今本脱落，或即袗字之異，蓋說文本用今文袀字，後人以古文袗字代之，猶儀禮之均作袗也。經既均玄連文，則袀爲玄服可知。與服子慎、顏師古義同。玉篇：「袀，戎服也。」廣韻十八諄：「袀，戎衣也。」左傳曰「均服振振」，字書從衣。左傳釋文亦云：「均，字書作袀。」知說文故有袀字矣。國策趙策：「左師公曰：『老臣賤息舒祺最少，不肖，而臣衰，竊愛憐之，願令袀黑衣之數，以衛王宮。』」此戎事黑服之證。師古以袀服爲黑衣，當本之應劭、服虔等音義。顏氏每遇舊注與己合者，即没其姓氏，襲爲己有，故能於杜注、孔疏外別立一解也。

王弼易注有音

易大過注：「音相過之過。」明神廟、崇禎兩刻本皆無，正義標注有此句，釋文大書「相過之過」四字，蓋後人疑注中不當有音，恐非王氏語，故刪之。案：井彖曰：「巽乎水而上水，井。」注：「音舉上之上。」正義曰：「嫌讀爲去聲，故音之也。」豐彖曰：「豐，大也。」注：「音闡大之大也。」正義曰：「闡者，宏廣之言。凡物之大，其有二種：一者自然之大，二者由人之闡宏使大。豐之爲義，既闡宏微細，則豐之稱大，乃闡大之大，非自然之大，故音之也。」舉此可證注中本有音矣。凡漢儒之書，多注讀相連，如鄭康成毛詩箋、三禮注，許叔重說文，高誘吕氏春秋、淮南子注可見。魏、晉以來，此法漸疏，惟郭景純注爾雅、方言尚有典型。論語：「子游曰：『事君數。』」集解云：「數，謂速數之數。」正義曰：「嫌讀爲上聲去聲，故辨之。」較易注益寥寥矣。

論語筆解纂

習之好改字，余既有辨矣。覆讀之，有可采備一説者，纂録於此。「事君數」章，何晏注：「數，讀爲速數之數。」李云：「君命召，不俟駕，速也。豈以速爲辱乎？吾謂數當謂頻數之數。」案：速讀爲促，即頻數義。此解與集注同。「子見南子」章，孔注：「矢，誓也。」李云：「矢，陳也。否當爲否泰之否，厭當爲厭亂之厭，孔失之矣。爲誓，非也。後儒因以矢爲誓，又以厭爲擫，益失之矣。」案：釋文引蔡謨云：「矢，陳也。」否，王弼、李充備鄙反。厭，於琰反，又於豔反。正義曰：「蔡謨云：『矢，陳也。』夫子爲子路陳天命也。」此解與蔡、王、李充等合。「自行束脩」章云：「説者謂束爲束帛，脩爲脩脯。人能奉束脩於吾，則皆教誨之。此義失也。吾謂以束脩爲束修則然矣。仲尼言，小子洒掃進退束修末事，但能勤行此小者，則吾必教誨其大者。」案：漢人皆以束脩爲約束修絜，李解與舊説合。「子曰：『由，知德者鮮矣。』」云：「此一句是簡編脱漏，當在『子路愠見』下文一段爲得。」案：集解載王肅注云：「君子固窮，而子路愠見，故謂之少於知德。」此解與王意合。「君子不施其親」云：「施當爲弛。」此解與余説合。今之學者，日習朱子集注，於何氏集解置之高閣，更何暇及此！而不知唐人之書亦不可不讀也。或疑此爲後人託撰，然即以兹數端論之，似非宋以來學者所能言，且其文繁意複，與唐人義疏極相似。

左傳錯簡

左氏音義之四襄五第十八大書傳字云：「此傳本爲後年脩成，當續前卷二十五年之傳後，簡編爛脱，後人傳寫因以在此耳。」案：傳云：「會于夷儀之歲，齊人城郟。其五月，秦、晉爲成，晉韓起如秦涖盟，秦伯車如晉涖盟。成而不結。」杜注：「傳爲後年修成起本，當繼前年之末，而特跳此者，傳寫失之。」正義曰：「漢書藝文志云左氏傳三十卷，則丘明自分爲三十也。丘明作傳，使文勢〔一〕相接，爲後年之事而年前發端者多矣。文十年傳云：『厥貉之會，麇子逃歸。』十一年云：『楚子伐麇。』宣十一年傳云：『厲之役，鄭伯逃歸。』十二年而云：『楚子圍鄭。』皆傳在前卷之末，豫爲後卷之始。此爲後年修成，發其前，成不結其事，與彼相類，不宜獨載卷首，知其當繼前年之末也。而特跳出在於此卷之首者，是傳寫失之也。學者以此語字多，欲合〔二〕與下相接，故輒斷彼末寫於此首。後人因循，不敢改易，故失之，言失其本真也。說文云：『跳，躍也。』謂足絶地而高舉也。魏、晉儀注寫章表別起行頭者，謂之跳出，故杜以跳言之。」又案：儀禮聘禮記：「百名以上書於策，不及百名書於方。」釋曰：「鄭注尚書三十字一簡之文。服虔注左氏云：『古文篆書一簡八字。』」則尚書與左氏竹簡字數多寡不同，然亦止大

〔一〕「勢」，原作「藝」，據左傳正義改。
〔二〕「合」，似當依宋本作「令」。

概言之，不必尚書定三十字，左氏定八字。故漢書藝文志論酒誥、召誥脱簡云：「率簡二十五字者，脱亦二十五字，簡二十二字者，脱亦二十二字。」蓋多不過三十字，少不過八字耳。此傳「會于夷儀」云云，共三十五字，以八九字一簡數之，應有四簡，蓋簡編爛脱，當在卷十七之末者，反落在卷十八之首。杜氏注傳時本已如此，故後人傳寫者亦因之而不敢改，陸氏所言是也。乃杜以爲傳寫失之，語欠分曉。正義又云：「學者欲與下相接，故輒斷彼末寫於此首。」余謂自杜氏以前，恐無此穿鑿私改之弊。今釋文尚仍陸氏之舊在第十八。依孔氏所言，亦本在正義第三十七之首，乃俗本注疏移於第三十六之末，在二十五年傳後，則非孔氏真本矣。單注本亦誤，惟明刻杜林合解在第三十一襄二十六年之上，頗足取云。鏞堂謹案：歸安嚴久能元照貽我不全宋版左傳三册，上册題襄五第十八，此傳正在二十六年之首。

文王事混夷

孟子梁惠王下：「是故湯事葛，文王事昆夷。」趙注：「詩云：『昆夷兑矣。』」宋高宗御書石經孟子作「文王事混夷」。案：詩緜作「混夷駾矣」，箋云：「混夷，夷狄國也。」釋文：「混夷音昆。」王伯厚詩考載説文「昆夷駾矣」，而緜正義引説文曰：「詩云：『混夷駾矣。』」皇矣「患夷載路」，箋云：「患夷即混夷。」釋文：「混夷音昆。」正義曰：「采薇序曰：『西有混夷之患。』是患夷者，患中國之夷。書傳作畎夷，蓋畎、混聲相近，後世作字異耳。或作犬夷，犬則畎字之省也。」據此，知詩混夷字無有作昆者，孟子昆夷，當從石經作混夷，方與詩合。今經注皆作昆，失其舊也。皇矣引詩序混夷，今采薇序注疏作昆夷。釋文昆夷，本又作混，作混與正義合。今本作昆，乃依釋文正字耳。

毛詩改從鄭箋

鄭箋毛詩傳，有申其義者，有改其義者，有同一字而詁訓各異者，有云當爲某讀爲某而易其字者，然皆具於箋中，於正文未敢輒改。後人往往從箋以改經，又依鄭義以改箋字，今舉數則正之。終風：「願言則疐。」傳：「疐，跲也。」箋云：「疐讀當爲不敢嚏咳之嚏。」而玉篇口部唐石經皆作「願言則嚏」。北風：「其虛其邪。」傳：「虛，邪舊作「虛」。也。」箋云：「雅讀如徐。」而關雎正義引作「其虛其徐」。無衣：「與子同澤。」傳：「澤，潤澤也。」箋云：「澤，舊作「襗」。褻衣，近污垢。」釋文：「同澤，如字。」毛：「潤澤也。」鄭：「褻衣也。」說文作襗，而正義曰：「箋易傳爲襗，說文云：『襗，袴也。』論語注云：『褻衣，袍襗也。』」又周禮：「玉府掌王之燕衣服。」注：「燕衣服者，袍襗之屬。」釋曰：「毛詩云『豈曰無衣，與子同袍，與子同襗』是也。」衡門：「可以樂飢。」傳：「可以樂道忘飢。」箋云：「飢者，不足於食也。泌水之流洋洋然，飢者見之，可以樂舊作「𤻲」。飢。」釋文以樂本又作𤻲，毛音洛，鄭力召反。沈云：「舊皆作樂字，而唐石經作可以𤻲飢。」文選王元長永明十一年策秀才文：「豈非療飢。」李善注：「毛詩曰：『可以𤻲飢。』鄭玄曰：『泌水洋洋然，飢者見之，可飲以𤻲飢。』𤻲音義與療同。」蔡伯喈郭有道碑文：「棲遲泌邱。」李注：「毛詩曰：『泌之洋洋，可以療飢。』」太平御鑒五十八亦作「可以療飢」。蓋一改樂爲𤻲，再改𤻲爲療。鹿鳴：「視民不恌。」箋云：「視，古示字也。可以示天下之民，使之不愉於禮義。」

而左氏昭十年傳：「視民不佻。」釋文云：「視民如字，詩作示字。」車攻：「東有甫草。」傳：「甫，大也。」箋云：「甫草者，甫田之草也。鄭有甫舊作「圃」，葛本尚作「甫」。田。」釋文：「甫草，毛如字，鄭音補。甫田，舊音浦，下同。」而唐石經原刻作「東有圃草」。後改爲「甫」，故石刻「甫」字獨小。正義凡甫田字皆从口。吉日：「其祁孔有。」傳：「祁，大也。」箋云：「祁當作麎。麎，麋牝也。」而爾雅釋獸：「麎，牡麐，牝麎。」邢疏云：「其牝者名麎，詩吉日云『其麎孔有』是也。」鴛鴦：「摧之秣之。」傳：「摧，莝也。」箋云：「摧，今莝字也。」而白氏六帖九十六兩引皆作「秷之秣之」。徐楚金說文繫傳作「芻之䬴之」，引下章「秣之摧之」亦作「秣之剉之」。思齊：「烈，假不瑕。」傳：「烈，業。假，大也。」箋云：「烈、舊作「厲」。假皆病也。」正義曰：「鄭讀烈假爲厲瘕，故云皆病也。」而釋文云：「烈，毛如字，鄭作厲。」宋丁度集韻引詩：「厲假不瑕。」是皆依箋改經也。

尚書異說

尚書孔序云：「以其上古之書，謂之尚書。」正義曰：「孔君既陳伏生此義，於下更無是非，明即用伏生之說，故書此而論之。馬融雖不見孔君，此說理自然同，故曰『上古有虞氏之書，故曰尚書』是也。王肅曰：『上所言，史所書，故曰尚書。』鄭氏云：『尚者上也，尊而重之，若天書然，故曰尚書。』二家以尚與書相將，疑作「埒」。則上名不正出於伏生。鄭玄依書緯，以『尚』字是孔子所加，故書贊曰：『孔子乃尊而命之曰尚書。』璿璣鈐云：『因而謂之書，加尚以尊之。』又曰：『書務以天言之。』鄭玄溺於書緯之說，何有人言而須繫之於天乎？且孔君親見伏生，不容不悉，自云『伏生以其上古之書謂之尚書，何云孔子加也』？王肅曰『上所言，史所書』，則『尚』字與書俱有，無先後。既直云尚，何以明上之所言？書者，以筆畫記之辭，羣書皆是，何知書要責史所爲也？此其不若前儒之説密耳。云上古者，亦無指定之目。自伏生言之，則於漢世仰遵前代，自周已上皆是。馬融云：『有虞氏爲書之初耳。』若易歷三世，則伏犧爲上古，文王爲中古，孔子爲下古。禮運鄭玄以先王食腥與易上古結繩同時爲上古，神農爲中古，五帝爲下古。」案：天在上，尊尚之，若天書然。此言人之尊書，非人言繫之於天也。鄭説較馬、孔爲精。肅改鄭注，正義已有駁難。又劉知幾史通六家云：「尚書璇璣鈐曰：『尚者上也，上天垂文，以布節度，如天行也。』王肅曰：『上所言，下爲史所書，故曰尚書也。』」案：尚書璇璣鈐，此今文尚書也。鄭學閎通，擇善而從，不偏主一家，故雖注古文，猶采用今文家説。如既箋毛詩，猶不廢魯、韓，時取其是者，以改毛義也。唐時今文尚書已亡，孔氏不知鄭之所本，故以爲溺於書緯耳。

義疏句繁

唐人九經義疏，學者不可不讀，但其文複沓，有一二言義已明了者，加之數十百言，意反晦塞。劉子玄史通有點繁篇，其法以文有繁者，皆以筆點其上，朱粉雌黄，並用凡字，經點者盡宜去之。其間有文字虧缺者，細書側注於其下，亦用朱粉雌黄等，惟正文用朱粉，則細注用雌黄爲别。或回易數字，或加足片言，分布得所，彌縫無闕。琳欲仿史通法，翦裁義疏，别爲九經小疏一書，但不必如史通法之太密，於删改處不必拘拘盡留本文，恐反亂學者之目。今偶舉二則，所當删者用朱粉句之，其虧缺處當側注者不復補云。禮記樂記：「大章，章之也。咸池，備矣。」正義曰：「此黄帝所作咸池之樂，至堯之時，更增改脩治而用之，周禮大司樂謂之大咸。咸池雖黄帝之樂，若堯既增脩而用之者，則世本名咸池是也，故此文次在大章之下矣。又周禮云咸池以祭地，黄帝之樂，堯不增脩者，則别立其名，則此大章是也。其咸池雖黄帝之樂，堯增脩者，至周謂之大咸。其黄帝之樂，堯不增脩，大章者，至周謂之大卷。於周之世，其黄帝樂，堯不增脩，謂之大卷者，更加以雲門之號，是雲門、大卷一也。」周禮大司樂：「舞雲門、大卷、大咸。」釋曰：「本黄帝樂，名曰咸池。以五帝殊時，不相沿樂，堯若增脩黄帝樂體者，存其本名，猶曰咸池，則此大咸也；若樂體依舊不增脩者，則改本名，名曰大章，故云『大章，堯樂也』。周公作樂，更作大卷，大卷則大章章當作「大章」。名，雖堯樂，其體是黄帝樂，故此大卷一爲黄帝樂也。周公以堯時存黄帝咸池爲堯樂名，則更與黄帝樂名立名，名曰雲門，則雲當有「門」字。與大卷爲一名，故下文分樂而序之，更不序大卷也。」

王仲任説堯典

論衡正説云：「堯老求禪，四嶽舉舜。堯曰：『我其試哉！』説尚書曰：『試者，用也；我其用之爲天子也。』又曰：『女于時觀厥刑于二女。』觀者，觀爾虞舜於天下，不謂堯自觀之也。若此者，高大堯、舜，以爲聖人相見已審，不須觀試，精耀相炤，曠然相信。」又曰：「『四門穆穆，入于大麓，烈風雷雨不迷。』言大録，三公之位也。居一公之位，大總録二公之事，衆多並吉，無疾風大雨。」案：以上今文家説，以下王仲任義。夫聖人才高，未必相知也。舜難知佞，使臯陶陳知人之法。佞難知，聖亦難别。堯之才，猶舜之知也。堯聞舜賢，四嶽舉之，心知其奇，而未必知其能，故言：『我其試哉。』試之於職，妻以二女，觀其夫婦之法，職治修而不廢，夫道正而不僻。復令入野，而觀其聖，逢烈風疾雨，終不迷惑。堯乃知其聖，授以天下。」案：「我其試哉」，鄭康成注云：「試以爲臣之事。」王肅云：「試之以官。」皆與仲任「試之於職」之説合。蓋堯典本合今舜典爲一篇，孔傳析之，故云「言欲試舜，觀其行迹。」此言「用爲天子」，亦非。又案：書大傳云：「堯納舜大麓之野。」五帝本紀云：「堯使舜入山林川澤，暴風雷雨，舜行不迷。」此仲任之説所本。馬、鄭注尚書亦從其義。王肅云：「麓，録也。堯得舜，任之事，無不統，自『愼徽五典』以下是也。」孔傳云：「麓，録也。納舜使大録萬機之政，陰陽和，風雨時，各以其節，不有迷錯愆伏，明舜之德合於天。」據論衡所引尚書説，知漢人本有是義，故王肅、孔傳用之，但不如王仲任説爲允耳。

穀梁傳失實

穀梁傳成五年：「輦者謂伯尊曰：『君親素縞，帥羣臣而哭之，既而祠焉，斯流矣。』伯尊至，君問之曰：『梁山崩，壅遏河，三日不流，爲之奈何？』伯尊曰：『君親素縞，帥羣臣而哭之，既而祠焉，斯流矣。』孔子聞之，曰：『伯尊其無績乎！攘善也。』」注：「績，功也。或作續，謂無繼嗣。」釋曰：「舊説伯尊，晉之賢大夫；輦人，晉之隱士，今一遇吐誠，理難再得。伯尊不能薦於晉侯，以救朝廷之急，反竊其語而晦其人，蔽賢罪深，故被戮絶嗣。子夏雖匿聖人之論，能播教於西河，令黑水之人欽其風，蒲坂之閒愛其道，其罪既輕，故直喪明而已。然此之〔一〕立説，恐非其理，何者？天道冥昧，非人所知，大聖立言，意在軌世，則伯尊之戮，未必由蔽賢人之言，卜商喪明，豈關匿聖人之論！徒爭罪之輕重，妄説受罪淺深，據理言之，恐非聖賢之旨。」案：左傳云：「伯宗請見之。不可。遂以告，而從之。」國語晉語五云：「問其名，不告。請以見，弗許。伯宗及絳以告，而從之。」然則伯宗本欲請輦者見晉君而薦之，特輦者不可，即欲一聞其姓名而不可得。伯宗不强以屈其志，故以輦者之言告君而從之，何嘗攘善乎？穀梁以爲攘善而無功，核之内、外傳爲失實。本或「績」誤爲「續」，遂起絶嗣之説，又引子夏爲證，其誣慢古人不淺。楊疏斥舊説爲妄，當也。

公羊注異字

公羊傳莊二十七年：「君子辟内難，而不辟外難。」注：「禮記曰：『門内之治恩揜義，門外之治義揜恩。』」釋文：「之治，直吏反。下之治同。」解云：「禮記曰至揜恩，喪服四制文也。案彼文，事作『治』字，下『揜』字作『斷』字，蓋以所見異。」琳案：禮記釋文「之治，直吏反。下同。恩揜，於檢反。義斷，丁亂反。」合之徐疏所見，與今本並同。陸本公羊注亦作「門内之治」，「門外之治」，蓋誤同禮記也。但不

〔一〕「之」，原無，據穀梁傳注疏補。

爲「斷」字作音，知下句亦作「摲」字。若徐疏本，則二「治」字皆爲「事」。古治、事聲相近，何邵公所據禮記不與康成本同也。

春秋左氏傳序

杜氏經傳集解序，釋文題爲春秋序，正義作春秋左氏傳序，今注疏本從釋文，杜林合注本從正義而無「氏」字，皆非也。正義曰：「此序題目，文多不同，或云春秋序，或云左氏傳序，或云春秋經傳集解序，今依用之。南人多云，此本釋例序，釋文云：「沈文何以爲釋例序。」後人移之於〔一〕此。且有題曰春秋釋例序，置之釋例之端，今所不用。晉太尉劉寔，與杜同時人也；宋大學博士賀道養，去杜亦近，俱爲此序作注，題並不言釋例序，明非釋例序也。又晉、宋古本，序在集解之端。徐邈以晉世定五經音訓，爲此序作音。且此序稱『分年相附，隨而解之，名曰經傳集解』，是言爲集解作序也。又別集諸例，從而釋之，名曰釋例。異同之説，釋例詳之。是其據集解而指釋例，安得爲釋例序也？」案：杜氏既集解經傳，則單稱春秋，或單稱左氏傳者，非矣。若經傳集解，則杜所自爲之書，杜爲集解而序經傳，非自序其集解也。晉、宋古本鮮有誤者，孔氏從之，當矣。穀梁疏云：「晉、宋古本多云春秋穀梁傳序，俗本亦有直云穀梁傳序者。」亦可爲證。

〔一〕「於」，原作「如」，據左傳正義改。

漢五經舊題

詩正義「毛詩國風」云：「詩者，一部之大名。國風者，十五國之總稱。不冠於周南之上，而退在下者，案鄭注三禮、周易、中候、尚書皆大名在下，孔安國、馬季長、盧植、王肅之徒，其所注者，莫不盡然。釋文云：「馬融、盧植、鄭玄注三禮，並大題在下。」然則本題自然，非注者移之，定本亦然。當以皆在第下，足得總攝故也。班固之作漢書，陳壽之撰國志，亦大名在下，蓋取法於經典也。」案：周禮注疏「天官冢宰第一」下，有「周禮」二字，在「鄭氏注」之上。儀禮注疏亦然。賈公彥云：「儀禮者，一部之大名。士冠者，當篇之小號。退大名在下者，取配注之意故也。」孔氏禮記正義云：「禮記者，一部之大名。曲禮者，當篇之小目。既題曲禮於上，故注禮記於下，以配注耳。」此鄭注三禮大題在下之證。其周易、尚書雖亡，據三禮可類推也。公羊傳題云「春秋公羊經傳解詁隱公第一」，注疏本與釋文同。解云：「案舊題云『春秋隱公經傳解詁第一公羊何氏』，則云春秋者，一部之總名；隱公者，魯侯之謚號；經傳者，雜縟之稱；解詁者，何所自目；第一者，無先之辭；公羊者，傳之別名；何氏者，邵公之姓也。禮堂謹案：「或題何休學，非也。杜預解左傳止題杜氏二字，趙岐孟子章句但題趙氏，鄭注孝經但題鄭氏，古人遜謙，不欲自表其名，但著其氏族，俾可識別耳。近人不知也。」今定本則升『公羊』字〔一〕在『經傳』上，退『隱公』字在『解詁』之下，未知自誰始也。」則

〔一〕「字」，原無，據春秋公羊傳注疏補。

公羊傳亦本隱公小題在上，公羊大題在下，定本誤改，故唐人多從之。春秋左傳正義引服虔注題云：「隱公左氏傳解誼第一。」「左氏傳」三字亦當退下，漢人必不改舊例，蓋亦後人升之耳。孔安國書傳雖出於魏、晉，據詩正義知猶取法於漢儒，故尚書音義載堯典第一於上，虞書於下。正義則加「古文尚書」四字於堯典上，蓋承二劉之舊也。杜注左傳，題云「春秋經傳集解隱公第一」。此非特以大題加小題之上，且以己所題集解之名，亦加於小題之上矣。故范注穀梁傳，題云「春秋穀梁傳隱公第一」；王弼周易注，題云「周易上經乾傳第一」，並與杜氏同也。魏、晉之儒，如何晏論語、郭璞爾雅，釋文本皆小題在上，尚依漢儒之舊。小題所以在上者，以當篇之記號，欲其顯也。大題所以在下者，總攝全書之意也。五經並然。或見「毛詩國風」在「周南關雎詁訓傳第一」之下，便云小毛公加「毛詩」二字，又云河間獻王所加，非也。賈、孔並云在下以配注，亦非。

舜典二十八字

釋文序録云：「江左中興，元帝時，豫章内史枚賾，奏上孔傳古文尚書，亡舜典一篇，購不能得，乃取王肅注堯典，從『眘徽五典』以下，分爲舜典篇以續之，學徒遂盛，後范甯變爲今文集注，俗間或取舜典篇以續孔氏。齊明帝建武中，吴興姚方興采馬、王之注，造孔傳舜典一篇，云『於大航頭買得』，上之。梁武時，爲博士議曰：『孔序稱伏生誤合五篇，皆文相承接，所以致誤。舜典首有「曰若稽古」，伏生雖昏耄，何容合之』？遂不行用。近唯崇古文，馬、鄭、王注遂廢。今以孔氏爲正，其舜典一篇，仍用王肅本。」又「舜典第二」，「王氏注相承云：『梅賾上孔氏傳古文尚書，亡舜典一篇。』時以王肅注頗類孔氏，故取王注從『慎徽五典』以下爲舜典，以續孔傳。徐仙民亦音此本。今依舊音之。」「曰若稽古帝舜，曰重華協于帝」：「此十二字是姚方興所上，孔氏傳本無。阮孝緒七録亦云：『然方興本或此下更有『濬哲文明，温恭允塞，玄德升聞，乃命以位』凡二十八字異，聊出之，於王注無施也。」正義曰：「昔東晉之初，豫章内史梅賾上孔氏傳，猶闕舜典。自此乃命『以位』已上二十八字，世所不傳，多用王、范之注補之，而皆以『慎徽』以下爲舜典之初。至齊蕭鸞建武四年，吴興姚方興於大航頭得孔氏傳古文舜典，亦類太康中書，乃表上之。事未施行，方興以罪致戮。至隋開皇初，購求遺典，始得之。」據此，知晉梅賾所上書，堯典自「帝曰欽哉」止。舜典一篇，經傳皆無。時以肅注類孔傳，因取肅本，分堯典「慎徽五典」以下爲舜典，經注皆用之，以補孔傳之闕，或又取范甯注本以補之，皆無二十八字也。至姚方興采馬、王注造舜典孔傳，并造經文「曰若稽古帝舜，曰重華協于帝」一十二字上之。梁武時，爲博士駁難不用，可爲明見卓識矣。則姚方興雖僞造經傳，齊朝未嘗行用也。至隋初購求遺典，劉炫復以姚書上之，并於姚本「協于帝」下，又撰「濬哲文明，温恭允塞，玄德升聞，乃命以位」一十六字及孔傳，與堯典「欽明文思」四句相配，以見首十二字亦本有。陸德明所見最真，故以王肅本爲據，非特不用「濬哲文明」十六字，并不收「曰若稽古帝舜」十二字，故書此二十八字以辨之，云「於王注無所施設也」。孔氏正義則用劉炫本，不便駁難其經，故具有二十八字，逐字爲之訓釋。謂晉闕舜典，姚方興表上，未得施行。隋始得之。是以齊、隋僞撰之文爲真孔傳舜典矣！然云「自此『乃命以位』已上二十八字，世所不傳」，此猶其一隙之明之未盡泯者。

孝經庶人章

孝經：「故自天子至於庶人，孝無終始，而患不及者，未之有也。」唐明皇注：「始自天子，至於庶人，尊卑雖殊，孝道同致，而患不能及者，未之有也。言無此理，故曰未有。」正義曰：「鄭玄諸家皆以爲患及身。說文云：『患，憂也。』廣雅曰：『患，惡也。』惟蒼頡篇謂患爲禍。孔、鄭、韋、王之學引之以釋此經。」據此，則孔氏古文傳、鄭氏今文注皆引蒼頡篇訓患爲禍矣。經云：「身體髮膚，受之父母，不敢毀傷，孝之始也。立身行道，揚名於後世，以顯父母，孝之終也。」「孝無終始」，終始字宜如此說。言人子不能全受全歸，立身行道而災禍不逮其身者，卒未之有。決言有災禍，以警人子之不守身者也。

孝經感應章

釋文感應章下有「本今作應感章」六字。案：此六字非陸德明語，乃校者之辭。雖非古本，然宋以來已有之。邢氏正義云：「孝悌之事，通於神明，皆是應感之事也。」又云：「人主若從諫爭之善，必能修身慎行，致應感之福，故以名章。」然則正義亦作「應感」。今注疏標題爲「感應章」，此據釋文本改也。應感，謂應其所感。鏞堂謹案：近出日本僞孔傳孝經亦作「應感章」。

王肅改玉藻記

禮記玉藻：「君子之飲酒也，受一爵而色洒如也。」注：「洒如，肅敬貌。洒，或爲察。」「二爵而言言斯」。注：「言言，和敬貌。斯，猶耳也。」「禮已三爵而油油。」注：「油油，説敬貌。」「以退」。注：「禮，飲過三爵則敬殺，可以去矣。」釋文：「『洒如』，王肅作『察』，云：『明貌也。』『言言』，王肅本作『二爵而言』，注云：『飲二爵可以語也。』又云『言斯禮』，注云：『語必以禮也。』『三爵而油』，注云：『悦敬貌。』無『已』及下『油』字也。」案：祭與洒聲相近，故文異。察爲明察，於肅敬義亦合。王氏雖竊取注義以私定記文，尚未乖也。此三句皆言飲酒之色，故一爵而色洒如，二爵而色言言斯，三爵而色油油斯。二爵、三爵不言色者，蒙上文也。鄭以「肅敬」、「和敬」、「説敬」解之，義甚精。廣雅釋訓：「言言，喜也。」孟子公孫丑上：「由由然與之偕，而不自失焉。」俱與鄭義合。若作「二爵而言」，豈一爵、三爵皆不言乎？此明是王肅妄改以與鄭異。正義引皇氏云：「讀言爲誾，義亦通也。」案：説文：「誾，和説而諍也。」論語鄉黨：「與上大夫言，誾誾如也。」孔安國曰：「誾誾，中正貌。」似與注義未背。然説文誾在言部，从言、門聲，則「誾」字不得省作言，故鄭如字讀，而不云言讀爲誾。皇説亦非。

孝經音義考正

陸德明釋文凡云「本今作某」、「本今無此字」者，尚疑是後來校者之辭，非陸氏原文，尚未敢決。今參閱孝經音義，而信所見之不謬。釋文孝經本用鄭氏注，後人據唐明皇注校之，故於釋文所標注，皆云「本今無此字」，又云「自某至某，本今無」。閒有鄭注與唐注同，邢疏云「此依鄭注者」，則無此校語。蓋校者不知唐注本乎鄭，見唐注所有，故即以爲唐注而無疑也。如釋文「先王有至德要道」下有「孝悌」二字，校者見唐注云「孝者德之至」，無「悌」字，因云「本今無此字」。「夫孝」下有「人之行」三字，見唐注有，邢疏云：「此依鄭注。」因無校語。「不敢毀傷」下有「父母得其顯譽也者。卌彊而仕，行步不逮，縣車致仕」四句，唐注無，因云「自父母至仕字，本今無」。「形于四海」下有「刑見」二字，唐注無，因云「本今無刑見字」。「兆民賴之」下有「引辟」二字，唐注無，因云「本今無引辟二字」。諸侯章首有「危殆」二字，唐注云「則免危也」，無殆字，因云「今無殆字」。「滿而不溢」下有「費用約儉，奢泰爲溢」二句，見唐注有，邢疏云：「此依鄭注。」因無校語。「富貴不離其身」下有「薄賦斂，省傜役，列土封疆」三句，唐注無，因云「自薄字至居良反，依例，居良反當作疆字，下同。本今無」。「戰戰兢兢」下有「恐隊恐陷」四字，見唐注有，邢疏云：「此依鄭注。」因無校語。卿大夫章首有「服山龍華蟲，服藻火，服粉米，皆謂文繡也。田獵卜筮冠素積」四句，唐注無，因云「自山龍至茲亦反，本今無」。「非先王之德行」下有「禮以檢奢」句，唐注無，因云「本今無」。「宗廟」下有「爲作宮室」句，唐注無，因云「自爲作至室字，本今無」。「夙夜匪懈」下有「夜莫也解惰」五字，校者見唐注云「夙，早也；懈，惰也」，因云「自夜莫至也字，本今無」。以「解惰」二字唐注有，故不數也。士章首有「資者人之行也」六字，唐注無，因云「本今無此句」。「以敬事長則順」下有「食禀爲爲曰祭別是非」，文有闕。唐注無，因云「自食字至非字，本今無」。庶人章首有「春生夏長，秋收冬藏」

八字，見唐注有，邢疏云：「此依鄭注。」因無校語。「分地之利」下有「分別五土」句，見唐注有，邢疏云：「此依鄭注。」因無校語。又此下有「丘陵阪險，宜棗棘」句，唐注無，因云「自丘陵至棘，本今無」。「以養父母」下有「行不爲非，度財爲費，什一而出，無所復謙」四句，唐注無，因云「自行字至謙，本今無」。「故自天子」下有「故患難不及其身也，善未之有也」二句，「善未之有也」亦鄭注。邢疏引鄭注云「善未有也」可證。釋文爲「善」字，一本作「難」，故標全句。校者見唐注亦有「未之有也」句，因云「自故建當作患。至善字，本今無」。蓋以「未之有也」四字爲唐注本有也。舉此六章以證明之，其餘可類推也。

鄭箋改字有本

鄭康成箋毛詩，每云「某讀爲某」，「某讀若某」。後儒以此病其改字，不知鄭義在箋明傳義。有傳義隱約者，鄭或正其音，或辨其字，雖似改毛，而實爲申毛。亦有鄭所不安，本三家詩或據他經傳改易者，要皆有本。後人所見淺鮮，又不能心知其意，而遽欲輕議先賢，此失之甚焉者。琳不辭譾陋，稍爲述之。「野有死麕，白茅純束」。傳：「純束，猶包之也。」箋云：「純，讀如屯。」正義曰：「以純非束之義，故讀爲屯。」案：史記蘇秦列傳「錦繡千純」，索隱曰：「高誘注戰國策音屯。屯，束也。」左傳襄十八年：「執孫蒯于〔一〕純留。」釋文：「純留，徒温反，或如字。地理志作屯。」是古屯、束字多假作純也。北風：「其虛其

〔一〕「于」，原作「千」，形近而誤，據左傳改。

邪。」傳：「虚，邪也。」箋云：「邪，讀如徐。」毛以「其虚其邪」言威儀虚徐，是以邪爲徐字，故鄭本爾雅釋訓以正其讀。大叔于田：「叔善射忌。」傳：「忌，辭也。」箋云：「忌，讀如彼己之子之己。」案：揚之水：「彼其之子。」箋云：「其，或作記，或作己，讀聲相似。」是鄭以其、忌、己、記四字同爲語辭，因聲相似而通用，故忌訓爲辭也。鴛鴦：「摧之秣之。」傳：「摧，莝也。」箋云：「摧，今莝字也。」正義曰：「傳云摧莝，轉古爲今，而其言不明，故辨之云，此摧乃今之莝字也。」雲漢：「靡人不周。」傳：「周，救也。」箋云：「周當作賙。」正義曰：「以周救於人，其字當從貝，故轉爲賙。」崧高：「往近王舅。」傳：「近，已也。」箋云：「聲如彼記之子之記。」案：説文近讀與記同。毛以往近爲往已，古已、己聲同，故鄭以許讀申毛也。召旻：「不云自頻。」傳：「頻，厓也。」箋云：「頻當作濱。」案：説文：「瀕，水厓。」頻即瀕之隸省，故傳以爲厓，鄭以水瀕字人所不習，漢時多作濱，故云當作濱。凡此，皆因傳義隱約，鄭或正其音，或辨其字，實申毛而非改毛也。雄雉：「自詒伊阻。」傳：「伊，維。」蒹葭傳亦云：「伊，維也。」箋云：「伊當作繄，繄猶是也。」正義曰：「箋以宣二年左傳趙宣子曰『嗚呼！我之懷矣，自詒繄舊譌「伊」。慼』，小明云『自詒伊慼』，爲義既同，明伊有義爲繄者，故此及蒹葭、東山、白駒各以伊爲繄。小明不易者，以伊慼之文與傳正同爲繄可知。」據此則知雄雉「自貽伊阻」，蒹葭、東山、白駒所謂「伊人」，正月「伊誰云憎」，箋皆改伊作繄者，本宣二年左傳「自詒伊慼」之文也。山有樞：「他人是愉。」傳：「愉，樂也。」箋云：「愉讀曰偷。偷，取也。」案：漢書地理志下引詩「它人是媮」，文選西京賦鑒戒唐詩「他人是媮」，薛綜注引詩「他人是媮」，説文：「愉，薄也。恌，愉也。」鹿鳴：「視民不恌。」傳亦云：「恌，愉也。」定本作偷，是愉爲偷之本字。説文：「媮，巧黠也。」義稍別。而國語晉語「媮居幸生」，賈山至言「媮合取容」，及漢志張賦皆以媮爲偷，蓋康成時以媮爲偷樂字，恌薄字則作偷，或作媮，故鄭隨俗改愉爲偷。猶召旻「不云自頻」，頻即水瀕字之省，而鄭依俗改爲濱也。是改愉爲偷，與班志及張賦合，當本三家詩也。揚之水：「素衣朱襮。」傳：「諸侯繡黼。」箋云：「繡當爲綃。」正義曰：「下章注素衣朱繡，而郊特牲及士昏禮二注引詩皆作素衣朱綃者，箋破此傳，繡當爲綃，下章繡字亦破爲綃。箋不言者，從此而略之耳。」案：儀禮士昏禮宵衣注：「宵讀爲詩『素衣朱綃』之綃，魯詩以綃爲綺屬也。」特牲饋食禮宵衣注：「宵，綺屬也。此衣染之以黑，其繒本名曰綃。詩有素衣朱綃，禮有玄綃衣。」禮記郊特牲繡黼注：「繡讀爲綃。綃，繒名也。詩云素衣朱綃。」然則鄭改素衣朱繡爲朱綃者，本魯詩也。吉日：「其祁孔有。」傳：「祁，大也。」箋云：「祁當作麎。麎，麋牝也。」正義曰：「注爾雅者某氏亦引詩云：『瞻彼中原，其麎孔有。』與鄭同。」案：唐人引某氏注爾雅，或引作樊光。樊氏，漢人，其引詩當本之三家，故與鄭合，則改祁爲麎，本三家詩也。角弓：「莫肯下遺。」釋文云：「遺，王、申、毛如字。」箋云：「遺，讀曰隨。無肯謙虛，以禮相卑下，先人而後己。」案：荀子非相篇：「詩曰：『莫肯下隧。』」楊注云：「隧，讀爲隨。」「莫肯下隨」，於四隧與隨聲同。毛詩本出荀卿，故鄭氏據之讀「遺」爲「隨」。王肅申毛作如字，乃與鄭立異耳。有瞽：「應田縣鼓。」傳：「田，大鼓也。」箋云：「田當作朄。朄，小鼓，在大鼓旁，應鞞之屬也。聲轉字誤，變而作田。」案：禮記明堂位：「周縣鼓。」注：「周頌曰：『應朄縣鼓。』」鄭先通韓、魯詩，注三禮時，所用詩多本韓、魯。二禮注既皆引作「朄」，則改「田」爲「朄」，本韓、魯詩也。那：「置我鞉鼓。」傳：「殷人置鼓。」箋云：「置，讀曰植。植鞉鼓者，爲楹貫而樹之。多其改夏之制，乃始植我殷家之樂鞉與鼓也。鞉雖不植，貫而搖之，亦植之類。」案：明堂位：「殷楹鼓。」注：「殷頌曰：『植我鞉鼓。』」然則讀「置」爲「植」，當亦本韓、魯。書金縢：「植璧秉珪。」鄭注：「植，古置字。」論語：「植其杖而芸。」石經殘碑作「置其杖」，可參證也。長發：「何天之龍。」傳：「龍，和也。」箋云：「龍，當作寵。寵，榮名之謂。」案：大戴禮記衛將軍文子引詩曰：「何天之寵。」戴禮，今文也。三家詩必有作「何天之寵」者，則改「龍」爲「寵」，與大戴禮記合也。凡此，鄭雖改毛，然皆有根據，非同後人之臆見。鏞堂謹案：少詹錢曉徵云：「仙人唐公房碑『厲蠱不遐』，即用思齊『烈假不瑕』。鄭箋讀烈假爲厲瘕，皆訓爲病。蠱、假聲相近。後儒譏康成解經好改字。碑立於東漢之世，其時鄭學未行，而闇與之合，可證康成所改，皆本經師相承之訓，非若後人之師心妄作也。」今三家並亡，無由盡曉，姑以耳目所及鄭氏以前之經傳考之，可知鄭學之閎通矣。使齊、魯、韓俱存，可考者當不第此。此固斯文之不幸，亦鄭君之不幸也。

論語筆解好改字

唐李習之論語筆解好改本文。「六十而耳順」，云「耳」當爲「爾」，猶言如此也。「曾謂泰山」，云「謂」當作「爲」。「宰予晝寢」，云「晝」當爲「畫」，宰予四科十哲，安得有晝寢之事？「人之生也直」，云「直」當爲「悳」。「子所雅言」，云「音」作「言」字，誤也，傳寫因注云「雅音正言」，今孔注作「雅言正言」，疑李所見本誤。遂誤爾。「三嗅而作」，云「嗅」當作鳴鳴之「鳴」，雉聲也，以爲食具，非其旨。「而貨殖焉」，云「貨」當爲「資」，「植」當爲「權」，子貢資於權變，未受性命之理。「吾以女爲死矣」，云「死」當爲「先」。

「浴乎沂」，云「浴」當爲「沿」，周三月，夏正月，安有浴之理？「硜硜然小人哉」，云「小」當爲「之」，既云言必信，行必果，豈小人爲耶？「善人教民七年」，云當五年。「君子而不仁者有矣夫，未有小人而仁者也」，云當爲備。案：孔注云：「雖君子猶未能備。」謂於仁未能全備。李氏似因此誤會。「以杖叩其脛」，云古文「叩」作「扣」，當作「指」。「君子貞而不諒」，云「諒」當爲「讓」。「孔子時其亡也」，云「時」當爲「待」。「鄉原德之賊也」，云「原」類「柔」字之誤。「猶之與人也」，云「猶之」當爲「猶上」。凡所改易，皆無依據，義又淺陋，不可從也，學者無爲所惑。

爾雅經注用韻

爾雅釋訓：「子子、孫孫，引無極也。顒顒、卬卬，君之德也。丁丁、嚶嚶，相切直也。藹藹、萋萋，臣盡力也。噰噰、喈喈，民協服也。佻佻、契契，愈遐急也。宴宴、粲粲，尼居息也。哀哀、悽悽，懷報德也。儵儵、嘒嘒，罹禍毒也。宴宴、旦旦，悔爽忒也。皋皋、琄琄，刺素食也。懽懽、愮愮，憂無告也。憲憲、泄泄，制法則也。謔謔、謞謞，崇讒慝也。翕翕、訿訿，莫供職也。速速、蹙蹙，惟逑鞫也。」每句第七字皆用韻。晉郭氏注云：「世世昌盛長無窮。道君人者之德望。丁丁，斫木聲；嚶嚶，兩鳥鳴，以喻朋友切磋相正。梧桐茂，賢士衆，地極化，臣竭忠。鳳皇應德鳴相和，百姓懷附興頌歌。賦役不均，小國困竭，賢人憂歎，遠益急切。盛飾宴安，近處優閑。悲苦征役，思所生也。悼王道穢塞，羨蟬鳴自得，傷己失所遭讒賊。傷見絶棄，恨士失也。譏無功德，尸寵禄也。賢者憂懼，無所訴也。佐興虐政，設教令也。樂禍助虐，增譖惡也。賢者陵替姦黨熾，背公衈私曠職事。陋人專祿國侵削，賢士永哀念窮迫。」亦依倣經文用韻，更加以錯綜變化，牽上搭下。其注也，或一句，或二句，或三句，或四句。其句也，或三字，或四字，或五字，或七字，或八字。其用韻也，或每句一韻，或每句二韻，或每句三韻。「悲苦征役」當爲「役征」，方與下句「思所生」韻。或疑「譏無功德，尸寵祿也」不得韻。案：大戴禮記載孝昭冠辭云：「以承皇天嘉祿，韻。欽順仲夏之吉日，遵並大道邠或，韻。秉集萬福之休靈，始加昭明之元服，韻。推遠稚免之幼志，崇積文武之寵德。」韻。是西漢人固已協用之矣。

衷窈窕

毛詩序：「哀窈窕，思賢才，而無傷善之心焉。」注：「哀蓋衷〔一〕字之誤也，當爲衷。衷謂中心恕之。」釋文：「哀，前儒並如字，鄭氏改作衷。」正義曰：「以后妃之求賢女，直思念之耳，無哀傷之事在其間也。經云『鐘鼓樂之』、『琴瑟友之』，哀樂不同，不得有悲哀也，故云蓋衷〔二〕字之誤。論語注云：『哀世夫婦，不得此人，不爲減傷其愛。』彼仍以『哀』爲義者，鄭答劉琰云：『論語注人閒行久，義或宜然，故不復定。』」案：論語集解載孔安國說是「哀」字，據此，則鄭注論語亦作「哀」，義得兩通，故不依詩

〔一〕「衷」，毛詩序注無。
〔二〕「衷」，正義無。

箋追改也。詩正義引王肅云：「哀窈窕之不得。」此因箋改爲「衷」，故肅讀如字以難鄭。後漢書皇后紀云：「進賢才以輔佐君子，衷窈窕而不淫其色。」李賢注引詩序云：「衷窈窕。」蓋俱用鄭說。李善注文選云：「哀當爲衷。」六臣本作衷，翰曰：「衷，念也。」

韓子知命說

韓詩外傳，隋、唐志十卷，今本同。讀其書，少次序，又多雜見於大戴、管、荀、呂覽、淮南、說苑諸書。考漢志本作六卷，則今書非韓氏原編，容有後人分并，且以他書厠入者。本傳稱嬰，孝文時爲博士。武帝時，嘗與董仲舒論於上前。其人精悍，處事分明，仲舒不能難也。其書有曰：「子曰：『不知命，無以爲君子。』言天之所生，皆有仁義禮智順善之心。不知天之所以命生，則無仁義禮智順善之心。無仁義禮智順善之心，謂之小人。故曰：『不知命，無以爲君子。』小雅曰：『天保定爾，亦孔之固。』因天之所以仁義禮智，保定人之甚固也。大雅曰：『天生蒸民，有物有則。民之秉彝，好是懿德。』言民之秉德以則天也。不知所以則天，又焉得爲君子乎？」斯言也，即孟子性善之說也。秦、漢以來，如毛公、董生，皆可爲見道之醇儒矣，而性善之說，則俱未能言也。琳謂孟子之後，程、朱以前，知性善者，韓君一人而已，故特爲表出之。

臧曹古文尚書

孔仲達書正義引晉書云：「晉太保公鄭沖因古文授扶風蘇愉字休預，預授天水梁柳字洪季，即謐之外弟也，季授城陽臧曹字彦始，始授郡守子汝南梅賾字仲真，爲豫章内史，遂於前晉奏上其書而施行焉，案：舜典正義言東晉之初，梅賾獻書，此言「前晉」，蓋誤。時已亡失舜典一篇。」據此，則古文尚書本出於鄭沖。廣圻案：謂僞古文出於鄭沖，朱錫鬯有辨，見曝書亭集五十八。梅賾之獻書施行也，本傳自臧彦始。釋文但云江左中興，元帝時，豫章内史梅賾奏上孔傳古文尚書，不若正義之有源委也。今檢唐人所修晉書無此文，蓋見於王隱、臧榮緒等所撰。據正義語，知彦始所傳，已亡舜典。

儀禮古文

古時字少，多用假借。儀禮士冠禮「贊者莫纚笄櫛于筵南端」，古文「櫛」爲「節」。「束帛儷皮」，古文「儷」爲「離」。「戒賓曰某有子某」，古文「某」爲「謀」。「以病吾子」，古文「病」爲「秉」。「眉壽萬年」，古文「眉」作「麋」。「嘉薦亶時」，古文「亶」爲「癉」。士昏禮「授如初禮」，古文「禮」爲「醴」。「腊一，肫髀不升」，古文「肫」爲「鈞」，「髀」爲「脾」。「贊見婦于舅姑」，古文「舅」皆作「咎」。士相見禮「問夜膳葷」，古文「葷」作「薰」。「在野則曰草茅之臣」，古文「茅」作「苗」。皆見鄭康成注。略舉數端，可識古人文字之妙矣。鄭氏以今古文參校，其取舍恐猶有未盡善者，安得好學深思之士，不爲章句之學者，更參訂之，豈必於鄭氏外一無發明乎！

大戴禮記逸篇

詩汾沮洳正義曰：「禮運注云：『英，俊選之尤者。』則英是賢才絶異之稱。此傳及尹文子皆『萬人爲英』。大戴禮辨名記云：『千人爲英。』異人之説殊也。又靈臺正義曰：「大戴禮，遺逸之書，文多假託，不立學官，世無傳者。其盛德篇云『明堂外水曰辟廱』，政穆篇稱『大學明堂之東序』，皆後人所增，失於事實。」五經異義引大戴記禮器云：「竈者老婦之祭。」案：辨名、政穆、禮器皆大戴禮記逸篇，今本所無。孔氏所引盛德篇，今本别分爲明堂。又南齊書引大戴禮記公冠篇云：「公冠自爲主，四加玄冕，以卿爲賓。」今本誤爲公符，困學紀聞亦承其誤。又白虎通所引有王度記、禮記謚法、禮三正記、禮五帝記、禮别名記、禮親屬記等，皆大戴禮記逸篇也。據孔氏正義，則唐初尚存，諸儒莫爲留意，反斥爲後人所增，失於事實，遂至於亡也。是秦火之不能焚者，而漢、唐人竟焚之矣。别名記即辨名記，禮記正義、春秋正義皆引之。

董仲舒孝經解

春秋繁露五行對：河間獻王問温城董君曰：「孝經曰：『夫孝，天之經，地之義。』何謂也？」對曰：「天有五行，木火土金水是也。木生火，火生土，土生金，金生水。水爲冬，金爲秋，土爲季夏，火爲夏，木爲春。春主生，夏主長，季夏主養，秋主收，冬主藏。藏，冬之所成也。是故父之所生，其子長之；父之所長，其子養之；父之所養，其子成之。諸父所爲，其子皆奉承而續行之，不敢不致如父之意，盡爲人之道也。故五行者，五行也。由此觀之，父授之，子受之，乃天之道也。故曰：『夫孝者，天之經也。』此之謂也。」王曰：「善哉！天經既聞得之矣，願聞地之義。」對曰：「地出雲爲雨，起氣爲風。風雨者，地之所爲。地不敢有其功名，必上之於天。命若從天命〔一〕者，故曰天風天雨也，莫曰地風地雨也。勤勞在地，名一歸於天，非至有義，其孰能行此！故下事上，如地事天也，可謂大忠矣。土者，火之子也，五行莫貴於土。土之於四時無所命者，不與火分功名。木名春，火名夏，金名秋，水名冬。忠臣之義，孝子之行，取之土。土者，五行最貴者也，其義不可以加矣。五聲莫貴於宮，五味莫美於甘，五色莫貴於黃，此謂孝者地之義也。」王曰：「善哉！」此下當有王問之。「衣服容貌者，所以說目也；聲言應對者，所以說耳也。好惡去就者，所以說心也。故君子衣服中而容貌恭，則目說矣；聲言理，應對遜，則耳說矣；好仁厚而惡淺薄，就善人而遠僻鄙，則心說矣。故曰：『行意可樂，容止可觀。』今文孝經作「容止可觀，進退可度」，董所述，蓋古文也。「進退可度」與「容止可觀」意複，董子所述者是。此之謂也。」案：西漢儒解經之言不可多得，存此以見其概。然非東漢以後人所能言也。

〔一〕「命」，原作「氣」，據春秋繁露改。

周禮干寶注本

周禮音義上云：「宮正，此以下，鄭總列六十職序，干注則各於其職前列之。」案：鄭康成於每一官之前，總列六十職序，當是古本如此，鄭仍之而不敢改易。干氏於各職之前列之，蓋亦如詩三百篇序別爲一卷，毛公冠於每篇之前；書百篇序，馬、鄭、王爲一卷，僞孔移於每篇之首，皆變亂舊章，非其本真也。

鄭氏五經

後漢書鄭康成傳載鄭「所注周易、尚書、毛詩、儀禮、禮記、論語、孝經、尚書大傳、中候、乾象曆，又著天文七政論、魯禮禘祫議、六藝論、毛詩譜、駁許慎五經異義、答臨孝存周禮難，凡百餘萬言」。惟春秋無注，止有發墨守，鍼膏肓，起廢疾而已。任城何休好公羊學，遂著公羊墨守、左氏膏肓、穀梁廢疾，故鄭反之。世說新語言：「鄭注春秋傳，未成時，行與服子慎遇宿客舍。先未相識。服在外車上與人說己注傳意，鄭聽之良久，多與己同，就車與語曰：『吾久欲注，尚未了。聽君向言，多與吾同。今當盡以所注與君。』遂爲服氏注。」據此，知服子慎解誼本之鄭君爲多。今服注雖亡，唐以前書徵引者尚多有之，而鄭注左傳絕未之見。春秋正義引鄭玄說，及周禮、禮記疏引鄭左傳說，均非春秋注，大抵非鍼膏肓即鄭志答弟子問也。

詩古文今文

毛詩爲古文，齊、魯、韓爲今文。古文多假借，故作詁訓傳者以正字釋之。若今文，則經直作正字。今拈示數則於此，俟嗜學者推闡之。毛詩芄蘭：「能不我甲。」傳：「甲，狎也。」韓詩作「能不我狎。」釋文。毛詩小旻：「是用不集。」傳：「集，就也。」韓詩作「是用不就」。韓詩外傳第六。毛詩鴛鴦：「摧之秣之。」傳：「摧，莝也。」韓詩作「莝之秣之」。箋云：「摧，今莝字也。」釋文云：「莝，韓詩云：『委也。』」故知韓詩經作「莝」，而訓爲「委」。毛詩大明：「俔天之妹。」傳：「俔，磬也。」韓詩作「磬天之妹」。釋文、正義。毛詩丘中有麻：「將其來施」。顏之推云：「江南舊本悉單爲施。」傳：「施施，難進之意。」韓詩作「將其來施施」。顏氏家訓。是今文皆以詁訓代經也。鏞堂謹案：毛詩抑：「洒埽庭内。」傳：「洒，灑也。」韓詩作「灑埽庭内」。見韓詩外傳卷六。毛詩宛丘：「子之湯兮。」傳：「湯，蕩也。」三家詩作「子之蕩兮」。見楚辭章句卷一。然韓詩：「防有鵲巢，誰侜予娓。」娓，美也。釋文。毛詩作「誰侜予美」。又疑韓詩爲本經。蓋詩四家，毛爲最，然三家各有傳授，其足互相考正者不少，但存乎好學深思之士耳。

古人語氣急

古人之言，多氣急而文簡。如毛詩以「不寧」爲「豈不寧」，以「不康」爲「豈不康」。書堯典「試可乃已」，史記五帝本紀云：「試不可用而已。」是尚書以「可」爲「不可」也。論語陽貨：「其未得之也，患得之。」集解：「患得之者，患不能得之，楚俗語。」論語以「得」爲「不得」，猶尚書以「可」爲「不可」也，皆古人語急反言之證。何氏云「楚俗語」者，舉時驗以證之耳。

舜典音義考

尚書音義非陸氏原書，昔人已言之。余反覆舜典一篇，知此爲後人竄改者尤甚。陸德明用王肅堯典注，與孔仲達用姚方興本不同。姚雖采馬、王之義以造孔傳，亦必有與王肅不同者。如王云：「上帝，天也。」姚意亦以上帝爲天，而無「上帝，天也」之文。王云：「禋，絜祀也。」姚云：「精意以享謂之禋。」王云：「輯，合。」姚云：「輯，斂。」王云：「同，齊也。律，六律也。」姚云：「律，法制。」王云：「藝，禰也。」姚云：「藝，文也。」王云：「四朝，四面朝於方岳下。」姚云：「各會朝於方岳之下。」王云：「冑子，國子也。」姚云：「冑，長也，教長國子。」序「九共九篇槀飫」下，王本有「汩作、九共故逸」六字，正文「共法也」三字注，而姚本皆無，且云：「凡十一篇皆亡。」於此具見王、姚之注文義不同，或義同而文異。陸氏既據王本，則所音王注中字，必有姚本所無者。如孝經音義所音鄭注，多不與唐明皇注同，可證也。乃檢釋文所出之注，無有一字出姚本外者，則爲後人據孔本以删改可知。今即據孔本證明之。釋文有「八元八凱」，音義因姚云「舉八元舉八凱也」；有「來朝」，因姚云「四方諸侯來朝也」；有「愆」字，因姚云「不有迷錯愆伏也」；有「墳衍」，因姚云「羣神謂丘陵墳衍也」；有「巡行」，因姚云「巡行之也」；有「燔」字，因姚云「燔，柴也」；有「瀆」字，因姚云「四瀆視諸侯也」；有「纁」字，因姚云「諸侯世子執纁也」；有「還」字，因姚云「復還也」；有「華」字，因姚云「西岳華山也」；有「榎」字，因姚云「扑榎，楚也」；有「裔」字，因姚云「崇山南裔也」；有「縉」字，因姚云「縉雲氏之後也」；有「饕餮」，因姚云「號饕餮也」；有「匏」字，因姚云「八音金石絲竹匏土革木也」；有「故復」，因姚云「故復至文祖廟告也」；有「之長」，因姚云「元善之長也」；有「劓刵大辟」，因姚云「五刑墨劓刵宮大辟也」；有「三處」，因姚云「臨刑當就三處也」；有「於朝」，因姚云「大夫於朝也」；有「喉」字，因姚云「納言喉舌之官也」；有「令」字，因姚云「不令相從也」。幾似陸本與孔本同，正爲姚方興作音義矣，可怪也。馬氏文獻通考載崇文總目云：「開寶中，詔以德明所釋乃古文尚書，與唐明皇所定今文駁異，令鄂删定其文，改從穎書。」則删改釋文以從孔本者，出北宋陳鄂手，此其明證也。釋文：「藝，魚世反。」馬、王云：「禰也。」此「禰」字，陸氏當爲作音，後人見姚本所無，因删之。又「讒」，切韻「士咸反」；「殄」，切韻「徒典反」。切韻，陸法言之書。德明與法言時世相近，不宜引用其書。皋陶謨「惇」，切韻「都昆反」；「慤」，切韻「苦角反」。禹貢「緜」，切韻「武延反」。泰誓上「嗜」，切韻「常利反」。洛誥「褒」，切韻「博毛反」。吕刑「耄」，切韻「莫報反」。餘經音義引切韻者甚少，此皆竄改之迹也。又「至於北岳如西禮」，方興本同，馬本作「如初」。案：馬季長、鄭康成所注古文皆作「如初」，王肅依今文據公羊傳。改作「如西禮」，此猶毛詩「維此王季」，肅依齊、魯、韓改作「維此文王」。故陸氏據之。方興本同者，謂姚氏從王肅本作「如西禮」也。詳琳所撰尚書集解。

孝經孔安國傳

唐司馬貞云：「古文孝經出孔壁。先是，安國作傳，緣遭巫蠱，未之行也。昶集注之時，尚未見孔傳，中朝遂亡其本。近儒欲崇古學，妄作傳學，假稱孔氏。」案：古文孝經見漢藝文志，謂孔安國作傳，當無其事，殆猶晉出古文尚書也。江荀昶晉人尚未之見，隋儒劉炫輩何由得之？此明是劉光伯僞託。此書北宋前已亡逸，惟唐人尚有徵引者，今録以備考。唐元行沖孝經正義宋邢昺校。載「用天之道，分地之利」，云：「脱衣應唐會要作「就」。功，暴其肌體。朝暮從事，露要徒唐會要作「塗」。足。少而習之，其心安焉。」又見文苑英華七百六十六。「無念爾祖，聿脩厥德」，云：「義取常念先祖，述脩其德。」「蓋天子之孝也」，云：「蓋者，辜較之辭。」劉炫云：「辜較猶梗概也。」「非先王之法服不敢服」，云：「服者，身之表也。」「資於事父以事母」，云：「資，取也。」「分地之利」，云：「各盡其所宜，此分地之利也。」「民具爾瞻」，云：「具，皆也。爾，女也。」「故得百姓之懽心，以事其先君」，云：「亦以相統理。」「故不愛其親而愛他人者謂之悖德，不敬其親而敬他人者謂之悖禮」，云：「言盡愛敬之道，然後施教於人。」「德義可尊」，云：「立德行義，不違道正，故可尊也。」「容止可觀」，云：「容止，威儀也。必合規矩則可觀也。」「故能成其德教而行其政令」，云：「上正身以率下。」「要君者無上」，云：「君者，臣之稟命也，而敢要之，是無上也。」「非聖人者無法」，云：「聖人制作禮法而敢非之，是無法也。」「敬一人而千萬人悦」，云：「一人謂父兄君，千萬人謂子弟臣也。」「昔者，天子有爭臣七人」，云：「虞、夏、商、周有師保，有疑丞，設四輔及三公。」「諸侯有爭臣五人」，云：「天子所命之孤，及三卿與上大夫。」「大夫有爭臣三人」，云：「家相室老側室。」「故雖天子必有尊也，言有父也；必有先也，言有兄也」，云：「禮，君燕族人，與父兄齒也。」「爲之棺槨衣衾而舉之」，云：「衣謂斂衣。衾，被也。舉，謂舉屍内於棺也。」「卜其宅兆而安措之」，云：「宅，墓穴也。兆，塋域也。恐其下有伏石涌水泉，案：「水」字當衍。復爲市朝之地，故卜之。」釋文引「仲尼居」，云：「靜而思道也。」案：古文云「仲尼閒居」，故傳以閒訓靜。舊唐書卷二十一，王仲丘載「宗祀文王於明堂以配上帝」，云：「帝亦天也。」與春秋正義所載「進思盡忠，退思補過」說，其二十四則，唐明皇注多所采用。鏞堂謹案：春秋左傳昭二十一年：「天子省風以作樂。」正義曰：「孝經云：『移風易俗，莫善於樂。』孔安國云：『風，化也。俗，常也。移太平之化，易衰敝之常也。』」書湯誥正義曰：「孔注孝經，圜丘與郊共爲一事。」

穀梁注禮之疏

穀梁僖二十五年「宋殺其大夫」，傳：「其不稱名姓，以其在祖之位，尊之也。」范注引釋廢疾云：「禮，公族有罪刑于甸師氏，不與國人，慮兄弟也，所以尊異之。今骨肉在其位而見殺，故尊之，隱而不忍稱名氏。若罪大者，名之而已，使若異姓然。此乃祖之疏也。」釋曰：「『祖之疏』，古本或作『禮之疏』者，言同姓與異姓不别，則於禮法爲疏也。」理亦通。案：當從古本作「禮」字。既言罪大名之，使若異姓然，何復論祖之親疏乎？

出入周疏

左傳昭二十年：「清濁、大小、短長、疾徐、哀樂、剛柔、高下、出入、周疏以相濟也。」注：「周，密也。」釋文：「周流，傳本皆作流。然此五句皆相對，不應獨作周流。古本有作疏者。案：注訓周爲密，則與疏相對，宜爲疏耳。」正義曰：「杜訓周爲密，則疏爲希，亦相反也。俗本疏作流。易繫辭云：『周流六虛。』仲尼燕居云：『周流無不徧也。』涉彼文而誤耳。杜既以周爲密，則流當爲疏。今定本作流，非也。」案：陸、孔説是也。但陸既據古本作疏，而釋文猶大書周流字，注疏本釋文改作「周疏」，不足信。是其識究不能定此條。孔勝於陸。

毛傳文例最古

十三經中，惟毛詩傳最古，而最完好。其詁訓能委曲順經，不拘章句。俗儒不知而私改者，唐以前已不免矣。茲偶舉數則，以質通經學古者焉。有經本一字，而傳重文者。如擊鼓「憂心有忡」，傳：「憂心忡忡然。」淇奧「赫兮咺兮」，傳：「赫，有明德赫赫然。」芄蘭「容兮遂兮，垂帶悸兮」，傳：「佩玉遂遂然，垂其紳帶悸悸然。」丘中有麻「將其來施」，傳：「施施，難進之貌。」中谷有蓷「條其歗矣」，傳：「條條然歗也。」黄鳥「惴惴其慄」，傳：「慄慄，懼也。」匪風「匪風發兮，匪車偈兮」，傳：「發發飄風，非有道之風；偈偈疾驅，非有道之車。」韓詩略同。有經重文，而傳一字者。如公劉「于時言言，于時語語」，傳：

「直言曰言，論難曰語。」有客「有客宿宿，有客信信」，傳：「一宿曰宿，再宿曰信。」爾雅釋訓云：「有客宿宿，言再宿也。有客信信，言四宿也。」與毛傳異。孔仲達合爲一，非是。有經分而傳合者。如旄丘「瑣兮尾兮」，傳：「瑣尾，少好之貌。」泉水「載脂載舝」，傳：「脂舝其車。」北風「其虛其邪」，傳：「虛邪也。」女曰雞鳴「將翺將翔」，傳：「閒於政事，則翺翔習射。」子衿「挑兮達兮」，傳：「挑達，往來相見貌。」卷阿「有馮有翼」，傳：「道可馮依以爲輔翼也。」常武「匪紹匪遊」，傳：「不敢繼以遨遊也。」有客「有萋有且」，傳：「萋且，敬慎貌。」有經合而傳分者。如定之方中「騋牝三千」，傳：「騋馬與牝馬也。」淇奥「緑竹猗猗」，傳：「緑，王芻也。竹，篇竹也。」防有鵲巢「中唐有甓」，傳：「中，中庭也。唐，堂塗也。」七月「以伐遠揚」，傳：「遠，枝遠也。揚，條揚也。」生民「自土漆、沮」，傳：「漆水、沮水也。」「以興嗣歲」，傳：「興來歲，嗣往歲也。」蕩「疾威上帝」，傳：「病病人矣，威罪人矣。」時邁「明昭有周」，傳：「明矣知未然也，昭然不疑也。」閟宮「奄有龜、蒙」，傳：「龜山也，蒙山也。」「保有鳧、繹」，傳：「鳧山也，繹山也。」有經省文而傳補者，如生民「鳥覆翼之」，傳：「一翼覆之，一翼藉之。」

五帝本紀書説

史記載尚書，今文爲多，閒存古文義。其詁訓多用爾雅。馬融注及僞孔傳往往本之。唐司馬貞謂：「太史公博採經記而爲此史，廣記異聞，不必皆依尚書。」此説甚誤。余讀尚書，以史記參之，其義始通，不特詁訓已也。昔著尚書集解，曾纂録之，而未盡，欲以二十八篇，采史記注之，更以己意發明之。今老矣，精力不能全逮，姑就孔傳本堯典，録史記於上，以尚書證之，所以袪索隱之惑也。史記五帝本紀：「帝堯者，放勳。尚書曰：「若稽古帝堯曰放勳。」孔傳言：「放上世之功化。」案：史以放勳爲堯名，故以重華爲舜名，文命爲禹名也。釋文引馬融云：「放勳，堯名。」與史合。說文：「勳，从力，熏聲。勛，古文勳，从員。」史記，今文尚書也，故作放勳。孔傳本古文尚書也，當作放勛。其仁如天，其知如神。就之如日，望之如雲。此蓋釋經之「光被四表，格于上下」也。富而不驕，貴而不舒。黄收純衣，彤車乘白馬。此蓋釋經之「允恭克讓」也。能明馴德，「克明俊德」，傳：「能明俊德之士。」案：爾雅：「克，能也。」徐廣曰：「馴，古訓字。」俊、馴聲相近。蓋古文尚書作「克明俊德」，今文尚書作「克明馴德」。訓，順也。古文「疇若予工」，「疇若予上下草木鳥獸」，孔傳以若爲順，而五帝本紀作「誰能馴予工」，「誰能馴予上下草木鳥獸」。以親九族。九族既睦，便章百姓。「以親九族。九族既睦，平章百姓。」傳言「化九族而平和章明」。索隱曰：「今文作辯章。便則訓辯，遂爲辯章。」案：毛詩采菽：「平平左右。」傳：「平平，辯治也。」釋文云：「平平，韓詩作便便。」毛詩爲古文，韓詩爲今文，是古文「平」字今文多作「便」。古文尚書「平章百姓」，今文尚書「便章百姓」，大傳作「辯章」。是古文之詁訓，今文之或體。唐時三家已亡，故司馬貞取以當今文。百姓昭明，合和萬國。「百姓昭明，協和萬邦。」傳：「協，合。」案：漢碑及石經「邦」、「國」字互見。宋洪适謂經典「邦」或作「國」，蓋所傳本異，非由避諱。是古文尚書作「協和萬邦」，今文尚書作「協和萬國」。乃命羲、和，敬順昊天，「乃命羲、和，欽若昊天。」傳：「使敬順昊天。」案：爾雅：「欽，敬也。若，順也。」數法日月星辰，「曆象日月星辰。」索隱曰：「此言數法，是訓曆象二字。」案：論語堯曰：「天之曆數在爾躬。」象者，可象法也。敬授民時。「敬授人時」。案：兩漢人所引多作「民時」，亦古、今文之異。分命羲仲，居郁夷，「分命羲仲，宅嵎夷。」傳：「宅，居也。」釋文云：「尚書考靈耀及史記作禺銕。」案：說文土部：「堣，堣夷。」引書「宅堣夷」。是古文尚書作「堣夷」也。「堣」字蓋後人所改。考靈耀爲今文，是今文尚書作「禺銕」。史記此作「郁夷」，夏本紀作「嵎夷」，與陸氏所言不合。魯詩「周道郁夷」。曰湯谷。「日暘谷。」傳：「暘，明也。」案：史記作「暘谷」。索隱曰：「舊本作湯谷，今並依尚書字。淮南子曰『日出湯谷，浴於咸池』，則湯谷亦有他證，明矣。」據此，知史記本同淮南作湯谷。司馬貞既知作湯谷有他證，又改依尚書，何耶？茲復其舊。玉篇引説文云：「叒，日出東方湯谷所登榑桑。叒，木也。」今説文亦改作暘谷。又説文山部云：「嵎銕，嵎谷也。」郁夷、禺銕、嵎銕並今文之異體，古文以土部堣夷爲正。湯谷、嵎谷並今文之異體，古文以日部暘谷爲正。今文有歐陽、大小夏侯三家，當互有不同。説文偁書雖本孔氏，亦不廢今文，猶詩主毛氏，復徵魯、韓也。敬道日出，便程東作。「寅賓出日，平秩東作。」傳：「寅，敬。賓，導。秩，序也。」張守節曰：「道音導。」釋文：「賓，徐音擯。」書出日謂日出也。索隱曰：「尚書大傳曰『辯秩東作』，則是訓秩爲程，言便課其作程者也。」案：説文引書「平豑東作」，此古文尚書也。史記作「便程東作」，此今文尚書也。「豑」與「秩」古今字，「程」與「秩」聲相近。下同。史正義索隱隨字立訓，非。日中星鳥，以殷中春。「日中星鳥，以殷仲春。」傳：「殷，正也。」案：史記下云「以正中夏」，「以正中秋」，「以正中冬」。孔傳以「殷」爲「正」，本史記。此作「殷」，蓋因集解引孔傳而誤。疑古文尚書仲春、仲秋言殷，仲夏、仲冬言正，今文尚書則通言正也。古文「仲」當爲「中」。其民析，「厥民析。」傳言：「其民老壯分析。」爾雅：「厥，其也。」鳥獸字微。「鳥獸孳尾。」傳：「乳化曰孳，交接曰尾。」案：古文尚書「鳥獸孳尾」，今文尚書「鳥獸字微」。孳，字也。尾，微也。古微或作尾，此孔安國以今文讀之之證。傳非。申命羲叔，居南郊。「申命羲叔，宅南交。」案：爾雅：「宅，居也。」故史公以宅爲居。孔傳本之。便程南爲，敬致。「平秩南訛，敬致。」傳：「訛，化也。」索隱曰：「爲依字讀。春言東作，夏言南爲，皆是耕作營爲勸農之事。孔安國强讀爲訛字，雖則訓化，解釋亦甚紆回也。」張守節曰：「爲音于僞反。」案：説文口部：「吪，動也。」引詩「尚寐無吪」。言部：「譌，言也。」引詩「民之譌言」。無訛字。釋言：「訛，化也。」當作吪。」郭注引詩「四國是訛」，今詩正作吪。化、動義相合。兔爰「尚寐無吪」，與説文同，而釋文本或誤作「訛」。無羊「或寢或訛」，亦當與兔爰、破斧同，而唐石經及今本誤作「詑」。沔水、正月「民之訛言」，當從説文作「譌」，而今誤作「訛」。訛本俗字，乃化動之吪，譌僞之譌，反兩用之，不可以不辨也。孔傳訓「訛」爲「化」，是古文作「吪」矣。古「爲」字或作「僞」，見詩宋答及荀子性惡，故史記作「南爲」，漢書王莽傳作「南僞」。張守節音爲于僞反，亦從漢書讀，是今文尚書作「南爲」也。史記舊本作「譌」者，因尚書作「訛」，俗人謂「譌」與「訛」通，遂誤加言傍。今據索隱正義校正。日永星火，以正中夏。「日永星火，以正仲夏。」其民因，鳥獸希革。「厥民因，鳥獸希革。」申命和仲，居西土，「分命和仲宅西。」案：中春同書作「分命」，此又作「申命」，當有一誤。居西土，蓋以義言之。徐廣曰：「一無土字。」則據尚書删之也。曰柳谷。「曰昧谷。」傳：「昧，冥也。」案：古文尚書曰「昧谷」，今文尚書曰「柳谷」。史記舊作「昧谷」，徐廣曰：「一作柳谷。」據此知史記本用今文，後人依尚書所改，今正之。敬道日入，「寅餞納日。」傳：「餞，送也。日出言導，日入言送。」案：説文：「入，内也。」「内，入也。」「納，絲溼納納也。」知古内入字本作内。周禮鍾師「納夏」，注：「故書納作内，杜子春云内當爲納。」轉從漢讀也。史訓「納日」爲「日入」，知經必作内字。孔傳本爲古文，不應反作納，知亦從漢讀改也。又此同仲春言「敬道」，疑今文經亦作「寅賓」，與孔傳異。集韻載釋文「餞」作「淺」，今釋文作「餞」，是後人所改。正義釋傳云：「送行飲酒謂之餞。」故餞爲送也。不云淺讀爲餞，是孔本作「餞」也。便程西成。「平秩西成。」夜中星虚，以正中秋。「宵中星虚，以殷仲秋。」爾雅：「宵，夜也。」其民易，「厥民夷。」傳：「夷，平也。老壯在田，與夏平也。」案：爾雅：「平、均、夷、弟，易也。」是夷、易義同，故古文尚書作「厥民夷」，今文尚書作「厥民易」。古文「夷」字當從今文，義爲易，言其民至秋樂易也。孔傳以爾雅展轉相訓，義得爲「平」，然其説支離，不可從。今文每以詁訓爲經，如「鳥獸孳尾」，義爲「子微」，而今文即作「字微」，可證。孔傳詁訓多用史記，而「鳥獸孳尾」不以「尾」爲「微」，「厥民夷」不以「夷」爲「易」者，以今文經作「微」，作「易」恐相涉致嫌，故别下己意以區别之，而不知孔安國得壁中書曾以今文讀之矣。馬、鄭注古文亦采用今文矣。六經之古今文，雖古義勝者爲多，然未嘗不互有短長，非可偏主一家也。史記舊作「其民夷易」，當是以書校史注其旁，而寫者誤入，今爲刪正。鳥獸毛毨。「鳥獸毛毨。」案：許叔重說文、鄭康成周禮注皆作「鳥獸毛𣯩」，是古文尚書作「毛𣯩」也。史記作「毛毨」，當是今文。不知孔傳本何以亦作「毨」字？申命和叔，居北方，曰幽都。「申命和叔，宅朔方，曰幽都。」傳：「北稱朔。」案：爾雅：「朔，北方也。」毛詩傳：「朔方，北方也。」便在伏物。「平在朔易。」傳：「易，謂歲改易於北方。」索隱曰：「使和叔察北方藏伏之物，謂人蓄積聚等冬皆藏伏。尸子曰『北方者，伏方也』。大傳云『便在伏物』，太史公據之而書。」案：古文尚書「平在朔易」，今文尚書「便在伏物」。日短星昴，以正中冬。「日短星昴，以正仲冬。」其民燠，「厥民隩。」傳：「隩，室也。」案：古文尚書「厥民奧」，今文尚書「厥民燠」。釋文引馬云：「煖也。」是馬從今文讀。鳥獸氄毛。「鳥獸氄毛。」傳：「鳥獸皆生耎毳細毛以自溫焉。」案：說文引書「鳥獸㲎毛」，是古文尚書作「㲎毛」也。史記作「氄毛」，蓋是今文尚書。徐廣曰：「氄音茸。」歲三百六十六日，「帝曰：『咨！汝羲暨和，朞三百有六旬有六日。』」以閏月正四時。「以閏月定四時成歲。」案：古文尚書「以閏月定四時」，今文尚書「以閏月正四時」。定，正也。「歲」字已見上，故於此省文。信飭百官，衆功皆興。「允釐百工，庶績咸熙。」傳：「允，信。釐，治。工官績功，咸皆熙廣也。」案：釐，正也，故爲飭。爾雅：「庶，衆也。」又：「熙，興也。」注引書「庶績咸興」。釋文云：「熙，興也。」此當是馬融義，取今文爲說也。孔傳見今文經作興，遂不取爾雅，別訓「熙」爲「廣」以區別。堯曰：『誰可順此事？』「帝曰：『疇咨若時登庸。』」傳：「疇，誰。庸，用也。誰能順是事者，將登用之。」案：咨，咨可否也。若，順也。時，是也，此也。古文「時」今文多作「是」，故以時爲此。庸，功也，事也。蓋古文尚書「疇咨若時登庸」，今文尚書「疇咨若是庸」。孔傳「事」字，乃以義增加，經文所無。史記「事」字，則經「庸」字之訓也。放齊曰：『嗣子丹朱開明。』「放齊曰：『胤子朱啓明。』」傳：「胤，國。子，爵。朱，名。啓，開也。」案：古文尚書「胤子朱啓明」，今文尚書「嗣子丹朱開明」。是胤子爲嗣子也。爾雅胤、嗣同訓爲繼。釋文引馬云：「嗣也。」張守節曰：「鄭玄云：『帝堯胤嗣之子，名曰丹朱，開明也。』」是馬、鄭注古文皆用今文爲說，而孔傳棄絕三家，徒自立異，創爲國爵之說，其設心豈可問耶？凡經傳古文「啟」字今文多作「開」。鏞堂謹案：「毛詩『東有啟明』，三家詩『東有開明』，見大戴禮記四代篇。」堯曰：『吁！頑凶，不用。』「帝曰：『吁！嚚訟，可乎？』」傳：「吁，疑怪之辭。言不忠信爲嚚，又好爭訟。可乎，言不可。」案：左傳嚚、頑異義，此古今文之別也。釋文云：「訟，馬本作庸。」是古文尚書作「嚚庸」，今文尚書作「頑訟」。史公訓訟爲凶。馬既作庸，鄭、王亦作庸，可知書釋文每舉馬本以該鄭、王，正義又詳鄭、王而略馬本，其實馬、鄭、王並注古文，苟非王肅所改，不容有異。書言可乎，謂如此之人豈可用乎，故史以不用釋可乎也。堯又曰：『誰可者？』「帝曰：『疇咨若予采。』」案：此以詁訓代經，又省「若予采」，蒙上文順此事也。讙兜曰：『共工旁聚布功，可用。』「讙兜曰：『都！共工方鳩僝功。』」傳：「都，於，歎美之辭。鳩，聚。僝，見也。歎共工能方方聚見其功。」案：古文「旁」爲「方」。依說文「鳩」當作「逑」。說文：「僝，具也。」故爲「布」。釋文引馬融亦云具也。孔傳言「見」，非是。「方」作如字讀，亦誤。古文尚書「方逑僝功」，今文尚書「旁鳩僝功」。都，歎美之辭，故史以爲可用也。堯曰：『共工善言其庸僻，似恭滔天，不可。』「帝曰：『吁！靜言庸違，象恭滔天。』」傳：「靜，謀。滔，漫也。言不可用。」案：靜，善也。韓詩「東門之栗，有靜家室」，薛君曰：「靜，善也。」庸，用也。回，僻也。象，似也。蓋古文尚書作「靜言庸違」，故孔傳云起用行事而違背之。今文尚書作「靜言厥庸回」，故史言其用僻，以「不可」釋經之「吁」。孔傳本之。不可與可用相對。合上文「誰可順此事」，「不用」，「誰可者」，下文「鯀可」，「不可」，「試不可用」觀之，西漢人解經，簡而明若此。堯又曰：『嗟，四嶽，「帝曰：『咨四岳。』」案：古文尚書「咨四岳」，今文尚書「嗟四嶽」。爾雅：「咨，蹉也。」字林云：「蹉，古嗟字。」是咨、嗟義同。說文嶽，从山，獄聲。𡶳，古文，象高形。𡶳即岳字。湯湯洪水滔天，浩浩懷山襄陵，「湯湯洪水方割，蕩蕩懷山襄陵，浩浩滔天。」傳：「湯湯，流貌。洪，大。割，害也。蕩蕩，言水奔突，有所滌除。懷，包。襄，上也。」案：論語「君子坦蕩蕩」，鄭注云：「魯讀坦蕩爲坦湯。」今從古魯論，今文也。是古文「蕩蕩」字，今文作「湯湯」。古文尚書「蕩蕩洪水」，今文尚書「湯湯洪水」。孔本不當別出「湯湯」字，蓋於「懷山襄陵」上誤衍「蕩蕩」兩字。俗人欲區别之，因據今文改上「蕩蕩」爲「湯湯」。今文無「方割」，或史公所略也。「懷山襄陵，浩浩滔天」，古、今文同言滔天之勢，浩浩然懷山而襄陵也。經是倒句，史以義讀順之，故云「滔天，浩浩懷山襄陵」。下民其憂，有能使治者？』「下民其咨，有能俾乂。」傳：「俾，使。乂，治也。言民咨嗟憂愁，病水困苦。」皆曰鯀可。「僉曰：『於，鯀哉！』」傳：「僉，皆也。」案：以「可」釋經之「於」。堯曰：『鯀負命毀族，不可。』「帝曰：『吁，咈哉！方命圮族。』」傳：「咈，戾。圮，毀。族，類也。言鯀性很戾，好比方名命，而行事輒毀敗善類。」案：方命，負命也。方、負聲相近。古文尚書「方命圮族」，今文尚書「負命圮族」。釋文引馬云：「方，放也。」徐云：「鄭、王音放。」則馬、鄭、王注古文皆取今文爲説矣。孔傳之意，讀「咈哉方」爲句，「命圮族」爲句。師心好異，力改書義，以古今文相難，殆欲毀彼衆家，獨伸己是，其心術之不可問也若此。史以「不可」釋經之「咈哉」，或古文「咈哉」今文作「弗哉」。嶽曰：『异哉，試不可用而已。』「岳曰：『异哉！試可乃已。』」傳：「异，已也。言餘人盡已，唯鯀可試，無成乃退。」案：古文尚書「岳曰异哉，試可乃已」，今文尚書「嶽曰异哉，試不可而已」。「用」字乃史公以義增足。异，舉也。而，乃也。可，不可也。四嶽言鯀可舉而用之，試用而不可乃已之。孔傳以「試可」爲「可試」，以「乃已」爲「無成乃退」。若從今文以「可」爲「不可」，不必空增「無成」矣。堯於是聽嶽用鯀。「帝曰：『往，欽哉！』」傳：「勑鯀往治水，命使敬其事。」案：此以義釋經也。勑使往敬其事，是聽嶽用鯀也。九歲，功用不成。「九載績用弗成。」案：古文尚書「九載績用弗成」，今文尚書「九歲績用不成」，史記下云「七十載」，故知此非訓載爲歲，乃本異也。下文「三載考績」，史記亦作「三歲一考功」。古文「弗」字，今文多作「不」。堯曰：『嗟！四嶽。案：古文尚書「咨四岳」，今文尚書「嗟四嶽」。朕在位十載，汝能庸命，踐朕位？』「朕在位七十載，汝能庸命，巽朕位。」案：巽、踐聲相近。古文尚書「巽朕位」，今文尚書「踐朕位」。由堯言之曰巽，由四嶽言之曰踐。嶽應曰：『鄙德忝帝位。』「岳曰：『否德忝帝位。』」傳：「否，不。」案：古文尚書「岳曰否德忝帝位」，今文尚書「嶽曰鄙德忝帝位」。論語「予所否者」，論衡問孔作「予所鄙者」。兩漢人所引魯論爲多，鄭康成以古論校正之。是古文論語作「予所否者」，今文論語作「予所鄙者」，與書古今文正合。書古文「否」字，當從今文讀爲「鄙」。孔傳欲異於今文，故别訓爲「不」。釋文：「否，方久反。」此孔音也。又音「鄙」，此馬、鄭義，從今文説也。學者審之。至魯論「鄙者〔一〕」，則當從古文作「否」，鄭君所校最是。琳謂：古今文不可偏主，於此見之。堯曰：『悉舉貴戚及疏遠隱匿者。』「曰：『明明揚側陋。』」傳：「廣求賢也。」案：「悉舉貴戚」，此釋經之「明明揚」也。「及疏遠隱匿者」，此釋經之「側陋」也。衆皆言於堯曰：『有矜在民間，曰虞舜。』「師錫帝曰：『有鰥在下，曰虞舜。』」案：古文尚書「有鰥在下」，今文尚書「有矜在下」。經典鰥寡字古文皆作「鰥」，漢人始作「矜」。「在下」，在民間也。孔傳「在下民之中」本此。堯曰：『然，朕聞之。其何如？』「帝曰：『俞。予聞，如何？』」孔傳：「俞，然也。」案：古文尚書「予聞如何」，今文尚書「朕聞之如何」。爾雅：「予、朕，我也。」朕，予也。嶽曰：『盲者子。』「岳曰：『瞽子。』」傳：「舜父有目不能分别好惡，故時人謂之瞽，配字曰瞍。」案：此當從史記以瞽爲盲者，孔傳無理之至。父頑，母嚚，弟傲，「父頑，母嚚，象傲。」案：作弟，與父母字相配，蓋今文經作「弟傲」。能和以孝，烝烝治，不至姦。』「克諧以孝，烝烝乂，不格姦。」案：克，能。諧，和。乂，治。格，至也。堯曰：『吾其試哉。』「帝曰：『吾其試哉！』」案：爾雅「吾，我也」。古文尚書「我其試哉」，今文尚書「吾其試哉」。於是堯妻之二女，「女于時。」傳：「堯於是以二女妻舜。」案：女謂堯妻之以二女也。于，於也。時，是也。觀其德於二女。「觀厥刑于二女。」傳：「刑，法也。」案：古文尚書「觀厥刑于二女」，今文尚書「觀厥德于二女」。舜飭下二女於嬀汭，「釐降二女於嬀汭。」傳：「降下。」案：史公皆以「釐」爲「飭」。上「允釐百工」，作「信飭百官」。

〔一〕「者」，原作「至」，涉上文「至」字而誤，今改。

爾雅：「降，下也。」如婦禮。「嬪于虞。」傳：「嬪，婦也。行婦道於虞氏。」堯善之。」「帝曰：『欽哉！』」傳：「歎舜能修己行敬以安人。」案：史以義釋經，故云「堯善之」。

毛詩生民傳

毛傳云：「赫，顯也。不寧，寧也。不康，康也。誕，大。寘，置。腓，辟。字，愛也。」此先釋「以赫厥靈，上帝不寧，不康禋祀。誕寘之隘巷，牛羊腓字之」五句中經字，下復申説以總解之。云「天生后稷，異之於人」者，上文「先生如達，不坼不副，無菑無害」，皆是天生后稷，異之於常人也。如上帝安寧之，而康其祭祀。云「以顯其靈也」者，解經之「以赫厥靈」也。云「帝不順天，是不明也，故承天意而異之於天下」者，言上帝欲顯異后稷，而帝嚳不能承順天意，是帝嚳不明矣。下言「誕寘之隘巷」，「誕寘之平林」，「誕寘之寒冰」，皆是帝不順天承天意而顯異於天下之事也。云「牛羊而辟人者理也，置之平林」者，此解經「誕寘之平林」之意也。云「又爲人所收取」者，解經之「會伐平林」也。云「大鳥來，一翼覆之，一翼藉之」者，明不特覆之而已。經舉覆包藉省文以成句，傳以義增足之。云「人而收取之，又其理也，故寘之於寒冰」者，此覆解「誕寘之寒冰」之意，以見不當更有鳥覆翼之之事。乃鳥又來覆藉之，於是知有天異，往取之矣。此二句即用毛傳。經「鳥乃去矣」，傳不解者，毛意往取后稷，鳥見人來，乃飛去矣，故傳云「后稷呱呱然而泣」，明鳥去而后稷泣也。俗本割襲毛傳以分隸經文，致失毛意者甚多。今舉此傳正之。

李巡奏定石經

漢定石經，説者不一。范書靈帝紀云：「熹平四年春三月，詔諸儒正五經文字，刻石立於大學門外。」儒林傳云：「有私行金貨，定蘭臺桼書經字，以合其私文。熹平四年，靈帝乃詔諸儒正定五經，刊於石碑，爲古文、篆、隸三體書法，樹之學門，目相參檢，使天下咸取則焉。」此功歸君上，以爲靈帝意也。蔡邕傳云：「邕目經籍去聖久遠，文學多謬，俗儒穿鑿，疑誤後學。熹平四年，乃與五官中郎將堂谿，典光禄大夫楊賜，諫議大夫馬日磾，議郎張馴、韓説，太史令單颺等，儒林傳：「張馴拜議郎，與蔡邕共奏定六經文字。」奏求正定六經文字，靈帝許之。邕乃自書丹於碑，使工鎸刻，立於太學門外，於是後儒晚學咸取正焉。及碑始立，其觀視及摹寫者，車乘日千餘兩，填塞街陌。」此言衆臣奏求正定，蔡中郎特總其事也。宦者吕强傳云：「時宦者濟陰丁肅、下邳徐衍、南陽郭耽、汝陽李巡、北海趙祐等五人稱爲清忠，皆在里巷，不爭威權。巡以爲諸博士試甲乙科，爭第高下，更相告言，至有行賂定蘭臺桼書經字，目合其私文者，迺白帝，與諸儒共刻五經文於石，於是詔蔡邕等正其文字。自後五經一定，爭者用息。」據此，知熹平立石經，雖有靈帝之詔，蔡邕之奏，而發端白帝，實自李巡，特身爲宦官，不能與帝王及士大夫並稱乎後世爲可惜耳。其持躬清忠，不爭威權，益足尚也。余特爲表出之。隋書經籍志有李巡注爾雅三卷，可謂篤學有志之士矣。

盧植奏定石經

後漢書盧植傳云：「時始立太學石經，以正五經文字，植乃上書曰：『臣少從通儒故南郡太守馬融受古學，頗知今之禮記特多回穴。臣前以周禮諸經，發起粃謬，敢率愚淺，爲之解詁，而家乏，無力供繕寫上。願得將能書生二人，共詣東觀，就官財糧，專心研精，合尚書章句，考禮記失得，庶裁定聖典，刊正碑文。』」下云：「會南夷反叛，以植嘗在九江有恩信，拜爲廬江太守。」下云：「復徵拜議郎，與諫議大夫馬日磾、議郎蔡邕、楊彪、韓說等並在東觀，校中書五經記傳，補續漢記。帝以非急務，轉爲侍中，遷尚書。」據本傳觀之，知子幹刊正碑文之奏，未經允行，會南夷反叛，出爲廬江太守，而斯事中止矣。蓋禮記後儒所定，故不無粃謬處，盧氏欲本師說裁正之，誠有功聖典之舉，乃爲事會所阻，千古恨事也。然石經禮記雖未刊定，而盧所自著解詁猶存。隋、唐志載盧植注小戴禮記二十卷是也。唐人表章鄭學，而未及盧氏，其書遂亡。安得有志者輯其遺說，以存其概乎！

盧植禮記注

盧氏校定禮記，今日雖亡，漢、唐人偶有稱述，尚可得其略。其一，檀弓下「子顯以致命於穆公」，鄭注：「使者，公子縶也。」盧氏云：「古者名字相配，『顯』當作『韅』。」今考詩白駒「縶之維之」，傳：「縶，絆也。」禮記月令：「則縶騰駒。」是縶爲維絆義。說文頁部：「顯，頭明飾也，从頁，㬎聲。」與縶義無涉。

革部：「𩏑，著掖鞥也，从革，顯聲。」又釋名釋車云：「韅，經也，橫經其腹下也。」案：杜注左傳僖二十八年云「在背曰韅」，非是。與維絆義合，故名縶字子韅。依説文，「韅」當作「𩏑」。盧云當作「韅」者，漢人隸省。此校之盡善者也。其一，曲禮「猩猩能言，不離禽獸」，釋文：「禽獸，盧本作走獸。」述案：淮南子氾論「猩猩知往而不知來」，高注云：「禮記曰：『猩猩能言，不離走獸。』」高氏受業於盧尚書，故用師校本。正義曰：「禽獸之名，經記不同。爾雅云：『二足而羽謂之禽，四足而毛謂之獸。』鸚鵡是羽而曰禽，猩猩四足而毛正可曰舊譌「是」。獸。今並云禽獸者，凡語有通別，別而言之，羽則曰禽，毛則曰獸。所以然者，禽者擒也，言鳥力小，可擒捉而取之。獸者守也，言其力多，不易可擒，先須圍守，然後乃獲，故曰獸也。通而爲説，鳥不可曰獸，獸亦可曰禽，故鸚鵡不曰獸，而猩猩通曰禽也。故易云：『王用三驅失前禽。』則驅走者亦曰禽也。又周禮司馬職云：『大獸公之，小禽私之。』以此而言，則禽未必皆鳥也。又康成注周禮云：『凡鳥獸未孕曰禽。』周禮又云：『以禽作六摯，卿羔，大夫鴈。』白虎通云：『禽者鳥獸之總名。』以此諸經證禽名通獸者，以其小獸可擒，故得通名禽也。」述案：孟子「獸之走曠也」，晉書段灼傳作「禽之走曠野」。案：孔氏所據，可稱精博。舊本禽獸，盧氏定爲走獸，與上飛鳥相對，不免失之拘泥。此校之未盡善者。鄭注本後人豈可輕動乎？鏞堂謹案：散言皆通，對文則異，盧校是也。

西狩獲死麟

論衡指瑞云：「春秋曰：『西狩獲死麟，人以示孔子。孔子曰：孰爲來哉！孰爲來哉！反袂拭面，泣涕沾襟。』儒者説之，以爲天以麟命孔子，孔子不王之聖也。夫麟爲聖王來，孔子自以不王，而時王、魯君無感麟之德，怪其來而不知所爲，故曰孰爲來哉！孰爲來哉！知其不爲治平而至，爲己道窮而來，望絶心感，故涕泣沾襟。以孔子言孰爲來哉，知麟爲聖王來也。曰：前孔子之世，世儒已傳此説。孔子聞此説而希見其物也，見麟之至，怪所爲來。實者，麟至無所爲來，常有之物也，行邁魯澤之中，而魯國見其物，遭獲之也。孔子見麟之獲，獲而又死，則自比於麟，自謂道絶不復行，將爲小人所徯獲也。故孔子見麟而自泣者，據其見得而死也，非據其本所爲來也。然則麟之至也，自與獸會聚也；其死，人殺之也。使麟有知，爲聖王來，時無聖王，何爲來乎？思慮深，避害遠，何故爲魯所獲殺乎？夫以時無聖王而麟至，知不爲聖王來也；爲魯所獲殺，知其避害不能遠也。聖獸不能自免於難，聖人亦不能自免於禍。禍難之事，聖者所不能避，而云鳳、麟思慮深，避害遠，妄也。」案：此引春秋公羊家説也。傳曰：「麟者仁獸也，有王者則至，無王者則不至。有以告者曰：『有麏而角者。』孔子曰：『孰爲來哉！孰爲來哉！』反袂拭面，涕沾袍。」見麟而泣，當從論衡所引儒者説，爲己道窮而來，望絶心感，故涕泣沾襟。服注左傳亦云「麟爲仲尼至」。見春秋正義。何氏以麟出爲知將有六國爭彊縱横相滅之敗，秦、項驅除積骨流血之虞，然後劉氏乃帝，故豫泣民之離害妖妄之至。王仲任遠在何邵公之前，所引蓋西漢公羊説也。又據論衡，則春秋經作「西狩獲死麟」，今三傳本無死字。而公羊傳云：「顏淵死，子曰：『噫！天喪予。』子路死，子曰：『噫！天祝予。』西狩獲麟，孔子曰：『吾道窮矣。』」注云：「天生顏淵、子路爲夫子輔佐，皆死者，天將亡夫子之證。麟者，太平之符，聖人之類，時得麟而死，此亦天告夫子將没之證。」則此傳本作「西狩獲死麟」，與上「顏淵死，子路死」一例。「吾道窮矣」，與上「天喪予」，「天祝予」一例。孔仲達引家語云：「獲麟，折其前左足，載而歸。叔孫以爲不祥，棄之於郭外。」徐疏引孔叢云：「以爲不祥，棄之五父之衢。孔子視之曰：『茲日麟出而死，吾道窮矣。』」二書雖魏、晉人託作，然以爲麟死而棄之，則與公羊合。疑公羊經本有死字也。王充謂麟爲常有之物，無所爲來，則非。說文：「麟，大牝鹿也。麐，牝麒也。」五經文字云：「麐，經典皆作麟，唯爾雅作此麐字。」釋獸釋文云：「麐，本又作麟。」知今本爾雅作麟者，後人所改也。論衡作驎，說文所無。釋畜：「青驪驎驒。」釋文驎作粼，在說文巜部。穀梁傳序：「麟感化而來應。」釋文：「麟，本又作驎。」知驎又爲俗麟字。

漢注用蒼頡篇

考工記：「攻皮之工：函、鮑、韗、韋、裘。」鄭司農云：「書或爲鞄，蒼頡篇有鞄甍。」又：「鮑人之事。」鄭司農云：「蒼頡篇有鞄甍。」「車人之事。柯欘有半謂之柯。」鄭司農云：「蒼頡篇有柯欘。」王伯厚急就章補注序云：「漢藝文志小學十家，蒼頡篇見考工記注者，唯鞄、甍、柯、欘四字。」案：孝經：「孝無終始而患不及者，未之有也。」正義曰：「蒼頡篇謂患爲禍，孔、鄭、韋、王之學引之以證此經。」然則漢、魏儒者注孝經亦引蒼頡篇矣。公羊傳定四年「朋友相衛」，注：「同門曰朋，同志曰友。」解云：「出蒼頡篇。」於王氏所舉四字外，又得十字。孝經正義云：「鄭謂康成，孔謂安國，韋謂韋昭，王謂王肅。」玉海藝文云：「孝經取元行沖疏約而修之。」邢序自言剪裁元疏，今注疏本卷首有邢昺奉勅校定字樣。然則孝經正義雖經邢氏刪改，猶本唐人舊書，非邵武士人孟子疏可比，學者珍之。唐時古今文具存，故元氏得博引爲據，至北宋則亡已久矣。

服杜解左之誤

左傳昭二十七年：「吳子欲因楚喪而伐之，使公子掩餘、公子燭庸帥師圍潛。」賈逵注云：「二公子皆吳王僚之弟。」見正義及史記集解。「使延州來季子聘于上國。左尹郤宛、工尹壽帥師至于潛，吳師不能退。公子光曰：『此時也，弗可失也。』告鱄設諸曰：『上國有言曰，不索何獲？我，王嗣也，吾欲求之。』」杜注：「光，吳王諸樊子也，故曰：『我，王嗣。』」案：史記吳大伯世家云：「四年王餘眛卒，欲授弟季札，季札讓逃去。於是吳人曰：『先王有命，兄卒弟代立，必致季子。季子今逃位，則王餘眛後立，今卒，其子當代。』乃立王餘眛之子僚爲王，公子光者，王諸樊之子也，常以爲『吾父兄弟四人，當傳至季子，季子即不受國，光父先立，即不傳季子，光當立』。」據此，則光爲諸樊子，僚爲夷眛子，杜本史記是也。正義引服虔云：「夷眛生光而廢之，僚者夷眛之庶兄，夷眛卒，僚代立，故光曰：『我王嗣也。』」此用公羊說也。案公羊傳襄二十九年云：「夷眛死，則國宜之季子者也，季子使而亡焉。僚者，長庶也。」則以僚爲夷眛之庶兄者，本公羊傳，但不及史記之可據耳。又闔廬曰：「先君之所以不與子國，而與弟者，凡爲季子故也。從先君命，則國宜季子；如不從，則我宜立。」何注：「闔廬，謁之長子光。」是公羊亦以光爲諸樊子，與史記及杜氏合。服云「夷眛生光」，非是。「『事若克，季子雖至，不吾廢也。』鱄設諸曰：『王可弒也。母老、子弱，是無若我何？』」杜注：「猶言我無若是何，欲以老弱託光。」正義曰：「恐己死後不能存立，欲以老弱託光也。彭仲博云：『當言是無我若何，我母無我當如何。』「我」字當在若上。』」史記吳大伯世家集解引服虔曰：「母老子弱，專諸託其母子於光也。」王肅曰：「專諸言王母老子弱也。」案：刺客列傳：「公子光謂專諸曰：『此時不可失，不求何獲！』專諸曰：『王僚可殺也。母老子弱，而兩弟吳世家作「兩公子」。將兵伐楚，楚絶其後。方今吳外困於楚，而內空無骨鯁之臣，是無如我何。』吳世家作「是無奈我何」。公子光頓首曰：『光之身，子之身也。』」索隱曰：「母老子弱，是專諸度僚可殺，言其少援助，故云『無奈我何』。太史公採其意，且據上文，因復加以兩弟將兵困之辭。而服虔、杜預見左氏下文云『我，爾身也』，『以其子爲卿』，遂彊解『是無如我何』猶言『我無若是何，謂專諸欲以老弱託光』，義非允愜。」案：光曰：「我，爾身也。」乃是聞專諸之辭而深喜求助之言，謂光身即子身，光惟子是賴矣。服、杜用彭仲博説，以爲專諸之母老子弱，誤也。惟王肅義與史説合。此條從王肅。

俗本詩集傳

漢廣：「南有喬木，不可休息。」集傳云：「吳氏曰：『韓詩作思，見韓詩外傳卷一，今本誤改爲「息」。詩考載外傳不誤。俗本刪此七字。』」案：王伯厚詩考序云：「朱文公集傳『不可休思』，從韓詩，本此。」常棣：「外禦其務。」集傳云：「春秋傳作『侮』，罔甫反。」既引其文，即從其義，故下云：「有外侮，則同心禦之。」乃今本改云「音侮」，刪「春秋傳」等八字。四月：「爰其適歸。」集傳於「爰」下注云：「家語作『奚』。」故下云：「奚，何也。」乃今刪「家語作奚」四字，而改「爰」爲「奚」。案：毛詩「爰其適歸」，箋云：「爰，曰也。」文選潘安仁關中詩注引韓詩「亂離斯莫，爰其適歸」，説苑政理亦作「爰」，惟家語辯政作「奚」。必王肅私改以異鄭，朱子不覺其非，故誤從之。然雖用其義，尚未改其文。若如今本竟作「奚」，使未見集傳原本者，能不致疑於朱子乎？假樂：「假樂君子。」集傳云：「中庸、春秋傳皆作『嘉』，今當作『嘉』。」俗本但作「音嘉」二字。以及「何彼禯矣」之作「穠」，「終然允臧」之作「焉」，「遠兄弟父母」之作「遠父母兄弟」，「羊牛下括」之作「牛羊」，「不能辰夜」之作「晨」，「碩大且篤」之作「實」，「不可畏也」之作「亦」，「胡然厲矣」之作「爲」，「朔月辛卯」之作「日」，「家伯維宰」之作「冢」，「如彼泉流」之作「流泉」，小旻、抑同。「降子卿士」之作「于」。凡此，余初以爲朱子之誤，後考之有年，獲見宋、元板集傳，知並俗本删改之失也。

君子好仇

詩關雎「君子好逑」，傳：「逑，匹也。宜爲君子之好匹。」箋云：「怨耦曰仇。能爲君子和好衆妾之怨者，言皆化后妃，不嫉妒。」釋文：「好逑音求，本亦作仇，音同。」正義曰：「逑，匹。釋詁文。孫炎云：『相求之匹，詩本作逑，爾雅多作仇，字異音義同也。』」案孫炎云「相求之匹」，是以求訓逑。然則孫注爾雅作「逑，匹」，與孔本毛傳合。又民勞：「惠此中國，以爲民逑。」傳：「逑，合也。」箋云：「合，衆也。」此申毛，與說文合。正義曰：「逑，合。釋詁文。」今文爾雅作「仇，合也」。仇合之仇作逑，與仇匹之仇作逑正同。說文辵部：「逑，斂聚也。从辵，求聲。虞書曰：『旁逑孱功。』又曰：『怨匹曰逑。』」左傳桓二年：「師服曰：『嘉耦曰妃，怨耦曰仇。』」依孫叔然，知爾雅仇當作逑。依許叔重，知左傳仇當作逑。說文人部：「仇，讎也。从人，九聲。」此讎怨之仇，與匹耦之逑異字。而爾雅、毛詩、左傳皆作仇者，爲逑之同聲假借也。蓋匹耦之逑，不論嘉耦怨耦，俱用从辵求聲字。因嘉耦既以善相求，怨耦又以怨相求，嘉怨不同，而相求則一。即以關雎詩論之，毛意是嘉耦，鄭意是怨耦，而所用逑字則一。俗本注疏經、傳作逑，鄭箋作仇，是以臆見區別之也。箋既不云逑當爲仇，則説異而字同，明矣。左傳師服之言，因妃仇對文而立異耳。又此詩經字當假借作仇，釋文、正義皆作逑，疑非漢以來之舊。陸云「本亦作仇」，可從也。無論禮記緇衣、漢書匡衡傳作「君子好仇」，爾雅「仇，匹也」，郭注引詩「君子好仇」，或非盡爲毛詩。而後漢書邊讓傳：「攜窈窕，從好仇。」李注：「仇，匹也。毛詩曰：『君子好仇。』」文選景福殿賦：「處之斯何，窈窕淑女。」注：「毛詩曰：『窈窕淑女，君子好仇。』」琴賦：「要列子兮爲好仇。」注：「毛詩曰：『君子好仇。』」嵇叔夜贈秀才入軍詩：「攜我好仇。」注：「毛詩曰：『君子好仇。』」是可證毛詩之不作逑矣。又嘗偏考毛詩，逑匹之逑皆作仇。兔罝：「赳赳武夫，公侯好仇。」箋云：「怨耦曰仇。」無衣：「脩我戈矛，與子同仇。」傳：「仇，匹也。」箋云：「怨耦曰仇。」正義曰：「仇，匹。釋詁文。」「怨耦曰仇」，桓二年左傳文。賓之初筵：「賓載手仇。」傳：「手，取也。主人請射於賓，賓許諾，自取其匹而射。」釋文：「手仇，毛音求，匹也。」皇矣：「帝謂文王，詢爾仇方。」傳：「仇，匹也。」箋云：「怨耦曰仇。」正義曰：「仇，匹。釋詁文。」「怨耦曰仇」，左傳文。是可證逑匹之逑，毛詩皆作仇，與今爾雅、左傳同，而作逑之爲出後人私改矣。

皇矣傳考正

詩皇矣：「維此二國，其政不獲。維彼四國，爰究爰度。」傳：「二國，殷、夏也。彼，彼有道也。四國，四方也。究，謀。度，居也。」箋云：「二國謂今殷紂及崇侯也。正，長。獲，得也。四國謂密也、阮也、徂也、共也。度亦謀也。殷、崇之君，其行暴亂，不得於天心。密、阮、徂、共之君於是又助之謀，言同於惡也。」「上帝耆之，憎其式廓。乃眷西顧，此維與宅。」傳：「耆，惡也。廓，大也。憎其用大位，行大政。顧，顧西土也。宅，居也。」箋云：「耆，老也。天須假此二國，養之至老，猶不變改。憎其所用爲惡者浸大也。乃眷然運視，西顧，見文王之德而與之居，言天意常在文王所。」釋文：「『其政』，如字，政，政教也。鄭作正。正，長也。『爰度』，待若反，篇内皆同。毛居也，鄭謀也。『耆之』，巨夷反。毛惡也，鄭老也。」正義曰：「紂師喪殷，桀亦亡夏，其惡既等，故配而言之，猶嵩高之美申伯而及甫侯也。究，謀。釋詁文。」以王者度地居民，故以度爲居也。桀、紂身爲天子，制天下之命，雖是有道之國，皆服而從之，與之謀爲非道，故王肅云：「彼四方之國，乃往從之謀，往從之居。其秦亡。」此三字當爲衍文。家語引此詩乃云：「紂政失其道，而據萬乘之勢，四方諸侯固猶從之謀。」度於非道，天所惡焉，傳意當然也。孫毓云：「天觀衆國之政，求可以代殷之人。先察王者之後，故言商而及夏。夏者，夏禹之世。時爲二王之後者，不得追斥桀也。桀亡國六百餘年，何求於將代殷而惡之乎？」或以毓言爲毛義，斯不然矣。耆者，老也。人皆惡己之老，故耆爲惡也。王肅云：「惡桀、紂之不德也。」肅於此仍連文紂言，以桀、紂行同。自此以上，其文皆可兼桀。雖文可兼之，意不惡桀也。廓，大。釋詁文。宅，居。釋言文。琳案：箋訓「正」爲「長」，而不云「政」。當爲「正」，則鄭所據毛詩本作「其正不獲」。唐石經原刻作「正」，依鄭本也。後改爲「政」，依肅本也。據王肅引家語云：「紂政失其道。」孫毓云：「天觀衆國之政。」知王肅改「正」爲「政」，以與鄭難。孫毓朋於王，故述毛亦作「政」。左傳文四年作「其政不獲」，與毛詩異。或左傳亦本作「正」也。傳云：「究，謀。度，居也。」「度居」二字，亦肅所增。蓋傳本云「究，謀也」，故箋申之云：「度亦謀也。」爾雅釋詁：「度，謀也。」釋言：「宅，居也。」古文尚書「宅」字，兩漢人所引皆作「度」。然以「宅」爲「度」者，今文形聲之誤，而毛詩爲古文，凡宅居皆作宅，凡度謀皆作度，則未嘗溷也。如鴻雁：「雖則劬勞，其究安宅。」箋云：「女今雖病勞，終有安居。」文王有聲：「宅是鎬京。」箋云：「宅，居也。」皇矣：「此維與宅。」傳：「宅，居也。」崧高：「定申伯之宅。」箋云：「定其宅，令往居謝。」閟宮：「遂荒徐宅。」傳：「宅，居也。」玄鳥：「宅殷土芒芒。」箋云：「居亳之殷地。」如皇皇者華：「周爰咨度。」傳：「咨禮義所宜爲度，巧言予忖度之。」箋云：「因己能忖度讒人之心。」皇矣：「爰究爰度。」箋云：「度亦謀也。」「帝度其心。」傳：「心能制義曰度。」「度其鮮原。」箋云：「度，謀也。」公劉：「度其隰原。」箋云：「度其隰與原之多少。」抑：「不可度思。」箋云：「神之來至去止，不可度知。」閟宮：「是斷是度。」正義曰：「於是量度之。」宅與度之不亂若此。且皇矣上云「爰究爰度」，下云「此維與宅」；公劉上云「度其夕陽」，下云「豳居允荒」，尤可見宅居、度謀之區別分明矣。此既作「爰究爰度」，則「度」字必當訓謀。如爲居義，則經必作「爰究爰宅」而後可。左傳文四年引詩「爰究爰度」，注云：「究、度皆謀也。」誰謂毛公學識反出杜預下乎？肅引家語云：「四方諸侯，固猶從之謀度於非道。」不料作僞之人稍不檢點，猶蹈襲舊義，訓度爲謀。此固王肅之疏漏處，而亦見雅訓之難容誣也。案：正義引王肅云：「乃往從之謀，乃往從之居。」此度、居二字爲王肅所增之明證。鏞堂謹案：緜「度之薨薨」，傳「度，居也」三字亦肅所增。毛傳「陾陾，深也，言百姓之勸勉也」，二語相承。箋云：「度猶投也，築牆者捊聚壤土，盛之以虆，而投諸版中。」釋文云：「韓詩云：『度，填也。』」與箋義合。釋文：「薨薨，爾雅云：『衆也。』王云：『亟疾也。』」案：正義釋毛云：「受取而居於版中，居之亟疾，其聲薨薨然。」正用肅說爲毛義也。「耆惡也」三字，疑亦肅所私加，今記於此，以待後賢定之。傳記未見有以「耆」爲「惡」者，惟周頌武「耆定爾功」，釋文於「耆」下引韓詩云：「惡也。」不詳所本。肅或據之，遂取以難鄭，故孫毓云：「桀亡國六百餘年，何求於將代殷而惡之乎？」家語云：「天所惡焉。」王肅云：「惡桀、紂之不德也。」孫毓既朋於王，家語又肅所撰，故同以「耆」爲「惡」，而不足取信也。上云「上帝惡之」，下云「增其式廓」，不嫌複乎？以「耆」爲「老」，經典之通義，養老其惡，此詩之諦訓，舍「老」而言「惡」，是棄其本訓，而拾其緒餘也。又「憎其用大位，行大政」，此八字亦疑肅所私加，以證上文「其正不獲」之爲政，「四國爰究爰度」之爲四方之國從桀、紂謀居。不知毛意「維此二國，其正不獲。維彼四國，爰究爰度」者，謂此夏、殷之後，其君長不得乎帝心，彼四方有道之國，上帝於是謀究之，於是謀度之，期欲得賢君以爲民主，即篇首所云「監觀四方，求民之莫」也。下言「上帝耆之，憎其式廓。乃眷西顧，此維與宅」者，謂上帝養老之不遽棄二國，而二國不能改，上帝心憎其用惡浸大，遂眷顧西周而與之居也。蓋上帝無私，先究度於四方，晚而得之西土，序所云「天監代殷，莫若周也」。「上帝耆之，憎其式廓」，應上「維此二國，其正不獲」。「乃眷西顧，此維與宅」，應上「維彼四國，爰究爰度」。鄭康成從魯詩以改毛義，故箋不與傳同。正義下引張融云：「魯詩之義，以阮、徂、共皆爲國名。」故知此箋以密、阮、徂、共爲四國，本之魯詩。王肅自云述毛，何所言更非毛意？桀、紂身爲天子，用大位，行大政，正天子之事，上帝豈以此憎之？故知此八字非毛傳本文也。「廓」之爲「大」，毛既有傳，「式」之爲「用」，亦屬常訓，又何煩此二語乎？「顧，顧西土也」，當作「西顧，顧西土也」。正義所載家語，今家語無之。據孔氏所言，知王肅既竄改毛詩，即私撰家語以合其所改，罪案見在，可覆審也。嗟乎！秦始皇焚書，賴漢初之儒，而六經得如故。王肅注書，祇嫉鄭君之賢，而欲出其上，遂逞其庸妄之見，以顛倒六經。肅之罪甚於始皇，而晉、唐以來，儒者罕覺其謬，遂至轉相授受，多爲小人所欺。至余而灼見其弊，不得不大聲疾呼，以救正之。惜余老矣，於尚書、毛詩、禮記三書，甫啟端以折其謬，而精力未能全逮。後之人以余所考正者，類推及之，易易矣！區區開創之功，自負當步趨漢儒，後有明見卓識之士，當不以余言爲誣也。

尚書集解序

琳不揣固陋，手自撰輯，上探伏、孔、馬遷之奥，中採許、馬、鄭、王之詣，下逮唐、宋、元、明之説，莫不條分縷析，依經附注，擷其精英，棄其瑕疵，間下己意，亦不數見。蓋以前人之義已備，故一己之説不贅。惟文字異同之間，有係聖經匪淺，而自唐儒陸、孔以來，多所依違，鮮能折衷。琳少學詁訓，頗解於斯，凡有可據，隨爲條證，欲少求益於前人所得之外，非忘其大者遠者，而議其小者近者也。據穎達正義之本，倣何晏論語之注，別以姓名，題爲集解，三易其稿，廿年而成，爲卷凡一百有二十，附以序、目、釋文四卷。若夫删繁訂失，是深有望於後之君子焉。

附録

先生性孝友，事父如事君，晨昏定省無闕，侍膝下不敢輕發一語。有妹適汪氏，夫卒子幼，迎歸十餘年，撫甥如子，既長爲娶，分所得以居之。楊方達撰傳。

先生善相士。墻寧國府教授張綸，布衣士也，一見奇之，以伯女贅於家，而自課其學業。族人有輕綸者。一日設宴中庭，飭行李，具白金五十兩，命之游學京師，勉之曰：「學不成名，勿歸也。」後綸中康熙庚子舉人，雍正庚戌進士。其所爲率類此。同上。

錢竹汀曰：「先生孳孳講論，必求其是而後已。潦倒諸生三十年，未嘗一日不讀經，有所得，隨筆記之。先生不自表暴，儕輩非笑之。獨百詩先生歎賞，以爲學識出唐儒陸、孔之上。予校定先生之書，實事求是，别白精審，而未嘗馳騁其辭，輕詆先哲。斯真儒者之學，務實而不矜名者。予是以重其書，而益重其人也。」錢大昕經義雜記序。

阮雲臺曰：「玉林先生，拜經之高祖也。乾隆五十四年，餘姚盧學士文弨主常州書院，拜經往受經學，抱玉林先生所著經義雜記質於學士，學士驚異之，於校經典釋文中多引其説。」阮元撰臧拜經别傳。

孫淵如曰：「國初諸老，講經學者甚少，玉林先生故當時不顯於世。其後薦舉經學，亦未被徵。然古今潛德闇修，不博時名者極多，不可以此疑其書。」臧庸上阮文達書附記。

清儒學案卷四十五

玉林學案下

玉林家學

臧先生庸

臧庸本名鏞堂，字在東，一字西成，號拜經，一號用中，玉林玄孫。父繼宏業賈。先生沈默敦重，天性孝友，遵父命續其高祖將絶之學，修身著書，並見於世。與弟禮堂，俱師事盧氏文弨。在蘇州，從錢氏大昕、王氏昶、段氏玉裁講學術。阮文達督浙學，延至杭，助輯經籍纂詁。後復補訂纂詁，校勘注疏。其爲學根柢經傳，剖析精微，擬經義雜記爲拜經日記八卷，王氏念孫亟稱之。其敍孟子年譜，辨齊宣王、湣王之譌，陳氏壽祺歎爲絶識。又著拜經文集四卷，月令雜説二卷，樂記二十三篇注一卷，孝經考異一卷，子夏易傳一卷，詩考異四卷，韓詩遺説二卷，訂譌一卷，盧植禮記解詁一卷，爾雅古注三卷，説文舊音考三卷，蔡邕月令章句二卷，王肅禮記注一卷，聖證論一卷，尸子一卷，賈唐國語注一卷，蕭該漢書音義二卷，校鄭康成易注二卷。先生初因劉氏台拱獲識阮文達，其後館文達署中爲多，文達寫其書爲副本，以原本還其家。嘉慶十六年卒，年四十五。參史傳、阮元撰別傳。

拜經日記

戴東原集爾雅注疏箋補序云：「爾雅，六經之通釋也。援爾雅附經而經明，證爾雅以經而爾雅明。至若言近而異趣，往往讀應爾雅而莫之或知。如周南『不可休思』，釋言『庥，廕也』，即其義。豳詩『蠶月條桑』，釋木『桑、柳醜條』，即其義。小雅『悠悠我里』，釋故『悝，憂也』，即其義。說詩者不取爾雅也。外此轉寫譌舛，漢人傳注足爲據證。如釋言『鬩，恨也』，郭氏云：『相怨恨。』毛公傳小雅『兄弟鬩于牆』，『鬩，很也』。鄭康成注曲禮『很毋求勝』，『很，鬩也』。二字轉注，義出爾雅。」鏞堂案：漢廣箋云：「木以高其枝葉之故，故人不得就而止息也。」正義曰：「木可就蔭。」爾雅疏引舍人注曰：「庥，依止也。」然則說詩者本與爾雅義同。玉篇手部云：「挑，他堯切，撥也。」詩曰：「蠶月挑桑。」「枝落之，采其葉」，本亦作「條」。初學記歲時部條桑、採艾儷句，引毛詩及鄭玄曰：「條桑支，落其葉。」然則此「條」字義與「挑」相同，謂挑撥其桑之枝條高遠揚起者，而支解落之耳。如以釋木文解之，非辭矣。王引之案：玉篇引詩枝落之，方是挑桑之解，「撥也」二字似非詩之辭，落枝采葉亦非撥也。廣韻「挑」字注亦云：「挑，撥。」蓋挑字之常訓耳。十月「悠悠我里」，毛傳：「悠悠，憂也。里，病也。」鄭箋：「里，居也。」雲漢云：「如何里。」鄭箋：「里，憂也。」是毛、鄭之旨各有攸當，非不取爾雅。且釋詁本有「𤸎，病也」，是毛氏正用爾雅。作「里」者，假借字耳。俗本毛傳誤同鄭箋作「居」也。引之案：「悠悠我里」，訓「里」爲「憂」，是也。毛傳：「里，病也。」雖取爾雅，然下文

「亦孔之痗」，痗，病也，則上句不當復訓爲病。鄭箋改訓「居」，正爲此耳。戴氏據之，遂謂説詩者不取爾雅。釋詁「悝，憂也」，郭注引詩「悠悠我悝」，戴氏取之，以難毛、鄭。惟言「恨」爲「很」字之譌，此説近是。案：春秋左僖〔一〕二十四年，正義曰：「釋言云：『鬩，很也。』孫炎云：『相很戾也。』李巡本作『恨』。」又爾雅釋文云：「恨也，孫炎作很。」然則孫叔然與鄭康成同。郭景純與李黄門同作「恨」，亦有所本。特當從鄭、孫本，與毛傳合。

戴東原集書小爾雅後云：「廣雅釋器：『鍾十曰斞，庾十曰秉，秉十曰筥。』斞、庾二文錯見，並當爲藪，而改區十曰藪。斯協於聘禮記『十斗曰斛，十六斗曰藪，十藪曰秉』矣。」鏞堂案：聘禮記「十六斗曰藪，十藪曰秉」，鄭注：「秉十六斛。」今文「藪」爲「逾」，然則逾亦十六斗也。左氏昭十六年傳「粟五千庾」，杜注：「庾十六斗。」論語「與之庾」，何晏集解：「庾十六斗。」蓋庾、逾聲近，假借字。廣雅之「庾十曰秉」，即聘禮記之「十藪曰秉」。張揖與包咸、何晏皆據今文儀禮十七篇，故不作「藪」字，不必定據古文改之。

少詹錢曉徵云：「許叔重自言『其偁易孟氏、書孔氏、詩毛氏、禮周官、春秋左氏、論語、孝經皆古文也』。試較之今本多殊。」易孟氏、書孔氏不傳，而毛詩故無恙，乃亦與許所引不同。蓋經典凡自名家，其本皆不能無異。今所傳毛詩出於鄭箋，許在鄭前，其所據本不與鄭同，故所引亦異。且有同一許引，而

〔一〕「僖」，原作「昭」，據左傳改。

彼此各殊者。猶周官一經，有故書，有鄭大夫本，有鄭司農本，有杜子春本，康成之前已四本不同。周官既如此，則孟氏易、孔氏書、毛氏詩舉可知矣。段氏玉裁。尚書撰異以毛部「𣯩」下引虞書「鳥獸𣯩毨」爲古文，甓部「㼽」下引虞書「鳥獸㼽毛」爲今文，亦無所據。蓋許氏凡偁易曰、書曰、詩曰者，皆孟氏、孔氏、毛氏也。不偁易曰、書曰、詩曰，而直載易、詩、書之文者，易則施氏、梁丘，書則歐陽、夏侯，詩則齊、魯、韓也。如土部云：「堣夷在冀州暘谷，立春之日值之而出。从土，禺聲。尚書曰：『宅堣夷。』」此孔氏也。山部云：「嵎，嵎山，在遼西。从山，禺聲。一曰嵎銕，嵎谷也。」此歐陽、夏侯也。江氏聲。尚書集注音疏往往以今本爲僞孔所改，段氏則以今書皆出西漢孔安國所讀之本，恐未免過不及之失。

少詹又云：「段氏尚書以史記、漢書所用皆爲今文，然班孟堅言太史公從安國問故，史記載堯典、禹貢、洪範、金縢等篇多古文説。古人從無欺人，既云多古文説，則不全爲今文矣。古文雖不列學官，並未有禁人學習之詔，好古者往往傳之。即以春秋而論，左氏爲古文，公、穀爲今文。左氏初未立學，與古文尚書正同。然考兩漢人所引三傳，左氏爲多。春秋既如此，尚書可知矣，安得以不列學官，遂疑絶無引用者乎？」

古論：「雖蔬食菜羹瓜，句。祭必齊如也。」魯論：「雖蔬食菜羹，句。必祭，句。必齊如也。」公羊襄二十九年傳：「飲食必祝。」注：「祝因祭祝也。論語曰『雖蔬食菜羹瓜祭』是也。」案：何劭公止通今學，不當引古論。即兼通古學，義當全引，必不從瓜祭而止。此蓋用魯論「必祭」之文，以證傳中「必祝」，疏家不能詳其所出，後人誤據今本論語改之。

尚書堯典：「百姓不親，五品不遜。」五帝本紀：「百姓不親，五品不馴。」殷本紀作「百姓不親，五品不訓」。周禮地官司徒注：「教所以親百姓，訓五品，有虞氏五，而周十有二焉。」案：五帝本紀載尚書「克明俊德」作「能明馴德」，徐廣曰：「馴，古訓字。」索隱曰：「訓，順也。」然則周禮注「訓五品」即史記「五品不馴」，蓋古文尚書作「契，百姓不親，五品不遜」，今文尚書作「契，百姓不親，五品不馴」，兩句八字之中，但一字異耳。其餘古今文並同，可據史記、周禮注知之。「克明俊德」作「能明馴德」，克、能爲詁訓，而俊、馴爲古今之異。古文尚書作「克明俊德」，今文尚書作「克明馴德」，一句四字，亦止一字之異，蓋俊、遜與訓皆聲相近。地官司徒「土馴」，鄭司農讀「馴」爲「訓」。易坤「馴致其道」，釋文：「馴，徐音訓。」此依鄭義，與史記正合。余謂今文尚書亦用古字，於斯可見周官壁中書古文也。

爾雅釋詁：「台、朕、賚、畀、卜、陽，予也。」注：「賚、畀、卜皆賜與也。與猶予也，因通其名耳。魯詩云：『陽如之何。』今巴、濮之人自呼阿陽。」釋文：「陽音賜。又如字。本或作賜。」據影宋本。宋毛居正、近姜上均皆疑「陽」字當作「賜」。學士盧召弓釋文考證云：「疑注本作『賚、卜、畀、賜，與也』，故下承明云『與猶予也』。以陽爲賜，正與音合，此古人改字法。」袁又愷云：「據郭注引魯詩『陽如之何』，又時驗巴、濮之人自呼阿陽，是經文斷作陽，而不作賜。郭注：『賚、畀、卜皆賜與也。』此專注賚、畀、卜三字，台、朕解已見上，故郭氏但釋陽義。『與猶予也』，當作『予猶與也』。經作予我之予，而有賜與義，故郭舉經以通之，云此予字猶與字也，因通其名爲賜與之與，所以申上賚、畀、卜之皆爲賜與也。若經作賜，郭何云『因通其名』？且魯詩云云以下，皆爲贅矣。釋文云：『音賜。本或作賜。』則陸氏所見本已誤作『賜』，陸不能辨正，故反從誤本爲音。邢疏云：『予即與也，皆謂賜與。台者，遺與也，讀與貽同；朕者，我與之也。』是未識『皆賜與也』句專爲賚、畀、卜之注，而誤解予字皆作與也。鄭漁仲注欲分台、朕、陽與賚、畀、卜爲二，是不審郭氏『予猶與也，因通其名』二語也。而釋文考證之混陽、賜爲一，歧作兩解，亦可顯見其非矣。」

詩序：「葛覃，后妃之本也。后妃在父母家，則志在於女功之事，躬儉節用，服澣濯之衣。尊敬師傅，則可以歸安父母，化天下以婦道也。」金壇段若膺云：「經『歸寧父母』，謂文王之父母也。序言后妃在父母家爲女子子，若此則可以成婦禮於舅姑，而化天下以婦道，故曰『葛覃，后妃之本也』。『言告言歸』，傳：『婦人謂嫁曰歸。』此『歸寧父母』之『歸』，即『言告言歸』之『歸』也。父母在，則有時而歸寧耳。此九字蓋後人所加。」袁又愷云：「序『歸安父母』，經『歸寧父母』，當從段作『謂嫁曰歸』解，而仍作后妃之父母。序曰『后妃在父母家』，又曰『則可以歸安父母』，文同則義無不同。果有異義，鄭當箋出，今鄭云：『可以歸安父母，言嫁而得意，猶不忘孝。』是鄭氏之以歸爲嫁，以父母爲后妃之父母，考之序而可見。又案：召南草蟲：『未見君子，憂心忡忡。』箋云：『未見君子者，謂在塗時也。在塗而憂，憂不當君子，無以寧父母，故心衝衝然。』『亦既見止，亦既覯止，我心則降。』箋云：『始者憂於不當，今君子待己以禮，庶自此可以寧父母，故心下也。』此箋一曰寧父母，再曰寧父母。即曰葛覃『歸寧父母』之經，本章箋云：『言常自絜清，以事君子。』謂嫁而見當於君子，則可以安父母之心矣。是鄭氏之以歸爲嫁，以父母爲后妃之父母，考之經而又可見。序言后妃在父母家，躬儉節用，習於婦德、婦言、婦容、婦功，則出嫁而當於君子，無貽父母之羞，盡女子子之道，以供婦職，極其至而母儀天下，故曰『可以歸安父母，化天下以婦道也』。此葛覃所以爲后妃之本。『害澣害否，歸寧父母』，正女子在家時，豫自審其輕重之宜，以爲他日見當於君子之具，庶于歸之後，可以安我父母之心也，豈非后妃之本乎？」

段若膺云：「今儒好用古字，凡講小學，必宗說文。然當究其意旨，不可拘其形體。凡一代有一代之字，何必盡泥說文？如周官爲古文，康成於經則仍古字，於注則易今體，正以今證古。在古爲某，在今作某，故經用古，於注易以今；於經用古『灋』，注易以今『法』，可見康成之不似今人徒好寫古字也。」鏞堂案：俗本周禮每以經改注，以注改經，寖失其舊。嘗見錢孫保所藏宋板共十二卷，每官分上下，猶存舊式。其以今證古者，於「灋」字外，如經作「攷」，注作「考」；經作「眡」，注作「視」；經作「示」，注作「祇」；經作「媺」，注作「美」；經作「鱻」，注作「鮮」；經作「囏」，注作「艱」；經作「政」，注作「征」；經作「貍」，注作「埋」；經作「齍」，注作「粢」；經作「鬻」，注作「煮」；經作「果」，注作「祼」；經作「㩻」，注作「拜」；經作「龡」，注作「吹」；經作「虡」，注作「鐻」；經作「邍」，注作「原」；經作「𨚍」，注作「兆」；經作「瞢」，注作「夢」；經作「參」，注作「三」，皆是以今證古也。愷云：明翻岳板，凡經古文，注皆作今字，與錢本同。然腊人注亦衍文二十八，惟嘉靖本不衍。嘉靖本三禮並有，周禮爲最精，儀禮與北宋本無異，禮記稍遜爾。籥章，釋文：「豳，彼貧反。注邠同。」漢人書「豳」皆作「邠」。趙岐公孫丑章句上云：「詩邠風鴟鴞之篇。」滕文公章句上云：「詩邠風七月之篇。」故鄭亦以今證古。各本注中俱改同經作「豳」，幸釋文猶存其舊。又宋板周禮凡廢興字作廢，癈疾字從疒作癈；凡樹蓺字作蓺，六蓺字从云作藝。俗本往往混之。舉此可見古人用字之精而有別。」

公羊宣十二年注：「禮：天子造舟，諸侯維舟，卿大夫方舟，士特舟。」疏云：「釋水文也。」案：何劭公引爾雅釋水而偁禮者，魏張揖上廣雅表言：「爾雅，秦叔孫通撰，置禮記。此蓋漢初之事。大戴禮記中當有爾雅數篇，爲叔孫氏所取入，故班孟堅白虎通引爾雅釋親文偁爲禮親屬記。三綱六紀篇：「禮親屬記曰：『男子先生稱兄，後生稱弟。女子先生爲姊，後生爲妹。』」孟子：「帝館甥于貳室。」趙云：「禮記：妻父曰外舅。謂我舅者，吾謂之甥。」應仲援風俗通聲音篇引釋樂『大者謂之產，其中謂之仲，小者謂之箹』，爲『禮樂記』，則禮記中之有爾雅，信矣。」或疑漢藝文志禮家不及叔孫通，張氏之言，恐未得實，蓋未考之班氏諸書也。

白虎通四時篇云：「爾雅曰：『春曰昊天，夏曰蒼天，秋曰旻天，冬曰上天。』一說『春爲蒼天』等是也。」詩黍離正義云：「異義天號，今尚書歐陽說，春曰昊天，夏曰蒼天。爾雅亦云。玄之聞也爾雅者，孔子門人所作，以釋六藝之言，蓋不誤也。春氣博施，故以廣大言之。夏氣高明，故以遠大言之。」書堯典正義云：「鄭玄讀爾雅云，春爲昊天，夏爲蒼天。」案：白虎通俗本「爾雅曰」三字在「冬曰上天」之下，首二句亦作春蒼夏昊，此淺人熟於郭本爾雅而妄爲移改也，今訂正。班孟堅所見本，是春昊夏蒼，故首引爲據。頤煊案：說文黍以大暑而種，故謂之黍。詩黍離因黍苗之盛而呼蒼天，亦可爲夏爲蒼天之證。其後一說，與爾雅不同，於正文外聊備一義而已，故略之。異義謂爾雅亦云，是許叔重所見本與班氏同，康成以出於孔門，蓋不誤，因爲之釋。說文解字云：「春爲昦天，元氣昦昦」。與鄭義正合。昊昊者，廣大之貌也。廣雅釋天云：「東方昦天。」亦本雅訓。楚辭章句王逸九思云：「惟昊天兮照靈，陽氣發兮清明，風習習兮龢煖，百草萌兮華榮。」郭本作「春蒼夏昊」，即白虎通所載後一說是也。然與班孟堅所引爾雅、歐陽氏今文尚書、許叔重五經異義及說文解字、鄭康成異義駁、張揖廣雅等俱不合，其義非也。考詩正義引李巡注云：「春萬物始生，其色蒼蒼，故曰蒼天。夏萬物盛壯，其氣昊大，故曰昊天。」正義又云：「鄭讀爾雅，與孫、郭本異。」則漢儒李侍中、孫叔然本皆作「春蒼夏昊」矣，無怪乎晉之郭景純也。

宋洪氏邁容齋續筆載周蜀九經三史等題銜款式，及分書人姓氏，頗詳委，茲録之，可略見古書真面目也。予家有舊監本周禮，其末云：「大周廣順三年癸丑五月，雕造九經書畢。前鄉貢三禮部嵠書。」列宰相李穀、范質，判監田敏等銜於後。經典釋文末云：「顯德六年己未三月，太廟室長朱延熙書。」宰相范質、王溥如前，而田敏以工部尚書爲詳勘官。此書字畫端嚴，有楷法，更無舛誤。舊五代史：「漢隱帝時，國子監奏周禮、儀禮、公羊、穀梁四經未有印板，欲集學官考校雕造。從之。」成都石本諸經毛詩、儀禮、禮記皆祕書省祕書郎張紹文書。周禮者，祕書省校書郎孫朋古書。周易者，國子監博士孫逢吉書。尚書者，校書郎周德政書。爾雅者，簡州平泉令德昭書，題云「廣政十四年」，蓋孟昶時所鐫，其字體亦皆精謹。唯三傳至皇祐元年方畢工，殊不逮前。紹興中，分命兩淮、江東轉運司刻三史板。其兩漢書內，凡欽宗諱並小書四字，曰「淵聖御名」，或經易爲「威」字。而他廟諱皆只闕畫。蜀三傳後列知益州樞密直學士右諫議大夫田況銜，大書爲三行。而轉運使直史館曹穎叔、提點刑獄屯田員外郎孫長卿各細字一行，又差低於況。今雖執政作牧監司，亦與之雁行也。

陸德明經典釋文所據音義，南學爲多，間載北方學者之說，則稱北以別之。如天官醢人「茆」下云：「音卯，北人音柳。」「箈」下云：「音追，當徒來反。沈云，北人音禿改反。」宗伯瞽矇「怵懼」下云：

「勑律反。北本作休。」考工玉人「鹿車縪」下云：「劉府結反。沈音畢，云劉音非也。案：北俗今猶有此語，音如劉音，蓋古語乎？劉音未失。」鏞堂案：説文桺，丣聲。而丣从卯，是卯、柳同聲。北人音卯爲柳，此古音也。鄭仲師引國語「怵懼」字，案楚語叔時曰：「教之春秋而爲之，聳善而抑惡焉，以勸戒其心；教之世而爲之，昭明德而廢幽昏焉，以休懼其動。」韋宏嗣注：「休，嘉也。動，行也。蓋聳善所以勸之，抑惡所以戒之，昭明德所以休嘉之，廢幽昏所以恐懼之。」鄭、韋所據國語正同。陸德明、賈公彦作「怵」，直形近之譌，惜未知足從北本也。陸引北俗語以證劉音之未失，劉昌宗其本北音乎？陸於北學蓋未深究，故引俗語證之。猶「箈」下載北音禿改反，必述沈重之言也。

漢書藝文志：「明堂陰陽三十三篇。古明堂之遺事。」又：「明堂陰陽説五篇。」隋書牛弘傳引明堂陰陽録，太平御覽引明堂陰陽説，初未解「陰陽」二字所本。布衣鈕匪石樹玉。云：「漢書魏相傳稱相明易經，有師法。又數表采易陰陽及明堂月令奏之。下云春興兑治則饑，秋興震治則華。是月令本諸易義，故云明堂陰陽。」蔡伯喈論曰：「月令所以順陰陽，奉四時，効氣物，行王政也。」

論語泰伯：「三分天下有其二。」釋文作「參分」，云：「七南反。本又作三。」案：梁皇侃義疏本作「參分」，疏云：「參，三也。」又文選班孟堅典引李善注引論語曰：「參分天下有其二，以服事殷。」可見唐以前六朝舊本皆作「參分」。且古經傳參、三字多作參，自宋初邢昺撰疏定作三字後，朱子集注從之，原本不可復矣。後漢書伏湛傳云：「所以重人命，俟時而動，故參分天下而有其二。」

太平御覽五百七十八載蔡邕琴操，其言詩顯與毛異，蓋本魯申公遺説。文選注載騶虞、鹿鳴二事，王伯厚詩考於鹿鳴篇録文選注，然僅存數語，遠遜御覽之完善。今記此以爲誦讀之助。騶虞者，邵國之女所作也。古者聖王在上，君子在位，役不踰時，不失嘉會，内無怨女，外無曠夫。及周道衰微，禮儀廢弛，强凌弱，衆暴寡，萬民騷動，百姓愁苦，男怨於外，女傷於内，内外無主，内迫情性，外迫禮儀，歎傷所處，而不逢時，於是援琴而歌。伐檀者，魏國之女所作也。傷賢者隱蔽，素餐在位，閔傷怨曠，失其嘉會。夫聖主之制，能治人者食於人，不能治人者食於田。今賢者引退伐木，小人在位食禄，懸珍奇，積百穀，并包有土，德澤不加，百姓傷痛，上之不知，王道之不施，仰天長歎，援琴而鼓之。鹿鳴者，周大臣之所作也。王道衰，君志傾，留心聲色，内顧妃后，設旨酒嘉肴，不能厚養賢者，盡禮極歡，形見於色。大臣昭然獨見，必知賢士幽隱，小人在位，周道凌遲，自以是始，故彈琴以風諫，歌以感之，庶幾可復。歌曰：「呦呦鹿鳴，食野之苹。我有嘉賓，鼓瑟吹笙。吹笙鼓簧，承筐是將。人之好我，示我周行。」此言禽獸得甘美之食，尚知相呼，傷時在位之人不能，乃援琴以刺之，故曰「鹿鳴」也。白駒者，失朋友之所作也。其友賢居任也。疑。衰亂之世，君無道，不可匡輔，依違成風，諫不見受，國士詠而思之，援琴而長歌。

尚書虞書正義曰：「鄭所注皆同賈逵、馬融之學，題曰古文尚書，篇與夏侯等同，而經字多異。夏侯等書『宅嵎夷』爲『宅嵎鐵』，『昧谷』曰『柳谷』，『心腹腎腸』曰『憂腎陽』，『劓刵劅剠』云『臏宮劓割頭庶剠』，是鄭注不同也。」言鄭注不同於夏侯等書。案：夏侯經二十九卷，古文增多十六卷，其二十九卷與夏侯同。鄭注古文但注二十九卷，未注增多之卷，故云篇與夏侯等同。經字多異者，鄭爲古文，自不同於夏侯等今文，故下歷陳夏侯等書之異，以見鄭注古文不與之同，所以明鄭爲賈、馬之學也。正義證今文之異，而先提明夏侯等書四字，於文法本自顯然。乃閻百詩尚書疏證誤讀正義，謂夏侯等書「宅嵎夷」鄭爲「宅嵎鐵」，下「昧谷」等並放此。倒置古今，誣妄穿鑿，近之言尚書並襲其謬。惟金壇段氏尚書撰異與余印合，茲條爲之析，以證明二家同異云。

釋文：「『嵎夷』，尚書考靈曜及史記作『禺銕』。」史記索隱夏本紀云：「今文尚書及帝命驗並作禺鐵。」説文土部云：「堣，堣夷，在冀州暘谷。立春之日值之而出，从土，禺聲。尚書曰宅堣夷。」山部云：「崵，崵山，在遼西，从山，昜聲。一曰嵎銕，崵谷也。」又：「嵎，封嵎之山，在吳、楚之間，汪芒之國，从山，禺聲。」案：錢曉徵説許叔重偁書曰者，孔氏古文，不偁書曰而直載書詞者，歐陽、夏侯。是古文尚書作「宅堣夷」今文尚書作「宅嵎銕」。古文堣从土，爲本字，今文嵎从山，假作封嵎山字，或省作禺。尚書考靈曜及帝命驗皆今文説，史記所載亦多今文，故俱作禺。五帝本紀作「郁」，此又是今文之異。蓋既有歐陽、大、小夏侯三家，故三家之中，互有不同。陸德明云：「史記作禺銕。」此當指夏本紀言之。今夏本紀作「嵎夷」，俗人以尚書改耳。毛本注疏，「鐵」字宋板正義作「峓」。據説文、釋文二書，「峓」必「銕」字之譌。鄭注禮記月令引今尚書曰：「分命羲仲宅嵎夷也。」「夷」字亦當爲「銕」。史記索隱作「鐵」，與毛本正合。説文金部「銕」爲古文「鐵」，是「銕」、「鐵」同字也。尚書之有古文、今文，猶云舊本、新本耳，非論字之古今，故鄭經嘗有今字，夏侯等書亦有古文。如「銕」爲古文「鐵」，此即今文中之古字也。然則夏侯等之爲「宅嵎鐵」，可無疑矣。又據説文，古文尚書作暘谷，今文尚書作崵谷，而史記作湯谷者，又見淮南子及說文。此亦歐陽、大小夏侯之異也。

三國志虞翻傳裴松之注載翻奏鄭解尚書違失事，因云：「古大篆丣字讀當爲桺，古桺、丣同字，而以爲昧，甚違不知蓋闕之義，誤莫大焉。」尚書大傳：「秋祀桺穀、華山。」鄭注云：「桺，聚也。」周禮縫人注康成引書「度西曰桺穀」，賈疏云：「伏生書桺。」又史記五帝本紀：「申命和仲居西土曰昧谷。」裴駰集解引徐廣曰：「一作桺谷。」案虞仲翔之奏，知虞氏所見古文尚書本作丣谷，虞意丣、桺同字，且今文尚書正作「桺」，謂「丣」當讀爲「桺」。鄭讀爲「昧」，故以爲誤。考說文云：「戼，冒也。」莫飽切。「酉，就也」。與久切。「戼」，古文「酉」，从戼。戼爲春門，萬物已出；丣爲秋門，萬物已入，一，閉門象也。是古文尚書作「丣」者，取秋時閉門之象，萬物已入之意，義本精實。鄭氏讀爲「昧」者，說文日部云：「昧，闇也。」門部云：「闇，閉門也。」則昧與丣義同。丣从戼，與昧聲又相近。若古文丣，世所不習，學者多聞昧，寡聞丣，因轉爲昧，以便人易曉。雖改其讀，而不易其義也。至今文桺字，論其本訓，丣、桺原同。鄭注書傳，訓桺爲聚，亦與萬物已入義相近。然說文以爲小楊，故加木旁別之。核之古文，特同聲假借字耳，鄭所以不從。乃虞氏反欲讀丣爲桺，是不能通知古義，而徒以今文讀之也。已誤實甚，而妄議鄭爲誤，此真違不知蓋闕之義矣。然因是而知古文經本作丣，鄭以爲昧，當具於注，云丣讀爲昧，而不易經字。今竟作昧，必僞孔從鄭義所改。如「黎民阻饑」本作「俎飢」，鄭注云：「俎讀曰阻。」據宋板詩疏。而孔本竟改作「阻」，訓爲難，可取以證也。尚書大傳，伏生今文也，而作「桺穀」，故鄭注周禮引「桺穀」，賈疏以爲伏生書，太史公亦從今文作「桺」，後人以僞孔改之，幸徐氏所見舊本尚作「桺」，然已不能從之矣。而鄭爲「昧谷」，夏侯等爲「柳谷」，尚何疑哉！

三國志管寧傳：「優賢揚歷，垂聲千載。」裴松之注云：「今文尚書曰『優賢揚歷』，謂揚其所歷試。」文選左太沖魏都賦：「優賢著於揚歷。」劉淵林注云：「尚書盤庚曰：『優賢揚歷。』歷，試也。」宋洪适隸釋五載漢成陽令唐扶頌云：「優賢颺歷。」案：孔疏「憂腎陽」者，字之譌也。當爲「優賢揚歷」。古文尚書「今予其敷心腹腎腸，歷告爾百姓于朕志」，今文尚書作「今予其敷優賢揚歷，句。告爾百姓於朕志」，合「心腹」爲「憂」字，以「腎腸」爲「賢揚」，又「歷」字上屬，蓋謂今余布優賢之典，歷試衆職，告爾百官以我志也，義亦可通。然文恐因形聲相近而誤。當以賈、馬之學爲正。漢世今文甚盛，古學希少，故唐扶頌、左思賦、管寧傳皆本今文爲説。僞孔傳此云：「布心腹，言輸成於百官。」以「告志」核之，於經允協，安知非本諸鄭義？裴松之所云，與今文與孔氏言夏侯等書正相印合，是可證鄭注古文之作「心腹腎腸」矣。

詩柏舟：「憂心悄悄，愠于羣小。」毛傳：「愠，怨也。」釋文及注疏本皆作「怒也」，非也。幸孔氏正義尚作「怨」字。李善注文選張平子思玄賦引柏舟詩注曰：「愠，怨也。」論語：「人不知而不愠。」釋文引鄭云：「怨也。」江寧教授錢學源云：「愠，怨聲。」蓋俱合何晏訓。作怒者非。又説文心部本作「愠，怨也」。見詩緜正義及一切經音義所引，與毛詩傳正合。而徐鼎臣本亦改爲「怒」字。古義湮没，此類不少。趙邠卿盡心章句下：「愠于羣小，怨小人聚而非議賢者也。」亦訓愠爲怨。

禮記哀公問：「公曰：『寡人固固焉，句。得聞此言也。』」鄭注：「固固，言吾由鄙固故也。」正義曰：「固固者，上固是鄙固，下固，故也。言寡人由鄙固之故，所以得聞此言。由其固陋，上固。殷重問之，故得聞此言。下固。皇氏用王肅之義，二固皆爲固陋，上固言己之固陋，下固言若不鄙固，則不問，不問焉得聞此言哉！」案：固與故通。先師侍讀學士盧召弓云：「周語『咨於故實』，魯世家作『固實』。李善注文選兩都賦序引漢書孔安國射策爲掌固，六臣注改爲掌故。唐六典尚書省有掌固十四人，下即引史記文學掌固爲注，云：『掌固，主故事也。』故鄭注以上固爲鄙固，下固爲故，文義極爲明顯。王肅好與鄭異，兩固字皆作固陋解，遂以下固爲不固焉，讀於虔反，改句下屬。皇侃疏鄭，好用肅說，遂誤從之。祭義「濟濟者，客也」，皇侃亦從王肅作客。此孔序所譏爲既遵鄭氏，時乖鄭學，是木落不歸其本，狐死不首其丘也。」肅於禮記既改鄭注，復僞撰家語以證之。見大婚解曰「寡人實固，不固焉得聞此言乎」，遂覺「不固」之訓「焉得」之讀，肅言一一與聖人曶合，益可證鄭注之非。陸德明釋文喜用皇侃說，故祭義篇大書「濟濟者，客也」，云：「口白反，賓客也。下客以遠同。」於此篇大書「焉得」，云「於虔反」。而孔疏皆不從皇說，勝於陸氏遠矣。故家語雖有「不固」，而禮記仍作「固固」，乃今本惑於皇侃之疏，亂於家語之文，作「寡人固不固」，鄭注亦衍「不」字，幾不可讀。幸孔疏詳明，今爲刪正之，讀者當爽然矣。禮記曲禮下：「故轂朝而顧，君子謂之固。」注：「固，謂不達於禮也。」正義曰：「固，陋也。君子謂此爲固陋，不達禮意也。」魯哀公答孔子云：「寡人固固。」是也。今本亦衍不字，可彼此互證。

說文臣部云：「臧，善也。从臣，戕聲。」艸部無「藏」字。新附云：「藏，匿也。」臣鉉等案：「漢書通用『臧』字，从艸，後人所加。」案：爾雅釋詁：「臧，善也。」魯公子彄字子臧，臧即古『藏』字，彄亦藏也。

内則「右佩管」，鄭注云：「管，筆彄也，言所以藏筆也。」凡物之善者多珍藏之，藏之則善，故爾雅、説文皆以臧爲善。詩雄雉「何用不臧」，定之方中「終焉允臧」，毛傳皆云：「臧，善也。」隰桑「中心臧之」，禮記表記、孝經事君章皆作「中心藏之」。蓋毛詩爲古文，故作臧；禮記、孝經皆今文，故作藏。毛公無「藏，善」之傳，是毛讀爲「藏」也。陸德明謂王肅音才郎反，甚是。箋云：「臧，善也。」我心善此君子，文義稍不順。表記：「子曰：『事君欲諫不欲陳。』詩云：『心乎愛矣，瑕不謂矣。中心藏之，何日忘之。』」注云：「陳謂言其過於外也。瑕之言胡也，謂猶告也。」正義引皇侃云：「人臣中心包藏君惡，不欲嚮人陳之。」釋文云：「藏如字。鄭解詩作臧，云善也。」據皇、陸兩家，知禮記舊本作「藏」，鄭讀如字，故無「臧，善」之訓。乃王肅反改作「臧」，云「善也」。孔沖遠誤從之，言中心臧之，詩之本文如此。今記人所引與詩文同，以爲鄭亦然，而非皇氏，則邪説惑人，是非顛倒矣。蓋王肅好與鄭異，故隰桑鄭作「臧」，肅必作「藏」；表記鄭作「藏」，肅必作「臧」。詩注之與古文合，因異鄭而偶中耳，意不在申毛也。若鄭氏，則爲臧、爲藏各如其書之本文，未嘗以己意參之。隰桑經及禮記正義皆作「臧」，今本俱作「藏」，此又誤中之誤也。

釋文敘録：「子夏易傳三卷。卜商字子夏，衛人，孔子弟子，魏文侯師。七略云：『漢興，韓嬰傳。』中經簿録云：『丁寬所作。』張璠云：『或馯臂子弓所作，薛虞記。』虞不詳何許人。」文苑英華載唐司馬貞議云：「王儉七志引劉向七略云：『易傳，子夏、韓氏嬰也。』今題不稱韓氏，而載薛虞記。又今祕閣有子夏傳，薛虞記。」又劉子玄議云：「漢書藝文志易有十二家，而無子夏作傳者。至梁阮氏七録始有子夏易六卷。或云韓嬰作，或云丁寬作。然據漢書藝文志，韓易有十按：漢志：「韓氏二篇。」脱「十」字，當補。二篇，丁易有八篇，求其符會，則事殊隳刺者矣。隋書經籍志周易二卷，魏文侯師卜子夏傳，殘缺。梁六卷。」鏞堂案：考校是非，大較以最初者爲主，雖千百世之下可定也。七略，劉子駿作，班孟堅據之以撰藝文志。七略既云是漢興子夏、韓氏嬰傳，便可知非孔子弟子卜子夏矣。漢書儒林傳云：「韓嬰，燕人也。孝文時爲博士，景帝時至常山太傅。嬰推詩人之意，而作內、外傳數萬言。亦以易授人，推易意而爲之傳。燕、趙間好詩，故其易微，唯韓氏自傳之。孝宣時，涿郡韓生，其後也，以易徵，待詔殿中，曰：『所受易，即先太傅所傳也。嘗受韓詩，不如韓氏易深，故專傳之。』司隸校尉蓋寬饒本受易於孟喜，見涿韓生説易而好之，即更從受焉。」此尤爲韓嬰作易傳之明證。嬰爲幼孩，故名嬰字子夏。夏，大也。漢志易傳韓氏二篇，名嬰，與劉略合。但孟堅於志傳皆祇書其名，而不載其字，所以滋後人之疑。王儉、陸德明所引七略，可補班書所未備。其卷數多寡，第因分并殘缺之由，不足憑，故漢志二卷，梁分六卷，至釋文三卷。隋、唐志二卷，又漸爲殘亡之徵也。中經簿録係晉荀勖所爲，不知何以始誤爲丁寬。案：漢志寬字子襄，非子夏。宋王儉七志、梁阮孝緒七録俱載異人之説，而不能定。至隋、唐志更專屬之卜子夏，益爲誣矣。

郭景純注爾雅，承用漢人舊義。如犍爲舍人、李巡、樊光等徵引詩經，三家爲多，其文往往與毛氏不同，而義亦有異。今考其文之顯異者，列爾雅於上，以毛、鄭證之。其義之同異亦附著焉。若郭注但云見詩，而經句無明文者，不録。釋詁：「權輿，始也。」注引詩曰：「胡不承權輿。」而毛詩權輿曰：「于嗟乎！句。不承權輿。」「權輿，始也。」「嘏，大也。」注引「湯孫奏嘏」。而那曰：「湯孫奏假。」「假，大也。」箋云：「假，升也。」「憮，有也。」注引「遂憮大東」。而閟宮曰：「遂荒大東。」「荒，有也。」箋云：「荒，奄也。」「摧，至也。」注引〔一〕「先祖於摧」。而雲漢曰：「先祖于摧。」「摧，至也。」箋云：「摧，當作嗺。嗺，嗟也。」「介，善也。」注引「介人維藩」。案：「維」當作「惟」，漢書王莽傳同。而板曰：「价人維藩。」「介，善也。」箋云：「价，甲也。」荀子君道篇、彊國篇同。「仇，匹也。」注引「君子好仇」。禮記緇衣、漢書匡衡傳同。匡衡學齊詩。而關雎曰：「君子好逑。」「逑，匹也。」釋文逑音求。正義曰：「詩本作逑，爾雅多作仇。」「陽，予也。」注引魯詩云：「陽如之何。」而釋陂曰：「傷如之何。」「傷，無禮也。」箋云：「傷，思也。」「悝，憂也。」注引「悠悠我悝」。而十月之交曰：「悠悠我里。」「里，病也。」箋云：「里，居也。」「盱，憂也。」注引「云何盱矣」。而卷耳曰：「云何吁矣。」「吁，憂也。」都人士作「云何盱矣」，與郭同。箋云：「盱，病也。」與郭異。「癉，勞也。」注引「哀我癉人」。而大東曰：「哀我憚人。」「憚，勞也。」「祓，福也。」注引「祓禄康矣」。而卷阿曰：「茀禄爾康矣。」「茀，小也。」箋云：「茀，福也。」「射，猒也。」注引「服之無射」。禮記緇衣、楚辭招魂注同。而葛覃曰：「服之無斁。」「斁，厭也。」「稅，舍也。」注引「召伯所稅」。而甘棠曰：「召伯所說。」「說，舍也。」「剡，利也。」注引「以我剡耜」。東京賦「介馭間以剡耜」本此。而載芟曰：「以我覃耜。」「覃，利也。」「酋，終也。」注引「嗣先公爾酋矣」。而卷阿曰：「似先

〔一〕「注引」，原作「引注」，據上下文乙。

公逌矣。』『逌，終也。』釋言：「肅、雝，聲也。」注引「肅雝和鳴」。而有瞽曰：「肅雝和鳴。」『愷、悌，發也。』注引「齊子愷悌」。而載驅曰：「齊子豈弟。」『言文姜於是樂易然。』箋云：「此豈弟猶言發夕也。豈讀當爲闓。弟，古文尚書以爲圛。圛，明也。」『猷，若也。』注引「實命不猷」。而小星曰：「實命不猶。」『猶，若也。』『俅，戴也。』注引「戴弁俅俅」。而絲衣曰：「載弁俅俅。」『俅俅，恭順貌。』箋云：「載猶戴也。」『頲，題也。』注引「麟之頲」。而麟趾曰：「麟之定。」『定，題也。』『猷，可也。』注引「猷來無棄」。案：棄當作止。而陟岵曰：「猶來無止。」『猶，可也。』『弇，同也。』注引「奄有龜蒙」。案：奄當作弇。而閟宮曰：「奄有龜蒙。」箋云：「奄，覆也。」『偟，暇也。』注引「不偟啟處」。而四牡曰：「不遑啟處。」『遑，暇也。』釋親：「妻曰嬪。」注引「聿嬪于京」。而大明曰：「曰嬪于京。」釋宮：「西北隅謂之屋漏。」注引「尚不媿於屋漏」。而抑曰：「尚不愧于屋漏。」『西北隅謂之屋漏。』『閍謂之門。』注引「祝祭於祊」。而楚茨曰：「祝祭于祊。」『祊，門内也。』釋器：「珪大尺二寸謂之玠。」注引「錫爾玠珪」。而崧高曰：「錫爾介圭。」箋云：「圭長尺二寸謂之介。」釋樂：「小者謂之應。」注引「應𨍏縣鼓」。而周禮大師注、禮記明堂位注同。而有瞽曰：「應田縣鼓。」『應，小鞞也。田，大鼓也。』箋云：「田當作𨍏。𨍏，小鼓，在大鼓旁，應鞞之屬也。聲轉字誤，變而爲田。」釋天：「西風謂之泰風。」注引「泰風有隧」。而桑柔曰：「大風有隧。」箋云：「西風謂之大風。」『雨霓爲霄雪。』注引「如彼雨雪，先集維霓」。而頍弁曰：「如彼雨雪，先集維霰。」『霰，暴雪也。』釋水：「過爲洵，潁爲沙，汝爲濆。」注云：「詩曰：『遵彼汝墳。』皆大水溢出別爲小水之名。」而汝墳曰：「遵彼汝墳。」『汝，水名也。墳，大防也。』『水草交爲湄。」注引「居河之湄」。而巧言曰：「居河之麋。」「水草交謂之麋」。釋草：「瓠，棲瓣。」注引「齒如瓠棲」。而碩人曰：「齒如瓠犀。」「瓠犀，瓠瓣。」「蔠，委葉。」注引「以茠蔠蓼」。詩釋文云：「薅，說文云：『或作茠。』引此『以茠荼蓼』。」而良耜曰：「以薅荼蓼。」「蓼，水草也。」釋木：「樌木，叢木。」注引「集於灌木」。而葛覃曰：「集于灌木。」「灌木，叢木也。」釋蟲：「皇螽，蠜。」注引「趯趯皇蟲」。而草蟲曰：「趯趯阜螽。」「蠜也。」釋鳥：「鳥少美長醜爲鶹鷅。」注云：「鶹鷅，猶留離，詩所謂『留離之子』。」而旄丘曰：「流離之子。」「流離，鳥也。少好長醜。」釋獸：「牝，豝。」注引「一發五豝」。儀禮鄉射禮注、說文豕部同。而騶虞曰：「壹發五豝。」「豕牝曰豝。」釋畜：「騂白，駁。黃白，騜。」注引「騜駁其馬」。而東山曰：「皇駁其馬。」「黃白曰皇，騂白曰駁。」「長喙獫，短喙猲獢。」注引「載獫猲獢」。說文犬部同。而駟鐵曰：「載獫歇驕。」「獫、歇驕，田犬也。長喙曰獫，短喙曰歇驕。」舉此而毛詩、鄭箋、爾雅郭注其文義之異同可見其略矣。

郭注爾雅引詩文與毛氏同而義異傳箋者，茲亦兩列之，俾有所考焉。釋詁：「厖，大也。」注引「詩曰：『爲下國駿厖。』」而長發曰：「爲下國駿厖。」「厖，厚也。」「廢，大也。」注引「廢爲殘賊」。而四月曰：「廢爲殘賊。」「廢，忕也。」釋文云：「一本作廢，大也。此是王肅義。」「攻，善也。」注引「我車既攻」。而車攻曰：「我車既攻。」「攻，堅也。」「徽，美也。」注引「太姒嗣徽音」。而思齊曰：「太姒嗣徽音。」箋云：「徽，美也。」「粵，于也。」注引「對越在天」。案：越、粵通。而清廟曰：「對越在天。」箋云：「越，於也。」「屈，聚也。」注引「屈此羣醜」。而泮水曰：「屈此羣醜。」「屈，斂也。」箋云：「屈，治也。」正義曰：

「屈，治。釋詁文。彼屈作淈。某氏引此詩，是音義同也。」釋文曰：「韓詩云：『屈，收也。』」「邛，勞也。」注引「維王之邛」。而巧言曰：「維王之邛。」「邛，病也。」「惄，思也。」注引「惄如調飢」。而汝墳曰：「惄如調飢。」「惄，飢意也。」箋云：「惄，思也。」「履，福也。」注引「福履綏之」。而樛木曰：「福履綏之。」「履，祿也。」釋言：「征，行也。」注引「王于出征」。而六月曰：「王于出征。」「出征以佐其爲天子也。」箋云：「王曰令女出征。」「將，送也。」注引「遠于將之」。而燕燕曰：「遠于將之。」「將，行也。」箋云：「將，亦送也。」「振，古也。」注引「振古如茲」。而載芟曰：「振古如茲。」「振，自也。」箋云：「振，亦古也。」「夷，悦也。」注引「我心則夷」。而草蟲曰：「我心則夷。」「夷，平也。」「皇，匡正也。」注引「四國是皇」。而破斧曰：「四國是皇。」「皇，匡也。」釋訓：「惕惕，愛也。」注引「詩云：『心焉惕惕。』韓詩以爲悦人，故言愛也。」而防有鵲巢曰：「心焉惕惕。」「惕惕，猶忉忉也。」序曰：「防有鵲巢，憂讒賊也。宣公多信讒，君子憂懼焉。」釋宮：「廟中路謂之唐。」注引「中唐有甓」。而防有鵲巢曰：「中唐有甓。」「中，中庭也。唐，堂塗也。」釋器：「繩之謂之縮之。」注引「縮版以載」。而緜曰：「縮版以載。」「乘謂之縮」。箋云：「乘，聲之誤，當爲繩也。」釋天：「日出而風爲暴。」注引「終風且暴」。而終風曰：「終風且暴。」「終日風爲終風。暴，疾也。」釋蟲：「草蟲，負蠜。」注引「喓喓草蟲」。而草蟲曰：「喓喓草蟲。」「草蟲，常羊也。」釋獸：「麕，牡麌。」注引「麀鹿噳噳」。而韓奕曰：「麀鹿噳噳。」「鹿牝曰麀。噳噳，衆多也。」箋云：「麕牡曰噳。噳復噳，言多也。」「四蹢皆白豥。」注引「有豕白蹢」。而漸漸之石曰：「有豕白蹢。」「蹢，蹄也。」箋云：「四蹄皆白曰駭。」釋畜：「騋牝，驪牝。」注引「騋牝三千」。而定之方中曰：「騋牝三千。』『馬七尺以上曰騋。騋馬與牝馬也。』『一目白瞯，二目白魚。』注引「有驔有魚」。而駉曰：「有驔有魚。」『豪骭曰驔。一目白曰魚。』『牛七尺爲犉。』注引「九十其犉」。而無羊曰：「九十其犉。」『黄牛黑脣曰犉。』此爾雅、毛詩之文同義異者可見矣。

「周道倭遲。」補箋曰：「韓詩作『禕隋』。漢志『郁夷』，師古以爲韓詩。」案：羔羊釋文云：「『委蛇』，韓詩作逶迤。」此真韓詩也。衡方碑有「禕隋在公」之文，洪适隸云出韓詩内傳，王伯厚誤信之，采入詩考。羔羊篇「郁夷」亦非韓詩，辨見經義雜記。

大戴禮記小辨篇：「公曰：『寡人欲學小辨，以觀於政，其可乎？』子曰：『否，不可。社稷之主愛日，日不可得，學不可以小辨。』」曾子曰：「君子愛日以學。」書云「日昃不遑」也。又曾子修身篇曰：「君子愛日以學，及時以行。」又揚子法言孝至篇：「孝，至矣。一言而該，聖人不加焉。父母，子之天地歟？無天何生？無地何形？天地裕於萬物，萬物裕於天地。裕父母之裕，不裕矣。事父母自知不足者，其舜乎！不可得而久者，事親之謂也。孝子愛日。」庸案：愛日之事有三。一，社稷之主愛日，日昃不遑也。二，君子愛日以學，及時以行也。三，孝子愛日不可得而久者，事親也。吾弟和貴處士義取法言以顔其居。

文集

昆弟兄弟釋異

昆弟者，一體之親，故自同父同母，下至同族，均有是稱，一本之誼也。至兄弟，雖亦昆弟之通稱，對言之則有親疏之别，故自大功以上爲昆弟，小功以下爲兄弟。若推廣言之，不特同姓之親通謂之兄弟，即父黨母黨妻黨均有兄弟之稱，又兼異姓言之矣。此二者不同之大致也。今各引經以證明之。許氏説文解字云：「弟，韋束之次第也，以古文之象。凡弟之屬皆从弟。」「罤，周人謂兄曰罤。从弟，从眔。」臣鉉等曰：「眔目相及也。兄弟親比之義。」爾雅釋親：「罤，兄也。」郭景純注云：「今江東人通言晜。」毛詩葛藟：「終遠兄弟，謂他人昆。」傳曰：「昆，兄也。」儀禮喪服「昆弟」，鄭注云：「昆，兄也。」是罤字下从次第之弟，上从眔，爲目相及親比之誼，乃周人名兄之定稱。爾雅、毛詩傳同，鄭注禮經本之。其文以从眔从弟爲正。爾雅作「晜」者，「罤」之省變。詩、禮作「昆」，直「罤」之同聲假借字耳。說文目部：「昆，同也。从日，从比。」說文：「兄，長也。从儿，从口。凡兄之屬皆从兄。」廣雅釋詁一：「兄，大也。」釋親：「兄，況也。」白虎通三綱六紀篇：「兄者，況也，況父法也。」釋名釋親屬：「兄，荒也。荒，大也。故青、徐人謂兄爲荒也。」詩常棣：「況也永歎。」毛傳曰：「況，茲也。」桑柔：「倉兄填兮。」毛傳曰：「兄，滋也。」召旻：「職兄斯引。」毛傳曰：「兄，茲也。」是兄爲長大之通稱。滋，兄之本義，故宗族母妻之黨，及婚姻之親，均有兄弟之稱。白虎通、廣雅以兄爲況者，兄、況同字。釋名以兄爲荒者，取聲近者爲訓。常棣傳以況爲茲，桑柔傳以兄爲滋，召旻傳以兄爲滋，韋昭國語注以況爲益，義並同。是兄字誼本滋益，故兄弟之稱亦施之彌廣，不若罤爲目及親比，特施之一體之人而已。釋親言宗族曰：「父之晜弟，先生爲世父，後生爲叔父。父之從父晜弟爲從祖父，父之從祖晜弟爲族父。族父之子相謂爲族晜弟，族晜弟之子相謂爲親同姓。兄之子、弟之子相謂爲從父晜弟。父之從父晜弟之母爲從祖王母，父之從祖晜弟之母爲族祖王母。父之從父晜弟之妻爲從祖母，父之從祖晜弟之妻爲族祖母。」母黨曰：「母之晜弟爲舅，母之從母晜弟爲從舅。母之姊妹爲從母，從母之男子爲從母晜弟，其女子爲從母姊妹。」妻黨曰：「妻之晜弟爲甥。女子謂晜弟之子爲姪。」晜弟之文凡十五見，皆一本之誼也。從母之男子亦有晜弟之稱者，父子爲一體，母子亦一體，言父以該母也。昆弟爲一體，姊妹亦一體，言昆弟以該姊妹也。故母與從母爲一體，其所生男子亦從母而爲昆弟矣。宗族曰：「男子先生爲兄，後生爲弟。」妻黨曰：「女子謂兄之妻爲嫂，弟之妻爲婦。」婚姻曰：「夫之兄爲兄公，夫之弟爲叔。」此兄弟並昆弟之通稱也。又婚姻曰：「父之黨爲宗族，母與妻之黨爲兄弟。婦之黨爲婚兄弟，壻之黨爲姻兄弟。」郭注云：「古者皆謂婚姻爲兄弟。」此兄弟又父母黨、妻黨之通稱也。郝懿行案：以母黨次父黨而言，故與妻黨同爲兄弟耳。以母黨對父黨而言，仍與父黨同爲昆弟矣。此親親之仁，亦親親之殺，禮所生也。儀禮喪服衰齊期，「不杖麻屨者，祖父母，傳曰：『何以期也？至尊也。』世父母，叔父母。傳曰：『何以期也？與尊者一體也。』然則昆弟之子何以亦期也？旁尊也，不足以加尊焉，故報之也。父子一體也，夫妻一體也，昆弟一體也，故父子首足也，夫妻胖合也，昆弟四體也。故昆弟之義無分，然而有分者，則辟子之私也。子不私其父，則不成其子，故有東宮，有西宮，有南宮，有北宮。異居而同財，有餘則歸之宗，不足則資之宗」。禮記雜記下：「父母之喪，將祭，而昆弟死，既殯而祭。如同宮，則雖臣妾，葬而后祭。」鄭注云：「言若同宮，則是昆弟異宮也。古者昆弟異居同財，有父母之祭，當在殯宮而在異宮者。」喪服期章：「繼父同居者，傳曰：『何以期也？』傳曰：『夫死妻稚子幼，子無大功之親，與之適人，而所適者亦無大功之親。所適者，以其貨財爲之築宮廟，歲時使之祀焉。妻不敢與焉。』」注云：「子無大功之親，謂同財者也。」案：古者大功以上，雖異居而同財，故經記言昆弟，傳言大功之親，說者俱指同財言之，明昆弟爲大功以上之定稱也。喪服齊衰期章曰：「昆弟，昆弟之子，大夫之子，大夫之庶子，爲適昆弟。女子子適人者，爲其昆弟之爲父後者。夫之昆弟之子。大夫之子，爲世父母、叔父母子昆弟，昆弟之子。」大功九月章曰：「從父昆弟，爲人後者，爲其昆弟。女子子適人者，爲衆昆弟。大夫爲世父母、叔父母子昆弟，昆弟之子爲士者。公之庶昆弟，大夫之庶子，爲母妻昆弟。皆爲其從父昆弟之爲大夫者，爲夫之昆弟之婦人子適人者。大夫，大夫之妻，大夫之子，公之昆弟，爲姑姊妹女子子嫁於大夫者。」小功澡麻帶絰五月章曰：「昆弟之下殤，大夫庶子爲適昆弟之下殤。爲人後，其爲其昆弟從父昆弟之長殤。昆弟之子，女子子，夫之昆弟之子，女子子之下殤。大夫公之昆弟大夫之子，爲其昆弟庶子姑姊妹女子子之長殤。」小功牡麻絰即葛五月章曰：「從祖昆弟，公之昆弟，爲從父昆弟庶孫姑姊妹女子子適士者。」緦麻三月章曰：「族昆弟，從祖父從祖昆弟之長殤。從父昆弟姪之下殤。從祖昆弟之子，從母昆弟，君母之昆弟，從父昆弟之子之長殤。昆弟之孫之長殤。爲夫之從父昆弟之妻。記，公子爲其母，曰大夫公之昆弟。」右昆弟之文凡三十有八，皆一本之誼也。其服制之差，雖有緦、小功之不同，而莫不本大功以上一體之恩，故通謂之昆弟也。又齊衰三月章：「曾祖父母，傳曰：『何以齊衰三月也？小功者，兄弟之服也，不敢以兄弟之服服至尊也。』」「記，大夫之子於兄弟降一等。爲人後者，於兄弟降一等。報，於所爲後之兄弟之子若子，兄弟皆在他邦，加一等。不及知父母與兄弟居，加一等。傳曰：『何如則可謂之兄弟？』傳曰：

『小功以下爲兄弟。』」鄭注云：「於此發兄弟，傳曰嫌大功已上又加也。大功已上若皆在他國，則親自親矣。若不及知父母，則固同財矣。」既夕禮：「兄弟出，主人拜送。」注云：「兄弟，小功以下也。異門，大功亦可以歸。」此兄弟爲小功以下之定稱，與昆弟爲通大功以上言之，固不侔矣。更證之以禮記檀弓曰：「曾子曰：『小功不稅，則是遠兄弟，終無服也，而可乎？』」「公叔木有同母異父之昆弟死，問於子游。子游曰：『其大功乎？』」亦明以大功爲昆弟，小功爲兄弟也。又曰：「有殯，聞遠兄弟之喪，雖緦必往。非兄弟，雖鄰不往。所識，其兄弟不同居者皆弔。」是皆舉小功以下言之也。檀弓下：「妻之昆弟爲父後者死，哭之適室。非爲父後者，哭諸異室。有殯，聞遠兄弟之喪，哭於側室。無側室，哭於門内之右。」喪服小記：「生不及祖父母諸父昆弟，而父稅喪，已則否。降而在緦小功者，則稅之。」雜記下：「父母之喪將祭而昆弟死，既殯而祭。如同宮，則雖臣妾，葬而后祭。」奔喪篇：「聞遠兄弟之喪，既除喪而后聞喪，免袒成踊。」是皆以期大功爲昆弟，緦小功爲兄弟，與禮經合。鄭注檀弓曰：「日月已過，乃聞喪而服，曰稅，大功以上然。小功輕，不稅。」注喪服小記曰：「謂正親在齊衰大功者親，緦、小功不稅矣。」注奔喪曰：「小功、緦麻，不稅者也。雖不服，猶免袒。」與二禮相符證。至通言之兄弟之稱，有自大功以上者，如禮記雜記：「聞兄弟之喪，大功以上，見喪者之鄉而哭。」奔喪篇「凡喪，父在父爲主。父没，兄弟同居，各主其喪」者是也。有自大功以下言者，如曾子問：「孔子曰：『天子諸侯之喪祭也，不斬衰者不與祭。大夫齊衰者與祭。士祭不足，則取於兄弟大功以下者。』」又雜記：「有父母之喪，尚幼衰，而附兄弟之殤，則練冠祔。」注云：「此兄弟之殤，謂大功親以下之殤也。斬衰、齊衰之喪練，皆受以大功之衰，此謂之功衰。」是也。更推廣言之，詩葛藟：「終遠兄弟。」箋云：「兄弟，猶言族親也。」儀禮士冠禮：「兄弟畢袗玄。」注云：「兄弟，主人親戚也。」喪服記：「大夫之子於兄弟降一等。」注云：「兄弟，猶言族親也。」「凡妾爲私兄弟，如邦人。」注云：「私兄弟，目其族親也。」此兄弟並專指宗族言之也。詩正月：「洽比其鄰，昏姻孔云。」箋云：「云猶友也，言尹氏富，與兄弟相親友爲朋黨也。」周禮大司徒：「以本俗六，安萬民。三曰聯兄弟。」注云：「兄弟昏姻嫁娶也。」儀禮士昏禮：「見主婦。」注云：「見主婦者，兄弟之道，宜相親也。」禮記曾子問曰：「昏禮，既納幣，有吉日，女之父母死，則如之何？孔子曰：『壻使人弔，如壻之父母死，則女之家亦使人弔壻。已葬，壻之伯父致命女氏曰：某之子有父母之喪，不得嗣爲兄弟，使某致命。』」注云：「必使人弔者，未成兄弟。」公羊僖二十有五年：「宋蕩伯姬來逆婦。其言來逆婦何？兄弟辭也。其稱婦何？有姑之辭也。」何邵公注云：「宋、魯之間，名結昏姻爲兄弟。」又三十有一年：「冬，杞伯姬來求婦。其言來求婦何？兄弟辭也。其稱婦何？有姑之辭也。」穀梁宣十年：「春，公如齊。公至自齊，齊人歸我濟西田。公娶齊，齊繇以爲兄弟友之。」范武子注云：「齊由以婚姻故還魯田。」此兄弟並專指婚姻言之也。詩伐木：「兄弟無遠。」箋云：「兄弟，父之黨，母之黨。」儀禮聘禮：「若兄弟之國則問夫人。」注云：「兄弟，謂同姓，若昏姻甥舅有親者。問猶遺也，謂獻也。非兄弟，獻不及夫人。」既夕禮：「凡將禮，必請而後拜送，兄弟賵奠可也。所知則賵而不奠。」注云：「兄弟有服親者，可且賵且奠，許其厚也。所知，通問相知也，降於兄弟。」禮記奔喪：「與諸侯爲兄弟，亦爲位而哭。」注云：「族親婚姻在異國者。」左氏襄三年：「晉使士匄告于齊曰：『寡君願與一二兄弟相見，以謀不協。』」注云：「列國之君相謂兄弟。」此兄弟並兼宗族、母黨、妻黨、婚姻言之也。今以儀禮、爾雅爲本，而參證之以羣經，詳釋昆弟、兄弟之異如是。

五岳釋

周禮：「職方氏掌天下之圖。東南曰揚州，其山鎮曰會稽。正南曰荆州，其山鎮曰衡山。河南曰豫州，其山鎮曰華山。正東曰青州，其山鎮曰沂山。河東曰兖州，其山鎮曰岱山。正西曰雍州，其山鎮曰嶽山。東北曰幽州，其山鎮曰醫無閭。河内曰冀州，其山鎮曰霍山。正北曰并州，其山鎮曰恒山。」大司樂：「凡日月食，四鎮五岳崩。」鄭康成注：「四鎮，山之重大者，謂揚州之會稽，青州之沂山，幽州之醫無閭，冀州之霍山。五嶽岱在兖州，衡在荆州，華在豫州，嶽在雍州，恒在并州。」案：爾雅釋山云：「河南華，河西嶽，河東岱，河北恒，江南衡。」與周禮職方合。詩崧高正義引雜問志云：「周都豐、鎬，故以吴岳爲西岳。」是釋山篇首所列爲西周之定典，故鄭公注大司樂據之，與周禮本經合。邵二雲學士曰：「華山在成周境内，故首舉之。吴嶽在岐周境内，故次列之。」中庸載華嶽而不重舉，華嶽可該五岳。左氏昭四年傳：「司馬侯曰：『四岳、三塗、陽城、太室。』」別太室於四岳，明嵩高不得稱岳是也。稱山後言泰山爲東嶽，華山爲西嶽，霍山爲南嶽，恒山爲北嶽，嵩高爲中嶽，與篇首文異。案：史記封禪書述尚書四嶽曰：「岱宗泰山也，南嶽衡山也，西嶽華山也，北嶽恒山也，中嶽嵩高也。」又曰：「昔三代之君，皆在河、洛之間，故嵩高爲中嶽，而四嶽各如其方。四瀆咸在山東。至秦稱帝，都咸陽，則五嶽、四瀆皆并在東方，於是自殽以東名山五，曰太室、恒山、泰山、會稽、湘山；自華以西名山七，曰華山、薄山、岳山、岐山、吴岳、鴻冢、瀆山。」下言「漢武巡南郡，至江陵而東，登禮灊之天柱山，號曰南岳。」然則五嶽之位，唐、虞、三代皆同。周之文、武起自西岐，建都豐、鎬，故取吴岳爲西岳，以華山爲中岳。及平王東遷，仍用夏、商之制，以嵩高爲中岳，華山爲西岳。爾雅前所述者，爲成王、周公之制，以存文、武舊典。後所述者，則夏、殷之禮，及平王東遷後事也。鄭公初無定說，故注大宗伯職用後義。秦制蓋與三代同，太史公稱秦都咸陽，五嶽皆在東。是秦以華山爲西嶽，而不取吴岳。地理志衡在長沙湘南縣，故謂衡山爲湘山也。詩崧高正義引郭璞爾雅注云：「霍山，今在廬江灊縣西南，别名天柱山。漢武帝以衡山遼曠，移其神於此。今其土俗人皆呼之爲南岳。南岳本自以兩山爲名，非從近也，而學者多以霍山不得爲南岳。」又言「從漢武帝始乃名之」。如此言，爲武帝在爾雅前乎？斯不然矣！竊以璞言爲然。何則？孫炎以霍山爲誤，當作衡。案書傳虞、夏傳及白虎通、風俗通、廣雅並云霍山爲南岳，豈諸文皆誤？明是衡山一名霍也。以上出詩正義，今本爾雅郭注闕。今案：郭氏言漢武帝移衡山神於霍山，又述學者以漢武帝始名霍山爲南岳，與封禪書所言正合。此以霍山爲南岳，爲出漢武帝以後事之明證。孫叔然注爾雅，以霍山當作衡山，精之至也。故毛公傳詩崧高曰：「東岳岱，南岳衡，西岳華，北岳恒。」鄭公大宗伯注：「五岳：東曰岱宗，南曰衡山，西曰華山，北曰恒山，中曰嵩高山。」皆用爾雅後說。又詩崧高正義引孝經鉤命決云：「五岳：東岳岱，南岳衡，西岳華，北岳恒，中岳嵩高。」是五岳又數嵩高之文也。王肅之注尚書，服虔之注左傳，鄭氏之注大宗伯，皆作衡，不作霍。是可證霍字係後人誤改，非爾雅原文矣。乃郭氏好乖舊義，謂南岳本自以兩山爲名，遂至合衡、霍爲一。詩正義更據大傳、白虎通、風俗通、廣雅等皆作霍字，謂不得諸文皆誤。不知大傳固非盡出伏生手傳，其學者多所附益，而班孟堅、應仲瑗皆東漢人，張稚讓，魏人，並在漢武之後，猶東晉廬江土人之呼霍山爲南岳，輾轉譌襲，爲足據乎？

刻蔡氏月令章句叙

余讀後漢書蔡邕傳，而歎中郎生不逢時，有匡濟之略不見用，有纂述之才不能成，且脅於權奸，死於牢獄，後世不諒其志，復加以黨惡之名，未嘗不爲之太息痛恨，悲感交集也。中郎母病，不解帶者三年，不寢寐者七旬。母卒，廬冢馴兔擾室，木生連理，非至孝之感乎？密詔稽問，直對無隱，首揭妖祥災變之原，歷指貪濁佞邪之輩，明知言出禍隨，而冒死不避，非致身之忠乎？去聖人久遠，經籍多譌，俗儒穿鑿，疑誤後進，奏求正定六經，而手自書碑，命工鐫刻，俾後生晚學，咸知取正，則有功聖經也。史才之難，莫難於志，師資胡廣，得其舊事，起自布衣，歷於患難，積累思惟，以成十意，又作靈帝紀及補傳四十二篇，則有功漢史也。詎以姦仇讒譖，始議大不敬棄市，後與家屬髡鉗徙朔方。明年宥還，又以閹黨銜怨，而亡命江海，遯跡吳會，困阨至矣！董卓一旦入朝，辟書先下，分明枉結，信宿三遷。匡導既申，狂僭屢革。六語本史論。卓雖權奸，而上有獻帝，猶漢相也，可不謂知己之遇乎？且史言「董卓聞邕名高，辟之。稱疾不就。卓大怒，詈曰：『我力能族人。』又切敕州郡舉邕詣府。」是其迫脅之以不得不進也既如彼，又言「卓多自很用，邕恨其言少從，謂從弟谷曰：『董公性剛而遂非，終難濟也。吾欲遯逃山東，以待之，何如？』谷曰：『君狀異恒人，每行觀者盈集。以此自匿，不亦難乎？』邕乃止。」是其既進而不能退也又如此。驟聞卓誅，動色而歎，意氣之感，孰能忘情？設無此一歎，其事君必不能忠，其事親必不能孝，乃遽執此指爲同逆，不亦冤乎！且同時盧、鄭大賢咸與中郎交好，史云：「邕死，搢紳諸儒莫不流涕。北海鄭玄聞而歎曰：『漢世之事，誰與正之！』」然則先師得壹意研經而不治史者，以有中郎在也。又盧植傳曰：「卓將誅植，植素善邕。邕前徙朔方，植獨上書請之。邕時見親於卓，故往請植事，卓乃止。」然則卓之不殺子幹，中郎請救之力也。語云：「不知人，視其友。」而范氏史贊與馬融並論，贊云：「藉梁懷董，名澆身毀。」顏誅。擬人不倫矣。顏氏家訓文章篇亦云：「馬季長佞媚獲誚，蔡伯喈同惡受誅。」史言邕收付廷尉，乞黥首刖足，續成漢史。太尉馬日磾馳謂王允：「伯喈曠世逸才，多識漢事，當成後史，爲一代大典。」是中郎垂死，惓惓漢記，寧嬰金鐵斷支體以成之。馬太尉深知力救弗得，不能如司馬子長之下蠶室而成史記也，爲千古恨事矣。中郎著月令章句，本傳失載。集言光和元年徙朔方，懼顛蹶隕墜，無以示後，遂於憂怖之中，成月令説。苟使學者以爲可覽，則雖死而不朽。然則章句之作，在患難中，蓋深慮旦夕不測，草木同腐，將託是以表見，庶幾身毀名立也。鏞堂敬其人，悲其志，惜其書之不成。其所成者，後世復散亡，因采輯羣書所引，并録集中月令問答、明堂月令論二首爲二卷，以存中郎梗概焉。鏞堂年二十始知治經，即創端月令，據呂氏春秋以校小戴記。塾師鄭清如、鄉先生莊保琛見而獎異之，遂欣然有志於學。後録成此本，十餘年於今矣。暇日重勘一過，擬付剞劂氏。學者讀其書，不可不知其人，竊爲論及之。

答陳恭甫編修論冠昏辭韻書

手書示之詳而辨之力，古人論學，不肯爲苟同之論，如其相合，則信之不疑，斯真三代直道之風，足以辨黑白而定是非者。感甚，感甚！特庸尚有所疑，敢敬質之。冠禮「字辭」本七句，伯申庶子斥「宜之于假，永受保之」爲末二句無韻，則以「曰伯某甫」以下十一字爲記者之詞，故下「曰」字，以著更端。若以「曰伯某甫」句爲「字辭」，則「甫」之韻「假」，前人言之已詳，伯申豈有不知？誠以尋常章法而論，實終于「永受保之」也。來示謂止于「曰伯某甫」，恐并非伯申意，於上下文亦未免割裂牽强之虞。蓋十一字文義相承，如生鐵所鑄，不可離而二之。即如舊説，「假」、「甫」爲韻，「備」、「字」爲韻，「嘉」、「宜」爲韻，則「永受保之」「之」字與上目「字辭」二字，及「備」與「字」同爲「之」類，何以斷其非韻？又「令月吉日」句，舊不以爲有韻。鄙説「令月吉日」一句，二韻自相協助。孔書「月」、「日」二字同類，較段表爲密。冠禮「始加祝曰，令月吉日」，抑風日月篇四言「日居月諸」，皆一字四句兩閒韻也。冠禮「字辭」外，有韻之文云：「曰伯某甫仲叔季，唯其所當。」昏禮「醮辭」外，有韻之文云：「子曰：『諾。唯恐弗堪，不敢忘命。』」「醮辭」以五句爲斷，「字辭」以七句爲斷。篇章法一爲醮字之辭，一爲記事之辭，畫然有起訖，而用韻則草蛇灰線，藕斷絲連，密藏於不覺也。善夫！先達孔氏之例曰：「詩之有章也，析之則節解句斷，通之原自一篇。每有意盡於此，而聲絶于彼者，分章則從乎其意，畫韻則從乎其聲，故後章之首句，可以合前章之尾。急就篇有出句在上章之尾，韻句在下章之首者。」偉哉斯言！試以所言，合之此辭。如曰「支子則稱其宗，弟則稱其兄」，記前章命辭終矣，而乃續之曰「若不親迎，則婦入三月，然後壻見」。此章別記壻見舅姑之事，而章首「若不親迎」句，屬前章「弟則稱其兄」下，「兄」、「迎」爲韻。此與「字辭」外之「當」韻「永」、「醮辭」外之「諾」韻「若」何異乎？皆辭止而韻未終，故忽上忽下，忽此忽彼，横截句讀，惝怳不可定者。來書云爾。時一有之，細尋其脉，本有條理。此謂章法、韻法中之極變者，未可以常例拘之。如冠禮「始加祝」、「再加」、「三加」、「醴、醮辭」六章皆章六句，而「三加」及「字辭」皆章七句，「昬醮」又章五句，非章句之變乎？「始加」、「再加」每章六句三用韻，皆同部同字，二服、二德、二福。韻在第二、第四、第六句。至「三加」，則首二句「以歲之正，以月之令」，字字自協。末二句「黄耇無疆，受天之慶」變韻。中三句「咸加爾服，兄弟俱在，以成厥德」，「服」、「德」二字仍用「始、再加」之韻，而中間以「兄弟具在」一句雖與「服」、「德」同爲「之」類，然章句字韻實三變矣。且「再加」之「永受胡福」，「三加」之「兄弟具在」，「胡」、「具」、「無」皆韻上「之」字，隔章隔句爲韻。而「黄耇無疆，受天之慶」，「黄」、「疆」、「慶」三字亦句首句末韻。與「永受保之」，「唯其所當」例同，非不諧句末之字，而轉加句首之字也。至字字有韻之説求之，三百篇如匏有苦葉第二章「有瀰」與「有鷕」韻，而「有」與「有」亦韻也。「雉鳴」、「雉鳴」，「濟盈」、「濟盈」，兩「鳴」兩「盈」韻，而兩「濟」兩「雉」亦韻也。「不濡軌」，「求其牡」，「軌」韻「牡」，「求」與「牡」又一句中首尾韻，而「不」與「其」獨非韻乎？「濡」韻第三章「卬須我友」。「濡」、「須」皆「侯」類。向在山左，阮伯元詹事述王懷祖觀察説卷阿「鳴」韻「生」，「岡」韻「陽」，「高」韻「朝」，外「矣」韻「矣」，「于」韻

「于」，「彼」韻「彼」，「菶菶」韻「雝雝」，「萋萋」韻「喈喈」，「鳳皇」與「岡陽」韻，「梧桐」與「菶雝」韻。隨舉二則，可爲三百篇字字用韻之證。孔氏之言鴟鴞曰：「三章四章連句用韻，而『拮据』、『捋荼』，『卒瘏』、『室家』韻，上字亦有韻。『譙譙』、『翛翛』、『翹翹』、『漂摇』、『嘵嘵』又皆用雙聲，故首章可以三句無韻。然『恩』與『勤』實句中自相協，而下與『閔』韻。」庸按：首句「鴟鴞鴟鴞」，「鴟」與「鴟」、「鴞」與「鴞」即韻「室」字，「至」聲與「既」、「毁」韻，嚴氏可均説文聲類至聲在脂類，段氏音均表至聲在真類。「取」與「無」協，「我」與「我」韻，二「子」二「之」韻，三「斯」與二「鴟」則「支」、「脂」通協，亦可謂字字有韻。而「鴟」與「斯」又句首句末遥韻，特中閒有韻不盡同禮辭。禮詞復有首末與中韻者，如「黄耇」、「疆」、「慶」與「往迎」、「相」是也。大抵有韻之文，便乎歌、誦，隨在通協，例非一端，亦非例之所能盡。孔氏詩聲分例，於前人特爲創作，然聖經之神化不測，究難以悉舉。如以鴟鴞首三句爲無韻，即未確也。庸讀禮辭，如「某不敏」；「以歲之正，以月之令」；「令月吉日」；二句。「唯恐弗堪」；二句。「儷皮束帛」；冠禮「束帛儷皮」。「使某將請承命，某固敬具以須，戒之敬之，夙夜毋違命」；「勉之敬之，毋違，夙夜毋違宫事」；「申之以父母之命，命之，敬恭聽宗爾父母之言，夙夜無愆，視諸衿鞶」；「姆辭，支子則稱其宗，弟則稱其兄」之類，靡字非韻，咸有條理，而絶無矯揉傅會之端。矢口出音，自成天籟，不必細檢後世韻書，而自無不合。竊可於前人所舉外，微矜創獲，而煩亂破碎之譏，或亦不免。前書所謂「似太瑣屑」是也。微閣下不能規正其失。而其灼然可見者，不盡爲無據。後世辭人狡獪技倆，雖先聖所不爲，而至文之巧變，固已無所不該，正非曲徇古人也。閣下向善鄙集中論韻之文，此所言較前更密，故再悉心獻疑，以呈審定。如以爲可采，幸甚幸甚！七月廿九日。

再答陳恭甫編修論韻書

頃再接來示，謂三百篇皆句首與句首韻，中末與中末協。此仍是以常法言之耳。若論其變，則法不能拘，亦非例之所能盡。試以皇矣第六章論之。如「無矢我陵，我陵我阿。無飲我泉，我泉我池」。學者莫不知「阿」與「池」爲韻，不知「我陵」、「我陵」，「我泉」、「我泉」，句句字字韻也。此皆以上半句之下半句與下句之上半句韻，而非首與首、末與末、中與中也。又「無飲我泉」韻「無矢我陵」，以下句上半句之「飲」，韻上句下半句之「陵」。第三句之「陟我高岡」，「我」字與「我陵」、「我陵」、「我阿」、「我泉」、「我泉」、「我池」六「我」一「阿」一「池」韻。而第八句之「度其鮮原」，「鮮」與「原」二字又自疊韻，與第二句「侵自阮疆」之「阮」遥相協。「鮮原」疊韻，而「阮」則韻上字也。且「侵自」之「侵」韻，下「陵」、「飲」二字自韻。「無矢」之「矢」無韻。「無飲」之「無」，「度其」之「度」，字字確鑿可據，安得以例拘之？此皆孔氏所未言者。孔氏且不知「阿」、「池」與「鮮原」顯分二類，而誤援東門之枌二章例，以爲歌、麻、元、寒之通協矣。來示稱孔氏詩韻例「有瀰濟盈，有鷕雉鳴」，及「鴥彼晨風，鬱彼北林」以下五例，「葛藟縈之，福履綏之」以下五例，爲變化無端，而實整齊不紊。按：匏有苦葉韻説見前書，孔例有所未盡。晨風首章兩「彼」爲句中韻，二三章兩「山有」、兩「隰有」爲句中韻。首章上二句之兩「彼」，與三章下二句之「如何如何，忘我實多」，句中句末皆韻也。至樛木三章，乃「葛藟」與「葛藟」、「福履」與「福履」全篇通韻，上下六「之」字全篇通韻。唯「纍」、「綏」與「荒」、「將」、「縈」〔一〕、「成」，每章二字各自爲韻。孔氏以「葛藟」與「福履」爲隔韻，尚失乎自然之致。「藟纍」皆从畾聲，不當區而二之。蓋首章「藟纍」二字，爲下兩章之關紐，合之成篇。三百篇此類極多矣。來示以鄙說「永受保之」「之」與「備」字爲韻較爲諦當。然則「宜之于假」、「假」與「甫」韻自確，特曰「伯某甫」句不入字辭，雖爲記者之言，亦與字辭韻也。來示以「令月吉日」爲單句，無韻，詩經極多此例。按向以爲無韻者，顧氏讀之有韻矣；顧以爲無韻者，段氏讀之有韻矣；段以爲無韻者，孔氏讀之有韻矣；孔以爲無韻者，庸讀之有韻矣。詩經蓋少無韻之句。如以爲以日諧月未見佐證，則庸舉冠禮及毛經共二十一佐證，詳拙著日記中。孔氏詩聲類、嚴氏說文聲類，皆以五質日。十月月。合爲一部，是也。惟段氏音均表日在第十二，月在第十五，恐非。來示又舉鄙說鴟鴞首章字字有韻，則「子」字必應協韻，何以反無？不得已而取章末句中之助字以爲協，恐不足以示後。「恩」、「勤」、「閔」三字既協矣，又以助字三「斯」遥協章首二「鴟」，而其協又出於異部合韻，爲割裂牽强之病。按：鴟鴞首章「既取我子」，與「鬻子之閔斯」，二「子」二「之」爲本韻。至二「鴟」三「斯」相韻，爲支、脂通協。如欲分之，則二「鴟」三「斯」各自爲韻，亦無不可。又二章之「或敢侮予」，與三章之「予手拮据」，句末句首兩「予」字亦蟬聯相協，不識閣下以爲然否？來示又爲昏禮記「弟則稱其兄」「兄」字，與上句「支子則稱其宗」「宗」字，止可援合韻之說，傅會協之。按：「宗子無父」，與「支子則稱其宗」，二

〔一〕「縈」，原作「營」，據詩樛木改。

「宗」字爲本韻，句首句末遥協。「兄」與下文「若不親迎」，「兄」、「迎」二字爲本部連句相協。皆非合韻也。「宗子無父」，至「支子則稱其宗」，此文未終而韻終也。續以「弟則稱其兄，若不親迎」二句，上句爲文終而韻未終也，下句爲文始開端而韻已終。總之，難以章句常法繩之。來示疑「若不親迎」以下爲無韻，謂求其韻而不得，恐未可以章分韻合之説，强附孔氏之例。按：「若不親迎」下云「則婦入三月，然後壻見」；「是以未敢見」；「某將走見」；「請終賜見」。又曰「某得以爲外婚姻之數」，「今吾子辱」，「不足以辱命」。又「某之子未得濯溉於祭祀」，「不敢固辭」。又「對曰，某以非他故」；「對曰，某得以外爲婚姻之故」。又「請吾子之就宫」，「敢不從」。又「主人出門，左西面。壻入門，東面奠摯，再拜出。擯者以摯出請受，壻禮辭許。受摯入，主人再拜受。壻再拜，送出。見主婦，主婦闔扉立於其内。壻立於門外，東面。主婦一拜，壻答再拜。主婦又拜，壻出。主人請醴，及揖讓入。醴以一獻之禮，主婦薦，奠酬無幣。壻出，主人送，再拜」。舉其全文，靡句靡字非韻也，又不必徒執孔例矣。來示又謂昏禮命辭既以爲字字皆韻矣，而「母施衿結帨」句，「庶母及門内施鞶」句又何以獨闕焉不詳？按：「母」韻「庶母」。「施衿」、「施鞶」二「施」自韻。「衿」韻下「視諸衿鞶」，與「宫」、「宗」二字亦相協。「夙夜無違宫事」，「敬恭聽宗」。「結帨」二字與「門内」二字韻，「門」字又韻下「申之以父母之命」「申」字、「命」字。「庶門」〔二〕之「庶」，則韻上下文之「夜」字、「母」字。諸字亦字字有韻，非闕也。不揆檮昧，率憑禮、詩二經復來教。

〔二〕「門」，據儀禮當爲「母」。

倘不以爲不足誨而匡正之，幸甚！庸再拜。七月晦日。

與汪漢郊書

漢郊足下：不見者八年，近即音問亦不通。昨得快覩見所纂意林翼，並自著古文，懈甚！懈甚！古文才筆，足達其所見。蓋斯事不以寒儉爲工。試觀唐之韓、柳，文辭爛然，可知所尚矣。再進而求之，日誦太史公、班孟堅書，所作必駸駸入于兩漢。惜庸鹿鹿無能也。拙記四卷，都中舊作，所愜心者，在言韻一卷。王伯申學士、陳恭甫編修皆詒書爭之，惟王懷祖先生頗以鄙說爲然。然當世多未信斯說，而復嘵嘵好辨，以求申其是，君子不爲也。抑語曰：「狂夫之言，聖人擇焉。」蓋雖上智，必有所遺。下愚，亦有所得。聖人之經，非一二人之所能盡。試舉鄙說，私質之足下。足下平心而察之，固不可曲循庸之臆見，亦不必遽執前人之成說以相詰難，是否有當，幸告，我足以決之矣。許周生駕部謂，自古有韻之文，與無韻者必有異。若如鄙說，則古人更無無韻之文與？論語開卷一章，三「不亦」字，三「乎」字，亦皆是韻。此說恐不可通。庸以六經言之，三百篇無論矣。如周易、尚書、儀禮、禮記、春秋左氏傳，皆所爲古人之文也，而有韻之文，幾半於無韻之文。且即求之秦、漢以前，子史傳記，亦多韻語。論語開卷三「不亦」、「乎」不爲韻者，以其文本無韻，故無取乎語助辭耳。若「學而時習之」等句本有韻，則三「不亦」、「乎」何獨非韻乎？楚狂接輿之歌，懷祖觀察取二「鳳」字爲韻，庸以爲二「兮」字亦韻也。觀察取二「已」二「殆」爲韻，庸以爲上句二「而」下句二「而」亦韻也。毛詩開卷「左右流之」、「寤寐求之」，

「流」、「求」固韻矣，「之」獨非韻乎？觀察取「悠哉悠哉」二「悠」爲韻，庸謂二「哉」亦韻，與二「之」語助相協矣。此其證也。觀察取王孫賈「與其媚於奧，寧媚於竈」，荷蓧丈人「四體不勤，五穀不分」爲韻，庸以孔子言「獲罪，無所禱」，記者書「植其杖而芸」，皆韻也。是非儀禮字醮辭與記文爲韻之證乎？如以爲辭外不當有韻，則孔子之禱，何必儷王孫之奧、竈？仲氏之芸，亦無合丈人之勤分矣！又「唐棣之華，偏其反而。豈不爾思？室是遠而」。此「反」、「遠」爲韻，「華」與二「而」相協。說詩者以四句一章，第三句多無韻。然「子曰：『未之思也，夫何遠之有？』」實合詩辭，「思」與「思」韻，「遠」與「遠」韻矣。「子之武城，聞絃歌之聲，夫子莞爾而笑曰：『割雞焉用牛刀！』」此「城」、「聲」一類，「笑」、「刀」一類，而「夫子莞爾而笑」，實就「割雞焉用牛刀」爲韻矣，何嘗區別詩辭與聖言并記者之文乎？儀禮「曰伯某甫」韻「宜之于假」者，此一合字辭與記者之辭也。「仲叔季惟其所當」以上韻「永」者，此再合字辭與記者之辭也。「子曰諾」韻「若則有常」者，此一合醮字與記者之辭也。毛詩「莫敢不諾，魯侯是若」，用韻同此。「不敢忘命」韻「勖帥以敬」者，此再合醮辭與記者之辭也。若「永受保之」，「之」與「備」字韻，「若則有常」與「往迎爾相」韻，皆字醮辭本文其韻，尤顯明可據。而精審如王學士，尚斥字辭末二句，醮辭末一句，皆不入韻。宜乎！辭外之文，庸以爲有韻，駭人聽聞矣！乃古人隸韻，必如是之反覆申明，彼此印證者，蓋非特結構文字，恐其散漫無紀，亦慮後人讀之不能遽得，故不厭重言以明之乎？又如毛詩車攻五章：「決拾既佽，弓矢既調。射夫既同，助我舉柴。」中二句「調」字，乃與四章「駕彼四牡，四牡奕奕」兩「牡」字爲韻。「同」字，乃與首章「我馬既同」、四章「會同有繹」兩「同」字爲韻。隔章相協，三百篇極多，詎說詩者必以

「調」、「同」二字爲韻，引離騷以證，辨見日記。又段氏引東方朔七諫，孔氏引韓非子揚權篇，爲諧聲合韻之據。庸按：韓非子云：「道無雙，曰故一。是故明君貴獨道之容。君臣不同道，下以名禱。君操其名，臣效其形，形名參同，上下和調。」此「同」與「雙」、「容」爲韻，「調」與「道」、「禱」爲韻。七諫「恐矩矱之不同」與下文「正法弧而不公」爲韻，「恐操行之不調」與上文「固時俗之工巧兮」爲韻，讀之莫不各有條理。混合之，遂承訛襲謬，展轉相因，并以茲誣古人矣。古經文韻深奧，讀者難以遽通。其旨思而適得，並承妙諦，豈容執前人之成見，而一概抹摋耶？是非所望於高賢也。

與阮芸臺侍講論古韻書

庸前自長安城來，懷祖先生教之曰：「毛詩漢廣一篇，字字皆韻。『不可休息』，『不可求思』，『休』、『求』固韻，『息』與『思』皆韻也。『南有喬木』，『漢有游女』，『喬木』、『游女』亦幽宵魚侯之通協也。下四句『廣』、『求』、『泳』、『方』皆本韻，虚字『有』、『之』、『不可』亦字字相對。如『山有扶蘇，隰有荷華』，『扶蘇』、『荷華』，四字四韻。讀荷如胡，蓋古方音。二章『山有喬松，隰有游龍』，『松』與『龍』韻，『喬』與『游』協，猶漢廣之『喬木』、『游女』也。蓋詩人之例，句末之韻，必用其本類韻上之字，乃用其通協。」庸案：草蟲首二句「喓喓草蟲，趯趯阜螽」，「要」聲「翟」聲皆宵類也。「草」與「阜」，幽類也；「蟲」與「螽」，冬類也，却二字不相通假。又虞書之歌，說者皆取喜熙起、明良康、脞惰墮三韻。而不知上文「帝庸作歌曰，勑天之命，惟時惟幾」爲有韻也。蓋「勑天之命」「天」與「命」韻，「惟時惟幾」「時」與「幾」韻。毛詩假樂一章，「人」、「天」、「命」、「申」爲韻。卷阿八章「天」、「人」、「命」、「人」爲韻，此「天」與「命」韻之證也。春秋昭三年左氏傳叔向稱讒鼎銘曰「昧旦丕顯，後世猶怠」，詩桑柔三章「資」、「疑」、「維」、「幾」爲韻，皆之脂通用，此「時」與「幾」韻之證。而帝歌之二句四用韻，與銘辭之「旦」、「顯」爲一類，「世」、「怠」爲一類正同。昔錢少詹事以銘辭八言字字皆韻，庸謂帝歌亦然。上句「勑」與「之」皆之類，二「惟」字脂類，而言韻者不取。此夫帝首作歌，經有明文，何以反獨無韻？孔傳曰：「用庶尹允諧之政，故作歌以戒安不忘危。」是晉出書傳，未始不以此爲歌也。至孔仲達，乃有「將歌而先爲言，既爲此言，乃歌曰股肱之臣」云云等謬説。則至正義，始不以此爲歌辭。竊舉新得奉質，希有以教之。

與郝蘭皋農部論挍山海經書

山海經西山經「浮山多盼木」，郭傳音「美目盼兮」之「盼」，凡二見。箋疏曰：「郭既音『盼』，知經文必不作『盼』，未審何字之訛。」庸簽云：「『盼』字不妨有兩讀。」手示以經典内凡加音者必係異字，若同字，不須加音。鄙見以經典内加音有異字者，多同部及聲相近之字也。有同一字而其讀不同者，乃高下疾徐之别，猶後世一字有四聲，而其義亦因之而異也。顔氏家訓音辭篇云：「鄭玄注六經，高誘注吕覽、淮南，許慎造説文，劉熹製釋名，始有譬況假借以證音字。」而古語與今殊别，其間輕重清濁猶未可曉，加以外言、内言、急言、徐言、讀若之類，益使人疑。又如公羊傳一「伐」字而有長言、短言二讀，釋名一「天」字而有舌腹、舌頭兩言，一「風」字而有横口合脣言之、踧口開脣推氣言之之别，皆同字異讀之證也。又禮記樂記、祭義皆有「易直子諒之心」句，鄭讀俱云：「子，讀如不子之子。」儀禮鄉飲酒禮：「賓西階上疑立。」注云：「疑，讀爲疑然後從於趙盾之疑。疑，正立自定之皃。」周禮冢宰之職：「六曰主以利得民。」鄭康成云：「利，讀如上思利民之利，謂以政教利之。」「外府掌邦布之入出」。注云：「布，泉也。布，讀如宣布之布。其藏曰泉，其行曰布，取名於水泉，其流行無不徧。」是皆同字加音之明證。其所以異者，「不子」之「子」與「父子」音異，「疑立」之「疑」與「疑慮」音異，「利民」之「利」與「財利」音異，「宣布」之「布」與「布帛」音異，故「疑然」今本公羊傳作「仡然」，而「不子」當從徐仙民「將吏反」，陸德明「如字」，非也。樂記、祭義釋文同。手示云：「盼字从分聲，即使有兩讀，似不得以盼音盼。」庸案：盼從分聲，一語已了然。字从分，而讀亦从之者，如詩碩人「巧笑倩兮，美目盼兮」，倩从青聲，盼从分聲，爲真、清合韻，詩人必不讀盼「敷莧反」也。又如王褒九懷「進瞵盼兮上丘墟」，此讀「盼」如「彬」，又讀「瞵盼」如「瞵矉」，聲雖小變，猶爲「盼」之本音，古讀原近是也。然詩「美目盼兮」，徐仙民「敷諫反」，吕忱字林「匹簡反」，又「匹莧反」，陸氏毛詩音義「敷莧反」，論語音義「普莧反」，音切皆轉入元類，與分聲之本音真文類已不同，故郭必加音。猶禮記「子諒」，恐人讀爲「父子」，故鄭亦加音矣。釋名釋天曰：「豫、司、兗、冀以舌腹言天。天，顯也，在上高顯也。青、徐以舌頭言天。天，坦〔一〕也，坦然高而遠也。」夫三百篇天字古音在真類，而顯、坦二釋，取音相近者，已轉入元類，故知郭傳盼音亦轉入元類。景純、仙民皆

〔一〕「坦」，原作「垣」，形近而誤，據釋名改。下同。

東晉人，而非三百篇之盼與倩韻也。釋名釋天之由真轉元，亦同斯例。山海經内，郭音似此者，皆非誤也。聲音之道，當於今人之異者會其同，又當於古人之同者求其異，庸雖能言之，而未能盡之。北次山經：「繡山，其中有鱯、黽。」郭傳：「鼀黽似蝦蟇，小而青。」箋疏曰：「鼀當爲『耿』字之譌。耿黽見秋官『蟈』字注，亦見爾雅。」馬元伯曰：「爾雅郭注『耿黽似青蛙，鼀䵹似蝦蟇』。此云似蝦蟇，則不得以鼀黽爲耿黽。秋、酋古同聲，鼀疑即䵹之或體。䵹，說文讀如戚。䵹之變爲鼀，猶䵹之音爲秋也。秋、戚亦一聲之轉。」手示云：「郭『鼀黽似蝦蟇，小而青』一句，兼包爾雅二物。若但云似蝦蟇，則是鼀䵹。又云小而青，則兼耿黽矣。爾雅言在水者黽，此經曰黽皆水族也。」庸以尊說與馬君說皆是，而分析未清。何則？爾雅上文「鼀䵹、蟾諸」，郭注云：「似蝦蟇，居陸地。淮南謂之去蚥。」此一物也。下文「在水者黽」，郭注云：「耿黽也，似青蛙，大腹。一名土鴨。」此又一物也。蓋同類異種。山海經注實兼爾雅二物言之。尊說融會二經注，最善。然以黽爲兼有鼀黽、耿黽義則可，以鼀即耿字之譌則不可。馬君詮發鼀字之義至精，能心知其意，確不可易。特謂此注言似蝦蟇，則不得以鼀黽爲耿黽，似失之太拘。但不得以鼀爲耿之譌，何妨以黽爲耿黽？是於郭氏兼包并舉之旨有未察耳。庸請申言馬君「鼀」字之義，曰說文黽部「𪓰」下云：「䵹𪓰，詹諸也。詩曰『得此䵹𪓰』，今毛詩作「得此戚施」。言其行𪓰𪓰。」又「鼀」下云：「鼀𪓰，舊作「夫鼀」，訛。詹諸也。其鳴詹諸，其皮鼀鼀，其行𪓰𪓰。此即孟子「施施從外來」之施施也。舊作「夫夫」，訛。今改正。从黽，从夫，夫亦聲。」「䵹」下云：「鼀或从酋。」然則鼀、䵹實一字也。今爾雅作「鼀䵹，蟾諸」者，鼀即鼀之訛。釋文字从去，起據反，則陸所見本已誤。䵹即鼀字，不當重出。以說文挍之，則鼂當爲鼂。釋文音秋，則陸本已譌。今通志堂本作鼂，从𪓑，更誤中誤矣。然即可證展轉相乖之致。書此奉復，鄙説如有可采，或附之訂訛，并以質之馬君。

附録

先生以家貧，衣食於豪。素曾主畢靈巖，授其孫讀。爲阮文達校刊經籍籑詁於廣州，經義雜記諸書即以是時刊成。伊墨卿太守延修廣陵圖經，吴美存編修延纂中州交獻書，殁於吴氏館。阮元撰别傳。

秦邃菴曰：「在東之學，師盧紹弓。先生因主張許叔重、鄭康成諸儒。而其與阮侍郎雲臺書云：『程、朱於聖門躬行之學爲近是。』其言於宋儒不爲無見。」秦瀛拜經堂文集序。

王伯申曰：「用中紹其先玉林先生之學，撰拜經日記十二卷，考訂漢世經師流傳之分合，字句之異同；後人傳寫之脱誤，改竄之蹤跡，擘肌分理，剖豪析芒，其可謂辨矣。日記所窴究者，一曰諸經今古文，二曰王肅改經，三曰四家詩同異，四曰釋文、義疏所據舊本，五曰南北學者音讀不同，六曰今人以説文改經之非，七曰説文譌脱之字，而於孔、孟事實攷之尤詳。若其説經所旁及者，叔孫禮記、南斗文昌之類，皆確有根據，而補前人所未及。」王引之拜經日記序。

許周生曰：「拜經讀書日有課，天時人事不少閒。阮雲臺師每有纂譔，必延拜經主之。宗彦與拜經交最久，每念好學深造者，輒首拜經，謂如皇侃、熊安生，當求之唐以上也。今年，拜經示宗彦日記三册，使之爲序，則知拜經學益邃。經子疑義誤字，他人不能措意者，獨能毛舉件繫而梳櫛之，持論自闢窔奥，彌不同於人。」許宗彦拜經日記序。

錢東生曰：「鏞堂説經，堅守師説，嘗謂戴東原所爲毛、鄭詩，逞臆説以奪舊學。惠定宇好用古字，所校李鼎祚周易集解，與開成石刻往往互異。近得明刻板勘對，始知李易本與今本不殊。其異者，惠所私改也。甚得和而不同之義。」錢林文獻徵存録。

陳恭甫曰：「拜經此書，窮源竟委，鉤貫會通，實爲近時説經家所罕及。留讀案頭，幾及月餘，愧未能盡通其奥也。」陳壽祺題拜經日記。

臧先生禮堂

臧禮堂字和貴，繼宏子。年十二，讀書攻苦，究心經史字學。事親孝。父久瘧，冬月畏火，先生潛以身溫被。居喪如禮，笑不見齒。母患風疾，侍膝下，刻不離。刲股和藥，私禱於神，減齒以延親壽。拜經後爲作割股記。娶婦胡，初婚夕，教以孝弟，長言令熟，聽乃合巹。一家感而化之。師事錢竹汀，業日進。精小學，善讎校，好許氏説文解字。以南唐徐氏兄弟治此，楚金尤專業，而世傳小徐本轉寫譌異，闕者據大徐本補之，益失真。得元板熊氏韻會舉要所引小徐善本，重輯説文繫傳十五卷。又剌取許引諸經，爲諸文經考十三卷。慕古孝子、孝女、孝婦事，作孝傳百數十卷，尚書集解案六卷，三禮注校字六卷，春秋注疏校正六卷。卒年三十，無子，以兄弟子後之。參史傳、朱珪撰傳、段玉裁撰傳、姚鼐撰墓表、陳壽祺撰墓表、吴承烈撰愛日先生誄。

拜經日記録和貴遺説

説文儀禮用今文

儀禮一經，參用古今文，而定之者惟北海、鄭公。若漢儒引用及蔡中郎書石，皆今文十七篇。許叔重説文序自言偁經皆古文，而於儀禮則今文爲多，如士冠禮「設扃鼏」，注：「今文扃爲鉉，古文鼏爲密。」而説文作鉉，不作扃；作鼏，不作密。故金部云：「鉉，舉鼎具也。易謂之鉉，禮謂之鼏。」鼎部云：「鼏，以木横貫鼎耳而舉之，从鼎，冂聲。周禮廟門容大鼏七箇，易玉鉉大吉也。」既夕禮「乃窆」，注：「窆，下棺也。」今文窆爲封，而説文引禮作封。故土部云：「堋，喪葬下土也。从土，朋聲。春秋傳曰朝而堋，禮謂之封，周官謂之窆。」地官鄉師之職。公食大夫禮記「鉶芼牛藿羊苦豕薇」，注：「今文苦爲苄。」又見士虞禮記注及特牲饋食禮注。而説文引禮作苄，苦字義别，故艸部云：「苄，地黄也。从艸，下聲。禮曰鉶毛牛藿羊苄豕薇是。」士喪禮「爲銘各以其物」，又「書銘於末」，注：「今文銘皆作名。」既夕禮注同。而説文止用今文名，金部并不收古文銘。是可得其所從之例矣。引之案：古文「止」爲「趾」，見士昏禮，説文無「趾」，亦一證。

彼 哉

廣韻五寘："彼，衺也。論語云：『子西彼哉。』"佩觿卷下："上聲去聲相對。彼彼，上甫委翻，彼此；下甫委、冰義二翻。論語『子西彼哉』，今本皆作彼哉。"集解載馬融注云："彼哉，彼哉！言無足稱也。"皇侃義疏："彼哉，彼哉者，又荅或人，言人自是彼人耳，無别行可稱也。"則馬季長本作彼字。何晏集解序云："古論至順帝時，馬融爲之訓説。"然則古論語作彼哉，廣韻引作彼哉，蓋魯論耳。説文無彼字。玉篇人部："彼，陂髲切，邪也。"庸案：顧野王所見經書，皆六朝舊本。玉篇中往往引有異文，至隋、唐間已毁。廣韻此條，蓋本之玉篇，而今本玉篇反無文。

導之以政

後漢書朱景王杜馬劉傅堅馬傳論云："所謂導之以政。"李賢注："論語曰：『導之以政。』"又杜林傳云："孔子曰：『導之以政，齊之以刑，民免而無耻。導之以德，齊之以禮，有耻且格。』"注云："皆論語之言也。"文選范蔚宗後漢書二十八將傳論："所謂導之以法，齊之以刑者乎？"注引論語亦作"導"。一切經音義六引論語"導之以政"，又八引論語同是。知舊本皆作"導"也。

附録

嘉慶六年，拜經將往杭州就阮文達之聘，先生再拜送之，曰：「兄弟皆侍膝下，誰爲負米者？皆客游，誰爲視膳者？兄與禮堂，一人出，一人留，可乎？阮公招，幸以此辭。」拜經謁文達，文達詢先生能來杭否？拜經以其語辭，文達默然，遂延他客。拜經堂文集。

先生持服，阮文達親拜，聘襄詁經精舍，亟避之，許白衣冠方見於舍。兄弟有過則諫，必改乃已。故皆以孝友推之，無閒言。顧性孤介耿直，得秋冬氣多。朱珪撰傳。

阮雲臺曰：「禮堂，孝子也，以毁瘠卒。拜經乞朱文正公諸名儒之詩文以表章之。」阮元撰拜經別傳。

宋芷灣曰：「讀愛日居遺文，真可以動天地而泣鬼神，安得磨滅？兄弟皆賢，使我讀之頂禮。」宋湘答拜經書。

玉林交游

閻先生若璩

別爲潛丘學案。

拜經交游

錢先生大昕 別爲潛研學案。

王先生昶 別爲蘭泉學案。

段先生玉裁 別爲懋堂學案。

江先生聲 別爲艮庭學案。

王先生引之 別見石臞學案。

張先生惠言 別爲茗柯學案。

劉先生台拱 別爲端臨學案。

顧先生廣圻 別爲思適學案。

許先生宗彦　別見儀徵學案。

陳先生壽祺　別爲左海學案。

孫先生星衍　別爲淵如學案。

洪先生亮吉　別爲北江學案。

郝先生懿行　別爲蘭皋學案。

江先生藩　別爲鄭堂學案。

莊先生述祖　別見方耕學案。

清儒學案卷四十六

餘山學案

餘山自奮隴畝之中，名立而教成，剛毅篤實，君子人也。生陽明之鄉，而不附和良知，在清初浙東諸儒中獨立一幟。述餘山學案。

勞先生史

勞史字麟書，學者稱餘山先生，餘姚人。世耕讀不仕，躬耕養父母。初就塾，聞說經義，至克治身心，敦飭倫常，輒竦然傾聽。年十七，反復朱子大學、中庸序，慨然立志爲真儒。得近思録，讀數番，悚立北面稽首曰：「吾師在是矣。」内求諸心，森竦自責，謂天命之性，若君之詔臣，父之付子，兢兢惟恐隕越。讀易，參究横、圓二圖，寢食不釋。年二十四，所學大進，名所居齋曰須友。常静夜兀坐，玩圖精思，有所得，書之。年四十三，自謂得其要領。論性有先後天、體用之分，指人受胎之始，及墮地時所秉受，其氣之清濁醇駁，於此別等差。論學以剛健篤實爲本，自不妄語，不妄動。始極之誠立，無歇手處。

天人之理，一誠盡之；聖賢之功，一敬盡之。居敬工夫，必整齊嚴肅，始有把握。而喫緊在居處恭。年至艾耆，日夜正襟危坐，無倦容，而氣體舒遲。款接後學，和顏悦色，盡誠開導。晚益涵養沖粹，色和語正，而莊敬温醇，人人願近有道。嘗言：「人心静極，即能前知。」預刻死期，沐浴更衣，移牀至正寢，無疾而逝，時康熙五十二年，年五十有九。弟子桑調元編次遺書十卷。參桑調元撰行狀。

遺書

參兩理數

大哉！易也。古今之運，其不出於參兩之理數乎？其道畢寓乎圖、書。河圖圓而象天，屬陽，然陽必根陰也，故其數則從兩地之法，相對而數之也。天一地二等云云，皆屬四面相對。洛書方而象地，屬陰，然陰必根陽也，故其數則從參天之法而三數之也。天一地二等云云，皆是三方相向。古今之世運即寓之，是以邵子謂唐、虞當中天午運之會，是河圖順生左旋之理數也。邵子又謂，地氣自南而北，爲世運之衰，是洛書三方逆克右旋之理數也。子曰：「參天兩地而倚數。」蓋河圖、洛書實相表裏，天運、地理、人事三者妙合而得其平，其旨微矣。或曰：「邵子之言，子何以驗其實乎？」曰：「道所以藴象，象所以顯道，吾朱子亦有言也。天下之聲色貌象，皆有其理之所自來，知道者必知象。午于五行屬火，其性則爲禮，其位當南方，離卦之正陽帝位也，故易傳曰：『聖人南面而聽，天下向明而治。』蓋取諸此。是以唐、虞、夏三朝交際，均以天下之帝位相讓，此讓之大焉者也。天下之禮，寧有加于此哉！此火之性所以爲禮，而最彰明較著。邵子之言，可徵者一也。易謂『陽善陰惡』。午中一陰始生，當五月姤卦之象。朱子釋姤象之義曰：『幾微之際，聖人所謹。』朱子又於午以臟屬心，午亦爲天心，而姤在焉，大圓圖可徵。此又人心惟危，道心惟微，精一執中之統所自起。邵子之言，可徵者二也。午爲離，八卦中離象近取諸身爲目象。又曰：『明兩作離，大人以繼，明照於四方。』邵子之言，可徵者三也。午當離，離象遠取物，吾夫子以爲龜也。故舜命禹定水土之後，天錫禹神龜而于洛。此又洪範九疇參兩之數所自起。邵子之言，可徵者四也。午當離，子當坎，子午相沖，離、坎水火相射。此堯、舜時所以洚洞無涯之水所由溢。邵子之言，可徵者五也。離主文明，自巳之午，天上太微垣居之，實爲禮樂光明之宿。子曰：『煥乎其有文章。』邵子之言，可證者六也。離爲雉，雉爲文明，故鳳儀獸舞，適當離位萬物相見之時。邵子之言，可徵者七也。太極運行，道顯乎法象，可言者尚多，余不必更瑣瑣。總之，邵子之言，本乎圖、書，天道固如是。即古今道統相傳之理數，亦可按圖、書參兩之義而知之。孟子曰：『五百餘年而聖人出。』是大易天地九六之數參兩之義也。六者，六甲也。九者，九其六也。六九五十四，五百四十年，天地之大運一週，故姤卦陰氣盡，復卦之陽又生于下。朱子卦變圖，凡一陰一陽之卦各六，皆自復、姤而來，豈偶然哉！先儒有非之者，亦不自知量也。彖與傳曰『朋來』，曰『剛反』，曰『天行』，又曰『七日來復』，是六九五十四之數已終，其理數豈謬乎？故吾朱子之釋傳曰：『陰陽消息，理數然也。』又曰：『九者，參天之積數也。六者，兩地之積數也。』又曰：『九六，數之變也。』又曰：『六甲本二中而出之。』合文王、周、孔、朱子之言，皆可合而徵之。易傳曰：『參天兩地而倚數。』朱子曰：『凡數皆始于此，數之源也。』然數必根于理，理之源既晰，而後及於象數，則其學乃益詳。達道有五，洛書中宮皇極之數亦五。聖人以道濟天下，其理俱不外此，實天之所以授受也。故曰：『河出圖，洛出書，聖人則之。』」

論成性成形

陰陽遞禪而來，理氣無先後。性形合一而來，理氣無彼此。但就理論理，而理有先後，故有仁禮信義智之序也。就氣論氣，而氣有先後，故有木火土金水之序也。理氣雖無彼此，然理爲氣主，理以生氣，氣隨理轉，氣以載理。五者先後互根，錯綜變化，所謂無極之真，二五之精，妙合而凝，而成此人身，於是有仁義禮智信之性，心肝脾肺腎之形。人生有性有形，如是焉已矣。

論草木之性

客有論及草木無性，謂其無知也。因論及禽獸有性，謂其得仁義禮智之一也。吁！豈其然哉！如謂草木無性，中庸何以言盡物之性？蓋凡所生之物，莫不有性。故廣推八卦變化之象，始推八卦之象於天地，繼推八卦之象於人物，終推八卦之象於草木，曰爲萑葦，曰爲木，曰爲蒼筤竹。且中庸言「語大莫能載，語小莫能破」，若草木無性，則是性有可破，性有不能載者矣。安得謂盡己之性則能盡人之性，能盡人之性則能盡物之性乎？客又辨曰：「盡物性，恐只是盡禽獸之性。如禮經所云『無故不殺犬豕。

盛王之世，雞犬不夜驚，不毁巢，不毁卵，物各得安』之類者皆是。或草木不在其内。」曰：「書不云方長不折，化被草木乎？故堯、舜之世，蓂莢、屈軼、蓂莢生庭，麥穗兩歧。伏羲、文王，蓍草生墓。孔子墓更生楷木。高宗修德而祥桑死。此皆聖人盡己性以盡物性之所在也。降而賢人，亦能感動乎草木。如哭竹生笋，萊公之竹，紫荆復茂，亦無非同得天地之性，故誠動于此，相感于彼。使不是皆具其性，何能感于彼乎？草木遇春而生，遇秋而斂，對日而甲拆，向上而生芽，亦一定之變動趨舍也。人得天地貞元之全氣，故極靈，是以無所不知。禽獸得貞元之偏氣，故靈微，僅能運動。草木得貞元之散氣，故靈益微，僅能辨秋冬而已。總之，人得天地之全，禽獸得天地之偏，草木得天地之微，安得謂草木無性？且醫家辨藥性，諸藥之寒熱温涼，與人之陰陽血脈無不相湊合，亦無非同得天地陰陽五行之理，而性道相爲流通也。嗚呼！天地間無一非性之流通也。如云禽獸得仁義禮智之一，則已過矣。仁之於父子，義之於君臣，禮之於賓主，智之於賢者，即人雖具此性，尚有不得其全，況于禽獸之無倫，尚安得爲仁義禮智之一乎？故犬不過司户，雞不過司晨，牛不過司耕而已矣。即蟻蜂知君臣，虎狼知父子之類，不過止此一隙之明，毋論他端，不能推。即此一端，亦豈能全盡其道乎？尚可得爲有仁義禮智之實乎？嗚呼！今之人尚無仁義禮智矣，不亦大可痛哉！」

性有理氣

昔子思、孟子之論性，皆就義理本然上説，故一則曰「天命之謂性」，一則曰「性善」。若魯論所云

「性相近，習相遠」。此所謂性，朱子謂兼氣質上說，而世儒疑之，謂孔子之說，極其中正，而子思、孟子之說，未免稍徑直。此何其不細察哉！義理本然之性，聖人何嘗不言？即魯論中，豈不曰「人之生也直，罔之生也幸而免」乎？此生非指人之生初而言乎？此直非指義理本然之直乎？若果使人之生也不直，罔之生也亦宜，聖人何故爲是言？故義理本然之性，聖人何嘗不言！即易中亦云「窮理盡性」。若人性不善，何以教人盡之乎？程子所云：「論性不論氣不備，論氣不論性不明，二之則不是。」至哉！此言也。

性有理氣交相牽制

昔張子有言：「形而後有氣質之性，善反之，則天地之性存焉。」蓋人于始生之初，天命流行，以理生氣，則理爲主，而氣無權。此天地之性所以純粹至善者也。孟子道性善，原諸此。及既生之後，氣以成形，氣有不同，理落在氣中，則氣之權盛，而理之勢隱。此所謂氣質之性駁雜不齊者也。張子論氣質之性見及此。斯二者，人皆具之，是以人雖爲氣質所拘，而惻隱、羞惡、辭讓、是非四端，終有不能泯者，以其原初無不從天命中來也。然雖具此四端，而究不能擴充以止于至善者，則仍爲氣質拘之也。二者交相牽制如此。所以世之爲善無終，而惡人亦有良心，以此故哉！是以必有藉于聖人勞來、匡直之教也。

心性道德動静陰陽五行天人太極總論

心之靈即氣之神。何謂神？氣之精英。心之性即神之理。何謂理？神之妙則。然理爲神之宰，神爲理之輔，自不相離。合之則明德所由名也，分之則理氣所由辨也，貫之則性情所由著也。然性伏於心，初無形象。其體静也，及事物之來，無不各付以法程者也。其動用也，道也，是以見於動時，乃有萬端散殊之理也。伏于静時，渾然一理，全體之道也。静時雖止一理，然静爲動之本，動時散殊之理，皆從静時之理而滋息之也。動時雖萬端，然動所以致静之用，動畢則仍歸一理。動静相須而不已，在天爲不已之於穆，在聖爲不已之純。總之，大道無窮。其體之迭運不已者，即在人之太極也。一動一静者，即在人之陰陽也。五倫攸敘親義序别信，即在人五行之成象也。夫心性、道德、動静、陰陽、五行無一非太極爲之也，故曰天人合道也。

人死而成鬼

人之生而成形也，根陽氣之發，而漸至充盈。人之死而成鬼也，根陰氣之凝，而不遽消滅。大聖大賢，其精氣渾合于日星河岳，助兩大之生成。即凡忠孝節義，有一端足以自立，亦各以類相從，分麗於四時之氣，歷久而不磨滅。常人之鬼，無所恃以自存，始不遽消滅，終必漸微漸泯。其强梁而死，與負冤屈者，尤能爲厲，然亦必久而熄。何則？客氣不能持久也。又常人之鬼，其靈久而漸微，其子孫能一氣感之，亦能片時萃聚。此陽又根陰，陰又根陽，則互根之理矣。故朱子曰：「人死，氣之散者，雖化而無有。而其根於理而日生者，則固浩然而無窮矣。」

理是至當之名號

理也者，至當之名號。故范氏云：「天下各止其所，而天下之理得矣。」若仁義道德等説，又不過即其理所屬之地而名之耳。故程子云：「心、性、天，一理也。自理之從出而言謂之天，自人禀受而言謂之性，自存諸人而言謂之心，其實一理也。」

心各有條理

心之能動，能思，能合乎理，且無遠近幽深而無不入者，何也？曰：「能動者，心之氣。氣本動也，故蠢人心亦能動。至於籌畫謀慮則不能也，蠢人之心只有氣。能思者，則又氣之靈，故善謀之士，心雖能百出以求勝，求其去私以從道則不能也。智謀之士，其心徒有氣之靈。若夫能思又能合於理者，靈之本乎性，故正人一心之計議無非道也。至若合幽顯，通上下，總古今而一之，非神妙萬物不能也。故正人雖具靈性而未神也。是以孟子云：『聖而不可知之謂神。』書曰：『乃聖乃神。』易曰：『古之聰明睿知，神武而不殺者夫。』故圓外竅中者，心之形也。知覺運動者，心之氣也。光明洞達者，心之靈也。仁義禮智，心之性也。惻隱、羞惡、辭讓、是非，心之情也。此心之各有條理而不可亂者也。然性藴於靈中，靈發於氣表，氣運於形中，而情者，又根性靈而出之者也。此又各有統攝而無容雜也，心之妙也。」

與心以權

目然乎色，耳然乎聲，口然乎味，鼻然乎臭，四肢然乎安佚，惟心然乎理義。然乎理義者，而使不格物致知，與心以權，爲一身主，則耳目口鼻四肢各眈眈逐逐，心反爲之區畫而爲形役，天理滅而禽獸之矣。夫人各能格物致知，與心以權，則衆官從令，無不縱横曲折，優游天則，始得成之爲人。

見道確

夫人欲違衆而獨立，誠有甚難。然特患吾心不能確見夫天理物則之良耳，苟能確見夫天理物則之良於吾心，雖令無一君子譽之於前而自知勸百，庸人毁之於後而亦不見阻，則吾之處平陂生死之際，挺特自持，豈有覬覦僥倖之私，趨避之計哉！是以君子見道既確，不隨衆而獨立。

邇言

大學所謂「至善用其極」，中庸所謂「其至矣乎」，孟子所謂「人倫之至」，只是到恰好處。論語不言「理」字，只言「禮」字。理闊綽，禮精密。復禮約禮，亦只是到恰好處。

從古無不戰兢惕厲之聖賢，所以存此幾希也。曾子臨深履薄，死而後已，到得吾知免夫時候，快然無憾。其快然無憾，全從戰兢惕厲來。

深山窮谷中，實做聖賢工夫，其聲光必然騰燭，所謂修身見于世也。縱遯世不見，知自家喫飯自家飽，當下快足，只求己身有可稱之實，人没世之稱不稱，奚計焉！

剛毅斯有立。曾子、子思、孟子、朱子直是剛毅一力肩荷斯道。

怕做敬義夾持工夫，斷無超悟捷到之聖學。

「敬」字工夫，到主一無適，始全盡無滲漏。此心自不走作，然須從整齊嚴肅、四面檢束做起。

汪鑒問：「明德如明珠，爍爍有光，虛明四照，在腔子裏耶？」曰：「非也。明德如一部字書，未翻閱時，不黏滯一字，卻萬字俱井井具備在内。及至翻閱，按部咸得。翻閱訖，仍如前。故曰：『虛具衆理，靈應萬事。』」

悠悠忽忽過日，是學者之通病，便等閒斷送一生。其病源只是志不立。

此刻猛省，即從此刻打起精神，拚命做去，始得。

爲學卻又不可躁急，須耐勤苦深造自得，故孟子言「勿忘勿助」。

孟子質地極高明，然做養氣工夫，從集義做去，日積月累，而後得之，氣自養得十足。學者質地，萬萬不及，而欲一蹴到充實地步，如何能得！

立如齋，立時敬也。坐如尸，坐時敬也。無時無事不戰戰兢兢，正是活潑潑地。

吾一生用力於敬。敬是徹上徹下工夫，愧我做不徹耳。

於急流溪港撑逆水船，須全力著緊，一篙放鬆，便落下多多許矣。學者宜悚怵。

人不爲聖賢，便折入爲禽獸之歸，其間不過分數等，斷無有中立之地。然則人倖臻上壽，無以別於禽獸，亦只是多數十年禽獸而已，哀哉！

事有大小，道理無大小，一些走作，便是全體有缺，故君子謹小慎微。

余初時用功，志在講明實學，刻苦求踐履，只見得自己身上切要之務，不可一息荒棄，那管人非笑迂腐。得寸亦己之寸，得尺亦己之尺，志氣大定，愈做得有滋味。曩非笑者，亦悔之。此便是可與共學好機括，惜其不能立志，隨流俗因循過去，吾每爲之悼歎。

孔明表曰：「臣受命之日，寢不安席，食不甘味，恐付託不效，以傷先帝之明。」知天命之君子猶之矣。

放出膽識氣魄，自己立志要做什麽人，即是什麽人，死生以之。讀書人先看膽識氣量何如，學聖人斷須直下承當。

忠信是學者之關中、河内，否則無地以崇其德。聖門四教，歸宿在忠信。學文修行，專要存此。曾子三省，所謂傳習，凡傳習此忠信，誠身守約，做到一貫地步，只此而已。

無極而太極一語，何等圓足！無極是無形，無極而太極是無形而有理。象山先掃卻此一句，謂之知道，可乎？

良知本孟子語，然孟子並言良能。今直謂知行合一，惟須致良知，并良能亦抛卻。其病在「無善無惡心之體」便錯，故一直錯到底。不過借不慮而知標其謬誤宗旨，與孟子本意全不合。

附録

先生容貌魁碩，秀眉廣顙，光氣煜然照人。讀經書，塾師删其注，以己意默誦。聞論行文佻巧法，俾曲就題目，輒掉頭去。塾師問故，曰：「文以發揮聖賢之理，此恐本意無之。且當年創始作經義時，不應有此繩尺。」塾師異之。夕荷鋤歸，輒展卷至夜分不倦。桑調元撰行狀。

先生引進後學，就事提撕，專務倫常日用，鞭辟近裏。雖傭工下隸，俱引之向道。謂「盡汝當爲職分，務實做去，終身不懈，即是聖人。僕身雖賤，而道彌尊。纓佩人或操行穢瑣，即不汝若遠甚，勿自菲薄。」聞者皆爲之感動。同上。

時王學盛行，士憚爲居敬窮理之學，喜趨徑捷，憑倚良知，即可以至道。先生以爲，陽明姿秉剛明，亦自由學。學者姿與學俱遠不逮，而遽欲超詣，失所依據。傳習録已明明差移，至王門宗旨一編，頹壞無隄防，恐亦非陽明所忍見。朱子之學，遞傳至楊園、稼書，承一脈緒系，導學者於大中至正之歸，縱下學未能至極，亦循循在途轍中，未至流蕩而無所坊。同上。

先生一布衣，無絲毫勢力憑藉，以道德光明至誠感人，信從者衆。韓子所謂「薫其德，而善良者目覩非虚」。終老田間，無由展攄其所學。嘗論聖功在操存其心，王道在不私其利。井田不可復，在講求水利；封建不可復，在擇賢久任。學校須慎簡有德望者，隆其禮，使爲之師，課實行，不徒文藝，則人材輩出。窮居殷然與天下相流，通達必不失民望。體用兼備而不迂。老又深詣，聽言遇事，輒判仁與不仁，其精强有自來矣。同上。

沈椒園曰：「姚江勞餘山夫子，倡道海濱，貫通大易。所言三極大中之道，一本諸横、圓二圖，推闡明曉，發曩哲所未發。言太極陰陽互根，混闢淆爲萬象，元元本本，變化無方，具能指其從出之源，歸宿之墟，見者驚爲望洋，要不外斯至理，與焦贛、京房蠡斗所量測，不可以道里計。太玄、潛虚，類多磽确，經世尚有未醇，誤以霸爲貞元正氣流行，謂二程所當匡正，誠醇乎其醇，所謂奇而法也。懇惻引人以躬行身作之則，而必自格物入。雖終日言，不離乎圖，莫非鞭辟近裏，示人之不可背乎天。固不特邇言所箴砭切于倫常日用，令人毛骨森竦，弗折而入于衮也。」遺書序。

餘山弟子

桑先生調元

桑調元字伊佐，號弢甫，錢塘人。父天顯，以孝稱。先生少負異才，下筆千言。年十四，謁餘山，因留受業，教以「立志大，存心細，聰明勿誤用」。餘山殁後，以遺稿付之。雍正丙午，舉順天鄉試。癸丑會試後，命選舉人明習性理者得八人，先生與焉，賜進士，授工部主事。父喪，廬墓三年。喪除補官，旋引疾歸。迭主大梁、道山、濂溪、濼源諸書院。於濂溪構須友堂，祀餘山於濼源。與山東按察使沈廷芳共編刻餘山遺書。歸老於家，闢餘山書屋，以教四方之士，一以程、朱爲法。有論語説二卷，闡集注未盡之義；躬行實踐録十五卷，言敬，言仁，持論必歸於醇正；游五嶽皆徧所至，題詠詩文，縱横排奡，合爲弢甫集八十四卷。乾隆三十六年卒，年七十有七。參史傳、餘山遺書。

附録

先生初見餘山，與論格物致知，先生對曰：「物即明德中斁列之品類，故天下無性外之物。知即明德中逗露之靈光，故孩提有不慮之知。」餘山訝，詰「此語誰教汝」？先生對「聞之錢惕庵先生」。惕庵名之泌，孝豐人。餘山即致書惕庵，略言「功利之習，深中於人心。士讀書作文，祇以爲梯榮之具。數十年來，欲求同志之友，切劘興起斯道，使人心習尚盡歸於正。比聞桑生述先生志皦而行卓，教學者以窮研克治，如聞空谷足音」。書未達，而惕庵已卒。餘山遺書。

案：錢之泌，孝豐志未載，其生平不可考。餘山致書未達，不可以列交游，故於此附見其名，俾不終湮焉。

汪先生鑒

汪鑒字津夫，餘姚人。隨父官雲南。父卒官，奉喪還至漢江，遇大風，舟且覆。先生憑棺號慟，風反，得泊沙岸，乃免，衆呼汪孝子。爲人矜尚氣節，受業於餘山，戒之曰：「英氣，客氣也，其學以鎔之。」久之有悟，得四語曰：「自然者道，當然者理，必然者勢，偶然者數。」自號四然道人。陳梓爲作小傳。弢甫編其詩，曰津夫詩鈔。

盧先生存心

盧存心，初名琨，字玉巖，仁和人。恩貢生。父之翰，少孤力學，喜爲詩，晚與馮景、王玉樞結詩社。景以女妻之，受業於餘山，與弢甫以道義相切劘，亦雄於詩。乾隆元年，舉博學鴻詞，報罷。子文弨，别爲抱經學案。

案：餘山行狀又有郎鑌者，初師錢惕庵，後來受學，里貫、事蹟未詳。

餘山私淑

沈先生廷芳

沈廷芳字畹叔，號椒園，仁和人。乾隆丙辰，以監生舉博學鴻詞，試二等，授庶吉士，散館授編修，考選御史。屢上章言時政，如請發常平倉穀，賑淮、鳳、徐、泗諸府州水災；請免米豆船科；請移在京滿洲閒散屯田塞下；請禁海洋物産販入内地，皆犖犖大者。又言「京師智化寺，乃明英宗爲逆閹王振所造，李賢撰碑文，稱振功德，請毀像仆碑」，尤爲時所稱。命從大學士高斌之山東治賑，授山東登萊青道布政司參議，遷河南按察使。母喪歸。起山東按察使。所至皆有聲績。官河南時，桑弢甫主大梁書院，與交游，讀餘山書而好之。及至山東，與弢甫同編刻餘山遺書，爲之序，自稱私淑弟子。以老罷歸，迭主鰲峯、端溪、樂儀、敬敷諸書院。三十七年卒。著有理學淵源十卷，續經義考四十卷，鑒古録十六卷，古文指授四卷，隱拙齋詩集三十卷，文集二十卷。參史傳、餘山遺書序。

福建續志理學傳序

自昔三代之隆，道在鄒、魯。宋之中葉，道在濂、洛。南都既遷，羣儒講述，道在於閩。夫使瀕海喬野之區，彬然與鄒、魯同俗，豈非理學教化之力哉？前志載人物，不爲理學立傳，紀事而不提其要，識者病焉。今夫道原出於天，天即理也，别其名曰誠，曰敬，曰至善，曰大中，曰仁義，而體之身則爲學，是皆所謂道也。堯、舜、周、孔之道，足乎己，措諸家國天下。其所言不假窮幽析微，萬理皆備。孔子既没，異端爭起，亂當世，於是孟子道性善，尊仁義，辭而闢之。至漢，諸儒説經，各以家法，紛綸甄釋，交相是非，然而前聖遺經賴以不墜。及唐昌黎韓氏起，攘斥佛、老，遏六季之横流，遵孔、孟之極軌。其可惜者，志在經濟文詞，不屑以訓詁教人爲事，故人知道，至宋儒而明，而不知韓氏之實有以啟之也。宋賢濂溪周子肇啟道源，推以陰陽五行太極之理，而關中張横渠氏又極言知禮成性、理一分殊之旨。及二程子生，河、洛擴濂溪之緒，道賅鉅細，一本乎誠，學無津涯，而莫先格致。當是時，諸君子聞風興起，宏闡道微，千里游從，講壇相望，是故劉質夫、謝顯道、吕與叔之徒衛道於北。厥後，許魯齋、劉静修繼之。至明，復有曹正夫、薛敬軒、吕涇野諸公，而楊龜山、游定夫二子載道以南，豫章、延平嗣起，閩學大盛。新安朱子僑寓建陽，得羅、李之傳，私淑程子，述先聖之道，燦然明備，諸弟子得其傳者五十有三人，而金華四子本之黄直卿氏。明時儒者，大江以南如胡叔心、章楓山、魏莊渠、羅整庵，敦行最著；閩則蔡虚齋、陳晦德盛稱焉。方朱子之講學四方也，謂格致誠正，入道之源在是，而一本於居敬。同時，象山陸氏則主人生而静之説，持論往往齟齬。逮白沙陳氏、姚江王氏生，二三百年後，從而祖述之，號曰心學，天下靡然從之，浸淫不返，流及虚無。而閩之君子，率原本程、朱，宗白沙者，惟陳茂烈一人。此理學之正宗也。於是徵據羣論，折衷正史，萃諸賢而登之，各綜其行事，以海濱四先生閩學所昉，而諸儒弟子學有淵源，與夫經術湛深，博雅通明，足爲吾道之翼者，咸並列焉，庶海濱鄒、魯之稱爲不誣矣。

弢甫弟子

盛先生世佐

盛世佐字庸三，秀水人。乾隆乙丑進士，官貴州湄潭知縣。憂歸，改發雲南，攝麗江井事，旋卒。弢甫設教南屏，庸三從之游。熟精三禮，撰儀禮集編，依經分卷，臚衆說而衷以己見。辨經與記之參錯，謂士冠禮自「不醴則醮用酒」以下，士相見禮自「士見於大夫」以下，皆即記也。其注或連傳，經爲傳隔，皆爲更定。至鄭、賈及楊氏圖有誤者，爲正其失。監本、石本誤字，亭林、蒿庵未及舉者，爲補其闕。參史傳。

尚書釋天序

唐、虞、羲、和之法，遭秦火而不傳。六天騰沸，莫知所從。自太初以後，踵事增修者七十餘家。至我聖祖仁皇帝律曆淵源之書出，法以數精，理以象顯，會典：雍正四年，議准律曆淵源板交與禮部。凡臣民有情願自備紙張工價刷印，或願重刻以廣流傳者，聽之。如披雲見白日，使千古術士詭祕之說，至今日而無所遁其形。始知大經大法，已略具于虞書數語之內，雖有古今中西之殊，而其理莫能外也。九峯集傳，因統釋全經，專取約文見義。又如渾蓋同歸，有一行之明論，孔氏正義惟取蔡中郎之陳言九道之說。漢書天文志與律曆志大相背馳，而三山林氏書解引之，以釋月行冬夏。集傳既不免承襲之嫌，至羲、和之分宅四表，不明爲里差之見端，渾儀之白道單環，不知爲察月行之交會，而歲差引一行語。宋本集傳，及文公書說，並有「日與黃道俱差者」七字，不知何時脱去。如斯類者，均所未安。閒嘗不揣愚昧，取書中之涉於曆象者，以集傳爲主，旁採諸書而疏正之。其於傳義未諧，所宜剖析者，則以蒙説附綴於其際。至於緯書之荒唐，史志天官曆説之蕪穢，直者迂之，明者晦之，數家之言，轉相附會，一簡之內，首尾乖違，乃術士惑人之故習，竊據所知，爲之詳辨。書分六卷，名曰釋天。其相與往復商搉者，則果堂沈丈彤、潘子尊堯、吴子貢金也。極知狂愚無當高遠，惟幸生禮樂明備之朝，堯、舜、羲、和之絶學得親遇其隆，視宋、元之爲經解者事半功倍，何論漢、唐。蓋以聖經爲權輿，以時憲爲標準，先後一揆者理之同，而法不必其一轍，故推步之詳，非所敢知，庶或資於格物窮經之一助焉。

錢先生載

錢載字坤一，號籜石，秀水人。乾隆壬申進士，官編修，累遷禮部侍郎。至性肫篤。師弢甫最久。立朝三十年，秉正不阿，終其身，食貧。晚罷歸，鬻畫以自給。其爲學，漁獵百家，尤工詩。自爲詩集序，累述父母劬勞，生平知遇，以爲所報答者，惟在此也。參蕣石齋集。

弢甫交游

張先生庚

張庚字浦山，號瓜田，秀水人。乾隆丙辰，以布衣舉博學鴻詞。少孤，事祖母及母盡孝。及長，研究經史，不爲科舉業。爲文簡老樸實，詩亦新穎，五七言古體，頗見古人堂奧。兼精六法，所作山水，氣韻深厚，自成一家。以負米，故奔走四方，足迹半天下，所至多與賢豪長者交。客睢陽十餘年，人重其學。嘗以明刻通鑑綱目一書，其中王幼學之集覽，馮智舒之質實，頗多謬誤，因爲釋地糾繆六卷，以正其失，又爲釋地補註六卷，以拾其遺，皆極精審。他所著，有畫徵録三卷，續録二卷，强恕齋文鈔五卷，詩鈔四卷，及五經臆、蜀南紀行略、短檠瑣記、瓜田詞等書。參史傳、鶴徵後録。

通鑑綱目釋地糾謬補註自序

通鑑綱目分註所引之文，其間古語方言以及句法之難明者，誠不可無註，而於地名爲要，地名而有關軍事爲尤要。蓋軍事之起兵師次，接戰交綏，設伏設備，聲東擊西，取彼定此，皆有關帝王廟算之是非，將帥方略之善否，必當考核明確，方使讀者恍若親之。一失毫釐，即有千里之謬，反蒙讀者於濃霧中矣。夫地理而欲得其明確，亦極難矣。歷代沿革有不同，六朝、五代竊據紛如，其地之朝甲暮乙，改易其名，有史所不得詳備者，而地志諸書，與各郡邑志乘，又多妄援古名，遂有兩地互見。士生千百年後，而欲據實以定當日軍事所關之要，自非細心虛衷，博覽徧考，按時按事，并按其情形，而證以輿圖不可也。今觀王幼學之集覽，馮智舒之質實，謬誤不少。蓋綱目本通鑑而爲之也，通鑑則有胡身之註，頗屬精當，集覽、質實捨之，每於地名不加詳考，任意引註，宜其謬矣。庚嘗病之，思一糾正，以奔走衣食，未暇也。乾隆戊辰，中表弟沈觀察艮思出眎所著綱目尚論編，亦以集覽、質實之謬，屬庚改註，乃取胡身之註校定，得其半。崑山顧祖禹讀史方輿紀要一書考訂尤詳確，遂主之，再證以輿圖，瞭然明矣。或大書與分註有傳訛者，仍按史改正；或史文誤者，則就文理酌改；有圖所未及者，則據事勢情形以定。至其所未詳者，不註者，一一補之。惟封爵之地，多挂空名，似無關係，有不補也。窮兩載之晝夜以成。時觀察已解任，恐無能與尚論同梓，因別成糾繆、補註兩種，俾讀綱目者按事校之，則於考亭分註之深意，庶幾無晦。自非好摘前人之疵，誠以綱目起見有不得已者，然一己固陋之識，烏能悉當？又雍正、乾隆間，所改所分郡邑尚未盡詳，則恭俟一統志頒行改正。

文集

書方望溪讀儀禮後

儀禮所具之文，於登降、進反、服物、采色，辨及於微忽，非好繁也，不如是，不足以束觔骨，壹心志，以通極乎性命，記所謂「威儀三千」是也。秦、漢以降，民心散而風俗澆，由禮亡而無以維之耳。方氏獨云：「儀禮之制，惟成周爲宜。以爲道教彰明，雖甿隸曉然於仁義中敬，用是以磨礲之，使益深於人道。後世大防潰決，而不能自禁，乃使戔戔於登降、進反、服物、采色之辨，而相校於微忽，不亦末乎！」遂謂周公「生於秦、漢以降，用此必有變通」。斯言過矣！聖人之制禮也，原於根本，而後及乎枝葉，一一整齊而統之，夫是以菁葱茂鬱可觀也。習禮者，由一葉一枝之通，以漸及於根本之精微爲知道，否則，亦知所謹飭，不至於放蕩而無忌憚。然則定民志，齊民俗，莫急於禮教之修明矣。試思後世，冠禮不行，士子立身之基失；婚禮苟簡，婦人勃谿之風熾。儻周公復生，惟恐復之不盡，安得嫌其戔戔，相校於微忽，而有變通也？其云成周道教彰明，即斯禮之行也，豈別有一道以先之乎？後世大防潰決，正當以此維之，而乃爲末務耶？

椒園弟子

汪先生中

別爲容甫學案。

清儒學案卷四十七

滄曉學案

滄曉覃精易學四十餘年，其持論酌於漢學、宋學之間，與朱子頗有異同。然易道廣大，非一人所能盡。朱子作本義，嘗欲有所改定，而自言未暇整頓，則後人辨訂，亦未始非朱子之志也。述滄曉學案。

胡先生煦

胡煦字滄曉，號紫弦，光山人。康熙壬辰進士，選庶吉士，授檢討，直南書房。嘗與修周易折中、卜筮精蘊諸書。官至禮部左侍郎，以事罷職。乾隆元年，詣闕召見，賞給原銜。是年九月，卒於京師，年八十二。三十八年，四庫館開，高宗命河南撫臣蒐録遺書，續舉以進。五十九年，追謚文良。先生少學能文，初官安陽縣教諭，至成進士時，年已五十八矣。居常究心周易，得圖、書一貫之恉。臚傳後引見，即自陳所學。聖祖叩以河、洛理數，條對甚悉。自後屢召見，問卦爻疑義，命畫圖以講。聖祖曰：「真苦心讀書人也。」所著周易函書，原分正集、續集、别集諸名，卷帙煩富。後手自修訂，復經先生子季堂重加編校。其總論易説者，爲原圖約一卷，原卦約一卷，原爻約一卷，原圖四卷，原卦一卷，原古十卷，合成函書約存十八卷。其注解經文者，爲上經六卷，下經六卷，上下繫辭傳四卷，説卦傳一卷，序卦雜卦一卷，合成函書約注十八卷。又有易學須知三卷，易解辨異三卷，篝燈約旨十卷，合成函書别集十六卷。大旨言象則取證於虞、荀、侯、鄭及來氏諸儒，言數則更附以左、國史子諸集。至於爻象，别有會心，則詳辨於各卦各爻中。言必有據，不執己見，不曲徇，不故違也。其他所著，尚有卜法詳考四卷，葆璞堂文集四卷。子季堂字升夫，號雲坡。由廕生官至刑部尚書，出爲直隸總督。嘉慶五年卒，謚莊敏。克承家學，著有讀史任子自鏡録，及培蔭軒詩文集。參史傳、彭啟豐撰墓誌銘、周易函書李去侈序、四庫全書提要。

周易函書自序

方今詩書大備，聖道昭明，漢、唐、宋、明諸儒蔚起，宜無復有遺文賸義俟諸後學考稽詮釋矣。然日新而不已者，文之運；日出而不窮者，道之理。一狐之腋，不以成裘；南山竹箭，加之以鏃，入且更深也。安見芻蕘工瞽，千慮之一得，不足供採擇，益高深乎？譬彼古鑑，雖復沾塵，揩磨之以溟錫之礬；譬彼干將，雖復埋獄，淬礪之以華陰之土，彼其質，於古無加，而光彩鋭利，焕乎維新矣！古聖人遺六經教後世，固欲學者繼起，有以抉其藴，發其光，使無至如古鑑、干將塵埋韜晦已耳。然六經皆載道之書，而周易實具天人性命之理。周易止卦爻之設，而圖象實括始終本末之全。會圖徵象而至理斯存，未有棄圖置象而孤標至理者也。夫圖象猶形也，理猶影也，影即形而存，無形而影於何起？圖象猶日月也，理猶光明也，光明即日月而具，無日月而光明何生？乃自王弼掃象，一歸諸理，宋儒因之，象失其傳，由來久矣。來矣鮮生諸儒之後，獨能上追虞、荀，廣搜博覽，益其未備，訂其舛訛，務使理由象出，亦可謂好學深思，不爲理障者矣。第於本源有所未探，則顧小而遺大，拘末而棄本者，猶不免焉。煦復從而斟之酌之，損之益之，其有未備未當者，又復合諸卦象，揆諸小象，證以先天諸圖，及繫、説、雜、序諸傳，總折衷經文，以求至當，斷不敢徇傳而棄經，溺理而遺象，故於其中謬誤滲漏者，又復得十之二三，以此徵象，庶云備乎！獨思來氏錯綜之説，本欲矯卦變之非，而不知其愈離而愈遠也。今執所綜之兩卦，以一覆而爲往來，是未知往來之的旨也。夫來則必出於内，而往則必行於外者也，故卦稱内爲來，而外爲往。謂内爲來，是原其所生之有自；謂外爲往，是究其發舒之有漸也。如謂上之覆也，即爲初二之往也，即爲五。不惟垂盡之末，不可稱爲方生之初。即二覆爲五，越三四而超然以往，亦未知卦氣之升，逐爻漸進之旨矣。即謂陰陽互根，皆由窮極而返，亦是陽極生陰，陰極生陽，安有陽之盡也復生陽，陰之盡也復生陰乎？夫剥之與復，理應相綜，來氏於此，何不云剥之上九爲復初九之往，復之初九爲剥上九之來乎？明知其中尚隔純坤一卦故也。若由復而剥，彼其所隔，尚有十卦，安在其一覆而即至乎？夫彼所謂錯，即古所謂伏也；彼所謂綜，即古所謂覆也。伏有伏象，覆有覆象。緣有是象，乃爲是辭，故欲達辭，必先明象。易中之象，錯互皆有之，伊綜獨無，安有是理？第以綜論象可也，以綜論往來則不可也。夫來往之理，莫備於先天四圖，故煦更訂爲循環太極圖。又復變化卦象等七圖，以發明先天之義。非臆之也，亦即先天四圖探玩既久，而有以得其旨趣，知夫太極一圖，即先天圓圖之變化，而先天圓圖，又即河圖之變化。凡夫周易彖傳中上下、始終、內外、往來之妙用，靡不於此凝聚而會歸焉。今觀此圖，乾南坤北，天地之所以定位也，而乾、坤之首易者擬之。離東坎西，天地往來之交也，而水火之始終於易者擬之。三男附坤而成形，三女附乾而成象，天氣所由下交，地氣所由上躋也，而泰、否、復、姤之交不交者擬之。附坤者，首一陽之震，上行而爲二陽之離，兑又上行而爲三陽之乾，而陽始極；附乾者，首一陰之巽，下行而爲二陰之坎、艮，又下行而爲三陰之坤，而陰始極，而復、臨、泰、姤、遯、否之由微而盛，由盛而衰者擬之。其陰陽之生也，皆由於內逮夫盛而極也，始往於外而就消，而先三爻之來於下而稱內卦，後三爻之往於上而稱外卦者擬之。東南爲陽，而離之中虛者居焉，則陽中有陰也；西北爲陰，而坎之中實者居焉，則陰中有陽也。艮、震之陽，夾坤而居，則大明終始，得朋喪朋之義也。巽、兑之陰，夾乾而居，則先甲後甲，終則有始之義也。卦有內外，則先三後三所由分。卦歷六爻，則七日來復所自起也。其在乾而言坤，在坤而言乾，所以有卦之覆。其非水而言水，非火而言火，所以有卦之互也。推之而爲卦象，則由初至上，由上返初，莫非此圓。轉不息之機，而往來之説定矣。衍之而爲歲令，則陰極而陽，陽極而陰，莫非此上下流通之故，而升降之機寓矣。循之而爲月窟，而出震之三候見於昏，出巽之三候見於晨，莫非此陰陽更迭之運，而坎、離之用行矣。返之而爲天根，而先庚之先奚自來，後庚之後何所往，莫非此由中之妙，無極之理，而大化之肆應不窮者出矣。凡皆先天一圖之妙也。第以陰陽二氣，環而抱之，則爲太極圖，以八卦之象，分而布之，則爲先天圖耳。其實太極圖止是先天圖規而圓之、聯而屬之而成者；先天圖止是太極圖三分内外、截爲八段而成者。而循環太極與先天八卦又止是河圖中奇耦之數聯屬而成者。是三圖之設，非有殊旨也。夫邵子所得先天四圖，其横圖、圓圖總以明小圓一圖之妙耳。特鮮有沈潛玩索，識其指歸者，宜乎來氏止認爲對待不移，而未知其爲流行不息者也。煦自髫齡，篤嗜周易，研精四十餘年。近緣安學清閒，益得肆志於兹。訂訛辨誤，别異剖紛，寧謂潔淨精微之藴遂盡是乎？然而瞽翁篾叟，率爾縱談，皆能洞達閫奥，固不必專一經以名家，守義經而世業者，爲能發四聖之心於微言未絶後也。夫子雲之太玄，劉歆訾其覆瓿，而桓譚、侯芭謂其必傳。堯夫先天之學，見疾於秦玠、鄭夬，而司馬君實且以兄事之於洛也。六宇之廣，容有起而質證是非，指瑕摘謬，號稱同嗜者乎？至其詮釋，或於傳義不必盡合，亦期據經引傳，無悖經旨而已。觀於主司命題，百人百致，安必文字之悉相倣，乃矩度而繩糾之，而所以主是文字者，固無勿同也。觀於生人之面，萬形萬貌，安必耳目之悉相肖，乃約求而精察之，而所以運是形貌者，固無弗類也。四聖之易，或以象告，或以辭顯，豈有殊致哉！亦要諸理之一耳。規規焉，文字形貌之合無當也。

凡例

一、易象失傳，自王弼始。猶幸李鼎祚集解一書，尚存十分之一二；來矣鮮得之，已增十分之二三；煦復於集解、來易兩書，合證而推廣之，其於象義，庶未有遺也。如「遇」字、「鄰」字、「婚姻」等字之解，及西南、東北、先甲、後甲、先庚、後庚并月幾望之旨，悉皆取先天圓圖，非臆爲之也。

一、函書卦爻，有全依古註者，皆存而不論。其全改古註者，如乾、坤、坎、離、剥、復、蠱、巽、損、益、夬、姤、震、艮、既、未濟，及上繫之首章，并下繫之第六章，皆原本先天一圖，期與文、周、孔子之經傳絶不相違，乃始從而更定之。亦有前解半合半違，則是者存之，違者正之，期無悖於經傳而已。其説具詳各卦各爻之下。

一、周易之理，全在象中。象則高視遠寄，包含無盡。據人事而言理，止論得一端耳。故遺象而言理，非易之理也。

一、周易之卦，全是文王開先天大圖而得之者，故置圖而言卦，非卦之理也。

一、周易之卦，全是先天，執後天圖而解卦，非卦之理也。

一、周易之彖傳，全是解文王卦辭，故置卦而别言人事，遷就吉凶利害之説，非彖之理也。

一、周易之爻，全由卦出，置卦而言爻，非爻之理也。

一、周易之小象，全是解釋爻辭，置小象而言爻，非爻之理也。

一、周易之爻，有既象以天時，又象以人事者，至於小象，或止釋天時一邊，或止釋人事一邊，爲爻辭中，天時、人事原有合一之理。不知此義，竟將天時、人事説作兩開，非爻辭之旨也。

一、分卷之法，宜如吕氏所定古本。今依程子所定，合彖、象、文言於各卦各爻，爲時本刊行已久，天下學者習而安焉，故從俗便。

周易函書别集自序

經教昭如日月，而後人汩之，幾若障雲瞢霧，不可卒解。其始原於註釋家好新立異，各執己見，而不克深維聖人遺教之本心。其繼由於後學者膠柱刻舟，固執成説，而不復折衷於聖人翼經之本旨。是猶闔户求明而欲觀之達，履校求行而欲遠之致也云耳。夫聖人之六經，即聖人所傳之道，而周易尤爲深邃。然孔子之十翼固在也，精求其藴，靜會其旨，固自有確切著明，首尾聯貫，始終一義者，昭於十傳。故學周易而不克與聖人之翼，殫經畢慮，極量推求，皆旁行歧出之徑途，將愈遠而愈離其故矣。煦學易四十餘年，凡於易中卦爻圖象，莫不原本十翼，冀其不與經義相違。如曰易有太極，非謂太極爲圖也。而後儒以爲圖矣。但云易有太極，非謂太極之外，又有無極也，而後儒復加無極矣。如云分而爲二，以象兩也，非謂所除之一亦有象也，而後儒以爲象太極矣。如説卦中明有窮理盡性致命之説，而後儒但以爲占卜之書矣。如象辭之往來上下，但據摩盪時言之，非有卦變之説，而後儒以爲卦變矣。此類甚夥，不能悉舉，故所發明，儘有宗經而不宗傳者。業成釋經四十九卷，原圖、原卦、原爻、原古五十卷，爲函書正集；兹取函書，約易學須知、易解辨異各三卷，篝燈約旨十卷，共十九卷合成一帙，名爲别集，用質同好。倘有是正其謬誤，指摘其瑕疵，而抉剔其所由然，則煦之獲益多矣。實於同志有厚望焉！

卜法詳考自序

聖人之用蓍龜，用其靈也。靈非蓍龜所能有也，是五行之端倪，陰陽之呈露，太極之大用也。太極者，元化之宰，至虚極靈，善應而不以言説。藏之淵淵而不知其極也，出之浩浩而未見其窮也，充諸兩間，形爲萬物，莫之盈，莫之歉也。故天地者，大化之靈府也。資元以生，何物不載此靈府？聖人，其靈之特異者耳。飛潛動植，則靈之分布者也。其自無而有也，是此靈之出也，是開舒布散而顯諸仁也。其自有而化也，是此靈之入也，是收斂翕聚而藏諸用也。聖人居其所居，應其所應。潛則靈隱，而敦化之本偕天以貞；用則靈顯，而位育之理與化同運。是與靈俱靈，而渾一不分者也。謂動物靈而植物不靈，生物靈而死物不靈者，非也。無有靈蠢動植，無有精粗巨細，而不毓靈於大化之玄宰，取靈於不竭之府藏者也。據人而論物，宜不靈於人，乃皮狐之與狐狸，且有前知捷若影響者矣，然猶具能知之性也。以生人之知，而求知於無靈之死龜，不靈之腐草，何居乎？爲所資之靈，固大化之分給而玆其反也，有靈以攝之而使之反，則反者載靈以入，安謂死之而死，腐之而腐乎？夫人之耳聰目明，足行手握，心知意識，亦極靈妙矣。上通浩渺，下徹窮泉，前極往古，後盡來禩，藏天下之萬有而不見其盈，應天下之萬變而莫窮其始，隆諸參贊而莫窮其際，皆一靈之運量而已。逮於生子，而其靈復然，逮於生孫，而其靈復然，即由孫子而至於無窮，亦莫不有。然則一靈之派衍如此其無盡也，乃由此而上遡之，其父母之靈與我不殊也，其祖宗之靈與父母不殊也，由祖宗而遡諸無始之始，諒必有資靈以分給者矣，則靈府不匱之藏也。夫萬物之靈，何勿取給於靈府？一源之水，何有清濁？一元之化，何有靈蠢？則不得謂植物之無靈矣！或曰：「形不靈而神靈，氣不靈而性靈。其生也神與形具，其死也神與形離，安得以枯朽之骨，比靈於運動之宰？」曰：「非也。謂神與形異，此猶有對峙之見存也。對峙之見存，則靈蠢之說異。夫萬物靡不資靈於靈府。靈府者，性命形氣之大聚，資生之大始也。既同資靈於靈府矣，一範之模，此圓而彼方乎？一源之水，此清而彼濁乎？一本之靈，謂此靈而彼蠢乎？夫遠祖之骨，可以福至遠之孫，靈乎？不靈乎？故夫形氣，皆至靈之聚也。且夫自古及今，其形氣之資生，蓋不知幾千萬年矣。藉形氣而非靈，則天地間不皆形氣之充牣乎？乃卒未見。夫形氣之塞也，則一靈之攝而反也，是既開而復合，既聚而復散，既闢而復翕之義也。故遺神之氣皆靈氣，遺性之形皆靈形也。或以朽株枯骨爲聖人假之以通神明之具，非也。夫朽株亦靈也，不待寄靈於朽株也。枯骨亦靈也，不待寄靈於枯骨也。蓋聖人之有取於蓍龜，是精微之寓，妙道之存也。第其靈妙幽潛，冥漠之中，不有以啟其機，發其祕，則蚩蚩之氓，將不知有神明。故曰：幾者，動之微也。何物不具此靈幾？何物不有此動靜？彼蓍與龜，特聖人實指之，以顯神明之用耳。夫蓍龜較然無僞，猶尚若此之顯且著也，則夫資始之元，所各正而保合者，含靈祕妙，宜不啻百千萬倍於茲，當益愈較然其顯且著矣。故聖人之立教也，和順於道德而理於義，窮理盡性以至於命。君子之奉若而省修也，如臨深淵，如履薄冰。」

文集

河圖洛書異同辨

聞之天不愛道，地不愛寶，而河有圖，洛有書矣。上以發乾坤混沌之藏，下以啟聖賢精一之學，此固太極之所由肇，而連山、歸藏、周易之所自始與？第其爲象，方圓異形，九十異數，分合異制，而二七四九又復異位，兼以流傳既久，隱顯殊途，因致旋毛龜折，異議紛紛，雖有邵子傳圖南之學，朱子發康節之旨，收二圖以歸周易，而後之學士，猶將不能無疑。蓋理藏於數則探索爲難，道寓於文則研窮不易故也。漢開天禄、石渠，購經書祕籍而校讐之，而安國、向、歆、班固之徒，乃有擬圖作易，擬書作範之說。豈伏羲畫卦之初，竟不知洛書，而洪範錫禹，乃顧上棄河圖，而獨宗龜負乎？伏羲之卦，原於太極，每加一倍而成。而元定之皇極洪範，僅有自一至九之數，揆於易卦，絕不相類。豈書自書而圖自圖乎？且康成之疏明堂圖也，固有二九四七三五六一八之說，先儒以爲洛書之數。而孔子之繫易，天地之數五十有五，則固指河、洛言也，奚爲乎？劉牧之言，且以爲河圖九數，洛書十數也，何所據而然耶？康成有言，河圖九篇，洛書六篇。是圖、書未啟，先有文字之傳矣，不且與書契取夬之說戾乎？王子充不然其說，曰：「洛書非洪範也。」因摘其不可信者，蓋有六焉。彼固謂「河出圖，洛出書，聖人則之」，則伏羲之卦，固已兼倣書、圖。若洪範九疇，固禹之自敍，而非圖、書矣。安在五行五事？孰能確指以爲奇？孰能確指以爲偶乎？安在庶徵八政者之確乎？位置於東五極六極者之確乎？位置於西乎？由是言之，則河圖授羲，洛書錫禹，其然乎？其不然乎？不知圖、書之所以異者，九與十之數，方與圓之形，分與合之辨耳。非其理也，據理而論，則一體一用相資而成，一動一靜互爲其根，一流行一對待相依而立也。故圖之數十，合始終而計之，皆成九數，是十中含九也。書之數九，合始終而計之，皆成十數，是九中含十也。圖者，未發之中，故流行而不息。書者，已發之和，故對待而不移也。無圖，則洛書之數無所本；無書，則河圖之數無所行。觀於乾、坤交而爲坎、離，坎、離交而爲震、兑，是洛書之位，猶然河圖之位也。觀於河圖左轉而相生，洛書右轉而相克，是洛書之數，仍然河圖之數也。觀於河圖之奇陽左旋，而偶數從之；洛書之奇陽居正，而偶數翼之，是圖之與書，其尊陽同也。觀於西南之金火相易，東北之水木不易，是數之與位，其老少亦無勿同也。蓋河圖者，未交之洛書；洛書者，已交之河圖也。未交則生成之數合而不分，已交則奇偶之行各安其位而不亂也。以陽爲主，故極盛之陰，皆隨陽而自定。陽通則復，故極盛之陽能挾陰而俱還也。知圖、書之旨，原自不殊，則體用一原，方圓一致，動靜一理，而易之與範，自同軌而合轍，安見河圖之不可作範，而洛書之不可作易哉！

大衍之數五十其用四十有九説

聖人之立筮法也，將以抉天苞地符之原，窮絪緼化醇之理，其數不克與先天後天之祕密相符，其理不克與無極太極之精蘊相契，則至隱極深之妙無由而顯，亦必無由通天地之德，類萬物之情矣。故設之爲大衍之法，而定之以五十之數，蓋兼河圖、洛書，而一以貫之者也。河圖，先天也。洛書，後天也。

河圖之數五十有五，洛書之數四十有五，兼之而爲百，半之而爲五十。故大衍之數，兼河、洛之全，而折半用之，以體其撰，以經其變，欲其與崇效卑法之義無違焉耳。不若是，則隱者終隱，其機曷達？祕者終祕，其緘曷啟乎？然而用之止於四十有九者，何也？先儒曰：「除一以象太極故也。太極，體也。其分而揲之，則體之舒也，元之亨也，無極之動也。故以爲其用，亦猶兩儀、四象之出於太極者然也。世未有有用而無體者也，故返其一於櫝以象之，若其所用之四十有九。」先儒之説，或兼星宿支干而求以强合其數，人各異辭，辭各異旨，蓋紛而無據矣。惟荀慈明有云：「先、後天圖各具八卦，卦各六爻，六八共得四十八爻，故特設爲四十八數以象之。至所用之數，尚餘其一，又得置而不論。」某竊思之，四十八者，固以擬八卦之爻數，而此外所餘，則藉以象陰陽者也。陰陽之理，一動一靜，故一用一不用也。一形一神，故形妙於有，神妙於無。神也者，潛通於四十八爻之中；形也者，即四十八爻之體而全具者也。所由用一於四十八數之中，以象其陰形之存；潛一於四十八數之外，以象陽神之流通而無迹也。今觀揲筮之法，掛一以擬太極，分二以擬陰陽，揲四以擬四象，歸奇以擬閏餘，則聖人之動作經營，無一不與天地合德，日月合明，四時合序，亦以明矣。況筮爲幽贊之具，且將藉此以探乾元之妙諦，契不息之真機，自非其數之多寡盈虚，無一不與之悉協。遽有以契體用形神之妙，發有無動靜之機，知必不能矣，烏所云參天兩地而倚數哉！

與冉永光先生書

六經爲聖人傳道之書，而周易則聖道之大本所繫，不識從前但以爲卜筮之書，何也？執卜筮一見，以解周易，爲當也？否耶？夫洛書與河圖，孔子謂爲作易之具，而先儒以爲作範之具。先天四圖既則圖、書，而先儒無一相通之語。河圖既爲先天，而先儒硬欲拆而爲卦。易冒天下之道，而太玄、洞極、潛虚、洪範竟似易外别有一道。元亨利貞，本乾之四德，而先儒説作兩件，且硬欲説成人事。用九、用六本皆言理，而先儒以爲説占。「大明」、「首出」二節本言乾德，而先儒以爲聖人。周易之卦悉屬先天，而先儒俱執爲有形有體之物。孔子彖詞來往内外字面本皆説圖，本是一箇道理，而先儒釋爲數種。坤之卦詞文言中「得主」連讀，而先儒以「後得」爲句，「主利」爲句。周公爻詞悉本文王之卦，而先儒皆另爲一説，不顧卦德。如此之類，自始至終，悉成訛誤。總由以韋編三絶之書，直欲爲朝樹暮陰之計耳。某於壬辰、甲午、乙未、丁酉七經召對，今聖人深契道妙，知煦不徒執儒者之説，而兢兢奉經文以爲之主也，是以屢蒙俞旨，且有「苦心讀書」之目。煦於周易四十餘年，成書三千餘頁，名曰函書，約字一百八九十萬。第以力微，不能刊刻。今約首之五十卷爲三卷，以櫽括大意。刻成，當另期請教。

與冉永光先生書

滑州館中别後，今已十有餘年。比歲以來，有疑莫質，雖研窮書卷，道理信得幾分，而切磋琢磨，終鮮師友之力，居常耿耿。煦竊以爲，周易者，聖人傳道之書也。自圖、書及於卦爻，皆是一箇道理，所謂一以貫之者也。河圖先天，洛書後天，故河圖合而洛書分。分者必不可合，合者必不可分。故伏羲則以畫圖，亦內合而外分。內則河圖，而外則洛書也。因外分之象便是則書，故有先天而無後天。文王未嘗畫卦。周易所有之卦，開大圓圖而有之者也。故孔子彖詞遂有內外往來、上下進退之說，蓋言圖也。煦謂周易全部皆屬先天，此之故也。周公之爻，拆卦而釋之者也。既拆卦而有爻，則其釋爻宜本卦德，乃先儒釋爻，儘有另說一義，不復迴顧卦德者矣。卦開於圖，則釋卦者宜本於圖，乃先儒釋卦，竟將往來字面認作卦變，而不知有圖矣。圖因於河、洛，則必圖、書中便具有畫卦之理，則必先天四圖便具有圖畫之妙，乃先儒釋圖，絶不言則之之故，於是乎取河圖之必不可分，稱爲未發之中者，而亦强拆而補之矣；於是乎先天四圖不能解圓轉不息、相依互根之理矣；不能明內外分合、初末往來之義矣。遂使圖、書至卦爻一脉相通者處處打斷，得爲知周易者乎？煦於周易四十餘年，成函書九十九卷，皆自心之獨得。特限於資力，不能剞劂，就正高明，徒藏篋笥耳。向欲請教，因往來無人，不便攜帶。近將函書約三卷付之梓人，刻成之後，另寄請教。壽詩前後約三十首，并拙詩一章，乞先生正之。

與張儀封先生書

弟耳先生名久矣！功業炳耀，不足爲先生重；聲譽赫奕，不足爲先生多。獨此肩荷聖道，搜剔逸書，表章賢聖，不啻續欲滅之燈，揭日月而麗諸天；澆欲斷之流，傾江海以沃其源也。此豈一手一足之烈耶？第念聖人之道，盡在周易，從而學之，蓋四十年矣。然自孔子迄今，二千年間，而易道終晦者，蓋亦有故。一晦於制義者傲倖功名，獨奉一家之言，以爲蓍龜。又晦於註易者獨持己見，而不能窺立言之本意原極廣大。高也而卑視之，則止以爲卜筮之書；深也而淺視之，則止以爲趨避之事。又其本原之地不明，竟將本原周易，看作極零星極瑣碎的物事。不知周易六十四卦均屬先天，則此後無有一卦一爻能得其解者也。不知周易六十四卦悉出於元亨利貞，則此後無有一卦一爻能知其來歷者也。不知象詞獨贊乾元，則不知周易貴陽之義。不知爻詞特標初字，則不知原本太極之機。不知天道人事止是卦象，則滯而不靈。不知乾、坤兩卦爲大父母，則零星無統。不知先天出於河圖，則不知十數必全之故。不知文王之卦出於先天，則不知八字立爻之旨。須知周易中有六要，皆於易大有關係。若能箝攏將來，方是一箇活周易。合其一二，猶可漸次相通；若六要俱違，則無一字爲真易矣！夫原泉之既濁矣，而欲清其流；塵鑑之既昏矣，而欲用其照也，烏可得哉！煦觀周易止是太極中事，原是箇活的，無有一卦一爻不可以相通者。或精或粗，隨人用之，無不靈妙。後人極力闡發，尚懼不明，豈能如子雲太玄絶無領會，徒作奥詞，爲易外之易，自飾固陋，欺天下，誤後世，而漫無所可否哉！此後僞易頗多，皆太玄爲之倡始。兹之所述，雖不免有異前人，然異於儒而不敢違聖，異於傳而不敢背經。天壤之大，得一人焉爲知己，聖道亦可以不孤。煦自壬辰，迄於甲午，澹寧、乾清，五經召對，荷蒙諭旨有「苦心讀書」之目，而又得蒟菲不棄如先生者，非煦之幸，此書之幸，聖道之幸也！若以爲無當而覆之瓿，任焉而已。外有與先生論周易書一篇，公餘詳細閲之，則不才註易之心，或亦可以微見一班也。

與張儀封先生論周易書

易道之晦也，皆制藝取功名之念誤之。不守一家言，則以爲背註，而無由獲雋，故義傳而外，不肯開拓一步，雖有真易至論，合乎四聖之心，悉在所屏。是易之晦也，學易者晦之也。程子曰：「某於易，只解得七分。」朱子晚年，亦自悔本義之作，何嘗謂有此義傳而他書可盡廢乎？今試略而論之。易中最有關係，無若「往來」二字。此二字不明，則爻中「初」字之義必不得其解。「初」字不得其解，則內外上下不得其解。內外上下不得其解，則卦中之彖辭、爻辭無一字能得其解者矣。何也？周易團攏得來，只是渾淪一個太極。其三百八十四爻，則文王之六十四卦，而周公拆之者也。其文王之六十四卦，則伏羲之大圓圖，而文王拆之者也。其伏羲大圓圖，則先天八卦圖三加而成之者也。其先天八卦圖，則伏羲擬議於圖、書，則而畫之者也。河圖者，卦畫未成，是太極之所寓，而先天之呈露者也。以三百八十四爻回視河圖，終若絶不相類。然繫傳有云：「易有太極，是生兩儀，兩儀生四象，四象生八卦，八卦定吉凶。」則固融會四聖之易，而上通於未有卦畫以前，下通於既有卦爻以後，一以貫之，而莫之有違焉者矣。今試以周公之三百八十四爻，攢攏而會聚之。自初至上，連爲一處，知未有外於六十四卦者也。故其擬爻而爲之辭，亦必推本於各卦之性情而出。若使可以離卦而爲之說，則初九之三十二爻，止一潛龍可以盡之，而屯、需、畜、復之初，奚爲而異其象也？夫周公擬爻，而惟卦之從也，予故曰：「周公之爻，即文王之卦而拆之者也。」今試以文王之六十四卦，攢攏而會聚之。其初向內以觀其來，其末向外以觀其往，知未有外於伏羲大圓圖者也。故其擬卦之辭，亦必推本於内外往來、上下始終以爲之據。如所謂「大明終始」、「得朋喪朋」、甲庚先後，皆其義也。若使文王可以自爲周易，而不必推準於先天諸圖，則伏羲之易久爲，文王之卦、孔子之彖莫不本之，以論往來内外、上下始終。予故曰，文王之卦，即伏羲之大圓圖而拆之者也。今試以伏羲大圓圖揭去外之三畫，止存内之三畫，又將内之三畫一加再加，各各拆之，觀其所虛之中，而知太極寓焉矣；觀其初加之東陽西陰，而知兩儀寓焉矣；觀其再加之南陽北陰，而知四象存焉矣。又加而至於三爻，而合以觀其一陽二陽三陽一陰二陰三陰相連之妙，則陰陽互根，初末微盛，上下内外，凡周易卦辭、象辭、爻辭所有之妙，無義而不具於其中。予故曰，大圓圖即先天八卦三加而成之者也。又試以先天八卦而比量於河圖，知未有天地以前，其渾合之機，難可名狀，則合生成而渾爲一處，使人知生之之理，雖其朕兆未形，而成之之理，已即此在矣。伏羲深知其妙，因奇偶渾合、回旋交互之機，與五十居中之旨，而定爲太極。又因奇偶之異，畫陰陽而定爲兩儀。又因上下左右已具四達之理，而定爲四象。又因五十居中，四方止得八數，而定爲八卦。又觀盛陰盛陽之極於外者，而定天地之位。又觀微陰微陽之生於中者，而定根陰根陽之理。率皆本奇偶聯貫處，熟玩而得之，故河圖有連法無拆法也。先儒不知河圖原是渾淪之物，因將伏羲觀象畫成之卦比合其數，强以拆之。夫河圖而既已拆矣，不且爲後天乎？若是，則洛之爲後天者，亦盡可以不必出矣。姑無論圖之初出於河也，其時必未有卦象，乃顧以則圖所畫之卦，附於其數而配之，則伏羲先天八卦竟可以不必立圖矣。是先天八卦之妙，反緣此一拆而俱晦矣。何怪乎後人之解先天者少也！是皆未知伏羲八卦即是河圖，而先天之妙悉在其中故也。何謂先天？其在於人，即未發之中是也。夫人當寂然不動之時，固未發時也。既云未發，其於喜怒哀樂，究何所有？設於未發時强以拆之，曰何者爲喜，何者爲怒，知必不能。夫未發之中不可拆，而獨以先天之河圖爲可拆，猶得爲知先天者乎？既未知河圖即爲太極，原屬先天，本是無偏無倚，流行而不息的物事，則伏羲先天八卦，安得不執爲對待不移，而并没其圓通之妙也？因不知先天八卦自具圓轉流通之妙，則文王拆之而作易，周公拆之而作爻，其中之圓轉流通，如往來内外、上下終始之説，抹索不著的，那得不執爲卦變卦綜，紛紛其説耶？夫學者之註易也，欲其適足以發明易卦、易爻之理耳。即令人人皆知此卦之變，此卦之綜，從某卦來矣，而究於本卦無所發揮。若是，則即并卦變、卦綜而去之，而周易之理，未嘗不自在也。自來註易者，皆以五行納甲，及火珠林之説，咸以其近於術也而略之，顧又以周易爲止是占卜之書。此皆非知周易者也。夫易之廣大如天地，然其中精粗美惡，何所不有。豈以其爲精也美也而存之，粗也惡也而胥去之？且如見豕負塗、載鬼一車、跛眇臀趾諸象，聖人之不擇言，固如是乎？不知周易之理，精而求之，則窮理盡性、知命達天出乎其中；淺而求之，則夫婦居室、吉凶趨避之理亦出其中，初不得謂此精而彼惡也。即如納甲之説，亦是聖人知周易之不可易學，故即日月交光之旨，以發明陰陽進退之象。此非精以審之，以觀其所生之位，所居之方，而得其進退盈虧、始終微盛之妙，豈易得其旨也？天地陰陽往復，最靈最妙無過於此。自後世之術家，用之而有驗，則遂流而爲術耳。五行之説，其初出於易之四象，其中靈妙，實難盡述。自陰陽家資其生剋之説，每有奇驗，後遂流而爲術。又如火珠林所立世爻八純之卦，定於宗廟，必不可變。其後，則以卦氣自下而升至五，則轉爲歸遊。此皆易卦以下爲初，以末爲上之旨，皆本於天地自然之氣化，而伏羲大圓圖所寓之妙旨。予會河圖及先天八卦相通之旨，又觀易象往來上下、内外終始之妙，而作爲循環太極圖，既與河圖、先天八卦未有殊旨，而又下通於各卦各爻，以達於生卦生爻之故。蓋知圓轉不息，絕無停機，一部周易，其中卦爻莫不如是。所以説，周易是個活的。至其卦象，歲令、月窟、天根，皆此一圖之妙所該括者也。又玩先天之妙，更立縫卦，皆先天八卦中流行不息之義也。又作爲四通之十六陽卦，所以發明「交」字、「生」字之義，使人不迷於内外之説。而又以考一爻之旁通，有見有伏，有動有變，達於四卦，均無異旨，亦莫非流行不息之理也。聖人之道，盡在易象、春秋。易象，其大本也，所寓者，天人合一之機；春秋，其大用也，所寓者，天人感格之理。不知易象，則學聖者無本領；不知春秋，則學聖者無作用。然則易學之晦明，豈淺鮮事哉！煦之愚魯，亦已甚矣。第以學易四十年，似亦微有所窺，故敢僭爲之註。即其所釋，亦皆考證於四聖之經。即經以解經，斷不敢執傳而棄經也。即如「先迷後得主」本爲一句，考之象辭「先迷失道，後順得常」，是以得主爲常道也。聖人懼人不知「得常」即爲「得主」，故於文言又曰：「後得主而有常。」是以「得主」即爲「得常」，則「得主」二字相連也明甚。乃顧曰「主利」爲句，是徒在占卜上著眼，不惟小視聖人之經，是明與聖人之經文悖矣。又如坎之六四：「樽酒，簋貳，用缶。」本爲三句。乃顧曰「樽酒簋」句，「貳用缶」句，因引周禮以爲二字之證。然而孔子小象固曰「樽酒簋貳，剛柔際也」。如使樽簋可自爲句，豈有截下句一個「貳」字，連上句之三字，遂硬成一句？聖人之經，有如是之文法乎？又如「大明終始」節，本言乾之亨由於元；「首出庶物」節，言乾之利貞由於元。顧獨摘此兩節，以爲指聖人，聖人之言，如是之雜亂乎？又如坤卦「積善之家」節，蓋言順也，順本坤德，故於坤卦言之。顧以爲「慎」字之誤。予皆就經而正之，而斷不敢有違於四聖之旨。至後訛誤甚多，不能悉録，皆詳辨於各卦各爻之下，亦欲使天地間尚存真易云耳。至以予爲不合傳義，爲背時宜，予固非藉以爲名也。若其博採先儒之書，不徒以爲一家之説所浸没，當必有以諒予之苦衷矣。此外，有縫卦之説，詳見天根圖；有八字之説，詳見乾卦初九爻下。周易之中，最有關係之十二卦，乾、坤、泰、否、坎、離、復、姤、損、益、夬、剥，其所註釋，皆與他經迥别。

附録

函書原本一百十八卷。其詮釋經文者四十九卷，冠以原圖八卷，用解伏羲之易；原卦三卷，用解文王之易，原爻三卷，用解周公之易。又取先儒論説，集爲原古三十六卷，謂之首傳，共九十九卷，爲周易函書正集。外有函書約三卷，易學須知三卷，易解辨異三卷，篝鐙約旨十卷，共十九卷，爲别集。别集先已刊板，正集因卷帙浩繁，艱於剞劂，乃取詮釋經文之四十九卷，約爲十八卷，名曰函書約注。又取首傳五十卷，約定十六卷，附以續約旨二卷，刊之，名曰續集，皆所手訂也。其正集原本，門人李學裕欲爲校刊，攜其稿去。會學裕病卒，遂散佚。後别集、續集板並漫漶，其子季堂重爲校訂。因正集未刊，續集之名無所緣起，且續集之原圖、原卦、原爻、原古即删取正集之要語，非别有所增，未可目之以續，而别集内之函書約三卷，亦即正集之原圖、原卦、原爻撮其大義，更不可附入别集，遂以續集爲十五卷，取函書約三卷弁首，名曰約存。蓋以正集既佚，其大義僅存於是也。又以續約旨二卷，依籌鐙約旨原目，散附各篇之内，合易學須知三卷，易解辨異三卷，仍爲别集。其釋經文之十八卷，仍名約注。共爲五十八卷，即此本也。四庫全書總目提要。

原圖分子目曰河洛，曰先天後天，曰擬卦圖，曰配洛書，曰擬八卦，曰擬卦象，曰擬月窟，曰附論日月。原卦子目曰二用圖解。原古分子目曰蓍法，曰變占。又分先儒易説曰釋象，曰玩辭，曰三易考。又分先儒易派曰乾鑿度，曰易林，曰京房，曰太玄，曰洞極，曰元包，曰潛虚，曰皇極經世書，曰洪範，曰正易心法。又分冒道分派曰九章皆句股，曰異乘同除三率，曰尺算，曰籌算，曰樂律，曰運氣，曰等韻，曰醫方，曰地理，曰納音。又分流異派曰衛平占法，曰六壬，曰遯甲，曰太乙，曰衡運。本書。

滄曉交游

冉先生覲祖 别見敬庵學案。

張先生伯行 别爲敬庵學案。

滄曉私淑

馮先生昌臨

馮昌臨字與肩，嘉興人。嘗著易學參説二卷，凡分内、外二編。内編自先天八卦圖，以至八卦納甲，爲説六篇；外編自天干化氣五行，以至七政四餘，亦爲説六篇，蓋從事漢學者。滄曉序其書，謂内編言五行之原所由起，外編究五行之用所由行，言精理邃，頗引爲同志云。參易學參説胡序、四庫全書提要。

清儒學案卷四十八

凝齋學案

凝齋之學，出於安溪。論學一本程、朱，以誠爲本。持躬爲政，實踐其言，闇然爲己。平生所得力，即以爲教。鏡海唐氏謂能補師説所未及，其醇實蓋異於以門户爲標榜者。述凝齋學案。

楊先生名時

楊名時字賓實，號凝齋，江陰人。少嚴重，有局度。自爲諸生，讀性理諸書，有志正學。康熙辛未成進士，改庶吉士，座主安溪李文貞公深器重，每從質問，學益進，服膺終身。授檢討，纂修明史。文貞薦之，聖祖特召對，充日講官。督順天學政，清介嚴正，臨官屬一依儀制，不少假借；教諸生以立志居敬，致知力行，不專文詞，士習丕變。在任擢侍講，忌者蜚語，謂外釣清名，實與巡撫比。巡撫即文貞也。聖祖知其誣，不之罪。將代，有武生驚蹕事，命效力江南河工。連丁内外艱。康熙五十二年，召還，入直南書房，修校御纂周易折中、性理精義諸書。未補官，充陝西鄉試正考官，授直隸巡道。直隸未設三司，巡道主刑獄，兼驛傳。釐革姦弊。遷貴州布政使。五十九年，擢雲南巡撫。值西藏用兵，置屯饋餉，不擾於民。除浮糧，均丁於田。釐鑛政，使諸廠盈絀相裒益。疏洩大理洱海尾閭，著令五年一濬。利民事次第舉行，軍民悦服。雍正三年，加兵部尚書，授雲貴總督，尋進吏部尚書，仍管巡撫事。布政使李衛恃恩使氣，先生遇事裁抑之，遂爲所閒。因奏豁鹽課疏中敘入密諭，詔切責，削尚書，仍署巡撫。或奏先生與臬司江芑通同欺蔽，命湖南布政使朱綱代任，刑部侍郎黄炳往會鞫，被劾奪職，坐受鹽規銀五萬餘兩，論絞。鹽規者，曾於元年奏聞，取給官用者也。讞上，詔原之，遂留滇。凡七年，日與生徒研經講學。高宗初即位，述先帝遺意，特召至京師，授禮部尚書，兼國子監祭酒，命授皇子讀，兼直南書房。五日一至太學，升講堂，示諸生爲學之要。謂學以希天，天德誠而无妄，一仁之流行也，故必純於仁，斯謂之誠。其功則在「敬以直内，義以方外」。敬以涵義，義以敬行，其要必自闇然爲己，遯世不見知而无悶。此天德之藏於密，而聖學之所以成始而成終也。有聖學斯有王道。乾元始萬物，利天下，而相忘於不言，故論聖德以無名爲至論，從政以不貪爲美。與諸生講論經義至多，大指不出乎此。薦經術之士莊亨陽、秦蕙田等七人，分主六堂教事。朔望釋菜畢，登講座，六堂師率諸生以次執經質疑。旬日則六堂分占一經，各於其齋會講南北學，絃誦之聲，夜分不輟。命教習庶吉士，手定教規，訓迪不倦。充纂修三禮副總裁。在朝未及朞而卒，年七十有七，贈太子太傅，祀賢良祠，謚文定。

先生於聖學身體力行，不徒見之詞説。諸經皆有講義，於易、詩多本安溪之説，亦自有考訂折衷，不盡附和。四庫館開，徵書命下，其家始録以進。後同里葉廷甲爲刊全書，易經劄記三卷，詩經劄記一卷，四書劄記四卷，經書言學指要一卷，太學講義一卷，學庸講義二卷，程功録四卷，文集十二卷，別集六卷，附録一卷。參盧文弨撰家傳、彭紹升撰事狀。

經書言學指要

學以希天也，大學之明德，中庸之天命，論語之時習，志學者此。天德誠而无妄。天地之大德曰生，純於仁之謂誠。乾二爻言「閑邪存誠」，在三爻則言「忠信以進德」，是心之誠也。乾二爻言「言信行謹」，在三爻則言「修辭立誠以居業」，是事之誠也。乾畫一，實則誠，心與事皆誠，内外一於誠也。君子之自彊不息，於誠以體乾，盡此矣。而存誠以進德之功，則在乎敬以直内，心主乎敬則誠存；立誠以居業之功，則在乎義以方外，事準乎義則誠立。省察屬知是精義，克治屬行是集義。坤畫--，虛則生敬，敬以涵義，義以敬行，敬義夾持而德不孤，則全乎天德之誠，而與乾同其大矣。乾動也直，坤順之而亦直。直以爲方而成大，君子體坤，而直内方外，根於天德，故通徹而無二。人本天而親地，故體坤斯有以合天。乾坤本渾然合體，君子之下學而上達，豈有天人之間哉！學者希聖以希天，其階於是乎在。得其階而日躋焉，夫何遠之有？程子解直方大、敬義立而德不孤之旨曰：「敬義夾持，直上達天德，自此旨哉！」斯言發明聖學之指要，不亦確而至、約而盡乎？要之，下學立心，必自闇然爲己，以爲默契。天載無聲無臭之基，君子之存誠立誠，進德修業，惟具不易世，不成名，遯世不見，是而无悶，樂可行，憂可違，與潛龍同其體段度量者能爲之。此天德之藏於密，而聖學以之爲託始要終者也。故易爻、論語皆首發其義焉。有聖學斯有王道，一根於天德之誠。

乾元始萬物，能以美利利天下，乃其本性如此。離資始別無事，及功成事已，斂歸寂若之中，不自知其能利物，而相忘於不言。言所利，則喜聲名，嗜臭味，涉於人爲之私，不可謂之純粹精矣。故論聖德以無名爲至論，從政以不貪爲美，欲仁得仁，只是完性分所固有，盡職分所當爲，非干譽也，非望報也。干譽者爲名，期報者近利，皆未免涉於貪也。仁者之心何有乎？與不言所利之義同。若隱怪之有述後世，易震其奇異，而啟慕尚之心；霸術之取效一時，易動於功利，而生欣羨之志，求天德之真者，可無嚴辨乎？

「敬義立而德不孤」一句，盡傳心之要，學一偏即有病。堯、舜欽明恭讓，敬。温恭允塞，誠敬。惟精以察之，精義。惟一以行之，由義。實肇啟執中之傳。暨禹之祇台德先，敬。克勤克儉，義。湯之以義制事，義。以禮制心，敬。文王之敬止，敬義。武王之敬勝怠，義勝欲，千聖百王，有一致而同歸者。濂溪周子申其指曰：「誠無爲，幾善惡，君子乾乾不息於誠，然必懲忿窒欲，遷善改過而後至。」蓋敬所以存誠，而懲忿窒欲，遷善改過，則謹幾而從事於義之功也。先儒因是有存養、省察、克治之説。存養屬敬，省、克屬義，初無二指也。「存養」二字，雖本於孟子存心養性，但孟子所云存養兼敬義言，先儒配省察、克治説，則以存養屬敬矣。「山木」章引孔子所云操存，亦渾言之，兼敬義俱在内。程子曰：「誠則無不敬。」未能誠，必須敬而後能誠。敬與誠連説處，多如忠敬、敬信、忠信、篤敬之類，皆連説，原屬一套工夫，綰在「敬」字内。凡四書所言，總不出敬義二者。大學言知止有定，而能靜，能安，能慮，能得。自十五入大學，即以明明德、新民之止至善爲的，而志有定向，所謂立志以端其本也，心之靜且安，外誘不入，内欲不萌，神凝氣斂，瞬息有存，所謂居敬以持其志也。慮謂格物致知，由定、靜、安而能慮，所謂志立乎萬物之表，敬行乎事物之内，而後義可精也，得謂誠意。而意誠以後之事，誠意正心修身，由家及國，措之天下，一以敬爲主，而隨時省察，益精益密，喜怒之發，好惡之施，無纖毫之不當於義矣。論語第二章以下，至「賢賢易色」章，皆言培本根，養誠敬，而後及於講習義理、文學之事。「君子不重」章，重威，敬也。忠信，誠也。改過，義也。夫子自敘生平，由志學、而立、聖人亦以立志持敬爲基本也。不惑、知天命、耳順、精義入神，以至於窮神知化之事。自十五以後，從事於多聞多見，學識問思，發憤則至於忘食，心得則樂以忘憂，如是以迄於老而不自知，三句歷述其知之所至，知日精而造於極，則行自隨之以進而造於極矣。凡所謂致用利用，崇德廣業，已悉在其中。從心所欲不踰矩，動容周旋中禮，盛德之至也。義理渾忘於無迹，順帝則而不知與天爲一矣。不處富貴，不去貧賤，提撕警覺，不使本心汩於物欲，辨義明而守義堅也。終食不違仁，造次顛沛必於是，主敬純而存養密，察義益精，踐義益熟矣。無適無莫，義之與比：廓然虛公，敬之體。因物順應，義之用。「一以貫之」章，曾子之精察力行，從事於精義集義也。夫子示以主一之旨，揭誠敬之源，則所見益徹，所行益篤，而得其宗矣。忠屬誠敬，恕所以行乎義也。默識，不厭不倦，心存而與義理相契，有日新不已之功也。修德，誠敬。講學，精義。徙義改不善，集義。志道據德，依仁游藝，志既定而持守有常，存養無間，且加玩習陶淑之功，身心内外與理爲化，敬義有交資互養之益矣。文精義。行集義。忠信：誠敬。「曾子召門弟子」以下五章，敬慎守身，没齒全歸，操之於容貌辭色，斂之於虛受忘怒，措之於弘濟艱難，歸於全心德而盡性命，兼該敬義，而以敬爲基柢始終。博文約禮：志氣清明以窮理，敬以精義也；恪恭退讓以行禮，敬以集義也。鄉黨一篇，見聖人之心純乎敬，動合乎義，聲爲律而身爲度，所謂終日乾乾，與時偕行，以天道示至教也。如見賓、承祭，敬。不欲、勿施：義。「告司馬牛」三章，皆敬慎存省之事。譖愬不行，誠敬謹幾之學。忠信，敬之屬。徙義，義。質直，忠敬之屬。好義，義。察言觀色，敬以辨義也。慮以下人：歸於敬而虛也。「從遊舞雩」章，主一不分，去惡懲忿。「問成人」章，知廉勇知行之事，文以禮樂。以莊敬和樂，密存養之功也。不億逆而先覺；誠而明也。「學識一貫」章，學識致知，精義之事，一以貫之。以主敬存心爲窮理之本也。「義以爲質」章，以義制事，而禮行孫出，敬慎行乎其間，歸於信以成之，以誠信始終也。九思首視聽，養清明之體，謹於物交，使外誘不入，主敬以察義也。次色貌，温恭朝夕，敬以持己也。次言事，忠敬不渝，接物有常也。次辨疑，懲忿窒欲，精義集義之事，九者合而言之，存誠謹幾之道全矣。能行五者。心無不存，敬之純。理無不得，義之熟。中庸首言戒慎恐懼，敬。慎獨，義。致中，敬。致和；義。中言知仁勇所以行之者一，知以知之，仁以體之，勇以强之，精義集義之事備矣。歸於行之者，一以主敬存誠爲之基柢始終也。好學力行知恥，知行精義集義之事，知恥則惕厲憂懼，從真心敬畏中發出，可以驗敬義之相因也。擇善以明善，固執以誠身；擇執精義集義也，至執之貞固，行之篤實，則敬之熟而純乎誠矣。後言尊德性，敬。道問學，義。致廣大，極高明，温故，敦厚，敬之屬。盡精微，道中庸，知新，崇禮；義之屬。精微，知新，精義也。中庸，崇禮，集義也。末言内省，義。敬信。敬。此皆兼敬義而言也。如三省，見義必爲，喻於義，内自訟，克己，如孟子知言、集義，此皆以義言也；克己集義雖屬義，然非敬之專篤者不能。如居處恭，執事敬，與人忠，修己以敬，言忠信，行篤敬，此皆以敬之類言也。循物理而無違謂信，則「信」字已該義在内。孟子之書，言義處多欲人察識擴充，皆主義，言君子存之，言戰兢惕厲。顧諟明命下所舉諸事，皆以敬而行義也。仁禮存心不離敬義，養其大者先立乎其大者。求其放心皆兼敬義，養氣之功在集義，雖主義言，然上云無暴其氣，先戒勿任氣以動志，乃言善養者功在集義以生氣，則以敬涵養，意已見矣。要之，凡書中言敬，未嘗不包義；言義，未有不根於敬也。此一以貫之之樞紐，體用一源，動靜互根，顯微無間者，與乾坤之陰陽合撰，同一橐籥機緘也。

大學劄記

「修身」二字，所包甚闊，然其功已盡於誠意中，到此只是檢點身與人接處，使所施之情得其當耳。觀後傳以親愛等言可見。正心，向或專指涵養心體説，工夫原不脱持養，而其當檢點者，則恐感物之時，因喜怒哀樂之發，有過不及而失其正，此雖未惡，然亦未盡善也。正心當屬用邊説，觀後傳以忿懥等言可見。誠意，向或將「意」字作「念」字看，念有善惡，若實其惡念，亦可曰誠意乎？蓋意與念不同，心上驀地發出者爲念，心之經營布置者爲意。意雖不盡出於善，然此處「意」字，則以爲善去惡之意言。誠意，是誠其爲善去惡之意，故朱子「誠意」章注云：「皆務決去，而求必得之。」可見力行之功，盡於誠意内。若云在念頭上要他實實好善惡惡，非有爲善去惡之功，則好善惡惡之意，亦何由而快足乎？「誠意」章慎獨，獨者，人所不知而己所獨知。蓋意之所發，其能實之，與不能實之，皆人所不知，而己所獨知也。必致慎乎此，則無徇外爲人之弊。若不慎於獨，中欺慊之幾，但致慎於人所及知之地，則自修之功亦甚疏漏矣。欲正先誠，謂欲正其心於應物之際，使喜怒哀樂之發皆中節，而無過不及，必先省察克治，誠其爲善去惡之意，使所爲有善而無惡。蓋喜怒哀樂之不中節，其失猶小；而爲善去惡之心不誠，其所關尤大。且未有不能爲善去惡，而其喜怒哀樂之發能中節者也！

天命之性，大公無私，所謂善也，此明德之體也。人能克己，始能復性。而克己之功，必先明以察幾，乃能健以致決。即物體察，知萬物皆備之體，乃能去有我之私。此格物致知所以在誠意之先。

格物窮理，乃格身心之物而窮其理。理即性也，故窮理即盡性之始事。若泛然格去，欲爲觀象極數之學，非知窮理之要者。

今人錯認「格物」二字，以博物爲格物。不知格物是明善擇善工夫，非博物之謂也。如夫子之生知安行，是天縱之將聖分上事，其多才博物，特又多能内事。

窮理者，窮其性之固有也。博學、審問、慎思、明辨，總此明善而已。若格庭前一竹，以爲此是窮理，曾何當於明善耶？格物須明其本性之善，若徒逐其形質之變而求之，只格得陰陽五行之氣，不曾明得善。

漢、唐儒者多以詁訓名物爲學，滯於外而忘其内。佛氏以明心見性爲事，又專於内而遺其外。性合内外，忘内，則所謂外者，亦粗迹而已；遺外，則所謂内者，亦枯槁無用者而已。知得此意，知内外相爲體用，而不可相無。又不可因此遂謂窮理之功，既當求之性情，又當求之事物，認作内外並重，兩路用功，終致分馳散漫而無歸宿。須知有本有末，一以貫之。子夏云：「博學而篤志，切問而近思，仁在其中矣。」此言致知之事最善，所學者博，而志專於爲己，又切而問，近而思。「篤」字、「切」字、「近」字，内便收入根本來，灼然見爲我性皆備之體，雖未及乎力行而爲仁，然知得真切，則仁已在其中。從此加誠身之功，便易爲力。漢、唐儒者，有勉强力行而不能至道者，知不真也。周、程、朱子之所以至道者，知之真也。此程、朱格物之説所以爲至，而孟子之言道統，必曰見而知，聞而知也。

知至而後意誠者，知行本相因而並進，必眼見得到處，足方踏得到也。知無不至，則意無不實矣。

知至爲知之全體大用無不明，斷無知既至而意不誠者。但誠意之功，本徹上下而言，雖聖人地位，慎獨之功未嘗息也。故注云：「知既盡，則意可得而實矣。」

誠意者，有爲善去惡之意，而能踐之於身，不欺其意也。若但以立心誠實爲誠意，此乃窮理力行之基，豫養於其始者。或以無妄念爲誠意，似與注中實其所發未脗合。蓋務決去，求必得，實盡爲善去惡之事，方能實其好惡初意，非徒不起妄念之謂誠意。是實其好善惡惡之意，「意」字只在好一邊說。誠者，是惡務決去，而善求必得，使好惡之意不虛也。

人有人心道心，故意念有善有惡，須是爲善之意直摯，篤且切，絶無不善之意間雜，乃能實其好善惡惡之本意而不虛。誠意有兩解：一是用力爲善去惡，以實其好惡之心；一是意所發有善惡，須使爲善之意真誠無僞，而不雜於惡。觀「誠意」章句，則當以前説爲主。蓋能實其好惡之意，則發念之誠而無僞，已該其中矣。若單説念頭真誠，未説到盡爲善去惡之功，則「德潤身」句尚下不得。

觀「如惡惡臭，好好色」，則「意」字當以好善惡惡之本意言，不當兼善惡説。若説實其善惡之意，便講不去。一解誠作純誠説，言意有善惡，須使其意純一而不雜，亦可通，但與傳文及注解不合。凡意之所以不誠，其受病全在轉念。能不爲轉念所間阻，則善必爲，惡必去，而好善惡惡之本意實踐而不虛矣。可見誠意只主實其本意説，而遏絶其轉念一層已該在内。如此，則「德潤身，心廣體胖」，其工夫俱盡於誠意中。故結之曰「君子必誠其意」也。注中「實」字至精，非徒發念真誠、不假僞之謂。又案：主意之意，與「志」字相近，但志是遠大之意，意是細碎之志。如説欲爲聖人，此便是志。就一事上説，欲爲善去惡，卻只好説得是主意，不可用「志」字。志是大而直者，意是小而曲折者。

既知善當爲，惡當去，而立意欲爲善去惡，卻不能爲之去之，是自欺其意也。不實其言行是欺人，不實其意是自欺。所謂實其爲善去惡之意而不虚之者，在無自欺其意也。

爲善去惡之意，本我心所發，其後之實與不實，唯己獨知。此處須慎之，以審其實不實之幾。所謂實其意之所發者，不但不欺人，而不自欺之謂也。蓋人發一言而必復其言，行一事而必成其事。能實其言與行者，僅可謂之不欺人。若發一意，欲爲善去惡，而念慮之間，事爲之際，不能實踐，則爲自欺。自修者，必禁止此弊。於惡必去，於善必爲，以求自快足其意。凡其不能實踐其意而自欺，與能實踐其意而自慊，惟己獨知，而他人不知。之非如言行之實不實，人及知也，必謹之於此，以審其欺慊之幾。使意之所發，無一不實，無異於慎於人所及知，而欲其言行皆實也。

獨處用省察克治，共見處亦須省察其念慮，克治其私欲。若説共見處心上發念亦是獨，此時用省察克治即是慎獨，不知人所共見處用省察克治，只算一箇「慎」字，如何是慎獨？大抵常人於共見共聞之地，知慎者多；於人所不及知之地，能慎者少，故聖賢以慎獨爲教，最爲喫緊。今以「獨」字爲己所獨知之地，對人所共知之地而言，其工夫甚得力。能慎乎此，共見共聞自無不慎。説雖似粗，而足以包於精。若以獨爲動念處而言，則必有徒謹於共見共聞之地，遂以爲吾於慎獨之功，已略能做得一半，至人所不見不聞處，便自寬假。其爲説似精，而實不得力。且當日聖賢之旨，本不以獨爲動念處也。至注中「幾」字，莫要即作「獨」字看。謹之於此，以審其幾，是言謹之於獨，以審其幾也。可見人所共知之地，亦有幾在，亦當謹其幾也。注中「苟且以徇外而爲人」，此非正釋自欺，乃是就言行能實而不欺人上説，意云不可徒不欺人而已。下文「小人之閒居爲不善」，是自欺揜著，則既欺人矣。「自」字對徇外爲人説，須貼注中「以求快足於己」，方見著力喫緊。

應物處固要謹，不謹則恐言行有未盡得宜處。然自己獨知處，尤不可不謹，若此處不謹，便是自欺。曰誠意，即誠身。下正心修身、齊、治、平四章，特明其相因以見誠意之重，非謂誠意之後，心尚有不正，身尚有不修也。若不正不修，不得謂之誠矣。

中庸劄記

「天命之謂性」，性之與理，非有二焉。蓋天以於穆不已之理化生萬物，而人得此理以爲生，即具此理以爲性，故體之於人，即可以識此理之不貳；而驗之於天，又可以察人生之本來。無極太極，太極陰陽，此天之一理所流行也。性緣理而立，理從性而生，此人之本乎理以爲知覺也。不稟乎天，則性何自來？不應乎事，則理何由見？故理爲制事之宜，乃百聖不能易之至言，豈別有所謂性，而可妄加於人哉！通乎此，則一貫之道也，性善之論也。然非至誠之人，不能達其説。故一誠爲應事之本，忠君、孝親必極其誠然後可。極其誠，則即宜用宜之道心也。一有僞焉，則悖宜不宜之人心也。人心緣外欲而生，雖人所不能無，然易流於不善。道心乃性之所發見，亦與渾然在中之性有別。程子謂：「才説性時，便已不是性也。」即如太極中雖具陰陽，而不偏著於陰陽。至分陰分陽，則太極之所分寄，非渾然之體矣。若夫陰中具陽者，動根乎陰也；陽中具陰者，靜根乎陽也。陰陽包涵於太極者，兩儀已立之後也。太極不雜於陰陽者，二氣未分之初也。所謂「維天之命，於穆不已」者，其不外是乎！命於人而爲性，率之而爲道，皆此生理之所凝結，而布濩乎人心之所發出，於至誠則與未發之本不相遠矣。善學者，求其性之固有，循乎己之當爲，克己復禮，由思誠以入於至誠，服膺弗失，則一貫有期，即性即理本然之學於是乎明，陰陽太極一體之道於是乎通，大聖人覺世牖民之至意亦於是乎爲不虛矣！

不睹聞，非真是無睹聞，只情未發時便是。朱子云：「戒懼是由外言之，以盡於内，非是就一刻説，乃是大概説。」大抵恐懼戒慎之心，都是因有所感觸而起。然學者卻當於無所感觸時亦恐懼戒慎，故曰「由外言之，以盡於内」。

「莫見乎隱」節，或以由靜而動言，尚將此節與上節分作兩時，不知存心謹幾有兩件工夫，非有兩般時候。常常提醒此心，使之清明如神，一有幾微之動，即以此清明之心省察克治之。戒懼如燈，令常明；慎獨如將燈照物。

不睹不聞，非真目無睹、耳無聞也。一日間，有目雖睹而不必用意，睹之如不睹者；有耳雖聞而不必用意，聞之如不聞者，此即不睹不聞也。其因睹聞而有所感觸者，方是睹聞。而感觸中亦有不同，有因感觸而惕然知所畏顧者，此戒慎恐懼之事也；有因感觸而發出念頭者，即所謂獨不可不慎者也。如非禮之聲色，因睹聞而入，便起私欲，要視之聽之，此即獨之當慎處，須以義斷之。

「獨」字兼獨知之念慮、獨知之事爲説。除惡念，去惡事，即大學去欺求慊之功也。

戒懼慎獨，時時皆然，非一時戒懼，又一時慎獨也。心上提醒，是戒懼；正所發之念，使無欺，是慎獨。此所謂敬義夾持。蓋人無思慮，及無所感發，用情時本甚少。當此須臾之頃，全是敬用事，而義未嘗不行於其間。及一思慮，一用情，則於敬之中，尤顯出義之用。須知敬義雖刻刻並行，而慎獨尤義之著力處也。

戒慎恐懼，敬也。慎獨，義也。凡人惕然知畏懼之心屬敬，隨即整飭容貌衣冠，此整飭處即屬慎獨。蓋獨者，意也，凡屬意念者皆是獨，無論小念大念。總之，一涉思慮，皆是己所獨知。惕然知畏之心屬敬，一敬後便動念去整頓，此念即屬獨。上凡讀書做事，具一種不肯忽略之意，即敬也；思慮之得宜，即義也。義無所不在，念慮之微，事爲之著，莫不有義焉。而念慮，則精義集義之切要處也。敬無時不然，義有時不顯。康節云：「陰是循環無端，陽是有首有尾的。」即此理也。

敬義無處不在。如日用間，容止語默之際，處處有惕然知畏意，即敬也；知畏懼便加整飭，使容止語默得其宜，即義也。讀書窮理之時，清明專一，敬也；慎思之，明辨之，即義也。發一念，爲一事，其炯然不昧，主一無適，敬也；省治裁斷，即義也。即有言行與人酬對時亦然，總不離敬義。敬義並念而處，而敬常爲首以倡義。凡義之所行，皆敬之所爲也。但朱子解「道也者」兩節，卻將整飭容止語默意作戒慎恐懼，不作慎獨。蓋以整飭容止語默，不過略略檢點，不消大著意用力，雖不可謂敬中無義，然敬顯而義隱。至慎獨處，亦皆敬之所爲，然義顯而敬隱。如此說，既於不離道意脈不相刺，而敬則自外收入内，義則自内達之外，於下文未發之中、已發之和工夫各有歸著。朱子之説亦精矣。故此章程、朱之説皆可依，至大學誠意之功，斷兼敬義兩事。若以主敬爲正心之功，甚爲有弊。

注云：「既常戒懼，而於此尤加謹焉。」謂以此戒懼之心，而加謹於此，即周子通書所謂「存誠以謹幾」。細思此語，可以知工夫非是兩截。「敬以直内」，内者，吾心之本性在焉，故屬未發邊。「義以方外」，外者，事物之紛在焉，故屬已發邊。

凡主敬者，以非敬不能守義行義也。若異端之惺惺，但要得此心靈覺耳。

一日間，固常有不用意觀物聽言時，雖睹若無睹，雖聞若無聞，即不睹不聞也。非必閉目掩耳，乃爲不睹不聞也。其用意觀物聽言時，則所謂睹也聞也。不睹不聞固是未發，方睹方聞時，一心用在睹聞上，漸要引出喜怒哀樂，然亦將發而未發也。發念慮時，有因睹聞而發者，有不因睹聞而自發。其所發，或一發便是喜怒哀樂，或未便是喜怒哀樂，而近於喜怒哀樂。蓋中節、不中節之分全係於此，此所謂隱微也。及至發出爲喜怒哀樂，言行昭著，人共見聞，則見顯也。

有睹聞時，喜怒哀樂之幾將發，一轉即發矣。如聞人言語，或看文字，其不立意見，虚心默受，即是戒慎恐懼工夫，屬在敬邊。隨察其言語文字之是非，而以我意裁決之，是即慎獨工夫，屬在義邊。蓋喜怒哀樂之端已肇於此，其因睹聞而心以爲是者，即喜之端也；心以爲非者，即怒之端也。因睹聞而生油然暢遂之意者，即樂之端也；生肅然悚慄之意者，即哀之端也。此即是已發。蓋睹聞是物來感我，隱微獨知，是我心應物。物感我時，以静虚之心受之，是敬邊事；我應物處，以察治之力主之，是義邊事。戒懼於睹聞，而及於不睹聞，此未發之體所以立也。慎於隱微，而達之見顯，此已發之用所以行也。程子謂：「既有知覺即是動。」朱子謂：「靜中之知覺雖是動，不害其爲未發。」程子所謂知覺，以萌芽發動之知覺言也；朱子所謂知覺，以知覺之本體言也。知覺之本體刻刻常在，至慎獨，「獨」字則以念慮之發己所獨知而言，乃知覺之用也。

程子曰：「善惡皆天理。所謂惡者，止有過有不及耳，故發不中節即惡也。」若以莫見莫顯爲形容至靜中一點光景，慎獨之獨即是己所不睹不聞。此便是老子所謂『恍兮惚兮，其中有物，窈兮冥兮，其中有精』，與莊子所謂『尸居龍見，淵默雷聲』之說，非聖學相傳之心法也。」若如程子之説，以其所不睹不聞，作人所不睹不聞看，即指「獨」字而言，戒慎恐懼即是慎獨，看得上節下節内俱兼敬、義。此説細究之，於義甚精。蓋人所不睹不聞處，我心有不發念慮時，有發念慮時。不發念慮時惕然顧畏，敬也；隨即整飭容體使合於則，義也。此即是戒慎恐懼於不睹不聞，而慎其獨知也。發念慮時有善念有惡念，知其爲善念而不敢棄之褻之，知其爲惡念而惕然畏忌，敬也。隨即於善斷然爲之，於惡斷然去之，義也。此亦是戒慎恐懼於不睹不聞，而慎其獨知也。如此看不睹不聞，所該甚廣。或獨居一室，或與人應接，我心獨知處，皆人所不睹不聞也。如此用功，自然喜怒哀樂未發時，能保全不偏不倚之體；及至發時，能適合於無過不及之用。不睹不聞而獨知處，尚未涉喜怒哀樂，而喜怒哀樂之根，喜怒哀樂之幾，俱係於此。以此觀之，大學誠意、慎獨本兼敬、義。程子之意，但味「其所」二字，似應作「己所不睹聞」説。

未發是中之體，而所謂本體之性，即此而在。

注云：「自戒懼而約之，以至於至靜之中。」可見戒懼之功，本在尋常動用時。「自謹獨而精之，以至於應物之處」，是慎於人所共知也。上節戒懼兼動静確矣！下節若云慎於方動之時，不遺卻應物一層耶？若將應物處一段踐行工夫，仍歸於戒慎恐懼内，又有未安矣。若云應物時發念處即是獨，朱子何以云「自謹獨而精之，以至於應物之處，無少差謬，而無適不然」？蓋應物時發念處只是謹幾，謹幾與慎獨須有别。故「慎獨」二字，亦當對見顯一層説，與上節補睹聞一例看。

「自謹獨而精之，以至應物之處」，嘗疑應物時之動念亦即獨也。今似將應物一層推開説，何也？蓋平時之念慮，與應物時之念慮，皆己所獨知，人所不知也。若應物時之言行，則人所共見也，言行亦要檢點，使之得宜，然是後一層事。慎獨則是主腦在念初萌處。

天地位，萬物育，隨人所處地位皆可説。自天子至一國一鄉一家一身皆然，乃是實理實事。堯、舜之地平、天成、時雍、風動、鳥獸草木咸若，是堯、舜之位育也；孔子雖不得位，教澤及於天下後世，是孔子之位育也。

或問：「中和交致『致』字中可該得格物致知工夫否？」曰：「格致工夫在慎獨内『省察』二字中。」

程功録

堯之讓，孔子之讓，與天之不言所利同。四時之行，至冬歲功成而退，非有美不居，讓德之大者乎？聖唯不居其美，故日進無疆。人至夕而修省若不及，故德業日新。養身之道，至暮夜而虚其腹，元氣所以運轉不窮。其理一也。

學所以成己也，豈以此求人之知？論語首章即言「不愠」，中庸以「闇然」爲達天之基，易首爻言「龍德」，言「遯世无悶，不見是而无悶」，始之終之，祇此一義。此無名所以爲大。

夏至之日，盈而必反，故君子忌盈，盈不可久也。臣道守月幾望之戒，欿然常虚，以從道也。

行善於身，行善於家，所以自愛其身、家，即所以愛君、國、天下也。天地易簡，故貴簡，故狂簡近道。

伊尹、太公之徒，修身慎行，咨諆哲人，以求濟天下之具。其昧爽幽獨之中，時時積誠，爲世請命，故自天佑之，卒能傾否也。能大有爲者，豈獨其幹濟優，必器量寛廣，神情暇豫，若將安焉，無急急之意，無切切之容。唯植本濬源，則柯長流遠。時事迫我，必不容已，乃應之耳。故禹、稷、顔淵，視天所命。

取人以剛明爲最。次則取其刻苦者，爲其終有成也。若浮游淺薄，則爲廢材。

才猶水也，不濬其源，疏其壅，則涸竭無餘矣。日濬之疏之，始必涓涓而來，久且成爲江河。勤學好問，是所以濬之疏之之要也。護其生意，無所折傷，專確之至，如雞抱卵，及其充積流通，則如深山大澤，無所不長育容納也。

神使如蟄龍，骨使如鎮嶽，口使如緘囊，氣使如春和，量使如淵谷，然後可以入聖哲之門户，植邦家之基命。

形重，氣重，神堅，則爲令器。有形重而氣輕者矣，有形重、氣重而神不堅，則不能細入無間者矣。氣重則能鎮紛雜，神堅乃能探幽微。故心細如毛髮，毛猶有倫。細入無形，神之爲也。有德量，有器量，有才量。見道明而涵養到，自然不狃於血氣之私，此德量也。天分豁達宏闊，不計較於戔戔之間，此器量也。恢廓周通，不爲事物境遇所困阻，此才量也。

亦不喜事，亦不畏事，事至則安閒依理以應之，無戚戚之色，有汪汪之度，清而不激，和而不流，君子倚之爲庇，小人得之爲歸，斯可謂國器矣。

學晰天人，窮理之樂也。篤信固執，修身之樂也。經綸在我，卷舒從時，行藏進退之樂也。

國家將興，必有徵祥。人之身亦然，睟於面，盎於背，四體詞氣之間，皆和風甘露，景星慶雲也，非古所謂吉人歟？

大小逆境，皆神明所以試人器量之淺深，而稱其福以報之，捷於影響，延及後嗣。愚者昧之，是辭吉就凶，畏福樂災也。君子明於天道，故學海焉，廣隘由心，未有學之誠而不可至者。天之亂，乃天之刑，所以芟夷暴惡，而開太平耳。草木不經嚴冬則生意不固，人不經憂患則德慧不成。

寒花耐久，春夏之花則不然。故生於憂苦亂離之人多堅實。由此言之，風霜之威，天之殺物，正以成物耳。禍患之降，天之困人，正以成人耳。遇之而摧者，乃凡卉、庸流，非天心所貴者。當天地之艱難，任君親之責備，骨榦乃堅，精氣乃實。

天心未格，人心未孚，皆智昏德薄之驗。士庶人時存此心則身可修，君公時存此心則國可治。

時有淳澆，俗有美惡，故泰伯居夷而化，孔子在魯而七十子之外多譏之。亦視其自立者而已，若得位，則風行草上矣。

主持氣運者，自上而下，順而易，所謂君子之德風。然有志之士，雖無君相之位，能維持補救於下，則碩果必有發生之時，其所係大矣！

人君不可以不自反也。人君自反，則卿士以至庶民咸自反矣。天下知自反，則天下可以寡過，故曰誠能動物。

君子，斯民之司命也，一日間無時不存仁人之心，言仁人之言，行仁人之行，於道猶恐未合，於民猶未必果有所利，況乎萌不仁之心，言不仁之言，行不仁之行，是自絕於人類矣！何言道乎？天下之治，非一人所能成也，而常轉於一人，故「拔茅茹以其彙，征吉」，機常有所自動也。道消道長之故，大易示之詳矣。

王政必酌人情，權時變。井田封建之不可復，勢也。言治不得古人之意，則膠固而不可通，難以望其成矣。

政有二難：一難於知人。知人無奇法，試其言以覯其才，因才而授以事，乃考其績，蓋失者寡矣。一難乎禦敵。士必平時訓練，恩信既結，然後可用。若猝御不習之士，先察一軍中賢能士校爲衆信服者任之，使宣上意，達下情，則恩信易徧，乃明賞以鼓其氣，必罰以肅其志，申諭激勸以發其忠，使萬人如一，乃可用也。臨敵以戒懼爲主，寧重無輕。慎修戰守之備，先爲不可敗，以待釁而動。防姦用間，發機造謀，俱無以僥倖出之。要之，平時必文武調和，勿以小嫌生隙有事，乃能協恭謀國耳。

君子三月失位則皇皇焉，憂世之思切也。以爲當吾世而不用，則民不得被吾澤。迨吾老而後用，則民亦不得長被吾澤也。庸臣在高位而不知進賢，則君子之道何自而升乎？故孔子誅竊位，而孟子惡蔽賢。

君子自量其道之與世不合也，姑小試焉，以觀其機。見其不可則善藏焉，以俟時而已。若鋭志必行，則德業兩喪。

凡人憂明通之無日，顯揚之無期，昏惰之氣，庶幾少振。孟子「舜發於畎畝」一章，當日日三復也。

文集

發示日知薈説覆奏劄子

臣於南書房恭讀皇上御製日知薈説一編，第一卷言政事，第二卷言心性，第三卷、四卷言經學、史學，皆精深透徹，條理燦然，仰見我皇上睿謨廣遠，聖鑒淵微。惟言心性處，有數條辭旨過於高妙，似宜略加斟酌。昔夫子罕言性與天道，至其徒不可得而聞，蓋誠慎之。其見於易者，曰「繼之者善，成之者性」而已。中庸則唯曰「誠者天之道」，孟子則唯曰「性善」而已。俱極簡約該括。聖皇著作，奕世誦法，必言言與典誥同符，字字皆訓辭昭示，人心藉以永正，學術恃以常純。雖一言稍介疑似，必嚴其防而杜其漸。誠以心學易致歧誤，不得不慮及流弊也。臣不自量，擬節數條，并擬酌數句，謹粘簽於後，仰祈聖鑒。

無欲則静虚動直論

且自太極二五妙合而凝，而人之所以成性成形不外乎是，故氣質之中，即具秉彝之理。凡耳目口鼻四肢有其形，自不能無所欲，而莫不有當然而不可過之則。是即所性之良，不與欲俱流者也。然則人生之本然固皆無欲，唯聖人秉清明純粹之姿，爲能内無所徇，外無所誘，而獨全其天。下此則氣質勝，而理多所蔽，將一身之嗜好，日與外物相攻取，而此心爲多欲之心矣。方其静，則昏昧自逸，失湛然無物之體。及其動，則詐僞日滋，違自然順應之宜。如是而欲入聖道，吾見其日求而日遠也。故有志於學聖者，必期於無欲。無欲則静虚動直，而聖可幾矣。蓋世之學者，亦知聖人之心，静則一念不營，動則因物順應，苟不虚不直，即不可以爲聖人。於是欲於静求虚，於動求直，而孰知求虚將愈不能虚，求直將愈不能直也。且寂守之虚非虚，專斷之直非直也。夫聖人之静虚動直，亦其心之無欲者爲之而已。學者誠能明以察幾，健以致決，舉吾身形氣之私，皆不足以奪吾義理之正，則静之時自能不偏不倚，有以立天下之大本而無所虧，何有於憧擾乎？動之時自能中經中權，有以合天下之達道而無所拂，何有於矯揉乎？此無他，無欲則不以人用，而以天用；不以氣用，而以理用也。學者未能遽至於無欲之地，宜從事於居敬窮理，以操存涵養其心，則私意無所容，而聖人不難至矣。故周子以無欲爲學聖人之要，而程子教人唯以主敬爲先也。

治論

天下之大，萬民之衆，欲使無一不得其所在，任相而已。君心虛明，則能辨賢姦，而慎簡相矣。相必有相德、相度、相才焉。言乎德則中正；言乎度則有容；其才又能洞悉天下之利害，而輕重布之如權衡之不爽。三者備，而後可以格君之非，心可以知人，可以任人。不激不隨，中也；無偏無黨，正也。有容者，虛懷樂善，期利國，而不期利身，非貌爲謙恭，模棱兩可之謂也。布置輕重如權衡，有識以行其才，而能運天下於掌。天子於六卿詞臣之中，察其平日之行與言，果足以修身正家，遏吾之非，且於天下兵刑禮樂之大綱，又一一熟諳於胸中而不惑，則其德度與才皆可坦然信之，而與之共理天下矣。自非虛中謹幾之主，烏能識之？故任相難也。凡九卿之職，必其人德足以率百僚，才足以亮天工，乃可使之居是任。虞書、周官詳哉言之，在人君，深體此意而已。九卿得人，而天下之大綱以張，九卿各精心簡乃僚屬，而天下之庶目亦舉，天子乃可以垂裳端拱，執極而進退之。至於朝夕啟沃，詞臣爲親。詩曰：「有馮有翼，有孝有德，以引以翼。」人主所與講習游息者，必得慈祥篤摯之士，養其德性，而化其邪心，然後天下被其澤。而馮翼孝德之士，天子不能自知而自舉也，三公九卿得其人，則能爲天子慎選侍從論思之臣矣。夫言官者，朝廷之耳目也；言路者，國家之命脈也。言官不得其人，則耳目壅塞，而國脈傷。詩之美仲山甫曰：「柔亦不茹，剛亦不吐。」此仲山甫之柔嘉維則也。故能知柔嘉之則者，乃能不以國事爲戲，而所言皆訏謨辰告矣。豈可或失則剛，或失則柔，以所言爲嘗試哉！三公九卿深察百僚之中，精明持重深知國體者而薦之上，上實察其可居言路也，而試以此職，則國計民生日能去弊而興利焉，如是而朝廷正矣。外而督撫是監司之表率也，監司則守令之準繩也，守令則斯民之師帥也。督撫不得其人而監司惰，監司惰則守令弛，而斯民乃重困矣。是故天子之命督撫、監司也，必考其平日居官之素望，政治之實績，非才德兼優，不得與於是選。又召見而細察其人，命直陳所以爲治之要，則其人之才德可知。又從而反覆訓勑之，使知天子以察吏、安民、輯兵之責寄之者，如此其至。而於各提鎮大臣，亦必擇其德器才能實足以守常而禦變者，而後任之。則羣臣奉上德意，雖海隅荒服，罔不率俾矣。守令爲親民之官，無以其卑而使之不得自達於天子之前。每選是職，在京者咸賜召對闕下，命直陳平日居家事親之道，修身理物之方，天子親覽焉。且考其平日素行，果能孝友廉潔與否。察其賢也，乃試之職，以示愛民勵士至意。在任轉陞者，令各省藩司核其素行，且令藩司取其條陳經濟事宜，轉達御前。藩司不得有所阻蔽，一倣古考言之法，三載乃考其實政而黜陟之。即下而司鐸之官，亦用是考言試事之法，以伸激勸。則人咸務實行，尚實治，士氣奮，而民豫附矣。此則外臣得人之效也。雖然，人主欲用賢，必先明教化，以培植人材。至於賢人衆多，乃可以唯吾所用，故詩曰：「藹藹王多吉士，維君子使媚于天子。」蓋言養賢育才之報也。平時未嘗養賢育才，一旦臨軒而求，日下乏真才，此豈聖賢之君，以移風易俗自任之道哉！三代之作人也，上既躬行以導之，又有黨正閭師之屬，朝夕勸諭其民，考其閨門里巷之行，使之歌詩舞蹈，以復其性而閑其情。有不率者，撻之識之，郊遂以移之。載在禮經極詳且至。故其時之民，雖女子小人，彬彬乎皆有學士大夫之德器儀容，治遂登於刑措。觀兔罝所詠，知文王之民，咸成材而可用也，而又擇其中之尤者，任之以官，俾宣上德意，樹之風聲，故民俗益厚，民性益醇。此詩稱「濟濟多士，文王以寧」也。人知文王之逸於得人，而不知文王之勞於作人，則成周之功難以冀矣。且其取之也，自鄉而升於國，司馬、司徒、樂正、司成之屬，兢兢乎考其行而後官。而論行則一以孝爲先，誠重乎其本也。故曰「孝友睦婣」，曰「有孝有德」是也。後之教民，雖有鄉約之設，而無專官以董之，又不以關於守令之考成，是既棄其樸魯之民而不教矣。雖設學宮以教士，而所以教之者，又略於實行，而不以孝友爲先。所以取士者亦類是。雖所以教之、取之，一本於聖賢經義之微旨，較勝於策略、權謀、詞賦、浮華之習，然比於漢制之敦尚實行，似尚有未逮也，況能及成周之隆茂乎！此上雖鋭志興治，而治卒無由進於古者，以教民、取士之法未善也。竊以爲，今欲教其民，宜先責守令之臣，以養民爲務。人主朝夕孜孜，延訪羣下，畫爲一定吏治之法，頒之天下，俾有所遵守。因以此稽守令之殿最，數年之間，法良意美，民既咸實被其澤，而因以時深講於教民之法，申之以孝弟之義，自然民氣丕變，風流俗醇。而所以教士、取士，仍用經書論策等以校其文，又於文之既中選者嚴核其行，一以孝友爲先，如是，則酌乎古今之宜，既得先王之意，亦不至矯拂乎今時之尚矣。且古之所以察吏者，載於周官，雖爲法甚詳，然皆一本於愛民厚俗之意，而又隆禮重禄以卹其家人之私，如此而下不黽勉奮發，願託於君父之腹心者，非情也。今一以法繩其下，善催科者則上考，勤撫字者或勿庸。名爲廉能稱職，間亦有剥民以奉大吏者矣。不然，則工於彌縫者矣。皆法使之然也。是以下雖有愛民之心而不得施，雖竭報國之誠而不見卹，賢人君子知時之終不可以有爲也，有解綬去耳，肯枉道以徇人哉！其中材以下，乃變術違道以從時矣。又其甚不肖者，乃恣爲貪冒無恥之行，以逢迎而取世資。任法之弊至此，俗何由而古乎？又況禄不足以養其家人，臣苟以奉公忘私爲事，雖仕至三命以上，啼飢號寒猶且不免焉。夫欲責其貪，而又無以養其廉，吾不知爲人臣者，何所資而可以兩全於家國之際也！縱忠臣良士斷不以此易節，顧安可以是望諸庸臣哉！若厚禄以待之，而復嚴其貪墨之罰，則庸臣亦可以爲良臣！人君治天下，使庸臣盡爲良臣，家國實受其福。故愚以爲，今宜寬下吏之文網，而優其俸給，則古法可復也。夫任良相以容賢，敦教化以厚俗，去苛薄以卹下，皆爲治之要務也。設誠而致行之，則以正君心爲本。

答徐昔民書

讀來書之意，謂所爲不同，各從其性而然。至爲善於家，則方俛焉於此，其趨正而辭平，固無能更進者。若夫志殷然於反求，欲得其實以從事，緬維斯言，怵惕長念。人未有不能明於內外重輕之分，而可與深造者。自唐、宋迄今，士之掇科取寵者，何可勝數，然皆與螢草同腐。其託文詞以傳者，志蕩於好名，趨頹於逐末，即天才卓犖，終未免於擇焉不精，而無真得。何者？其始入迷也，有爲己爲心而行不至者矣，未有爲人爲心而行或能至者也。亦或負高世之姿，簡夷一切，超於庸鄙，而江左名流，炯鑒千古。又如異端之教，鋭志窮高，獨闢途徑，衷諸聖道，益以遠矣。蓋曠達者，以自任爲知命，非真命也。隱怪者，以空虛爲見性，非真性也。人於性與命之真，知焉而弗去，行焉而弗息，用可也，藏可也。此則固有之分，反求而自得之者。夫不徇於習，奮然思求道之所在而從之，此志之爲也。奮於一時，迄無所變，欲然無盈滿之期，此則篤志而信道者也。爲此非以求名，足輿足容，道本坦坦。因足下之說，而妄爲引伸如此。抑至道之難聞，守身之不易，童習之書，叩所要歸，盡茫昧而無一得。容色之際，神形支離，輒罔協則儻嗣。今猶獲正諸當世之賢人，不至於益昏而遂亡，斯有厚幸矣！

答靖誠合書

暮春之杪，展年兄見寄之札，知闊踪相望，不得訂析疑義，悵怏有同心也。友朋中，以研理辨惑爲事，切己體驗者，良不易覯。經書理解，吾儕誠宜反覆推勘，所關於學術非細。「誠意」章解，朱子屢易其稿，今注乃係絶筆。推勘的確，後學奉爲不刊典訓。唯首章注「意者心之所發」，安溪夫子易爲「意者心之所主」，蓋以人性皆善，好善惡惡乃其本心，必發之真而無所參雜，行之決而無所牽制，則能實其好善惡惡之意，而非虚矣。實兼真實、踐實二義。若將「意」字作「念」字說，則善惡皆念也。善念當實，惡念豈可實乎？自欺者，自掩其本心之明也。自慊者，自快足其本心之明也。獨者，本心之明，獨知其好善惡惡之真切不真切，從善去惡之勇決不勇決，其欺其慊，莫遁於纖毫也。此從天所命之明德中有此真鑒，以照察吾心，無時不炯然者。下文十目十手所視、指，即此本心之所獨知也。自幼至老，一刻不離；自庸至聖，無人不具。甫入大學，十四五時，即須於此猛省用力，不待已經致知之久者乃然也。古聖賢先儒皆同，但至致格工夫到後，識見融徹耳。蓋論字義，意是好善仁、惡惡義之意；獨是本心之明智照察吾意者，與意相俱相隨，初無先後，雖義微有分，而總在一心。謂意者己所獨知，慎者意之所由誠，語本直截了當。唯於上所云云，更一提掇，尤見根源，亦非甚有歧互也。書院講義發明「慎」字處，揭出主敬爲成始成終之要，最得綱領關鍵。中庸首言戒慎恐懼，即敬之常存也；慎獨，即敬中之省察克治也。窮理讀書，一以敬爲本，體驗玩索，莫非反身省察工夫。先儒學規云：「立志以端其本，居敬以持其志，講學以致其知，力行以踐其實。」文貞公本此以解大學：知止、有定，立志也；靜、安，居敬以持志也；慮，格物致知也。敬爲窮理之基，而即貫乎窮理之中，固執篤行，則敬之所以成終而歸於誠矣。性理精義，論説甚詳；理學源流，工夫次第，至爲明晰，望爲後學有志者，諄切示之。外附經書言學指要一册，上有細硃字數行，並希訂之。臨緘馳企，不既所云。

讀詩所紀後

學者之於經義，必得其條理，而後可究指趣之歸，求致用之實。稽詩之爲教，見於虞書「典樂教胄」之文。周公制禮作樂，采文王之世二南之詩被之管弦，爲房中之樂，令鄉黨邦國皆肄之；博采謡俗，以觀民設教，而列國之風具焉。燕饗會朝之詩，登諸二雅，以通上下之情，陳先王之德。郊廟樂歌，厥名曰頌，用以美盛德，告成功於神明。此周公之舊也。世衰風降，美惡淆雜，二雅則有中興及誹刺之詩，頌則侯國亦擬而有作，此則其變也。夫子删詩正樂曰：「自衛反魯，雅、頌各得其所。」是三百篇皆經手定，而秩然不可亂者。今欲求其條理，合於聖訓，而儒先舊解，難盡據以爲定。緣部分所歸，解者多以意爲之説，遂至時世舛易，失其情實，終不能使人允協於心。更何由而領性情之真趣，資倫教之實益乎？李文貞公作詩所一編，一一爲之疏解，發明其所以然。卓識名理，超軼無前，論定取舍，要歸至是；文詞易簡昭融，亦渾乎化工無跡。嗚呼，至矣！名時受而讀之，尋繹玩味，昭若發矇，心悦以解於是，而恍見當年删定之心，與周公以詩立教之心。蓋周公以文王教者也，故四始皆首文王焉。自家達之朝廷、邦國、天下，以至通於神明，非文王之道無由也。文王之道，即豳公所修后稷之道也，故風、雅、頌皆究於豳焉。文王之道，成之者周公。是以豳風之末，繫居東之詩；豳雅、豳頌之後，繫東都之詩；營洛者，公之志。周詩之後，繫以魯頌，猶斯志也。魯以侯國而侈焉作頌，夫子奚取乎？考駉、駜、泮水所稱，物阜人和，修文興學，政猶足紀；閟宫之稱，作廟上自姜嫄、后稷，以及太王、文、武受命，周公啟宇，莫不備載，存之以終三百，誌不忘周公云爾。抑文王之道，傳自成湯，以承虞、夏者也。湯之纘禹，日躋聖敬，簡阿衡而式九圍，秉玄王桓撥，率履之烈也。猶文之紹湯，亹勉緝熙，宏作人而新周命，本后稷，思文配天之功也。唐、虞之治，稷、契成之；稷、契之澤，文、湯究之，以至於今未艾。詩始文王而終商頌，述文、湯而溯稷、契，其旨不亦深乎？其義不亦廣乎？

附録

先生孝德尤著，年踰强仕，父母摩拊如嬰兒。其防南河，同出者多以爲難，而先生獨以近奉二親爲喜。數年中，生養死藏，毫髮無憾。然後以身許國，夷險一節，而無所係牽。方苞撰墓志。

雍正末，用兵黔苗，時以爲功。先生還朝上疏，論其事，略謂：「馭夷之道，貴在羈縻、服貳之方，務彰誠信。今奏報者，必以苗民殄滅幾盡，難民復業過半，苗疊不日底定爲辭。以臣計之，未可盡信。勦撫兩難，惟有下剴切之詔，布寬大之恩，棄苗疊而不取。將重兵還駐内地，修築垣壘於要害處所，俾民有可依，兵有可守。賊來則互相應援，協力擒捕；賊去則分兵撲滅，勿事窮追。明懸賞格，擒縛首惡。犯輕而率衆歸順，或鄰近苗人，奮勇殺賊者，皆給與土官，世襲分管其地。熟苗加以撫綏，勿使爲生苗所劫掠，爲官兵所欺凌，自當抒誠向化。若因循粉飾，臣恐兵端不能遽息，糜餉勞民，終非柔遠寧邊之善策。」疏上，頗有異議，高宗獨是之。後卒撤兵，除新疊之賦，黔人以寧。家傳、事狀。

内廷翰林余棟丁母憂，予假六月。先生請聽其終喪，以盡子道。因言翰林梁詩正服未除，應緩其行走，上從之。同上。

方望溪曰：「余始於督學高公使院，見公試藝，闔郡無與儔。有意於其人，而無因緣會合。繼至京師，見公於李文貞公所，辨經析義，公端坐如植，言不及終，己無言。及後同直南書房，始知公於文貞所講授，篤信力行，凡古昔聖哲相傳性命道教之指要，異人異世，更相表裏，互爲發明者，皆能探取而抉其所以然。公之用無不宜，忠誠耿著，而人無間言，蓋有以也。」墓志。

唐鏡海曰：「先生從李文貞問學，而闇然爲己，則其自得者也，不盡出於師授。平時省察縝密，推勘精嚴，劄記講義諸篇，往往能補師之所未及。讀其書，想見踐履之篤實，操持之堅苦，以視夫講學家之籠統陵駕、居之不疑者，相去遠矣！」學案小識。

凝齋家學

楊先生名宁

楊名宁字簡在，凝齋從弟。雍正癸卯拔貢，官山西徐溝、福建侯官、山東陵縣知縣。好學不倦，經史諸子，靡不貫串。長於考證。著有碎録、水輯類音、雜諍諸書。校注顧亭林日知録，盧氏文弨甚重之。參江陰縣志。

凝齋弟子

夏先生宗瀾

夏宗瀾字起八，號震軒，江陰人。諸生。幼强敏，通諸經。父敦仁，與凝齋爲執友。父殁，謁凝齋於滇南，從受經義，相依七年。凝齋以安溪易説、詩説授之，盡通其義。録所講授爲易義記講、詩義隨記二編，皆有所發明。凝齋領國學，薦經明行修者七人，先生與焉。授國子監監丞，掌繩愆廳，領六堂時議。諸生肄業三年，明其黜陟，至期滿，拔其尤五人列薦。凝齋既卒，當事難之，先生力爭成隙，遂摭他事落職。後南巡，迎鑾，復之。歷主畿輔、湖北書院，以經術講授，能傳安溪、凝齋之學。參劉若曾撰監丞夏公傳。

王先生文震

王文震字夢屺，一字孟起，江陰人。雍正乙卯拔貢，乾隆戊午副榜。從凝齋受學，通三禮，薦授國子監助教，分堂教授，兼三禮館校對。出爲山西吉州知州。著有文集、詩集。參江陰縣志。

靖先生道謨

靖道謨字誠合，黄岡人。康熙辛丑進士，改庶吉士，歷官雲南姚州知州。初受學於關中王心敬。及官滇南，乞病去職，從凝齋講學，著弟子籍。後歸，歷主龍山、白鹿、江漢諸書院。凝齋一再貽書，爲反覆推勘學術，期其爲後學有志者，諄切示之。乾隆中，迭舉博學鴻詞及經學，皆不赴。著有過庭編。又纂雲南、貴州兩省通志、黄州府志。參湖北通志、黄州府志。

凝齋交游

方先生苞 別爲望溪學案。

黄先生叔琳 別見健餘學案〔一〕。

冉先生覲祖 別見敬庵學案。

朱先生軾 別爲高安學案。

徐先生用錫 別見安溪學案。

秦先生蕙田 別爲味經學案。

〔一〕「健餘學案」，原作「元孚學案」，據目録及正文改。

蔡先生德晉　别見味經學案。

莊先生亨陽

莊亨陽字復齋，南靖人。少受學於李文貞。康熙戊戌進士，授山東濰縣知縣。母喪，廬墓三年，自是未嘗一日離父。乾隆初，以凝齋薦，授國子監助教，訓士有法。同列皆一時之儁，都下號爲四賢、五君子。首輔鄂文端公問士於方侍郎苞，首推先生。使同官達意，欲見之，先生不往。文端曰：「以老諸生視我，何如？」乃一見。遷吏部主事，出爲德安府同知，連擢徐州知府、按察司副使，分巡淮、徐海道，振灾治水，多異政。通算術，測量淮、徐水道，規畫全局。請開毛城鋪及天然壩、三壩、范公隄，分水注洪澤、高寶、興鹽諸湖，時不能用。參方苞撰墓志、東越儒林傳。

官先生獻瑶　别見梁村學案〔一〕。

〔一〕此處原有官先生獻瑶傳，與梁村學案重，今删，并補「别見梁村學案」。

徐先生恪

徐恪字昔民，江陰人。父世沐，學宗程、朱，著書明道，附見桴亭學案。先生康熙丙寅拔貢，官直隸棗强、廣西羅城知縣，有惠政。少承家學，與凝齋游，往復貽書論學，甚備。著有周易引説、見聞稽疑録、桑梓見聞録、九鑪山人集。參江陰縣志、文定文集。

清儒學案卷四十九

高安學案

正一身以正家國天下者，其禮乎？清代名臣大儒，莫不以是爲兢兢。健庵、味經其尤著者也。可亭爲儀禮節略一書，一以經傳通解爲宗，而删繁舉要，博采諸家，附以獨見，所言皆明白洞達，可謂知本務矣。述高安學案。

朱先生軾

朱軾字若瞻，號可亭，高安人。康熙甲戌進士，改庶吉士，散館，授潛江知縣。以薦入爲刑部主事，轉員外郎、郎中，督陝西學政。以關中先儒張子知禮成性、變化氣質之學，爲諸生摩刮，秦士大悦。歷光禄寺少卿、奉天府尹、通政使，出爲浙江巡撫，擢左都御史。雍正二年，拜文華殿大學士，兼吏部尚書。坐撫浙時失察吕留良私書，吏議革職，命仍視事。尋還職，兼管兵部尚書事。高宗御極，命協辦總理事務，賜世襲雲騎尉，充纂修三禮館總裁官。乾隆元年卒，贈太傅，謚文端。先生爲政，練達有體，自治縣及撫浙，未嘗假賓佐，摘發多洞中，吏不能爲奸。浙俗浮靡，以身教儉，郡邑吏望風自飭。及登政府，視山西賑，治浙江海塘，與怡親王同籌畿輔營田水利。乾隆初，疏陳四川、廣西、河南丈田報墾之不實，又言法吏以嚴刻爲能，請嚴飭各行省。皆見施行。向之以興利爲功者相繼罷去，忠誠爲國，有古大臣之誼。其學以敬爲主，以致知力行爲工夫，以經史爲法守，以日用云爲爲實驗。著周易傳義合訂十二卷。因程子易傳、朱子易本義互有異同，爲參校以歸一是，不復兩可其說，以滋歧貳。惟兩義各有發明，可以並行不悖者，仍俱録焉，而附以諸儒之論。其諸儒之論有實勝傳義者，則竟舍傳義以從之。己所見，亦各附於後。又著儀禮節略二十卷，分冠、昏、喪、祭四大綱，而冠禮後附以學義，昏禮後附以士相見、鄉飲酒，於喪、祭二禮尤詳。大旨以朱子家禮爲主，雜採諸儒之説，而斷以己意。蓋欲權衡於今古之間，故於今禮多所糾正，於古禮亦多所變通。又有春秋鈔十卷，孝經注一卷，名儒傳八卷，名臣傳三十五卷，續編五卷，循吏傳八卷，文集四卷，輶車雜録、廣惠編各若干卷。參史傳、四庫全書提要、張廷玉撰墓誌銘、學案小識、文集。

周易傳義合訂凡例

一、本義經傳分釋，而詳於經，略於傳。今合經傳文於一處，傳以解經，傳義明而經旨了然矣。

一、講易以程傳、朱義爲宗，二書互有同異。今止録其一，同者無容重複，異者恐滋歧貳也。其或各有發明，則仍並録焉。傳、義之後，間引諸儒論説，而附鄙見於其末。亦有止録諸儒語，不及傳、義者，傳、義或不如諸儒所論之切當也。亦有止陳鄙見者。或舊解太繁，撮其大要而述之，或一知半解，於先儒少有發明也。若穿鑿以示異，勦竊以立名，則吾所不敢。

一、講易遺象言理，自王輔嗣始，至伊川程子又闡發而歸於正道，而後納甲、飛伏等術數之學息矣。然易者象也，有象斯有理，理從象生也。孔子彖、象二傳，何嘗非言象乎？無論雷風山澤，以及說卦所舉乾馬、坤牛、震龍、巽雞之類，皆象也。即卦之剛柔上下，爻之應比承乘，何莫非象乎？舍是而言理，吾不知所謂理者安在矣！易道之取類大，精粗巨細，無所不有。即納甲、飛伏等術數之學，不可謂非易之一端也。矧中爻互卦、倒巽倒兑、厚離厚坎之象，皆卦體之顯而易明者乎？今釋卦爻，一遵程、朱德、位，時及承乘、應比、往來、上下之義。間有艱晦難明者，並取互卦等象釋之。

一、八卦除乾、坤、坎、離外，實止二卦，倒震即艮，倒巽即兑也。六十四卦者，八其八；三十六宫者，六其六也。四十八卦中，四正反，大、小過，中孚、頤，對易也。其屯、蒙等二十八宫，反易也。反易之義，先儒言之已備，來矣鮮謂之卦綜，謬矣。又卦卦以此取義而矜，爲孔子以後獨得之祕，謬之又謬也。今除泰、否、損、益顯有反易相因之義，其餘槩弗取焉。

一、程子不取卦變之説，謂凡卦皆自乾、坤來。然合之彖傳，畢竟有未盡協。今一遵朱子一陰一陽自姤、復之説，詳見圖義。

一、宋、元以來，易圖不下數千，於四聖人之精義全無干涉，今一槩不録。止以鄙見縷晰朱子篇首各圖之義，而圖仍不載。

春秋鈔總論

孔子曰：「我欲載之空言，不如見之行事之深切著明也。」時至春秋，大道隱矣。聖人周流列國，所進説於人主，及退而設教，與七十子之徒講習而討論者，無非闡明堯、舜、禹、湯、文、武相傳之心法。而聖人以爲，是皆載之空言也。今夫名山大川，遊覽所不至，考之記載，而知某水某丘之勝槩，與夫雲霞之蒸蔚變幻，鳥獸木石之珍奇光怪，心焉慕之，而未之信也。有繪圖示之者曰：「此某水某丘之勝也，雲霞之蒸蔚變幻，鳥獸草木之珍奇光怪也。」則不啻親履其地矣。春秋之作，二百四十年之圖畫也。言道者曰：「如此則忠，如此則孝。如此則不忠、不孝，而爲天理王法之所不容。」智者喻，而愚者懵焉。比讀春秋，乃知若而人之甘心不忠、不孝如是也，若而人之陷於不忠、不孝而不自知如是也。微惡必懲，隱慝必誅，天理王法昭然不爽如是也。於是善者謹覆轍，凛殷鑒；不善者如照秦鏡，自見其形容，自呈其心術，儼然刀鋸斧鉞之刺於心而戮於身矣！程子曰：「五經如藥方，春秋猶用藥治病方書。」所載某方祛寒，某方已熱，盧、扁未敢信其必然也。迨用某方投某病，而果無不效也，斯庸醫知所遵循矣。春秋對症施藥方，則堯、舜、禹、湯、文、武之所傳授也，孔子酌而劑之，以適於用，而二百四十年風魔妖妄之疾，霍然起矣。

朱子語類云：「孔子作春秋，據他事實書之，教人見得當時事是如此。」又曰：「聖人不過直書其事而義自見。果爾，則齊桓、晉文之事，舊史具在，孔子之作，不幾多事乎？且晉之乘，楚之檮杌，皆勸善懲惡之書也，何必魯之春秋？」又曰：「以日月名字上寓褒貶，聖人不解恁地細碎。且忽用此說以誅人，又用此說以賞人，使人求之而莫識其意，是後世弄法舞文之吏之所爲也。」案：春秋編年之書，雖無事，必備載四時。至事有以日計者則書日，不可以日計則書月，不可以月計則書時，原無關於是非之義也。若書人、書爵、書名、書字，則魯史舊文也。孔子曰：「吾猶及史之闕文。」蓋言史官之慎也。韓宣子聘魯，見易象、春秋，曰：「周禮盡在魯矣。」是春秋舊史典禮昭然，非他國可比。若忽而書名，忽而書字，絶無取義，信筆記録，雜亂無章，即晉乘、檮杌，未必如是草率也。況孔子作春秋，以教天下萬世，肯任舊文之參差，而不爲校正乎？蓋以官爵名字寓褒貶，乃史官定例。聖人據事考義，可因者因之，不可因者改而正之。間有變例，或予之爵謚以重其罪，或責備賢者而嚴其辭。是皆確乎有據，無可疑者。若義不可通，則簡編之誤，闕之可耳。蓋經文從三傳録出，而三傳所載字句時有參差，先儒謂由口授數傳而後不免訛誤。今必欲逐字引例，委曲以求其同，則鑿矣。

史家編年記事，有綱有目，綱斷而目案也。事之本末，目已詳矣，乃酌理原情，斷以片言，而獄成焉。後之讀史者，不得於綱而稽其目。猶有疑焉，則究隱察微，更進一解，而是是非非之精意出矣。孔子之所修者，綱也。目以記事，無俟聖人之筆削。後人因非孔子所定，遂從而佚之。目佚而傳作，傳即目也。左氏詭異浮誇，無當於聖人之取義，而事之不泯，猶賴有此。論者謂屬事比辭，春秋教也。魯桓弑於齊，而莊公主齊婚；與齊人狩，大無麥，而築郿；告糴于齊，而新延廄。凡此，皆比而觀之，而美惡自著，何必詳其事而後見其義乎？然與其窮原竟委而後知，何如一見瞭然之爲善？況有尋究而必不得其故者乎？乃謂盡去諸傳，而後春秋之義明，何其謬也！吾謂註春秋須將三傳及前編等書，撮其記録事實者，列於逐條之下，以補春秋之目，然後另講書法，以求其義，斯聖人之微旨著矣。至記言「屬辭比事」，謂學春秋而得其義，則能比勘事之是非，斷以辭而親切允當，非謂讀經者當比事而觀也。至前略而後詳，此隱而彼著，由後遡前，即此推彼，凡書皆然。況春秋編年記録，隨其月日所有之事而繫之，有一事而散見於各年各月者，又有數事而相爲本末終始者，自必博觀廣覽，乃能融會貫通。然春秋謹嚴，一句一字具有精義。如天地之廣大周徧，脉絡經緯，固自比密，苟非逐字逐句體認真切，又安能博觀廣覽，融會貫通乎？

春秋明天道，修人紀，撥亂反正，辨名定分，天子之事也。天子之事，惟天子能行之，惟聖人能言之。周衰，王迹熄，天子不事其事。孔子作春秋，言天子之事，非事天子之事也。論者乃謂孔子以匹夫假二百四十年南面之權，謬矣！亂臣賊子，人人得而誅之。誅之者，正其罪也。殺人者可殺，非士師而殺之，是亦殺人也。以亂易亂，春秋之所禁也。然則所謂人人得而誅之者，權在則誅以斧鉞，權不在則誅以言也。誅以斧鉞者，天子也。諸侯奉命討賊，可也。誅以言者，凡能言者，皆得而誅之。亂臣賊子，智巧足以飾非而謝過，而言者方攻其隱而誅其心，雖幸而苟免於身，而一字之誅，嚴於身後，此亂賊之所以懼也。或曰：「亂臣賊子，天理良心滅絶已盡，何有於一字之誅，而懼而不爲乎？」曰：天理良心，如何滅絶得盡？亂賊之人，未有不諱其爲亂賊者。孟子曰：「邪説暴行有作。」邪説者，暴行之所自來也。桓之弑隱，由隱之讓也。惠公以桓爲適，隱公亦以桓爲適，桓遂自以爲適也。桓方信羽父之反譖，以爲隱將據位而殺適也，是以弒也。以桓爲適者，邪説也。又如闔廬之弒王僚曰：「我，王嗣也，僚安得立？」不知僚已儼然君也。衛輒之拒父也，曰：「不得父其父，即不得子其子。」雖子貢之賢，猶疑之。甚矣！邪説之誤人也。暴行之作，由惑於邪説，至陷大惡而不自知。又或甘心爲惡，而託邪説以自掩。邪説不放，則大義不著，此孔子之所以懼也。呂氏曰：「邪説暴行，天下所同聞見，而孔子獨懼焉。何也？手足風痹，雖加笞箠，頑然而不知痛。無疾之人，一毫傷其膚，固已頻蹙，慘怛中心，達於面目。人皆風痹，而孔子獨無疾，是以懼也。」春秋成，而亂賊懼，猶倉、佗和緩，療以鍼石，血氣流注，復知痾癢也。故曰：「知我者其惟春秋，罪我者其惟春秋。」知者懼也，罪者亦懼也，盡天下之人無不懼，則人心正而庶民興，邪慝無由而作。猶之倉、佗療疾，先驅風邪，而後鍼石可施，至血脉通而元氣復，外邪又不待屏而自消矣。

黄氏曰：「春秋，教戒之書，而非褒貶之書也。」愚謂褒善貶惡，正聖人之所以教戒也。善不褒，何以教？惡不貶，何以戒乎？然聖人善善長而惡惡短，情有可原，雖罪必矜；事有可取，雖微必録。邵子謂春秋爲聖人之刑書，蓋本欽恤爲平允，堯、舜刑期無刑之意也。程子曰：「五經之有春秋，猶法律之有斷例也。」又曰：「春秋，百王不易之法，乃文質之中，寬猛之宜，是非之公也。」自昔論春秋者，無過此數言之親切。蓋五經所言，文質也，寬猛也，是非也。酌其宜而準於中，以合乎天理人心之公，而爲百王不易之法者，春秋也。故曰：「猶法律之有斷例也。」

春秋之法，專治諸侯。諸侯治則天子尊，統一而分定，上下各得其所，而僭竊爭鬭之患息矣。故曰：「春秋，天子之事也。」然諸侯受治於天子，而天子又受治於天。芸芸者，皆天產也，而大君爲宗子，故尊其號曰天王。王，尊也；子，親也。凡所以繼天立極者，無非奉若天道。天子之事，即天之事也。周衰，王迹熄，孔子作春秋，昭王法，明天道也。

朱子曰：「聖人只欲備二百四十年之事，若硬說那個字是舊史，那個字是聖筆，如何驗得！」愚案：文以記事，而義即於是乎見。孔子曰：「其義則丘竊取之。」義於何取？於文乎？取之也，若曰「文盡從舊」，吾不知孔子之所取義又安在也。舊史豈盡無當？但微顯闡幽，當名辨物，非聖人不能。是故有一字而兼數義者，有數事而合爲一義者，有逐字取義者，有取義在一字者，有以實字取義者，有以虛字取義者，有取義在一事而因及他事者，有取義不於本文本事者，有假之名而諱其實者，有嘉其事而恕其情者，有著其功並録其罪者，有略其罪而大其功者。凡此，皆聖人之筆，雖游、夏不能贊，況史官乎？一字而兼數義者，如鄭伯假許田。許田也而可假乎？罪公也，罪鄭伯也。然第曰假耳，公非予也；鄭非取也，暫假焉耳。所以寬公之罪，寬鄭伯之罪也。曷寬乎耳？凡假物於人者，將以還諸其人也。此又聖人開二國遷善之門也。數事合爲一義者，如「文十八年，子卒」。前書「公子遂、叔孫得臣如齊」，後書「夫人歸于齊」，又書「季孫行父如齊」，總以明魯臣之謀廢立。子之卒，卒於弒也。逐字取義者，如「鄭伯克段于鄢」。曰鄭伯，罪伯也；曰克，力勝而去之也；曰段，路人也；于鄢，操之已蹙也。取義在一字者，如「一國以數國之師」。以者，不以也。以人與以於人，皆非也。以實字取義者，如「天王使宰咺來歸惠公、仲子之賵」。曰天王，曰宰，何其鄭重也；曰惠公、仲子，微也；歸賵之非，不待言矣。以虚字取義者，如「公自京師，遂會晉侯」云云。曰遂，重朝王也，而魯侯無君之罪著矣。取義一事而因及他事者，如「春王正月」，本以編年見尊王、敬天之意，而繫時於「王正」之上，又寓行夏時之意焉。若曰此建子之春，乃時王一歲之首月，改故時移，非帝出乎震之孟春也。取義不於本文本事者，如桓、宣書「有年」，明他年之常歉也。假之名而諱其實者，如晉文召王，而曰王狩。以狩爲名，諱召也。仍其名而書之，名之所關者大也。嘉其事而恕其情者，如「莒去疾自齊入于莒」，志存乎得國也。去疾入而展輿奔。展輿，弑君之賊也。聖人嘉去疾之能討賊，而繫以國，明去疾之宜有莒也。著其功並録其罪者，如「楚殺陳夏徵舒」，嘉討賊也；又書「楚人入陳」，貶也，功過不相掩也。大其功而略其罪者，如首止之盟，諸侯會王世子近於要君，然定世子之功大，故不以要君罪齊桓，功足以掩過也。大抵事之是非昭然共見者，只直書其事而義自見。其有事小而所關者大，亦或似是而實非者，名字、爵秩、予奪、褒貶之外，必抑揚高下其辭，使人玩味而得其是非之實。直書其事者，舊史已明，則仍之。有辭義未顯者，則達之。其高下抑揚，使人玩味而得其是非者，皆聖筆也。

學者讀春秋，但將隱、桓二公時事細細體認，確然有見於褒貶予奪之例，則二百四十年治亂得失之故，與夫聖人筆削之苦衷，瞭然在目矣。蓋隱、桓世遠，春秋所紀較他公爲略，然壞法亂紀、滅倫絶義之事，實始於隱，而熾於桓。如盟蔑、盟宿，私盟之始也；祭伯來，私交之始也；會戎于潛，外交之始也；入向，入極，取牟、婁，入國取邑之始也；鄭人伐衛，諸侯專征伐矣；無駭帥師，大夫專兵矣；考仲子之宮，嫡妾紊矣；戎伐凡伯，天尊地卑之義亡矣；瓦屋之盟，伯主所由興也；宋、陳、蔡、衛會伐，諸侯之黨所由分也。至於桓，而君臣父子昆弟夫婦之常經敗蔑幾盡，蒙羞忍恥，靦然在位者十八年，卒喪身於逆姜之手，惡莫惡於是，醜莫醜於是矣。況乎宋督弒君，以賄賂而得免；鄭突篡位，結强鄰以自固；王師敗績於鄭，天王僅以身免，王綱終於不振；齊、魯、宋、衛紛紛誓盟，朝修好而暮興戎，人心世道之壞，終春秋之世不過如是而已。學者於此，考訂詳而體察精，全經之微言大義，盡在斯矣！

左氏紀事最詳，穀梁取義較切，公羊不及二傳。然亦有左略而公詳，穀泛而公切者。此三傳所以並存而不可缺者也。胡傳於天理人欲之介，辨之極精，言之最篤，而梳櫛義例直截痛快，有春秋謹嚴之意焉。然有時用意太過，取義太深，又或旁見側出，而於本條反多遺漏。蓋文定輔成君德，挽回人心之苦衷，勤勤懇懇，言之不足而長言之，非若杜林、何甯之釋經，但取尋章摘句已也。

胡傳於征伐、會盟、聘問無大關係者，多不釋其故，三傳亦時有缺略。蓋當日諸侯强陵弱，衆暴寡，而寡弱之國又每不度德量力而干犯强大，一言以蔽之曰：「無名之師也。」至會盟、聘問，無非趨勢附利，朝恩暮怨，機械變詐，不可端倪。文、宣以下，大夫專政，作威作福，惟所欲爲，又不待求其故，而知其悖理滅義，爲王法所不容矣。凡如此類，聖人因舊史以垂戒，善無可褒，惡不待貶。讀者必尋究其所由來，以合於褒貶之例，亦近於鑿矣。

或有問於予曰：「橫渠張子謂春秋乃仲尼所自作，非理明義精，殆未可學。若胡文定公，可謂理明義精者乎？」曰：「是非予所能知也。雖然，胡傳本之程子，公私理欲之介，言之洞然，他書弗及已。予於聖人筆削之旨，茫然未有所知，惟恪守胡傳。間有辭旨未暢，及鄙意所未安者，妄陳管窺之見，敢以質諸學春秋而理明義精者。」

儀禮節略凡例

一、是書以朱子家禮爲綱，旁及晉、唐、宋、明諸禮書。其近世儒者，論説於禮少有發明，輒隨所見採入。至折衷聚訟，以求適合，則必以十七篇爲正鵠焉。

一、丘文莊儀節敷演明晰，間有舛誤，及詳略未通，悉爲增損辨正。惟祭儀煩多，槩置不録。

一、杜佑通典竪議明辨，他書弗及，惜無善本，魯魚亥豕，多不可句。篇中所引，未敢意爲更定，仍之以俟校正。

一、自儀禮不列學官，習焉而得其解者罕矣。是篇引述節略，雖片語單辭，梳櫛必求其當。若附會前人，偏執己見，則吾未敢。

一、是書務矯時弊，力崇古道。然古禮有必不可行，近俗有必不可廢，斟酌損益，頗費研慮。曲禮曰：「禮從宜。」孔子曰：「禮之中又有禮焉。」變而通之，觸類而長之，又非是書所得盡矣。

一、是書既逐條辨晰，更掇拾先儒時賢語爲餘論。餘者，正條所未盡也。附論則一知半解，聊質之當代之學古者，議禮云何哉？

一、士相見、鄉飲酒二篇，朱子謂何處可行？今觀相見禮嚴肅簡易，何不可行之有？鄉飲酒獻酬煩多，聊存大槩，而尊讓潔敬之義已具。

一、喪期服具友人王帶存所述，其所未詳，更彙輯羣論，附以己意，庶讀者無憾焉。

一、儀禮、禮記言喪事幾半，而諸家之論亦較他禮爲詳。蓋送死大事，古人慎之又慎，亦辨之又辨也。是篇採録頗衆，悉本健庵讀禮通考。

一、是書原刻三卷，今增爲二十卷。始事丁酉季夏，迄己亥秋而卒業。簿書鞅掌，日無寧晷，篝燈搜閱，隨手録記，不復省視，舛誤實多，所望明禮君子指摘而惠教焉。

孝經四本序

漢以來，傳孝經者，皆顏貞所出。今文本朱子刊誤，獨據孔壁二十二章，豈疑今而信古歟？以爲誤皆誤也？朱子偶拈其一正之耳。元儒吴文正公，因刊誤參校古今文，從其長者，條章理節，則於朱子本時有更定。予始讀而駭，深味而嘆先儒讀書用意之精也。爰哀益舊註，附以臆見，編諸易齋三本後。易齋，予同年友。三本者，今文、古文、刊誤也。易齋于經學，弘衍邃深，折衷允當，豈予固陋所能贊一詞？顧念學者讀朱子刊誤，參以文正之所論定，於微言奥旨，不無發明。是文正固朱子功臣，而予一得之見，其諸易齋之河海細流歟？易齋將計偕過予，别出所校經史性理諸書示予，孝經三本，其一也。

歷代名儒傳序

盡天下之人，别其業而命之，士、農、工、賈四者而已。而士獨以儒稱重之也，亦責之也。戰國異端蜂起，其最甚者爲楊、墨，挾其爲我、兼愛之説以誣民，而與儒抗。顧其爲術淺陋，入人不深，孟子辭而闢之，二家之患亡矣。漢初，學者惑於黄、老之術，儒道大衰。迨後佛教興，其所論著，較老氏之恍惚杳冥爲尤甚，而信從者益衆。韓子曰：「古之民四，今之民六；古之教一，今之教三。吾謂天下之人，不歸老即歸釋，二氏之學徧天下，而儒教幾乎息！」是教二而民五：農也，工、商也，緇流、衲子也，無所謂士。然非佛、老之過，儒者之過也。今聖天子崇儒重道，超軼漢、唐，嘗謂：「朕所重者，大儒、真儒；所惡者，小儒、僞儒也。」覺世牖民之盛心至矣！盡矣！孔子訓子夏曰：「女爲君子儒，無爲小人儒。」即此意也。彼佛、老方張大其説，以爲彌天蓋地而莫能外，又竭力殫心以工其術，而儒者以其小且僞者當之，有不退然沮喪者乎？吾思大儒、真儒一也，而小與僞有别焉。聖人與天地相似，惟其公而已。彼小忠、小信、小廉、小謹，煦煦之仁，孑孑之義，皆挾私用智之爲害也，然小也，非僞也。一涉于僞，則無所不至矣。是故有儒而阿諛取容者，公孫弘、張禹是也。有儒而依權附勢者，馬融、王肅也。有儒而毁禮滅義者，王弼、何晏也。若夫不逞之徒，以邀名市利之心，假託仁義道德之説，以惑人聽聞。久之而一倡百和，别户分門，同者黨之，異者伐之。甚而恣其横議，變亂黑白，犬吠梟鳴，無所不至，猶自號于人曰：「吾，儒也。」何怪乎學者以儒爲汙，而相率入于二氏乎？漳浦蔡聞之先生，嘗與余言儒之雜揉謬亂，痛心切齒。余曰：堯、舜在上，黜邪崇正，千載一時，顧欲盡去雜揉謬亂之穢習，莫如表彰先賢，使學者知儒術之有真，而浮僞者不得而託，庶少贊一道同風之聖化于萬一。於是倣大全編次諸儒之例，録漢至元儒者凡若干，各訂其本傳，彙爲一編，曰名儒傳。書成，有難者曰：「何休之黜周王、魯文中子之僭，經惡乎取之？」曰：「過不掩功也。」「小戴以貪去官，劉向以獻書進，不録，可也。」曰：「聖之去官，忤何武也。」或曰：「九江太守，德也，非聖也。向父得鴻寶祕書於淮南，向欲不獻而不敢，非以干進也。」「始于漢而終于元者何？」「漢儒拾殘經于灰燼之餘，有功于道術不小。晉、唐如范甯、孔穎達之徒，類能發明經義，以輔翼聖教。至宋，而濂、洛、關、閩諸儒直接鄒、魯之傳。前乎此者，開其先；後乎此者，皆紹其緒者也。明儒未有史傳，故弗録也。」「傳以『名儒』稱，何也？」「猶言純儒、真儒、君子儒也。學術邪正之分途，名與實而已。無所爲而爲者爲君子，有所爲而爲者，小人也。學者誠能體察于身心之間，存理遏欲，進進不已，則聖人可學而至，何有于名儒乎？所貴乎儒者，爲其學而至于聖人也。明乎此，而章甫縫掖之士，能不顧名思義乎？」

歷代名臣傳序

名臣傳，始漢留侯，迄元董摶霄，凡二百有奇。或曰：「人才莫盛於虞、周，五臣、十亂盡之矣。夏禹、啟閒類，皆先代之臣。殷伊尹、仲虺、伊陟、臣扈、巫咸、甘盤、傅説外，他無聞焉。今編名臣若干，毋乃濫乎？」曰：「必如皋、夔、伊、傅、周、召而後謂之名臣，則得與斯選者幾何？且取法乎上，僅得乎中。集中所載，皆上法古人，而卓自樹立者也。孟子曰：『有安社稷臣者，有大人者，有天民者。』如汲長孺、魏文貞者，非所謂社稷臣乎？漢之武侯，唐之宣公，宋之韓、范、司馬，第其品，在天民、大人之間歟？」或謂：「武侯、宣公、韓、范、司馬之有功聖道者不少，何以不列於名儒？」曰：「天生聖賢，以爲天下，未有功名不本於道德，亦未有道德而不發爲功名者。不幸而著書育才，以守先待後，非得已也。程、朱之不爲名臣，有以夫！是故有堯、舜而後有五臣，有文王、武王而後有十亂。漢、唐以下，遭際不同，聲績亦異，總其要歸，多由元首。我皇上嘗訓廷臣，謂非皋、夔、稷、契成堯、舜，堯、舜實成皋、夔、稷、契，吾君臣其交勉之。恭繹聖言，夙夜警惕，自念遭遇聖明，不能感發刻勵，附日月之末光，垂榮施於無窮，可謂上負吾君，下負所學矣。爰録名臣，都爲一編，審其所值之時，所行之事，所守之節，所建之業，或俊偉光明直行己志，或委婉曲折務達其心之所誠然而後已，雖不能與皋、夔、伊、傅、周、召等量而齊觀，要從此日以尚友千載，高山景行，其長人神，識志氣者，豈少哉！夫求珠者必于淵，求玉者必于山，適伯樂之廄者，纖離緑駬惟駕所適。願覽斯集者，各取法于上，而設身處地，參觀效法，以自奮于堯、舜之世。書曰：『汝翼。汝爲。汝明。汝聽。』詩曰：『有馮有翼，有孝有德。』行將旦暮遇之矣！」

歷代循吏傳序

傳曰「循吏」，仍史目也。吏者，涖也，爲天子涖此民也。自牧伯監尹，下逮一州一邑之長，統謂之吏。吏得其人則民安，民安而天下治矣。顧必如何而後爲得人？曰廉，曰才，曰慈惠，曰强幹，四者盡之矣。而史傳不以四者名吏，而標其目曰「循」。循之爲言良也，舍四者無所謂良，而卒不得謂之廉吏、才吏、慈惠、强幹吏者。然則所云「循，良」者，可會而知矣。論語記仲弓、子夏諸賢之爲宰，嘗問政於孔子，而其爲政無可考。子賤、子游以鳴琴弦歌傳，其他亦未有聞焉。漢史稱龔、黄、卓、魯之治郡多異績，吾不知其爲政，於聖門諸賢何如也？宋張觀自謂：「守官以來，惟持『勤謹和緩』四字。」又云：「世間何事不從忙後錯過。」蓋爲其事而輒計其效，則進鋭者退必速。即幸而有成，而急遽苟且，終遺後日之悔。彼悃愊無華之吏，循守繩墨而程能效功，日計不足，月計有餘。況煦育涵濡，以養以教，事不煩而民享和平之福！此王道之所以悠而久也。循良之目，其謂是歟？顧吾猶有慮焉。庸庸者，自託於簡易鎮靜以文其迂拙，固卑卑不足道。其或慕古人之雅化，而優遊無爲，即使子賤鳴琴而理，而怨咨愁苦之聲不息，雖日奏南風之曲，能使阜財解慍乎？有恒産而後有恒心，假而終歲不飽，而欲使家弦户誦，吾知子游有所不能也。我皇上念切民依，勤求吏治，嘗謂「司民牧者，存一沽名市譽之念，將有廉而矯激，寬而姑息者矣。朕非教人以不廉，廉且不可，而況於不廉乎？非教人以不寬，寬且不可，而況於嚴乎？惟中道而行，實政實心，上爲國而下爲民，莫善於是」。大哉聖謨，無以復加矣！蓋中者，堯、舜、禹、湯、文、武之所以傳心，施之於政事，即洪範「無黨無偏，王道平平、蕩蕩」，商頌「不競不絿，不剛不柔，敷政優優」之謂也。由乎此，則處爲顔、孟、周、程，出爲皋、夔、稷、契。悖乎此，雖一郡一邑，可得而治乎？今傳循吏若干，其所爲治，雖未必盡有合於聖訓，而優遊無爲，與矯激姑息以立異者，槩不録焉。讀者循覽體察，庶於吏治或有少補歟？

文集

太極圖説解

乾坤者，對待之體；六子者，流行之用。筮卦之數，陽極於九，陰極於六。陽主進，進至於無可進則退。九退爲八，八，少陰也。陰主退，退至於無可退則進。六進而爲七，七，少陽也。圖極所説，動極而靜，靜極復動。動靜互爲其根者，即筮卦九六進退之謂也。動極、靜極者二，太陰生於動極，陽生於靜極者，六子也。圖、書不言四象八卦，義已見於是也。此陰陽流行之用，總不外乎兩儀對待之體。先言用而後及體者，一生於兩，一見而後兩立也。或問：「陽變陰合，而生五行，五行非即四象八卦乎？」曰：「四象八卦，乃兩儀之倍分，五行則兩儀之所資以爲用也。文圖離坎居乾坤之位，後天入用故也。二氣五者之氣，彌綸充塞，播於四時。凡陰陽之流行，皆此五者行之也，此水火木金土之所以名行也。二氣五行，同出於太極，生則俱生，而無極太極之蘊，即在陰陽五行之中。同出於太極者，亦各具一太極也。無妄之理，與不二之氣，渾淪融洽而無間。其合也，其妙也，妙合者一也。五行一陰陽，陰陽一太極，氣含乎理内也。五行之生，各一其性，理行乎氣中也。理氣之絪緼，分之無可分，兩非兩，五非五也，一而已矣。一故妙，妙故凝，凝則生生不息矣。乾，天也；坤，地也。言乎其質，則五行生成於天地；言乎其氣，則二五實生乾坤。乾道成男，坤道成女，男女分而形交。氣感萬物，化生天地者，萬物之大父母也。人與物同具此太極之理，而所稟之氣有清有濁。人靈於物，而人之中又有頑秀之别焉。五性動而善惡分出，吉凶悔吝所以紛然多故也。惟聖人定以中正仁義而主靜，人極立而三才位焉。定之者，定此感動之性也。感於物而動，性之欲也。定之以中正仁義，所謂先立乎其大，其小者不能奪也。中正者，仁義之中正也。先儒以中正爲智禮，禮所以節文斯二者，智則二者之正而固也。言禮智不足以盡中正，言中正而禮智在其中矣。通書云：『性者，剛柔善惡中而已矣。』剛惡柔惡故非中，剛善柔善亦未必皆中。剛柔者，仁義之偏也。凡物立於偏陂之地，則脚根不定。中則得所止而定矣。大學曰『知止』，得止；易曰『艮止』，定之謂也。求止之功在格致誠正，而其要不外於主靜。靜者動之本，易所謂『無思無爲，寂然不動』是也。廓然大公，性也，無極太極也。物來順應，情也，太極之理蘊於中而發於外也。天禀陽動而靜，地禀陰靜而動，而要皆本於太極，太極之理本靜也。聖人主靜而性以定，定則動靜隨時，而因應不窮。聖人一天地也。極者至也，道理至此盡頭，更無去處，故推行變化而不可測，皆自極生也。自氣言爲陰陽，自質言爲剛柔，自人心而言爲仁義。動極者，純陽也，動極而靜，乾卦所謂用九，陽而陰，天極也。靜極者，純陰也，靜極復動，坤卦所謂用六，陰而陽，地極也。主靜而動以定者，聖人洗心藏密，吉凶與民同患，仁而義，人極之所以立也。曰陰陽，曰剛柔，曰仁義，對待之體也；曰陰與陽，剛與柔，仁與義，流行之用也。與云者，自此及彼，一而二，二而一，張子所謂一神兩化也。原始反終，無終無始者，精氣游魂，屈伸往來之妙也。大哉，易乎！聖人立教以裁成，輔相君子脩德以趨吉避凶，孰有外於是乎？」

張子全書序

歲己丑，予奉命巡學陝右。莅扶風，率諸生謁橫渠張子廟。雖車服禮器鮮有存者，然登其堂，不覺斂容屏息，肅然起敬焉。既而博士繩武示予橫渠全集，且曰：「是書多錯簡，欲重刻，未逮也。」予自幼讀西銘、正蒙，雖未窺見奥藴，然每一展卷，輒胸臆爽豁。既得讀全書，益有鼓舞不盡之致焉。大抵言性言命，使人心玩之；而如其所欲言者，必身體之，而適得其力之能至者也。集中經學理窟諸篇，于禮、樂、詩、書、井田、學校、宗法、喪祭討論精確，實有可見之施行。薛思菴曰：「張子以禮爲教，不言理而言禮，理虚而禮實也。」儒道宗旨，就世間綱紀倫物上著脚，故由禮入最爲切要，即約禮、復禮的傳也。西銘言仁，大而非夸，蓋太極明此性之全體，西銘狀此性之大用，體虚而微，用弘而實焉。正蒙論天地、太和、絪緼、風雨、霜雪，萬品之流行，山川之融結，即器即道，皆前人之所未發，朱子所謂「親切嚴密」是也。史稱橫渠以易爲宗，以中庸爲體，以孔、孟爲法。與諸生言學，每告以知禮成性，變化氣質之道，學必爲聖人而後已。以爲「知人而不知天，求爲賢人而不求爲聖人，此學者大蔽也」。又曰：「爲天地立心，爲生民立命，爲往聖繼絶學，爲萬世開太平。」卓哉！張子其諸光輝而近于化者歟？若其所從入，則循循下學，正蒙所謂「言有教，動有法，息有養，瞬有存」數語盡之矣。是故學張子之學，而實踐其事者，斯不愧讀張子之書而洞晰其理。予也不敏，何足以言學？然竊喜讀張子書，而有鼓舞不盡之致，用校正而梓之，以成博士志焉。

與王遜功論氣質之性

論性而言情與才，自孟子始。才者，才力也，才幹也。性發而爲情，才則効能於性情者也。仁能愛，義能敬，禮能讓，智能知。凡天下萬事萬物，莫非此心此理之良能。而有不能者，非不能也，不用其能也。此孟子之所言才，乃天命之性之才也。成性以後，理麗於氣，氣有清濁之分，才亦隨之。姑息非能愛也，而不謂非仁。鹵莽非能斷也，而不謂非義。善反之，則其所不能者，正其所以能也。此程子之所言才，乃氣質之性之才也。氣質之性之才有不善，而天命之性之才則無不善，故曰：「爲不善，非才之罪也。」集中有云：「孟子所謂才，即程、張所謂氣質。」淺見於此，不能無疑。變化氣質，固存乎人。然當其始，則氣質固不能無咎焉，豈得謂非其罪乎？況孟子既以性驗情，而斷其爲善。若以才爲氣質，則當云「若夫爲不善，乃氣質之故」，不當云「非氣質之罪也」。至云「善正從相近處見，相近亦正從善處見」，二語最爲醒豁，顧愚更有進者。善不但從相近處見，亦可於習而相遠處見。所謂相近、相遠者，如分途各出，一上一下，上者逾上，下者逾下，漸行漸遠，或相什伯，或相倍蓰，或相千萬，而無算者，其源頭總從一路上來。若原是兩路，又何從較其遠近乎？周子通書云：「性者，剛柔善惡中而已矣。」有生之初，剛善、柔善者去中無幾，即剛惡、柔惡亦未至於甚遠。迨習焉，各隨其性之所近，而一往莫返，不但惡者益惡，而善者亦流於惡矣。然姑息、鹵莽都由仁義而起，非仁無緣得愛，非義無緣得斷，非愛與斷，無緣得姑息、鹵莽。惡者，善之惡也，知惡爲善之惡，益知性之無不善矣。

冠者見

見即拜也，未有往見而不拜者，故不言拜而言見。不然，冠時兄弟具在，烏用見爲？或曰：「拜兄宜也，弟可言拜乎？」曰：「兄弟云者，就所見之諸昆言之。凡一從再從者，俱統之以兄弟云，故後入見姑姊，不言妹。敖氏集説謂妹未冠，不與爲禮，則弟亦不與爲禮可知。然則何以云答拜？冠者拜兄，兄以其成人也而禮之。再拜者，兄與冠者互拜也。冠者答拜，則兄受而無辭。答者，謝也，謝兄之與爲禮也。卑幼見尊長，率由是。至北面拜母，非送脯也，而適當執脯，故就脯言之。意冠者取脯，適東壁北面跪奠脯，再拜，興，執脯進於母。母使人受，子又拜，母亦起而拜，有似乎拜受、拜送者。然取脯而進之母者，告冠也；母受脯而拜者，知子已冠而禮之也。母又拜者，禮，婦人俠拜，非子既拜，而母又拜之也。考周禮九拜，曰稽首、頓首、空首、振動、吉、凶、奇、褒、肅。稽首者，頭至地而留也。頓首者，頭叩地也。稽、頓頭俱至地，稽則留地稍久，頓至地即舉，若以首叩物也。空首，拜頭至手，書所謂『拜手』也。振動者，戰栗變動，書曰『王動色變』是也。吉拜，拜而後稽顙，謂先作頓首，後作稽顙，期以下拜是也，别於三年之喪，故曰吉。凶拜，稽顙而後拜，斬衰拜也。奇讀基，與褒對，一拜也。褒，報也，謂再拜也。肅，俯下手也。九拜，稽顙最重，空首輕，肅尤輕。冠禮所謂母拜，肅拜也。冠者見於母，母起立而與爲禮也。古人席地而坐，有所敬，則伸腰而起，兩膝拄席，拜則俯下手，頭不至地，樂府所謂『伸腰再拜跪』是也。今不地坐，但起立曲身，叉手引下，前裾沾地而已。見於姑姊如見母，注云：『如見母者，亦北面，亦使拜。』竊意見姑姊不當北面。且母拜受，冠者拜送，就脯言之。見姑姊，則無所謂受與送也。姑雖尊，不得比於母；姊則猶乎兄也。不但見姑姊不如見母，即見姊，亦不得同乎見姑。禮經謂姑姊之俠拜如母，非冠者見姑姊如見母也。又禮無見父之文，豈有見於兄弟，見於姑姊，見於鄉先生，而獨不見其父者乎？若云父主冠，故不見，則兄弟具在，又何以見也？禮，已孤而冠者，掃地祭禰，而後見於伯叔父，豈父存而反不見乎？孟子曰：『丈夫之冠也，父命之。』今終冠無父一辭，可知禮經殘闕，非復周公之書矣。」

笄禮

儀禮：「女子十有五年許嫁，笄而字。」「雖未許嫁〔一〕，年二十而笄，禮之。婦人執其禮，燕則鬈首。」注：「婦人執其禮，明非許嫁之笄。謂未許嫁而笄，則不戒女賓，而自以家之諸婦行笄禮也。」疏：「既未許嫁，雖已笄，猶以少者處之，故既笄之後，復去笄而分髮爲鬌紒也。」予謂所貴乎賓者，謂老成典型，堪爲小子師耳。故戒賓辭曰：「願吾子之教之也。」「願吾子之終教之也。」不然，正纚加冠，一僕隸任之有餘，烏有賓爲女之笄，猶男之冠也？許嫁而笄，與未許嫁笄，均笄也。婦之賢而習禮者，求之姻親中，恐不易得。今以家之諸婦執其禮，能必其賢而習禮乎？將不擇而使之乎？不待嫁而笄者，欲早

〔一〕此句以下爲禮記雜記文。

責以成人之道也，而苟簡若是。是不以禮教也，何如不笄？且與其使諸婦也，何如母自爲加？竊意經言婦人執禮，謂加笄，母爲主，而賓以女父不與焉，非未許嫁不戒賓之謂也。燕則鬈首者，謂笄後，有事則笄，燕則卸之。若云「已笄，猶以少者處之」，則何不待許嫁而笄乎？今俗親迎有期而後冠笄，似乎可從。蓋婦人外成未嫁，尚可少寬其責也。

納采問名納書納吉

儀禮：「賓至納采，致命出。擯者出請事。賓入問名。」是納采、問名一使一時事也。納采者，以男名進而告之女氏，使采擇也。辭曰惠貺室某某者，男名也。然女擇男，男亦擇女，故問名，而主人曰：「以備數而擇之。」或曰：「既以媒妁通言而許之矣，夫何擇焉？」曰：「擇者，擇吉凶也。婚姻大事，雖年相若，德相稱，人事本無可擇，猶必待命於鬼神。」曰：「然則女氏亦卜筮乎？」曰：「在古有之。懿氏卜妻敬仲，晉獻公筮嫁伯姬於秦是也。士禮無之，謂男之吉即女之吉也，故納采致命，女氏無答辭。納吉乃曰：『子有吉，某與在，某不敢辭。』疏曰：『夫婦一體，夫既得吉，婦吉可知，故曰與其卜筮者，爲男擇女，亦爲女擇男也。』納吉則擇定，而婚禮可成矣，故從而納徵。徵者，證也，成也。束帛儷皮，假物爲証，以成其婚姻也。故納徵又云納幣。」曰：「前此不嘗以雁往乎？」曰：「雁非聘物，乃賓贄也。贄必以雁者，取不再匹之義。士贄應用雉，今用雁，爲婚姻也。故禮云下達用雁，無貴賤一也。」曰：「納采問名，一時事也，何以再用贄？」曰：「重婚姻也。且納采、問名，兩事也。」「然則卜筮不吉，將奈何？」

曰：「不吉，則男氏以所卜筮告之女氏，女氏將曰某之子不教。今卜筮不從，敢辭。此所謂采也。」曰：「周官婚禮必先問年月日而後及乎名，儀禮問名不問生年日，何也？」曰：「爲卜筮也，卜筮必以男女名告鬼神。名者，別也，子非一子，女非一女，故男名待告，女名待問。若生年月日，媒氏已通言而知之矣。禮辭曰：『敢請女爲誰氏？』疏謂不敢必其爲主人子，故問之。不知納采已云某之子矣，何問焉？又曰：『問所出之母也。』取其女而問其母，亦屬無謂。詩曰：『仲氏任只。』氏即名也。誰，何也。問女何名也。」「然則禮何以無答詞？」曰：「婦嫁則稱氏，女子不以名行，故不以名面告使者，意必書而致之也。」

廟見

禮，婦入三月而廟見。解者曰，歷三月，而婦無可去之行，而後廟見而成婦。若然，則廟見矣，雖有可去之事，將不去乎？若猶去也，何取乎三月而後見也？父母之於子婦，祖父母之於孫婦，未有不欣喜愛憐，相見依依，而不忍捨者。死猶生也，若必遲之三月而後見，此三月中，祖父母、父母有知，悦乎？否乎？子心安乎？不安乎？冠禮既冠，掃地祭禰，而後見於伯叔父，昏禮何獨不然？婦入三月之內，見於宗黨親戚者遍矣，壻見外舅外母矣，而獨靳廟中之一扱，事死如生之道，顧如是乎？朱子家禮改三月爲三日，程子議以婚之明日，是皆以意斷，而於禮制終有未洽也。夫必明日、三日而後見者，豈非以未同牢合巹，尚不爲婦乎？自母以女授壻御輪三周而來，已不爲女，而爲婦矣。春秋於文公、宣公、成公夫人之至皆稱婦，蓋婦者，有姑之詞也，何待同牢合巹而後爲婦乎？鄭忽昏於陳，先配後祖，鍼子曰：「是不爲夫婦，誣其祖矣。」鍼子之意，謂不祖而配，無異野合，而猶以婦見，若未配者然，是誣罔其祖也。或曰：「鍼子所謂祖，告親迎也。」信如斯説，既以親迎告矣，迎至而不見，何如不告乎？昏禮納采、納徵皆告，而往歸而復以告，何獨親迎不然乎？春秋於婦入書至，至者，以至告諸廟也。哀姜不書至，而書入，傳曰：「不至者，不可以見宗廟也。」此至日廟見之明証也。議禮不衷於春秋，而遷就附會乎漢儒之説，未見其有當矣。記曰：「三月祭行。」祭行即廟見也。不曰祭，而曰見者，前以新婦見，至是以主婦見也。必三月者，鄭注謂三月天道一變，乃可以事神。且三月之内，人事紛錯，不誠不敬，必三月而後可齋戒潔蠲以祭也。又曰「擇日祭於禰」者，猶父母存者，既以棗栗段脩見，又饋特豚於室，故不嫌數也。凡此，皆爲冢婦言也。若衆婦，至日一見已耳，三月祭行，奠菜於四親也。擇日祭禰，則不及其祖矣。或曰：「婦至次日，乃以禮見舅姑。廟見何必不於明日、三日乎？」曰：「見舅姑之必於次日，猶廟見之必於至日也。禮緣義起，各適其宜，而爲之制，而禮得矣。」

同姓不婚

律禁同姓爲婚，分别問罪離異。禮云：「取於異姓，所以附遠厚别也。故買妾不知其姓則卜之。」又曰：「同姓雖遠，男女不相及，畏黷敬也。黷則生怨，怨亂毓災，災毓滅性，是故取妻避其同姓，畏亂災也。」家語曰：「同姓，雖百世，婚姻不得通，周道然也。」今世古道不講，同姓爲婚者，士夫家時復有之。獨吾江西，則村野田夫奴隸下賤亦知其不可。吾謂禮失而求諸野，其必於吾鄉乎！友人王帶存嘗云：「姓氏有分別，同出一祖者爲同姓，而或異氏；不同出一祖者爲異姓，而或同氏。」鄭夾漈謂：「氏同姓不同者婚姻可通，姓同氏不同者婚姻不可通。」愚意，出同一祖者，如魯出周公，晉出叔虞是也。同祖而異氏者，魯之孟、季，晉之欒、郤是也。異姓同氏者，其氏偶同，非真同氏，如晉有欒，齊亦有欒；魯有季，楚亦有季氏是也。自宗法廢，人有不知五屬之親者，何從別其爲姓爲氏之異？今有季人、欒人於此，考其果爲魯、爲楚、爲晉、爲齊耶？吾家之比鄰有魯氏者，本葉姓，其女子出嫁稱葉，慎婚姻也，然不婚葉，并不婚魯，謂夫魯本出葉，而他魯之是葉非葉，不可知也。三代以後，有賜姓，無分氏。今人即氏即姓，雖有好古者，不能以無徵之言，爲之辨晰源流，不如據見在同姓不婚之爲確也。

曾子問

曾子曰：「昏禮既納幣，有吉日，女之父母死，則如之何？」孔子曰：「壻使人弔。如壻之父母死，則女之家亦使人弔。父喪稱父，母喪稱母。父母不在，則稱伯父、伯母。壻已葬，壻之伯父致命女氏曰，某之子有父母之喪，不得嗣爲兄弟，使某致命。女氏許諾而弗敢嫁，禮也。壻免喪，女之父母使人請，壻弗敢而後嫁之，禮也。女之父母死，壻亦如之。」按：男女婚姻，時爲大禮，次之摽梅之迨吉，畏强暴也。綢繆之詩曰：「見此良人。」「見此粲者。」若謂不圖今夕得見，出望外也。以是知愆期之患匪輕矣。況室家嗣續所關，綦重年三十、二十矣，父母之心，能無汲汲乎？又或親老待養，井臼之供不可缺，女父母老且死，無期功之親可依，必待婚姻於三年之後，豈徒情有未安，勢亦有所不可。不寧惟是，天時人事，常出意外，假而烽煙乍起，饑饉荐臻，轉徙流離之不免，相待也，不相負乎？壻之辭爲女計，女之辭爲壻計也，古人之厚道也。或曰：「納幣矣，因喪而易之，貞婦義夫當不其然。」曰：「同牢而後成妻，廟見而後成婦，未親迎，尚未爲夫婦也，未爲夫婦，何不貞不義之有乎？女子已嫁，爲其父母降服期，既爲人婦，不得而子之也。若在室，則服斬衰，猶然子耳。知禮君子，忍以己喪累人子乎？」曰：「果爾，何以許而不嫁？既不嫁，又何以許爲？」曰：「不嫁者，禮之常也。苟有故，如所謂女無依，男不能待，烽煙饑饉之出於意外，則竟嫁矣。許諾者，不敢必三年中之必無故也。幸而無故，不敢遽嫁，此女氏之自處以禮也。男與女各盡其道，於此見古人之厚禮，意之周焉。」曰：「女不敢嫁，壻何爲而不取？」曰：「致命而諾矣，又從而取之，何以處夫有故而嫁者？」曰：「請而取，於義無害乎？」曰：「始而謝之，禮也。女氏再請，則復行納幣，禮如新議婚，誰曰不宜？待而弗嫁者，經常不易之道。有故而輒嫁者，權也。苟非有故，斷不得假愆期之說，而別嫁別取。故曰：『諾而不敢嫁，禮也。』又曰：『請而弗取而後嫁，禮也。』語意最斟酌無弊。」或曰：「末俗有喪中嫁取者，亦皆不得已而爲之乎？」曰：「制禮之意，正謂喪中嫁取，人子之所必不忍。不得已，寧致命而辭。女氏不得已，寧別嫁。所以全人子之至性，而防後世隱忍遷就之弊，爲萬世名教計，至矣！曾子之問，孔子之答，非爲婚姻言之也。」

變禮

曾子問曰：「如壻親迎，女未至，而有齊衰大功之喪，則如之何？」孔子曰：「男不入，改服於外次；女入，改服於内次，然後即位而哭。」曾子問曰：「除喪則不復婚禮乎？」孔子曰：「祭，過時不祭，禮也。又何反於初？」黄叔暘曰：「親迎，未至，猶未成婚也。舅姑與廟猶未見也。齊衰大功之喪，視舅姑與廟孰爲輕重？豈有舍成婚見舅姑與廟之重，而遂改服即位，以哭其輕喪者乎？且除喪不復婚，則將苟合已乎？終廢見舅姑與廟見之禮乎？」愚按：合室衰麻哭踊，而壻與婦盛服成婚，苟有人心，奚忍出此？改服即位，天理人情之正也。至除喪不復婚禮，所謂禮者，注云：「同牢饋饗相飲食之道，非廟見及見舅姑之禮也。」古者廟見於三月之後，若除喪而婚，婚之日即廟見，無待三月，況婦入門，雖未成婚，無不見舅姑之理。舅猶可也，寧有期年九月之久，婦姑隔絶不相見者乎？既相見矣，能不一拜再拜乎？意既殯，喪事稍就，以深衣見舅姑，除喪合巹，不事陳設贊拜。注言「飲食之道」，正謂陳設贊拜之儀，非謂同牢之禮盡可廢也。

追服辨

禮經及先儒論追服之制詳矣。然事境之變遷無定，有非禮文所能盡者，試約舉數端言之。曾子曰：「小功不稅，是遠兄弟，終無服也，而可乎？」或曰：「聞喪在五月之外則不服，五月之内則服其殘月。」或云：「既稅則當全服。」吾謂小功之別於大功者，一間耳，苟念骨肉之親，聞喪能不悲哀乎？孔子曰：「戚容稱其服。」悲哀矣而不爲之服，可乎？豈惟小功，即緦麻之親，亦骨肉也，不稅，可乎？且使此小功緦麻之親別無主，後其葬、其祭，身爲之主，不服其服，可乎？喪小記云：「生不及祖父母諸父昆弟，則父稅喪，己則否。」注謂子生於外者也。不稅者，不責非時之恩於人所不能也。夫綱常倫紀之地，不可以恩之厚薄論。至尊至親如祖父母，而以不及見而等之路人，於心安乎？然則有生於祖父母既卒之後者，在期年之外，固無稅服之制。若卒後未周而生，將必服此未周之月乎？曰除未生之月，所服月數或多或寡，成何服制？且服未周之月，是降殺其祖喪也，何如不稅之無害於禮乎？然有不可概論者。假而父没，子隨母歸，母追服三年，而孫承祖重，拜賓主祭，可晏然食稻衣錦乎？又有父在爲祖期，已除而父殁者，適孫承重斬衰三年，不待言矣。然期後父没之前，此數月中未嘗持服，稅乎？不稅乎？或父亡祖在而曾祖没，三月五月之外，祖又亡，則祖之適孫即曾祖之適曾孫，以三月易三年，非若期與再期之相去未遠也。不知練祥禫以死之日計月，抑以承重之日爲始乎？曰承重者，承喪祭之重也。祭之重終其身，喪則再期而止。父祖存日，變除無缺，固不待追。且已服三月期年，非若外出者之始聞喪，而情有不容已也。又荀伯子與何承天論亡未周而立後者曰：「出後晚異於聞喪晚，而稅服應以亡月爲周。」難者曰：「假令甲死已再期，弟乙攜二子遠歸，始聞喪，以長子丙後甲。丙弟丁爲伯父追服期，丙以出後之故，反緦縞旬日而除，深淺舛錯，不是過也。」荀伯子曰：「甲死，婦女持服再周，將即吉矣，而來繼之子門庭凶素，此婦女無由避此凶居，別卜吉宅，又不可使婦女歌於內，而嗣子哭於外。以此知追服亦未爲便，不若待服除出後爲當。」予思喪無無主，已議立後，刻不容緩。若待即吉，何如不立？且萬一服未除而母又死，將奈何？此事理之必不可者也。婦女雖已除喪所天，不復縞素，嫠居何有於吉？假使親子遠出，父卒數年而歸，將以不便於母，竟不制服耶？以義斷之，先服本服未及期，先五月九月而出後者，以亡月爲周。本服已除，或本無服，自當以出後日爲始，追服三年。抑更有說焉。世有既歿十年數十年始爲立後者，日月已遥，哀思不至，税服則文不稱情，不税，則此出後之子，於所生父母既降爲期，而於所後又不得伸一日之服，得毋有難爲情者乎？曰爲人後者，受祖宗之重，非專爲所後父母也。男子之出後，猶女子之出嫁，豈有新婦而爲久没之舅姑追服者乎？凡此數者，倉卒不無疑義，然度理度情，自有一定之則，但行其心之所安，而禮得矣。獨是自宗子法廢，而族無統紀，仕宦商賈家居之日少，而貧窮失業之人又遷徙無常，五服之喪有不相聞者矣。即聞而年月已久，有漠不動念者矣。如韓退之所云：「不税小功，而憂形於色者，有幾人乎？」是故非知之難，而行之難也。

喪具

檀弓曰：「喪具，君子恥具。」具也，而恥乎哉？注曰：「辟不懷也。」然則何不曰不忍具？具，豫也，備也。惟豫，故備也。無論限於分，屈於財，而不得備，不能備，即此沾沾求備之心，若曰如是而可無憾。君子以爲，存一如是，而無憾之心，則其爲哀已淺也。物以表哀，哀不足而物是務，具物也，具文也。施之他人他事且不可，親死之謂何而忍出此？尚得謂有心人乎？此則君子之所爲恥也。顧人非甚不肖，誰不知哀其親？其忘之者，有移之者也。夫孰有重於親者，而使得移之？則亦未嘗返而求之心焉耳。朱子語類：「或謂哀慕之情，自是心有所不能已也，豈待抑勒？只是時時思慕，自哀感。所以說，祭思敬，喪思哀。只是思著，自是敬，自是哀。」予謂一「思」字曲盡孝子深情。思，慕也。生而愛，死而哀，均慕也。帝舜大孝，只是終身慕父母。少艾、妻子、利禄，舉無足以奪此心者。斯之謂不忘其親。没而哀，亦猶是也。今友朋相與，忽而生死睽違，雖日月已遥，回想生平笑語，不禁泣下。矧人子抱終天之痛乎！入户而思所歷也，登堂而思所作也，居處思所安也，飲食思所嗜也，出無所告而思，反無所面而思也。無所省，無所定，而思無間乎晨夕也。無時無事而不思，斯無時無事而不哀矣。阮籍初聞母喪，留客圍碁，决賭飲酒。既醉，嘔血數升，哀毁骨立。彼獨非人情乎？始則制其思而哀弗動，繼乃不能已於思而哀劇矣。忘哀者人子之通病，思則治病之要藥歟？吾願爲人子者，生事死哀，念念不忘父母，毋徒習爲具文已也。

停柩

停柩不葬，人子莫大之罪也。近世士大夫家，有累世不葬者，有累數柩不舉者。詰其所以，則有三焉：一曰家貧不能葬。孔子不云乎，苟無矣，斂手足形，縣棺而封，人豈有非之者哉！葬之需儉，於斂殯未聞。有家貧而委其親不斂不殯者，亦既斂而殯矣，何獨至於葬而難之？一曰不得葬地。古者按圖族葬，未没而葬地已定，夫何擇焉？孝經言卜地。卜也，非相也。風水之不足信，昔人言之詳矣。一曰時日不利。三月而葬，禮也。老聃黨巷之葬，日食而返。鄭葬簡公，毀當路之室則朝而窆，不毀則日中而窆。是不擇日擇時之明証也。竊意不葬之患有四：古者塗殯，以防火也。今中堂三月，尚須慎防，況可久淹乎？若厝之荒野無人之處，保無意外之虞乎？此其不可者一也。木性受風則裂，膠漆乾久而脱，甚至蛀嚙腐朽，至於檢骨易棺，子心其何以安？此不可者二也。葬者，藏也，欲人之不見也。今人有金銀寶貴之物，囊之篋之，又從而緘縢扃鐍之未已也，必藏之密室，或深埋土中，而後乃無患。殯而不葬，是猶緘寶物而置之道路也。人子之愛親，曾不如物乎？始死而襲，而斂，而棺，而椁。凡爲葬計也，衣衾覆尸，棺覆衣衿，椁覆棺，統而覆之於土，而後其藏也密而固。今棺而不葬，何異不棺不斂乎？與其不葬也，毋寧葬而裸。此其不可者三也。禮「既葬而虞」，謂送形而往，迎精而返，虞以安之也。不葬矣，又何虞焉？不虞，則卒哭祔俱無所用之。不知停柩不葬者，將不虞乎？不卒哭乎？祔乎？不祔乎？祥而禫乎？否乎？服不除不祭，禮也。將蒸嘗之祀可終廢乎？葬而後有虞主，祥而後有練主。主附廟，則遷其當祧之祖，而改承祀之名。既不葬矣，將終不遷乎？此其不可者四也。張文宗齊家寶要云：「今國律雖有停柩之禁，卒無舉行者。若禮官援禮『棺未葬不除服』之文，而申暴露之罰，特請於朝，著爲令甲。凡服除未葬者，仕宦不准補官，生儒不許應試。其補官呈詞，必須明開某年月日成服，某年月日安葬於某處，某年月日除服，仍取宗族鄰右及墓地人等結狀，方准補官。其或未葬而詭言葬者，如有首發，俱以匿葬論罪，連坐結狀之人。若夫庶人服滿不葬者，許宗族鄰里首其暴棺之罪。庶乎人人知警，無有不葬其親者矣。」旨哉！斯言。有心世道者，其毋忽諸！

返虞

按禮注，骨肉歸於土，魂氣無所不之，孝子爲其徬皇，三祭以安之。此語非精於禮者不能道。蓋葬矣，亡矣，魂氣之徬皇不可見。以孝子之心之徬皇，想見死者魂氣之徬皇。此時悲愴瞀眩，莫知所據。先王知其然，爲制卒葬之祭，而名之曰虞。虞者，疑也，危也。於彼乎，於此乎，無不之而無之也，危也。虞之者，安之也。何以安之？立之主而主之也，主之斯安之矣。非必神之果主於是，而孝子之精誠主之，則死者之魂氣亦遂主之矣。虞祭之設，所以致孝子之精誠也。檀弓曰：「葬日虞，不忍一日離也。」葬矣，亡矣，得如生時之依依膝下乎？而謂不忍離乎？離之象，恍兮惚兮，若遠也，若近也，離矣，不可即矣。虞所以即之也。離而即之，危而安之，此其情爲何如，而能一日已乎？虞爲祭之始，自此而祔，而奠，而祥禫，而蒸嘗禘祫。凡所爲焄蒿悽愴僾見愾聞者，皆虞之意也。敖氏謂柔日曰：「用其非葬日矣。祝云夙興夜處，與葬日不同，明矣。」此不惟不識孝子皇皇汲汲之深情，即禮文亦未甚解。凡祭俱用柔日，所不待言。此云柔日者，以別於三虞之用剛日耳。葬日，即柔日也。夙興夜處，謂孝子之心，刻不即安，所謂徬皇是也，豈越日之謂歟？日中虞者，虞必於葬日内，不拘早暮，但葬畢即虞，非大事用日中之謂，故下文緊接葬日云云。古葬不擇時，必以朝，未有朝葬而暮不畢者。若待盈坎成墳，一日未能卒事，尚當虞於葬處。禮「反哭而虞」，亦就葬日言之。若出家經宿以上，必待返哭。古人有廬於墓者，豈竟不虞耶？周公、太公葬於周，必返齊、魯而虞耶？愚謂路遠，初虞、再虞於所館，行禮儀節不妨少省。三虞待返哭可耳。孔子善衛人之葬曰：「其返也如疑。」子貢曰：「豈若速返而虞乎？」孔子不言速返之非，第曰「小子識之」。蓋如疑者，迫欲返而如疑也。以迫欲返虞之情，當窀穸未卒之頃，若或驅之，又若或繫之，此孝子之所爲踧踖躊躇也。藉非迫欲反虞，則亦可以從容暇豫，熟視成墳，何如疑之有！

嫂叔無服說

古者嫂叔無服。唐人定制爲小功，於情得矣。然終不得議古人無服之非。大傳言服術，曰親親，曰尊尊。嫂叔異姓，無親親之誼；同列，無尊卑之分，近在家庭，禮別嫌疑，至當不易之論也。若云嫂叔何嫌？則授受不親，不相通問之禮，不幾贅歟？程子云：「師不立，服不可立也。當以情之厚薄、事之大小處之。」然則嫂叔之恩誼，固有不可槩論者。如韓退之少孤，育於嫂，加等可也。禮不立服，亦猶弟子之於師歟？獨是家庭之內，誼無厚薄，較厚薄於嫂叔，亦將較厚薄於昆弟乎？以爲待我厚也而厚之，假而待我薄也亦遂薄之乎？記曰：「嫂叔之無服，推而遠之也。」凡事，引之使近則順，而漸歸於自然；推之使遠則逆，而不可以終日。人情大抵然也。今曰遠之是本近也，本近而推之使遠，其所爲推之者，亦大費隱忍矣。有如嫂之喪，父母爲大功，妻小功，子期，而己獨晏然，於心安乎？推之者，推其所不安也。自制禮之始，人各懷一推之念，以及於唐，遂有久抑而不容不伸，即欲推之，而不可得者，此亦必然之勢也。制禮者，逆知後世必有增爲之制者，姑缺其儀，以示別嫌明微之義，而聽後人之改制，以遂其不容已之情。蓋幾經審慎而出之，非苟焉而已也。至喪服記「夫之所爲兄弟服，妻降一等」，此後儒杜撰，非古禮文也。婦爲夫之姑姊妹在室服小功，是降服二等矣，豈於夫之兄弟獨降一等乎？

立後

李孝述適長兄已取，無子而没，孝述求從兄禰祼之子爲之後。朱子與論主喪承重及題主之名甚悉，大抵謂嗣子幼，孝述主喪祭，但主其事，名則宗子主之，不可易也。予思喪有無後，無無主。無後而爲之主者，攝也。喪主可攝，安用立後爲？且自宗法廢，凡所謂宗子者，皆小宗也。小宗無爲後之制。孝述不忍其兄之無後，而求從兄子立之。既立，則儼然宗子之後矣。後宗子者，非獨後宗子，後宗子之父之高、曾祖也。後宗子父，必宗子同父，弟之子亡則從兄，弟子亡則再從、三從，子謂夫猶是宗子之曾祖、祖出也。孝述立再從子爲兄後，他日孝述有子，反不得祀其祖若曾，恐亡者之心未即安也。且幸而有從兄子，假令再從三從均無可立，將親盡無服者亦立之乎？禮云：「何如而可爲之後？同宗則可爲之後。」此爲大宗言之也。爲大宗後者，必同大宗之子，况小宗而可越親及疏乎？且凡汲汲於立後者，爲主喪祭也。今所立之子，方在禰祼，而孝述攝主喪祭，立而攝，與不立而攝，均攝也。即宗廟之祭，必俟此子稍長而後能主其禮，與其攝而待嗣子之長，何如攝而待己有子而後立耶？如孝述所爲，近於非禮之禮，不知朱子何以不爲辨正也？

異姓爲後

禮:「神不歆非類,民不祀非族。」史稱賈充亂紀,春秋譏莒人滅鄫,甚言異姓之不可爲後也。魏時有四孤之説,謂遇兵飢,有賣子者,一也;有棄溝壑者,二也;有生而父母亡,無緦麻親,其死必然者,三也;有俗人以五月生子妨忌之不舉者,四也。田瓊曰:「絶祀而後他人,固屬非禮。然此四孤,非故廢其宗祀,乃是必死之人,他人收以養活,所謂恩踰父母者也。其家若絶祀,可四時祀之於門外。」王脩儀曰:「當須分别此兒有識、未有識耳。有識,以往自知所生,雖創更生之命,受育養之慈,枯骨復肉,亡魂更存,當以生活之恩報公嫗,不得出所生而背恩情。報生以死,報施以力,古之道也。」愚謂生與養固兩不可負,惟是天屬之親,死生一氣,不可强也。苟所養之家無後,則送死服闋而後歸宗,世世祀之别室,恩與義兩得之矣。

附録

乾隆四十四年,高宗追念先生清操宿學,御製懷舊詩,稱爲可亭朱先生詩,曰:「皇考選朝臣,授業我兄弟。四人胥宿儒,徐、朱及張、嵇。設席懋勤殿,命行拜師禮。其三時去來,可亭則恒矣。時已熟經文,每爲闡經旨。漢則稱賈、董,宋惟宗五子。恒云不在言,惟在行而已。如坐春風中,十三年迅耳。先生抱病深,命輿親往視。未肯竟拖紳,迎謁仍鞠曆。始終弗踰敬,啟手何殊爾。嗚呼於先生,吾得學之體。」史傳。

先生湛深經術，尤邃於禮。酌古今之宜，期可躬行。家居時，嘗刻三禮及前儒議禮書爲家儀三卷。撫浙時，著儀禮節略三十卷，以爲浙人程式。又增定禮記纂言、周禮註解，訂正大戴記、吕氏四禮翼、温公家範、顔氏家訓等書，墓志銘。

先生與蔡聞之宗伯同輯歷代名儒、名臣、循吏三傳，皆本諸舊史，而詞之游者删之，義之疑者缺之，其嘉言懿行見於他書者採而益之。安溪李世𦎟立侯、南城張百川、南靖張季良、漳浦藍玉霖爲之草創，先生與蔡公討論折衷總其成。文集、史傳、三編總序。

高安交游

蔡先生世遠 別爲梁村學案。

方先生苞 別爲望溪學案。

楊先生名時 別爲凝齋學案。

程先生廷祚

別見習齋學案。

王先生承烈

別見二曲學案。〔一〕

吴先生隆元

吴隆元字炳儀，號易齋，歸安人。康熙甲戌進士，選庶吉士，改山東齊河知縣，有政聲。雍正元年，召見，授主事，歷官太常寺卿，兩校鄉會試，督學江南，稱得士。先生篤志經學，尤邃於易，著易宫三十八卷，大旨取來知德之説，以不反對之卦爲錯，反對之卦爲綜。錯者一卦自爲一宫，綜者兩卦合爲一宫。上經三十卦，不反對者六，合之爲十八卦。下經三十四卦，不反對者二，合之亦十八卦。總二篇分配之數，適符邵子三十六宫之義，故以名書。又讀易管窺五卷，又孝經三本管窺一卷，大旨以古文爲是，蓋以朱子刊誤用古文本云。參四庫全書、湖州府志。

〔一〕「二曲學案」原作「梁村學案」，據目録及正文改。

儀禮節略序

子朱子於乾道五年著家禮，而自序之曰：「謹名分，崇愛敬，以爲之本。至其施行之際，則又略浮文，務本實，以自附於孔子『從先進』之遺意。」書始成，爲人竊去，不及再加考訂。晚更以儀禮爲經，禮記爲傳，編爲經傳通解，勉齋黄氏續成之。其書惟章句是正，使學者知有古禮，而其宜於今與否，固未嘗有所論斷也。蓋朱子于儀禮、家禮，皆有望於後人之損益折衷，故疾革時，命門人參酌儀禮、書儀而行，其意可見。而要其定禮之大旨，則不越乎家禮之序之所云而已矣。今大中丞朱可亭先生撫浙之明年，刊其所著儀禮節略二十卷行世，蓋合朱子二書而折其衷者。隆元受而讀之，既深服公用力之勤，而又曉然于公所以化民成俗之道也。昔者，曾子有「國奢示儉，國儉示禮」之言，儉與禮相提並論，而各有所宜。後人泥于其説，遂謂：「禮所以救儉，非所以止奢。」是大不然。夫春秋時之所謂奢者，本有是禮，而以下僭上，如公室視豐碑，三家視桓楹之類是也。故君子矯之以儉，恥盈禮焉。若今之習俗，則本無是禮，而妄爲奢靡，行之既久，習爲固然。司風教之柄者，但以儉示之，不足以厭服其心。惟斟酌古今，定爲程式，如射者之有的，然後奢靡之習，不令而自止。在易節之大象曰：「君子以制數度，議德行。」此示儉示禮，合而用之之道也。公既勵羔羊素絲之風，而又頒布是書訓于蒙士，其權衡諸禮，皆與朱子「略浮文，務本實」之意脗合。寓示儉于示禮之中，所以化民成俗者至矣。隆元與公，有蘭譜之雅，而於分爲州民，讀公之書，被公之教，將與鄉黨有志之士共卒業焉。故爲之推論其大旨如此，非敢言序也。

任先生瑗

任瑗字恕庵，號東澗，江蘇山陽人。年十八，棄舉業，講學静坐三年，見心之妙者機。既而嘆曰：「聖人之道，歸於中庸，極於盡性。精義入神，以致用也；利用安身，以崇德也，豈是之謂哉！」於是取孔、孟、程、朱之書，潛玩力索。其爲學，恪遵程、朱遺規，以上求孔、孟心精。其言曰：「不得聖賢心精，不足以盡道之極致。近世所謂心學，以爲探本握要，不知道精微而難窮，心易蔽而多私。心其所心，非聖人之心也。故得聖人之心，則得道矣；知聖人之言，則知心矣。」又以陽明逞其私智，變易經訓，於是作反經説、傳習録辯，冀有志之士解其惑，正其趨，庶孔、孟、程、朱之道賴以不墜。少即有志經世。父宗延，官延平知府。曾佐平順昌寇，在里興舉淮安水利，俱有成效。方略載於遺書，素爲高安朱文端公所知。乾隆初，舉博學鴻詞科，應徵至都，文端已薨，廷試報罷，遂不復出，隱居著述以老。乾隆三十九年卒，年八十有二。所著書，論語困知録二卷、續編一卷、補遺一卷、易象數傳心録一卷、太極圖説析疑一卷、通書測二卷、讀經管見一卷、小泉筆記一卷、困學恐聞二卷、反經説一卷、陽明傳習録辯二卷、小泉集一卷、知言劄記二卷、朱子年譜一卷、讀史衡説二卷、史記論文一卷、史記筆談一卷、六溪山房文稿五卷、六有軒存稿二卷、寒山吟漫録四卷、拊缶集二卷、和陶一卷、六有軒詩漫鈔二卷、囈林一卷、纂注朱子文類一百餘卷、大學困知録、周易筆解各若干卷。參韓夢周撰墓表、學案小識。

清儒學案卷五十

位山學案

位山力學窮經，老而彌篤。其治禹貢、竹書，於胡、孫兩家有所補正，號爲精密。皖中學者，於江、戴未興之前，言考據者，推位山焉。述位山學案。

徐先生文靖

徐文靖字位山，號禺尊，當塗人。雍正癸卯舉人。乾隆丙辰，薦試鴻博。辛未，又薦舉經學。壬申會試後，以年老，特授翰林院檢討，尋假歸，卒年九十餘。先生貫串經史，擇善而從，不墨守先儒，亦不妄加排詆。著禹貢會箋十二卷，因胡氏渭禹貢錐指所已言，更推尋所未至。首列禹貢山水總目，以水經所載爲主，附論於下。次爲圖十有八，各係以説。書中皆先引蔡傳，而博據羣書，斷以己意，辨證之文，較錐指益爲精密。又著周易拾遺十四卷，大旨宗程子易傳，而於漢、唐諸家亦多發明。又著竹書紀年統箋十二卷，作於孫之騄考定竹書以後，本沈約舊注爲之引證推闡，凡考正地理，訂明世系，視之騄書爲詳。又著山河兩戒考十四卷，前八卷本唐僧一行之説，廣採羣籍以爲之證，自卷九以下，則自爲續補，取堯典之中星言四象，取禹貢之南條北條言兩戒，取春秋緯之旦建昏建言斗魁治内杓治外，取史記之中國山川言雲漢起於東井没於尾箕，取素問之五帝大論言帝墟，取史記之律書言水火金木治季孟月，皆詳於考古，不涉占驗。又著管城碩記三十卷，推原詩、禮諸經之論，旁及子、史、説部，語必求當。鄞全氏祖望見之，服其考據精博。所爲詩賦，别爲志寧堂稿二卷。參史傳、夏炘撰别傳、四庫全書提要。

禹貢會箋凡例

一、冀州舊圖依蔡傳，涞水出覃懷西。今按：周職方：「并州其川涞、易。」非冀州浸也。山海經沁水注河，入懷東南，因改從沁。舊以洞庭爲九江，今據經，「九江孔殷」在「江、漢朝宗」之下，仍依漢志，九江在尋陽。餘倣此。

一、禹貢圖古未嘗有，聞漢明帝議治汴渠，賜樂浪人王景禹貢圖，當猶是收秦圖書所得。晉司空裴秀著禹貢圖十八篇，序載于晉史，而圖不傳。今爲圖多參取艾千子，間採之六經圖、指掌圖。至於駮正譌誤，不敢附會前人。

一、會箋，取四海會同之義，蓋雜採經傳子史、九流百家，支分派别，悉會于一，猶百川歧流汊港悉會于海，使有所歸也。

一、仰觀俯察，皆學者窮理之事，然仰觀易，俯察難。周天三百六十五度，試登高望之，皆可一覽而知。而至於地理不然，數十里之外，目力所不及，足跡所不周。即或親歷其境，東西易位，高下頓殊，而欲確指其山澤所在，以求無舛于經，則將指延安之洛，以爲禹貢之漆、沮；据安豐之石，以爲禹貢之大别。説非無本，其實疏也。

一、是編主于駁正疑誤，故列蔡傳于前，是者可之，不是者否之，要皆各有所證發。寧可得罪於先賢，不敢貽誤於後學，漸至白日塵昏，聖經蕪穢也。

一、會箋於近纂禹貢者略加考訂。如山海經「漢水出鮒鰅之山」，「漢」乃「濮」譌，而郭注妄引「嶓冢導漾，東流爲漢」，近遂以鮒鰅爲嶓冢之别名。西河舊事「三危山俗亦謂昇雨山」，夏本紀注譌作「卑羽山」，今仍因之。譌以傳譌，伊于胡底，故于是編中約略正之。

一、胡氏禹貢錐指考訂漢、唐注、疏最爲詳密，謂釋禹貢者莫先於安國之書傳。安國，武帝時人，孔穎達所謂身爲博士，具見圖籍者也。今觀其注禹貢山水地名，並顢頇鶻突，不甚分明。菏澤在定陶，而云在湖陵；伊水出盧氏，而云出陸渾；澗水出新安，而云出澠池；横尾山北去淮二百餘里，而云淮水經陪尾；江水南去衡山五六百里，而云衡山，江所經。又若穀城爲瀍水所出，魏始省穀城入河南，而傳云瀍出河南北山；金城郡乃昭帝置，而傳云積石山在金城西南；孟津在河陽之孟地，東漢始移其名于河南，而傳云在洛北。明非西漢人手筆。此等考證，真發前人所未發。會箋中不敢勦襲雷同，而又不忍爲割愛，故列於此。

一、漢劉秀上山海經奏曰：「禹别九州，任土作貢，而益等類物善惡，著山海經，皆聖賢之遺事，古文之著明者也。」按：禹貢與山海經，猶春秋内、外傳也。禹貢之山水，多具見于山海經。以禹之經，解禹之書，其不致有譌誤者少矣。故會箋于山海經所引爲多。

一、宋易氏祓，字彦祥，别號山齋，所著禹貢疆里記，胡朏明謂其書亡。余於徐常吉禹貢解中備録原文，冀籍以廣其傳云。至以澧水爲醴陵，九江爲洞庭，蓋浸淫宋人之説，亦小疵也。

禹貢圖自序

周公職録曰：「黄帝受命，風后授圖，割地布九州。」是九州本依圖而立也。水經注曰：「禹理水觀于河，見白面長人，魚身，授禹河圖而還于淵。」是禹之治水，亦依圖而治也。自是而後，夏少康使商侯冥治河，帝杼十三年，冥死于河。殷祖乙避河遷耿，二年圮于耿，復遷于庇。求如禹貢之治水，難矣！鄭樵通志曰：「桀焚黄圖，夏圖所繇盡亡也。」爾雅九州，説者皆以爲商制，圖無聞焉。周圖書大備，大司徒掌天下土地之圖，周知九州之地域；司險掌九州之圖，知山林川澤之阻。漢入關，收秦圖書，得具知天下阸塞。武帝時，齊人延年上書，言河出昆侖，經中國注渤海，是其地勢西北高而東南下，可按圖書觀地形，令水工準高下開大河上領出之胡中。明帝永平中，議治汴渠，上引樂浪人王景問水形便，因賜景山海經、河渠書、禹貢圖。禹貢之有圖，尚已！後世圖事闕略，晉司空裴秀惜之，乃潭思著禹貢地域圖十有八篇，其制圖之體有六：一曰分率，二曰準望，三曰道里，四曰高下，五曰方邪，六曰迂直。悉因地制形。王隱晉書曰：「裴秀爲司空，作禹貢地域圖。事成奏上，藏於祕府。」爲時名公誠有所慕而云也。唐大衍「山河兩戒」，取禹貢論「三條四列」之説，而不及圖。程大昌撰禹貢論，繪圖三十有一，鄭東卿著尚書圖，禹貢山澤圖二十有五，然皆未有見。余家藏有六經圖，禹貢圖一二而已。又所藏宋大觀中地理指掌圖，其中有帝嚳及堯九州圖、舜十二州圖、禹迹圖，然臚列當時郡縣於禹貢山澤，六十餘地不能備載。少嘗見艾千子禹貢圖，簡而能該，第從前譌誤尚未駁正。章氏本清圖書編，名山大澤皆有圖，不專爲禹貢設，故雖有圖而不精。近見王太史蒻林刻乃祖禹貢圖，胡氏朏明禹貢山澤間有圖，而圖之前後左右少有脉絡可尋，此圖禹貢者所以難也。陸氏文裕曰：「余嘗欲取今之州縣，推而上之，會于禹貢之命名，以著古今之離合遷改爲一書。」志誠偉哉！余竊有志而未逮，顧已爲禹貢會箋一書，又何能已于圖也？爰列圖若干于前，并以圖説附注之，稍訂其譌誤。如此後之君子，按圖而興感，思大禹明德之遠，而不爲小智之鑿，則又會箋繪圖者之私願夫！

周易拾遺自序

易明言：「天尊地卑，乾坤定矣。」聖人作易，首乾坤，師天地也。乃又言：「易有太極，是生兩儀。」豈无形无象，假設一太極之名，謂在天地之前哉！蓋必實有是物，乃可以言「易有」也。易云有，而注疏家轉以爲无。韓康伯曰：「夫有必始於无，故太極生兩儀也。」邵子曰：「太極何物也？无爲之本也。」張子曰：「大易不言有无，言有无者，乃諸儒之陋也。」然則安所折中哉？惟朱子謂：「原極之所以得名，蓋取樞極之義。」此則最爲不易之論也。桓譚新論曰：「北斗極，天樞，天之中也。」王希明太乙經曰：「燧人氏觀斗極定方名。」夫犧皇，燧人氏子，仰觀天文而畫卦，豈遂遺天極乎？要以太極之在天，有象者也。太極之在易，无象者也。故周元公太極圖説曰：「无極而太極。極，一也。以一生二，於是乎有陰儀，有陽儀。儀者，儗也，聖人有以見天下之賾，儗諸其形容，象其物宜，天垂象而聖人儗之也。」夫聖人得天地之秀而最靈，其心一太極也。有時用之於卜筮，則蓍龜之靈亦其靈也。乾用九，坤用六，大衍之數五十，其用四十有九，皆聖人之用之也。倘不用聖人分二、掛一、揲四、歸奇之法，徒然乞靈於蓍龜，豈遂能知吉凶哉？易自商瞿氏受學孔子至今，以易名世者千數百家，潔淨精微之緼，發揮殆盡矣。縱極意探索，不過殘膏賸馥中稍拾其餘瀋耳。余家世學易，伯兄熙菴，仲兄冠山，舊藏易傳凡數十種，後得通志堂經解易數十種，循環觀玩，不勝有望洋之歎，茫無厓際。竊幸生右文盛世，經學脩明，得仰窺御纂折中，奉爲天極，庶藉以考正朝夕，而不致迷於方向。以是知聖皇師天地以作易，易之有極，亦猶洪範之皇建有極。周子謂：「主靜立極，莫匪兩極者也。」誠齋楊氏曰：「荀卿不云乎，學者以聖王爲師。」願銘斯言於右，其亦此意也夫。

竹書紀年統箋凡例

一、紀年一書，自周隱王十七年瘞於梁襄王冢，至晉武太康二年乃得此書，凡五百七十九年。其時考正者有和嶠、束晳、衛恒、荀勖、王庭堅、王接、潘滔、摯虞、謝衡諸人，皆博物多聞之士。晉、隋、唐諸志皆有是書，梁沈約始爲附注。約好言符瑞，於事實罕有發明。今特爲統箋，逐事分載，以紀其詳。

一、統箋之下所引書傳，辭義相同者則連書之，其稍有不同則加「又按」，其確有徵驗可辨析者則加「据」字。例皆倣此。

一、是書於紀年中逐字詳注，而謂之箋者，倣鄭氏詩箋之例，所以別於注也。謂之統箋者，不特於紀年箋之，附注箋之，諸凡所引書傳，間有譌誤，亦併箋之也。

一、紀年逐條之下，間有細字，皆休文附注，故各於「箋」、「按」之上加圈以別之。至歷代某帝某王，推原其先世發祥之自，亦皆大字僅低一字者，世誤以爲竹書之本文，今並見宋書符瑞志中，實亦休文所自撰，採後世讖緯諸書而成，當時謂之「附注」。以爲竹書本文者，由未讀宋書故也。乃「附注」之外，又有所爲「約按」者，以其非習聞，而自爲立説者也，實亦「附注」之例也。

一、紀年初瘞之歲，下距始皇燔書之歲八十六年，則是書在未焚之前，信而可徵也。至今以經傳校之，一一符合。

一、紀年始於黄帝，蓋黄帝使大撓作甲子，自是而後始得以甲子紀年故也。周禮外史掌三皇五帝之書。易大傳黄帝之前有神農、伏羲。孔安國書序伏羲、神農、黄帝爲三皇。温公稽古録亦始伏羲。故特倣司馬承禎三皇補紀之例，列之於前，非好爲蛇足也。

一、劉道原通鑑外紀，金仁山前編，皆依邵堯夫經世紀年，以竹書較之，多有不合。如「外丙仲壬」，經世所無。「胤征辰弗集于房」，經世以爲在仲康元年，唐一行大衍推合在仲康五年，與竹書合。小雅十月之交「朔日辛卯」，孔仲達疏據王基之説，謂在共和以前；梁虞劆推合幽王六年乙丑，與竹書合。

如此類不可枚舉。近世耳學者，每於通鑑編年下乃云「據經世正之」，殊可歎也。

一、紀年最可議者，莫如「太甲潛出自桐，殺伊尹」一事。方是時，齊田和遷康公於海上，晉三卿徙桓公於屯留，往往假伊尹放君之名以爲解釋。時作紀年者，特設爲「潛出殺尹」一案，以見戰國諸君爲臣所放，皆可潛殺其臣也。不然，前言「命尹爲卿士」，後言「祠保衡」，此獨言「潛出殺尹」，不亦自相矛盾哉？故沈約謂此文與前後不類，蓋後人所益。

一、劉知幾作史通，不知殺季歷者爲文丁，誤以文丁爲文王。韋昭注國語，杜預注左傳，皆以攜王爲伯服，不知爲王子余臣。如此類者甚夥，不有竹書，烏從而證之？此余之統箋所由作也。

一、紀年雜述，裒諸簡端，無分先後，亦容齋隨筆例也。俗儒眇見寡聞，多以紀年爲齊東野語、稗官脞録，殊不知晉隨諸史列之中經，取證經史，毫無差謬。古今來博物君子著書立説，未有不取證於是書者。觀之雜述，了了可見，而俗儒轉不之信。東廣微校正竹書而外，又有發蒙一記者，其亦有感而作者與？

一、紀年雜述之下，凡有譌舛宜辨者，只用按字，不言箋按。蓋自述謏聞管見，無與於箋注之例故也。

天下山河兩戒考自序

天體渾然，太極也。赤道界其中而分之爲南北極，南爲陽而北爲陰，陰陽各一太極也。由是分而爲四正四維，爲十二次，以下應於十二國，而分野之說起矣。國語伶州鳩謂：「歲之所在，則我有周之分野。」周置掌天星之官，以星土辨九州之地。所封封域，皆有分星，以觀妖祥。分星古有其書，至漢而書亡。而其存可言者，十二次之分而已。淮南子星部地名、史記天官、越絶書、漢地理志，或分以州，或分以國，言次次同，言國國異，往往各據其所聞，聚訟不一。迨唐開元末，沙門一行考山河兩戒，以爲觀兩河之象，與雲漢之所始終，而分野可知。王伯厚謂其最得天象之正，鄭漁仲謂其區處分野如指諸掌。劉誠意清類天文分野即用其説以爲序。故近世言分野者，皆悉宗焉。蓋天下山河之象存乎兩戒，南河南戒，北河北戒，在天成象者也。河源爲北戒之首，江源爲南戒之首，在地成形者也。而分野又必據山河以分者，天則有列宿，地則有疆域，觀文察變，各有所主也。余讀唐史，深有味乎其言也，因以注之。竊以爲，戒者，界也。史遷謂朝鮮之拔星茀河戒，班志引星傳月南入牽牛南戒，統謂之戒；黄帝占及荆州占皆言客星守河界，是界與戒一矣。北戒自三危，南戒自岷山，其即禹貢之導山，馬融以岍爲北條，嶓冢爲南條乎？斗魁治内，杓治外，其即春秋緯平旦建者魁，海岱以東北；用昏建者杓，自華以西南乎？雲漢起東井爲秦蜀墟，没於尾箕，其即史記中國山川東北流，其維首在隴、蜀，尾没於勃、碣乎？五帝之墟皆乾、巽内外，其即素問謂五運始於戊己之間，戊己者，奎、壁、角、軫爲天地之門户乎？古稱須女吴、虚危齊、昴畢趙、角亢氐韓，皆不得七宿之中，一行四正之中皆三宿，餘皆二宿，其即太陰在子，歲星居氐、房、心，太陰在卯，歲星居女、虚、危，四正之中皆三宿，餘皆二宿乎？抱朴子謂天河從北極分爲兩頭，至南極隨天而轉入地下過，晉志謂天漢起尾、箕，皆始艮終坤，一行獨始坤終艮，此其不同者一也。古稱壽星鄭、大火宋，一行以壽星屬陳，而以鄭附於成周，陳爲舜後，當自爲分野，此其不同者二也。又堯典以中星正四時，觀象者皆推測求合而不得，一行以七宿之中分四象中位，玄枵中虚九度，大梁中昴六度，鶉火中七星七度，大火中房二度，四序進退不踰午正間，此其不同者三也。古以十二國配十二次，一行以春秋左傳考之，附見於齊者國十，皆屬玄枵，附見於衛者國十有二，皆屬豕韋，晉志所謂百三十九，知其所居者，瞭如指掌，此其不同者四也。迺若星家所説，猶有不能無疑者，則又可得而考焉。一則齊東而玄枵在子，魯東而降婁在戌，吴、越南而星紀在丑，東西南北相反而相屬，何也？傳稱宋大辰之虚，劉歆以爲宋先祖掌祀大辰之星，實沈、參神也，林氏以爲晉主祀參星。僖公三十一年猶三望，服虔以三望爲分野之星及國中山川，孔氏以爲魯祭分野之星，其祭奎婁之神也。一行以降婁玄枵其神主於岱宗，星紀鶉尾其神主於衡山，是即星所主土之説也。因其星所主土而祀之，故其山川之精，與星氣相屬，而順逆應之，南者反北，北者反南，何疑也？一則三家分晉，方始有趙，而韓、魏無分，趙獨有之。蓋魏地西距高陵，北固漳、鄴，皆晉之舊壤，而河内又爲衛分。韓地西接弘農，東接汝南，而與陳、鄭同星分。是以晉、衛、陳皆有分，而韓、魏僅散見於七國。若趙地，北踰衆山，盡代郡、鴈門、雲中，西抵塞垣，非晉之舊壤可比，故趙獨著於分野。一則漢志取三統書十二次配十二野，鶉首分地極多，而鶉火何以極狹？蓋地廣則分野亦廣。魏徙大梁，而西河合於東井，秦拔宜陽，而上黨入於輿鬼，故鶉首不得不多。周之先，王畿千里，後乃以郊周賜秦，河内賜晉，又漸爲諸侯所侵，僅得河南七縣，故鶉火不得不少。一則乾象之大，列星之夥，何爲分野只繫中國？一行以島夷蠻貊附於星紀，朝鮮、三韓附於析木，安南諸州附於鶉尾，西羌、吐番、吐谷渾、西南徼外附於鶉首，北河之表，西盡塞垣，皆旄頭故地，附於大梁，而東甌、青丘、狼弧、狗國諸星，靡不分麗於各次之下。蓋論天下之形勝，負山負海，各有其方，而計國勢之强弱，用武用文，悉因其地。而且河、漢、淮、濟之内外，嵩、岱、恒、華之陰陽，山川繡錯，宛然如在。昔人謂州甿躔次紀於甘、陳，山河兩戒創自一行。天象分野，不可不知，其以是哉！所以然者，天左舒而起牽牛，日月五星之所始也，而十二國十六星總係於牛、女焉。地右闢而起畢、昴，山陵川澤之所紀也，而陽陽國，陰陰國，分列於天街焉。紫宫爲皇極之居，大一下行九宫，始坎而終離，天子巡行於列國也。太微爲粹陽之廷，十二諸侯之府，百辟上朝於明堂也。天市爲聚衆之所，東蕃爲宋、燕、徐、吴、齊、趙諸國，西蕃爲韓、楚、巴、蜀、晉、秦諸國，梯山航海，各以其職致貢也，此則其陰陽之統會也。五星經緯於其間，各主其方之七宿。熒惑主南方六宿，鎮獨主東井一宿。鎮爲土，土旺於季夏。東井爲水，事水比於地有建萬國、親諸侯之象，故以兩河分夾於井爲戒也。而其著大於兩戒中者，北斗爲天綱。十一月而一陽生，斗建在子，陽氣肇初於玄枵。其改建而過宫，必於戌，降婁在戌爲純乾，斗之位也。自乾攜巽，含陽而吐陰，鶉尾所以爲負海之虚。雲漢爲地紀，五月一陰生，漢起於午，陰氣潛萌於鶉火。其始交於列宿，則於未，鶉首在未爲純坤，漢之倬也。自坤抵艮，陽聚而陰散，析木所以爲山河之竭。至於魁枕參首，而實沈居之；衡殷南斗，而星紀居之；杓携龍角，而壽星居之，則四維皆其所屬。雲漢自南正達於西正爲升，而大梁位焉；自北正達於東正爲降，而大火位焉；西北居升降之中，而娵訾位焉，則四正皆其所經。此則其陰陽之流行也。蓋從來陰陽之精，其氣本在於地，而上發於天，雜者爲妖，正者爲祥，各隨其方域以爲感召。德隆則晷星，星隆則晷德，考分星以知休咎，因垂象以見吉凶。聖人之布度定紀，分州繫象，未有不由乎此也。今皇上御極方新，三階平而七政齊，四海晏而九河清，西土覘烏喙之星，南極紀大浪之異，東窮於鞠陵之岨，北逾於冰海之陬，誠有非漢、唐分野所可得而限量者。近就其昆侖東南之地，鄒子之所謂赤縣神州，西洋之所謂亞細亞洲，山河之象，存乎兩戒，固仍與古無異也。或曰：「戰國以前，各君其國，各守其疆，分野屢有明驗矣。自是而後，天下皆歸於一統，野又烏從而分之？然如四星聚柳、張而光武興洛，四星聚牛、女而晉元王吳，熒惑出東井而姚興據秦，景星見箕尾而慕容德復燕，則分野又確有可據者。」或曰：「天事湛密，自昔所禁，今獨胡爲而注之？」余曰：「禨祥之説，占驗之書，乃世所禁也。讀周禮而不知馮相之所掌何爲十有二歲，讀國語而不知武王之克商何爲歲在鶉火月在天駟，讀春秋左傳不知僖公五年何爲龍尾伏辰，襄公二十八年何爲歲在星紀而淫於玄枵，是豈上之所求於下，與下之所以應於上乎？且余之注之，將以格物而窮理。彼之所衍者數，余之所窮者理也，何不可也？天地，大物也，分野又天地所合撰者。於此而不知，猥欲以拘攣小忌而廢弘廓，妄矣！近西儒謂遠西至中夏，歷九萬里而遥。凡瀕海陸袤之處，察其南北面之脈絡，大抵皆向南北兩極。蓋地球南北兩極，正對天上南北兩極而不離。向使離之，而或上或下，或左或右，將在赤道之南者倏易而北，赤道之北者倏易而南，十有二次且將參錯而不齊。然則南北河戒者，天道之陰陽也；山河兩戒者，地道之剛柔也；分野者，山川之精，上爲列星，即因其分星所主，以與政事相俯仰，天地人之合撰也。苟因十二辰而求之四正四維，求之南北兩極，又進而求之渾然太極之初，其於天地之理，思過半矣。易有之，仰以觀於天文，俯以察於地理，窮理之事也。格物以窮理，而求其端於天地，則古所謂賢人者，辨星辰逆順者也。從而考之，或庶幾希賢之一助乎？若夫終始古今，深觀時變，而察其精粗，疇人子弟，自所優爲，於我何有哉！

管城碩記自序

余株守一經，不能盡蓄天下之書，羅古今之富。凡耳目所經涉者，不過數千卷書耳，而姿稟愚鈍，又不能博聞强記，積貯逾時，縱窮年繙閱，掩卷輒忘。迴憶平生，枵腹如故，不得已而託之管城子，假以記室。凡經傳子史，騷賦雜集，遇有疑信相參，先後互異者，則速爲濡毫摛翰，類聚部分，寸積銖累，裒爲一集，凡三十卷。其於易也，遠稽乎子夏，旁攬乎康成、輔嗣以及程傳。其於書也，兼採乎古文今文，暨日記裨傳，以糾正蔡氏之訛。其於詩也，仍宗毛序，悉有證據，所與朱傳契合者，惟數十篇。春秋以左氏爲主，公、穀附之。胡康侯以夏時冠周月，開卷差謬，餘亦可知。三禮以周禮爲經，儀禮爲緯，而禮記則二禮之傳注。楚辭爲詩之變體，故次於經，而逸注淺陋，如該秉朴牛之類，貽誤千載，莫究其非。史學、字學、詩賦、雜集，其有鈔録箋注，沿襲承譌者，一皆參伍折衷，悉記其有可信無可疑。夫天地之大，載籍之繁，誤謬頻仍，不可殫述。余亦頗擇其善者、識其大者而已。周公釋詁曰：「碩，大也。」小雅曰：「蛇蛇碩言，出自口矣。」朱子謂善言之出於口，宜矣。是善且大，兼賅者無過於碩。郭弘農敍述方言，品爲碩記，意亦有見於此乎？顧方言者，一方之言也，拘於一方而不能相通，如宋、齊之間之所謂碩，而他或以爲椵，爲介，爲夏，爲京者，此類是也。以姿禀愚鈍之人，目不覩古今之富，而妄欲擇其善者，識其大者，是亦方隅之見而已矣，爰遂名之曰碩記，而又不敢没管城之勞，因并弁之於首云。

附録

先生舉鄉試，年已五十有七。典試者爲黄侍郎叔琳，歸語人曰：「他人但以榜中有狀頭爲榮，吾得三不朽士，其學皆博而純，今世大手筆也。」蓋指先生及任啟運、陳祖范云。皖學編。

先生試鴻博，不遇。乾隆九年，詹事張鵬翀以所著山河兩戒考、管城碩記進呈，賜國子監學正。十七年，巡撫衛哲治又以經學薦，會萬壽開恩榜，先生年八十六，入場賜檢討。同上。

先生箋禹貢，謂汾水西入河，非東入河。徒駭即河之經流，非别有一經流。三江既入，終以南江、北江、中江爲正。九江在潯陽，非洞庭。皆不爲蔡傳所囿。至於蔡山，則闕其所疑，不主寰宇記周公山即蔡山之説。於惇物則取金史地理志，謂在乾州武亭縣，今武功縣之東南二百里。三危山引西河舊事爲昇雨山，謂史記注作卑羽山，蓋字之誤。竝辨胡渭之譌，皆具有考證。蓋説禹貢者，宋以來棼如亂絲，至胡氏錐指出，而摧陷廓除，始有條理可案。先生因所已言，而更推尋所未至，故較益爲精密。繼事者易爲功也。惟信山海經、竹書紀年太過，是則僻於好古，不究真僞之失耳。四庫全書提要。

位山交游

任先生啟運 別爲釣臺學案。

陳先生祖范 別見震滄學案。

趙先生弁

趙弁字文冕，高淳人。貢生，考授縣佐。好古嗜學，蓄書甚多。所居距位山家僅二十餘里，時以文字相往來。爲位山刊禹貢會箋，序之曰：「天下之名山大澤不勝數也，其見之於禹貢者，山澤六十有餘耳。自漢、晉、唐、宋以迄於今，言禹貢者不下數百家，求其於某山某澤確有證據而一一無舛錯者，了不可得。蓋高者遐搜冥討，競爲新異，妄有穿鑿；卑者鈔録舊文，略加增省，毫無所發揮證驗，則以前人之成説横據於中，而不復尋流溯源，更加探索，以致此也。當塗徐位山先生，鴻才博學，著述等身。康熙壬辰歲，所纂有禹貢會箋凡十二卷，以禹貢聖人之經，苟非積累前聞，旁蒐衆説，賞析奇疑，毫無繆誤者，何敢輕以問世？故所刻有山河兩戒考、管城碩記、竹書紀年統箋共六十餘卷，久已進呈御覽，風行寓内。而是書藏之巾箱，垂四十二年，未肯示人。庚午春，保舉經學。辛未，應詔入都。壬申，恩科特授檢討，給假旋里，時年八十有八矣，燈下猶蠅頭細書，不需瑷鏡，爰出從前之禹貢會箋，逐一讐校。如山海經之雷澤在吴西，舊誤以爲禹貢之雷夏。禹初封虹爲夏伯，在江、淮南，地饒産翟，爲夏翟，舊承周禮注，以染夏爲采名。泗濱浮磬即邳磬，左傳浮來之山即邳來之山，舊以爲浮生土中，不根著者。周職方荆州其川江、漢，揚州其川三江，漢不在三江之數，舊乃以漢爲北江。漢志九江在尋陽，傳以九江爲洞庭，則經文『九江孔殷』不當在『江、漢朝宗』之下。如此類者，不可枚舉，皆發前人所未發，其有功於翼經者，何如？因授梓，公諸同好，以爲後學之司南。禹貢六十有餘之山澤，展卷瞭然，無復致有迷津之歎者，從可識也。孟子之功不在禹下，守先待後，豈虚語哉！」參禹貢會箋凡例。

位山從游

馬先生陽

馬陽字葵齋，當塗人。家蓄書甚富，位山所著竹書統箋，每與之商榷，遇有紕繆，均爲訂正。嘗與同學崔萬煊取統箋刻以行世，而各爲之序。參竹書統箋凡例。

毛先生大鵬

毛大鵬字雲翼，當塗人。娶位山兄女，嘗爲讎校易稿，多所補益。所自著有易學源流一編，於歷代作者及書名、卷數臚舉靡遺。位山稱其包羅今古，俾學者有尚友百世之想，信可行遠傳後。因附刻其書，爲周易拾遺之末卷云。參周易拾遺略例。